JUIZADOS ESPECIAIS ESTADUAIS
Cíveis e Criminais
COMENTÁRIOS À LEI 9.099/1995

O GEN | Grupo Editorial Nacional – maior plataforma editorial brasileira no segmento científico, técnico e profissional – publica conteúdos nas áreas de concursos, ciências jurídicas, humanas, exatas, da saúde e sociais aplicadas, além de prover serviços direcionados à educação continuada.

As editoras que integram o GEN, das mais respeitadas no mercado editorial, construíram catálogos inigualáveis, com obras decisivas para a formação acadêmica e o aperfeiçoamento de várias gerações de profissionais e estudantes, tendo se tornado sinônimo de qualidade e seriedade.

A missão do GEN e dos núcleos de conteúdo que o compõem é prover a melhor informação científica e distribuí-la de maneira flexível e conveniente, a preços justos, gerando benefícios e servindo a autores, docentes, livreiros, funcionários, colaboradores e acionistas.

Nosso comportamento ético incondicional e nossa responsabilidade social e ambiental são reforçados pela natureza educacional de nossa atividade e dão sustentabilidade ao crescimento contínuo e à rentabilidade do grupo.

FERNANDO DA COSTA **TOURINHO NETO**
JOEL DIAS **FIGUEIRA JÚNIOR**

JUIZADOS ESPECIAIS ESTADUAIS

Cíveis e Criminais

COMENTÁRIOS À LEI 9.099/1995

9ª edição revista, atualizada e ampliada

- O autor deste livro e a editora empenharam seus melhores esforços para assegurar que as informações e os procedimentos apresentados no texto estejam em acordo com os padrões aceitos à época da publicação, e todos os dados foram atualizados pelo autor até a data de fechamento do livro. Entretanto, tendo em conta a evolução das ciências, as atualizações legislativas, as mudanças regulamentares governamentais e o constante fluxo de novas informações sobre os temas que constam do livro, recomendamos enfaticamente que os leitores consultem sempre outras fontes fidedignas, de modo a se certificarem de que as informações contidas no texto estão corretas e de que não houve alterações nas recomendações ou na legislação regulamentadora.

- Fechamento desta edição: *14.12.2022*

- O Autor e a editora se empenharam para citar adequadamente e dar o devido crédito a todos os detentores de direitos autorais de qualquer material utilizado neste livro, dispondo-se a possíveis acertos posteriores caso, inadvertida e involuntariamente, a identificação de algum deles tenha sido omitida.

- **Atendimento ao cliente: (11) 5080-0751 | faleconosco@grupogen.com.br**

- Direitos exclusivos para a língua portuguesa
  Copyright © 2023 by
  Editora Forense Ltda.
  Uma editora integrante do GEN | Grupo Editorial Nacional
  Travessa do Ouvidor, 11 – Térreo e 6º andar
  Rio de Janeiro – RJ – 20040-040
  www.grupogen.com.br

- Reservados todos os direitos. É proibida a duplicação ou reprodução deste volume, no todo ou em parte, em quaisquer formas ou por quaisquer meios (eletrônico, mecânico, gravação, fotocópia, distribuição pela Internet ou outros), sem permissão, por escrito, da Editora Forense Ltda.

- Capa: Daniel Kanai

- **CIP – BRASIL. CATALOGAÇÃO NA FONTE.
  SINDICATO NACIONAL DOS EDITORES DE LIVROS, RJ.**

  T667j
  Tourinho Neto, Fernando da Costa

  Juizados especiais estaduais cíveis e criminais: comentários à Lei 9.099/1995 / Fernando da Costa Tourinho Neto, Joel Dias Figueira Júnior. – 9. ed. – Rio de Janeiro: Forense, 2023.

  Inclui bibliografia e índice
  ISBN 978-65-596-4704-0

  1. Processo civil – Brasil. 2. Juizados especiais cíveis – Brasil. 3. Juizados especiais criminais – Brasil. I. Figueira Júnior, Joel Dias. II. Título.

  22-81437　　　　　　　　　　CDU: 347.994(81)

  Gabriela Faray Ferreira Lopes – Bibliotecária – CRB-7/6643

Sobre os Autores

FERNANDO DA COSTA TOURINHO NETO

Graduado em Direito e especialista em Processo pela Universidade Federal da Bahia (UFBA). Desembargador federal aposentado do Tribunal Regional Federal da 1ª Região (TRF1), advogado e parecerista. Entre outras atividades, foi presidente da Associação dos Juízes Federais do Brasil (Ajufe), conselheiro do Conselho Nacional de Justiça (CNJ), promotor de justiça, juiz de Direito e membro de diversos comitês e conselhos deliberativos relacionados às questões penitenciárias e testemunhas.

JOEL DIAS FIGUEIRA JÚNIOR

Pós-doutor em Direito Processual Civil pela *Università Degli Studi di Firenze* – Itália. Doutor e mestre em Direito Processual Civil pela Pontifícia Universidade Católica de São Paulo (PUC-SP). Especialista em Direito Civil e Processual Civil pela *Università Degli Studi di Milano* – Itália. Desembargador aposentado do Tribunal de Justiça de Santa Catarina. Professor da pós-graduação do Complexo de Ensino Superior de Santa Catarina (Cesusc), advogado, consultor jurídico, parecerista, árbitro e mediador. Foi presidente da Comissão de Juristas que elaborou o Projeto de Lei n. 6204/2019, que dispõe sobre a desjudicialização da execução civil. Além disso, foi assessor da Relatoria-geral da Comissão Especial do *Novo Código Civil* da Câmara dos Deputados e integrante do Grupo de Trabalho instituído pelo presidente do CNJ, ministro Luiz Fux, para contribuir com a modernização e efetividade da atuação do Poder Judiciário nos processos de execução e cumprimento de sentença. Membro da Academia Brasileira de Direito Civil, do Instituto Ibero-americano de Direito Processual, do Instituto Brasileiro de Direito Processual (IBDP), diretor regional da Associação de Direito de Família e das Sucessões (ADFAS) e presidente estadual do Instituto Brasileiro do Contrato (IBDCont). Autor de *quarenta e uma obras jurídicas* (17 individuais e 24 em coautoria) publicadas pelas editoras Saraiva, Revista dos Tribunais, Forense, Atlas e Juruá, entre outras, bem como dezenas de artigos publicados em revistas especializadas, de circulação nacional e internacional.

Obra dos Autores

JOEL DIAS FIGUEIRA JÚNIOR

1. Autoria individual

1. FIGUEIRA JÚNIOR, J. D. *Arbitragem*. 3. ed. Rio de Janeiro: Forense, 2019.
2. FIGUEIRA JÚNIOR, J. D. *Ação de busca e apreensão em propriedade fiduciária*. 2. ed. São Paulo: Saraiva, 2018.
3. FIGUEIRA JÚNIOR, J. D. *Código de processo civil sistematizado em perguntas e respostas*. São Paulo: Saraiva, 2017.
4. FIGUEIRA JÚNIOR, J. D. *Juizados especiais da fazenda pública*: comentários à Lei n. 12.153 de 22 de dezembro de 2009. 3. ed. São Paulo: Saraiva, 2017.
5. FIGUEIRA JÚNIOR, J. D. *Liminares nas ações possessórias*. Rio de Janeiro: Forense. [2023?]. No prelo.
6. FIGUEIRA JÚNIOR, J. D. *Manual da arbitragem*. São Paulo: Revista dos Tribunais, 1997.
7. FIGUEIRA JÚNIOR, J. D. *Posse e ações possessórias*: volume I – fundamentos da posse. Curitiba: Juruá, 1994.
8. FIGUEIRA JÚNIOR, J. D. *Comentários ao Código de Processo Civil*: volume 4 – tomo I, do processo de conhecimento (arts. 270 a 281). 2. ed. São Paulo: Revista dos Tribunais, 2007.
9. FIGUEIRA JÚNIOR, J. D. *Comentários ao Código de Processo Civil*: volume 4 – tomo II, do processo de conhecimento (arts. 282 a 331). 2. ed. São Paulo: Revista dos Tribunais, 2007.
10. FIGUEIRA JÚNIOR, J. D. *Procedimento sumário*: Lei 9.245, de 26.12.1995. 3. ed. São Paulo: Revista dos Tribunais, 2012.
11. FIGUEIRA JÚNIOR, J. D. *Manual dos juizados especiais cíveis estaduais e federais*. São Paulo: Revista dos Tribunais, 2006.
12. FIGUEIRA JÚNIOR, J. D. *Comentários à novíssima reforma do* CPC: Lei 10.444, de 07 de maio de 2002. Rio de Janeiro: Forense, 2002.
13. FIGUEIRA JÚNIOR, J. D. *Arbitragem (legislação nacional e estrangeira) e o monopólio jurisdicional*. São Paulo: LTr, 1999.
14. FIGUEIRA JÚNIOR, J. D. *Da competência nos juizados especiais cíveis*. São Paulo: Revista dos Tribunais, 1996.
15. FIGUEIRA JÚNIOR, J. D. *Responsabilidade civil do Estado-Juiz*. Curitiba: Juruá, 1995.
16. FIGUEIRA JÚNIOR, J. D. *Lições de teoria geral do processo*. Florianópolis, 1992.
17. FIGUEIRA JÚNIOR, J. D. *Da posse e dos direitos reais*. Florianópolis, 1982.

2. Em coautoria

1. SILVA, R. B. T. da; FIUZA, R. (coord.). *Código civil comentado*. 10. ed. São Paulo: Saraiva, 2016.
2. FERREIRA, O. A. V.; LUCON, P. (coord.). *Arbitragem* – atualidades e tendências. Ribeirão Preto: Migalhas, 2019.
3. TOURINHO NETO, F. da C.; FIGUEIRA JÚNIOR, J. D. *Juizados especiais federais cíveis e criminais*: comentários à Lei n. 10.259, de 12-7-2001. 4. ed. São Paulo: Saraiva, 2019.
4. TOURINHO NETO, F. da C.; FIGUEIRA JÚNIOR, J. D. *Juizados especiais estaduais cíveis e criminais*: comentários à Lei n. 9.099/1995. 8. ed. São Paulo: Saraiva, 2017.
5. LAMACHIA, C.; FERREIRA, A.; MONTEIRO, V. (org.). *CNJ e a Efetivação da Justiça. Desjudicialização do processo de execução*, p. 181-199. Brasília: OAB-Conselho Federal, 2019.
6. ALVIM, A. et al. (coord.). *Teses jurídicas dos tribunais superiores*: direito civil III. São Paulo: Revista dos Tribunais, 2017.
7. BUENO, C. S. et al. (org.). *Prodireito*: Direito Processual Civil: Programa de atualização em Direito. Porto Alegre: Artmed Panamericana, 2017.
8. AZEVEDO, F. de O.; MELO, M. A. B. de (org.). *Direito imobiliário*: escrito em homenagem ao professor Ricardo Pereira Lira. São Paulo: Atlas, 2015.
9. ALVIM, A. et al. (org.). *Execução civil e temas afins – do CPC/1973 ao novo CPC*: estudos em homenagem ao professor Araken de Assis. São Paulo: Revista dos Tribunais, 2014.
10. OLIVEIRA NETO, O. de; MEDEIROS NETO, E. M. de; LOPESA, R. A. de C. (org.). *A prova no direito processual civil*: estudos em homenagem ao professor João Batista Lopes. São Paulo: Verbatim, 2013.
11. SILVA, R. B. T. da; CAMARGO NETO, T. de A. (coord.). *Grandes temas de direito de família e das sucessões*. São Paulo: Saraiva, 2011.
12. FIGUEIRA JÚNIOR, J. D. (coord.). *Filosofia do direito contemporâneo*: homenagem ao professor Nicolau Apóstolo Pitsíca. São Paulo: Conceito Editorial, 2011.
13. GONZAGA, J. F.; FARIA, J. C. de; TERRA, L. M. (org.). *Processo Civil – novas tendências*: homenagem ao professor Humberto Theodoro Júnior. Belo Horizonte: Del Rey, 2011.
14. SILVA, A. V. F. e; CORRÊA, L. F. N. et al. (org.). *Juizados especiais*: homenagem ao Desembargador José Fernandes Filho. Belo Horizonte: Del Rey, 2011.
15. DIDIER JÚNIOR, F. et al. (org.). *O terceiro no processo civil brasileiro e assuntos correlatos*: estudos em homenagem ao Professor Athos Gusmão Carneiro. São Paulo: Revista dos Tribunais, 2010.
16. ARMELIN, D. (coord.). *Tutelas de urgência e cautelares*. São Paulo: Saraiva, 2010.
17. JAYME, F. G.; FARIA, J. C. de; LAVAR, M. T. (coord.). *Processo civil*: novas tendências: homenagem ao Ministro Sálvio de Figueiredo Teixeira. Belo Horizonte: Del Rey, 2008.
18. FABRÍCIO, A. F. (coord.). *Meios de impugnação ao julgado civil*: estudos em homenagem a José Carlos Barbosa Moreira. Rio de Janeiro: Forense, 2007.
19. STOCO, R.; FIGUEIRA JÚNIOR, J. D. (coord.). *Responsabilidade civil do fabricante e intermediários por defeitos de equipamentos e programas de informática*. São Paulo: Revista dos Tribunais, 2000.
20. MEDEIROS NETO, E, M. de; RIBEIRO, F. P. (coord.). *Reflexões sobre a desjudicialização da execução civil*. Curitiba: Juruá Editora, 2020.
21. BARBOZA, H. H.; GAMA, G. C. N. da; NEVES, T. F. C. (coord.). *Lei do Inquilinato* – Exame dos 30 anos da Lei de Locação Urbana – Estudos em Homenagem ao Prof. Sylvio Capanema de Souza. Cidade Nova: Editora Foco, 2021.

22. MARINONI, L. G.; LEITÃO, C. B. (coord.). *Arbitragem e direito processual*. São Paulo: Revista dos Tribunais, 2021.
23. FERREIRA, O. A. V. A.; LUCON, P. H. dos S. (coord.). *25 anos da Lei da Arbitragem*. São Paulo:Migalhas, 2021. E-book.
24. BELLIZZE, M. A. *et al.* (coord.). *Execução civil* – novas tendências: estudos em homenagem ao Professor Arruda Alvim. Indaiatuba: Editora Foco, 2022.

FERNANDO DA COSTA TOURINHO NETO

1. TOURINHO NETO, F. da C. (org.). *A Constituição na visão dos tribunais*. São Paulo: Saraiva, 1997.
2. TOURINHO NETO, F. da C. *A justiça*: discursos e artigos. Brasília: TRF-1ª Região, 2001.
3. STROZAKE, J. J. (org.). *A questão agrária e a justiça*. São Paulo: RT, 2000.
4. TOURINHO NETO, F. da C. *Coletânea de artigos jurídicos*. Brasília: TRF-1ª Região, 2000.
5. NASCIMENTO, C. V. (coord.). *Crime de sonegação previdenciária*. São Paulo: Malheiros, 2008.
6. LARANJEIRA, R. (org.). *Direito agrário brasileiro*. São Paulo: LTr, 1999.
7. TOURINHO NETO, F. da C. *Governo e Judiciário*: uma visão crítica. Brasília: Ajufe, 2001.
8. MOLINA, M. C.; SOUSA JÚNIOR, J. G.; TOURINHO NETO, F. da C. *Introdução crítica ao direito agrário*. Brasília, DF: UnB; São Paulo: Imprensa Oficial do Estado, 2002. v. 3.
9. SILVA, A. V. F. e; CORRÊA, L. F. N. (coord.). *Juizados especiais* – homenagem ao desembargador José Fernandes Filho. Belo Horizonte: Del Rey, 2011.
10. TOURINHO NETO, F. da C.; FIGUEIRA JÚNIOR, J. D. *Juizados especiais federais cíveis e criminais* – comentários à Lei n. 10.259, de 10-7-2001. 3. ed. São Paulo: RT, 2010.
11. LIMA, A. (org.). *O direito para o Brasil socioambiental*. Porto Alegre: Fabris, 2002.
12. SANTILLI, J. (coord.). *Os direitos indígenas e a Constituição*. Porto Alegre: Fabris, 1993.
13. FONSECA, R. S. da; VELOSO, R. C. (org.). *Justiça Federal*: estudos em homenagem ao desembargador federal Leomar Amorim. Belo Horizonte: D'Plácido, 2016.

Nota dos Autores à 9ª Edição

Temos a honra e a grata satisfação de publicarmos a 9ª edição dos nossos "Juizados Especiais Estaduais Cíveis e Criminais: comentários à Lei 9.099/1995". Desta feita sob os auspícios da renomada Editora Forense, pertencente ao Grupo GEN, justamente quando a Lei 9.099/1995 completa 26 anos de vigência.

Também a nossa Obra comemora 26 anos de existência, mas com uma pequena diferença, qual seja: a 1ª edição desses "Comentários" chegou a todas as livrarias do país em torno de 20 dias antes da entrada em vigor da lei de regência, tornando-se, desde o início de novembro dos idos de 1995, uma referência para todos aqueles que estudam o tema ou atuam nesta área diferenciada do Poder Judiciário, cujos contornos principais foram delineados na década de 1970 por Mauro Cappelletti, como líder do "Projeto Florença", ao difundir a ideia de uma nova justiça *participativa* (com a atuação de leigos) e *coexistencial* (fundada na autocomposição).

No decorrer de todos esses anos foram realizadas dezenas de tiragens das edições anteriores desta Obra, estratégia que adotamos por entender que seria mais conveniente para o leitor e honesto com o consumidor somente trazer a lume uma nova edição quando o texto precedente estivesse a merecer, verdadeiramente, revisões, atualizações e ampliações, em virtude de modificações legislativas consideráveis, evolução doutrinária e jurisprudencial a respeito dos temas correlatos.

A 8ª edição encontra-se esgotada há dois anos e meio, aproximadamente, e, quando nos programávamos para iniciar os trabalhos de atualização da Obra, fomos surpreendidos, como todos, com os graves problemas trazidos pela pandemia de covid-19, que alterou subitamente o panorama mundial em todos os segmentos da sociedade.

Pois bem, agora que se descortinam novos cenários, sentimo-nos mais aliviados e fortalecidos para oferecer aos que estudam e atuam nos Juizados Especiais o resultado dos nossos trabalhos de revisão, atualização e ampliação desta Obra, sobretudo porque, nesses últimos anos, vários textos normativos ingressaram no mundo jurídico, causando reflexos (diretos ou indiretos), de ordem cível e criminal, também no microssistema dos juizados.

Com referência à Parte Cível da Obra, verificamos algumas novidades legislativas que, diretamente, alteraram dispositivos da Lei n. 9099/1995, a exemplo da inserção do art. 12-A, que passou a dispor sobre a contagem dos prazos somente em dias úteis (Lei n. 13728/2018) e de um novo parágrafo no art. 22, para disciplinar a prática de audiência de conciliação de forma não presencial (Lei n. 13994/2020).

Também foi modificado o art. 23 da Lei de Regência, para versar a respeito dos efeitos da ausência do réu em audiência virtual de tentativa de conciliação (Lei n. 13994/2020).

No que concerne à Parte Criminal, fazia-se necessária, igualmente, a atualização e a revisão da 8ª edição, uma vez que, em quatro anos, quase uma dezena de leis alcançaram os juizados estaduais. Também a jurisprudência sofreu mudanças, tendo em vista a miséria que está sendo a pandemia, afetando milhares de pessoas. Veio à tona a Lei n. 13964, de 24.12.2019, aperfeiçoando a legislação penal e processual penal, principalmente no que tange às cautelas pessoais.

Tomamos também o cuidado de observar os influxos trazidos para a prática forense pelos enunciados do Foro Nacional dos Juizados Especiais, bem como a evolução da jurisprudência específica naquilo que se fez relevante.

Assim, é com grata satisfação que trazemos aos nossos leitores a 9ª edição desta consagrada Obra, de maneira a contribuir de forma modesta, porém sincera e empenhada, para o aprimoramento da interpretação da Lei n. 9099/1995 e da prática forense.

Distrito Federal/Florianópolis, outubro de 2022.

Os Autores

Nota dos Autores à 8ª Edição

Trazemos aos estudiosos do Direito e profissionais do foro especial dos Juizados Cíveis e Criminais mais uma edição dos nossos comentários à Lei n. 9099/1995, que completa 22 anos de vigência, e, com ela, o mesmo tempo de publicação desta obra, que veio a lume dias antes da entrada em vigor da aludida norma, então lançada pela Editora Revista dos Tribunais, até a 7ª edição.

A 8ª edição, que agora apresentamos ao leitor, desta feita publicada pela conceituadíssima Editora Saraiva, encontra-se devidamente revisada, atualizada e ampliada, oportunidade em que justificamos o tempo por que permaneceu esgotada a edição precedente, pois aguardávamos a aprovação do novo Código de Processo Civil, que, finalmente, entrou em vigor em 18 de março de 2016.

A obra é mantida em sua estrutura e formato precedente, assim como os anexos contendo fluxogramas (parte cível e parte criminal), legislação (principal e correlata), além de um quadro normativo comparativo entre as Leis n. 9099/1995, 10259/2001 e 12153/2009.

Os anexos legislativos foram igualmente atualizados, sendo que inserimos a Resolução STJ/GP n. 3, de 7 de abril de 2016, que dispõe sobre a competência para processar e julgar reclamações destinadas a dirimir divergência entre acórdão prolatado por turma de recursos e a jurisprudência do Superior Tribunal de Justiça.

Com esta nova edição, desejamos, mais uma vez, oferecer aos estudiosos e profissionais do foro especializado dos Juizados Estaduais Cíveis e Criminais a nossa contribuição doutrinária, sempre aliada à prática forense, para que possa continuar servindo de valioso instrumento voltado à compreensão da Lei n. 9099/1995 e à resolução dos problemas diuturnamente apresentados na prática forense.

Distrito Federal/Florianópolis, junho de 2017.

Os Autores

Nota dos Autores à 7ª Edição

É com grande satisfação que trazemos a lume a sétima edição, atualizada, revista e ampliada, ao público estudioso e atuante no foro dos Juizados Especiais Estaduais Cíveis e Criminais.

Além das atualizações legislativas, jurisprudenciais e doutrinárias, ressistematizamos algumas exposições e incluímos novos itens para melhor analisar determinadas matérias, tais como art. 1º, item 4 *Das unidades jurisdicionais com competência cumulativa*; art. 3º, item 1.5 *Critérios para a fixação da competência*; art. 10, item 1 *Amicus curiae*; art. 39, item 6 *Da advertência a respeito da renúncia de crédito excedente*; art. 41, item 1.7 *Da reclamação perante o STJ destinada a dirimir divergência entre acórdão prolatado por turma recursal estadual e a jurisprudência da Corte*; item 1.8 *Embargos de divergência*; item 1.9 *Uniformização de jurisprudência*; e item 5 *Do julgamento monocrático em sede recursal*.

Por outro lado, mantivemos os *fluxogramas* facilitadores da visualização dos procedimentos civis e criminais dos Juizados Especiais Estaduais e, no tocante aos anexos legislativos, incluímos a Lei n. 12153, de 22 de dezembro de 2009, que dispõe acerca dos Juizados Especiais da Fazenda Pública; o Provimento n. 7, de 7 de maio de 2010, da Corregedoria do Conselho Nacional de Justiça, definidor das medidas de aprimoramento relacionados ao Sistema dos Juizados Especiais; e a Resolução n. 12, de 14 de dezembro de 2009, editada pelo Superior Tribunal de Justiça, que dispõe sobre o processamento, na citada Corte, das reclamações destinadas a dirimir divergências entre acórdão prolatado por turma recursal estadual e a jurisprudência do STJ.

Em arremate, criamos também um novo anexo, mais precisamente o *quadro comparativo* das Leis n. 9099/1995, 10259/2001 e 12153/2009, facilitando a compreensão dos temas e melhor análise quando da feitura de interpretação sistemática dessas normas, que são reciprocamente subsidiárias, no que lhes couber.

Destarte, com a 7ª edição desta obra, desejamos trazer aos estudiosos e operadores que atuam na justiça especializada a nossa modesta contribuição doutrinária, sempre aliada à prática forense, para a resolução dos problemas que são apresentados diuturnamente aos profissionais atuantes nos Juizados Especiais Cíveis e Criminais.

Distrito Federal/Florianópolis, junho de 2011.

Os Autores

Índice Sistemático

Sobre os Autores V

Obra dos Autores VII

Nota dos Autores à 9ª Edição XI

Nota dos Autores à 8ª edição XIII

Nota dos Autores à 7ª Edição XV

Primeira Parte
JUIZADOS ESPECIAIS CÍVEIS
Joel Dias Figueira Júnior

Introdução: A Crise Jurídica e Judiciária 5

1. O acesso à justiça x efetividade do processo e o microssistema dos Juizados Especiais Estaduais . 5
   - 1.1 Municipalização da justiça – justiça participativa e coexistencial 11
     - 1.1.1 A crise da jurisdição 11
     - 1.1.2 As formas alternativas de resolução de controvérsias ou Alternative Dispute Resolutions (ADR) – equivalentes jurisdicionais 14
     - 1.1.3 Justiça participativa e coexistencial 16
     - 1.1.4 Descentralização (municipalização) da justiça 19
     - 1.1.5 Jurisdição difusa: câmaras de autocomposição 20
     - 1.1.6 Acordos não jurisdicionalizados com força de título (judicial ou extrajudicial) 21

Capítulo I – Disposições Gerais 22

Art. 1º 22

1. Da criação dos Juizados 22
2. Aplicação subsidiária das normas processuais insculpidas no Código de Processo Civil 25
3. Das atribuições dos Juizados 28
4. Das unidades jurisdicionais com competência cumulativa 28
5. O "sistema" dos Juizados Especiais 29

Art. 2º 31

1. Dos princípios processuais 31

2. Da oralidade	33
3, 4, 5 e 6. Da simplicidade, informalidade, economia processual e celeridade	36
7 e 8. Da autocomposição (conciliação e transação)	37

Capítulo II – Dos Juizados Especiais Cíveis 40

Seção I – Da Competência 40

Art. 3º 40

1. Da competência: aspectos gerais 41
   - 1.1 Problemas de interpretação e questões controvertidas 41
   - 1.2 Competência absoluta ou relativa? Obrigatoriedade ou opção procedimental? 42
   - 1.3 Competência relativa e procedimento opcional. Vantagens e desvantagens na escolha do rito sumaríssimo 48
   - 1.4 Da competência mista ("absoluta") em face de lei local 53
   - 1.5 Da limitação de valor para as matérias enumeradas no inciso II do art. 3º (= art. 275, II, do CPC/1973) – critérios para a fixação da competência 55
   - 1.6 Inexistência de limite valorativo para a ação de despejo para uso próprio 60
   - 1.7 Da existência de limite valorativo para os títulos executivos judiciais 61
   - 1.8 Dos conflitos de competência 61
   - 1.9 Da prorrogação da competência 64
   - 1.10 Da conexão e da prevenção 65
2. Competência e atribuição dos Juizados 67
3. Complexidade da causa 67
4. O valor da causa 69
   - 4.1 Conceito 69
   - 4.2 A relevância do tema no Direito brasileiro 70
   - 4.3 Analogia entre o inciso I do art. 3º da Lei n. 9.099/1995 e o inciso I do art. 275 do CPC/1973 – breve aceno histórico 70
   - 4.4 A competência definida com base no valor de alçada e a complexidade da matéria – critério misto para a definição da competência e o rol de matérias do art. 3º meramente exemplificativo 71
   - 4.5 Da impugnação ao valor da causa 73
   - 4.6 Os princípios da originalidade, obrigatoriedade e definitividade 73
   - 4.7 O critério legal 74
   - 4.8 O princípio da livre valoração 75
5. Competência em razão da matéria. Análise do inciso II deste dispositivo após a vigência da Lei n. 9.245/1995, que instituiu o procedimento sumário, e o advento do CPC/2015 76
6. Locação e ação de despejo 79
7. Ações possessórias 81
   - 7.1 Aspectos processuais e procedimentais relativos às demandas interditais imobiliárias e mobiliárias sob o prisma da Lei n. 9.099/1995 81
   - 7.2 Das ações possessórias imobiliárias e mobiliárias 83
   - 7.3 Das ações de imissão de posse e reivindicatória 84
8. O valor da causa nas ações possessórias 85
   - 8.1 Os diversos critérios de fixação do valor da causa possessória 85
   - 8.2 O critério baseado no valor de lançamento do imposto 86
   - 8.3 O objeto da ação como base ideal de valoração – a nossa concepção 87
9. Da competência para promover a execução de título judicial e extrajudicial 88

9.1	Aspectos gerais destacados	88
9.2	Análise do princípio da perpetuatio iurisdictionis e a questão das demandas pendentes em fase de liquidação e execução de sentença	88
9.3	Competência para execução das sentenças criminais de natureza civil indenizatória	89
10. Da exclusão da competência		90
11. Opção pelo procedimento especial sumaríssimo dos Juizados		91
12. Opção pelo procedimento especial dos Juizados e renúncia ao crédito excedente		91
13. Proposta legislativa para modificação do art. 3º da Lei n. 9.099/1995		92

Art. 4º 94

1. Competência de foro 94

Seção II – Do Juiz, dos Conciliadores e dos Juízes Leigos 95

Art. 5º 95

1. Direção do processo 95
2. Poderes do juiz e princípio dispositivo 96
3. Da valoração das provas e do direito baseada em regras de experiência comum ou técnica 99

Art. 6º 101

1. Decisão justa e equânime 101

Art. 7º 106

1. Da denominação utilizada pelo legislador para indicar os novos auxiliares da justiça 106
2. Dos auxiliares da justiça 107
3. Do recrutamento dos conciliadores e juízes instrutores (ou leigos) 107
4. Do impedimento ao exercício da advocacia 109
5. Da não existência de incompatibilidade entre as funções de advogado e de auxiliar da justiça 109

Seção III – Das Partes 113

Art. 8º 113

1. Da capacidade de estar em juízo. Pressupostos processuais de validade 113
2. Da exclusão das pessoas jurídicas do polo ativo da demanda 115
3. A questão dos condomínios, espólios, entidades beneficentes, assistenciais e sociedades civis sem fins lucrativos 116
4. Pedido contraposto por pessoa jurídica 117
5. A exclusão das pessoas naturais cessionárias de pessoas jurídicas. Da cessão de crédito real ou fictícia 118
6, 7 e 8. Da capacidade das pessoas jurídicas para integrar o polo ativo 120
9. Da capacidade do maior de 18 anos de idade para estar em juízo por si só e a questão do pedido contraposto 121

Art. 9º 122

1. Da assistência facultativa de advogado e sua constitucionalidade 122
2. Da obrigatoriedade do patrocínio da causa por advogado 126
3. Do equilíbrio processual e da paridade entre os litigantes: imprescindibilidade de representação por advogado em face do sujeito passivo da demanda 126

4. Da imprescindibilidade de representação por advogado diante da complexidade da causa	127
5. Mandato verbal ou escrito	127
6. Representação da pessoa jurídica por preposto credenciado	128

Art. 10. 128
1. Intervenção de terceiros, assistência e *amicus curiae* 128
2. Do litisconsórcio 131

Art. 11. 131
1. Da intervenção do Ministério Público 131

Seção IV – Dos Atos Processuais 132

Art. 12 132
1. Dos atos processuais 132
  1.1 Atos das partes 132
  1.2 Atos e pronunciamentos judiciais 132
2. Do tempo e do lugar dos atos processuais 134

Art. 13 134
1. Princípio da instrumentalidade das formas 134
2. Da inexistência de nulidade sem prejuízo às partes 135
3. Dos atos processuais em comarcas distintas 135
4. Dos registros dos atos processuais 136
5. Das disposições das normas de organização judiciária 137

Seção V – Do Pedido 137

Art. 14. 137
1. Da propositura da ação 137
2. Requisitos e emenda da petição inicial, tipos de pedido e pedido de desconsideração da personalidade jurídica 137
3. Modificação do pedido ou da causa de pedir 138
4. Pedido inicial e fato superveniente 140
5. Qualificação das partes 141
6. Causa de pedir 141
7. Pedido e valor da causa 142
8. Das provas e do seu requerimento 142
9. Pedido genérico 143
10. Do requerimento oral 143

Art. 15. 143
1. Tipos de pedido e alternatividade 143
2. Alternatividade do pedido e escolha do devedor 144
3. Pedido sucessivo 144
4. Pedido sucessivo e pedido alternativo 146
5. Cognição sucessiva e cognição alternativa 147
6. Cúmulo de pretensões 149

Art. 16	151
1. Dos trâmites processuais preliminares	151
2. Da audiência de conciliação, instrução e julgamento	151
Art. 17	153
1. Do primeiro comparecimento espontâneo e simultâneo das partes em juízo	153
2. Pedidos contrapostos e momento para oferecimento de resposta	153
Seção VI – Das Citações e Intimações	154
Art. 18	154
1. Citação e suas modalidades	154
2. Citação postal de pessoa física	155
3. Citação postal de pessoa jurídica	156
4. Citação por oficial de justiça	157
5. Conteúdo da citação e prazo mínimo entre a comunicação e a audiência	157
6. Da citação editalícia	159
7. Do comparecimento espontâneo do réu	159
Art. 19	159
1. Das intimações e da contagem dos prazos	160
2. Da ciência dos atos praticados em audiência	160
3. Da mudança de endereço e seus efeitos	160
Seção VII – Da Revelia	161
Art. 20	161
1. Efeitos decorrentes do não comparecimento do réu à audiência	161
2. Da revelia e seus efeitos	163
Seção VIII – Da Conciliação e do Juízo Arbitral	165
Art. 21	165
1. Vantagens da autocomposição	165
2. Da advertência a respeito da renúncia de crédito excedente	166
Art. 22	167
1. Das atividades conciliatórias	167
2. Da presidência dos trabalhos	167
3. Da homologação do acordo	168
4. Da possibilidade de realização de videoconferências nos Juizados Especiais Cíveis	168
Art. 23	168
1. Do julgamento antecipado em face da revelia	169
Art. 24	169
1. Da opção pela arbitragem. Breves considerações distintivas e comparativas entre o regime arbitral instituído pela Lei n. 9.307/1996 e a Lei n. 9.099/1995	169
2. Da instauração da arbitragem	171

3. Da escolha do árbitro 172

Art. 25 172
1. "Critérios" na condução da arbitragem 172

Art. 26 173
1. Da entrega do "laudo" arbitral e sua homologação por sentença irrecorrível 173
2. Nulidades do "laudo" arbitral e recusa judicial à homologação 174

Seção IX – Da Instrução e Julgamento 174

Art. 27 174
1. Realização imediata da instrução e julgamento 175
2. Razões impeditivas à instauração imediata da audiência de instrução e julgamento 175
3. Da designação de nova data para o prosseguimento da audiência 176

Art. 28 176
1. Das atividades instrutórias 176
2. Da sentença proferida em audiência 177

Art. 29 178
1. Momento processual oportuno à decisão das questões incidentes 178
2. Das questões objeto de conhecimento na sentença 179
3. Da juntada de documentos e manifestação sobre eles 179

Seção X – Da Resposta do Réu 179

Art. 30 179
1. Da forma de oferecer "contestação" e momento processual oportuno para responder ... 180
2. Do prazo para oferecimento de resposta 181
3. Conteúdo da resposta 182
4. Das exceções 183

Art. 31 183
1. Da proibição de reconvir 183
2. Reconvenção e pedidos contrapostos 184
3. Da manifestação do autor sobre a resposta do réu 187

Seção XI – Das Provas 187

Art. 32 187
1. Meios probatórios e sua admissibilidade 187
2. Tipos de prova 188

Art. 33 189
1. Momento processual oportuno à produção de provas 189
2. A questão da tempestividade para o requerimento de produção de provas 190
3. Poderes instrutórios do juiz 190

Art. 34 192
1. Limite máximo do número de testemunhas 192
2. Do comparecimento das testemunhas 193
3. Do prazo para apresentação de pedido de intimação das testemunhas 193
4. Da condução da testemunha 193

Art. 35 194
1. Complexidade da matéria e prova técnica 194
2. Da realização da prova técnica 197
3. Da inspeção judicial 197

Art. 36 198
1. Dos termos em audiência e seu registro 198

Art. 37 199
1. Do juiz instrutor e seus poderes 199

Seção XII – Da Sentença 200

Art. 38 200
1. Conteúdo da sentença 200
2. Da coisa julgada 202
3. Julgamento de mérito conforme o estado inicial do processo 202
4. Da liquidez da sentença 204

Art. 39 205
1. Da ineficácia da sentença 205
2. Prestações periódicas ou de trato sucessivo 206
3. Exceção ao limite de alçada em face da incidência de juros e correção monetária 207
4. Exceção ao limite de alçada em face da sucumbência, da aplicação de pena pecuniária por litigância de má-fé ou prática de ato atentatório à dignidade da justiça, das *astreintes* e da multa por não pagamento espontâneo decorrente de condenação por quantia certa 209
5. Modificações do salário mínimo 211
6. Da advertência a respeito da renúncia de crédito excedente 212

Art. 40 212
1. Sentença proferida por juiz instrutor (ou leigo) 212
2. Juiz togado e sentença *ad referendum* 213

Art. 41 213
1. Recursos e meios de impugnação 214
   1.1 Considerações gerais sobre os meios de impugnação nos Juizados Especiais Cíveis 214
   1.2 Da apelação 216
   1.3 Do agravo por instrumento 217
   1.4 Do mandado de segurança e *habeas corpus* 223
   1.5 Do pedido de reconsideração 228
   1.6 Da reclamação ou correição parcial 230
   1.7 Da reclamação destinada a dirimir divergência entre acórdão prolatado por turma recursal estadual e a jurisprudência do Superior Tribunal de Justiça 232
      1.7.1 Breve relato histórico 232

	1.7.2	Da inconstitucionalidade e da ilegalidade da Resolução STJ/GP n. 3, de 7 de abril de 2016	236
	1.8	Decisões não unânimes, embargos de divergência e a técnica do julgamento estendido	245
	1.9	Uniformização de jurisprudência	245
	1.10	Do incidente de arguição de inconstitucionalidade	252
	1.11	Do incidente de resolução de demandas repetitivas	253
	1.12	Do incidente de assunção de competência	254
	1.13	Da reclamação prevista no Código de Processo Civil	254
2.	Da competência restritiva do Colégio Recursal	255
3.	Da composição do Colégio Recursal	257
4.	Da indispensabilidade de advogado em segundo grau de jurisdição	259
5.	Do julgamento monocrático em sede recursal	261

Art. 42 261

1. Do prazo de interposição do recurso 261
2. Fundamentação e forma do recurso 262
3. Do preparo e da deserção 262
4. Da resposta ao recurso 263
5. Indeferimento da petição inicial e reforma de ofício da sentença 263
6. Do recurso em razão de julgamento de mérito conforme o estado inicial do processo ... 263

Art. 43 264

1. Controle de admissibilidade do recurso 264
2. Efeitos decorrentes do recebimento do recurso 265

Art. 44 266

1. Da transcrição das fitas magnéticas 266

Art. 45 267

1. Da intimação da data do julgamento 267

Art. 46 267

1. Da forma e fundamentação do acórdão 267
2. Recursos e meios de impugnação 268

Art. 47. (*Vetado.*) 268

Seção XIII – Dos Embargos de Declaração 268

Art. 48 268

1. Do cabimento dos embargos de declaração 269
2. Da obscuridade, contradição e omissão. 270
3. Da correção *ex officio* de erro material 272

Art. 49 272

1. Da forma e do prazo de interposição dos embargos declaratórios 272

Art. 50 272

1. Da interrupção do prazo para a interposição de recurso 272

Seção XIV – Da Extinção do Processo sem Julgamento do Mérito 273

Art. 51 273

1. Extinção ou redistribuição do processo? 273
2. Extinção do processo e suas hipóteses 274
3. Contumácia do autor e efeitos decorrentes da ausência das partes em qualquer fase da audiência de conciliação, instrução e julgamento 275
4. Incompatibilidade procedimental 276
5. Incompetência territorial 277
6. Impedimentos supervenientes 277
7 e 8. Falecimento das partes 279
9. Extinção sem intimação pessoal 279
10. Ausência do autor decorrente de força maior 280

Seção XV – Da Execução 281

Art. 52 281

1. Do processamento da execução de título judicial 282
2. Da liquidez da sentença 284
3. Da conversão dos índices 284
4. Da intimação da sentença e do ato de instar 285
5. Do descumprimento da sentença e da autoexecutividade do título judicial 285
6. Da execução da obrigação de entregar, de fazer ou não fazer 287
7. Da alienação forçada de bens provenientes de constrição judicial 289
8. Da publicação de editais de praça e leilão 290
9. Dos embargos à execução, à arrematação, à adjudicação e de terceiro 290

Art. 53 291

1. Dos limites e do processamento da execução de título extrajudicial 292
2. Da audiência de conciliação, instrução e julgamento 293
3. Da composição judicial amigável e da adjudicação 293
4. Efeitos da rejeição dos embargos ou da inexistência de oposição 294
5. Da inexistência de bens penhoráveis e seus efeitos 294
6. Do arresto de bens do devedor não localizado 295

Seção XVI – Das Despesas 296

Art. 54 296

1. Do amplo acesso à justiça, gratuidade e princípio da sucumbência 296
2. Das despesas processuais em grau de recurso 299

Art. 55 300

1. Da inexistência de sucumbência (como regra) no processo cognitivo em primeiro grau de jurisdição 300
2. Litigância de má-fé, prática de ato atentatório à dignidade da justiça e sucumbência 301
3. Da sucumbência em segundo grau de jurisdição 301
4. Das despesas e honorários no processo de execução 302

Seção XVII – Disposições Finais 303

Art. 56 303

1. Das curadorias e assistência judiciária 303

Art. 57 303

1. Da validade jurídica do acordo extrajudicial 303

Art. 58 305

1. Da extensão das hipóteses de conciliação 305

Art. 59 306

1. Ação rescisória, ação anulatória, recurso especial e recurso extraordinário 306
   1.1 Ação rescisória 306
   1.2 Ação anulatória 307
   1.3 Recurso especial 308
   1.4 Recurso extraordinário 310

Segunda Parte
JUIZADOS ESPECIAIS CRIMINAIS
Fernando da Costa Tourinho Neto

Introdução 319

1. O Direito, a Liberdade, a Justiça, o Homem e o Criminoso, o Respeito à dignidade da pessoa humana 319
   1.1 O Direito 319
   1.2 A liberdade 319
   1.3 A justiça 320
   1.4 O homem, o criminoso e o respeito à dignidade da pessoa humana 320
   1.5 Suspeito, indiciado, acusado e autor do fato 323
       1.5.1 Suspeito e indiciado 323
       1.5.2 Réu ou acusado 325
       1.5.3 Autor do fato 325
   1.6 A pena de talião. Desrespeito à pessoa humana 325
   1.7 Justiça morosa, negativa a seu acesso efetivo 326
2. O microssistema processual 327
   2.1 Origem, criação e instituição dos Juizados Especiais Estaduais e Federais 327
3. Os Juizados e a pandemia 331
   4. Os Juizados e a era digital 331

Capítulo III – Dos Juizados Especiais Criminais 333

Disposições Gerais 333

Art. 60 333

1. Composição. Juízes togados. Juízes leigos 333
2. Conciliação 336
3. Julgamento 337

4. Execução	337
5. Jurisdição e competência	337
6. As regras de conexão e continência	337

Art. 61 337

1. Critério para determinar o que seja delito de menor potencial ofensivo	338
2. As contravenções penais	339
2.1 Crime, contravenção e reincidência	343
2.2 A competência dos Juizados e as contravenções com pena superior a dois anos	343
3. Derrogação do art. 61, da Lei n. 9099/1995, antes da Lei n. 11313/2006	344
4. O Juizado e o crime de bagatela	345
5. Concurso de crimes	347
6. Crime continuado. Fixação da pena	348
7. As circunstâncias	348
8. A elementar	349
8.1 A tentativa e o máximo da pena	349
9. O crime complexo	350
10. O crime de estupro e a lesão corporal leve	351
11. A desclassificação da tentativa de homicídio para lesão leve, pelo Tribunal do Júri	352
12. Os crimes de menor potencial ofensivo previstos em normas com ritos especiais	353
13. O Juizado Especial e os crimes de ação penal privada	354
14. O Juizado Especial e os crimes falimentares. Lei n. 11101, de 09.02.2005	355
15. O Juizado Especial e os crimes contra a economia popular. Lei n. 1521, de 16.12.1951	357
16. Juizado Especial e os crimes de abuso de autoridade. Lei n. 4898, de 09.12.1965	357
17. O Juizado Especial e os crimes de imprensa. Lei n. 5250, de 09.02.1967	357
18. O Juizado Especial e os crimes de tóxicos. Lei n. 11343, de 23.08.2006	358
19. O Juizado Especial e os crimes contra o Sistema Financeiro. Lei n. 7492, de 16.06.1986	359
20. O Juizado Especial e os crimes contra a criança e o adolescente. Lei n. 8069, de 13.06.1990	359
21. O Juizado Especial e os crimes contra o consumidor. Lei n. 8078, de 11.09.1990	359
22. O Juizado Especial e os crimes de sonegação fiscal. Lei n. 8137, de 27.12.1990	359
23. O Juizado Especial e o crime contra a administração pública. Lei n. 8429, de 02.06.1992	360
24. O Juizado Especial e os crimes de licitação. Lei n. 8666, de 21.06.1993	360
25. O Juizado Especial e os crimes contra a propriedade industrial. Lei n. 9279, de 14.05.1996	360
26. O Juizado Especial e os crimes de tortura. Lei n. 9455, de 07.04.1997	360
27. A atividade clandestina de telecomunicação. Lei n. 9472, de 16.07.1997, e a Lei n. 4117, de 27.08.1962	361
28. O Juizado Especial e os crimes de trânsito. Lei n. 9503, de 23.09.1997	361
29. O Juizado Especial e os crimes ambientais. Lei n. 9605, de 12.02.1998	362
30. O Juizado Especial e o Estatuto da Pessoa Idosa. Lei n. 10741, de 01.10.2003	364
31. O Juizado Especial e a lei das armas de fogo. Lei n. 10826, de 22.12.2003	366
32. O Juizado Especial e os crimes militares	366
33. O Juizado Especial e a Lei Maria da Penha. Lei n. 11340, de 07.08.2006, que cuida de mecanismos para coibir a violência doméstica e familiar contra a mulher	366
34. Conclusão	370

Art. 62 370

1. Princípios orientadores dos Juizados Especiais 370
   1.1 Princípio da oralidade 370
   1.2 Princípio da simplicidade 372
   1.3 Princípio da informalidade 372
   1.4 Princípio da economia processual 373
   1.5 Princípio da imediação 373
   1.6 Princípio da concentração de atos 373
   1.7 Princípio da identidade física do juiz 374
        1.7.1 Exceções ao princípio da identidade física do juiz 375
   1.8 Princípio da celeridade 375
2. Objetivos dos Juizados Especiais Criminais 378
   2.1 Não aplicação da pena privativa de liberdade 378
   2.2 Ressarcimento dos danos sofridos pela vítima 384

Seção I – Da Competência e dos Atos Processuais 389

Art. 63 389

1. Jurisdição 389
2. Competência 390
   2.1 Desclassificação 392
   2.2 Determinação da competência 393
   2.3 Competência pela natureza da infração 393
   2.4 Competência pelo lugar da infração 394
   2.5 Competência pelo domicílio ou residência do réu 395
   2.6 Competência pela distribuição 395
   2.7 Competência pela prevenção 395
   2.8 Competência pela conexão e continência 396
        2.8.1 O procedimento no caso de ocorrer conexão ou continência 398
   2.9 Competência por prerrogativa de função 399
   2.10 *Perpetuatio jurisdictionis* 399
   2.11 A ação penal privada e o lugar de propositura da ação 399
   2.12 O Tribunal do Júri e o Juizado 399
   2.13 Conflito de competência 400
3. Causas de competência originária dos Tribunais Regionais Federais 402
4. Competência por prerrogativa de função após a cessação da investidura 402
5. Competência delegada 403
6. Os Juizados Especiais e a extradição 403
7. Graus de jurisdição nos Juizados 404

Art. 64 405

1. Atos processuais 405
2. O princípio da publicidade e o da celeridade 405
3. Atos do juiz 409
4. Atos das partes 409
5. Atos dos serventuários 410
6. Atos praticados por terceiros 410

Art. 65 410

1. Nulidade dos atos processuais 410
   - 1.1 Ato processual perfeito 410
   - 1.2 Ato inexistente 411
   - 1.3 Nulidade. Ato nulo 411
     - 1.3.1 Princípio da finalidade 412
     - 1.3.2 Princípio do prejuízo 412
     - 1.3.3 Princípio da convalidação 413
   - 1.4 Nulidade sanável 413
   - 1.5 Nulidade originária e nulidade derivada 414
   - 1.6 Irregularidade 414
   - 1.7 Princípio do interesse 414
   - 1.8 A instrumentalidade do processo 415
2. A prática dos atos processuais em outras seções judiciárias ou comarcas 415
3. Registro. Redução a termo 415

Art. 66 416

1. Atos de comunicação 416
   - 1.1 Citação 417
     - 1.1.1 Citação por mandado 417
     - 1.1.2 Citação por carta precatória 418
       - 1.1.2.1 Precatória itinerante 418
     - 1.1.3 Citação por carta de ordem 419
     - 1.1.4 Citação por carta rogatória 419
     - 1.1.5 Citação por edital. Citação com hora certa 419
     - 1.1.6 Citação via e-mail (processo virtual) 421
     - 1.1.7 Citação por WhatsApp 422

Art. 67 424

1. Intimação e notificação 424
2. Intimação na audiência 426

Art. 68 427

1. Assistência de advogado 427
2. A falta de advertência 427
3. O comparecimento do acusado sem advogado 428

Seção II – Da Fase Preliminar 428

Art. 69 428

1. A fase preliminar 428
2. Autoridade policial 429
3. Termo circunstanciado 430
   - 3.1 Investigação feita pelo Ministério Público 431
4. Diligências complementares 431
5. Prisão em flagrante 431
6. A prisão determinada por juiz cível por desobediência à sua ordem 432
7. Fiança 432

8. Apresentação do autor do fato ao Juizado Especial	433
9. Violência doméstica	433
10. Identificação criminal	435

Art. 70 436
1. Impossibilidade da realização da audiência preliminar 436

Art. 71 438
1. Audiência preliminar. Intimação do faltoso 438

Art. 72 438
1. A audiência preliminar 438
2. As explicações sobre a composição dos danos 440

Art. 73 441
1. A conciliação 441
   1.1 Um fundo de amparo à vítima 442
   1.2 Pode haver composição em que o sujeito passivo é tão somente o Estado? 443
   1.3 O Ministério Público e a composição dos danos 443
   1.4 Pode a tentativa de conciliação ser deprecada? 443
2. Os conciliadores 443

Art. 74 445
1. A composição dos danos 445
2. A decisão sobre o acordo 446
3. A renúncia 447
4. O não cumprimento do acordo 448

Art. 75 448
1. A ação penal. A representação 448
2. O menor de 18 anos e o direito de representação 451
3. A *actio civilis ex delicto* 452
4. Frustração da composição civil e a ação penal privada 453

Art. 76 453
1. Transação ou composição penal 453
   1.1 Natureza jurídica da transação 456
   1.2 O princípio da obrigatoriedade 458
   1.3 A transação e os princípios processuais constitucionais 459
   1.4 Requisitos para a concessão da transação 470
       1.4.1 Maus antecedentes e pena restritiva de direitos ou de multa 473
   1.5 A proposta de transação 474
       1.5.1 Transação por precatória 475
   1.6 Proposta formulada pelo autor do fato 475
   1.7 Transação penal *ex officio* 476
   1.8 Aplicação analógica do art. 28, do Código de Processo Penal 478
   1.9 Inexistência de proposta 478
2. A transação e o Tribunal do Júri 480
3. Ação penal privada e transação 480

4. Ação penal pública, transação e composição dos danos civis	481
5. Aceitação da proposta de transação	481
6. Homologação da transação	483
7. Recurso contra sentença homologatória da transação	484
8. Efeitos da sentença homologatória	485
9. A transação nos crimes ambientais	486
10. Espécies de penas aplicáveis por força da transação	486
10.1 A aplicação da pena	488
11. Princípio da insignificância	491
12. Descumprimento do acordo	496
13. Assistente da acusação na audiência preliminar	498
14. O arquivamento	499

Seção III – Do Procedimento Sumaríssimo 499

Art. 77 499

1. O procedimento sumaríssimo	500
2. Ação penal pública incondicionada. Oferecimento da denúncia	500
2.1 A acusação	500
2.1.1 O Ministério Público e a investigação	501
2.2 O procedimento	503
2.3 Diligências imprescindíveis	503
2.4 A denúncia	503
2.4.1 Denúncia alternativa	504
2.4.2 Denúncia acrítica	505
2.4.3 Aditamento	505
2.4.4 Denúncia por escrito	506
3. Exame de corpo de delito	506
4. Caso complexo	507
4.1 Complexidade verificada no curso da ação penal	508
5. Ação penal privada. Queixa	509
6. Ação penal privada subsidiária	509

Art. 78 510

1. Denúncia. Oferecimento	510
2. As testemunhas	511
2.1 Número de testemunhas	511
3. Prisão preventiva	513
3.1 Prisão para execução da pena	515
3.2 Prisão preventiva para fins de extradição	515

Art. 79 515

1. Tentativa de conciliação	515

Art. 80 516

1. Condução coercitiva	516

Art. 81 518

1. Tentativa de conciliação e proposta do Ministério Público	519

2.	Resposta à acusação. Defesa	519
3.	Recebimento da denúncia	521
	3.1 Rejeição e não recebimento da denúncia. Diferenciação	522
	3.2 Provimento do recurso interposto contra decisão que rejeita a denúncia	522
4.	Provas inadmissíveis, impertinentes, excessivas ou protelatórias	522
	4.1 Direito à prova	524
5.	A vítima	524
6.	A testemunha	525
7.	O interrogatório	526
	7.1 O silêncio do interrogado	526
	7.2 Como é realizado o interrogatório?	527
	7.3 O direito do réu de acompanhar a audiência	528
	7.4 Interrogatório por videoconferência	528
	7.4.1 Requisitos de admissibilidade	529
8.	Audiência de instrução e julgamento	529
	8.1 Réu que incrimina corréu	530
	8.2 Ouvida de testemunha referida	530
	8.3 Ouvida de testemunha por determinação do juiz	530
	8.4 Testemunha residente fora da jurisdição do Juizado	530
	8.5 Documentos apresentados no curso da audiência	531
	8.6 Acusado ou querelado ausentes	531
	8.7 Respeito à dignidade da vítima e das testemunhas.	531
9.	Debate oral	531
10.	Sentença	531
	10.1 Julgar	531
	10.2 Decisão acertada com delegado e membro do Ministério Público	533
	10.3 Sentença. Conceito	534
	10.3.1 Acusação e sentença. Princípio da correlação	535
	10.3.1.1 *Emendatio libelli*	535
	10.3.1.2 *Mutatio libelli*	536
11.	Consequência da inobservância do procedimento	536

Art. 82 ... 536

1.	A razão dos recursos	537
2.	Objetivos dos recursos	537
3.	Pressupostos e requisitos dos recursos	538
	3.1 Pressupostos objetivos	539
	3.2 Pressupostos subjetivos	540
	3.2.1 Unirrecorribilidade	540
4.	Juízo de admissibilidade	540
5.	Efeitos dos recursos	540
6.	Apelação	541
	6.1 Do cabimento da apelação	543
	6.1.1 Sentença que absolve ou condena	543
	6.1.2 Decisão que rejeita a denúncia ou a queixa	543
	6.1.2.1 Rejeição e não recebimento da denúncia	544
	6.2 Da decisão que receber a denúncia ou queixa, qual o recurso cabível?	545

	6.3	Qual o recurso contra a decisão que rejeita o aditamento à denúncia?	545
	6.4	Da decisão homologatória	545
	6.5	Pressupostos subjetivos da apelação	545
	6.6	Efeitos do recurso de apelação	546
	6.7	Renúncia ao direito de apelação	546
		6.7.1 Renúncia e desistência	547
7.	Recurso em sentido estrito	547
	7.1	Qual o recurso admissível contra as decisões deferitórias de medidas cautelares previstas no art. 4º, da Lei n. 10259/2001?	547
8.	Embargos infringentes	548
9.	Carta testemunhável	548
10.	Recurso de ofício	548
11.	Correição parcial	549
12.	Turma Recursal	550
	12.1	O procedimento de julgamento na Turma Recursal	551
	12.2	Intimação pessoal do Ministério Público e dos defensores públicos	551
	12.3	Motivação *per relationem*	553
	12.4	Intimação da decisão de Turma Recursal	553
13.	Pedido de uniformização	554
	13.1	Divergência entre decisões de Turmas da mesma região (art. 14 da Lei n. 10259/2001)	554
	13.2	Divergência entre decisões de Turmas de diferentes regiões	554
	13.3	Turma de Uniformização de Jurisprudência nos Juizados Estaduais	554
14.	Agravo	554
	14.1	Agravo em recurso extraordinário criminal	555
	14.2	Agravo na execução	555
15.	Recursos extraordinário e especial	555
	15.1	Recurso especial	556
	15.2	Recurso extraordinário	557
		15.2.1 Procedimento do recurso extraordinário	557

Art. 83 558

1.	Embargos de declaração	558
	1.1	Os defeitos da decisão	558
	1.2	Finalidade dos embargos	559
		1.2.1 Questionário formulado pelo embargante	560
		1.2.2 Pormenor irrelevante	560
	1.3	Procedimento	560
	1.4	Suspensão do prazo para recurso	560
	1.5	Embargos contra decisão monocrática de relator	561
	1.6	Embargos com a finalidade de prequestionamento	562
	1.7	Embargos procrastinatórios	562
	1.8	Efeitos modificativos dos embargos	562
	1.9	Rejeição in limine dos embargos e o agravo inominado	563
	1.10	Órgão competente para julgar os embargos	563
	1.11	Retratabilidade	564
	1.12	Embargos de declaração a embargos de declaração	564
2.	Erros materiais	564
3.	Possibilidade de execução da pena após condenação em segundo grau	564

Seção IV – Da Execução 564

Art. 84 564

1. A execução 565
   - 1.1 Prazo para pagamento da multa. Termo *a quo* 565
   - 1.2 Pagamento parcelado e mediante desconto na remuneração do condenado 565
   - 1.3 Cobrança da multa 565
   - 1.4 A multa e a correção monetária 566
   - 1.5 Extinção da punibilidade pelo pagamento 566
   - 1.6 Registro criminal 566
   - 1.7 A multa e a herança 566
   - 1.8 O inadimplemento 567
     - 1.8.1 A multa decorrente de transação e a conversão em cesta básica 567
   - 1.9 Competência para execução 567

Art. 85 567

1. Não pagamento da multa. Consequência 567
   - 1.1 Natureza da multa 569
   - 1.2 A prescrição da pena de multa 569

Art. 86 569

1. A execução das penas privativas de liberdade, restritivas de direitos ou de multa cumulada com estas 569
2. A pena restritiva de direitos e sua conversão em pena privativa de liberdade 570
3. Substituição da pena privativa de liberdade por prestação pecuniária. Lei especial 571

Seção V – Das Despesas Processuais 571

Art. 87 571

1. Despesas processuais 572
2. Redução das despesas processuais 572
3. Honorários advocatícios 572

Seção VI – Disposições Finais 573

Art. 88 573

1. Da representação para os crimes de lesão corporal leve e culposa 573
2. Procedimentos originários 575
3. A falta de representação e o art. 564, III, a, do CPP 576
4. A contravenção e a representação 576
5. Desclassificação de lesão grave para leve e a representação 577
6. A lesão leve e a Justiça Militar 577
7. A representação e o crime complexo 577
8. O crime de trânsito, embriaguez ao volante 577

Art. 89 577

1. Suspensão condicional do processo 578
   - 1.1 Requisitos para a concessão da suspensão do processo 579
2. O *sursis* processual, os concursos formal e material e a continuidade delitiva; o crime qualificado e a conexão 582

3. O crime qualificado, o conexo e a suspensão do processo	584
4. Momento da proposta de suspensão do processo	586
5. Proposta de suspensão não acolhida pelo juiz	588
6. Suspensão do processo, direito subjetivo do acusado	588
7. Ação iniciada antes da vigência da Lei n. 10259/2001 e a suspensão do processo	589
8. Erro na classificação do crime e suspensão do processo	590
9. Ação penal privada e suspensão do processo	591
10. Perdão judicial e suspensão do processo	592
11. Aceitação da proposta de suspensão do processo	592
12. Renovação da proposta de suspensão do processo	593
13. Recebimento da denúncia e suspensão do processo	593
14. Condições impostas para a suspensão do processo	593
15. Momento da concessão da suspensão do processo	596
16. Qual o recurso cabível contra a decisão que suspende ou não o processo?	596
17. Revogação obrigatória da suspensão do processo	597
18. Revogação facultativa da suspensão do processo	598
19. Extinção da punibilidade, findo o período de prova	598
20. Beneficiário sem recursos financeiros	600
21. Suspensão do processo e prova antecipada	600

Art. 90 600

1. A aplicação da Lei n. 9099/1995 e os processos já iniciados, com instrução	601
2. As ações referentes aos crimes de menor potencial ofensivo ajuizadas no Juízo Comum antes de entrar em vigor a Lei n. 10259/2001 (art. 25)	603
2.1 A *vacatio legis* (art. 27, da Lei n. 10259/2001)	603

Art. 90-A 605

1. A Lei dos Juizados e os crimes militares	605
1.1 Crime militar próprio e impróprio	606
1.2 Irretroatividade da Lei n. 9839/1999	606

Art. 91 607

1. Ação penal dependente de representação em relação aos crimes de lesões corporais leves	607
2. O prazo de trinta dias para oferecimento da representação. Processos pendentes	607
2.1 A decadência	609
2.2 A intimação da vítima	610

Art. 92 610

1. Aplicação subsidiária dos Códigos Penal e de Processo Penal	610
2. Aplicação subsidiária do Código de Processo Civil	612

Capítulo IV – Disposições Finais Comuns 612

Art. 93 612

1. Os estados e os Juizados Especiais	612
1.1 Da competência dos Estados em sede de Juizados Especiais	612
1.2 Qual a diferença entre processo e procedimento?	615
1.3 Sistema de Juizados Especiais Cíveis e Criminais	616

	1.3.1	A estrutura do Juizado	616
		1.3.1.1 Juizado Especial Adjunto	617
		1.3.1.2 Juizados Itinerantes	617
	1.3.2	Juizados Especiais Federais. Organização. Peculiaridades	617
	1.3.3	Juizados Especiais Estaduais. Organização	618

Art. 94 618

1. A justiça indo até os menos favorecidos 619
2. Ocupação de instalações públicas 620
3. Audiências previamente anunciadas 620

Art. 95 620

1. A criação e a instalação dos Juizados 620

Art. 96 621

1. A vigência da lei. Sistemas imediato, sincrônico ou simultâneo e sucessivo ou progressivo 621
   1.1 Sistema imediato 621
   1.2 Sistema sincrônico ou simultâneo 621
   1.3 Sistema sucessivo ou progressivo 621
2. A lei: elaboração, sanção, promulgação e publicação 622
   2.1 Elaboração 622
   2.2 Sanção 622
       2.2.1 Veto 622
   2.3 Promulgação 622
   2.4 Publicação 622
   2.5 *Vacatio legis* 623
       2.5.1 A contagem do prazo de *vacatio legis* 623
   2.6 Correção do texto com a republicação da lei 623

Art. 97 623

1. Revogação 623
   1.1 Ab-rogação 624
   1.2 Derrogação 624
   1.3 Revogação das disposições em contrário 624
   1.4 A repristinação 625
2. A revogação das Leis n. 4611/1965 e 7244/1984 625

Capítulo V – Do FONAJE 626

Capítulo VI – Ações de Impugnação nos Juizados Especiais Criminais 627

I – ARGUIÇÃO DE INCONSTITUCIONALIDADE 627

1. Controle de constitucionalidade difuso ou incidental 627
2. O Juizado Especial e a Turma Recursal e a apreciação de inconstitucionalidade 627

II – *HABEAS CORPUS* 627

1. Histórico 627
2. O que significa *habeas corpus*? 628
3. Conceito e finalidade 628

4.	Natureza	629
5.	Espécies	629
	5.1 *Habeas corpus* de ofício	629
	5.2 *Habeas corpus* liberatório	629
	5.3 *Habeas corpus* preventivo	630
	5.4 Alvará de soltura clausulado	630
6.	A impetração	630
	6.1 Impetrante	630
	6.2 Paciente	630
	6.3 Autoridade coatora e detentor	630
7.	Meios de impetração	631
	7.1 Pedido de liminar	631
8.	Hipóteses de constrangimento ilegal	632
9.	Pedido prejudicado	632
10.	O defensivismo e a restrição ao *habeas corpus*	632
11.	As operações da Polícia Federal	633
12.	Recursos	634
	12.1 Efeitos do recurso	635
13.	O recurso de ofício	635
14.	Renovação ou reiteração do pedido	635
15.	Relaxamento da prisão	635
16.	Impossibilidade do pedido de *habeas corpus*	635
17.	A Lei dos Juizados e o *habeas corpus*	635

III – MANDADO DE SEGURANÇA ... 638

1.	Origem	638
2.	Conceito	639
3.	Natureza	639
4.	Pressupostos	639
5.	Partes no mandado de segurança	640
	5.1 Impetrante	640
	5.2 Impetrado, a autoridade coatora	640
	5.3 O Ministério Público	640
6.	Liminar	640
7.	Mandado de segurança no processo penal	641
8.	Mandado de segurança contra ato judicial	641
	8.1 Agravo regimental em mandado de segurança	642
9.	Competência quando a autoridade judiciária for do Juizado Especial Criminal	642
10.	O Ministério Público de primeiro grau e o mandado de segurança	642
11.	Mandado de segurança e litisconsórcio	643
	11.1 Litisconsórcio ativo	643
	11.2 Litisconsórcio passivo	644
	11.2.1 Extinção do processo de mandado de segurança por falta de citação do litisconsorte passivo necessário	644
	11.2.2 Mandado de segurança contra decisão interlocutória do Juizado Especial	644

IV – REVISÃO CRIMINAL	645
1. Histórico	645
2. Conceito	645
3. Natureza	646
4. Causas da revisão	646
5. Requerente	646
6. Réu	647
7. Anulação da sentença	648
8. Renovação ou reiteração do pedido	648
9. Competência	648
10. Sentença homologatória e revisão	649
11. O juiz e a realidade da vida. A humanização do juiz	649
12. Juiz sem rosto	649
13. Juiz, legislador do caso concreto	650
BIBLIOGRAFIA	651
Parte Cível	651
Parte Criminal	667

ANEXOS

Fluxogramas	685
1. Procedimento sumaríssimo (e não sumaríssimo)	685
2. Processo de execução	686
3. Ação penal pública incondicionada	687
4. Ação penal pública condicionada	688
5. Ação penal privada	689
6. Procedimento sumariíssimo	690
Legislação	691
1. Constituição da República Federativa do Brasil	691
2. Lei n. 9.099, de 26 de setembro de 1995	692
3. Lei n. 10.259, de 12 de julho de 2010	704
4. Lei n. 12.153, de 22 de dezembro de 2009	708
5. Quadro comparativo das Leis n. 12.153/2009, 10.259/2001 e 9.099/1995	711
6. Resolução STJ/GP n. 3, de 7 de abril de 2016	723
Enunciados	
1. Enunciados Cíveis	725
2. Enunciados Criminais	734
3. Enunciados da Fazenda Pública	740

ÍNDICES

1. Índice Alfabético-Remissivo	745
2. Índice Legislativo por Artigos	769
3. Índice Onomástico	783

Primeira Parte
JUIZADOS ESPECIAIS CÍVEIS

Joel Dias Figueira Júnior

*Para **Beatriz**, filha eternamente amada, encanto da minha vida, e
para meus pais, **Joel e Jaimira** (in memoriam),
pelo especial exemplo de vida.
Meus sinceros agradecimentos à Dra. **Bianca Michelli Zanelato**, pela
excelência de suas pesquisas e colaboração prestada
para a atualização desta nova edição.*

Introdução:
A Crise Jurídica e Judiciária

1. O ACESSO À JUSTIÇA X EFETIVIDADE DO PROCESSO E O MICROSSISTEMA DOS JUIZADOS ESPECIAIS ESTADUAIS

Com a entrada em vigor da Lei n. 9.099, de 26 de setembro de 1995 (*DOU* 27-9-1995, p. 15.034-15.037), que dispõe sobre os Juizados Especiais Cíveis e Criminais, introduziu-se no mundo jurídico um novo sistema, ou, ainda melhor, um microssistema de natureza instrumental e de instituição constitucionalmente obrigatória (o que não se confunde com a facultatividade ou opção pelos juizados especiais) destinado à rápida e efetiva atuação do direito, e, passou-se a exigir dos estudiosos da ciência do processo uma atenção toda particular, mudança de mentalidade dos operadores do direito e reestruturação do Poder Judiciário, para bem recepcionar essa forma não ortodoxa ("alternativa") de jurisdição estatal. Nada obstante a previsão constitucional acerca da obrigatoriedade de criação dos juizados especiais (CF, art. 98, I),[1] essa forma diferenciada de jurisdição estatal não é novidade, pois desde 1984, por meio da revogada Lei n. 7.244,[2] desenvolvia-se nos estados,[3] com sucesso, a prática forense dos então denominados "juizados de pequenas causas", igualmente fundados no princípio da oralidade em grau máximo, a ele agregado os seus subprincípios da economia, simplicidade, concentração, celeridade, informalidade e efetividade. Aliás, foi o êxito nacional emplacado

---

[1] Assim está redigido o art. 98 da Constituição Federal, *in verbis*: "A União, no Distrito Federal e nos Territórios, e os Estados criarão: I – juizados especiais, providos por juízes togados, ou togados e leigos, competentes para a conciliação, o julgamento e a execução de causas cíveis de menor complexidade e infrações penais de menor potencial ofensivo, mediante os procedimentos oral e sumaríssimo, permitidos, nas hipóteses previstas em lei, a transação e o julgamento de recursos por turmas de juízes de primeiro grau; (...). § 1º Lei federal disporá sobre a criação de juizados especiais no âmbito da Justiça Federal" (EC 22, de 18-3-1999, *DOU* 19-3-1999. Anterior parágrafo único renumerado pela EC 45/2004).

Para uma abordagem histórica sobre os Juizados no Brasil e em outros países, v. o item n. 3, p. 29-38, da obra *Juizados Especiais Cíveis e Criminais*, de Pedro Manoel Abreu em coautoria com Paulo de Tarso Brandão.

V. também PEDRO Manoel Abreu, *Acesso à justiça e juizados especiais – desafio histórico da consolidação de uma justiça cidadã no Brasil*, pp. 103/172.

[2] Especificamente sobre esse tema, v. as seguintes monografias: Silva, Ovídio A. Baptista da. *Juizado de Pequenas Causas*. Porto Alegre: Lejur, 1985; Dinamarco, Cândido R. *Manual das pequenas causas*. São Paulo: RT, 1986; Tucci, Rogério Lauria Cruz e. *Manual do Juizado Especial de Pequenas Causas*. São Paulo: Saraiva, 1985; Moraes, Silvana C. *Juizado de Pequenas Causas*. São Paulo: Revista dos Tribunais, 1991; Campos, Antônio M. de. *Juizado Especial de Pequenas Causas*. São Paulo: Saraiva, 1985.

[3] Nessa linha, alguns estados da Federação, em cumprimento ao estatuído no citado art. 98 da CF, instituíram os Juizados Especiais na forma da legislação específica, com procedimento e características próprias (por exemplo, em Santa Catarina, v. a Lei n. 8.151/1990, posteriormente revogada pela Lei Complementar n. 77/1993, e a Lei n. 1.141/1993, que dispõem sobre os Juizados Especiais de Causas Cíveis e as Turmas de Recursos, criam os Juizados de Pequenas Causas e cargos de Juiz Especial; em Mato Grosso do Sul, v. Lei n. 1.071/1990, que criou os Juizados Especiais Cíveis e Criminais, e, no Rio Grande do Sul, as Leis n. 9.442/1991 e 9.446/1991).

Para uma abordagem histórica sobre os Juizados no Brasil e em outros países, v. Abreu, Pedro Manoel; Brandão, Paulo de Tarso. *Juizados especiais cíveis e criminais*: aspectos destacados. Florianópolis: Obra Jurídica, 1996, item n. 3, p. 29-38.

pelos "juizados de pequenas causas" que incentivou o legislador de 1988 a elevar esse instituto ao patamar constitucional, tornando-o obrigatório em todo o País.[4]

Por outro lado, havia certa discriminação por parte de alguns operadores do Direito e até doutrinadores, que, de forma explícita ou velada, consideravam tais Juizados uma espécie de "justiça inferior" ou "justiça menor", no confronto com a justiça comum. A esse respeito bem escreveu o saudoso mestre Ovídio Baptista da Silva: "Poder-se-ia objetar que os autores, ou ao menos o governo que os criou – assinalamos que se refere à Lei n. 7.244/1984 –, em verdade estava a imaginar neles uma solução elitista e discriminatória, introduzindo em nosso sistema uma 'justiça de segunda classe' para o cidadão comum. Se tal for verdade, pouco importa. As 'intenções do legislador' – sabemo-lo todos – não têm o menor significado perante o direito que ele produz. O que importa, segundo nosso ponto de vista, é a profunda fecundidade da ideia de aproximação do Poder Judiciário da vida social e da fonte legítima de qualquer poder democrático que é o povo, não simplesmente 'representado', mas praticando o próprio Direito".[5]

Os Juizados Especiais não podem ser considerados uma *justiça de segunda classe*; pelo contrário, seja pelos seus elevados escopos destinados à resolução de conflitos, seja pela sua origem constitucional, ou, ainda melhor, porque ampliam o acesso à justiça e minimizam a litigiosidade contida, ao oferecer para milhares de pessoas um mecanismo simples, rápido e eficaz de resolução de seus conflitos.[6] Basta que tenhamos presente que o valor de alçada dos Juizados Estaduais Cíveis, estabelecido em equivalente a quarenta salários mínimos, representa açambarcar um número elevadíssimo de demandas, atendendo os jurisdicionados que integram todos os patamares de classes sociais, notadamente se considerarmos que o salário mínimo do povo brasileiro gira em torno de US$ 200 (duzentos dólares) e, portanto, muito além do ganho médio mensal dos cidadãos. Tal indicador é fundamental para demonstrar a importância e magnitude da justiça especializada no Estado Democrático de Direito, pois reflete muito bem o espectro de abrangência dos Juizados, donde exsurge a sua importância social, política e jurídica.

Portanto, essa forma de prestar jurisdição significa, antes de tudo, um avanço legislativo de origem eminentemente constitucional, que vem dar guarida aos antigos anseios de todos os cidadãos, especialmente aos da população menos abastada, de uma justiça apta a proporcionar mecanismos hábeis de *acesso à ordem jurídica justa*. "E com isso tem a Nação, no momento exato em que caminha em direção à plenitude democrática pela participação, um instrumento de democratização da Justiça. E mais: um instrumento capaz de abrir caminhos para a grande transformação que todo o sistema processual e judicial demanda, para que se efetive a promessa de igual acesso de todos à Justiça".[7]

---

[4] Vale assinalar que, na sequência, em razão dos bons resultados obtidos na Justiça Estadual, ancorado no então parágrafo único do art. 98 da Constituição Federal (atual § 1º, com a Emenda Constitucional 45/2004), foi editada a Lei n. 10.259, de 12-7-2001, que dispõe sobre os Juizados no âmbito da Justiça Federal e, mais adiante, a Lei n. 12.153, de 22-12-2009, que instituiu os Juizados Estaduais Fazendários.

Para aprofundamentos sobre o tema dos Juizados Fazendários, v. Figueira Jr., Joel Dias. *Juizados Especiais da Fazenda Pública*: comentários à Lei 12.153, de 22 de dezembro de 2009. 3. ed. São Paulo: Saraiva, 2017. No tocante aos Juizados Federais, v. Figueira Jr., Joel Dias; Tourinho Neto, Fernando da Costa. *Juizados Especiais Federais Cíveis e Criminais*: comentários à Lei 10.259, de 12.07.2001. 4.ed. São Paulo: Saraiva, 2019.

Sobre o tema em sede de Juizados Federais, antes de ser editada a Emenda Constitucional 22, v. artigo da lavra de Silva Júnior, Walter Nunes da. Juizado Especial na Justiça Federal. *Boletim Bonijuris*, n. 299/3.564; e internet, *Teia jurídica*.

[5] Silva, Ovídio A. Baptista da. *Juizado de Pequenas Causas*. Porto Alegre: Lejur, 1985.

[6] A respeito da finalidade dos Juizados Especiais Cíveis, v. Watanabe, Kazuo. Finalidade maior dos Juizados Especiais. *Cidadania e Justiça*, n. 7, ano III, AMB, 2º sem. 1999, p. 32 e s.

Assim também Pedro Abreu e Paulo Brandão quando afirmam, ancorados em Kazuo Watanabe e Antônio de Campos, que o escopo dos Juizados não está em resolver a crise do Judiciário, mas, sim, "(...) a canalização de todos os conflitos de interesses, mesmo os de pequena expressão, para o Judiciário, que é o local próprio para a sua solução" (Abreu, Pedro; Brandão, Paulo de Tarso. *Juizados Especiais Cíveis e Criminais*: aspectos destacados. Florianópolis: Obra Jurídica, 1996, p. 27).

[7] Grinover, Ada Pellegrini. Juizado Especial de Pequenas Causas. In: Watanabe, Kazuo (coord.). *Aspectos constitucionais dos Juizados de Pequenas Causas*. São Paulo: Revista dos Tribunais, 1985, p. 22.

Por outro lado, a instituição e o adequado funcionamento dos Juizados Especiais estão a exigir muito mais do que interesse dos operadores do Direito ou vontade política – seja do Executivo, do Legislativo ou do Judiciário. Faz-se mister a realização da difícil tarefa de canalização de múltiplos fatores internos e externos em direção a um único quadro de superação da crise jurídica e jurisdicional que temos vivido nos últimos tempos, na busca de resultados diversificados que se materializem na efetividade e efetivação do processo civil por meio da rápida e eficiente solução dos conflitos intersubjetivos, coletivos ou difusos dos jurisdicionados.[8]

Há muito se ouve falar em inúmeros conclaves de processualistas, em voz praticamente uníssona, que o processo está em crise e que existe um verdadeiro descompasso entre o instrumento e a rápida, segura e cabal prestação da tutela por parte do Estado-Juiz.

Temos de reconhecer, lamentavelmente, que o modelo tal como estava posto no Código de Processo Civil de 1973 até o advento do "movimento reformista",[9] que teve início da década de 90, não atendia às necessidades dos usuários e aplicadores do sistema nomoempírico prescritivo, como também não satisfazia a demanda de justiça dos cidadãos consumidores do Direito, assim como o Código de 2015 não representou uma verdadeira reforma ou mudança de paradigma normativo instrumental, trazendo em seu bojo poucas inovações capazes de modificar o quadro existente.[10]

Por isso, já ouvimos dizer que essa incômoda situação, sobretudo a dos juízes, e a insatisfação dos jurisdicionados ofende gravemente a proteção estatal de natureza civil, seja com referência ao critério deste juízo, a norma, seja quanto ao modo pelo qual a tutela jurisdicional é assegurada, isto é, o funcionamento do processo. Na verdade, "o problema da justiça civil e da sua crise, envolve a justiça das normas e a justiça do processo".[11]

Verificava-se de maneira muito mais acentuada, até o advento da Lei n. 9.099/1995, uma sensação generalizada de que, se providências emergenciais não fossem tomadas, poderíamos adentrar numa uma crise institucional ou judicial, ocasionada por múltiplos fatores endógenos e exógenos.

Quanto à chamada *crise judiciária*,[12] se formos investigar as suas causas principais, constataremos, sem maiores dificuldades, que elas se encontram intimamente ligadas a fatores de profunda modificação nas órbitas social, política e econômica, assim como vinculadas à crise jurídica, ou melhor, à crise do processo como instrumento de realização do direito material violado ou ameaçado.

---

[8] Não foi por menos que a Emenda Constitucional 45 acrescentou ao art. 5º da Lei Maior o inciso LXXVIII, *in verbis*: "a todos, no âmbito judicial e administrativo, são assegurados a razoável duração do processo e os meios que garantam a celeridade de sua tramitação".

[9] Sobre a efetividade do processo e a reforma processual, v. TEIXEIRA, Sálvio de Figueiredo. A efetividade do processo e a reforma processual. In: *Processo civil – Evolução: 20 anos de vigência* (coletânea de estudos coordenada por JOSÉ ROGÉRIO CRUZ E TUCCI). São Paulo: Saraiva, 1995, p. 242-243.

[10] Temos sérias dúvidas de que o CPC/2015 atenderá aos escopos delineados em sua "Exposição de Motivos". Sobre o tema, v. o nosso estudo intitulado Projeto legislativo de novo Código de Processo Civil e a crise da jurisdição. *RT*, v. 926/450-480, dez. 2012.

[11] PUNZI, Carmine. La giustizia civile: giustizia delle norme e giustizia del processo. *Rivista di Diritto Processuale*, v. 29/47, 1974. Assinala ainda o professor da Universidade de Palermo: "Justiça do processo significa, antes de mais nada, assegurar a todos os sujeitos a possibilidade de recorrerem à tutela jurisdicional e de exercitarem de modo livre e completo o direito de defesa, diante de um juiz natural, independente e imparcial. Isso comporta um tríplice empenho, de valor constitucional: a) garantir a independência e autonomia da Magistratura; b) assegurar a todos os cidadãos o exercício da ação civil, removendo eventuais obstáculos de caráter econômico, que limitem ou impeçam o livre exercício desta ação; c) garantir o direito de defesa e, assim, o exercício mais pleno do contraditório" (ob. cit., p. 66).

[12] A respeito do tema crise no Judiciário, v. o estudo realizado por CARULLI, Ombretta F. Il Potere Giudiziario tra crisi e rinnovamento. *Rivista Trimestrale di Diritto e Procedura Civile*, v. 37/628-639, 1983.
Interessante o estudo de CESAR ABREU, em monografia intitulada Governo judiciário, em que faz uma análise político-jurídica estrutural e funcional do Poder Judiciário, notadamente do catarinense, cotejando-o de maneira integrativa com os Poderes Executivo e Legislativo. Afirma, com absoluta razão, que "O Estado é aquilo que queremos que ele seja. Se o modelo não serve, basta mudá-lo, adaptá-lo às novas exigências, reorganizando e remodelando as suas estruturas" (ABREU, Cesar. *Governo judiciário*. Florianópolis: TJSC, 2009).
Também, sobre a crise da jurisdição, v. o nosso estudo intitulado: A trama recursal no Código de Processo Civil brasileiro e a crise da jurisdição. *RePro*, v. 188/265-276, out. 2010.

Afigura-se possível a minimização da *crise judiciária* (ou da prestação da tutela jurisdicional/jurisdição pública) pela revalorização dos *Juizados de Pequenas Causas*, mantidos e prestigiados pela Carta de 1988 (CF, art. 24, X),[13] ancorados, nomeadamente, na simplicidade, informalidade, concentração, celeridade, economia, equidade, com a ingerência da comunidade local (*justiça participativa*) e fundados na autocomposição circunstanciada (ampla) (*justiça coexistencial*).[14]

São esses os sólidos alicerces edificados por Bryant Garth e Mauro Cappelletti para a integração da chamada "terceira onda" da ciência processual, em que residem as formas não ortodoxas de resolução de conflitos. A solução ou minimização da *crise jurisdicional* pode perfeitamente residir na implementação ou fomento da denominada "*justiça participativa e coexistencial*", somando-se a instituição da "*justiça municipalizada*", por meio da *difusão dos Juizados Especiais* (formais e informais) e, até mesmo, de *varas cíveis e criminais de competência comum* e *da justiça de paz*.[15] Nessa linha, somos partidários da criação e implantação de *Juizados Informais Municipais de Pequenas Causas*, nos quais os leigos (não togados) "administram" a justiça. Retornaremos ao tema com mais vagar em tópico específico (v. item n. 1.1.4, *infra*).

A sociedade gera dilemas e paradoxos que exigem, por vias transversas, decisões rápidas e eficientes, levando, com frequência, os aplicadores da norma sistematizada a agirem casuística e pragmaticamente, não raras vezes afrontando os demais Poderes. Seguindo essa linha de raciocínio, podemos dizer que, "apesar dos dispositivos constitucionais relativos a garantias individuais, controles políticos e liberdades públicas, o regime transformou o direito em simples meio de governo. Desse modo, a crescente utilização da legislação dispositiva esvaziou o equilíbrio entre os poderes, a hierarquia das leis, o controle de constitucionalidade, o princípio de legalidade e a segurança jurídica, configurando, no limite, um quadro de 'inutilidade das leis'. Quanto mais a intrincada manipulação de decretos, das portarias, das resoluções e das instruções normativas converteu-se num mecanismo kafkiano capaz de propiciar soluções conjunturais para conflitos estruturais, aprisionando o cidadão comum nas malhas do cipoal legislativo, menos a legislação ordinária e constitucional passou a ser

---

[13] Lembramos a autorização conferida pela Constituição aos Estados para legislarem, em concurso com a União, em matéria de processo e procedimento dos Juizados Especiais. Aliás, concorrência legislativa muito pouco utilizada, como observa Athos Gusmão Carneiro, *in verbis:* "(...) Os Estados-membros, de conformidade com a CF de 1988, podem, é certo, legislar em *concorrência com a União* em matéria de *processo* nos Juizados Especiais (antigos *Juizados de Pequenas Causas*) e em tema de *procedimentos em matéria processual* (CF, art. 24, X e XI); mas esta competência concorrente pouco tem sido exercida, mesmo porque cabe à União editar as *normas gerais*" (O papel da jurisprudência no Brasil. A súmula e os precedentes jurisprudenciais. Relatório ao Congresso de Roma. *Informativo INCIJUR*, n. 59, jun. 2004).

[14] Insere-se, nesse contexto, as atribuições conciliatórias realizadas pelos juízes de paz (CF, art. 98, II, c/c art. 14, § 3º, VI, c, e ADCT, art. 30).

[15] Assim também o entendimento de Pedro Manoel Abreu e Paulo Brandão, baseados na lição de José Renato Nalini (Proposta concreta para um novo judiciário. *Lex – Jurisprudência do STF*, v. 208/35), nos seguintes termos: "(...) pretende-se, além do sistema de Juizados, a expansão da justiça de paz, a quem seria conferida a função homologatória para os pequenos conflitos. Seja mediante a designação, nas sedes judiciais, de juízes responsáveis pelo comparecimento periódico à localidade, para outorga da prestação jurisdicional. Seja, ainda, através de outra forma de justiça itinerante, também estimulada em relação aos Estados-membros. O escopo – segundo Nalini – é fazer com que o *juiz vá ao povo*, distribuindo justiça, como na clássica concepção do *juiz de fora*, que percorria as vilas coloniais distribuindo justiça em nome d'El Rey. Agora, o fará em nome do povo e confortado com tecnologia moderna, acessível a todos, favorecedora de ampla divulgação de sua visita ao município. Onde realizará *audiências públicas*, acolhendo as sugestões da população em relação ao Judiciário. E onde poderá se servir do equipamento comunitário, instalando-se na escola, no salão paroquial, no cartório do registro civil, no clube, na Câmara Municipal. E conclui: *A proposta se destina a vencer a estreiteza da porta do acesso à Justiça. Por ela, se atacam as causas econômicas da dificuldade de obtenção da justiça – a pobreza, a distância física, a inexistência de organismos oficiais voltados à realização do justo – e ainda se investe contra as causas psicossociais – a desinformação, a descrença, o preconceito*" (Abreu, Pedro Manoel; Brandão, Paulo de Tarso. *Juizados Especiais Cíveis e Criminais*: aspectos destacados. Florianópolis: Obra Jurídica, 1996, p. 28).

Sobre a obrigatoriedade de criação de varas nos municípios, havia a Proposta de Emenda Constitucional 233/2004, que dava nova redação ao *caput* do art. 125 da CF, designado como Relator o Deputado Sérgio Miranda (PDT-MG), a qual, infelizmente, terminou arquivada em 28 de fevereiro de 2008. Todavia, o arquivamento da mencionada PEC não elide a importância do entendimento acerca da "municipalização da Justiça" e, em especial, acerca da implantação de Juizados Especiais (formais e informais) e núcleos de conciliação, com a efetiva participação popular, através de simples iniciativa dos tribunais ou por força de lei local.

respeitada por parte dos governantes – logo, mais se enfraquecem os tradicionais princípios jurídicos subjacentes ao modelo liberal de organização política e administrativa do Estado".[16]

Queiramos ou não, a questão judiciária é, antes de tudo, uma complexa questão política; aliás, a história nos fala vivamente com singular eloquência.[17]

Segundo ZAFFARONI, "a rigor, qualquer um que observe nossa realidade judiciária latino-americana pode comprovar o que ela expressa cotidianamente. Às vezes, a extrema proximidade de um fenômeno impede sua compreensão.

"Em escala mundial, as três funções judiciárias (decisão de conflitos, controle constitucional e autogoverno) passaram por todos os caminhos do poder a que nos referimos e, em todos eles, foram reconhecidas de diversos modos como funções manifestas, isto é, foram reconhecidas e rebatizadas segundo os momentos do poder.

"(...) Perde sentido a formulação abstrata de proposições e questões fora do marco do poder acerca da 'natureza' e da 'independência', quando o debate tem estado tingido pela formidável luta de poder que assinalamos. Em tal pugna secular, qualquer afirmação teórico-abstrata corre o risco de se converter automaticamente em um instrumento ideológico, que é agregado ao arsenal contraditório de justificações discursivas, do qual os operadores políticos se servem em cada conjuntura, sem cuidar do sentido geral que o empregam; recolhem-no do depósito aonde os dejeta a doutrina, na medida em que saem da forja e só questionam acerca de qual seja o mais eficaz nessa conjuntura para encobrir e ampliar seu espaço de poder.

"Não é possível adotar-se uma atitude de neutralidade teórica diante de uma manifesta luta de poder político. A única coisa possível é esclarecer os objetivos políticos, quer dizer, a estratégia política e, partindo dela, definir a tática, isto é, a forma mais prática para alcançar esses objetivos. Evidentemente que não faltarão operadores políticos cuja única estratégia seja a de ampliar seu próprio âmbito de poder e outros que terão estratégias de maior alento, mas que se diferenciarão das nossas. Tudo isso é natural em uma democracia".[18]

Para que se obtenha êxito concreto com a Lei dos Juizados Especiais, torna-se imprescindível que a doutrina e os tribunais readaptem consagradas concepções, válidas no macrossistema do Código de Processo Civil, mas não necessariamente hábeis para este outro tão específico. Por tudo isso, a nova realidade jurídica está a exigir métodos e formas adequados à consecução desse desiderato, viabilizando-se as respectivas unidades jurisdicionais e revendo-se alguns conceitos e institutos, tais como o *regime das provas*, o julgamento com base em *equidade*, os *poderes do juiz*, os *princípios dispositivos, da livre iniciativa, da eventualidade, da informalidade, da instrumentalidade (causa finalis* e nulidades), competência, entre tantos outros, sem o que não passará de mais uma "doce ilusão" criada pelo legislador.

Estamos diante não apenas de um microssistema apresentado ao mundo jurídico. A Lei n. 9.099/1995 representa muito mais do que isso, visto que significa o revigoramento da legitimação do Poder Judiciário perante o povo brasileiro e a reestruturação (ou verdadeira revolução) de nossa cultura jurídica, porquanto saímos de um mecanismo entravado em seu funcionamento mais elementar e desacreditado pelo cidadão de soluções autoritárias dos conflitos intersubjetivos para adentrar a órbita da prestigiosa composição amigável, como forma substitutiva jurisdicional ("alternativa" ou não ortodoxa) de prestação da tutela pelo Estado-Juiz.

---

16 FARIA, José Eduardo. *A crise constitucional e a restauração da legitimidade*. Porto Alegre: Sérgio Fabris Editor, 1986, p. 33.
17 Cf. ZAFFARONI, Eugenio R. *Poder Judiciário, crise, acertos e desacertos*. Trad. bras. Juarez Tavares. São Paulo: Revista dos Tribunais, 1995, p. 78.
V. CAPPELLETTI, Mauro. Appunti per una fenomenologia della giustizia. *Rivista Trimestrale di Diritto e Procedura Civile*, v. 32/1318, 1978. V. também ROCHA, Francisco Cesar Asfor. *A luta pela efetividade da jurisdição*. São Paulo: Revista dos Tribunais, 2007.
18 ZAFFARONI, Eugenio R. *Poder Judiciário, crise, acertos e desacertos*. Trad. bras. Juarez Tavares. São Paulo: Revista dos Tribunais, 1995, p. 79-80.
Ainda segundo o renomado professor argentino, "(...) Nosso objetivo político mais geral é um modelo de sociedade que se aproxime das sociedades de bem-estar e ao qual correspondam Estados de Direito Constitucionais. Neste sentido, tende-se a assegurar a continuidade e estabilidade das democracias latino-americanas, fundamentalmente, porém, a impulsionar seu aprofundamento, de modo que os modelos formais (que são necessários, mas não suficientes), se convertam em modelos reais de democracia" (idem, p. 80).

É preciso repensar o processo em seu todo, como instrumento que serve à realização das pretensões resistidas ou insatisfeitas de direito material, sem se deixar de considerar que, agora e mais do que nunca, a procura pelo Judiciário será sensivelmente acrescida, à medida que a Lei n. 9.099/1995 dá azo à liberação da chamada *litigiosidade contida*, pois amplia não só a via de acesso aos tribunais, como também o escoamento muito mais fluente das demandas ajuizadas em virtude da tramitação mais célere, porquanto ancorada num procedimento mais "enxuto" (concentrado), o qual atende basicamente aos critérios da oralidade, simplicidade, informalidade, economia processual e celeridade.

A Lei n. 9.099/1995 não trata apenas de um procedimento; transcende essa barreira e, ancorando-se no art. 98, I da Constituição Federal, dispõe sobre um *novo processo* e um *novo rito diferenciado*. Em outros termos, não se trata apenas de um procedimento sumaríssimo, mas, sobretudo, de um *processo especialíssimo*.

Igualmente observa com muita acuidade Adroaldo Furtado Fabrício: "(...) Não se trata de simples acréscimo à categoria dos processos que se precisavam acomodar formalmente à configuração diferenciada do órgão julgador (feitos da competência do Tribunal do Júri, processos da competência originária dos colegiados etc.): aqui, procedimento e juízo são especificamente criados um para o outro, com vistas a um determinado objetivo e no pressuposto de que a operação de um supõe a presença do seu correspectivo. Tal é o caso dos Juizados Especiais e de Pequenas Causas, umbilicalmente ligados ao procedimento que para eles se criou, especial e exclusivamente. No Direito Comparado, seus equivalentes estariam, *verbi gratia*, nos *small claim courts* da prática norte-americana e talvez nos multisseculares *Tribunales de las Aguas* de Espanha, particularmente o de Valência".[19]

Contudo, não basta imaginar, e seria leda ingenuidade, que o complexo problema em que se encontra mergulhado o Judiciário resolver-se-á com a simples edição de uma boa lei. Aliás, talvez seja esse um de nossos males, quedado pelo raciocínio lusitano e agravado pela cultura brasileira, de que os problemas cotidianos podem ser solucionados pela edição de novas, boas e não raramente milagrosas leis. Nesse sentido, parece-nos que o Código de Processo Civil de 2015 será mais uma "doce ilusão".

O cerne da problemática não reside na deficiência da norma processual, mas, sobretudo, na inadequação das leis de organização judiciária dos Estados, na carência sempre notória e cada vez maior de magistrados e serventuários da justiça, assim como na precariedade do aparelhamento da máquina administrativa.

Somente com uma visão ampla e voltada para o futuro (o qual já se faz presente), é que poderão emergir desse novo contexto experiências e resultados absolutamente positivos que virão ao encontro dos interesses dos consumidores do Direito, mormente dos menos afortunados, além de fazer renascer a crença no Judiciário e no ideal de justiça.[20]

A respeito da *sumarização das formas*, vale lembrar que se trata de uma tendência universal – e o fenômeno não é recente. Há quatro décadas, os italianos já voltavam os olhos para o sistema germânico, o qual denominaram *modello di Stoccarda*,[21] posto em relevo pelo Professor Fritz Baur em palestra proferida em 1965. A esse respeito, relata-nos Wolfgang Grunsky que o tema central da conferência era a "(...) consideração de que no processo penal era possível conduzir a termo todo o processo em um único debate oral e que deveria ser possível atingir o mesmo resultado também no processo civil. Nesse caso, se eliminaria a causa principal da longa duração processual. De fato, a longuidão dos processos – ao menos no que concerne à Alemanha –, não deriva apenas do fato que passa muito tempo entre o início da lide e o primeiro debate oral, mas, sobretudo, do fato que

---

[19] Fabrício, Adroaldo Furtado. Justificação teórica dos procedimentos especiais. *Revista Forense*, v. 330/7-8, item n. 4. E arremata o citado doutrinador: "O modelo adotado no Brasil corresponde, a toda evidência, a mais outra tentativa de fuga à lentidão e complexidade do rito comum e ao congestionamento invencível nos tribunais ordinários, buscada também por via de uma verdadeira mudança de cultura, envolvendo a criação de juízos imbuídos de novas concepções e mentalidade menos comprometida com o passado e com o tradicional (...)" (idem, p. 8).

[20] Sobre as diversas inovações práticas que estão sendo paulatinamente efetivadas em todo o País objetivando a melhor e mais célere prestação da tutela jurisdicional do Estado, v. *A Reforma Silenciosa da Justiça – I Prêmio Innovare. O Judiciário do século XXI* (organizado pela Escola de Direito do Rio de Janeiro da FGV e Centro de Justiça e Sociedade, Ministério da Justiça, com a participação da AMB).

[21] No *Landgericht* (= tribunal de primeira instância) de Stoccarda, apenas a 20ª Câmara Civil operava no modelo ora referido.

têm lugar muitos pequenos debates, os quais não servem para fazer avançar o processo. Continua-se formulando pedidos, a dar vista às partes, e, enfim, pedindo designação de nova data para audiência. Nesta situação, é necessário antes de tudo esforçar-se em fazer chegar ao grau de decidir a lide num único debate, o qual será naturalmente muito mais rico do que se verifica hoje".[22]

Os Juizados representam um passo avante na busca incansável da melhor prestação de uma tutela jurisdicional, com maior agilização, funcionalidade e rápida efetivação do processo, sendo que todos os indicativos apontam como sendo a justiça especial, provavelmente, o último baluarte para a salvaguarda dos interesses da grande massa populacional que, sem essa via de acesso, vê-se acuada e impotente em face da crise do processo e da jurisdição, com evidentes riscos à paz social.[23]

Aliás, outra não é a realidade que se tem verificado como inclinação natural dos últimos tempos, sobretudo nos países de origem legislativa romano-canônica, de se formarem "núcleos de convergência" para três pontos essenciais: *publicização, oralidade e socialização do processo*.[24] De maneira não muito diversa, verifica-se o mesmo nos países do sistema da *common law*, em particular nos Estados Unidos, cuja tendência é pelo abandono do chamado *adversary system*, em prol de ritos mais simplificados e céleres, tipo inquisitorial e administrativo, sobretudo para afrontar questões de natureza eminentemente social.[25]

1.1 Municipalização da justiça – justiça participativa e coexistencial[26]

1.1.1 A crise da jurisdição[27]

A forma como se encontra secularmente estruturado o Poder Judiciário há de ser repensada, somando-se a necessidade cada vez mais premente de se aprimorar e difundir as técnicas e instrumentos

---

[22] GRUNSKY, Wolfgang. Il cosiddetto "modello di stoccarda" e l'accelerazione del processo civile tedesco. *Rivista di Diritto Processuale*, v. 26/354-369, 1971.

[23] Para maior aprofundamento a respeito do tema do acesso à justiça e efetividade do processo, v. CAPPELLETTI, Mauro. *Access to Justice and the welfare state*. Firenze: Istituto Universitario Europeo, 1981; *Access to Justice*: a world survey, v. 1; *Promising institutions*, v. 2; *Emerging issues and perspectives*, v. 3; *Anthropological perspective*, v. 4. Milano: Giuffrè, 1978-1979; ou *Acesso à Justiça*, trad. bras.; *Giustizia e società*. Milano: Comunità, 1972; *Os métodos alternativos de solução de conflitos no quadro do movimento universal do acesso à Justiça*; *RePro*, v. 74/82; FIGUEIRA JR. Joel Dias. O acesso ao Poder Judiciário. *RT*, v. 686; *Jurisprudência Brasileira*, v. 166/69; *Jurisprudência Catarinense*, v. 68/31. Acesso à Justiça e tutelas de urgência. O pleno acesso à ordem jurídica justa e a efetividade do processo. *Jurisprudência Brasileira*, v. 175/61; *Jurisprudência Catarinense*, v. 73/27; MARINONI, Luiz G. *Novas linhas do processo civil*: o acesso à Justiça e os institutos fundamentais do direito processual. São Paulo: Revista dos Tribunais, 1993, p. 20-39; *Efetividade do processo e tutela de urgência*. Porto Alegre: Sérgio Fabris, 1994; NALINI, José Renato. *O juiz e o acesso à justiça*. São Paulo: Revista dos Tribunais, 1994; WATANABE, Kazuo. Participação e processo. In: GRINOVER, Ada Pellegrini; DINAMARCO, Cândido Rangel; WATANABE, Kazuo (coord.). *Acesso à Justiça e sociedade moderna*. São Paulo: Revista dos Tribunais, 1988; DINAMARCO, Cândido. *A instrumentalidade do processo*. São Paulo: Revista dos Tribunais, 1990; RESTA, Eligio. *Conflitti sociali e giustizia*. Bari: De Donato, 1977; BAGOLINI, Luigi. *Giustizia e società*. Roma: Dino Editore, 1983. MOREIRA, José Carlos Barbosa. A efetividade do processo de conhecimento, *RePro*, v. 74/126; Efetividade do processo e técnica processual, *RePro*, v. 77/168; GHEZZI, Giorgio. La partecipazione popolare all'amministrazione della giustizia. *Rivista Trimestrale di Diritto e Procedura Civile*, v.-anno 1977/95; TROCKER, Nicolò. Acesso alla giustizia e assicurazione di difesa legale. *Rivista Trimestrale di Diritto e Procedura Civile*, v.-anno 1986/1.065.

[24] NOGUEIRA, Carlos Alberto. *La justicia entre dos épocas*: las transformaciones del proceso civil y la política procesal. La Plata: Platense, 1983, p. 24.
Ainda sobre o tema da "socialização do processo", v. ZAMUDIO, Héctor Fix. *Los procesos sociales*. México, 1978.

[25] A esse respeito, v. TARUFFO, Michele, La ricerca della verità nell'adversary system anglo-americano. *Rivista di diritto processuale*, v. 32/596, 1977.
Diz ainda o mestre italiano que "isso implica numa forte redução do campo de aplicação do *adversary system* tradicional, que apresenta índices de insatisfação, com tendência a privilegiar um modo diverso de oferecimento de justiça, como alternativa às regras e as estruturas processuais ordinárias" (idem, p. 602).
V. também CARMONA, Carlos A. A crise do processo e os meios alternativos para a solução de controvérsias. *RePro*, v. 56/91.

[26] O primeiro ensaio que escrevemos sobre o tema da *municipalização da justiça: justiça participativa e coexistencial* foi publicado, com esse título, no *Informativo INCIJUR*, n. 58/1, maio 2004.

[27] Sobre o tema, v. os nossos estudos: A trama recursal no Código de Processo Civil brasileiro e a crise da jurisdição. *RePro*, v. 188/265-276, out./2010 e Projeto legislativo de novo Código de Processo Civil e a crise da jurisdição. *RT*, v. 926/450-480, dez./2012.

não ortodoxos de solução de controvérsias, posto que o Estado-Juiz, por múltiplas razões, tem deixado paulatinamente de cumprir de maneira satisfatória o papel de pacificador social por intermédio da prestação da tutela jurisdicional coercitiva (sentença de procedência ou improcedência do pedido). Faz-se ainda atual a advertência lançada há duas décadas por GIOVANNI VERDE, quando asseverou que "a experiência tumultuada destes últimos quarenta anos nos demonstra que a imagem do Estado onipotente e centralizador é um mito, que não pode (e, talvez não mereça) ser cultivado. Deste mito, faz parte a ideia de que a justiça deva ser administrada exclusivamente pelos seus juízes".[28]

Podemos afirmar que no mundo contemporâneo, sobretudo no Brasil, vivemos simultaneamente várias, complexas e interligadas crises: *a)* legislativa (processual e material);[29] *b)* sistema jurídico posto (direito positivo);[30] *c)* institucional (judiciária-administrativa);[31] *d)* operacional (formação e atualização dos profissionais do direito);[32] *e) jurisdicional.*[33]

Entre todas essas "crises", a que nos interessa diretamente neste estudo e se afigura como uma das mais graves (por refletir na manutenção do equilíbrio do Estado Democrático de Direito e na paz social) é a *jurisdicional*, considerada a expressão em seu sentido mais amplo (sociopolítico), ou seja, como estatização da jurisdição e a unificação ortodoxa das técnicas de resolução de conflitos,

---

[28] VERDE, Giovanni. L'arbitrato secondo la Legge 28/1983. In: VERDE, Giovanni (coord.). *Arbitrato e giurisdizione*. Napoli: Jovene, 1985, p. 168.

[29] Vê-se, especialmente nas últimas décadas, a constante preocupação do legislador em adequar aos novos tempos e necessidades dos jurisdicionados as normas instrumentais e materiais (v.g., ação civil pública, Código de Defesa do Consumidor, ampliação das ações e remédios constitucionais, reformas do Código de Processo Civil de 1973, o Código Civil de 2002, o Código de Processo Civil de 2015 etc.).

[30] A frenética edição de normas no Brasil, em nível federal, estadual e municipal, cria para o jurisdicionado e operadores do Direito uma verdadeira *trama legislativa*, de difícil compreensão e, até mesmo, para o seu cumprimento.

Comungamos da opinião de FRANCISCO REZEK quando assinala que a *crise do Direito* brasileiro "(...) É uma espécie de vírus que contamina as nossas regras de vida em sociedade, está presente no seu processo de produção, projeta-se mais tarde sobre sua vigência, envolve e compromete de modo pleno e constante todos os seus operadores, não só os juízes. Quando o Direito ganha em volume o que perde em qualidade, mais parece nos asfixiar do que trazer alguma ordem à nossa vida. Um produto que alardeia prevenir e resolver problemas acaba por criá-los.

"(...) Há no Direito brasileiro dois vícios graves pedindo, já faz tempo, remédio urgente. Nossas regras de processo, antes de tudo, parecem não querer que o processo termine. Os recursos possíveis são muitos (creio não haver fora do Brasil trama recursal tão grande e complicada), e pouca gente hoje crê que isso ajude mesmo a apurar melhor a verdade para melhor fazer justiça.

"(...) Do outro lado, as regras de direito material que o legislador edita com fartura têm sido a matriz de processos em larga escala, sobretudo quando é o governo que legisla, sem o pressuposto do debate parlamentar. (...) Se o Direito vive a resvalar para a obscuridade, a ambiguidade, a incoerência, ele pede mesmo (e pede a toda hora) o esclarecimento da Justiça.

"Depuradas com coragem as regras de processo, moderada a fecundidade com que se produz o direito material e melhorada a sua qualidade (ainda que pela só opção dos caminhos simples), nada mais seria preciso para superar a crise do nosso Direito, de que a da Justiça é mero subproduto. Isso não pede mais que algum trabalho, método e consciência do legislador. Não cresce, nessa reforma, a despesa pública" (REZEK, Francisco. O direito que atormenta. *Folha de S.Paulo*, 15-11-1998).

[31] A *crise institucional* envolve, difusamente, a estrutura, a organização e o funcionamento administrativo do Poder Judiciário, tais como: redefinição da competência dos tribunais superiores, divisão e organização judiciária, regime jurídico da magistratura, disciplina, organização e classificação de cargos e salários dos serventuários, capacitação de juízes, serventuários e auxiliares da justiça (v.g. juízes leigos, conciliadores, mediadores) etc.

[32] Trata-se da *crise dos operadores do Direito*, decorrente da má formação acadêmica dos profissionais do foro, a começar pelo ensino básico, culminando com os péssimos e proliferados cursos jurídicos espalhados indiscriminadamente pelos quatro cantos do País.

[33] Havemos de indagar? O Poder Judiciário vem cumprindo, adequadamente, o seu papel social, político e jurídico de *pacificador social*? A absorção do modelo clássico de prestação da tutela jurisdicional (adversarial-conflituoso/litigioso-jurisdicionalizado) atende aos anseios do povo? Dando continuidade ao questionamento precedente, o que dizer em sede de Juizados Especiais? Estamos atingindo (em termos práticos) os escopos constitucionais definidos para essa forma diferenciada de jurisdição estatal? (CF, art. 98, I e § 1º)? O CPC/2015 vem atendendo aos compromissos assumidos pelos seus artífices, delineados em sua Exposição de Motivos em prol da celeridade e efetividade do processo? A jurisdição está sendo prestada em sintonia com a ordem jurídica justa (processo civil de resultados, justo e com tutela jurisdicional oferecida em tempo razoável)?

somando-se: (1) a lentidão na prestação da tutela; (2) o excesso de demandas (sempre crescente); (3) a falta de infraestrutura; (4) a incompatibilidade do número de magistrados e serventuários; (5) a qualidade duvidosa dos julgados.

É assente que a *jurisdição pública* há muito está em crise – verdadeira patologia endêmica –, em que pese não se tratar de problema apenas nacional, visto que a maioria dos países (mormente os integrantes do sistema de *civil law*) apresentam também sérias dificuldades na prestação da tutela jurisdicional, exigindo uma ampla e cabal reforma. Na verdade, "a situação que vivemos é patológica, e é puro cinismo pretender vendê-la ao público como normal, saudável, quem sabe como prova da vitalidade da democracia pluralista".[34]

Inegável que o Estado-Juiz se tornou impotente para dirimir todas as espécies de conflitos do mundo contemporâneo que, por sua vez, consuma-se em velocidade de *chip* de computador, fazendo com que os jurisdicionados exijam a resolução de suas controvérsias de maneira mais célere e simplificada.

O curioso é que o próprio Estado proibiu a autotutela, enquanto não consegue prestá-la de maneira adequada e em tempo razoável, equiparando-se a denegação de jurisdição cabal. "Nesta perspectiva, então, deve surgir a resposta intuitiva de que a inexistência de tutela adequada a determinada situação conflitiva significa a própria denegação da tutela a que o Estado se obrigou no momento em que chamou a si o monopólio da jurisdição, já que o processo nada mais é do que a contrapartida que o Estado oferece aos cidadãos diante da proibição da autotutela".[35]

"Acertada que seja essa premissa, porém, ainda assim o monopólio estatal da distribuição da justiça não autoriza a ilação de que todo e qualquer interesse contrário ou insatisfeito deve de pronto ser submetido ao Judiciário, sem que antes se esforcem os contraditores em buscar meios alternativos para composição do conflito (*pour causae*, hoje chamados *equivalentes jurisdicionais*)".[36]

Não foi por menos que EGAS DIRCEU MONIZ DE ARAGÃO escreveu, com muita propriedade, ao tratar do *processo civil no limiar de um novo século*, acreditar "(...) que o desafio do novo século é a profilaxia: evitar litígios a resolver em juízo. (...) De fato, é mais importante garantir a efetividade do direito sem processo do que procurar soluções judiciais para o litígio. Nesse campo, há muito o que se fazer (...)".[37]

Assim, enfraquecida a onipotência do Estado-Juiz para a composição de todas as lides jurídicas, verifica-se uma tendência universal à canalização da jurisdição estatal para a resolução de conflitos públicos ou de interesse de incapazes, enquanto as demandas de natureza diversa vão migrando para a iniciativa privada, sem prejuízo do acesso ao Estado-juiz.

Reportando-se ao antigo texto da Exposição de Motivos da Lei Espanhola de 1953, assinalou ADOLFO ALVARADO VELLOSO que, "diante da necessidade de ordenar igualmente esses conflitos de interesses, o Direito, antes de chegar ao puro mecanismo coativo da intervenção inapelável do

---

[34] REZEK, Francisco. O direito que atormenta. *Folha de S.Paulo*, 15-11-1998.

[35] MARINONI, Luiz Guilherme. *A antecipação da tutela*. 6. ed. São Paulo: Malheiros, 2000, p. 112.

[36] MANCUSO, Rodolfo de Camargo. O plano piloto de conciliação em segundo grau de jurisdição, do Egrégio Tribunal de Justiça de São Paulo, e sua possível aplicação aos feitos de interesse da fazenda pública. *RT*, v. 820/30, fev. 2004, item n. 5 (separata).

[37] ARAGÃO, Egas Dirceu Moniz de. O processo civil no limiar de um novo século. *Revista Forense*, v. 353/53-68, item n. 7.
MONIZ DE ARAGÃO cita a instigante assertiva lançada pelo italiano SERGIO CHIARLONI: "A necessidade de tutela jurídica é sinal de falência. Antes de pensar em advogado, para empenhar-se em uma demanda que pode ser longa, extenuante, custosa, de resultado incerto e de execução difícil, é preciso procurar outros caminhos que melhor assegurem a efetividade dos direitos dos fracos, proclamados pela lei" (CHIARLONI, Sergio. Riflessione minime sulla tutela giuridica dei diritti dei deboli. *Rivista di Diritto Processuale*, n. 4, 53/959, 1998).
E arremata: "(...) Entre nós, ao contrário, o que se vê é a apologia do litígio. De um lado, governantes que não se preocupam em respeitar a lei, certos de a demora da máquina judiciária transferir para seus sucessores a solução dos problemas (pense-se nos 'precatórios'). De outro, ao invés de ser a população educada para respeitar a lei, para compor voluntária e amigavelmente eventuais conflitos, prepondera inclinação oposta, que leva a estimular a eclosão de demandas" (idem, nota de rodapé n. 28, p. 59).

Poder Público, idealiza uma série de meios de conciliação que tratam de restabelecer, na medida do possível, a interrompida ordem da convivência social. Desse modo, não se desconhece nem se menospreza o labor augusto do juiz, como órgão da soberania do Estado, sorte que precisamente por essa excelsitude de seu caráter, reserva-se para aqueles casos em que, desgraçadamente, um tratamento amistoso não é possível nem sequer por esta via indireta, e se faz necessária a intervenção do império estatal".[38]

1.1.2 As formas alternativas de resolução de controvérsias ou Alternative Dispute Resolutions (ADR) – equivalentes jurisdicionais

Em busca da solução ou minimização do problema universal consistente na resolução dos conflitos, surgem as chamadas *ADR (Alternative Dispute Resolution)*,[39] assim concebidas não apenas no sentido técnico, mas como expedientes *não judiciais* e/ou *não adversariais* destinados à solução das lides (sociológica e jurídica),[40] na qualidade de *equivalentes jurisdicionais*, quiçá *essenciais*, e não "alternativos".

Ampliam-se, portanto, não só o espectro de "acesso aos tribunais" (expressão por nós concebida como *acesso à jurisdição*), seja pela legitimidade ativa, por meio da colocação à disposição dos interessados de novos mecanismos de pacificação social, como também as formas de solução e composição das lides (v.g. arbitragem,[41] mediação judicial e extrajudicial,[42] conciliação, jurisdição especializada fundada no princípio da oralidade em grau máximo,[43] incremento jurídico-processual das *audiências* preliminares e/ou de tentativa de *autocomposição*[44] etc.).[45]

Como bem asseverou Rodolfo de Camargo Mancuso, "o fato de nossa Justiça ser *unitária*, encapsulada nos órgãos relacionados no art. 92 da CF, de modo algum significa que os jurisdicionados devam *necessariamente* resolver suas pendências por meio de uma decisão judicial de mérito, cuja

---

[38] Velloso, Adolfo Alvarado. El arbitraje: solución eficiente de conflictos de intereses. *RePro*, v. 45/95-96.

[39] Sobre o tema das *ADRs* e as tendências universais do processo civil contemporâneo, v. Figueira Júnior, Joel Dias. *Arbitragem, jurisdição e execução*. 3. ed. Rio de Janeiro: Forense, 2019, Capítulo II, item 2.

Egas Dirceu Moniz de Aragão aponta também para as ADRs como tendência verificada notadamente no último quartel do século XX, por meio da conciliação prévia, da mediação e da arbitragem, evitando a instauração de processo judicial. "(...) Desse modo os litigantes podem obter com rapidez e menos burocracia soluções que o procedimento judicial demora a proporcionar, e os juízes e tribunais, por seu turno, veem diminuído o volume de serviço.

"É tema a examinar entre nós, pois além de simplificar pode ser opção eficaz para resolver problemas que defrontamos no limiar do século, apesar da notória falta de inclinação dos brasileiros para compor litígios através de juízes leigos, antipatia que aprece ceder em alguns casos e pode vir a desaparecer, portanto, o que anima a insistir. (...) É necessário explorar mais esse filão (...)" (O processo civil no limiar de um novo século. *Revista Forense*, v. 353/53-68, item n. 9).

V. também Mancuso, Rodolfo de Camargo. *A resolução dos conflitos e a função judicial no contemporâneo estado de Direito*. São Paulo: Revista dos Tribunais, 2010 (notadamente o capítulo 4, que versa acerca dos "meios bilaterais ou policêntricos de prevenção ou resolução das controvérsias", p. 219-283).

[40] Observa Mauro Cappelletti que esse não é o único sentido emergente da chamada "terceira fase" ou "terceira onda" (por ele e Bryant Garth assim denominada) do *movimento de acesso à justiça*, objetivando também se ocupar desses meios não ortodoxos em sede extrajudicial e judicial, donde exsurge como *alternativa* aos tipos *ordinários* ou *tradicionais* de procedimento (cf. *Os métodos alternativos de solução de conflitos no quadro do movimento universal de acesso à justiça*, RePro, 74/82).

[41] V. Lei n. 9.307, de 23 de setembro de 1996, que dispõe sobre a *arbitragem*, com as alterações introduzidas pela Lei n. 13.129 de 26 de maio de 2015.

[42] V. Lei n. 13.140, de 26 de junho de 2015 que dispõe sobre a mediação entre particulares como meio de solução de controvérsia e sobre a autocomposição de conflitos no âmbito da administração pública.

[43] Juizados Especiais Cíveis e Criminais (Estaduais, Federais ou Fazendários).

[44] O Código de Processo Civil de 2015 foi enfático ao prestigiar a autocomposição como forma de resolução não adversarial de controvérsias, segundo se infere de sua Exposição de Motivos e dos arts. 3º, §§ 2º e 3º, 163/175 e 334.

[45] Existem outras formas não ortodoxas de resolução de controvérsias, pouco ou não utilizadas ainda no Brasil, tais como *mini-trial, mock-jury, summary jury trial, baseball arbitration, early neutral evaluation, lemon law procedure* (cf. Schlosser, Peter. Alternative dispute resolution – uno stimolo alla riforma per l'Europa? *RePro*, 44/1005-1006).

efetividade fica ainda a depender do esgotamento dos recursos e do trânsito em julgado. Muito ao contrário, o sistema incentiva as *formas alternativas de resolução de conflitos*: (1) no foro extrajudicial, os Conselhos de Contribuintes e Tribunais de Impostos e Taxas; Tribunais de Comércio, Desportivos, de Contas e de Arbitragem; (2) no plano da *mediação*, cumpre não esquecer, por sua eficiência e credibilidade nas pequenas localidades, sobretudo rurais, a figura do *juiz de paz* (CF, art. 98, II); (3) mesmo após judicializado o conflito, subsiste ainda a virtualidade da conciliação, com o benefício adicional da possível eliminação de outros pontos conflitivos, na medida em que a transação pode abranger 'matéria não posta em juízo' (CPC/1973, art. 584, III) [art. 515, II, do CPC/2015]".[46] Em sede de conflito judicializado, vale acrescentar: (4) a *jurisdição especializada* (Juizados) fundada no princípio da oralidade em grau máximo; (5) o incremento jurídico-processual das *audiências preliminares* e/ou de *tentativa de autocomposição* (v.g. CPC, arts. 3º, §§ 2º e 3º, 334, *caput*, § 11).

As técnicas de *mediação* e de *conciliação* enquadram-se prestigiosamente nessas formas menos ortodoxas de soluções não adversariais dos conflitos, espécies do gênero *autocomposição* (ou *composição amigável*).

A *mediação* (judicial ou extrajudicial) propicia aos contendores o encontro, por eles próprios, conduzidos pelo mediador,[47] da solução amigável capaz de resolver definitivamente a controvérsia, seja pela conciliação ou pela transação. Destarte, "a principal contribuição da mediação ao processo está na criação de uma instância jurídica capaz de examinar o âmago da questão conflituada e não apenas a lide formalizada em juízo, sugerindo meios de encerramento e real do conflito."[48]

Como uma das técnicas de composição dos conflitos, não se identifica totalmente com a *conciliação*, nada obstante a similitude existente entre ambas. Naquela, o mediador tenta aproximar os litigantes promovendo o diálogo entre eles a fim de que as próprias partes encontrem a solução e ponham termo ao litígio. Funda-se a técnica aos limites estritos da aproximação dos contendores.

Segundo o Código de Processo Civil, "o mediador, que atuará preferencialmente nos casos em que houver vínculo anterior entre as partes, auxiliará aos interessados a compreender as questões e os interesses em conflito, de modo que eles possam, pelo restabelecimento da comunicação, identificar, por si próprios, soluções consensuais que gerem benefícios mútuos" (art. 165, § 3º).

Diversamente, na *conciliação*, o terceiro imparcial chamado a mediar o conflito – o conciliador – não só aproxima as partes como ainda realiza atividades de controle das negociações, aparando as arestas porventura existentes, formulando propostas, apontando as vantagens ou desvantagens, buscando sempre facilitar e alcançar a autocomposição. Por sua vez, dispõe o Código de Processo Civil de 2015 que "o conciliador, que atuará preferencialmente nos casos em que não houver vínculo anterior entre as partes, poderá sugerir soluções para o litígio, sendo vedada a utilização de qualquer tipo de constrangimento ou intimidação para que as partes conciliem" (art. 165, § 2º).

Em síntese, o *conciliador* e o *mediador* aproximam as partes, ouvem suas razões e pretensões em prol da busca incessante da autocomposição, mostrando aos litigantes as vantagens decorrentes do sucesso do acordo.

---

[46] MANCUSO, Rodolfo de Camargo. O plano piloto de conciliação em segundo grau de jurisdição, do Egrégio Tribunal de Justiça de São Paulo, e sua possível aplicação aos feitos de interesse da fazenda pública. *RT*, v. 820/30 (separata), item n. 5, fev. 2004.

[47] Segundo JOSÉ DELGADO, "O mediador, convidado pelas partes, emerge às raízes do conflito: seu papel está em restabelecer o diálogo e os laços de relacionamento que foram interrompidos com o advento do litígio. Assim, *sua função primordial é aproximar, conscientizar e estabelecer a paz* (...)" (Constitucionalidade da mediação, *Revista do Centro de Estudos Judiciários (CEJ) do Conselho da Justiça Federal*, Brasília, v. 22/13, 2003).

[48] SILVA, Eduardo Silva da; IGLÉSIAS, Cristiano de Andrade. Contribuição da mediação ao processo civil: elementos para uma nova base científica ao processo civil. In: CARNEIRO, Athos Gusmão; CALMON, Petrônio (orgs.). *Bases científicas para um renovado direito processual*. v. 2. Brasília: Instituto Brasileiro de Direito Processual, 2008, p. 225. Fundados em Jean-François Six, sobre o tema da "mediação como técnica", escrevem: "(...) Assim, a mediação, impulsionada por um 3º, quer fazer nascer o '3', isto é, quer fazer de tal modo que, deste diálogo-confrontação, em presença de um terceiro, nasça qualquer coisa que não será nem a solução unilateral do primeiro, nem a solução unilateral do segundo, mas uma saída original realizada por um e outro juntos, uma saída que não pertence a nenhum dos dois propriamente, mas aos dois, como uma criança que nasce de dois pais" (Idem, p. 229, item n. 1).

O segredo e o sucesso dessas técnicas de composição amigável dos inúmeros conflitos intersubjetivos estão na simples circunstância de que, por meio da resolução pacífica encontrada pelos próprios litigantes, não resultarão vencidos ou vencedores em decorrência do entendimento mútuo resultante da análise de propostas e eliminação de riscos e ônus maiores que poderão advir com a prolação de uma decisão de mérito, solucionando-se de maneira ampla e circunstancial as lides jurídica e sociológica. Estamos convictos de que somente o estímulo e a efetiva prática das inúmeras formas complementares de solução de controvérsias, sobretudo as *consensuais*, poderão mudar a concepção dos brasileiros de que "só a o Poder Judiciário" pode solucionar os seus conflitos de interesses.[49]

Por último, assinala-se que, diante da ineficiência da prestação da tutela jurisdicional estatal, notadamente no que tange ao perfil clássico adversarial (justiça adversarial), fundada na solução da lide instrumentalizada (processual) mediante a prolação de sentença de procedência ou improcedência do pedido, com a subsequente efetivação forçada do julgado (cumprimento de sentença) – "dizer e exercer o direito" –, podemos afirmar que as chamadas *ADR* deixam de ser consideradas formas "alternativas" de resolução de controvérsias para integrar a categoria das formas *essenciais* de solução de conflitos (jurídicos e sociológicos) – *equivalentes jurisdicionais*, substituindo-se a decisão do juiz togado pela justiça verdadeiramente pacificadora (*coexistencial*).[50]

1.1.3 Justiça participativa e coexistencial

É justamente nesse novo contexto que aflora a *justiça coexistencial* e *participativa*, ancorada em "juízos conciliatórios" manejados por cidadãos leigos da comunidade local, que se utilizam da oralidade em grau máximo (simplicidade, informalidade, concentração e economia) em busca da resolução não adversarial dos conflitos apresentados.

A verdade é que, por mais que se reformem as leis de processo, elas não serão capazes de, por si sós, romper o desajuste secular de uma justiça anacrônica e disfuncional, saturada de demandas (sempre crescente) e desestruturada, no que concerne ao número incompatível de magistrados e serventuários.[51]

---

[49] Cf. Bacelar, Roberto Portugal. *Juizados Especiais – A nova mediação paraprocessual*, item n. 1.2, p. 86.
Extrai-se da matéria publicada no jornal *Gazeta do Povo*, de Curitiba/PR, em 13-3-2009, intitulada Resolução de conflitos: técnicas de negociação são alternativa ao Judiciário (caderno "Justiça", p. 11), as seguintes orientações para uma boa resolução de conflitos, *in verbis*: "1. Alcance dentro de você o melhor senso de justiça possível ao caso; 2. Procure o diálogo civilizado com a outra parte; 3. Dependendo da matéria, busque um serviço de harmonização de conflitos, como o Procon e ouvidorias; 4. Escolham uma câmara de mediação, normalmente ligada ao tema discutido, ou um advogado que atue no campo da RAC (Resolução Alternativa de Conflitos); 5. Busquem uma avaliação técnica para a solução do caso; 6. Promova a ação no Juizado ou outro órgão judicial competente – ou a arbitragem –, preferencialmente acompanhado de advogado; 7. Mesmo com o processo em juízo, não descarte fazer um acordo, orientando seu advogado nesse sentido; 8. Em suma, 'faça o seu próprio processo' acessando toda a 'tecnologia de resolução' existente; *Solução*: Lembre-se que, por vezes, mais vale um acordo do que os riscos decorrentes de um terceiro resolver o seu processo". Sobre o tema, v. Keppen, Fernando Tomasi; Martins, Nádia Beviláqua. *Introdução à resolução alternativa de conflitos*: negociação, mediação, levantamento de fotos, avaliação técnica independente. Curitiba: J. M. Livraria Jurídica, 2009.

[50] Nesse sentido, v. também Enrique Vescovi, que, baseado em Devis Echandía, observa a transmudação do entendimento a respeito das "formas alternativas de resolução de controvérsias", que paulatinamente se tornam "essenciais", enquanto a "justiça judicial" vai se tornando "residual" (conferência proferida durante as Jornadas Brasileiras de Direito Processual, promovida pelo Instituto Brasileiro de Direito, em Brasília/DF, em junho de 1995. *Estudio comparativo de las nuevas tendencias del derecho procesal civil, com especial referencia al proceso latino-americano*, item n. 1.3).
Vale lembrar que o fim metajurídico do processo é a pacificação ampla e plena do conflito jurisdicionalizado. Nesse naipe, a importância dos equivalentes jurisdicionais.

[51] Por certo, apenas o aumento do número de órgãos judiciais não é a solução única e, quiçá, a mais recomendável. Se é verdadeiro que existe uma elevada desproporção entre o número de demandas em relação ao número de magistrados, por outro lado, não é menos certo que os novos instrumentos tecnológicos colocados à disposição pela ciência estão sendo ainda muito pouco utilizados (v.g. informatização dos processos, petições e documentos, circuitos fechados de televisão, tomada de depoimentos e inquirição de testemunhas pelo sistema de teleconferências etc.).

Nas décadas de 1980 e 1990, pensou-se que os Juizados de Pequenas Causas e, mais tarde, os alvissareiros Juizados Especiais, seriam o baluarte de uma "promissora e nova justiça"; ledo engano, pois o acesso à justiça estatal se fez crescente vertiginosamente – o que já era esperado, pois um dos principais escopos dos Juizados reside na minimização da litigiosidade contida.

Na prática, de forma geral, os Juizados terminaram por ser dimensionados e implementados de maneira ainda muito ortodoxa, baseados na resolução do conflito por meio de sentença de verificação do mérito (procedência ou improcedência do pedido), centrados na figura do clássico juiz togado, e, por conseguinte, sem muita distinção da justiça tradicional. Estamos de acordo com CARREIRA ALVIM, quando afirma que "o maior entrave dos antigos Juizados de Pequenas Causas e dos atuais Juizados Especiais Cíveis e Criminais foi não terem os Estados-membros, por meio dos seus Tribunais de Justiça, prestigiado os principais pilares dos Juizados, que são os juízes leigos e os árbitros, preferindo estruturá-los centrados apenas no juiz togado e na figura do conciliador. Esse foi o grande equívoco do passado, e que precisa ser corrigido no presente, sob pena de inviabilizar a Justiça do futuro".[52]

Em outros termos, o modelo, alicerçado na oralidade e autocomposição terminou sendo um triste arremedo do sistema clássico adversarial, frustrando-se, assim, o ideal maior. É absurdo, mas não é raro, encontrarmos nos Juizados Especiais Cíveis demandas tramitando há mais tempo do que na justiça comum, hipóteses em que, não frutificando a conciliação, a instrução e o julgamento são designados para muitos meses (ou anos) depois, por falta de pauta (leia-se falta de juiz togado).

Por isso, faz-se imprescindível redimensionar os Juizados Especiais mediante a concepção de novos e eficazes mecanismos à resolução dos conflitos e, em última análise, a própria tutela jurisdicional prestada em prol da efetiva pacificação.

A reformulação da jurisdição não é ideia nova. CAPPELLETTI, na década de 70, já preconizava, na chamada "terceira onda" da ciência processual, a necessidade de modificação do processo – como instrumento de realização do direito material – e da administração da justiça, a ser realizada, entre outras formas, por pessoas leigas (*justiça participativa*), para resolver conflitos ainda não jurisdicionalizados por intermédio da autocomposição (*justiça coexistencial*), sem perder de vista a jurisdição tradicional.[53]

Urge concretizar uma das facetas da tão decantada "terceira fase do processo civil" por intermédio da efetiva implementação de mecanismos não conflituosos (sistema não adversarial) de resolução de controvérsias, notadamente de menor complexidade e valor. Para tanto, exige-se apenas a presença de *homens de boa vontade – política* (para viabilizá-la) e *fática* (para efetivá-la em termos práticos). De certa forma, a *justiça participativa* e *coexistencial* representa, em outros termos, o resgate histórico das técnicas de autocomposição já implementadas com sucesso no passado (próximo e remoto) e que, por razões diversas (sobretudo de ordem social e filosófica: Iluminismo, positivismo e o pensamento burguês), acabaram sendo suprimidas dos textos legais e de nossa praxe, nada obstante revigoradas mais recentemente pela terceira onda da ciência processual e pelas últimas reformas do sistema instrumental civil Brasileiro.

Nesse sentido, v. EGAS DIRCEU MONIZ DE ARAGÃO, que, além de criticar a solução simplista de apenas elevar o número de órgãos judiciais, complementa dizendo ser "(...) necessário explorar os métodos modernos de encaminhar e resolver problemas a fim de melhor realizar o Direito pelo Processo" (cf. O processo civil no limiar de um novo século [palestra proferida no Rio de Janeiro, em 8-4-2000, *Revista Forense*, v. 353/56, item n. 5).

[52] ALVIM, J. E. Carreira. *Anatomia de uma Justiça – Justiça municipalizada*, p. 8, item n. VII (separata), 2003. E arremata com a seguinte observação no que concerne às audiências: "Em muitos casos, as audiências nos Juizados já vêm sendo marcadas com tanta antecedência, que está a exigir a criação de juizados especialíssimos, para aliviar a insuportável carga de processos dos Juizados Especiais" (idem, ibidem).

[53] Cf. CAPPELLETTI, Mauro. *Access to Justice. A world survey*, v. 1; *Promising institutions*, v. 2; *Emerging issues and perspectives*, v. 3; *Anthropological perspective*, v. 4; *Access to Justice and the welfare state*, publicação do *Istituto Universitario Europeo*. Milano: Giuffrè, 1978-1979. V. também, do mesmo autor, *Problemas da reforma do processo civil nas sociedades contemporâneas*.

Vale lembrar que as três Ordenações do Reino já regulavam a *conciliação*, definindo a fase processual destinada à autocomposição para o "começo da demanda", segundo a expressão do texto insculpido no Livro III, Título XX, § 1 das Ordenações Afonsinas.[54]

Por sua vez, a Constituição do Império (1824) estipulava em seu art. 161 a tentativa de conciliação prévia como requisito de admissibilidade da demanda[55] e, no art. 162, incluía a figura do *Juiz de Paz* para o trato dessas questões, utilizando-se do modelo inglês.[56] Esses dispositivos deixaram de ser incluídos nas Constituições seguintes.

O Código de Processo Civil dos estados do Rio Grande do Sul e de Santa Catarina (Lei n. 65, de 15-1-1908)[57] denominava o Capítulo Primeiro da Parte Primeira das disposições preliminares *meio de prevenir a demanda* (no caso, a demanda judicial), e, em seguida, dava início ao art. 1º versando a respeito *do juízo arbitral* (facultativo).

Curiosamente, o mesmo Código já previa também a figura da prestação difusa da tutela jurisdicional (o que denominamos *justiça municipalizada*) pelos *juízes de comarca, juízes distritais das sedes dos municípios* e *juízes dos distritos rurais* (art. 212).

Há de se rever e restabelecer também a *justiça de paz*,[58] por meio da atuação desses juízes com atribuições conciliatórias, sem natureza jurisdicional, nos contornos delineados no art. 98, II, da Constituição Federal,[59] das Cartas Estaduais e respectivas leis locais.[60]

---

[54] O Título XX do Livro III das Ordenações Afonsinas (1446) versava a respeito "Da ordem do Juízo nos feitos Cíveis", e o § 1º assim dispunha sobre o tema enfocado: "E no começo da demanda dirá o Juiz á ambas as partes, que antes que façam despezas, e se sigam entre elles os odios e dissensões, se devem concordar, e não gastar suas fazendas por seguirem suas vontades, porque o vencimento da causa sempre he duvidoso. E isto, que dissemos de reduzirem as partes á concordia, não he de necessidade, mas sómente de honestidade nos casos, em que o bem podérem fazer. Porém, isto não haverá lugar nos feitos crimes, quando os casos forem taes, que segundo as Ordenações a Justiça haja lugar".
No mesmo sentido, o teor das Ordenações Manuelinas (1521/1603), Livro III, Título XV, § 1, que, por sua vez, repetia o texto das Ordenações Afonsinas (1446).

[55] "Art. 161. Sem se fazer constar que se tem intentado o meio de reconciliação, não se começará processo algum".

[56] "Art. 162. Para esse fim haverá juízes de paz, os quais serão eleitos pelo mesmo tempo e maneira por que se elegem os vereadores das Câmaras. Suas atribuições e distritos serão regulados por lei".
Cândido Mendes de Almeida, em breve comentário ao § 1º do Título XX, Livro III das Ordenações Filipinas, assinala, na nota n. 5 que a conciliação ali prevista foi igualmente recepcionada pela Carta de 1824 e arremata com a seguinte crítica: "(...) Se se tivesse aproveitado esta disposição de hum modo conveniente, poupar-se-ia a inútil criação de Juízes de Paz, que se fez por servil imitação das instituições inglesas" (*Código Filipino ou Ordenações do Reino de Portugal*. 14. ed. Rio de Janeiro: Typographia do Instituto Philomathico, p. 587).

[57] Lembramos que, na época, os dois estados possuíam um único Código de Processo Civil.

[58] Para uma análise histórica, jurídica, sociológica e política da figura do juiz de paz em nosso País, v. a excelente monografia de Thomas Flory, intitulada *El juez de paz y el jurado en el Brasil imperial, 1808-1871*: control social y estabilidad política en el nuevo Estado. Trad. Mariluz Caso. México: Fondo de Cultura Económica, 1986.
Egas Dirceu Moniz de Aragão ressalta também a importância do restabelecimento da *justiça de paz*. Nesse sentido, lembra que "(...) quem morou ou advogou no interior décadas atrás pode testemunhar a contribuição de tais juízes, que por serem figuras respeitadas em seu meio resolviam facilmente, sem ônus para o Erário, pequenos desentendimentos, que não despertam atenção nos processos judiciais, quando chegam a eles, pois o diminuto valor de tais quizilas não justifica o uso da máquina oficial". Baseado em Luigi Moccia (Il sistema giudiziario inglese: profili storici e organizzativi. In: *L'ordinamento giudiziario*. v. 2, p. 211-342), observa que, "Na Inglaterra ocorre 'maciça participação de leigos na administração da justiça, sobretudo como juízes de paz', a ponto de haver um 'número limitado de juízes profissionais'. Os juízes de paz ingleses atuam em tempo integral ou parcial, gratuitamente" (O processo civil no liminar de um novo século. *Revista Forense*, v. 353/64-65, item n. 9).

[59] "Art. 98. A União, no Distrito Federal e nos Territórios, e os Estados criarão: (...) II – justiça de paz, remunerada, composta de cidadãos eleitos pelo voto direto, universal e secreto, com mandato de quatro anos e competência para, na forma da lei, celebrar casamentos, verificar, de ofício ou em face de impugnação apresentada, o processo de habilitação *e exercer atribuições conciliatórias, sem caráter jurisdicional*, além de outras previstas na legislação" (grifamos).

[60] Em Santa Catarina, por exemplo, o art. 92 da Constituição Estadual praticamente repete o texto da Constituição Federal, remetendo, todavia, às disposições contidas na lei de organização judiciária pertinente à matéria.

Por isso, o alerta lançado por EGAS DIRCEU MONIZ DE ARAGÃO, em palestra proferida em 8 de abril de 2000, no Rio de Janeiro, *in verbis*: "É de toda conveniência repensar a ideia de aproveitar a colaboração de leigos na solução de pequenos litígios. Sirvam de exemplo os bons serviços prestados no passado pela informal justiça de paz, que atendia precipuamente os humildes, hoje tão abandonados".[61]

1.1.4 Descentralização (municipalização) da justiça

Para que se atinja esse desiderato, havemos de *descentralizar a justiça*, tornando-a, de fato e de direito, acessível a todos. Inconcebível, num País como o nosso, de dimensões continentais e, por conseguinte, com estados federados de larga extensão territorial, dotados de inúmeros municípios, que a justiça seja oferecida apenas em "sede de comarca", sempre instalada naquelas cidades de maior contingente populacional e pujança político-econômica. Os demais municípios, comumente distantes dezenas ou centenas de quilômetros da "sede", ficam desprovidos de justiça efetiva. Aliás, há muito o caminho já foi aberto pelas orientações insculpidas no art. 94 c/c art. 95, parágrafo único, ambos da Lei n. 9.099/1995 e no art. 125, § 7º da Constituição Federal, restando apenas a efetiva implementação.[62]

"O que se propõe é que o bom senso aflore e que os responsáveis pelo destino da Justiça neste País, se deem conta de que os Estados federados nunca terão condições de ministrar justiça contando apenas com juízes togados, sediados nas *comarcas*, a não ser criando *Juizados Informais Municipais* em cada Município brasileiro, em número correspondente à sua potencialidade litigiosa, e estruturados com base nos *juízes leigos*, árbitros e *conciliadores*".[63]

Nessa nova etapa processual jurisdicional, o que se pretende é atingir a pacificação dos conflitos com observância ao quadrinômio representado pelos valores *segurança, tempo hábil, justiça* e *acessibilidade*. A *segurança* tem pertinência com o devido processo legal; o *tempo hábil*, com a incidência do princípio do tempo razoável à obtenção da tutela jurisdicional do Estado, em sintonia com a celeridade preconizada nos Juizados Especiais; a *justiça* da decisão tem pertinência com a observância do julgado ao princípio da congruência (pedido e pronunciado) e o direito aplicável à espécie; e a *acessibilidade* representa nada menos que a proximidade entre o jurisdicionado e a jurisdição, tendo-se em conta que a justiça há de estar onde o povo está, posto que a enigmática figura distante do Estado-Juiz muito pouco serve.

Em outros termos, a criação de um sistema judiciário municipalizado compreende a permanente presença jurisdicional em cada município não considerado "sede de comarca". Esse novo sistema

---

[61] ARAGÃO, Egas Dirceu Moniz de. O processo civil no liminar de um novo século. *Revista Forense*, v. 353/65, item n. 9.

[62] "Art. 94. Os serviços de cartório poderão ser prestados, e as audiências realizadas fora da sede da Comarca, em bairros ou cidades a ela pertencentes, ocupando instalações de prédios públicos, de acordo com audiências previamente anunciadas".
Apontamos a elogiável experiência do estado da Paraíba, que, pela Resolução 15/2002, baixada pelo Presidente do Tribunal de Justiça, Des. MARCOS ANTÔNIO SOUTO MAIOR, instituiu os *Juizados Especiais Cíveis Municipais*.
Dispõe o art. 95, parágrafo único, da Lei n. 9.099/1995: "(...) Parágrafo único. No prazo de 6 (seis) meses, contado da publicação desta Lei, serão criados e instalados os Juizados Especiais Itinerantes, que deverão dirimir, prioritariamente, os conflitos existentes nas áreas rurais ou nos locais de menor concentração populacional" (parágrafo acrescentado pela Lei n. 12.726/2012). Por sua vez, dispõe o art. 125, § 7º, da CF: " (...) § 7º O Tribunal de Justiça instalará a justiça itinerante, com a realização de audiências e demais funções da atividade jurisdicional, nos limites territoriais da respectiva jurisdição, servindo-se de equipamentos públicos e comunitários".
A Constituição do estado de Santa Catarina prevê expressamente, em seu art. 88, § 1º: "Os juízes, no âmbito de sua jurisdição, terão função itinerante". Lembramos que se trata de norma antecedente à Lei n. 9.099/1995, harmonizadas entre si por força do disposto no art. 94.

[63] ALVIM, J. E. Carreira. *Anatomia de uma Justiça – Justiça municipalizada*, p. 18-19, item n. XII (separata).
Sobre o tema em voga, v. também o entendimento de J. S. FAGUNDES CUNHA, em artigo intitulado *Câmaras municipais de conciliação e arbitragem* (Informativo INCIJUR, n. 51, ano IV, out. 2003, p. 8-10); igualmente, AFLATON C. MALUF (*Representação Municipal na Federação Brasileira*. São Paulo: Editora Lemos & Cruz, 2006, p. 191-194, item n. 9.5).

deve ser administrado, *in loco*, por um *juiz leigo, conciliador* ou *mediador* (essas questões hão de ser definidas pelas normas locais), sob a supervisão do juiz togado com competência em matéria de Juizados Especiais, sediado na comarca mais próxima.

Por conseguinte, o conflito será solucionado – preferencialmente de maneira não adversarial – no seio da própria comunidade em que ele teve suas origens, facilitando a compreensão do problema posto ao conhecimento do terceiro imparcial, assim como reduzirá em grande escala a formação de lides jurídicas (jurisdicionalização do conflito sociológico).

Ademais, a prestação de tutela nesses Juizados Municipais fundar-se-á na busca da autocomposição, isto é, na solução do conflito apresentado sem a jurisdicionalização da demanda formulada, portanto, resolução não adversarial do conflito.

Não chegando a bom termo a tentativa de autocomposição, nada obsta que esses Juizados assumam a jurisdição efetiva, com a prestação de tutela por *juiz leigo*, apto legalmente à instrução do processo e prolação de sentença de mérito (procedência ou improcedência do pedido), conforme disposições insculpidas nos arts. 7º e 40, ambos da Lei n. 9.099/1995, ou, ainda, quiçá investido nas funções de árbitro delineadas nos arts. 24 a 26 da mencionada Lei, ou nos moldes da Lei da Arbitragem (Lei n. 9.307/1996).

Para viabilizar-se a implementação da justiça municipalizada, há de se distinguir: *1º)* a que açambarca as demandas cíveis e criminais de menor valor e complexidade e menor potencial ofensivo, respectivamente, nos limites territoriais do próprio município; *2º)* a que engloba as demais ações cíveis e criminais.

De início, faz-se mister que as atenções estejam voltadas integralmente para a municipalização da justiça em sede de Juizados Especiais (formais e informais) Cíveis e Criminais.

Frise-se que não se trata, por óbvio, nessa primeira etapa a que nos referimos, de instituir um "Poder Judiciário municipal", mas de viabilizar mecanismos e infraestrutura básicas para o funcionamento dessas novas unidades jurisdicionais, a cargo dos próprios municípios, com a supervisão da justiça estadual.

Esses "Juizados Municipais" terão como única e específica atribuição: *a tentativa de autocomposição (cível e/ou criminal)* e serão sempre presididos por jurisdicionados leigos (não togados), nos moldes já mencionados precedentemente.

Para a consecução desse desiderato, os Estados deverão firmar convênios com todos os municípios que desejarem integrar o projeto que denominamos *justiça participativa e coexistencial* e com o Ministério Público.

Entre tantos outros aspectos, esses *convênios* abordarão a logística para implantação do projeto e funcionamento cabal dessas unidades, isto é, as metas a serem atingidas, o cronograma, a definição de local, estrutura física, equipamentos e pessoal, a forma de seleção do pessoal, eventual remuneração, preparo (formação) dos mediadores, conciliadores e/ou árbitros, horário de funcionamento, segurança pública etc.

Essas unidades municipais podem ser normatizadas por lei estadual ou por intermédio de ato administrativo interno do Poder Judiciário, por se tratar de simples extensão das atribuições conferidas aos Juizados Especiais (detentores da competência originária), e pela disposição contida no art. 94 da Lei n. 9.099/1995.

Após a instalação dos Juizados Municipais (formais ou informais), as demandas de sua competência deverão ser ajuizadas, necessariamente, no próprio município para fins de tentativa de conciliação prévia, vedando, portanto, o ajuizamento direto nos Juizados Especiais situado na sede da comarca, salvo se a hipótese em concreto versar sobre *tutela de urgência* (antecipatória ou cautelar). Nesse último caso, tão logo o juiz togado decida a questão emergencial, retornarão os autos ao município de origem para a designação de sessão de conciliação.

1.1.5 Jurisdição difusa: câmaras de autocomposição

Por sua vez, as sedes de comarcas de maior contingente populacional, em regra onde já estão instaladas as varas dos Juizados Especiais (Cíveis e Criminais), estão a exigir também atenção diferenciada do Poder Judiciário no sentido de facilitar o acesso à justiça para as pessoas residentes em bairros, distritos ou subdistritos mais afastados e/ou de difícil acesso.

Nesses casos, criar-se-iam *câmaras de autocomposição*, compostas também por conciliadores leigos membros da comunidade local que gozem de reputação ilibada, indicados pelos conselhos comunitários e nomeados pelo juiz togado local, nada obstando que sejam estudantes de Direito.[64]

Assim como nos Juizados municipalizados, as câmaras de autocomposição devem ser dotadas de atribuições voltadas para a *tentativa de conciliação*, concebida em suas diversas formas, tais como *transação, renúncia ao direito sobre o qual se funda a pretensão, reconhecimento parcial ou total do pedido* e a *desistência da ação*, com a subsequente lavratura de termo e homologação do acordo.

Não prosperando o acordo, o *conciliador* ou *mediador* reduzirá a termo a defesa oral ou, se escrita, consignará o recebimento da peça, remetendo-a com a respectiva documentação que acompanha a inicial e resposta à secretaria dos Juizados Especiais (onde está sediada a vara especializada) para fins de designação de audiência de instrução e julgamento, ou, dependendo da hipótese, para a tomada de providências processuais preliminares ou prolação de sentença conforme o estado do processo.

Também, o ajuizamento da demanda far-se-á, necessariamente, no próprio bairro, distrito ou subdistrito em que reside o postulante. Havendo alguma providência de urgência a ser tomada *initio litis*, a inicial será encaminhada ao juiz togado para os devidos fins e, após apreciado o pedido emergencial, determinará o retorno dos autos à origem, para a realização da sessão de conciliação, a exemplo do que se verifica, igualmente, nos Juizados Municipais.

Acerca do tema em voga, vale registrar que esse modelo não adversarial de resolução de conflitos inserido no quadro do Poder Judiciário, por nós há muito defendido e divulgado, foi em boa parte recepcionado pelo Conselho Nacional de Justiça por meio da Resolução 125, de 29-11-2009, que *dispõe sobre a política judiciária nacional de tratamento adequado dos conflitos de interesses no âmbito do Poder Judiciário e dá outras providências*. Tal Conselho, por sua vez, desenvolveu, expandiu a arregimentou a matéria, centrando a atuação em *Núcleos Permanentes de Métodos Consensuais de Solução de Conflitos* e os *Centros Judiciários de Solução de Conflitos e Cidadania*.

1.1.6 Acordos não jurisdicionalizados com força de título (judicial ou extrajudicial)

O art. 57 da Lei n. 9.099/1995[65] está a merecer maior atenção e realce diante da possibilidade conferida aos jurisdicionados de resolverem seus conflitos por meio de *acordos não jurisdicionalizados* (autocomposição extrajudicial).

Nesses casos, resolve-se a lide sociológica de maneira puramente não adversarial, isto é, sem a instauração de processo e, por conseguinte, sem demanda e formação de *lide jurídica* (conflito não jurisdicionalizado), por meio da chancela conferida pelo microssistema aos acordos extrajudiciais

---

[64] Para facilitar, nada obsta que essa nomeação (sempre em caráter temporário) seja feita por simples ato administrativo interno do juiz togado titular dos Juizados Especiais, mediante portaria, após verificação e aprovação dos nomes indicados pelo conselho comunitário local. Para tanto, deve o juiz valer-se de meios diversos antes de referendar os nomes indicados, tais como verificação de antecedentes criminais, inscrição em serviços de proteção ao crédito, publicação prévia de edital contendo o nome e qualificação das pessoas com prazo para eventual impugnação (fundamentada) por terceiros, ouvida da OAB local e do Ministério Público etc.

Acerca da importância da tentativa de autocomposição antes da jurisdicionalização do conflito, vale registrar a experiência bem sucedida da Justiça do Trabalho, no tocante à instituição de Comissões de Conciliação Prévia, nos moldes delineados nos art. 625-A *usque* 625-H da CLT (dispositivos acrescidos pela Lei n. 9.958/2000). Sobre esse tema, já se manifestou o Tribunal Superior do Trabalho no sentido de que limitar temporariamente ou condicionar o exercício do direito de ação, como exigir que o empregado leve seu conflito à CCP, sem a obrigação de firmar acordo, mas apenas para tentar uma solução conciliatória com o empregador, não constitui negativa de acesso à justiça. É um procedimento que não representa ônus pecuniário para o trabalhador, com preservação do prazo de prescrição, com a grande vantagem que reside na possibilidade de solução das divergências de maneira amigável, sem a intervenção estatal (cf. RR 96742/2003.5, rel. Min. Milton de Moura França).

[65] Tomando como modelo o art. 57 da Lei n. 9.099/1995, tem-se o art. 515, III, do CPC, com a seguinte redação: "a decisão homologatória de autocomposição extrajudicial de qualquer natureza".

que são apresentados ao Estado-Juiz ou ao Ministério Público, validando-os e equiparando-os a títulos judicial ou extrajudicial, respectivamente.

Nada obstante tratar-se de regra que facilita a autocomposição, tem sido pouco utilizada na prática forense, desconhecendo-se, na verdade, a razão desse fato. Uma coisa é certa: há de se instituir nos estados e, difusamente, em bairros, municípios, distritos e subdistritos uma política judicial direcionada à resolução não adversarial dos conflitos.[66]

Observadas as limitações instituídas no art. 8º da Lei n. 9.099/1995 (incompetência *ratione personae*), o legislador abriu um enorme leque em sede de competência dos Juizados Especiais Cíveis para fins de conciliação, como verdadeira exceção às regras insculpidas no art. 3º, I (valor) e § 2º (matéria). Significa dizer que os limites referidos têm pertinência tão somente às lides institucionalizadas, ou seja, para fins de resolução de conflitos em sede adversarial (lide e processo jurisdicionalizados).

Conforme demonstraremos com mais vagar nos comentários ao art. 57, segundo o texto legal, as matérias de quaisquer natureza e valor (inexistência de limite qualitativo ou quantitativo) podem ser objeto de acordo e homologadas perante o juiz togado dos Juizados Especiais, ampliando-se, muito, o espectro da autocomposição.

Para a melhor aplicabilidade da disposição insculpida no parágrafo único do art. 57, é de bom alvitre que o Poder Judiciário estabeleça com o Ministério Público diretrizes comuns para a sua efetivação.

Capítulo I
Disposições Gerais

> **Art. 1º** Os Juizados Especiais Cíveis e Criminais, órgãos da Justiça Ordinária, serão criados pela União, no Distrito Federal e nos Territórios, e pelos Estados,[1] para conciliação, processo,[2] julgamento e execução, nas causas de sua competência.[3-4]

1. DA CRIAÇÃO DOS JUIZADOS

A Lei n. 9.099/1995 é fruto do tão esperado Projeto de Lei n. 1.489-B, com substitutivo do Senado por meio do Projeto n. 1.480-C e, por último, do 1.480-D, todos editados em 1989, que termina por colocar pá de cal na discutível questão da criação dos Juizados Especiais de Causas Cíveis e Criminais[67] – sobretudo destes últimos –, nos termos do preconizado no art. 98, I, da Constituição Federal, que impõe a *obrigação*[68] de instituírem-se as referidas unidades jurisdicionais, cujo teor do dispositivo é o seguinte: "A União, no Distrito Federal e nos Territórios, e os Estados criarão: I – juizados especiais, providos por juízes togados, ou togados e leigos, competentes para a conciliação, o julgamento e a execução de causas cíveis de menor complexidade e infrações penais de menor

---

[66] Sobre o tema, v. a Resolução CNJ n. 125/2009.
[67] A respeito desse assunto, v. Toron, Alberto Zacharias. Sobre o Juizado Especial de "Pequenas Causas" em matéria penal. *RT*, v. 638/393-400; Herkenhoff, João Baptista. Juizado para causas simples e infrações penais menos ofensivas. *RT*, v. 708/29-41; Nery Jr., Nelson e Porto, Hermínio Alberto Marques. Juizados Especiais para julgamento das infrações penais de menor potencial ofensivo. *RePro*, v. 55/105-115; Machado, Nilton João de Macedo. Juizados Especiais Criminais e suspensão condicional do processo. *Jurisprudência Catarinense*, v. 72/45-53; Juizados Especiais para julgamento das infrações penais de menor potencial ofensivo. *RePro*, v. 58/99-109; Regis F. de Oliveira, Juizados Especiais para julgamento das infrações de menor potencial ofensivo, *RT*, v. 630/401-402.
[68] Não se deve confundir obrigatoriedade da criação dos Juizados Especiais com a questão da facultatividade procedimental e a competência relativa. Para aprofundamento a respeito desse tema, remetemos o leitor aos comentários do art. 3º.

potencial ofensivo, mediante os procedimentos oral e sumariíssimo, permitidos, nas hipóteses previstas em lei, a transação e o julgamento de recursos por turmas de juízes de primeiro grau".

Em face das dúvidas acerca da possibilidade de interpretação extensiva do art. 98, inciso I, da Lei Maior, em sede de jurisdição federal, considerando-se os resultados positivos colhidos – de uma forma geral – com a experiência dos Juizados estaduais, editou-se a EC 22/1999, acrescentando-se ao art. 98 o parágrafo único (modificado pela EC 45/2004), que passou a definir que a lei federal haveria de dispor sobre a criação dos Juizados Especiais no âmbito da Justiça Federal. Finalmente, em 13 de julho de 2001, vem a lume a Lei n. 10.259 para tratar da matéria específica.[69] Mais adiante, em 23 de dezembro de 2009, edita-se a Lei n. 12.153, que dispõe sobre os Juizados Especiais da Fazenda Pública, no âmbito dos estados, do Distrito Federal, dos Territórios e dos municípios.[70]

O prazo concedido pela Lei n. 9.099/1995 para a criação dessas unidades jurisdicionais foi de seis meses, segundo se infere da redação do art. 95, a contar da vigência da norma, ou seja, a partir de 27 de novembro de 1995 (segunda-feira), sendo que em 27 de maio de 1996 (segunda-feira) atingiu-se o *dies ad quem*. No cômputo geral, os estados e a União tiveram período de tempo razoável para a implantação desses juizados, o que corresponde a oito meses a contar da data da publicação da lei (*DOU* 27-9-1995).

Trata-se, contudo, de regra temporal meramente programática, sem trazer em seu bojo qualquer carga sancionadora na hipótese de eventual descumprimento por parte dos estados da Federação – e não foram poucos os desatendimentos verificados.

Por outro lado, o legislador não deixou dúvida alguma a respeito de sua intenção na determinação impositiva da criação dessas unidades jurisdicionais especialíssimas, ao dispor com clareza que "os Estados, Distrito Federal e Territórios criarão e instalarão os Juizados Especiais no prazo de seis meses, a contar da vigência desta Lei".

Em que pese a orientação legislativa, lamentavelmente alguns estados da Federação deixaram passar alguns anos para implantar os Juizados Especiais, o que significou *inconstitucionalidade por omissão*, problema que passou a ser enfrentado e solucionado, mais adiante, com a intervenção do Conselho Nacional de Justiça.

Por outro lado, sabemos que a implantação dos Juizados nunca foi tarefa simples, pois exige normativas locais a serem baixadas pelos respectivos tribunais, de maneira a adaptar as exigências de cada estado aos ditames da lei de regência, além de estrutura funcional adequada, mediante a capacitação de magistrados, serventuários e auxiliares da justiça (conciliadores e juízes leigos), instalações físicas, equipamentos e sistemas de informatização.

Em contrapartida, não obstante o árduo trabalho de implementação dessas unidades jurisdicionais especializadas (nas quais tivemos oportunidade de atuar intensamente no passado, inclusive em comarcas diversas e turmas recursais), os resultados obtidos são excepcionais, quando bem-estruturadas, pois oferecem à comunidade uma justiça simples, econômica, rápida e efetiva, notadamente por meio da conciliação.

É fundamental também que se tenha presente que a Lei n. 9.099/1995 não é uma simples norma de procedimento (sumaríssimo), sendo este talvez um dos mais sérios enganos que um intérprete pode cometer, pois estará colocando essa norma, de natureza eminentemente processual e de origem constitucional, em total dissintonia com seus mais elevados objetivos, voltados à resolução de conflitos, cujo núcleo se funda na autocomposição (justiça coexistencial) e no princípio da oralidade em grau máximo (simplicidade, economia, rapidez e efetividade).

Por outro lado, o número de demandas haverá de crescer com a criação e instalação dos Juizados Especiais, pois representa nada menos do que o desejo do constituinte em ampliar o acesso à

---

[69] Para aprofundamento do tema, v. FIGUEIRA JR., Joel Dias; TOURINHO NETO, Fernando da Costa. *Juizados Especiais Federais Cíveis e Criminais*: comentários à Lei 10.259, de 12.07.2001. São Paulo: Saraiva, 4. ed., 2019.

[70] Para aprofundamento sobre o tema v. FIGUEIRA JR., Joel Dias. *Juizados Especiais da Fazenda Pública*: comentários à Lei 12.153, de 22 de dezembro de 2009. 3. ed. São Paulo: Saraiva, 2017.

justiça e, assim, minimizar o problema da litigiosidade contida que, até então, parecia sem solução aos jurisdicionados, notadamente à população mais carente.

Todavia, não devemos iludir-nos acreditando que os Juizados resolverão os problemas do acesso à ordem jurídica justa, diante dos complexos problemas e crises que envolvem a prestação da tutela jurisdicional.[71] Não foi por menos que já ouvimos dizer em comentários ao inciso I do art. 98 da Lei Maior que "(...) não será jamais suficiente à debelação da unanimemente reconhecida *crise da Justiça* a regulamentação do procedimento no juízo de primeiro grau, impondo-se, pelo contrário, uma reforma geral, sobretudo no tocante à competência de todos os órgãos jurisdicionais singulares e coletivos, a par da agilização procedimental em todos os graus e setores da jurisdição".[72]

Para reforçar nosso entendimento, vale lembrar a lição de Vittorio Denti, trazida à baila em seu estudo formulado sobre a história da reforma do processo civil italiano, no sentido de que uma reforma processual não é, necessariamente, o resultado da ciência, mas, sim, da política do Direito; a reforma somente alcançará seus fins se houver a correspondente modificação na organização judiciária e nas leis que disciplinam a atuação dos sujeitos especiais do processo, ou seja, dos advogados e do Ministério Público.

Com as últimas reformas realizadas no sistema instrumental civil brasileiro, notadamente com a edição do Código de 2015, percebe-se a minimização da chamada *crise do processo;* de outra banda, resta a *crise da jurisdição* em que se encontra mergulhado o Poder Judiciário (crise organizacional e de prestação de tutela em tempo razoável), de difícil solução diante de sua enorme complexidade, e, soma-se a *crise dos profissionais do direito*, cuja origem é a péssima formação acadêmica, que se inicia com o deficitário ensino básico e médio e termina com a graduação comprometida diante do péssimo nível de nossas faculdades de Direito.

A Lei n. 9.099/1995 é satisfatória em seu contexto, nada obstante algumas imperfeições ou atecnias, como veremos no decorrer dos nossos comentários. Fruto da criação humana, está distante da perfeição, mas não podemos deixar de reconhecer, em contrapartida, que da forma como foi idealizada e redigida, amolda-se adequadamente aos contornos delineados pela Lei Maior, em seu art. 98, inciso I, enquanto o seu sucesso (ou insucesso) em atingir os fins colimados, em termos práticos, dependerá tão somente de infraestrutura, de pessoal qualificado e em número satisfatório, de maneira a atender com rapidez a população que acessa a justiça especializada (equação formada entre o número de demandas x pessoal – juízes, serventuários, auxiliares da justiça em geral).

Há de se ter em mente também que o sucesso da Lei n. 9.099/1995 passa, necessariamente, pela modificação de posturas mentais, ideológicas e dogmáticas dos operadores do Direito, sobretudo das concepções jurídicas ortodoxas – algumas até ultrapassadas – que não encontram sintonia com a "nova justiça" e os seus escopos de natureza constitucional. Precisamos estar alertas, porque eventual sucumbência dos Juizados Especiais representará mais uma perda de esperanças do povo brasileiro e o agravamento da descrença no Poder Judiciário.

Observemos também que o legislador nos ofereceu uma norma que traz em seu bojo novidades muito positivas e alvissareiras (queiram ou não aceitar essa assertiva alguns mais céticos ou

---

[71] Basta que lancemos rapidamente os olhos sobre os números alarmantes publicados pelo Conselho Nacional de Justiça, anualmente, no denominado *Justiça em números*.

[72] Tucci, Rogério Lauria; Cruz e Tucci, José Rogério. *Constituição de 1988 e processo*. São Paulo: Saraiva, 1989, p. 201.
Observam ainda os renomados professores paulistas: "Ademais, para que esse desiderato seja atingido, torna-se necessária, também, a substituição das especificações reclamantes de subjetivismo – como 'causas de pequeno valor', 'causas cíveis de menor complexidade', 'infrações penais de menor potencial ofensivo' etc. – por dados objetivos, como, e.g., os consistentes nas distinções (inequívocas) entre questões de fato (*quaestiones facti*) e questões de direito (*quaestiones iuris*), no juízo cível, e entre as diversificadas sanções prescritas para as infrações penais, na Justiça criminal".
E prosseguem: "Infelizmente, nosso legislador constituinte, nesse, como em outros passos, não se deu conta de que a simplicidade, particularmente de enunciado de preceitos legais, longe de implicar falta de clareza, mostra-se apta à evitação de qualquer dificuldade de entendimento, obstativa, por sua vez, de correta interpretação pelos exegetas (...)" (idem, ibidem).

pessimistas), algumas até absorvidas no Código de 2015, como, por exemplo, a ênfase às formas de autocomposição, a simplificação do processo de execução de título judicial, dentre outras. Os operadores do Direito – advogados, magistrados, membros do Ministério Público e serventuários em geral – sempre clamaram por um novo sistema ou modelo de justiça que fosse pautado pelo princípio da oralidade em grau máximo (donde exsurgem os subprincípios da simplicidade, celeridade, efetividade, concentração, imediatidade e economia) e, agora que a oportunidade lhes é oferecida, não podem desprezá-la.

Nós, profissionais do Direito, seremos os únicos responsáveis pelo sucesso ou insucesso da Lei n. 9.099/1995, pois é apenas em nossas mentes que se encontra o maior aliado deste ou daquele resultado.

Destarte, como venho insistindo desde a primeira edição desta obra, a Lei n. 9.099/1995 não pode ser vista com os mesmos olhos que enxergam o processo tradicional; ela exige leitura e interpretação capaz de transpassar o texto em primeiro plano para atingir, então, com profundidade de campo, seus verdadeiros fins sociais. Equivale à comparação com a visualização de uma figura em terceira dimensão – conhecida por "3D"; para atingirmos a profundidade da terceira dimensão, precisamos, impreterivelmente, enxergar a figura particularizada com olhar diferenciado.

É apenas isso (ou tudo isso) o que se exige do intérprete, do operador ou do aplicador da lei em questão. Não é por menos que temos dito e repetido que os conceitos, as definições e os institutos do processo tradicional não se adaptam em grande parte ao microssistema especialíssimo. Esse talvez seja um dos pontos principais para alavancar o sucesso prático da Lei n. 9.099/1995. Esperamos que todos possam e queiram enxergar, praticar e colher os frutos da boa justiça do terceiro milênio...

2. APLICAÇÃO SUBSIDIÁRIA DAS NORMAS PROCESSUAIS INSCULPIDAS NO CÓDIGO DE PROCESSO CIVIL

Assim como ocorria com a revogada Lei n. 7.244/1984, o legislador deixou de fazer também na Lei n. 9.099/1995 qualquer referência à aplicação supletiva do Código de Processo Civil para os casos em que se verificasse alguma omissão no microssistema. Todavia, essa constatação perfunctória não serve para excluirmos por completo a aplicação subsidiária do Código Processual, que, sabidamente, é o macrossistema instrumental civil de todo o arcabouço normativo.

Dessa feita, não se pode rechaçar a aplicabilidade generalizada das normas de processo insculpidas na referida codificação; há que se observar, isto sim, que elas só terão incidência na hipótese de omissão legislativa do microssistema e desde que se encontrem em perfeita consonância com os princípios orientadores dos Juizados Especiais. Tal assertiva não é de difícil verificação, posto que a Lei n. 9.099/1995 aborda direta ou indiretamente inúmeros institutos de natureza processual e procedimental, tornando-se, em regra, quase desnecessária a regulamentação ou incidência de institutos ou dispositivos contidos no CPC.

Frise-se, mais uma vez, que somente se e quando verificada lacuna ou obscuridade na Lei dos Juizados Especiais haveremos de, em caráter excepcional, buscar no processo tradicional (CPC) a solução para o problema apresentado. Eventualmente, persistindo o vazio, aí então partiremos para a analogia, os costumes e os princípios gerais de Direito.

Esse também era o entendimento do saudoso doutrinador e ex-Ministro do Superior Tribunal de Justiça, TEORI ALBINO ZAVASCKI, apresentado em conferência proferida no XXIV FONAJE, em Florianópolis (13-11-2008), intitulada "A segurança jurídica nos juizados especiais", oportunidade em que deixou bastante claro que o sistema dos Juizados Especiais não está fora do sistema normativo, razão pela qual não pode ser interpretado isoladamente.

Em sentido inverso a esse entendimento, decidiu (equivocadamente) o Plenário do Supremo Tribunal Federal, por maioria, no Recurso Extraordinário 576.847, com repercussão geral da matéria (CPC/1973, art. 543 – correspondente atual: art. 1.036, *caput*), em aresto da lavra do Min. Eros Grau, não se aplicar aos Juizados Especiais, subsidiariamente, o Código de Processo Civil e a Lei do Mandado de Segurança.

O erro de interpretação é dúplice e flagrante, vejamos: *a)* primeiro, porque a Lei n. 9.099/1995, assim como todos os demais microssistemas, não existe isolada e independentemente, mas em harmonia com as outras normas jurídicas, todas interpretadas sistematicamente, sem jamais perder de vista as regras contidas em macrossistemas, assim considerados a Lei Maior e, no caso, o Código Instrumental Civil, porquanto permanentemente subsidiários de todas elas; *b)* em segundo lugar, porque o mandado de segurança não é recurso, mas remédio constitucional inexorável, chancelado como direito e garantia fundamental previsto no art. 5º, inciso LXIX, da Constituição Federal e, como tal, não pode ser banido de qualquer sistema ou microssistema por interpretação equivocada e, diga-se de passagem, manifestamente inconstitucional, mesmo se realizada pela Suprema Corte, que, curiosamente, tem o dever de guardar e zelar pela cabal e efetiva aplicação da Lei Maior.

Ademais, o mandado de segurança é admissível contra decisão judicial da qual não caiba recurso com efeito suspensivo, nos termos do disposto no art. 5º, inciso II, da Lei n. 12.016/2009 (v. Súmula 267 do Supremo Tribunal Federal).

E, como se não bastasse, o Superior Tribunal de Justiça tem entendimento diametralmente oposto e cristalizado, admitindo o remédio constitucional em sede de Juizados Especiais, tanto que pacificou a questão através da Súmula 376, *in verbis*: "Compete a turma recursal processar e julgar o mandado de segurança contra ato de juizado especial".

Para aprofundamento sobre o tema *mandado de segurança* em sede de Juizados Especiais, remetemos o leitor interessado aos nossos comentários ao art. 41, item n. 1.4, *infra*.

Esperamos, sinceramente, que o Supremo Tribunal Federal reveja, brevemente, o seu entendimento acerca do tema em exame, sintonizando-se com as regras e princípios gerais de teoria geral do direito e, em particular, de hermenêutica jurídica.

De outra parte, não se pode perder de vista o disposto no art. 6º da Lei n. 9.099/1995, que permite ao juiz adotar, em cada caso concreto, a decisão que reputar mais justa e equânime, atendendo sempre aos fins sociais da lei e às exigências do bem comum.

Essa regra aplica-se não só no momento da prolação da sentença de mérito, mas em todas as fases do processo, inclusive para resolver questões procedimentais ou processuais não devidamente explicitadas na norma, tudo de acordo com os princípios da simplicidade, celeridade, economia processual e informalidade (art. 2º), desde a propositura da demanda até a satisfação definitiva da pretensão resistida ou insatisfeita do vencedor da lide.

Nada obsta, por exemplo, a possibilidade de incidência dos institutos da antecipação de tutela genérica e específica previstas nos artigos 497 e 498, ambos do CPC.[73]

Por esses motivos é que se afigura inadequada a conclusão daqueles que defendem tese contrária, ou seja, a de que só se verifica a aplicação subsidiária do CPC quando a própria Lei n. 9.099/1995 assim dispõe, mais especificamente nos casos dos arts. 30, 48, 51, *caput*, 52 e 53[74], ou, ainda, quando o CPC de 2015 faz referência expressa aos juizados (v.g. incidente de desconsideração

---

[73] Outro não é o entendimento há muito esposado pelo saudoso Theotonio Negrão ao proceder à anotação à Lei n. 9.099/1995, nos seguintes termos: "O juiz pode conceder tutela antecipada, menos nas ações de despejo ou determinar medidas cautelares, que assegurem a eficácia da sentença a ser proferida e evitem dano irreparável à parte (cf. art. 43). A lei especial não o proíbe. Tais medidas serão concedidas sem forma nem figura de juízo, de acordo com o princípio da informalidade, e serão confirmadas ou cassadas por ocasião da sentença" (*Código de Processo Civil e legislação processual em vigor*. 27. ed. São Paulo: Saraiva, 1996, p. 947, art. 2º, nota 5). No mesmo diapasão v. Theodoro Jr., Humberto. *Curso de direito processual civil*. v. III. 13. ed. Rio de Janeiro: Forense, 1996, p. 466; Macedo, Elaine Harzheim. Breves reflexões sobre os artigos 1º e 3º da Lei 9.099, de 26 de setembro de 1995. *Revista dos Juizados Especiais*, Porto Alegre, v. 15/19, TJRS, 1995.

Assim também a orientação contida no Enunciado 26 do Fonaje, *in verbis*: "São cabíveis a tutela acautelatória e a antecipatória nos Juizados Especiais Cíveis".

[74] Nesse sentido, v. Fátima Nancy Andrighi e Sidnei Beneti (*Juizados Especiais Cíveis e Criminais*. Belo Horizonte: Del Rey, 1996, p. 24/25, 4), que a nosso entender defendem tese absolutamente equivocada, isso porque a aplicação subsidiária do CPC não se verifica apenas quando o microssistema expressamente o autoriza, mas sempre que inexistam incompatibilidades entre os sistemas diversificados e a lei específica seja lacunosa.

da personalidade jurídica – arts. 133/137 c/c art. 1.062; tese jurídica reconhecida em incidente de demandas repetitivas – art. 985, I). Outra, aliás, não poderia ser a orientação hermenêutica a ser observada. Pensemos, por exemplo, que a Lei n. 9.099/1995 não apresenta em seu bojo nenhum mecanismo de antecipação da pretensão articulada pelo autor, nada obstante ter sido norteada, entre outros princípios, pelo da celeridade. Por seu turno, o instituto da antecipação da prestação da tutela jurisdicional do Estado foi inserido no contexto do processo cognitivo justamente para evitar prejuízos com o retardamento da consecução material da sentença de mérito favorável ao autor (tutela provisória). Por conseguinte, não vislumbramos óbice algum em sua aplicação nas ações processadas pelo rito especialíssimo previsto na Lei dos Juizados e, pelo contrário, é medida salutar e absolutamente compatível com os princípios norteadores do microssistema (art. 2º).

Dizemos o mesmo a respeito das ações cautelares, que, sem a menor sombra de dúvida, também encontram ressonância no sistema dos Juizados Especiais tal como definidas pelo Código de Processo Civil, no que couber. Entendimento inverso levaria à conclusão absurda de que os jurisdicionados – em regra, mais carentes e humildes – que optassem por essa forma diferenciada de processo e procedimento especial encontrariam limitação de acesso à justiça, ou seja, no caso, a inviabilidade de obtenção de medidas acautelatórias, nos termos do disposto no art. 301 do CPC (providências assecurativas do bem da vida objeto da lide principal ou garantia do próprio processo).

Nessa linha, finalmente andou bem a evolução interpretativa do FONAJE, mediante enunciado 161, acerca do tema em voga, que, em outras palavras, preconiza exatamente o que há muito viemos doutrinando, *in verbis:* "Considerando o princípio da especialidade, o CPC/2015 somente terá aplicação ao sistema dos juizados especiais nos casos de expressa e específica remissão ou na hipótese de compatibilidade com os critérios previstos no art. 2º da Lei n. 9.099/1995".

Por outro lado, o mesmo FONAJE entende não ser aplicável aos Juizados as normas contidas no CPC alusivas aos procedimentos de tutela de urgência requeridas em caráter antecedente, segundo se infere do enunciado 163, *in verbis:* "Os procedimentos de tutela de urgência requeridos em caráter antecedente, na forma prevista nos arts. 303 a 310 do CPC/2015 são incompatíveis com o sistema dos juizados especiais."[75]

Com a devida vênia, não percebemos onde reside a afirmada "incompatibilidade", sobretudo porque o novo e festejado instituto recepcionado pelo Código de 2015 amolda-se aos princípios orientadores dos Juizados Especiais (art. 2º).

Para espancar qualquer dúvida acerca da possibilidade de aplicação do Código de Processo Civil ao sistema dos Juizados Especiais, no que lhe couber, isto é, somente no que lhe for compatível, encontramos a matéria disposta no art. 27 da Lei dos Juizados da Fazenda Pública (Lei n. 12.153/2009).[76]

---

[75] Na mesma linha, o entendimento de Alexandre Chini, Alexandre Flexa, Ana Coutom Felippe Rocha e Marco Couto, Juizados especiais cíveis e criminais, pp. 132/134, 2018.

[76] V. FIGUEIRA JR., Joel Dias. *Juizados Especiais da Fazenda Pública*: comentários à Lei 12.153, de 22 de dezembro de 2009. 3. ed. São Paulo: Saraiva, 2017, capítulo I, item n. 6 e capítulo VII, item n. 15.3.
Não foi por menos que há anos atrás sugerimos ao Instituto Brasileiro de Direito Processual, na pessoa do saudoso Mestre Athos Gusmão Carneiro, a inclusão de um novo dispositivo na Lei n. 9.099/1995, mais precisamente o art. 59-A, com a seguinte redação, *in verbis:* "Art. 59-A. Aplicam-se subsidiariamente as disposições do Código de Processo Civil que não afrontem norma expressa desta Lei ou seus princípios orientadores".
A justificativa apresentada para a modificação proposta constante no esboço de anteprojeto de lei foi a seguinte: "Em primeiro lugar, a sugestão proposta visa harmonizar a parte cível da Lei n. 9.099/1995 com a sua parte penal, que, por sua vez, prevê nas disposições finais, art. 92, *in verbis:* 'Aplicam-se subsidiariamente as disposições dos Códigos Penal e de Processo Penal, no que não forem incompatíveis com esta Lei'.
"Em segundo lugar, o Código de Processo Civil gravita como macrossistema instrumental, aplicando-se a todos os demais microssistemas em tudo aquilo que não lhes for incompatível ou atentar contra os seus princípios informativos. Destarte, em sede de Juizados Especiais Cíveis, à conclusão diversa não se pode chegar.
"Nada obstante, em face da omissão legislativa, alguns intérpretes e operadores do direito têm entendido que se aplica o CPC à Lei n. 9.099/1995 somente nas hipóteses em que o legislador fez menção (art. 52, *caput* e art. 53).

3. DAS ATRIBUIÇÕES DOS JUIZADOS

As atribuições conferidas aos Juizados Especiais Cíveis estão delineadas na segunda parte do dispositivo em comento, enquanto a sua competência é definida no art. 3º da Lei n. 9.099/1995. Por certo, a principal atribuição conferida aos Juizados Especiais reside na busca da *autocomposição* em face dos resultados positivos que proporciona aos consumidores do Direito, tendo em vista que serão eles, os litigantes, na qualidade de partes integrantes dos dois polos da relação jurídico-processual, a encontrar, conjuntamente, de maneira não adversarial e com o maior grau de satisfação, a solução efetiva e rápida para o conflito instaurado e convertido em lide jurídica, em qualquer uma de suas modalidades (*transação, reconhecimento do pedido, renúncia ao direito*).

Frise-se, porquanto não se pode esquecer jamais, que a *autocomposição* é o eixo central, o núcleo dos Juizados Especiais (Estaduais, Federais e da Fazenda Pública), estruturado sobre o tríplice fundamento das chamadas "vias conciliatórias":[77] *a) funcional*, no qual reside o *eficientismo*, como "política judiciária", ou seja, a autocomposição é considerada verdadeiro equivalente jurisdicional (prestação de tutela com resolução do mérito através da autocomposição – art. 487, III, alínea *b*, do CPC); *b) pacificação* ou *coexistencialidade*, fundamento assim concebido para resolução de conflitos de maneira não adversarial, eliminando os reflexos sempre nefastos da sentença de procedência ou improcedência do pedido; *c) participação*, que significa o envolvimento das pessoas integrantes da comunidade em que ocorreu o conflito e que busca a resolução, ou seja, a participação popular do leigo na solução da controvérsia, sobretudo em fase conciliatória. Esses, aliás, são os alicerces plantados por MAURO CAPPELLETTI e BRIAN GARTH. Para aprofundamento sobre o tema, enviamos o leitor interessado aos nossos comentários ao art. 2º, itens 7 e 8.

No entanto, foram criados os Juizados não só para a tentativa de autocomposição (conciliação), mas também para o desenvolvimento do processo, em todos os termos e na forma procedimental instituída pela própria lei, em sintonia com a ritualística estabelecida na Lei n. 9.099/1995, o que representa viabilidade jurídica à prestação da tutela jurisdicional por intermédio da prolação de uma sentença de mérito, como também a efetivação forçada da pretensão acolhida pelo julgado, por meio da execução específica, ou, como diria CHIOVENDA, a "atuação autoritária da lei em favor do autor"[78] vencedor da demanda, além das hipóteses de execução forçada de título extrajudicial contra devedor solvente.

Dentre as atribuições dos Juizados Especiais, encontramos a possibilidade de instituição de juízo arbitral, na forma preconizada nos arts. 24 a 26 da Lei n. 9.099/1995, não se confundindo com a arbitragem institucional (arbitragem pura ou verdadeira) prevista na Lei n. 9.307/1996. Poderão estar também entre tais atribuições a prestação de tutela jurisdicional em caráter itinerante, mediante autorização prévia do Tribunal de Justiça (art. 125, § 7º, da CF). Os Juizados também revisam seus próprios julgados, por turmas recursais formadas por juízes togados de primeiro grau integrantes, preferencialmente, do Sistema dos Juizados Especiais.

4. DAS UNIDADES JURISDICIONAIS COM COMPETÊNCIA CUMULATIVA

Verifica-se que em muitas comarcas, notadamente as de menor porte, não se justifica a criação de uma unidade autônoma para os Juizados Especiais, em razão do pequeno fluxo de demandas que aportam ao Judiciário local. Como consequência, uma das varas cíveis já instaladas, em se tratando

---

Entendimento equivocado, datíssima vênia. O Código de Processo Civil, subsidiariamente, encontrará sempre ressonância na Lei n. 9.099/1995.

"Desta feita, para que a insegurança jurídica, neste particular, não se perpetue, somando-se ao fato da necessidade de harmonização da parte cível com a penal desta Lei, afigura-se imprescindível a inserção deste novo dispositivo".

[77] Sobre o tema, v. GRINOVER, Ada Pellegrini. Os fundamentos da justiça conciliativa. *Revista da Escola Nacional da Magistratura*, 5/22-27, 2008.

[78] CHIOVENDA, Giuseppe. *Istituzioni di diritto processuale civile*. Napoli: Jovene, v. I (1933), § 10, p. 213-248, e v. II (1934), § 19, p. 4-7.

de vara única, aglutina a competência da matéria atinente aos feitos dos Juizados Especiais (cíveis ou criminais), de acordo com as necessidades definidas pelas normas de divisão e organização judiciárias de cada estado.

Assim, verificando-se a cumulação de competências atinentes aos feitos cíveis comuns e Juizados Especiais, nos processos que, em razão do valor ou da matéria, estiverem sob a égide da Lei n. 9.099/1995, haverão de tramitar pelo rito sumaríssimo, assim como as execuções de títulos extrajudiciais, segundo as regras definidas no art. 53 da mencionada norma.

Bem ilustra esse tema o seguinte julgado do Tribunal de Justiça de Santa Catarina, em acórdão de nossa relatoria, *in verbis:* "(...) No caso em apreço, a demanda foi proposta perante o Juizado Especial Cível da comarca de Rio do Sul por pessoa incapaz, devidamente representada por seus genitores. De fato, em razão da vedação constante do art. 8º da Lei n. 9.099/1995, a ação não poderia ter sido ajuizada na justiça especializada, mas sim em uma das varas cíveis da referida Comarca.

"Contudo, compulsando atentamente os autos, constata-se que o feito tramitou perante a 2ª Vara Cível da Comarca de Rio do Sul, que possuía, antes da criação da 3ª Vara Cível, pela Resolução 03/05-TJ, competência para conciliar, processar e julgar as causas cíveis de menor complexidade previstas no art. 3º da Lei n. 9.099/1995.

"Em outros termos, o Juízo da 2ª Vara Cível cumulava também competência para apreciar as causas do Juizado Especial Cível, não sendo justificável, *in casu*, reconhecer a tese da nulidade da sentença em razão da incompetência, porquanto a decisão que julgou o pedido formulado teria sido proferida pelo mesmo Juiz de Direito, cuja figura mistura-se com a do Juízo.

"Ainda, vale ressaltar não ter havido cerceamento de defesa, inexistindo, portanto, qualquer prejuízo para as partes que justifique a anulação da sentença, sobretudo se, conforme já explanado, a decisão teria de ser prolatada pelo mesmo Magistrado, que era competente para conhecer dos pedidos formulados tanto no Juizado Especial quando na 2ª Vara Cível.

"Destarte, não havendo prejuízo às partes, o reconhecimento da nulidade importaria no retardamento desnecessário do deslinde da causa.

"Rechaça-se, portanto, a preliminar arguida pelo representante do Ministério Público em segundo grau de jurisdição".[79]

5. O "SISTEMA" DOS JUIZADOS ESPECIAIS[80]

Inaugura a Lei n. 12.153/2009 a alusão ao "Sistema dos Juizados Especiais estaduais", *in verbis:* "Art. 1º Os Juizados Especiais da Fazenda Pública, órgãos da justiça comum e integrantes do Sistema dos Juizados Especiais, serão criados pela União, no Distrito Federal e nos Territórios, e pelos Estados, para conciliação, processo, julgamento e execução, nas causas de sua competência. Parágrafo único. O sistema dos Juizados Especiais dos Estados e do Distrito Federal é formado pelos Juizados Especiais Cíveis, Juizados Especiais Criminais e Juizados Especiais da Fazenda Pública".

Contudo, para que qualquer espécie de "sistema" exista, se consolide e se efetive, não basta que uma norma jurídica assim o defina como tal; faz-se mister, antes de mais nada, que ele seja concebido e fundado em elementos, regras e princípios que se reúnam e se entrelacem harmoniosamente. Embora os "sistemas" tendam à harmonia e ao perfeito equilíbrio, inúmeros são aqueles que, por razões patológicas (endógenas ou exógenas), desfiguram-se de maneira a comprometer, total ou parcialmente, em diversos planos os seus fins.

Para bem compreendermos o que vem a ser um "sistema", buscamos na etimologia da palavra a sua origem do grego e latim (*systema*), denotando "reunião" ou "grupo". Em sequência, colhe-se do *Dicionário Aurélio* que, dentre outros significados, "sistema" indica um "(...) conjunto de elementos,

---

[79] TJSC, AC 2007.046647-4, Rio do Sul, rel. Des. Joel Dias Figueira Jr., j. 26-8-2008, v.u.).

[80] Excerto de nossa obra *Juizados Especiais da Fazenda Pública*: comentários à Lei 12.153, de 22 de dezembro de 2009. 2. ed. São Paulo: Saraiva, 2017, capítulo I, Introdução, item n. 2.

materiais ou ideais, entre os quais se possa encontrar ou definir alguma relação; disposição das partes ou dos elementos de um todo, coordenados entre si, e que funcionam como estrutura organizada: sistema penitenciário; sistema de refrigeração (...); reunião coordenada e lógica de princípios ou ideias relacionadas de modo que abranjam um campo do conhecimento (...); conjunto ordenado de meios de ação ou de ideias, tendente a um resultado; plano, método (...)".

Nessa perspectiva, podemos dizer então que os Juizados estaduais (Cíveis, da Fazenda Pública e Criminais), compõem uma espécie de "sistema", na exata medida em que se reúnem em normas atinentes ao mesmo tema central, cujo núcleo, origem e natureza convergem publicisticamente para a Lei Maior, com recepção em seu art. 98, I e § 1º.[81]

Já versamos sobre o assunto em pauta quando comentamos a Lei dos Juizados Especiais Federais, oportunidade em que dissemos significar os sistemas um complexo de regras, preceitos, princípios para disciplina de uma determinada questão, matéria. Assim, temos sistema tributário, sistema de saúde, sistema penitenciário, sistema financeiro, sistema mercantil, sistema econômico, sistema de trabalho, sistema processual, sistema penal, sistema civil etc.

Ademais, muitas vezes, subdividem-se em subsistemas, como o penal, em que temos um *subsistema clássico*, relativo aos crimes de grande potencial ofensivo (crimes cuja pena máxima prevista em abstrato seja superior a 2 (dois) anos), dando ênfase à pena de prisão, à formalidade; e o *subsistema consensual*, em que o forte é a conciliação, o consenso, a não aplicação da pena de prisão, em que são previstas, na Lei n. 9.099/95, medidas despenalizadoras: a composição civil (art. 74); a transação penal (art. 76); a representação nas lesões corporais leves e culposas (art. 88) e a suspensão condicional do processo (art. 89). Por sua vez, o sistema processual civil é dividido em um *macrossistema*, tradicional, e em diversos *microssistemas*, nos quais se incluem os Juizados Especiais norteados pelo princípio da oralidade em grau máximo e fundados na resolução dos conflitos pela autocomposição, enquanto o instrumento clássico orienta-se pela oralidade em grau médio e mínimo e pela resolução das controvérsias através de sentenças de procedência ou improcedência dos pedidos, em que pese minimizado nos dias de hoje pela impregnação dos ventos da justiça coexistencial, na qual tremula também a bandeira da conciliação.

Sistema de Juizados Especiais vem a ser, portanto, um conjunto de regras e princípios que fixam, disciplinam e regulam um novo método de processar as causas cíveis de menor complexidade (Lei n. 9.099/1995, art. 3º) e as infrações penais de menor potencial ofensivo (Lei n. 9.099/1995, art. 61). Uma nova justiça marcada pela oralidade em grau máximo, simplicidade, informalidade, celeridade e economia processual para conciliar, processar, julgar e executar, com regras e preceitos próprios (Lei n. 9.099/1995, arts. 2º e 62), e, também, com uma estrutura peculiar, juízes togados e leigos, conciliadores, Juizados Adjuntos, Juizados Itinerantes etc.

Porém, esse "sistema" não se apresenta de forma harmoniosa e equilibrada, verificando-se dissintonia em diversos de seus institutos processuais integradores, sem contar com a desagregação de suas origens e orientações de cunho constitucional. Trata-se, ao nosso entender, de um "sistema" eivado de diversos vícios que o comprometem em sua inteireza, por isso, um "sistema" defeituoso que beira a falta de sistematização. Vejamos:

Para começar, peguemos o preceito fundamental insculpido no art. 98, I, da Lei Maior, ao qual haverão de prestar observância as normas de natureza infraconstitucional, notadamente as leis integradoras do chamado "sistema" dos Juizados Especiais. Pois bem: dispõe a Constituição Federal que os Juizados Especiais Cíveis haverão de orientar-se pelo princípio da *oralidade* e tramitar sob a

---

[81] Dispõe o art. 98 da CF, *in verbis*: "Art. 98. A União, no Distrito Federal e nos Territórios, e os Estados criarão: I – juizados especiais, providos por juízes togados, ou togados e leigos, competentes para a conciliação, o julgamento e a execução de causas cíveis de menor complexidade e infrações penais de menor potencial ofensivo, mediante os procedimentos oral e sumaríssimo, permitidos, nas hipóteses previstas em lei, a transação e o julgamento de recursos por turmas de juízes de primeiro grau; (...) § 1º Lei federal disporá sobre a criação de juizados especiais no âmbito da Justiça Federal (...)."

égide de *procedimento sumaríssimo*, com competência para o conhecimento, julgamento e execução de demandas *de menor complexidade*, primando sempre pela *autocomposição*.

Nessa toada, a Lei n. 9.099/1995 é a que mais se aproximou dos anseios constitucionais, tendo em vista que, para a fixação de sua competência, mesclou os critérios quantitativo (valor) e qualitativo (menor complexidade), assim como, fiel aos princípios da efetividade, celeridade, informalidade e economia, expurgou os embargos de divergência e qualquer outro tipo de recurso ou incidente voltado à uniformização de jurisprudência.

Diferentemente, a exemplo do que lamentavelmente verificou-se com a Lei n. 10.259/2001, a Lei dos Juizados Especiais da Fazenda Pública definiu a sua competência essencialmente com base no critério quantitativo (valor), desprezando a regra constitucional cogente da menor complexidade, tomando o critério qualitativo por exclusão, independentemente da complexidade. E mais: em nome de uma falaciosa segurança jurídica, abriu mão da celeridade e efetividade dos julgados para prestigiar o incidente de uniformização de jurisprudência, com acesso à morosa superior instância ou Turma de Uniformização estadual e nacional, em prol de duvidosa padronização de julgados.

Encontramos ainda outras dissintonias patológicas indicadoras da desarticulada e complexa sistematização dos Juizados Especiais Cíveis. Vejamos algumas delas: *a)* competência relativa e procedimento opcional nos Juizados Cíveis estaduais, enquanto em sede da Fazenda Pública a competência é "absoluta" (mista); *b)* os juízes leigos haverão de contar com cinco anos de experiência para compor o quadro de auxiliares dos Juizados Cíveis, enquanto para os Juizados da Fazenda Pública a exigência cai para dois anos; *c)* a Lei n. 9.099/1995 é omissa quanto às tutelas de urgência e os meios de impugnação (o que não significa a inadmissibilidade), enquanto a Lei n. 12.153/2009 trata do assunto; *d)* as referidas leis fazem alusão ora à audiência de conciliação, ora à sessão de conciliação e, em outras oportunidades, referem-se à audiência de instrução e julgamento, quando, na verdade, a audiência é una, ou seja, de conciliação, instrução e julgamento (com a possibilidade de fracionamento), em observância ao princípio da oralidade em grau máximo (procedimento sumaríssimo); *e)* limitação valorativa para a parte postular em juízo desacompanhada de advogado; *f)* a exemplo do que ocorreu com a Lei n. 10.259/2001, a Lei n. 12.153/2009 transmuda a sentença condenatória em quantia certa em mandamentalidade, na exata medida em que, não cumprida espontaneamente a obrigação, o juiz *ordena* que o sucumbente assim o faça, sob pena de sequestro, enquanto a Lei n. 9.099/1995 adentra numa tortuosa fase de execução de título judicial; *g)* no que concerne aos valores de alçada, os Juizados Especiais regidos pela Lei n. 9.099/1995 estão limitados à quarenta salários mínimos, enquanto a Lei n. 12.153/2009 estipula o montante de sessenta salários mínimos etc.

Essas, dentre tantas outras incoerências verificadas nas Leis dos Juizados Especiais (v. o quadro comparativo – anexo n. III), fazem-nos acreditar que estamos longe da integração do que se pretende denominar "sistema dos juizados especiais".

Por isso dissemos e repetimos. Pouco importa dizer o legislador que possuímos um "Sistema de Juizados", pois em sua verdadeira essência, o todo está comprometido com inúmeros sintomas patológicos que estão a exigir reparos e ressistematizações para, só então, tornar-se um sistema efetivo de jurisdição especializada.

> **Art. 2º** O processo orientar-se-á pelos critérios[1] da oralidade,[2] simplicidade,[3] informalidade,[4] economia processual[5] e celeridade,[6] buscando, sempre que possível, a conciliação[7] ou a transação.[8]

1. DOS PRINCÍPIOS PROCESSUAIS

Em que pese o legislador ter-se utilizado da expressão "critérios" orientadores do processo nos Juizados Especiais, estamos diante de verdadeiros *princípios gerais*.

Princípios processuais são um complexo de todos os preceitos que originam, fundamentam e orientam o processo. Esses princípios podem ser doutrinariamente divididos em duas espécies: *informativos* e *gerais*. Os *informativos* representam o caráter ideológico do processo, como objeto principal de pacificação social, influenciando jurídica, econômica e socialmente, e transcendem a norma propriamente dita, à medida que procuram nortear o processo pelo seu fim maior e ideal precípuo.[82]

Considerando-se esses princípios informadores como preceitos ideais que representam uma aspiração de melhoria do mecanismo processual, quatro regras podem ser apontadas como orientadoras: "a) o *princípio lógico* (seleção dos meios mais eficazes e rápidos de procurar e descobrir a verdade para evitar erro; b) o *princípio jurídico* (igualdade no processo e justiça na decisão); c) o *princípio político* (o máximo de garantia social, com o mínimo de sacrifício individual da liberdade); d) o *princípio econômico* (processo acessível a todos, com vistas ao seu custo e à sua duração)".[83]

Por sua vez, os *princípios gerais do processo*, também conhecidos por *fundamentais*, são aqueles previstos de maneira explícita ou implícita na Constituição e/ou na legislação infraconstitucional, como fontes norteadoras da atividade das partes, do juiz, do Ministério Público, dos auxiliares da justiça, da ação, do processo e do procedimento.[84] Por isso, já se disse que são, na verdade, *princípios fundamentais*, porque respeitam "(...) à orientação *particular* de dado ordenamento jurídico, emergem necessariamente de um ordenamento jurídico positivo. Com isto é evidente – não desejamos circunscrever a enunciação e estudo destes princípios a somente um dado ordenamento jurídico, pois, entre os diversos ordenamentos jurídicos, pode existir, e efetivamente existe, um denominador comum, que os inspira, mercê do qual há grande uniformidade entre os princípios fundamentais".[85]

Por último, acentuamos que todos os demais princípios fundamentais à orientação do universo processual civil e que estejam em sintonia com o espírito dos Juizados Especiais, tais como o contraditório, a ampla defesa, a igualdade entre as partes, a segurança jurídica, a relação entre o pedido e o pronunciado etc. (em síntese, o *due process of law*), têm ampla e irrestrita aplicabilidade nesse microssistema.[86]

Diante de vários princípios interligados entre si, existe uma referência legislativa geral que o juiz terá de aplicar no caso concreto, mediante valorações adicionais, o que dá, por exemplo, com a colisão de princípios orientadores, em que haja, então, de ser estabelecida a prevalência de um sobre outro, dado não serem os princípios, em geral, hierarquizáveis em abstrato.[87]

---

[82] FIGUEIRA JR., Joel D. *Lições de teoria geral do processo*. Florianópolis, 1992, p. 41.

[83] DINAMARCO, Cândido Rangel; CINTRA, Antônio Carlos de Araújo; GRINOVER, Ada Pellegrini. *Teoria geral do processo*. 12. ed. São Paulo, Malheiros: 1996, p. 51-52.

[84] Observa muito bem EDUARDO COUTURE que "(...) toda solução constante, reiterada, que aparece no corpo das leis, constitui um princípio. Mas de quando em vez verifica-se que as exceções começam a aparecer nessa solução. Chega um instante em que as exceções podem ser tantas como os casos que constituem o princípio. A ocorrência disto, então, pode torná-lo duvidoso e até chegar a perder seu caráter de princípio. No curso da história se produziu, mais de uma vez, o fato de que o princípio tenha chegado a se transformar em exceção e a exceção em princípio" (*Fundamentos del derecho procesal civil*. 3. ed. (póstuma). Buenos Aires: Depalma, 1993, p. 199-200).

[85] ALVIM, José Manoel de Arruda. *Direito processual civil*: teoria geral do processo de conhecimento. v. 1. São Paulo: Revista dos Tribunais, 1972, p. 110.

[86] Para maior aprofundamento sobre os princípios ora analisados, v. LIEBMAN, Enrico Tullio. *Manuale di diritto processuale civile*. 4. ed. Milano: Giuffrè, 1984, p. 227-236; CHIOVENDA, Giuseppe. *Istituzioni di diritto processuale civile*. v. 1 e 2. Napoli: Jovene, 1933 e 1934; MANDRIOLI, Crisanto. *Corso di diritto processuale civile*. v. 1. Torino: G. Giappichelli, 1993, p. 427-430; ALVIM, José Manoel de Arruda. *Direito processual civil*: teoria geral do processo de conhecimento. v. 1. São Paulo: Revista dos Tribunais, 1972, p. 110 e s.; *Tratado de direito processual civil*. v. 1. São Paulo: Revista dos Tribunais, 1990, p. 81 e s.; *Manual de direito processual civil. Parte geral*. v. 1. São Paulo: Revista dos Tribunais, 1992, p. 21 e s. NERY JR., Nelson. *Princípios do processo civil na Constituição Federal*. São Paulo: Revista dos Tribunais, 1995; GRINOVER, Ada Pellegrini. *Os princípios constitucionais e o Código de Processo Civil*. São Paulo: José Bushatsky, 1975.

[87] LAMEGO, José. *Hermenêutica e jurisprudência*. Viseu: Tipografia Guerra, 1990, p. 64.

2. DA ORALIDADE

No que tange ao *princípio da oralidade*, também chamado de *viga mestra da técnica processual*,[88] preconizado com ênfase absoluta neste dispositivo e refletido com intensidade em todo o texto legislativo, podemos aplicar os mesmos ensinamentos do processo comum, porquanto o princípio enfocado nada mais significa do que a exigência precípua da forma oral no tratamento da causa, sem que com isso se exclua por completo a utilização da escrita, o que, aliás, é praticamente impossível, tendo em vista a imprescindibilidade na documentação de todo o processado e a conversão em termos, no mínimo, de suas fases e atos principais, sempre ao estritamente indispensável. Ademais, processo oral não é sinônimo de processo verbal.

"Na realidade, os procedimentos oral e escrito completam-se. Quando o legislador alude ao procedimento oral, ou ao procedimento escrito, isto significa não a contraposição ou exclusão, mas a superioridade de um, ou de outro modo, de agir em juízo. Ambos os tipos de procedimentos dizem respeito ao modo de comunicação entre as partes e o juiz. (...) O procedimento oral fundamenta-se não apenas em fatos e atos que o juiz conhece, de viva voz, como também em provas produzidas".[89]

Assim sendo, o princípio da oralidade aparece como norteador geral do processo civil com maior ou menor intensidade, dependendo do tipo de lide, tal como posta pelo sistema à apreciação do Estado-Juiz. Todavia, no procedimento comum, pelas suas próprias características, a oralidade não consegue ser erigida ao seu ponto máximo, enquanto no processo de rito mais especializado a possibilidade aumenta sobremaneira, como podemos verificar, por exemplo, nos seguintes dispositivos da Lei n. 9.099/1995: arts. 13, §§ 2º e 3º, 14, 17, 19, 21, 24, § 1º, 28, 29, 30 etc.

Analisando o processo de cognição, já dizia CHIOVENDA que, não obstante a existência de uma linha essencial, formam-se vários tipos ou sistemas de processo, os quais diferem entre si pelo fato de que alguns seguem determinados princípios, enquanto outros, princípios diversos, e, ainda, outros contemporaneamente e em medidas diversas, princípios opostos. Por isso, afirmava o mestre italiano, um processo pode ser diferente de outro. Seguindo esse pensamento, a oralidade pode ser mais ou menos intensa.[90]

A verdade é que "a experiência resultante da história nos permite afirmar que o processo oral é, sem sombra de dúvida, o melhor e o mais de acordo com a natureza e as exigências da vida moderna, visto que sem ponto comprometedor; mas, em vez disso, melhor garante a boa índole intrínseca da decisão, a qual é fornecida mais economicamente, com mais simplicidade e prontamente. E no tocante à celeridade do processo oral, ele dura três ou quatro vezes menos tempo do que o processo escrito".[91]

---

[88] Sobre a questão da oralidade como viga mestra da técnica processual, v. Tucci, Cibele Pinheiro Marçal. Bases estruturais do processo civil moderno. In: TUCCI, José Rogério Cruz e (coord.). *Processo civil – Evolução*: 20 anos de vigência (coletânea de estudos). São Paulo: Saraiva, 1995, p. 48-52.

[89] CRETELLA JR., José. *Comentários à Constituição de 1988*. v. 6. Rio de Janeiro: Forense, 1992, art. 98, I, p. 3046.

[90] CHIOVENDA, Giuseppe. *Istituzioni di diritto processuale civile*. v. 1. Napoli: Jovene, 1933, p. 46 e v. 2, 1934, p. 362-381.
A respeito do programa de reforma, fortemente inovador, apresentado por GIUSEPPE CHIOVENDA, no início do século XX (1909), baseado em estudo comparativo entre o sistema italiano com os germânico, austríaco e inglês, sobre o princípio da oralidade (conferência apresentada no Circolo Giuridico di Roma e publicada em *Saggi di diritto processuale civile*, v. 1, p. 395 e seguintes, em 1930), v. a análise procedida por VITTORIO DENTI sobre o pensamento chiovendiano (L'oralità nelle riforme del processo civile. *Rivista di Diritto Processuale*, v. 25/434-443, 1970).
Desde então, o entendimento de CHIOVENDA a respeito do processo oral era o seguinte: a) caráter meramente preparatório dos termos escritos para o debate oral; b) imediação da relação entre o juiz e as partes; c) identidade física do juiz desde o início até o fim do processo; d) concentração processual.

[91] CHIOVENDA, Giuseppe. *Istituzioni di diritto processuale civile*. v. 2. Napoli: Jovene, 1934, p. 363.
Fazendo um breve relato histórico do processo civil, lembra-nos o mestre italiano que o processo romano foi oral, porque exigia, em relação à prova, a produção direta à formação do livre convencimento do juiz, base da imediata observação dos elementos de cognição, enquanto o antigo processo germânico foi também oral, mas por razões diversas. Por sua vez, o processo peninsular medieval transformou-se lentamente de oral em escrito, por influência, sobretudo, do caráter formal da prova germânica e do sistema da prova legal dele derivado. O processo ordinário do direito comum determinou a formação dos processos escritos nas legislações dos Estados italianos e

Por outro lado, o princípio da oralidade traz em seu bojo outros norteamentos "principiológicos" complementares ou desmembramentos, representados pelos *princípios do imediatismo*, da *concentração*, da *imutabilidade do juiz* e da *irrecorribilidade das decisões*. De acordo com o pensamento chiovendiano, poderíamos dizer que esses princípios representam "um todo incindível", no sentido de que a atuação de qualquer um deles é necessária a fim de que se torne possível realizar um processo verdadeiramente oral.[92]

Nada obstante, ressalta ARRUDA ALVIM que "a doutrina, especialmente a alemã, distingue o princípio da imediação do da oralidade, salientando adequadamente que o princípio da imediação é compatível com o processo escrito, porque, efetivamente, no processo escrito poderá haver, exclusivamente, contato entre as partes e o Juiz, muito embora todo o contato seja através de petições".[93]

O *princípio do imediatismo, imediação* ou *imediatidade* preconiza que o juiz deve proceder diretamente à colheita de todas as provas, em contato imediato com os litigantes, bem como propor a conciliação, expor as questões controvertidas da demanda, dialogar com as partes e com seus advogados sem maiores formalidades etc., o que resulta na facilitação da composição amigável ou no melhor e mais rápido convencimento do julgador para solucionar a lide.

Aliás, o ponto mais importante desse princípio, que inclusive é bem frisado na literatura alemã, é justamente o da "colheita da prova",[94] entendendo-se aqui a expressão no seu mais amplo sentido, o qual inclui o contato imediato do juiz com as partes e seus procuradores.[95]

O *princípio da concentração* pressupõe que os atos processuais nas audiências sejam os mais concentrados possíveis, ou seja, realizados numa única etapa ou em audiências aproximadas (audiência de conciliação, instrução e julgamento).

Por último, o *princípio da irrecorribilidade das decisões* cinge-se às interlocutórias para evitar a paralisação, mesmo que parcial, dos atos ou qualquer tumulto que possam prejudicar o bom andamento do processo. Todavia, essa orientação não pode ser recepcionada em termos absolutos, como pretendia o festejado mestre italiano, o qual foi seguido no Brasil, neste particular, por ilustres doutrinadores.

A ressalva é feita no sentido de que inexiste qualquer óbice ao nosso entendimento, tendo em vista que a regra da irrecorribilidade das interlocutórias, na conformidade com o princípio da oralidade, encontra sua maior ressonância na audiência de instrução e julgamento, à medida que, ao menos em tese, num único ato processual, espera-se que a demanda seja solucionada, logo após a colheita de provas, com a prolação de uma sentença de mérito.

Escreveu o saudoso professor ARRUDA ALVIM que esse mal expressado subprincípio (porquanto deriva da oralidade) "(...) representa a impossibilidade de usar, para as decisões proferidas no curso do processo (precisamente, durante a instrução oral), de um recurso que paralise o mesmo, ou seja, para que este princípio seja levado a efeito, não se pode apelar das interlocutórias (v. arts. 162, § 2º, e 522) (...)".[96]

Temos pleno conhecimento – e a prática tem nos mostrado essa realidade há vários anos – de que, não raras vezes, incidentes processuais ocorrem fora (antes) da audiência de conciliação, instrução

---

estrangeiros, tendo começado, a partir do século XVIII, por obra da doutrina, uma lenta reação capaz de conduzir, quase em todos os lugares, a restauração da oralidade (na Itália, com MARIO PAGANO – 1748/1799 e, na Inglaterra, com GEREMIA BENTHAM – 1748/1832) (idem, p. 364).

[92] Cf. *Relazione sul progetto di riforma del procedimento elaborato dalla Commissione per il dopoguerra del 1920* e o estudo publicado em 1924, intitulado *L'oralità e la prova* (apud DENTI, Vittorio, L'oralità nelle riforme del processo civile. *Rivista di Diritto Processuale*, v. 25/434, 1970.

[93] ALVIM, José Manoel de Arruda. *Tratado de direito processual civil*. v. 1. São Paulo: Revista dos Tribunais, 1990, p. 95.

[94] Cf. ROSENBERG-SCHWAB, *Zivilprozessrecht* (apud ALVIM, José Manoel de Arruda. *Tratado de direito processual civil*. v. 1, São Paulo: Revista dos Tribunais, 1990, p. 95).

[95] Segundo ARRUDA ALVIM, "A oralidade coloca-se como meio de comunicação entre as partes e o juiz, como também, acessoriamente, entre os advogados e o juiz" (*Tratado de direito processual civil*. v. 1. São Paulo: Revista dos Tribunais, 1990, p. 98).

[96] ALVIM, José Manoel de Arruda. *Manual de direito processual civil. Parte geral*. São Paulo: Revista dos Tribunais, v. 1, p. 27, 1992 e p. 37, n. 4, 2006.

e julgamento, exigindo do juiz uma decisão imediata da questão, a qual não pode ser postergada ao *decisum* final, sob pena de causar prejuízo às partes, ou, ainda, hipóteses em que a sentença não é proferida na conclusão dos trabalhos instrutórios também não são incomuns, ficando pendente alguma matéria de ordem processual que exigia manifestação imediata do julgador.

Por outro lado, não podemos nos iludir e acreditar que todo o sistema da deficiente máquina administrativa da justiça funciona a contento e que não exista acúmulo de processos nas varas especializadas a ponto de impedir a rápida solução do conflito, de maneira a não fazer perecer algum direito dos litigantes, merecedor de tutela de urgência.

Como se não bastassem esses argumentos, há que se observar atentamente alguns dispositivos da lei, os quais, de certa forma, já ventilam a possibilidade – e, diríamos, não remota – de surgimento de incidentes processuais ou não conclusão dos trabalhos num único ato, ao contrário das próprias características da oralidade, imediação e concentração.

Vejamos alguns exemplos: a) não havendo conciliação e optando as partes pelo juízo arbitral, não estando presente o árbitro, será designada nova data para audiência de instrução (arts. 21-26); b) não sendo instituído o juízo arbitral, proceder-se-á imediatamente à audiência de instrução e julgamento, desde que não resulte prejuízo para a defesa (art. 27); c) serão decididos de plano todos os incidentes que possam interferir no regular prosseguimento da audiência. As demais questões serão decididas na sentença (art. 29); d) se for oposta exceção de impedimento ou suspeição, o processo ficará suspenso, processando-se o incidente na forma insculpida no CPC, arts. 340, *caput,* e 146, *caput,* §§ 1º, 2º, 4º e 5º (art. 30); e) oferecida a resposta em audiência, o autor poderá manifestar-se sobre ela no mesmo ato ou requerer a designação de nova data (parágrafo único, art. 31); f) o juiz poderá limitar ou excluir as provas que considerar excessivas, impertinentes ou protelatórias (art. 33); g) quando a prova do fato exigir, o juiz poderá inquirir técnicos de sua confiança, permitida às partes a apresentação de parecer técnico (art. 35); h) se necessário for, no curso da audiência, a qual ficará suspensa, poderá o juiz, de ofício ou a requerimento das partes, realizar inspeção em pessoas ou coisas, ou determinar que o faça pessoa de sua confiança, que lhe relatará informalmente o verificado (parágrafo único, art. 35); i) se o juiz leigo tiver proferido a instrução e proferido sentença, não estando de acordo o juiz togado, poderá proferir outra em substituição ou, antes de se manifestar, determinar a realização de atos probatórios indispensáveis (art. 40); j) ao receber a apelação, o juiz pode negar-lhe o efeito suspensivo, causando dano irreparável à parte (art. 43) etc.

Entendemos desarrazoado pensar que, em homenagem ao princípio da oralidade (celeridade, concentração e imediatismo processual), se possa transformar num *minus* os princípios dispositivo, do duplo grau de jurisdição, do contraditório, da eventualidade, da ampla defesa, em suma, do *devido processo legal.* Os sistemas instrumentais e seus princípios convivem universalmente de maneira aberta e unitária, cabendo ao intérprete a difícil tarefa de buscar e encontrar uma solução harmoniosa entre eles.[97]

Por esses motivos, verificando-se a prolação de decisão interlocutória de mérito ou outra capaz de resultar em dano irreparável ou de difícil reparação não enquadrada nas hipóteses de mandado de segurança, há de se admitir, em caráter excepcional, o recurso de *agravo por instrumento.* Aliás, em casos idênticos, isto é, aqueles que envolvem tutelas de urgência, a Lei dos Juizados Especiais Federais admite textualmente a interposição de recurso das decisões interlocutórias de mérito (art. 4º c/c art. 5º da Lei n. 10.259/2001), assim como a Lei dos Juizados da Fazenda Pública admite a concessão, de ofício, ou a requerimento das partes, de providências de natureza satisfativa ou acautelatória, decisão esta passível de impugnação por recurso (Lei n. 12.153/2009, art. 3º c/c art. 4º).

---

[97] Em defesa da tese contrária, v. Rogério Lauria Tucci que, ao analisar o art. 2º c/c art. 41, ambos da revogada Lei n. 7.244/1984 (cuja redação era, neste particular, praticamente idêntica aos arts. 2º e 41 da atual Lei n. 9.099/1995), assim se manifestou: "(...) a irrecorribilidade das decisões interlocutórias vê-se contemplada, implicitamente, pelo art. 41, permissivo da interposição de recurso (inominado) apenas contra sentença" (*Manual do Juizado Especial de Pequenas Causas.* São Paulo: Saraiva, 1985, p. 48); e Dinamarco, Cândido. *Manual das Pequenas Causas.* São Paulo: Revista dos Tribunais, 1986, p. 98-100.

Ora, como a Lei n. 10.259/2001 e a Lei n. 12.153/2009 são omissas a respeito da espécie de recurso cabível contra essas decisões (concessivas ou denegatórias de liminar), e considerando-se a aplicação subsidiária do CPC, é inegável que estamos diante do agravo por instrumento.

Considerando-se que o princípio da eventualidade (ou preclusão) é norteador de todo o sistema processual civil, quando se desejar excepcioná-lo, faz-se mister que o legislador tome o cuidado de assim proceder explicitamente. No caso desta norma, o legislador federal não tomou a cautela de excluir a preclusão do microssistema, diversamente do que se verificou, por exemplo, na Lei Estadual 1.071/1990, do estado do Mato Grosso do Sul, na qual encontramos, no art. 48, a expressa referência.[98]

Para maior aprofundamento sobre o tema *recursos e meios de impugnação*, remetemos o leitor aos nossos comentários aos arts. 41 a 46.

Ainda sobre o princípio da oralidade, para concluir, poderíamos dizer que sua acentuada adoção, nos moldes da lei, objeto destes comentários, apresenta ainda uma outra grande vantagem que poderíamos chamar de "ordem psicológica": as partes têm a impressão de exercer, elas mesmas, uma influência decisiva no deslinde da demanda, resultando, em contrapartida, no melhoramento da imagem do Judiciário perante os jurisdicionados.[99]

3, 4, 5 E 6. DA SIMPLICIDADE, INFORMALIDADE, ECONOMIA PROCESSUAL E CELERIDADE

Com referência aos *princípios da simplicidade, informalidade, economia processual* e *celeridade*, são eles decorrentes do próprio texto constitucional, que exige, no inciso I do art. 98 da Lei Maior, que se observe nos Juizados Especiais a *oralidade em grau máximo*, donde exsurge o procedimento verdadeiramente *sumariíssimo*.

Essas regras de orientação, aliás, já eram atendidas pela Lei n. 7.244/1984, porquanto pressupostos estabelecidos à instrumentalidade e efetividade do processo, visto que as demandas precisam ser rápidas para a solução dos conflitos, simples no seu tramitar, informais nos seus atos e termos e o menos onerosas possível aos litigantes, bem como econômicas, compactas, na consecução das atividades processuais.

Note-se que o procedimento estabelecido na Lei n. 9.099/1995, como dissemos, não é sumário, mas, sim, *sumaríssimo*– como fez questão de ressaltar o constituinte de 1988 – isto é, um rito extremamente sumário, cujas características são a rapidez, a simplicidade, a informalidade, a concentração dos atos e a economia processual. Em outros termos, um processo fundado na oralidade em grau máximo.[100] Por outro lado, em que pese o rito previamente estabelecido para os Juizados Especiais em face da incidência do *princípio da informalidade*, nada obsta que o juiz busque soluções alternativas de ordem procedimental para obter uma prestação da tutela jurisdicional mais rápida e hábil a adequar a ação de direito material àquela de direito processual.

Não estamos a afirmar que o juiz esteja autorizado a criar procedimentos heterogêneos ou em desconformidade com o estabelecido por norma de ordem pública. Não fazemos também apologia do malsinado *direito alternativo* ou *escola do direito livre* (orientação com a qual nunca comungamos).[101] O que estamos a dizer é que o procedimento da Lei dos Juizados Especiais é mais flexível do que os delineados no processo civil tradicional, justamente porque seus contornos estão

---

[98] Na Seção XIII, reservada para os recursos, dispôs o legislador sul-matogrossense no art. 48, *in verbis*: "Não haverá preclusão das decisões interlocutórias".

[99] De forma assemelhada, v. o pensamento de Grunsky, Wolfgang (Il cosiddetto "dello di Stoccarda" e l'accelerazione del processo civile tedesco. *Rivista di Diritto Processuale*, v. 26/360).

[100] A distinção entre procedimento sumaríssimo e procedimento sumário ficava bastante nítida sob a égide do Código de 1973, notadamente após o advento da Lei n. 9.245/1995, que redefiniu esse último rito citado, nos arts. 275/281 do diploma revogado.

[101] Sobre esse tema, v. Oiveira, Gilberto Callado de. *A verdadeira face do direito alternativo*. Curitiba: Juruá, 1995.

definidos originariamente na Constituição Federal, que, por sua vez, determina expressamente a observância ao *princípio da oralidade*, do qual decorrem todos os demais subprincípios, inclusive os da *informalidade e simplicidade*.

A Lei n. 9.099/1995 não está muito preocupada em preconizar a forma em si mesma; sua atenção fundamental dirige-se para a matéria de fundo, ou seja, a concretização, a efetivação do direito do jurisdicionado que acorreu ao Judiciário para fazer valer sua pretensão, com a maior simplicidade e rapidez possível. Em outros termos, tudo isso não passa da incidência do *princípio da equidade*, também preconizado por esta lei (art. 6º).

O que não se admite é a substituição ou introdução de fases ou ritos previamente estabelecidos no Código de Processo Civil ou em normas extravagantes em dissonância com a Lei dos Juizados Especiais.

7 E 8. DA AUTOCOMPOSIÇÃO (CONCILIAÇÃO E TRANSAÇÃO)

Diante da magnitude do tema e, em particular, da sua importância em sede de Juizados Especiais, vale repetir que a principal atribuição (v. art. 1º, item n. 3) conferida constitucionalmente (art. 98, I, CF) à Justiça Especializada é a *autocomposição* das partes, de maneira a permitir a resolução dos conflitos sem a imposição da decisão pelo Estado-Juiz (*ius imperi*), pacificando os litigantes de acordo com os seus próprios interesses e possibilidades, por eles próprios encontradas em suas tratativas, permitindo, assim, a maior satisfação dos envolvidos.

Portanto, conforme já mencionado anteriormente, a *autocomposição* representa o eixo central, o núcleo dos Juizados Especiais (Estaduais, Federais e da Fazenda Pública), estruturado sobre tríplice fundamento das chamadas "vias conciliatórias":[102] *a) funcional*, no qual reside o *eficientismo*, como "política judiciária", ou seja, a autocomposição é considerada verdadeiro equivalente jurisdicional (prestação de tutela com resolução do mérito através da autocomposição – art. 487, III, alínea *b*, do CPC); *b) pacificação* ou *coexistencialidade*, fundamento assim concebido para a resolução de conflitos de maneira não adversarial, eliminando os reflexos sempre nefastos da sentença de procedência ou improcedência do pedido; *c) participação*, que significa o envolvimento das pessoas integrantes da comunidade em que ocorreu o conflito e que busca a resolução, ou seja, a participação popular do leigo na solução da controvérsia, sobretudo em fase conciliatória. Esses, aliás, são os alicerces plantados por Mauro Cappelletti e Brian Garth.

Há que fazer ainda uma rápida distinção entre *transação*[103] e *conciliação*,[104] porquanto não foram utilizadas as expressões pelo legislador como sinônimas; nem poderia ser diferente, tendo em vista que, apesar de semelhantes, os institutos apresentam variações ônticas que merecem ser destacadas.[105]

---

[102] Segundo Ada Grinover, são as seguintes as chamadas "vias conciliatórias: *a) funcional*, na qual reside o *eficientismo*, como 'política judiciária' considerada verdadeiro equivalente jurisdicional (prestação de tutela com resolução do mérito através da autocomposição – art. 269, III, CPC); *b) pacificação* ou *coexistencialidade*, fundamento assim concebido para resolução de conflitos de maneira não adversarial, eliminando os reflexos sempre nefastos da sentença de procedência ou improcedência do pedido; *c) participação*, que significa o envolvimento das pessoas integrantes da comunidade em que ocorreu o conflito e busca-se a resolução, ou seja, a participação popular do leigo na solução da controvérsia, sobretudo em fase conciliatória" (Os fundamentos da justiça conciliativa. *Revista da Escola Nacional da Magistratura*, 5/22-27, 2008).
Esses, aliás, são os alicerces plantados por Mauro Cappelletti e Brian Garth.

[103] Tem a palavra sua origem etimológica no latim *transactione* (= ato ou efeito de transigir).

[104] Etimologicamente, deriva do latim *conciliatione* (= harmonização de litigantes).

[105] Observa Rodolfo de Camargo Mancuso que "não se registra uniformidade terminológica no universo dos instrumentos que compõem a autocomposição bilateral dos conflitos, e por isso os termos *conciliação* e *mediação*, não raro, são tomados num sentido bastante aproximado, senão já como sinônimos. (...) Essa *zona cinzenta*, na referida nomenclatura, é em boa parte devida ao fato de que, basicamente, os conteúdos, métodos e finalidades das diversas modalidades auto e heterocompositivas se coalizam em torno de um *núcleo essencial*, que é o da *composição negociada e justa dos conflitos*, objetivo comum às figuras da conciliação e da mediação, podendo-se dizer que

A *transação* é o "negócio jurídico bilateral pelo qual as partes interessadas, fazendo-se concessões mútuas, previnem ou extinguem obrigações litigiosas ou duvidosas",[106] enquanto a *conciliação* significa a composição amigável sem que, necessariamente, se verifique alguma concessão por quaisquer das partes a respeito do pretenso direito alegado ou extinção de obrigação civil ou comercial (renúncia ao direito, reconhecimento do pedido, desistência da ação[107]).

Quem transaciona ou concilia realiza, necessariamente, *autocomposição*; de forma diversa, as partes que apenas conciliam não estão, necessariamente, transacionando, ou seja, poderão ou não os litigantes transacionar para conciliar. Portanto, são atos unilaterais ou bilaterais, que podem levar à extinção do processo, em regra com resolução do mérito, ou, ainda, reduzir parcialmente as lides instauradas por meio de acordos parciais, nada obstante o prosseguimento da demanda no que concerne à parcela remanescente do conflito.

Dentro da teoria do Direito, a *autocomposição* pode ocorrer de três maneiras: "(...) a) mediante inteira submissão do réu à pretensão do autor, declarando-se disposto a satisfazê-la sem (mais) opor-lhe resistência e sem discutir quaisquer pontos de fato ou de direito relativos a ela (*reconhecimento do pedido*); b) mediante *renúncia* do autor ao seu alegado direito, para deixar de ser credor se antes o era e fazer com que assim se extinga qualquer nexo jurídico-substancial que eventualmente o ligasse ao réu em torno do objeto do litígio; c) mediante mútuas concessões entre as partes, declarando-se o réu disposto a satisfazer parcialmente a pretensão do autor, contanto que este renuncie a impô-la por inteiro, e declarando-se o autor pronto a essa renúncia parcial (*transação*)".[108]

Em outras palavras, "a transação é o conteúdo mais comum da conciliação, pois que consiste num acordo em que se fazem concessões mútuas. Na oportunidade da conciliação, pode ter lugar, todavia, em vez da transação, o reconhecimento jurídico do pedido, a renúncia ao direito (*rectius*, pretensão), ou a desistência da ação".[109]

Contudo, há que distinguir a transação civil daquela preconizada na lei instrumental. A transação processual é celebrada no bojo do processo e acarreta sua extinção com resolução do mérito, enquanto a civil, por si só, representa apenas a renúncia de direitos por intermédio de concessões mútuas, extinguindo não necessariamente a demanda (a qual nem precisa existir), mas as obrigações entre as partes.

"Envolvendo a renúncia de direitos, a transação processual deverá ser objeto de interpretação restrita. Pode a *transação* ser total ou parcial, do mesmo modo que a *desistência* e a *renúncia*, institutos afins que, por esse ponto, se interligam".[110]

Aplicam-se, no que couber, ao instituto jurídico da transação as disposições contidas no CC (arts. 840-850), valendo lembrar as duas causas de nulidade absoluta (*ipso iure*), assinaladas no art. 850 da Lei Substantiva Civil, quais sejam litígio decidido por sentença, mesmo que transitada em

---

elas se identificam por essa finalidade básica a que estão preordenadas, a qual se distingue da *solução adjudicada* estatal, de perfil impositivo, representada pela decisão judicial".

E, mais adiante complementa da seguinte forma: "(...) Justamente por conta da antes referida fluidez na compreensão/extensão das expressões *conciliação e transação* é que mais se impõe um esforço para o aclaramento terminológico delas (...)". (*A resolução dos conflitos e a função judicial*. São Paulo: Revista dos Tribunais, 2010, p. 230-231, item n. 2.)

[106] DINIZ, Maria Helena. *Código Civil anotado*. 9. ed. São Paulo: Saraiva, 2004, art. 840, p. 532.

[107] Inegável que a desistência da ação não pacifica o conflito jurídico instaurado (lide), tendo-se em conta a extinção do processo sem resolução do mérito. Contudo, o conflito sociológico é pacificado de plano (total ou parcialmente), assim como o jurídico (o processo é extinto), nada obstante sem os efeitos da coisa julgada material, o que não impede, por sua vez, que se perpetue a pacificação entre as partes. Por razões diversas, muitas vezes o autor não quer expressamente renunciar em juízo à sua pretensão, assim como o réu não deseja reconhecer a procedência do pedido; porém, aceitam, veladamente, pôr fim ao conflito jurídico e sociológico mediante simples desistência da ação.

[108] DINAMARCO, Cândido Rangel. *Manual das pequenas causas*. São Paulo: Revista dos Tribunais, 1986, p. 77.

[109] ALVIM, José Manoel de Arruda. *Manual de direito processual civil:* do processo de conhecimento. v. 2. 6. ed. São Paulo: Revista dos Tribunais, 1997, p. 346.

[110] CRETELLA JR., José. *Comentários à Constituição de 1988*. v. 6. Rio de Janeiro: Forense, 1992, art. 98, I, p. 3047.

julgado, se dela não teve ciência algum dos transatores, ou, quando por título descoberto ulteriormente, se verificar que nenhum deles tinha direito sobre o objeto da transação.

Nos dizeres de Sílvio Venosa, "o fato de a transação ter efeitos de coisa julgada, expressão evitada pelo novo Código, não significa que seja idêntica à coisa julgada. Tudo o que tem necessidade de equiparação não é idêntico, se não nada haveria que se equiparar. O instituto deve ser visto como um contrato.

"A transação decorre da vontade das partes, enquanto a coisa julgada emana de um ato do Estado, que é a sentença. Já aí existe uma diferença de raiz. Ademais, a transação pode ser anulada pelos vícios de vontade e pelos vícios sociais em geral, o que não ocorre na sentença. A sentença pode sofrer alteração em parte na via recursal; tal não ocorre na transação por sua indivisibilidade.

"Daí se conclui que a equiparação da transação à coisa julgada é uma superafetação do legislador que disse mais do que pretendia. Bastaria a conclusão legal de sua natureza contratual e estaria dito que o contrato faz lei entre as partes."[111]

Por sua vez, leciona Orlando Gomes: "Expressa-se na fórmula segundo a qual tem a autoridade de coisa julgada, mas há evidente exagero nessa equiparação. É certo que põe termo a um pleito, impedindo seja renovado ou até que se investigue, por outro meio, a qual dos transatores corresponde o direito. Mas as diferenças entre a transação e a coisa julgada são tão precisas que a assimilação não se justifica; (...) Em verdade, a expressão correta é que a transação produz entre as partes o efeito de coisa julgada. É diferente. Tanto a transação não equivale à coisa julgada que não pode servir como título de execução, tal como ocorre com a sentença transitada em julgado.

"A sua natureza contratual explica a relatividade de seus efeitos. A transação é *res inter alios acta*. Não aproveita, nem prejudica, senão aos que nela intervieram. Por outras palavras, obriga exclusivamente as partes".[112]

Por outro lado, a transação há de ser interpretada restritivamente, consoante melhor doutrina e jurisprudência, porque importa "(...) renúncia de direitos, como qualquer outra renúncia não comporta interpretação extensiva. Deve sempre ser interpretada restritivamente.

"Deve-se, porém, entender em termos essa regra hoje erigida à categoria de preceito legal. Ao interpretar o ato de transação, devem os Juízes consultar, antes de tudo, a provável vontade das partes, abstendo-se de dar-lhe, na sua apreciação, um sentido exagerado. Mas, sem dúvida, é preciso dar à transação toda extensão que comportar, é por isso que visando as partes com ela comprar sua tranquilidade não se concebe que o litígio não ficasse definitivamente ultimado. Nem se compreenderia, muito menos, que a pretexto algum, pudesse uma das partes fazê-lo reviver, mesmo num simples detalhe, perturbando o sossego que a outra tinha procurado assegurar por meio da transação".[113]

Ademais, a transação constitui também expressão prática do princípio dispositivo no processo civil,[114] ficando a critério dos litigantes a composição harmoniosa do conflito, o que pode de maneira perfeita ser concretizado extrajudicialmente, seja de qualquer natureza ou valor, ressalvada a hipótese de direitos indisponíveis (CC/2002, art. 841), bastando, neste caso, a homologação do juiz competente, independentemente de termo (Lei n. 9.099/1995, art. 57).[115]

---

[111] Venosa, Sílvio de Salvo. *Direito civil*: teoria geral das obrigações e teoria geral dos contratos. 3. ed. São Paulo: Atlas, 2003, p. 311.

[112] Gomes, Orlando. *Contratos*. 18. ed. Rio de Janeiro: Forense, 1998, p. 442.

[113] Santos, J. M. Carvalho. *Código Civil brasileiro interpretado*. v. XIII. 9. ed. Rio de Janeiro: Freitas Bastos, 1977, p. 375-377. Assim também a orientação do Superior Tribunal de Justiça: "Direito civil. Recurso Especial. Transação. Interpretação. Coisa julgada. A interpretação restritiva que deve ser dada à transação é no sentido de que esta não deve ser ampliada por analogia ou alcançar situações não expressamente especificadas no instrumento, quando o débito tratar de parcelas distintas. A transação pressupõe concessões mútuas dos interessados e produz entre as partes o efeito de coisa julgada" (REsp. 399564-MG, rel. Min. Nancy Andrighi, j. 10-2-2003).

[114] Alvim, José Manoel de Arruda. *Tratado de direito processual civil*. v. 1. São Paulo: Revista dos Tribunais, 1990, p. 93.

[115] V. o estudo de Aloysio Álvares Cruz, sobre A transação, a conciliação e o acordo extrajudicial (*Revista de Jurisprudência do Tribunal de Justiça do Estado de São Paulo*, v. 109/8).

A conciliação ou a transação permitem não só a extinção amigável da lide jurídica instrumentalizada processualmente, mediante uma sentença de mérito (Lei n. 9.099/1995, art. 22, § 1º c/c CPC, 487, III, alínea *b*) como não raras vezes a própria solução dos conflitos sociológicos de interesses intersubjetivos.

Antes de chegar à prolação de uma sentença de mérito que solucione a lide, acolhendo ou rejeitando o pedido das partes, no microssistema dos Juizados Especiais, o juiz tem perante os litigantes um outro e não menos importante compromisso: tentar a conciliação ou a transação.

A verdade é que todo juiz, antes de ser julgador, é um pacificador social cuja missão harmonizadora transcende a composição da lide por meio de uma sentença de procedência ou improcedência do pedido, o que, de qualquer maneira, representa sempre um ato impositivo de violência simbólica praticado pelo Estado no exercício da jurisdição (dizer e, se necessário, fazer exercer o direito do vencedor).

Nesse contexto, mesmo após a prolação da sentença, e diante do número crescente de demandas recursais nos Juizados, a I Jornada de Prevenção e Solução Extrajudicial de Litígios aprovou o seguinte enunciado: "Nos colégios recursais, o relator poderá, monocraticamente, encaminhar os litígios aos Centros Judiciários de Solução de Conflitos e Cidadania".[116] Desse modo, possibilita-se novamente a solução de conflitos antes de submeter o processo à extensa pauta de julgamentos ora operante nos Juizados, privilegiando, assim, os princípios fundamentais previstos nesse artigo e evitando-se eventual recurso ao Tribunal Superior.

Em arremate, observa-se que as normas contempladas no Código de 2015 (CPC, arts. 165 a 175) acerca da autocomposição (mediação e conciliação) não se aplicam nos Juizados Especiais (Estaduais, Fazendários ou Federais), na exata medida que a Lei n. 9.099/1995 já contém dispositivos específicos sobre a matéria em voga, ressalvada a possibilidade de produção antecipada de prova com o escopo de viabilizar a autocomposição (CPC, art. 381 e ss.).

Capítulo II
Dos Juizados Especiais Cíveis
Seção I
Da Competência

Art. 3º O Juizado Especial Cível tem competência[1] para conciliação, processo e julgamento[2] das causas cíveis de menor complexidade,[3] assim consideradas:

I – as causas cujo valor não exceda a quarenta vezes o salário mínimo;[4]

II – as enumeradas no art. 275, inciso II, do Código de Processo Civil;[5]

III – a ação de despejo para uso próprio;[6]

IV – as ações possessórias[7] sobre bens imóveis de valor não excedente ao fixado no inciso I deste artigo.[8]

§ 1º Compete ao Juizado Especial promover a execução:[9]

I – dos seus julgados;

II – dos títulos executivos extrajudiciais, no valor de até quarenta vezes o salário mínimo, observado o disposto no § 1º do art. 8º desta Lei.

§ 2º Ficam excluídas da competência do Juizado Especial as causas de natureza alimentar, falimentar, fiscal e de interesse da Fazenda Pública, e também as relativas a

---

[116] Evento realizado pelo Centro de Estudos Judiciários do Conselho da Justiça Federal, em parceria com o Superior Tribunal de Justiça (STJ), nos dias 22 e 23 de agosto de 2016, em Brasília.

> acidentes de trabalho, a resíduos e ao estado e capacidade das pessoas, ainda que de cunho patrimonial.[10]
>
> § 3º A opção pelo procedimento previsto nesta Lei[11] importará em renúncia ao crédito excedente ao limite estabelecido neste artigo, excetuada a hipótese de conciliação.[12]

1. DA COMPETÊNCIA: ASPECTOS GERAIS

1.1 Problemas de interpretação e questões controvertidas

De início, assinala-se a infeliz referência feita no art. 3º, inciso II, da Lei n. 9.099/1995 ao rol de demandas aptas a tramitar sob a égide do "rito sumário" (arts. 275/281 do CPC/1973), pois, como já dissemos alhures e inúmeras vezes repetimos, todas as vezes que o elenco das demandas vinculadas ao procedimento sumário fosse alterado, consequentemente, ocasionaria logicamente a modificação do rol de demandas de competência dos Juizados Especiais Cíveis, o que é inadmissível, verdadeiro "pasticcio", diriam os italianos, fruto de atecnia redacional na elaboração da norma jurídica em comento.

Tanto é que essa situação já se verificou no passado com o advento da Lei n. 9.245/1995, que, na época, ao reduzir o elenco das causas enumeradas no inciso II do art. 275 do CPC/1973, por vias transversas, acabou também por restringir, igualmente, aquelas do inciso II do art. 3º da Lei n. 9.099/1995.

Reafirma-se o imbróglio, desta feita com a edição do Código de Processo Civil de 2015 que, ao extirpar o procedimento sumário do sistema instrumental brasileiro, necessitou excepcionar nas "Disposições Finais e Transitórias", em seu art. 1.063, que "até a edição de lei específica, os juizados especiais cíveis previstos na Lei n. 9.099, de 26 de setembro de 1995, continuam competentes para o processamento e julgamento das causas previstas no art. 275, inciso II, da Lei n. 5.869, de 11 de janeiro de 1973".

Voltaremos ao assunto, com mais vagar, em diversos tópicos dos comentários deste art. 3º.

De outra banda, observa-se que, entre os inúmeros temas que já foram polemizados pela doutrina e pela jurisprudência, os mais acirrados, ao que nos parece, giram em torno da competência, podendo ser, numa primeira abordagem, sintetizados em quatro questões fundamentais: 1ª) Estamos diante de *competência absoluta ou relativa?* (v. itens n. 1.2 e 1.3, *infra*); 2ª) É possível se estabelecer a competência mista (absoluta e relativa)? (v. item 1.4, *infra*); 3ª) Haveria *limitação de valor para as matérias enumeradas nos incisos II (= art. 275, II) e III (despejo para uso próprio), ambos deste art. 3º?* (v. itens 1.5 e 1.6, *infra*); 4ª) O *rol das matérias* elencadas neste art. 3º é *exaustivo ou meramente exemplificativo?* (v. item 4.4, *infra*.)

Antes de respondermos a essas tormentosas e não menos interessantes questões, precisamos frisar que o legislador foi por demais infeliz em sua técnica – ou atecnia – redacional, sendo, em nosso entender, o único responsável pela balbúrdia exegética ainda hoje verificada entre os operadores do Direito, dela não ficando imunes os doutrinadores ou a jurisprudência de primeiro e segundo graus.

Poderiam concluir alguns intérpretes mais incautos que essas celeumas são típicas do cotidiano jurídico, das quais não conseguiremos jamais nos livrar. Assim como não é equivocada essa conclusão, não menos pesaroso é o resultado colhido no mundo empírico diante dos conflitos sociológicos que vão desaguar nos Juizados Especiais Cíveis (conflitos jurídicos), cujo efeito reflexo é a insegurança difundida no espírito dos jurisdicionados, na maioria das vezes pertencentes às camadas mais humildes e desafortunadas da população brasileira; a esse fenômeno, como se não bastasse, se acresce o retardamento na prestação da tutela jurisdicional, à exata medida que as questões controvertidas processuais e procedimentais se avolumam, multiplicando-se as exceções de incompetência, os conflitos positivos ou negativos de competência e, em última análise, os mais diversos incidentes processuais.

Fala-se muito em *instrumentalidade do processo*, mas pouco em termos práticos se tem feito em prol de sua efetiva consecução, a começar pela péssima qualidade de técnica redacional empregada em nossos textos legislativos. As impropriedades terminológicas, as atecnias de sistematização, as tautologias, as omissões[117] infundadas etc. demonstram, entre outras lamentáveis facetas, a ausência de um compromisso sério do nosso legislador e de um grupo de doutrinadores ortodoxos (alguns até mesmo saudosistas ou retrógrados) com a verdadeira instrumentalidade do processo.

Como bem já acentuou Ovídio A. Baptista da Silva, o processo civil, depois que se tornou desastradamente ciência, passou a construir instrumentos, dando as costas ao direito material. E, como se sabe, toda ciência é ávida por construir regras e princípios universais que, infelizmente, têm pretensão à eternidade. Em outros termos, o Direito perdeu sua dimensão e ligação com a história, porquanto os conflitos judiciais contemporâneos não são mais aqueles verificados num passado mais próximo ou nos tempos dos antigos romanos.[118]

Transpondo a lição à hipótese em exame, foi justamente essa indesejável circunstância que mais uma vez se fez presente no cenário nacional. O fenômeno se agrava no microssistema dos Juizados Especiais em face da expectativa, nele depositada, da comunidade jurídica, a começar pelo próprio constituinte de 1988, e da esperança dos jurisdicionados numa justiça verdadeiramente rápida, simples, econômica e segura.

Vale lembrar também a falta de sintonia verificada entre a tramitação e a aprovação de diversos projetos de lei no Congresso Nacional até o final do exercício de 1995, em particular entre o extinto *procedimento sumário* (Lei n. 9.245, de 26-12-1995) e a norma objeto destes *Comentários*. É propriamente neste caldeirão alquímico em que borbulham leis e mais novas leis – algumas até descompassadas – que vamos situar a problemática interpretação da Lei n. 9.099/1995, a qual, em face sobretudo da má técnica de redação, poderá trazer resultados capazes de agradar a intérpretes gregos e troianos e ao mesmo tempo descontentar os consumidores do Direito.

Não foi por menos que apresentamos, ao Instituto Brasileiro de Direito Processual, estudo elaborado a pedido do insigne Athos Gusmão Carneiro para tentar solucionar essa tormentosa questão mediante proposta legislativa voltada à simplificação e ao aperfeiçoamento do art. 3º da Lei n. 9.099/1995. Diante da importância deste tema, reservamos um item específico para tratar da matéria (item 13, *infra*).

Demonstraremos, ainda, no decorrer deste estudo, a distância abismal entre a vontade do legislador e a vontade da lei, que, em virtude de sua péssima técnica redacional e sistematização, faz surgir interpretações díspares absolutamente indesejáveis.

É dentro desse contexto que desenvolveremos nossa linha de raciocínio nos itens seguintes.

1.2 Competência absoluta ou relativa? Obrigatoriedade ou opção procedimental?

Quando escrevemos a primeira vez sobre o tema da competência dos Juizados Especiais Cíveis, em 1995, não imaginávamos, sinceramente, que tantas celeumas fossem criadas em torno desse

---

[117] A respeito das *omissões* do novo texto legal, assinalou com propriedade a Magistrada do Rio Grande do Sul, Elaine H. Macedo: "Em que pesem as alterações e tratamentos diferenciados existentes, é com certeza o que o legislador federal não disse que provocará maior discussão no meio jurídico, a exemplo do que já ocorreu com os trabalhos da Comissão de Interpretação da Lei n. 9.099, de 26-9-1995, sob a coordenação da Escola Nacional da Magistratura, reunida em outubro próximo passado em Belo Horizonte, de cujas conclusões a única aprovada por maioria, entre o total de 15, foi a que trata da opcionalidade pelo autor de socorrer-se dos Juizados Especiais nas causas de sua competência, ao interpretar os arts. 1º e 3º do novel estatuto, e assim sumulada: *O acesso ao Juizado Especial Cível é opção do autor*" (Breves reflexões sobre os artigos 1º e 3º da Lei 9.099, de 26 de setembro de 1995. *Revista dos Juizados Especiais*, Porto Alegre, v. 15/21, TJRS, 1995).

Outro exemplo que podemos mencionar é aquele pertinente à omissão das matérias de relação de consumo. Sobre o tema, v. Tourinho, Ruy. A nova Lei dos Juizados Especiais: avanços e recuos. *Folha de S.Paulo*, 9-12-1995.

[118] Cf. conferência proferida no Congresso Brasileiro de Direito Processual Civil, realizado em Brasília, em junho de 1995.

assunto, assim como não percebemos de antemão as controvertidas interpretações que poderiam eventualmente surgir em face da confusa técnica de redação empregada na lei em exame, à que já aludimos em abordagem anterior.

Desde o aparecimento da Lei n. 9.099/1995 no mundo jurídico, temos participado de vários conclaves relacionados com o tema específico e referentes às últimas reformas ocorridas no sistema processual civil brasileiro, donde exsurge o amadurecimento e aprimoramento natural das primeiras ideias lançadas em momento precedente. Por outro lado, foram surgindo também novas manifestações doutrinárias e jurisprudenciais, iniciando-se, ao mesmo tempo, a divisão de teses diversificadas a respeito da competência absoluta ou relativa e, via de consequência, da obrigatoriedade ou opção de rito.

Nesse tema em particular, se o leitor proceder a um confronto com o nosso pensamento inicial e evoluções sucessivas,[119] perceberá facilmente o desenvolvimento de nossa concepção. Em síntese, defendíamos anteriormente um posicionamento eclético, isto é, envolvendo simultaneamente critérios valorativos e qualitativos, os quais permitiam ao autor, em determinados casos, optar pelo procedimento sumariíssimo, enquanto noutras hipóteses, não.[120]

Em diversas passagens, assinalamos a nossa preocupação com a disposição restritiva contida no § 3º do art. 3º da Lei n. 9.099/1995, pertinente à renúncia do autor ao crédito excedente ao limite de quarenta salários mínimos. Dizíamos, em outros termos, que a competência seria inderrogável e, portanto, absoluta, quando ocorresse o enquadramento da demanda, seja em razão do valor ou da matéria, nos limites estabelecidos no mencionado § 3º, ressalvando-se sempre as hipóteses deste artigo e do art. 8º e seu respectivo § 1º.[121]

Após profundas e quase intermináveis reflexões sobre o controvertido texto legal, chegamos à conclusão de que é possível diversificar o entendimento anterior, à medida que expandimos o *critério optativo* do procedimento instituído pelo microssistema dos Juizados Especiais a todas as causas, em face da *competência relativa*.

Todavia, para chegarmos a esse resultado conclusivo, diversos aspectos foram merecedores de análises individualizadas e, numa segunda etapa, concatenados lógica, sistemática e teleologicamente.

As quatro questões postas no item 1.1[122] (*supra*) não são tão simples quanto possam parecer à primeira vista, sobretudo se considerarmos a atecnia redacional que macula a Lei n. 9.099/1995.

Vejamos então os fundamentos para embasar a resposta à primeira indagação (estamos diante de *competência absoluta ou relativa?*).

O legislador utilizou-se de duplo critério para delinear a competência nos Juizados Especiais: o *quantitativo* e o *qualitativo*; este diz respeito à *matéria* objeto da lide, enquanto aquele, ao *valor* da controvérsia. Essa assertiva pode ser facilmente verificada pela literalidade dos incisos I, II, III e IV, todos do art. 3º, bem como do inciso II, § 1º, do mesmo artigo.

---

[119] Cf. *Comentários à Lei dos Juizados Especiais Cíveis e Criminais*, 1995, 1997, 2000.

[120] Alguns doutrinadores não perceberam com nitidez o alcance do nosso anterior entendimento sobre essa temática. Nunca afirmamos que o procedimento sumariíssimo era absolutamente indisponível, ou seja, sem a viabilidade de opção procedimental para o autor, ao contrário do que observa, equivocadamente, ALEXANDRE FREITAS CÂMARA (*Dos procedimentos sumário e sumariíssimo*. Rio de Janeiro: Lumen Juris, 1996, p. 118, nota de rodapé n. 94).

[121] O posicionamento de ANTÔNIO RAPHAEL SILVA SALVADOR citado em nota de rodapé n. 2, ao comentarmos o art. 3º na 2ª edição da aludida obra (*Comentários*), no sentido de que "ninguém pode deixar de aceitar a Justiça especializada colocada à sua frente, para a solução do seu litígio" (O juizado de Pequenas Causas. Obrigatória sua criação e absoluta sua competência. RT, v. 660/253) vinha acompanhado de ressalva feita por nós de extrema importância, qual seja *desde que não ultrapasse o limite valorativo assinalado no inciso I, combinado com § 3º, ambos deste art. 3º* (*Comentários*, p. 57, n. 1 e p. 67, n. 5).

[122] As questões são: 1ª) Estamos diante de *competência absoluta ou relativa?*; 2ª) É possível estabelecer-se a competência mista *(absoluta e relativa)?*; 3ª) Haveria *limitação de valor para as matérias enumeradas nos incisos II (= art. 275, II) e III (despejo para uso próprio), ambos deste art. 3º?*; 4ª) O *rol das matérias elencadas neste art. 3º é exaustivo ou meramente exemplificativo?*

Esses incisos são regidos pela cabeça de seu artigo, exigindo que se faça entre eles uma harmonização e interpretação sistemática e teleológica com o inciso I do art. 98 da Constituição Federal. A respeito dos métodos exegéticos, já dizia CARLOS MAXIMILIANO que não se interpreta a lei, mas o Direito. Lembra-nos ainda que "já se não admitia em Roma que o juiz decidisse tendo em mira uma parte da lei; cumpria examinar a norma *em conjunto*: *Incivile est, nisi tota lege perspecta, una aliqua particula ejus proposita, judicare, vel respondere* – 'é contra o Direito julgar ou emitir parecer, tendo diante dos olhos, ao invés da lei em conjunto, só uma parte da mesma'".[123]

Em outras palavras, há que interpretar o sistema jurídico em seu todo, visto como um complexo aberto de múltiplos preceitos coordenados entre si, cujo funcionamento e atuação estruturam-se organizadamente. Esse ponto que levantamos é de grande importância em face da orientação emanada da Lei Maior e da norma infraconstitucional, que tomam por base as causas cíveis de *menor complexidade* para definir a competência dos Juizados Especiais, considerando, para tanto, o critério do *valor* e da *matéria*.

Sem a aplicação adequada do método interpretativo sistemático e teleológico, não alcançaremos o resultado exegético satisfatório; seria o mesmo que realizar um raciocínio logicamente correto, mas conclusivamente equivocado, diante da errônea tomada de ponto de partida. Não foi por menos que afirmou MAXIMILIANO, baseado na lição de ENNECCERUS, que esse processo de interpretação "(...) atende à conexidade entre as partes do dispositivo, e entre este e outras prescrições da mesma lei, ou de outras leis; bem como à relação entre uma, ou várias normas, e o complexo das ideias dominantes na época".[124]

Frisamos que reside justamente aqui o aspecto saliente dessa e de todas as demais controvérsias derivantes do tema *competência em sede de Juizados Especiais Cíveis*.

Por isso, para chegarmos ao melhor resultado, não podemos partir da conclusão de que o art. 3º contém em seu bojo competência absoluta ou relativa. Antes de mais nada, há que considerar os fatores ou elementos determinantes das duas formas de competência, quais sejam: a) o *valor* da demanda; b) o *território* (= foro), como local adequado para o ajuizamento da ação e o processamento do feito; c) a *matéria* objeto da lide; d) o *juízo* (funcionalidade ou hierarquia).

Sabemos todos nós que os dois primeiros (*valor* e *território*) determinam a *competência relativa* (prorrogável se não excepcionada em tempo hábil), porque ditadas pelo *interesse privado*, decorrente da incidência do *princípio dispositivo*. De outra parte, os dois últimos elementos (*matéria* e *juízo*) são fatores determinantes da *competência absoluta* (improrrogável e inderrogável por convenção das partes), em face do *interesse público* (natureza da lide ou qualidade dos litigantes) que a norteia.

Poderíamos então indagar: em que consistem os efeitos decorrentes de uma ou outra tomada de posição? A resposta sintetiza-se em dois pontos: *a)* definição prévia da competência (opcional ou obrigatória), e *b)* a viabilidade (ou inviabilidade) jurídica de *opção de procedimento* pelo autor no momento da propositura da demanda.

Em linha de princípio e limitados a um raciocínio simplista, poderíamos aplicar a regra geral para solucionar a questão posta, isto é, se nos filiarmos à tese da competência absoluta, não caberá ao autor a faculdade de optar pelo rito, ao passo que, se acolhermos a tese contrária, a opção será viável.

Seguindo então essa linha (equivocada) de raciocínio, chegaríamos facilmente à conclusão de que, para todas as demandas (ressalvadas as excluídas no § 2º, art. 3º) valoradas até quarenta salários mínimos (incisos I e IV, art. 3º), estaríamos diante de *competência relativa* (= critério *quantitativo* = *valor*); para as ações que versassem sobre matérias enumeradas no art. 275, II, do CPC/1973 (art. 3º, inciso II) e ação de despejo para uso próprio (art. 3º, III), diante de *competência absoluta*.

Mas onde encontramos no art. 3º da Lei n. 9.099/1995 *competência pura* em razão da matéria? Somente quando versar a lide sobre *arrendamento rural, parceria agrícola* (art. 275, II, *a*, do CPC/1973) ou *despejo para uso próprio* (art. 3º, III).

---

[123] MAXIMILIANO, Carlos. *Hermenêutica e aplicação do direito*. 12. ed. Rio de Janeiro: Forense, 1992, p. 129, n. 131.

[124] MAXIMILIANO, Carlos. *Hermenêutica e aplicação do direito*. 12. ed. Rio de Janeiro: Forense, 1992, p. 129, n. 133.

Seguindo o mesmo raciocínio, poderíamos então concluir (ainda equivocadamente) que nessas hipóteses a competência seria *absoluta*. Diversamente, a competência em razão do valor só aparece em sua pureza, ou seja, não se mescla com matéria, no inciso I do art. 3º. Veremos em seguida como e por que essas ponderações não são ainda satisfatórias.

Inquestionável a infelicidade do legislador em misturar no microssistema dos Juizados o processo tradicional aplicável às lides diversificadas, detentoras de complexidade média (art. 275, CPC/1973).

Todavia, essa preocupação da doutrina com a heterogeneidade das causas que se avolumam no art. 275 do CPC/1973 não é novidade; a resposta ao acerto desse entendimento foi dada através da Lei n. 9.245, de 26-12-1995, que instituiu o *procedimento sumário*,[125] reduzindo sensivelmente o elenco do inciso II do aludido dispositivo. Observa ARAKEN DE ASSIS que, "ao incluí-las nos Juizados Especiais, o legislador incorreu na grave temeridade, entrevista por ADROALDO FURTADO FABRÍCIO, de presumir simplicidade em hipóteses muito discutíveis, fenômeno inteiramente estranho à expressão econômica da causa".[126]

Em síntese, estamos diante de competência relativa e de opção procedimental, no que concerne aos Juizados Especiais Estaduais Cíveis.[127]

A terceira questão que colocamos de início (item n. 1.1, *supra* – haveria *limitação de valor para as matérias enumeradas nos incisos II e III do art. 3º da Lei n. 9.099/1995?*) serve muito bem para esclarecer, reforçar e complementar nossa tese.

Em defesa do entendimento de que os Juizados Especiais versam sobre *competência absoluta*, temos encontrado algumas orientações fundamentadas na afirmação de que o inciso II do art. 3º da Lei n. 9.099/1995 faz alusão ao art. 275, II, do CPC/1973, o qual, por sua vez, dispõe sobre *matéria*, e, por conseguinte, estaria o autor impedido de optar por rito diverso do sumaríssimo por questões de ordem pública.[128]

---

[125] Sobre o tema, v. FIGUEIRA JR., Joel Dias. *Comentários ao Código de Processo Civil*. v. 4. t. I. São Paulo: Revista dos Tribunais, 2001, arts. 270-281; idem, *Novo procedimento sumário*. São Paulo: Revista dos Tribunais, 1996.

[126] ASSIS, Araken de. *Execução civil nos Juizados Especiais*. São Paulo: Revista dos Tribunais, 1996, p. 31, n. 2.3.2. V. também FABRÍCIO, Adroaldo Furtado. *Doutrina e prática do procedimento sumaríssimo*. 2. ed. Rio de Janeiro: Aide, 1977, p. 84, n. 34 (apud Assis, Araken de. Op. cit., nota de rodapé n. 26).

[127] Trata-se de orientação já sedimentada inclusive no STJ, vejamos: "Juizado Especial. Competência. Opção do autor. O ajuizamento da ação perante o Juizado Especial é uma opção do autor (art. 3º, § 3º, da Lei n. 9.099/1995). Recurso conhecido e provido" (STJ, 4ª T., REsp. 151703-RJ, rel. Min. Ruy Rosado de Aguiar, v.u.). No mesmo sentido: STJ, 4ª T., REsp. 146189, rel. Min. Barros Monteiro.

[128] Cf. NEGRÃO, Theotonio. *Código de Processo Civil e legislação processual em vigor*. 42. ed. São Paulo: Saraiva, 2010, p. 948, art. 3º, notas n. 1 e 3; igualmente, SOARES, Nildomar da Silveira. *Juizado Especial Cível*: a justiça da era moderna. 3. ed. São Paulo: LTr, 1996, p. 37; ABREU, Pedro Manoel. Reflexões temáticas sobre o processo, o procedimento e a competência dos Juizados Especiais. Conferências proferidas nos 1º e 2º Encontros Regionais de Aperfeiçoamento para Magistrados, nas cidades de Joaçaba/SC (26 e 27-4-1996) e Chapecó/SC (31 e 1º-6-1996); *Jurisprudência Catarinense*, v. 75; CUNHA, J. S. Fagundes. A competência absoluta e a ausência de limite de valor da causa nos Juizados Especiais Cíveis. *Caderno universitário de pesquisa de doutrina e jurisprudência*. Ponta Grossa: Universidade de Ponta Grossa, 1996; FERREIRA, Gilberto. Pequenas anotações sobre o novo procedimento sumário. *Boletim Informativo da Juruá* – Doutrina, n. 114/1273-1275, 1-10 jun. 1996; BITTENCOURT, Carmen Nícia Nogueira. A opção nos Juizados Especiais Cíveis. *Jornal do Magistrado*, abr. 1996, p. 9; RODRIGUES, Horácio Wanderlei. Juizados Especiais Cíveis: inconstitucionalidades, impropriedades e outras questões pertinentes. *Revista de Direito Processual Civil*, v. 1/22-42; LOPES, João Batista. Juizados Especiais Cíveis e Criminais. *Repertório IOB de Jurisprudência*, n. 24/388, dez. 1995, 2ª quinzena, p. 386-388; OLIVEIRA, Lauro Laerte de. Da competência absoluta dos Juizados Especiais Cíveis. *O Estado do Paraná*. Caderno direito e justiça, 19-5-1996, p. 1; NOGUEIRA, Antônio de Pádua Ferraz. O acúmulo de recursos nos tribunais e a solução emergencial com o juizado especial de causas de menor complexidade. *RT*, v. 708/249-253; BARBIERO, Louri Geraldo. Juizados Especiais Cíveis: absoluta a sua competência. *Tribuna da Magistratura*. Caderno de Doutrina, n. 69, abr. 1996.

Nesse sentido também a conclusão n. 7 firmada pelos membros integrantes das Seções Cíveis do TJSC, *in verbis*: "A competência definida no art. 3º, da Lei n. 9.099/1995, objetiva ou de juízo, por envolver matéria, valor e condição da pessoa, é absoluta e, desse modo, improrrogável e imodificável pela vontade das partes, sendo, portanto, obrigatória a jurisdição para as causas nela versadas, não sendo facultada a opção ao autor, ressalvada a hipótese do parágrafo 3º daquele artigo" (cf. *DJE* 9.435, de 11-3-1996). Nada obstante essa orientação, já encontramos vários

Como dissemos alhures, o entendimento radical voltado à tese da competência absoluta peca gravemente desde a sua origem, tendo em vista que desconsidera outras facetas não menos importantes da norma especialíssima em exame.

Quando se interpreta, "a verdade inteira resulta do contexto, e não de uma parte truncada, quiçá defeituosa, mal redigida; examina-se a norma na íntegra, e mais ainda: o Direito todo referente ao assunto. Além de comparar o dispositivo com outros afins, que formam o mesmo instituto jurídico, e com os referentes a institutos análogos; força é, também, afinal pôr tudo em relação com os princípios gerais, o conjunto do sistema em vigor".[129]

Existem vários dispositivos esparsos na Lei n. 9.099/1995 e concomitantemente afins com o tema da competência, em particular com o art. 3º, que não podem simplesmente ser desprezados. Se estivéssemos diante de competência absoluta (pura), em hipótese alguma a demanda poderia ser remetida à justiça comum, como se verifica, por exemplo, mesmo quando estamos no sistema do processo tradicional, nas questões de família, de menores, nos feitos da Fazenda Pública, nas questões de falências etc.

Ocorre que o microssistema dos Juizados traz em seu bojo a viabilidade jurídica da remessa das demandas que por ele tramitam para a justiça comum. E não são poucas essas hipóteses, como veremos a seguir.

Listamos, então, os seguintes casos previstos em lei em que o processo poderá ser extinto e remetido à justiça não especializada ou nela mesma diretamente ajuizada a ação: *1º)* Quando no decorrer da demanda qualquer das partes for declarada judicialmente incapaz (art. 8º c/c art. 51, IV); *2º)* Quando, no decorrer do processo, se verificar a prisão de qualquer dos litigantes (art. 8º c/c art. 51, IV); *3º)* Quando figurar no polo ativo da demanda qualquer das pessoas assinaladas no art. 8º e a lide versar sobre matérias enumeradas no art. 275, II, do CPC/1973 (art. 3º, II); *4º)* Quando ocorrer, durante a tramitação processual, a decretação da falência da pessoa jurídica que figura no polo ativo ou passivo (art. 8º c/c art. 51, IV); *5º)* Quando for decretada a insolvência civil de qualquer dos litigantes no curso do processo (art. 8º c/c art. 51, IV); *6º)* Quando houver necessidade de citação por edital (art. 18, § 2º); *7º)* Quando existir procedimento especial que melhor se adeque à tutela diferenciada do direito material do autor, tornando-se inadmissível a aplicação do rito instituído nesta lei (art. 51, II); *8º)* Quando o procedimento sumaríssimo for incompatível desde o início ou assim se tornar diante da complexidade da matéria fatual probatória, fazendo-se mister a realização de prova pericial, mesmo que o valor seja inferior a quarenta vezes o salário mínimo ou que se trate de matéria enumerada no art. 275, II, do CPC/1973 (art. 3º, *caput*, incisos I e II, c/c arts. 33 e 51, II); *9º)* Se a hipótese versar sobre possessória imobiliária com valor superior a quarenta salários mínimos (art. 3º, IV); *10º)* Se o autor não desejar renunciar ao crédito excedente ao limite estabelecido de quarenta salários mínimos (art. 3º, § 3º); *11º)* mesmo que o valor da causa seja inferior a quarenta vezes o salário mínimo, além da hipótese já levantada de complexidade da matéria exigindo que se faça perícia, poderá ainda se verificar a necessidade de expedições de inúmeras precatórias e/ou a citação editalícia (art. 3º, *caput*, e art. 18, § 2º, c/c art. 51, II); *12º)* Se não forem encontrados bens penhoráveis na execução de título judicial ou extrajudicial (art. 53, § 4º).

---

julgados do próprio TJSC formando jurisprudência em sentido contrário, isto é, defendendo a tese da competência relativa (v. nota de rodapé n. 16).

Essencialmente idêntico o Enunciado 1 do TJRJ, tomado por maioria de votos e publicado em aviso da Corregedoria-Geral de Justiça daquele Estado, *in verbis*: "Ressalvada a hipótese do § 3º do art. 3º da Lei n. 9.099/1995, é absoluta a competência dos Juizados Especiais Cíveis" (cf. *DJE* 18-12-1995). Criticando essa conclusão v. Simões, Geraldo Beire. Juizados Especiais Cíveis e os enunciados para possível uniformização de entendimentos. *Boletim legislativo ADCOAS*, v. 30/407-413, n. 13, maio 1996. Tanto é que, mais tarde, o citado enunciado foi modificado pelo de n. 2.1, ao assentar de maneira totalmente oposta ao precedente, *in verbis*: "Competência. Opção do Autor. A competência em sede de juizados especiais cíveis é opção do autor".

Na jurisprudência v. 1º TACivSP, AI 677.042-9, São Paulo, rel. Juiz Antônio de Pádua Ferraz Nogueira.

Sobre a tese contrária (*competência relativa*), que é justamente o nosso entendimento, v. as outras posições assinaladas mais adiante no corpo deste estudo e em notas de rodapé subsequentes.

[129] Maximiliano, Carlos. *Hermenêutica e aplicação do direito*. 12. ed. Rio de Janeiro: Forense, 1992, p. 130-131, n. 133.

Ora, se em todos esses casos fosse admitida a tese da competência absoluta, não estaria o próprio sistema da Lei n. 9.099/1995 viabilizando a remessa dos autos à justiça comum. Consequentemente, em se acolhendo essa esquisitíssima posição, o interessado encontraria manifesta restrição ao seu direito de acesso ao Poder Judiciário, à medida que, ao mesmo tempo em que lhe é vedada a justiça especial, não se lhe permite o ingresso pela via comum. Vê-se, portanto, sem maiores dificuldades, a *inconstitucionalidade da tese da competência absoluta* (pura), tal como preconizada no processo civil clássico.

Outra não é a opinião de NELSON NERY JR.: "Frise-se que, a entender-se que o ajuizamento das ações previstas na LJE 3º é obrigatório perante o Juizado Especial, é, a um só tempo: a) apenar-se o jurisdicionado, que ao invés de ter *mais uma alternativa* para buscar a aplicação da atividade jurisdicional do Estado, tem *retirada de sua disponibilidade* a utilização dos meios processuais adequados, existentes no ordenamento processual, frustrando-se a finalidade de criação dos Juizados Especiais; b) esvaziar-se quase que completamente o procedimento sumário no sistema do CPC, que teria aplicação residual às pessoas que não podem ser parte e às matérias que não podem ser submetidas ao julgamento dos Juizados Especiais".

E diz mais o professor paulista, com muita propriedade: "Isso quer significar que o entendimento restritivo só conspira contra o acesso à justiça, porque se restringiria o direito de ação do autor, ao passo que se entender que o ajuizamento das ações perante os Juizados Especiais é *facultativo*, opção do autor, estariam sendo atendidos os princípios constitucionais do direito de ação (CF 5º XXXV), da ampla defesa (CF 5º LV), bem como se proporcionando ao autor *mais um* meio alternativo de acesso à justiça".[130]

Queiram ou não os minoritários defensores da tese da competência absoluta (pura), a verdade inexorável é que o nosso entendimento adquiriu vulto e repercussão na melhor doutrina[131] e pretórios, a começar pela orientação reiterada do Superior Tribunal de Justiça.[132]

---

[130] NERY JR., Nelson. *Atualidades sobre o processo civil*. 2. ed. São Paulo: Revista dos Tribunais, 1996, p. 81, n. 24.
Assinala ainda o mesmo doutrinador que "é preciso não se perder de vista a finalidade da instituição dos Juizados Especiais pela CF 98 e pela LJE, que é a de oferecer ao jurisdicionado mais uma alternativa para que possa ter acesso à ordem jurídica justa. O autor pode dirigir sua pretensão tanto ao Juizado Especial quanto ao comum, não se lhe podendo subtrair a possibilidade de ver essa pretensão examinada em toda a sua plenitude, com ampla defesa garantida pela CF 5º, LV, o que só ocorre mediante procedimento previsto no sistema do CPC. Seria ofensivo ao princípio constitucional do direito de ação, bem como ao da ampla defesa (CF 5º, XXXV e LV), impedir-se o autor de postular perante o juízo comum, com direito à ampla defesa, situação que não lhe é assegurada pelo procedimento expedito, sumaríssimo, restrito, incompleto, oral e informal dos Juizados Especiais" (idem, p. 80-81, n. 24).

[131] Defendem também a tese da *competência relativa*: THEODORO JR., Humberto. *Curso de direito processual civil*. v. III. 13. ed. Rio de Janeiro: Forense, 1996, p. 470, n. 1.579, e p. 471, n. 1.580; Juizado Especial Cível: facultatividade ou obrigatoriedade. *Revista Literária de Direito*, n. 17/9-11, maio-jun., 1997; CARNEIRO, Athos Gusmão. *Do rito sumário na reforma do CPC*. São Paulo: Saraiva, 1996, p. 23, n. 13; NERY JR., Nelson. *Atualidades sobre o processo civil*. 2. ed. São Paulo: Revista dos Tribunais, 1996, p. 80-82; DINAMARCO, Cândido Rangel. Os Juizados Especiais e os fantasmas que os assombram. *Tribuna da Magistratura*. Caderno de Doutrina, maio 1996, p. 1-8; SANTOS, Ernani Fidélis dos. *Manual de direito processual civil*. 5. ed. São Paulo: Saraiva, 1997, p. 148-150; CÂMARA, Alexandre Freitas. *Dos procedimentos sumário e sumaríssimo*. Rio de Janeiro: Lumen Juris, 1996, p. 83, n. 7.1 e nota de rodapé 62; PARIZATTO, João Roberto. *Procedimento sumário*. São Paulo: Editora de Direito, 1996, p. 15; ALVIM, J. E. Carreira. *Procedimento sumário na reforma processual*. Belo Horizonte: Del Rey, 1996, p. 89-92; GRECO FILHO, Vicente. *Comentários ao procedimento sumário, ao agravo e à ação monitória*. São Paulo: Saraiva, 1996, p. 3; ASSIS, Araken de. *Procedimento sumário*. São Paulo: Malheiros, 1996, p. 36, n. 12; ARMELIN, Donaldo. *Conferência proferida na USP*, 27-28 mar. 1996; NOGUEIRA, Paulo Lúcio. *Juizados Especiais Cíveis e Criminais*. São Paulo: Saraiva, 1996, p. 10-15, n. 3; SALVADOR, Antônio Raphael Silva. A competência relativa dos Juizados Especiais Cíveis. *Tribuna da Magistratura*, Caderno de Doutrina, n. 69, abr. 1996; MAROTTA, Wander. A opção nos Juizados Especiais Cíveis. *Jornal do Magistrado*, abr. 1996, p. 9; BRASIL, Luiz Felipe. Juizados Especiais Cíveis: competência obrigatória? *Revista dos Juizados Especiais*, v. 15/25-26; MACEDO, Elaine Harzheim. Breves reflexões sobre os artigos 1º e 3º da Lei 9.099, de 26 de setembro de 1995. *Revista dos Juizados Especiais*, Porto Alegre, v. 15/19-24, TJRS, 1995; SIMÕES, Geraldo Beire. Juizados Especiais Cíveis e os enunciados para possível uniformização de entendimentos. *Boletim legislativo ADCOAS*, v. 30/407-413, n. 13, maio 1996; PEREIRA, Alfeu Bisaque. Juizados Especiais Cíveis: uma escolha do autor em demandas limitadas pelo valor do pedido, ou da causa. *COAD – ADV. Seleções jurídicas*, p. 47-49, maio 1996; *Revista dos Juizados Especiais do Rio Grande do Sul*, n. 16/15-20, abr. 1996.

[132] "Juizado Especial. Competência. Opção do autor. O ajuizamento da ação perante o Juizado Especial é uma opção do autor (art. 3º, § 3º, da Lei n. 9.099/1995). Recurso conhecido e provido" (STJ, 4ª T., REsp 151703-RJ, rel. Min. Ruy Rosado de Aguiar, unânime). No mesmo sentido, STJ, 4ª T., REsp 146189, rel. Min. Barros Monteiro).

Existe ainda um outro aspecto, desta feita de natureza extraprocessual, que não pode deixar de ser considerado, nada obstante tratar-se de efeito paralelo, qual seja os Juizados estão sendo instituídos, na grande maioria das comarcas de toda a Federação, sem a mínima estrutura para prestar a jurisdição especialíssima, hábil a corresponder às expectativas tanto do constituinte, do legislador infraconstitucional, dos operadores do Direito, como dos cidadãos brasileiros interessados numa justiça verdadeiramente rápida, simples, informal, econômica e segura. A admissibilidade da tese da competência absoluta dos Juizados Especiais Cíveis significaria a declaração prévia de seu falimento, à proporção que importaria na sobrecarga insustentável pelas novas unidades jurisdicionais.

Mais uma vez, o que se verifica é que os tribunais dos respectivos estados, de maneira geral, estão tratando a justiça especializada com lamentável desdém e, por vias transversas, o jurisdicionado menos abastado. Faltam recursos, é verdade, mas faltam muito mais homens de boa vontade!!!

1.3 Competência relativa e procedimento opcional. Vantagens e desvantagens na escolha do rito sumaríssimo[133]

Demonstramos exaustivamente, no item anterior, que a competência nos Juizados Especiais não é absoluta, mas, sim, *relativa*, salvo se a lei local dispuser de maneira diversa e observar as exceções delineadas na Lei n. 9.099/1995 (v. item n. 1.4, *infra*). Aliás, essa nossa tese tomou corpo e tornou-se dominante na doutrina e jurisprudência,[134] sem contar que já foi integralmente encampada pela Lei n. 10.675, de 2-1-1996, do Estado do Rio Grande do Sul.[135]

Desse asserto, resolve-se a questão da possibilidade jurídica concedida pelo sistema ao autor de optar pelo rito sumaríssimo insculpido na Lei n. 9.099/1995 ou por outro que melhor se adaptar à tutela diferenciada de sua pretensão deduzida em juízo. Em outras palavras, fica ao talante do autor a escolha do procedimento que lhe pareça mais apto a fim de melhor adequar a ação de direito material à ação de direito processual.

A verdade é que não estamos diante de mera questão de opção de procedimentos, mas, sobretudo, de escolha entre justiças diferenciadas, qualitativa e quantitativamente, seja no plano ontológico ou axiológico. Aliás, a tendência do processo civil moderno é permitir ao sujeito interessado utilizar-se dos mecanismos da justiça pela forma que mais lhe convém para obter a satisfação de suas pretensões, tendo em vista que as diversificações procedimentais colocadas à sua disposição podem oferecer-lhe, dependendo da situação em concreto, vantagens e/ou desvantagens.

Enunciado 1. "O exercício do direito de ação no Juizado Especial Cível é facultativo para o autor" (XIII Encontro Nacional do Fórum Permanente de Juízes Coordenadores dos Juizados Especiais e Criminais do Brasil. Campo Grande-MS, jun. 2003).

[133] Esclarecemos ao leitor que fizemos questão de abrir um item específico para tratar dessa matéria, e não simplesmente prosseguir no anterior, por questões metodológicas e para facilitar a compreensão do controvertido assunto, dando o destaque merecido e específico a cada um dos temas.

[134] O STJ firmou orientação nesse sentido, *in verbis*: "Juizado Especial. Competência. Reintegração de posse de valor não excedente a 40 salários mínimos. Faculdade do autor. Lei n. 9.099/1995, art. 3º, § 3º. O processamento da ação perante o Juizado Especial é opção do autor, que pode, se preferir, ajuizar sua demanda perante a Justiça Comum. Precedentes. Recurso conhecido e provido" (STJ, REsp 173.205/SP, rel. Min. Cesar Asfor Rocha, j. 27-4-1999, *DJU* 14-6-1999). E mais: STJ, 4ª T., REsp 151.703-RJ, rel. Min. Ruy Rosado de Aguiar, v.u.; no mesmo sentido, STJ, 4ª T., REsp 146189, rel. Min. Barros Monteiro; 1º TACivSP, 7ª C., AI 679-850-9, São Paulo, rel. Juiz Carlos Renato de Azevedo Ferreira, v.u.; 1º TACivSP, 12ª C., AI 680.855-1, São Paulo, rel. Juiz Roberto Bedaque, v.u.; TAPR, CC 91.451-8, União da Vitória, rel. Juiz Domingos Ramina; TJSC, CC 96.002881-1, Tubarão, rel. Des. Amaral e Silva; TJSC, CC 96.010502-6, Joinville, rel. Des. Orli Rodrigues; TJSC, CC 96.005301-8, Tubarão, rel. Des. Carlos Prudêncio etc.

Assim também o Enunciado 1 do Fonaje acima citado.

[135] A citada lei cria no Rio Grande do Sul o sistema dos Juizados Especiais Cíveis e Criminais, substituindo os Juizados Especiais e de Pequenas Causas. Assim dispõe o seu art. 1º, *in verbis*: "Fica criado, no Estado do Rio Grande do Sul, o Sistema de Juizados Especiais Cíveis e Criminais, órgãos da Justiça Estadual Ordinária, para conciliação, processo, julgamento e execução das causas previstas na Lei Federal 9.099, de 26-9-1995. Parágrafo único. A opção pelos Juizados Especiais Cíveis é do autor da ação".

Dessa maneira, estamos diante de *tutela diferenciada* dos direitos, em que o instrumento deve, necessariamente, fornecer aos litigantes os indispensáveis valores representados pelo quadrinômio *rapidez, segurança, economia* e *efetividade*.

Como essa faculdade é concedida pelo sistema ao sujeito ativo da demanda, o réu não tem nenhuma viabilidade de rebelar-se contra a opção feita, estendendo-se a ele as possíveis vantagens ou desvantagens decorrentes da escolha. Essa postura assumida não implica contradição com o princípio constitucional do *devido processo legal*.

Não há que falar também em violação do *princípio da igualdade* em nível processual (o qual se encontra embutido no *due process of law*), porque ele estará amplamente garantido no momento em que a demanda for proposta. Em fase anterior a essa, apenas ao autor cabe buscar o melhor instrumento para satisfazer a sua pretensão, não tendo o sujeito passivo da relação jurídico-processual poder algum de obstaculizar esse desiderato.

Vislumbrar as *vantagens* e *desvantagens* que advirão da escolha ou rejeição do rito especialíssimo dos Juizados Especiais significa elucidar e reforçar nossa tese da opção procedimental.

Vejamos então as possíveis *vantagens*: *1ª)* Princípio da oralidade em grau máximo (= simplicidade, informalidade, rapidez e efetividade do processo); *2ª)* Inexistência de sucumbência em primeiro grau de jurisdição; *3ª)* Possibilidade de postular em juízo desacompanhado de advogado, nas causas valoradas até vinte salários mínimos; *4ª)* Opção pela arbitragem durante o processo já instaurado; *5ª)* Cognição restrita a certas matérias, no plano horizontal (= amplitude) e cognição ampla no plano vertical (= profundidade); *6ª)* Impossibilidade jurídica de intervenção de terceiros e de declaratória incidental; *7ª)* Grande possibilidade de ser o processo concluído num único ato; *8ª)* Sentenças e acórdãos concisos; *9ª)* Sistema recursal reduzido, hábil em facilitar a efetivação do processo (= rapidez).

As possíveis *desvantagens*: *1ª)* Polêmicas e incertezas criadas por alguns operadores do Direito a respeito da aplicação dos institutos da tutela antecipatória e acautelatória ao sistema dos Juizados Especiais (= dúvida – no nosso entender infundada – sobre a aplicação subsidiária do CPC à Lei n. 9.099/1995[136]); *2ª)* Não utilização dos ritos especiais diversificados previstos no CPC ou em leis extravagantes, os quais viabilizam tutela diferenciada; *3ª)* renúncia a crédito excedente a quarenta vezes ao salário mínimo; *4ª)* Restrição à prova pericial e ao número de testemunhas; *5ª)* Em geral, redução dos prazos para prática de atos processuais; *6ª)* Possibilidade de se verificar a extinção do processo por complexidade da matéria probatória, inadequação procedimental ou necessidade de prosseguimento com citação editalícia; *7ª)* Possibilidade de as audiências virem a ser presididas por conciliadores não bacharéis ou por juízes não togados; *8ª)* Inexistência de fase de alegações finais; *9ª)* Sistema recursal reduzido; *10ª)* Limitação ao duplo grau de jurisdição (envio das decisões para os Colégios Recursais como segunda e última instância[137]); *11ª)* Descabimento de ação rescisória.[138]

Dentro desse labirinto de vantagens e desvantagens que advirão da escolha do rito sumaríssimo, somente o autor estará habilitado para avaliar a situação concreta que será submetida à apreciação

---

[136] Para aprofundamento sobre esse tema, remetemos o leitor aos nossos comentários ao art. 1º, item n. 2.

[137] Ressalva-se a hipótese de existência de matéria constitucional que viabilize a interposição de recurso extraordinário ao STF. A Súmula 203 do STJ permitia, originariamente, o conhecimento excepcional em Recurso Especial, quando dispunha, *in verbis*: "Não cabe recurso especial contra decisão proferida, nos limites de sua competência, por órgão de segundo grau dos Juizados Especiais". Essa Súmula foi alterada no julgamento do AgRg no Ag 400076-BA, *DJU* 3-6-2002, p. 269, passando a vigorar com a seguinte redação: "Não cabe recurso especial contra decisão proferida por órgão de segundo grau dos Juizados Especiais".
Para maior aprofundamento sobre o assunto, v. os nossos comentários ao art. 59, item n. 1.3.

[138] Essa inadmissibilidade de ajuizamento de ação rescisória se agrava no Brasil pela ausência de um sistema mais rigoroso de regramento da responsabilidade civil do Estado-Juiz, decorrente de erro judiciário *stricto* e *lato sensu*. Sobre o tema, v. os comentários ao art. 59, item n. 1, e nossa monografia intitulada *Responsabilidade civil do Estado-Juiz. Estado e juízes constitucionalmente responsáveis*.

do Judiciário.[139] Tem-se por regra que a matéria procedimental é de ordem pública e, por isso, não poderia ficar a critério das partes sua escolha.

Entretanto, esse entendimento vem sendo amenizado com o passar do tempo e com a evolução da ciência processual, à exata medida que se afirmam as novas técnicas de tutelas diferenciadas e os negócios jurídicos processuais. A instituição do procedimento é, sem dúvida, matéria de ordem pública; todavia, sua utilização pelo jurisdicionado para solução do seu conflito de interesses no caso concreto não pode ser obrigatória, mas facultativa.

A lição formulada por Athos Gusmão Carneiro ao processo tradicional adapta-se perfeitamente ao microssistema dos Juizados Especiais, qual seja: "Ora, se o demandante pode empregar o rito comum ordinário, em lugar do especial ou do comum sumaríssimo,[140] com o objetivo de tornar admissível uma cumulação de pedidos, por que não poderá preferir o rito ordinário, em lugar do sumaríssimo, com o intento de obter uma instrução não açodada de determinada causa?".[141]

Ao escrever sobre o rito sumário, Athos Gusmão Carneiro enfrentou também o tema pelo prisma da justiça especialíssima, observando que, "tendo em vista o disposto no art. 3º da Lei n. 9.099/1995, concernente aos Juizados Especiais, em grande número de causas cíveis de menor complexidade o demandante terá a *opção* de ajuizar sua demanda perante tais Juizados, pelo rito sumariíssimo, ou perante a Justiça comum, pelo rito sumário. Haverá considerar, claro está, as ressalvas constantes do art. 3º, § 2º, da Lei n. 9.099 e do parágrafo único do art. 275 do CPC, relativas àquelas lides às quais se não aplica que o rito 'sumariíssimo' (...)".[142]

É bom ressaltar que o autor não fica limitado à opção apenas entre o rito sumaríssimo e sumário (CPC/1973). Merece destaque a hipótese de concorrência com outros *procedimentos especiais* pelos quais o sistema prevê um regime próprio de tutelas diferenciadas (v.g. ações possessórias de força nova; nunciação de obra nova; busca e apreensão com base em venda a crédito com reserva de domínio; busca e apreensão fulcrada no Dec.-Lei n. 911/1969 c/c arts. 1.361/1.368-A do CC; ação monitória etc.).

Nesses casos, o autor poderá perfeitamente optar entre um e outro rito, ou seja, *sumaríssimo ou especial*. E assim deve ser porque "(...) o procedimento especial tende a um favorecimento daquele que pretende seguir o interprocedimental, tendo em vista uma eleição, feita pelo próprio legislador processual, em atenção ao possível Direito subjetivo subjacente à ação deste procedimento especial. (...) Portanto, se houver procedimento especial, deverá ser utilizado, tendo em vista o disposto no art. 271 [do CPC/1973 – art. 318, CPC/2015], cuja exegese leva exatamente a este entendimento".[143]

---

[139] Temos conhecimento de que, em algumas comarcas, chegou-se ao cúmulo de juízes orientarem a distribuição no sentido de os serventuários não efetuarem a remessa de processos à Justiça Comum quando a lide versasse sobre determinada matéria, mesmo quando a petição estivesse endereçada a uma das Varas Cíveis. O absurdo é ainda maior quando se sabe que o direcionamento da inicial compete exclusivamente ao autor, sendo inclusive um dos requisitos da peça inaugural (art. 319, *in verbis*: "A petição inicial indicará: I – o juízo a que é dirigida [...]"). Diante do impasse criado, muitos foram os advogados que tiveram de retornar aos seus respectivos escritórios e refazer toda a inicial, adequando-a ao novo procedimento. Parece absurdo... mas é verdade!!! Em termos assemelhados, escreveu Paulo Lúcio Nogueira que "(...) convém salientar que o *direcionamento* ao Juizado Especial ou ao juízo comum deve ser dado pela própria parte, optando por um ou por outro, haja vista que, em se tratando de competência relativa, não pode o *juiz de ofício* determinar que seja este ou aquele, o que contraria o direito de opção da parte" (*Juizados Especiais Cíveis e Criminais*. São Paulo: Saraiva, 1996, p. 12).

[140] Justifica-se a utilização do termo "sumaríssimo", porque a assertiva foi feita em obra antecedente ao advento da Lei n. 9.245/1995, que instituiu o rito sumário.

[141] Carneiro, Athos Gusmão. *Audiência de instrução e julgamento e audiências preliminares*. 8. ed. Rio de Janeiro: Forense, 1996, p. 131-132.
Em reforço à sua tese, faz interpretação histórica lembrando que, ao tempo do Império, o Regulamento 737, de 1850 (inicialmente aplicável às causas comerciais e depois estendido, pelo Regulamento 736, de 1890, também aos processos de natureza civil), admitia o rito sumário para *qualquer ação*, desde que as partes assim convencionassem (idem, ibidem).

[142] Carneiro, Athos Gusmão. *Do rito sumário na reforma do CPC*. São Paulo: Saraiva, 1996, p. 23, n. 13.

[143] Alvim, José Manoel de Arruda. O "julgamento conforme o estado do processo" e o "procedimento sumaríssimo". *Revista Forense*, v. 246/238.

Porém, efetuada pelo autor a escolha pelo procedimento sumariíssimo, estará implicitamente aceitando todas as consequências que advirão dessa opção, inclusive, obviamente, a renúncia a algum tipo de antecipação de tutela, ressalvadas as hipóteses insculpidas no Código de Processo Civil de natureza assecurativas (cautelares).

Em outros termos, a escolha pelo procedimento previsto na Lei n. 9.099/1995 impõe ao optante a renúncia aos ritos diferenciados previstos no CPC ou em legislação extravagante, porquanto inaplicáveis diante do sumariíssimo, mesmo que, ao menos em tese, possam ser mais favoráveis ao autor.

Nesse processo especialíssimo (de rito sumaríssimo), "(...) o autor que opta pelo processo novo, tanto quanto aquele que opta pelo mandado de segurança nos casos em que é admissível, de certo modo renuncia a possibilidades que só no processo comum encontraria, particularmente no tocante aos caminhos probatórios, que no processo dos juizados é mais estrito (o que sucede também em relação ao mandado de segurança). Não se trata, portanto, de renunciar ao rito, o que seria realmente inadmissível, mas de optar entre duas espécies de processos. As *vias ordinárias estão sempre à disposição das pessoas, ainda quando o caso autorize o acesso a alguma modalidade de tutela jurisdicional diferenciada*"[144] (grifamos).

Da mesma forma, tratando-se de pretensão baseada em crédito excedente a quarenta salários mínimos, e caso ainda se enquadre nas matérias previstas no inciso II do art. 275 do CPC/1973, o autor poderá *optar* pelo rito sumaríssimo, hipótese em que renunciará à quantia excedente ao limite preestabelecido. Tem-se observado na prática que essa situação ocorre com certa frequência quando o valor do crédito postulado gira em torno de cinquenta salários mínimos, ocasião em que o autor, para beneficiar-se do rito mais simplificado e econômico, renuncia praticamente a 25% do *quantum* pretendido. Quando o pleito extrapola essa margem, a opção há de ser pelo rito comum.

"Em conclusão, o autor pode optar por ajuizar a ação mencionada na LJE art. 3º, ou perante os Juizados Especiais, se quiser procedimento mais rápido, sumariíssimo, informal, restrito, sem a obediência da legalidade escrita, isto é, por equidade (LJE art. 6º), ou perante o juízo comum, pelo rito sumário [rito comum, CPC/2015], se quiser ter oportunidade de ampla defesa com todos os recursos a ela inerentes e ver sua causa decidida de *jure*, já que no sistema do rito sumário do CPC o Juiz não pode decidir com base na equidade".[145] Poderá optar também pelo rito comum (dependendo da complexidade da causa ou do valor) ou, ainda, pelo procedimento especial (de acordo com a necessidade de tutela jurisdicional diferenciada perseguida).

Noutra passagem, o citado Mestre procura frisar, para que dúvidas não pairem, que "quando existir um procedimento especial – e me refiro especialmente a procedimentos especiais contenciosos, porque são os que nos interessam neste momento –, é evidente que o autor deverá escolher o procedimento especial respectivo. Porque a própria origem histórica marca e revela razoavelmente o caráter dos procedimentos especiais como significativos de um favorecimento maior àquele que deles se utilize, isto é, ao autor, no sentido de terem sido criados os procedimentos especiais pelo fato de se desejar emprestar um maior favorecimento processual ao direito (*pretensão*) que esteja a eles subjacente. Servir-me-ei, apenas, de alguns breves exemplos, como o da antiga ação executiva, criada nos séculos XIII e XIV, a qual nasceu da necessidade emergente do então nascente capitalismo, de criar um instrumento processual mais rápido e ágil, do que aquele modelo demorado, que fora legado à nossa civilização pelo Direito romano. No Direito romano, tínhamos sempre um procedimento ordinário demorado, e subsequentemente uma execução. Não havia uma fórmula processual no direito romano, de fornecer a um credor que emprestava o seu dinheiro, uma fórmula que, desde logo, permitisse uma agressão contra o patrimônio do seu devedor, ou seja, uma penhora no início do processo. Então, no fim da Idade Média, nessa oportunidade do capitalismo nascente, e já quando o direito medieval atingia o seu apogeu intelectual, qual fosse a própria criação jurídica, isto é, desvencilha-va-se da estrita cópia do direito romano e já inventava novos instrumentos, que antes não existiam, instituíram-se os primeiros moldes dos atuais modelos dos procedimentos especiais, que, assim, informaram o nosso direito, como também hoje o direito comparado. Assim, a ação executiva, o processo monitório, o injuncional do direito italiano, o *mahnwerfahren* no direito alemão e austríaco, tiveram todos eles os seus remotos precedentes nesta época da Idade Média" (idem, p. 237-238).

[144] DINAMARCO, Cândido Rangel. Os Juizados Especiais e os fantasmas que os assombram. *Tribuna da Magistratura*, Caderno de Doutrina, p. 4, n. 3, maio 1996.

[145] NERY JR., Nelson. *Atualidades sobre o processo civil*. 2. ed. São Paulo: Revista dos Tribunais, 1996, p. 81, n. 24.

Por outro lado, alguns doutrinadores têm argumentado que o procedimento sumaríssimo estatuído pela Lei dos Juizados Especiais não seria opcional, porque o legislador não previu expressamente essa facultatividade, em vez do que se verificava no art. 1º da Lei n. 7.244/1984 (Pequenas Causas). A tese é ingênua, ficando absolutamente esvaziada pelos fundamentos até aqui expostos, sendo despiciente repeti-los.

Vale apenas lembrar que o legislador, por mais que desejasse, não poderia inserir nas disposições gerais – Capítulo I, arts. 1º e 2º – da Lei n. 9.099/1995 a opção procedimental, tendo em vista que essa norma, diversamente do que ocorria com a chamada Lei das Pequenas Causas, versa também sobre matéria penal e processual penal. Significa dizer que as aludidas "disposições gerais" dizem respeito tanto à área processual civil quanto à penal e, como se sabe, nesta última não há facultatividade em face da natureza pública que a norteia.

Em outras palavras, "não há que se falar em opção de rito na esfera criminal. Não disse, pois, o legislador, nem poderia ali dizer, que era dada a opção ao autor da ação cível pelo juízo especial, como o fez no passado. Tal, porém, não significa necessariamente que estivesse a estabelecer a cogência do novo rito".[146]

Comparando a antiga Lei das Pequenas Causas e a norma atual dos Juizados Especiais, observa muito bem CÂNDIDO RANGEL DINAMARCO que "(...) nenhum dispositivo da própria Constituição ou da nova lei trouxe a exigência de acesso ao juizado, nas causas de sua competência. A única alteração legislativa que se vê é a supressão das palavras '*por opção do autor*', no texto que dispõe sobre a instalação dos juizados (art. 1º). Só isso, porém, é insuficiente para sustentar a falsa ideia da obrigatoriedade destes, a qual se chocaria com os próprios conceitos fundamentais inerentes ao juizado e ao seu processo, com a mecânica do sistema em seu funcionamento prático e com acontecimentos legislativos recentes na história processual brasileira".[147]

Logo que a sistematização redacional ofereceu oportunidade ao legislador para tratar desse tema, assim o fez, segundo se infere do § 3º do art. 3º – "A *opção* pelo procedimento previsto nesta lei importará (...)".[148] E não poderia ser de outra maneira, porquanto um dos aspectos da instrumentalidade reside na aplicação da técnica de procedimentos diferenciados, e não na unidade ou ordinariedade dos ritos, mas da adequação cabal da ação de direito material à ação de direito processual.

Por outro lado, se a demanda tramitar perante juiz cível de competência residual ou específica (por exemplo, vara de direito bancário), entendendo o magistrado que haverá de declinar da competência, mesmo tratando-se de ação valorada até quarenta salários mínimos, não poderá declarar-se incompetente e ordenar a redistribuição direcionada para os Juizados Especiais Cíveis, tendo em vista que a competência deste último é relativa e o seu procedimento opcional. Diferentemente, a

---

[146] No mesmo sentido, MACEDO, Elaine Harzheim. Breves reflexões sobre os artigos 1º e 3º da Lei 9.099, de 26 de setembro de 1995. *Revista dos Juizados Especiais*, Porto Alegre, v. 15/21, TJRS, 1995.
Observa também a citada articulista: "Concluir, ao contrário senso, que o legislador optou por coagir o credor de uma pretensão até o valor especificado por aquele caminho não parece ser a melhor doutrina, pena de se admitir que a lei trata com maior proteção os grandes créditos, desprestigiando os pequenos, que, de regra, têm como titulares aqueles cidadãos que por sua conduta social ou econômica já se encontram naturalmente em condições de desvantagem na rede de relações jurídicas" (idem, p. 22). "Faculdade, e não obrigatoriedade. O sucesso dos Juizados Especiais Cíveis não depende de sua coercitividade, mas, sim, de seu desempenho efetivo e eficaz. A ideia vingará por sua qualidade, e não por sua imperatividade" (idem, p. 24).

[147] DINAMARCO, Cândido Rangel. Os Juizados Especiais e os fantasmas que os assombram. *Tribuna da Magistratura*, Caderno de Doutrina, n. 3/4, maio 1996. E, mais à frente, assim escreve: "Mediante esse novo processo, os juizados preparam e misturam uma *tutela jurisdicional diferenciada*, tanto quanto é diferente a que se ministra pela via do *mandado de segurança*, do *habeas corpus*, da *ação civil pública* etc. O processo do juizado, como ficou anotado de início, é composto de uma fórmula diferenciada de relação jurídica, entre os sujeitos litigantes e o Estado que exerce a jurisdição – e diferenciada com dois objetivos fundamentais que são o de promover uma justiça participativa e aderente à realidade e a de fazê-lo com extrema rapidez" (idem, ibidem).

[148] Assim também HUMBERTO THEODORO JR. quando escreve que "o art. 3º da Lei n. 9.099 prevê que o recurso ao Juizado Especial Civil decorre de *opção* do promovente da demanda" (*Curso de direito processual civil*. v. III. 13. ed. Rio de Janeiro: Forense, 1996, n. 1.579).

redistribuição dar-se-á para qualquer vara cível, sem prejuízo da possibilidade de vir o autor, nesse ínterim, a optar pelos Juizados Especiais, para onde será então direcionado o processo.[149]

1.4 Da competência mista ("absoluta") em face de lei local

A primeira observação a fazer respeita à possibilidade de os estados e o Distrito Federal legislarem, concorrentemente com a União, em matéria de *processo e procedimento*, em sede de Juizados Especiais, conforme autorizador insculpido na Constituição Federal, art. 24, X e XI.

Por sua vez, o art. 93 da Lei n. 9.099/1995 vem reafirmar o asserto, não deixando nenhuma dúvida ao dispor, *in verbis*: "Lei estadual disporá sobre o Sistema de Juizados Especiais cíveis e criminais, sua organização, composição e *competência*" (grifamos).

Nesse sentido também a Constituição do estado de Santa Catarina, ao definir em seu art. 10 que "compete ao Estado legislar, concorrentemente com a União sobre: (...) X – criação, funcionamento e *processo do juizado de pequenas causas* (...) § 1º No âmbito da legislação concorrente, a competência da União para legislar sobre normas gerais não exclui a competência suplementar do Estado".[150]

No mesmo diapasão o entendimento de ATHOS GUSMÃO CARNEIRO: "(...) Os Estados-membros, de conformidade com a CF de 1988, podem, é certo, legislar em *concorrência com a União* em matéria de *processo* nos Juizados Especiais (antigos *Juizados de Pequenas Causas*) e em tema de *procedimentos em matéria processual* (CF, art. 24, X e XI); mas esta competência concorrente pouco tem sido exercida, mesmo porque cabe à União editar as *normas gerais*".[151]

Assim, nada obsta que o Distrito Federal e os Estados editem regras procedimentais ou de processo, além daquelas contidas na Lei n. 9.099/1995, inclusive em sede de competência (questão processual), ampliando-a ou reduzindo-a, ou, ainda, definindo expressamente tratar-se de competência *mista* ("absoluta") conforme demonstraremos a seguir.[152]

O entendimento a respeito da competência relativa e da opção procedimental nos Juizados Especiais têm vingado em sede doutrinária e jurisprudencial, sobretudo em razão das limitações contidas no próprio texto da Lei n. 9.099/1995. Significa dizer que, se não forem observadas as limitações impostas pela própria lei, a tese da competência absoluta (pura, típica ou clássica) representará impedimento de acesso à justiça, conforme já demonstramos nos itens precedentes.

Não é por menos que a Lei n. 9.099/1995, em diversas passagens, acolhe a possibilidade de redistribuição dos processos que tramitam nos juizados para a justiça comum, e, diga-se de passagem, não são poucas essas situações, conforme já listadas precedentemente (v. item n. 1.2, *supra*).[153]

---

[149] Nesse sentido também a orientação do TJSC, em AI 2007.044452-6, Capital, rel. Des. Joel Dias Figueira Jr., j. 11-3-2008, v.u.).

[150] Por ser a Constituição estadual anterior ao advento da Lei n. 9.099/1995, não utilizou a expressão "Juizados Especiais", mas "Juizado de Pequenas Causas", o que em nada prejudica o entendimento ora exposto.

[151] CARNEIRO, Athos Gusmão. O papel da jurisprudência no Brasil. A súmula e os precedentes jurisprudenciais. Relatório ao Congresso de Roma. *Informativo INCIJUR*, n. 59/3, jun. 2004.

[152] Sem razão o Enunciado 3 do FONAJE, que não admite a ampliação da competência dos Juizados Especiais por meio de lei local.

[153] Considerando a importância do tema, vale a pena repetirmos os casos previstos em lei em que o processo poderá ser extinto e remetido à justiça não especializada ou, nela mesma, ser diretamente ajuizada a ação: *1º)* Qualquer das partes, no curso do processo, for declarada judicialmente incapaz (art. 8º c/c art. 51, IV); *2º)* Quando, no decorrer do processo, se verificar a prisão de qualquer dos litigantes (art. 8º c/c art. 51, IV); *3º)* Quando figurar no polo ativo da demanda qualquer das pessoas assinaladas no art. 8º e a lide versar sobre matérias enumeradas no art. 275, II, do CPC (art. 3º, II); *4º)* Quando ocorrer, durante a tramitação processual, a decretação da falência da pessoa jurídica que figura no polo ativo ou passivo (art. 8º c/c art. 51, IV); *5º)* Quando for decretada a insolvência civil de qualquer dos litigantes no curso do processo (art. 8º c/c art. 51, IV); *6º)* Quando houver necessidade de citação por edital (art. 18, § 2º); *7º)* Quando existir procedimento especial que melhor se adequará à tutela diferenciada do direito material do autor, tornando-se inadmissível a aplicação do rito instituído nesta lei (art. 51, II); *8º)* Quando o procedimento sumaríssimo for incompatível desde o início ou assim se tornar diante da complexidade da matéria fatual probatória, fazendo-se mister a realização de prova pericial, mesmo que o valor seja inferior a quarenta vezes o salário mínimo

Essas hipóteses de deslocamento da competência podem ser sintetizadas na observância dos seguintes requisitos: *a)* valor da causa (ultrapassando o limite de quarenta salários mínimos); *b)* complexidade da lide; *c)* modificação da qualidade das partes; ou *d)* razões de ordem procedimental. Sem maiores dificuldades, verifica-se que todas elas induzem à admissibilidade da tese da *competência relativa*, sob pena de sufragar, como dissemos, a restrição de acesso ao Judiciário e, por conseguinte, sua manifesta inconstitucionalidade.

Diante do silêncio da lei a respeito da definição expressa da competência nos Juizados Especiais Cíveis, nada obsta que as leis locais (normas estaduais) estabeleçam a *competência absoluta*, desde que observadas as restrições já mencionadas e insculpidas no art. 3º, *caput*, c/c art. 98, I, da CF (menor complexidade da lide/inexistência de prova pericial), art. 3º, § 3º, c/c art. 15 (limitação valorativa) e art. 8º (qualidade das partes).[154]

Admitindo-se a competência de *natureza mista*, se ocorrer no curso do processo a prisão ou decretação da incapacidade, decretação de falência ou insolvência de qualquer das partes, tornar-se indispensável a citação por edital (exceção ao disposto no art. 830, § 2º, do CPC) ou tornar-se complexa a demanda, deslocar-se-á a competência dos Juizados Especiais para uma das varas cíveis, remetendo-se o feito à distribuição e contadoria para recolhimento de custas, se o autor não for beneficiário da justiça gratuita.

No juízo comum, reaproveitam-se os atos já praticados sem prejuízo de repetição, a critério do magistrado, prosseguindo-se na demanda com o novo rito adequado.

A redistribuição somente não ocorrerá se uma das partes não estiver representada por advogado regularmente habilitado (demandas até 20 salários mínimos), hipótese em que se extinguirá o processo, com fulcro no art. 51, II, da Lei n. 9.099/1995.

Essa "competência absoluta" é *sui generis*, porquanto dotada de *natureza mista* (ou eclética), distinguindo-se daquela tradicionalmente consagrada no Código de Processo Civil, fundada em *hierarquia* (funcional) e *matéria* (juízo) (CPC, arts. 62 e 63).

Na verdade, estamos diante de uma *nova espécie de* "competência", que se afigura "absoluta" se e quando verificadas determinadas circunstâncias favoráveis à sua admissibilidade, em que pese ser ontologicamente de natureza *mista*; caso contrário, há de ser "relativa".

A Lei n. 10.259/2001, que disciplinou a matéria em sede da Justiça Federal, também recepcionou essa nova espécie de "competência absoluta", segundo se infere do disposto no art. 3º, § 3º, da aludida norma. Tanto é que, em se tratando de demanda envolvendo qualquer das matérias (definidas por exclusão – art. 3º, § 1º) de competência "absoluta" dos Juizados Especiais Federais, ultrapassando o valor ao limite de sessenta salários mínimos e não desejando o autor renunciar ao crédito excedente (ou se a hipótese enquadrar-se no art. 292, §§ 1º e 2º, do CPC), o entendimento dominante inclina-se pelo não conhecimento da ação e remessa imediata à redistribuição para uma das varas de competência federal comum (declinatória de juízo).[155]

---

ou que se trate de matéria enumerada no art. 275, II, do CPC/1973 (art. 3º, *caput*, incisos I e II, c/c, art. 33 e art. 51, II); *9º)* Se a hipótese versar sobre possessória imobiliária com valor superior a quarenta salários mínimos (art. 3º, IV); *10º)* Se o autor não desejar renunciar ao crédito excedente ao limite estabelecido de quarenta salários mínimos (art. 3º, § 3º); *11º)* Mesmo que o valor da causa seja inferior a quarenta vezes o salário mínimo, além da hipótese já levantada de complexidade da matéria exigindo que se faça perícia, poderá ainda se verificar a necessidade de expedições de inúmeras precatórias e/ou a citação editalícia (art. 3º, *caput*, e art. 18, § 2º, c/c art. 51, II); *12º)* Se não forem encontrados bens penhoráveis na execução de título judicial ou extrajudicial (art. 53, § 4º).

[154] Sugestão legislativa: "A competência nos juizados especiais é absoluta e obrigatório o seu procedimento para todas as ações de menor complexidade, salvo as hipóteses descritas no art. 3º, § 3º, art. 8º-e art. 15 da Lei n. 9.099/1995".

[155] Nesse sentido, a orientação jurisprudencial: "Processual civil. Valor da causa. Juizados Especiais Federais. I – Se, em matéria de competência dos Juizados Especiais, o valor atribuído à causa é inferior a 60 salários mínimos, cabe ao Juizado Especial processar e julgar o feito. Nos termos da expressa disposição da lei, a competência, no caso, é absoluta e não relativa. Ou os autores fixam o valor da causa em quantia superior a 60 salários mínimos, para que o feito permaneça na vara, ou os autos devem ser remetidos ao juizado, sob o pressuposto de que desistiram de possíveis diferenças. II – Agravo improvido" (TRF 2ª Região, 2ª T., Agravo 108258/RJ, registro 200202010489129, rel. Juiz Castro Aguiar, j. 9-4-2003, v.u., *DJU* 15-5-2003, p. 246).

Tendo-se em conta que o rol das matérias elencadas no art. 3º, incisos II, III e IV, da Lei n. 9.099/1995 é meramente exemplificativo (não exaustivo), em sintonia com a orientação contida na Constituição Federal (art. 98, I), podemos afirmar que todas as demandas de valor não excedente a quarenta salários mínimos contendo lides de menor complexidade são da competência dos Juizados Especiais.[156]

Nesse sentido, entre outras, são da competência dos Juizados Especiais as seguintes ações (sempre com a aplicação do rito sumaríssimo da Lei n. 9.099/1995): *a)* individuais de consumo;[157] *b)* imobiliárias (despejo, renovatória, revisional de aluguel etc.);[158] *c)* cobranças; *d)* ressarcitórias; *e)* declaratórias; *f)* constitutivas (positivas e negativas); *g)* alvarás; *h)* busca e apreensão fundada em alienação fiduciária ou venda a crédito com reserva de domínio; *i)* inibitórias; *j)* reivindicatórias de bens móveis; *k)* imissão de posse de bem móvel; *l)* possessórias mobiliárias.

Por esses motivos, no tocante à competência em razão da matéria, afigura-se sem muito sentido falar em sua ampliação, seja por lei local ou federal, porquanto desnecessário, tendo-se em conta que o norte geral a respeito do tema reside na maior ou menor *complexidade da lide* (complexidade probatória). Em outros termos, ressalvadas as hipóteses excluídas pela própria Lei n. 9.099/1995 (em razão de algumas matérias ou pessoas), todas as demais ações podem ser consideradas da competência dos Juizados.

Talvez o ponto positivo do arrolamento dessas outras ações por meio de lei local seja a facilidade de identificação das demandas por parte dos operadores do Direito em sede de competência ("mista") dos Juizados Especiais Cíveis.

1.5 Da limitação de valor para as matérias enumeradas no inciso II do art. 3º (= art. 275, II, do CPC/1973)[159] – critérios para a fixação da competência

Polemizou-se na doutrina e na jurisprudência a questão da limitação do valor da causa para as matérias elencadas no art. 3º, II, da Lei n. 9.099/1995 que correspondem, em outros termos,

---

E mais: "Processual civil. Conflito de competência. Vara federal e juizado especial federal. Valor da causa. Lei n. 10.259/2001. Inferior a 60 salários mínimos. Princípio da inafastabilidade da tutela jurisdicional. 1. O valor, para efeito de determinação da competência do Juizado Especial Cível Federal, está atrelado a uma quantia certa, e determinada pela parte autora, e não como, *in casu*, incerta, como esclarecido por este. 2. A competência absoluta (§ 3º, art. 3º Lei n. 10.259/2001) foi instituída em favor do interessado. 3. Exegese diversa da exposta, implicaria em vulnerar o princípio da inafastabilidade da tutela jurisdicional, bem como o acesso efetivo a mesma. 4. Conflito conhecido para declarar a competência do Juízo suscitante" (TRF 2ª Região, 6ª T., CC 5790/RJ, registro 200202010425759, rel. Juiz Poul Erik Dyrlund, j. 26-2-2003, v.u., *DJU* 30-4-2003).

Ainda: "Processual civil. Conflito negativo de competência. Ação de cobrança por quantia certa. Valor da causa inferior a 60 (sessenta) salários mínimos. Competência absoluta do juízo especial federal cível. I – Em se tratando de ação de cobrança por quantia certa, onde se busca o pagamento de valores inferiores a 60 (sessenta) salários mínimos, a competência absoluta, para processar e julgar o feito, é do Juizado Especial Federal cível, nos termos do § 3º do art. 3º da Lei n. 10.259/2001, devendo o juízo reconhecê-la, até mesmo de ofício. II – Conflito conhecido e provido, declarando-se a competência do Juízo suscitante, no Juizado Especial Federal Cível do Estado da Bahia. A Seção conheceu e deu provimento ao conflito, para declarar competente o juízo suscitante, à unanimidade" (TRF 1ª Região, 3ª Seção, CC 01000339094/BA, rel. Des. Federal Souza Prudente, j. 27-11-2002, *DJU* 23-1-2003, p. 30).

Para aprofundamento sobre o tema da competência nos Juizados Especiais federais, v. a nossa obra intitulada *Juizados Especiais Federais Cíveis e Criminais*: comentários à Lei 10.259, de 12.07.2001. 4. ed. São Paulo: Saraiva, 2019, capítulo II, item 2.

[156] Em sentido contrário, sem razão, o Enunciado 30 do FONAJE ao orientar que "é taxativo o elenco das causas previstas no art. 3º da Lei n. 9.099/1995".

[157] A Lei n. 8.078/1990 (Código do Consumidor), art. 5º, IV, dispõe que "para a execução da Política Nacional das Relações de Consumo, contará o Poder Público com os seguintes instrumentos, entre outros: (...) criação de Juizados Especiais de Pequenas Causas e Varas Especializadas para a solução de litígios de consumo".

[158] Dispõe a Lei n. 8.245/1991, em seu art. 80, que "para os fins do inciso I do art. 98 da Constituição Federal, as ações de despejo *poderão* ser consideradas como causas cíveis de menor complexidade".

[159] Vale lembrar o disposto no art. 1.063 do CPC/2015: "Até a edição de lei específica, os juizados especiais cíveis previstos na Lei n. 9.099, de 26 de setembro de 1995, continuam competentes para o processo e julgamento das causas previstas no art. 275, inciso II, da Lei n. 5.869, de 11 de janeiro de 1973".

ao rol das demandas insculpidas no art. 275, II, do CPC/1973, isto é, as causas que se inserem no *procedimento sumário*.[160]

Quando escrevemos a primeira edição da obra *Comentários à Lei dos Juizados Especiais Cíveis e Criminais* (publicação de nov. 1995), não tivemos dúvida em afirmar categoricamente que as demandas referidas ficavam *limitadas a quarenta salários mínimos*, ressalvada a hipótese de renúncia ao crédito excedente.[161] Por nos parecer elementar essa conclusão e, via de consequência, não imaginando a celeuma que seria criada em torno do tema, não nos preocupamos em articular fundamentações de maior amplitude.

Nada obstante, vemo-nos agora compelidos a ampliar os nossos arrazoados, haja vista as dúvidas e as polêmicas (no nosso entender desarrazoadas) acerca do tema em voga, notadamente no que concerne à tese neste ponto equivocada defendida pelo Superior Tribunal de Justiça.

São os seguintes os fundamentos que embasam a tese contrária ao nosso entendimento: *1º)* Estamos diante de competência em razão da matéria (portanto, absoluta), o que inibe o autor de fazer qualquer opção de rito; *2º)* Onde o legislador quis limitar o valor da causa, assim o fez (art. 3º, IV, e § 1º, II); *3º)* A limitação contida no § 3º do art. 3º diz respeito tão somente ao inciso I do mesmo dispositivo; *4º) E, por conseguinte, as causas enumeradas no art. 275, II, do CPC/1973 não encontram limitação de valor.*[162]

O primeiro argumento é rechaçado pelos amplos fundamentos que trouxemos à colação nos itens anteriores, quando tratamos da defesa da tese da competência relativa (n. 1.2) e da opção procedimental (n. 1.3, *supra*), itens para os quais remetemos o leitor.

Poderíamos complementar assinalando apenas que as demandas enumeradas no art. 275, II, do CPC/1973, em sua grande maioria, não tratam exclusivamente de matéria, mas, de forma híbrida, mesclam-se *matéria e valor*, exceção feita à parceria agrícola e ao arrendamento rural (inciso II, alínea *a*) e desde que não haja cumulatividade com pretensão indenizatória.

Por isso, é equivocada a afirmação de que as demandas do inciso II do art. 3º da Lei n. 9.099/1995 (= art. 275, II, CPC/1973) versam apenas sobre matéria, donde resultaria a competência absoluta dos Juizados Especiais Cíveis. Note-se que a lide condominial dispõe sobre *cobrança* de quaisquer quantias devidas ao *condomínio* (alínea *b*), bem como sobre o *ressarcimento* por danos causados em *prédio urbano ou rústico* (alínea *c*) ou decorrentes de *acidente de veículos* de via terrestre (alínea *d*) ou, ainda, de *cobrança* de *seguro* (alínea *e*)[163] e de *honorários de profissionais liberais* (alínea *f*).

---

[160] Para aprofundamento sobre o rito instituído pela Lei n. 9.245, de 26-12-1996, v. Figueira Jr., Joel Dias. *Comentários ao Código de Processo Civil*. v. 4. t. I. São Paulo: Revista dos Tribunais, 2001, arts. 270-281; *Procedimento sumário*: Lei 9.246, de 26.12.1995. São Paulo: Revista dos Tribunais, 1996; 2. ed., 2009; O novo procedimento sumário. Algumas questões controvertidas. *Revista de Direito Processual Civil*, Curitiba, v. 1/53, Genesis, 1996; Alvim, J. E. Carreira. *Procedimento sumário na reforma processual*. Belo Horizonte: Del Rey, 1996; Carneiro, Athos Gusmão. *Do rito sumário na reforma do CPC*. São Paulo: Saraiva, 1996; Assis, Araken de. *Procedimento sumário*. São Paulo: Malheiros, 1996; Câmara, Alexandre Freitas. *Dos procedimentos sumário e sumaríssimo*. Rio de Janeiro: Lumen Juris, 1996; Parizatto, João Roberto. *Procedimento sumário*. São Paulo: Editora de Direito, 1996.

[161] Cf. *Comentários*, p. 67, n. 5 e p. 76, n. 12.

[162] Assinala-se que esse entendimento equivocado foi defendido pelo Superior Tribunal de Justiça em decisão ancorada na doutrina capitaneada por Sidnei Beneti, em coautoria de Fátima Nancy Andrighi, aliás, citado no corpo do julgado, como razão de decidir (*Juizados Especiais Cíveis e Criminais*. Belo Horizonte: Del Rey, 1996, p. 26), cuja síntese do acórdão, nesse ponto é o seguinte: "(...) O art. 3º da Lei n. 9.099/1995 adota dois critérios distintos – quantitativo (valor econômico da pretensão) e qualitativo (matéria envolvida) – para definir o que são 'causas cíveis de menor complexidade'. Exige-se a presença de apenas um desses requisitos e não a sua cumulação, salvo na hipótese do art. 3º, IV, da Lei n. 9.099/95. Assim, em regra, o limite de 40 salários mínimos não se aplica quando a competência dos Juizados Especiais Cíveis é fixada com base na matéria" (RMS 30.170-SC, 3ª T, rela. Mina. Nancy Andrighi, v.u. 5-10-2010).

[163] Cf. Enunciado 107 do Fonaje: "Nos acidentes ocorridos antes da MP 340/06, convertida na Lei nº 11.482/07, o valor devido do seguro obrigatório é de 40 (quarenta) salários mínimos, não sendo possível modificá-lo por Resolução do CNSP e/ou Susep".

Ademais, não se pode confundir competência em razão da matéria (absoluta) com escolha de rito. A opção é exercida em face da previsão no sistema de *procedimentos* essencialmente distintos, ou seja, o comum, o especial e o sumaríssimo (ou especialíssimo) da Lei n. 9.099/1995.[164]

HUMBERTO THEODORO JR. defende em seu *Curso* o mesmo entendimento: "Pela matéria, são da competência do Juizado Especial: a) *as causas enumeradas no art. 275, II, do CPC [CPC/1973]*, ou seja, todas aquelas que, *ratione materiae*, devem, na Justiça contenciosa comum, seguir o rito sumário (Lei n. 9.099, art. 3º, inciso II). *A maioria delas refere-se à cobrança de créditos (aluguéis, danos, rendas, honorários, seguros etc.).* Algumas, porém, referem-se a *coisas, como as derivadas do arrendamento rural e da parceria agrícola.* Nas primeiras, o procedimento do Juizado Especial *ficará restrito ao teto de quarenta salários.* Nas últimas, não haverá restrição ao valor da causa, *por não se tratar de cobrança de crédito* (Lei n. 9.099, art. 3º, § 3º)"[165] (grifamos). O segundo argumento – de que o legislador quando quis limitar o valor da causa assim o fez expressamente (art. 3º, IV e § 1º, II) – não é menos quimérico do que o anterior. Faz-se mister que se efetue interpretação harmonizada dos parágrafos e incisos do art. 3º e em sintonia com a respectiva cabeça do artigo e, sistematicamente, com o inciso I do art. 98 da Constituição Federal.

Na hermenêutica jurídica, tem-se por verdadeira a não negação dos chamados *pontos de partida* e parece-nos que esse seja o principal equívoco daqueles estudiosos e julgadores que desenvolvem linha de raciocínio diversa da nossa. O que pretendemos dizer é que o legislador infraconstitucional não tomou separadamente os critérios quantitativo e qualitativo para fixar os contornos das demandas que se enquadrariam no microssistema dos Juizados Especiais Cíveis.

Teve por base (ponto de partida) a *menor complexidade* das causas, segundo se infere da orientação contida no art. 98, inciso I, da Constituição Federal, tendo o legislador infraconstitucional agregado o critério quantitativo, limitando a competência dos juizados especiais a quarenta salários mínimos, portanto, critério híbrido (valor e matéria). É desse complexo amalgâmico que exsurge a correta interpretação do art. 3º da Lei n. 9.099/1995, em perfeita sintonia com os desígnios da Lei Maior. *Em outras palavras,* significa dizer que o critério que determina a competência dos Juizados Especiais Cíveis é híbrido: quantitativo (do valor) e qualitativo (matéria de menor complexidade).

Não foi por menos que o *caput* do art. 3º está assim redigido: "O Juizado Especial Cível tem competência para conciliação, processo e julgamento das causas cíveis de *menor complexidade, assim consideradas*". E, em sequência lógica, passa a discriminar as demandas que não excedam em valor a quarenta vezes o salário mínimo (inciso I), as causas enumeradas no art. 275, II, do CPC/1973 (inciso II), as ações de despejo para uso próprio (inciso III), as possessórias imobiliárias de valor não superior ao estipulado no inciso I (inciso IV) e os títulos executivos extrajudiciais não excedentes ao mesmo patamar legal (§ 1º, inciso II).

Frise-se ainda que, apesar de o inciso I do art. 3º não fazer nenhuma restrição a tipos de demandas, tem-se por subentendido que estão excluídas todas aquelas que envolvam questões fatuais de *maior complexidade*, ou, ainda, quando o sistema processual civil coloca à disposição do autor outros ritos diversificados que melhor atenderão a sua pretensão (v. n. 1.3, *supra*). Para aclarar essa nossa posição, fornecemos dois exemplos que servem como uma luva à tese defendida: primeiramente, ilustramos com a propositura de uma *ação declaratória de inexistência de débito* cujo título objeto da lide é de apenas R$ 3.000,00, mas, em contrapartida, o autor necessita da produção de prova pericial contábil e grafotécnica; em segundo lugar, uma *ação especial de reintegração de posse* (ou também denominada de *força nova*), em que o esbulho data de menos de ano e dia e o autor objetiva conseguir liminarmente a tutela interdital antecipatória.[166]

---

[164] Assim também v. DINAMARCO, Cândido Rangel. Os Juizados Especiais e os fantasmas que os assombram. *Tribuna da Magistratura,* Caderno de Doutrina, n. 3/4, maio 1996; MAROTTA, Wander. A opção nos Juizados Especiais Cíveis. *Jornal do Magistrado,* abr. 1996, p. 9.

[165] THEODORO JR., Humberto. *Curso de direito processual civil.* v. III. 13. ed. Rio de Janeiro: Forense, 1996, p. 471, n. 1.580.

[166] Especificamente sobre esse tema, v. JOEL DIAS FIGUEIRA JR., em monografia intitulada *Liminares nas ações possessórias.* 2. ed. São Paulo: Revista dos Tribunais, 1999; 1. ed., 1995.

Para não sermos repetitivos, em complementação aos fundamentos até aqui expostos, remetemos o leitor aos comentários deste art. 3º, item n. 4.4, *infra*, em que tratamos do tema sob a epígrafe *a competência definida com base no valor de alçada e a complexidade da matéria – Critério misto para a definição da competência e o rol de matérias do art. 3º meramente exemplificativo*.

Também não encontra sustentação a terceira assertiva – a limitação contida no § 3º do art. 3º diz respeito tão somente ao inciso I[167] –, pois é regra de hermenêutica que os parágrafos de um dispositivo legal devem ser interpretados em sintonia com o respectivo *caput*, e, ao dispor que "a opção pelo procedimento previsto nesta lei importará em renúncia ao crédito excedente ao limite estabelecido neste artigo, excetuada a hipótese de conciliação", está claramente referindo-se às hipóteses previstas nos incisos que lhe antecedem.

Há de se notar que o legislador fez clara referência ao limite estabelecido *neste artigo*, isto é, em harmonia com a contextura de todo o dispositivo, e não apenas ao inciso I do art. 3º, isoladamente. Diga-se, a propósito, que não poderia mesmo ser diferente, porquanto todas as vezes que a pretensão do autor versar sobre algum crédito – seja dívida de valor ou de dinheiro –, há de encontrar o limite fixado pelo microssistema.

Tanto é assim que mais adiante, na Seção V, que versa sobre o *pedido*, fez-se novamente a ressalva. As pretensões podem ser formuladas nos termos do contido no art. 3º, alternativa ou cumulativamente; "(...) nesta última hipótese, desde que conexos *e a soma não ultrapasse o limite fixado naquele dispositivo*" (art. 15). Como se não bastasse, a redação do art. 39 vem corroborar a nossa tese, quando dispõe que "é ineficaz a sentença condenatória na parte que exceder a alçada estabelecida nesta lei".

Finalmente, o quarto ponto levantado que indica a síntese do entendimento diametralmente oposto ao nosso no sentido de que *as causas enumeradas no art. 275, II, do CPC/1973 não encontram limitação de valor* e, por conseguinte, não sofreriam também limitação alguma no sistema dos Juizados Especiais.[168]

Além do que já dissemos anteriormente, havemos ainda de assinalar que o inciso II do art. 3º da Lei n. 9.099/1995 não traz a ressalva encontrada no inciso II do art. 275 do CPC/1973, ou seja, que será observado, no caso, o procedimento sumaríssimo "nas causas qualquer que seja o valor: (...)". O que o legislador fez na Lei dos Juizados Especiais foi tão somente referir-se genericamente aos vários tipos de demandas enumeradas nas alíneas do inciso II do art. 275 do CPC/1973, em caráter meramente exemplificativo de demandas que, em tese, apresentam baixo grau de complexidade probatória, sem pretender, contudo, deixar ilimitado o valor de alçada para essas ações.

Por outro lado, não se pode deixar de admitir que a técnica redacional empregada, também neste particular, foi de uma infelicidade extrema, dando margem a todas essas discussões que poderiam facilmente ser eliminadas.

Se é exato que o legislador negligenciou a redação do art. 3º, por outro lado, também não é menos verdadeiro que a sua intenção era apenas aludir às demandas enumeradas nas alíneas contidas no inciso II do art. 275 do CPC/1973, que representam, ao menos em princípio, causas de *menor complexidade*. A limitação de valor já estava implicitamente inserida na Constituição Federal, art. 98, inciso I, e no *caput* do art. 3º da Lei n. 9.099/1995 e, de maneira explícita, no inciso I e § 3º do art. 3º e nos arts. 15 e 39.

Reforçando nosso entendimento, encontramos também a matéria sumulada pelo Colégio Recursal gaúcho, sediado em Porto Alegre, cujo teor da orientação é o seguinte: "Competência do JEC. Mesmo as causas cíveis enumeradas no art. 275, II, do CPC [1973], quando de valor superior

---

[167] Entre outros poucos, sem razão, Fátima Andrighi, ao fazer a defesa desta tese (cf. Beneti, Sidnei; Andrighi, Fátima Nancy. *Juizados Especiais Cíveis e Criminais*. Belo Horizonte: Del Rey, 1996, p. 28, n. 5).

[168] Sem razão o Enunciado 58 do Fonaje: "As causas cíveis enumeradas no art. 275, II, do CPC admitem condenação superior a 40 salários mínimos e sua respectiva execução, no próprio juizado". Assim também o STJ no RMS 30.170-SC, rela. Mina. Nancy Andrighi, j. 5-10-2010 e RMS 46.955-GO, rel. Min. Moura Ribeiro, j. 23-6-2015.

a quarenta salários mínimos, não podem ser propostas perante o Juizado Especial" (Súmula 11), ressalvada, obviamente, a renúncia ao crédito excedente.

No mesmo diapasão, a orientação fixada pelo Colégio Recursal de São Bernardo do Campo, ao assinalar que, "se não houve conciliação entre as partes para a superação do limite de quarenta vezes o salário mínimo, única exceção a permitir inobservância do *quantum* nas causas de competência dos Juizados Especiais Cíveis, não é plausível supor que a mera menção às ações do art. 275, II, do CPC, destacada pelo legislador neste âmbito, tivesse, a exemplo da legislação processual civil, o condão de autorizar fosse contornado o teto máximo explicitado na lei especial".[169]

Como dissemos alhures, o legislador utilizou-se dos critérios quantitativo e qualitativo de forma híbrida, e não alternadamente. Mesclou-se valor não muito elevado com matéria fatual de menor complexidade probatória.[170] Assim como o sistema processual comum do CPC admite a opção de ritos (art. 327), o mesmo se verifica na Lei dos Juizados Especiais.

Por isso, o microssistema permite que o "(...) autor opte pelo procedimento dos Juizados Especiais ou pelo comum, pois permite que o autor deduza, por exemplo, pedido acima do teto previsto para a competência dos Juizados Especiais Cíveis (quarenta salários mínimos), reputando renunciada a quantia que sobejar o teto legal".[171]

A vontade da lei e do legislador nunca convergiram no sentido de admitir a tese contrária à que defendemos. Inversamente, sua preocupação sempre esteve voltada à manutenção do equilíbrio entre os critérios quantitativo e qualitativo, a ponto de formar de maneira híbrida o conceito de *menor complexidade*.

Essa, portanto, é a interpretação teleológica que se retira do texto em exame e, sistematicamente, do inciso I do art. 98 da Lei Maior. Não se pode imaginar – porquanto incoerente – que o legislador pretendesse colocar lado a lado, isto é, em idênticas condições processuais e de elasticidade procedimental, ações que tenham por objeto reparação de dano automobilístico, quando uma envolve a cifra de, por exemplo, quarenta salários mínimos e outra a de 200 salários mínimos. Para aclarar e reforçar esse raciocínio, vejam-se as considerações feitas em passagem anterior da obra, em que tratamos das vantagens e desvantagens da opção pelo rito sumaríssimo (n. 1.3, *supra*). Contudo, nada obsta que o autor escolha a justiça especializada – por ser mais rápida, simples, informal e econômica – para dirimir conflitos em demanda que verse, por exemplo, sobre indenização por dano causado em acidente de veículo terrestre, quando o valor ultrapassa quarenta salários mínimos. Nesse caso, porém, estará renunciando ao crédito excedente, nos termos do preconizado com meridiana clareza no § 3º do art. 3º da Lei n. 9.099/1995.[172]

---

[169] Cf. Recurso 32/970, São Bernardo do Campo, rel. Juiz Escutari de Almeida, j. 9-10-1997.

[170] Assim também o Enunciado 54 do Fonaje: "A menor complexidade da causa para a fixação da competência é aferida pelo objeto da prova e não em face do direito material".

[171] Nery Jr., Nelson. *Atualidades sobre o processo civil*. 2. ed. São Paulo: Revista dos Tribunais, 1996, p. 80, n. 24.

[172] Em defesa dessa mesma tese, v. Theodoro Jr., Humberto. *Curso de direito processual civil*. v. III. 13. ed. Rio de Janeiro: Forense, 1996, p. 470-471, n. 1.579 e 1.580; Dinamarco, Cândido Rangel. Os Juizados Especiais e os fantasmas que os assombram, *Tribuna da Magistratura*, Caderno de Doutrina, n. 3/5-6, maio 1996; Bermudes, Sérgio. *A reforma do Código de Processo Civil*. 2. ed. Rio de Janeiro: Freitas Bastos, 1996; Nogueira, Paulo Lúcio. *Juizados Especiais Cíveis e Criminais*. São Paulo: Saraiva, 1996, p. 11; Salvador, Antônio Raphael Silva. A competência relativa dos Juizados Especiais Cíveis. *Tribuna da Magistratura*, Caderno de Doutrina, p. 1, abr. 1996 (o citado desembargador passou a defender recentemente essa tese. Sobre a opinião anterior, v. O Juizado de Pequenas Causas. Obrigatória sua criação e absoluta sua competência. *RT*, v. 660/251; Armelin, Donaldo. *Conferência proferida na USP*, 27-28 mar. 1996. Marotta, Wander. A opção nos Juizados Especiais Cíveis. *Jornal do Magistrado*, p. 9, abr. 1996; Lopes, João Batista. Juizados Especiais Cíveis e Criminais. *Repertório IOB de Jurisprudência*, n. 24/388, dez. 1995, 2ª quinzena; Pereira, Alfeu Bisaque. Juizados Especiais Cíveis: uma escolha do autor em demandas limitadas pelo valor do pedido, ou da causa. *COAD – ADV. Seleções jurídicas*, p. 47-49, maio 1996; *Revista dos Juizados Especiais do Rio Grande do Sul*, n. 16/15-20, abr. 1996; Reinaldo Filho, Demócrito Ramos. Internet – Páginas jurídicas. Competência dos Juizados Especiais cíveis nas lides de consumo. Disponível em: <http:bbs.elogia.com.br/users/laguimar/comjuzco.html>. *Repertório IOB de jurisprudência*, n. 16/288-290, ago. 1996, 2ª quinzena; e *CD Juizados Especiais cíveis e criminais*. Caxias do Sul: Plenum, [s.d.]; Pavan, Dorival Renato. Da limitação do valor da causa nos procedimentos contidos no artigo 3º, incisos II e III, da Lei 9.099/95 – Juizados Especiais Cíveis. *CD Juizados Especiais Cíveis e Criminais*, Ed. Plenum; Cavalcante, Mantovanni

Ademais, se realizarmos um estudo histórico e comparativo sobre esse assunto, constataremos que nos sistemas alienígenas dos povos cultos, tanto de origem romano-canônica quanto anglo--saxônica, a limitação gira em torno de, no máximo, US$ 5.000,00. Vejamos alguns exemplos: o sistema norte-americano, no qual nosso legislador espelhou-se nas *Small Claims Courts*, sendo que em alguns Estados a competência atinge a cifra mencionada; no Japão, as *Sumary Courts* são competentes para as demandas com valor até 300.000 yens, ou seja, inferior a US$ 3.000,00; por sua vez, no México, os *Jueces Menores* solucionam demandas cujos valores não ultrapassam 3.000 pesos, ou seja, inferiores a US$ 1.000,00.[173]

Arremata-se observando um outro efeito direto e perverso do entendimento contrário referente ao procedimento sumário insculpido nos arts. 275/281 do CPC/1973 através da Lei n. 9.245/1995; significa dizer que, se não abraçada a tese da limitação de valor para as demandas pertinentes aos juizados especiais estaduais (salvo a renúncia ao crédito excedente e as questões de arrendamento rural, parceria agrícola e ação de despejo para uso próprio), teria ficado praticamente esvaziado o aludido rito quando ainda em vigor o Código de 1973, que passaria a ter utilização meramente residual, representando não um contrassenso, mas uma absoluta falta de senso do legislador e dos juristas responsáveis pela então reforma do sistema processual civil. Não temos nenhuma dúvida em afirmar o contrário, tendo em vista que estamos diante de competência relativa para quaisquer das hipóteses enumeradas no art. 3º da Lei n. 9.099/1995.[174]

1.6 Inexistência de limite valorativo para a ação de despejo para uso próprio

Não se confunde a questão atinente ao critério quantitativo para as ações de despejo para uso próprio com aquelas hipóteses em que a lide tenha por objeto matérias definidas no art. 275, II, do CPC/1973.

Colares. Competência dos Juizados Especiais em ações de despejo. *Revista dos Juizados Especiais*, v. 4; *CD Juizados especiais cíveis e criminais*. Caxias do Sul: Plenum, [s.d.]; Souza, Hélio Lemos de. Um pequeno reparo a um brilhante artigo. *Revista dos Juizados Especiais*, v. 17/19-21, Ed. Tors; idem, *CD Juizados Especiais Cíveis e Criminais*.
Assim também o 1º TACivSP, 7ª C., AI 679850-9, São Paulo, j. 2-4-1996, v. u., rel. Juiz Carlos Renato de Azevedo Ferreira; 1º TACivSP, 12ª C., AI 680855-1, São Paulo, j. 3-4-1996, v. u., rel. Juiz Roberto Bedaque; 2º TACivSP, AI 459757, rel. Juiz Melo Bueno; TAPR, CC 91451-8, rel. Juiz Domingos Ramina; 2º TACivSP, 9ª C., Ap. Civ. 464823, rel. Juiz Francisco Casconi, j. 18-9-1996; 2º TACivSP, 5ª C., Ap. Civ. 472286, rel. Juiz Pereira Caldas, j. 17-12-1996; TJSC, CC 96000059-3, Tubarão, rel. Des. Amaral e Silva, v.u., *DJE* 9497, 12-6-1996, p. 17; TJSC, CC 96005564-9, Tubarão, rel. Des. Trindade dos Santos; TJSC, CC 96010502-6, Joinville, rel. Des. Orli Rodrigues.
Em sentido contrário, v. Santos, Ernani Fidélis dos. *Novos perfis do processo civil brasileiro*. Belo Horizonte: Del Rey, 1996, p. 152; Beneti, Sidnei; Andrighi, Fátima Nancy. *Juizados Especiais Cíveis e Criminais*. Belo Horizonte: Del Rey, 1996, p. 28, n. 5; Teixeira, Sálvio de Figueiredo. *Código de Processo Civil anotado*. 6. ed. São Paulo: Saraiva, 1996, p. 907; Negrão, Theotonio. *Código de Processo Civil e legislação processual em vigor*. 14. ed. São Paulo: Saraiva, 1995, p. 948, LJE, art. 3º, n. 2; Assis, Araken de. São Paulo: Revista dos Tribunais, 1996, p. 31, n. 2.3.2; Câmara, Alexandre Freitas. *Dos procedimentos sumário e sumariíssimo*. Rio de Janeiro: Lumen Juris, 1996, p. 83, n. 7.1 e nota de rodapé n. 62; Rodrigues, Horácio Wanderlei. Juizados Especiais Cíveis: inconstitucionalidades, impropriedades e outras questões pertinentes. *Revista de Direito Processual Civil*, v. 1/31-32. Abreu, Pedro Manuel. Reflexões temáticas sobre o processo, o procedimento e a competência dos Juizados Especiais. Conferências proferidas nos 1º e 2º Encontros Regionais de Aperfeiçoamento para Magistrados, nas cidades de Joaçaba/SC (26 e 27-4-1996) e Chapecó/SC (31 e 1º-6-1996); *Jurisprudência Catarinense*, v. 75; Cunha, J. S. Fagundes. A competência absoluta e a ausência de limite de valor da causa nos Juizados Especiais Cíveis. *Caderno universitário de pesquisa de doutrina e jurisprudência*. Ponta Grossa: Universidade de Ponta Grossa, 1996; Reinaldo Filho, Demócrito Ramos. Lei 9.099/95 – Juizados Especiais. *Boletim Informativo Juruá*, n. 110/1203, abr. 1996; 1º TACivSP, 10ª C., AI 677042-9, São Paulo, rel. Juiz Antônio de Pádua Ferraz Nogueira, j. 2-4-1996, v.u.; TJSC, ApCiv 1596, Santo Amaro da Imperatriz, rel. Des. Eder Graf, *DJE*, 12-6-1996.

[173] Cf. Cardoso, Antônio Pessoa. Juizados Especiais: justiça dos pobres. *Tribuna da Magistratura*, suplemento especial, n. 73/5, jul. 1996. E conclui o citado articulista: "Os Juizados Especiais não podem ser competentes para causas 'qualquer que seja o valor'".

[174] Nesse sentido, também a jurisprudência do STJ: "Juizado Especial. Competência. Opção do autor. Ajuizamento da ação perante o Juizado Especial é uma opção do autor (art. 3º, § 3º, da Lei n. 9.099/1995). Recurso conhecido e provido" (4ª T., REsp 151703-RJ, rel. Min. Ruy Rosado de Aguiar v.u.). Na mesma linha, v. STJ, 4ª T., REsp 146189, rel. Min. Barros Monteiro.

Assim entendemos porque a demanda locativa com pretensão circunscrita à retomada do imóvel para uso próprio versa, exclusivamente, sobre a coisa em si mesma, não envolvendo, por linha de princípio, pedido creditório. Incabível, portanto, a limitação imposta pelo § 3º do art. 3º da Lei n. 9.099/1995.[175]

Porém, se o pedido de retomada do bem for cumulado com pretensão indenizatória, essa soma não poderá ultrapassar o limite fixado no inciso I do art. 3º, sob pena de renúncia ao crédito excedente (art. 15).

Para maior aprofundamento sobre a matéria relativa às locações prediais, remetemos o leitor para o item n. 6, *infra*.

1.7 Da existência de limite valorativo para os títulos executivos judiciais

Para o leitor mais afoito, talvez possa causar perplexidade o fato de ter o legislador limitado a competência dos Juizados Especiais para as execuções de títulos extrajudiciais em quarenta salários mínimos (art. 3º, § 1º, II, c/c art. 53), diante da omissão relativa ao valor da execução de seus próprios julgados (art. 3º, § 1º, I, c/c art. 52).

Nada há de incongruente, nesse particular, e a omissão relativa aos valores dos títulos judiciais não pode ser interpretada como admissibilidade implícita de se proceder à satisfação de crédito do vencedor em quantia superior à permitida pelo microssistema. Nesses casos, o controle prévio pertinente ao *quantum* já se verificou integralmente nas fases do processo cognitivo, que funciona como um filtro depurador dos valores excedentes a quarenta salários mínimos, seja no momento da propositura da ação ou na própria sentença condenatória (art. 39), ressalvada sempre a hipótese de conciliação ou de situações que permitam ultrapassar o limite do valor de alçada, tais como: prestações periódicas ou de trato sucessivo, incidência de juros e correção monetária, sucumbência, pena pecuniária por litigância de má-fé, prática de ato atentatório ao exercício da jurisdição, *astreintes* ou multa pelo não pagamento de condenação em quantia certa.

Para aprofundamento sobre esse tema, enviamos o leitor interessado aos nossos comentários ao art. 39, *infra*.

Apresenta-se, nesse aspecto, o microssistema em perfeita sintonia com os princípios norteadores das *causas de menor complexidade*, em que se conjugou valor *e* matéria. Executam-se somente sentenças de conteúdo condenatório, sendo justamente essas as demandas que trazem em seu bojo pretensão de tutela a ser concedida definitivamente com base em título judicial (pagamento de soma determinada). As demais formas de tutela dos direitos (declaratória, constitutiva, executiva *lato sensu* e mandamental) não são satisfeitas dentro deste regime.[176]

1.8 Dos conflitos de competência

A Lei n. 9.099/1995 silencia a respeito de qual será o órgão jurisdicional competente para receber, processar e conhecer os conflitos de competência, positivos ou negativos suscitados. A

---

[175] No mesmo diapasão, o ensinamento de HUMBERTO THEODORO JR.: "*As ações de despejo para uso próprio* (art. 47, inciso III, da Lei n. 8.245/1991), não importando o valor do imóvel, porque não se trata de ação para reclamar crédito, mas sim coisas (Lei n. 9.099, art. 3º, inciso III)" (*Curso de direito processual civil*. v. III. 13. ed. Rio de Janeiro: Forense, 1996, p. 471, n. 1.580).
Assim também FRANCISCO CARLOS ROCHA DE BARROS, em trabalho apresentado ao Centro de Estudos do 2º TACivSP. Súmula do entendimento: "Em matéria de locação predial urbana, a competência dos Juizados Especiais limita-se às ações de despejo para uso próprio de imóvel locado para fim residencial, qualquer que seja o valor da causa (...)".
Em sentido contrário, v. LOPES, João Batista. Juizados Especiais Cíveis e Criminais. *Repertório IOB de Jurisprudência*, n. 24/388, dez. 1995, 2ª quinzena.

[176] Assim também ARAKEN DE ASSIS, ao destacar que: "a) nem todas as sentenças comportam execução, pelo singelo motivo de exibirem eficácia principal declaratória ou constitutiva, que constituem modalidades autossatisfativas de tutela; b) as sentenças que, em virtude de sua natureza condenatória, executiva ou mandamental, provocam a função executiva, se executarão de modo ordinário, com as modificações introduzidas no art. 52 da Lei n. 9.099/1995" (*Execução civil nos Juizados Especiais*. São Paulo: Revista dos Tribunais, 1996, p. 31-32, n. 2.3.2).

circunstância de se verificar omissão no texto legal não induz à conclusão da inadmissibilidade do incidente. Pelo contrário, como temos defendido desde o início dos nossos primeiros escritos, aplica-se subsidiariamente o Código de Processo Civil na qualidade de macrossistema orientador de todos os demais, aos juizados especiais em tudo aquilo que não for com ele incompatível, direta ou indiretamente (v. art. 1º, item n. 2, *supra*). Em sede de *competência negativa, duas situações merecem destaque e distinção*. A primeira diz respeito à hipótese em que a demanda foi proposta diretamente perante a justiça especializada, na qual o magistrado, em fase sucessiva, passa a reconhecer sua incompetência. Nesse caso, o microssistema define como regra a prolação de sentença extintiva do processo, sem julgamento do mérito, nos termos do art. 51, III. Todavia, em casos excepcionalíssimos, é de bom alvitre que o juiz opte pela redistribuição dos autos à justiça comum, por questões de celeridade e economia processual.[177] A segunda hipótese merecedora de destaque é aquela em que a ação é proposta perante a justiça comum e o juiz dá-se por incompetente, ocasião em que, em nenhuma circunstância, haverá a extinção do processo, mas a remessa dos autos pelo declinante ao juízo competente (Juizados Especiais) para o processamento e julgamento da causa. Nesse caso, entendendo o magistrado não ser competência dos Juizados Especiais, suscitará o *conflito negativo*, nos termos do disposto nos arts. 66 e 951-959 do CPC, dirigindo-o ao presidente do Tribunal de Justiça.[178]

Se o *conflito* (*positivo* ou *negativo*) ocorrer somente entre juízes atuantes na justiça especial sob a jurisdição de determinado Colégio Recursal, para o presidente do respectivo órgão colegiado é que o incidente deverá ser dirigido. Porém, se os juízes integrantes do conflito não estiverem vinculados ao mesmo Colégio, o conflito será decidido pela Turma que receber o incidente.[179]

Diferentemente, se o conflito ocorrer entre juizados especiais cíveis integrantes de regiões submetidas à jurisdição de duas Turmas Recursais distintas do mesmo estado-membro, o incidente deverá, neste caso, ser suscitado ao presidente do Tribunal de Justiça.

Contudo, se o conflito (positivo ou negativo) envolver juízes e/ou Turmas que integram estados distintos da Federação, a matéria deve ser submetida ao conhecimento do Superior Tribunal de Justiça.[180] Igualmente, instaurando-se o conflito (positivo ou negativo) entre juiz dos Juizados Especiais da Fazenda Pública e juiz de vara comum da Fazenda Pública ou de vara cível, competente para o julgamento será o Tribunal de Justiça do estado da Federação em que o suscitante e suscitado

---

[177] Para maior aprofundamento sobre o tema pertinente à possibilidade de *redistribuição*, encaminhamos o leitor interessado para os nossos comentários ao art. 51 (item n. 1, *infra* – extinção ou redistribuição do processo?).

[178] Por exemplo, v. o conflito negativo de competência julgado pelo TJSC, em que foi suscitante o Juiz de Direito do Juizado Especial Cível da Comarca da Capital – Foro do Norte da Ilha e, suscitado, o Juiz de Direito da Unidade de Direito Bancário da mesma comarca: CC 1ª Cciv., 2007.044668-5 – Capital, rel. Des. Joel Dias Figueira Jr., v.u. 12-11-2009.

[179] Assim também o Enunciado 91 do Fonaje, que substitui o Enunciado 67: "O conflito de competência entre juízes de Juizados Especiais vinculados à mesma Turma Recursal será decidido por esta. Inexistindo igual vinculação, será decidido pela Turma Recursal para a qual for distribuído".
O Enunciado substituído (n. 67) tinha a seguinte redação: "O conflito de competência entre juízes de Juizados Especiais vinculados à mesma Turma Recursal será decidido por esta".

[180] Assim já firmou orientação o Superior Tribunal de Justiça, *in verbis*: "Conflito negativo de competência. Juizados Especiais Cíveis. Ação de cobrança. Diferenças não recebidas de cheque que não pode ser cobrado em agência bancária. Domicílio do réu. Competência relativa. I – Compete ao STJ decidir conflito de competência entre Juizados Especiais vinculados a Tribunais diversos (CF, art. 105, I, *d*). II – A competência prevista no art. 4º da Lei dos Juizados Especiais segue a regra geral, qual seja, a do foro do domicílio do réu, seguindo os moldes tradicionais do Código de Processo Civil, prorrogando-se, todavia, quando não arguida incompetência pela parte contrária. III – 'A incompetência relativa não pode ser declarada de ofício' (Súmula 33 desta Corte). IV – Conflito de competência conhecido para declarar competente o Juízo de Direito do Juizado Especial Cível da Comarca de Tubarão/SC, suscitado" (Órgão Julgador, 2ª Seção, por unanimidade, conhecer do conflito e declarar competente o Juizado Especial Cível de Tubarão, o suscitado, nos termos do voto do Sr. Ministro-Relator, CC 2000/0114751-0, rel. Min. Antônio de Pádua Ribeiro, j. 27-11-2002, *DJU* 16-12-2002, p. 237).

estão vinculados.[181] Por outro lado, controvertida é a questão que envolve conflito de competência entre Colégios Recursais e Tribunais de Justiça.[182]

As primeiras orientações do Superior Tribunal de Justiça acerca de conflito negativo de competência entre Turma Recursal e Tribunal de Justiça foram no sentido de não o admitir, assentando que "não há conflito de competência entre Turma Recursal dos Juizados Especiais e Câmara de Tribunal de Justiça, prevalecendo sempre a decisão deste".[183]

Tempos depois, a própria Corte da Cidadania refluiu e passou a admitir o aludido conflito negativo de competência. Destarte, as denominadas "Turmas"[184] representam de maneira efetiva e ontológica o *segundo grau de jurisdição*,[185] nada obstante sua composição por juízes de primeiro grau. Aliás, o art. 46 não deixa dúvidas ao utilizar a expressão *julgamento em segunda instância* para designar as decisões proferidas pelos Colégios Recursais. Portanto, esses Colégios não são órgãos integrantes do Tribunal de Justiça, mas, nos termos das leis de divisão e organização judiciária, deverão figurar como integrantes do Poder Judiciário local, com competência para conhecer, em segundo grau de jurisdição, os recursos interpostos contra as decisões proferidas nos Juizados Especiais.

Os Colégios Recursais, para fins de conhecimento dos diversos meios de impugnação e dentro das limitações estabelecidas pelo microssistema, *equiparam-se em suas funções aos Tribunais de Justiça*, sendo possível chegar-se a esse resultado exegético por meio de interpretação analógica e extensiva do inciso III do art. 105 da Lei Maior.

Em outras palavras, não são tribunais, mas equiparam-se a eles, na qualidade de Turmas de segundo grau; o Colégio é composto por juízes togados de primeiro grau (§ 1º do art. 41 da Lei n. 9.099/1995 e art. 98, inciso I, da CF), mas exerce papel de instância *ad quem*.

Não foi por menos que o próprio Superior Tribunal de Justiça passou a rever também a sua orientação a respeito do tema, passando a admitir o conhecimento do conflito suscitado entre Turma Recursal e o respectivo Tribunal de Justiça do seu Estado.[186]

---

[181] *Mutatis mutandis*, é o que preconiza a Súmula 428 do STJ, *in verbis*: "Compete ao Tribunal Regional Federal decidir os conflitos de competência entre juizado especial federal e juízo federal da mesma seção judiciária" (rel. Min. Luiz Fux, em 17-3-2010). Assinala-se que, com esse novo entendimento, a Corte Especial do STJ cancelou o enunciado da Súmula 348 que definia como sua a competência para o julgamento desses conflitos de competência.

[182] Em edições anteriores desta obra, defendemos a tese (hoje superada) da impossibilidade de instauração desse tipo de conflito entre Turma Recursal e Tribunal de Justiça, firmando-se a competência de acordo com a definição do tribunal local. Esse entendimento fundamenta-se na aplicação analógica da Súmula 22 do Superior Tribunal de Justiça, cuja orientação é no sentido de que "não há conflito de competência entre o Tribunal de Justiça e Tribunal de Alçada do mesmo Estado-membro". Consequentemente, se houver divergência de orientações a respeito da competência entre Colégio Recursal e Tribunal de Justiça, ambos do mesmo Estado, a definição será firmada pelo último.
Essa também a 16ª conclusão dos membros da Seção Civil do TJSC: "Não há possibilidade de conflito de competência entre o Tribunal de Justiça e as Turmas de Recursos, por se tratarem de órgãos jurisdicionais de hierarquia diferente".

[183] STJ, 2ª Seção, CC 30088/MA, rel. Min. Ari Pargendler, j. 11-10-2000, *DJU* 5-2-2001, p. 70, v.u.

[184] Conforme já dissemos alhures, apesar de o art. 41 da Lei n. 9.099/1995 e o inciso I do art. 98 da CF usarem o vocábulo *Turma*, não nos parece a dicção mais adequada, visto que seu denominativo jurídico indica um grupo de pessoas pertencentes a um determinado órgão colegiado. Em outros termos, *Turma* é um órgão integrante de uma Corte ou Tribunal, e não um órgão em si mesmo; significa dizer que não há *Turma* sem a existência de Órgão Colegiado ao qual pertença, assim como não há Colegiado sem Turma ou Câmara. Por isso, é juridicamente mais adequado referirmo-nos a esses órgãos como *Colégios Recursais*.

[185] Representa na grande maioria das hipóteses a *segunda* e última instância recursal, ressalvada apenas a competência do Supremo Tribunal Federal em matéria constitucional e casos excepcionalíssimos que aportam ao STJ.

[186] "Conflito negativo de competência. Turma recursal e tribunal de alçada do mesmo Estado. Competência do STJ para dirimir o conflito. Inteligência do art. 105, I, *d*, da CF. Decisão plenária do STF. Precedentes do STJ. Competência da Turma Recursal do Juizado Especial. A Egrégia Terceira Seção, em consonância com o Plenário da Suprema Corte, consolidou o entendimento de que, por não haver vinculação jurisdicional entre juízes das Turmas Recursais e o Tribunal local (de Justiça ou de Alçada) – assim entendido, porque a despeito da inegável hierarquia administrativo-funcional, as decisões proferidas pelo segundo grau de jurisdição da Justiça Especializada não se submetem à revisão por parte do respectivo Tribunal – deverá o conflito de competência ser decidido pelo Superior Tribunal

1.9 Da prorrogação da competência

Como já foi dito, a competência dos Juizados Especiais de Causas Cíveis está determinada no art. 3º desta lei, em que o legislador considerou os critérios quantitativo e qualitativo, tudo em consonância com a orientação fixada no inciso I do art. 98 da Constituição Federal, qual seja a menor complexidade da lide.

Em outras palavras, a opção pelo procedimento previsto nesta lei impõe aos litigantes a renúncia a qualquer outro tipo de rito especial, mesmo que, ao menos em tese, possa não ser tanto favorável a algum deles, ressalvada a aplicação sempre admissível da parte geral do CPC naquilo que não for inconciliável com seus princípios orientadores (v. art. 1º, n. 2, *supra*).

Não obstante a aparente restrição em tema de competência, quase todas as suas formas são relevantes nesse tipo especial de demanda. "Somente quanto à competência originária é que nada ocorre. Até mesmo da competência funcional terá sentido falar, à medida que se admitam, como parece correto, medidas cautelares preparatórias a serem concedidas por esse órgão especial".[187]

A competência em razão da matéria é inderrogável, portanto, absoluta, mas as partes podem modificar a competência ditada pelo valor ou território, elegendo o respectivo foro, nos termos do preconizado nos arts. 62-63 do CPC. Essa regra deve ser conciliada ao microssistema dos Juizados Especiais, tendo em vista que a competência disposta no art. 3º, como tivemos oportunidade de demonstrar em itens anteriores (v. n. 1.1, 1.2, 1.3 e 1.4), não será absoluta, mas *sempre relativa* (salvo se a lei local dispuser de maneira diversa), visto que não estamos diante de simples escolha de rito, mas da opção de justiças diferenciadas, concedida ao autor para melhor adequar sua pretensão à ação hábil para tutela de seus direitos.

Não haverá, contudo, prorrogação da competência para os Juizados Especiais se a matéria ou o valor da causa não estiverem em perfeita sintonia com os enunciados do art. 3º da Lei n. 9.099/1995.

Significa dizer, pois, que se a questão do valor da causa induz à competência relativa no processo tradicional (CPC, art. 54), essa relatividade não atinge os processos dos Juizados Especiais,[188] segundo se constata do disposto no art. 3º, I, combinado com o seu § 3º, e arts. 15, 39 e 51, II, todos da Lei n. 9.099/1995. Em outras palavras, se no processo civil tradicional a competência em razão do valor é *relativa* e se prorroga, o mesmo não se verifica nos Juizados Especiais para aquelas demandas que não sejam de sua competência.

Da mesma forma – e com maior razão –, se a competência estiver expressamente excluída da justiça especialíssima, seja pela natureza da matéria ou qualidade da parte, nos termos preconizados no § 2º do art. 3º ou no art. 8º, torna-se juridicamente impossível a prorrogação.

Destarte, não há que se falar em prorrogação de competência dos Juizados Especiais ou a autonomia destes "(...) não pode prevalecer para a decisão acerca de sua própria competência para conhecer de causas que lhe são submetidas",[189] havendo o respectivo controle de ser realizado pelos Tribunais de Justiça, através de mandado de segurança, aceito pelo Superior Tribunal de Justiça como exceção à Súmula 376, cuja competência, repita-se, é dos tribunais locais para conhecimento do *writ*. Para maior aprofundamento sobre o tema atinente ao mandado de segurança, enviamos o

---

de Justiça, a teor do art. 105, inciso I, alínea *d*, da Constituição Federal (...)" (3ª Seção, CC 2003/0175177-7, rel. Min. Laurita Vaz, j. 26-11-2003, *DJU* 9-12-.2003, p. 209, por unanimidade, conheceu do conflito e declarou competente o suscitado). No mesmo sentido: STJ, 3ª Seção, CC 41.743-RS, rel. Min. Gilson Dipp, j. 10-11-2004, v.u.; CC 44.124-MG, rel. Min. José Arnaldo da Fonseca, *DJU* 24-11-2004; CC 39.876-PR, rel. Min. Laurita Vaz, *DJU* 19-12-2003.

O entendimento do STJ, como dissemos, ancora-se na orientação firmada pelo Supremo Tribunal Federal para o conhecimento de conflito de competência entre Turmas Recursais e Tribunais de Alçada (extintos pela EC n. 45/2004), com fulcro no art. 105, I, *d*, da Constituição Federal, que disciplina a competência para os casos que envolvam conflitos entre "tribunal e juízes a ele não vinculados" (STF, CC 7081-6, rel. Min. Sydney Sanches, *DJU* 27-9-2002).

[187] Dinamarco, Cândido Rangel. *Manual das pequenas causas*. São Paulo: Revista dos Tribunais, 1986, p. 13.
[188] Assim também Dinamarco, Cândido Rangel; Cintra, Antônio Carlos de Araújo; Grinover, Ada Pellegrini. *Teoria geral do processo*. 12. ed. São Paulo: Malheiros, 1996, p. 242, n. 144.
[189] STJ, RMS 17.524/BA, Corte Especial, rela. Mina. Nancy Andrighi, *DJU* 11-9-2006.

leitor interessado aos nossos comentários ao art. 41, item n.1.4, *infra*. Todavia, como a competência nos Juizados Especiais é relativa, se a demanda tiver sido ajuizada na Justiça Comum, nela ocorrerá a prorrogação. Nesse caso, aplica-se a regra geral.

Por último, assinala-se que eventual "prerrogativa de foro na esfera penal não afasta a competência dos Juizados Especiais Cíveis".[190]

1.10 Da conexão e da prevenção

Se a demanda principal for da competência do Juizado Especial, a acessória também será (CPC, art. 61); seguindo a mesma linha de raciocínio, qualquer tutela provisória de processo da competência dos Juizados Especiais perante as respectivas unidades jurisdicionais deverá ser proposta e, com maior razão, as de natureza incidental.

O art. 55, § 3º do CPC pode (e deve) ser aplicado aos juizados especiais, quando o juiz verificar repetição de demandas que, nada obstante não sejam conexas, poderão gerar decisões antagônicas, o que inibe o manejo do incidente de resolução de demandas repetitivas.

O mesmo procedimento pode ser adotado pelas turmas recursais, reunindo na pessoa de um único relator, por prevenção, os processos fins (conexos ou não), procedendo-se a compensação na distribuição a fim de evitar-se a sobrecarga e manter-se a igualdade numérica de recursos a serem julgados pelos integrantes da turma.

Aplica-se também a norma estatuída no art. 59 do CPC: "O registro ou a distribuição da petição inicial torna prevento o juízo". Igualmente, havendo mais de um Juizado com a mesma competência, tornar-se-á prevento aquele em que primeiramente a petição inicial tenha sido apresentada ou formulado pessoalmente o requerimento, independentemente de distribuição, nos termos do disposto no art. 16 da Lei n. 9.099/1995.

Todavia, ocorrendo conexão (CPC, art. 55, *caput*) ou continência (CPC, art. 56) entre duas ou mais demandas, sendo que uma delas não se inclua nas matérias ou no valor assinalado neste art. 3º, a competência para o julgamento de todas elas deve ser deslocada para o juízo comum.[191] Nesses casos, a competência para o processo, julgamento e execução de todas as causas será justamente daquela vara em que estão tramitando os processos não especializados, atraindo para si todos os demais feitos que estejam nos Juizados. Essa regra, contudo, em algumas hipóteses, apresenta exceção; é o que se verifica com os *embargos de terceiro*, vejamos.

---

[190] Cf. Enunciado 74 do Fonaje.

[191] Assim também o entendimento esposado por Nelson Nery Jr. e Rosa Maria Andrade Nery, *CPC comentado – Juizados Especiais*, art. 3º, nota n. 14, p. 1.679 (3. ed.).
No mesmo sentido, a orientação firmada pelo Tribunal de Justiça de Santa Catarina, em *conclusões interpretativas da Seção Civil sobre a Lei n. 9.099/1995*, *in verbis*: "Havendo conexão de ações de causas aforadas perante a jurisdição comum e o Juizado Especial, a competência será da primeira" (conclusão n. 3).
Semelhante a redação do art. 9º da Lei Complementar catarinense n. 77/1993, *in verbis*: "Ocorrendo conexão ou continência, e uma das causas não constar dos elencos dos arts. 5º e 6º desta Lei Complementar" (praticamente com teores idênticos ao do art. 3º, ora objeto de nosso comentário), "a competência para o processo e julgamento de ambas é do juízo comum".
Em sentido contrário, v. Demócrito Ramos Reinaldo Filho, que defende a tese da não reunião de ações, por conexão ou continência, na Justiça Comum, terminando por concluir pela suspensão do processo que tramita na vara cível (CPC, art. 265, IV, *a*), até o julgamento final da demanda que tramita sob a égide da Lei n. 9.099/1995 (cf. Conexão de causas aforadas no Juizado Especial e em vara da justiça comum. *Boletim LBJ*, n. 198/546-547, out. 1998). Sem razão também o Enunciado 68 do Fonaje, ao dispor que "somente se admite conexão em Juizado Especial Cível quando as ações puderem submeter-se à sistemática da Lei n. 9.099/1995". Tal assertiva não encontra nenhum amparo legal, pois os institutos da conexão e continência estão subordinados a regras e princípios que não podem ser dissociados do microssistema dos Juizados Especiais. Aliás, a Lei n. 9.099/1995 não é uma ilha que se encontra isolada do mundo jurídico (leis materiais e instrumentais, princípios e jurisprudência). Ademais, em sede instrumental, o CPC aparece sempre como macrossistema a ser aplicado se e quando omisso o sistema legislativo específico e não houver confronto com os seus princípios orientadores.

É assente que os embargos de terceiro são uma ação de conhecimento de natureza desconstitutiva da constrição judicial roteirizada por procedimento especial descrito nos arts. 674-681 do CPC. Por outro lado, trata-se também de demanda incidental e acessória que, nos termos preconizados pelo art. 61 em harmonia com o art. 676, ambos do CPC, haverá de ser processada perante o juiz competente para o conhecimento da lide principal, distribuindo-se por dependência e tramitando no mesmo juízo que ordenou a apreensão, em autos distintos.

A esse respeito, ao comentar os mencionados dispositivos, escreve com muita propriedade NELSON NERY JR., no sentido de que a demanda acessória é sempre a secundária destinada a complementar a ação mais importante do ponto de vista do autor, denominada principal. Assim, "a competência do juízo de primeiro grau para processar e julgar os embargos é funcional, portanto, absoluta (CPC, 61). Quando os autos estiverem no segundo grau, havendo recurso pendente, se a constrição judicial ocorreu na tramitação da 'execução provisória', o juízo de primeiro grau é o competente para julgar os embargos".[192]

Por esses motivos, em caráter excepcionalíssimo, haverão os embargos de terceiro de ser processados e julgados no próprio Juizado Especial em que tramita a ação principal na qual se verificou a constrição judicial (turbação ou esbulho), conforme disposição insculpida no art. 61 c/c art. 676, ambos do aludido Diploma Legal.[193]

Nesses casos, o deslocamento da competência para uma das varas cíveis comuns decorreria de simples incompatibilidade procedimental dos embargos de terceiro em relação ao rito sumaríssimo preconizado na Lei n. 9.099/1995. Poder-se-ia argumentar ainda que a matéria também não está elencada entre as causas definidas nos incisos II, III e IV do art. 3º. Tais assertivas, sem dúvida, não são equivocadas; porém, haverão de ser analisadas concomitantemente sob outros prismas.

Assinala-se de início que o inciso I do art. 3º admite a cognição no Juizado Especial a qualquer tipo de lide, desde que limitada a quarenta salários mínimos e de menor complexidade probatória; contudo, a disposição legislativa refere-se às *demandas principais*. As chamadas *ações acessórias* ou *secundárias* não se enquadram ao art. 3º em questão em face de possuírem regime processual diverso. É justamente o que se verifica não só com os embargos de terceiro, mas também, por exemplo, com as *ações cautelares* há pouco referidas, que serão *sempre* ajuizadas no juízo competente para conhecer da lide principal (art. 299, CPC), assim como o procedimento aplicável será o estatuído no Livro V do CPC (art. 305 e s.), e não o sumaríssimo da Lei n. 9.099/1995, que se destina a orientar as ações de conhecimento e de execução.

Além dessas razões, não se pode esquecer que, se a hipótese versar sobre constrição judicial emanada de processo de execução de sentença, acresce ainda a incidência do princípio da *perpetuatio jurisditionis*, repetido no microssistema no art. 3º, § 1º, I, e art. 52.[194]

Quando se está diante de igual competência de foro e de juízo, define-se a competência com base na prevenção (CPC, arts. 58 e 59); mas no conflito entre a jurisdição especial e a comum, esta prevalece diante da complexidade da causa e por não constar a demanda entre aquelas elencadas no art. 3º da Lei n. 9.099/1995. Obviamente que as regras da conexão ou continência mencionadas

---

[192] NERY JR., Nelson; NERY, Rosa Maria Andrade. *Código de Processo Civil comentado e legislação processual civil extravagante em vigor, com suplemento de atualização*. 3. ed. São Paulo: Revista dos Tribunais, 1997, art. 108, nota n. 1 e art. 1.049, nota n. 1, p. 418 e 1014.

[193] Exsurge com meridiana clareza que, em linha principiológica – e não poderia ser diferente –, as demandas que tramitam sob a égide dos procedimentos especiais não poderão ser aforadas perante os Juizados Especiais, porquanto desproporcionais em complexidade em relação ao rito sumaríssimo do microssistema que se norteia pela oralidade em grau máximo. Todavia, essa regra é aplicável apenas às *ações principais*, e não às *acessórias* (v.g., providências acautelatórias, embargos de terceiro).

[194] Assim também já se manifestou a 2ª Turma Recursal do Estado do Rio Grande do Sul, em decisão da lavra do Juiz Paulo Antônio Kretzmann, em 11-3-1997. Do corpo do acórdão, retira-se o seguinte excerto: "(...) Ademais, reza o art. 52 que a execução de sentença processar-se-á no próprio juizado, logo, deve entender-se que possui competência para decisão o juízo onde se processa a execução, cabendo-lhe decidir não só os embargos do devedor, como também os embargos de terceiro (...)" (Recurso 01597505831, Uruguaiana).

anteriormente encontram ressonância para as demandas principais, enquanto as assessórias norteiam-se pela regra específica definida no art. 61 do CPC.

2. COMPETÊNCIA E ATRIBUIÇÃO DOS JUIZADOS

Além da competência definida neste dispositivo, estabeleceu ainda o legislador as atribuições dessas unidades jurisdicionais (v. art. 1º, n. 3, *supra*), que não são apenas a *conciliação*, o *processo e julgamento* nos contornos procedimentais aqui delineados, mas também a arbitragem (arts. 24-26) e a execução de título judicial (art. 3º, § 1º, I, e art. 52) e extrajudicial (art. 3º, § 1º, II, e art. 53).

Sobre o tema alusivo à competência cumulativa das unidades jurisdicionais que aglutinam o processo e julgamento de questões cíveis residuais e demandas enquadradas no art. 3º da Lei n. 9.099/1995, remetemos o leitor interessado aos nossos comentários ao art. 1º, item n. 4, *supra*.

3. COMPLEXIDADE DA CAUSA

Optou o legislador por estabelecer os critérios quantitativo (valor até quarenta salários mínimos) e qualitativo (matéria) com o escopo de circunscrever as demandas que, em princípio, apresentariam menor complexidade, instituindo, para tanto, um procedimento específico, calcado na oralidade e todas as suas derivações.

Contudo, não há que se confundir *pequeno valor*[195] com reduzida complexidade do litígio, seja em termos fáticos ou jurídicos. Nada obsta que estejamos diante de uma ação que não ultrapasse quarenta salários mínimos, mas que, em contrapartida, apresente questões jurídicas de alta indagação,[196] não raras vezes acrescida da necessidade de intrincada produção de prova pericial.

Aliás, a menor complexidade que inspirou o legislador constituinte e infraconstitucional diz respeito à necessária adequação e harmonia que deverá sempre haver entre o instrumento e a relação de direito material conflituosa, objeto da cognição e, por conseguinte, no que tange à produção de provas mais simplificadas.[197]

A respeito da complexidade da causa nos Juizados Especiais Cíveis, já teve oportunidade de manifestar-se o Supremo Tribunal Federal no sentido de que "(...) esforços devem ser desenvolvidos de modo a ampliar-se a vitoriosa experiência brasileira retratada nos juizados especiais. A complexidade suficiente a excluir a atuação de tais órgãos há de ser perquirida com parcimônia, levando-se em conta a definição constante de norma estritamente legal. Tal aspecto inexiste, quando se discute a subsistência de cláusula de contrato de adesão, sob o ângulo de ato jurídico perfeito e

---

[195] Ressaltamos que quarenta salários mínimos não significam pequeno valor, muito menos para a esmagadora maioria da população brasileira, que tem uma renda média bem inferior ao referido limite estabelecido na Lei n. 9.099/1995. Equivale dizer que a procura por estes Juizados é cada vez maior, exigindo, pois, dos Estados, a implementação de mecanismos e de pessoal suficientes para darem vazão a todas essas questões.

[196] Assim também Horácio Wanderlei Rodrigues quando assinala que "(...) a menor complexidade não está ligada ao valor da causa, mas sim ao seu conteúdo (matéria). Ao estabelecer que são de menor complexidade as ações de valor até quarenta salários mínimos o legislador misturou duas realidades absolutamente diversas" (Juizados Especiais Cíveis: inconstitucionalidades, impropriedades e outras questões pertinentes. *Revista de Direito Processual Civil*, v. 1/24).

Outro não é o entendimento de Demócrito Ramos Reinaldo Filho: "(...) *causa cível de menor complexidade* refere-se a matéria jurídica em discussão, independentemente do seu valor econômico, daí porque o Juizado Especial Cível é competente para o processamento e julgamento de todas as causas elencadas no CPC, art. 275, II e das ações de despejo para uso próprio, qualquer que seja o valor (...)" (Lei 9.099/95 – Juizados Especiais. *Boletim Informativo Juruá*, n. 110/1203, abr. 1996).

[197] Assim, entre outras demandas de menor complexidade probatória, "as ações envolvendo danos morais não constituem, por si só, matéria complexa" (cf. Enunciado 69 do Fonaje). Igualmente, "as ações nas quais se discute a ilegalidade de juros não são complexas para o fim de fixação da competência dos Juizados Especiais, exceto quando exigirem perícia contábil" (cf. Enunciado 70 do Fonaje).

acabado, no que prevista a devolução de valores pagos por consorciado desistente e substituído, de forma nominal, ou seja, sem correção monetária (...)".[198]

A lei é omissa sobre essas hipóteses, limitando-se a dispor, no art. 35, o seguinte: "Quando a prova do fato exigir, o juiz poderá inquirir técnicos de sua confiança, permitida às partes a apresentação de parecer técnico". Contudo, poucas não serão as vezes em que o juiz instrutor terá de valer-se não de "inquirição" de técnico, mas de verdadeira prova pericial, o que é inadmissível nos Juizados Especiais por ser incompatível com o princípio da oralidade em grau máximo, por atentar contra a concentração dos atos, simplicidade, celeridade e economia.

Nesses casos, para que nos mantenhamos fiéis ao requisito constitucional da *menor complexidade* da causa e do princípio da oralidade que deve orientar todo o processo, parece-nos que a solução está em o juiz declarar-se incompetente (de ofício ou mediante requerimento de qualquer dos litigantes) e remeter as partes às vias ordinárias, extinguindo o processo sem resolução do mérito (art. 51, II), ou determinar a redistribuição imediata dos autos, se as partes estiverem representadas por advogado, em razão da inadmissibilidade procedimental específica, diante da complexidade assumida pela demanda após a audiência infrutífera de tentativa de conciliação.

Existe orientação do STJ no sentido de que "na Lei n. 9.099/95 não há dispositivo que permita inferir que a complexidade da causa – e, por conseguinte, a competência do Juizado Especial Cível – esteja relacionada à necessidade ou não de realização de perícia."[199] Com todas as vênias, a orientação é equivocada, por razões diversas, vejamos: primeiramente, não se pode olvidar que a Lei n. 9.099/1995 tem origem eminentemente constitucional, extraindo-se do texto da Lei Maior que os Juizados Especiais são competentes para conciliação, o julgamento e a execução de *causas cíveis de menor complexidade* (CF, art. 98, I), sem exceção, portanto.

Nesse contexto, o legislador infraconstitucional inseriu um segundo critério, a ser mesclado com aquele já definido pela Constituição Federal e, para tanto, elegeu também o critério quantitativo, a exemplo de tantos outros países, limitando a alçada dos Juizados Estaduais à quarenta salários mínimos.

Em segundo lugar, o critério da complexidade da causa como elemento limitador da competência dos Juizados Estaduais emerge da claríssima redação do *caput* do art. 3º da Lei n. 9.099/1995, que, por princípio basilar de hermenêutica jurídica, haverá de encontrar aplicação em todos os seus parágrafos e incisos, pois é justamente a "cabeça" do artigo de lei que define os contornos de todos os enunciados nele contidos; em outras palavras, os parágrafos e incisos de determinado dispositivo de lei estão adstritos aos delineamentos insculpidos no seu respectivo *caput*.

Por conseguinte, se o *caput* do art. 3º da Lei n. 9.099/1995 assenta com clareza e precisão que "o Juizado Especial Cível tem competência para conciliação, processo e julgamento das causas cíveis de *menor complexidade*, assim consideradas", e arrola demandas e limita o valor de alçada em seus incisos e parágrafos seguintes, é evidente que o critério qualitativo estará presente em toda e qualquer demanda desses Juizados.

Ademais, quando se fala em *complexidade da causa*, objetivamente, está se tratando de complexidade probatória que, por sua vez, diz diretamente respeito com o objeto do litígio propriamente dito e sobre o qual incide a pretensão do autor articulada em juízo. Assim, o que determina a complexidade de uma causa não é o direito posto para exame do Estado-Juiz, ou seja, a *complexidade*

---

[198] STF, 2ª T., RE 175161-SP, rel. Min. Marco Aurélio, j. 15-12-1998, *DJU* 14-5-1999, v.u., p. 464. *Boletim de Jurisprudência Bonijuris*, n. 382, 10-8-1999, p. 5.527, v. 37/192.
Na mesma linha, STF, Trib. Pleno, RE 537427/SP, rel. Min. Marco Aurélio, j. 14-4-2011, *DJe* – 157, 17-8-2011, *in verbis*: "Competência. Juizados Especiais. Causas cíveis. A excludente da competência dos juizados especiais – complexidade da controvérsia (art. 98 da Constituição Federal) há de ser sopesada em face das causas de pedir constantes da inicial, observando-se, em passo seguinte, a defesa apresentada pela parte acionada. Competência. Ação indenizatória. Fumo. Dependência. Tratamento. Ante as balizas objetivas do conflito de interesses, a direcionarem a indagação técnico-pericial, surge complexidade a afastar a competência dos juizados especiais".

[199] Cf. RMS 30.170/SC, rela. Mina. Nancy Andrighi, 3ª Turma, julgado em 5-10-2010, *DJe* 13-10-2010.

jurídica submetida ao conhecimento do julgador, mas sim a complexidade probatória oriunda aos fatos da lide pendente.[200] Aliás, não poderia ser diferente, pois a carga de subjetividade atinente à complexidade jurídica é enorme, ou seja, o que se afigura complexo juridicamente para alguns, pode, aos olhos de outros observadores, revestir-se da grande simplicidade.

Diante de sua configuração objetiva, o mesmo já não sucede com a matéria de fato controvertida e, por conseguinte, com a prova que haverá de ser produzida; assim, se a perícia for indispensável para o deslinde de uma causa, as partes não poderão supri-la por ouvida de testemunhas ou juntada de qualquer espécie de documento. Portanto, fica evidenciado que a maior complexidade da causa está intimamente ligada com a matéria de fato que, por sua vez, poderá exigir (dependendo da hipótese em exame) a comprovação do alegado por meio de perícia.

Nesses casos, em sede de Juizados Especiais Cíveis, se o deslinde da causa exigir a produção de prova pericial (e não simples inspeção judicial, inquirição de técnicos em audiência ou juntada de pareceres produzidos unilateralmente – art. 35), a competência haverá de ser deslocada para uma vara cível de competência residual (se os litigantes estiverem acompanhados de advogado) ou o processo será extinto, sem resolução do mérito (art. 51, II). [201]

4. O VALOR DA CAUSA

4.1 Conceito

O valor da causa é o *quanto* representativo, precisado e estipulado pelo autor em moeda corrente nacional,[202] ao tempo da propositura da ação, e atribuído na petição inicial, considerando-se, para sua fixação, regras ditadas na Lei Instrumental Civil (art. 292) ou fazendo-se a estipulação

---

[200] Assim também o Enunciado 54 do FONAJE.

[201] Nesse sentido já teve oportunidade de se manifestar o Egrégio Tribunal de Justiça do Estado de Santa Catarina, por meio do acórdão da lavra do saudoso Desembargador Eder Graf, em Conflito de Competência da comarca da Capital, n. 568, *in verbis*: "Conflito de competência. Complexidade proclamada pelo Juizado Especial. Art. 16 da Lei n. 1.141/1993. Havendo o Juizado Especial proclamado a inadequação do procedimento, em face da necessidade de perícia complexa em ação de indenização por danos morais, na forma do art. 16 da Lei n. 1.141/1993; existindo, ademais, número razoável de testemunhas cujo depoimento demandará a expedição de diversas precatórias, mostra-se adequado proclamar-se a competência do juizado comum" (*DJE* 5-1-1994, 8.901, p. 1).
E mais: "Competência. Juizado Especial. Indenizatória de danos físicos e morais decorrentes de acidente de trânsito. Lucros cessantes. Necessidade de perícia complexa. Causa que não pode ser considerada de menor complexidade. Aplicação da Lei Estadual 8.151, de 22-11-1990. Competência do juízo comum. Conflito procedente" (CC 514, Comarca da Capital, j. 17-12-1992, *DJE* 18-1-1993, p. 5, rel. Des. Nestor Silveira). "(...) Conflito negativo procedente. Juízo civil competente. Não se podendo considerar de pequena complexidade a ação concernente à apuração de danos pessoais, resultantes de acidente de veículos com fixação de pensão por morte e presente o interesse de menores, impõe-se seja ela entregue à jurisdição do juízo cível" (CC 521, Comarca de Criciúma, j. 4-3-1993, *DJE* 24-3-1993, p. 8, rel. Des. Alcides Aguiar).
Ademais, "(...) razões de política judiciária recomendam não sobrecarregar os Juizados Especiais com ações cujo rito específico não se coaduna com a lei que os disciplinou" (TJSC, CC 97011807-4, Joinville, rel. Des. Eder Graf).

[202] Assim como já ocorria no Código de 1973, o Código de 2015 também não acrescentou a locução *moeda nacional* quando versa sobre o "valor da causa", nada obstante ser essa a regra para expressar o valor da causa. A unidade traduzida em moeda é dispositivo também encontrado, por exemplo, nos Códigos de Processo Civil português (art. 305) e italiano (art. 7 e s.). Excepcionalmente e considerando que a Lei Processual permite tal interpretação em face da supressão referida, poder-se-á admitir a utilização de outra unidade, como, por exemplo, o salário mínimo.
Contudo, entendemos não ser de muita praticidade a fixação do valor da causa em unidade diversa da moeda nacional, tendo em vista que o procedimento, a competência e as custas judiciais são estabelecidas no início da propositura da ação, não importando variante posterior (por exemplo, as despesas processuais finais serão calculadas e corrigidas oportunamente). Para a admissibilidade do recurso extraordinário ou ordinário, enfim, para a determinação de alçada, considera-se o *quantum* correspondente ao estabelecido na época do ajuizamento da ação (v. *RTJ* 107/438; *RTJ* 109/391; *RTJ* 110/852 e Súmula 502, STF).

criteriosamente, isto é, tomando-se por base o pedido e a causa de pedir (benefício econômico perseguido) nas hipóteses não definidas no mencionado artigo.[203]

Nada impede, contudo, que o autor estipule na petição inicial o valor da causa em moeda corrente nacional ou proceda à fixação em salário mínimo. Em qualquer hipótese, "para efeito de alçada, em sede de Juizados Especiais, tomar-se-á como base o salário mínimo nacional".[204]

4.2 A relevância do tema no Direito brasileiro

A matéria pertinente ao valor da causa assume em nossa sistemática normativa instrumental vigente papel importantíssimo, a começar pela petição inicial, na qual figura como um de seus elementos indispensáveis, além das várias implicações de ordem pública, tendo-se em consideração que estabelece o tipo de procedimento adequado, fixa a competência originária e recursal, serve de base para o cálculo e depósito das custas processuais, é parâmetro, em algumas hipóteses, para a fixação dos honorários advocatícios (no caso de sucumbência em segunda instância), limita a produção de prova exclusivamente testemunhal e serve como padrão para a fixação da multa e indenização quando reconhecida a litigância de má-fé e por prática de ato atentatório ao exercício da jurisdição.

O art. 292 do CPC traça algumas diretrizes que se destinam a nortear o aplicador do Direito nos casos específicos, facilitando a determinação do valor a ser atribuído à demanda. O primeiro limite à jurisdição dos Juizados Especiais de Causas Cíveis reside no valor da causa, que não pode ultrapassar, em regra, quarenta salários mínimos, ressalvada a hipótese de renúncia à importância que lhe sobejar ou desde que se verifique a conciliação (art. 3º, § 3º).

Assume enorme relevância, portanto, a matéria pertinente à valoração das demandas, devendo as partes observarem as orientações de ordem pública, estatuídas nos arts. 291 e 292 do CPC, tendo em vista que, assim como a opção pelo rito sumaríssimo apresenta vantagens, contrariamente, oferece também algumas desvantagens (v. n. 1.3, *supra*).

Desde que se enquadre a demanda nos requisitos estabelecidos nos incisos I ou II do art. 3º, respeitadas as exceções assinaladas no § 2º do mesmo dispositivo e as restrições quanto às partes, contidas no art. 8º, deverá o autor optar, em princípio, pela justiça especializada. Todavia, como já aduzimos em itens precedentes, ao postulante compete realizar a escolha do rito que melhor venha a se adequar à sua pretensão, inclusive levar em conta a complexidade da demanda, o que pode significar a necessidade de produção de prova pericial (o que é incompatível com a Lei n. 9.099/1995) ou, ainda, a exigência de citação editalícia (também inadmissível nos Juizados).

Como dissemos, a matéria relativa ao valor da demanda é de ordem pública, não ficando ao talante das partes sua fixação, que deve estar em sintonia com os parâmetros oferecidos pelo CPC e, em sua ausência, deve refletir o pedido formulado em consonância com a causa de pedir.[205]

Por isso, em face das consequências que advirão da estipulação do valor da demanda, deverá o juiz efetuar rigoroso controle a esse respeito, desde o primeiro momento em que tiver contato com o pedido apresentado pelo autor, e, se necessário for, corrigir, inclusive, *de ofício*.

4.3 Analogia entre o inciso I do art. 3º da Lei n. 9.099/1995 e o inciso I do art. 275 do CPC/1973 – breve aceno histórico

Quando escrevemos pela primeira vez sobre o tema, em 1995,[206] dissemos que a Lei n. 9.099/1995 teria implicitamente alterado o inciso I do art. 275 do CPC/1973, elevando o valor de vinte para

---

[203] Figueira Jr., Joel Dias. *Comentários ao Código de Processo Civil*. v. 4. t. 1. São Paulo: Revista dos Tribunais, 2001, art. 282, item n. 7.1, p. 54.

[204] Enunciado 50 do Fonaje.

[205] Em outros termos, conforme Enunciado 39 do Fonaje: "Em observância ao art. 2º da Lei n. 9.099/1995, o valor da causa corresponderá à pretensão econômica objeto do pedido".

[206] Cf. *Comentários à Lei dos Juizados Especiais Cíveis e Criminais*, 1995.

quarenta salários mínimos e que sem essa interpretação o rito sumário praticamente desapareceria do sistema. Afirmamos, ainda naquela oportunidade, que, nesse particular, o então Projeto de Lei n. 78/1995 (Projeto n. 3.811 na Casa de Origem), que tratava do *novo procedimento sumário*, deveria adequar-se à Lei dos Juizados Especiais,[207] tendo em vista que a proposta inicial era a de manter o limite quantitativo conforme até então estatuído no Código.

De fato, foi isso que acabou ocorrendo. O Projeto de Lei n. 78/1995 não foi adequado às várias modificações introduzidas pela Lei n. 9.099/1995 por razões de natureza político-legislativa, porquanto já se encontrava em fase final para receber a sanção presidencial;[208] por conseguinte, com a edição da Lei n. 9.245, de 26-12-1995, que instituiu o *novo procedimento sumário*, retornou o limite (ou manteve-se o limite, como alguns preferem dizer) do inciso I do art. 275 do CPC/1973 para vinte salários mínimos, em absoluto descompasso com o valor de alçada estabelecido para as demandas dos Juizados Especiais (quarenta vezes o salário mínimo), cujo procedimento é necessariamente mais simples e célere, exigindo, logicamente, que o valor máximo estabelecido para a sua competência ficasse aquém ou equiparado ao rito comum.

O dilema posto pelo legislador, até o advento da Lei n. 10.444, de 7-5-2002, que, entre outras alterações, modificou também o procedimento sumário, podia ser contornado de duas maneiras: *a)* ou se interpretava o inciso I do art. 275 com base em métodos histórico, lógico e sistemático, buscando-se teleológica e extensivamente a *mens legis* e a *mens legislatoris* para concluir que o aludido dispositivo devia ser concebido com elevação do limite para quarenta salários mínimos, harmonizando-se assim com a Lei dos Juizados, ou *b)* resolvia-se o problema pela facultatividade concedida pelos dois sistemas ao autor da demanda à escolha do rito que melhor se adaptasse à satisfação de suas pretensões.

Finalmente, com a entrada em vigor da Lei n. 10.444/2002, "(...) harmonizaram-se os valores das demandas no que concerne à adequação dos procedimentos, ficando reservados ao rito sumaríssimo, estabelecido na Lei n. 9.099/1995, o limite de 40 salários mínimos (princípio da oralidade em grau máximo) e para o procedimento sumário, o limite de 60 salários mínimos (princípio da oralidade em grau médio)".[209]

Com o advento do Código de 2015, o procedimento sumário foi extirpado do novo sistema instrumental e a regra insculpida no art. 1.063 do aludido diploma não traz em seu bojo qualquer reflexo (direto ou indireto) para o tema referente ao valor da causa, limitando-se o legislador a ressalvar que as causas então enumeradas no art. 275, II, do CPC revogado continuam sendo da competência dos Juizados Especiais Cíveis.

4.4 A competência definida com base no valor de alçada e a complexidade da matéria – critério misto para a definição da competência e o rol de matérias do art. 3º meramente exemplificativo

O inciso I do art. 3º da Lei em exame abre um leque enorme para o ajuizamento de demandas perante os Juizados Especiais, porquanto é genérico ao definir quais seriam as causas cujo valor não exceda a quarenta salários mínimos.[210]

---

[207] Mas não era só nesse ponto que o Projeto estava a merecer maior reflexão, como, por exemplo, a redução do elenco das causas enumeradas no inciso II do art. 275 e a denunciação da lide às companhias seguradoras em caso de acidente de trânsito etc.

[208] Assinala-se que na fase adiantada em que já se encontrava o projeto atinente ao extinto rito sumário, caso se procedesse a alguma alteração, isso equivaleria a mais algum tempo de tramitação, retornando a "novela" ao estado primitivo, o que representaria atraso de meses ou, até quem sabe, de anos, mantendo-se no sistema do CPC o obsoleto procedimento sumaríssimo. Em outras palavras, ou se aprovava o projeto, como se encontrava, ou corria-se o risco de não tê-lo tão cedo inserido no sistema do Código/1973. Parece-nos que, na época, a melhor decisão foi tomada.

[209] FIGUEIRA JR., Joel Dias. *Comentários à novíssima reforma do CPC – Lei 10.444, de 7 de maio de 2002*. Rio de Janeiro: Forense, 2002.

[210] O Projeto de Lei do Senado n. 275/2003 e Projeto de Lei da Câmara dos Deputados n. 3.309/2004, entre outras alterações para a Lei n. 9.099/1995, traz em seu bojo a ampliação da competência, em razão do valor, para 60 (sessenta) vezes o salário mínimo.

Obviamente que esse inciso haverá de ser interpretado em sintonia com todo o microssistema e, em particular, com o *caput* do dispositivo, que, seguindo a linha mestra definida no art. 98, I, da Constituição Federal, delimita os contornos da competência às causas de menor complexidade,[211] além das hipóteses inseridas no § 2º do art. 3º e no art. 8º, § 1º.

Em outras palavras, *todas as causas* de natureza cognitiva de menor complexidade probatória e valor não superior a quarenta salários mínimos *poderão*, a critério do autor, ser ajuizadas perante os Juizados Especiais, desde que obedecidos os trâmites da Lei n. 9.099/1995.

Outra não pode ser a interpretação deste inciso, que, sintonizado com o *caput* do dispositivo e sistematizada a sua interpretação com o art. 3º, § 2º, e art. 8º, § 1º, define com meridiana clareza os contornos da competência dos Juizados desejada pelo constituinte e pelo legislador infraconstitucional.

Na verdade, bastaria que tivesse o dispositivo parado sua redação por aqui, evitando assim tantas e controvertidas celeumas que se têm travado na doutrina e nos pretórios, com manifestos prejuízos aos jurisdicionados, desorientados e desolados com os inúmeros conflitos negativos ou positivos de competência, num vaivém insuportável dos processos sem que a tutela perseguida seja oferecida.

Percebe-se nitidamente que o legislador tentou esclarecer e definir as hipóteses, individualizando-as como se tal se fizesse realmente mister nesse art. 3º. Ledo e ingênuo engano, somado à falta de técnica jurídica (v.g. a condenável alusão ao inciso II do art. 275 do CPC/1973). Na prática forense, frustrou-se radicalmente esse objetivo, criando-se um campo fértil para a semeadura da discórdia interpretativa que, desde a edição da lei, a todos atormenta, sem exceção.

Não foi por menos que há muito apresentamos à vetusta *Comissão de Reforma* do sistema instrumental brasileiro, liderada, na época, pelos saudosos Ministros Sálvio de Figueiredo Teixeira e Athos Gusmão Carneiro, entre outras sugestões, a modificação desse malsinado art. 3º, em que se encampa de uma vez por todas a tese doutrinária e jurisprudencial dominante (inclusive capitaneada pelo STJ) a respeito da *competência relativa* e a consequente *opcionalidade procedimental*, bem como a limitação do valor das demandas a quarenta salários mínimos, observando-se a menor complexidade probatória.

Nesses termos, a sugestão formulada foi a seguinte: "Art. 3º O Juizado Especial Cível tem competência, por opção do autor, para a conciliação, o processo e o julgamento das causas de menor complexidade probatória e valor não excedente a quarenta salários mínimos" (obs.: I – Redação do atual § 1º; II – Redação do atual § 2º; III – Redação do atual § 3º).

E, como *justificativa*, assinalamos que a nova redação terminaria com a celeuma criada na doutrina e jurisprudência a respeito da competência relativa e do procedimento opcional nos Juizados Especiais, encampando a tese dominante dos pretórios e doutrinadores de maior expressão. De outra parte, a simplificação do dispositivo com a eliminação dos quatro incisos coloca também pá de cal nas inúmeras controvérsias formadas a respeito da matéria.

Ademais, o atual rol do art. 3º é meramente exemplificativo, pois todas as demandas até quarenta salários mínimos que não apresentem complexidade probatória (decorrentes de lides menos complexas) e, por isso, prescindem de prova pericial, e desde que o autor opte pelo procedimento sumaríssimo da Lei n. 9.099/1995, enquadram-se perfeitamente no inciso I.

Outra vantagem também diz respeito à definição do valor da causa nos Juizados Especiais, que tanta polêmica tem causado entre os operadores do Direito, pretórios e estudiosos do tema, nada obstante a limitação definida no atual § 3º do art. 3º e nos arts. 15 e 39.

Tendo em vista que o legislador utilizou-se de critério misto (valor limitado e matéria/lide não complexa) para nortear a competência nos Juizados Especiais Cíveis, é de bom alvitre que a questão

---

Todavia, enquanto não modificada a Lei n. 9.099/1995, o valor de 60 salários mínimos definido na Lei dos Juizados Especiais Federais não se aplica ao microssistema em exame. Assim também o Enunciado 87 do Fonaje: "A Lei n. 10.259/2001 não altera o limite de alçada previsto no art. 3º, inciso I, da Lei n. 9.099/1995".

[211] Leia-se "menor complexidade *probatória*" (decorrente de "lide menos complexa"), diante do princípio da oralidade em grau máximo que norteia toda a Lei n. 9.099/1995 (art. 2º c/c art. 35).

polemizada seja bem esclarecida e definida pela nova redação desse dispositivo, de maneira clara, objetiva e precisa.

Frisa-se, *en passant*, que nenhum sistema alienígena que opere com as denominadas "pequenas causas" ou "cortes menores especializadas" permite matéria probatória complexa ou valor elevado ou muito menos ilimitado.

Oxalá corrija-se com a maior brevidade possível o equívoco legislativo, encampando-se, de uma vez por todas, as melhores e dominantes orientações doutrinárias e jurisprudenciais, sob pena de agravar-se paulatinamente o problema da efetividade do processo nos Juizados Especiais, pois, se assim não for, terminar-se-á por atingir as raias do insuportável para o jurisdicionado, culminando com a inviabilidade e falimento do microssistema tão decantado.

Para aprofundamento sobre o tema atinente à *limitação de valor para as matérias enumeradas no inciso II do art. 3º* (= art. 275, II, do CPC/1973), enviamos o leitor interessado ao item n. 1.5, *supra*, destes comentários, assim denominado.

4.5 Da impugnação ao valor da causa

Havendo impugnação ao valor da causa, o procedimento a ser adotado é o preconizado no art. 30 da Lei n. 9.099/1995, ou seja, será oferecida preliminarmente, como matéria de defesa (= exceção processual), na própria contestação (o modelo foi adotado pelo CPC/2015, art. 293).

Em seguida, na própria audiência, manifesta-se o autor sobre todos os articulados da resposta, inclusive sobre a questão relativa ao incidente do valor atribuído à causa. Porém, se o autor não se sentir habilitado a replicar naquele ato os elementos trazidos pelo réu, poderá requerer ao juiz que lhe conceda prazo com esse escopo, o qual entendemos não deva ultrapassar cinco dias (art. 218, *caput*, §§1º e 3º do CPC), em homenagem ao princípio da oralidade.

A regra está colocada no sentido de que tudo se resolva num único ato, posto que estamos diante de um processo eminentemente oral. Todavia, se o autor requerer prazo para se manifestar sobre os documentos e impugnação do réu, nada obsta que o juiz lhe confira esse prazo, porquanto é ele, o próprio postulante, o maior interessado na celeridade do processo à obtenção da tutela jurisdicional do Estado.

4.6 Os princípios da originalidade, obrigatoriedade e definitividade[212]

O *princípio da obrigatoriedade* importa a fixação de um valor certo, em todas as causas, mesmo na hipótese de não apresentarem conteúdo econômico imediato (art. 291 do CPC), devendo constar na petição inicial como um dos requisitos indispensáveis, configurando, por sua vez, outro princípio, *o da originalidade* (arts. 292, *caput*; e 319, V).[213]

A valoração deve ser feita na petição inicial, tendo em vista que é no momento da propositura da demanda que se traduz a realidade do pedido e, se for o caso, devidamente atualizado o *quantum* objeto da pretensão.[214] Essa situação momentânea é que encontra relevo, não importando, de regra, nenhuma modificação superveniente, correspondendo ao *princípio da definitividade*.

Por conseguinte, "é descabido o pedido de majoração do valor da causa em contrarrazões de apelação, prevalecendo o atribuído quando da sua propositura".[215]

---

[212] Para aprofundamento sobre o tema, v. os nossos comentários a respeito da petição inicial (art. 14).

[213] Por sua vez, o CPC italiano não acolhe em sua totalidade o *princípio da obrigatoriedade*, admitindo a hipótese de causas com valor indeterminado (art. 9º, segunda parte, e art. 15, quinta parte).

[214] Já decidiu a 1ª Turma de Recursos de Santa Catarina (Capital) no sentido de que "(...) a competência dos Juizados Especiais, em razão do valor da causa, de acordo com a legislação estadual anterior à Lei n. 9.099/1995, é estabelecida com base no valor atribuído na inicial, e não pelo valor da eventual condenação (...)" (Ap.Civ. 2187, Florianópolis, rel. Juiz Victor José Sebem Ferreira, *DJE* 9.488, p. 28, 28-5-1996).

[215] 1ª T., Ap.Civ. 951081003-9, Campo Grande, rel. Juiz Romero Dias Lopes, j. 26-4-1996.

Sobre a definitividade, escreve Ugo Rocco que, do conceito geral do art. 5º do CPC italiano resulta o fato de que, se no curso da lide vier a variar a demanda ou o valor do objeto demandado, como, por exemplo, quando seguido de variação do preço de mercado ou da moeda ou melhoramento das condições de um fundo ou pelo perecimento da coisa reivindicada, essas variações não apresentam nenhuma influência sobre o valor da causa, com alteração da competência que resta atrelada ao valor inicial da demanda. Quando, porém, com base em modificações posteriores, venha o autor a apresentar requerimentos que produzam ampliação da demanda originária, se superiores à competência do Juiz inicial, este não mais poderá dela conhecer. Em vez disso, quando a demanda venha reduzida, tal dedução não produz a incompetência do juiz inicial da causa.[216]

As causas possessórias, mormente as de manutenção ou de interdito proibitório, podem apresentar alterações posteriores no pedido e na causa de pedir decorrentes de modificações da situação fática, importando uma verdadeira ampliação da demanda originária. Não se trata propriamente de uma modificação do objeto mediato (a posse) ou imediato (a proteção possessória), mas a alteração de sua extensão.

A expansão do *petitum* e da *causa petendi* importará, consequentemente, o aumento do valor da causa, tendo em vista que está relacionada diretamente com o objeto mediato e imediato da ação. Esse particular se constitui numa exceção ao princípio da definitividade.

É possível que o réu, no curso de uma ação de manutenção de posse, por exemplo, pratique ato de esbulho, o que causará a transformação em reintegratória, em que o pedido será ampliado para restituição – recuperação da posse da coisa que saiu da esfera fática do poder do autor.

A admissibilidade da conversão deve ser entendida por meio de interpretação sistemática do art. 554 do CPC, que permite a fungibilidade ou conversibilidade das ações possessórias, com o art. 493 do CPC, que dispõe sobre o conhecimento de ofício ou a requerimento da parte, no momento de proferir a sentença, sobre fatos constitutivos, modificativos ou extintivos do direito, surgidos após a propositura da ação.

Com a modificação, a competência, a princípio, será mantida e o procedimento aplicado será o mesmo, surgindo as implicações da alteração do valor da causa, na esfera recursal e no cálculo das custas judiciais finais. No que tange a este último reflexo (custas judiciais), a diferença deverá ser calculada no final, tomando-se por base o momento da respectiva alteração do valor da causa, levando-se em conta, obviamente, a exceção contida nos arts. 54 e 55 da Lei n. 9.099/1995.

A alteração do pedido e da causa de pedir influenciarão, também, a fixação dos honorários advocatícios, que nas ações possessórias são estipulados nos termos do § 8º do art. 85 do CPC.

Na mesma petição em que o autor comunica ao juiz sobre os fatos supervenientes, requerendo a ampliação da proteção possessória, deverá também estipular o novo valor da causa. Ocorrendo antes da fase contestatória (audiência de instrução e julgamento), terá o réu oportunidade de oferecer impugnação, conforme preceituado no art. 293 do CPC c/c art. 30 da Lei n. 9.099/1995. Sendo posterior à contestação e se a sentença não tiver sido proferida no mesmo ato, o juiz dará ao réu oportunidade para se manifestar a respeito do novo valor.

O que não se pode conceber é a ampliação do *petitum* e da *causa petendi* sem a alteração correspondente do valor da causa.

4.7 O critério legal

A exemplo do Direito italiano, encontramos no art. 292 do CPC: "(...) regras destinadas a aplicar o princípio geral aos casos particulares, com alguns desvios intencionais para facilitar a determinação do valor da causa; outras disposições têm o escopo de estimá-lo ou fixá-lo em modo

---

[216] Rocco, Ugo. *Trattato di diritto processuale civile*. v. 2. Torino: Utet, 1957, cap. IV e V, 1 a 4; *Riprodotti in Novissimo Digesto Italiano*. v. 3. Torino: Utet, 1959, p. 752-753.
Assinalamos que, pela sistemática processual italiana, o valor da causa tem destinação específica de fixação da competência originária *del conciliatore – giudice di pace* (art. 7º), *del pretore* (art. 8º) e *del tribunale* (art. 9º).

aproximativo, com rapidez e simplicidade prescindindo a qualquer preocupação de mensuração rigorosa. O valor determinado com estes critérios sumários ou aproximados não é, naturalmente, sempre exato e por isso tem importância aos efeitos exclusivos de estabelecer a competência, sem influir no mérito (...)".[217]

Os critérios e valores prefixados no art. 292 não permitem maleabilidade na sua aplicação, devendo o *quantum* determinado na inicial pelo autor corresponder harmonicamente à determinação legal respectiva.

O *caput* do mencionado artigo é taxativo e não deixa dúvidas quando dispõe que "o valor da causa constará da petição inicial ou da reconvenção e será (...)" (e não "poderá ser") o elencado nos sete incisos seguintes; o mesmo verificamos no art. 14, § 1º, inciso III, da Lei n. 9.099/1995.

O rol apresentado é exaustivo, e não exemplificativo, não comportando, dessa feita, o enquadramento de qualquer outra causa. Consequentemente, diante de uma lista tão reduzida, abre-se um leque muito grande de hipóteses em que competirá livremente ao autor a estipulação e fixação do valor da causa.

4.8 O princípio da livre valoração

Entre os casos previstos no art. 292 do CPC, não encontramos nenhum inciso orientador, por exemplo, para a valoração das ações possessórias. Nessa questão, o legislador foi extremamente feliz e cauteloso, deixando a cargo do autor a estipulação do respectivo valor da causa, capaz de adequar com maior precisão a situação fática à jurídica, tantas vezes complexas, inçadas de dificuldades e particularidades, cuja previsão legal importaria, certamente, um verdadeiro e inarredável desacerto.

Por outro lado, a *mens legis* e a *mens legislatoris* estão no sentido de permitir o arbítrio do valor da causa mediante a utilização de critérios, e não aleatoriamente e sem nenhum parâmetro, como infelizmente tem-se constatado com alguma frequência nas lides forenses.

Como já afirmamos, no Direito brasileiro a questão assume maior relevância do que no de outros países, por serem várias as implicações que decorrem da estipulação do valor da causa: a fixação da competência originária e recursal; a adequação procedimental; a admissibilidade de prova testemunhal; o pagamento das custas judiciais e, em alguns casos, dos honorários advocatícios;[218] e a imposição de penalidade por litigância de má-fé e por prática de ato atentatório ao exercício da jurisdição.

Considerando que o valor da causa, em regra, é estipulado em moeda nacional, torna-se logicamente muito mais fácil a valoração das causas de conteúdo patrimonial ou econômico do que a das outras de objeto diverso.

---

[217] LIEBMAN, Enrico Tullio. *Manuale di diritto processuale civile*. v. 1. 4. ed. Milano: Giuffrè, 1984, p. 52.

[218] É preciso ressaltar que, em regra, ao contrário do que pensam alguns intérpretes e aplicadores do Direito, o valor da causa não exerce necessariamente influência na fixação dos honorários advocatícios. A exceção residia nas denominadas pequenas causas, em que o art. 53 da Lei n. 7.244/1984 previa tal hipótese, tratando-se, não obstante, de verdadeira atecnia jurídica. Por sua vez, a Lei n. 9.099/1995 não incidiu no mesmo equívoco, dispondo muito bem no art. 55, 2ª parte, da seguinte maneira: "Em segundo grau, o recorrente, vencido, pagará as custas e honorários de advogado, que serão fixados entre dez por cento e vinte por cento do valor de condenação ou, não havendo condenação, do valor corrigido da causa".

Em linhas gerais e principiológicas, a matéria está regulada no art. 85, § 2º, do CPC – o percentual oscilará entre 10% e 20% e será fixado sobre o valor da condenação ou do proveito econômico obtido, e não sobre o valor da causa. Note-se, ainda, que não é sempre que o valor da causa coincide com o valor da condenação, com a causa de pedir ou pedido. Mesmo que essa coincidência se verifique, a boa técnica não indica a condenação com base no valor da causa, salvo nas hipóteses em que não foi possível mensurar o proveito econômico. No caso do § 8º do art. 85, a fixação será consoante apreciação equitativa do juiz, observando-se os preceitos estatuídos nos incisos do § 2º do mesmo dispositivo.

Dispõe a Súmula 14 do STJ: "Arbitrados os honorários advocatícios em percentual sobre o valor da causa, a correção monetária incide a partir do respectivo ajuizamento".

Anotava o revogado Código de 1939, em seu art. 43, de uma forma genérica, que, "se o objeto da ação for benefício patrimonial, o valor da causa será a quantia em dinheiro equivalente a esse benefício", demonstrando, assim, uma relação entre o objeto e o valor da causa, princípio este que tem aplicação ainda na atual sistemática normativa, excluídas as hipóteses de previsão legal.

Para se estabelecer o valor da causa, deve-se considerar o valor econômico do bem sobre o qual recai a demanda, nos limites em que ele é objeto da mesma demanda, ou seja, o *petitum*, tendo presente a *causa petendi*.[219]

O valor da causa deve ser estipulado em termos de correspondência com o objeto da demanda. Em outras palavras, o valor da causa tem pertinência direta e objetiva com o pedido formulado pelo autor, devendo dele se aproximar ou a ele se equiparar tanto quanto possível, a ponto de ser capaz de refletir, por meio de um *quantum* determinado, o respectivo objeto ou proveito econômico perseguido com a ação.

Dessa feita, o valor de uma causa é determinado com base na demanda, vista em si mesma, por intermédio de seu objeto. É o caso, por exemplo, das ações de reintegração de posse, manutenção e interdito proibitório, que devem ser perfeitamente compreendidas dentro de seus princípios fundamentais, partindo-se da análise e adequação da situação de fato para se alcançar a perfeita utilização da Norma Instrumental.[220]

A escolha do autor sobre o tipo de ação adequada para atingir sua pretensão, identificando o remédio judicial correto, já serve como orientador preliminar para a futura estipulação do valor da causa a ser ajuizada.

A descrição dos fatos por meio de articulados da peça inaugural deve espelhar com precisão os contornos delineadores do objeto da demanda, os fundamentos de direito substancial sobre os quais recairá o pedido e as providências requeridas (a tutela jurisdicional do Estado).

Somente após uma profunda análise de todos esses fatores é que o autor tornar-se-á habilitado a estipular o valor da causa, oferecendo ao juiz e ao réu, indiretamente, subsídios satisfatórios para uma conclusão sobre os mecanismos utilizados por ele para a valoração da demanda.

5. COMPETÊNCIA EM RAZÃO DA MATÉRIA. ANÁLISE DO INCISO II DESTE DISPOSITIVO APÓS A VIGÊNCIA DA LEI N. 9.245/1995, QUE INSTITUIU O PROCEDIMENTO SUMÁRIO, E O ADVENTO DO CPC/2015

Em princípio, as causas enumeradas no art. 275, inciso II, do CPC/1973 revestem-se de menor complexidade jurídica e fatual, razão por que, desde 1973, integraram o procedimento comum sumário (primeiramente denominado "sumaríssimo" até o advento da Lei n. 9.245/1995), tanto que o rol exemplificativo foi mantido no art. 1.063 do CPC/2015 para fins de estabelecer as lides de competência dos Juizados Especiais Cíveis.

Todavia, essa assertiva há de ser admitida apenas, como dissemos, em linha principiológica, tendo em vista que algumas das demandas enumeradas no referido dispositivo, não raras vezes, apresentam intrincada relação que, para seu adequado deslinde, passam a exigir a realização de provas periciais mais ou menos complexas.

Preocupado com essa questão que se agravava com o elenco de causas demasiadamente extenso, tal como se afigurava no derrogado inciso II do art. 275,[221] o legislador reduziu sensivelmente aquele rol, por meio da Lei n. 9.245/1995, que instituiu o então denominado *procedimento sumário*.

---

[219] Liebman, Enrico Tullio. *Manuale di diritto processuale civile*. v. 1. 4. ed. Milano: Giuffrè, 1984, p. 51. No mesmo sentido, Chiovenda, Giuseppe. *Istituzioni di diritto processuale civile*. v. 2. Napoli: Jovene, 1934, p. 27.

[220] Sobre o assunto, v. o nosso artigo intitulado O valor da causa nas ações possessórias, *RT*, v. 651/3.

[221] Redação primitiva: "Art. 275. Observar-se-á o procedimento sumaríssimo: (...) II – nas causas, qualquer que seja o valor: a) que versem sobre a posse ou domínio de coisas móveis e de semoventes; b) de arrendamento rural

Em face da redação conferida ao inciso II do art. 3º da Lei dos Juizados Especiais, na qual foi feita apenas alusão às causas *enumeradas no art. 275, II, do CPC/1973*, atrelou-se – em nosso entender inadvertidamente – o elenco das demandas da competência da justiça especializada ao rol das matérias do procedimento comum sumário.[222]

Dessa situação, duas questões surgiram: a primeira respeita à alteração do elenco de matérias dos Juizados Especiais toda vez que se verificar modificação no rol do inciso II do art. 275;[223] a segunda refere-se à incompatibilidade existente em face da complexidade e da diversificação procedimental entre os dois ritos (o sumaríssimo da Lei n. 9.099/1995, e o sumário, do CPC/1973) para demandas de idêntica natureza – essa segunda questão perdeu total importância diante da não recepção do procedimento sumário pelo CPC de 2015; nesses casos, ou a lide tramita sob a égide da Lei n. 9.099/1995 ou, dependendo do valor ou da complexidade da causa, sob a égide do procedimento comum.

Diante do embaraço legislativo, contornou-se o problema com *opção procedimental* (conclusão decorrente da competência relativa – v. itens n. 1.2, 1.3 e 1.4 *supra*) concedida ao autor da demanda em ambos os sistemas (o tradicional do CPC ou o especial dos Juizados), observando sempre as exceções previamente estabelecidas nos arts. 3º, § 2º, e 8º, ambos da Lei n. 9.099/1995, nos quais determinadas ações ficam excluídas dos Juizados (incompetência) em razão da natureza da lide ou qualidade da parte, além das hipóteses de se verificar a complexidade da matéria probatória (incompatível com o microssistema), a necessidade de citação editalícia (art. 18, § 2º) ou a não aceitação do autor em renunciar ao crédito excedente (§ 3º do art. 3º, arts. 15 e 39).

Assim, desde que a demanda não ultrapasse o limite de quarenta salários mínimos ou se o autor renunciar ao crédito excedente (§ 3º) e não se tratar de qualquer uma das hipóteses que acabamos

---

e de parceria agrícola; c) de responsabilidade pelo pagamento de impostos, taxas, contribuições, despesas e administração de prédio em condomínio; d) de ressarcimento por danos em prédio urbano ou rústico; e) de reparação de dano causado em acidente de veículos; f) de eleição de cabecel; g) que tiverem por objeto o cumprimento de leis e posturas municipais quanto à distância entre prédios, plantio de árvores, construção e conservação de tapumes e paredes divisórias; h) oriundas de comissão mercantil, condução e transporte, depósito de mercadorias, gestão de negócios, comodato, mandato e edição; i) de cobrança de quantia devida, a título de retribuição ou indenização, a depositário e leiloeiro; j) do proprietário ou inquilino de um prédio para impedir, sob cominação de multa, que o dono ou inquilino do prédio vizinho faça dela uso nocivo à segurança, sossego ou saúde dos que nele habitam; l) do proprietário do prédio encravado para lhe ser permitida a passagem pelo prédio vizinho, ou para restabelecimento da servidão de caminho, perdida por culpa sua; m) para a cobrança dos honorários dos profissionais liberais, ressalvado o disposto em legislação especial; n) que versem sobre a revogação de doação, fundada na ingratidão do donatário". Esta última alínea teve vida muito efêmera, porquanto foi acrescida pela Lei n. 9.040, de 9-5-1995, publicada no *DOU* de 10-5-1995, p. 6.641, e excluída sete meses depois pela Lei n. 9.245/1995.

[222] Sensível ao problema, a comissão de juristas responsável pelo prosseguimento das reformas do CPC/1973, então liderada pelo saudoso Min. Sálvio de Figueiredo Teixeira, apresentou solução no esboço de anteprojeto de lei, por meio da supressão do disposto no atual inciso II do art. 3º. Em outras palavras, desvinculava-se dos Juizados Especiais o rol das causas enumeradas no art. 275, II, do CPC.

[223] Essa primeira situação já se verificou no passado com o advento da Lei n. 9.245/1995, que, ao reduzir o elenco das causas enumeradas no inciso II do art. 275 do CPC/1973, por vias transversas, acabou também por restringir igualmente aquelas do inciso II do art. 3º da Lei n. 9.099/1995. Novamente, o problema aparece com a edição do Código de Processo Civil de 2015 que, ao extirpar o procedimento sumário, necessitou o legislador excepcionar nas "Disposições Finais e Transitórias", em seu art. 1.062 que "até a edição de lei específica, os juizados especiais cíveis previstos na Lei n. 9.099, de 26 de setembro de 1995, continuam competentes para o processamento e julgamento das causas previstas no art. 275, inciso II, da Lei n. 5.869, de 11 de janeiro de 1973".
Sem razão os defensores da tese de que o antigo rol do art. 275, II, do CPC/1973 continuava em vigor para os fins da Lei n. 9.099/1995, por anteceder a Lei n. 9.245/1995, que instituiu o extinto procedimento sumário e reduziu sensivelmente as demandas então elencadas; defendendo esse entendimento minoritário, v. a opinião de Benedito Calheiros Bomfim (A competência dos Juizados Especiais. *Consulex*, n. 16/40-41, 30 abr. 1998). Ora, se o escopo do legislador, naquela época, foi reduzir o espectro de relações conflituosas enumeradas no art. 275, II, do CPC, por serem de complexidade incompatível com o rito sumário, que se orientava pelo princípio da oralidade em grau médio, o que dizer então da manutenção deste mesmo rol para o procedimento sumaríssimo dos Juizados Especiais, cujo norte é o princípio da oralidade em grau máximo, donde decorre a simplicidade, informalidade, celeridade, economia e concentração?

de mencionar, compete (em termos relativos) aos Juizados Especiais o processo, julgamento e a execução das seguintes causas: "a) de arrendamento rural e de parceria agrícola; b) de cobrança ao condômino de quaisquer quantias devidas ao condomínio; c) de ressarcimento por danos em prédio urbano ou rústico; d) de ressarcimento por danos causados em acidente de veículo de via terrestre; e) de cobrança de seguro, relativamente aos danos causados em acidente de veículo,[224] ressalvados os casos de processo de execução; f) de cobrança de honorários dos profissionais liberais, ressalvado o disposto em legislação especial; g) nos demais casos previstos em lei".

O problemático vínculo criado pelo legislador entre o elenco de causas do então procedimento sumário e as demandas de competência dos Juizados Especiais veio logo à tona, no passado, quando do advento da Lei n. 9.245/1995 (que, na época, instituiu o "novo" procedimento sumário); algumas matérias foram retiradas do aludido rol sob o argumento de serem detentoras de complexidade não compatível com esse rito, enquanto outras, mais complexas, foram inseridas, inexplicavelmente, no art. 3º da Lei n. 9.099/1995, como se dá com a possessória imobiliária.

Em outras palavras, com a Lei n. 9.245/1995 o legislador retirou do elenco das causas que tramitam sob a égide do rito sumário as possessórias que tenham por objeto bens móveis e semoventes; nada obstante, incorporou na competência dos Juizados Especiais as possessórias imobiliárias que, por natureza, são sempre mais complexas em relação àquelas outras.[225]

A maneira de resolver o impasse pareceu-nos ser aplicar interpretação extensiva ao art. 3º, para incluir as ações interditais mobiliárias. Seria ilógico permitir o mais – no caso demanda mais complexa – e não admitir o menos – a possessória menos complexa.

Considerando-se que a Lei n. 9.099/1995 tem natureza especial, sua interpretação deve ser restrita aos casos previamente definidos no art. 3º pelo legislador, excluindo, portanto, as adjudicações compulsórias (Dec.-Lei n. 58/1937, art. 16, *caput*, com a redação da Lei n. 6.014/1973), as discriminatórias (Lei n. 6.383/1976, art. 20), as revisionais de aluguéis (Lei n. 8.245/1991, art. 68, *caput*), as retificações decorrentes de erro de grafia no Registro Civil das pessoas naturais (Lei n. 6.015/1973), usucapião especial (Lei n. 6.969/1981, art. 5º, *caput*),[226] as demandas resultantes de danos pessoais causados por veículos automotores de via terrestre ou por sua carga a pessoas transportadas ou não (Lei n. 6.194/1974, art. 10) ou por danos causados por embarcações ou por sua carga (Lei n. 8.374/1991, art. 12); algumas ações por responsabilidade civil envolvendo aeronaves (revogado Código Brasileiro do Ar, art. 255) e as ações que envolvam representante comercial autônomo e representado (Lei n. 4.886/1965, com as alterações da Lei n. 8.420/1992, art. 39).

Essas demandas que acabamos de mencionar até o advento do CPC/2015 observavam o extinto rito sumário do CPC/1973, pois, nos termos do parágrafo único do art. 1.049, "Na hipótese de lei remeter ao procedimento sumário, será observado o procedimento comum previsto neste Código, com as modificações previstas na própria lei especial, se houver".

Sem dúvida, o legislador poderia ter incluído no rol do art. 3º da Lei n. 9.099/1995, entre outras, as demandas individuais de consumo, as ações locatícias em geral e as revisionais ou declaratórias de nulidade de cláusulas contratuais.[227] Todavia, não excluiu tal possibilidade, desde que, no caso concreto, a ação se enquadre no limite estabelecido no inciso I (quarenta salários mínimos), não seja complexa e as pessoas estejam aptas a demandar nos Juizados.

Em outras palavras, nada obsta a propositura de ações diversas nesses Juizados quando o valor não exceder a quarenta vezes o salário mínimo ou, se o autor renunciar ao crédito excedente, desde

---

[224] Nos termos do Enunciado 107 do Fonaje: "Nos acidentes ocorridos antes da MP 340/06, convertida na Lei nº 11.482/07, o valor devido do seguro obrigatório é de 40 (quarenta) salários mínimos, não sendo possível modificá-lo por Resolução do CNSP e/ou Susep".

[225] Sobre o tema *posse e ações possessórias*, v. os nossos estudos assim intitulados: *Posse e ações possessórias*: fundamentos da posse. v. 1. Curitiba: Juruá, 1994; *Liminares nas ações possessórias*. 2. ed. São Paulo: Revista dos Tribunais, 1999, arts. 1.196-1.224.

[226] V. o nosso comentário à Lei n. 6.969, de 10-12-1981, publicado na *Jurisprudência Catarinense*, v. 35/49-63.

[227] Assim o Enunciado 94 do Fonaje: "É cabível, em Juizados Especiais Cíveis, a propositura de ação de revisão de contrato, inclusive quando o autor pretenda o parcelamento de dívida, observado o valor de alçada".

que a lide não seja complexa e observados os limites estipulados no § 2º do art. 3º e no art. 8º da Lei n. 9.099/1995.[228]

Ademais, além dos Juizados Especiais Cíveis, existe o permissivo legal para os Estados organizarem suas respectivas justiças, no que se inclui a criação de varas especializadas, seja para o processo e julgamento de lides não coletivas, de consumo, de locação em geral (despejo, renovatória, revisional de aluguel, consignação em pagamento etc.), de cobranças, de busca e apreensão fundada em alienação fiduciária ou venda a crédito com reserva de domínio, ressarcitórias, alvarás, de imissão de posse, constitutivas (negativas ou positivas) etc., nos termos do preceituado na Constituição Federal (arts. 24, X e XI; 96, I, *d*; 98, I; e 125, *caput*) e Lei n. 9.099/1995 (art. 93).

6. LOCAÇÃO E AÇÃO DE DESPEJO

Nos contratos de locação regidos pela Lei n. 8.245/1991, entre as modalidades de retomada do imóvel elencadas no art. 47, a ação de despejo que tenha por fundamento fatual e jurídico (causa de pedir próxima e remota) o *uso próprio* é que tramitará sob a égide do rito sumariíssimo, segundo disposição contida no inciso III do art. 3º da Lei n. 9.099/1995; a assertiva apontada refere-se ao rito, e não aos tipos de demanda. Essa afirmação, contudo, não exclui a possibilidade de outras demandas locatícias, de menor complexidade, serem ajuizadas (facultativamente) perante os Juizados Especiais Estaduais, conforme veremos mais adiante.

Porém, havemos de ressaltar, mais uma vez, que as ações de despejo com base em outras fundamentações (v.g. inadimplemento contratual) não ficam excluídas da apreciação e da tramitação pelo prisma da Lei n. 9.099/1995, desde que se enquadrem na limitação de alçada definida no art. 3º, inciso I. Aliás, como dissemos alhures, esse inciso traz em seu bojo alcance enorme e deve ser interpretado extensivamente, observando-se, todavia, as restrições estabelecidas no art. 3º, § 2º, e no art. 8º, *caput* e § 1º. Outra não é a interpretação sistemática que se pode colher do art. 98, I, da Constituição Federal, em perfeita sintonia com o art. 80 da Lei das Locações[229] e art. 3º da Lei n. 9.099/1995.[230]

---

[228] Esse é também o entendimento de Demócrito Ramos Reinaldo Filho, em interessante estudo publicado acima referido, do qual se extrai o seguinte excerto: "Em conclusão, temos que até que sobrevenha lei mandando aplicar o rito sumariíssimo a todas as causas envolvendo relações de consumo (o que nos parece ser medida prejudicial, como já demonstrado), a competência dos Juizados Especiais em relação a causas dessa natureza permanece limitada pelo critério de valor. Não custa lembrar, no entanto, que ao legislador estadual fica assegurada a possibilidade de permitir a abertura dos Juizados Especiais, só para fins de conciliação, às lides de consumo de valor superior ao de alçada, como faculta o art. 58 da Lei n. 9.099/1995.

"Mesmo com a competência delimitada pelo valor, o Juizado Especial Cível não perde o papel de importante instrumento na defesa do consumidor. Desde que o valor da causa observe o patamar de 40 salários mínimos, para diversas hipóteses fica garantida a proteção judiciária do consumidor, através da atuação do Juizado Especial, a exemplo de cobrança pecuniária, quando sofrer perdas e danos imputáveis ao fornecedor, ou postular a restituição de quantia paga, reembolsos ou abatimentos. Mas não só pedido de sentença condenatória em dinheiro pode ser formulado pelo consumidor, porquanto sua pretensão poderá ter por objeto a posse de coisa móvel certa ou o cumprimento de obrigação de fazer, a cargo do fabricante ou do fornecedor de bens e serviços consumidos" (Lei 9.099/95 – Juizados Especiais. *Boletim Informativo Juruá*, n. 110/1203, abr. 1996).

No mesmo diapasão v. Tourinho, Ruy. A nova Lei dos Juizados Especiais: avanços e recuos. *Folha de S.Paulo*, 9-12-1995.

Sem razão, em sentido contrário, v. Beneti, Sidnei; Andrighi, Fátima Nancy. *Juizados Especiais Cíveis e Criminais*. Belo Horizonte: Del Rey, 1996.

[229] Art. 80 da Lei n. 8.245/1991: "Para fins do inciso I do art. 98 da Constituição Federal, as ações de despejo poderão ser consideradas como causas cíveis de menor complexidade".

De fato, basta que a lide apresentada à justiça especial esteja limitada a quarenta salários mínimos e não apresente complexidade que exija a produção de prova pericial e o autor poderá optar pela referida justiça e, consequentemente, pelo rito sumaríssimo da Lei n. 9.099/1995.

[230] Em sentido contrário, e sem razão, o Enunciado 4 do Fonaje: "Nos Juizados Especiais só se admite a ação de despejo prevista no art. 47, III, da Lei n. 8.245/1991".

Em regra, as ações locatícias não são complexas, razão pela qual se o valor da causa não ultrapassar quarenta salários mínimos, nada obsta que o autor faça uso da justiça especializada, mesmo que a demanda não se funde em retomada para uso próprio. O que se faz mister é a observância do rito definido na Lei n. 9.099/1995.

A ação de despejo – que não passa de uma demanda cognitiva recuperatória de natureza executiva *lato sensu* –, assim como tantas outras ações que possuem procedimento especial definidos no CPC (v.g. possessórias de força nova) ou em leis extravagantes, poderá ser aforada perante o Juizado Especial, desde que o autor, obviamente, imprima ao processo o rito sumaríssimo da Lei n. 9.099/1995.

O que o sistema não admite, porquanto incompatível, é a aplicação no Juizado Especial de um procedimento especial, ressalvadas algumas hipóteses excepcionalíssimas (v.g. embargos de terceiro, ações cautelares). Para um aprofundamento sobre esses temas, remetemos o leitor interessado aos nossos comentários, item n. 1.9 e 4.3 (*supra*), deste art. 3º.

Por outro lado, a expressão utilizada pelo legislador – *para uso próprio* – deve ser interpretada em sintonia não apenas com a primeira parte do inciso III do art. 47 da Lei das Locações, mas em toda a sua extensão, ou seja, em proveito do autor ou de seu "cônjuge ou companheiro, ou para uso residencial de ascendente ou descendente que não disponha, assim como seu cônjuge ou companheiro, de imóvel residencial próprio" (inciso III).[231]

Nesse particular, duas distinções devem ser feitas em relação ao inciso III, que dá azo ao pedido de despejo; a primeira diz respeito ao *uso próprio*, que significa "qualquer emprego desejado pelo locador, pelo cônjuge e pelo companheiro. Se o beneficiário já ocupa imóvel próprio com idêntica finalidade e situado no mesmo local – requisitos cumulativos –, torna-se mister provar a necessidade, bem como, se residindo o locador em prédio alheio, já houver retomado o imóvel anteriormente (art. 57, § 1º, *a*). Fora desse caso, vigora a conhecida presunção de sinceridade que não elimina, porém, o ônus de o locador provar os fatos constitutivos do pedido, como a condição de proprietário (art. 47, § 2º)".[232] A segunda refere-se à *denúncia com fundamento em uso residencial* para ascendente ou descendente, cônjuge ou companheiro, desde que não disponham de imóvel próprio. Aqui, entenda-se a expressão como "(...) imóvel desocupado. Se o beneficiário – não, porém, seu cônjuge ou companheiro – residir em imóvel próprio, urge apenas a prova da necessidade (art. 47, § 1º, *b*). Fora daí, opera-se a presunção de sinceridade, implícita quando a lei impõe ao autor da demanda despejatória ônus que, segundo as regras usuais (art. 373, I, do CPC), naturalmente lhe tocaria".[233]

Nesse caso, a escolha pelo novo rito independe do valor da causa, inclusive se superior a quarenta salários mínimos (v. item 1.5, *supra*), porquanto nesse tipo de demanda não se pleiteia algum crédito, não importando assim qualquer tipo de renúncia.

Por conseguinte, em sede de Juizados Especiais, não é possível a obtenção de liminar antecipatória, nos moldes do § 1º do art. 59 da Lei de Locações. Nada obsta, porém, que o autor obtenha a antecipação da tutela com base no art. 300 do CPC; caso escolha o rito especial da Lei n. 8.245/1991, o processo tramitará em vara cível comum.

---

[231] Acompanhando nosso entendimento, a Conclusão n. 35, tomada por unanimidade pelos Desembargadores membros da Seção Civil do TJSC, *in verbis*: "A ação de despejo para uso próprio compreende as para uso de ascendente ou descendente. Não estão compreendidas na competência do Juizado Especial as ações renovatória, consignatória e revisional".
Em sentido contrário, v. Barros, Francisco Carlos Rocha de. Locação predial urbana. Competência dos Juizados Especiais (trabalho apresentado ao Centro de Estudos do Segundo Tribunal de Alçada Cível de São Paulo), 1996, p. 1-4.

[232] Assis, Araken de. *Ação de despejo*. Porto Alegre: Sérgio A. Fabris, 1992, p. 34.

[233] Assinala ainda o citado professor que, "Em princípio, 'ascendente' e 'descendente' denotam conceitos determinados na técnica jurídica e, por isso, o dispositivo abrange, na linha reta, respectivamente pais, avós e bisavós; filhos, netos e bisnetos. Todavia, a jurisprudência abriu exceções à rigidez da enumeração, e admitiu a retomada beneficiando a sogra e o enteado. Essa orientação parece consentânea com os objetivos da Lei das Locações" (Assis, Araken de. *Ação de despejo*. Porto Alegre: Sérgio A. Fabris, 1992, p. 34).

Pelo mesmo fundamento, isto é, por se tratar de um microssistema que se rege por normas próprias, feita essa opção, não se aplica o procedimento diferenciado ao autor e, por conseguinte, não se concede ao inquilino os benefícios da Lei de Locações, seja do prazo de seis meses para desocupação, nas hipóteses em que o réu manifestar na contestação a concordância com o pedido (art. 61), ou, ainda, período de tempo a ser assinado pelo juiz para liberação voluntária do imóvel (art. 63 c/c art. 65). Todavia, em face do caráter eminentemente social que envolve as ações locativas, ao proferir sentença, deverá o juiz conceder um prazo razoável para a desocupação do imóvel.

Não se pode esquecer que o legislador fez questão de reprisar na Lei n. 9.099/1995 a orientação firmada no art. 5º da Lei de Introdução às Normas do Direito Brasileiro, além de enfatizar para o julgador a preocupação que deve ter na aplicação do Direito ao caso concreto em adotar a *decisão que reputar mais justa e equânime* (art. 6º).[234] A concessão de prazo ao inquilino para a desocupação do imóvel é medida de absoluta justiça e que se impõe, principalmente no regime dos Juizados Especiais.

Lembramos que em passado não muito distante – foi pelo disposto no art. 352 do CPC de 1939,[235] que se mitigou a execução da sentença de desocupação – as ações de despejo eram efetivadas de forma imediata e violenta, se necessário fosse, tendo sofrido duras críticas da doutrina. A esse respeito, Francisco Carlos Rocha de Barros registra o desabafo de Pontes de Miranda, que, na época, aplaudia a referida inovação trazida pelo revogado Código: "O Código refletiu a consciência do povo em suprir a violenta execução imediata do despejo; e está claro, no § 2º, que adotou a regra de se removerem para depósito os móveis encontrados, acabando com o 'lançar fora', tão impróprio de povo civilizado. A adoção da notificação para a execução do despejo mostra que o legislador merece louvores, aqui e ali, por sua boa intenção. Há *missio in possessionem*, sem a barbárie do 'lançar fora'".[236]

7. AÇÕES POSSESSÓRIAS

7.1 Aspectos processuais e procedimentais relativos às demandas interditais imobiliárias e mobiliárias sob o prisma da Lei n. 9.099/1995

Não excedendo o valor da causa possessória a quarenta salários mínimos, o rito a ser aplicado ao feito é justamente o estatuído nesta Lei, se o autor não optou pelo procedimento especial regido pelo Código de Processo Civil, que, entre outras vantagens, oferece-lhe a possibilidade jurídica de obtenção de tutela diferenciada liminar de natureza puramente interdital.

Assim, igualmente como ocorre com a ação de despejo (v. item 6, *supra*), mesmo quando a espécie versar sobre demanda interdital especial (moléstia praticada a menos de ano e dia – art.

---

[234] Contrariamente, Araken de Assis, que entende se faça a execução das ações de despejo para uso próprio nos Juizados Especiais independentemente da notificação prevista no art. 65, *caput*, da Lei n. 8.245/1991. Para ele, "(...) o alugador, vencido na demanda, será instado a cumprir a sentença tão logo ocorra seu trânsito em julgado (art. 52, IV, da Lei n. 9.099/1995), mediante singelíssima evacuação do prédio, com emprego de força, se necessária, inclusive de arrombamento" (*Execução civil nos Juizados Especiais*. São Paulo: Revista dos Tribunais, 1996, p. 32, n. 2.3.2).
Parece-nos, com a devida vênia, excessivamente radical essa postura, sobretudo por não atender os princípios norteadores dos Juizados Especiais Cíveis.

[235] Dispunha o citado artigo: "A execução da sentença que decretar o despejo far-se-á por notificação ao réu, e, quando presentes, às pessoas que habitem o prédio, para que o desocupem no prazo de dez (10) dias, sob pena de despejo. § 1º Findo o prazo, o prédio será despejado por dois oficiais de justiça, com o emprego de força, inclusive arrombamento. § 2º Os oficiais entregarão os móveis à guarda de depositário judicial, se os não quiser retirar o despejado".

[236] Barros, Francisco Carlos Rocha de. *Comentários à Lei do Inquilinato*. São Paulo: Saraiva, 1995, p. 392-393, n. 1.
Ressalta ainda Barros em seus alentados *Comentários* a lição de Luiz Antônio de Andrade e J. J. Marques Filho, ao escreverem sobre o § 3º do art. 15 da Lei n. 1.300/1950: "A sentença que decretava o despejo era, no regime anterior ao Código de Processo Civil, executada imediatamente sem dar ao inquilino qualquer prazo para desocupar o imóvel. Era um sistema de insólita e desnecessária violência (*Locação predial urbana*, São Paulo, Max Limonad, 1956, t. 2, p. 608)" (idem, p. 393).

558 do CPC c/c art. 1.211 do CC),[237] não há que falar, em princípio, em concessão de tutela liminar antecipatória,[238] quando o autor optar pelo rito sumaríssimo da Lei n. 9.099/1995, salvo se, em caráter excepcional, estiverem provados os requisitos dos arts. 300, *caput* e 311, *caput*, ambos do CPC, sem que haja confusão com aqueles.

Significa dizer que, independentemente do valor da causa, as demandas interditais que almejem o procedimento especial (CPC) não tramitarão na justiça especializada, mas, sim, nas varas cíveis de competência comum.

Tendo em vista que o procedimento do Juizado Especial já é por si só bastante célere, não se pode admitir a primeira fase procedimental particularizada, sobretudo quando se fizer mister a designação de audiência de justificação. Como já dissemos alhures, a opção pelo rito simplificado dos Juizados importa também renúncia a qualquer outro tipo de procedimento especial, não sendo possível mesclar-se um rito sumaríssimo com outro qualquer.

Mas se o possuidor turbado ou esbulhado comprovar alguma das hipóteses de obtenção de tutela de urgência ou de evidência (art. 294, CPC), ao menos *em tese* é admissível sua concessão. Essa questão, que se reveste de extrema complexidade, requer uma análise bem mais aprofundada, transcendendo, por certo, os limites deste nosso estudo a respeito dos Juizados Especiais. Talvez uma das possíveis exceções à regra venha a ser a hipótese em que o possuidor esbulhado ajuíza em tempo hábil a ação interdital de força nova e não consegue obter êxito em demonstrar que a moléstia ocorreu dentro do prazo de ano e dia, em que pese o manifesto perigo de dano irreparável ou de difícil reparação; nesse caso, como o requisito faltante não se confunde com o mérito possessório, e havendo elemento probatório produzido em cognição sumária capaz de ensejar no magistrado um juízo de verossimilhança, parece-nos que a incidência do art. 300, *caput*, do CPC se torna admissível.

De outra parte, se a hipótese versar sobre fato novo verificado após o ajuizamento de demanda interdital proposta quando já decorrido o prazo de ano e dia (CPC, art. 558), suficientemente hábil a agasalhar a formulação de tutela possessória urgente, tem aplicação não o art. 300, mas, sim, o art. 560 c/c o art. 493, ambos do CPC, adequando-se a pretensão e o próprio instrumento à superveniência de causa independente.

Outra questão ainda merece ser levantada: se, em ação interdital de rito especial (portanto ajuizada no prazo adequado de ano e dia), o pedido de liminar possessória vier a ser negado por falta de prova da posse ou da moléstia à posse, poderá o autor, no decorrer do processo, após o oferecimento da resposta ou em razão do comportamento processual do réu, formular novo requerimento de antecipação da tutela, desta feita baseado no art. 311, I, do CPC, ou seja, em face da caracterização do abuso de direito de defesa ou do manifesto propósito protelatório do sujeito passivo da demanda?

Nesse caso, parece-nos que a resposta é negativa, porquanto não basta somente a comprovação do requisito assinalado no inciso I do art. 311, fazendo-se imprescindível também a existência de prova inequívoca do alegado na peça inicial, capaz de formar no julgador um juízo de verossimilhança, nos termos do estatuído no *caput* do mesmo dispositivo; estamos, portanto, diante da necessária conjugação de elementos sem os quais a tutela não pode ser antecipada. Como já afirmamos alhures, as tutelas jurisdicionais sumárias diferenciadas interinas indicadas no art. 294 do CPC não se destinam em hipótese alguma a suprir as falhas ou omissões resultantes da inércia do interessado na utilização dos mecanismos especiais colocados à sua disposição. Nesse caso, a *mens legis* deve ser

---

[237] Sobre o assunto, v. FIGUEIRA JR., Joel Dias. *Posse e ações possessórias:* fundamentos da posse. v. 1. Curitiba: Juruá, 1994. V. também o nosso entendimento sobre a supressão do prazo de ano e dia do novo CC e suas consequências em sede de concessão de liminar interdital, ao comentarmos o art. 1.211 do CC/2002 (FIGUEIRA JR., Joel Dias et al. [coord. Regina Beatriz Tavares da Silva]. *Código Civil comentado*).

[238] V. também Figueira Jr., Joel Dias. *Liminares nas ações possessórias*. 2. ed. São Paulo: Revista dos Tribunais, 1999.

interpretada no sentido de que a sua aplicabilidade pressupõe não só o preenchimento dos requisitos específicos, mas também a sua perfeita harmonização com o sistema instrumental, o qual exige a observância da regência dos procedimentos especiais pelas disposições que lhe são próprias, cujas normas orientadoras do rito comum são apenas subsidiárias.

Havendo previsão normativa de procedimentalidade especial – como se verifica, por exemplo, no caso das possessórias ou das ações de despejo –, não se pode negar a dificuldade fática de, *in concreto*, vir à tona circunstâncias que justifiquem a concessão de tutela de urgência ou evidência, quando os mecanismos apropriados deixaram de ser utilizados em tempo oportuno, dando azo à preclusão para a obtenção da tutela de urgência.

Em outros termos, as tutelas provisórias buscam solucionar questões atinentes à efetividade do processo, com a satisfação ou tutela acautelatória em tempo razoável, e não conflitam com os mecanismos de tutelas antecipatórias específicas previstos no próprio Código ou em leis extravagantes. Por isso, sua aplicação exige do intérprete extrema cautela e amplo conhecimento do sistema instrumental civil.

A respeito da *matéria procedimental*, é bem verdade que, em face do princípio da informalidade do instrumento que norteia todo o processo dos Juizados, não se admite um ritualismo ou uma rigidez extrema na aplicação do novo sumaríssimo insculpido na Lei n. 9.099/1995, devendo o magistrado buscar, sempre que se fizer necessário, a adequação procedimental à tutela do direito material perseguida pelo autor. Contudo, em nosso entender, essa maleabilidade cinge-se aos casos em que o sistema processual civil não preveja ritos diferenciados, o que não se verifica com as ações possessórias, tendo em vista que o CPC dedicou inteiramente a essas demandas o Capítulo V, Título I, do seu Livro IV.

No tocante à participação do cônjuge do autor ou do réu nas ações interditais, somente é indispensável nos casos de composse ou de ato por ambos praticado (CPC, art. 73, § 2º).

7.2 Das ações possessórias imobiliárias e mobiliárias[239]

Já assinalamos anteriormente (v. item n. 5, *supra*) a questão do problemático vínculo entre o elenco de causas definido no art. 3º da Lei n. 9.099/1995 com o inciso II do art. 275 do CPC/1973. Uma das questões emergentes reside na circunstância de que, após o advento da Lei n. 9.245, de 26-12-1995, a qual instituiu o procedimento sumário, as demandas interditais que tivessem por objeto bens móveis e semoventes foram suprimidas daquele elenco de causas.

Disso resultou a incoerência no sentido de que as mobiliárias interditais foram suprimidas do rito sumário por apresentarem certa complexidade, enquanto as imobiliárias, curiosamente, foram inseridas no procedimento sumaríssimo, que é por natureza muito mais simplificado em relação àquele e orientado pelo princípio da oralidade em grau máximo.

Na verdade, as ações mobiliárias interditais não aparecem na Lei n. 9.099/1995, nem mesmo nas previsões insculpidas para o antigo procedimento sumário (Lei n. 9.245/1995).

A única forma que encontramos para resolver o impasse foi interpretar extensivamente o inciso IV do art. 3º a fim de incluir as ações interditais mobiliárias. Seria ilógico, como já dissemos, permitir o mais – no caso, a demanda possessória imobiliária mais complexa – e não admitir o menos – a possessória menos complexa.

---

[239] Para um estudo a respeito do tema possessório no Direito pátrio, v. FIGUEIRA JR., Joel Dias. *Posse e ações possessórias: fundamentos da posse*. v. 1. Curitiba: Juruá, 1994; *Código Civil comentado* (coord. Regina Beatriz Tavares da Silva), arts. 1.196-1.124, e *Liminares nas ações possessórias*. 2. ed. São Paulo: Revista dos Tribunais, 1999.
Entre outros autores, v. também MIRANDA, Pontes de. *Tratado de direito privado. Parte especial*. t. X. 4. ed. São Paulo: Revista dos Tribunais, 1983; ALVES, José Carlos Moreira. *Posse:* evolução histórica. v. 1. Rio de Janeiro: Forense, 1985; *Posse:* estudo dogmático. v. 2. t. I. Rio de Janeiro: Forense, 1991; FULGÊNCIO, Tito. *Da posse e das ações possessórias*. Rio de Janeiro: Forense, 1980.

7.3 Das ações de imissão de posse e reivindicatória[240]

O art. 3º da Lei n. 9.099/1995 é omisso a respeito das ações reais, notadamente as chamadas ações de *imissão de posse* e *reivindicatória*, que não se revestem de natureza interdital e, portanto, não se enquadram no inciso IV deste dispositivo.

Conforme já tivemos oportunidade de escrever alhures, em linha de princípio, desde que a demanda não se afigure com complexidade probatória incompatível com o microssistema (em face da lide pendente) e o seu valor não ultrapasse a alçada de quarenta salários e, ainda, não se enquadre nas hipóteses mencionadas no § 2º do art. 3º ou no § 1º do art. 8º, inexiste qualquer óbice para sua propositura perante os Juizados Especiais, observando-se sempre o rito sumaríssimo ali definido.

Assim sendo, nada obsta a propositura, por exemplo, das ações de imissão de posse ou reivindicatória, desde que as lides no caso concreto sejam compatíveis com os requisitos da Lei n. 9.099/1995, isto é, o valor e a complexidade probatória.

Em linhas gerais, poderíamos dizer que as *ações de imissão de posse*[241] são demandas reais, de natureza executiva *lato sensu*, em que o novo titular do domínio ou propriedade objetiva a tutela jurisdicional do Estado à concessão de autorização a imitir-se na posse do bem adquirido acompanhada de ordem de desocupação ou busca e apreensão.

Diga-se, ainda, brevemente, que essa demanda, apesar de não ter sido recepcionada expressamente pelo Código de 1973, em momento algum deixou de existir no plano jurídico, tendo-se sempre presente a ideia de que o *habitat* natural das ações é o *direito material*, no qual se funda a pretensão à tutela estatal – no caso vertente, o antigo art. 524 do CC/1916 e o art. 1.228, *caput*, do CC.

Por sua vez, a *ação reivindicatória*,[242] que também encontra sustentação do mesmo dispositivo do CC, funda-se no título de propriedade e na circunstância fatual de poder preexistente e na perda posterior, donde exsurge a pretensão *recuperatória* de um bem da vida suscetível de propriedade. Em outras palavras, a perda antecedente dos poderes reais sobre o bem por parte do seu titular sempre será um pressuposto inarredável de qualquer ação de *recuperação*.

---

[240] Verifica-se que as denominadas ações *vindicatórias da posse* (ou *reivindicatórias da posse*) fundadas no art. 521 do CC/1916 foram suprimidas (injustificadamente) do atual CC, quando deveriam ter sido apenas deslocadas do Capítulo IV "Da perda da posse", em que se encontravam, passando a integrar o Capítulo III, "Dos efeitos da posse", por ser o seu *habitat* natural, mantendo-se, assim, a coerência do sistema. Por isso, afigura-se de boa técnica a inclusão da previsão normativa da demanda apontada, para que dúvidas futuramente não pairem, a fim de autorizar o possuidor a proteção interdital, sem ter de recorrer à demanda puramente real (reivindicatória), visto que essa ação (vindicatória) pode ser dirigida contra terceiros com justo título e boa-fé, o que é juridicamente impossível com as ações de reintegração de posse (art. 1.212). Ademais, a vindicatória da posse, quando ajuizada no prazo de ano e dia, torna-se muito mais vantajosa em termos práticos se comparada com a ação reivindicatória (ação real típica ou pura), justamente por se tratar de demanda sumária (com limitação cognitiva probatória, ancorando-se a pretensão no *ius possessionis*, em que pese a sua natureza eclética ou mista), acrescentando-se a facilidade de utilização do rito especial do CPC, que permite a obtenção de tutela liminar interdital, cujos requisitos são bem mais simplificados e não se confundem com aqueles delineados como tutela provisória (de urgência ou da evidência) do mesmo Diploma Instrumental.

Pelas razões expostas, no que concerne a vindicatória da posse, oferecemos ao saudoso Deputado Fiuza a seguinte sugestão, que passou a integrar o Projeto de Lei n. 6.960/2002 (atual PL 699/2011), art. 1º. Considerando que o novo CC absorveu a teoria da propriedade aparente e encontra-se entremeado pelo princípio da boa-fé, sugerimos também ao então Deputado, emenda complementar a redação constante do Projeto, a ser incluída por ocasião de sua votação, para excepcionar as hipóteses definidas no art. 1.268, *caput*. A ressalva sugerida para emenda de complementação, encontra-se assinalada no texto seguinte do Projeto, em *itálico*.

"Art. 1.210. § 2º Se a coisa móvel ou título ao portador houverem sido furtados ou perdidos, o possuidor poderá reavê-los da pessoa que o detiver, ressalvado a esta o direito de regresso contra quem lhos transferiu. Sendo o objeto comprado em leilão público, feira ou mercado, o dono, que pretender a restituição, é obrigado a pagar ao possuidor o preço por que o comprou, *excetuadas as circunstâncias aludidas no art. 1.268*" (cf. Figueira Jr., Joel Dias. *Código Civil comentado* [coord. Regina Beatriz Tavares da Silva]. 10. ed. São Paulo: Saraiva, 2016, art. 1.210).

[241] Sobre o tema, v. Silva, Ovídio A. Baptista da. *Ação de imissão de posse*. 2. ed. São Paulo: Revista dos Tribunais, 1997; Pietroski, Tercílio. *A ação de imissão de posse*. 3. ed. Rio de Janeiro: Forense, 1992.

[242] Além das obras referidas em nota de rodapé precedente, v. também Letteriello, Rêmolo; Haendchen, Paulo Tadeu. *Ação reivindicatória*. 5. ed. São Paulo: Saraiva, 1997; *Código Civil comentado* (coord. Regina Beatriz Tavares da Silva). 10. ed. São Paulo: Saraiva, 2016, arts. 1.228 e s.

Significa dizer que todo aquele que *vindica* (*vindicatio* de origem romana clássica) não *reivindica*, pois *reivindicar* significa *reaver*, ou seja, pretensão à recuperação de um bem da vida.

8. O VALOR DA CAUSA NAS AÇÕES POSSESSÓRIAS

O princípio da livre estimativa tem lugar todas as vezes que não incida o art. 292 do CPC, competindo ao autor a estimativa e a atribuição do respectivo valor da causa.

Não obstante a liberdade concedida pelo legislador ao postulante, as causas possessórias, não raras vezes, passam a receber valores indiscriminados, sem nenhum parâmetro ou critério.

8.1 Os diversos critérios de fixação do valor da causa possessória

Em face da ausência de norma orientadora para a estipulação dos valores das causas possessórias, a jurisprudência e a doutrina passaram a estabelecer alguns critérios norteadores.

Algumas orientações predominantes são destacadas por THEOTONIO NEGRÃO nos seguintes termos: *1º)* deve ser menor que o valor fiscal do imóvel;[243] *2º)* igual ao valor fiscal;[244] *3º)* se a ação é cumulada com pedido de rescisão contratual, o valor da causa deve ser o do contrato;[245] *4º)* o valor da causa possessória é o do proveito econômico perseguido pelo autor,[246] apontando esta última como sendo a mais adequada.[247]

Na doutrina, o entendimento também não é pacífico. Ao analisar o art. 259, inciso VII, do CPC/1973 preleciona MONIZ DE ARAGÃO que "(...) na ausência de estimativa oficial do bem, caberá ao autor fixar o valor da causa, tomando em consideração o objeto da demanda (...)".[248] Sobre o mesmo dispositivo, escreve PONTES DE MIRANDA que, diante da omissão legislativa, à ação possessória imobiliária ou à de vindicação da posse caberá ao autor atribuir valor certo, nos termos do art. 291.[249]

Por sua vez, GUIDO ARZUA restringe-se a dizer que o Código é omisso e que as lições pretorianas apresentadas sob a égide do Código de 1939 não devem ser olvidadas.[250]

Escreve JOÃO BATISTA MONTEIRO que, não especificando o art. 259 (atual art. 292 do CPC) o valor a ser fixado às ações possessórias (em particular à ação de reintegração), "pela aplicação dos princípios que regem a analogia, deve recorrer-se, no caso, à regra do inciso VII, que se refere à ação de reivindicação. O seu âmbito é semelhante ao da ação de reintegração, já que ambas visam à posse da coisa. O valor da causa será, então, a estimativa oficial para o lançamento do imposto.

"Tendo em vista que, na ação de reintegração, haverá, normalmente, cumulação de pedidos, deve observar-se, ainda, a regra contida no inciso II do mesmo artigo".[251]

---

[243] Cf. *TJSP – RT*, v. 479/95; *JTACivSP*, v. 40/194, v. 89/172 – um terço da estimativa oficial.
[244] Cf. *RT*, v. 666/108; *RF*, v. 269/211; *JTACivSP*, v. 116/155; *Bol. AASP* 1.043/238 (em interdito proibitório).
[245] Cf. *RT* 500/94.
[246] Cf. *RJTJSP*, v. 64/205; *JTACivSP*, v. 97/11; *JTAERGS*, v. 91/212.
[247] NEGRÃO, Theotonio. *Código de Processo Civil e legislação processual em vigor*. p. 210-211, 1993 e 1999.
[248] ARAGÃO, Egas Dirceu Moniz de. *Comentários ao Código de Processo Civil*, v. 2. Rio de Janeiro: Forense, 1979, p. 421.
Assinala em sua nota 28-a que o Tribunal de Justiça de São Paulo adotou o critério da "estimativa oficial para lançamento do imposto" (*RT* 479/95), embora, já tenha considerado anteriormente apenas a metade do valor do bem (*RT* 190/771, 229/202), como preconizavam as Ordenações (Manuelinas, L. III, T. 77, § 9º; Filipinas, L. III, T. 70, § 10). Escreve ainda que "a norma fora consolidada por Ribas (art. 1.534, § 2º), e também acolhida pelo Tribunal do Rio Grande do Sul (*Rev. Jur.*, 71/116)" (ob. cit., p. 420).
[249] MIRANDA, Francisco Cavalcante Pontes de. *Comentários ao Código de Processo Civil*. t. III. Rio de Janeiro: Forense, 1979, p. 529.
[250] ARZUA, Guido. *Posse: o direito e o processo*. São Paulo: Revista dos Tribunais, 1978, p. 146-148.
[251] MONTEIRO, João Batista. *Ação de reintegração de posse*. São Paulo: Revista dos Tribunais, 1987, p. 180.
Em nota de rodapé n. 283, assinala também que a jurisprudência é vacilante na matéria e cita alguns julgados em que foram utilizados critérios diversos.

Francisco Fernandes de Araújo, por entender que o valor das ações possessórias deve ser inferior ao das reivindicatórias, utiliza-se da interpretação analógica para fazer um confronto entre o instituto da posse e o do usufruto. Baseado na Lei n. 9.591, de 30-12-1966,[252] do Estado de São Paulo, que trata do "imposto sobre a transmissão de bens imóveis e de direitos a eles relativos", escreve que, "(...) se de um lado o usufruto compreende somente um terço (1/3) da totalidade do valor do imóvel, porque não representa todos os poderes inerentes à propriedade, assim também, de outra parte, acontece a mesma coisa em relação à posse, que, por sua vez, igualmente não abrange nem representa todos aqueles poderes relativos ao domínio (...)".[253]

Mais preciso é Clito Fornaciari Jr. ao afirmar que, "à primeira vista, poderia pensar-se em aplicar para a fixação do valor da causa nas ações a regra do inciso VII do art. 259 do CPC (...) [art. 292, CPC/2015].

"(...) Porém, não se pode olvidar que a posse representa apenas um ou alguns dos poderes inerentes ao domínio ou propriedade (CC [1916], art. 485), não justificando, deste modo, a utilização para a posse do valor fixado para o domínio pleno".

Baseado em alguns julgados do extinto Tribunal de Alçada Civil de São Paulo, escreve que "assim, parece mais apropriado, ou se destacar uma parcela do valor da propriedade plena para atribuí-lo à posse isolada, ou, então, conferir-se, em cada caso concreto, um valor fixado, especificamente para tanto, levando-se em conta o benefício patrimonial discutido na causa, que sempre é o norte seguro na determinação deste requisito da petição inicial", conforme já decidiu o Tribunal de Justiça de São Paulo.[254]

Segundo Antônio Janyr Dall'Agnol Jr., deve "(...) ser considerado não apenas o valor do bem, mas o conteúdo econômico da privação da posse, ou seja, levam-se em conta também os prejuízos reclamados em função do esbulho, da turbação e até da ameaça".[255]

8.2 O critério baseado no valor de lançamento do imposto

Ao nosso sentir, esse critério sempre foi inadequado, seja para valorar as causas então elencadas no art. 259, inciso VII, do revogado Código de 1973 (ações reivindicatórias, divisórias e demarcatórias) e, com maior razão, para definir o valor das causas possessórias, pois não refletia o objeto da demanda e o respectivo pedido.

Ademais, alguns imóveis não são passíveis de tributação (como, por exemplo, os bens públicos) – o que não os impede de ser objeto de posse – ou, ainda, que o imóvel particular objeto da ação não tenha sido lançado ou cadastrado; existe ainda a possibilidade de alteração de critérios fiscais previstos no CTN, deixando o valor do bem objeto da estimativa de servir de base para o cálculo de lançamento do imposto.[256]

Não se pode esquecer também da dissintonia que comumente se constata entre o valor real de mercado do imóvel e o valor declarado para fins de lançamento, o que demonstra o desacerto do uso desse critério para valorar as demandas judiciais.

Em sede de demanda interdital, convém frisar que, de acordo com a sistemática adotada pelo Código Civil, a posse assume posição inferior em relação à propriedade, por corresponder à

---

[252] A mencionada norma foi revogada pela Lei estadual n. 10.705, de 28-12-2000.
[253] Araújo, Francisco Fernandes de. Justitia. *Revista da Procuradoria-Geral de São Paulo*, v. 146/59, 1989.
Diz também que "(...) quando não for possível obter o valor da estimativa oficial para lançamento do imposto sobre o imóvel, ou quando se tratar de ação possessória mobiliária (móveis e semoventes), a solução deverá ser encontrada com base no respectivo valor comercial ou de mercado reduzido sempre a um terço (1/3), valendo-se o Juiz, se necessário, do auxílio de um perito, conforme o permite o art. 261 do CPC (...)" (p. 63).
[254] Fornaciari Jr., Clito. Posse e propriedade – Doutrina e jurisprudência. In: CAHALI, Yussef Said (coord.). *O procedimento das chamadas ações possessórias*. São Paulo: Saraiva, 1987, p. 191-192.
[255] Dall'Agnol Jr., Antônio Janyr. *Comentários ao Código de Processo Civil*. v. 3. Porto Alegre: Lejur, 1985, p. 530, n. 105.12.
[256] Cf. Fabrício, Adroaldo Furtado. *Comentários ao Código de Processo Civil*. v. 8. t. III. Rio de Janeiro: Forense, 1980, p. 420-421.

exteriorização plena, ou não, de alguns dos poderes a ela inerentes,[257] o que significa dizer, em outras palavras, que o valor da causa que envolva a tutela do mesmo bem a título de direito real haverá de ser superior em relação àquele que tutela o mesmo bem com fundamento no *ius possessionis*.

8.3 O objeto da ação como base ideal de valoração – a nossa concepção

Um critério norteador faz-se imprescindível para evitar os abusos que têm sucedido e coibir as estipulações incompatíveis manifestadas por meio de valores irrisórios ou exorbitantes. No entanto, não pode ser rígido, inflexível, mas deve traçar uma linha de princípios que sirva de parâmetro ao autor, respeitando sua autonomia para a valoração.

Pelos mesmos motivos, não se devem utilizar critérios quantitativos fixos, representados em forma fracionada do respectivo valor do imóvel, seja de lançamento do imposto ou do valor real de mercado. Obviamente, por ser a posse um desmembramento da propriedade (móvel ou imóvel), apresentará valor inferior a estes. Contudo, essa particularidade não autoriza a afirmação de que o valor de uma ação possessória deva corresponder, por exemplo, à terça ou quarta parte do valor do imóvel. Isso representaria inaceitável valoração "taxativa" ou "tarifada" em que o Código nada previamente fixou.

Não significa dizer que não se possa equacionar uma orientação criteriosa em escalas fracionadas de valores. O que não se admite é um critério rígido e taxativo, pois ao autor deve ser conferida uma margem satisfatória de flexibilidade para a valoração da causa, sob pena de violação do *princípio da livre estipulação*, aplicável nesses casos de omissão legislativa.

Porém, a liberdade concedida ao autor deve ser interpretada em grau de relatividade e de acordo com a sistemática processual vigente, diante de sua importância como matéria de ordem pública, com reflexos no recolhimento das custas iniciais e finais, fixação da competência originária, recursal etc.

A posse, como poder fático correspondente à exteriorização ou à possibilidade de exteriorização da propriedade, poderá recair sobre diversas coisas idôneas, criando situações variadíssimas, por suas combinações com o tipo de ato injusto praticado e causador da violação de preceito legal substantivo.

Assim, deverá o autor analisar a situação concreta do mundo fático que se lhe apresenta, considerar as relações entre os sujeitos (autor e réu), o objeto (material ou semimaterial) e a ofensa à posse (esbulho ou turbação) ou justo receio de molestamento, formando, nessa triangulação, o objeto mediato das ações possessórias e a respectiva causa de pedir.

Determinado o objeto mediato e a causa de pedir, está o autor habilitado a identificar e escolher a ação ideal para satisfazer as suas pretensões e, finalmente, formular o pedido ao Estado-Juiz. Por sua vez, essa pretensão estará espelhada na providência requerida (a proteção possessória), que importa o objeto imediato.

Prescindindo de exatidão e bastando um *quantum* aproximativo, o valor das causas possessórias deve corresponder a seus objetos mediato e imediato, adequados, portanto, aos fatos, fundamentos jurídicos e ao pedido articulado na petição inicial (sobre a questão da cumulação de ações e o valor da causa, v. art. 15, *infra*).[258]

Com o advento do Código de 2015, o nosso entendimento é reforçado com o novo critério adotado pelo legislador para a valoração das demandas de divisão, de demarcação e de reivindicação, podendo estender-se às demandas possessórias, com a calibração adequada e com a justificativa

---

[257] Por exemplo, para evitar a distorção entre o valor fiscal e o de mercado, dispôs o legislador espanhol de 1984 que o valor das causas que tivessem por objeto a *reclamación* de bens imóveis ou móveis seria aquele correspondente ao preço corrente de mercado ou daqueles da mesma classe, sem atribuição aos imóveis de valor inferior ao último assinalado pela Administração, para efeitos tributários (*Ley de Enjuiciamiento Civil Redactado según la Ley 34/84*). Quando trata das causas possessórias, o aludido diploma toma acertadamente o mesmo parâmetro, mas com uma redação correspondente à quarta parte (art. 489, §§ 1º e 2º), diminuição esta que nos parece exagerada e pouco criteriosa.

[258] Cf. nosso estudo O valor da causa nas ações possessórias. *RT*, v. 651/35; *Jurisprudência Brasileira*, v. 159/55; *Jurisprudência Catarinense*, v. 64/53.

que acima acabamos de expor, qual seja o valor da avaliação da área ou do bem objeto do pedido, sempre a título de posse.

9. DA COMPETÊNCIA PARA PROMOVER A EXECUÇÃO DE TÍTULO JUDICIAL E EXTRAJUDICIAL

9.1 Aspectos gerais destacados

A lei atribui aos próprios Juizados Especiais de Causas Cíveis a competência para a promoção da execução de suas sentenças, bem como a dos títulos executivos extrajudiciais (cf. art. 784, incisos I a IX, do CPC), no valor de até quarenta vezes o salário mínimo, observados os pressupostos processuais relativos à natureza da lide e à qualidade da parte, nos termos do disposto nos arts. 3º, § 2º, e 8º, *caput* e § 1º.

Trata-se da aplicação das regras gerais contidas no art. 516 do CPC, quando dispõe que "o cumprimento da sentença efetuar-se-á perante: (...) II – o juízo que decidiu a causa no primeiro grau de jurisdição", em combinação com o art. 520 do mesmo Diploma Legal, ao assinalar que "o cumprimento provisório da sentença impugnada por recurso desprovido de efeito suspensivo será realizado da mesma forma que o cumprimento definitivo, sujeitando-se ao seguinte regime (...)".

Conforme procuramos demonstrar nos itens precedentes, o microssistema agasalha sempre a competência relativa e, por conseguinte, não há que se falar jamais em obrigatoriedade procedimental. Assim sendo, mesmo se a hipótese versar sobre execução extrajudicial de título de valor não excedente a quarenta salários mínimos (art. 3º, § 1º, II), a exegese continua linearmente mantida à opção do autor. Nem mesmo para as execuções, "a lei não buscou retirar do cidadão a escolha, porquanto também no que pertine ao acesso à justiça – comum e especial – prevalece o isonômico tratamento garantido pela Constituição Federal. A tutela diferenciada colocada à disposição do cidadão não guarda força para excluir a prestação jurisdicional tradicional".[259]

Ressaltamos mais uma vez (cf. item n. 1.7, *supra*) que a omissão legislativa, no tocante à limitação de valor para os títulos executivos judiciais, não pode ser interpretada como admissibilidade implícita de se proceder à satisfação de crédito do vencedor em quantia superior à permitida pelo microssistema.

Isso porque o controle prévio pertinente ao *quantum* (limite fixado em quarenta salários mínimos, ressalvados os casos de ação de despejo para uso próprio, arrendamento rural ou parceria agrícola, e desde que em qualquer uma delas não haja cumulação de pedido indenizatório superior ao valor de alçada referido) já se verificou integralmente nas fases do processo cognitivo, que funciona como um filtro depurador dos valores excedentes a quarenta vezes o salário mínimo, seja no momento da propositura da ação ou na própria sentença condenatória (art. 39 da Lei n. 9.099/1995), salvo se ocorrer a conciliação ou verificar-se excesso decorrente de valores acessórios, tais como juros, correção monetária ou for o sucumbente condenado ao pagamento de multa por litigância de má-fé ou prática de ato atentatório ao exercício da jurisdição.

Para maior aprofundamento sobre esse tema, enviamos o leitor interessado aos nossos comentários ao art. 39.

9.2 Análise do princípio da perpetuatio iurisdictionis e a questão das demandas pendentes em fase de liquidação e execução de sentença

Merece ainda atenção o tema relativo às *demandas pendentes* quando do advento da Lei dos Juizados Especiais ao sistema processual civil e à respectiva introdução de modificações quanto à competência.

---

[259] Cf. 2º TACivSP, 9ª C., Ap. Civ. 464823, rel. Juiz Francisco Casconi, j. 18-9-1996. Igualmente, v. decisão do mesmo Tribunal, 5ª C., Ap. Civ. 472286, rel. Juiz Pereira Caldas, j. 17-12-1996.

Sabe-se que, pelo princípio da *perpetuação da jurisdição*, determina-se a competência no momento em que a ação é proposta. São irrelevantes as modificações do estado de fato ou de direito ocorridas posteriormente, *salvo quando suprimirem o órgão judiciário ou alterarem a competência absoluta* (art. 43, CPC) (grifamos).

Dessa feita, nas hipóteses em que a Lei n. 9.099/1995 tenha alterado a competência em razão da matéria ou da hierarquia, ocorrerá a *redistribuição* dos processos, ainda que em grau de recurso ou execução de sentença, tendo em vista que, nesses casos, não se aplica o princípio da *perpetuatio iurisdictionis*.[260]

Um tanto diversa será a situação jurídica quando o processo estiver ainda em fase de *liquidação da sentença*. Ocorre que o procedimento de liquidação é incompatível com o juízo especialíssimo, o qual sempre requer a prolação de uma sentença líquida. Nesses casos, há que se distinguir se a hipótese concreta é de mera determinação do valor da condenação por simples cálculo aritmético ou se necessária a liquidação por arbitramento ou artigos.

Se a questão versar apenas sobre *cálculo* dos valores que serão objeto de futura execução, parece-nos que nada obsta se aplique o art. 509, § 2º, do CPC, instruindo o credor o pedido executório com a memória (= relação especificada da operação aritmética) devidamente atualizada.

De maneira diversa, se a hipótese for de *arbitramento* ou *liquidação por artigos*, entendemos não seja possível a procedimentalização dessa fase antecedente e imprescindível à execução, visto que se afigura incompatível com o espírito e os princípios norteadores do novo microssistema. Ocorrerá então a imediata redistribuição dos autos à justiça comum, diante da incompatibilidade procedimental sem que se proceda a "extinção do processo" (art. 51, II, da Lei n. 9.099/1995).

Não obstante, se na data da entrada em vigor da Lei dos Juizados Especiais (26 de novembro de 1995) o *quantum* já se encontrava regularmente apurado, mesmo esse valor ultrapassando o limite de quarenta salários mínimos, a execução deve prosseguir perante a justiça especializada. Nesses casos, não é o valor da execução da sentença que impedirá o prosseguimento, mas a circunstância de já haver sido ou não liquidado; não terá, portanto, aplicação o disposto no art. 39, tendo em vista que a manifestação pelo acolhimento da pretensão do autor pelo Estado-Juiz já se efetuou.

9.3 Competência para execução das sentenças criminais de natureza civil indenizatória

Na fase preliminar da ação criminal, admite o microssistema que as partes componham amigavelmente acerca dos danos civis, cujos termos do acordo serão reduzidos por escrito e homologados pelo juiz mediante sentença irrecorrível, adquirindo eficácia de *título executivo judicial*.

Na hipótese de inadimplemento, segundo se infere do art. 74, será a decisão executada *no juízo civil competente*. Pergunta-se, então: o que se entende por essa expressão? Será o Juizado Especial Cível o único competente ou a Justiça Comum também o será, dependendo do caso concreto?

Já tivemos oportunidade de demonstrar que a competência dos Juizados Especiais é sempre *relativa* (cf. itens n. 1.2, 1.3 e 1.4, *supra*). Todavia, estamos diante da execução de sentença criminal homologatória de transação e, portanto, com efeitos civis,[261] decisão esta que tem por objeto a composição entre as partes, ou seja, a indenização dos danos civis sofridos pela vítima em decorrência de fato delituoso.

Assim como as partes podem acordar no juízo civil sobre qualquer valor, inclusive superior ao limite de quarenta salários mínimos, sem que isso importe renúncia ao crédito excedente, permanecendo esse mesmo juízo competente para a executoriedade da decisão homologatória, igualmente ocorre com a sentença criminal.

---

[260] Assim também já decidiu o STJ no sentido de que "a alteração da competência *ratione materiae* tem aplicação imediata, se não ressalvada na lei que trouxe a modificação, e se aplica independentemente da fase em que se encontre o processo" (CC 948/GO, rel. Min. Sálvio de Figueiredo Teixeira, j. 14-3-1990).

[261] Sobre o tema *eficácia civil da sentença penal*, v. a monografia de ARAKEN DE ASSIS, assim intitulada.

Em outras palavras, se a composição dos danos civis ultrapassar o valor de alçada estabelecido na Lei n. 9.099/1995, tal circunstância não servirá de óbice à execução forçada, que se processará no *Juizado Especial Cível* (competência de juízo) da respectiva comarca (competência de foro), na hipótese de descumprimento do acordo. Nesses casos, portanto, independentemente do valor da transação, será sempre a justiça especializada a competente para processar o feito executório até a integral satisfação do credor. Não se perca de vista que compete aos Juizados Especiais *promover a execução dos seus julgados* (art. 3º, § 1º, I).[262]

Acrescente-se ainda outro argumento que reforça esse entendimento, qual seja que o juízo comum traria despesas ao credor e retardamento à satisfação do pleito executivo, distanciando-se dos princípios orientadores dos Juizados.[263]

Tratando-se de comarca dotada de vara única ou de mais de uma vara, sem que nenhuma delas seja especializada, verificar-se-á no juízo comum a execução, aplicando-se, contudo, o regime estatuído no microssistema em questão.

Observa-se ainda que estamos diante de uma *nova modalidade* de título executivo judicial, tendo em vista que o art. 74 desta lei não versa sobre *sentença condenatória,* mas de uma espécie novel de decisão penal contentora exclusivamente de transação civil, acolhida no art. 515, inciso II, do CPC, nos termos da Lei n. 11.232/2005. Além dos efeitos civis, acarreta a renúncia ao direito de queixa ou representação nos casos de ação penal privada ou pública condicional (parágrafo único do art. 74).

Ainda, acerca do cumprimento da sentença, efetuar-se-á perante o juízo cível competente, quando se tratar de sentença penal condenatória, segundo se infere da regra insculpida no art. 516 do CPC.

Embora na parte penal não se encontre determinação expressa a respeito, o microssistema há de ser interpretado harmônica e sistematicamente, donde se conclui que a sentença penal homologatória de acordo civil deve também ser *líquida,* em face da orientação insculpida no parágrafo único do art. 38.[264]

10. DA EXCLUSÃO DA COMPETÊNCIA

Seja em razão da natureza de algumas matérias ou em face das características particularizadas de algumas das partes litigantes, o que por si só faz exigir uma cognição mais ampla e, portanto, compatível com um procedimento sem sumarização, estão previamente excluídas da competência dos Juizados Especiais as demandas de natureza alimentar, fiscal ou tributária e todas aquelas de interesse da Fazenda Pública (seja estadual, federal ou municipal), bem como as relativas a acidentes de trabalho, a resíduos e ao estado e capacidade das pessoas, ainda que de cunho patrimonial.

A expressão "Fazenda Pública" inserta no § 2º do art. 3º da Lei n. 9.099/1995 está empregada no sentido amplo, abrangendo os entes públicos em geral.[265] Tanto é que o art. 8º, *caput*, obsta a que sejam partes nos Juizados Especiais não apenas as pessoas jurídicas de direito público, mas também as *empresas públicas.*

Excluem-se, portanto, as ações que tenham por objeto pretensão alimentar, separação de corpos e dissolução de união estável decorrente de sociedade de fato, sem prejuízo do disposto no art. 57 da Lei n. 9.099/1995. Em outras palavras, essas demandas estão excluídas da competência dos Juizados Especiais em sede de jurisdição contenciosa; todavia, tratando-se de pretensões formuladas em caráter

---

[262] Discordamos de Araken de Assis quando afirma que será competente o próprio Juizado Especial Cível desde que não exceda o valor do dano de quarenta salários mínimos, admitida a renúncia ao excedente (cf. *Execução civil nos Juizados Especiais*. São Paulo: Revista dos Tribunais, 1996, p. 31, n. 2.3.2).
E assim entendemos porque não há falar em renúncia a qualquer crédito excedente sempre que estivermos diante de transação ou conciliação. Aliás, essa é a única exceção prevista no § 3º do art. 3º da Lei n. 9.099/1995.

[263] Nesse sentido, v. Nogueira, Paulo Lúcio. *Juizados Especiais Cíveis e Criminais*. São Paulo: Saraiva, 1996, p. 87, n. 11.

[264] Cf. Beneti, Sidnei; Andrighi, Fátima Nancy. *Juizados Especiais Cíveis e Criminais*. Belo Horizonte: Del Rey, 1996, n.7.

[265] Súmula 254 do STJ: "A decisão do Juízo Federal que exclui da relação processual ente federal não pode ser reexaminada no Juízo Estadual".

não adversarial (voluntário), visando à autocomposição, nada impede que o acordo extrajudicial, *de qualquer natureza*, seja homologado perante o Juizado Especial competente.

As demandas previdenciárias, a princípio, são da competência da Justiça Federal, mais precisamente dos seus Juizados (Lei n. 10.259/2001). Todavia, onde não houver juízo federal, poderá a ação ser ajuizada no Juizado Especial estadual, nos termos do art. 109, § 3º, da Constituição Federal.[266]

11. OPÇÃO PELO PROCEDIMENTO ESPECIAL SUMARÍSSIMO DOS JUIZADOS

Os tormentosos temas da *competência relativa*, da consequente *opção procedimental* concedida ao autor da demanda pelo sistema e a questão correlata da *limitação do valor da causa* já foram objeto de nossos estudos, razão pela qual nos limitamos a enviar o leitor aos itens específicos (n. 1.2, 1.3 e 1.4 *supra*).

12. OPÇÃO PELO PROCEDIMENTO ESPECIAL DOS JUIZADOS E RENÚNCIA AO CRÉDITO EXCEDENTE

Ao proceder à opção pelo rito mais especial (= sumaríssimo), no qual poderá beneficiar-se do princípio da oralidade em grau máximo, deverá o autor observar atentamente o valor do crédito objeto de sua pretensão a fim de não incidir na renúncia da quantia que venha a extrapolar o limite de quarenta salários mínimos.[267]

Pouco importa se a dívida é de valor ou de dinheiro ou se a pretensão é simples, alternativa ou cumulativa; o que se exige no microssistema dos Juizados Especiais é a observância ao limite de alçada (art. 15 c/c o art. 39). Caso contrário, estará o autor renunciando, tácita ou expressamente, ao crédito que lhe sobejar.

Em outros termos, o autor renuncia a determinada parte de seu crédito mediante as vantagens que obterá na solução de seu conflito intersubjetivo de interesse, pela utilização de instrumento mais simples, informal, célere e econômico.

A chamada *renúncia a crédito*, mediante determinada vantagem, seja do devedor ou por parte de terceiro, como observa PONTES DE MIRANDA em sua sempre precisa tecnicidade, "(...) não é renúncia, nem, pois, é remissão: é dação em pagamento e, como tal, e não como remissão, extingue o crédito".[268]

Somente ao autor cabe pesar e sopesar as *vantagens ou desvantagens* (especificamente sobre esse tema, remetemos o leitor ao item n. 1.3, *supra*, no qual analisamos as vantagens e desvantagens na escolha do rito sumaríssimo) na opção desse procedimento, assumindo integralmente, por sua conta e risco, a renúncia ao possível crédito excedente na hipótese de não vir a frutificar a tentativa de conciliação. Caso contrário, a única maneira de evitar a renúncia é optando pelo procedimento comum, em face da propositura da ação em vara cível.

A renúncia ao crédito excedente, no caso, decorre do próprio texto legal, bastando que o autor simplesmente proponha sua demanda perante o Juizado Especial Cível, tratando-se, via de consequência, de *renúncia tácita*. Por isso, para evitar possíveis danos ao autor, que talvez tenha realizado interpretação equivocada ou não adequada à orientação do magistrado ou da doutrina e jurisprudência dominantes (por exemplo, ação de indenização de acidente de trânsito ou

---

[266] CF art. 109, § 3º, *in verbis:* "§ 3º Serão processadas e julgadas na justiça estadual, no foro do domicílio dos segurados ou beneficiários, as causas em que forem parte instituição de previdência social e segurado, sempre que a comarca não seja sede de vara do juízo federal, e, se verificada essa condição, a lei poderá permitir que outras causas sejam também processadas e julgadas pela justiça estadual".

[267] Outra não era a disposição contida na revogada Lei n. 7.244/1984, no § 2º do art. 3º, *in verbis:* "A opção pelo procedimento previsto nesta lei importará em renúncia ao crédito excedente ao limite estabelecido neste artigo, excetuada a hipótese de conciliação".

[268] MIRANDA, Francisco Cavalcante Pontes de. *Tratado de direito privado. Parte Especial*. t. XXV. 3. ed. São Paulo: Revista dos Tribunais, 1984, p. 57, n. 2, § 3.011.

indenização decorrente de dano causado em prédio urbano ou rústico em valor 20% superior a quarenta salários mínimos), é de bom alvitre que o juiz conceda ao postulante prazo de cinco dias a fim de que esclareça se, de fato, pretende renunciar ao crédito excedente ao limite de quarenta salários mínimos.

Trata-se de providência salutar e que em nada retarda o andamento do processo, porquanto o juiz, ao proferir esse despacho, poderá desde logo designar data para a audiência de conciliação, instrução e julgamento, utilizando-se de uma única comunicação para atingir finalidades diversas.

Caso o autor se manifeste pela desistência da ação antes da realização do referido ato processual, nenhum prejuízo resulta para os litigantes. Por outro lado, poderá preferir aguardar a fase de tentativa de conciliação, ressaltando na abertura dos trabalhos ao juiz (togado ou leigo) ou ao conciliador que, na hipótese de não frutificar a composição amigável, estará desistindo da ação (desde que haja consentimento do réu), visto que não pretende renunciar ao crédito excedente, exceto para fins de conciliação (por exemplo, o autor postula um crédito de 50 salários mínimos, mas admite apenas transigir até 35 salários mínimos).

Ademais, não se pode deixar de considerar o severo resultado que decorre da renúncia (tácita ou expressa) do crédito excedente, qual seja a *recusa definitiva* do direito (material) relativo à quantia que sobejar ao limite de alçada dos juizados, e, portanto, *causa extintiva da obrigação*, obstando o demandante a postular em outra ação a quantia excedente.[269]

Ocorre que a *renúncia* (gênero) é mais ampla do que a *remissão* (espécie = renúncia gratuita).[270] Processualmente "é o ato pelo qual o autor, depois de haver pleiteado sua pretensão em juízo contra o réu, delibera não mais prosseguir, nem mais renová-la em outro processo. O conflito de interesses, portanto, desaparece, esteja ou não satisfeito o autor na realidade. Como autor, entende-se, igualmente, o réu como reconvinte".[271] Vale lembrar ainda que a renúncia ao direito sobre que se funda a ação envolve matéria de fundo, portanto, de mérito, fazendo *coisa julgada material* (CPC, 487, III, alínea *c*).

A renúncia ao crédito excedente só pode ser feita por advogado com poderes especiais, isto é, expressamente previstos no instrumento de mandato e, nesse caso, *por escrito*. A esse respeito, dispõe o § 3º do art. 9º da Lei n. 9.099/1995 que a procuração outorgada ao advogado poderá ser verbal, *salvo quanto aos poderes especiais*.

O autor poderá também renunciar ao crédito excedente, mesmo que não esteja acompanhado de advogado. Todavia, essa renúncia deverá limitar o valor de sua pretensão a vinte salários mínimos, tendo em vista que essa linha divisória está bem definida no *caput* do art. 9º.

13. PROPOSTA LEGISLATIVA PARA MODIFICAÇÃO DO ART. 3º DA LEI N. 9.099/1995

Diante de tantos problemas interpretativos verificados em face da discutível e criticável redação conferida ao art. 3º da Lei n. 9.099/1995, desde a sua entrada em vigor – basta verificar as inúmeras divergências doutrinárias e as díspares interpretações conferidas ao dispositivo em comento –, acolhemos o honroso convite formulado pelo Instituto Brasileiro de Direito Processual, formulado pelo Presidente do Conselho, o saudoso Professor Athos Gusmão Carneiro, e apresentamos minuta contendo proposta legislativa voltada à simplificação do mencionado dispositivo, *in verbis* (grifamos):

---

[269] Nesse sentido também a Orientação n. 3 dos Juízes Cíveis e dos Juizados Especiais Cíveis, do Estado do Rio de Janeiro, *in verbis*: "A renúncia estabelecida pelo art. 3º, § 3º, da Lei n. 9.099, de 26-9-1995, impossibilita a cobrança do crédito excedente, reconhecido em sentença (art. 39), no juízo comum" (por unanimidade) (*DJE/RJ* 18-12-1995 – Aviso CGJ 152/95).

[270] Cf. Santos, J. M. Carvalho. *Código Civil brasileiro interpretado*. v. XIV. 9. ed. Rio de Janeiro: Freitas Bastos, 1977, p. 147-148, n. 1.

[271] Lima, Alcides de Mendonça. *Dicionário do Código de Processo Civil brasileiro*. 2. ed. São Paulo: Revista dos Tribunais, 1994, p. 511.

"Art. 3º O Juizado Especial Cível tem competência, por opção do autor, para a conciliação, processo e julgamento das causas cíveis de menor complexidade probatória e valor não excedente a quarenta salários mínimos.

"§ 1º Compete ao Juizado Especial promover a execução:

"I – dos seus julgados;

"II – dos títulos executivos extrajudiciais, no valor de até quarenta vezes o salário mínimo, observado o disposto no § 1º do art. 8º desta Lei.

"§ 2º Não se incluem na competência dos Juizados Especiais:

"I – as causas contra pessoa jurídica de direito público;

"II – as causas sobre questões de família, de alimentos, de acidentes do trabalho, de falência e recuperação de empresas, de sucessões e testamentárias, as relativas ao estado e capacidade das pessoas, e os procedimentos de jurisdição voluntária, *ressalvadas as hipóteses de aplicação do disposto no art. 57 desta Lei*;

"III – as ações de mandado de segurança *coletivo*, as ações populares, as ações por improbidade administrativa e as demandas sobre direitos ou interesses difusos, coletivos e individuais homogêneos.

"§ 3º A opção pelo procedimento previsto nesta lei importará em renúncia ao crédito excedente aos limites estabelecidos neste artigo, excetuada a hipótese de conciliação.

"§ 4º Verificando o juiz que a causa não é de menor complexidade, ou se inclui entre as referidas no § 1º supra:

"I – declinará de sua competência, com a remessa do processo ao juízo competente, *se as partes estiverem representadas por advogado*."

"II – *extinguirá o processo, sem resolução do mérito, caso as partes não estejam representadas por advogado, nos termos do art. 51, inciso II desta Lei*".

Por sua vez, as justificativas que acompanharam o esboço de anteprojeto de lei foram as seguintes, *in verbis*:

"1. A nova redação sugerida para o *caput* do art. 3º da Lei n. 9.099/1995 termina com a celeuma criada na doutrina e jurisprudência a respeito da competência relativa e procedimento opcional nos Juizados Especiais, encampando a tese dominante dos pretórios e doutrinadores de maior expressão. De outra parte, a simplificação do dispositivo com a eliminação dos quatro incisos coloca também pá de cal nas inúmeras controvérsias formadas a respeito da matéria.

"Ademais, o atual rol de demandas formulado no art. 3º é meramente exemplificativo, pois todas as demandas até quarenta salários mínimos que não apresentarem complexidade probatória (decorrentes de lides menos complexas) e, por isso, prescindirem de prova pericial, desde que o autor opte pelo procedimento sumaríssimo da Lei n. 9.099/1995, estarão perfeitamente enquadradas na competência dos Juizados Estaduais Cíveis.

"Outra vantagem da nova redação respeita à definição do valor da causa nos Juizados Especiais, que tanta polêmica tem causado entre os operadores do Direito, pretórios e estudiosos do tema, nada obstante a limitação definida no atual § 3º do art. 3º, art. 15 e art. 39. Tendo em vista que o legislador utilizou-se de critério misto (valor limitado e matéria/lide não complexa) para nortear a competência nos Juizados Especiais Cíveis, é de bom alvitre que a questão polemizada seja bem esclarecida e definida pela nova redação desse dispositivo, de maneira clara, objetiva e precisa.

"Frisa-se, *en passant*, que nenhum sistema alienígena que opere com as denominadas 'pequenas causas' ou 'cortes menores especializadas' permite matéria probatória complexa ou valor elevado ou muito menos ilimitado, diferentemente do que alguns intérpretes querem fazer crer ao analisarem os incisos II e III do art. 3º da Lei n. 9.099/1995.

"Oxalá corrija-se com a maior brevidade possível o equívoco legislativo, encampando-se, de uma vez por todas, as melhores e dominantes orientações doutrinárias e jurisprudenciais, sob pena de agravar-se paulatinamente o problema da efetividade do processo nos Juizados Especiais, pois, se assim não for, terminar-se-á por atingir as raias do insuportável para o jurisdicionado, culminando com a inviabilidade e falimento do microssistema tão decantado.

"2. Entende-se que não se deve ampliar a competência dos Juizados Especiais para as demandas ressarcitórias contra o Estado, Município e pessoa jurídica de direito público estadual ou municipal, tendo em vista o grande número de ações desta natureza, o que inviabilizaria ou dificultaria sobremaneira a prestação de tutela jurisdicional célere, tendo-se como certo que, ao menos ainda nestes tempos, grande parte da justiça especializada estadual encontra-se funcionando de maneira insuficiente ou mesmo precária, sem pessoal e infraestrutura adequados. Quiçá, no futuro, se possa ampliar a competência destes Juizados nos termos ora mencionados.

"3. A exclusão de competência das demandas aludidas no art. 3º, § 2º, inciso II desta proposição não inibe a incidência do art. 57 da Lei n. 9.099/1995 ('*Art. 57. O acordo extrajudicial, de qualquer natureza ou valor, poderá ser homologado, no juízo competente, independentemente de termo, valendo a sentença como título executivo judicial. Parágrafo único. Valerá como título extrajudicial o acordo celebrado pelas partes, por instrumento escrito, referendado pelo órgão competente do Ministério Público*'), que traz em seu bojo excelente mecanismo de resolução das lides sociológicas, pondo fim ao conflito através da autocomposição, de maneira simples, rápida e efetiva.

"A referência ao art. 57 na redação do art. 3º, § 2º, inciso II da Lei n. 9.099/1995 tem por escopo pacificar e colocar fim às dúvidas e controvérsias acerca da incidência daquele importante dispositivo às ações de conhecimento excluídas da competência dos Juizados Especiais Cíveis.

"4. Pelas particularidades que envolvem o mandado de segurança *coletivo*, não pode ser inserido, *data venia*, na competência dos Juizados Especiais, não se verificando o mesmo com o mandado de segurança *individual*, que deve ser admitido na Justiça Especializada, seja pela perfeita compatibilidade e harmonização com os princípios orientadores do microssistema, seja pelo fato de revestir-se de natureza constitucional que, pelos seus escopos, afigura-se inafastável do conhecimento do Estado-Juiz.

"5. Verificando o juiz que a causa não é de menor complexidade, ou se inclui entre as referidas no § 2º supra, declinará de sua competência, com a remessa do processo ao juízo competente, *se as partes estiverem representadas por advogado*. Destarte, a remessa dos autos à Justiça Comum sem que as partes se façam representar por advogado devidamente habilitado torna-se impossível por ausência de pressuposto processual, na exata medida em que não poderão estar em juízo em face da ausência de capacidade postulatória.

"Por conseguinte, tornando-se complexa a causa e se as partes não estiverem devidamente representadas, deverá o juiz extinguir o processo, sem resolução do mérito, nos moldes do disposto no art. 51, inciso II, desta Lei".

> **Art. 4º** É competente, para as causas previstas nesta Lei, o Juizado do foro:[1]
> I – do domicílio do réu ou, a critério do autor, do local onde aquele exerça atividades profissionais ou econômicas ou mantenha estabelecimento, filial, agência, sucursal ou escritório;
> II – do lugar onde a obrigação deva ser satisfeita;
> III – do domicílio do autor ou do local do ato ou fato, nas ações para reparação de dano de qualquer natureza.
> Parágrafo único. Em qualquer hipótese, poderá a ação ser proposta no foro previsto no inciso I deste artigo.

1. COMPETÊNCIA DE FORO

Calcado *ipsis litteris* na redação do art. 12 da revogada Lei n. 7.244/1984, que fez sucesso não só entre os estudiosos do processo, mas também mereceu aplausos dos militantes dos então chamados Juizados de Pequenas Causas, manteve-se inalterado o dispositivo que trata da fixação da *competência territorial*, seguindo a mesma linha estabelecida no processo civil tradicional.

Em outras palavras, o que se fez foi estabelecer um *foro comum* seguido de regras instituidoras de *foros especiais*.²⁷² Nesse sistema mais simplificado, o autor passa a ter opções outras que o sistema tradicional não lhe oferecia, evitando, inclusive, maiores dúvidas e questões complexas a respeito deste tormentoso tema.

A regra geral que estabelece a competência é o domicílio do réu, que pode ser escolhida em qualquer das hipóteses vertentes.²⁷³ Poderá, ainda, o autor escolher, dentro de seu particular interesse, não o domicílio do sujeito passivo, mas o local em que exerça sua atividade econômica ou profissional ou, de qualquer forma, mantenha estabelecimento, filial, agência, sucursal ou escritório (inciso I e parágrafo único).

Não há, nessa sequência, uma ordem rígida a ser seguida pelo autor, podendo optar por qualquer uma delas, inclusive fazer a opção pelo foro que não seja onde o réu exerça sua atividade principal, mas que, dentro de sua conveniência, se enquadre numa das situações previstas em lei.

Tratando de obrigação de dar, entregar, fazer ou não fazer, a competência é fixada pelo local em que a mesma deva ser satisfeita ou cumprida (inciso II). Em outras palavras, é a regra insculpida no art. 53, inciso III, alínea *d*, do CPC.²⁷⁴

Por último, tratando-se de ações destinadas à obtenção de reparação de danos oriundos de qualquer ato, fato ou natureza (note-se que o leque aberto pelo legislador é bastante significativo), a competência pode ser estabelecida tanto pelo domicílio do réu, quanto pelo do autor, ou, ainda, pelo local do ato ou fato (inciso III).

É assente que se prorroga a competência territorial (ou de foro) se não alegada em tempo oportuno. Todavia, em se tratando de Juizados Especiais, dependendo da particularidade do caso concreto, tem-se entendido que a incompetência pode ser reconhecida pelo magistrado, de ofício.²⁷⁵

Aplica-se também aos Juizados Especiais a regra insculpida no art. 65 do CPC, *in verbis*: "Prorrogar-se-á a competência relativa se o réu não alegar a incompetência em preliminar de contestação. Parágrafo único: A incompetência relativa pode ser alegada pelo Ministério Público nas causas em que atuar". Todavia, não haverá prorrogação da competência para os Juizados Especiais se a matéria ou o valor da causa não estiverem em perfeita sintonia com as disposições do art. 3º da Lei n. 9.099/1995.

Seção II
Do Juiz, dos Conciliadores e dos Juízes Leigos

> **Art. 5º** O juiz dirigirá o processo¹ com liberdade para determinar as provas a serem produzidas, para apreciá-las² e para dar especial valor às regras de experiência comum ou técnica.³

1. DIREÇÃO DO PROCESSO

Durante todo o processo, desde o instante da propositura da demanda, seja de maneira formal ou informal, o juiz de direito dirige a tramitação do feito, mesmo nas hipóteses em que os atos estejam sendo praticados por conciliadores ou juízes leigos e, parcialmente, em sede arbitral.

---

²⁷² DINAMARCO, Cândido Rangel. *Manual das pequenas causas*. São Paulo: Revista dos Tribunais, 1986, p. 24.

²⁷³ Assim também já decidiu o Superior Tribunal de Justiça: "(...) II – A competência prevista no art. 4º da Lei dos Juizados Especiais segue a regra geral, qual seja a do foro do domicílio do réu, seguindo os moldes tradicionais do Código de Processo Civil, prorrogando-se, todavia, quando não arguida incompetência pela parte contrária. III –'A incompetência relativa não pode ser declarada de ofício' (...) (Súmula 33 desta Corte). IV – Conflito de competência conhecido para declarar competente o Juízo de Direito do Juizado Especial Cível da Comarca de Tubarão/SC, suscitado" (2ª Seção, CC 30692/RS, registro 2000/0114751-0, rel. Min. Antônio de Pádua Ribeiro, j. 27-11-2002, v.u., *DJU* 16-12-2002, p. 237).

²⁷⁴ "Art. 53. É competente o foro: (...) III – do lugar: (...) *d)* onde a obrigação deve ser satisfeita, para a ação em que se lhe exigir o cumprimento; (...)".

²⁷⁵ Nesse sentido, o Enunciado 89 do FONAJE: "A incompetência territorial pode ser reconhecida de ofício no sistema de juizados especiais cíveis".

Note-se que a direção de todo o processo pelo juiz togado não significa necessidade permanente de sua presença física em todos os atos processuais, como ocorre, por exemplo, com aqueles atos presididos por juízes leigos ou conciliadores.[276]

A direção do processo é poder-dever do juiz togado, que, não obstante a necessidade de orientar-se pelos princípios norteadores do microssistema dos Juizados Especiais de Causas Cíveis e Criminais, não poderá descurar também, entre outras regras gerais (v. art. 2º, *supra*), de assegurar às partes igualdade de tratamento, prevenir ou reprimir qualquer ato contrário à dignidade da justiça e, a qualquer tempo que entender conveniente, além dos momentos procedimentais previamente definidos em lei, tentar a conciliação entre os litigantes (cf. art. 139 do CPC).

Ademais, o juiz dirigirá o processo com liberdade para determinar as provas a serem produzidas, para apreciá-las e para dar especial valor às regras de experiência comum ou técnica. "A livre apreciação da prova, desde que a decisão seja fundamentada, considerada a lei e os elementos existentes nos autos, é um dos cânones do nosso sistema processual".[277]

2. PODERES DO JUIZ E PRINCÍPIO DISPOSITIVO

Diante das peculiaridades das causas que serão objeto de conhecimento do Estado-Juiz e em face dos escopos a serem alcançados pela norma específica, os poderes instrutórios[278] do magistrado, bem como o direito e ônus das partes na produção de provas voltadas ao convencimento do julgador a respeito dos fatos constitutivos do direito alegado, ou impeditivos, modificativos ou extintivos do pretenso direito do autor, devem ser recepcionados dentro de um novo prisma de efetividade e efetivação do processo civil.

Se é verdade que a dosagem entre poder do juiz e poder das partes constitui o elemento caracterizador de qualquer processo judicial, aquele que ventilamos nesta fase de nosso estudo é favorável à acentuação dos poderes instrutórios do magistrado. Esses, por sua vez, precisam ter em mente que se fala de poderes, mas que, na realidade, são simplesmente deveres, inclusive quando há conteúdo "discricional",[279-280] e que a soma desses deveres constitui a maior garantia dos jurisdicionados e a justificação de sua independência.[281]

---

[276] Assim também o Enunciado 6 do Fonaje, *in verbis*: "Não é necessária a presença do juiz togado ou leigo na Sessão de Conciliação, nem a do juiz togado na audiência de instrução conduzida por juiz leigo" (nova redação – XXXVII – Florianópolis/SC).

[277] Cf. STJ, REsp 7.870/SP, rel. Min. Sálvio de Figueiredo Teixeira, j. 3-12-1991, *DJU* 3-2-1992, p. 469.
Lembramos que o art. 371 do CPC dispõe, *in verbis*: "O juiz apreciará a prova constante dos autos, independentemente do sujeito que a tiver promovido, e indicará na decisão as razões da formação de seu convencimento". Não só a sentença, mas toda decisão deve ser fundamentada, sob pena de nulidade absoluta (art. 93, IX, CF).

[278] Especificamente sobre este tema, v. Bedaque, José Roberto dos Santos. *Poderes instrutórios do juiz*. São Paulo: Revista dos Tribunais, 1991; Lopes, João Batista. Iniciativas probatórias do juiz e os arts. 130 e 333 do CPC. *RT*, v. 716/41.

[279] Segundo Massimo Giannini, discricionariedade não é liberdade (*Lezioni di diritto amministrativo*. v. 1. Milano: Giuffrè, 2000, p. 93 e s.).

[280] V. Figueira Jr., Joel Dias. *Liminares nas ações possessórias*. 2. ed. São Paulo: Revista dos Tribunais, 1999, 1999, encontrando-se um item exclusivo (n. 34) para efetuar análise a respeito da chamada *discricionariedade judicial*, e *Comentários ao Código de Processo Civil*. v. 4. t. I. São Paulo: Revista dos Tribunais, 2001, art. 273, item 2.3, 2007.
Em síntese, o denominado *ato discricionário* do juiz, na grande maioria das vezes, não passa de um ato decisório sem conteúdo algum de discricionariedade pura, tratando-se de interpretação e aplicação da norma jurídica ao caso concreto, utilizando-se o julgador de critérios previamente estabelecidos na lei e de métodos exegéticos diversos. Dentro do sistema processual contemporâneo, a expressão *discricionariedade judicial* somente pode ser entendida como *margem de liberdade* concedida pela lei ao magistrado, para melhor adaptar as normas de conceito vago aos casos concretos (liberdade de investigação ou crítica). Existem, sem dúvida, alguns atos judiciais discricionários típicos, mas são muito poucos; a título exemplificativo, podemos citar a presidência das audiências, a designação de audiências, a determinação de provas *ex officio*, as atividades correicionais etc.

[281] Cf. Fazzalari, Elio. I poteri del giudice nel processo del lavoro. *Rivista di Diritto Processuale*, v. 29/586, 1974.

A idealização dos estudiosos do processo no sentido de implementar e ampliar os poderes do juiz na busca da aproximação da verdade real, ou melhor, da verossimilhança dos fatos[282] trazida para os autos, pode ser demarcada pelo início da segunda metade do século XX como decorrência do fenômeno generalizado da "socialização" de todos os ramos do Direito[283] (em particular, do processo civil).

Em 1973 (6 e 7/10), no Convênio de estudos realizado em Pavia, já ressaltava VITTORIO DENTI que, fundamentalmente, "(...) as razões que induziram a projeção de uma nova disciplina das controvérsias de causas de pequeno valor econômico podem ser reduzidas a duas: a) a progressiva exasperação da lentidão dos processos cíveis; b) a ineficácia do sistema vigente de assistência judiciária aos menos abastados. E são duas razões complementares, porquanto a lentidão incide sobre a eficiência da tutela em razão inversa à capacidade econômica dos litigantes e, de outro lado, a impossibilidade de usufruir de um eficiente patrocínio jurídico, aumentando o enfraquecimento processual do litigante pobre". E mais adiante assinala o mestre italiano: "(...) Este é um ponto decisivo para o norte da administração da Justiça, pois que nada vale fazer progredir as garantias formais se os instrumentos oferecidos em concreto não podem ser operacionalizados".[284]

Até a última etapa procedimental, que se encerra com a prolação da sentença, o juiz pratica atos e exerce poderes de polícia, instrutórios, decisórios, entre outros, destinados a obter a consecução da tutela jurisdicional, norteado pelo princípio constitucional processual do devido processo legal.

Os poderes instrutórios concedidos pelo sistema ao magistrado devem ser encarados no âmbito da instrumentalidade do processo,[285] levando-se em conta que o "(...) lema do processo 'social' não é o da 'contraposição' entre Juiz e partes, e menos ainda o da 'opressão' dessas por aquele: apenas pode ser o da 'colaboração' entre um e outras".[286] Aliás, essa foi a linha seguida pelo legislador no Código de 2015, ao erigir o princípio da cooperação à norma fundamental do processo civil brasileiro.[287]

Sem prejuízo das especializações procedimentais e o surgimento cada vez mais acentuado de juízes especializados, constata-se a tendência de *socialização do processo* ("processo social") como inserção de preceitos diferenciados hábeis em permitir a efetiva participação do juiz na condução do feito, na produção de provas e amplitude no conhecimento do pedido formulado (sem importar em julgamento *ultra* ou *extra petita*), de maneira a "auxiliar" a parte hipossuficiente na relação

---

[282] Assiste razão a ARRUDA ALVIM quando escreve que "a *verdade*, no processo, deve ser sempre buscada pelo Juiz, mas o legislador, embora *cure da busca da verdade*, não a coloca como um fim absoluto, em si mesmo. Ou seja, é *suficiente*, muitas vezes, para a validade e eficácia da sentença a verossimilhança dos fatos" (*Manual de direito processual civil: do processo de conhecimento*. v. 2. 6. ed. São Paulo: Revista dos Tribunais, 1997, p. 232, n. 166).
Com referência ao tema *verdade e verossimilhança*, v. o excelente estudo de PIERO CALAMANDREI (*Verità e verossimiglianza nel processo civile*: studi in onore di Giuseppe Valeri. v. 1. Milano: Giuffrè, 1955, p. 463-492).
V. também a clássica obra de MALATESTA, Nicola Framarino dei. *La logica delle prove in criminale*. v. 1. Torino: Utet, 1895, p. 3-70.

[283] A esse respeito, v. o estudo comparativo desenvolvido por ALPHONSE KOHL, *Procès civil et sincérité*, que define o ponto de partida como sendo o Código belga, de 1967. Nesse trabalho, o citado professor desenvolve uma análise histórico-comparativa em relação à progressiva atenuação do princípio *nemo tenetur edere contra se*, que se inicia na *actio ad exibendum* do Direito romano, para chegar à aplicação do instituto do *discovery*, no processo anglo-americano.
Sobre o tema *a verdade no processo alemão e inglês*, v. COHN (*Fest*, 4 v. Hippel, p. 41, 1967). V. ainda CAPPELLETTI, Mauro. *La testimonianza della parte nel sistema dell'oralità*. Parte prima. Milano: Giuffrè, 1974.
No Direito norte-americano, sobre o instituto do *discovery*, v. LOUISSEL, ROSENBER, GLASSER, WEINSTEIN e FRIEDENTHAL, dentre outros. Em geral, sobre o Direito comparado, v. a obra de NAGEL, *Die grundzüge des Beweisrechts im europäischen Zivilprozess. Eine rechtsverlichende Studie*. Baden-Baden, 1967.

[284] DENTI, Vittorio. Il nuovo processo del lavoro: significato della riforma. *Rivista di Diritto Processuale*, v. 28/371-3374, 1973.

[285] Sobre o tema, v. a monografia de CÂNDIDO DINAMARCO, *A instrumentalidade do processo*. São Paulo: Revista dos Tribunais, 1990.

[286] MOREIRA, José Carlos Barbosa. *Os poderes do juiz na direção e na instrução do processo. Temas de direito processual civil*. Quarta Série. São Paulo: Saraiva, 1989, p. 50.

[287] "Art. 6º Todos os sujeitos do processo devem cooperar entre si para que se obtenha, em tempo razoável, decisão de mérito justa e efetiva."

substantiva litigiosa trazida à cognição, sem embargo à observância do princípio do devido processo legal e de todos os seus consectários. Assim, permite-se ao juiz, de acordo com as debilidades de conhecimento das partes, dos meios empregados ou de seus procuradores, completar a pretensão articulada, facilitar o direito de contradizer e/ou provar.[288] Sem dúvida alguma, como bem salienta Arruda Alvim, "A tarefa dos juízes não mais é vista, exclusivamente, como só a de aplicar a lei dedutivamente (entenda-se isto como pura e simples 'subsunção/dedução'). A recomendação enfatizada aos juízes é a de que procedam à perquirição do valor de Justiça subjacente às normas (ainda que em relação às minuciosas isto se faça em menor escala) e, em aplicando-as, haverão de realizar esse valor (às vezes 'quase que apesar da norma')".[289]

Exerce muitas vezes o magistrado função criadora do Direito por meio de método interpretativo teleológico. Segundo Del Vecchio, a função do juiz consiste em "uma adaptação da lei às relações humanas, nada havendo de mecânico nessa adaptação, haja vista que se trata de uma nova elaboração, 'quase uma segunda elaboração da regra a aplicar'".[290]

Baseado no pensamento de Alípio Silveira, escreve com muita acuidade Sálvio de Figueiredo Teixeira: "(...) os juízes, como membros da sociedade e do Estado, são órgãos da opinião e das convicções gerais; e como mudam as concepções fundamentais da vida e suas relações, após a lei ter sido estabelecida, tais mudanças terão de refletir-se em suas sentenças, o que torna o juiz fator de evolução jurídica".[291]

Nos dizeres de José Roberto Bedaque, "as normas processuais devem ser interpretadas em conformidade com a finalidade do processo, qual seja, a efetividade do direito substancial. Não se pode ver na iniciativa instrutória do Juiz uma atividade substitutiva de qualquer das partes, em detrimento da outra. A doutrina moderna demonstra isso com clareza. O processualista que veja na efetividade do processo um dos mais eficazes fatores de harmonia social, não pode concordar com tal orientação, de inspiração exageradamente privatista".

E, mais adiante, escreve: "Em síntese, o poder instrutório do Juiz, previsto no art. 130, não se subordina às regras sobre o ônus da prova; e não as afeta, visto que são problemas a serem resolvidos em momentos diversos".[292]

Em análise ao CPC/1973, escreve com precisão Barbosa Moreira, servindo suas lições, ainda com maior razão, ao microssistema dos Juizados Especiais: "em qualquer caso, cabe ao juiz determinar de ofício a realização de provas que julgue necessárias (art. 130) [art. 370, CPC/2015]. As regras particulares a respeito, como a do art. 342 [art. 139, VIII CPC/2015], devem considerar-se meramente explicativas".[293]

Inegável que o juiz é o destinatário das provas, cumprindo somente a ele aferir a necessidade ou não de sua realização.[294] Seria "quase supérfluo ressaltar, por óbvio, que de ordinário o conhecimento dos fatos será proporcionado ao Juiz, principalmente por meio de provas carreadas para os autos pelos próprios litigantes, que sabem ou devem saber melhor em que consistem elas e onde se encontram. Dessa, que é uma regra de experiência, não se tira contudo preceito capaz de gerar

---

[288] Pupo, Enrique Vescovi. *Estudio comparativo de las nuevas tendencias del derecho procesal civil, con especial referencia al proceso latino-americano* (conferência proferida durante a Jornada Brasileira de Direito Processual), Brasília, Instituto Brasileiro de Direito, jun. 1995, item 1.3.

[289] Alvim, José Manoel de Arruda. *Arguição de relevância no recurso extraordinário*. São Paulo: Revista dos Tribunais, 1988, p. 12.

[290] Apud Teixeira, Sálvio de Figueiredo. O juiz em face do Código de Processo Civil. *Revista Forense*, v. 261/84.

[291] Idem, p. 83.
Refere-se também à seguinte lição de Orozimbo Nonato: "(...) se reclama para o juiz moderno quase que a função de legislador em cada caso, exatamente para que o texto legal se desdobre em um sentido moral e social mais amplo do que em sua angústia expressional ele contém" (idem, p. 48).

[292] Bedaque, José Roberto dos Santos. *Poderes instrutórios do juiz*. São Paulo: Revista dos Tribunais, 1991, p. 80-81.

[293] Moreira, José Carlos Barbosa. *O novo processo civil brasileiro*. Rio de Janeiro: Forense, 1995, p. 66.

[294] Cf. TFR, 5ª T., Agr. Inst. 51.774/MG, rel. Min. Geraldo Sobral, *DJU* 15-5-1989, p. 7935.

para o órgão judicial, no exercício de seus poderes oficiais, escrúpulos e temores não justificados por qualquer texto ou pela sistemática do ordenamento. O uso das faculdades instrutórias legais não é incompatível com a preservação da imparcialidade do Juiz".[295]

Também, não é menos verdadeira a afirmação de que a prova pertence a todos os que participam da relação processual: às partes, porque procuram demonstrar os fatos favoráveis à comprovação de suas alegações com o objetivo de convencer o julgador dos respectivos pedidos; ao juiz, pois é pelas provas que se alcança o escopo do processo.[296]

Não podemos nos esquecer de que esse poder conferido ao juiz, no art. 5º da Lei n. 9.099/1995 c/c art. 370 do CPC, está intimamente ligado ao preceito estatuído no art. 93, IX e X, da CF, que determina que todas as decisões serão fundamentadas. Assim, por exemplo, não pode o juiz simplesmente indeferir, sem fundamentar o seu *decisum*, a produção de provas ou diligências que entende inúteis ou protelatórias, sob pena de nulidade absoluta.

Aliás, encontram-se tão entrelaçados os princípios da livre convicção e da motivação a ponto de fazer o legislador ordinário tratar de ambos conjuntamente, ao dispor no sistema geral do CPC, art. 371: "O juiz apreciará a prova constante dos autos, independentemente do sujeito que a tiver promovido, e indicará na decisão as razões da formação de seu convencimento".

Verifica-se no microssistema dos Juizados Especiais um certo desequilíbrio do chamado processo acusatório, ou de ação (poderes do juiz na produção de provas em sintonia com a provocação das partes). Não estamos dizendo, e é bom ressaltar, que a Lei n. 9.099/1995 tenha rechaçado o princípio dispositivo; não é isso. O juiz continua tendo o dever de julgar segundo o alegado pelas partes (*iudex secundum allegata et probata partium iudicare debet*).

Todavia, o novo sistema o abrandou, não só pelo fato de estar norteado pelos princípios da simplicidade e informalidade, como pela composição dos conflitos por intermédio da conciliação, na busca da rápida efetivação do processo com escopo de pacificação social, mas porque, como já demonstramos, em razão das cada vez mais acentuadas publicização do processo e socialização do Direito, que recomendam, como imperativo de justiça, a busca da aproximação da verdade real. "(...) O Juiz, portanto, não é mero assistente inerte da batalha judicial, ocupando posição ativa, que lhe permite, dentre outras prerrogativas, determinar a produção de provas, desde que o faça com imparcialidade, sem ensejar favorecimento a litigante que haja descurado ou negligenciado, injustificadamente, em diligenciar as providências probatórias de seu interesse".[297]

Ademais, "o poder de ordenar de ofício a realização de provas subsiste íntegro mesmo que o juiz tenha anteriormente indeferido o requerimento da parte; não ocorre, para ele, preclusão".[298]

3. DA VALORAÇÃO DAS PROVAS E DO DIREITO BASEADA EM REGRAS DE EXPERIÊNCIA COMUM OU TÉCNICA

O juiz togado, assim como o árbitro (art. 25), tem, nesse microssistema, liberdade muito maior em relação ao processo tradicional para valorar as provas trazidas à colação (de ofício ou por iniciativa dos próprios litigantes) por intermédio de aplicação de regras técnicas ou de experiência comum.

Sem dúvida, a intenção do legislador com a utilização de expressões como essas, carregadas de vagueza ou indeterminação conceitual, foi justamente a de ampliar os poderes do juiz no conhecimento da matéria probatória com vistas à formação do seu particular convencimento.

Entretanto, não há que confundir *regras de experiência* com *prova*, porquanto esta não tem a extensão suficiente para alcançar aquelas.[299]

---

[295] MOREIRA, José Carlos Barbosa. *O novo processo civil brasileiro*. Rio de Janeiro: Forense, 1995, 4ª Série, p. 47-48.
[296] BEDAQUE, José Roberto dos Santos. *Poderes instrutórios do juiz*. São Paulo: Revista dos Tribunais, 1991, p. 102.
[297] Com sentido assemelhado ao que ora esposamos, STJ, REsp. 17.591/SP, rel. Min. Sálvio de Figueiredo Teixeira, j. 7-6-1994, *DJU* 27-6-1994.
[298] MOREIRA, José Carlos Barbosa. *O novo processo civil brasileiro*. Rio de Janeiro: Forense, 1995, p. 66.
[299] Sobre o desenvolvimento dessa concepção, v. CARNELUTTI, Francesco. *La prueba civil*. Trad. esp. Niceto Alcalá-Zamora y Castillo (2. ed. italiana). Buenos Aires: Depalma, 1982, p. 43, 83-87 e 102.

Os juízos de valor, mormente com tal intensidade, mesmo quando calcados em regras previamente definidas, estarão sempre caracterizados com forte carga de subjetividade, cujos contornos se tornam de difícil delineamento, e, por conseguinte, seus possíveis equívocos. Por si só, julgar é um ato de valoração calcada em regras previamente definidas pelo sistema nomoempírico prescritivo, mas longe de estarmos diante de uma simples e fria subsunção da norma ao caso concreto.

Segundo José Lamego, "(...) a questão da proveniência e comprobabilidade de critérios supralegais de valoração não postula necessariamente a crença numa ordem objectiva de valores, como instância de racionalização das valorações a empreender, nem conduz à prevalência de valorações a retirar de um 'Direito justo' sobre as valorações plasmadas no sistema jurídico (máxime as empreendidas pelo legislador constitucional) ou certas valorações pré-sistemáticas 'transformadas' em pautas jurídicas de regulação pela jurisprudência constante".

Adiante, lembrando o pensamento de Harry Westeremann, assinala o mestre português que ele "(...) sustentava que as valorações do legislador, a cuja identificação incumbe ao intérprete proceder, permitem extrair resultados, quer para a interpretação da lei quer, em certas circunstâncias, relativamente a casos não directamente regulados pelo legislador, mas a tratar analogamente à luz dos critérios de valoração utilizados. Mas casos há em que a resolução não decorre apenas da lei, nem sequer das valorações do legislador, que ao intérprete cumpre identificar. Tal é desde logo o caso sempre que se lança mão dos denominados conceitos indeterminados ou de cláusulas gerais. Aqui apresenta-se somente uma referência muito geral, que o juiz terá de preencher no caso concreto, mediante valorações adicionais".[300]

A estimativa jurídica significa a escolha de valores, sendo essa a função precípua do juiz. Por isso, é importante para o magistrado a ótica dos valores, pois que ele "deve ser um indivíduo dotado de capacidade e sentimento para eleger para si valores mais elevados, que serão projetados através da sua conduta profissional e social", assim como "deve ter uma visão e sensibilidade para perceber os valores nas personalidades dos outros (partes no processo)".[301]

Inegável que fatores extrajudiciais intervêm na prática dos atos do instrutor ou julgador, em especial nas decisões, sendo a matéria digna de uma profunda reflexão a ser feita por juristas e sociólogos. Não se trata de uma tentativa de determinação empírica dos elementos realizadores, em termos concretos, dos diversos níveis no processo de *decision-making* (formação e estrutura da decisão), mas da busca de uma explicação para o comportamento dos juízes de ordem histórica, social, política e ideológica.

Dessa feita, o comportamento do juiz, árbitro ou conciliador, aparece invariavelmente ligado, como diriam os juristas norte-americanos, ao seu *background* – ou experiência múltipla de vida –, constituído pela cultura de que são portadores, normalmente heterogênea em relação à matriz cultural do próprio ordenamento jurídico por eles operado.[302]

A distinção que se verifica entre esse sistema e o do processo civil tradicional é que, neste último, as regras de experiência comum[303] subministradas pela observação do que ordinariamente acontece e ainda as regras de experiência técnica são aplicáveis, excepcionalmente, somente nos casos em

---

[300] Lamego, José. *Hermenêutica e jurisprudência*. Viseu: Tipografia Guerra, 1990, p. 63-64.

[301] Silva, Octacílio Paula. *Ética do magistrado à luz do direito comparado*. São Paulo: Revista dos Tribunais, 1994, p. 53, nota de rodapé n. 46.
Salienta ainda o citado professor que "é importante a maturidade psicológica no Juiz, representada pelos valores éticos em oposição, sob certo aspecto, aos valores com predominância do elemento subjetivo, manifestados por sentimentos como agrado, desagrado, simpatia, antipatia. O dever funcional exige maturidade, colocando-se o Juiz no centro dos acontecimentos (imparcialidade) e acima das rivalidades das partes (isenção)" (idem, nota de rodapé n. 47).

[302] A respeito desse interessante tema, v. *Comparative judicial behavior*: cross-cultural studies of political decision-making in the east and west. New York-London-Toronto: Oxford University Press, 1969, editado por Glendson Schubert e David Danelski.

[303] Sobre este assunto v. Moreira, José Carlos Barbosa. Regras de experiência e conceitos juridicamente indeterminados. *Revista Forense*, v. 261/13; Cresci Sobrinho, Elicio de. O juiz e as máximas de experiência. *Revista Forense*, v. 296/430.

que faltarem as normas jurídicas específicas à hipótese *sub iudice* (art. 375 do CPC), enquanto nos Juizados Especiais é justamente o inverso.

Não obstante, mesmo no regime do CPC, já encontramos orientação no sentido de que "o juiz não pode desprezar as regras de experiência comum ao proferir sentença. Vale dizer, o juiz deve valorizar e apreciar as provas dos autos, mas ao fazê-lo pode e deve servir-se da sua experiência e do que comumente acontece".[304]

> **Art. 6º** O juiz adotará em cada caso a decisão que reputar mais justa e equânime, atendendo aos fins sociais da lei e às exigências do bem comum.[1]

1. DECISÃO JUSTA E EQUÂNIME[305]

Dentro de um contexto axiológico e teleológico, *decisão justa* não é aquela que simplesmente subsome a norma jurídica ao caso concreto, resolvendo a lide jurídica dentro dos contornos articulados na peça inaugural.

A *justiça do julgamento* transcende o plano objetivo do sistema nomoempírico prescritivo para adentrar o campo da pacificação social, visto que os conflitos intersubjetivos significam um sintoma patológico nas relações de direito material, pela lesão ou ameaça de lesão ao direito subjetivado.

Na delicada operação de julgar (a verdadeira *arte de julgar*), exige-se do magistrado não apenas conhecimento técnico-jurídico para a tomada da decisão, mas segurança e profunda cognição da matéria fática, dentro das limitações naturalmente circunscritas pelo modelo processual e procedimental adotado num determinado sistema. Esses requisitos devem ser atendidos em harmonia com a imprescindível sensibilidade do julgador, que não pode aparecer na relação processual como sujeito manipulador do mecanismo da singela *subsunção*, mas, acima de tudo, como *agente político de pacificação social*.

Não podemos jamais cair no absurdo de supor que a aplicação da lei se reduza a uma simples operação lógica pela qual o intérprete se limite a verificar a correspondência de determinada situação com a descrição abstrata que dela consta, sendo inaceitável a utilização isolada do processo de subsunção. A posição típica dessa corrente, já superada, exprime-se por meio do chamado *silogismo judiciário*, em que se tem em vista as formas judiciais de aplicação da lei e raciocina-se como se ela representasse a premissa maior de um silogismo. O juiz conhecê-la-ia, as partes dariam os fatos, o juiz os subsumiria e tiraria a conclusão.[306]

O juiz não pode e não deve, em hipótese alguma, comportar-se como um autômato, um simples aplicador da estática e fria norma jurídica ao caso concreto, como já se pensou no passado. O magistrado é um hermeneuta da norma, o imparcial mediador entre os litigantes, que, para alcançar seu desiderato, necessita usar de todos os métodos fornecidos pela dogmática da interpretação, considerar sempre os fins sociais a que a lei se destina e as exigências do bem comum (aliás, trata-se de

---

[304] Cf. *JTACivSP* 121/391.

[305] Sobre o tema, v. FIGUEIRA JR., Joel Dias. A equidade como elemento axiológico de interpretação, integração e correção da norma jurídica ao caso concreto e o princípio da legalidade. In: *Filosofia do direito contemporâneo*: homenagem ao Professor Nicolau Apóstolo Pítsica. São Paulo: Conceito Editora, 2011, p. 249-269.

[306] ASCENSÃO, José de Oliveira. *O direito*: introdução e teoria geral (uma perspectiva luso-brasileira). Rio de Janeiro: Renovar, 1994, p. 473, n. 338.
Lembra ainda que "em certas épocas, e nomeadamente em consequência de uma concepção mecânica da atividade judiciária, chegou-se a uma visão particularmente rígida deste processo. Para empregar uma comparação moderna e que é adequada apesar de ser risível, pode dizer-se que se pensou que a atuação do juiz seria análoga à das máquinas automáticas. Aqui, metendo-se a moeda, sai mecanicamente o produto desejado; ali, provados os fatos, produz-se inelutavelmente certa decisão" (idem, ibidem).

princípio geral insculpido no art. 5º da LINDB), além de ter conscientização do papel da ideologia no preenchimento das lacunas do Direito,[307] na busca incessante da justa composição do conflito.

Escreve Tércio Ferraz Jr., baseado em Arnold, que a finalidade da teoria dogmática da interpretação consiste funcionalmente "(...) em ser uma caixa de ressonância das esperanças prevalecentes e das preocupações dominantes dos que creem no governo do direito acima do arbítrio dos homens".[308] E mais: "(...) o saber interpretativo conforma o 'sentido' do comportamento social. Ela cria assim condições para a decisão".[309]

Poderíamos dizer então, na expressão de Luiz Sérgio de Souza, que "a interpretação das normas jurídicas nada mais é senão uma forma de calibração do sistema normativo", sendo exatamente nesse ponto que se encontra a questão da ideologia.[310]

De outra parte, é necessário não esquecer que a aplicação da lei envolve também, inarredavelmente, a determinação de consequências jurídicas e fáticas. "E tampouco devemos supor que no enlace entre a estatuição abstrata e a formação dos efeitos concretos nenhuns problemas surgem, como se tudo estivesse na regra e bastassem a leitura e a transposição mecânica desta para o caso singular. Pelo contrário, é preciso frequentemente um trabalho de adaptação da consequência abstrata ao caso singular. Essa necessidade de adaptação pode ter as mais variadas causas; mas há uma tendência crescente para confiar ao momento da aplicação a modelação das consequências no caso concreto".[311]

Na sua engenhosa Teoria dogmática da argumentação jurídica, escreve Tércio Ferraz Jr.: "Se a dogmática da decisão não elimina o papel da força, enfraquece o papel da violência concreta. Pode-se falar em uso legítimo da força, legítima defesa, distinguindo-se entre abuso de violência e violência razoável. A dogmática decisória constitui-se, em suma, num veículo para as ideologias da não violência".[312]

O processo civil contemporâneo apresenta-se cada vez mais revestido de natureza pública e norteado por princípios constitucionais (há algum tempo já se fala, inclusive, em Direito Processual Constitucional e em Direito Constitucional Processual), o que resulta, paulatinamente, na mitigação da aplicabilidade do princípio dispositivo, à exata e inversa medida que se ampliam os poderes do juiz à investigação das provas na busca não apenas da verdade formal, mas, sobretudo, da verdade real, sem que se verifique afronta ao princípio da imparcialidade e do devido processo legal.[313]

O conflito social, quando levado a juízo, transforma-se em lide, e sua solução, ou melhor, sua mitigação, verifica-se somente com a prolação de uma sentença de mérito. Porém, a sentença de mérito proferida pelo Estado-Juiz compõe a lide judicial, mas não necessariamente o conflito

---

[307] A respeito desse interessante tema, v. a monografia de Luiz Sérgio Fernandes de Souza (*O papel da ideologia no preenchimento das lacunas do Direito*. São Paulo: Revista dos Tribunais, 1993).

[308] Ferraz Jr., Tercio Sampaio. *Introdução ao estudo do direito*: técnica, decisão, dominação. São Paulo: Atlas, 1994, p. 285, n. 5.1.6.
A *hermenêutica*, segundo o citado professor, não elimina as contradições, mas as torna suportáveis. *Portanto, não as oculta propriamente, mas as disfarça, trazendo-as para o plano das suas conceptualizações* (idem, p. 308).

[309] Ferraz Jr., Tercio Sampaio. *Introdução ao estudo do direito*: técnica, decisão, dominação. São Paulo: Atlas, 1994, p. 308.

[310] Souza, Luiz Sérgio Fernandes de. *O papel da ideologia no preenchimento das lacunas do Direito*. São Paulo: Revista dos Tribunais, 1993, p. 209.

[311] Ascensão, José de Oliveira. *O direito*: introdução e teoria geral (uma perspectiva luso-brasileira). Rio de Janeiro: Renovar, 1994, p. 479-480, n. 344.

[312] Ferraz Jr., Tercio Sampaio. *Introdução ao estudo do direito*: técnica, decisão, dominação. São Paulo: Atlas, 1994, p. 346.

[313] No tocante aos princípios do processo civil na Constituição Federal, v. Nery Jr., Nelson. *Princípios do processo civil na Constituição Federal*. São Paulo: Revista dos Tribunais, 1995. Sobre o tema enfocado, v. também Denti, Vittorio. Il ruolo del giudice nel processo civile tra vecchio e nuovo garantismo. *Rivista Trimestrale di Diritto e Procedura Civile*, v. 38/726-740, 1984.

intersubjetivo de interesses. Por isso falamos em mitigação do conflito ou tentativa de solução, posto que as tensões e violências sociais não são redutíveis a estágios de absoluto equilíbrio de pacificação.

Em outras palavras, a aproximação da pacificação social somente vem a ser alcançada ou pretensamente alcançada quando a sentença proferida consegue atingir um nível tal de aceitação bilateral (entre autor e réu) e difusa (partes, Estado-Juiz e a coletividade), autorizando-nos a dizer então que, provavelmente, se chegou à verdade hermenêutica pela congruência no exercício do poder de autoridade, liderança e reputação[314] e, por conseguinte, reduzir sensivelmente no mundo jurídico e factual as tensões e violências apresentadas.

O alcance desse escopo depende do conteúdo ideológico e dogmático da decisão, tal como sistematizada pelo magistrado, suficientemente capaz de fazer justiça. Contudo, traçar o perfil jurídico e ideológico do que venha a ser uma *decisão justa* é, por certo, tarefa nada fácil, seja pela vagueza que a expressão traz em seu próprio âmago ou pelos contornos filosóficos e sociológicos delineados.

Não obstante, sem a preocupação de mergulhar em profundidade nesse oceano, poderíamos arriscar dizer que, tecnicamente, *sentença justa* é aquela em que se compõe a lide nos limites do pedido formulado e em consonância com a causa de pedir próxima e remota, na qual o julgador confere o direito material perseguido (= pretensão articulada) àquele que demonstra satisfatoriamente ter razão (capacidade retórica de argumentação) de acordo com o Direito vigente e as provas produzidas, hábil para formação de seu convencimento e dentro de um tempo razoável.

Encampando a orientação de DINAMARCO, CINTRA e GRINOVER, escreve LUIZ MARINONI a respeito do tema justiça nas decisões: "(...) será inútil ao juiz ter uma posição ativa na instrução da causa, se o mesmo não tiver sensibilidade para decidir com justiça. Queremos significar com a expressão 'decidir com justiça', a necessidade do juiz 'pautar-se pelo critério de justiça, seja a) ao apreciar a prova, b) ao enquadrar os fatos em normas e categorias jurídicas ou c) ao interpretar os textos do direito positivo'".[315]

Mas existe ainda um requisito umbilicalmente ligado aos demais, já mencionado, que merece destaque: para que a decisão seja *efetivamente justa*, entra um outro componente não menos importante: *imprescindível se torna que a tutela jurisdicional seja rápida*. Não basta apenas a previsão normativa constitucional e principiológica do acesso à justiça e, em especial, da simplicidade, oralidade, informalidade e economia processual.

Faz-se mister a disposição de mecanismos geradores da efetividade do processo capazes de possibilitar a consecução dos objetivos perseguidos pelo autor num período de tempo razoável e compatível com a complexidade do litígio, ao contrário do que ocorre hoje, quando as demandas se eternizam na justiça comum, não sendo o mesmo destino esperado para os Juizados Especiais, em que pese não raras vezes encontrarmos realidade diversa. Não foi por menos que a Emenda Constitucional 45 acrescentou ao art. 5º da Lei Maior o inciso LXXVIII, *in verbis*: "a todos, no âmbito judicial e administrativo, são assegurados a razoável duração do processo e os meios que garantam a celeridade de sua tramitação."

Em outro estudo de nossa lavra – *acesso à Justiça e tutelas de urgência* –, já tivemos oportunidade de registrar que, no espectro da justa composição do litígio, encontra-se o requisito da rapidez da prestação da tutela jurisdicional como expectativa inconteste no plano subjetivo de ambos

---

[314] Nesse sentido, v. a teoria desenvolvida pelo Professor TÉRCIO S. FERRAZ JR., quando dispõe sobre a dogmática da decisão e dogmática hermenêutica (*Introdução ao estudo do direito*: técnica, decisão, dominação. São Paulo: Atlas, 1994, p. 255 e s.).

[315] MARINONI, Luiz Guilherme. *Novas linhas do processo civil*: o acesso à Justiça e os institutos fundamentais do direito processual. São Paulo: Revista dos Tribunais, 1993, p. 75, n. 2.5.10.
A respeito do tema da aplicação do Direito à realidade social, v. GUIDO FASSÒ (Il giudice e l'adeguamento del diritto alla realtà storico-sociale. *Rivista Trimestrale di Diritto e Procedura Civile*, v. 26/897-952, 1972).
V. também CAPPELLETTI, Mauro. *Giustizia e società*. Milano: Comunità, 1972; BAGOLINI, Luigi. *Giustizia e società*. Roma: Dino Editore, 1983; FAZZALARI, Elio. Giudici, diritto, storia. *Rivista Trimestrale di Diritto e Procedura Civile*, v. 36/757-773, 1982.

os litigantes, porquanto o autor deseja obter êxito em sua pretensão no menor espaço de tempo possível e, por outro lado, objetiva o réu, em regra, livrar-se daquela situação incômoda de sujeito passivo na demanda.[316]

Por isso, segundo ANDREA PROTO PISANI, é muito simples compreender como necessária a contrapartida efetiva na prestação da tutela pelo órgão estatal, isto é, "(...) que através do processo o autor que entende ter razão possa obter, o quanto possível, praticamente tudo aquilo que ele tem direito de conseguir a nível substancial".[317]

Na verdade, com a supressão praticamente absoluta da autotutela, o Estado-Juiz figura como uma espécie de substituto imparcial dos litigantes, procurando conhecer das pretensões e, pela força contida no comando da sentença, dizer e exercer o direito da parte vencedora, satisfazendo-a no plano do direito material ou, preferencialmente, obter a transação ou conciliação.

Não podemos é jamais perder de vista o sentido de que "(...) a interpretação literal da lei cede espaço à realização do justo. O Magistrado deve ser o crítico da lei e do fato social (...)".[318]

Mas isso não nos autoriza a afirmar que, com base no art. 6º da Lei dos Juizados Especiais, estejam os magistrados ou os árbitros autorizados a decidir exclusivamente com base em critérios de *equidade* (e quais são esses critérios?), ou, se preferirmos, nos moldes aristotélicos, à margem do sistema normativo em vigor (= uma típica *jurisdição de* equidade = equidade pura).

O que o legislador procurou fazer por meio do artigo objeto destes comentários foi ressaltar e, com absoluta razão, a necessidade de fazer ver, de uma vez por todas, que se faz imprescindível ultrapassar a barreira da mera subsunção para se atingir, finalmente, uma interpretação e aplicação da norma jurídica ao caso concreto, dentro de padrões sociológicos, axiológicos e teleológicos de interpretação. Por isso, e não menos por isso, é que frisou: o julgador atenderá *aos fins sociais da lei e às exigências do bem comum.*

Procurou-se, assim, fazer compreender que o juiz não pode recorrer à *equidade* tão somente quando autorizado por lei (CPC, art. 140, parágrafo único), mas, sim, demonstrar, ao contrário, "que não poderá haver justiça concreta sem universal compreensão da equidade".[319] Dessa forma, nestes Juizados, a decisão assume feição própria, particular, especial, análoga, mas não idêntica à do processo comum.[320]

Não se confunda, da mesma maneira, a tão bem empregada expressão com a *escola do direito livre*[321] ou, muito menos com o malsinado *direito alternativo* (subversão do Estado Democrático de Direito?).[322]

---

[316] FIGUEIRA JR., Joel Dias. Acesso à Justiça e tutelas de urgência. O pleno acesso à ordem jurídica justa e a efetividade do processo. *Jurisprudência Brasileira*, v. 175/61; *Jurisprudência Catarinense*, v. 73/27.
Lembramos que é propriamente nesse fator *rapidez* que o jurisdicionado encontra o maior obstáculo à consecução de sua pretensão, porquanto é esse talvez o principal ponto de estrangulamento do Poder Judiciário brasileiro (seja em âmbito federal ou estadual).

[317] PISANI, Andrea Proto. *La nuova disciplina del processo civile*. Napoli: Jovene, 1991, p. 294.

[318] Cf. STJ, REsp. 46.432/SP, rel. Min. Vicente Cernicchiaro, *DJU* 8-8-1994.

[319] MIGUEL REALE. *Folha de S. Paulo* de 31-7-1991 (opinião – tendências/debates).
Assim também escreve LUIZ SÉRGIO DE SOUZA: "(...) a equidade, quer ao nível da correção da norma, quer ao nível da integração das lacunas, não se limita aos casos de jurisdição voluntária, aplicação de leis trabalhistas, à arbitragem etc., hipóteses em que existe expressa autorização do legislador. É ela imprescindível à aplicação de uma ciência prática, tal como a dogmática jurídica moderna, em todos os seus momentos" (*O papel da ideologia no preenchimento das lacunas do Direito*. São Paulo: Revista dos Tribunais, 1993, p. 241).

[320] SOUZA, Carlos Aurélio Mota de. Juizados de Pequenas Causas: escolas de equidade. *RePro*, v. 58/116.

[321] Sobre o tema, v. LAZZARO, Giorgio. La funzione dei giudici. *Rivista di Diritto Processuale*, v. 26/6-8, 1971, especialmente quando trata do *fantasma del libero diritto*.

[322] A esse respeito, anota muito bem GILBERTO CALLADO DE OLIVEIRA, na monografia intitulada *A verdadeira face do direito alternativo*, que não se pode "(...) confundir a jurisprudência alternativa com a corrente jurisprudencial do 'movimento do direito livre' (*freirechtsbewegung*), sustentada por vários juristas alemães em princípios deste século, dentre os quais se destacam HANS WELZEL, HELMUT COING e GUSTAV RADBRUCH. Não havia – como lembra o citado professor – neste movimento motivações políticas em defesa das classes subalternas, mas a rejeição do 'dogma legalista' com objetivo

Outra não era também a orientação dominante da doutrina a respeito do art. 5º da revogada Lei n. 7.244/1984 (com idêntica redação), que harmonicamente admitia tão só a *jurisdição de direito*, sem conferir ao juiz, árbitro ou conciliador qualquer poder de decidir exclusivamente por *equidade*.[323]

Comungamos ainda da observação bem lançada por Ovídio Baptista da Silva, nos seguintes termos: "(...) temos fortes reservas a respeito da tradicional distinção entre os denominados 'juízos de direito estrito' e 'juízos de equidade'. Não nos parece que, entre eles, haja mais do que mera distinção de grau, ou de intensidade, e nunca uma diferença qualitativa. Quem tenha acompanhado com atenção o desenvolvimento da Filosofia do Direito a partir da segunda metade do século XX e tenha uma constante experiência profissional junto aos tribunais brasileiros, certamente não terá muito entusiasmo com a proclamada 'prisão' dos juízes ordinários aos esquemas legais, com que ainda sonham os espíritos formados sob o positivismo jurídico brasileiro".[324]

Não pensemos, porém, que o juiz, ao ser chamado a prestar a jurisdição – que nada mais é do que a complementação da obra de formação do próprio Direito –, nunca se defronte com o drama da *norma injusta*, que ele, em princípio, deveria aplicar, ou que exista pedido de prestação de tutela estatal, mas o ordenamento é lacunoso. Na última hipótese, o próprio sistema oferece a solução ideológica; no Código de 1973, diante da omissão legislativa, o revogado art. 126 remetia o julgador para a analogia, os costumes e princípios gerais do direito. No atual Código de Processo Civil, o dispositivo regulador da matéria traz a lume norma em aberto, isto é, não aponta quais serão os recursos hermenêuticos que o julgador haverá de utilizar para decidir diante da omissão legislativa (art. 140, *caput*); dispõe apenas em seu parágrafo único, que "o juiz só decidirá por equidade nos casos previstos em lei"[325] (redação idêntica à do art. 127 do CPC/1973 revogado).

Por sua vez, o primeiro caso, sem dúvida, apresenta-se revestido de maior complexidade. A resposta deve ser buscada pelo julgador na própria norma, mesmo conflituosa com seus parâmetros subjetivos de justiça. Para tanto, deve recorrer às técnicas de hermenêutica jurídica para chegar a um resultado comum, o mais adequado possível a sua valoração de justiça, sem afrontar o sistema posto.

Nesse ponto, deparamo-nos com outra questão: qual a base de critério a ser tomada para a valoração e como conciliar o aparente conflito entre norma x juiz?

Parece-nos que, diante desse questionamento, a valoração da justiça da norma deve explicar-se, ou melhor, ser alcançada pelo próprio preceito, em sintonia com o que podemos chamar de *valor comum* ou, ao menos, *valor prevalente* nos diversos setores componentes da sociedade. Esse sentido de *justiça comunitária* deve ser considerado tendo-se em conta que se opera numa sociedade pluralista, informada pelos princípios constitucionais de liberdade e de igualdade. Tal obra não poderá nunca levar à substituição da norma. Em outras palavras, o juiz não pode reconstruir a vontade do legislador. Ele tem, sim, o direito/dever de questionar e analisar a norma e procurar

---

exegético definido: a livre interpretação do direito oposta à aplicação mecânica do mandato do legislador" (*A verdadeira face do direito alternativo*. Curitiba: Juruá, 1995, p. 115, nota de rodapé n. 100).

Diz ainda o professor catarinense que "o direito alternativo não pode legitimar-se, portanto, nem pelo processo histórico de emancipação e de igualização das classes sociais, porque despreza a justiça em sua alta função equilibradora das exigências individuais e sociais no seio da família humana, nem pela ação dos juízes, os quais devem constituir elites propulsoras do verdadeiro progresso da ciência jurídica (*Iusti adque iniusti scientia*) e guardiães da tradição da justiça" (idem, ibidem).

[323] Nesse sentido v. Dinamarco, Cândido Rangel. *Manual das pequenas causas*. São Paulo: Revista dos Tribunais, 1986, p. 5-8; Tucci, Rogério Lauria. *Manual do Juizado Especial de Pequenas Causas*. São Paulo: Saraiva, 1985, p. 70-74; Silva, Ovídio A. Baptista da. *Juizado de Pequenas Causas*. Porto Alegre: Lejur, 1985, p. 16-18.

Contrariamente, v. a posição de Carlos A. Mota de Souza, ao defender a tese de que, nos Juizados regidos pela revogada Lei n. 7.244/1984, o acolhimento do julgamento por equidade não poderia sofrer limitações (Juizados de Pequenas Causas: escolas de equidade. *RePro*, v. 58/114-117).

[324] Silva, Ovídio A. Baptista da. *Juizado de Pequenas Causas*. Porto Alegre: Lejur, 1985, p. 17.

[325] Para nós, a *equidade* é elemento permanente a ser utilizado como critério na formação do convencimento motivado do julgador, na interpretação, integração e correção da norma ao caso concreto, sem que esse entendimento confronte com a *jurisdição de direito*, absorvido em *civil law*, e com as chancelas dos arts. 4º e 5º da Lei de Introdução às Normas do Direito Brasileiro.

de todas as formas, permanentemente, reinterpretá-la; torna-se impossível figurarmos a hipótese de uma legítima contraposição entre o juiz e o preceito normativo.

Nesses termos, concluímos então que o juiz não pode substituir os critérios da norma por critérios particulares. Para cada norma, em um determinado momento histórico, de uma determinada comunidade, só pode haver um único sentido e um único conteúdo, os quais os intérpretes e aplicadores do Direito devem atingir, por intermédio de operações hermenêuticas com o texto normativo e tendo em consideração o quadro constitucional no qual a norma encontra-se inserida.[326]

Em arremate, ao nosso sentir, a melhor exegese a ser conferida ao art. 6º da Lei em comento passa, necessariamente, pelo crivo do art. 5º da Lei de Introdução às Normas do Direito Brasileiro, de maneira a conferir, caso a caso, o verdadeiro sentido da norma; é certo que o juiz, necessariamente, ao julgar, cria e dá vida ao Direito, pois, sabidamente, é impossível que a lei contenha uma determinação plena,[327] assim como não há verdadeira justiça sem o sentir da equidade.

> **Art. 7º** Os conciliadores e juízes leigos[1] são auxiliares da Justiça,[2] recrutados, os primeiros, preferentemente, entre os bacharéis em Direito, e os segundos, entre advogados com mais de 5 (cinco) anos de experiência.[3]
>
> Parágrafo único. Os juízes leigos ficarão impedidos de exercer a advocacia perante os Juizados Especiais, enquanto no desempenho de suas funções.[4-5]

1. DA DENOMINAÇÃO UTILIZADA PELO LEGISLADOR PARA INDICAR OS NOVOS AUXILIARES DA JUSTIÇA

A figura do *conciliador* está bem dimensionada pela denominação conferida no texto infraconstitucional por se enquadrar também nos contornos previamente estabelecidos no inciso I do art. 98 da Lei Maior. Nada obstante, não foi absolutamente fiel ao espírito do constituinte, porquanto inseriu no *caput* do art. 7º da Lei n. 9.099/1995 a *preferência* por bacharéis em Direito.

A regra, portanto, para a escolha dos conciliadores, passou a recair sobre as pessoas com formação acadêmica em cursos jurídicos e, excepcionalmente, sobre os demais cidadãos, no caso, *leigos*.

Melhor teria sido, no nosso entender, que se tivesse invertido a regra a fim de permitir uma maior participação popular na administração da justiça, sobretudo por estarmos diante de demandas de valor econômico não muito expressivo e de causas de menor complexidade em que o conciliador *leigo* poderia perfeitamente articular a composição amigável, utilizando-se de bom senso, regras de experiência comum, formulando acordos dentro dos parâmetros do justo e equânime, segundo autorização contida no próprio microssistema. Diga-se de passagem, que, não raramente, quem atua nos Juizados Especiais são estudantes de Direito, jovens, em sua maioria, que não possuem a experiência de vida, o equilíbrio e a serenidade que se espera de um bom *conciliador*. Poucos são os bacharéis em Direito (não inscritos na OAB) que contribuem com os Juizados.

Não significa dizer, por outro lado, que os leigos estejam excluídos ou em segundo plano para auxiliarem a justiça especial. Na verdade, sempre que se fizer necessário, em se tratando de *justiça participativa*, há de conjugar-se o trabalho dos conciliadores leigos com os bacharéis em Direito e advogados.

O legislador foi absolutamente infeliz ao fazer uso da expressão *juiz leigo*, pois, no caso, *leigo* seria o auxiliar da justiça despido de formação jurídica, isto é, "(...) aquele que não detém o conhecimento

---

[326] Nesse sentido, v. PUNZI, Carmine. La giustizia civile: giustizia delle norme e giustizia del processo. *Rivista di Diritto Processuale*, v. 29/53-63, 1974.

[327] Cf. PÍTSICA, Nicolau Apóstolo; PÍTSICA, Diogo Nicolau. *Realismo jurídico antimetafísico de Alf Ross*: uma introdução à política jurídica. Florianópolis: Conceito Editora, 2010, p. 76.

técnico específico. É também denominado juiz de fato, em contraposição ao juiz togado, que é o que possui formação específica".[328]

Contudo, essa atecnia jurídica e linguística em que incidiu o legislador não pode nos assombrar, porquanto é sabido que nossos elaboradores de normas são, lamentavelmente, com frequência, desatentos, displicentes, descomprometidos com a boa técnica redacional e, sobretudo, com a linguagem jurídica precisa. Isso não nos causa espécie!!! Em metáfrase e resposta concordante com a manifestação de HORÁCIO WANDERLEI RODRIGUES, diríamos que *leigos são os legisladores*, não os juízes, tal como idealizados na Seção II do Capítulo II da Lei n. 9.099/1995.

Ao intérprete cabe a difícil tarefa de adequar a vontade do legislador e da lei aos fins a que se destina, dentro de seu contexto histórico, axiológico e teleológico. Aliás, essa é a tarefa dos operadores do Direito e, em particular, dos doutrinadores, que buscam a depuração de normas não raramente antinômicas (contraditórias ou ambíguas), impertinentes, inválidas ou ineficazes.[329]

Segundo NORBERTO BOBBIO, lembrado por MARCELO NEVES, o problema da inconsistência do ordenamento jurídico reside em que as "antinomias normativas resultam não apenas de relações de contraditoriedade (obrigação/permissão negativa ou proibição/permissão positiva), mas também de relações de contrariedade (obrigação/proibição)".[330]

A interpretação que merece ser dada à malsinada expressão "juiz leigo" consiste em considerá-la como indicativa de oposição ao *juiz togado*, ou seja, o advogado com mais de cinco anos de experiência. Entre o equívoco terminológico em que incidiu (mais uma vez) o legislador e a defesa da tese de que estamos diante de inconstitucionalidade, existe uma distância abismal que separa o céu do inferno.[331]

2. DOS AUXILIARES DA JUSTIÇA

O rol dos auxiliares da justiça apresentado nos arts. 149-164 do CPC (escrivão, oficial de justiça, perito, depositário, administrador e intérprete), no microssistema dos Juizados Especiais de Causas Cíveis e Criminais, é incrementado com a inclusão dos *conciliadores* e *juízes instrutores*[332] (denominados *juízes leigos*), que passam a estar subordinados ao mesmo regime jurídico para os fins determinados em lei.

3. DO RECRUTAMENTO DOS CONCILIADORES E JUÍZES INSTRUTORES (OU LEIGOS)

A formulação da proposta de conciliação e a presidência do respectivo ato processual não são tarefas tão simples quanto possa parecer à primeira vista. Conforme já dissemos anteriormente, exige a atividade serenidade, experiência de vida e equilíbrio do conciliador.

---

[328] RODRIGUES, Horácio Wanderlei. Juizados Especiais Cíveis: inconstitucionalidades, impropriedades e outras questões pertinentes. *Revista de Direito Processual Civil*, v. 1/22.
O mencionado professor da UFSC vai ainda mais além em suas severas críticas, desta feita em artigo publicado na *Folha de S. Paulo*, espirituosamente intitulado *Leigo: o juiz ou o legislador?* Nesse estudo ressalta HORÁCIO que "sabe-se hoje, frente às novas tendências linguísticas e hermenêuticas, que não existe a univocidade significativa das palavras da lei. Isso não permite, no entanto, o desrespeito, em textos legais, do seu significado de base. Aceitar a atribuição aleatória de novos sentidos a expressões com significado histórico ou técnico consagrado, como a palavra 'leigo', põe em risco um dos mais altos valores da democracia: a segurança jurídica (...)" (Espaço *Data Venia*, de 20-1-1996).

[329] Sobre essas distinções, v. NEVES, Marcelo. *Teoria da inconstitucionalidade das leis*. São Paulo: Saraiva, 1988, p. 32-53.

[330] Cf. *Teoria della norma giuridica*, p. 236-240 (apud NEVES, Marcelo. *Teoria da inconstitucionalidade das leis*. São Paulo: Saraiva, 1988, p. 38).

[331] Sem razão, em nosso entender, HORÁCIO W. RODRIGUES, ao defender a tese da inconstitucionalidade do dispositivo em questão (cf. Juizados Especiais Cíveis: inconstitucionalidades, impropriedades e outras questões pertinentes. *Revista de Direito Processual Civil*, v. 1/25-26).

[332] Preferimos assim denominar esses novos auxiliares da justiça por ser a expressão muito mais compatível com as atividades que serão exercidas por eles, a exemplo do que se verifica no Direito italiano (cf. CPC, art. 168, *bis et seq.*). Para maior aprofundamento sobre as funções e poderes conferidos pela Lei n. 9.099/1995 aos *juízes instrutores*, remetemos o leitor para nossos comentários ao art. 37 (n. 1).

Para a consecução de um acordo satisfatório com os litigantes, o conciliador deve ter conhecimento pleno da matéria de fato objeto da controvérsia, a fim de que possa dialogar com as partes ou seus procuradores, mostrar as vantagens e desvantagens da autocomposição, os riscos e possíveis dificuldades com o prosseguimento da demanda etc.

Ora, se o legislador optou por *bacharéis em Direito*, o conciliador, sempre que possível, deverá demonstrar ser detentor de bons conhecimentos jurídicos e, preferencialmente, vocacionado para a Magistratura e a prática da autocomposição.

Significa dizer que não basta o saber jurídico; a isso devemos acrescer o requisito da tendência conciliatória como perfil marcante da personalidade do conciliador.

Nada obsta, porém, que se faça um recrutamento (sempre baseado em critérios previamente estabelecidos por norma) entre estagiários de Direito do último ano do curso acadêmico, os quais poderão, inclusive, funcionar em setores específicos de prática forense das próprias universidades,[333] ou, ainda, entre alunos das escolas de Magistratura. Para estes últimos, seria até de bom alvitre que os regulamentos de concurso de ingresso na carreira judicial exigissem certo período de prestação de serviços perante os Juizados Especiais.

Por outro lado, no que se refere aos juízes leigos, em face dos resultados de suas atividades, as quais transcendem o plano meramente conciliatório, devem ser recrutados entre advogados regularmente habilitados no órgão de classe e que apresentem em seu currículo, no mínimo, cinco anos de efetiva prática forense,[334] valendo lembrar que o árbitro será escolhido dentre esses juízes (art. 24, § 2º).

Mas não basta o recrutamento desses juízes instrutores. As leis locais deverão dispor criteriosamente a respeito do ingresso e seleção desses profissionais nos quadros de auxiliares da justiça, bem como sobre a realização de cursos preparatórios e de constante aperfeiçoamento, tudo harmonizado entre as presidências dos respectivos tribunais, corregedorias-gerais de justiça, escolas de Magistratura, academias judiciais, membros dos colégios recursais e seccional da Ordem dos Advogados do Brasil.[335]

Para tanto, o Conselho Nacional de Justiça baixou a Resolução n. 125/2010 que "dispõe sobre a Política Judiciária Nacional de tratamento adequado dos conflitos de interesses no âmbito do

---

[333] A redação do art. 94 da Lei n. 9.099/1995, aliás, estimula a criação dessas unidades jurisdicionais ao dispor que "os serviços de cartório poderão ser prestados, e as audiências realizadas fora da sede da comarca, em bairros ou cidades a ela pertencentes, ocupando instalações de prédios públicos, de acordo com audiências previamente anunciadas".
Por outro lado, a Portaria do MEC 1.886, de 30-12-1994, que *fixa as diretrizes curriculares e o conteúdo mínimo do curso jurídico*, estimula a prática forense por meio da formação de convênios e em Juizados Especiais que venham a ser instalados em dependências da própria instituição de ensino superior (art. 10, § 2º), incluindo-se nas atividades do estágio supervisionado a arbitragem e a conciliação (art. 11). Para aprofundamento sobre esse tema, v. RODRIGUES, Horácio Wanderlei. *Novo currículo mínimo dos cursos jurídicos*. São Paulo: Revista dos Tribunais, 1995.

[334] Comparativa e exemplificativamente, citamos o art. 67 da Lei dos Juizados Especiais do Estado do Mato Grosso do Sul, que dispunha sobre o recrutamento e remuneração destes juízes, *in verbis*: "Art. 67. Os Juízes não togados serão nomeados por ato do Presidente do Tribunal de Justiça, pelo período renovável de dois anos, gratificados na forma estabelecida pelo Tribunal e escolhidos de lista elaborada pela Seccional da Ordem dos Advogados do Brasil e das Turmas Recursais e, onde não houver estas, por Juízes Diretores do Foro. § 1º Para fins deste artigo o Presidente do Tribunal oficiará à Seccional da Ordem dos Advogados do Brasil, às Turmas Recursais e aos Juízes Diretores de Foro, para que forneçam a lista indicativa dos nomes, no prazo de dez dias. § 2º Vencido o prazo do parágrafo anterior e não atendida a solicitação pela Ordem dos Advogados do Brasil, o Presidente do Tribunal de Justiça nomeará os nomes indicados pelas Turmas Recursais e pelos Juízes Diretores de Foro".

[335] No sistema italiano, por exemplo, os requisitos para ingresso no cargo de *Giudice di pace* (cuja competência por valor e por matéria é semelhante a do nosso *juiz leigo*) são basicamente os seguintes: a) ser cidadão italiano; b) estar no efetivo exercício de seus direitos civis e políticos; c) não ter sido condenado por crime doloso ou pena de prisão por contravenção e não ter sido nunca colocado sob medida de prevenção ou de segurança; d) ter idoneidade física e psíquica; e) idade não inferior a 40 e não superior a 73 anos; f) residir na respectiva comarca; g) ser bacharel em Direito; h) não exercer outra atividade dependente, seja pública ou privada (cf. Lei n. 374, de 21-11-1991, n. 5, atualizada pela Lei n. 468, de 24-11-1999).
A citada lei italiana dispõe também no item 6, detalhadamente, a respeito dos cursos de preparação e aperfeiçoamento destes juízes e dos serventuários que atuam na área da chamada *giustizia minore*.

Poder Judiciário e dá outras providências" e, em seu "Anexo I", versa sobre os cursos de capacitação e aperfeiçoamento para conciliadores e mediadores.

4. DO IMPEDIMENTO AO EXERCÍCIO DA ADVOCACIA

Para garantir a imparcialidade do juiz instrutor (leigo) e oferecer maior segurança aos jurisdicionados, a lei proíbe expressamente que o bacharel exerça a advocacia perante qualquer dos Juizados Especiais da comarca onde funciona como auxiliar da Justiça, enquanto indicado para o desempenho de suas funções.

Há de ressaltar que essa atividade é meramente facultativa, e não um múnus imposto pelo sistema aos advogados, ou seja, trata-se de colaboração voluntária.

5. DA NÃO EXISTÊNCIA DE INCOMPATIBILIDADE ENTRE AS FUNÇÕES DE ADVOGADO E DE AUXILIAR DA JUSTIÇA

A Ordem dos Advogados do Brasil, por meio de seu Conselho Federal, acolheu, em 12 de fevereiro de 1996, a proposição CP 4.062/1995 (de autoria do Cons. GUARANY DA SILVA FREITAS), no processo CP 4.063/1995, em que foram relatores os Conselheiros PAULO ROBERTO DE GOUVÊA MEDINA, de Minas Gerais, e ARX DA COSTA TOURINHO, da Bahia, *por maioria de votos*, para "considerar que os juízes leigos estão incompatibilizados para o exercício da advocacia".[336]

Assim entenderam os conselheiros porque se trata de servidores do Poder Judiciário, tendo incidência, por conseguinte, a norma prevista no art. 28, IV, da Lei n. 8.906, de 4-7-1994 (Estatuto da OAB). Afastou-se a aplicabilidade do parágrafo único do art. 7º da Lei n. 9.099/1995, por aceitação do princípio de que a lei posterior geral não derroga a lei anterior especial.

A deliberação foi, sem dúvida, preocupante, haja vista dificultar sobremaneira o bom funcionamento dos Juizados estaduais, que contavam (e contam) com a colaboração de toda a comunidade e, em particular, com os advogados na consecução de uma justiça mais simples, informal, célere e econômica.

Sempre defendemos a tese da inexistência de incompatibilidade entre as funções de advogado e aquela de auxiliar da justiça, nos termos delineados no art. 7º da Lei n. 9.099/1995,[337] desde que ressalvadas algumas hipóteses que serão analisadas no decorrer deste estudo.

A primeira delas respeita a impossibilidade (impedimento legal) de que o conciliador (auxiliar da justiça) que assim atuou, no curso do processo, passe a exercer, no mesmo feito, as funções de advogado de uma das partes litigantes, por violação ao disposto no art. 7º da Lei n. 9.099/1995, em sintonia com os arts. 144, I e 148, ambos do CPC.[338]

Mais recentemente, o Conselho Federal da Ordem dos Advogados do Brasil passou a revisar a decisão anteriormente proferida na Proposição 4.062/1995 e, finalmente, reitera a declaração do próprio texto insculpido na Lei n. 9.099/1995, qual seja a inexistência de incompatibilidade entre o exercício da advocacia e as funções de juiz leigo.[339]

---

[336] É o seguinte o teor da ementa, *in verbis*: "O parágrafo único do art. 7º da Lei n. 9.099, de 26-9-1995, que fixa impedimentos para os Juízes leigos, quando no exercício da advocacia, não pode derrogar o inciso IV do art. 28 da Lei n. 8.906, de 4-7-1994 (EOAB), por aplicação do princípio *lex posterior generalis no derogat legi priori speciali*. A norma posterior aludida quebra a sistematização jurídica na seleção da advocacia, com graves reflexos para a comunidade, devendo, pois, o Conselho Federal da OAB manifestar orientação aos Conselhos Seccionais para que apliquem o EOAB em detrimento do parágrafo único do art. 7º da Lei n. 9.099/1995. Matéria que sofreu destaque em razão da urgência" (cf. *DJU* 19-4-1996).

[337] Cf. nossos *Comentários à Lei dos Juizados Especiais Cíveis e Criminais*. São Paulo, Revista dos Tribunais, 2000, art. 7º, item n. 5, p. 188-193.

[338] Cf. 5ª T. de Recursos-SC, Ap.Civ. 1.373, Barra Velha, rel. Juiz Carlos Adilson Silva, v.u. 5-11-2001.

[339] Nesse tópico, a ementa assim está redigida: "(...) O exercício, sem caráter permanente, de funções de juiz leigo em Juizado Especial, por serem privativas de advogado, não gera a incompatibilidade prevista no art. 28, IV, do EOAB, mas apenas impedimento para exercer a advocacia na área daqueles juizados (...)" (Processo OE 031/1995, Ementa 07/1999/COP, j. 17-5-1999, por maioria).

É a tendência universal do processo civil moderno em cada vez mais incrementar a participação popular na prestação da tutela jurisdicional como forma alternativa de busca da composição dos conflitos de interesses, pela transação ou conciliação. É a chamada "justiça participativa", que a cada dia adquire mais corpo, seja nos sistemas da *common law* ou da *civil law*.

Registra-se também que inexiste incompatibilidade do dispositivo objeto desses comentários com qualquer dos incisos do art. 28 do EOAB, em especial com o inciso IV. Esse dispositivo incompatibiliza os advogados a exercerem atividades relacionadas com a ocupação de "cargos ou funções[340] vinculadas direta ou indiretamente a qualquer órgão do Poder Judiciário e os que exercem serviços notariais e de registro". A restrição imposta pelo estatuto é absolutamente perfeita. O advogado, nesses casos, ingressa simplesmente com suas atividades de *instrutor*, como mero colaborador (auxiliar) da justiça, sem que isso signifique estar integrando cargo ou função vinculados de alguma forma ao órgão do Poder Judiciário.

Para dirimir o equívoco traçado pelo Conselho Federal da OAB, havemos de distinguir, ao menos em linhas gerais, as atividades de *auxiliares ou meros colaboradores* da justiça daquelas de *ocupação* de cargos ou funções vinculadas ao Poder Judiciário. Estes podem ser exemplificados pelos escrivães e oficiais de justiça, enquanto os primeiros, pelos intérpretes ou peritos.

Um dos critérios, e o principal, a ser utilizado para fazer a distinção entre os dois tipos de colaboradores reside na temporalidade, ou seja, enquanto uns são *definitivos*, outros são *interinos*.

Na lição de Celso Agrícola Barbi, "a expressão auxiliares é genérica, tendo como objetivo incluir todos aqueles que, em caráter permanente, colaboram nos processos, no desempenho de cargos públicos, como o escrivão, o oficial de Justiça, o distribuidor, o contador, o partidor; *e outros que, mesmo sem vínculo permanente com o serviço público, eventualmente colaboram nos processos, mediante ato de nomeação para cada caso, como o perito, o administrador*".[341]

Como dizia Carnelutti, são os *auxiliares processuais* pessoas que, sem integrarem a composição permanente do Poder Judiciário, intervêm no processo para desempenhar certas funções.[342] Segundo Crisanto Mandrioli, esses "auxiliares do juiz" (*ausiliari del giudice*) não aparecem na organização estável do ofício judiciário, mas recebem *encargos ocasionais*.[343] Em outras palavras, são *sujeitos estranhos ao órgão judiciário*, dos quais o juiz de direito poderá necessitar.[344]

Em conclusão, *auxiliares* não são funcionários públicos, mas sim um *privado* (no caso, os conciliadores e juízes leigos) *temporariamente encarregado de uma função pública*.[345]

Portanto, até mesmo o que poderíamos denominar óbice "político-jurídico", no que tange à atuação do advogado como auxiliar da justiça para o exercício das atividades de *juiz instrutor* (juiz leigo), encontra-se superado pela decisão referida do Conselho Federal da Ordem, qual seja a de que não advogue na área do respectivo Juizado, sob pena de impedimento, nos termos do que já dispõe, diga-se de passagem, o parágrafo único do art. 7º da Lei n. 9.099/1995.

Se anteriormente não havia óbice no que concerne à atuação do *advogado* como *conciliador*, isto é, quando da proposição acolhida pelo Conselho Federal da Ordem dos Advogados do Brasil, em 12 de fevereiro de 1996 (CP 4.062/1995), após o advento da decisão revisional datada de 17 de maio de 1999 (Ementa 7/99/COP), o aludido órgão posicionou-se no sentido de que "(...) Por não se tratar de função privativa de advogado, mas que deve ser cometida, preferencialmente, a bacharel em direito, *implica incompatibilidade e não apenas impedimento* (...)" (grifei).

---

[340] Observamos a atecnia dessa expressão aqui empregada, porquanto *função* jamais se *ocupa*, sempre se *exerce*. Cargos são ocupados; funções são exercidas.

[341] Barbi, Celso Agrícola. *Comentários ao Código de Processo Civil*. v. 1. Rio de Janeiro: Forense, 1981, p. 563, n. 762, art. 139.

[342] Assim, também, v. Rosa, Eliézer. *Dicionário de processo civil*. Verbete "Auxiliares processuais". Rio de Janeiro: Editora de Direito, 1957, p. 137.

[343] Mandrioli, Crisanto. *Corso di diritto processuale civile*. v. 1. Torino: G. Giappichelli, 1993, p. 262, n. 43.

[344] Cf. Lugo, Andrea. *Manuale di diritto processuale civile*. Milano: Giuffrè, 1992, p. 73, n. 45.

[345] No mesmo sentido, v. Andrioli, *Diritto*, v. 1, p. 220; Micheli, *Corso*, p. 165, e Vellani, *Ausiliari*, p. 1543 apud Picardi, Nicola (e colaboradores). *Codice di Procedura Civile*. Milano: Giuffrè, 1994, art. 68, p. 333, n. 1.

Com essa nova orientação, ao menos em nível federal, o Conselho fecha praticamente as portas para os advogados atuarem prestando importante colaboração como auxiliares da justiça na qualidade de *conciliadores*, tendo-se em conta que a incompatibilidade obstaria o exercício da própria advocacia, segundo a malsinada decisão.

Contudo, diversos Conselhos Estaduais, sensíveis aos problemas locais e à importância dos trabalhos comunitários prestados pelos advogados na consecução dessa nova realidade jurisdicional e à magnitude do que se convencionou denominar *justiça participativa*, têm procurado minimizar os rigores da orientação superior e orientado os membros da classe interessados em prestar a colaboração (sempre gratuita) ao Judiciário que assim o façam, mas que não exerçam o mister nas respectivas unidades jurisdicionais, a exemplo da regra insculpida no parágrafo único do art. 7º da Lei n. 9.099/1995.[346]

Essa, aliás, parece-nos a melhor orientação, inclusive de cunho jurídico, social, ético e político, evitando-se assim qualquer possibilidade de aferição de vantagem (mínima que seja) por parte do advogado no exercício de suas atividades normais naquela mesma vara, eventual captação de clientela etc.[347] Por outro lado, cumpre-se o papel sociopolítico constitucional com a participação popular nos Juizados Especiais, conferindo-lhe informalidade, simplicidade e maior celeridade. Nos demais Estados, enquanto não superado o tormentoso impasse criado pelo Conselho Federal da OAB, cuja orientação foi passada para todos os Conselhos Seccionais, aos advogados cabe a observância da regra ou o inconformismo a ser manifestado por mandado de segurança.[348]

O Superior Tribunal de Justiça, por sua vez, já firmou orientação para admitir a inscrição de bacharel em Direito no órgão de classe, compatibilizando as funções de conciliador com a de advogado, ressalvado o exercício no próprio Juizado Especial,[349] e, no mesmo sentido, o entendimento

---

[346] Assim também o Enunciado 40 do FONAJE: "O conciliador ou juiz leigo não está incompatibilizado nem impedido de exercer a advocacia, exceto perante o próprio Juizado Especial em que atue ou se pertencer aos quadros do Poder Judiciário".

[347] Mesmo diante da inexistência de qualquer restrição estatuída na Lei n. 9.099/1995, entendemos que seja de bom alvitre que os Tribunais de Justiça, por questões éticas e deontológicas, definam administrativamente, isto é, através de normas internas, a proibição do exercício da advocacia por parte dos conciliadores advogados ou estagiários inscritos na Ordem, nos Juizados Especiais ou varas com competência cumulativa em que exerçam essas funções de auxiliares da justiça.

[348] A título exemplificativo, o Conselho da Ordem dos Advogados do Brasil, Seção de Santa Catarina, licenciou de seus quadros o advogado F. F. M., nomeado na comarca de Rio do Sul para exercer as funções de juiz leigo. Inconformado, o causídico interpôs mandado de segurança contra o referido ato decisório junto à 2ª Vara da Circunscrição Judiciária Federal, em Florianópolis (autos n. 98.0000080-1), em que obteve a concessão de liminar proferida pelo Juiz Carlos Alberto da Costa Dias, datada de 19 de janeiro de 1998, suspendendo-se os efeitos do malsinado decisório do Conselho Estadual. Foi ainda mais além o Conselho catarinense, quando firmou orientação radical no decorrer de 1998 e estabeleceu a incompatibilidade absoluta entre as funções de conciliador e juiz leigo com a de advogado. Com esse entendimento, prestou-se um desserviço aos jurisdicionados e afrontou-se a tendência universal do processo civil contemporâneo, matizado por uma justiça participativa e heterogênea, voltada à autocomposição e à busca de mecanismos alternativos de soluções de conflitos. Essa decisão aparece na contramão da história dos nossos Juizados, desarmoniza-se com a própria orientação fixada pelo Conselho Federal, que até então nunca viu (acertadamente) obstáculo, impedimento ou inconveniente no exercício das funções de advogado e as atividades de conciliador (ressalvando apenas a incompatibilidade para advogar no mesmo Juizado), além de não distinguir os meros auxiliares da justiça daqueles que ocupam cargo ou exercem especificamente função pública no Judiciário, sem contar com a violação flagrante ao próprio art. 7º da Lei n. 9.099/1995. Relata-se, ainda, entre tantos casos, o mandado de segurança coletivo interposto pelo Ministério Público Federal contra o Presidente da Ordem dos Advogados do Brasil, Seção do Rio Grande do Sul (autos n. 7100009133-9), tendo por objeto a compatibilidade do exercício da advocacia e o desempenho das funções de conciliador e juiz leigo perante os Juizados Especiais, em face da ameaça apontada pela OAB/RS de processo disciplinar contra os advogados e estagiários que desempenhavam estas funções. Com base no art. 6º, inciso VI, da LC 75/1993 e art. 7º da Lei n. 9.099/1995, e considerando a existência de precedentes (v.g. TRF 4ª Região, 2ª T., MS 890416184-3/PR, rel. Juíza Dias Cassales), foi deferida a liminar e concedida a ordem pelo Juiz Federal Paulo Henrique de Carvalho, Juiz Federal da 2ª Vara de Porto Alegre (20-5-1999).

[349] "Recurso especial. Alínea *a*. Mandado de segurança. Bacharel em direito. Nomeação para a função de conciliador no Juizado Especial Cível. Inscrição na Ordem dos Advogados do Brasil. Possibilidade. Impedimento relativo (art.

do Tribunal Regional Federal da 1ª Região,[350] dentre outras Cortes de justiça que assim também chancelaram a sua jurisprudência.

Em arremate, havemos de anotar que, mais uma vez, o Conselho Federal, com a devida vênia, deixou de ser coerente ao fixar a sua orientação a respeito dessa matéria, tendo em vista desconsiderar o verdadeiro cerne da questão, que é a igualdade legal, respaldada no art. 7º da Lei n. 9.099/1995, entre o conciliador e juiz leigo, quando advogados, *ambos* considerados *auxiliares da justiça*, para todos os efeitos. Seguindo ainda uma linha de coerência e lógica, deveriam proibir também, com base no mesmo art. 28, IV, do EOAB, que os advogados atuassem nos processos como peritos, árbitros, síndicos de massa falida, comissários das concordatas, inventariantes etc. Pergunta-se: por que não o fazem? Por certo, existem outros interesses, quiçá corporativistas...

Objetivando manter a imparcialidade do juiz não togado ou árbitro e a independência do próprio advogado, o parágrafo único do art. 7º determina que eles ficarão impedidos de exercer a advocacia perante os Juizados Especiais enquanto no desempenho de suas funções. Trata-se, aliás, de norma em sintonia com o disposto no art. 28, II, da Lei n. 8.906/1994.[351]

O Tribunal Regional Federal da 4ª Região (assim como outras Cortes Federais), em mandados de segurança, por diversas vezes já se manifestou a respeito da inscrição na OAB de conciliadores atuantes nos Juizados Especiais, analisando a matéria da *incompatibilidade relativa* sob o enfoque das Leis 8.906/1994 e 9.099/1995, *in verbis*: "A norma do art. 28, inciso II, da Lei n. 8.906/1994, foi revogada, por força do art. 2º, § 1º, da Lei de Introdução ao Código Civil [Lei de Introdução às Normas do Direito Brasileiro], pelo art. 7º da Lei n. 9.099/1995, que estabelece incompatibilidade relativa entre o exercício da advocacia e as atividades perante os Juizados Especiais. Aos conciliadores – que não julgam – aplica-se igualmente o art. 7º referido, porque a finalidade da regra que estabelece as incompatibilidades é de coibir o exercício concomitante de funções judicantes com a advocacia. Deferida a inscrição da impetrante no quadro da OAB, mesmo porque, sendo irrisória a remuneração dos conciliadores que atuam perante os Juizados Especiais, não se pode exigir que o profissional deixe de exercer a advocacia para dedicar-se exclusivamente àquela atividade (...)".[352]

Pelas razões expostas e notadamente por questões éticas e deontológicas, parece-nos de boa índole que nada obstante a inexistência de restrição definida na Lei n. 9.099/1995, o conciliador, se

---

28 do Estatuto da Advocacia e da OAB – Lei n. 8.906/1994). Não se conforma a Ordem dos Advogados do Brasil – Seccional do Rio Grande do Sul com o *decisum* da Corte de origem que autorizou a inscrição da impetrante, bacharel em Direito, no mencionado órgão de classe, nada obstante exerça a função de conciliadora do Juizado Especial Cível. O bacharel em Direito que atua como conciliador e não ocupa cargo efetivo ou em comissão no Judiciário, não se subsume às hipóteses de incompatibilidade previstas no art. 28 do Estatuto dos Advogados e da OAB (Lei n. 8.906/1994).

"A vedação, como não poderia deixar de ser, existe tão somente para o patrocínio de ações propostas no próprio juizado especial. Esse impedimento, de caráter relativo, prevalece para diversos cargos em que é autorizado o exercício da advocacia, a exemplo dos procuradores do Distrito Federal, para os quais é defeso atuar nas causas em que for ré a pessoa jurídica que os remunera. Hodiernamente, a questão não enseja maiores digressões, visto que a controvérsia já restou superada até mesmo no âmbito do Conselho Federal da Ordem dos Advogados do Brasil. Recurso especial não conhecido" (REsp 380176/RS, 2001/0155442-0, rel. Min. Franciulli Netto, *DJU* 23-6-2003, v.u., p. 311).

[350] TRF 1ª Região, 8ª T., AC 2002.410002129-5/RO, rel. Des. Maria do Carmo Cardoso, *IOB Jurídico*, 14-5-2009.

[351] Assim está redigido o inciso II do art. 28 do EOAB: "Art. 28. A advocacia é incompatível, mesmo em causa própria, com as seguintes atividades: (...) II – membros de órgãos do Poder Judiciário, do Ministério Público, dos tribunais e conselhos de contas, dos juizados especiais, da justiça de paz, juízes classistas, bem como de todos os que exerçam função de julgamento em órgãos de deliberação coletiva da administração pública direta e indireta; (...)".

[352] TRF 4ª Região, 4ª T., AMS 1999.71.00.009622-2/RS (00077851), rel. p/ Ac. Juíza Silvia Goraieb, rel. Juiz Valdemar Capeletti, j. 25-7-2000, *DJU* 11-10-2000, p. 403, unânime; idem TRF 4ª Região, 3ª T., AMS 1999.71.00.027818-0/RS (00079087), rel. Juíza Marga Inge Barth Tessler, j. 30-11-2000, *DJU* 10-1-2001, p. 158; idem TRF 4ª Região, 3ª T., AMS 1998.04.01.063286-7/SC (00075355), rel. Juiz Sérgio Renato Tejada Garcia, j. 30-3-2000, *DJU* 3-5-2000; idem TRF 5ª Região, 4ª T., AMS 75024/RN (200084000056275), rel. Des. Federal Carlos Rebêlo Júnior, j. 20-8-2002, m.v., *DJU* 26-12-2002, p. 235.

advogado, não deva atuar perante qualquer unidade dos Juizados Especiais da mesma comarca; as leis estaduais poderão dispor nesse sentido.[353]

Ressalta-se, mais uma vez, em face da importância do tema, que as atividades conciliatórias não são privativas de bacharéis em Direito ou advogados. Pelo contrário, não existe uma relação de pertinência absoluta entre as duas funções, não apenas porque a lei deixa de fazer tal exigência, mas sobretudo porque o importante é a formação, o perfil, a personalidade pacificadora, a experiência de vida, a serenidade, a capacidade de negociação e autocomposição do conciliador.

Na verdade, o ideal seria que, além dos requisitos acima assinalados, os conciliadores tivessem uma formação interdisciplinar, especialmente em ciências sociais e humanas, sem que isso importasse, necessariamente, a participação de profissional com nível de escolaridade superior. Bastaria que o Poder Judiciário em cada estado, sensível a essa realidade, promovesse cursos de formação e aperfeiçoamento de conciliadores, utilizando-se de professores especializados em comunicação humana, psicologia, técnicas de negociação, mediação e autocomposição.

Seção III
Das Partes

> **Art. 8º** Não poderão ser partes, no processo instituído por esta Lei, o incapaz, o preso, as pessoas jurídicas de direito público, as empresas públicas da União, a massa falida e o insolvente civil.[1]
>
> § 1º Somente serão admitidas a propor ação perante o Juizado Especial: (Redação dada pela Lei n. 12.126, de 2009)
>
> I – as pessoas físicas capazes,[2,3,4] excluídos os cessionários de direito de pessoas jurídicas; (Incluído pela Lei n. 12.126, de 2009)[5]
>
> II – as pessoas enquadradas como microempreendedores individuais, microempresas e empresas de pequeno porte na forma da Lei Complementar n. 123, de 14 de dezembro de 2006; (Redação dada pela Lei Complementar n. 147, de 2014)[6]
>
> III – as pessoas jurídicas qualificadas como Organização da Sociedade Civil de Interesse Público, nos termos da Lei n. 9.790, de 23 de março de 1999; (Incluído pela Lei n. 12.126, de 2009)[7]
>
> IV – as sociedades de crédito ao microempreendedor, nos termos do art. 1º da Lei n. 10.194, de 14 de fevereiro de 2001. (Incluído pela Lei n. 12.126, de 2009)[8]
>
> § 2º O maior de dezoito anos poderá ser autor, independentemente de assistência, inclusive para fins de conciliação.[9]

1. DA CAPACIDADE DE ESTAR EM JUÍZO. PRESSUPOSTOS PROCESSUAIS DE VALIDADE

Para que a *relação processual* torne-se *existente* e *válida*, isto é, hábil a produzir todos os efeitos no plano jurídico e fatual, permitindo às partes a obtenção de uma sentença de mérito (CPC, art. 487),

---

[353] Também no Processo 31/1995-OE, em que foi relator o Conselheiro PAULO LUIZ NETTO LOBO, o Conselho Federal da OAB manifestou-se no sentido de que, se o conciliador for bacharel em Direito regularmente inscrito na Ordem, ficará impedido de atuar profissionalmente nos respectivos Juizados (cf. *DJ* 20-4-1996, p. 10.338).
Oxalá soprem novos e bons ventos para remover essa nuvem escura que acabrunha os nossos Juizados, trazendo luzes de esperança para uma justiça efetiva e participativa neste novo milênio. Doutrinariamente assim desejamos, enquanto faticamente os jurisdicionados aguardam com anseio.

faz-se mister que alguns requisitos específicos sejam atendidos. Esses requisitos ou elementos que conferem ao processo existência e validade são tecnicamente denominados *pressupostos processuais*.[354]

O dispositivo em estudo repete literalmente o teor do art. 8º da revogada Lei n. 7.244/1984, impondo limitações à atuação de certas pessoas na justiça especializada, em face das peculiaridades qualitativas apresentadas, ontologicamente ligadas às suas próprias características.

Diante da qualidade especialíssima dessas pessoas que irão integrar as relações processuais em regra mais complexas, exige-se a instauração de um procedimento mais amplo à cognição da matéria objeto da lide.

Assim, não poderão integrar a relação processual dos Juizados Especiais Cíveis, seja nos polos ativo ou passivo, os absolutamente incapazes (nem mesmo se representados por quem de direito), o preso, as pessoas jurídicas de direito público,[355] as empresas públicas da União,[356] a massa falida e o insolvente civil (estes dois últimos em face da universalidade dos juízos) e as pessoas jurídicas de direito privado, exceto as microempresas e as empresas de pequeno porte (cf. art. 74 da Lei Complementar n. 123, de 14-12-2006).[357]

Nesse sentido, a cessão de crédito entre pessoas jurídicas de pequeno porte ou microempresas, ou, ainda, entre elas e pessoas físicas, há de ser admitida, porquanto detentoras da mesma natureza e capacidade para estar em sede de Juizados Especiais, para integração do polo ativo das demandas.

Não há que confundir aqui legitimidade ativa *ad causam* com *capacidade para estar em juízo*. Esta corresponde a *pressuposto processual de validade*; aquela, a uma das *condições da ação*.

Preleciona THEREZA ALVIM que "(...) no campo do direito material, todos podem ser titulares de direitos ou assumir obrigações, mesmo quando não possam exercê-los, por si, quando, então, deverão ter representantes ou ter a capacidade civil integrada, conforme a hipótese. O mesmo ocorre nas relações jurídicas processuais; uma vez que o conceito de parte processual restringe-se estritamente a este âmbito".

---

[354] Não nos debruçaremos sobre esse tema, porque fugiríamos do alcance e dos objetivos deste estudo. Limitamo-nos a assinalar apenas que a identificação e classificação dos pressupostos processuais na doutrina, nacional ou estrangeira, são as mais variadas possíveis. Assim, a respeito das diversas concepções, v. JORGE LUÍS DALL'AGNOL, em monografia intitulada *Pressupostos processuais* (Porto Alegre: Lejur, 1988, p. 25-35).

Assinalamos com brevidade nosso entendimento no sentido de classificar os pressupostos processuais com base no critério da *pertinência*, em que subdividimos os pressupostos entre os de *existência* (jurisdição; capacidade postulatória – quando exigida, no caso dos Juizados; requerimento ou petição inicial e citação) e os de *validade* (juízo absolutamente competente; juiz imparcial ou sem impedimento; capacidade e legitimação processual; requerimento ou petição inicial válidos e citação válida).

Essa classificação pode ser ainda subdividida com base em outros dois critérios: a) *subjetivo*, que toma por base os sujeitos da relação processual (juiz e partes); b) *objetivo*, que se baseia nos elementos da relação processual, podendo ainda subdividir-se em *intrínsecos* e *extrínsecos*.

Cf. FIGUEIRA JR., Joel Dias. Comentários ao Código de Processo Civil. v. 4. t. II. São Paulo: Revista dos Tribunais, 2001, art. 282, n. 2.1, p. 30-31.

[355] Já se decidiu no sentido de que "(...) O acesso aos Juizados Especiais sofre limitações *ratione personae*, não podendo figurar no polo passivo da relação processual as pessoas jurídicas de direito público, *ex vi* do art. 8º da Lei n. 9.099/1995. Competência absoluta da Justiça Comum. Remessa conhecida, mas para decretar a nulidade da sentença proferida por Juiz incompetente e, de consequência determinar que os autos sejam encaminhados ao Juiz competente. Por maioria de votos" (TJGO, 2ª CC, Duplo Grau de Jurisdição 6478-9/195, Bela Vista de Goiás, rel. Des. Fenelon Teodoro Reis, j. 3-8-2000, *DJE* 12-9-2000, p. 16).

[356] A Súmula 254 do STJ dispõe sobre a impossibilidade de órgãos da Justiça Estadual apreciarem a decisão de instância federal que tenha excluído um órgão público federal de um determinado processo, e assim está redigida: "A decisão do Juízo Federal que exclui da relação processual ente federal não pode ser reexaminada no Juízo Estadual".

[357] Deve-se atentar para o fato de que a Lei Complementar n. 123, de 14-12-2006 (art. 89), revogou expressamente as Leis 9.317/1996 e 9.841/1999, dispondo em seu art. 74, *in verbis*: "Art. 74. Aplica-se às microempresas e às empresas de pequeno porte de que trata esta Lei Complementar o disposto no § 1º do art. 8º da Lei n. 9.099, de 26 de setembro de 1995, e no inciso I do *caput* do art. 6º da Lei n. 10.259, de 12 de julho de 2001, as quais, assim como as pessoas físicas capazes, passam a ser admitidas como proponentes de ação perante o Juizado Especial, excluídos os cessionários de direito de pessoas jurídicas".

E prossegue a eminente professora paulista: "A lei processual estipula requisitos (próprios) para que a parte possa ser considerada constituída, a fim de que o processo se possa desenvolver validamente, denominando o preenchimento do que estabelece, de capacidade para estar em juízo".[358]

A norma contida no art. 8º da Lei n. 9.099/1995 disciplina processualmente a *capacidade para estar em juízo*, e não a *legitimidade para ser parte em juízo*. Portanto, a matéria versada no citado artigo dispõe, tão somente, sobre *pressupostos processuais de validade*.

Legitimidade para figurar no polo ativo ou no polo passivo das demandas cognitivas qualquer uma das pessoas enumeradas no art. 8º desta lei a possui, posto que a *legitimidade para agir* diz respeito à pertinência subjetiva que deve vigorar entre o sujeito que formula pretensão na qualidade de autor e aquele outro, que deverá suportar, ao menos em tese, o ônus da sucumbência.

Portanto, legítimos para agir ou reagir nas relações jurídicas processuais são quaisquer daquelas pessoas. O que a Lei n. 9.099/1995 não admite é que integrem a relação no microssistema dos Juizados Especiais.

Assinala-se também que perante o Juizado Especial Cível não é admitida a integração da capacidade para estar em juízo. Não admitida a integração de capacidade, todas as pessoas já referidas neste artigo só poderão estar perante os Juizados Especiais com capacidade plena. Integração de capacidade somente nos moldes dos processos disciplinados pelo CPC.[359]

Se no curso do processo sobrevier algum dos impedimentos constantes deste artigo, extinguir-se-á o processo sem resolução do mérito (art. 51, inciso IV) ou, se for possível reaproveitá-lo, deverá o juiz remetê-lo para redistribuição ao juízo competente.

Acerca do tema pertinente à representação das partes, em audiência, através de advogado, remetemos o leitor aos nossos comentários aos arts. 20, 23 e 51 da Lei n. 9.099/1995.

2. DA EXCLUSÃO DAS PESSOAS JURÍDICAS DO POLO ATIVO DA DEMANDA

A regra geral é no sentido de que *somente* as *pessoas naturais (físicas)* e capazes poderão demandar ativamente nesses Juizados Especiais, restando a todas as demais, em linha principiológica, o acesso à justiça por intermédio do processo civil comum para a obtenção de suas pretensões.

A opção legislativa de admitir, na primeira fase de implementação dos Juizados Cíveis, em todo o País, apenas pessoas naturais para figurarem no polo ativo das demandas que haverão de tramitar sob a égide da Lei n. 9.099/1995 sempre pareceu-nos bastante sensata, decorrente de cautela inicial que se fazia imprescindível para que se testasse, adequasse e operacionalizasse, em termos concretos e paulatinamente, essa forma diferenciada de justiça, para, então, numa segunda etapa, ampliar o leque para outras pessoas jurídicas, sociedades ou entidades enquadradas no perfil de "hipossuficientes".

Como sempre dissemos, se a intenção do legislador era permitir maior acesso à justiça aos menos afortunados ou hipossuficientes, haveria, mais dia, menos dia, de incluir nesse rol as microempresas, as empresas de pequeno porte, as firmas individuais, os condomínios e outras sociedades. E isso não tardou a acontecer...

Sabemos muito bem que não raras são as hipóteses em que encontramos microempresas tão ou mais hipossuficientes do que muitas pessoas físicas. Nesse particular, a lei deixou de atender, no início de sua edição, à realidade social, econômica e jurídica, pois essas entidades comumente deixavam de ter acesso aos tribunais por motivos financeiros agravados pela morosidade na obtenção da prestação da tutela jurisdicional, absolutamente desproporcional em relação à sua qualidade e capacitação. Inversamente, podiam perfeitamente figurar no polo passivo da demanda.

Por isso, sempre defendemos a posição doutrinária no sentido de reduzir essa limitação legislativa; para tanto, aguçamos o legislador, a doutrina e os pretórios.

---

[358] ALVIM, Thereza. *O direito processual de estar em juízo*. São Paulo: Revista dos Tribunais, 1996, p. 14.
[359] Cf. ALVIM, Thereza. *O direito processual de estar em juízo*. São Paulo: Revista dos Tribunais, 1996, p. 16.

Escrevemos que aguardávamos a ampliação legislativa do espectro da capacidade das pessoas para postularem perante os Juizados dispondo que, "enquanto não se verifica a modificação do texto legal, seria de bom alvitre que a jurisprudência começasse de maneira casuística, cautelosa e gradativamente, em situações de evidente hipossuficiência da microempresa, firma individual ou sociedades beneficentes, assistenciais ou sem fins lucrativos, admitir a sua integração no polo ativo nos Juizados Especiais, passando a acolher essa tese (mesmo *contra legis*), através de interpretação extensiva deste dispositivo e, sobretudo, teleológica, dentro do espírito norteador da própria lei, que autoriza a adoção da equidade, tendo-se em consideração os fins sociais da norma e as exigências do bem comum (art. 6º)".[360]

Justamente na linha deste nosso entendimento, paulatinamente ampliou-se a participação das pessoas jurídicas de "menor porte" ou similares, para integrar o polo ativo das demandas perante os Juizados Especiais. Para tanto, reservamos um tópico específico para tratar deste assunto (v. itens n. 6-7-8, *infra*).

3. A QUESTÃO DOS CONDOMÍNIOS, ESPÓLIOS, ENTIDADES BENEFICENTES, ASSISTENCIAIS E SOCIEDADES CIVIS SEM FINS LUCRATIVOS

Diante da aludida e já analisada opção legislativa em admitir, no polo ativo das demandas que tramitam sob a égide da Lei n. 9.099/1995, somente as pessoas naturais, os microempreendedores individuais, as microempresas e as empresas de pequeno porte, ainda é controvertida a questão relativa aos condomínios residenciais, espólios, entidades beneficentes ou assistenciais.

Primeiramente haveremos de dizer com bastante clareza que nenhuma dessas "entidades" é pessoa física. Por mais óbvio que tal assertiva possa parecer, não pode deixar de ser ressaltada com o escopo de demonstrar aos mais incrédulos que a lei não lhes atribuiu capacitação processual para litigarem no polo ativo dessas demandas e que qualquer outra conclusão a ser atingida terá de ser decorrente de um trabalho exegético de ordem teleológica e axiológica do microssistema dos Juizados.

Apesar de estarmos doutrinariamente, em parte, de acordo com algumas orientações jurisprudenciais que admitem a participação dos *condomínios residenciais* nessa posição processual,[361] discordamos de sua fundamentação, porquanto o artigo objeto desses comentários é taxativo e bastante claro ao conferir capacidade para estar em juízo somente às *pessoas físicas* (*naturais*).

Se a norma tivesse, inversamente, dito "excluem-se as pessoas jurídicas", poderíamos acolher o fundamento que orienta o outro entendimento, e incluiríamos o condomínio e o espólio, por não serem ontologicamente pessoas jurídicas. Também os entes mencionados não são e não gozam do *status* de pessoa física.

Por isso, os que desejarem defender a tese do acolhimento dos condomínios residenciais no polo ativo das demandas que tramitam sob a égide da Lei n. 9.099/1995, *nada obstante a expressa proibição legal* (portanto, interpretação *contra legis*), haverão de fazê-lo por razões sociopolíticas,

---

[360] Figueira Jr., Joel Dias. *Comentários à Lei dos Juizados Especiais Cíveis e Criminais* (coautoria de Maurício Lopes), 2000, art. 8º, n. 2, p. 197-198.

[361] Assim também concluíram os membros integrantes da Seção Civil do TJSC, no sentido de que "o espólio, que goza de personalidade jurídica de direito processual, e o condomínio, na defesa da comunidade dos condôminos, podem litigar como autores perante o Juizado Especial, por não se incluírem no conceito de pessoa jurídica (art. 8º, § 1º)" (conclusão 10).

No mesmo sentido, a decisão da 4ª Câmara Cível do TJSC, em acórdão da lavra do Des. Francisco Borges: "Tal como o inventariante que requer em nome do espólio e não é pessoa jurídica, mas indica a reunião de todos os herdeiros, o condomínio, enfeixando os condôminos do mesmo grupo, tem legitimidade para propor ação em nome da comunidade de seus integrantes, que lhe conferem, em assembleia, o mandato (...)" (CC 200, Tubarão, *DJE* 16-5-1996).

Igualmente, o Enunciado 9 do Fonaje: "Condomínio residencial poderá propor ação no Juizado Especial, nas hipóteses do art. 275, II, *b*, do CPC" [art. 1.063, CPC/2015].

E mais, o Enunciado 111 do Fonaje: "O condomínio, se admitido como autor, deve ser representado em audiência pelo síndico, ressalvado o disposto no § 2º do art. 1.348 do Código Civil".

teleológicas, tendo-se presente o espírito e os fins dos Juizados Especiais, que, em síntese, nada mais são do que a ampliação do acesso à justiça, notadamente aos hipossuficientes, e, dessa maneira, reduzir os efeitos nefastos da litigiosidade contida.

Porém, enquanto não modificado o dispositivo em questão, por mais simpáticos que sejamos a essas teses, somente em caráter excepcional podemos admiti-las e, para tanto, com base no principal e único requisito: tratar-se de ente ou sociedade *hipossuficiente* (condomínios, entidades beneficentes, assistenciais ou sociedades sem fins lucrativos). Não se pode negar que por mais que nos esforcemos, elas não são ou jamais serão, em sua verdadeira essência, *pessoas naturais*.

De outra banda, em se tratando de *ação de cobrança ao condômino de quaisquer quantias devidas ao condomínio*, por força do disposto no art. 3º, inc. II da Lei em comento, aplica-se a disposição contida no art. 275, II, "b" do CPC/73 c/c art. 1.063 do CPC/15, os juizados especiais cíveis são competentes para o processo e julgamento dessas ações.[362]

A respeito dessa interpretação extensiva ampliando o acesso aos Juizados, é importante que se leve em conta as particularidades de cada região e comarcas espalhadas pelos quadrantes deste imenso País, notadamente no que tange a suas respectivas estruturas físicas, funcionais e operacionais (v.g. número suficiente de juízes de Direito e não togados, conciliadores, serventuários, equipamentos, locais apropriados etc.), ou seja, um *staff* permanente e bem-equipado. Caso contrário, essa ampliação poderá significar a implosão dos Juizados Cíveis, tornando-os inviáveis, em termos práticos, em face do elevado e repetido aumento de volume de demandas.

Em outras palavras, é o que muito bem observa Kazuo Watanabe, pois não basta o amplo e irrestrito acesso à justiça, fazendo-se mister a ela somar uma correspondente *ordem jurídica justa*.

Contudo, bastante diferente é a situação do *espólio*, que entendemos no atual microssistema poder participar como autor, tendo em vista as próprias características jurídicas. Nos dizeres de Cândido Dinamarco, "o espólio é entidade efêmera, instituída para administração de direitos e interesses deixados pelo *de cujus*, mas que já ao momento da sucessão consideram-se transferidos aos seus herdeiros legítimos e testamentários (CC, art. 1.572 [art. 1.784 do CC/2002]). Sendo deste o interesse a tutelar, portanto, e figurando o espólio como mera entidade administrativa, conclui-se pela sua não exclusão e plena admissibilidade de propor demandas perante o Juizado Especial de Pequenas Causas (entenda-se: na medida e casos em que os próprios herdeiros teriam acesso a ele)".[363]

4. PEDIDO CONTRAPOSTO POR PESSOA JURÍDICA

Diante da redação do § 1º do art. 8º da Lei n. 9.099/1995, que vedou a possibilidade de as pessoas jurídicas figurarem no polo ativo das demandas (salvo as microempresas e empresas de pequeno porte – v. itens 2 e 3, *supra*), criou-se uma polêmica na doutrina e jurisprudência a respeito da admissibilidade ou não de oferecerem contrapedido nos próprios Juizados Especiais.

Primeiramente observamos que o pedido contraposto não se confunde com o instituto jurídico da reconvenção (v. os nossos comentários ao art. 31) e a exclusão das pessoas jurídicas do polo ativo da demanda, conforme já tivemos oportunidade de demonstrar em itens precedentes, decorreu, em síntese, de uma opção legislativa, considerando a fase de implantação, adaptação, difusão e consolidação dos Juizados Especiais, fundamentalmente voltados ao jurisdicionado pessoa natural.

---

[362] "Art. 1.063. Até a edição de lei específica, os juizados especiais cíveis previstos na Lei nº 9.099, de 26 de setembro de 1995, continuam competentes para o processamento e julgamento das causas previstas no art. 275, inciso II, da Lei nº 5.869, de 11 de janeiro de 1973."

[363] Dinamarco, Cândido Rangel. *Manual das pequenas causas*. São Paulo: Revista dos Tribunais, 1986, p. 35-36.
No mesmo sentido, o entendimento de Ricardo C. Chimenti, em estudo em que cita também a orientação do 1º Colégio Recursal da capital paulista (Rec 2863, j. 19-6-1997) (cf. Juizados Especiais. O autor nas causas propostas perante os Juizados Especiais. *Tribuna da Magistratura*, abr.-maio 1999, p. 29).
Assim também dispõe o Enunciado 148 do XXIX Fonaje: "Inexistindo interesse de incapazes, o Espólio pode ser parte nos Juizados Especiais Cíveis".

Aliás, todos os princípios orientadores do novo microssistema destinam-se a viabilizar à pessoa física a obtenção de tutela jurisdicional de forma mais célere, informal, simples e econômica.

Dessa feita, a não admissibilidade de articulação de pedido contraposto por pessoa jurídica contra pessoa natural nos próprios Juizados significa, em outras palavras, remetê-la para pleitear seus direitos em vias ordinárias, perante uma vara cível comum, em que, então, o agora autor (pessoa física) passará a figurar como réu. Ora, essa interpretação, em vez de facilitar a resolução do conflito de maneira notadamente mais simples e econômica, exigirá que em outra demanda, agora proposta perante o juízo comum, a pessoa física contrate advogado e corra ainda os riscos da sucumbência, sem contar com a tramitação mais lenta do processado etc.

Como se não bastasse, ao ser proposta a outra ação na justiça comum, verificar-se-á a conexão ou continência entre as duas demandas, sem possibilidade de reunião dos processos, apensamento dos autos e julgamento simultâneo, porquanto o deslocamento da competência, nesse caso, será inviável. O que poderá ocorrer é que um dos dois processos venha a ser sobrestado até o julgamento do outro, com o escopo de evitarem-se decisões conflitantes.

Portanto, essa tese da impossibilidade da apresentação de contrapedido por pessoa jurídica contra pessoa física em sede de Juizado Especial parece-nos que milita manifestamente contra o próprio autor, que haverá de responder ainda como réu em outro feito e com todos os ônus processuais dele decorrentes.[364]

Por esses motivos, entendemos que, em sintonia com o princípio da informalidade, simplicidade, economia processual e celeridade que norteiam a Lei n. 9.099/1995, o óbice a ser criado para a pessoa jurídica refletirá direta e negativamente contra o jurisdicionado (pessoa natural), razão por que haveremos de admitir, na mesma relação jurídico-processual, a formulação de pedido contraposto nessas circunstâncias.

Na verdade, a proibição criada pelo microssistema às pessoas jurídicas é inaugurativa; "(...) por isso que, a partir do momento em que a pessoa já se encontra presente nos autos, nada obsta que formule o seu pedido contraposto, não só em nome da isonomia, mas também porque atendido um dos princípios do art. 2º, que é o da *economia processual*".[365]

Diga-se o mesmo quando se tratar de processo execucional (de título judicial ou extrajudicial) e figure no polo passivo a pessoa jurídica, que, se desejar, poderá oferecer "embargos", por intermédio de contestação, visando a desconstituir total ou parcialmente o título que legitima a ação executiva.

Contudo, em qualquer desses casos, se o autor estiver postulando em causa própria sem capacidade postulatória, deverá o juiz tomar as cautelas definidas nos §§ 1º e 2º do art. 9º.

Não há que se admitir, também, em face do oferecimento de contrapedido por pessoa jurídica, que o juiz o receba e, ato contínuo, declare-se incompetente e termine por remeter os autos à justiça comum. Estaria dessa maneira o autor, pessoa natural, encontrando limitação de acesso à jurisdição especializada, porquanto ficaria à mercê da iniciativa da ré pessoa jurídica, que, legitimamente ou por mera chicana, sempre que articulasse contrapedido, deslocaria a competência para uma vara cível comum.

5. A EXCLUSÃO DAS PESSOAS NATURAIS CESSIONÁRIAS DE PESSOAS JURÍDICAS. DA CESSÃO DE CRÉDITO REAL OU FICTÍCIA

Tendo em vista que a *cessão de crédito* é um "negócio jurídico bilateral, gratuito ou oneroso, pelo qual o credor de uma obrigação (cedente) transfere, no todo ou em parte, a terceiro (cessionário),

---

[364] Igualmente, o Enunciado 31 do XIV Fonaje: "É admissível o pedido contraposto no caso de ser a parte ré pessoa jurídica".
Em sentido contrário, Rocha, Marco Aurélio Martins. Considerações acerca do contrapedido formulado por pessoa jurídica. *Site* "Teia Jurídica".

[365] Fux, Luiz; Batista, Weber Martins. *Juizados Especiais Cíveis e Criminais e suspensão condicional do processo penal*. Rio de Janeiro: Forense, 1997, p. 137, n. 5.2.3.
No mesmo sentido, v. Souza, Eduardo Pacheco Ribeiro de. Juizados Especiais. *Tribuna da Magistratura*, jul.-ago. 1998, p. 35; Chimenti, Ricardo Cunha. A pessoa jurídica e o pedido contraposto, *Tribuna da Magistratura*, mar.-abr. 1998, p. 29.

independentemente do consenso do devedor (cedido), sua posição na relação obrigacional, com todos os acessórios e garantias, salvo disposição em contrário, sem que se opere a extinção do vínculo obrigacional",[366] a exclusão das pessoas físicas cessionárias de créditos de sociedades ou pessoas jurídicas (com ou sem personalidade) justifica-se como antecipação para coibir as possíveis fraudes que sucederiam na prática, posto que não faltariam comerciantes, industriais, sócios e diretores de muitas empresas, sociedades e entidades jurídicas (com ou sem personalidade jurídica) para "ceder" apenas de direito, mas não de fato, os seus créditos para terceiros, pessoas naturais que, em nome próprio e fundados no instituto da cessão, iriam pleitear nos Juizados Especiais, gozando, entre outros benefícios, do mais notável para essas entidades, que é a gratuidade e a inexistência de sucumbência em primeiro grau de jurisdição.

Sendo a cessão de crédito a transferência que o credor faz de seus direitos a outrem e que poderá ser feita a *título gratuito* (equivale a uma doação) e cessão a *título oneroso* (equivale a uma venda),[367] poderá operar-se de diversas maneiras, v.g.: a) *dação em pagamento* (CC, art. 358); b) *sub-rogação convencional* (CC, art. 347, I, c/c art. 348); c) *sub-rogação legal* (CC, art. 350); d) *procuração em causa própria* (CC, art. 685); e) *transferência por simples endosso* (CC, arts. 910-923).

Contudo, entre as próprias partes (cedente e cessionário), a lei não exige forma específica para que se efetue a cessão de crédito convencional, diferentemente da cessão legal ou judicial; "logo esta se configura como um negócio não solene ou consensual, por independer de forma determinada, bastando a simples declaração de vontade do cedente e do cessionário".[368] Mas para que a cessão de crédito tenha eficácia perante terceiros (*erga omnes*), haverá de ser celebrada mediante instrumento público ou particular revestido das solenidades legais, conforme regra insculpida no art. 288 do CC.

Mas para os fins do artigo objeto destes comentários, qualquer das espécies de cessão de crédito obstará a possibilidade de vir o cessionário de pessoa jurídica, mesmo que seja pessoa física, a demandar no Juizado Especial. Em outros termos, o que o legislador disse claramente foi o seguinte: "O que não podem as pessoas jurídicas fazer por si próprias não podem também por interposta pessoa".[369]

Apesar da sábia tentativa do legislador de evitar a burla ao microssistema por intermédio da regra definida no § 1º, *in fine*, do seu art. 8º, o mundo empírico especificamente representado pela prática forense é sempre pródigo em criar novas e inusitadas situações diversas daquelas hipóteses previstas em lei, o que, na verdade, representa o permanente dinamismo evolucional do Direito positivo como norma estática, por meio da jurisprudência, e a dialética do processo como instrumento de realização do direito material.

Seguindo esses desígnios, não tardou a prática do foro em tentar burlar a regra insculpida para obstar a cessão de crédito de pessoa jurídica para pessoa natural, o que se verificou por meio do artifício que pode ser patenteado como cessão de crédito *fictícia* ou *inexistente*, constatada nas seguintes circunstâncias: os comerciantes de menor porte, assim como os empresários (notadamente os lojistas e médios empresários), em suas relações creditícias específicas com a clientela, em vez de emitirem duplicatas como título hábil, passaram a receber irregularmente como garantia dos pagamentos cheques pré-datados ou notas promissórias. Como se não bastasse o equívoco, passaram

---

[366] DINIZ, Maria Helena. *Código Civil anotado*. 9. ed. São Paulo: Saraiva, 2004, art. 1.065, n. I, p. 690, 1995.

Esclarece J. M. CARVALHO SANTOS que "a cessão, embora apresente alguma analogia e semelhança com a sub-rogação, desta nitidamente se distingue, principalmente pela sua finalidade. Na cessão, surgem dois interessados em porfia de lucro. O crédito passa de um para outro patrimônio como se fosse uma coisa vendida. Na sub-rogação, porém, a sua finalidade é amparar o devedor, facilitando a quitação, e, ao procurá-la, como acentua BAUDRY-BARDE, o sub-rogado não especula, porque o que estava no seu propósito era acudir ao devedor e apenas tomou as precauções para não ser vítima de seu devotamento.

"Vale dizer: na cessão, o cessionário procura tão somente o próprio interesse, enquanto na sub-rogação, resultando esta necessariamente de um pagamento, o que se visa é a liberação do devedor do seu primitivo crédito" (*Código Civil brasileiro interpretado*. v. XIII. 10. ed. Rio de Janeiro: Freitas Bastos, 1977, art. 1.065, n. 1, p. 310).

[367] Cf. FRANÇA, Rubens Limongi. *Instituições de direito civil*. 4. ed. São Paulo: Saraiva, 1996, p. 665.

[368] DINIZ, Maria Helena. *Código Civil anotado*. 9. ed. São Paulo: Saraiva, 2004, art. 1.067, n. I, 1995, p. 691.

[369] DINAMARCO, Cândido Rangel. *Manual das pequenas causas*. São Paulo: Revista dos Tribunais, 1986, p. 35.

ainda a figurar como beneficiários (credores) nessas cártulas, como pessoa física, e não na qualidade de pessoa jurídica que, efetivamente, comercializara com a clientela.

Situação similar tem-se verificado com as empresas que atuam no ramo do mercado imobiliário, especialmente com locações, em que as imobiliárias investem-se na qualidade de "administradoras e/ou representantes" dos locadores e, sub-rogando-se dos seus direitos de crédito (no caso, cessão de crédito), passam a cobrar judicialmente dos locatários, nos Juizados Especiais, em nome da pessoa física do locador, os alugueres por elas quitados anteriormente, a título de sub-rogação ou como "administradoras" dos interesses dos proprietários.

Com esse procedimento espúrio à prática comercial, nada obstante os créditos serem de titularidade exclusiva da pessoa jurídica envolvida na transação, esta jamais figurou como beneficiária, mas, inversamente, os respectivos sócios, proprietários ou diretores, investidos dos atributos de *pessoa natural*.

Os Juizados Cíveis passaram então a receber uma avalanche de ações de cobrança ou execuções cujos títulos de crédito eram notas promissórias e cheques recebidos pela pessoa física titular da empresa ou comércio, sem que a cártula, obviamente, fizesse qualquer referência a algum tipo de cessão de crédito de pessoa jurídica para a pessoa física do seu representante.

Em outras palavras, procurou-se burlar o sistema mediante postulação de direito alheio, por intermédio da pessoa jurídica (em nome próprio), ou seja, da pessoa física titular, sócia ou proprietária da empresa ou comércio.

Essa prática significa, sem sombra de dúvida, uma tentativa reprovável de *cessão de crédito fictícia* na qual a pessoa jurídica, por vias transversas, receberá seu crédito sem que, efetivamente, figure no polo ativo da demanda de cobrança ou execução, o que merece ser coibido pelo Poder Judiciário.

Por outro lado, nada obsta que a cessão de crédito efetive-se, de maneira perfeita, entre pessoas jurídicas, de sorte que a cessionária possa postular em sede de Juizados Especiais.

6, 7 E 8. DA CAPACIDADE DAS PESSOAS JURÍDICAS PARA INTEGRAR O POLO ATIVO

Conforme dissemos alhures, o art. 8º da Lei em comento não trata de legitimidade, mas de capacidade das pessoas (naturais e jurídicas) para ser parte (ativa e passiva) nos Juizados Especiais (v. item n. 1, *supra*), sendo que, em sua edição originária, a Lei n. 9.099/1995 não admitia a participação de qualquer espécie de pessoa jurídica no polo ativo da demanda, restrito, portanto, às pessoas físicas capazes (sempre excluídos os cessionários de direitos de pessoas jurídicas).

Pelas razões expostas no item 2, *supra*, desde o início dos nossos comentários à Lei dos Juizados, aguardávamos que o legislador fosse sensível, com comedimento, à ampliação desse rol de pessoas para figurar no polo ativo das demandas, tendo-se como certo que as entidades de "menor porte", via de regra, são tão hipossuficientes quanto as pessoas naturais.

Efetivamente, foi o que se verificou; a Lei n. 12.126, de 16 de dezembro de 2009, ampliou esse espectro de participação das pessoas jurídicas de menor porte e inseriu no art. 8º da Lei em comento os incisos II, III e IV, passando a permitir no polo ativo as microempresas, assim definidas na Lei n. 9.841, de 5 de outubro de 1999, bem como as pessoas jurídicas qualificadas como Organização da Sociedade Civil de Interesse Público, nos termos da Lei n. 9.790, de 23 de março de 1999, e as sociedades de crédito ao microempreendedor, nos termos do art. 1º da Lei n. 10.194, de 14 de fevereiro de 2001.

Mais recentemente, o inciso II do art. 8º recebeu nova redação, através da Lei Complementar n. 147, de 2014[370], que em seu art. 6º ampliou esse rol, passando a admitir a postulação nos Juizados

---

[370] A Lei Complementar 147, de 7 de agosto de 2014 alterou a Lei Complementar n. 123, de 14 de dezembro de 2006, e as Leis n. 5.889, de 8 de junho de 1973, 11.101, de 9 de fevereiro de 2005, 9.099, de 26 de setembro de 1995, 11.598, de 3 de dezembro de 2007, 8.934, de 18 de novembro de 1994, 10.406, de 10 de janeiro de 2002, e 8.666, de 21 de junho de 1993, além de outras providências.

Especiais das "pessoas enquadradas como microempreendedores individuais, microempresas e empresas de pequeno porte na forma da Lei Complementar n. 123, de 14 de dezembro de 2006".

Por outro lado, tem-se entendido que "o acesso da microempresa ou empresa de pequeno porte no sistema dos juizados especiais depende da comprovação de sua qualificação tributária atualizada e documento fiscal referente ao negócio jurídico objeto da demanda"[371], isto é, as pessoas jurídicas que se encontram regularizadas e, assim, enquadradas no conceito legal de microempresa ou empresa de pequeno porte, e sem débito tributário, devendo ser representadas em juízo, notadamente nas audiências, pelo empresário individual ou pelo sócio dirigente,[372] sem prejuízo da possibilidade de representação e comparecimento por intermédio de advogado regularmente habilitado, com poderes, entre outros, para transigir.

9. DA CAPACIDADE DO MAIOR DE 18 ANOS DE IDADE PARA ESTAR EM JUÍZO POR SI SÓ E A QUESTÃO DO PEDIDO CONTRAPOSTO

Até o advento do Código Civil (Lei n. 10.406, de 10-1-2002), o § 2º abria uma exceção em relação à regra geral insculpida no *caput* do art. 8º e no seu § 1º, qual seja admitia a pessoa do relativamente capaz, independentemente de assistência, inclusive para fins conciliatórios, a figurar como autor da demanda – jamais como réu, fazendo-se imprescindível, contudo, a participação do Ministério Público.

Percebia-se, sem maiores dificuldades, que a Lei n. 9.099/1995 disciplinava a capacidade de estar em juízo de forma diferenciada em relação ao processo civil tradicional (CPC) e ao CC/1916, criando-se para o maior de 18 e menor de 21 anos a admissibilidade insólita de estar em juízo, por si só, ou seja, desacompanhado de seu assistente legal, para que pudesse litigar em juízo na qualidade de titular de direito material alegado como também de sujeito titular absoluto de direitos processuais.

Em outros termos, significava dizer que o civilmente considerado relativamente capaz era, para o microssistema dos Juizados Especiais de Causas Cíveis, absolutamente capaz para ajuizar sua demanda, desistir da ação, transigir, renunciar ao direito sobre o qual recaísse a sua pretensão etc. Equiparado estava, para todos os fins, ao maior de 21 anos.

Antes da entrada em vigor do Código Civil, dúvidas surgiam, também, nas hipóteses em que o sujeito passivo formulava contrapedido contra o autor menor de 21 e maior de 18 anos, a respeito de sua possibilidade jurídica ou deslocamento da competência do feito para uma vara cível comum, em face da regra insculpida no § 2º do art. 8º.

As razões que assinalamos em item precedente (n. 4, *supra*) quanto à possibilidade de as pessoas jurídicas oferecerem contrapedido, serviam também para a hipótese vertente, ou seja, não havia óbice para dirigir-se esse tipo de resposta contra as pessoas naturais maiores de 18 anos, visto que não se confunde com reconvenção, assim como a proibição legal era apenas no sentido de que os aludidos menores não figurassem como réus.

O pedido contraposto não os colocava em posição de "réus" ou autores reconvindos, como também não se deslocava, nesses casos, a competência para uma das varas cíveis. Fazia-se apenas necessária a citação dos pais ou representantes legais, por serem, nos termos dos incisos I e II do art. 1.521 do Código Civil de 1916, corresponsáveis pela reparação civil.

Com a entrada em vigor do Código Civil, em 11 de janeiro de 2003, segundo disposição contida em seu art. 5º, a maioridade foi reduzida para 18 anos completos, momento em que a "pessoa fica habilitada para todos os atos da vida civil".

Assim, a regra do art. 8º, § 1º c/c § 2º, da Lei n. 9.099/1995, não encontra mais aplicação jurídica, perdendo a sua eficácia diante da novel regra insculpida no Código Civil. Significa dizer que as pessoas com 18 anos poderão participar no polo ativo ou passivo, integrando de maneira absoluta

---

[371] Enunciado 135 do FONAJE (substitutivo do Enunciado 47).
[372] Enunciado 141 do FONAJE.

a relação jurídico-processual instaurada e, por conseguinte, sem a necessidade de participação do Ministério Público como fiscal da lei.

> **Art. 9º** Nas causas de valor até vinte salários mínimos, as partes comparecerão pessoalmente, podendo ser assistidas por advogado;[1] nas de valor superior, a assistência é obrigatória.[2]
>
> § 1º Sendo facultativa a assistência, se uma das partes comparecer assistida por advogado, ou se o réu for pessoa jurídica ou firma individual, terá a outra parte, se quiser, assistência judiciária prestada por órgão instituído junto ao Juizado Especial, na forma da lei local.[3]
>
> § 2º O juiz alertará as partes da conveniência do patrocínio por advogado, quando a causa o recomendar.[4]
>
> § 3º O mandato ao advogado poderá ser verbal, salvo quanto aos poderes especiais.[5]
>
> § 4º O réu, sendo pessoa jurídica ou titular de firma individual, poderá ser representado por preposto credenciado, munido de carta de preposição com poderes para transigir, sem haver necessidade de vínculo empregatício.[6]

1. DA ASSISTÊNCIA FACULTATIVA DE ADVOGADO E SUA CONSTITUCIONALIDADE

Seguiu o legislador a mesma linha já traçada pelo art. 9º, *caput*, da Lei n. 7.244/1984, com o escopo precípuo de facilitar o acesso à justiça. Deixou-se ao talante do interessado – autor ou réu –, em determinadas causas, comparecer ao Judiciário desacompanhado de advogado, a fim de pleitear diretamente a tutela do seu direito, de maneira simples, informal e econômica.

Se por um lado a lei é alvissareira, por outro está a exigir reflexão e redefinição de metas e rumos do Poder Judiciário para absorver todas essas demandas que diuturnamente aportam em milhares de postulações, bem como das Defensorias Públicas, para orientar os jurisdicionados e, sempre que necessário for, representar em juízo de maneira adequada a população carente. Em outros termos, o que constatamos é a facilitação normativa do acesso à justiça e, a cada dia que passa, tem-se a sensação de que a notícia da "boa nova" se espalha, e cada vez mais o jurisdicionado, em particular as camadas mais carentes da comunidade, tem acorrido às secretarias dos Juizados para formular seus requerimentos, simples e informais, em busca de tutela dos seus direitos; de outro lado, deparamo-nos com uma deficiente estrutura cartorária, poucos juízes togados, leigos, conciliadores e serventuários.

É bem verdade que o ser humano, por mais simples e modesto que seja, tem incorporado em seu espírito o senso comum de justiça e, no caso concreto, tem consciência de estar com ou sem razão. Quando litiga desacompanhado de procurador, age com mais sinceridade e franqueza, não se interessa pelas coisas do processo (o que, aliás, ele nem sabe o que é ou para que serve – felizmente), mas apenas pelo *direito material*, preocupando-se apenas em provar que "tem razão".

Todavia, a concretização desse desiderato legislativo seria mais favorável se a realidade forense fosse outra, sem a crise organizacional e financeira do Poder Judiciário há muito vivida, acrescida no mais das vezes pelo empeço criado pelos maus administradores do próprio Poder.

Por isso, temos dúvida se, neste particular, a Lei n. 9.099/1995 abraçou a solução mais adequada à nossa realidade, em que pese, repita-se, a boa intenção do legislador; destarte, no mesmo instante em que se prestigiou, por um lado, a facilitação do acesso ao Judiciário, sem a obrigatória presença de advogado, até o valor de alçada de vinte salários mínimos, de outra parte falta pessoal adequadamente capacitado, equipamentos, infraestrutura em geral, além do número insatisfatório de defensores públicos, em verdadeiro descaso à cidadania.

Ao proceder à análise da lei dos extintos Juizados de Pequenas Causas, o problema já era levantado por Ovídio A. Baptista da Silva, com base nos seguintes argumentos: "É fora de qualquer dúvida que o exercício do Direito, com a complexidade de que ele se reveste na sociedade contemporânea, nunca poderá prescindir de um *expert* em legislação, capaz de orientar as pretensões e exigências jurídicas dos cidadãos, perante os órgãos prestadores de justiça, qualquer que seja a dimensão e a natureza destes serviços públicos. Contudo, parece que as peculiaridades especiais dessas cortes judiciárias para as causas de pequeno valor, se não exigem que se afaste delas os advogados, ao menos esperam de seus organizadores que não as envolvam em idêntico tecnicismo próprio das jurisdições ordinárias".[373]

Já tivemos oportunidade de afirmar nas primeiras linhas destes comentários que a Lei n. 9.099/1995 está a exigir da doutrina, dos aplicadores do Direito e da própria administração da justiça uma nova postura crítica dogmática e mental de vários institutos jurídicos, a fim de bem adequá-los à realidade hodierna, em sintonia com as necessidades dos jurisdicionados.

Porém, não se pode descurar de certas garantias processuais, inclusive de natureza constitucional, que são hábeis para a manutenção da igualdade entre as partes, do contraditório e da ampla defesa, ou, mais largamente, nos termos do *due process of law*. Sabe-se que estudos realizados nos Estados Unidos já demonstraram que a garantia concedida pela Suprema Corte no sentido de assegurar aos pobres o direito a um advogado, assim como as leis sobre assistência judiciária, introduzidas logo após essas decisões, importaram sensíveis e relevantes efeitos reflexos a respeito da verificação de fatos pertinentes ao processo *sub iudice*, bem como à eficácia e ao funcionamento da administração da justiça.[374]

Não podemos generalizar e desprezar a participação (facultativa) dos advogados nas demandas que se enquadram em até vinte salários mínimos. Ademais, não deveria ter sido o critério quantitativo (o valor da causa) o escolhido pelo legislador para definir a facultatividade do advogado em patrocinar essas causas, mas, sim, a *complexidade jurídica e fatual (probatória) da demanda*.

Em outras palavras, a necessidade ou não da presença de advogado deveria estar ligada à complexidade da causa, e não ao valor. Observa muito bem Horácio W. Rodrigues, seguindo a esteira de Joaquim Falcão, que "o vínculo, tal qual presente na lei, a exigir a presença de advogado nas causas de maior valor, possui apenas uma explicação lógica: a manutenção do mercado de trabalho para o verdadeiro exercício da advocacia, *sem causa* existente no país".[375] Contudo, a flexibilização da regra contida no art. 133 da Constituição Federal ou o aparente conflito com o art. 2º do EOAB (Lei n. 8.906/1994)[376] com art. 9º da Lei n. 9.099/1995 não representa inconstitucionalidade, pois a presença de advogados nas causas de até vinte salários mínimos não é proibida, mas é apenas facultado às partes litigarem desacompanhadas de procuradores habilitados; acima desse limite quantitativo, a presença do profissional do Direito é obrigatória, assim como em qualquer hipótese de interposição de recurso. Portanto, inexiste inconstitucionalidade no art. 9º, *caput* e § 1º, da Lei n. 9.099/1995,[377] mas apenas, infelizmente, uma lamentável dissonância entre o espírito da lei e a realidade forense nacional.

---

[373] Silva, Ovídio A. Baptista da. *Juizado de Pequenas Causas*. Porto Alegre: Lejur, 1985, p. 39.

[374] Cf. Weinstein. Some difficulties in devising rules for determining truth in judicial trials. *Col. L. Rev.*, 66, 1966, p. 228).

[375] Rodrigues, Horácio Wanderlei. Juizados Especiais Cíveis: inconstitucionalidades, impropriedades e outras questões pertinentes. *Revista de Direito Processual Civil*, v. 1/28-29.

[376] Dispõe o art. 2º que "o advogado é indispensável à administração da Justiça", e, no processo judicial, "contribui, na postulação de decisão favorável ao seu constituinte, ao convencimento do julgador (...)" (§ 2º).

[377] Ressalta-se que essa é a opinião praticamente unânime da melhor jurisprudência e doutrina nacional.
Em sentido contrário, v. César Pasold, que ao afrontar esse tema frisa que "a administração da Justiça, sem qualquer exceção, não poderá se dinamizar legitimamente sem a participação do advogado (...)" (*O advogado e a advocacia*: uma percepção pessoal. Florianópolis: Terceiro Milênio, 1996, p. 71).
Equivoca-se, com a devida vênia, o ilustre professor catarinense, ao afirmar que as interpretações em sentido contrário são "raras" (cf. idem, p. 70). Basta um simples lançar de olhos sobre os comentários e artigos a respeito dos Juizados Especiais para se encontrar, sem dificuldades, a confirmação do nosso entendimento. Veja-se, ainda, por exemplo, a decisão proferida pelo Supremo Tribunal Federal, em aresto da lavra do Min. Octavio Gallotti, no *habeas corpus* 75248/SP (j. 12-8-1997), onde frisou que o art. 1º, inciso I, do EOAB, ao dispor no sentido de que a postulação a qualquer órgão do Poder Judiciário é atividade privativa de advogado, não revogou o art. 623 do CPP,

"O que o Estatuto da Advocacia e da OAB fixa é a norma geral sobre a necessidade da representação por advogado junto aos órgãos do Poder Judiciário, inclusive nos Juizados Especiais. Essa norma terá aplicação sempre que não houver norma especial determinando regime diferente. Ou seja, a postulação deverá ser sempre realizada através de advogado, com exceção daquelas situações em que a norma especial determinar de forma diferente".[378]

Assinalamos ainda que o Supremo Tribunal Federal suspendeu através de medida liminar a eficácia da parte final do inciso I do art. 1º da Lei n. 8.906/1994 (EOAB, que dispõe ser privativa da advocacia a postulação a qualquer órgão do Poder Judiciário e *aos Juizados Especiais*), na Ação Direta de Inconstitucionalidade 1.127-8/DF, aforada pela Associação dos Magistrados do Brasil, em que foi relator o Ministro PAULO BROSSARD.[379] No mesmo sentido, a decisão tomada pela citada Corte de Justiça, na Ação Direta de Inconstitucionalidade 1.105-7/DF, suspendendo desta feita, em seu todo, a eficácia do inciso IX do art. 7º da referida lei, que dispõe sobre o direito do advogado em sustentar oralmente as razões de qualquer recurso ou processo, em instância judicial ou administrativa.[380] Vale ainda registrar que o Supremo Tribunal Federal afastou também a alegada inconstitucionalidade do art. 10 da Lei n. 10.259/2001 (Lei dos Juizados Especiais Federais), ao julgar a ADIn 3.168, em que foi relator o Ministro JOAQUIM BARBOSA.[381] Vale observar que o Supremo Tribunal Federal manifestou-se, por diversas vezes, sobre a constitucionalidade atinente à facultatividade da presença de advogado em sede de Juizados Especiais Cíveis.[382]

Sobre a dispensa de advogado habilitado para o patrocínio de causas e defesas, lembramos ainda as exceções relativas à não exigibilidade nos processos administrativos disciplinares[383] e nas lides trabalhistas.[384]

Ademais, a indispensabilidade do advogado deve ser aferida, sempre, "(...) nos termos da lei, atendendo aos fins sociais a que ela se dirige e às exigências do bem comum, de acordo com o preceito do art. 5º da LINDB. Portanto, não é possível buscar na Lei Maior um benefício nem sempre existente, pois o art. 133 da Constituição Federal 'reserva a esses profissionais uma condição de

---

que confere ao réu o direito de subscrever pedido de revisão criminal (cf. *LBJ*, n. 157/381). Diga-se o mesmo das demandas trabalhistas e contencioso administrativo.

[378] RODRIGUES, Horácio Wanderlei. Juizados Especiais Cíveis: inconstitucionalidades, impropriedades e outras questões pertinentes. *Revista de Direito Processual Civil*, v. 1/27.

[379] Cf. *DJU* 14-10-1994, p. 27.596.
Em decisão plenária datada de 17-5-2006, o Supremo Tribunal Federal julgou procedente, em parte, a referida ADIn, entre outros pontos, declarando, por unanimidade, prejudicada a alegação de inconstitucionalidade da expressão "Juizados Especiais", e, por maioria, julgou procedente a ação direta, acerca da expressão "qualquer", ambas do art. 1º, inciso I, da Lei n. 8.906/1994.

[380] Cf. *RDA*, v. 200/201.
Em decisão plenária datada de 17-5-2006, o Supremo Tribunal Federal julgou procedente a ADIn 1.105-7/DF, declarando a inconstitucionalidade do inciso IX do art. 7º da Lei n. 8.906/1994.

[381] Em seu voto, assinalou o Ministro que a Lei n. 10.259/2001 tem a finalidade de ampliar o acesso à justiça e agilizar a prestação jurisdicional na mesma linha definida pela Lei n. 9.099/1995, homenageando, dentre outros princípios, a oralidade, a publicidade, a simplicidade e a economia processual. Disse ainda o relator que "(...) a faculdade conferida aos litigantes de constituir ou não um advogado para representá-los, em juízo, nas causas de competência dos Juizados Especiais Federais Cíveis, não ofende a Constituição de 1988, seja porque se trata de exceção à regra da indispensabilidade – reconhecida em lei –, seja porque tal dispositivo tem por finalidade efetivamente ampliar o acesso à Justiça (...)".

[382] AI 461490 ED/GO Emb. Dec. no Agravo de Instrumento, 2ª T., rela. Mina. Ellen Gracie, j. 23-6-2009, *DJe* 148, 7-8-2009.

[383] Cf. STOCO, Rui. *Procedimento administrativo disciplinar no Poder Judiciário*. São Paulo: Revista dos Tribunais, 1995, p. 130-135, n. 43, e Inexigência de defensor inscrito na OAB nos procedimentos administrativos disciplinares. *RT*, v. 708/271.
Esse entendimento fica consolidado através do enunciado contido na Súmula Vinculante 5, do Supremo Tribunal Federal, *in verbis*: "A falta de defesa técnica por advogado no processo administrativo disciplinar não ofende a Constituição". Por conseguinte, ficou sem efeito o enunciado contido na Súmula 343 do Superior Tribunal de Justiça, que definia entendimento diverso. Não foi por menos que foi cancelada a aludida Súmula em 28/4/2021.

[384] Cf. ALMEIDA, Ísis de. *Manual de direito processual do trabalho*. v. 1. São Paulo: LTr, 1995, p. 66-75, n. 15 e p. 129-132, n. 39.

servidor da justiça e não de monopólio para que se tenha acesso a ela', mormente porque corre-se o risco de uma ofensa maior, qual seja, a de, no mínimo, impedir a apreciação, pelo Judiciário, de lesão ou ameaça de direito (art. 5º, XXXV, da CF)",[385] em causas de valor econômico de menos expressão e de complexidade fatual reduzida.

Note-se ainda que não é propriamente o advogado que obtém o ganho de causa, mas, sim, a própria parte litigante, com a demonstração cabal de seu direito material alegado (pretensão). Em regra, o jurisdicionado não precisa de procurador habilitado para resolver pequenos problemas de vizinhança, colisões simples de automóveis, cobranças de títulos e outras questões envolvendo menor complexidade. Mesmo assim, se o interessado desejar, o sistema não proíbe a assistência do advogado; pelo contrário, lhe confere ampla opção.

Os advogados, em sua maioria, precisam despir-se do corporativismo que os acompanha, a fim de melhor perceberem que todos nós, profissionais do foro, independentemente da função que exerçamos, temos uma missão muito maior, que é a de propiciar a composição jurídica e sociológica dos conflitos de interesse, com a maior simplicidade, informalidade, rapidez e economia possível. É tudo isso ou apenas isso que o povo espera. Nada mais!!! Não podemos obstar essa consecução que representa a aspiração maior da sociedade, na eterna busca de pacificação.

Não foi por menos que se disse que o desejo do legislador de garantir fatias de mercado, ou honorários a qualquer custo, acaba por investir contra as camadas mais pobres da população.[386]

Parece-nos que o problema crucial não reside na facultatividade da presença de advogado, mas na ausência de orientação social, e sobretudo jurídica, que deveria ser oferecida pelo sistema ao jurisdicionado, aliás, direito fundamental insculpido no art. 5º, inciso LXXIV, da Constituição Federal ("O Estado prestará assistência jurídica integral e gratuita aos que comprovarem insuficiência de recursos.").

O advogado sempre foi, é e continuará sendo indispensável à administração da justiça; assim o é não porque a Constituição afirma, mas sim pela função que exerce perante o Judiciário em prol do jurisdicionado. Inconstitucional seria a proibição de sua presença, o que não ocorre no microssistema, repita-se. Em sede de Juizados Especiais, basta que se proceda a interpretação axiológica e teleológica dos §§ 1º e 2º do art. 9º em comento, para atingirmos o ponto de equilíbrio desejado pelo legislador nessa seara.

Outro aspecto merecedor de atenção respeita à expressão contida no art. 9º, *caput*: "(...) até vinte salários mínimos, as *partes comparecerão pessoalmente*, podendo ser assistidas por advogado (...)" (grifamos). Esse dispositivo, quando interpretado sistematicamente com os arts. 20 e 51, I, levam à seguinte e *errônea* conclusão: tratando-se de demanda de valor inferior a 20 salários mínimos, se *a)* o autor não comparecer *pessoalmente*, mas estiver representado por advogado devidamente habilitado, e, inclusive com poderes para desistir, renunciar ou transigir, o processo será extinto, sem resolução do mérito (art. 51, I); se for *b)* o réu, será decretada a sua revelia (art. 20).

Por certo, os artigos mencionados da Lei n. 9.099/1995 não derrogaram ou revogaram o instituto milenar de direito material insculpido no Código Civil atinente ao *mandato*. Para não nos tornarmos repetitivos sobre esse assunto, enviamos o leitor interessado aos nossos comentários aos arts. 20, 23 e 51, I (*infra*), em que tratamos com vagar o tema em voga.

---

[385] FRIGINI, Ronaldo. *Comentários à Lei de Pequenas Causas*. São Paulo: LED, 1995, p. 133, n. 9.3.
Observa ainda acertadamente que (a lição, nada obstante trazida a lume durante a vigência da Lei n. 7.244/1984, atualmente revogada, serve perfeitamente à Lei n. 9.099/1995, sobretudo quando se trata de dispositivo que foi repetido na Lei nova) a norma "(...) procurou aproximar o cidadão da justiça, através de meios simplificados de composição de litígios, onde o advogado participa não só como defensor, quando procurado, mas primordialmente como conciliador, trazendo sua colaboração eficaz para a administração da Justiça" (idem, p. 134-135).
Por isso se tem ouvido dizer que se acolhida a tese exposta no EOAB, estar-se-ia privilegiando uma determinada classe de profissionais da área jurídica em detrimento de toda a sociedade, em particular das camadas mais carentes e humildes da população.

[386] Cf. LAGRASTA NETO, Caetano; DIONÍSIO, Sônia das Dores. O novo estatuto dos advogados. Açodamento legislativo. *Tribuna do Direito*, p. 29-30, set. 1994; *Julgados do TACivSP*, v. 148/14.

2. DA OBRIGATORIEDADE DO PATROCÍNIO DA CAUSA POR ADVOGADO

Utilizando equivocadamente o critério quantitativo (valor da causa) em vez de utilizar-se do critério qualitativo (matéria/complexidade da demanda),[387] determinou o legislador a presença obrigatória de advogado regularmente habilitado para o patrocínio da causa ou defesa dos réus, quando o limite da valoração da inicial ultrapassar vinte vezes o salário mínimo, enquanto para a interposição de recurso ou meio de impugnação, a assistência do advogado faz-se imprescindível (art. 41, § 2º).

De qualquer sorte, nas demandas de valor superior a vinte salários mínimos, a assistência por advogado devidamente habilitado é obrigatória, desde o ajuizamento da demanda para o autor e, para o réu, a partir da sessão de conciliação (audiência de conciliação, instrução e julgamento).[388] Se o autor postular desacompanhado de advogado formulando pedido até 20 salários mínimos, nada obsta que o réu ofereça pedido contraposto em quantia superior ao requerido na inicial, desde que esteja devidamente representado em juízo por advogado, hipótese em que o autor, para defender-se, haverá também de constituir defensor.[389]

3. DO EQUILÍBRIO PROCESSUAL E DA PARIDADE ENTRE OS LITIGANTES: IMPRESCINDIBILIDADE DE REPRESENTAÇÃO POR ADVOGADO EM FACE DO SUJEITO PASSIVO DA DEMANDA

Se o autor comparecer em juízo desacompanhado de advogado, antes da tomada de qualquer providência destinada à manutenção de um possível equilíbrio entre as partes, é importante que o juiz instrutor aguarde a realização da audiência de conciliação, mesmo que a parte passiva seja pessoa jurídica ou firma individual.

Essa providência em forma de *compasso de espera* não trará qualquer prejuízo ao postulante, tendo em vista que nenhum ato ou providência judicial, até a audiência conciliatória, será realizado. Porém, se no momento procedimental oportuno à composição amigável a tentativa não vingar, e se até então o autor continuar desassistido de profissional habilitado, estando o polo passivo da demanda integrado por pessoa jurídica, firma individual ou pessoa física acompanhadas de advogado, para a manutenção da igualdade entre as partes, ou, como diriam os italianos, da *parità delle armi*, torna-se imprescindível a nomeação de um assistente judiciário para o autor, a ser prestada por órgão instituído junto aos Juizados Especiais (na forma regulada em Lei Estadual), ressalvada a hipótese de o postulante contratar procurador do seu particular agrado.[390]

---

[387] Já dissemos alhures que a complexidade reside na matéria fatual e probatória (lide pendente) e não no maior ou menor valor da causa.

[388] É sem qualquer fundamento lógico ou jurídico o teor do Enunciado 36 do Fonaje, sobretudo por fazer distinção entre situações não diferenciadas no *caput* do art. 9º. Ademais, a malsinada interpretação vem em prejuízo do próprio jurisdicionado litigante, à medida que possibilita a formulação de pedido (propositura da ação) e apresentação de defesa (oferecida em sessão de conciliação), sem a presença de advogado, tendo-se em conta que, segundo o enunciado, a assistência torna-se obrigatória somente a partir da fase instrutória, *in verbis*: "A assistência obrigatória prevista no art. 9º da Lei n. 9.099/1995 tem lugar a partir da fase instrutória, não se aplicando para a formulação do pedido e a sessão de conciliação".

[389] "Na hipótese de pedido de valor até 20 salários mínimos, é admitido pedido contraposto no valor superior ao da inicial, até o limite de 40 salários mínimos, sendo obrigatória a assistência de advogado às partes" (Enunciado 27 do Fonaje).

[390] Seguindo o nosso entendimento, assim manifestou-se o 5º Colégio Recursal-SC, através de acórdão da lavra do Juiz Carlos Adilson Silva: "(...) Apesar da capacidade postulatória atribuída ao autor no microssistema dos Juizados Especiais, nas causas até vinte salários mínimos, comparecendo a parte *ex adversa* assistida por advogado, inarredável que o juiz ou conciliador, *ex officio*, nomeie um assistente ao postulante, sob pena de configurar-se manifesto desequilíbrio factual e jurídico entre os litigantes. Em restando evidenciado desequilíbrio processual e a disparidade de armas, para preservar os princípios constitucionais da igualdade entre as partes, do contraditório, da ampla defesa e do *due process of law*, imprescindível a nomeação de um assistente judiciário para o autor, sob pena de nulidade do processo (...)" (Ap.Civ. 1373, Barra Velha, j. 5-11-2001).

4. DA IMPRESCINDIBILIDADE DE REPRESENTAÇÃO POR ADVOGADO DIANTE DA COMPLEXIDADE DA CAUSA

A opção pelo patrocínio da causa por advogado habilitado não pode ficar ao talante da parte, em que pese o legislador ter-lhe facultado essa escolha, conforme se depreende da expressão "se quiser" (§ 1º). Ocorre que as partes são, via de regra, leigas em ciência jurídica (o que é agravado ainda pela circunstância de que, justamente nestes casos, são pessoas menos abastadas e de parcos conhecimentos ou até analfabetas), e, por conseguinte, sem condições de discernir sobre a importância e necessidade de estarem representadas em juízo por profissional habilitado.

Por isso, entendemos que, mesmo feito o alerta sobre a conveniência do patrocínio por advogado (§ 2º), não atendendo a parte à exortação realizada, em qualquer hipótese – e não apenas quando "a causa o recomendar" –, deve o juiz, *ex officio*, nomear um assistente ao postulante, sob pena de configurar-se manifesto desequilíbrio fatual e jurídico entre os litigantes.[391]

A norma insculpida no § 1º do art. 9º da Lei n. 9.099/1995 encontra aplicação também para as hipóteses em que a microempresa estiver litigando no polo ativo da demanda.[392]

5. MANDATO VERBAL OU ESCRITO

Diferentemente do que se verifica na justiça comum (CPC, art. 104), nos Juizados Especiais, em homenagem aos princípios da simplicidade e informalidade, faculta-se às partes a apresentação de instrumento de mandato (procuração escrita), podendo este ser conferido pelo outorgante verbalmente, no próprio ato processual (sessão de conciliação ou audiência de conciliação, instrução e julgamento).

Versando a espécie sobre mandato verbal, esse registro haverá de ser feito no termo de assentada da audiência, de maneira resumida, segundo orientação do art. 13, § 3º, da Lei n. 9.099/1995. É de bom alvitre o apontamento da outorga do mandato verbal, sem qualquer menção aos poderes conferidos ao mandatário, implícitos, no caso, para o foro em geral.

Aliás, se o outorgante desejar conferir ao outorgado poderes especiais, faz-se mister que apresente instrumento (escrito) de mandato, identificando-os um a um, conforme exceções preconizadas na segunda parte do art. 105 do CPC.

Contudo, a norma insculpida no § 3º do art. 9º da Lei n. 9.099/1995 não encontrará aplicabilidade em sede recursal ou para interposição de qualquer meio de impugnação (v.g. mandado de segurança; reclamação) se o mandato verbal não tiver sido consignado em termo de audiência.

Note-se que, em atenção ao disposto no § 3º do art. 9º, basta que a parte compareça em juízo acompanhada de seu advogado, ficando assentada, apenas, tal circunstância. Mas, como dissemos, é de boa índole que o conciliador, juiz leigo ou togado, consigne expressamente no termo de audiência a outorga (até então verbal) conferida pela parte ao seu advogado presente naquele ato.

Esse registro formaliza de maneira simples a representação do causídico, dispensando-o, futuramente, se for o caso, de juntar aos autos instrumento de mandato para a interposição de recurso. Para maior aprofundamento sobre esse assunto, enviamos o leitor interessado aos nossos comentários ao art. 41, § 2º, *infra*.

---

[391] Outra não foi a solução encontrada também por Silva, Ovídio A. Baptista da. *Juizado de Pequenas Causas*. Porto Alegre: Lejur, 1985, p. 39.
Com referência ao tema "as garantias fundamentais das partes no processo civil", v. o estudo coordenado por Tallon e Cappelletti (*Fundamental guarantees of parties in civil litigation: les garanties fondamentales des parties dans le procès civil*. Oceana, Milano-Dobbs Ferry: Giuffrè, 1973).

[392] Assim também o Enunciado 48 do Fonaje. "O disposto no § 1º do art. 9º da Lei n. 9.099/1995 é aplicável às microempresas e às empresas de pequeno porte".

6. REPRESENTAÇÃO DA PESSOA JURÍDICA POR PREPOSTO CREDENCIADO

O réu (ou autor, se for microempresa), sendo pessoa jurídica ou titular de firma individual, poderá ser representado por preposto credenciado, segundo a letra contida no § 4º do art. 9º da Lei objeto destes comentários.

Nos termos do disposto nos arts. 35, I, e 36, II, da Lei n. 8.906/1994, em interpretação sistemática com o art. 23 do Código de Ética e Disciplina da OAB, é vedada a acumulação das atribuições de preposto e de advogado,[393] sem prejuízo da possibilidade de ser representada a pessoa jurídica *por quem de direito*.

A representação em juízo (ativa e passiva) das pessoas jurídicas está regulada no art. 75, VIII, do Código de Processo Civil, regra também aplicada subsidiariamente à Lei n. 9.099/1995, ou seja, "(...) por quem os respectivos atos constitutivos designarem, ou, não havendo essa designação, por seus diretores (...)". Diante das dificuldades muitas vezes encontradas na prática para o comparecimento pessoal do representante legal da pessoa jurídica às audiências de conciliação e/ou conciliação, instrução e julgamento, o legislador facultou que se fizesse presente através de *preposto*.

Por *preposto* há de se entender o representante da pessoa jurídica devidamente credenciado e habilitado para o ato, por escrito (público ou particular), com poderes específicos (inclusive para transigir, entre outros) conferidos pelo outorgante que, por sua vez, deverá, necessariamente, ser o representante legal para conferir a outorga em questão.

Não se faz mister que o preposto seja empregado da pessoa jurídica; o que se exige é que ele esteja devidamente credenciado através de carta de preposição (instrumento formal de representação). Via de consequência, se o preposto comparece sem carta de preposição, obriga-se a apresentá-la, no prazo que for assinado, para validade de eventual acordo.[394]

Nesse sentido, a Lei n. 12.137, de 18 de dezembro de 2009, conferiu redação complementar ao § 4º do art. 9º da Lei n. 9.099/1995, ao dispor que o preposto credenciado haverá de comparecer "munido de carta de preposição com poderes para transigir, sem haver necessidade de vínculo empregatício". Ressalta-se que os poderes conferidos ao preposto limitam-se à representação judicial da pessoa jurídica, não se estendendo à possibilidade de prestar depoimento pessoal, por se tratar de ato privativo do representante legal da entidade representada.

> **Art. 10.** Não se admitirá, no processo, qualquer forma de intervenção de terceiro nem de assistência.[1] Admitir-se-á o litisconsórcio.[2]

1. INTERVENÇÃO DE TERCEIROS, ASSISTÊNCIA E *AMICUS CURIAE*

Assim como já ocorria na Lei n. 7.244/1984 (art. 10), a intervenção de terceiros[395] não é admitida neste tipo especial de jurisdição, porque tende a ampliar, ao menos em tese, o espectro da

---

[393] Assim também o Enunciado 98 do FONAJE: "É vedada a acumulação simultânea das condições de preposto e advogado na mesma pessoa (art. 35, I, e 36, II, da Lei n. 8.906/1994 combinados com o art. 23 do Código de Ética e Disciplina da OAB)".

[394] Assim dispõe o Enunciado 99 do FONAJE: "O preposto que comparece sem carta de preposição, obriga-se a apresentá-la no prazo que for assinado, para validade de eventual acordo, sob as penas dos arts. 20 e 51, I, da Lei n. 9.099/1995, conforme o caso". Não comungamos com a segunda parte do referido enunciado no tocante à advertência das penas de revelia ou de extinção do processo. E assim entendemos porque os efeitos da revelia só incidirão se e quando a pessoa jurídica não estiver também representada por advogado com poderes para oferecer resposta. Em outros termos, a revelia só incidirá, de plano, se o preposto não formalizar a representação, o acordo não frutificar e a pessoa jurídica não oferecer resposta, na própria audiência, através de advogado devidamente habilitado. Também não se afigura correta a conclusão no tocante à extinção do processo por "ausência da parte", tendo em vista que se a pessoa jurídica comparece e acorda, pondo fim ao conflito instaurado, a ausência de carta de preposição, no caso, nada mais é do que mera irregularidade.

[395] Sobre o tema, por todos, v. a excelente monografia de ATHOS GUSMÃO CARNEIRO, intitulada *Intervenção de Terceiros*.

lide, acarretando maior complexidade para a causa, além do natural acréscimo de participantes no processo, tornando-o eventualmente mais lento. Por conseguinte, impossível juridicamente também se torna – e com maior razão – a litisdenunciação sucessiva.

Mas não se pode perder de vista que o objetivo do legislador em excluir a possibilidade de intervenção de terceiros foi apenas o de evitar atraso na prestação da tutela jurisdicional. Assim sendo, desde que haja interesse e consentimento prévio do postulante em admitir a denunciação à lide, não vemos porque obstá-la. Aliás, o instituto jurídico da denunciação da lide, "(...) como modalidade de intervenção de terceiros, busca atender os princípios da economia e da presteza na entrega da prestação jurisdicional, não devendo ser prestigiada quando suscetível de pôr em risco tais princípios (...)", segundo orientação bem firmada pelo Superior Tribunal de Justiça.[396] Nessas situações excepcionais, enquadram-se os Juizados Especiais.

Algumas situações servem para evidenciar o interesse do autor na intervenção de terceiros, como, por exemplo, as ações de indenização decorrente de acidente de trânsito, onde o réu objetiva denunciar a lide a sua companhia de seguros.[397]

Para esquivar-se do óbice legal, vêm surgindo entendimentos no sentido de que "nas ações derivadas de acidentes de trânsito a demanda poderá ser ajuizada contra a seguradora, isolada ou conjuntamente com os demais coobrigados".[398]

A assistência (CPC, art. 119 e s.) também não é admitida, pelos mesmos motivos, mas o litisconsórcio (necessário ou facultativo) o é. Mas como enquadrar a figura híbrida da *assistência litisconsorcial*?[399] – "Considera-se litisconsorte da parte principal o assistente sempre que a sentença influir na relação jurídica entre ele e o adversário do assistido" (art. 124, *caput*).

Nesse caso, "havendo uma relação jurídica identificada à do que deverá ser assistido, entre o que figurará como *assistente litisconsorcial* e o adversário deste, e havendo, ainda, a sentença a ser proferida que influir nessa relação – reclamado, portanto, *julgamento uniforme* para ambas as situações –, a *citação do litisconsorte*, a requerimento do autor, será suficiente para contornar o problema eventualmente surgido".[400]

Nada obstante a clara vedação legal a qualquer espécie de "intervenção de terceiro" com o firme propósito de manter-se o procedimento dos juizados especiais o mais simples, oral e célere possível, algumas situações poderão ocorrer que se faça mister a instauração de incidente de *desconsideração (direta ou inversa) da personalidade jurídica* (CPC, art. 133 a 137) ou se verifique a *interposição de embargos de terceiro* (CPC, art. 674 a 681) ou até mesmo a *oposição* (CPC art. 682 a 686). Em caráter excepcional e desde que observados os princípios norteadores dos juizados especiais (art. 3º) e a qualidade das partes (art. 8º) a fim de manter-se a competência em prol dos litigantes que fizeram a opção pelo procedimento regido pela Lei 9.099/95, afigura-se admissível essas formas de "intervenção". Para não incidirmos em repetição, considerando que esses temas foram abordados em outros tópicos, enviamos o leitor interessado para os comentários aos arts. 3º, item 1.10, art. 14, item 2 e art. 52, item 9.

A Lei n. 9.099/1995 silencia a respeito da figura jurídica do *amicus curiae*,[401] também conhecida como o "amigo da corte", que é um terceiro estranho ao feito e que intervém no processo sem pos-

---

[396] 4ª T., RE 43367-SP, rel. Min. Sálvio de Figueiredo Teixeira, j. 13-5-1996, *DJU* 24-6-1996, p. 22761 (*Bol. Jur. Bonijuris*, n. 277, p. 4015, v. 27.835).

[397] Lembramos que a Lei n. 10.444/2002, entre outras modificações trazidas ao revogado Código de Processo Civil, alterou o art. 280 admitindo a intervenção de terceiros em procedimento sumário, desde que fundada em contrato de seguro.

[398] Enunciado 82 do FONAJE.

[399] Especificamente, v. ALBERTON, Genacéia da Silva. *Assistência litisconsorcial*. São Paulo: Revista dos Tribunais, 1994.

[400] TUCCI, Rogério Lauria. *Manual do Juizado Especial de Pequenas Causas*. São Paulo: Saraiva, 1985, p. 100.

[401] O mesmo silêncio legislativo encontramos na Lei n. 12.153/2009, diferentemente do que ocorre com a Lei n. 10.259/2001, que prevê a possibilidade de participação de terceiros interessados no incidente de uniformização de jurisprudência (art. 14, § 7º).

suir interesse jurídico direto (ou estritamente jurídico), mas apenas de fato, porque será de alguma maneira atingido, direta ou reflexamente, com o resultado da demanda em tramitação, passando, assim, a atuar como fiscal da lei em colaboração com o magistrado em busca da verdade e do bom desenvolvimento da relação jurídico-processual.[402]

Apesar do instituto jurídico do *amicus curiae* ter entrado formalmente no sistema instrumental civil com o advento do Código de 2015 (art. 138), diversas são as normas que já previam a intervenção diferenciada de um terceiro que não se enquadrasse na clássica concepção de "intervenção de terceiros"; vale citar, por exemplo, o art. 23, § 1º da revogada Resolução 390/2004 do Conselho da Justiça Federal (atual Resolução 586/2019 – CJF), a Lei n. 9.868/1999, art. 7º, § 2º, que versa sobre a Ação Direta de Inconstitucionalidade e a Ação Declaratória de Constitucionalidade, os arts. 950, § 1º, 1.035, § 4º (repercussão geral para fins de admissibilidade de recurso extraordinário) do CPC, o Regimento Interno do STF (art. 131, § 2º, para admitir "quaisquer terceiros" a sustentar oralmente suas razões), a Lei n. 11.417/2006, art. 3º, § 2º, que versa sobre as súmulas vinculantes, o incidente de uniformização de jurisprudência da Lei dos Juizados Especiais Federais, art. 14, § 7º, dentre outras.[403]

Em síntese, antes mesmo do advento do Código de 2015, já se entendia que a presença do *amicus curiae* em qualquer tipo de demanda ou processo não depende expressamente de previsão legal, em virtude das funções que ele desempenha, decorrendo a sua aceitação do próprio sistema processual civil quando analisado pelo prisma constitucional,[404] e, ainda, em sintonia com os princípios orientadores da lei de pretensa incidência. É justamente nesse último ponto que exsurge o problema da aceitação da figura do *amicus curiae* em sede de Juizados Especiais Estaduais da Fazenda Pública. Vale lembrar que apesar de a Comissão de Constituição e Justiça do Senado ter inserido o *incidente de uniformização de jurisprudência* não previsto no texto primitivo do PL 118/2005 (que deu origem aos Juizados da Fazenda Pública), e, no art. 19, § 4º, ter admitido a participação de "eventuais interessados, ainda que não sejam partes no processo [leia-se *amicus curiae*], poderão se manifestar no prazo de 30 (trinta) dias", foi o aludido parágrafo *vetado* pelo Presidente da República, com base no seguinte fundamento: "Ao permitir a intervenção de qualquer pessoa, ainda que não seja parte no processo, o dispositivo cria espécie *sui generis* de intervenção de terceiros, incompatível com os princípios essenciais aos Juizados Especiais, como a celeridade e a simplicidade".

Inteiramente acertado o veto, pois a participação do *amicus curiae* em sede de Juizados Especiais atenta contra o princípio da oralidade e, em especial, contra os subprincípios da simplicidade e celeridade. Porém, como dissemos há pouco, o óbice à intervenção de terceiros e, igualmente, à participação de interessados não integrantes da relação processual que não se enquadrem naquele instituto clássico do CPC, foi criado em benefício das próprias partes, razão pela qual se ambos os litigantes concordarem com a integração do *amicus curiae* – assim como ocorre com a intervenção de terceiros clássica –, nenhum prejuízo resultará e, por conseguinte, haverá de ser admitido o seu ingresso no feito pelo julgador.[405]

---

[402] Para aprofundamento sobre esse tema, v. Bueno, Cassio Scarpinella. "Amicus curiae" no processo civil brasileiro: um terceiro enigmático. São Paulo: Saraiva, 2008. Quatro perguntas e quatro respostas sobre o "amicus curiae". *Revista da Escola Nacional da Magistratura – AMB*, n. 5/132-138.

[403] Cf. Bueno, Cassio Scarpinella. Quatro perguntas e quatro respostas sobre o "amicus curiae". *Revista da Escola Nacional da Magistratura – AMB*, n. 5/135.

[404] Bueno, Cassio Scarpinella. Quatro perguntas e quatro respostas sobre o "amicus curiae". *Revista da Escola Nacional da Magistratura – AMB*, n. 5/136.

[405] Em sentido diametralmente oposto, curiosamente, em 14 de dezembro de 2009 – portanto, oito dias antes da publicação da Lei n. 12.153/2009 – o Superior Tribunal de Justiça, em cumprimento à orientação emanada do Supremo Tribunal Federal (Embargos de Declaração em Recurso Extraordinário n. 571.572-BA, j. 26-8-2009), baixou a Resolução n. 12/2009 (atualmente revogada, mas que serve apenas para ilustrar os desencontros legislativos verificados no Brasil) que "dispõe sobre o processamento, no Superior Tribunal de Justiça, das reclamações destinadas a dirimir divergência entre acórdão prolatado por turma recursal estadual e a jurisprudência desta Corte", e, em seu art. 2º, III, e art. 4º, parágrafo único, passou a admitir a manifestação de "terceiros interessados" (leia-se: *amicus curiae*). Difícil compreender – e até mesmo aceitar – como se produz a norma jurídica no Brasil, o que nos faz lembrar, mais uma vez, o famoso "samba do crioulo doido" (samba composto por Stanislaw Ponte Preta – Sérgio Porto).

De qualquer sorte, a interpretação histórica somada aos princípios orientadores dos Juizados Especiais levam-nos à conclusão de que é inadmissível a participação do *amicus curiae* nesses Juizados. Em arremate, observamos que nos comentários ao art. 41 desta obra versaremos acerca dos "recursos e meios de impugnação", oportunidade em que afrontaremos com mais profundidade os temas atinentes à "uniformização de jurisprudência" e "embargos de divergência", dentre outros.

2. DO LITISCONSÓRCIO

A Lei n. 9.099/1995 não impediu o instituto jurídico do litisconsórcio,[406] em quaisquer de suas modalidades, tendo em vista que, em princípio, a multiplicidade de sujeitos no polo ativo ou passivo da demanda não reflete na simplicidade, informalidade e celeridade dos Juizados Especiais Cíveis.

Todavia, se a hipótese for de litisconsórcio facultativo com elevado número de participantes, a ponto de comprometer a rápida solução do litígio ou dificultar a defesa, o juiz *poderá* determinar a limitação. "O requerimento de limitação interrompe o prazo para manifestação ou resposta, que recomeçará da intimação da decisão que o solucionar" (CPC, art. 113, § 2º).

Aplica-se em tudo o regime estatuído no Código de Processo Civil sobre o litisconsórcio em sede de Juizados Especiais, diante da ausência de norma específica acerca do tema.

No tocante à incidência dos arts. 229, *caput*, e 231, § 1º, ambos do CPC, algumas considerações merecem ser feitas diante das diversas hipóteses que poderão surgir na prática forense envolvendo a figura do litisconsórcio. Vejamos: *1ª*) Caso a sentença seja proferida em audiência (esta é a regra), ou em gabinete (exceção), e, em qualquer das situações, as partes, em litisconsórcio (ativo ou passivo), não estejam representadas por advogado, mas que haverão de constituir procuradores distintos, após a publicação da decisão, para fins de interposição de recurso. Nesse caso, mesmo que sejam distintos os advogados, o prazo para interposição de recurso será simples, mais precisamente aquele apontado no art. 42 da Lei n. 9.099/1995 (10 dias), tendo em vista que a intimação dar-se-á na pessoa das partes (litisconsortes), porquanto não representadas por procuradores com capacidade postulatória e, se vierem a constituir procuradores distintos, após a sentença, este fato (superveniente) não poderá ser considerado para fins de modificação da contagem do prazo, pois não estavam representados por advogados quando da prolação da sentença; *2ª*) A segunda situação diz respeito à prolação da sentença (em audiência ou em gabinete) quando as partes (ativa ou passiva) já estiverem representadas por advogados distintos. Nessa hipótese, o prazo para interposição de recurso haverá de ser contado em dobro (art. 229, *caput*, do CPC),[407] e sua fluência, nos moldes estatuídos no art. 231, § 1º, do CPC.[408]

> **Art. 11.** O Ministério Público intervirá nos casos previstos em lei.[1]

1. DA INTERVENÇÃO DO MINISTÉRIO PÚBLICO

Este dispositivo deve ser interpretado sistematicamente com os arts. 176-181 do CPC; compete ao Ministério Público intervir como fiscal da ordem jurídica nas causas em que há interesses de incapazes (incapacidade total ou relativa)[409] ou idosos (Estatuto do Idoso, arts. 77 e 78) e em todas as demais em que se verificar interesse público, evidenciado pela natureza do conflito ou qualidade da parte litigante (CPC, art. 178).

---

[406] Sobre esse tema, v. a monografia de CÂNDIDO DINAMARCO, *Litisconsórcio*.

[407] Equivocado o Enunciado 123 do FONAJE quando preconiza que "o art. 191 do CPC não se aplica aos processos cíveis que tramitam perante o Juizado Especial", pois a Lei n. 9.099/1995 é omissa acerca deste tema, razão pela qual se faz mister aplicar-se subsidiariamente o Código de Processo Civil, na qualidade de macrossistema instrumental.

[408] Todavia, contrário ao disposto no art. 219 do CPC/2015, o enunciado 165 do FONAJE: "Nos Juizados Especiais Cíveis, todos os prazos serão contados de forma contínua".

[409] Nesse sentido, v. *RT*, v. 503/87.

De qualquer forma, reduzida a participação do Ministério Público em sede de Juizados Especiais Cíveis, seja pela restrição estabelecida no art. 8ª da Lei n. 9.099/1995, ou pela natureza dos conflitos que normalmente aportam para julgamento, diferentemente do que se verifica nos Juizados Fazendários e Federais, com atuação, inclusive, como autor de ação civil pública para tutela de direito à obtenção de medicamentos.[410]

Seção IV
Dos Atos Processuais

> **Art. 12.** Os atos processuais[1] serão públicos e poderão realizar-se em horário noturno, conforme dispuserem as normas de organização judiciária.[2]

1. DOS ATOS PROCESSUAIS

1.1 Atos das partes

Com a formulação do requerimento ou petição inicial, começa no mundo jurídico uma *relação processual* caracterizada por uma série de atos previamente definidos e regulados pela norma instrumental (alguns deles previstos inclusive na Constituição Federal). São, portanto, os atos que se destinam a constituir, adquirir, resguardar ou modificar direitos ou deveres processuais.

Estes atos são praticados pelos sujeitos integrantes da relação jurídica processual e somente por eles: no caso dos Juizados Especiais, temos o juiz togado, o juiz leigo, o conciliador, o árbitro (juiz leigo), o Ministério Público e os demais órgãos auxiliares da justiça.

Através de uma cadeia sucessiva de atos que vai se formando durante a tramitação do feito, as partes litigantes conseguem atingir o escopo principal perseguido na demanda, qual seja a solução do conflito jurídico de interesses, por intermédio da autocomposição ou pela manifestação do Estado-Juiz sobre o mérito da causa propriamente dito, acolhendo ou rejeitando a pretensão do autor (e/ou pedido contraposto).

Os atos das partes são as declarações unilaterais ou bilaterais de vontade (petições, requerimentos etc.), capazes de produzir, imediatamente, a constituição, a modificação ou a extinção de direitos processuais (CPC, art. 200).[411]

1.2 Atos e pronunciamentos judiciais

O Código de 2015 corrigiu o equívoco terminológico que até então maculava o revogado art. 162 do CPC/1973, substituindo a palavra "atos" por *pronunciamentos do juiz*, na exata medida em que os pronunciamentos consubstanciam-se em *sentenças*, *decisões interlocutórias* e *despachos* (art. 203).

---

[410] STJ, Jurisprudência em Teses, Edição n. 89, publicado em 20 de setembro de 2017; AgInt no REsp 1353165/SC, Rel. Mini. Gurgel de Faria, 1ª T. j. em 20/02/2020, *DJe* 04/03/2020; REsp 1409706/MG, Rel. Min. Benedito Gonçalves, 1ª T., j. em 07/11/2013, *DJe* 21/11/2013; STJ, CC 83.676/MG, Rel. Min. Teori Albino Zavascki, 1ª Seção, *DJU* de 10/09/2007; STJ, AgRg no REsp 1.469.836/MG, Rel. Min. Humberto Martins, 2ª T, *DJe* de 09/03/2015; AgRg no REsp 1354068/RS, Rel. Min. Assusete Guimarães, 2ª T., j. em 18/06/2015, *DJe* 01/07/2015; AgRg no REsp 1198286/SC, Rel. Min. Arnaldo Esteves de Lima, 1ª Turma, j. em 04/02/2014, *DJe* 24/02/2014.
As Turmas Recursais Estaduais, seguem a mesma orientação: Recurso Inominado n. 20184002278, de Braço do Norte-SC, Rel. Juíza Miriam Regina Garcia Cavalcanti, Quarta Turma de Recursos – Criciúma, j. 11-12-2018; Recurso Inominado Cível 1003687-55.2018.8.26.0157; Rel. Juíza Natália Garcia Penteado Soares Monti; 2ª Turma Cível – Santos-SP; Foro de Cubatão – Vara do Juizado Especial Cível e Criminal; Data do Julgamento: 04/06/2020; Data de Registro: 05/06/2020; Recurso Inominado 0010811-27.2021.8.13.0040; Rel. Juiz José de Souza Teodoro Pereira Jr.; Turma Recursal dos Juizados Especiais Cíveis e Criminais de Araxá-MG; Data do Julgamento: 17/11/2021.

[411] Com referência ao tema relacionado com os direitos das partes, v. Vigoritti, Vincenzo; Cappelletti, Mauro. I diritti costituzionali delle parti nel processo civile italiano. *Rivista di Diritto Processuale*, v. 26/604-650, 1971.

"Atos", termo utilizado pelo art. 162, CPC/1973, "é expressão significativa de um gênero, de que 'pronunciamentos' são 'espécie'. Ato judicial é categoria mais ampla que abrange, por exemplo, a oitiva de testemunhas e a realização de inspeção judicial. Portanto, não é tecnicamente correto dizer-se que os 'atos' do juiz se subdividem em sentenças, decisões interlocutórias e despachos, pois há outros atos judiciais, que se encartam, como se viu, em nenhuma das três categorias".[412] Em outras palavras, mais feliz teria sido o legislador se tivesse utilizado a expressão *pronunciamentos*, em vez de *atos*.

Destarte, a vetusta nomenclatura classificatória do art. 162 do CPC/1973 não satisfazia por completo, porquanto o juiz pratica diariamente muitos outros atos na direção e instrução do processo, que não se enquadram no modelo legislativo (CPC, art. 139, *caput*), seja realizando inspeção judicial (parágrafo único, art. 35 desta Lei), presidindo as audiências (exerce o seu poder de polícia – art. 360 do CPC c/c o art. 28 desta Lei), supervisionando a instrução dirigida por juiz leigo (art. 37 desta Lei), propondo a conciliação (CPC, art. 139, V; arts. 17, 21, 22 e 53, § 1º, todos desta Lei), procedendo direta e pessoalmente à colheita das provas (art. 28 desta Lei), exortando as partes, seus advogados e o Ministério Público a discutirem a causa com elevação e urbanidade etc.

Os juízes praticam também *atos de correição* – processual e administrativa (ordinária ou extraordinária – judicial e extrajudicial).

Podem ainda *reconsiderar* (= decisão) certos atos realizados, de ofício ou a requerimento da parte, quando se tratar de erro material ou quando a própria natureza do ato a ser retificado assim o permitir (matéria de ordem pública substantiva ou instrumental). Não obstante alguns doutrinadores denominarem esses atos de *correção parcial* ou *reconsideração*, são ambos, em sua essência, verdadeiras *decisões interlocutórias*, porquanto se resumem, *em regra*, em manifestação judicial de natureza eminentemente decisória incidental, seja *corrigindo* ato proferido de maneira equivocada em momento processual antecedente, ou *modificando* (*reconsiderando*) ato anterior.

Usamos a expressão "em regra", porque existem exceções, isto é, nem todos esses atos, necessariamente, consistirão em decisão interlocutória, pois dependerá, como já dissemos, da natureza de seu conteúdo e da relação que se formará entre a nova manifestação e a anterior. Assim, por exemplo, se o juiz prolata equivocadamente um despacho de mero expediente, baixando os autos ao contador judicial para a elaboração de cálculos que já haviam sido realizados e já constavam no processo, nada obsta que a parte interessada na rápida solução do litígio intervenha processualmente pedindo ao juiz que *reconsidere* aquele despacho de expediente e profira outro, mas, desta vez, abrindo vistas à parte contrária para se manifestar sobre a conta já elaborada. O acolhimento desse pedido, sem dúvida, não importa em decisão interlocutória, mas apenas em *despacho correicional de simples expediente*.[413]

Assim, o que substancialmente importa é o *conteúdo* do pronunciamento do juiz, ou seja, o seu fundamento intrínseco e ôntico. Dessa feita, podemos afirmar que sentença é o pronunciamento judicial cujo conteúdo seja matéria prevista nos arts. 485 ou 487 do CPC, ou, ainda, nos arts. 22, § 1º, 38, e 51 desta Lei, que, por isso, tem como efeito principal extinguir o processo de conhecimento, no sentido técnico da expressão, como relação processual entre autor, réu e juiz, restando apenas a etapa de cumprimento da sentença (espontâneo ou forçado). Assim, faz-se mister que se classifiquem os atos do juiz tendo por critérios o seu conteúdo (decisório ou não) e a *atividade judicial* desenvolvida no curso do processo, razão pela qual, dentro da sistemática do CPC e da Lei dos Juizados Especiais, podemos afirmar que os atos do juiz são: a) os *despachos* (de impulso processual, de expediente, correicional processual ou correicional administrativo); b) as *atividades instrutórias*; c) *as atividades*

---

[412] WAMBIER, Teresa Arruda Alvim. *Agravo de instrumento (o novo regime do agravo)*. 2. ed. São Paulo: Revista dos Tribunais, 1991, p. 55-56.

[413] Na lição de ARRUDA ALVIM, "os despachos de mero expediente continuam a ser objeto de correição parcial ou reclamação, o que se torna fora de sistemática do Código, desde que provoquem tumulto e inversão da ordem processual" (*Manual de direito processual civil: do processo de conhecimento*. v. 2. 6. ed. São Paulo: Revista dos Tribunais, 1997, p. 357, n. 283).

de polícia; d) as *decisões*: d1) *interlocutórias* (correicionais, administrativas ou processuais) e d2) *sentenças* (de mérito ou formais).

Dentro desse contexto poder-se-ia indagar, então, quais as principais diferenças e semelhanças existentes nas diversas formas de pronunciamento judicial. A principal diferença reside no *conteúdo* desses atos, ou seja: o *despacho* de expediente é mera atividade judicial de impulso ao processo, *sem o mínimo teor decisório*, tanto que atualmente deve ser praticado por servidor, admitindo-se a revisão posterior do juiz (§ 4º do art. 203 do CPC e art. 93, XIV, da CF); a *decisão interlocutória* restringe a *manifestação judicial à questão de relativa ou absoluta complexidade e de conteúdo incidental, podendo versar também sobre o mérito (liminar)*; a *sentença*, por sua vez, é o principal ato de manifestação do Estado-Juiz por apresentar conteúdo substancial que permite a composição definitiva da lide (sentença de mérito) ou, excepcionalmente, conteúdo estritamente processual (sentenças de natureza formal).

2. DO TEMPO E DO LUGAR DOS ATOS PROCESSUAIS

As normas de organização judiciária local deverão dispor a respeito do horário de realização dos atos processuais, que pode ser, inclusive, durante a noite, bem como do lugar, quando se pretender praticá-los fora da sede da comarca, em bairros ou cidades a ela pertencentes (art. 94).

Esses atos, em toda sua extensão, serão sempre públicos, não podendo nenhum deles realizar-se em segredo de justiça.

> **Art. 13**. Os atos processuais serão válidos sempre que preencherem as finalidades para as quais forem realizados, atendidos os critérios indicados no art. 2º desta Lei.[1]
>
> § 1º Não se pronunciará qualquer nulidade sem que tenha havido prejuízo.[2]
>
> § 2º A prática de atos processuais em outras comarcas poderá ser solicitada por qualquer meio idôneo de comunicação.[3]
>
> § 3º Apenas os atos considerados essenciais serão registrados resumidamente, em notas manuscritas, datilografadas, taquigrafadas ou estenotipadas. Os demais atos poderão ser gravados em fita magnética ou equivalente, que será inutilizada após o trânsito em julgado da decisão.[4]
>
> § 4º As normas locais disporão sobre a conservação das peças do processo e demais documentos que o instruem.[5]

1. PRINCÍPIO DA INSTRUMENTALIDADE DAS FORMAS

Cada vez mais, firma-se a convicção de que o processo não é nem nunca será o fim em si mesmo, visto que se encontra autonomamente colocado dentro do sistema do direito público a serviço dos jurisdicionados, como único mecanismo posto à disposição para fazerem valer as suas pretensões resistidas ou insatisfeitas, por intermédio da obtenção da tutela do Estado-Juiz.

Em outras palavras, o processo existe como instrumento a serviço de todas as pessoas (físicas ou jurídicas), para a efetivação de suas pretensões de direito material, as quais, por algum motivo patológico de natureza extraprocessual, não conseguiram solucionar seus conflitos intersubjetivos de interesse.

Os Juizados Especiais foram criados com o espírito voltado para a facilitação e ampliação do espectro do acesso à justiça, sem descurar do quadrinômio valorativo *rapidez, segurança, justiça* e *efetivação do processo*, em sintonia com os princípios insculpidos no art. 2º dessa Lei e todos os demais que servem para a sua geral orientação. Portanto, as formas são os mecanismos colocados pelo sistema à disposição dos jurisdicionados para atingirem determinados objetivos processuais, motivo pelo qual a validade dos atos não se funda na simples observância das formas, mas na verificação, no caso concreto, de terem atingido, de algum modo, o seu escopo perseguido. A comunicação dos atos processuais (citações, intimações e cartas precatórias) far-se-á, preferencialmente, por meios eletrônicos, nos termos da Lei n. 11.419/2006, que dispõe acerca da informatização do processo judicial, encontrando total aplicabilidade em sede de Juizados Especiais, porquanto em sintonia com os seus princípios orientadores, somando-se ao fato de que a Lei n. 9.099/1995 é omissa a esse respeito. Aplica-se ainda subsidiariamente a Resolução CNJ n. 185, de 18-12-2013, que institui o sistema processo judicial eletrônico – PJe – como sistema de processamento de informações e prática de atos processuais e estabelece os parâmetros para sua implementação e funcionamento e, no que couber, as regras específicas sobre o tema dispostas no CPC.

2. DA INEXISTÊNCIA DE NULIDADE SEM PREJUÍZO ÀS PARTES

Trata-se de nada mais que uma consequência prática do referido princípio da *instrumentalidade das formas*.

O devido processo legal é garantia absoluta dos jurisdicionados e a todos impõe a observância de seus preceitos. Todavia, em contrapartida, não subjuga os litigantes em detrimento de seus direitos materiais e em favor do rigorismo das formas.

Desde que alcance a sua finalidade e que não se verifique qualquer prejuízo às partes, os atos serão considerados válidos, não havendo necessidade de repeti-los ou suprir-lhes eventuais irregularidades, pois tudo converge para um sentido único: a solução dos conflitos levados a juízo e, em maior amplitude, à pacificação social.

3. DOS ATOS PROCESSUAIS EM COMARCAS DISTINTAS

De acordo com a orientação fixada no art. 2º, em homenagem aos princípios da simplicidade, informalidade, celeridade e economia processual, dispensa-se a forma tradicional de solicitação para cumprimento de determinados atos processuais, por intermédio de cartas (precatórias). A solicitação poderá ser feita por qualquer meio idôneo de comunicação, usando-se, se possível, a mais moderna tecnologia. As formas são as mais variadas possíveis, tais como telegrama, telex, fac-símile e computadores interligados por redes (*e-mail*), desde que se confirme a transmissão e o recebimento da mensagem.[414]

Já tivemos oportunidade de ressaltar em outro estudo, quando tratamos dos *bens semi-incorpóreos*, que não podíamos deixar de lançar os nossos olhos para o brevíssimo futuro (que já se faz presente) em que as novas tecnologias colocariam ao alcance do usuário as denominadas *infovias* ou *canais de informação*, que são muito mais do que um simples canal de voz, à medida que permitem o tráfego de informações dos dados de computadores, vídeos e sons. Hoje mesmo, se estivermos aparelhados com tecnologia de ponta disponível no mercado, podemos, perfeitamente, por exemplo, inquirir uma testemunha (na própria comarca ou em qualquer outra) sem que saiamos do nosso gabinete.

Sem dúvida, as infovias ultrapassam os limites da mera conversação entre pessoas, para adentrar à poderosa e progressiva órbita de acesso a bibliotecas, imagens, fotografias etc. Como se não bastasse, a revolução da multimídia, inclusive com a tecnologia de compressão de vídeo, é fato consumado. Na verdade, no que tange ao desenvolvimento tecnológico aplicado às linhas telefônicas, o futuro já se faz presente, porquanto o telefone já deixou de ser um instrumento utilizado apenas para conversar.[415]

Nos dizeres de Noé Azevedo, "a Justiça reflete sempre o espírito do meio em que vivem os seus aplicadores". Não deixemos que a história (infeliz) se repita mais uma vez e, assim como no início

---

[414] Enunciado 33 do Fonaje: "É dispensável a expedição de carta precatória nos Juizados Especiais Cíveis, cumprindo-se os atos nas demais comarcas, mediante via postal, por ofício do juiz, fax, telefone ou qualquer outro meio idôneo de comunicação".

[415] Cf. nosso estudo desenvolvido na obra *Posse e ações possessórias:* fundamentos da posse. v. 1. Curitiba: Juruá, 1994, p. 149.

do século passado, em que algumas mentes pouco iluminadas ou de acanhada lucidez pretendiam arrancar dos tribunais a nulidade de julgamentos, porque a cópia autêntica de uma ata teria sido redigida pelo escrivão com máquina de escrever,[416] se pretenda levantar a bandeira da nulidade por fazermos bom uso das tecnologias de última geração.

A verdade é que o mundo, nas últimas décadas, mudou muito mais rápido do que nos últimos séculos e, lamentavelmente, alguns operadores do Direito – e não são poucos – ainda nem sequer se aperceberam disso ou mesmo de que já atravessamos a fronteira do terceiro milênio...

4. DOS REGISTROS DOS ATOS PROCESSUAIS

Em atenção ao princípio da simplicidade do processo e de todos os seus atos, somente aqueles considerados pelo juiz togado, leigo, conciliador ou árbitro como essenciais é que serão registrados (assentados), resumidamente, de forma manuscrita, datilografada, taquigrafada ou estenotipada (lembramos que hoje já existe a estenotipia computadorizada).

Assim, torna-se necessário saber pinçar das provas orais, dos debates, das proposições formuladas em audiência etc., a verdadeira essência de cada ato, a fim de registrá-lo com especificidade. O § 3º do artigo objeto deste comentário há de ser interpretado em harmonia com o disposto no art. 36 da mesma Lei, donde se conclui que a prova oral não será *integralmente* reduzida a escrito, bastando o assento resumido de pontos essenciais. Para maiores aprofundamentos, remetemos o leitor aos comentários do art. 36, *infra*.

Os demais atos, isto é, aqueles não considerados de conteúdo tão importante, poderão ser gravados em fita magnética ou equivalente, que será inutilizada (reaproveitada, regravada) após o trânsito em julgado da sentença. Todavia, parece-nos por demais exíguo esse prazo definido para inutilizar as fitas, tendo em vista que poderão servir plenamente em futura demanda anulatória do ato judicial (v. nossos comentários ao art. 59, item 1) ou aos embargos à execução de sentença. Ressalta-se que este artigo estabelece o prazo mínimo para a manutenção das fitas magnéticas em arquivo, nada obstando que, *ad cautelam*, as normas locais reguladoras da matéria prevejam prazo superior – no mínimo um ano após o trânsito em julgado.

Por outro lado, a parte interessada poderá requerer, a suas expensas, a transcrição da gravação da fita magnética (art. 44).

Na verdade, ideal é que todos os atos praticados nos Juizados Especiais, a começar pela petição inicial, sejam processados eletronicamente, nos moldes da Lei n. 11.419/2006, que dispõe sobre a informatização do processo judicial,[417] em complemento com o disposto na Resolução CNJ 185/2013, que institui o sistema processo judicial eletrônico – PJe – como sistema de processamento

---

[416] Azevedo, Noé. *Homenagem da Ordem dos Advogados do Brasil* (Comentários ao acórdão publicado na RT, v. 57/29, de 1926. *A Justiça e a máquina de escrever*). São Paulo, 1971.
Neste estudo, Noé faz uma notável observação, senão vejamos: "Dizem os doutos que a função da Justiça é declarar o direito das partes, decidindo as controvérsias, e dando a cada um o que é seu. Mas há também filósofos, e de nota, que pensam de modo diverso. Para estes a missão principal dos obreiros da Justiça é lançar a confusão no espírito dos cidadãos cientes e conscientes dos seus direitos, para acalmar as iras despertadas pelas lesões sofridas, fazendo-os duvidar da legitimidade da causa-própria, e supor que alguma razão também assiste aos contendores. É por isso, talvez, que os espíritos mais lúcidos são os que menos prosperam, mercê das lides forenses" (idem, ibidem).

[417] Vejamos alguns enunciados do Fonaje que versam acerca do processo judicial eletrônico:
Enunciado 126: "Em execução eletrônica de título extrajudicial, o título de crédito será digitalizado e o original apresentado até a sessão de conciliação ou prazo assinado, a fim de ser carimbado ou retido pela secretaria".
Enunciado 127: "O cadastro de que trata o art. 1.º, § 2.º, III, b, da Lei n. 11.419/2006 deverá ser presencial e não poderá se dar mediante procuração, ainda que por instrumento público e com poderes especiais".
Enunciado 128: "Além dos casos de segredo de justiça e sigilo judicial, os documentos digitalizados em processo eletrônico somente serão disponibilizados aos sujeitos processuais, vedado o acesso a consulta pública fora da secretaria do juizado".
Enunciado 129: "Nos juizados especiais que atuem com processo eletrônico, ultimado o processo de conhecimento em meio físico, a execução dar-se-á de forma eletrônica, digitalizando as peças necessárias".

de informações e prática de atos processuais e estabelece os parâmetros para sua implementação e funcionamento, além das normas contidas no CPC a respeito da matéria.

5. DAS DISPOSIÇÕES DAS NORMAS DE ORGANIZAÇÃO JUDICIÁRIA

O legislador confiou missão importantíssima aos Estados, às leis locais, na esperança de que elaborem as adaptações necessárias à implementação desses juizados, sem o que o microssistema estará fadado ao insucesso, entrando em xeque, via de consequência, a instrumentalidade do processo e crença mais uma vez depositada pelos jurisdicionados mais humildes na administração da justiça.

Entre outras tantas finalidades, as normas locais deverão também dispor sobre a conservação das peças do processo e demais documentos que o instruem.

Seção V
Do Pedido

> **Art. 14.** O processo instaurar-se-á com a apresentação do pedido, escrito ou oral, à Secretaria do Juizado.[1]
> § 1º Do pedido constarão, de forma simples e em linguagem acessível:[2-4]
> I – o nome, a qualificação e o endereço das partes;[5]
> II – os fatos e os fundamentos, de forma sucinta;[6]
> III – o objeto e seu valor.[7-8]
> § 2º É lícito formular pedido genérico quando não for possível determinar, desde logo, a extensão da obrigação.[9]
> § 3º O pedido oral será reduzido a escrito pela Secretaria do Juizado, podendo ser utilizado o sistema de fichas ou formulários impressos.[10]

1. DA PROPOSITURA DA AÇÃO

Diferentemente do que ocorre no sistema do CPC (art. 312), considera-se proposta a ação com o simples e informal requerimento (escrito ou oral) formulado pelo autor ou por seu advogado constituído (ou previamente designado, se for assistência judiciária), apresentado de maneira direta à secretaria do Juizado.

Dispensa-se a distribuição (ressalvada a hipótese de mais de um Juizado, instalado na mesma comarca e com idêntica competência) e o despacho inicial do juiz, procedendo-se apenas, na própria secretaria da unidade jurisdicional, ao registro, por escrito, do pedido (art. 16).

2. REQUISITOS E EMENDA DA PETIÇÃO INICIAL, TIPOS DE PEDIDO E PEDIDO DE DESCONSIDERAÇÃO DA PERSONALIDADE JURÍDICA

Nos Juizados Especiais Cíveis não é necessário haver *petição inicial*, dentro dos moldes e formalismos instituídos pelo art. 319 do CPC, bastando para a deflagração do processo e da respectiva relação jurídico-processual que seja apresentado pelo interessado, inclusive desacompanhado de advogado (se o valor do pedido não ultrapassar vinte salários mínimos), um requerimento simplificado, redigido em linguagem acessível e objetiva, contendo os seguintes requisitos: a) o nome

---

Enunciado 130: "Os documentos digitais que impliquem efeitos no meio não digital, uma vez materializados, terão a autenticidade certificada pelo Diretor de Secretaria ou Escrivão".

completo, qualificação e endereço das partes; b) os fatos e os fundamentos (jurídicos) do pedido; c) o objeto e seu valor.

No tocante a esses requisitos, algumas considerações precisam ser feitas, sem que mergulhemos em aspecto doutrinário mais profundo, porquanto não são desconhecidos dos operadores do Direito, bastando apenas a elucidação de algumas questões próprias e de maior aplicabilidade nos Juizados Especiais.

Verificando o juiz que a petição firmada por advogado ou o requerimento simplificado da lavra do próprio autor não preenchem os requisitos exigidos neste art. 14 (em sintonia com o disposto nos arts. 319 e 320 do CPC, *no que couber*), ou ainda que apresentam defeitos e irregularidades capazes de dificultar o julgamento da lide, a exemplo do que dispõe o art. 321 do CPC, deverá determinar que o postulante emende ou complete a peça inicial, no prazo de quinze dias, sob pena de tê-la indeferida (parágrafo único do art. 321 do CPC).

A Lei n. 9.099/1995 silencia acerca dos tipos de pedidos que poderão ser formulados perante os Juizados Especiais Cíveis, razão pela qual se aplica, no que couber, as disposições contidas nos arts. 322 a 329 do Código de Processo Civil. Essa matéria será tratada com mais vagar nos comentários ao art. 15, *infra*.

O pedido de desconsideração da personalidade jurídica, tratado no Código de 2015 como "incidente processual", aplica-se igualmente aos Juizados Especiais (cíveis, fazendários e federais), por força do disposto em seu art. 1.062, processando-se na forma estabelecida nos arts. 133 a 137 do aludido Diploma Instrumental.

Instaurado o incidente, nos termos do que preconiza o art. 135 do CPC, é regra cogente a citação do sócio ou da pessoa jurídica para apresentação de defesa e requerimento de provas cabíveis. Em caráter excepcional, "se as peculiaridades do caso reclamarem, é inegável que, diante de seus respectivos pressupostos, pode o magistrado conceder tutela provisória fundamentada na urgência (arts. 300 e 301) para, por exemplo, evitar a dilapidação patrimonial daquele cujo patrimônio se pretende alcançar com o incidente de desconsideração da personalidade jurídica."[418]

3. MODIFICAÇÃO DO PEDIDO OU DA CAUSA DE PEDIR

Não se pode esquecer também de que neste microssistema observam-se em todos os seus termos os *princípios* norteadores da peça inaugural, quais sejam *da originalidade, obrigatoriedade e definitividade*, sob pena de preclusão. Em outras palavras, o autor encontra como momento único para oferecer os seus articulados, fundamentar a sua pretensão e formular o pedido, a própria petição ou requerimento inicial.

Na petição inicial deverá o autor demonstrar a causa de pedir e formular o *pedido*. Até a efetivação do ato citatório válido, inexiste qualquer óbice à modificação ou aditamento do pedido ou da causa de pedir, independentemente do consentimento do réu (art. 329, I, do CPC). Após a feitura da citação e até o saneamento do processo, poderá também o autor aditar ou alterar o pedido e a causa de pedir, com consentimento do réu, assegurando o contraditório mediante a possibilidade de manifestação deste no prazo mínimo de 15 (quinze) dias, facultado o requerimento de prova suplementar (art. 329, II, do CPC).

Esse momento máximo concedido pelo CPC para aditamento ou modificação do pedido ou da causa de pedir, em sede de Juizados Especiais, verifica-se quando o juiz conclui a fase postulatória, isto é, após o autor manifestar-se sobre a resposta do réu (art. 31, parágrafo único, da Lei n. 9.099/1995), o que poderá se dar em audiência ou por petição. Caso contrário, a estabilização da lide jurídica não ocorrerá e o tumulto processual será instaurado, violando-se princípios orientadores dos Juizados, em particular a celeridade voltada à resolução do conflito.

---

[418] Cassio Scarpinella Bueno. *Novo Código de Processo Civil Anotado*, 3. ed., 2017, p. 192.
No mesmo sentido, v. Gabriel Fonseca e Guilherme Reis. "A (des) necessidade de citação prévia na instauração do incidente de desconsideração de personalidade jurídica nos juizados especiais". *Migalhas* n. 5068, de 25/3/21.

Sobre o tema, o FONAJE editou o enunciado 157, *in verbis*: "Nos Juizados Especiais Cíveis, o autor poderá aditar o pedido até o momento da audiência de instrução e julgamento, ou até a fase instrutória, resguardado ao réu o respectivo direito de defesa". Com a devida vênia, a redação é imprecisa e paradoxal, pois afirma, primeiramente, que o aditamento poderá ser realizado até a audiência de instrução e julgamento e, logo após, admite-o até a fase instrutória, como se fossem duas fases distintas do processo. Ora, se a instrução processual se dá em audiência de instrução e julgamento, não estamos diante de duas fases procedimentais distintas, mas de momento único.

Ademais, em observância ao princípio da concentração que orienta os Juizados (um dos subprincípios da oralidade em grau máximo), a audiência é ato único, uno e indivisível, sem prejuízo da possibilidade de cindir-se no plano dos fatos (por exemplo, para ouvida de testemunhas em dias distintos), o que não se confunde com pluralidade de atos processuais. Significa dizer, em outras palavras, que nos Juizados Especiais, em observância ao princípio da concentração, a audiência é sempre de conciliação, instrução e julgamento, sem prejuízo de cindir-se, quando necessário, para melhor operacionalização no caso concreto e em sintonia com a estrutura de pessoal de cada comarca, notadamente a presença de conciliadores e juízes leigos com os quais o juiz de direito pode contar como auxiliares.

Nos dizeres de JOSÉ ROGÉRIO CRUZ E TUCCI, "A bilateralidade da audiência, sintetizada no jogo dialético, que caracteriza o processo judicial de qualquer natureza, é então centrada em torno dos fatos que englobam a *causa petendi* e a *causa excipiendi*. E para que seja assegurada ao réu a garantia do contraditório, resulta evidente que deva ele conhecer, no âmbito objetivo da demanda, o fato constitutivo do direito deduzido pelo autor.

"E, uma vez consolidada a *causa de pedir* na fase postulatória e, por via de consequência, delimitado o objeto da prova no momento inaugural da audiência de instrução e julgamento (...) qualquer tentativa de modificação do núcleo fático em que se funda a demanda corresponde ao 'inválido exercício *ex novo* de um poder de ação diverso daquele verificado na instauração do processo'".[419]

Em outras palavras, estamos diante da incidência dos três princípios norteadores da petição inicial: originalidade, obrigatoriedade e definitividade, todos intimamente ligados com os institutos jurídicos da ação civil. O art. 14, § 1º, da Lei n. 9.099/1995 oferece os contornos básicos dos requisitos que devem estar presentes na formulação de um requerimento exordial, sendo esta peça indispensável à propositura da demanda. Assim, o princípio da originalidade consubstancia-se na necessidade de articulação de todos os elementos *ab initio*, isto é, na própria peça inaugural.

Tais requisitos apontados na legislação são normas cogentes, de observação obrigatória; quando não atendidos, inepta se torna a inicial (art. 321 c/c art. 330 do CPC), resultando na extinção do processo, sem resolução do mérito (art. 485, I, do CPC). É o princípio da obrigatoriedade, que, no caso, importa na indeclinabilidade de formulação de um pedido com base na indicação da causa de pedir.

Por último, o *princípio da definitividade* ou da *estabilização da lide* está consolidado na circunstância de que, proposta a demanda (art. 312 do CPC) e ultrapassada a fase do "saneamento" do processo, em nenhuma hipótese a modificação do pedido e da causa de pedir será permitida.[420] Por óbvio que os delineamentos principiológicos definidos para o processo civil clássico (CPC) deverão ser abrandados e adequados às normas reguladoras dos Juizados Especiais e aos demais princípios

---

[419] TUCCI, José Rogério Cruz e. *A "causa petendi" no processo civil*. São Paulo: Revista dos Tribunais, 1993, p. 154, n. 13, baseado nos ensinamentos de CORRADO FERRI (*Struttura del processo e modificazione della domanda*, p. 117, cf. nota de rodapé n. 109).
A respeito do tema, v. SHIMURA, Sérgio. Breves considerações sobre a "emendatio libelli" e a "mutatio libelli". *Ajuris*, v. 49/103; *RePro*, v. 59/236.

[420] Cf. FIGUEIRA JR., Joel Dias. *Comentários ao Código de Processo Civil*. v. 4. t. II. São Paulo: Revista dos Tribunais, 2001, art. 282, item n. 1, p. 27/28; idem, *Lições de teoria geral do processo*. Florianópolis, 1992, p. 54-55, n. 16.1.4.
Salientamos ainda a importância desses princípios à medida que eles servem ao norteamento da fixação temporal e de conteúdo material, fático e jurídico da demanda, responsáveis pelos *contornos da lide* e que, por sua vez, servirão à formação do *livre convencimento do juiz*, assim como auxiliarão a *motivação das decisões* e servirão para delimitar a observância da *relação entre o pedido e o pronunciado*.

orientadores do microssistema, entre eles e, em particular, os da *simplicidade e informalidade*. Não se está a afirmar, e é bom frisar para que dúvidas não pairem, que os requisitos definidos no § 1º do art. 14 podem ser dispensados, pois essas regras são de ordem pública e, portanto, cogentes, conforme já mencionamos anteriormente. São requisitos *indispensáveis* de toda peça inicial apresentada na secretaria dos juizados, independentemente se foi firmada por leigo ou lavrada por advogado. Sua forma deve ser *simples* e redigida em *linguagem acessível*, como bem define o *caput* do parágrafo em exame, enquanto os fatos e fundamentos jurídicos devem ser articulados de maneira *sucinta* (inciso II). Simplicidade de forma, sim; omissão, não.

Retomemos agora a análise da questão da possibilidade de alteração do *petitum* ou da *causa petendi* e a respectiva limitação temporal e procedimental estatuída no art. 329 do CPC. Por analogia, a solução encontrada anteriormente pela doutrina para resolver o problema sobre o saneamento no antigo procedimento "sumaríssimo" do CPC, revogado pela Lei n. 9.245/1995, que modificou integralmente os arts. 275-281 do CPC[421] e instituiu o revogado procedimento *sumário*, aplica-se integralmente ao rito definido para os Juizados Especiais, hoje *habitat* natural do procedimento sumaríssimo, qual seja a de interpretar-se a proibição de alteração do pedido ou da causa de pedir após o momento da audiência de conciliação, instrução e julgamento (ato único – ou, se fracionado na primeira fase destinada à tentativa de autocomposição, e oferecimento de resposta, na audiência preliminar de "conciliação") no momento em que o magistrado já efetuou o controle de regularidade do processo e das condições do legítimo exercício da ação e passa à atividade instrutória.[422]

4. PEDIDO INICIAL E FATO SUPERVENIENTE

Além das circunstâncias já apontadas nos itens precedentes (n. 2 e 3, *supra*), situações novas podem surgir no decorrer do processo, as quais eram impossíveis de contemplação quando do ajuizamento da demanda, trazendo aspectos objetivos que prejudiquem a pretensão original, exigindo a sua adequação ou transformação. Nesses casos, devemos recorrer ao instituto do *fato novo*, nos dizeres de Fenochietto,[423] ou, ainda melhor, da *superveniência de causa independente*, insculpida no art. 493 do CPC, como exceção ao princípio geral da definitividade (direito subjetivo superveniente).

No curso do processo, a ação não pode ser modificada. Todavia, nada obsta que ela venha a ser emendada,[424] nos termos do art. 329 do CPC, ou quando se der o surgimento, após a propositura da demanda, de algum fato constitutivo, modificativo ou extintivo do direito, capaz de influir de alguma forma no julgamento da lide, cabendo ao juiz tomá-lo em consideração, de ofício ou a requerimento da parte, no momento de proferir a decisão (art. art. 493 do CPC).

Até a prolação da decisão final (de primeiro grau ou em instância recursal), pode verificar-se o aparecimento de fato novo, cujo conhecimento pelo julgador se torna indispensável à solução do conflito intersubjetivo ou, ainda, à mera conversibilidade procedimental à concessão de tutela adequada.

Não há de se confundir o preceito estatuído no art. 493 do CPC com o conhecimento de fatos que signifiquem alteração do pedido ou da causa de pedir, isto é: "O juiz não pode conhecer de fato novo ocorrido posteriormente à propositura da ação, caso este venha a alterar a *causa petendi* e/ou o pedido. Pois, por 'fato novo' entende-se aquele que, rigorosamente, se ajusta à *causa petendi* e ao pedido. É fato novo só quanto à circunstância de sua ulterior ocorrência, relativamente à época

---

[421] Para aprofundamento sobre o tema, v. Figueira Jr., Joel Dias. *Comentários ao Código de Processo Civil*. v. 4. t. II. São Paulo: Revista dos Tribunais, 2001, art. 270-281; idem, *Novo procedimento sumário*. São Paulo, Revista dos Tribunais, 1996. V. também Alvim, J. E. Carreira. *Procedimento sumário na reforma processual*. Belo Horizonte: Del Rey, 1996; Assis, Araken de. *Procedimento sumário*. São Paulo: Malheiros, 1996; Carneiro, Athos Gusmão. *Do rito sumário na reforma do CPC*. São Paulo: Saraiva, 1996.

[422] Cf. Moreira, José Carlos Barbosa. *O novo processo civil brasileiro*. Rio de Janeiro: Forense, 1995, p. 144, n. 2.

[423] Grabois, Maurício. *Curso de derecho procesal – Parte especial* (coord. de Fenochietto). Buenos Aires: Abeledo-Perrot, 1978, p. 57-58, n. 9.

[424] Liebman, Enrico Tullio. *Manuale di diritto processuale civile*. v. 1. 4. ed. Milano: Giuffrè, 1984, p. 175.

da postulação inicial, e não no sentido de inovar o *petitum* e sua(s) *causa(ae) petendi*, pois já daí deve constar".[425]

Importa dizer que o *ius superveniens* pode consistir no advento de fato ou direito que possa influir no julgamento da lide, mas não se pode, a pretexto de objetivar a sua incidência, alterar a causa de pedir ou o pedido.[426]

Finalmente assinalamos que, no tocante ao problema da individuação da categoria dos fatos que integram as chamadas *mudanças supervenientes de circunstâncias*, entendemos que somente as alterações *extraprocessuais* das circunstâncias de fato podem respaldar essa alteração.[427]

5. QUALIFICAÇÃO DAS PARTES

Com referência ao primeiro requisito, é preciso que se esclareça não ser necessária a qualificação completa das partes, especialmente do sujeito passivo, que, muitas vezes, não é do estreito relacionamento do autor, tornando difícil (ou impossível) o preenchimento dessas exigências.

O que se espera do autor é que ele, ao apresentar na secretaria do Juizado o seu requerimento inicial, ofereça elementos qualificadores suficientes à identificação e localização dos litigantes. Por isso, nada obsta que, por exemplo, seja mencionado apenas o prenome acrescido da respectiva alcunha, ou apenas o nome patronímico e os demais requisitos, ou a indicação do endereço através de pontos de referência, local de trabalho etc.

6. CAUSA DE PEDIR

O segundo requisito diz respeito à denominada *causa de pedir*[428] (próxima e remota), ou seja, aos fatos e aos fundamentos jurídicos do pedido. Em face da simplicidade que deve nortear os Juizados Especiais, desde o momento inicial da formação processual, estes articulados serão sempre sucintos, sobretudo nas hipóteses em que a formulação provier de postulante leigo.

Em síntese, poderíamos dizer que a *causa de pedir* é a causa eficiente da ação, ou seja, um estado de fato e de direito, que aparece como sendo a razão a que se refere a pretensão da demanda, dividindo-se habitualmente em dois elementos: uma relação jurídica e um estado de fato contrário ao Direito.[429]

Assim sendo, bastam a descrição objetiva dos fatos (causa de pedir remota) e os motivos jurídicos que ensejam o pedido (causa de pedir próxima). Esse último elemento não se confunde com a referência ao dispositivo legal sobre o qual se funda a pretensão, ou, muito menos, a denominação jurídica por ele atribuída à ação; o que efetivamente interessa são os fundamentos que amparam o requerimento.[430] Ademais, o réu se defende baseado nos fatos e fundamentos jurídicos trazidos à colação pelo autor.

Em outros termos, "(...) No Juizado Especial Cível deve o autor apresentar no seu pedido, os fatos e os fundamentos, de forma sucinta. Inteligência do art. 14, § 1º, inciso II da Lei n. 9.099/1995.

---

[425] ALVIM, José Manoel de Arruda. *Manual de direito processual civil*: do processo de conhecimento. v. 2. 6. ed. São Paulo: Revista dos Tribunais, 1997, p. 658, n. 304.

[426] NERY JR., Nelson. Separação judicial – Direito superveniente – Não cabimento de alteração da causa de pedir. *RePro*, v. 25/214; *Código de Processo Civil comentado e legislação processual civil extravagante em vigor, com suplemento de atualização*. 9. ed. São Paulo: Revista dos Tribunais, 2006, p. 573, art. 462, n. I.

[427] Assinala-se que não são as simples modificações de alegações e/ou de fundamentações, ou novos resultados instrutórios que vão significar o *fato novo*.

[428] Especificamente sobre esse tema, v. a monografia de JOSÉ ROGÉRIO CRUZ E TUCCI. A "causa petendi" no processo civil. São Paulo: Revista dos Tribunais, 1993.

[429] Cf. CHIOVENDA, Giuseppe. *Istituzioni di diritto processuale civile*. v. 1. Napoli: Jovene, 1933, p. 28.

[430] No mesmo diapasão escreve ARAKEN DE ASSIS: "O fundamento legal apontado pelo autor, ou o *nomen iuris* por ele utilizado (v.g., ação de 'rescisão' do negócio, fundada em inadimplemento do parceiro, em lugar de ação de 'resolução'), se ostentam inteiramente irrelevantes na caracterização da *causa petendi*" (*Cumulação de ações*. São Paulo: Revista dos Tribunais, 1995, p. 126).

Entende por fundamento do pedido, as razões que o favorece. Não basta pedir, é preciso fundamentar, justificar, porque pede (...)".[431]

7. PEDIDO E VALOR DA CAUSA

Por último, deve a exordial fazer referência ao *objeto* da demanda e ao seu respectivo valor. Por objeto da demanda, entende-se o *mediato* e o *imediato*, os quais, conjuntamente, servem de parâmetro à fixação do valor da causa, nas hipóteses em que o legislador não estabeleceu previamente os critérios (CPC, arts. 259 e 292). Com relação à relevância do tema do *valor da causa* no Direito brasileiro e os seus *princípios* norteadores, remetemos o leitor aos comentários do art. 3º, n. 4.1 a 4.5, *supra*.

O *objeto* da ação decorre lógica e sucessivamente da *causa de pedir*, posto que o requerimento formulado ao Estado-Juiz (*petitum*) deve estar em perfeita consonância com os fatos alegados e os respectivos fundamentos jurídicos.

O objeto *imediato* é a providência pleiteada com a propositura da demanda para satisfazer determinada pretensão (material) do autor. Por sua vez, o objeto *mediato* reflete a relação fatual ou jurídica sobre a qual deve recair a tutela jurisdicional, onde se encontra o bem da vida reclamado.[432]

8. DAS PROVAS E DO SEU REQUERIMENTO

Apesar do art. 14 não especificar a necessidade de formulação de requerimento expresso a respeito das provas que o autor pretende produzir em juízo, devemos considerar como requisito implícito de toda peça que inaugura qualquer processo, independentemente do rito a ser aplicado, pois sem elas o autor não consegue demonstrar os fatos constitutivos do seu direito (CPC, art. 319, VI, c/c arts. 373, I, e 434). A omissão do autor poderá significar, em princípio, renúncia à produção de outras provas, com exclusão daquelas que já acompanham o pedido inicial. Por outro lado, não podemos nos esquecer de que estamos diante de um Juizado em que os processos tramitam sem maiores formalidades e com muita simplicidade. Assim, na prática, a regra a que nos referimos deve ser abrandada, sobretudo porque, nas demandas com valor de alçada não superior a vinte salários mínimos, o interessado pode postular em causa própria, sem ser advogado ou bacharel em Direito.

Nessas hipóteses, o serventuário que receber o requerimento inicial ou que reduzir a termo a formulação verbal, deverá consultar o autor a respeito da aludida omissão, procedendo a anotações sobre a informação recebida.

Nesse particular, o art. 14 deve ser interpretado em sintonia com o disposto na primeira parte do § 1º do art. 18, e com os arts. 33 e 34, *in fine*. O primeiro dispositivo refere-se ao conteúdo da citação, que tem como um dos requisitos o acompanhamento de uma cópia do pedido inicial, a fim de que o réu tome pleno conhecimento dos fatos, dos fundamentos da demanda, do objeto e do seu valor, assim como das provas que o autor já produziu ou pretende produzir em audiência. O segundo artigo mencionado alude à produção de provas em audiência de instrução e julgamento, *ainda que não requeridas previamente*, assim entendida a expressão como *dispensa de requerimento formal*, não estando desobrigada a parte interessada em produzir determinada prova (em regra testemunhal ou documental) de fazer referência ao menos genérica, deixando transparecer o seu intento e especificá-la. O que a lei dispensa é o excesso de formalismo em sede de "requerimento" de provas,

---

[431] Turma Recursal de Belo Horizonte, Rec. 282, rel. Juiz Sebastião Pereira de Souza, j. 22-8-1997.
[432] Segundo Arruda Alvim, "(...) o objeto pode ser classificado em 'imediato', que é o tipo de providência jurisdicional solicitada, e 'mediato', que é o próprio bem jurídico reclamado. O objeto litigioso, nesse tema, abrange os dois tipos de objetos. Nossa lei não usa dessa terminologia, usando o mesmo *pedido*, desde que *não usa da expressão objeto litigioso*. Realmente, a lei eliminou o problema da diversa abrangência que tem o objeto litigioso, tendo seus termos igual alcance, desde que no pedido estejam contidos tanto o objeto imediato como o mediato (art. 301, § 2º)" (*Manual de direito processual civil*: do processo de conhecimento. v. 2. 6. ed. São Paulo: Revista dos Tribunais, 1997, p. 262).

como consequência lógica dos seus princípios norteadores. Todavia, a alusão aos tipos de prova a serem produzidas não se dispensa jamais, sob pena de, se assim não for, representar prejuízo à parte contrária, com violação do contraditório e da ampla defesa, em síntese, do devido processo legal. Por sua vez, o último dispositivo mencionado trata da questão das testemunhas que comparecerão à audiência independentemente de intimação, isto é, levadas pela parte "que as tenha arrolado".

9. PEDIDO GENÉRICO

Todo pedido formulado judicialmente, em regra, deve ser certo e determinado, isto é, especificado em relação à sua quantidade, importância ou qualidade, admitindo-se apenas em caráter excepcional o pedido *genérico,* ou seja, todo aquele que não goza da possibilidade de prévia especificação (certeza ou determinação), diante de alguns fatores que necessitam de apuração ou esclarecimento a que se procederá durante a instrução (CPC, art. 324, § 1º, II e III).[433]

Nos casos de competência dos Juizados, tratando-se de pedido genérico, o *quantum* deverá ser apurado, impreterivelmente, durante a instrução processual, tendo em vista que o próprio sistema não admite a sentença condenatória por quantia ilíquida (art. 38, parágrafo único).

10. DO REQUERIMENTO ORAL

Nos termos do art. 9º, se o autor comparecer desacompanhado de advogado na secretaria do Juizado e não trouxer seu requerimento formulado por escrito, poderá fazê-lo diretamente com o serventuário encarregado deste mister, que tomará por termo suas alegações e pretensões, nos moldes do estatuído no art. 14, § 1º, incs. I a III.

Para facilitar o trabalho, sugere o legislador a utilização de fichas ou o sistema de formulários previamente confeccionados. Para que se chegue a uma padronização, no mínimo, em nível estadual, seria de bom alvitre que as Corregedorias de Justiça elaborassem, em conjunto com os juízes especiais, formulários contendo todos os requisitos estabelecidos nessa lei e, ainda, preferencialmente, que se utilizassem dos recursos da informática para a agilização do atendimento forense, porquanto sabemos todos do elevado número de pessoas que acessam diariamente a justiça especializada.

> **Art. 15.** Os pedidos mencionados no art. 3º desta Lei poderão ser alternativos[1-2] ou cumulados;[3] nesta última hipótese, desde que conexos e a soma não ultrapasse o limite fixado naquele dispositivo.[4,5,6]

1. TIPOS DE PEDIDO E ALTERNATIVIDADE

Verifica-se da redação do dispositivo em comento que o legislador não foi tecnicamente preciso ao dizer que os pedidos referidos no art. 3º da Lei n. 9.099/1995 poderão ser apenas de duas espécies: *alternativos* ou *cumulativos*, deixando à margem a forma *sucessiva* (denominada no CPC de 2015 de "subsidiária") de formular pretensões.

Significa dizer que o legislador disse menos do que pretendia dizer no referido dispositivo, por inexistir qualquer motivo, óbice normativo ou principiológico orientador da Lei dos Juizados Especiais que justifique a omissão atinente ao *pedido sucessivo*.

Assim, a leitura correta do art. 15 da Lei n. 9.099/1995 é a seguinte: "Os pedidos mencionados no art. 3º desta Lei poderão ser alternativos, sucessivos (subsidiários) ou cumulados; nesta última hipótese, desde que conexos e a soma não ultrapasse o limite fixado naquele dispositivo".

Reservamos os itens seguintes para discorrer acerca desses três tipos de pedido.

---

[433] A hipótese descrita no art. 324, § 1º, I, do CPC fica excluída em face da não admissibilidade de ações universais nos Juizados Especiais (incompetência em razão da matéria).

2. ALTERNATIVIDADE DO PEDIDO E ESCOLHA DO DEVEDOR[434]

Diz o parágrafo único do art. 325 do CPC: "Quando, pela lei ou pelo contrato, a escolha couber ao devedor, o juiz lhe assegurará o direito de cumprir a prestação de um ou de outro modo, ainda que o autor não tenha formulado pedido alternativo". Nesses casos, seja a regra estabelecida no contrato entre as partes, seja na própria norma jurídica no sentido de impor alternatividade para o cumprimento da obrigação e opção de escolha somente para o réu, descabe a formulação de pedido alternativo pelo autor da demanda.

E, mesmo que o postulante formule pedido alternativo, será desconsiderado ou havido pelo juiz como inexistente (mesmo que implicitamente, porquanto decorrente de lei expressa) e recebido o objeto mediato como determinado, nos moldes da lei aplicável ou do contrato, em manifesta exceção ao princípio da congruência, também conhecido como relação entre o pedido e o pronunciado.

Outra não é a lição de BARBOSA MOREIRA: "(...) quando a escolha, à luz do direito material, competir ao autor, cabe a este a opção entre formular pedido *fixo*, fazendo desde logo a escolha ou pedido *alternativo*, reservando-se para fazê-la, se for o caso, ao mover a execução da sentença (art. 571, § 2º). Competindo ao réu a escolha, o pedido logicamente deve ser *alternativo*; ainda que o autor o formule *fixo*, os efeitos práticos serão os mesmos: o reconhecimento do pedido pelo réu poderá dirigir-se a outra prestação, a eventual condenação poderá ser alternativa (exceção ao princípio da *correlação* ou da *congruência*: supra, n. I) etc. É que não seria lícito a uma parte, unilateralmente, arrogar-se o *ius eligendi* pertencente à outra, tocando então ao órgão judicial velar pela preservação desse direito (art. 288, parágrafo único [art. 325, parágrafo único, CPC/2015])".[435]

Poderá verificar-se na prática que, diante da formulação de pedido alternativo (art. 325, CPC), transfira o juiz para a pessoa do réu a escolha sobre uma das formas para o seu cumprimento, mesmo que esta faculdade não decorra da lei ou do contrato. Trata-se, portanto, de mera liberalidade ou, ainda melhor, de verdadeira discricionariedade judicial, aplicável com prudência e critério, de acordo com as particularidades do caso em concreto. Assim, se a lei não impõe ao juiz a escolha e tendo ele percebido que a melhor identificação haverá de ser feita pelo réu, nada obsta que assim proceda, em que pese a sua excepcionalidade.[436]

O que o parágrafo único do art. 325 define muito bem é a impossibilidade de transferir-se para o autor ou mesmo para o juiz a escolha do cumprimento da obrigação, quando toca somente ao réu esse direito.

3. PEDIDO SUCESSIVO[437]

Se a relação litigiosa faz surgir para o autor a possibilidade de interessar-se *sucessivamente* (subsidiariamente) por duas formas distintas de satisfazer a sua pretensão, assim poderá articular os seus pedidos na peça inaugural, desde que todos eles sejam compatíveis com a relação litigiosa. Diz-se que o pedido é *sucessivo* porque formulado pelo autor em ordem sequencial, continuada, isto é, um após o outro, todos eles independentes e diferenciados entre si, podendo apresentar, inclusive, natureza jurídica diversa, de maneira que o juiz somente conhece do pedido subsidiário quando não puder acolher o pedido principal (antecedente) (art. 326, *caput*, do CPC).

---

[434] Cf. FIGUEIRA JR., Joel Dias. *Comentários ao Código de Processo Civil*. v. 4. t. II. São Paulo: Revista dos Tribunais, 2001, art. 288, item n. 3.

[435] MOREIRA, José Carlos Barbosa. *O novo processo civil brasileiro*. Rio de Janeiro: Forense, 1995, p. 12, n. 2.

[436] Nesse diapasão, já decidiu o TJRJ: "Sendo o pedido alternativo, deveria o Juiz decidir por um deles, mas preferiu deixar para o réu a escolha, o que não é defeso" (Ap. Civ. 3008/94, j. 10-11-1994, rel. Des. Mello Serra, *RDTJRJ* 25/195) (apud PAULA, Alexandre de. *Código de Processo Civil anotado*. v. 2. 7. ed. São Paulo: Revista dos Tribunais, 1998, art. 288, p. 1436).

[437] Cf. FIGUEIRA JR., Joel Dias. *Comentários ao Código de Processo Civil*. v. 4. t. II. São Paulo: Revista dos Tribunais, 2001, art. 289, item n. 1, 2007.

Apesar de distintos e independentes, esses pedidos haverão de ser não apenas compatíveis com a relação de direito material a respeito da qual se funda a pretensão formulada na inicial, em harmonia com a *causa petendi*, como também se faz necessário que a autoridade judiciária seja igualmente competente para conhecer qualquer dos pedidos sucessivos. Nesse particular, significa dizer que "não é possível a cumulação de dois pedidos sucessivos no mesmo processo se um deles é da competência da Justiça Federal e outro de competência da Justiça Estadual. Somente a competência relativa é modificável pela conexão".[438]

Assim, todos os pedidos (alternativos ou subsidiários) hão de ser articulados também na própria petição inicial, ou, em tempo hábil, mediante aditamento. Por esses motivos, em sede recursal, é vedado ao recorrente formular pedido desta espécie, devendo o tribunal observar o princípio da congruência (relação entre o pedido e o pronunciado), sob pena de nulidade do julgado (art. 492 do CPC).[439]

Diante da regência do *princípio da eventualidade* a esse tipo de pedido,[440] a doutrina passou também a denominá-lo de *cumulação eventual*, expressão com a qual não estamos integralmente de acordo, em face de sua pouca clareza que se soma à grande possibilidade de criar confusão com o instituto da *cumulação de ações* (*cúmulo objetivo simples*), regulada no art. 327 do CPC. Afigura-se muito claro que a formulação de pedidos em ordem sucessiva (subsidiária) não significa cumulação de pretensões, ou seja, pedido *cumulativo* não é sinônimo de *pedido sucessivo*, razão pela qual repelimos a indigitada expressão.

Segundo BARBOSA MOREIRA, "Ao pedido formulado para a eventualidade de rejeição de outro chama-se pedido *subsidiário*; àquele que se formula em precedência, pedido *principal*. Exemplo: o autor pede a restituição da coisa (pedido principal) ou, quando menos, o pagamento de perdas e danos (pedido subsidiário)".[441]

Não há de se confundir as denominações precisas utilizadas pelo mestre carioca (*subsidiário* e *principal*) com aquelas apropriadas às hipóteses de *cumulação de ações* para a designação da cumulatividade de pedidos formulados em demandas autônomas e independentes, nada obstante articuladas em conjunto numa única relação processual (art. 327), em que um deles é *prejudicial* (principal e antecedente) em face do outro, que aparece como *subordinado* (secundário, acessório e consequente) e, por isso, sempre na dependência do acolhimento do outro. Registra-se, ainda, que alguns doutrinadores a denominam *cumulação sucessiva* (*cúmulo sucessivo*) que, nada obstante não ser equivocada em sua essência, parece induzir o leitor em erro, confundindo-o em relação ao *pedido sucessivo*.

Ocorre que a cumulação sucessiva significa a possibilidade jurídica concedida pelo sistema instrumental ao autor para formular tantos pedidos (em ordem sucessiva excludente) quantos comportar o seu grau de satisfação no caso em concreto, sendo inadmissível o acolhimento pelo magistrado de mais de um deles, diferentemente do que se verifica com a cumulação de ações; trata-se de pedidos formulados de forma alternativa, para que o juiz acolha um deles (art. 326, parágrafo único, do CPC).

Do escólio do festejado CALMON DE PASSOS extrai-se que, "nessa hipótese do art. 289 [art. 326, *caput*, CPC/2015], a cumulação de pedidos assenta não na autonomia das pretensões (cumulação simples), nem num nexo de prejudicialidade que as vincule (cumulação sucessiva), nem na

---

[438] STF, *RTJ* 110/901, RE 101914-CE, rel. Min. Pedro Soares Muñoz.

[439] Cf. Tribunal de Justiça de Santa Catarina, AC 2005011192-0, Balneário de Piçarras, rel. Des. Joel Dias Figueira Jr.

[440] Assim também a firme orientação do Superior Tribunal de Justiça, em aresto da lavra do Min. Adhemar Maciel: "(...) II – É denominada *eventual* a cumulação formulada com base no art. 289 do CPC [art. 326, CPC/2015], já que regida pelo princípio da eventualidade (...)" (*RSTJ* 102/170).

[441] MOREIRA, José Carlos Barbosa. *O novo processo civil brasileiro*. Rio de Janeiro: Forense, 1995, p. 12, n. 3.
Delineia ainda muito bem o festejado mestre outra concepção atribuída (corretamente) sob outro ângulo às expressões *pedido principal* e *pedido acessório*. "Noutro sentido, fala-se de pedido *principal* (por oposição a pedidos acessórios) com relação à pretensão mais importante do autor, de cujo acolhimento depende o das outras. Exemplo: o autor pede a devolução da importância mutuada (pedido *principal*), mais juros de mora, custas processuais e honorários de advogado (pedidos acessórios)" (idem, p. 12, n. 4).

circunstância de que do inadimplemento do devedor alternativas pelos modos de satisfação do credor tenham decorrido, por força de lei (cumulação alternativa), mas sim em algo bem diverso". E prossegue o mestre baiano, agora fundado em Frederico Marques: "Na hipótese do art. 289 [art. 326, *caput,* CPC/2015], o que fundamenta a alternatividade, ou a sucessividade, como querem alguns, é um problema de tipificação do suposto ou da consequência jurídica, ou, mais precisamente, de *dúvida* quanto a essa tipificação".[442]

Significa dizer que, nesses casos de *pedido sucessivo*, o postulante haverá de ordenar em grau de importância ou preferência os seus pedidos, tendo em vista que o conhecimento da segunda pretensão dependerá da rejeição da primeira, e assim sucessivamente. Poderá também ocorrer a rejeição do primeiro e do segundo pedido, terminando o juiz por acolher o terceiro, o quarto ou o quinto, dependendo de quantas pretensões em ordem sucessiva foram articuladas.

4. PEDIDO SUCESSIVO E PEDIDO ALTERNATIVO

Não se confunde, também, *pedido sucessivo* com *pedido alternativo* (art. 325). Neste último, a natureza da demanda em sintonia com a natureza jurídica da relação de direito material litigiosa (a lide propriamente dita) viabilizam, facultativamente, a uma das partes ou a ambas, em certas situações, a opção pelo seu cumprimento. O *pedido alternativo*, por estar umbilicalmente ligado à lide, ou, ainda melhor, ao bem da vida litigioso, cinge-se às variações do *objeto mediato*, permanecendo certo e estanque o *objeto imediato*, enquanto o *pedido sucessivo*, por estar ligado diretamente com o tipo de pretensão e satisfação perseguida, respeita às variações do *objeto imediato*, permanecendo imutável o objeto mediato.

Em outras palavras, a sucessividade em formular pretensões representa uma técnica diretamente vinculada à satisfação do autor conforme delineada no objeto imediato, que, por sua vez, identificará a tutela jurisdicional perseguida e que, pelo *princípio da congruência*, haverá de ser concedida ou rejeitada pelo Estado-Juiz.

Por exemplo, inadmissível a cumulação de ação de indenização com ação inibitória de obrigação de fazer, porquanto as pretensões, neste caso, jamais se acumulam ou somam; inversamente, serão sempre excludentes, tendo-se em conta que o acolhimento de uma delas naturalmente significará o não conhecimento da outra.

O Código de 2015 criou uma variante do pedido subsidiário (sucessivo) para as hipóteses em que o autor venha a formular mais de um pedido (congruentes ou não entre si) a fim de que o juiz acolha um deles. Esclarece Nelson Nery Jr. e Rosa Maria Nery que "esta situação não se confunde com a do pedido alternativo, puro e simples, no qual o pedido é formulado de maneira que possa ser cumprido por mais de um modo, como bem define o CPC 325. Na cumulação de pedidos alternativos, o juiz é quem escolhe qual dos pedidos deve acolher, dadas duas opções pelo autor, que não precisam guardar congruência entre si (CPC 327 § 3º)."[443]

Contudo, não nos pareceu muito feliz o legislador ao utilizar-se da mesma palavra para designar situações jurídicas distintas: pedido alternativo e pedido formulado alternativamente – parece-nos que a confusão é evidente. Mais sensato e técnico teria sido manter no *caput* do art. 326 a expressão "pedido em ordem *sucessiva*", até porque o dispositivo é uma repetição quase que integral do art. 289 do CPC/1973, e deixado para o parágrafo único o adjetivo *subsidiariamente*. Se assim fosse, teríamos então *pedido alternativo* (art. 325 do CPC), *pedido sucessivo* (art. 326, *caput,* do CPC) e, finalmente, *pedido subsidiário* (art. 326, parágrafo único, do CPC).

---

[442] Passos, José Joaquim Calmon de. *Comentários ao Código de Processo Civil.* v. III. 8. ed. Rio de Janeiro: Forense, 1998, p. 204, n. 145.2.

[443] Nery Jr., Nelson; Nery, Rosa Maria Andrade. *Comentários ao Código de Processo Civil – novo CPC – Lei 13.105/2015.* São Paulo: Revista dos Tribunais, 2015, art. 326, n. 3, p. 896.

5. COGNIÇÃO SUCESSIVA E COGNIÇÃO ALTERNATIVA

Conforme acabamos de afirmar na parte final no item precedente deste estudo, o Código de 2015 pecou na classificação e terminologia dos tipos de pedido, pois usou no *caput* do art. 325 e no parágrafo único do art. 326 a mesma designação (pedido alternativo) para indicar situações jurídicas totalmente distintas.

O juiz realizará *cognição alternativa* quando o autor formular mais de um pedido, conexos ou não entre si, e, ao formar o seu convencimento, escolherá qualquer um deles para resolver o conflito pendente (art. 326, parágrafo único, do CPC).

Diferentemente, a cognição sucessiva (ou subsidiária) pressupõe a análise, por parte do juiz, de pedido antecedente e, na hipótese de rejeição deste, a análise do pedido sucessivo ou subsidiário (art. 326, *caput*). O exemplo clássico sempre trazido pela doutrina é a pretensão de obrigação de fazer (principal) e do pedido de indenização por perdas e danos (subsidiário), caso o juiz rejeite o antecedente.

A redação do art. 326 do CPC não deixa qualquer dúvida a respeito da forma com que o julgador realizará a cognição dos pedidos formulados, ou seja, sucessivamente, conhecendo do posterior *em não podendo acolher o anterior*. Vale dizer que o juiz somente conhecerá dos demais pedidos sucessivos *se* e *quando* deixar de acolher o antecedente.

Vê-se, com meridiana clareza, a necessidade de o autor, nesses casos, ordenar em grau de importância, levando em consideração o seu interesse em questão matizado através dos *pedidos imediatos*, pois o conhecimento, por exemplo, do pedido ordenado em terceiro lugar na inicial somente ocorrerá *se* e *quando* os dois primeiros forem rejeitados. Nessa mesma linha de raciocínio, "acolhido o pedido principal, fica o juiz dispensado de apreciar o pedido subsidiário, não podendo ser a sentença acoimada de *citra petita*".[444]

Inversamente, se, ao proferir a sentença, o juiz rejeitar o primeiro pedido, necessariamente haverá de conhecer do pedido formulado em ordem sucessiva, e jamais extinguir o processo com resolução do mérito, por improcedência, sob pena de nulidade.[445] Nesse caso, "caracteriza sentença *citra petita*, por isso nula, a rejeição do pedido principal sem, contudo, apreciar o subsidiário ou sucessivo. "(...) Trata-se aqui da modalidade de cumulação de pedidos denominada eventual. Do pedido formulado para a eventualidade de rejeição de outro chama-se pedido subsidiário; àquele que se formula em precedência, pedido principal".[446]

Viciada também será a sentença (*citra petita*), se a inicial contiver dois pedidos em ordem sucessiva, e o juiz terminar por conhecer e acolher apenas o segundo, desprezando o anterior, sem nada fundamentar a esse respeito, como se inexistisse ou passasse mesmo despercebido.[447]

Por outro lado, há de se interpretar o verbo *acolher*, inserido no art. 326 do CPC, como *dar procedência* ao pedido do autor. Em sentido inverso, o *desacolhimento* capaz de agasalhar a cognição do pedido sucessivo não significa, necessariamente, que se tenha verificado a rejeição do pedido antecedente, podendo o juiz fundar-se em questões meramente formais.

Assim, *não acolher* o pedido precedente para justificar a cognição do sucessivo, no caso, tem um sentido de rejeição *lato sensu*, não significando, necessariamente, a improcedência do pedido antecedente, mas a sua recusa por questões de fundo ou forma. Seguindo esse entendimento, "sendo

---

[444] STJ, *RSTJ* 102/170, rel. Min. Adhemar Maciel.
[445] TJSP, *JTJSP* 174/152 (apud Negrão, Theotonio. *Código de Processo Civil e legislação processual em vigor*. 30. ed. São Paulo: Saraiva, 1999, art. 289, n. 5, p. 355).
[446] STJ, Emb. Decl. Rec. Esp. 26423-0/SP, rel. Min. Waldemar Zveiter, *DJU* 22-3-1993 (apud Teixeira, Sálvio de Figueiredo. *Código de Processo Civil anotado*. 6. ed. São Paulo: Saraiva, 1996, art. 289, p. 212).
No mesmo sentido, TJSP, *JTJSP* 174/152, AC 263959-2, rel. Des. Quaglia Barbosa (apud Paula, Alexandre de. *Código de Processo Civil anotado*. v. 2. 7. ed. São Paulo: Revista dos Tribunais, 1998, art. 289, p. 1437-1438).
[447] Cf. TJMG, *Jur. Min.* 126-127/291, AC 20.868-6, rel. Des. Caio de Castro (Paula, Alexandre de. *Código de Processo Civil anotado*. v. 2. 7. ed. São Paulo: Revista dos Tribunais, 1998, art. 289, p. 1437).

o pedido posterior compatível com a lide, descabe o indeferimento da inicial sob o fundamento da inexistência de correlação entre o pedido anterior e a causa principal".[448] De qualquer sorte, o pedido sucessivo somente será objeto de conhecimento e decisão na eventualidade do não conhecimento ou da improcedência do primeiro.

Destarte, se o desacolhimento do pedido principal funda-se em sua improcedência e, portanto, decorrente do próprio mérito, neste particular a sentença que acolher o pedido sucessivo fará coisa julgada material também em relação ao pedido principal. Aliás, não poderia ser diferente, tendo em vista que, ao ver acolhido o pedido subsidiário, o autor atingiu o seu desiderato, perseguido através da respectiva demanda e mediante a utilização do *cúmulo eventual* de pedidos, efetivamente hábil a conferir-lhe a satisfação do seu direito violado ou ameaçado.

Se o juiz julga procedente qualquer um dos pedidos sucessivos formulados, não significa, em hipótese alguma, que ele esteja, concomitantemente, julgando improcedentes os demais e, por conseguinte, não há que se falar em sucumbência recíproca ou parcial (procedência em parte). O acolhimento integral de qualquer dos pedidos sucessivos haverá de significar sempre a procedência total da pretensão articulada, seja qual for a sua natureza. Aliás, as pretensões sucessivas antecedentes foram objeto de cognição e, afinal, rejeitadas, passando o julgador a conhecer da seguinte conforme pedido articulado pelo próprio autor. Por consequência, não terá o autor interesse em recorrer dessa decisão que rejeita o pedido antecedente e acolhe o subsequente,[449] tendo-se em conta que são pretensões articuladas separadamente e em ordem sucessiva, apresentadas por ele como igualmente válidas à consecução de sua satisfação, tanto que, se assim não fosse, certamente não teria formulado o pedido sucessivo.

Ressalte-se, ainda, que, ao ter o postulante seu pedido sucessivo acolhido integralmente, não resta vencido, em hipótese alguma, em relação ao pedido principal antecedente; vale dizer que, na demanda em questão, obteve pleno êxito, ou seja, ganho de causa pelo acolhimento integral do pedido sucessivo[450] que, segundo o próprio autor, seria igualmente válido para satisfazer as suas pretensões materiais, tanto que assim requereu ao Estado-Juiz. Assim, não nos parece adequada a afirmação de que sua pretensão não teria sido acolhida inteiramente, pois, em havendo duas pretensões formuladas em ordem sequencial excludente (*pedido sucessivo*), e verificando-se o acolhimento cabal do pedido subsidiário diante da rejeição do antecedente, a ação atingiu plenamente o fim colimado, falecendo ao vencedor interesse em recorrer. Caso contrário, não deveria ter formulado pedido sucessivo.

Em sede de *coisa julgada* material nas hipóteses de pedidos sucessivos, havemos de dizer que "(...) a procedência do anterior e a declaração de prejudicialidade do seguinte não atrai, em relação a este último, o manto da coisa julgada. Simplesmente, não chegou a haver provimento judicial de fundo a respeito, em face do prejuízo verificado".[451]

Por isso, ao articular a peça inaugural, haverá o autor de ordenar a formulação de suas pretensões, a fim de que o juiz conheça primeiramente daquela que lhe é mais certa e importante. Todavia, somente um dos pedidos formulados em ordem sucessiva será acolhido (ou rejeitado) à medida que um exclui o outro, ou, em outras palavras, "o pedido sucessivo só é examinado pelo juiz se não puder ser deferido, no mérito, o pedido principal".[452]

---

[448] *RTRF* 3ª Região, v. 19/147.

[449] Nesse particular, existem entendimentos em sentido contrário, valendo ressaltar o de Humberto Theodoro Jr. (*Código de Processo Civil anotado*. 4. ed. Rio de Janeiro: Forense, 1998, art. 289, p. 140), ancorado em precedente jurisprudencial (*RT* 610/67), também citado por Theotonio Negrão (*Código de Processo Civil e legislação processual em vigor*. 30. ed. São Paulo, Saraiva, 1999, art. 289, n. 3, p. 354-355; p. 404-405, ed. 2010).

[450] Nesse diapasão, já se manifestou o Superior Tribunal de Justiça, em aresto da lavra do Min. Dias Trindade que "(...) Não cabe alegar cerceamento de provas àquele que vitorioso na demanda, por acolhido pedido sucessivamente posto (...)" (*RSTJ* 56/191).

[451] STF, AR – AI 194.653-0-SP, rel. Min. Marco Aurélio, j. 16-9-1997, *DJU* 7-11-1997, p. 57.243.

[452] Nery Jr., Nelson; Nery, Rosa Maria Andrade. *Código de Processo Civil comentado e legislação processual civil extravagante em vigor, com suplemento de atualização*. 4. ed. São Paulo: Revista dos Tribunais, 1999, art. 289, p. 780; *Comentários*

Se por um lado os pedidos sucessivos podem não ter a mesma natureza jurídica, ou ainda podem estar revestidos de fundamentos opostos,[453] por outro, devem ser compatíveis e procedimentalmente harmonizados.

6. CÚMULO DE PRETENSÕES

A cumulação de pedidos representa a propositura simultânea, num único processo, de mais de uma ação, com notável economia, sobretudo quando a sentença pressupõe o exame de uma ou mais questões comuns às várias ações, com a vantagem ulterior de evitar decisões contraditórias.[454]

Cumulação de pedidos significa nada mais do que acumulação de pretensões,[455] ou seja, cumulação objetiva (elementos objetivos são: causa e objeto), a qual se verifica quando a parte inclui dentro da mesma demanda diversos pedidos fundados em normas substanciais diferentes para obter do Estado-Juiz uma única e favorável manifestação jurisdicional. Em síntese, podemos dizer que o chamado cúmulo objetivo de ações é uma acumulação de pretensões.[456]

A cumulação de pedidos diferentes importa diretamente na cumulação de ações (pretensões) que entre si apresentam absoluta autonomia e, portanto, naturezas diversas, competindo tão somente ao autor, dentro da liberdade que o próprio sistema jurídico lhe confere, com base nos princípios dispositivo e da livre iniciativa, a opção em realizar (ou não) o cúmulo objetivo. Significa dizer que, para obter esse desiderato, deverá o postulante assim expressamente articular o pedido (cumulativo) na peça inicial, em atenção aos princípios da originalidade, obrigatoriedade e definitividade, sob pena de preclusão, porquanto não estão implícitos no pedido principal; se o juiz conceder de ofício, qualquer um deles não formulado, estará julgando *extra petita*.[457]

Não há que confundir cumulação de ações com concorrência de ações. Nessa última, nos dizeres de ARRUDA ALVIM, "(...) diversas ações se destinam à mesma finalidade, tanto que a utilização de uma delas, em uma única relação jurídica processual, exclui, necessariamente, a utilização da outra. A única possibilidade é de as ações concorrentes estarem no mesmo processo, condicionando o autor à procedência de tão somente uma delas. Logo, uma ação concorrente exclui a outra, ou seja, gera litispendência para a outra".[458]

Segundo LIEBMAN, "dois direitos são concorrentes quando estão coligados entre si do ponto de vista funcional, de modo que a satisfação de um deles extingue também o outro: a identidade de um certo resultado prático, que se tem direito de conseguir, corresponde a uma pluralidade de

---

ao *Código de Processo Civil – novo CPC – Lei 13.105/2015*. São Paulo: Revista dos Tribunais, 2015, art. 326, item 2, p. 896.

[453] Cf. STJ, *RSTJ* 105/301, rel. Min. Barros Monteiro.

[454] LIEBMAN, Enrico Tullio. *Manuale di diritto processuale civile*. v. 1. 4. ed. Milano: Giuffrè, 1984, p. 176, n. 88.

[455] ALVIM, José Manoel de Arruda. *Direito processual civil*: teoria geral do processo de conhecimento. v. 2. São Paulo: Revista dos Tribunais, 1992, p. 383, n. 14. No seu excelente *Manual*, diz o professor paulista: "'Pretensão' é a afirmação de um direito. Quem pretende um direito, afirma-o como seu". "Aquilo que está em dúvida, no litígio, é precisamente aquilo que foi afirmado pelo autor: é o direito de que se diz ser titular'. Disto se dessome que a perquirição de quais sejam os elementos da ação tem de ser feita, precisamente, pelo exame da pretensão processual (...)" (*Manual de direito processual civil*: parte geral. v. 1. São Paulo: Revista dos Tribunais, 1992, p. 260, n. 138).

[456] FALCON, Enrique M. *Elementos de derecho procesal civil*. v. 1. Buenos Aires: Abeledo-Perrot, 1986, p. 166-167, n. 111. Preleciona também ANTONIO MARCATO que "cumular demandas significa o autor deduzir, num único processo e contra o mesmo réu, várias pretensões diferentes (CPC, art. 292, *caput*)" (*Procedimentos especiais*. 4. ed. São Paulo: Revista dos Tribunais, 1991, p. 79, n. 65). Em nota de rodapé n. 94, assinala ainda o professor paulista: "Refere-se o Código à cumulação de 'pedidos', quando na verdade trata da cumulação de 'demandas' (...)" (idem, ibidem).

[457] Assim também NERY JR., Nelson. Interditos possessórios. *RePro*, v. 52/170 e *Código de Processo Civil comentado e legislação processual civil extravagante em vigor, com suplemento de atualização*. 9. ed. São Paulo: Revista dos Tribunais, 2006, p. 833, art. 921, n. 1.

[458] ALVIM, José Manoel de Arruda. *Direito processual civil*: teoria geral do processo de conhecimento. v. 2. São Paulo: Revista dos Tribunais, 1972, p. 382, n. 14.

razões em pretendê-lo, as quais, todavia – por permanecerem autônomas e tuteláveis – não permitem obter aquele resultado senão uma única vez".[459]

Em razão das ações serem cumuladas no mesmo processo e manterem suas respectivas autonomias, a sentença que se pronuncia sobre toda a demanda é formalmente única, embora caracterizada por manifestações distintas e, por conseguinte, autonomamente impugnáveis.[460]

Para que melhor entendamos essa questão da cumulação de pedidos, parece-nos interessante traçar algumas linhas a respeito da classificação das espécies de cúmulo objetivo. Porém, deixamos dito desde já que a doutrina está longe de adotar um entendimento uniforme a respeito dessa matéria.[461]

Para que se possa falar em cumulação propriamente dita, faz-se mister que o autor formule mais de uma pretensão. O cúmulo objetivo é incompatível com o pedido alternativo (art. 325 do CPC)[462] e com o pedido sucessivo (art. 326, *caput, do* CPC).[463]

Assim sendo, entendemos que a cumulação de pretensões possa ser classificada em *simples* e *complexa*. A simples (tipo mais comum, porquanto estruturalmente não apresenta ordenação lógica entre as pretensões) diz respeito às hipóteses de formulação de duas ou mais pretensões totalmente independentes, de maneira que a procedência ou improcedência de uma não oferece consequências à outra; por sua vez, a complexa apresenta pedidos que se diferenciam na própria essência, existindo sempre um principal e outro subordinado ou acessório, ficando este último na dependência do primeiro.

---

[459] LIEBMAN, Enrico Tullio. *Manuale di diritto processuale civile*. v. 1. 4. ed. Milano: Giuffrè, 1984, p. 179, n. 89. V. também o seu estudo específico intitulado *Azione concorrenti. Studi in memoria di U. Ratti*. Milano, 1935, p. 663 e s.
No mesmo sentido v. MANDRIOLI, Crisanto. *Corso di diritto processuale civile*. v. 1. Torino: G. Giappichelli, 1993, p. 161, § 30.

[460] Cf. Corte de Cassação italiana, Seção Civil, v. 92/9.659 e 67/2.801.

[461] Vejamos, então, algumas classificações sugeridas pela doutrina: 1º) ARRUDA ALVIM: "a) cumulação inicial, que se dá quando as ações são inicialmente e simultaneamente propostas, obedecido, inclusive, o limite temporal do art. 294; b) o fenômeno que é redutível a uma cumulação posterior, quando a segunda ação é ajuizada posteriormente à primeira, já encontrando esta pendente, o que se dá nos casos de conexão ou continência; c) cumulação eventual de ações, que é uma cumulação em sentido impróprio, ou diverso, em que uma delas é a principal e a outra subsidiária, devendo esta última ser objeto de apreciação somente no caso da primeira não prosperar" (*Manual de direito processual civil: parte geral*. v. 1. São Paulo: Revista dos Tribunais, 1992, p. 251, n. 133, 1992); 2º) MOACYR AMARAL SANTOS: "a) simples; b; sucessiva (ex.: investigação de paternidade e petição de herança); c) incidental (art. 5º); d) eventual (art. 5º)" (*Primeiras linhas de direito processual civil*. v. 1. São Paulo: Saraiva, 1980, p. 193-194, n. 149); 3º) SÁLVIO DE FIGUEIREDO, *Código de Processo Civil anotado*. 6. ed. São Paulo: Saraiva, 1996, p. 212; 4º) LOPES DA COSTA (*Direito processual civil brasileiro*. v. 1. Rio de Janeiro: José Konfino, 1947, p. 181, n. 178): "a) simples, b) sucessiva; c) eventual"; 5º) BARBOSA MOREIRA: "em 'sentido estrito' quando o autor formula contra o réu mais de um pedido visando o acolhimento 'conjunto' de todos eles. A cumulação em sentido estrito comporta duas modalidades: a) cumulação 'simples' – em que o acolhimento de um pedido não depende do acolhimento ou da rejeição de outro. Exemplo: cobrança de duas dívidas oriundas de fatos ou atos diversos; b) cumulação 'sucessiva' – em que o acolhimento de um pedido depende do acolhimento de outro. Exemplo: investigação de paternidade e petição de herança. Em 'sentido lato', a cumulação abrange também as hipóteses em que o autor formula dois ou mais pedidos, ou um pedido com dois ou mais objetos mediatos, para obter 'um único' dentre eles. Neste contexto podem surgir as figuras da cumulação 'alternativa' e da 'cumulação 'eventual' (...)" (*O novo processo civil brasileiro*. Rio de Janeiro: Forense, 1995, p. 16, n. 1) (observamos também que outra não é a classificação oferecida por ARAKEN DE ASSIS, *Cumulação de ações*. São Paulo: Revista dos Tribunais, 1995, p. 230, n. 73); 6º) OVÍDIO BAPTISTA DA SILVA: "a) cumulação alternativa eventual; b) cumulação simples; c) cumulação sucessiva eventual" (*Curso de processo civil*. v. 1. Porto Alegre: Sérgio A. Fabris, 1991, p. 176-179).

[462] Escreve o Professor MONIZ DE ARAGÃO que alternativo é o pedido em que "(...) a natureza da causa faculta a opção a uma das partes, onde o pedido alternativo não pressupõe, necessariamente, uma obrigação alternativa" (*Comentários ao Código de Processo Civil*. v. 2. Rio de Janeiro: Forense, 1979, p. 345-346).
Sobre o tema, v. também TARZIA, Giuseppe. *Appunti sulle domande alternative. Rivista di Diritto Processuale*, p. 253 e s., 1964.

[463] ARRUDA ALVIM espanca qualquer dúvida ao afirmar categoricamente que nestes dois casos (pedido alternativo e sucessivo) não há cumulação porque o autor não formula mais do que uma pretensão. Tratando-se de ações ou pretensões sucessivas (art. 289), o que se verifica é a exclusão do pedido posterior se o anterior for concedido (*Manual de direito processual civil: do processo de conhecimento*. v. 2. 6. ed. São Paulo: Revista dos Tribunais, 1997, p. 251, n. 133).

Comentando o art. 31 do CPC italiano, escreve Giuseppe Franchi que "é acessória a ação que não pode ser acolhida se não for admitida a outra proposta da mesma e contra a mesma pessoa. Trata-se de uma subordinação lógica capaz de determinar a rejeição da demanda acessória quando for rejeitada a demanda principal, enquanto o acolhimento desta não determina necessariamente o acolhimento daquela acessória. Importa notar que a subordinação de uma demanda a outra não depende somente da vontade de quem a propõe, mas do objetivo contido. Pode-se dizer então que o fundamento da ação principal é parte do título da demanda acessória".[464]

No mesmo diapasão, o ensinamento de Piero Calamandrei: "Acessoriedade é uma figura de conexão objetiva que se verifica entre duas ações, uma das quais (que se chama 'acessória') aparece como subordinada e dependente pelo título da outra (que se denomina 'principal'): por exemplo, a demanda para obtenção de restituição de capital emprestado (principal) e a ação para o percebimento dos juros sobre aquele capital (acessória)".[465]

Diante do exposto, os limites da cumulação de ações assinalada no art. 15 em comento encontra o seu teto no valor de quarenta salários mínimos, como resultado da soma dos subtotais entre todos eles.

> **Art. 16**. Registrado o pedido, independentemente de distribuição e autuação,[1] a Secretaria do Juizado designará a sessão de conciliação, a realizar-se no prazo de 15 (quinze) dias.[2]

1. DOS TRÂMITES PROCESSUAIS PRELIMINARES

Atendidos os requisitos estatuídos no art. 14, o requerimento inicial do autor recebe imediatamente registro interno da secretaria, sem qualquer procedimento burocrático de distribuição (ressalvada a hipótese de existirem dois ou mais Juizados instalados na mesma sede e comarca, com idêntica competência) ou autuação.

Obviamente que o serventuário responsável pela secretaria deverá realizar um controle prévio, apesar de sumário e superficial, das formalidades mínimas necessárias à propositura e prosseguimento da demanda, não podendo, contudo, em qualquer hipótese, obstar a sua iniciação, tendo em vista que essa atitude representaria um típico ato decisório de rejeição da peça inaugural, poderes estes conferidos exclusivamente ao juiz togado.

2. DA AUDIÊNCIA DE CONCILIAÇÃO, INSTRUÇÃO E JULGAMENTO

Tomadas as primeiras providências, ato contínuo designar-se-á *audiência de conciliação, instrução e julgamento,* não obstante o dispositivo mencionar apenas uma *"sessão" conciliatória.*

Primeiramente devemos dizer que o termo "sessão" aqui empregado pelo legislador não é equívoco, mas denota uma certa atecnia, na medida que destoa, de certa maneira, do conjunto único e harmônico que poderá resultar do ato processual caso a conciliação não venha a prosperar.

Assim entendemos porque a audiência a ser designada não estará cingida às tratativas de conciliação; este ato pode tornar-se complexo desde que as partes não acordem. Nesse caso, não sendo do interesse comum dos litigantes a instituição do juízo arbitral, adentrar-se-á, em seguida, aos trabalhos instrutórios propriamente ditos. Vê-se, pois, sem maiores dificuldades, que este dispositivo deve ser interpretado sistematicamente com os arts. 21, 24 e 27, respectivamente.

---

[464] Allorio, Enrico et al. *Commentatio del Codice di Procedura Civile*. v. 1. t. I. Torino: Utet, 1973, p. 302, n. 1.
Por isso, segundo Franchi, a acessoriedade entra na ampla noção de conexão (idem, ibidem).

[465] Calamandrei, Piero. *Istituzioni di diritto processuale civile*. v. 1. Padova: Cedam, 1943, p. 145, § 41.
Assim também v. Liebman, que, aliás, fornece o mesmo exemplo dado por Calamandrei (*Manuale di diritto processuale civile*. v. 1. 4. ed. Milano: Giuffrè, 1984, p. 177, n. 88).

Pelo princípio da oralidade em grau máximo, norteador do rito sumaríssimo, a audiência a realizar-se há de ser uma, única e indivisível, sem qualquer impedimento de eventual fracionamento, como se dá, por exemplo, com a designação inicial de uma sessão de conciliação (igual à fase integrante de um ato único, que corresponde à audiência de conciliação, instrução e julgamento).

Não obtida a conciliação, tenta-se a instituição do juízo arbitral (art. 24); não prosperando, adentra-se, imediatamente, na fase de instrução e julgamento, desde que não resulte prejuízo para a defesa (art. 27).[466] Aliás, seria um contrassenso admitir-se o procedimento ordinário, norteado pelo princípio da oralidade em grau mínimo, com apenas duas audiências (preliminar e de instrução e julgamento), deixando-se de adotar para o sumaríssimo (Juizados Especiais) uma única audiência.

O prazo fixado em lei para a consecução deste ato é bastante exíguo – 15 dias a contar da data do registro da inicial –, tendo em vista que, neste ínterim, o réu deverá ser citado (e a demonstração do chamamento a juízo deverá ser anexada aos autos até o início da audiência, exceto se ocorrer o seu comparecimento, o que por si só supre qualquer irregularidade) e, ainda, poderá verificar-se a necessidade de intimação de testemunhas (art. 34, 2ª parte), sem contar com o elevado número de processos que tramitam perante essas unidades jurisdicionais.

Mais uma vez, o legislador está divorciado da realidade forense, não se podendo, na prática, obedecer ao prazo estabelecido no artigo em comento, tratando-se, portanto, de regra puramente programática.

Repetiu-se aqui o erro já apontado em comentários ao art. 17 da revogada Lei n. 7.244/1984, cujo teor era o mesmo deste dispositivo, apenas fixando um prazo ainda mais absurdo para a realização da audiência – *em dez dias*. Por isso, diante da quase total impossibilidade de cumprimento adequado da citação, o que pressupõe também a inclusão da concessão de prazo para constituição de advogado (se for o caso e se o réu desejar) e preparação da resposta a ser apresentada em audiência (v. art. 27).

Por esses motivos, já se defendeu, com acerto, quando ainda vigorava a Lei n. 7.244/1984, que o prazo para a realização da audiência deveria ser contado *a partir da citação do réu*[467], ou, mais precisamente, em 15 dias, a contar da juntada ou recebimento do comprovante postal de comunicação, isto é, de trás para frente.

Não se pode esquecer também de que em razão da possível transformação da "sessão" de conciliação em audiência de instrução e julgamento, as pautas deverão obedecer a um intervalo entre os atos de, no mínimo, quarenta e cinco a sessenta minutos (dependendo da complexidade da matéria objeto da lide), sob pena de tornar-se impossível a sua plena realização, ou seja, *tentativa de conciliação*, oferecimento de *defesa* (escrita ou oral), *manifestação do autor* sobre os articulados e documentos trazidos aos autos com a resposta, a *instrução propriamente dita* (isto é, coleta de prova oral – depoimentos pessoais, ouvida de testemunha e/ou informações do perito) e a prolação de *sentença*.

Imaginar que tudo isso se realize em período de tempo inferior a uma hora é pura ingenuidade ou doce ilusão, semelhante àquela sentida por *Alice no país das maravilhas*.

Há que ressaltar também que a fase de tentativa de conciliação não é mera perfumaria ou criação cerebrina do legislador, destinada a colorir com nova roupagem o rito sumaríssimo dos Juizados Especiais. Pelo contrário, muito a comunidade jurídica espera, em termos efetivos, do instituto do *patteggiamento*, assim como outra não é a expectativa do jurisdicionado. Para tanto, devemos contar com togados e leigos verdadeiramente imbuídos do espírito de pacificadores de conflitos, não só

---

[466] Com esse mesmo entendimento, a Corregedoria-Geral de Justiça do Estado do Rio de Janeiro baixou recomendação aos juízes em atuação nos Juizados Especiais Cíveis, por Ato publicado em 9-1-1997, no sentido de que, "(...) numa só audiência, as causas que tramitam pelos mesmos sejam compostas através de conciliação ou de decisão jurisdicional. A atual praxe de designação de duas audiências, uma de conciliação e outra de instrução, tem dado ensejo a uma indesejável 'ordinarização' do rito dos Juizados, mercê de infirmar os princípios acima evidenciados e prestigiados pela letra e pelo espírito da Lei n. 9.099/1995 (...)".

[467] Nesse sentido também, v. a posição de Rogério Tucci (*Manual do Juizado Especial de Pequenas Causas*. São Paulo: Saraiva, 1985, p. 149, n. 3).

jurídicos, mas também sociais, empenhados com afinco nessa forma alternativa de obtenção do justo e do equânime. Não basta propor a conciliação ou a transação; imprescindível é a tentativa cabal e, isso, como sabemos, requer tempo e vocação do conciliador.

Também não se faça, na prática, destas audiências a cisão de seus atos, o que significará afronta ao princípio da concentração e burla à celeridade do processo na prestação da tutela jurisdicional.

> **Art. 17.** Comparecendo inicialmente ambas as partes, instaurar-se-á, desde logo, a sessão de conciliação, dispensados o registro prévio de pedido e a citação.[1]
>
> Parágrafo único. Havendo pedidos contrapostos,[2] poderá ser dispensada a contestação formal e ambos serão apreciados na mesma sentença.

1. DO PRIMEIRO COMPARECIMENTO ESPONTÂNEO E SIMULTÂNEO DAS PARTES EM JUÍZO

Considerando a hipótese não incomum que consiste no comparecimento espontâneo e em conjunto de duas pessoas detentoras de pretensões opostas ou divergentes e, portanto, sujeitos envolvidos numa relação social conflituosa, mas que, ao mesmo tempo, pretendem resolver da maneira mais rápida e menos traumática as suas diferenças, é que o legislador deixou entreabertas as portas do acesso à justiça para a viabilização imediata de um acordo a ser firmado entre as partes, oferecendo-lhes, em troca, a garantia da segurança da decisão homologatória com a força de título executivo e os efeitos da coisa julgada material.

Nesse caso, dispensa-se inclusive o registro prévio de qualquer requerimento dos postulantes e procede-se imediatamente à sessão de conciliação, sem possibilidade jurídica e até mesmo fática, de transformar-se em instrução e julgamento; aqui estamos diante de um ato único e com finalidade específica, cujos contornos estão previamente delineados na própria lei – tentar a conciliação ou transação.

Mas salientamos que esta tentativa não pode ser realizada pelo secretário do Juizado, sendo ato privativo do juiz togado, leigo ou conciliador. Instalada (informalmente) a sessão e resultando positivo o acordo, deverá o mesmo ser reduzido a termo, a fim de que possa materializar-se e perpetuar-se através da forma escrita. Diferentemente, restando infrutífero o acordo e insistindo qualquer dos contendores em acionar a parte contrária, aplica-se no que couber o disposto nos arts. 14, 15 e 16, designando desde já audiência de instrução e julgamento e intimando os presentes, caso não seja possível neste mesmo ato o registro dos pedidos (inclusive os *contrapostos*) e até mesmo o julgamento imediato da demanda.

2. PEDIDOS CONTRAPOSTOS E MOMENTO PARA OFERECIMENTO DE RESPOSTA

Não há que confundir *reconvenção* – proibida nesses Juizados, conforme art. 31 – com a formulação de *pedidos contrapostos*. Aquela é mais ampla e pode perfeitamente superar o espectro da *causa petendi* e do *petitum* articulados pelo autor; por sua vez, a contraposição de pedidos ou *contrapretensão* limita-se aos contornos dos elementos da ação oferecidos pelo autor.

Dependendo da hipótese *sub iudice*, poderá o pedido contraposto pelo réu ser também reduzido a termo (no mesmo sistema utilizado para o autor, isto é, fichamento ou formulário); se o sujeito passivo da relação processual desejar, não precisará deduzir matéria tipicamente de defesa, hipótese em que se contentará com a articulação de contrapedido. Vale apenas ressaltar que, se assim proceder, passado esse momento hábil ao oferecimento da ampla resposta, incidirá o réu na preclusão, no tocante às outras questões não levantadas em tempo oportuno.

Ao comentarmos o art. 31, analisamos com maior profundidade os institutos jurídicos do *contrapedido* e *reconvenção*, para os quais remetemos o leitor interessado no assunto. Com a redação do parágrafo único deste dispositivo, deixa claro o legislador, mais uma vez, a sua intenção em definir o momento de oferecimento de resposta como sendo a primeira oportunidade em que o réu comparece em juízo, em regra na "sessão de conciliação" – fase procedimental integrante de ato processual único, uno e indivisível, que é a *audiência de conciliação, instrução e julgamento*, em razão da incidência do princípio da oralidade em grau máximo (procedimento sumariíssimo).

Seção VI
Das Citações e Intimações

> **Art. 18**. A citação far-se-á:[1]
>
> I – por correspondência, com aviso de recebimento em mão própria;[2]
>
> II – tratando-se de pessoa jurídica ou firma individual, mediante entrega ao encarregado da recepção, que será obrigatoriamente identificado;[3]
>
> III – sendo necessário, por oficial de justiça, independentemente de mandado ou carta precatória.[4]
>
> § 1º A citação conterá cópia do pedido inicial, dia e hora para comparecimento do citando e advertência de que, não comparecendo este, considerar-se-ão verdadeiras as alegações iniciais, e será proferido julgamento, de plano.[5]
>
> § 2º Não se fará citação por edital.[6]
>
> § 3º O comparecimento espontâneo suprirá a falta ou nulidade da citação.[7]

1. CITAÇÃO E SUAS MODALIDADES

A citação é o ato processual de chamamento formal do sujeito que, em princípio, deverá suportar os efeitos da sentença nos moldes do pedido formulado pelo requerente para, se desejar, comparecer a juízo e oferecer resposta (art. 18 da Lei n. 9.099/1995 c/c art. 238 e s. do CPC, no que couber).

Assim como os demais atos processuais, a citação origina-se e é cumprida por ordem judicial ou, caso haja de realizar-se fora dos limites territoriais do tribunal, da comarca, da seção ou da subseção judiciárias, será requisitada por meio da expedição de carta (CPC, art. 236).

Sabe-se que, na prática, alguns juízes, tentando agilizar o processo dos Juizados Especiais, fundados equivocadamente no princípio da informalidade, simplicidade e celeridade, buscam alguns expedientes que, muitas vezes, não encontram respaldo constitucional, terminando por violar o princípio do contraditório e da ampla defesa, com manifesto prejuízo aos réus. No caso, estamos falando da autorização conferida aos autores para confeccionarem, firmarem e/ou encaminharem (muitas vezes até pessoalmente) a citação ao sujeito passivo da demanda.

O chamamento do réu a juízo é ato privativo do Estado-Juiz e a forma de cumprimento da ordem está bem definida nos três incisos do art. 18 da Lei n. 9.099/1995. Qualquer outro procedimento viola o devido processo legal e, consequentemente, estará eivado de nulidade absoluta o feito, salvo se a parte comparecer espontaneamente e oferecer resposta (art. 18, § 3º).

Procurou-se neste dispositivo a simplificação máxima do ato através do qual proceder-se-á ao "chamamento" do sujeito passivo ao processo, tomando por base a comunicação postal.

Nos processos que tramitam sob a égide da Lei n. 9.099/1995, é permitida somente a citação *real*, ou seja, por via postal, pelo sistema de mão própria ou, alternativamente, por oficial de justiça, excluindo-se, em linha de princípio, a citação *fictícia* que é justamente aquela em que a comunicação decorre da simples presunção legal de sua verificação, notadamente a editalícia, excluída expressamente no § 2º deste dispositivo.

Diverso é o tratamento a ser aplicado à *citação por hora certa*, que é uma comunicação de natureza eclética ou heterogênea, visto que aparece como ficção (citação presumida) decorrente da prática frustrada de localização pessoal do réu pelo oficial de justiça, nos termos preconizados pelo art. 252 do CPC, que tem perfeita incidência no microssistema dos Juizados Especiais: "Quando, por 2 (duas) vezes, o oficial de justiça houver procurado o citando em seu domicílio ou residência sem o encontrar, deverá, havendo suspeita de ocultação, intimar qualquer pessoa da família ou, em sua falta, qualquer vizinho de que, no dia útil imediato, voltará a fim de efetuar a citação, na hora que designar".

Sendo a lei específica omissa a respeito da citação por hora certa, não cabe ao intérprete, como regra geral de hermenêutica jurídica, restringir o que a norma não restringe, excluindo por tal circunstância simplesmente a sua admissibilidade nos Juizados Especiais. Ademais, conforme já afirmamos em outra oportunidade (v. art. 1º, item 2, *supra*), o Código de Processo Civil, na qualidade de macrossistema instrumental, tem aplicação subsidiária também à Lei n. 9.099/1995, sempre que se verificar alguma omissão e desde que não afronte os seus princípios orientadores.

Caso contrário, estará o autor sendo restringido em seu direito constitucional de acesso à justiça especializada em benefício do sujeito passivo chicaneiro que se oculta maliciosamente para não ser citado, compelindo o autor, por vias transversas, a postular na justiça comum que, dentre outros obstáculos, encontrará um instrumento menos oral com todos os seus consectários (não gratuidade, formalidade etc.), além da indispensabilidade de procurador com capacidade postulatória.[468]

Sendo o réu então citado por hora certa e não comparecendo à audiência preliminar para tentativa de conciliação ou oferecimento de resposta, haverá o juiz de lhe dar curador especial enquanto não for constituído advogado (CPC, art. 72, II), e, consequentemente, designará nova data para o prosseguimento do ato processual que se frustrou diante da ausência do sujeito passivo ou seu procurador, oportunidade em que será reaberto o prazo para articulação de resposta.

Em conclusão, a citação, assim como os demais atos do processo (v. art. 13, item n. 1, *supra*), realizar-se-ão, preferencialmente, por meios eletrônicos, nos moldes preconizados na Lei n. 11.419/2006. Contudo, regendo-se os juizados especiais por normas próprias contidas no microssistema da Lei 9.099/95, as alterações do Código de Processo Civil não o afetam, de maneira que, as modificações verificadas para a citação através da Lei 14.195, de 26 de agosto de 2021, não encontram ressonância nesta sede tendo em vista previsão específica a respeito das formas de comunicação dos atos.

2. CITAÇÃO POSTAL DE PESSOA FÍSICA

A secretaria expede correspondência citatória que será enviada para o endereço indicado pelo autor na petição inicial, utilizando-se do sistema de recebimento por mão própria, que servirá de comprovação da perfeita realização do ato. É inadmissível a citação postal com simples aviso de recebimento, isto é, sem ser pelo sistema de aposição da firma do citando, denominado de "mão própria", tendo em vista que poderá ser aposta não pelo réu, mas por terceiros (porteiro, empregado doméstico, filho, cônjuge etc.).[469]

---

[468] No mesmo sentido, v. o entendimento de Luiz Fux e Weber Batista (*Juizados Especiais Cíveis e Criminais e suspensão condicional do processo penal*. Rio de Janeiro: Forense, 1997, p. 189). Igualmente Eduardo Pacheco R. de Souza, Citação com hora certa no Juizado Cível, *Tribuna da Magistratura*, p. 25, set. 1998.

[469] Por esses motivos, em face da importância do ato citatório, não comungamos do entendimento esposado pela Turma Recursal do Rio Grande do Norte, pois há que se fazer distinção entre a citação do condomínio, na pessoa do síndico (nesse caso, possível o recebimento da citação pelo encarregado da recepção), da citação do condômino, pessoa natural, como parte passiva chamada ao processo para defender-se. Eis o julgado: "Processual civil. Vício de citação. Correspondência entregue ao porteiro do condomínio. Nulidade inexistente. Precedentes da Turma. Há de ser considerado válido o ato citatório através de correspondência entregue ao porteiro do condomínio. Os moradores de condomínios fechados com porteiros permanentes não podem exigir a entrega da correspondência em mãos próprias, pois o acesso dos carteiros aos apartamentos não é permitido. Recurso conhecido e improvido" (Rec. Civ. 447/1997, Natal, rel. Juiz João Rebouças, j. 2-10-1997, v.u.).
Sem razão também o entendimento da mesma Turma Recursal, notadamente porque *contra legis* e inconstitucional, à medida que fere o direito de ampla defesa e ao contraditório, *in verbis*: "(...) A Turma firmou entendimento no sentido de que é válida a citação feita no endereço do demandado, ainda que a correspondência não seja entregue

Ocorre que a citação é o mais importante ato destinado à formação da triangularidade do processo e, por conseguinte, voltado à instauração do contraditório em sua plenitude, viabilizando de maneira cabal o direito constitucional de defesa. Por esse motivo é que o ato citatório deverá revestir-se de todas as formalidades e garantias necessárias para evitar que o sujeito passivo da demanda venha a sofrer prejuízo de difícil reparação decorrente da ausência de defesa, terminando por incidir na revelia. Nesse caso, estaremos diante de um processo absolutamente nulo (relação processual inexistente) por defeito de citação.[470]

É óbvio que, se a comunicação por via postal não se realizar através do sistema de aviso de recebimento por *mão própria*, e, nada obstante a assinatura no documento postal ter sido aposta por terceira pessoa, o réu comparece em tempo hábil ao processo produzindo sua ampla defesa, não há que se falar em nulidade, diante da aplicação do princípio da *causa finalis* e da ausência de qualquer prejuízo que justifique a invalidade processual.

Em outros termos, é o que dispõe o § 3º deste art. 18 em sintonia com o art. 239, § 1º, do novel Código de Processo Civil, vejamos: "O comparecimento espontâneo do réu ou do executado supre a falta ou a nulidade da citação, fluindo a partir desta data o prazo para apresentação de contestação ou de embargos à execução".

3. CITAÇÃO POSTAL DE PESSOA JURÍDICA

Tratando-se de pessoa jurídica (em sentido amplo, ou seja, incluindo-se as microempresas e firmas individuais), a comunicação será também efetuada por intermédio dos correios, podendo a correspondência, contudo, ser entregue ao encarregado da recepção (ou setor análogo), o qual será obrigatoriamente identificado,[471] a fim de evitar qualquer manobra tendenciosa da defesa.

Esse procedimento põe fim às intermináveis alegações que sempre precediam as questões de fundo, objetivando a nulidade do ato tendo em vista que a pessoa que recebera a correspondência não tinha poderes para tanto.

Essa forma de citação há de ser procedida também ao *condomínio* que, nada obstante não se tratar ontologicamente de um ente jurídico personalizado, tem representação própria diferenciada dos demais sujeitos integrantes do condomínio, mais precisamente na pessoa do síndico.

Ademais, o acesso às unidades autônomas integrantes de condomínios residenciais (notadamente nos grandes centros urbanos, onde encontram-se complexos de luxo, alto ou médio padrão), por razões elementares de segurança, a entrada dos correios é simplesmente proibida, ficando a entrega das correspondências por conta do encarregado da recepção.

---

em mãos próprias. Havendo revelia, correto é o julgamento proferido, em face do disposto no art. 20 da Lei n. 9.099/1995 (...)" (Rec. Civ. 341/1997, Parnamirim, rel. Juiz Ibanez Monteiro, j. 12-6-1997, v.u.).

[470] Por esses motivos, não podemos concordar com o Enunciado 5, definido há muito pelo FONAJE, *in verbis*: "A correspondência ou contra-fé recebida na residência da parte é eficaz para efeito de citação, desde que identificado o seu recebedor". Sinceramente, não percebemos o alcance ou benefício desta orientação, à medida que, se adotada, os riscos e possibilidade de ocasionar cerceamento de defesa são manifestos.

Parece-nos que a decantada rapidez pretendida com o sistema mais simplificado de citação muito pouco ou nada adiantará, caso o réu não compareça ao ato preliminar e a assinatura aposta no aviso postal não seja a sua. Nesses casos, haverá o julgador de expedir mandado de citação a ser cumprido por oficial de justiça ou citação postal pelo sistema AR-MP. O que não se pode admitir é a decretação pura e simples da revelia do requerido, agravando-se com um julgamento imediato, prematuro e absolutamente nulo de procedência do pedido. Trata-se, na verdade, de processo inválido, sem qualquer eficácia no mundo jurídico, porquanto eivado de nulidade máxima, representada pela inexistência de citação e, por conseguinte, sem contraditório e manifesto cerceamento de defesa (falta de pressuposto processual de existência).

[471] Outra não é a Conclusão 34 (tomada por maioria) a que chegaram os Membros do Centro de Estudos e Debates do extinto Segundo Tribunal de Alçada Civil de São Paulo, em interpretação ao art. 223, parágrafo único, do CPC/73, *in verbis*: "A citação ou a intimação por via postal, na pessoa de preposto identificado, equivale à de pessoa com poderes de gerenciamento ou administração".

4. CITAÇÃO POR OFICIAL DE JUSTIÇA

Em caráter excepcional e desde que previamente justificado, o autor poderá optar pela citação através de oficial de justiça. Não basta requerer esse tipo de citação; deve ainda justificar o motivo da alteração.

Se o requerimento assim formulado for atendido, diz o artigo que a citação far-se-á *independentemente de mandado* ou expedição de carta precatória. Por que sem mandado? Qual a forma, ou melhor, qual a fórmula alternativa que encontraremos para suprir o mandado?

Neste ponto, no afã de tentar simplificar as formas processuais, o legislador parece que mais atrapalhou do que ajudou.

A verdade é que não existe nenhum outro meio de o meirinho vir a cumprir as determinações judiciais senão através dos *mandados*, que nada mais são do que *ordens* expedidas pelo juiz com fins específicos e previamente bem assinalados. Ademais, não é a confecção dos mandados pelos cartórios que atravanca o trâmite processual.

Os ditos mandados há muito já vinham impressos, bastando o preenchimento de alguns tópicos, anexando-se a petição inicial; em muitas comarcas já são expedidos automaticamente, por intermédio de computadores.

Por outro lado, mesmo que se deseje cumprir estritamente o preceito em questão, algum outro documento necessariamente deverá ser providenciado pela secretaria do Juizado, a fim de que receba cumprimento do meirinho, pois ele não poderá sair para cumprir uma ordem judicial sem levar consigo o objeto materializado da determinação.

A questão da precatória é praticamente idêntica; muda apenas a forma de efetuar a solicitação ao juízo onde o ato deverá ser cumprido, que poderá ser por fac-símile, telegrama, telefone, *e-mail* ou qualquer outro meio de comunicação.[472]

5. CONTEÚDO DA CITAÇÃO E PRAZO MÍNIMO ENTRE A COMUNICAÇÃO E A AUDIÊNCIA

A citação (comunicação postal ou mandado) conterá o dia, a hora e o local onde se realizará a audiência de conciliação, instrução e julgamento, a qual deverá o citado comparecer para oferecer resposta (escrita ou oral) e produzir provas, sob pena de sua ausência importar a consideração de verdade das alegações contidas na peça inaugural (confissão) e de, nesta hipótese, proceder-se ao julgamento de plano.

Essa advertência é imprescindível, não sendo suficiente a utilização da expressão genérica de *pena de revelia*. Caso contrário, como vigora intensamente nesses Juizados o princípio da instrumentalidade das formas, que preconiza, dentre outros fundamentos, o não pronunciamento de qualquer nulidade sem que tenha havido prejuízo para alguma das partes, tem-se como válida a citação, sem os efeitos da revelia.

Em estudo específico acerca da revelia, CARREIRA ALVIM trata da aparente contradição existente entre a redação do art. 18, § 1º, e a do art. 20 da Lei n. 9.099/1995, aduzindo: "(...) em face do não comparecimento do citando, considerar-se-ão 'verdadeiras as alegações iniciais', sendo proferido julgamento de plano, e o prescrito pelo art. 20 dessa mesma Lei, nos termos do qual, o não comparecimento do demandado à sessão de conciliação e à audiência de instrução e julgamento, reputar-se-ão 'verdadeiros os fatos alegados no pedido inicial', salvo se o contrário não resultar da convicção do juiz. Isso, sem considerar o disposto no art. 23 da Lei n. 9.099/95, que reza que não

---

[472] Enunciado 33 do FONAJE: "É dispensável a expedição de carta precatória nos Juizados Especiais Cíveis, cumprindo-se os atos nas demais comarcas, mediante via postal, por ofício do Juiz, fax, telefone ou qualquer outro meio idôneo de comunicação".

comparecendo o demandado, o Juiz togado proferirá sentença, sem qualquer remissão ao arts. 18, § 1º e 20 dessa mesma Lei".[473]

E, mais adiante assinala: "(...) Como toda a alegação tem por fundamento um fato, ao se admitir como verdadeira a alegação significa, em princípio, admitir, também, como verdadeiro, o fato em que se apoia. Não há possibilidade de ser verdadeira uma alegação sem que o seja o fato que lhe serve de fundamento, mas a recíproca não é verdadeira, ou seja, o fato pode ser verdadeiro sem que o seja a alegação que se afirma com base nele.

"Se o juiz, em face da ausência do réu, e considerando as alegações do autor, reputá-las verdadeiras, terá como verdadeiros também os fatos em que se apoia, cabendo-lhe proferir o julgamento de plano.

"Se o juiz, no entanto, nas mesmas circunstâncias, não considerar verdadeiras as alegações, apesar de verdadeiros os fatos, ou mesmo não ter convicção sobre a veracidade dos fatos, incide a hipótese prevista no art. 33 da Resolução, cabendo ao autor provar a veracidade não só das alegações iniciais como, também, dos fatos que lhe servem de fundamento".[474]

Em arremate, concluiu o festejado professor: "(...) Estas considerações têm o propósito de buscar, para os preceitos em análise, uma exegese que consiga harmonizá-los, pois, são aparentemente, contraditórios, na medida em que um mesmo fato omissivo, consistente na falta de comparecimento do réu à audiência, não pode determinar duas consequências distintas: de reputarem-se verdadeiras as alegações iniciais, e, ao mesmo tempo, verdadeiros apenas os fatos alegados no pedido inicial, salvo, neste último caso, se o contrário resultar da convicção do juiz".[475]

A contradição apontada por CARREIRA ALVIM, ao nosso entender, é tão só aparente, porquanto as normas contidas no art. 18, § 1º, art. 20 e art. 23 da Lei n. 9.099/1995 devem ser interpretadas sistematicamente, donde se conclui que: *a)* não comparecendo o demandado à audiência de conciliação, instrução e julgamento, desde que regularmente citado, será declarado revel; *b)* os efeitos da revelia são relativos, na exata medida em que o autor deverá também comprovar os fatos constitutivos do direito alegado (fato e alegação).

O que se verifica é má redação dos dispositivos em análise, com manifesta falta de sintonia entre eles, pois, como bem afirmou CARREIRA ALVIM, o mesmo fato omissivo (falta de comparecimento do réu à audiência) não pode gerar duas consequências distintas.

A citação deverá também destacar o prazo para a formulação de requerimento das testemunhas que não comparecerão espontaneamente, o que deverá ser feito, no mínimo, até cinco dias antes da audiência designada (§ 1º do art. 34).

No que tange ao *prazo mínimo* que deva mediar a comunicação do ato processual e a sua realização, a lei é omissa. Entendemos que a contagem deva ser feita a partir da citação, com *prazo não inferior a dez dias*, independentemente da data de juntada aos autos do respectivo mandado ou aviso postal de recebimento.[476]

Anexa-se à correspondência uma via da petição inicial ou cópia do requerimento reduzido a termo, aquele que foi formulado oralmente.

A Lei n. 9.099/1995 não prevê a inversão do ônus da prova, em favor de qualquer das partes litigantes. Portanto, em sede cognitiva e probatória, há de se aplicar a regra geral, tratando-se das exceções nos casos específicos em que a hipótese assim versar. Portanto, considera-se equivocada qualquer advertência em sede de comunicação citatória a respeito da possibilidade de inversão do ônus da prova em favor do autor.[477]

---

[473] ALVIM, J. E. Carreira. Revelia nos juizados especiais estaduais e federais. *RePro*, v. 109/58.

[474] ALVIM, J. E. Carreira. Revelia nos Juizados Especiais estaduais e federais. *RePro*, v. 109/60.

[475] ALVIM, J. E. Carreira. Revelia nos Juizados Especiais estaduais e federais. *RePro*, v. 109/62.

[476] Essa é a orientação firmada pelo Superior Tribunal de Justiça com diversos precedentes jurisprudenciais, para as demandas que tramitavam pelo antigo rito sumaríssimo do CPC, a qual nos parece também servir aos escopos da Lei n. 9.099/1995 (cf. 3ª T., REsp 38.210-6-SP, rel. Min. Nilson Naves, j. 6-6-1995, v.u., *DJU I* 25-9-1995, p. 31.102; *Bol. Bonijuris*, n. 25.403, 251-252, 30-12-1995, p. 3.615).

[477] A orientação contida no Enunciado 53 do FONAJE, sobretudo dando conotação equivocada de regra cogente, não encontra qualquer sustentação legal: "*Deverá* constar da citação a advertência, em termos claros, da possibilidade de inversão do ônus da prova" (grifamos).

6. DA CITAÇÃO EDITALÍCIA

Visando à manutenção da simplicidade das formas, à economia do processo e à celeridade na prestação da tutela jurisdicional do Estado, a citação por edital foi excluída com toda a razão, sendo digna de nota a iniciativa do legislador, porquanto sabemos todos que para quase nada (os mais cépticos diriam mesmo *para nada*) serve a malsinada citação por edital, exceto para procrastinar ainda mais a demanda, em benefício do réu ausente.[478]

É assente que a não localização do sujeito passivo da demanda por se encontrar em local incerto ou desconhecido frustra quase sempre o resultado prático de satisfatividade buscado pelo autor ou exequente através do processo judicial, servindo a citação, nesses casos, apenas para induzir litispendência, tornar a coisa litigiosa e constituir o devedor em mora (art. 240 do CPC).

Foi justamente pela complexidade do trâmite da citação editalícia que essa forma de comunicação foi acertadamente banida do procedimento sumaríssimo, restando ao interessado, nessa situação, pleitear pelas vias comuns, jamais através dos Juizados Especiais, cujos princípios orientadores não se coadunam com este modelo.

Esse dispositivo, em princípio, tem aplicação para qualquer tipo de processo que tramite nos Juizados Especiais, ou seja, processo de conhecimento, cautelar e execução. A única ressalva que merece ser feita no que tange a essa última espécie de instrumento diz respeito à hipótese ventilada no art. 830 do CPC, quando o devedor não é encontrado, mas o meirinho localiza bens de sua propriedade hábeis à garantia da execução. Somente verificando-se tal situação é que se admite a citação por edital no processo execucional. Para outras e mais profundas análises a respeito deste tema, remetemos o leitor interessado para os nossos comentários ao art. 53, § 4º, *infra*.

7. DO COMPARECIMENTO ESPONTÂNEO DO RÉU

Ressalvada a hipótese ventilada no *caput* do art. 17, onde se regula o comparecimento espontâneo de ambos os contendores em juízo, antes mesmo da propositura da ação, nas demais a citação é ato indispensável à formação da relação jurídico-processual, razão pela qual sua ausência resulta em nulidade absoluta do feito.

Essa nulidade só pode ser sanada pelo comparecimento espontâneo do réu, quando então deverá oferecer resposta, sendo o momento oportuno o da audiência de conciliação, instrução e julgamento ("sessão de conciliação"). Em face dos princípios norteadores desses Juizados não poderá o sujeito passivo comparecer ao processo apenas para alegar a nulidade; comparecendo tempestivamente, isto é, até a abertura da audiência referida, deverá também responder à ação, sob pena de revelia.

> **Art. 19.** As intimações serão feitas na forma prevista para citação, ou por qualquer outro meio idôneo de comunicação.[1]
>
> § 1º Dos atos praticados na audiência, considerar-se-ão desde logo cientes as partes.[2]
>
> § 2º As partes comunicarão ao juízo as mudanças de endereço ocorridas no curso do processo, reputando-se eficazes as intimações enviadas ao local anteriormente indicado, na ausência da comunicação.[3]

---

[478] A título de comparação, assinalamos que a Lei Complementar catarinense 77/1993, que regulava os Juizados Especiais de Causas Cíveis, admitia, infelizmente, a citação por edital (art. 16, 2ª parte), determinando inclusive a remessa dos autos ao juízo comum, quando necessário fosse proceder à citação editalícia de muitos réus.
O legislador de 1995 seguiu, nesse particular (dentre outros), o modelo do § 2º do art. 19 da Lei n. 7.244/1984, da Lei Estadual sul-matogrossense n. 1.071/1990 (art. 25, inciso III, § 2º) e da Lei n. 9.442/1991, do Rio Grande do Sul (art. 15, § 2º).

1. DAS INTIMAÇÕES E DA CONTAGEM DOS PRAZOS

Na qualidade de ato através do qual se dá ciência a alguém a respeito dos termos e outros atos do processo, para que faça, se abstenha ou entregue alguma coisa na forma estabelecida na ordem judicial específica e pela similitude que guarda em relação à citação (apesar de serem ontologicamente distintas), determinou o legislador que fosse efetuada a intimação da mesma maneira, isto é, conforme estatuído nos três incisos do art. 18.

Contudo, abriu um leque muito maior, tornando viável a sua efetivação por qualquer outro meio idôneo de comunicação. Assim sendo, nada obsta que se faça intimação por telefone (certificando nos autos o secretário o teor da comunicação e seu resultado), correio eletrônico (*e-mail*) ou WhatsApp.[479]

Tratando-se de intimação de testemunha, desde que solicitada tempestivamente pela parte interessada, na forma estatuída no art. 34, *caput*, e seu § 1º, ao ser comunicada do ato processual (seja por correspondência ou oficial de justiça) deverá ser cientificada de que o descumprimento da determinação importará desobediência à ordem judicial, além de vir a ser conduzida, se necessário for, por força pública. Procedendo-se a intimação por outro meio idôneo, deverá o secretário certificar nos autos a esse respeito.

A intimação dos advogados far-se-á na maneira convencional. Nada obsta que o ato atinja seu escopo através da comunicação de qualquer integrante do escritório, desde que identificado,[480] e, para tanto, não seja comprovado qualquer prejuízo à parte que tenha advogado constituído e que o seu procurador deixou de ser intimado pessoalmente, quando se fazia mister para a efetivação do ato.

Por sua vez, " nos Juizados Especiais Cíveis, os prazos processuais contam-se da data da intimação ou da ciência do ato respectivo, e não da juntada do comprovante da intimação",[481] assim como não se suspendem ou interrompem pelo advento de recesso forense.[482]

A intimação, assim como os demais atos do processo (v. art. 13, item n. 1, *supra*), realizar-se-á, preferencialmente, por meios eletrônicos, nos moldes preconizados na Lei n. 11.419/2006.

2. DA CIÊNCIA DOS ATOS PRATICADOS EM AUDIÊNCIA

Os atos praticados em audiência geram, em regra, efeitos e consequências no mundo jurídico e/ou fatual, os quais devem ser suportados por ambas ou alguma das partes litigantes. Devem, portanto, estar cientes dessas ocorrências e decisões; para tanto, o simples fato de estarem presentes já é suficiente para serem consideradas cientes de tudo o que ali se passou.

O mesmo se diga daquele litigante que foi regularmente citado ou intimado. Realizando-se o ato previamente designado, suportarão os efeitos de suas respectivas ausências e se o prosseguimento do ato se fizer necessário, com a designação de nova data e horário, serão tidos como intimados, mesmo os não presentes.

3. DA MUDANÇA DE ENDEREÇO E SEUS EFEITOS

Se, no curso do processo, autor ou réu mudarem de endereço (seja para a mesma ou outra comarca, pouco importa), deverão comunicar ao juízo o ocorrido, fornecendo o novo domicílio ou residência. Essa comunicação, como os demais atos, deve ser simples e sem qualquer formalidade.

---

[479] Aliás, a matéria está regulada na Resolução CNJ n. 354 de 19/11/2020, que dispõe sobre o cumprimento digital de ato processual e de ordem judicial.

[480] Cf. Enunciado 41 do Fonaje: "A correspondência ou contra-fé recebida no endereço do advogado é eficaz para efeito de intimação, desde que identificado o seu recebedor".

[481] Cf. Enunciado 13 do Fonaje".

[482] No mesmo sentido, o Enunciado 86 do Fonaje, *in verbis*: "Os prazos processuais nos procedimentos sujeitos ao rito especial dos Juizados Especiais não se suspendem e nem se interrompem".

Se for realizada oralmente, será de bom alvitre que o interessado solicite documento na secretaria capaz de comprovar futuramente o fato, ou aguardar que seja certificado nos autos a ocorrência e o novo endereço.

Caso contrário, serão reputadas válidas e eficazes as intimações enviadas ao local anteriormente estabelecido nos autos, até nova comunicação, arcando a parte faltosa com todas as consequências de sua desídia.

Seção VII
Da Revelia

> **Art. 20**. Não comparecendo o demandado à sessão de conciliação ou à audiência de instrução e julgamento,[1] reputar-se-ão verdadeiros os fatos alegados no pedido inicial, salvo se o contrário resultar da convicção do juiz.[2]

1. EFEITOS DECORRENTES DO NÃO COMPARECIMENTO DO RÉU À AUDIÊNCIA

Utiliza-se o legislador mais uma vez de maneira errônea da denominação do ato processual em questão, fazendo crer aos leitores mais afoitos que estamos diante de atos distintos, chamados de "sessão" de conciliação e "audiência de instrução e julgamento", como se o tratamento fosse conferido a dois atos necessariamente distintos.

Em face da importância desse tema, parece-nos não ser demasiado repetir o que já dissemos alhures (cf. art. 2º, n. 2, *supra*; art. 16, n. 2, *supra*; art. 22, n. 2, *infra* e art. 27, n. 1, *infra*), ou seja, que não estamos diante de atos processuais separados, mas sim de uma audiência una e indivisível,[483] com fases distintas e previamente definidas, em razão dos escopos diferentes a que se destinam.

O ato (único) a ser realizado denomina-se *audiência de conciliação, instrução e julgamento*,[484] em razão da incidência do princípio da oralidade em grau máximo que faz surgir a máxima concentração dos atos processuais. Nada obsta, porém, que esse ato único, uno e indivisível seja fracionado, na prática, em duas fases bem distintas (art. 27, parágrafo único), sem que isso importe em ruptura ou violação aos princípios aludidos norteadores dos Juizados Especiais; na primeira etapa o juiz propõe a conciliação, e, se a tentativa restar infrutífera, recebe a resposta escrita ou a reduz a termo, se oferecida verbalmente, adentrando, em seguida, na segunda fase procedimental, em que se realizará a instrução e o julgamento final da causa, com sentença preferencialmente prolatada oralmente, seguindo-se a conclusão dos trabalhos. A primeira parte do artigo em comento exige que façamos a distinção processual entre os institutos da *revelia* e da *ausência de comparecimento pessoal do demandado* e, nada obstante, representado por advogado ou procurador com poderes específicos para transigir e defendê-lo, se necessário, através de instrumento de mandato.

A *revelia*, que é espécie de contumácia, pressupõe para a incidência de seus efeitos a não atividade do réu em produzir em tempo hábil a sua defesa, ou seja, a inércia em oferecer resposta, terminando por incidir na *preclusão extintiva* (princípio da eventualidade).[485]

---

[483] A unidade da audiência não se confunde com a possibilidade de fracionamento (cisão) do ato processual, o que comumente ocorre, por exemplo, com o *prosseguimento* do ato já iniciado, em data próxima posterior, para dar seguimento à oitiva de testemunhas. Audiências dessa natureza são sempre atos processuais únicos e indivisíveis, em face da incidência do princípio da concentração (subprincípio do *princípio da oralidade*).
Admitindo também a cisão deste ato uno com base no art. 27, parágrafo único, v. Fux, Luiz; Batista, Weber Martins. *Juizados Especiais Cíveis e Criminais e suspensão condicional do processo penal*. Rio de Janeiro: Forense, 1997, p. 207-208.

[484] Entendimento semelhante ao nosso é também o de Rogério Tucci (*Manual do Juizado de Pequenas Causas*. São Paulo: Saraiva, 1985, p. 139, n. 13 e nota de rodapé n. 28).

[485] No mesmo sentido, v. Alvim, José Manoel de Arruda. *Manual de direito processual civil*: do processo de conhecimento. v. 2. 6. ed. São Paulo: Revista dos Tribunais, 1997, p. 327-328, n. 125; Rosa, Eliézer. *Dicionário de processo civil*. Rio de

Diferentemente, *se verificado o não comparecimento pessoal do demandado*, apesar de encontrar-se representado no ato processual por procurador habilitado, por instrumento de mandato com poderes *ad judicia*, inclusive para transigir, desistir, confessar ou renunciar e, se necessário, oferecer resposta (escrita ou oral), apresentada a defesa, não há que se falar em revelia.

Nesse caso, é suficiente para afastar a revelia do réu a presença do procurador que oferecerá contestação, exceção ou contrapedido no mesmo ato processual (fase preliminar, ou seja, sessão de conciliação), se não prosperar a tentativa de autocomposição. O que o procurador ou representante não poderá fazer é prestar depoimento pessoal (ato privativo e pessoal da parte).

Note-se que apesar de não se encontrar pessoalmente presente ao ato, fez-se o réu representar por procurador habilitado, que não precisará ser advogado, se a causa não for superior a vinte salários mínimos. Aliás, o *mandato* é instituto jurídico regulado notadamente pelo direito material, na medida em que versa sobre a representatividade do mandante por parte do mandatário, para que, em seu nome, pratique atos ou administre interesses, outorgando-lhe poderes através da procuração, que é o seu instrumento (art. 653 do CC).

No mesmo diapasão, o ensinamento de NELSON NERY JR.: "(...) O objetivo da norma sob comentário é de tentar a conciliação das partes e a obtenção do depoimento pessoal do réu. Se seu procurador tem poderes para tanto, seria demasiado formalismo exigir-se a presença pessoal do réu sob pena de revelia, pois esse procedimento seria contrário aos princípios da informalidade, celeridade, simplicidade e economia processual, adotados no sistema da LJE".[486]

Sem dúvida que o espírito da lei em prestigiar a presença pessoal de ambos os litigantes na primeira fase da audiência em que se verifica a tentativa de acordo (lembremo-nos de que a ausência do autor significa a extinção do processo) foi incentivar e fomentar a viabilidade real de aproximação entre os contendores e a procura conjunta de uma solução intermediária capaz de agradar a ambos.

Não se tem qualquer dúvida de que a possibilidade de frutificação de qualquer acordo aumenta sensivelmente quando negociadas as suas bases diretamente pelos litigantes; outra não tem sido a demonstração diuturna da prática forense, que aponta para a quase totalidade dos casos de frustração de acordos quando os advogados comparecem desacompanhados de seus constituintes na fase processual conciliatória, em que pese a detenção de mandatos por eles com poderes especiais para transigirem. Todavia, entre tal assertiva e a radical decretação da pena de revelia contra o réu ausente que se fez representar por procurador habilitado existe uma distância abismal, além de ser ilógica, injurídica, insensata e injusta, tendo em vista que esta malsinada tese atribui ao sujeito passivo da demanda um ônus que em momento algum ele desejou assumir.

Por outro lado, se o réu comparecer à primeira fase procedimental oferecendo resposta após a tentativa frustrada de conciliação e, em etapa sucessiva, marcada pela cisão (art. 27, parágrafo único), estiver ausente e sem advogado (tratando-se de causas de valor superior a 20 salários mínimos, que exigem o representante com capacidade postulatória), esta circunstância não significará revelia, tendo em vista que a defesa já foi oferecida em tempo hábil. Contudo, perderá a oportunidade para produzir as suas provas em audiência de instrução e julgamento.[487] Ademais, se foi intimado para

---

Janeiro: Editora de Direito, 1957, p. 163; GIANESINI, Rita. *Da revelia no processo civil brasileiro*. São Paulo: Revista dos Tribunais, 1977, p. 54-55.

[486] NERY JR., Nelson; NERY, Rosa Maria Andrade. *Código de Processo Civil comentado e legislação processual civil extravagante em vigor, com suplemento de atualização*. 3. ed. São Paulo: Revista dos Tribunais, 1997, art. 20, n. 1, p. 1683. Deixamos de acompanhar o entendimento de NELSON NERY JR. apenas no que concerne ao depoimento pessoal através de representante, por se tratar de ato privativo (personalíssimo) da parte litigante.
Defendendo tese diametralmente oposta à nossa, v. BENETI, Sidnei; ANDRIGHI, Fátima Nancy. *Juizados Especiais Cíveis e Criminais*. Belo Horizonte: Del Rey, 1996, p. 42.
Também, sem razão, o Enunciado 78 do FONAJE, por violar o princípio do contraditório, da ampla defesa e o instituto de direito material do mandato (conferido pelo réu ausente ao seu advogado): "O oferecimento de resposta, oral ou escrita, não dispensa o comparecimento pessoal da parte, ensejando, pois, os efeitos da revelia".

[487] Assim também v. MOREIRA, Wander Paulo Marotta. *Juizados Especiais Cíveis*. Belo Horizonte: Del Rey, 1996, p. 47, n. 7.1.

prestar depoimento pessoal, com a advertência contida no § 1º do art. 385 do CPC, incidirá nas penas de confissão quanto à matéria de fato.

Porém, se o réu não compareceu à primeira fase do ato processual, chamado de audiência ou sessão de conciliação, pessoalmente ou por procurador habilitado e, consequentemente, deixou de oferecer resposta, incidirá nos efeitos da revelia, com possibilidade de julgamento antecipado da lide, *salvo se o contrário resultar da convicção do juiz* (art. 20, *in fine*). Nesse último caso, se comparecer futuramente à audiência de instrução e julgamento, não mais poderá oferecer qualquer tipo de resposta (preclusão), restando-lhe apenas a possibilidade de inquirir ou contraditar as testemunhas arroladas pelo autor e nada mais, porquanto não articulou oportunamente qualquer exceção em seu favor.

2. DA REVELIA E SEUS EFEITOS

Estando o réu devidamente citado e cientificado dos efeitos da revelia, deixando de comparecer injustificadamente à primeira fase da audiência de instrução e julgamento (sessão de conciliação), ou não oferecendo resposta (escrita ou oral), será declarado revel, reputando-se verdadeiros os fatos alegados na peça inaugural pelo autor.

Classifica-se a revelia em: *a)* total, quando o réu deixa de impugnar por completo os fatos afirmados pelo autor; *b)* parcial, nas oportunidades em que o réu deixa de impugnar algum ou alguns dos fatos narrados na petição inicial; *c)* formal, quando comparece o réu sem procurador, ou comparece o seu procurador e deixa de contestar ou não possui procuração ou habilitação; *d)* substancial, quando a peça contestatória é oferecida, mas o seu conteúdo não reflete qualquer impugnação específica (art. 341 do CPC).

A revelia total, a formal e a substancial acarretam para o réu os mesmos efeitos, enquanto a parcial atinge apenas aquela parte em que não se verificou a impugnação. Percebe-se, portanto, que a revelia não decorre apenas da falta de contestação, podendo igualmente defluir do oferecimento extemporâneo da impugnação parcial ou genérica.[488] Se o réu excepciona, mas não oferece contestação, não é revel, pois ofereceu resposta. Contudo, por não ter arguido em seu favor matéria de defesa, incide nos *efeitos da revelia*. O mesmo já não ocorre se o réu apenas articular pedido contraposto, conforme regra delineada no parágrafo único do art. 17 da Lei n. 9.099/1995, que dispensa a *contestação formal*.

No caso da dispensa dos articulados defensivos (denominados aqui de "contestação formal"), agiu bem o legislador, pois de regra, quem contra-ataca, defende-se de maneira cabal, isto é, qualificada, fazendo do próprio ataque a sua defesa. Assim, em muitas situações em que o contra-ataque é dirigido de maneira direta e contraposta ao pedido do autor, é inadmissível considerar-se que o réu é revel, pelo singelo fato de não ter oferecido contestação.[489]

Note-se que a dispensa a que se refere o legislador é de "contestação formal", isto é, peça defensiva (contestatória) própria, autônoma. Em momento algum foi dispensada a defesa em si mesma (contestação *informal*), embutida nos articulados do pedido contraposto. Em outras palavras, terá o réu de formular pedido contraposto sem perder de vista a necessidade de contrapor-se direta e especificadamente aos fatos articulados pelo autor e, no que couber, dentro dos contornos delineados nos arts. 336 e s. do CPC.

Se o réu não comparece à audiência de conciliação, instrução e julgamento no horário designado e, nada obstante decorridos vinte minutos, ainda permanece ausente, iniciados os trabalhos

---

[488] Cf. Figueira Jr., Joel Dias. *Comentários ao Código de Processo Civil*. v. 4. t. II. São Paulo: Revista dos Tribunais, 2001, art. 319, n. 1.1, p. 363.

[489] Neste sentido v. Figueira Jr., Joel Dias. *Comentários ao Código de Processo Civil*. v. 4. t. II. São Paulo: Revista dos Tribunais, 2001, p. 361-362; Theodoro Jr., Humberto. *Código de Processo Civil anotado*. 4. ed. Rio de Janeiro: Forense, 1998, art. 322 p. 154; Santos, Ernani Fidélis dos. *Manual de direito processual civil*. 5. ed. São Paulo: Saraiva, 1997, p. 372-373.

e decretada a sua revelia, o comparecimento extemporâneo injustificável não tem o condão de reverter este quadro.[490]

Excepcionalmente, se o juiz não estiver convencido da veracidade das alegações do autor, em face da insuficiência de provas (documentais) até então trazidas à colação, não poderá aplicar contra o demandado os efeitos decorrentes da pena de revelia. Nesse caso procederá a ouvida de testemunhas e/ou mandará, *ex officio*, que se junte aos autos determinado documento ou que se produza qualquer outra prova.

As normas processuais devem estar sempre em consonância com todo o sistema instrumental e em sintonia com os princípios orientadores do processo, não podendo ser aplicadas isoladamente, muito menos quando nos defrontamos com consequências sérias, como é o caso do instituto da revelia, que se reflete diretamente no próprio direito material objeto da lide. A revelia gera, em princípio, veracidade relativa (presunção *iuris tantum*).

Ademais, "a Lei que regulamenta os Juizados Especiais ao estabelecer como princípios básicos a simplicidade, oralidade e economia processual, não dispensa o autor de fazer a prova do fato constitutivo do direito alegado. A revelia perante os Juizados Especiais tem conceito estritamente relativo, face os princípios da simplicidade e oralidade que os norteiam, devendo dar-se ênfase às provas dos autos mais que à literalidade do pedido não contestado. A falta de impugnação específica na contestação não tem o condão de tornar o falso verdadeiro e deve ser desconsiderada, se há nos autos provas contrárias à pretensão do autor".[491]

A esse respeito, é lapidar a lição de ARRUDA ALVIM: "Haver-se-á de ter presente que processo civil não é instrumento preordenado à constituição ou criação de direitos, como o é o Direito material, e, *ipso facto*, a que se tire de alguém direito que tem, por causa do processo. Ora, à luz do que foi dito, examine-se o art. 319 do Código, que dispõe, não sendo contestada a ação – salvo os casos do art. 320, I a III [CPC/1973]– que se reputarão verídicos os fatos deduzidos pelo autor. Se se for dar a esta regra uma interpretação com ignorância da função que cabe ao processo, e à qual este se restringe, no sistema jurídico, seguir-se-ia que, pura e simplesmente, muitas ações seriam julgadas procedentes pela mera revelia, quando não deveria ser dado, só por isso, pela procedência. O art. 319 [CPC/1973] há que ser entendido como objetivando facilitar a convicção do juiz, dispensando-se a prova, quando isto razoavelmente se justifique". E, pouco mais adiante, arremata o festejado professor paulista: "(...) não se haverá, jamais, de interpretar o art. 319 do Código [CPC/1973] como suscetível de constituir direitos, que se originam de uma omissão do réu".[492]

Por isso, devem os aplicadores do Direito estar atentos à observação contida na parte final do dispositivo ora comentado, fazendo incidir somente os efeitos da revelia quando demonstrada pelo postulante no mínimo a verossimilhança do alegado, com base em elementos probatórios trazidos à colação.

Somente dessa maneira ajusta-se a norma à função própria do processo, "que é a de servir de instrumental formal à aplicação do direito, preexistente ao processo, e não ensejar que direito subjetivo seja 'criado' no processo".[493]

Não há que se falar também em revelia quando o réu comparece desacompanhado de procurador em fase preliminar da audiência nas demandas de valor não superior a vinte salários mínimos. Não obtida a autocomposição e não oferecendo o réu resposta escrita, deverá a autoridade que

---

[490] Assim já decidiu a 1ª Turma Recursal do Distrito Federal: "1. As partes devem atender ao horário designado para o início da audiência, suportando o demandado, em caso de atraso injustificado, os efeitos da revelia, 'salvo se o contrário resultar da convicção do juiz'. 2. A presunção de veracidade dela originada torna desnecessária a dilação probatória e inibe a discussão da matéria fática em grau de recurso" (AC 20000110217443-DF, rel. Fernando Habibe, j. 10-4-2001, *DJDF* 25-6-2001, p. 64).

[491] Turma Recursal-BH, Rec. 717, rel. Juíza Vanessa Verdolin, j. 14-11-1997.

[492] ALVIM, José Manoel de Arruda. *Manual de direito processual civil*: parte geral. v. 1. 7. ed. São Paulo: Revista dos Tribunais, 2000, p. 87, n. 48.

[493] Idem, ibidem.

preside o ato reduzir a termo as suas alegações orais, que serão consideradas como defesa informal para todos os fins de direito e do contraditório, inclusive no que tange ao requerimento de provas e formulação de pedido contraposto.

Porém, se o réu comparece à audiência conciliatória, frustrando-se a tentativa de autocomposição, e deixa de oferecer contestação ou de consignar em termo a sua defesa, nada obstante citado regularmente por carta, com as observações legais e mesmo advertido pelo juiz acerca da necessidade de esboçar sua defesa oral informal, ainda assim permanece em silêncio, termina por incidir nos efeitos da revelia.[494]

Diferentemente, nas causas de valor superior a vinte salários mínimos, caso não frutifique o acordo e o réu esteja desacompanhado de advogado (art. 9º, *in fine*), não poderá reduzir a termo a sua resposta oral informal, salvo se o requerido for advogado, hipótese em que poderá formular defesa em causa própria.[495]

Situação diversa é aquela em que o réu comparece em audiência cuja demanda ultrapassa o limite de 20 salários mínimos desacompanhado de advogado, mas traz consigo instrumento de mandato regular e, em mãos, a sua contestação firmada pelo seu advogado devidamente constituído. Nesse caso, não há que se falar em revelia, conforme já assinalamos no item precedente (item n. 1, *supra*).

Acerca do aparente conflito entre os arts. 18, § 1º, 20 e 23, todos da Lei n. 9.099/1995, remetemos o leitor interessado aos nossos comentários ao art. 18, item n. 5, *supra*.

Contra o revel que não tenha procurador nos autos, os prazos fluirão da data de publicação do ato decisório no órgão oficial, podendo intervir nos autos, a qualquer tempo e fase, recebendo o processo no estado em que se encontrar (art. 346, parágrafo único, do CPC).

Seção VIII
Da Conciliação e do Juízo Arbitral

> **Art. 21**. Aberta a sessão, o juiz togado ou leigo esclarecerá as partes presentes sobre as vantagens da conciliação,[1] mostrando-lhes os riscos e as consequências do litígio, especialmente quanto ao disposto no § 3º do art. 3º desta Lei.[2]

1. VANTAGENS DA AUTOCOMPOSIÇÃO

Em comentários ao art. 2º (v. itens 7 e 8, *supra*), já tivemos oportunidade de dizer, em outras palavras, que a composição amigável é a melhor forma de solucionar conflitos jurídicos e sociológicos, na medida em que a sentença de mérito de procedência/improcedência do pedido põe termo apenas à lide no plano do Direito, não extinguindo, necessariamente, o litígio dos contendores na órbita social, onde reside a efetiva pacificação.

A sentença, por intermédio do comando específico a ela agregado, gerador da *coisa julgada material*, produz para os litigantes segurança e estabilidade jurídica a respeito da questão. Porém, deixa a parte sucumbente, em regra, insatisfeita, quando o mesmo não acaba ocorrendo também

---

[494] Assim decidiu a 5ª Turma de Recursos-SC: "Apelação cível. Ressarcimento de danos causados em acidente de veículos. Comparecimento do requerido à audiência conciliatória. Falta de contestação. Carta citatória contendo a advertência da necessidade de resposta na audiência preliminar. Revelia. Sentença mantida" (AC 1499, Mafra, rel. Juiz Joel Dias Figueira Júnior, j. 19-8-2002, v.u.).

[495] Semelhante o contido no Enunciado 11 do XIV Fonaje: "Nas causas de valor superior a vinte salários mínimos, a ausência de contestação, escrita ou oral, ainda que presente o réu, implica revelia". Estamos de acordo com o referido enunciado, valendo apenas salientar que a falta de contestação, escrita ou oral, ainda que presente o réu, importa em revelia em demandas com volor superior ou inferior a vinte salários mínimos.

com o autor, nas hipóteses de improcedência ou de acolhimento parcial da pretensão. Na verdade, a sentença nada mais é do que um típico ato de império, portanto, de violência admitida pelo sistema, representada pela imposição da ordem judicial aos litigantes sucumbentes.

Em contrapartida, o acordo firmado pelas partes traz ínsito em seu bojo a pressuposição de aceitação mútua a respeito de questões conflituosas existentes entre eles. Por isso, a composição amigável fortalece a pacificação social, compondo a lide e o conflito intersubjetivo de interesses em ambos os planos (sociojurídico).

A primeira vantagem da autocomposição é que ambos os institutos proporcionam a extinção da lide processual, total ou parcialmente, através de uma sentença de mérito (CPC, art. 487, III, c/c art. 22, § 1º, da Lei n. 9.099/1995), sem que dele resultem vencedores ou perdedores, sem qualquer espécie de sucumbência ou aplicação de multa por litigância de má-fé. A segunda vantagem reside na solução imediata do conflito, tendo-se em conta que as partes já sairão da audiência com a lide apresentada ao Estado-Juiz resolvida através da autocomposição.

A terceira decorre da não incidência do tempo no processo, em face da resolução imediata do conflito, evitando assim os desgastes que decorrem de toda lide pendente, a começar pela própria incerteza no tocante ao julgamento do processo, eventual recurso, execução etc.

Esses são, sem dúvida, os principais fatores que tornam a composição amigável mais vantajosa. Nesses termos, o presidente dos trabalhos (juiz togado, leigo ou conciliador) advertirá aos contendores que, mesmo inexistindo sucumbência em honorários advocatícios e despesas processuais (ressalvada a hipótese de interposição de recurso ou litigância de má-fé), provavelmente um deles verá sua pretensão não prosperar, tendo contra si uma sentença condenatória, executiva *lato sensu*, mandamental, declaratória ou constitutiva, que haverá de ser cumprida.

Ressalta-se que a *transação* significa o conteúdo substancial mais comum da conciliação, porquanto consiste em acordo através do qual fazem os litigantes concessões mútuas. Na oportunidade da conciliação, pode ter lugar, todavia, em vez da transação, o reconhecimento jurídico do pedido, a renúncia ao direito ou a desistência da ação.[496]

Contudo, há que se distinguir a *transação civil* daquela preconizada na lei instrumental. A *transação processual* é celebrada no bojo do processo e acarreta a sua extinção com resolução do mérito, enquanto a civil, por si só, representa apenas a renúncia de direitos através de concessões mútuas, extinguindo não necessariamente a demanda (a qual nem precisa existir), mas as obrigações entre as partes.

Por outro lado, a *conciliação* consiste num "negócio jurídico processual acerca de direitos disponíveis ou efeitos patrimoniais de direitos indisponíveis, mediante o qual as partes, provocadas pelo juiz, realizam autocomposição do litígio por uma delas submetido à apreciação do Poder Judiciário".[497]

2. DA ADVERTÊNCIA A RESPEITO DA RENÚNCIA DE CRÉDITO EXCEDENTE

Através do disposto no final da 2ª parte deste artigo, procurou o legislador fazer com que os juízes e conciliadores não se esquecessem de advertir as partes sobre a questão da *renúncia do crédito excedente*, no caso em que o autor tenha postulado quantia superior a quarenta salários mínimos (art. 3º, § 3º).

Sabemos que o autor poderá optar pelo rito estabelecido nesta lei, para usufruir de todos os benefícios propiciados pela oralidade, pleiteando, inclusive, quantia superior àquela estabelecida no inciso I do art. 3º.

Todavia, a percepção do *quantum* excedente ao referido limite só será admitida se as partes entrarem em acordo. Caso contrário, se o autor formulou pedido em quantia superior ao limite de

---

[496] ALVIM, José Manoel de Arruda. *Manual de direito processual civil:* do processo de conhecimento. v. 2. 6. ed. São Paulo: Revista dos Tribunais, 1997, p. 346.
[497] TUCCI, Rogério Lauria. *Manual do Juizado Especial de Pequenas Causas*. São Paulo: Saraiva, 1985, p. 76, n. 8; p. 165, n. 3.

quarenta salários mínimos, não frutificando a tentativa de autocomposição, ocorrerá a renúncia tácita da importância que lhe sobejar, decorrente da opção pelo rito sumaríssimo. Por isso, toda cautela deverá ser empreendida pelo autor ao fazer a opção por esse procedimento mais célere, nos casos em que pretender quantia superior à referida. Para aprofundamento sobre o tema, enviamos o leitor interessado aos nossos comentários ao art. 3º, item n. 12, *supra*.

Fica o nosso alerta, porque dificilmente o réu, mesmo que imbuído do mais alto espírito conciliatório, ao verificar que a sua negativa ao acordo proposto significará a renúncia do autor à importância excedente, em seu benefício, aceitará a proposta de conciliação. Aliás, nesse particular, este dispositivo em nada estimula a composição amigável.

> **Art. 22**. A conciliação será conduzida[1] pelo juiz togado ou leigo ou por conciliador sob sua orientação.[2]
>
> § 1º Obtida a conciliação, esta será reduzida a escrito e homologada pelo Juiz togado mediante sentença com eficácia de título executivo. (Incluído pela Lei nº 13.994, de 2020).
>
> § 2º É cabível a conciliação não presencial conduzida pelo Juizado mediante o emprego dos recursos tecnológicos disponíveis de transmissão de sons e imagens em tempo real, devendo o resultado da tentativa de conciliação ser reduzido a escrito com os anexos pertinentes. (Incluído pela Lei nº 13.994, de 2020).

1. DAS ATIVIDADES CONCILIATÓRIAS

Nos dizeres de Athos Gusmão Carneiro, a conciliação deve ser vista como "objetivo primacial a ser perseguido".[498] Por isso, partindo-se da premissa verdadeira de que a autocomposição é o núcleo e principal escopo a ser perseguido nos Juizados Especiais, muito empenho se espera da autoridade (juiz togado, juiz leigo ou conciliador) que preside a sessão conciliatória para que esse fim pacificador do conflito seja atingido.

Assim, a autoridade que preside o ato, além de fazer as observações anotadas no art. 21 da Lei n. 9.099/1995, deve *efetivamente tentar* (não apenas propor ou, muito menos, forçar) a autocomposição e, desde que frutifique, todos os seus termos serão orientados e conduzidos pelo juiz ou conciliador, em obediência ao art. 22, *caput*, da citada Lei.

Esses sujeitos do processo não são figuras meramente decorativas do ato processual e não se limitam apenas à homologação do acordo a ser firmado – devem ter participação manifesta em todas as tratativas.

Ledo engano daqueles que pensam que a fase conciliatória é destinada às partes com a participação restrita do Estado-Juiz ou de seus auxiliares, para simples homologação. Inversamente, exercem papel preponderante na condução da aproximação dos litigantes, como terceiros imparciais investidos na figura de *conciliadores*, buscando a autocomposição por intermédio de técnicas específicas, demonstrando as vantagens do acordo, acompanhando as propostas formuladas, tratando diretamente com os litigantes sem que se faça necessária, na maioria das vezes, a intervenção dos advogados (na qual reside uma das principais facetas do conceito de "humanização da justiça") etc.

2. DA PRESIDÊNCIA DOS TRABALHOS

Já tivemos oportunidade de demonstrar alhures (v. art. 16, n. 2 e art. 20, n. 1, *supra*) que estamos diante de um *ato processual complexo*, com três fases específicas bem definidas: a) tentativa de *conciliação*; b) não prosperando o acordo e não sendo instituído o juízo arbitral, inicia-se a *instrução*

---

[498] Carneiro, Athos Gusmão. *Considerações sobre o processo e os Juizados de Pequenas Causas*, RePro, v. 51/27.

oral do processo; c) encerrada esta etapa, tem início o *julgamento* oral da demanda. Todas essas atividades são processadas num único ato denominado *audiência de conciliação, instrução e julgamento*.

A primeira fase (conciliatória) poderá ser presidida por juiz togado, leigo ou conciliador.[499] Não vingando a proposta de acordo nem aceito o juízo arbitral, adentra-se à segunda fase procedimental, cujos trabalhos exigem a condução de juiz togado ou leigo; está excluída terminantemente a possibilidade de presidência da audiência de instrução e julgamento por conciliador.

Caso tenha sido este último quem iniciou os trabalhos e vislumbrando-se a necessidade de prosseguimento do ato pelos motivos já assinalados, deverá o conciliador suspender a audiência (podemos até chamar a primeira parte da audiência de "sessão" de conciliação) por alguns minutos e, nos termos da lei local, comunicar o ocorrido ao juiz leigo ou togado, a fim de que prossigam com a instrução e julgamento.

Mas enquanto o conciliador estiver na presidência dos trabalhos, ele os dirigirá sozinho, sem deixar de receber previamente as orientações do juiz e atender às suas intervenções, quando necessário se fizer.

3. DA HOMOLOGAÇÃO DO ACORDO

Chegando os litigantes a um denominador comum a respeito do objeto da demanda, serão todos os termos da conciliação ou transação reduzidos à forma escrita e assinados pelas partes, seus procuradores e o Ministério Público (estes dois últimos só se a hipótese exigir) e, em seguida, apresentados ao juiz togado para homologação, mediante sentença, a qual confere ao documento eficácia de título executivo judicial.

Todavia, em qualquer hipótese, o conciliador conclui a sua atividade com a redução a termo do acordo, que será apresentado, em seguida, ao juiz togado para homologação por sentença.

Na qualidade de mero auxiliar da justiça, o conciliador não possui jurisdição para praticar qualquer ato decisório, segundo se depreende da redação conferida ao parágrafo único deste artigo.

Diversamente, se a presidência dos trabalhos for realizada por juiz instrutor ("juiz leigo"), terá ele poderes para proceder à homologação dos acordos judiciais ou extrajudiciais. Aliás, a Lei n. 9.099/1995 confere inclusive poderes para decidir a lide, *ad referendum* do juiz de direito (v. art. 37, *infra*).

4. DA POSSIBILIDADE DE REALIZAÇÃO DE VIDEOCONFERÊNCIAS NOS JUIZADOS ESPECIAIS CÍVEIS

A pandemia Covid-19 trouxe consigo múltiplos efeitos que, sabidamente, transcendem a órbita da saúde pública mundial e adentram na mudança de hábitos cotidianos das pessoas físicas e jurídicas de natureza pública e privada, sendo um deles a legítima admissibilidade de realizar-se atos processuais a distância, por meio de videoconferências.

Objetivando evitar possíveis alegações de nulidade processual, o legislador antecipou-se e editou a Lei 13.994/20, admitindo a conciliação não presencial, conduzida pelo Juizado mediante o emprego dos recursos tecnológicos disponíveis de transmissão de sons e imagens em tempo real, devendo o resultado da tentativa de conciliação ser reduzido a escrito com os anexos pertinentes (art. 22, § 2º).

> **Art. 23**. Se o demandado não comparecer ou recusar-se a participar da tentativa de conciliação não presencial, o Juiz togado proferirá sentença.[1]

---

[499] Assim também o Enunciado 6 do Fonaje: "Não é necessária a presença do juiz togado ou leigo na sessão de conciliação, nem a do juiz togado na audiência de instrução conduzida por juiz leigo".

1. DO JULGAMENTO ANTECIPADO EM FACE DA REVELIA

Pelas mesmas razões já apontadas nos comentários ao art. precedente, a Lei 13.994/20 alterou a redação do art. 23, ampliando os efeitos da ausência do réu também para as audiências virtuais (não presenciais) de tentativa de autocomposição.

Este artigo deve ser analisado sistematicamente com o disposto no art. 20 supracitado, mais especificamente com a sua parte final, onde encontramos a limitação aos efeitos da revelia; aliás, diga-se *en passant,* este dispositivo está mal posicionado, sendo que deveria, se necessário (entendemos despiciendo), ter sido incluído como parágrafo único do art. 20, em que o legislador tratou da revelia. Repetiu-se aqui o mesmo erro técnico já constatado na Lei n. 7.244/1984 (arts. 21 e 23). Assim, para maior aprofundamento sobre o assunto, remetemos o leitor aos respectivos comentários do art. 20 (*supra*).[500]

Ressaltamos apenas, à guisa de complementação ao que já foi dito naquela ocasião, que este dispositivo está totalmente fora de sintonia com a finalidade do processo, porquanto não é instrumento hábil à criação ou extinção de direitos materiais, não podendo o instituto da revelia, isoladamente, criar estas situações.

O convencimento do juiz não se forma – e nem poderia – pela ausência do réu no processo ou por não ter oferecido defesa. O que convence o juiz são as provas trazidas pelas partes à colação, devidamente harmonizadas com os fatos e fundamentos jurídicos que ensejam o pedido imediato contido na peça inaugural; a revelia serve apenas como mais um elemento integrante deste complexo probatório.

> **Art. 24.** Não obtida a conciliação, as partes poderão optar, de comum acordo, pelo juízo arbitral, na forma prevista nesta Lei.[1]
>
> § 1º O juízo arbitral considerar-se-á instaurado, independentemente de termo de compromisso, com a escolha do árbitro pelas partes. Se este não estiver presente, o juiz convocá-lo-á e designará, de imediato, a data para a audiência de instrução.[2]
>
> § 2º O árbitro será escolhido dentre os juízes leigos.[3]

1. DA OPÇÃO PELA ARBITRAGEM. BREVES CONSIDERAÇÕES DISTINTIVAS E COMPARATIVAS ENTRE O REGIME ARBITRAL INSTITUÍDO PELA LEI N. 9.307/1996 E A LEI N. 9.099/1995

Tratando-se de Juizados Especiais, o procedimento é regulado por esta lei específica, desde que ambas as partes estejam de acordo em instituir a arbitragem e a respeito da escolha do árbitro, que deverá recair na pessoa de um dos juízes leigos em atividade naquela unidade jurisdicional ou comarca (§ 2º).

Nada obsta, porém, que as causas de valor de até quarenta salários mínimos (limite quantitativo estabelecido pela Lei n. 9.099/1995) e que versem sobre *direitos patrimoniais disponíveis* (que admitem transação) sejam solucionadas mediante juízo arbitral, nos termos da Lei n. 9.307/1996, sem qualquer aplicação do disposto na Lei dos Juizados Especiais.

Antes ou após o ajuizamento da demanda perante o juiz estatal competente para as lides modeladas pela Lei n. 9.099/1995, ou seja, a *qualquer tempo,* enquanto não proferida a sentença, as partes poderão firmar compromisso arbitral para a obtenção de solução privada a respeito do conflito em questão, extinguindo-se o processo, se instaurado, sem resolução do mérito, nos termos do disposto no art. 485, VII, do CPC.

---

[500] Para evitarmos repetições não desejadas, enviamos o leitor interessado aos nossos comentários ao art. 18, item n. 5, *supra,* onde tratamos do conflito aparente verificado entre aquele dispositivo, o art. 20 e o art. 23, todos da Lei n. 9.099/1995.

Aliás, após o advento da nova Lei da Arbitragem,[501] recentemente alterada pela Lei n. 13.129/2015, tornou-se praticamente letra morta o regime arbitral dos Juizados Especiais, que, se até então não era muito utilizado na prática forense, está agora fadado ao esquecimento pela sua não aplicabilidade diante da ausência de objetividade e maior efetividade. Não significa, em hipótese alguma, que a Lei n. 9.307/1996, por ter estabelecido um novo regime arbitral, tenha derrogado a Lei n. 9.099/1995 no que concerne a esse instituto jurídico e, mais precisamente, os arts. 24, 25 e 26.

Pelo contrário, os dois regimes arbitrais (estatal e paraestatal) convivem harmonicamente no sistema instrumental pátrio como *formas alternativas de resoluções de conflitos*; a praticidade da arbitragem na forma como se encontra definida para os Juizados Especiais é que é altamente questionável.

Em outros estudos de nossa lavra,[502] não deixamos de registrar a crítica da instituição da arbitragem para os Juizados Especiais, sobretudo pela forma inadequada de "escolha" dos árbitros, a qual somente poderá recair, absurdamente, sobre os impropriamente denominados "juízes leigos" (os quais preferimos nominar de *juízes instrutores*), além do requisito indispensável da homologação judicial do "laudo" (art. 26).

Ademais, sabe-se muito bem que o *habitat* natural para o instituto da arbitragem é foro das *grandes causas*, e não das demandas de menor valor ou complexidade. Com propriedade, assinala Cláudio Viana de Lima que "é de primeira evidência que a arbitragem não vai funcionar nos Juizados Especiais Cíveis, como não funcionou nos Juizados de Pequenas Causas (Lei n. 7.244, de 7-11-1984, arts. 25 a 27). Também é de primeira intuição o caráter nitidamente demagógico e insincero da iniciativa, na linha, é verdade, da Constituição Federal em seu art. 98, I".[503]

Outro não é o entendimento de Carlos Alberto Carmona ao deixar bastante evidente o que denominou de *desfavor da arbitragem nos Juizados Especiais*. A esse respeito, escreve o professor paulista que "a opção pela solução arbitral não pode perder de mira a relação custo-benefício: a arbitragem, longe de constituir-se em mecanismo de baixo custo para resolver controvérsias, seria fator de notável encarecimento do processo se o árbitro tivesse que ser remunerado. O legislador, percebendo que os honorários do árbitro inviabilizariam o desenvolvimento da arbitragem nos Juizados Especiais, estabeleceu indiretamente a gratuidade dos serviços dos juízes privados, determinando que somente estes poderão ser árbitros. Resolveu-se um problema, criou-se outro: de um lado, acabaram sendo gratuitas tanto a atividade estatal quanto a arbitral; de outro, limita-se drasticamente a possibilidade de os litigantes escolherem seus juízes.

Outrossim, a tão decantada celeridade do processo arbitral não acrescentaria vantagem alguma aos litigantes em relação ao processo estatal do microssistema ora examinado: considerando-se a notável simplificação obtida por força do procedimento sumaríssimo estabelecido pelo legislador, seria pouco provável que o procedimento arbitral (criado pelas partes ou institucional, oferecido pelas câmaras ou tribunais arbitrais) obtivesse alguma vantagem relevante".

---

[501] Para um estudo mais aprofundado a respeito da Lei n. 9.307/1996, v. Figueira Jr., Joel Dias. *Arbitragem, jurisdição e execução*. 3. ed. Rio de Janeiro: Forense, 2019; *Arbitragem (legislação nacional e estrangeira) e o monopólio jurisdicional*. São Paulo: LTr, 1999; v. também Carmona, Carlos Alberto. *Arbitragem e processo*: um comentário à Lei 9.307/96. São Paulo: Malheiros, 1998.

[502] Cf. nota de rodapé *supra*, notadamente a primeira obra citada, item n. 13, p. 146-151, 2. ed.

[503] Lima, Cláudio Vianna de. Os Juizados Especiais Cíveis e o juízo arbitral. Advocacia dinâmica. *Boletim informativo – ADV*, n. 21/238, 1996. Assinala ainda que "no mundo civilizado, um dos trunfos da arbitragem é precisamente poderem as partes escolher árbitros (melhor dito, *julgadores*) de sua confiança, que sejam *experts* na matéria em pendência. Falando no Congresso Interestadual sobre arbitragem comercial, realizado no Brasil em 1985, o Dr. René Bourdin, então, presidente da Corte Internacional de Arbitragem, da Câmara de Comércio Internacional de Paris, acentuava que 'a qualidade dos árbitros será, na maioria das vezes, a da arbitragem'. Donde o cuidado que se há de ter na seleção de tais árbitros para que não se frustrem os ideais colimados" (idem, ibidem).
Outro não é o entendimento de Carlos Alberto Carmona, conforme sua conferência proferida durante o *II Seminário de Processo Civil e Penal*, dias 28 e 29-3-1993, em Blumenau/SC (*A arbitragem nos juizados especiais*).

E arremata: "Por derradeiro, o sigilo que o juízo arbitral poderia proporcionar já estará prejudicado, na medida em que o autor, ao propor sua demanda, terá tornado pública a controvérsia, sendo ainda necessária a exibição do laudo para o anacrônico procedimento homologatório previsto pelo art. 26 da Lei n. 9.099/1995".[504]

Assinala-se ainda que a tecnicidade buscada pelas partes na pessoa do árbitro indicado, sempre detentor de profundo conhecimento técnico e/ou científico pertinente ao objeto litigioso, capaz de proporcionar maior qualidade e celeridade no julgamento da causa, fica prejudicada no regime dos Juizados Especiais, na medida em que não só limita a escolha do árbitro ao rol dos "juízes leigos" (apenas bacharéis em Direito com mais de cinco anos de prática forense), como ainda é desnecessária tendo em vista que o juiz estatal encontra-se suficientemente habilitado para resolver os conflitos de menor complexidade, nos termos delineados no art. 3º da Lei n. 9.099/1995, em sintonia com o art. 98, I, da Constituição Federal.

O único fruto que talvez se possa colher da inserção anômala do instituto da arbitragem no microssistema dos Juizados Especiais, se assim podemos dizer, seria a sua difusão ou "popularização", à medida que, paulatinamente, poderá se tornar, se não utilizado, ao menos mais conhecido.

Vejamos então, em síntese, as principais distinções e similitudes entre a arbitragem instituída por meio da Lei n. 9.099/1995 e a arbitragem da Lei n. 9.307/1996.

1º) *A arbitragem da Lei n. 9.307/1996*: a) é jurisdição privada; b) resolução de todos os conflitos de direitos que admitem transação; c) árbitros livremente escolhidos, desde que sejam capazes e gozem da confiança das partes; d) possibilidade de indicação das regras de Direito que se aplicarão para a resolução da controvérsia, ou se estará pautada pelos princípios gerais de Direito, usos e costumes ou regras internacionais de comércio, ou, ainda, apenas por equidade; e) mais adequada para a resolução de grandes ou médios conflitos; f) rapidez na prestação da tutela jurisdicional (prazo estipulado pelas partes, ou, no máximo, em 6 meses, prorrogado somente com autorização dos litigantes); g) não há publicidade dos atos; h) procedimento a ser definido pelas partes ou de acordo com aquele previamente estabelecido pela instituição arbitral indicada pelas partes em convenção; i) desnecessidade de homologação das decisões e de sentença arbitral pelo Estado-Juiz; j) irrecorribilidade das decisões arbitrais.

2º) *A arbitragem da Lei n. 9.099/1995*: a) é jurisdição pública (estatal); b) resolução de conflitos de menor complexidade e de valor não superior a quarenta salários mínimos; c) escolha do árbitro restrita ao rol de "juízes leigos"; d) resolução dos conflitos pelas regras de direito que reputar mais justa e equânime; e) adequada para a resolução de pequenos conflitos (menor complexidade); f) não há prazo estabelecido para a prolação da sentença, em que pese a duração do processo ser inferior àquela em que o feito é dirigido pelo juiz de Direito; g) publicidade dos atos; h) o procedimento aplicável é o sumariíssimo (Lei n. 9.099/1995); i) necessidade de homologação da sentença arbitral pelo Estado-juiz; j) irrecorribilidade das decisões arbitrais.[505]

2. DA INSTAURAÇÃO DA ARBITRAGEM

Após acordarem os litigantes nos termos do *caput* deste artigo, o juízo arbitral é instaurado independentemente de solenidade ou assinatura de qualquer espécie de termo, seja para o exercício das atividades arbitrais – "termo de compromisso de bem e fielmente exercer as funções de árbitro, sob as penas da lei", ou para as partes submeterem o litígio já instaurado ao conhecimento do árbitro – "termo de compromisso arbitral".[506]

---

[504] CARMONA, Carlos Alberto. A arbitragem nos Juizados Especiais. *Repertório IOB de jurisprudência*, n. 24/433-434, Caderno 3, dez. 1996, 2ª quinzena.

[505] Cf. FIGUEIRA JR., Joel Dias. *Arbitragem, jurisdição e execução*. 2. ed. São Paulo: Revista dos Tribunais, 1998, item 13.

[506] Em sede de jurisdição arbitral (privada) regida pela Lei n. 9.307/1996, os requisitos obrigatórios e facultativos para a lavratura do *compromisso arbitral* estão anotados nos arts. 10 e 11 da norma aludida. Para aprofundamento sobre o tema, v. FIGUEIRA JR., Joel Dias. *Arbitragem, jurisdição e execução*. 3. ed. Rio de Janeiro: Forense, p. 168-175.

O que precisa ficar consignado em ata de audiência é a inexistência de conciliação e a opção das partes em instituírem o juízo arbitral, bem como a indicação comum de determinado juiz leigo.

Os litigantes já podem dirigir-se para a audiência previamente convencionados a esse respeito e, quando isso ocorrer, provavelmente já terão contatado o futuro árbitro, que poderá acompanhá-los diretamente ao ato processual, para os devidos fins de prosseguimento oficial dos trabalhos. Caso contrário, o juiz togado convocá-lo-á e designará, desde logo, a data para prosseguimento da audiência, quando, então, realizar-se-á a instrução. Outra hipótese que poderá surgir é a presidência do ato já estar sendo realizada pelo juiz togado e, se não houver autocomposição quanto ao litígio, ajustem os contendores, em comum acordo, a indicação daquele mesmo julgador para dar prosseguimento aos trabalhos, todavia, na qualidade de árbitro.

3. DA ESCOLHA DO ÁRBITRO

A escolha das partes poderá recair somente entre aqueles que já exerçam perante o mesmo Juizado ou comarca (na hipótese de existir mais de uma unidade jurisdicional) as funções de juízes leigos. A preocupação do legislador é justificável, em parte, porque são eles profissionais do Direito com mais de cinco anos de prática (art. 7º).

Nada obstante, dependendo da natureza da demanda, poderia ser mais interessante aos contendores a indicação de um árbitro que tivesse conhecimento científico voltado para uma determinada área diversa do Direito (por exemplo: bioquímico, engenheiro, médico etc.). Essa talvez seja uma das principais limitações criadas pela lei ao instituto da arbitragem nesses Juizados.

Mas não se pode negar que, provavelmente, os consumidores do Direito e frequentadores dessa justiça especializada, em grande número, não terão interesse na instauração da arbitragem, que comumente é utilizada em questões que envolvem elevadíssimos valores e exigem muita rapidez na tomada de decisão por árbitro com profundo conhecimento a respeito daquela matéria de ordem puramente técnica ou científica. Ademais, as decisões dos árbitros são irrecorríveis, o que, por si só, já justifica a reserva dos litigantes quanto a essa opção (art. 26).

> **Art. 25.** O árbitro conduzirá o processo com os mesmos critérios do juiz, na forma dos arts. 5º e 6º desta Lei, podendo decidir por equidade.[1]

1. "CRITÉRIOS" NA CONDUÇÃO DA ARBITRAGEM

Nos comentários iniciais dessa lei, tivemos oportunidade de escrever que não obstante o legislador tenha feito alusão à palavra "critério", no art. 2º, na verdade estávamos diante de verdadeiros *princípios* orientadores do microssistema dos Juizados Especiais – *oralidade, simplicidade, informalidade, economia e celeridade*. Tendo em vista que os ensinamentos lá aplicados servem identicamente para elucidação desse artigo, fazemos a sua referência, para onde enviamos o leitor (itens 1 a 6, *supra*).

Mas o árbitro não deverá apenas orientar-se por esses princípios. Assim como o faz o juiz togado, deverá estar atento à harmonia dos sistemas normativos e na conjugação de todos os demais princípios que não se incompatibilizem com o "espírito" dos Juizados.

Diga-se o mesmo a respeito das decisões fundadas em equidade. Para maior esclarecimento sobre esse tema, v. os nossos comentários ao art. 6º, onde tratamos da *decisão justa e equânime* (n. 1, *supra*).[507]

---

[507] Não existe qualquer distinção entre *equidade* e *equanimidade*. Assim como o legislador de 1984, o atual incidiu na mesma falta de técnica, aplicando o teor do art. 26 da revogada Lei n. 7.244/1984 ao que ora comentamos.
Essa observação já foi feita também por Rogerio Tucci, cabendo perfeitamente repeti-la ao presente artigo, senão vejamos: "A não ser assim, devemos imaginar que o pré-legislador nacional não se deu conta da identificação entre *equanimidade* e *equidade*, logo acima sobrelevada, laborando em sério equívoco; ou, como melhor parece,

Entendendo o árbitro que se faz mister a realização da audiência de instrução, e se ainda não tiver sido designada, conforme preconizado na 2ª parte do § 1º do art. 24, assim deverá proceder, a fim de realizar a coleta da prova oral. Concluídos os trabalhos, no prazo legal, deverá formular o seu laudo decisório.

> **Art. 26.** Ao término da instrução, ou nos 5 (cinco) dias subsequentes, o árbitro apresentará o laudo ao juiz togado para homologação por sentença irrecorrível.[1 e 2]

1. DA ENTREGA DO "LAUDO" ARBITRAL E SUA HOMOLOGAÇÃO POR SENTENÇA IRRECORRÍVEL

Se o árbitro estiver satisfeito com as provas até então produzidas, deverá concluir a instrução. Diversamente, se ainda não tiver seu convencimento bem formado, poderá determinar de ofício as provas que entenda sejam necessárias para a complementação do quadro instrutório.

Sentindo-se apto, não só poderá, mas, em atenção ao princípio da oralidade, *deverá* decidir em seguida. Caso contrário, a lei lhe concede um prazo de cinco dias, a contar da data do término dos trabalhos de instrução, para confeccionar o laudo e apresentá-lo ao juiz togado, que, após análise, proferirá sentença homologatória, da qual não cabe recurso.

Se o árbitro desejar extrapolar esse prazo, deverá apresentar tempestivamente pedido fundamentado ao juiz, que em obediência ao princípio da celeridade não poderá prorrogá-lo por mais de cinco dias.

De outra parte, não se pode esquecer também de que as consequências da decisão deverão ser suportadas pelos litigantes, sem qualquer possibilidade jurídica de recurso contra a sentença homologatória do laudo ou rescisória (art. 59). Se essa fosse a única razão, ela já seria suficiente para que o juiz, antes de convalidar juridicamente o laudo, examinasse alguns requisitos mínimos de sua validade formal. Significa dizer que ao togado não cabe em hipótese alguma reapreciar o *mérito* da decisão a que chegou o árbitro, muito menos os fundamentos que levaram ao seu convencimento e conclusão. A análise que o togado fará respeita às questões de ordem pública, tema que versaremos no item seguinte (v. n. 2, *infra*).

A impossibilidade jurídica de interposição de recurso da sentença homologatória significa uma exceção ao princípio do duplo grau de jurisdição (CF, art. 5º, inciso LV). Todavia, nada há de inconstitucional nessa circunstância, tendo em vista que a limitação encontra respaldo legal e decorre da escolha prévia e facultativa, tomada em conjunto pelos litigantes, na preferência de um juiz leigo (que se chamará árbitro) a um juiz togado, cujo poder jurisdicional emana do próprio Estado (*iuris dicere*).

Ademais, o preceito insculpido no inciso LV do art. 5º da CF não impede que as normas infraconstitucionais limitem o número, o tipo e as formas de recursos para diferentes situações fundadas em relações materiais da mais variada ordem. Quem faz a opção pelo juízo arbitral deve estar seguro de que a decisão (laudo ou sentença) a ser proferida será a mais justa possível, correspondendo às expectativas de ambos, assim como o microssistema limita a viabilidade de interposição de recurso da sentença homologatória; comparativamente, diga-se de passagem, que a irrecorribilidade da sentença arbitral é também a regra insculpida no art. 18 da Lei n. 9.307/1996.[508]

---

que constitui superafetação e, portanto, gritante atecnia, o acréscimo constante da parte final do art. 26 [Lei n. 7.244/1984] – '*podendo decidir por equidade*' *(com grifo nosso)*. Esse, na verdade, afigurava-se de todo despiciendo, como pode ser verificado, sem ir muito longe, no enunciado do correlato § 1º, do art. 65 do Anteprojeto, *verbis*: 'O árbitro conduzirá o processo segundo as necessidades da instrução, não estando sujeito ao critério da legalidade estrita'" (*Manual do Juizado Especial de Pequenas Causas*. São Paulo: Saraiva, 1985, p. 181, n. 18).

[508] Especificamente sobre esse tema, v. FIGUEIRA JR., Joel Dias. *Arbitragem, jurisdição e execução*. 3. ed. Rio de Janeiro: Forense, capítulo. décimo

A homologação aparece como elemento integrativo necessário da sentença arbitral, por fazer o "laudo" converter-se em sentença. Significa dizer, em outros termos, que na hipótese de ter sido o "laudo" proferido e não submetido à homologação judicial, esta infração ao art. 26 acarreta a sua total ineficácia. "Laudo houve, mas não tem qualquer efeito".[509] Ao laudo homologado judicialmente incorporam-se todos os efeitos da sentença (força e eficácia).

2. NULIDADES DO "LAUDO" ARBITRAL E RECUSA JUDICIAL À HOMOLOGAÇÃO

A lei é omissa a respeito de *nulidades* que podem macular o laudo arbitral, ao invés do que se verifica no art. 32 da Lei n. 9.307/1996; todavia, por óbvio o árbitro deverá pautar a sua decisão dentro dos princípios norteadores da lei arbitral e da Constituição Federal.

Assim, poderá o juiz, por sentença, *rejeitar a homologação* do "laudo" arbitral em circunstâncias em que se verifiquem *nulidades absolutas*, tais como ter sido emanada por quem não podia ser árbitro, faltar algum requisito obrigatório da sentença (relatório, fundamentação e/ou dispositivo), ter sido proferida com inobservância ao princípio da congruência (relação entre o pedido e o pronunciado, cf. CPC, art. 492), estar comprovado que foi proferida por prevaricação, concussão, corrupção passiva ou fora do prazo legal, não ter sido respeitado o princípio do devido processo legal, notadamente o contraditório, igualdade das partes, imparcialidade do árbitro e do seu livre convencimento, omissão quanto à prolação do laudo, ausência de condições da ação e pressupostos processuais.

O indeferimento da homologação somente poderá verificar-se na hipótese de ocorrência de algumas das circunstâncias aqui apontadas; caso contrário, a homologação é cogente, não concedendo a lei ao juiz togado qualquer discricionariedade ou facultatividade para assim não proceder.

Decidindo o magistrado pela não homologação (sentença de rejeição), caberá recurso de apelação para o colégio recursal, conforme os termos definidos em lei local, a ser interposto por qualquer dos litigantes. A turma, se der provimento ao recurso, anulará o laudo arbitral, declarando-o sem nenhum efeito; se for o caso, mandará que o árbitro profira novo laudo. Essa, aliás, era a disposição contida no revogado art. 1.102 do CPC/1973. A atitude do colégio, no recurso interposto quanto à sentença denegatória, "(...) não é mais semelhante àquela que tem na ação rescisória do art. 485, V [CPC/1973]".[510]

Se, inversamente, o árbitro reconhecer a carência de ação ou a ausência de pressuposto processual, assim não entendendo o juiz togado, poderá rejeitar o laudo e determinar que outro seja proferido, para análise do mérito. Desta decisão caberá recurso para o colegiado. De qualquer sorte, não há como aplicar, subsidiariamente, a regra insculpida no art. 1.013, § 3º, do CPC, por se tratar de juízo arbitral, único legitimado, no caso, para a prolação da sentença de mérito.

Não estamos afirmando que o árbitro não possa extinguir o processo apenas formalmente (sem resolução do mérito); o que se faz mister é que o laudo esteja em sintonia com os fatos e o direito em questão, hábeis a ensejar a extinção formal. Caso contrário o Estado-Juiz haverá de intervir, quando exercer o controle homologatório ou, se rejeitar a homologação, o interessado poderá recorrer.

Seção IX
Da Instrução e Julgamento

> **Art. 27**. Não instituído o juízo arbitral, proceder-se-á imediatamente à audiência de instrução e julgamento,¹ desde que não resulte prejuízo para a defesa.²

---

[509] MIRANDA, Francisco Cavalcante Pontes de. *Comentários ao Código de Processo Civil*. t. XV. Rio de Janeiro: Forense, 1977, p. 337-338.

[510] MIRANDA, Francisco Cavalcante Pontes de. *Comentários ao Código de Processo Civil*. t. XV. Rio de Janeiro: Forense, 1977, p. 363.

> Parágrafo único. Não sendo possível a sua realização imediata, será a audiência designada para um dos 15 (quinze) dias subsequentes, cientes, desde logo, as partes e testemunhas eventualmente presentes.³

1. REALIZAÇÃO IMEDIATA DA INSTRUÇÃO E JULGAMENTO

O princípio da oralidade requer concentração nos atos processuais e celeridade na prestação da tutela jurisdicional (v. art. 2º, itens 1 a 6, *supra*), razão pela qual a designação primeira é de uma audiência una e indivisível[511] (v. art. 16, n. 2, *supra*) de *conciliação, instrução e julgamento* (v. art. 22, n. 2, *supra*).

Restando infrutífera a tentativa de autocomposição e não desejando os litigantes instituírem o juízo arbitral, passa-se imediatamente, isto é, na sequência do mesmo ato processual, para a fase segunda, que é o oferecimento de resposta (verbal ou escrita) e a instrução oral, em que se realizará a ouvida das partes, das testemunhas, de *experts* etc. A respeito do tema pertinente ao *momento processual oportuno para o oferecimento de resposta*, v. os nossos comentários ao art. 30, item n. 1, *infra*.

De qualquer maneira, a fase instrutória é quase sempre indispensável, seja quando o julgamento for realizado pelo Estado-Juiz ou juiz leigo instituído, ressalvadas as hipóteses de decisão conforme o estado do processo ou de dispensa de produção de prova oral pelo árbitro. Não obstante, em homenagem ao princípio da oralidade, recomenda-se que seja designada audiência, a fim de que mais uma vez se tente a conciliação, e seja logo após oferecida oralmente a sentença ou laudo.

2. RAZÕES IMPEDITIVAS À INSTAURAÇÃO IMEDIATA DA AUDIÊNCIA DE INSTRUÇÃO E JULGAMENTO

Poderá o réu alegar que irá sofrer algum prejuízo em face do prosseguimento imediato dos trabalhos instrutórios e de julgamento. Todavia, não basta o simples requerimento objetivando o adiamento; é indispensável que o réu apresente as razões fundamentadas deste pedido, tendo em vista que a regra é a concentração dos atos num único momento processual.

Em qualquer hipótese, o réu não poderá pleitear o adiamento com o escopo de obter ampliação do prazo de oferecimento de resposta. Ao ser citado, ele necessariamente é comunicado de que o seu comparecimento em audiência, dentre outras finalidades, destina-se a oferecer resposta escrita ou oral e produzir provas, sob pena de revelia (v. art. 18, § 1º).

O pedido do réu pode girar basicamente em torno de duas questões: *a)* problemas verificados com a citação, que, por exemplo, pode ter sido recebida a menos de dez dias antes da audiência designada (esse prazo deve ser conjugado com a 2ª parte do art. 16 e ainda combinado com o § 1º do art. 34) (v. art. 30, item n. 2, *infra*),[512] ou na qual não constava a advertência de que a defesa e produção de provas seriam produzidas neste mesmo ato; *b)* questão probatória, como, por exemplo, o caso de não comparecimento espontâneo de testemunha, necessitando ser intimada; a impossibilidade (comprovada) de a testemunha vir a juízo por motivos de força maior; a necessidade de

---

[511] Com essa afirmação não estamos excluindo a possibilidade de ocorrência de adiamento do ato processual ou o seu fracionamento, dando-se prosseguimento em outra data (sempre próxima), quando impossível se tornar o seu término na mesma ocasião. Por isso, a "sessão de conciliação" – fase integrante do ato único e complexo denominado "audiência de conciliação, instrução e julgamento" – pode realizar-se de maneira precedente e fracionada, nada obstante fazer parte do mesmo ato processual.

[512] Parece-nos que o prazo de 15 dias destinado exclusivamente para oferecimento de resposta seja demasiado para o rito sumaríssimo dos Juizados. Por isso, indicamos período intermediário bastante razoável para a constituição de procurador e preparativos da defesa.

Na verdade, o que não se pode admitir é que a citação tenha ocorrido praticamente nos últimos dias que antecedem a designação da audiência, o que sem dúvida torna impossível ou muito difícil a articulação de resposta.

produção de inquirição de técnicos ou inspeção judicial ("prova pericial" não complexa),[513] dentre outras razões deste mesmo gênero.

3. DA DESIGNAÇÃO DE NOVA DATA PARA O PROSSEGUIMENTO DA AUDIÊNCIA

Verificando-se algumas das situações descritas no item anterior, o juiz togado ou leigo que estiver na presidência dos trabalhos designará, naquele mesmo ato, a data e o horário para o prosseguimento da audiência de instrução e julgamento, a qual deverá ser fixada, preferencialmente (se houver pauta disponível), dentro da primeira quinzena subsequente, intimando-se desde logo todos os presentes, inclusive as testemunhas que eventualmente ali se encontrem.

Se o motivo do adiamento foi a exiguidade do prazo para oferecimento de resposta, tendo em consideração o recebimento da comunicação citatória ter se realizado próximo da data da audiência previamente marcada (v. n. 2, *supra*), o juiz reabrirá o prazo para a defesa, contando-se o prazo para responder a partir daquela data.

> **Art. 28.** Na audiência de instrução e julgamento serão ouvidas as partes, colhida a prova[1] e, em seguida, proferida a sentença.[2]

1. DAS ATIVIDADES INSTRUTÓRIAS

Na segunda fase da audiência, procede-se à instrução oral, que pode consistir na tomada dos depoimentos pessoais, ouvida das testemunhas arroladas ou referidas, inquirição de algum técnico para prestar esclarecimentos sobre a vistoria efetuada ou, ainda, sobre determinada situação pertinente ao deslinde da causa etc.

Apesar de o legislador ter usado a forma indicativa com sentido impositivo do verbo "ser" – "*serão* ouvidas as partes (...)" – não significa que o juiz instrutor esteja *obrigado* a ouvir todas as pessoas ali mencionadas, tendo em vista os seus poderes instrutórios, nos termos do contido nos arts. 5º e 33 dessa Lei, em harmonia com o preceito estatuído no art. 370 do CPC (v. nossos comentários ao art. 5º, n. 1 e 2, *supra* e art. 33, *infra*).[514] Observa-se que o art. 370 do CPC atual corresponde ao art. 130 do revogado Código de 1973, contudo, o legislador deixou de inserir no dispositivo a observação de que o juiz poderá indeferir as "diligências inúteis ou meramente protelatórias". Acertada, diga-se de passagem, a redação do art. 370 do CPC, pois desnecessária a previsão normativa precedente, porquanto óbvio que, dentro dos poderes instrutórios do juiz encontra-se o poder-dever de indeferir provas ou diligências desnecessárias ou protelatórias, na exata medida em que as provas destinam-se a formação do convencimento (motivado) do julgador, cabendo a ele, unicamente a ele, a condução instrutória do processo.

Em outras palavras, a supressão da parte final da disposição contida no art. 130 do revogado CPC não confere interpretação extensiva inversa, sob o fundamento (pífio) de que, se a lei é omissa, estará o juiz instrutor obrigado a aceitar a produção de provas inúteis ou protelatórias.

O momento oportuno para a coleta de prova oral *será* a audiência de instrução e julgamento, na qual, então, se o juiz entender necessário para o esclarecimento da matéria e formação de seu convencimento, *serão* ouvidas as pessoas indicadas.

---

[513] Ressaltamos que nos Juizados Especiais inexiste a possibilidade de produção de prova pericial nos moldes do CPC. O microssistema permite apenas que, se a prova do fato exigir, possa o juiz *inquirir técnicos de sua confiança* ou, se for o caso, *realizar inspeção judicial* em pessoas ou coisas, ou determinar que o faça pessoa de sua confiança ("inspetor judicial"), que lhe relatará informalmente o verificado (art. 35, parágrafo único).

[514] Nesse particular, o legislador de 1995 seguiu a orientação da Lei Federal n. 7.244/1984 (art. 29) e da Lei Estadual do Rio Grande do Sul n. 9.942/1991 (art. 24).

A ordem da produção de provas em audiência é aquela mesma insculpida no art. 361 do CPC, ou seja: os *experts*, depoimento pessoal das partes – primeiro do autor e depois do réu – e, finalmente, a inquirição das testemunhas arroladas pelo autor e pelo réu, respectivamente.

Se a audiência tiver sido interrompida, por qualquer motivo, com consequente adiamento, será de bom alvitre que o juiz, antes de dar início à continuação dos trabalhos, proponha novamente a conciliação (cf. art. 139, V, c/c art. 359, ambos do CPC). Os documentos serão trazidos à colação, em regra, quando do oferecimento da peça inaugural, por parte do autor e na resposta, por parte do réu. Todavia, o *princípio da eventualidade* não é tão rígido neste sistema, diversamente do que se dá no processo tradicional. Por isso, nada obsta que mesmo depois da formulação da petição ou requerimento inicial o autor traga aos autos outros documentos (novos ou não), assim como o réu poderá, após a contestação, se houver algum adiamento para prosseguimento do ato em outra data, fazer nova prova documental. O que se faz mister é que a parte *ex adversa* tome ciência do documento novo e se manifeste sobre ele, *sempre oralmente e em audiência* (parágrafo único do art. 29).

A respeito dos trabalhos aos quais se procede durante a abertura da audiência de instrução e julgamento, inclusive no tocante à sua primeira fase, em que reside a *tentativa de conciliação*, remetemos o leitor aos nossos comentários dos arts. 21, 22 e 23, *supra*.

2. DA SENTENÇA PROFERIDA EM AUDIÊNCIA

Conclui-se a audiência de instrução quando o juiz estiver satisfeito com as provas até então produzidas, pois, se entender necessário, poderá determinar de ofício a produção de outras, tais como o depoimento de testemunhas referidas, sem prejuízo de reinquirição, acareação ou suspensão do ato para realizar inspeção *in loco*.

Todavia, declarada encerrada a instrução, o juiz proferirá em seguida, isto é, no mesmo ato, oralmente, a sentença. A Lei suprimiu – no nosso entender acertadamente – as *alegações finais*, a exemplo do que já ocorria também com a Lei n. 7.244/1984 (art. 29). Normalmente, esses últimos debates ou *razões finais* transformam-se, na prática forense, em instrumento que pouco serve para contribuir com o deslinde da causa. Não raramente são apenas remissivas ou, no máximo, mencionadas algumas peças já articuladas, documentos já apresentados e testemunhos prestados naquele ato.

Em outros termos, o que se verifica no procedimento comum e com maior razão verificar-se-ia no sumaríssimo regulado por essa lei, se permitido fosse, é que as partes, através de seus advogados, nas alegações finais limitar-se-iam a reportar-se aos articulados anteriormente apresentados e, quando muito, a citar trechos dos depoimentos das testemunhas que acabaram de ser ouvidas. Observa-se que nada de novo vem a lume, sendo sempre a mesma retórica (conhecidas como razões de "reportagem").

Outras vezes, as partes se utilizam como artifício procrastinatório dessa oportunidade para solicitarem – e não raras vezes obterem – aos juízes prazo destinado ao oferecimento das últimas alegações em forma de memorial. Trata-se de praxe lamentável – seja qual for o tipo de processo, procedimento ou sistema instrumental aplicável –, porque as audiências de instrução e julgamento são norteadas *sempre* pelo *princípio da oralidade*. Somente em casos excepcionalíssimos e restritos aos processos cognitivos de rito comum é que o legislador admite essa possibilidade, diante da complexidade das questões fáticas ou jurídicas a serem objeto de análise (CPC, § 2º, do art. 364).

Portanto, nos Juizados Especiais, em que o princípio da oralidade aparece em grau máximo, em *hipótese alguma* há de permitir-se o oferecimento de alegações finais, por escrito ou verbalmente (repita-se, essa fase foi suprimida pelo sistema) e, muito menos, em forma de memoriais.[515]

---

[515] Assim também o Enunciado 35 do Fonaje: "Finda a instrução, não são obrigatórios os debates orais".
Em sentido contrário, defendendo a tese (equivocada) da necessidade de alegações finais em sede de Juizados Especiais, v. Fux e Batista (*Juizados Especiais Cíveis e Criminais e suspensão condicional do processo penal*. Rio de Janeiro: Forense, 1997, p. 228, item n. 10.3) e Alexandre Câmara (*Juizados Especiais Cíveis estaduais e federais*: uma abordagem crítica. 2. ed. Rio de Janeiro: Lumen Juris, 2005, p. 106).

Não se diga, em favor da tese contrária, que seria melhor o juiz remeter em conclusão o processo para sentenciar em gabinete com mais tranquilidade. Como dissemos, em primeiro lugar, seja qual for o argumento, no procedimento sumaríssimo, o juiz *deve* decidir em audiência, atendendo ao princípio da oralidade; segundo, a própria lei não prevê essa hipótese. A prática aludida, tão reprovável que é, origina-se para nós do antigo Direito lusitano, cuja tradição terminou por incorporar-se na praxe forense brasileira; de uma vez por todas (e não só para o rito sumaríssimo, o que nada mais é do que óbvio), precisamos extirpá-la da nossa cultura jurídica.[516]

Pelos mesmos fundamentos, encerrada a atividade de coleta de provas (instrução), o juiz deverá sentenciar imediatamente, atendendo aos requisitos mencionados nos arts. 36, 38 e 39 dessa Lei. Não foi por nada que já afirmamos em passagem anterior deste estudo (art. 16, n. 2, *supra*) que as pautas de audiência devem ser confeccionadas obedecendo-se a um intervalo entre um ato e outro de, no mínimo, uma hora.

> **Art. 29**. Serão decididos de plano todos os incidentes que possam interferir no regular prosseguimento da audiência.[1] As demais questões serão decididas na sentença.[2]
>
> Parágrafo único. Sobre os documentos apresentados por uma das partes, manifestar-se-á imediatamente a parte contrária, sem interrupção da audiência.[3]

1. MOMENTO PROCESSUAL OPORTUNO À DECISÃO DAS QUESTÕES INCIDENTES

No procedimento sumaríssimo dos Juizados Especiais de Causas Cíveis existe apenas um único e complexo ato processual onde todas as questões, em princípio, deverão ser decididas – a *audiência de conciliação, instrução e julgamento*. Especificamente sobre o *momento processual oportuno para oferecimento de resposta*, vide os nossos comentários ao art. 30, item n. 1, *infra*.

Nesse tipo de demanda, como dissemos há pouco, o princípio da oralidade apresenta-se em grau máximo e, por conseguinte, todos os demais princípios dele decorrentes estão no mesmo patamar. Um único ato para a decisão de todas as questões, inclusive para a prolação da sentença de mérito, significa a *concentração* extremada, isto é, em toda a sua pureza e verdadeiro sentido (o mesmo ocorre com a *imediação* e a *celeridade*), excluindo a possibilidade de qualquer incidente vir a ocasionar a suspensão ou desvio do curso procedimental.

Aliás, já ouvimos dizer que "foi a instauração dessa prática que desvirtuou o procedimento sumaríssimo e serviu até para denegri-lo na opinião dos profissionais". Aqui neste microssistema, "(...) não só se evitam incidentes (como a reconvenção e a denunciação da lide), como ainda se determina enérgica e categoricamente que todos os eventualmente suscitados sejam *decididos de plano*, desde que sua solução possa influir nos rumos que a própria audiência tomará".[517]

Assim sendo, toda a *questão probatória*, as matérias pertinentes às *condições da ação* e *pressupostos processuais* que não puderem ser resolvidas *ab initio*, seja para corrigir irregularidades ou indeferir o requerimento inicial (extinção sem resolução do mérito), serão postergadas para análise futura, quando da realização da audiência de conciliação, instrução e julgamento e, dependendo do caso, analisadas na própria sentença.

Por esses motivos, fala-se na incidência do princípio da *irrecorribilidade das decisões interlocutórias* em tais juizados, tendo em vista que a preclusão, se não impossível, é muito difícil de ocorrer, na medida em que todas as decisões devem ser tomadas num único ato e momento procedimental. Todavia, como já tivemos oportunidade de afirmar em outra passagem (v. art. 2º, item n. 2, *supra*), a aplicabilidade desse princípio é relativa, tudo dependendo da situação concreta criada pelas

---

[516] Sem razão e destoando de outros sistemas estaduais reguladores dos Juizados Especiais, a Lei Complementar catarinense 77/1993 acolhia essa possibilidade, facultando ao juiz decidir em audiência ou em gabinete, no prazo de cinco dias (art. 12, *in fine*).

[517] DINAMARCO, Cândido Rangel. *Manual das Pequenas Causas*. São Paulo: Revista dos Tribunais, 1986, p. 85, n. 75.

peculiaridades de cada caso e, sobretudo, da conformidade com que o juiz irá fazer atuar a vontade concreta da lei, para usarmos a expressão chiovendiana.

2. DAS QUESTÕES OBJETO DE CONHECIMENTO NA SENTENÇA

As matérias levantadas pelas partes como preliminares, que não puderam (por qualquer razão) ser afrontadas no início ou no decorrer da audiência, serão objeto de conhecimento no momento da prolação da sentença, o que equivale a dizer no mesmo ato processual (note-se que estamos falando de *audiência de instrução* e *julgamento*).

Seguindo essa linha de raciocínio, podemos mencionar, exemplificativamente, algumas hipóteses, tais como a carência de ação levantada pelo réu, a preliminar de incompetência absoluta e litispendência, dentre tantas outras que porventura necessitem de prova a ser produzida durante a instrução. É óbvio que o juiz não deverá levar essas questões para decidir a final, quando a prova trazida à colação, desde o início, já for suficiente para a demonstração do alegado, sob pena de o acolhimento da preliminar em sentença vir a representar a perda de todo o trabalho instrutório, tornando-se a audiência e o processo como um todo um verdadeiro *natimorto*.

3. DA JUNTADA DE DOCUMENTOS E MANIFESTAÇÃO SOBRE ELES

A esse respeito, de certa forma, já nos manifestamos ao abordar o assunto relativo às *atividades instrutórias* (art. 28, n. 1, *supra*). O momento processual oportuno para a juntada de prova documental é, evidentemente, quando do oferecimento da inicial ou contestação (esta última sempre na própria audiência). Contudo, nada obsta que autor e réu possam trazer provas à colação posteriormente, nem se aplicam também as regras da contraprova, ao contrário do que se verifica no processo tradicional (cf. arts. 320, 335, 434 e 435, todos do CPC).

Como dissemos, o princípio da eventualidade aqui se apresenta com pouca rigidez, sobretudo porque essas novas oportunidades são muito restritas em face da máxima concentração. Se o autor, após a propositura da ação e antes da realização da audiência de conciliação, instrução e julgamento, desejar trazer aos autos nova prova, será absolutamente possível, tendo em vista que nenhum prejuízo resultará para a celeridade do processo, pouco importando se o documento é novo ou não.[518]

Em outras palavras, os documentos serão trazidos para os autos, em regra, quando do oferecimento da peça inaugural e na resposta. Todavia, como o princípio da eventualidade não é tão rígido neste sistema, diversamente do que se dá no processo tradicional, nada obsta que, mesmo depois da formulação da petição ou do requerimento inicial, o autor traga aos autos outros documentos (novos ou não), assim como o réu poderá também fazer após a contestação, ou se houver algum adiamento para prosseguimento do ato em outra data.

O que o sistema não admite é que a parte contrária deixe de tomar ciência e tenha vista dos novos documentos trazidos à baila, a fim de manifestar-se sobre eles.

Seção X
Da Resposta do Réu

> **Art. 30**. A contestação, que será oral ou escrita,[1-2] conterá toda matéria de defesa,[3] exceto arguição de suspeição ou impedimento do juiz, que se processará na forma da legislação em vigor.[4]

---

[518] Não se aplicam aqui as concepções utilizadas no processo tradicional a respeito de *documento novo* (CPC, art. 435).

1. DA FORMA DE OFERECER "CONTESTAÇÃO" E MOMENTO PROCESSUAL OPORTUNO PARA RESPONDER

Apesar do dispositivo falar em "contestação", na verdade estamos diante de uma *resposta*, na medida em que ao réu não é conferida a faculdade de apenas defender-se, mas também a de *excepcionar* e formular *pedido contraposto*.

A defesa propriamente dita e a contraposição de pretensões serão apresentadas numa peça única, na forma oral ou escrita, a qual o legislador denomina *contestação*. A audiência de conciliação, instrução e julgamento é o momento processual oportuno para o oferecimento de resposta. Se formulada oralmente, será reduzida a termo; se for por escrito, deverá ser lida e, em seguida, juntada aos autos.

Há de se registrar que em face do princípio da oralidade em grau máximo e, consequentemente, da concentração dos atos, os Juizados Especiais Cíveis comportam tão somente ato processual único e indivisível; ao menos em tese assim deve ser entendido o microssistema, e isso já deixamos bem assinalado em comentários a dispositivos precedentes (v. art. 2º, n. 1 e 2, art. 27, n. 1, e art. 29, n. 1, *supra*).

Por esses motivos, teoricamente só existe um único momento processual oportuno para o oferecimento da resposta, qual seja a audiência de *conciliação, instrução e julgamento*. Não foi por menos que dissemos alhures que, restando frustrada a tentativa de conciliação e não desejando os litigantes instituir o juízo arbitral, passa-se *imediatamente* para a segunda fase da audiência materializada pelo oferecimento de resposta e pela instrução oral, seguindo-se a sentença (art. 27 c/c art. 28). Da mesma maneira, quando a lei trata no art. 17, *caput*, e seu parágrafo único, da realização da *sessão de conciliação* em que a autocomposição não frutifica, deixa claro que "havendo pedidos contrapostos, poderá ser dispensada a contestação formal (...)", patenteando, mais uma vez, o momento para oferecimento de resposta.

Portanto, em atenção ao princípio da oralidade que informa a toda a Lei n. 9.099/1995, não deveria jamais ocorrer uma audiência ou "sessão" prévia e isolada de conciliação para, em outro ato processual, seguir-se a instrução e julgamento. Em outras palavras, o disposto no art. 21 não pode ser interpretado isoladamente, mas analisado dentro de todo o contexto sistematizado em harmonia com os demais artigos da lei. Nesse particular, significa dizer que o art. 21 da norma específica deve ser interpretado sistematicamente com os arts. 27, 28, 29 e 30.

Essa assertiva, contudo, não se incompatibiliza com o que se tem verificado na prática forense, em que se realiza precedentemente a audiência ou sessão de conciliação (normalmente presidida por um conciliador leigo ou juiz não togado) e, não obtido o êxito esperado, designa-se então o prosseguimento do ato (fase sucessiva), marcando-se o que a práxis denominou "audiência de instrução e julgamento". Ocorre que essa "segunda fase" nada mais é do que uma sequência natural e lógica de um ato processual único e indivisível concebido tecnicamente como *audiência de conciliação, instrução e julgamento*, nada significando que a sua cisão fática (ou prática) venha representar a existência de *dois* atos processuais distintos.

A indivisibilidade do ato é teórico-doutrinária, não invalidando sua essência principiológica a circunstância de fracionamento na prática forense de duas ou mais fases que, em qualquer hipótese, estarão sempre integrando um ato processual único e ontologicamente indivisível.

Dessa feita, tratando-se de ato processual uno, o primeiro momento após a frustração da tentativa conciliatória é aquele efetivamente hábil e tempestivo para o oferecimento de resposta (escrita ou oral), podendo sobre ela manifestar-se de imediato o autor ou requerer a designação de nova data para o seu prosseguimento (art. 31, parágrafo único).

Assim, inaceitável a tese defendida por alguns no sentido de que, não frutificada a tentativa de conciliação, designar-se-á um novo ato, qual seja a audiência de instrução e julgamento, oportunidade em que o réu, finalmente, poderá oferecer resposta. Além de juridicamente insustentável essa tese – porquanto já demonstramos que se trata de um ato processual único –, milita flagrantemente em desfavor do autor e beneficia sem a mínima justificativa ao réu que, de fato, terá em média de 30 a 60 dias para articular a sua resposta.[519]

Além de todos esses fortes argumentos, há de se registrar que a posição inversa ao nosso entendimento importará, em termos práticos, em instauração de outro tumulto processual a ser verificado durante o trâmite do ato instrutório, na medida em que, oferecida a resposta durante a instrução e julgamento, poderá o autor necessitar de prazo para se manifestar sobre os articulados e documentos apresentados pelo réu a fim de impugná-los (art. 31, parágrafo único), sob pena de cerceamento do direito de defesa e inevitável nulidade do feito. Nesse caso, a suspensão da audiência será imprescindível, com o consequente retardamento da prestação da tutela jurisdicional, em manifesta desarmonia com os princípios da celeridade e concentração que norteiam os juizados especiais.

Note-se que o microssistema não deixa qualquer dúvida a esse respeito, dispondo com meridiana clareza que na audiência de instrução e julgamento serão ouvidas as partes, colhidas as provas e, em seguida, proferida a sentença (art. 28).[520]

Vê-se, pois, sem maiores dificuldades, que a tese em contrário desafia o mais elementar e fundamental princípio da Lei n. 9.099/1995 – a *oralidade* –, além de ser ilógica e jocosamente antagônica ao macrossistema instrumental civil que subsidiariamente se aplica à lei específica.

Em síntese, o momento processual oportuno (tempestivo) para o oferecimento de resposta é a fase inaugural da audiência do procedimento sumaríssimo, logo após a tentativa frustrada de autocomposição.[521]

Caso o réu apresente resposta escrita antes da audiência, através de protocolo na secretaria do Juizado, dela não deverá tomar conhecimento o juiz, tendo em vista que o seu oferecimento é prematuro, portanto, intempestivo. Não será motivo, contudo, para deixar de ser recebida pelo cartório. Basta simplesmente que o juiz não tome ciência do conteúdo da peça e, muito menos, profira qualquer decisão a seu respeito, ressalvada a hipótese de viabilidade de *julgamento antecipado da lide* (art. 51). A juntada da resposta será efetuada em audiência preliminar, caso não frutifique a tentativa de autocomposição.

A *exceção de impedimento ou de suspeição* deverá ser oferecida também no mesmo momento processual, em peça autônoma – se for por escrito –, ou nos mesmos articulados da resposta oral, na forma preconizada pelos arts. 146 e ss. do CPC. Distribuído o incidente, o relator deverá declarar o efeito em que o recebe e, se suspensivo, o trâmite do processo ficará obstado até o seu julgamento (art. 146, § 2º, c/c art. 313, III, ambos do CPC).

2. DO PRAZO PARA OFERECIMENTO DE RESPOSTA

A lei é omissa a respeito do prazo que deverá decorrer entre a citação e a realização da audiência de conciliação, instrução e julgamento. Limitou-se o legislador a dizer que a resposta será oferecida por escrito ou oralmente, em audiência.

Por isso, quando comentamos o art. 18 (item n. 2, *supra*), fizemos questão de ressaltar a aplicabilidade da orientação conferida pelo Superior Tribunal de Justiça, nada obstante dirigida ao antigo rito sumaríssimo, também aos Juizados Especiais, porquanto igualmente cabível. Seguindo esse

---

[519] Pelos motivos expostos, não comungamos com o disposto no Enunciado 10 do Fonaje: "A contestação poderá ser apresentada até a audiência de Instrução e Julgamento".

[520] A incoerência desse entendimento conflita com o princípio da oralidade em grau máximo (donde decorre o subprincípio da concentração, também em maior grau) e, quando ainda em vigor o CPC de 1973, afrontava qualquer interpretação analógica com o então procedimento sumário (art. 275 e s. do CPC/1973), que, nada obstante nortear-se pela oralidade em grau médio, determinava que o réu oferecesse a sua resposta na audiência preliminar, logo após a tentativa frustrada de autocomposição (art. 278, *caput*, do CPC/1973).

[521] Nesse sentido, v. também Theodoro Jr., Humberto. *Curso de direito processual civil.* v. III. 13. ed. Rio de Janeiro: Forense, 1996, p. 483, n. 1.599.

sentiero, a audiência de conciliação não poderá realizar-se em prazo inferior a dez dias, contados da data da efetiva comunicação ao réu, e não da juntada aos autos de mandado citatório.[522]

Quando a citação for realizada por via postal (aviso de recebimento pelo sistema de mão própria), a juntada aos autos do comprovante é fundamental, porquanto sem ele inexiste maneira de se proceder ao controle da comunicação efetiva. Porém, em qualquer hipótese, se o réu comparecer e realizar sua defesa, não há que falar em nulidade, por ausência de prejuízos (art. 13, § 1º).

3. CONTEÚDO DA RESPOSTA

O conteúdo da resposta é significativamente amplo, tendo em vista o largo espectro da diversificação de matérias que poderão ser objeto de fundamentação, em termos muito semelhantes ao que se verifica no processo civil tradicional, com algumas restrições, as quais veremos mais adiante.

Pela expressão "toda matéria de defesa", que a peça contestatória poderá conter, devemos entender a articulação de múltiplas questões jurídicas com o escopo de obter do Estado-Juiz o reconhecimento da existência de fato impeditivo, modificativo ou extintivo do direito do autor, além das matérias enumeradas como preliminares, no art. 337, incisos I a XII, do CPC: *a)* inexistência ou nulidade da citação; *b)* incompetência absoluta e relativa; *c)* incorreção do valor da causa; *d)* inépcia da petição inicial; *e)* peremção; *f)* litispendência; *g)* coisa julgada; *h)* conexão; *i)* incapacidade da parte, defeito de representação ou falta de autorização; j) *convenção de arbitragem; k) ausência de legitimidade ou de interesse processual; e l)* falta de caução ou de outra prestação que a lei exige como preliminar.

Em atenção ao *princípio da eventualidade* (ou preclusão), o réu não poderá em qualquer momento procedimental seguinte completar ou ampliar a sua defesa. Aliás, neste tipo de rito sumaríssimo, que tem como característica a oralidade em seu grau máximo, não existe mesmo nenhuma outra oportunidade para que o réu volte a se manifestar. Deverá também, na mesma peça, requerer as provas que serão produzidas em audiência e, se desejar, poderá comparecer à audiência devidamente acompanhado das suas testemunhas, independentemente de intimação (art. 34).

De outra parte, não terá cabimento "a sempre inexpressiva *contestação por negação geral*, cuja ineficácia, de resto, é salientada pela doutrina processual civil, inclusive a nacional. O mais que se poderá admitir, consoante o magistério de Artur Anselmo de Castro, será a impugnação do fato ou dos fatos desacompanhada de justificação, até porque *negação específica* não significa *negação circunstanciada*.

"É evidente, todavia, que a *negativa motivada* sempre ganhará maior consistência e credibilidade, em virtude de opor, então, o réu, 'aos fatos respectivos outros fatos distintos que se lhe contraponham ou infirmem, isto é, dando uma visão diversa' da relação jurídica tornada litigiosa".[523]

Além da matéria tipicamente defensiva, o réu poderá ainda articular em seu favor *contrapedido*, ou seja, formular pedido contrário pertinente a fato constitutivo do pretenso direito alegado contra o autor. Remetemos o leitor aos comentários ao art. 31, sede oportuna para realizarmos uma análise mais aprofundada desta matéria.

Na mesma peça, o réu poderá também alegar a *incompetência absoluta* ou *relativa*, sendo inaceitável a arguição de incompetência relativa em petição autônoma. Contudo, se verificado o erro de procedimento, em homenagem aos princípios orientadores dos Juizados Especiais, desde que tempestiva a arguição, não deve o julgador deixar de conhecer da exceção; nesses casos, é de bom alvitre que simplesmente determine a juntada aos autos, acompanhada da contestação, sem qualquer processamento diferenciado, manifestando-se o autor, no mesmo ato (ou em tempo oportuno) sobre toda a matéria de defesa (contestação, exceção e/ou pedido contraposto).

---

[522] Cf. 3ª T., REsp 38.210-6/SP, rel. Min. Nilson Naves, j. 6-6-1995, v.u., *DJU I* 25-9-1995, p. 31102; *Bol. Bonijuris*, n. 25.403, p. 251-252, 30-12-1995, p. 3615.

[523] Tucci, Rogério Lauria. *Manual do Juizado Especial de Pequenas Causas*. São Paulo: Saraiva, 1985, p. 205-206, n. 3.

4. DAS EXCEÇÕES

As exceções de *suspeição* e de *impedimento* são também contempladas como matérias objeto de resposta do réu, cujos articulados serão oferecidos separadamente da peça contestatória, em face da sua forma particularizada de tramitação.

Dispõe a última parte deste artigo que as mencionadas exceções serão processadas "na forma da legislação em vigor", isto é, de acordo com o preconizado no processo civil tradicional; aplicam-se, portanto, os arts. 146 a 148 do CPC, com algumas adaptações ao rito sumaríssimo, como demonstraremos a seguir.

Nesse sentido, já assinalamos no item n. 1, *supra*, destes comentários, que, em princípio, o oferecimento das exceções deverá ocorrer em audiência, no mesmo momento processual destinado à contestação. Dizemos "em princípio" porque não necessariamente até esta fase procedimental terão vindo à tona os motivos que ensejam a exceção. O direito de excepcionar pode ser exercido *em qualquer tempo ou grau de jurisdição*, efetuando-se a contagem do prazo de 15 (quinze) dias a partir do conhecimento do fato que ocasionou o impedimento ou a suspeição. Recebida a exceção, o processo ficará suspenso, até que seja a matéria definitivamente decidida, se o incidente for recebido no efeito suspensivo (CPC, art. 146, § 2º, c/c art. 313, III).

Há que ressaltar também que assim como já ocorria com a Lei n. 7.244/1984 (art. 31), a exceção de *incompetência relativa* não foi incluída neste dispositivo, significando, mais uma vez, que esta matéria deverá ser arguida na própria contestação, assim como a incompetência absoluta.

Em petição fundamentada, ou através de requerimento oral, que deverá imediatamente ser reduzido a termo, o excipiente especificará os motivos da recusa, com base no que dispõem os arts. 144 e 145 do CPC, e instruirá a exceção com documentos comprobatórios da alegação e/ou arrolará testemunhas.

Devemos fazer uma pausa para refletir um pouco mais sobre a orientação contida neste dispositivo, no tocante ao processamento das exceções, o qual, segundo os termos da norma, obedecerá a "legislação em vigor", posto que hipóteses distintas sucedam-se, exigindo cada uma delas tratamento diferenciado e compatível com o princípio da oralidade.

Tudo dependerá da posição a vir a ser assumida pelo juiz, ou seja, se acolherá *ab initio* a exceção oposta ou se rejeitará os articulados. No primeiro caso, não vemos qualquer dificuldade para tudo se resolver na própria audiência, em que o juiz proferirá sua decisão oralmente, a qual será reduzida a termo. No segundo caso, duas situações ainda podemos vislumbrar: o juiz simplesmente rejeita liminarmente a exceção e fundamenta sua decisão, inexistindo provas a serem produzidas e dá prosseguimento aos trabalhos de instrução e julgamento ou, se for necessária a produção de prova documental ou testemunhal para respaldar o seu entendimento, aí sim, o processo será suspenso para, em 15 (quinze) dias, o magistrado oferecer suas razões e remeter os autos para o Colégio Recursal competente.

Acolhendo a motivação da decisão monocrática e, assim que a exceção deva ser rejeitada por falta de fundamento, o Colégio determinará o seu arquivamento; caso contrário, condenará o juiz nas custas, e ordenará a remessa dos autos ao seu substituto legal.

> **Art. 31**. Não se admitirá a reconvenção.[1] É lícito ao réu, na contestação, formular pedido em seu favor, nos limites do art. 3º desta Lei, desde que fundado nos mesmos fatos que constituem objeto da controvérsia.[2]
>
> Parágrafo único. O autor poderá responder ao pedido do réu na própria audiência ou requerer a designação da nova data, que será desde logo fixada, cientes todos os presentes.[3]

1. DA PROIBIÇÃO DE RECONVIR

Com o escopo de não ampliar demasiadamente o espectro do objeto da demanda e, desta forma, evitar o aumento da complexidade da causa para não torná-la inviável aos fins previamente definidos por esta lei e, sobretudo, delineados pela Constituição Federal, fixou-se neste dispositivo a *proibição* de o réu oferecer resposta do tipo *reconvencional*.

Não obstante, na segunda parte deste mesmo artigo permitiu-se que o sujeito passivo da demanda formulasse, na própria peça contestatória, pedido em seu favor, dirigido contra o autor, desde que observasse os limites de competência dos juizados e fosse fundado nos mesmos fatos que constituem objeto da lide.

A primeira vista pode parecer ao leitor mais afoito que o legislador teria sido tecnicamente impreciso e paradoxal, porquanto ao mesmo tempo em que proibiu a reconvenção admitiu simultaneamente o contra-ataque exercitado pelo réu, na mesma demanda, criando um *simultaneus processus*.

A questão não é tão simples quanto possa parecer, merecendo uma atenção especial de nossa parte, a fim de que possamos realizar a distinção entre *reconvenção, pedido contraposto* e *ação dúplice*, o que, por certo, em muito facilitará a aplicação prática do dispositivo. É justamente essa matéria que afrontaremos no próximo ponto destes comentários.

2. RECONVENÇÃO E PEDIDOS CONTRAPOSTOS

O instituto da reconvenção origina-se nas *actiones duplicia* ou *iudicia duplicia* do Direito Romano, em que as partes apareciam, em certas demandas, simultaneamente, como autores e réus.[524] E mais, segundo nos informa Norberto Palácio, o termo *reconvenção* origina-se do mesmo direito, onde a *conventio* significava a demanda e *reconventio*, a contrademanda.[525]

Quando o réu simplesmente se defende, ele não contra-ataca; objetiva tão somente insurgir-se contra as pretensões do autor, para ver-se vitorioso e desonerado do processo. Por intermédio da defesa ou contestação pura (ou típica), o réu não formula nenhum requerimento em seu benefício, a não ser a *improcedência do pedido*.

"A exceção substancial, como vimos, é apenas um meio com que o réu pretende neutralizar a ação do autor, justificando o pedido de rejeição da demanda que este propõe contra si. Conservam, porém, as partes a sua posição originária: o autor age, enquanto o réu simplesmente reage, defendendo-se da ação do autor".[526]

Por seu turno, as *ações dúplices* (*actio duplex*)[527] – que não se confundem com reconvenção – ampliam o objeto da contestação, assim como ocorre com o pedido contraposto.

Em demandas dúplices ambos os litigantes figuram concomitantemente nos polos ativo e passivo em face das articulações de pretensões antagônicas em única relação jurídico-processual, ou seja, contraposições de pretensões numa única ação. Por sua vez, na reconvenção encontraremos

---

[524] Sobre o tema, ressalta o romanista Alberto Burdese, da Università degli Studi di Padova, que no chamado processo por fórmulas ou formular do Direito Romano, a denominação actiones simplices ou iudicia simplicia aparecia para indicar os processos em que havia duas partes, isto é, a que inicia e formula pretensão como is qui agit (ou petiti), ou seja, o actor (ou petitor), onde sua atividade era qualificada como agere (ou actio), e o seu adversário, designado como is cum quo agitur (ou réus), em contraposição às actiones duplices ou iudicia duplicia, próprias para os processos divisórios, seja para divisão de uma herança ou de coisa comum, ou demarcatórios, onde entre as partes poderia não haver conflito, resultando a providência judicial final idêntica para ambos, onde figuravam, contemporaneamente, cada uma delas, como autores e réus (*Manuale di diritto privato romano*. Torino: Utet, 1987, p. 103, n. 7).

[525] La reconvención, p. 14, n. 4 (apud Fenochietto, Carlos Eduardo. *Curso de derecho procesal*. Parte especial. Buenos Aires: Abeledo-Perrot, 1978, p. 94).

[526] Silva, Ovídio A. Baptista da. *Curso de processo civil*. v. 1. Porto Alegre: Sérgio A. Fabris, 1991, p. 260. E mais: "Sem dúvida que a pretensão – enquanto pretensão de tutela jurídica – do réu é idêntica à do autor. Ambos têm pretensão a que o Estado lhes preste jurisdição; o autor, todavia, por definição, é aquele que age pedindo contra o réu o reconhecimento de algo a que Chiovenda chamou um 'bem da vida', enquanto o réu apenas se defende contra essa pretensão ('de direito material'!) do autor, contestando a ação" (ob. cit., p. 261).

[527] Sobre o tema *ação dúplice e pretensão inversa de tutela liminar*, v. a nossa obra *Liminares nas ações possessórias*, item n. 23.

pretensões contrapostas em demandas diversas, em que autor e réu, simultaneamente, ocupam o polo ativo e passivo de cada uma das ações.

Significa dizer que a ação é dúplice, por natureza ou por força de lei, e designa a ampliação do objeto litigioso por intermédio de pretensão inversa em forma de contra-ataque do réu, articulado na própria contestação. A esse respeito, escreve KAZUO WATANABE que "a ampliação do objeto litigioso somente pode dar-se, em linha de princípio, com a utilização dos instrumentos processuais destinados a tal fim, como a ação declaratória incidental e a reconvenção, que constituem na verdade outra ação. Porém, por opção legislativa que se filia à linha histórica acima delineada, em casos excepcionais se permite o alargamento do objeto litigioso através da contestação".

"Quando isto se permite, diz-se que a ação tem caráter dúplice. A contestação, nessa modalidade de ação, não somente formula defesa do réu, como também poderá conter autênticos pedidos em seu favor, sem necessidade de reconvenção".[528]

O espectro reconvencional é também mais amplo (CPC, art. 343) se comparado com o da ação dúplice, sempre limitado aos contornos legais previamente estabelecidos (v.g. CPC, art. 556).

Por sua vez, o *pedido contraposto*, ainda mais limitado – se comparado com a ação dúplice –, é aquele formulado pelo réu, contra o autor, restrito aos mesmos fatos em que se funda a pretensão do sujeito ativo.

Tanto a reconvenção como a contraposição de pedidos encontram similitude nesta circunstância: ambas significam a pretensão (do autor) e a simultânea contrapretensão (do réu) de direito material.

Resta-nos, portanto, verificar como o réu pode superar os limites da defesa e quais os seus delineamentos capazes de permitir ao operador do Direito a identificação da zona limítrofe entre a *defesa*, a *reconvenção* e o *pedido contraposto* (exceções).

Falamos em *exceção*[529] porque ela representa o meio através do qual o réu justifica a sua demanda de rejeição contra o autor, enquanto o seu pedido tende sempre à rejeição da demanda do autor. Na sempre lembrada lição de CHIOVENDA, a *reconvenção* é nada mais do que o próprio sentido da palavra já exprime: é a demanda desdobrada por quem é réu em juízo, no mesmo juízo, e contra quem lhe propôs a ação.[530] Ou, conforme escólio de MANDRIOLI, a *demanda reconvencional* é aquela em que o réu exercita sua própria ação autônoma: mais precisamente é a ação que o réu exercita contra o autor no mesmo processo no qual este se faz réu.[531] No Direito alemão, a expressão para o termo reconvenção é *Wiederklage*, que traduzida literalmente significa *demanda contrária*, segundo ensinamento de ARRUDA ALVIM.[532]

O que se faz imprescindível é detectar a amplitude e as limitações das matérias que serão objeto de exceção, quando o réu ultrapassa o simples pedir de rejeição da pretensão do autor ao Estado-Juiz para entrar na órbita da contrapretensão ou pretensão inversa.

Acolhendo a concepção de MARIO DINI, escreve OVÍDIO BAPTISTA DA SILVA: "A diferença fundamental entre a posição do réu que suscita uma exceção substancial e a daquela que propõe uma demanda reconvencional, está em que o primeiro simplesmente se defende, ao passo que o *reconvinte age* contra o autor. O 'objeto do processo' que se mantém inalterado na primeira hipótese alarga-se e se duplica com a propositura da demanda reconvencional".[533]

A *reconvenção* contém uma pretensão autônoma e independente daquela do autor, não obstante a necessidade de ser conexa com a demanda principal ou com o próprio fundamento da defesa

---

[528] WATANABE, Kazuo. Ação dúplice. *RePro*, v. 31/140-141, n. 3.
[529] A respeito deste tema, v. EDUARDO J. COUTURE, Introducción al estudio del proceso civil, quando trata da defesa em juízo (exceção e defesa, exceção e direito, exceção e método exceção e processo e suas consequências, p. 29-41).
[530] CHIOVENDA, Giuseppe. *Istituzioni di diritto processuale civile*. v. 1. Napoli: Jovene, 1933, p. 316, n. 103.
[531] MANDRIOLI, Crisanto. *Corso di diritto processuale civile*. v. 1. Torino: G. Giappichelli, 1993, p. 129, n. 26.
[532] ALVIM, José Manoel de Arruda. *Direito processual civil*: teoria geral do processo de conhecimento. v. 2. São Paulo: Revista dos Tribunais, 1972, p. 223.
[533] SILVA, Ovídio A. Baptista da. *Curso de processo civil*. v. 1. Porto Alegre: Sérgio A. Fabris, 1991, p. 261.

(CPC, art. 343, *caput*). Por sua vez, o *contrapedido* que a Lei n. 9.099/1995 permite ao réu formular na peça contestatória não tem a mesma autonomia daquela e é duplamente limitado: primeiro, deve estar adequado à competência desses Juizados – por valor e por matéria –, nos termos do seu art. 3º; segundo, limita-se aos contornos delineados pelos fatos que constituem o objeto da controvérsia (lide), nada impedindo que o valor postulado no contrapedido seja superior ao pretendido pelo autor. Nesse último caso, se o autor postula desacompanhado de advogado e, portanto, formula pedido até 20 salários mínimos, enquanto o réu, por sua vez, oferece contrapedido de quantia superior, haverá o autor de constituir advogado para defender-se, assim como haverá o réu de estar representado em juízo por advogado.[534]

Significa dizer que a *contra-ação* demandada pelo réu é uma espécie de reconvenção limitada pelo valor da causa e pela matéria objeto da controvérsia e nos mesmos parâmetros fornecidos pelo autor; a diferença entre uma e outra reside no grau em que as matérias podem ou não ser objeto de ampliação do espectro da lide. Assim, a reconvenção importa um contra-ataque; contudo, todo contra-ataque não significa, necessariamente, uma reconvenção.

Através da demanda reconvencional introduz-se no mesmo processo uma nova lide que pode ter amplitude superior à ação principal. Diferentemente, na contrapretensão simples do réu, forma-se também uma segunda lide, mas nos estreitos limites da primeira.

Há que ressaltar ainda que as duas figuras são vantajosas para o sistema, e, em particular, aos sujeitos do processo: inspiram-se no princípio da *economia processual* (onde se inclui também a atividade jurisdicional), à medida que o exame de ambas as demandas contrapostas é realizado num único processo e numa só sentença.

Porém, somos forçados a admitir que o legislador não primou pela *simplicidade* tão exaltada para os Juizados, tendo-se em conta que a simplificação dos institutos jurídicos nem sempre foi observada na própria Lei n. 9.099/1995. A norma, por duas vezes – no parágrafo único do art. 17 e no art. 31 –, faz alusão à expressão *pedidos contrapostos*, podendo levar inclusive à "dispensa de contestação". Ao mesmo tempo proíbe a reconvenção.

Ocorre que o tecnicismo excessivo, tal como apontado, foge dos padrões deste microssistema instrumental, podendo causar polêmicas e dúvidas para os aplicadores do Direito e jurisdicionados que farão uso da norma específica. Melhor teria andado se tivesse sido admitida a reconvenção nos moldes do seu art. 3º e desde que fundamentado nos mesmos fatos que constituem objeto da controvérsia.

A verdade é que algumas vezes detalhar certos assuntos minutamente, em vez de esclarecer, pode acabar confundindo. Como dizia BARBEY D'AUREVILLY, há quase um século, "*c'est surtout ce qu'on ne comprend pas qu'on explique*" ("explica-se sobretudo o que não se entende").[535]

Frisamos também que não há que confundir *bilateralidade* com *duplicidade* das demandas. Aquela decorre naturalmente da dialética processual, representada pelos interesses dos contendores, em regra antagônicos, formadores do objeto da lide.[536] Se o réu oferecer pedido contraposto, está

---

[534] "Na hipótese de pedido de valor até 20 salários mínimos, é admitido pedido contraposto no valor superior ao da inicial, até o limite de 40 salários mínimos, sendo obrigatória a assistência de advogado às partes" (Enunciado 27 do FONAJE).

[535] Assinalamos que a doutrina nacional dominante, assim como a estrangeira, não se preocupa com essa distinção feita pelo legislador de 1995, tratando da matéria dentro das exceções e, mais especificamente, sobre o instituto jurídico da reconvenção. Dentre outros, v. MOREIRA, José Carlos Barbosa. O novo processo civil brasileiro. Rio de Janeiro: Forense, 1995, p. 52-56; ALVIM, José Manoel de Arruda. *Manual de direito processual civil*: do processo de conhecimento. v. 2. 6. ed. São Paulo: Revista dos Tribunais, 1997, p. 184-188 e *Direito processual civil*: teoria geral do processo de conhecimento. v. 2. São Paulo: Revista dos Tribunais, 1972, p. 219-226; SILVA, Ovídio A. Baptista da. *Curso de processo civil*. v. 1. Porto Alegre: Sérgio A. Fabris, 1991, p. 260-265; FENOCHIETTO, Carlos Eduardo. *Curso de derecho procesal*. Parte especial. Buenos Aires: Abeledo-Perrot, 1978, p. 93-98; MANDRIOLI, Crisanto. *Corso di diritto processuale civile*. v. 1. Torino: G. Giappichelli, 1993, p. 128-132; CHIOVENDA, Giuseppe. *Istituzioni di diritto processuale civile*. v. 1. Napoli: Jovene, 1933, p. 316-317.

[536] Prelecionam ADA GRINOVER, ARAÚJO CINTRA e CÂNDIDO DINAMARCO que a ação é dirigida ao Estado-Juiz e a sentença que defere o pedido do autor reflete desfavoravelmente na esfera jurídica da pessoa do réu. "Dá-se a esse fenômeno o nome de 'bilateralidade da ação', que tem por consequência a 'bilateralidade do processo'. Em virtude da direção

dispensado de articular contestação formal; ambos os pedidos (contrapostos, isto é, do autor e do réu) serão apreciados na mesma sentença, segundo norma prevista no parágrafo único do art. 17 da Lei n. 9.099/1995.

Significa dizer que a ausência de defesa propriamente dita (defesa formal, ou seja, a contestação), por si só, não induz em revelia, desde que o réu, em tempo hábil, "na contestação" (art. 31, *caput*), apenas contra-ataque (pedido contraposto).

Tecnicamente, *contestação* em sede de Juizados Especiais reveste-se de uma nova concepção, distinta da do processo civil clássico, onde a peça de resposta destina-se à articulação de defesa direta ou indireta; nos termos da Lei n. 9.099/1995, além da formulação de defesa (direta ou indireta), poderá ainda o réu contra-atacar (art. 17, parágrafo único, c/c art. 31, *caput*).

Finalmente, no que concerne ao tema *pedido contraposto por pessoa jurídica,* remetemos o leitor interessado aos nossos comentários ao art. 8º, item n. 4, em que tratamos desta interessante questão.

3. DA MANIFESTAÇÃO DO AUTOR SOBRE A RESPOSTA DO RÉU

Se o autor entender que se encontra habilitado para responder ao pedido contrário articulado pelo réu em contestação (oral ou escrita), poderá impugná-la na própria audiência de conciliação, instrução e julgamento.

Caso contrário, poderá requerer ao juiz instrutor a designação de data (o mais próximo possível, diante do princípio da concentração e celeridade) para o prosseguimento daquele ato, a fim de que possa melhor analisar a matéria levantada na contestação e impugná-la por escrito.

O juiz não poderá indeferir esse pedido, sob pena de cerceamento do direito de defesa do autor, pois estamos diante de hipótese em que o autor objetiva com esse prazo responder ao contra-ataque do réu ou impugnar a defesa. Desde logo fixa-se a nova data, ficando todos os presentes intimados, inclusive as testemunhas, para o prosseguimento da audiência.

Em qualquer situação, o prazo a ser concedido ao autor não deverá ultrapassar quinze dias, por interpretação analógica dos arts. 350 e 351 do CPC.

Porém, se a contestação versar apenas sobre matéria de defesa direta (contestação *stricto sensu*), incabível a concessão de prazo nos termos acima referidos. Nesses casos, a manifestação do autor deverá ser feita oralmente, no mesmo ato processual e logo após o oferecimento da contestação, em observância ao princípio da oralidade.

Seção XI
Das Provas

> **Art. 32.** Todos os meios de prova moralmente legítimos,[1] ainda que não especificados em lei, são hábeis para provar a veracidade dos fatos alegados pelas partes.[2]

1. MEIOS PROBATÓRIOS E SUA ADMISSIBILIDADE

A Lei n. 9.099/1995 não diz quais são as provas que serão admitidas nos Juizados Especiais Cíveis; limita-se a excluir aquelas que não sejam *moralmente legítimas*. O critério utilizado pelo

---

contrária dos interesses dos litigantes, a bilateralidade da ação e do processo desenvolve-se como contradição recíproca. O réu também tem uma pretensão em face dos órgãos jurisdicionais (a pretensão a que o pedido do autor seja rejeitado), a qual assume uma forma antitética à pretensão do autor. É nisso que reside o fundamento lógico do contraditório, entendido como ciência bilateral dos atos e termos do processo, com a possibilidade de contrariá-los; e seu fundamento constitucional é a ampla garantia do direito ao processo e do acesso à justiça" (*Teoria geral do processo*. 12. ed. São Paulo: Malheiros, 1996, p. 241, § 165).

legislador é a exclusão das provas, tratando-se de escolha simples, objetiva e que atenda perfeitamente aos fins a que se destinam os Juizados, sem perder de vista o direito constitucional à prova conferido aos litigantes.[537]

A regra deve ser interpretada em harmonia com o estatuído na Constituição Federal e conforme os princípios fundamentais pertinentes à espécie. Em síntese, poderíamos dizer que *meios de prova* são todas as maneiras, métodos, recursos e instrumentos colocados no mundo empírico à disposição dos litigantes, para serem levados a juízo com o escopo precípuo de convencer o julgador a respeito da veracidade dos fatos alegados e, consequentemente, dar sustentação à tese jurídica levantada.

Meios de prova *moralmente legítimos* são todos aqueles obtidos *licitamente,* ou seja, meios não contrários ao sistema jurídico. Outra não é a orientação expressa do texto constitucional: "São inadmissíveis, no processo, as provas obtidas por meios ilícitos" (CF, art. 5º, inciso LVI). A prova deve ser lícita, assim como os meios moralmente legítimos.

Resumindo a classificação de Pietro Nuvolone, Nelson Nery Jr. assinala que "a prova será *ilegal* sempre que houver violação do ordenamento como um todo (leis e princípios), quer sejam de natureza material ou meramente processual. Ao contrário, será *ilícita* a prova quando sua proibição for de natureza material, vale dizer, quando for obtida ilicitamente".[538]

Rogério e José Tucci, baseados no art. 332 do antigo CPC (substituído pelo art. 369 no CPC/2015), escrevem que *legais* ou *legítimos são os que* "têm fundamento em lei; têm forma e conteúdo conforme a lei. Em sentido translato, legítimo também significa genuíno, autêntico, puro, verdadeiro".[539] Com razão, não deixam de frisar que existem dificuldades para verificação da admissibilidade e aproveitamento dos meios *atípicos* de prova, "(...) principalmente em razão do grande avanço da tecnologia, multiplicando-os, ao mesmo tempo, ensejando inúmeras distorções. E não há outra maneira de superá-las, em nosso entender, que a de apreciação, em cada caso concreto, valendo-se o Juiz dos dados da experiência e, sem extremadas peias, atento ao regramento vigorante em nosso sistema processual, da persuasão racional".[540]

2. TIPOS DE PROVA

Nos Juizados Especiais são admitidos, em regra, todos os tipos de prova, ainda que não especificados em lei. O que importa é que sejam moralmente legítimos e sirvam de sustentação para demonstrar os fatos constitutivos do direito do autor ou, para o réu, os fatos modificativos, impeditivos ou extintivos do seu direito.

"A prova é a manifestação mais metajurídica que encontramos no mundo do Direito; porém é também a mais indispensável. Um processo sem prova carece de sentença", nos dizeres de Santiago Santis Melendo.[541]

Na lição de Carnelutti, a *prova* deve diferenciar-se do *procedimento empregado* para a verificação da proposição afirmada pelas partes. Assim, a prova da afirmação acerca da existência de um fato se faz mediante o *conhecimento* do próprio fato; o conhecimento não é a prova, porém oferece a prova da afirmação. Nesse sentido, devemos reconhecer que o objeto da prova não são os fatos, mas as afirmações, as quais não se conhecem, porém se comprovam, enquanto aqueles não se comprovam, mas são conhecidos. Prova não é a comprovação da verdade de uma afirmação mediante o conhecimento do fato afirmado, mas sim este mesmo conhecimento quando obtido para a comprovação da afirmação.

---

[537] Para aprofundamento sobre o tema, v. Cambi, Eduardo. *Direito constitucional à prova no processo civil.* São Paulo: Revista dos Tribunais, 2001.
[538] Nery Jr., Nelson. *Princípios do processo civil na Constituição Federal.* São Paulo: Revista dos Tribunais, 1995, p. 145. Em geral, sobre os princípios da proibição da prova ilícita, v. por inteiro a seção V da mencionada obra (p. 143-149).
[539] Tucci, José Rogério Cruz e. *Constituição de 1988 e processo.* São Paulo: Saraiva, 1989, p. 70.
[540] Tucci, José Rogério Cruz e. *Constituição de 1988 e processo.* São Paulo: Saraiva, 1989, p. 70-71.
[541] Melendo, Santiago Sentís. *Estudios de derecho procesal.* Buenos Aires: EJEA, 1967, p. 524.

"Opera-se, assim, um câmbio entre *resultado* e *procedimento* ou *atividade*, que responde em substância a uma função intransitiva ou transitiva do vocábulo. Nesse sentido, é justo dizer que objeto da prova são os fatos e não as afirmações: *os fatos se provam, no quanto são conhecidos, para comprovar as afirmações*".[542]

Não aprofundaremos o estudo dessa matéria, porque ela transcende os objetivos deste trabalho, valendo lembrar que "o conceito de prova, o objeto da prova, o *onus probandi*, os meios de prova, sua classificação e requisitos de admissibilidade, os critérios de valoração da prova são temas que pertencem à teoria geral do processo civil".[543]

> **Art. 33.** Todas as provas serão produzidas na audiência de instrução e julgamento,[1] ainda que não requeridas previamente,[2] podendo o juiz limitar ou excluir as que considerar excessivas, impertinentes ou protelatórias.[3]

1. MOMENTO PROCESSUAL OPORTUNO À PRODUÇÃO DE PROVAS

A audiência de conciliação, instrução e julgamento é a sede apropriada para a produção de todas as provas neste sistema especial dos Juizados, o que não significa excluir, para o autor, a possibilidade jurídica de oferecer juntamente com a petição inicial ou requerimento informal a prova documental. É desnecessária até a observação do legislador, porquanto essa é uma característica ínsita deste tipo de ato processual e com maior intensidade nestes juizados, que são norteados, fundamentalmente, pelo princípio da oralidade, em sua mais perfeita expressão.

A audiência destina-se, sobretudo, à coleta de prova oral, mas nada obsta que as partes tragam consigo documentos a fim de serem juntados aos autos neste ato. Como dissemos alhures, o regime da produção de provas acompanhado do princípio da eventualidade, tal qual está posto no sistema tradicional, não encontra aqui total ressonância, mesmo no que tange à prova escrita (documento novo ou não). Em qualquer hipótese, não se pode prescindir de que a outra parte, contra a qual foi produzida a prova, deixe de se manifestar sobre ela (v. art. 28, n. 1, *supra*).

Não estamos afirmando, e é bom ressaltar, que o autor possa propor a demanda sem trazer de início à colação alguma prova escrita ou deixar de especificar aquelas que pretende produzir em audiência. O réu, ao ser citado, necessita conhecer todo o teor dos articulados, inclusive as provas que o autor pretende demonstrar dos fatos constitutivos do seu direito – e talvez com tanta ou maior razão. Sem este prévio conhecimento, por certo, não encontrará os meios mais apropriados para se defender ou contra-atacar.

Não chegaremos a outra conclusão se fizermos uma interpretação sistemática deste dispositivo com os arts. 14 e 34, conjugados com o princípio constitucional do contraditório, da ampla defesa e, em outros termos, do devido processo legal.

A prova é a "alma" do Direito aplicado ao caso concreto, sem a qual as pretensões subjetivadas nos pedidos individualizados não encontrarão respaldo algum. Todo o processo, como instrumento capaz de levar à concretização do direito material violado ou ameaçado e, numa escala mais ampla, à pacificação social, gira incessantemente em torno de um único e eterno eixo – *as provas*; sem elas não há direito subjetivo violado ou ameaçado que possa ser satisfeito e, sem direito, não há processo.

---

[542] CARNELUTTI, Francesco. *La prueba civil*. Trad. esp. NICETO ALCALÀ-ZAMORA Y CASTILLO (2. ed. italiana). Buenos Aires: Depalma, 1982, p. 39-40.

[543] MOREIRA, José Carlos Barbosa. *O novo processo civil brasileiro*. Rio de Janeiro: Forense, 1995, p. 64, § 7º. Com referência ao tema procedimento probatório, isto é, "dos atos pelos quais as provas são propostas, deferidas ou indeferidas, determinadas *ex officio* pelo órgão judicial e produzidas", v. o estudo do citado Mestre, ob. cit., p. 64-88.

Sobre o tema, por todos, v. CARNELUTTI, Francesco. *La prueba civil*. Trad. esp. Niceto Alcalà-Zamora y Castillo (2. ed. italiana). Buenos Aires: Depalma, 1982; MALATESTA, Nicola Framarino dei. *La logica delle prove in criminale*. Torino: Utet, 1895. v. 1.

Mesmo quando da vigência da Lei n. 7.244/1984, em análise ao art. 34, já se ouvia dizer, e com razão, que a regra geral é a produção de provas em audiência, nada obstando algumas exceções.[544]

As provas podem ser também produzidas antecipadamente, se necessário for, observando-se o regime procedimental estatuído no art. 381 e s. do Código de Processo Civil.

2. A QUESTÃO DA TEMPESTIVIDADE PARA O REQUERIMENTO DE PRODUÇÃO DE PROVAS

A desnecessidade de requerimento prévio a que se refere o dispositivo concerne à prova testemunhal, tendo em consideração que o próprio sistema permite, ou melhor, até fomenta as partes a trazerem suas testemunhas independentemente de intimação (art. 34, 2ª parte).

Porém, se as partes desejarem que as suas testemunhas sejam intimadas, porquanto não comparecerão espontaneamente à audiência, deverão formular expressamente esse requerimento, cujo rol será encaminhado à secretaria, impreterivelmente, no prazo mínimo de cinco dias antes da audiência de conciliação, instrução e julgamento (art. 34, § 1º, Lei n. 9.099/1995).

Há que ressaltar, como aliás já o fizemos anteriormente, que a dispensa do prévio requerimento de produção de provas que serão produzidas em audiência não se confunde com a necessidade de sua respectiva especificação, a ser feita na peça inaugural, visto que o réu não pode ignorar quais as provas e os argumentos probatórios que estão sendo articulados contra ele. Caso contrário, o prejuízo à ampla defesa é manifesto.

Assim, a expressão "ainda que não requeridas previamente" insculpida no art. 33 da Lei n. 9.099/1995 deve ser compreendida como *dispensa de requerimento formal*, não estando desobrigada a parte interessada em produzir determinada prova (em regra testemunhal ou documental) de fazer referência ao menos genérica, deixando transparecer o seu intento, e especificá-la. O que a lei dispensa é o excesso de formalismo em sede de "requerimento" de provas, como consequência lógica dos seus princípios norteadores. Frisamos mais uma vez: a alusão aos tipos de prova a serem produzidas não se dispensa jamais, sob pena de, se assim não for, representar prejuízo à parte contrária.

Nada obsta, contudo, que as partes formulem na própria audiência outros requerimentos destinados à comprovação de suas alegações, tais como a inspeção judicial, ouvida de perito, juntada de documentos etc.

3. PODERES INSTRUTÓRIOS DO JUIZ

Já tivemos oportunidade de ver, ao comentarmos o art. 5º, que o sistema confere ao magistrado na direção desses processos liberdade para determinar as provas a serem produzidas, ampliando-se o que a doutrina denomina *poderes instrutórios do juiz*. Em outras palavras, trata-se da iniciativa probatória do juiz e da incidência dos arts. 370 e 373 do Código de Processo Civil.[545]

Em complementação ao que já assentamos naquela oportunidade (v. item n. 2, art. 5º, *supra*), arrematamos dizendo ser inegável que as partes tenham interesse e direito à produção de provas, cabendo inicialmente a elas o ônus de alegar os fatos que entendem relevantes à causa; e mais, os litigantes têm ainda o ônus de fornecer as provas a respeito dos mesmos fatos. A esse ônus das partes corresponde um limite aos poderes do juiz. Significa dizer que o juiz não pode, em regra, assumir a iniciativa instrutória, nem andar à procura dos meios que lhe pareçam úteis à busca da

---

[544] Segundo Rogério Lauria Tucci, "realmente, e para não ir longe, a prova documental em que fundado o pedido inicial deverá, desde logo, instruí-lo. E, por igual, a inspeção judicial, pelo Juiz ou pessoa de sua confiança (...) dificilmente poderá ser efetuada no curso da audiência. Como fácil fica de perceber, portanto, e em que pese a imperatividade da preceituação – 'Todas as provas serão produzidas na audiência de instrução e julgamento' (com grifos nossos) – nem sempre isso poderá acontecer ou acontecerá (...)" (*Manual do Juizado Especial de Pequenas Causas*. São Paulo: Saraiva, 1985, p. 216).

[545] Sobre o tema, v. Lopes, João Batista. Iniciativas probatórias do juiz e os arts. 130 e 333 do CPC, *RT*, v. 716/41-47.

verdade, em atenção ao *princípio dispositivo*, que aparece como orientador e regulador da dinâmica processual civil.[546]

Contudo, essa concepção há muito deixou de ser admitida de maneira absoluta com a publicização e a socialização cada vez mais intensa da ciência processual. Rejeita-se a tese (ultrapassada) do *processo como jogo* de interesses exclusivamente privados, em que as partes tinham em termos absolutos a iniciativa à consecução de atos judiciais destinados à prova de seus articulados.

Essa ideia passou a ser rechaçada "porque se o objeto do processo civil é também os direitos subjetivos das partes, o processo não é um negócio privado: o Estado, se bem que não seja interessado no objeto da controvérsia, não pode, contudo, ser indiferente ao modo em que o processo se desenvolve e se conclui".[547]

Essas regras, na verdade, não exprimem sentido absoluto, muito menos no microssistema dos Juizados Especiais. O juiz tem poderes não só para *limitar ou excluir as provas que considerar excessivas, impertinentes ou protelatórias*, assim como *determinar de ofício* que se traga aos autos determinados elementos probatórios. O que não se pode admitir é que o juiz venha a substituir as atividades das partes, tornando-se uma espécie de "investigador civil" do caso *sub iudice*.

"O direito à prova implica a liberdade das partes de deduzirem prova sem limitações injustificadas, mas disto parece de tudo impossível deduzir que, *de consequência*, o juiz não deva ou não possa dispor de ofício à aquisição de provas não apresentadas pelas partes. É bem verdade que o direito das partes à prova não significa monopólio exclusivo sobre elas, e, então, não significa a exclusão de autônomos poderes instrutórios do juiz. Se as partes podem deduzir todas as provas que entendem relevantes, não deriva em linha de princípio alguma preclusão a eventuais iniciativas instrutórias do juiz, dirigida a uma mais completa verificação dos fatos; por outro lado, se as defesas probatórias das partes são 'completas', o exercício dos poderes instrutórios do juiz torna-se simplesmente supérfluo". Consequentemente, prossegue Michele Taruffo, se o juiz dispõe de poderes específicos ou de um poder geral de iniciativa instrutória – o que depende da escolha certamente discutível, mas que se colocam em planos diversos daqueles que nos interessam aqui – por si só não influi sobre a atuação do direito à prova como direito das partes deduzirem todas as provas relevantes. Em outros termos, o direito à prova não tem alguma conexão necessária com o princípio dispositivo em matéria de prova, e, ao contrário, é compatível com a atuação total ou parcial do princípio inquisitório, que por si não implica algum limite ao direito à prova.[548]

No tocante ao poder de *limitação* das provas pelo juiz, entendemos como sendo o controle instrutório por ele exercitado de acordo com a formação subjetiva do seu convencimento. Em outras palavras, importa dizer que deve fixar os contornos das provas, restringindo-as àquelas que entender necessárias à elucidação da matéria.

A *exclusão* significa a rejeição das provas que excedem os lineamentos estipulados pelo objeto da demanda porque as considera *excessivas*, diante de todo o elenco já produzido, ou porque são *impertinentes* ou *protelatórias*. *Impertinente* é a prova que não diz respeito ao caso concreto por ser estranha à lide; por sua vez, *protelatória* é aquela que objetiva tão somente estender a tramitação do processo, retardando a prolação da sentença, sem qualquer possibilidade de trazer novos elementos

---

[546] Cf. Liebman, Enrico Tullio. *Manuale di diritto processuale civile*. v. 1. 4. ed. Milano: Giuffrè, 1984, p. 84, n. 170.

[547] Assinala muito bem o saudoso mestre italiano que o cerne da questão não está propriamente no respeito aos direitos privados das partes, mas em razões técnicas derivadas de razões práticas – ninguém melhor do que os litigantes para conhecer os fatos da controvérsia e os meios que podem ser oferecidos à comprovação, sendo conveniente, por isso, servir-se desta situação e confiar-se no estímulo dos seus interesses, na dialética do contraditório – bem como de razões jurídicas pertinentes à imparcialidade do juiz (idem, ibidem).

[548] Taruffo, Michele. Il diritto alla prova nel processo civile. *Rivista di Diritto Processuale*, v. 39/90-91, 1984.
Em nota de rodapé n. 38 escreve que "a incompatibilidade entre direito à prova e a extensão dos poderes instrutórios do juiz poderia existir somente enquanto estes se configurassem poderes em sentido próprio, como monopólio exclusivo do juiz sobre as provas, tal a excluir ou comprimir os direitos probatórios das partes. Nesse caso, tratar-se-ia de uma versão extrema do modelo inquisitório que seria certamente incompatível com a garantia de defesa, mas ao que nos consta, não é atuada em qualquer ordenamento processual moderno" (p. 91).

ao deslinde da questão ou robustecer a tese defendida. Vê-se com clareza que as duas expressões não são sinônimas, não podendo ser aplicadas indistintamente.

> **Art. 34.** As testemunhas, até o máximo de 3 (três) para cada parte,[1] comparecerão à audiência de instrução e julgamento levadas pela parte que as tenha arrolado, independentemente de intimação, ou mediante esta, se assim for requerido.[2]
>
> § 1º O requerimento para intimação das testemunhas será apresentado à Secretaria no mínimo 5 (cinco) dias antes da audiência de instrução e julgamento.[3]
>
> § 2º Não comparecendo a testemunha intimada, o juiz poderá determinar sua imediata condução, valendo-se, se necessário, do concurso da força pública.[4]

1. LIMITE MÁXIMO DO NÚMERO DE TESTEMUNHAS

O limite fixado pela lei é de *três* testemunhas para *cada parte,* sendo indiferente que tenha havido cumulação de pedidos, diversamente do que ocorre no sistema tradicional, onde o número máximo é de três para *cada fato*.[549]

Mas durante a instrução, se o juiz tiver formado o seu convencimento com apenas uma ou duas testemunhas, acrescidas as provas documentais, por exemplo, poderá dispensar a segunda ou a terceira. A dispensa é providência que pode perfeitamente ser adotada, desde que ocorra somente após a ouvida das primeiras e, obviamente, que o juiz já se encontre satisfeito, evitando desta maneira, qualquer prejuízo à parte em virtude de cerceamento.[550]

Caso as partes compareçam em juízo com mais de três testemunhas, o juiz não pode simplesmente, sem algum critério, excluir qualquer uma delas. Sem dúvida deverá obedecer à limitação legal, mas será a própria parte que indicará de qual delas pretende desistir. Somente na hipótese do litigante insistir em desobedecer à norma estatuída, negando-se a fazer a mencionada indicação, é que o juiz escolherá, dentre elas, de forma um tanto quanto aleatória, quais pretenderá ouvir. Esse incidente deverá constar em ata.

Nesse número de três testemunhas não estão incluídas as *referidas,* das quais o juiz instrutor entenda indispensável a ouvida, ordenando a intimação *ex officio* e aquelas qualificadas como simples informantes, isto é, as que deixam de prestar o compromisso legal.

A ordem a ser obedecida na coleta da prova oral é a mesma preconizada no art. 361, I, II e III, do CPC: os *experts*, depoimento pessoal das partes – primeiro do autor e depois do réu – e, finalmente, a inquirição das testemunhas arroladas pelo autor e pelo réu, respectivamente.

Pode ocorrer durante a audiência que uma das testemunhas do autor deva ser inquirida em outra comarca. Nesse caso, o juiz deverá suspender a audiência e fazer a solicitação ao juízo deprecado, utilizando-se do meio idôneo mais rápido e apropriado à hipótese vertente (§ 2º do art. 13). Não lhe é permitido, contudo, ouvir antecipadamente as testemunhas do réu, mesmo que porventura elas estejam presentes naquele ato, sob pena de resultar na inversão da ordem procedimental. Então designará imediatamente a data para o prosseguimento da audiência, intimando as partes e as testemunhas que eventualmente ali se encontrarem.

Verificando-se a necessidade de substituição de alguma testemunha, por motivo de falecimento, enfermidade grave, mudança de endereço ou ausência de intimação, aplica-se o art. 451 do CPC.

---

[549] No sistema do novo CPC, em hipótese alguma é permitido exceder o limite de dez testemunhas (CPC, art. 357, § 6º).

[550] Assim também já firmou orientação o Superior Tribunal de Justiça, *in verbis*: Destarte, "não configura cerceamento de defesa a dispensa de testemunha quando o julgador, sentindo-se convencido com a prova colhida, inclusive testemunhal, entender desnecessária a oitiva das demais testemunhas arroladas, face à inexistência de controvérsia acerca do fato probante" (REsp 40.212-BA, rel. Min. Francisco Cláudio de Almeida Santos, j. 28-3-1994, *DJU* 2-5-1994, p. 10.008).

No que concerne à admissibilidade de produção de prova unicamente testemunhal, independentemente do valor do contrato ou do objeto da controvérsia, a Lei n. 9.099/1995 não estabelece qualquer limitação (art. 32), assim como o CPC de 2015 não recepcionou o art. 401 do CPC de 1973, que fazia a limitação para os casos em que o valor excedesse o décuplo do salário mínimo.

Para maiores detalhes sobre o processamento da audiência de conciliação, instrução e julgamento, remetemos o leitor aos nossos comentários aos arts. 27, 28 e 29, *supra*.

2. DO COMPARECIMENTO DAS TESTEMUNHAS

As partes podem comparecer à audiência de conciliação, instrução e julgamento acompanhadas de suas respectivas testemunhas (três), independentemente de intimação.

Espera-se até, e esse é também o desejo manifesto do legislador, que essa regra seja prestigiada na prática pelos jurisdicionados, diante da inquestionável agilização do mecanismo judiciário, cujos efeitos reflexos são perceptíveis na maior celeridade em obtenção da sentença de mérito. Se for imprescindível a intimação, esperamos todos que o pedido seja formulado em tempo compatível ao cumprimento do ato por via postal, evitando-se, dessa maneira, a diligência do meirinho.

No silêncio das partes, a lei estabelece presunção de que elas trarão as suas testemunhas; a não obediência a esta determinação resulta em preclusão. Caso contrário, o interessado deverá proceder nos termos do parágrafo primeiro deste artigo.

3. DO PRAZO PARA APRESENTAÇÃO DE PEDIDO DE INTIMAÇÃO DAS TESTEMUNHAS

Se qualquer dos litigantes perceber que, por algum motivo, as testemunhas por eles arroladas não desejam comparecer espontaneamente em juízo, para evitar a preclusão e possíveis resultados negativos com a sentença que será prolatada no final do ato instrutório, deverão apresentar na secretaria do Juizado requerimento expresso neste sentido, no prazo mínimo de cinco dias antes da audiência já designada.

O ideal é que as partes não deixem para fazer essa solicitação no último dia permitido em lei, porque certamente a intimação não poderá ser realizada por via postal, mas sim por intermédio de oficial de justiça; as dificuldades advindas desta forma de cumprimento da ordem judicial são de conhecimento notório, tornando-se desnecessária qualquer referência.

4. DA CONDUÇÃO DA TESTEMUNHA

A testemunha que tiver sido regularmente intimada e deixar de comparecer sem motivo justificado poderá ser conduzida por oficial de justiça ou força policial, se a espécie assim exigir.

O que a lei pretende é evitar manobras – sobretudo dos réus – atentatórias à oralidade e destinadas à obtenção de adiamento da audiência de instrução e julgamento. Nesses Juizados o juiz não deverá atender a solicitação de adiamento. Pelo contrário, suspenderá apenas a audiência pelo tempo necessário à realização da condução coercitiva da testemunha (sob vara) e ordenará o comparecimento imediato do faltoso.

Esse primeiro contato com a testemunha pode ser mantido por telefone ou, se ela possuir aparelho de recepção, também por fac-símile, telex ou por computador (*e-mail*). O que importa, no caso, é a advertência e o chamamento imediato da testemunha em juízo. Mesmo assim, se ela continuar a insistir ou não for localizada por quaisquer desses meios, ordenará o juiz a sua condução mediante força pública. Além disso, deverá registrar em ata a desobediência da testemunha e encaminhar cópia das peças dos autos ao Ministério Público a fim de que proceda como de direito.

A única possibilidade de evitar o incidente é através da formulação de pedido de desistência da ouvida do ausente, por parte daquele que efetuou o seu arrolamento. Provavelmente isto só ocorrerá se o litigante já tiver em seu favor produzido prova satisfatória, ou se souber de antemão que a testemunha pouco teria para esclarecer a respeito dos fatos, em seu benefício.

Não podemos nos esquecer ainda de um detalhe muito importante, já acentuado por nós durante os comentários ao art. 19 (item n. 1), qual seja tratando-se de intimação de testemunha, desde que solicitada tempestivamente pela parte interessada na forma estatuída neste artigo, ao ser comunicada do ato processual (seja por correspondência ou oficial de justiça) deverá ser cientificada de que o descumprimento da determinação importará em desobediência à ordem judicial, além de vir a ser conduzida, se necessário for, por força pública. Se a intimação foi processada por outro meio idôneo, deverá o secretário certificar nos autos a esse respeito.

Esta regra não se aplica às testemunhas que ficaram de comparecer espontaneamente, ou, em outras palavras, quando a parte não formulou o requerimento previsto no § 1º deste artigo. Nessa hipótese, a ausência da testemunha faz presumir que o interessado desistiu do seu depoimento. Porém, trata-se de presunção relativa (*iuris tantum*) que se desfaz diante de justificação motivada e tempestiva da ausência.[551]

Ao advogado ou à parte interessada incumbe provar a justificativa do não comparecimento até a abertura da audiência, pois, não o fazendo, o juiz procederá à instrução (CPC, art. 362, § 1º).

> **Art. 35.** Quando a prova do fato exigir,[1] o juiz poderá inquirir técnicos de sua confiança, permitida às partes a apresentação de parecer técnico.[2]
>
> Parágrafo único. No curso da audiência, poderá o juiz, de ofício ou a requerimento das partes, realizar inspeção em pessoas ou coisas, ou determinar que o faça pessoa de sua confiança, que lhe relatará informalmente o verificado.[3]

1. COMPLEXIDADE DA MATÉRIA E PROVA TÉCNICA

Dispõe a 1ª parte do *caput* deste artigo que o juiz poderá valer-se de técnicos para elucidação da matéria controvertida quando a prova do fato assim exigir. O que está dito aqui pelo legislador é tão óbvio que, certamente, não precisaria ter sido afirmado, porquanto nenhum juiz ou tribunal, seja no nosso sistema normativo ou alienígena, está autorizado a decidir sem prova técnica quando a espécie assim requer a sua produção.

Não é menos evidente também que tudo dependerá da formação do convencimento do juiz, tratando-se, portanto, de questão de extrema subjetividade. Se entender necessária a ouvida de profissional habilitado em outra área técnica ou científica, por certo todo juiz (em sã consciência) tomará essa providência.

Nada obstante, o dispositivo em questão deixa transparecer, com certa clareza, que o *fato* sobre o qual recairá a prova *não é de grande complexidade*. Tanto é assim que o juiz não se valerá de uma prova pericial propriamente dita, ou seja, revestida de todas as formalidades e detalhamentos que o ato específico de peritagem requer.

Contentar-se-á o juiz com a simples *inquirição* do *expert*, por ele mesmo indicado e de sua absoluta confiança, que haverá realizado, de maneira simplificada e informal, exame, vistoria ou avaliação, ou, ainda, que compareça em juízo para prestar esclarecimentos técnicos a respeito da lide, sem que, necessariamente, tenha praticado algum ato de peritagem.

Poder-se-ia perguntar então: mas se a causa for mais complexa e não bastar a mera tomada de informações do perito? Nesse caso, não temos a menor dúvida em responder que diante da

---

[551] Esta é basicamente a regra insculpida no § 2º do art. 455 do CPC, a qual pode e deve ser adaptada ao microssistema dos Juizados.
Na esteira da mesma orientação por nós adotada, podemos citar algumas decisões dos tribunais: "Desfaz-se a presunção legal de que a parte desistiu de ouvir a testemunha que compareceria independentemente de intimação, se a ausência da mesma na audiência for por motivo justificado, visto que tal presunção é meramente relativa" (JTASP, v. 118/361). No mesmo diapasão v. RT, v. 647/138; RJTJSP, v. 50/186; *RePro*, v. 6/327, n. 188) (apud Negrão, Theotonio. *Código de Processo Civil e legislação processual em vigor*. 24. ed. São Paulo: Saraiva, 1993, art. 412, n. 4 e 6, p. 325-326).

constatação da complexidade da demanda deverá o juiz declarar extinto o processo, sem resolução do mérito (art. 51, II), ou, havendo possibilidade, deverá declarar-se incompetente e determinar a remessa dos autos para o juízo comum (varas cíveis) através de redistribuição do processo, desde que as partes postulem devidamente representadas por advogados, pois, caso contrário, o prosseguimento do feito e o reaproveitamento dos atos tornar-se-ão impossíveis, não restando ao interessado outra alternativa senão a propositura de uma nova ação através de procurador devidamente habilitado em vara cível, oportunidade em que o processo tramitará sob a égide do procedimento comum – não mais do sumaríssimo.

Caso contrário, o prosseguimento do feito nos Juizados com a realização de perícia significaria nada menos do que a verdadeira afronta ao texto constitucional que explicita em termos claros e precisos a competência específica para a "conciliação, julgamento e a execução de *causas cíveis de menor complexidade*" (CF, art. 98, I).[552]

Em outras palavras, o que o microssistema não admite é a *prova pericial formal*,[553] mas tão somente a *informal* sintetizada em vistorias, exames, avaliações ou inspeções simplificadas.[554] Ademais, essa prova técnica apenas será admitida no Juizado Especial quando a circunstância fatual assim exigir.[555]

Por outro lado, existe entendimento, inclusive do Superior Tribunal de Justiça (ao nosso sentir, com a devida vênia, equivocado), no sentido de admitir nos Juizados Especiais estaduais a realização de prova pericial "menos complexa". Não comungamos dessa tese porque a Lei n. 9.099/1995 deixa bastante claro no art. 35 que inexiste prova técnica a ser produzida na justiça especializada, permitindo apenas a *inquirição de técnicos da confiança do juiz*, a *realização de inspeção em pessoas ou coisas*, ou, ainda, a apresentação de pareceres técnicos pelas partes (unilaterais) acerca do objeto a ser provado, evidenciando-se claramente a exclusão de prova técnica propriamente dita, pois é consabido que a perícia realiza-se com as formalidades e prazos que lhe são peculiares e, portanto, incompatível com o procedimento sumaríssimo que é orientado constitucionalmente pelo princípio da oralidade em grau máximo (CF, art. 98, I).

---

[552] Na mesma linha, bem sinalizou o Supremo Tribunal Federal, em aresto da lavra do Min. Marco Aurélio, *in verbis*: "Competência. Juizados Especiais. Causas cíveis. A excludente da competência dos juizados especiais – complexidade da controvérsia (art. 98 da Constituição Federal) há de ser sopesada em face das causas de pedir constantes da inicial, observando-se, em passo seguinte, a defesa apresentada pela parte acionada. Competência. Ação indenizatória. Fumo. Dependência. Tratamento. Ante as balizas objetivas do conflito de interesses, a direcionarem a indagação técnico-pericial, surge complexidade a afastar a competência dos juizados especiais" (Trib. Pleno, RE 537427/SP, rel. Min. Marco Aurélio, j. 14-4-2011, *DJe* 157, 17-8-2011).

[553] Nesse sentido, também já decidiu o STJ: "(...) Além disso, a provável necessidade de perícia torna o procedimento da ação de arbitramento incompatível com a disciplina dos Juizados Especiais, destinados ao julgamento de causas de pequena complexidade. Recurso especial parcialmente conhecido e, nessa parte, provido" (3ª T, REsp 633514 / SC, rel. p/ ac. Mina. Nancy Adrighi, j. 7-8-2007, *DJe* 17-9-2007, p. 248).

[554] No mesmo sentido, o entendimento de Louri G. Barbiero e Denise A. M. Retamero, Juizado Especial Cível – Prova pericial. *Consulex*, n. 19/35, jul. 1998. Assim também o Enunciado 12 do Fonaje: "A perícia informal é admissível na hipótese do art. 35 da Lei n. 9.099/1995".

[555] Em sede de execução de sentença em que se faça eventualmente a produção de prova técnica, assim decidiu o Tribunal de Justiça de Santa Catarina: "É cediço que a execução de sentença processar-se-á no próprio juízo sentenciante, segundo regra insculpida no art. 575, II, do CPC em sintonia com o art. 52, *caput*, da Lei n. 9.099/1995.

Se, no caso de execução de sentença, em sede de Juizados Especiais Cíveis, verificar-se a necessidade de produção de prova técnica complexa, por força do disposto no art. 3º, *caput*, c/c art. 35 da Lei n. 9.099/1995, desloca-se a competência para a justiça comum, para fins de prosseguimento do feito.

Todavia, se a prova a ser produzida não apresentar, em princípio, maior complexidade – como é o caso da perícia grafotécnica –, deve o magistrado, antes de declarar-se incompetente, tentar esclarecer junto ao *expert* acerca da falsidade alegada pelo executado.

Consequentemente, tratando-se de falso grosseiro, de fácil constatação, não haverá deslocamento da competência para o juízo comum. Inversamente, se o *expert* entender que a prova a ser produzida demanda tempo e custo em razão da complexidade apresentada, então, haverá o juiz de declarar-se incompetente, a fim de que a execução de sentença prossiga na vara cível comum" (TJSC, Conflito de Competência 2005.034823-5, da Capital, rel. Des. Joel Dias Figueira Jr., j. 22-11-2005).

Além disso, inexiste em sede de Juizados, via de regra, custas ou despesas processuais em primeiro grau de jurisdição (art. 54, *caput*), o que também obsta a feitura de qualquer tipo de prova pericial na justiça especializada, tendo-se como certo que o *expert* não prestará seus serviços gratuitamente.

Mesmo assim, afirma o Superior Tribunal de Justiça que "Na Lei n. 9.099/95 não há dispositivo que permita inferir que a complexidade da causa – e, por conseguinte, a competência do Juizado Especial Cível – esteja relacionada à necessidade ou não de realização de perícia".[556] Na verdade, essa interpretação parte da premissa equivocada de que os critérios estabelecidos na Lei n. 9.099/1995 para a fixação da competência dos Juizados Especiais Cíveis (quantitativo = limite de quarenta salários mínimos e qualitativo = complexidade da causa) não se conjugam, ou seja, incidem separadamente, de maneira a não se interpretar sistematicamente os incisos I e II do art. 3º da referida norma.

Como já tratamos a respeito do tema da competência dos Juizados especiais em tópico específico, para não nos tornarmos repetitivos, enviamos o leitor interessado aos itens respectivos dos comentários ao art. 3º, *supra*.

Por oportuno, acrescenta-se apenas que o critério qualitativo, ou seja, aquele que orienta os Juizados em face da complexidade da causa, sobrepõe-se em grau de importância ao critério quantitativo, pois foi esse o único norte estabelecido no art. 98, inciso I, da Constituição Federal, isto é, "juizados especiais, providos por juízes togados, ou togados e leigos, competentes para a conciliação, o julgamento e a execução de *causas cíveis de menor complexidade* (...)".

O que a Lei n. 9.099/1995 fez foi acrescer e conjugar mais um requisito (ou filtro) para a definição da competência dos Juizados Especiais, qual seja o valor da demanda limitado até quarenta salários mínimos.

Por essas razões, a prova não assumirá, em hipótese alguma, a forma de *perícia*, nos moldes habituais do CPC, ou seja, a indicação formal de *expert*, assistentes técnicos, designação de data para início da perícia, apresentação de quesitos, elaboração de laudo, impugnação ao laudo, pedido de complementação da perícia etc. Nos Juizados Especiais, o "perito" escolhido pelo juiz, será convocado para a audiência, em que prestará as informações solicitadas pelo instrutor da causa (art. 35, *caput*). Outra forma simplificada para a utilização da prova técnica no procedimento sumariíssimo consiste na permissão às partes para apresentação de *parecer técnico*, elaborado extrajudicialmente (art. 35, *in fine*).[557]

Poderíamos fazer outra indagação: mas se assim deve ser, por que então permitir que essas causas tenham início perante estes Juizados? Sem dúvida, ao tomar o primeiro contato com a peça inaugural, o juiz analisará não somente as condições da ação e pressupostos processuais, na forma como preconizada pela teoria geral do processo e abraçada pelo macrossistema (CPC), mas também sob o prisma das orientações contidas na Lei n. 9.099/1995.

Apenas como base principiológica – e somente como tal – é que se consideram as matérias elencadas nos incisos I, II, III e IV e no § 1º, todos do art. 3º desta Lei, como sendo demandas de *menor complexidade*. Contudo, sabemos todos nós que no elenco de causas enumeradas no art. 3º encontram-se matérias que provavelmente comportarão maiores indagações e produção de prova técnica (v.g. as possessórias, as reais imobiliárias – reivindicatória, confessória, negatória – em geral, as declaratórias positivas ou negativas, as de indenização por dano moral ou estético e ressarcimento por danos em prédios).

Por outro lado, não se pode descartar a possibilidade de frutificar na audiência de conciliação, instrução e julgamento algum acordo. Pelo contrário, o legislador apostou tudo nesta forma de composição dos conflitos. Assim sendo, desde que se enquadre no modelo delineado no art. 3º, *ab initio*, é muito difícil rechaçarmos de imediato este *processo especialíssimo*, mediante o fundamento de que a causa exigirá a produção de prova complexa. Ademais, se no transcorrer dos trabalhos

---

[556] Superior Tribunal de Justiça, RMS n. 30.170/SC, rela. Mina. Nancy Andrighi, 3ª T., j. 5-10-2010.
[557] Cf. Theodoro Jr., Humberto. *Curso de direito processual civil*. v. III, 13. ed. Rio de Janeiro: Forense, 1996, p. 484-485, n. 1.600.

o juiz instrutor entender que o feito deva ser remetido à justiça comum, os atos que tiverem sido praticados serão tidos como válidos, não acarretando qualquer prejuízo aos litigantes, desde que as partes estejam representadas por advogados habilitados.

Há que ressaltar ainda que nem sempre as partes ou o magistrado conseguem vislumbrar, desde logo, a complexidade da matéria de fato, a não ser quando alertados por pessoa habilitada. Nesse procedimento, isso só ocorrerá quando o juiz sentir a necessidade, ou as partes solicitarem o esclarecimento de um técnico (perito). Dependendo das informações por ele prestadas, o que poderá ser corroborado por pareceres dos assistentes das partes,[558] tornar-se-á possível alcançar um lugar comum a respeito do tema.

2. DA REALIZAÇÃO DA PROVA TÉCNICA

Seguindo a mesma linha de pensamento já iniciada no item anterior destes comentários, podemos dizer que não se trata da realização de perícia nos moldes insculpidos pelo processo civil tradicional.

Em razão dos princípios que orientam os Juizados, especialmente neste particular a imediação, a concentração, a simplicidade e a celeridade, não teria o mínimo sentido a paralisação do processo por alguns dias, a fim de que o perito nomeado elaborasse formal e detalhadamente laudo pericial, assim como os assistentes técnicos das partes.

É justamente essa situação que o legislador pretende eliminar deste microssistema. Aqui, se as partes solicitarem qualquer esclarecimento técnico, e o juiz entender necessário (poderá também determinar de ofício), nomeará uma pessoa de sua confiança que detenha os conhecimentos técnicos ou científicos em determinada área do conhecimento humano e pertinente ao objeto litigioso e determinará o seu comparecimento em juízo a fim de prestar os esclarecimentos possíveis e necessários a respeito dos fatos.

Se desejar, o perito poderá levar em carga o processo para realizar um melhor estudo, sempre em data anterior à audiência e de maneira tal que não retarde em nenhuma hipótese a tramitação do feito. Em audiência, o juiz e as partes farão as perguntas que acharem pertinentes ao esclarecimento da matéria fatual.

Os litigantes poderão optar pela designação de assistentes (é mera faculdade), os quais elaborarão unilateralmente os seus estudos para posterior juntada ao processo dos respectivos documentos. Mas não há qualquer relação de dependência entre a indicação de perito para prestar esclarecimentos em audiência e a produção de provas unilaterais. Pelo contrário, se as partes desejarem, inclusive no momento da propositura da ação, já poderão perfeitamente instruir o processo com o referido documento, o qual será analisado oportunamente pelo julgador, em conjunto com todo o elenco probatório. Se for o caso, será inclusive cotejado com as informações do perito, em audiência.

3. DA INSPEÇÃO JUDICIAL

Durante a audiência de instrução e julgamento, poderá surgir a necessidade de realização de inspeção judicial. Refere-se a lei ao *curso da audiência* como momento procedimental oportuno à realização dessa prova, porque anteriormente inexiste viabilidade processual para que se faça diferente.

Ocorre que estamos num sistema todo especializado cujo rito é sumaríssimo e a oralidade, com todos os seus desmembramentos principiológicos, exige do aplicador do Direito a realização de um único e *indivisível* ato para a consecução de três atividades diferentes: a) tentar a *conciliação*; b) se não frutificar a proposta de composição amigável nem se instalar o juízo arbitral, procede-se à *instrução*; c) por último, realiza-se o *julgamento*.[559]

---

[558] Trata-se de parecer por escrito, e não oral, a ser juntado como prova documental produzida unilateralmente. Nessa qualidade, nada obsta que o parecer já venha instruindo a peça inaugural.

[559] Comparativamente, fazemos alusão ao art. 481 do CPC, que se refere à possibilidade de o juiz realizar a inspeção em *qualquer fase do processo*. E assim o é porque nas ações cognitivas o rito a ser aplicado é o comum ou especial (de jurisdição contenciosa) caracterizados em regra por três fases distintas e bem definidas.

É propriamente na fase instrutória que, se a hipótese assim exigir, se realizará a inspeção judicial, em pessoas ou coisas, a qual pode ser feita indireta ou diretamente. *Indireta* será a prova se o juiz determinar que o faça pessoa de sua confiança (não necessariamente serventuário da justiça); *direta*, quando realizada pelo próprio juiz instrutor.

Se a inspeção for realizada por terceiro, este deverá, após a conclusão dos trabalhos, relatar ao magistrado tudo aquilo que foi objeto de sua verificação. Não será necessária a lavratura de auto circunstanciado. Basta que o juiz instrutor reduza a termo ou consigne na própria ata de audiência as informações prestadas pelo "inspetor", de maneira sucinta e com simplicidade, devendo constar apenas o essencial ao deslinde da questão. Esse registro se faz imprescindível para servir como referência na sentença ou para reapreciação, no caso de interposição de recurso ao Colégio Recursal.

Vê-se, pois, que não há de observar as formalidades e os procedimentos da *inspeção judicial* tal como preconizados nos arts. 481 a 484 do CPC.

> **Art. 36**. A prova oral não será reduzida a escrito, devendo a sentença referir, no essencial, os informes trazidos nos depoimentos.[1]

1. DOS TERMOS EM AUDIÊNCIA E SEU REGISTRO

Por mais que se deseje aplicar o princípio da oralidade em seu mais puro e absoluto grau, torna-se praticamente impossível diante de outros norteamentos instrumentais e de origem constitucional não menos importantes, tais como a segurança, a ampla defesa e o duplo grau de jurisdição.

Assim, em atenção à simplicidade e informalidade (art. 2º), que devem orientar todos os atos do Juízo Especial, a prova oral produzida na audiência de instrução e julgamento não será reduzida a termo, ressalvados os *atos essenciais*.

Esse dispositivo não pode ser interpretado isoladamente, mas sim em harmonia com o § 3º do art. 13, o qual determina que sejam registrados, *resumidamente*, os *atos essenciais*, em notas manuscritas, datilografadas, taquigrafadas ou estenotipadas, sendo que os demais poderão ser gravados em fita magnética ou equivalente.[560]

Deverá o juiz instrutor observar atentamente essa orientação, para não transformar a norma em letra morta. Aliás, exige-se dos aplicadores do Direito em geral, mas sobretudo dos magistrados, que assumam, não apenas nesta fase, mas em todo o processo sumaríssimo, uma nova postura, totalmente diferente daquela adotada para o processo tradicional, livre dos atropelos burocráticos do sistema judiciário, ainda não muito diverso daqueles tempos em que se instalava no Brasil colonial a primeira Corte Judicial – a Relação da Bahia –, em 1609, em que o acesso à justiça era privilégio de poucos nobres e da abastada classe burguesa.[561]

Sem esse novo comportamento dos operadores do Direito (juízes, advogados, membros do Ministério Público e auxiliares da justiça), essa lei não passará de mais uma panaceia criada no seio

---

[560] Assim também firmou orientação a 5ª Turma de Recursos-SC, em apelação cível em que tivemos a oportunidade de efetuar a relatoria, *in verbis*: "(...) Apelação cível. Não registro dos atos essenciais através de notas manuscritas, datilografadas, taquigráficas ou estenotipadas. Anulação da sentença. Mesmo que o art. 36 da Lei n. 9.099/1995 disponha que a prova oral não será reduzida a escrito, não se pode olvidar do disposto no § 3º do art. 13, da mesma Lei, que manda registrar os atos considerados essenciais".

E, do corpo do acórdão, retira-se o seguinte excerto: "(...) sentenciou com base na prova testemunhal colhida em audiência sem reduzi-la a escrito, na parte que se fazia imprescindível para a elucidação da demanda. Assim, havendo descumprimento de formalidade essencial, impõe-se a anulação do processo a partir da sentença de fls. 21, inclusive, à medida que, assim procedendo, tornou inviável, para a Segunda instância, a possibilidade de proceder-se a análise da prova oral, porquanto não registrada em termo" (AC 1266, Jaraguá do Sul, rel. Juiz Joel Dias Figueira Jr., j. 13-9-1999, v.u.).

[561] Para os mais incrédulos burocratas da justiça, sugerimos uma passada d'olhos na interessantíssima obra de STUART B. SCHWART, intitulada *Burocracia e sociedade no Brasil colonial*.

da comunidade jurídica, bastante hábil, porém, para aumentar a descrença do jurisdicionado mais modesto no tão caro ideal de acesso à ordem jurídica justa.

Para atender a esse requisito é suficiente que, em cada depoimento, em cada manifestação importante das partes ou de seus procuradores, na ouvida das testemunhas ou colaboradores técnicos, na inspeção judicial etc., sejam registrados só e somente só os pontos mais salientes, isto é, os mais significativos, aqueles que tocarem diretamente ao objeto da demanda e seu respectivo deslinde.

> **Art. 37.** A instrução poderá ser dirigida por juiz leigo, sob a supervisão de juiz togado.[1]

1. DO JUIZ INSTRUTOR E SEUS PODERES

Aquele que preside a audiência durante a sua fase instrutória ou conciliatória e instrutória, seja togado ou leigo, é, na verdade, um *juiz instrutor*, a exemplo do que verificamos no Direito italiano (*il giudice istrutore*),[562] especialmente após a reforma ocorrida através da Lei n. 353, de 26-11-1990.[563]

O juiz instrutor (ou leigo), não obstante supervisionado pelo juiz togado, tem diversos poderes concedidos pelo próprio sistema para propor e tentar efetivamente a conciliação ou transação e, se for o caso de vir a prosperar, reduzi-la a termo e, inclusive, aprová-la mediante decisão de caráter provisório, até passar pelo crivo do juiz togado que poderá então homologá-la.[564]

Poderá também tomar os depoimentos das partes, inquirir as testemunhas e/ou o "perito", fazer inspeção judicial, ordenar que o ato seja realizado por um "inspetor" de sua confiança, ordenar o comparecimento da testemunha faltosa, determinar a oitiva de testemunhas referidas, deferir ou indeferir provas em geral e, sobretudo, *decidir a lide*, ad referendum *do juiz togado*.

---

[562] A respeito do giudice istrutore no sistema do CPC italiano, dentre outros dispositivos, v. os arts. 168, bis (designação); art. 174 (imutabilidade do instrutor); art. 175 (direção do processo); art. 175 e s. (poderes do instrutor); art. 190 (decisão). Sobre a composição dos órgãos da justiça, v. art. 88 da Lei n. 353/1990, que alterou o art. 48 da Lei Organização Judiciária italiana (*Ordinamento giudiziario*), item n. 9. Para que dúvidas não pairem, ressaltamos que a nossa comparação com o sistema italiano, nesse particular, não é em relação à competência ou à forma de recrutamento destes juízes, que, na verdade, são membros efetivos do Poder Judiciário (*Magistrati*), mas sim a respeito da denominação do cargo e das funções.
Na verdade, o "juiz leigo" instituído pela Lei n. 9.099/1995 se aproxima muito da figura do *Giudice di Pace – Conciliatore* – (cf. Lei n. 374, de 21-11-1991, e Dec. 404, de 28-8-1992, com as modificações introduzidas a partir de 19-12-1994), em razão da competência de certa maneira assemelhada aos nossos Juizados Especiais. Para maior aprofundamento, por todos, v. TARZIA, Giuseppe. *Lineamenti del nuovo processo di cognizione*. Milano: Giuffrè, 1991, p. 189 e s.
Sobre as atualizações ocorridas até dezembro de 1994, v. o Suplemento (*addenda*) ao *Codice di Procedura Civile*, coordenado por Nicola Picardi.

[563] Em síntese, a respeito das atribuições do *juiz instrutor* no Direito italiano poderíamos dizer que ele dirige todo o processo, decide as questões incidentes, colhe diretamente a prova oral e profere sentença como *giudice unico*, além de integrar o Colégio de primeiro grau, como relator do feito, nos casos previstos em lei. Sobre o tema, v. LUGO, Andrea. *Manuale di diritto processuale civile*. Milano: Giuffrè, 1992, p. 124 e s.; TARZIA, Giuseppe. *Lineamenti del nuovo processo di cognizione*. Milano: Giuffrè, 1991, p. 43-51 e p. 72 e s.; MANDRIOLI, Crisanto. *Corso di diritto processuale civile*. v. 2. Torino: G. Giappichelli, 1993, p. 43 e s.; PISANI, Andrea Proto. *La nuova disciplina del processo civile*. Napoli: Jovene, 1991, p. 173 e s.

[564] Não se pode dizer, com base isolada no parágrafo único do art. 22, em simples interpretação literal, que o juiz instrutor não pode homologar provisoriamente o acordo por ele mesmo celebrado. Fazer tal assertiva é mais grave do que um contrassenso. É absoluta falta de senso, tendo em vista que a própria lei confere ao juiz instrutor outros poderes muito mais amplos, como, por exemplo, o conferido pelo art. 40, que admite prolação de *decisão de mérito*, passando em seguida pela apreciação do juiz togado, que poderá homologá-la ou proferir outra em substituição etc.
Logicamente, e quanto a isso não temos a menor dúvida, o juiz instrutor tem poderes conferidos pelo sistema para homologar acordo, *ad referendum do* juiz togado.

Como se trata de "instrução", nada obsta que, em se tratando de *embargos à execução* (título judicial ou extrajudicial), o ato seja também conduzido por juiz leigo,[565] sentenciando logo após (art. 40).

Seção XII
Da Sentença

> **Art. 38.** A sentença[1] mencionará os elementos de convicção do juiz, com breve resumo dos fatos relevantes ocorridos em audiência, dispensado o relatório.[2-3]
>
> Parágrafo único. Não se admitirá sentença condenatória por quantia ilíquida, ainda que genérico o pedido.[4]

1. CONTEÚDO DA SENTENÇA

Encerrada a instrução, tem início logo em seguida a fase de julgamento. Nesse ínterim, apesar da omissão legislativa, parece-nos que seja de bom alvitre, sobretudo por estar em perfeita consonância com o espírito destes Juizados, que o juiz proponha novamente a *conciliação*. O fato de já ter sido tentada – sem sucesso – uma vez no início do mesmo ato processual, não obsta a que o juiz reproponha a autocomposição.[566] Pelo contrário, enaltece mais uma vez o instituto da composição amigável, fortalecendo-o como maneira alternativa de solução dos conflitos intersubjetivos, por permitir aos litigantes uma nova oportunidade de autorreflexão a respeito de suas pretensões, o que poderá ser facilitado pela conclusão dos debates e exposição de todas as questões fáticas e jurídicas.

A conciliação é uma forma muito particular de realização do Direito, pois é feita sem imposição, baseada apenas na vontade dos próprios litigantes. Nos dizeres de COUTURE, o Direito realiza-se sem imposição, porque na consciência dos homens existe uma experiência secular que lhes ensina que é melhor cumpri-lo espontaneamente, antes que se lhes obrigue pela força.[567]

No início da audiência, os litigantes podem ainda estar receosos de tomar qualquer atitude que, para eles, possa parecer precipitada ou, talvez, desejar um prosseguimento dos debates com o escopo de fazer com que a parte contrária perceba a profundidade de suas intenções e o vigor de suas alegações.

Na segunda etapa, essas questões estarão superadas e os litigantes sentindo-se cada qual mais aliviado pela participação efetiva nos trabalhos instrutórios, o que poderá contribuir para uma composição amigável.

Ademais, a proposta de um acordo nessa fase em nada prejudica o andamento dos trabalhos. Se acolhida, prossegue o juiz na forma estatuída no art. 22, § 1º, da Lei 9.099/95; se rejeitada, prossegue imediatamente com a sentença.

Nesse caso, a sentença deverá ser proferida nos moldes estabelecidos pelo microssistema, abolindo-se os jargões e outras formalidades do CPC.

A primeira e grande mudança é a supressão dos famigerados *relatórios*, que na Justiça Comum são verdadeiro *collo di botiglia*, como diriam os operadores do Direito italiano, posto que representam uma fase preambular que termina estendendo demasiadamente a sentença e, por conseguinte,

---

[565] Cf. Enunciado 52 do FONAJE: "Os embargos à execução poderão ser decididos pelo juiz leigo, observado o art. 40 da Lei n. 9.099/1995".

[566] Veja-se, por exemplo, o art. 359 do CPC, que prevê a renovação de tentativa de conciliação entre as partes, "independentemente do emprego anterior de outros métodos de solução consensual de conflitos(...)".

[567] COUTURE, Eduardo J. *Introducción al estudio del proceso civil*. 2. ed. (reimpressão 1988). Buenos Aires: Depalma, 1949, p. 72.

retardando os articulados precípuos dos julgados, consistentes na fundamentação e na conclusão. Por isso, no trato do direito peninsular, é comum denominar-se o relatório de *gargalo de garrafa*.

Não raras vezes, deparamo-nos com sentenças cujo volume quantitativo (e às vezes até qualitativo, lamentavelmente) do relatório supera, em muito, a motivação somada à parte dispositiva. Mesmo que a afirmação não agrade a alguns, lamenta-se, mas se trata de mera constatação da nossa realidade forense – e aqui não se excluem as instâncias recursais; em suma, *relata-se muito e fundamenta-se pouco*.

Foi justamente isso que o legislador procurou evitar. O que a lei quer, ou melhor, o que todo jurisdicionado deseja é ver a sua lide decidida definitivamente. Não lhes interessa relatórios de páginas e páginas ou fundamentações eruditas – algumas até com citações de doutrina em língua estrangeira. Nos dizeres de CARMINE PUNZI, "o cidadão que pede justiça não quer uma sentença que, de um ponto de vista de estética jurídica, aparente ser bela, mas deseja uma sentença justa e solícita".[568]

Sentença não existe no mundo do Direito instrumental para dar oportunidade aos Magistrados de demonstrarem seus profundos conhecimentos jurídicos. Se desejarem contribuir cientificamente para a evolução do Direito – missão árdua de formadores de opiniões, porém gratificante –, os mecanismos apropriados estão à disposição de todos os interessados e vocacionados, não faltando revistas especializadas para a publicação de seus estudos e editoras para a publicação de suas obras.

Deixemos, de uma vez por todas, as sentenças para os fins a que elas se destinam. Elas existem (como aliás sempre existiram) para atingir um fim único, específico e muito nobre, qual seja o de fazer justiça no caso concreto, extinguindo a lide através do dispositivo de acolhimento ou de rejeição do pedido.[569]

Lembramos também que o requisito da *motivação* não se confunde com *erudição*.[570] O que a Constituição Federal exige (art. 93, inciso IX), e a norma de caráter infraconstitucional determina (no caso, o art. 38), é que as sentenças e todas as demais decisões proferidas pelo Poder Judiciário sejam *fundamentadas*.

Para tanto, é suficiente que o julgador diga com clareza quais foram os motivos de fato e de direito, em sintonia com as provas carreadas nos autos, que o levaram a decidir nos termos da norma aplicável à espécie, desta ou daquela maneira, isto é, se o pedido é procedente ou não. Deve dizer o Direito e o porquê do Direito em concreto, e basta; todo o resto é despiciendo.

A motivação, como se sabe, tem função de origem constitucional, ligada historicamente à garantia contra a decisão arbitrária do Estado-Juiz. Realmente, é através do exame da motivação que é possível exercer o controle e a crítica da decisão. Por isso, é suficiente, nos termos do dispositivo ora comentado, que se mencione os elementos de convicção, com breve resumo dos fatos relevantes.[571]

---

[568] PUNZI, Carmine. La giustizia civile: giustizia delle norme e giustizia del processo. *Rivista di Diritto Processuale*, v. 29/53-70, 1974.

[569] Ressaltamos que incide em atecnia jurídica referir-se ao julgamento procedente (ou improcedente) da *ação*. O Juiz não julga nunca a ação, que é o efetivo exercício de um direito subjetivo público à obtenção da tutela jurisdicional do Estado, mas sempre o *pedido*, o qual representa a pretensão de direito material deduzida em juízo.

[570] Não muito diversa é a observação feita por CARMINE PUNZI, nos seguintes termos: Se outra é a função da motivação, por que se redigem sentenças que representam dissertações até apreciáveis, mas dispensáveis para justificar a razão da decisão? E responde: Segundo entendo, a previsão legal de fundamentação das decisões (no caso, art. 132, n. 4, do CPC) em sua função motivadora, impõe que na questão afrontada "(...) o juiz limite-se a indicar sucintamente qual é o critério de julgamento posto como base da decisão. Não é necessário para que uma sentença seja adequadamente motivada, que contenha a crítica de todos as teses jurídicas que poderiam conduzir a um resultado diverso. Tudo isso aproxima-se do ridículo, quando a longa dissertação é concluída com a integral aceitação da interpretação já acolhida pacificamente na jurisprudência" (La giustizia civile: giustizia delle norme e giustizia del processo. *Rivista di Diritto Processuale*, v. 29/71).

[571] Nessa linha, assim decidiu o STF, em aresto da Mina. Rosa Weber: "(...) Inexiste violação do art. 93, IX, da Constituição Federal. Na compreensão desta Suprema Corte, o texto constitucional exige que o órgão jurisdicional explicite as razões de seu convencimento, sem necessidade, contudo, do exame detalhado de cada argumento esgrimado pelas

Nessa exposição concisa, o juiz deve demonstrar haver respeitado, na formação do seu convencimento, as normas positivas, dando conta da congruência do direito afirmado por ele com as fontes do respectivo direito, além de demonstrar que os elementos selecionados na decisão com base nos quais reconstruiu os fatos estão corretamente expostos.[572]

Não nos esqueçamos de que a sentença representa, desde a sua origem, algo que foi *sentido*. Daí a denominação de *sententia*. Porém, este *sentimento* deve ser registrado ou documentado, a fim de que permaneça no tempo. Ela significa o documento representativo daquilo que o juiz *sentiu como direito*.[573]

Tendo-se em conta que a sentença é proferida, em regra, na própria audiência de conciliação, instrução e julgamento, oralmente, nas comarcas dotadas de sistema de gravação a decisão ficará consignada em fita magnética ou similar, a ser inutilizada após o trânsito em julgado (Lei n. 9.099/1995, art. 13, § 3º),[574] conforme normatização local.

2. DA COISA JULGADA

Aplica-se, no que couber, as normas atinentes ao instituto jurídico da *coisa julgada* insculpido no Código de Processo Civil, como pressuposto objetivo de validade extrínseca do processo.

Em síntese, verifica-se o pressuposto processual da coisa julgada (ensejando a extinção do processo, sem resolução do mérito – art. 51, *caput*, da Lei n. 9.099/1995, c/c art. 485, V, do CPC) quando o autor reproduz demanda idêntica à que já foi anteriormente julgada e a respeito da qual não seja mais possível a interposição de qualquer recurso.

Nos termos do art. 502 do CPC, "denomina-se coisa julgada material a autoridade que torna imutável e indiscutível a decisão de mérito não mais sujeita a recurso".[575]

Se a sentença ou acórdão de mérito ofender a coisa julgada, em face da impossibilidade jurídica de rescisão do julgado por ação rescisória (art. 966, IV, do CPC), diante da proibição expressa contida no art. 59 da Lei n. 9.099/1995, o instrumento de impugnação adequado é a ação anulatória de ato jurídico. Sobre o tema, remetemos o leitor interessado aos nossos comentários ao art. 59, item n. 1.2, *infra*.

3. JULGAMENTO DE MÉRITO CONFORME O ESTADO INICIAL DO PROCESSO[576]

O art. 332 do novo Código de Processo Civil (Lei n. 13.105/2015)[577], em substituição ao antigo art. 285-A (introduzido no antigo CPC por meio da Lei n. 11.277, de 7 de fevereiro de 2006),

---

partes. Precedentes(...)." (ARE 707081 AgR/SP – Ag. Reg. no Recurso Extraordinário com Agravo. 1ª T, j. 18-2-2014, DJe 068, 7-4-2014).

[572] Punzi, Carmine. La giustizia civile: giustizia delle norme e giustizia del processo. *Rivista di Diritto Processuale*, v. 29/71, 1974.

[573] Couture, Eduardo J. *Introducción al estudio del proceso civil*. 2. ed. (reimpressão 1988). Buenos Aires: Depalma, 1949, p. 63.

[574] Assim também o Enunciado 46 do Fonaje: "A fundamentação da sentença ou do acórdão poderá ser feita oralmente, com gravação em qualquer meio, eletrônico ou digital, consignando-se apenas o dispositivo na ata".

[575] Sobre o tema, v. Alvim, Thereza. *Questões prévias e os limites objetivos da coisa julgada*. São Paulo: Revista dos Tribunais, 1977; Liebman, Enrico Tullio. *Efficacia ed autorità della sentenza (ed altri scritti sulla cosa giudicatta)*. Milano: Giuffrè, 1983.

[576] Cf. nosso estudo, com algumas modificações e adequações, intitulado *Julgamento de mérito conforme o estado inicial do processo. Análise do art. 285-A, CPC (Lei n. 11.277, de 7 de fevereiro de 2006)*, publicado na revista *Bonijuris* n. 510/14-16, maio 2006.

[577] Assim dispõe o novo artigo, *in verbis*: "Art. 332. Nas causas que dispensem a fase instrutória, o juiz, independentemente da citação do réu, julgará liminarmente improcedente o pedido que contrariar: I – enunciado de súmula do Supremo Tribunal Federal ou do Superior Tribunal de Justiça; II – acórdão proferido pelo Supremo Tribunal Federal ou pelo Superior Tribunal de Justiça em julgamento de recursos repetitivos; III – entendimento firmado em incidente de resolução de demandas repetitivas ou de assunção de competência; IV – enunciado de súmula de tribunal de

encontra cabal aplicabilidade em sede de Juizados Especiais (estaduais e federais), por objetivar maior celeridade e racionalidade na prestação da tutela jurisdicional, notadamente para atender às hipóteses de *demandas repetitivas*, em perfeita sintonia com as normas e princípios orientadores do microssistema em estudo.[578]

O art. 332 não viola qualquer dispositivo ou princípio constitucional, assim como não colide com normas infraconstitucionais ou com os sistemas instrumentais, senão vejamos:[579] em primeiro lugar, não há que falar em supressão de instância ou de óbice ao acesso à jurisdição, porquanto o interessado demanda em juízo, articula os fatos e fundamentos jurídicos e formula o seu pedido ao Estado-Juiz. O que ocorrerá é, dependendo do caso, a rejeição liminar do pedido do autor, através da prolação de sentença de total improcedência.

Não existe também qualquer afronta ao contraditório ou à ampla defesa. Ao réu, nenhum prejuízo se verifica pela ausência de citação e formação da relação jurídico-processual, visto que o autor sucumbe de plano, obtendo o sujeito passivo, por conseguinte, ganho de causa.

Ademais, com o julgamento imediato em desfavor do postulante, se desejar recorrer, as despesas processuais estarão reduzidas ao preparo e às custas iniciais, nos termos do disposto no art. 54 da Lei n. 9.099/1995, o que significa economia de tempo (celeridade processual) e também financeira, em decorrência da não formação do contraditório.

O duplo grau de jurisdição também é preservado, segundo se infere das regras insculpidas nos §§ 3º e 4º do art. 332.

Para que a resolução de mérito se verifique de plano, ou seja, *initio litis*, é imprescindível que se faça presente a desnecessidade da fase instrutória e, ainda, que o pedido contrarie um dos seguintes incisos do aludido dispositivo: I) enunciado de súmula do Supremo Tribunal Federal ou do Superior Tribunal de Justiça; II) acórdão proferido pelo Supremo Tribunal Federal ou pelo Superior Tribunal de Justiça em julgamento de recursos repetitivos; III) entendimento firmado em incidente de resolução de demandas repetitivas ou de assunção de competência; e, por fim, IV) enunciado de súmula de tribunal de justiça sobre direito local.

Note-se que o dispositivo em questão não dá respaldo às hipóteses de precedentes de procedência total ou parcial do pedido. Na verdade, se já existirem precedentes favoráveis ao pleito do autor, formar-se-á o contraditório e, concluída a fase postulatória com o oferecimento de resposta e sucessiva impugnação do autor, tudo na mesma audiência (art. 29 da Lei n. 9.099/1995), deverá o magistrado resolver a lide imediatamente, conforme o estado do processo, em face da desnecessidade de produção de outras provas. O que não se admite, sob pena de nulidade da sentença, é que o juiz dê ganho de causa ao autor, liminarmente, sem oportunizar ao réu o contraditório e a ampla defesa.

Nada obsta que, antes de sentenciar com fulcro no art. 332, determine que o autor emende ou complete a inicial, no prazo de 15 dias, ao verificar que a peça inaugural não preenche os requisitos do art. 14 da Lei n. 9.099/1995 e, no que couber, aqueles delineados nos arts. 319 e 320 do CPC, ou que

---

justiça sobre direito local. § 1º O juiz também poderá julgar liminarmente improcedente o pedido se verificar, desde logo, a ocorrência de decadência ou de prescrição. § 2º Não interposta a apelação, o réu será intimado do trânsito em julgado da sentença, nos termos do art. 241. § 3º Interposta a apelação, o juiz poderá retratar-se em 5 (cinco) dias. § 4º Se houver retratação, o juiz determinará o prosseguimento do processo, com a citação do réu, e, se não houver retratação, determinará a citação do réu para apresentar contrarrazões, no prazo de 15 (quinze) dias".

[578] Assim também o Enunciado 101 do Fonaje: "O art. 332 do CPC/2015 aplica-se ao Sistema dos Juizados Especiais; e o disposto no respectivo inc. IV também abrange os enunciados e súmulas de seus órgãos colegiados".

[579] Vale lembrar que o art. 285-A do revogado Código, quando da tramitação do PL que daria ensejo à Lei n. 11.277/2006, recebeu voto (vencido) de rejeição no Congresso Nacional sob o fundamento de injuridicidade e inconstitucionalidade e, no final de março de 2006, a Ordem dos Advogados do Brasil protocolou perante o Supremo Tribunal Federal ação direta de inconstitucionalidade (n. 3695, rel. Min. Cezar Peluso) pelos motivos que acabamos de apontar. Em defesa da tese da inconstitucionalidade da Lei n. 11.277/2006, diz a OAB que o novo dispositivo (art. 285-A) "(...) institui uma sentença vinculante, impeditiva do curso do processo em primeiro grau (...)", violando os princípios da isonomia, da segurança jurídica, do direito de ação, do contraditório e do devido processo legal. Observa-se que Nelson e Rosa Maria Nery entendem que o dispositivo em questão é inconstitucional (cf. *Comentários ao Código de Processo Civil – novo CPC – Lei 13.105/2015*. São Paulo: Revista dos Tribunais, 2015, art. 332, nota n. 3, p. 908).

apresenta defeitos e irregularidades capazes de dificultar a resolução da lide, conforme preconizado no art. 321 do mesmo Diploma Legal. Sanados os vícios, lacunas ou irregularidades, o julgador estará, então, apto a resolver o mérito, rejeitando de plano o pedido formulado pelo autor (art. 487, I, do CPC).

Poderá ocorrer também que o autor cumule pretensões, isto é, que formule pedidos cumulados, sendo um deles totalmente improcedente, conforme decisões reiteradas daquele juízo, fundadas unicamente em questões de direito.

Nesse caso, a demanda cumulada que se enquadrar nos moldes do art. 332 poderá ser rejeitada, de plano, prosseguindo-se no processo com referência ao outro pedido. Se houver impugnação, haverá de ser por intermédio de agravo de instrumento e não através de apelação, sendo pressuposto para a incidência do artigo em comento que se verifique a resolução do mérito, com a improcedência de todos os pedidos ou do único pedido formulado.

Diz o art. 332, *caput,* do CPC que o juiz *julgará liminarmente;* indaga-se: trata-se de um poder-dever, de mera faculdade, ou, de discricionariedade conferida ao Estado-Juiz?

Trata-se de poder-dever conferido ao magistrado, isto é, não se trata de faculdade ou de poder discricionário, mas de dever que a lei impõe ao julgador de decidir a lide de plano, pela improcedência do pedido, nas hipóteses elencadas no art. 332 do CPC, em observância aos princípios da celeridade e da efetividade do processo.

Contudo, se diferentemente proceder o juiz, e ordenar a citação, deste despacho não caberá recurso algum, devendo o réu, neste caso, ao contestar, demonstrar ao magistrado suas razões fulcradas no elenco de hipóteses descritas no art. 332 do CPC e concluir postulando a improcedência do pedido sem instrução probatória.

Em outros termos, recebida a inicial e processado o feito, ao oferecer resposta, se o caso em concreto enquadrar-se na moldura do art. 332 do CPC, é de bom alvitre que o réu traga à colação, entre outros documentos que entender necessários à sua defesa, os precedentes que lhe são favoráveis, ou aponte a prescrição ou a decadência, arrematando com o pedido de julgamento antecipado da lide, com base no art. 355 do CPC.

Se o juiz verificar, de plano, a incidência de *prescrição* ou *decadência*, havendo ou não precedentes reiterados, haverá de pronunciá-las de ofício, resolvendo o mérito do conflito, com fulcro no § 1º do art. 332 c/c art. 487, I, ambos do CPC.

A sentença que rejeita integralmente o pedido do autor, de plano, resolvendo o mérito, com fulcro no art. 487, I, do CPC, haverá de observar os requisitos definidos no art. 38 da Lei n. 9.099/1995.

Acerca do recurso cabível na hipótese vertente, para evitar repetições indesejadas, reservamos um item específico (n. 6) para tratar da matéria, ao comentarmos o art. 42 da Lei n. 9.099/1995, para onde enviamos o leitor interessado.

4. DA LIQUIDEZ DA SENTENÇA

A regra é a articulação de pedido específico (certo e determinado), mas quando as circunstâncias concretas não tornam possível essa realização, a lei permite também que se formule pedido genérico (§ 2º do art. 14).

Todavia essa situação inicial deve aclarar-se até o momento da prolação da sentença, fazendo-se mister a apuração do pedido no transcorrer da instrução.

Desta feita, a sentença deve ser líquida, a fim de que possa ser executada imediatamente após a sua prolação, sem a necessidade de instauração de qualquer fase procedimental intermediária (liquidação), sob pena de nulidade.[580]

Não é ilíquida a sentença condenatória por soma que, para execução, fica na dependência da elaboração de cálculo aritmético simples, acompanhado dos respectivos demonstrativos (v. art. 52, n. 3, *infra*).

---

[580] "(...) Anula-se o processo, no Juizado Especial Cível, cuja sentença é ilíquida – inteligência do parágrafo único art. 38 da Lei n. 9.099/1995" (Turma Recursal de Belo Horizonte, Rec. 378, rel. Juiz Sebastião Pereira de Souza, j. 22-8-1997).

Art. 39. É ineficaz a sentença condenatória na parte que exceder a alçada estabelecida nesta Lei.[1-6]

1. DA INEFICÁCIA DA SENTENÇA

Apesar da polêmica questão pertinente ao tema da *nulidade* e *ineficácia* das sentenças,[581] entendemos que andou bem tecnicamente o legislador ao fazer menção expressa a esta última, porquanto os *efeitos diretos e reflexos* de cada uma das manifestações do Estado-Juiz, maculadas por algum vício, são indubitavelmente diversos.

Por isso, há que ter presente a distinção entre os três planos de projeção dos atos jurídicos (processuais): plano da *existência*; plano da *validade*; e plano da *eficácia*,[582] tendo-se em consideração a importância do tema para efeitos de ataque à decisão judicial, isto é, os *meios de impugnação* (v. art. 41, n. 1, *infra*).

"(...) À *validade* ligam-se as noções de *nulidade* e de *anulabilidade*, sendo aquela o inverso destas últimas ao passo que a ideia de *eficácia* está conectada com a de *ineficácia*, 'às avessas'. A validade liga-se mais de perto a problemas de regularidade do ato ou da norma, regularidade esta que pode ser de índole formal ou substancial. A eficácia ou a ineficácia de um ato ou de uma norma são fenômenos que ocorrem no plano fático e ligam-se à ideia de *efetiva* produção de efeitos.

"(...) Assim, no nosso entender, o termo eficácia deve ser entendido como relativo à *efetiva produção* de efeitos, embora alguns doutrinadores asseverem não se tratar de fenômeno estritamente jurídico, mas sociológico".[583]

Podemos dizer então que *sentença ineficaz* é aquela que não produz nenhum efeito na órbita do Direito, seja direto ou reflexo;[584] no caso do art. 39, se versar a condenação sobre quantia que ultrapasse o valor fixado no art. 3º (quarenta salários mínimos).

A sentença ou o acórdão de turma recursal deve estar, na verdade, em perfeita consonância com os requerimentos formulados pelos litigantes, numa relação de absoluta *congruência entre o pedido e o pronunciado*. Por isso, já se ouviu dizer que toda demanda é o projeto de sentença que o autor desejaria, no tocante a sua estrutura, bem como ao seu conteúdo.[585]

A matéria assume particular relevância em face da limitação quantitativa estabelecida pelo legislador no que concerne à prestação de tutela jurisdicional (sentença ou acórdão) de natureza condenatória de pagamento em quantia certa, na exata medida em que o art. 39 da Lei em comento torna ineficaz o julgado na parte que sobejar o valor de alçada, no caso dos Juizados Estaduais, limitado em quarenta salários mínimos. Para tanto, reservamos os itens seguintes para tratar separadamente dessa tormentosa questão (itens n. 2, 3 e 4, *infra*).

---

[581] Lembra Teresa Arruda Alvim Wambier que "embora a doutrina não divirja quanto à circunstância de o termo eficácia estar ligado, de uma ou de outra forma, ao problema dos efeitos do ato ou da norma, não há unanimidade relativa a como se dá este relacionamento. Alguns autores ligam o termo à aptidão para a produção de efeitos; outros, à possibilidade de produção efetiva de efeitos e outros, ainda, à efetiva produção de efeitos, concretamente considerados". (*Agravo de instrumento (o novo regime do agravo)*, 4. ed. São Paulo: Revista dos Tribunais, 2006, p. 172).

[582] Cf. Dall'Agnol Jr., Antônio Janyr. *Invalidades processuais*. Porto Alegre: Lejur, 1989, p. 17-24.

[583] Wambier, Teresa Arruda Alvim, *Agravo de instrumento*, p. 172-173.
Especificamente sobre o tema, v. as monografias de Antônio Janyr Dall'agnol Jr. (ob. cit.); Roque Komatsu (Da invalidade no processo civil) e da citada professora paulista (Nulidades da sentença). Dentre outros estudos, v. Humberto Theodoro Jr. (Nulidade, inexistência e rescindibilidade da sentença, *RePro*, 19/38-56 e As nulidades no CPC, *RePro* 30/38-60).

[584] A respeito do interessante tema dos efeitos reflexos da sentença, v. o estudo de Girolamo A. Monteleone (apud Wambier, Teresa Arruda Alvim. *Agravo de instrumento (o novo regime do agravo)*. 4. ed. São Paulo: Revista dos Tribunais, 2006, p. 191, nota de rodapé n. 51).

[585] Cf. citação feita por Eduardo Couture (*Introdutório al estudio del proceso civil*. 2. ed. (reimpressão 1988). Buenos Aires: Depalma, 1949, p. 64).

2. PRESTAÇÕES PERIÓDICAS OU DE TRATO SUCESSIVO

Encontra total aplicabilidade o art. 323 do Código de Processo Civil, que versa sobre as obrigações de trato sucessivo, em sede de Juizados Especiais: "Na ação que tiver por objeto cumprimento de obrigação em prestações sucessivas, essas serão consideradas incluídas no pedido, independentemente de declaração expressa do autor, e serão incluídas na condenação, enquanto durar a obrigação, se o devedor, no curso do processo, deixar de pagá-las ou de consigná-las".

Da *certeza* e *determinação* do pedido – notadamente nos Juizados Especiais, posto que a sentença haverá de ser líquida – decorre logicamente a imprescindibilidade de formulação expressa do requerimento, em homenagem aos princípios da inércia, eventualidade e congruência (relação entre o pedido e o pronunciado).

Conforme já expusemos em outra oportunidade, diante das particularidades de algumas relações de direito pessoal, consistentes em obrigações de trato sucessivo ou periódicas, por ficção jurídica, considerou-as o legislador como incluídas no pedido (imediato) formulado na inicial, independentemente de requerimento explícito do postulante.

Significa dizer que, nesses casos, a falta de requerimento expresso do autor para o adimplemento sucessivo, de sua própria parte ou do réu, não impede o julgador de conhecer e até mesmo conceder parcela não requerida na petição inicial, inexistindo, por conseguinte, qualquer violação aos arts. 322 e 492 do CPC. Aliás, o texto é bastante claro e não deixa dúvidas: consistindo a obrigação em prestações periódicas, elas serão consideradas embutidas no pedido, independentemente de declaração expressa do autor. Portanto, "não há julgamento *extra petita*, por acolher a sentença pedido implícito, admitido pelo Código de Processo Civil (art. 290) [art. 323, CPC/2015], ou seja, é aquele que deflui da análise do pedido explicitamente formulado, como forma de extrair dos provimentos jurisdicionais todo proveito que deles seja lícito esperar".[586]

"Estando implícito o pedido de adimplemento (pagamento ou consignação) do devedor em obrigações de trato sucessivo, todas as demais prestações vincendas haverão de ser cumpridas, delas não se eximindo o sujeito passivo sob o pálio da falta de requerimento".[587]

Por seu turno, é assente que o valor da causa deve corresponder ao pedido, em sintonia com a causa de pedir,[588] assim como em observância aos princípios da originalidade, definitividade e obrigatoriedade, norteadores da petição inicial os contornos da lide são definidos no momento do ajuizamento da ação.

Portanto, em linhas gerais, o limite de alçada, no caso concreto, será estabelecido pelo próprio autor, sem ultrapassar os quarenta salários mínimos apontados no art. 3º, I, da Lei n. 9.099/1995, sob pena de renúncia ao crédito excedente (art. 3º, § 3º), em se tratando de relação conflituosa fundada em direito obrigacional.

Para essas espécies de obrigações, o Código de Processo Civil definiu orientação para a fixação do valor da causa, que bem serve para os Juizados Especiais, segundo norma contida no art. 292, §§ 1º e 2º, *in verbis*: "§ 1º Quando se pedirem prestações vencidas e vincendas, considerar-se-á o valor de umas e outras. § 2º O valor das prestações vincendas será igual a uma prestação anual, se a obrigação for por tempo indeterminado ou por tempo superior a 1 (um) ano, e, se por tempo inferior, será igual à soma das prestações".

Nesses casos, como estamos diante de competência relativa e procedimento opcional,[589] deverá o autor estar atento e verificar, em projeção, se ao término do processo, quando da obtenção da

---

[586] TRF 1ª R., 1ª T., RO 890120394-4-DF, rel. Juiz Aloísio Palmeira Lima, *DJU* 14-12-1998, p. 63.
[587] Figueira Jr., Joel Dias. *Comentários ao Código de Processo Civil*. v. 4. t. II. São Paulo: Revista dos Tribunais, art. 290, item n. 1, p. 122.
[588] Para aprofundamento sobre o tema, v. os nossos comentários ao art. 3º, item 4, *supra*.
[589] Se as leis locais definirem que a competência dos Juizados é "absoluta" (mista), e se a soma das parcelas, ao final, quando da prolação da sentença, vier a superar o valor de alçada, não desejando o autor renunciar ao crédito excedente, poderá ajuizar a demanda perante a justiça comum.

sentença condenatória favorável, o crédito reconhecido em face das prestações sucessivas não será superior ao valor de alçada. Havendo riscos de ultrapassar quarenta salários mínimos, duas situações poderão ocorrer: *a)* propõe a demanda perante vara cível comum; *b)* ajuíza a demanda perante os Juizados Especiais, renunciando ao crédito excedente (art. 3º, § 3º, c/c art. 39).

3. EXCEÇÃO AO LIMITE DE ALÇADA EM FACE DA INCIDÊNCIA DE JUROS E CORREÇÃO MONETÁRIA

O art. 322 do CPC fixa a regra geral no sentido de que os pedidos devem ser certos, aplicável também aos Juizados Especiais. O mesmo dispositivo excepciona a possibilidade de formulação de pedido implícito de juros e correção monetária em face do principal, assim como verbas sucumbenciais e honorários advocatícios. Em outras palavras, mesmo que o autor não inclua expressamente no pedido principal, ao formular a peça exordial, a condenação do réu também nos acessórios (juros e correção monetária), bem como nos demais acréscimos decorrentes da sucumbência (despesas processuais e honorários advocatícios), passam a ser considerados, por disposição legal, como requerimentos implícitos e integrantes do principal.

Nesse ponto, o novel diploma recepciona remansosa doutrina e jurisprudência, inclusive entendimento sumulado pelo Supremo Tribunal Federal, no tocante à inclusão dos juros moratórios na liquidação (e cumprimento de sentença), embora omisso o pedido inicial ou a própria sentença condenatória (Súmula 254).[590]

Diga-se ainda, mesmo que de passagem, que o Superior Tribunal de Justiça sufragou de maneira uníssona e reiterada o entendimento em voga, ao enunciar que " (...) a atualização monetária e os juros legais são acessórios da condenação principal, motivo pelo qual, embora omisso o pedido inicial ou mesmo a sentença condenatória a respeito desses consectários, consideram-se eles implícitos, devendo ser incluídos na conta de liquidação, ainda que já homologado cálculo anterior, não implicando esta inclusão em ofensa a coisa julgada".[591]

Assim se considera porque a "correção monetária não constitui *plus* ou acréscimo material à dívida, mas simples mecanismo de recomposição do seu valor monetário em razão do tempo transcorrido"[592], e, nos termos do disposto na Lei n. 6.899/1981, art. 1º, "a correção monetária incide sobre qualquer débito resultante de decisão judicial, inclusive sobre custas e honorários advocatícios".

Vale lembrar que a "novidade" contida no art. 322 do Código de 2015 de certa maneira e medida retoma à disposição contida no vetusto Código de Processo Civil de 1939, quando dizia que, na sentença "compreender-se-á, todavia, como expresso o que virtualmente nela se contenha". O que não se pode confundir é a hipótese definida no art. 322 com *condenação implícita*, que é inadmissível juridicamente, enquanto, por outro lado, é possível o pedido implícito.

Sobre o tema *da competência mista ("absoluta") em face de lei local*, remetemos o leitor interessado aos nossos comentários ao 3º, item n. 1.4, *supra*.

[590] Súmula 254, *in verbis*: "Incluem-se os juros moratórios na liquidação, embora omisso o pedido inicial ou a condenação". CALMON DE PASSOS (*Comentários ao Código de Processo Civil*. v. III. 8. ed. Rio de Janeiro: Forense, 1998, art. 293, p. 210, n. 152), assim como PONTES DE MIRANDA (*Comentários CPC de 1939*, v. II, p. 2388 e v. XII, p. 129-130) entendiam que os juros, assim como a correção monetária, não postulados na inicial, estariam implícitos no pedido e, portanto, perfeitamente possível de serem inseridos pelo juiz no momento da prolação da sentença condenatória. Contudo, entendiam que, se os acessórios não estivessem embutidos na sentença, não poderiam ser objeto de execução. Perfilhamos no passado também esse entendimento, no tocante aos juros não embutidos no comando condenatório da sentença, porém, refletimos mais a respeito do tema e evoluímos para seguir o entendimento forte da doutrina e jurisprudência dominantes, agora chancelado pelo art. 322 do CPC de 2015.

[591] AgRg no REsp 1532388/MS, rel. Ministro Ricardo Villas Bôas Cueva. 3ª T, j. 3-11-2015, DJe 16-11-2015. No mesmo sentido: "(...) Os juros legais são acessórios do principal, motivo pelo qual, embora omisso o pedido inicial ou a sentença condenatória, consideram-se implícitos e devem ser incluídos na conta de liquidação, ainda que homologado cálculo anterior, não implicando esta inclusão em ofensa a coisa julgada" (REsp 402.724/SP, rel. Min. Luis Felipe Salomão, j. em 6-4-2010, *DJe* 19-4-2010).

[592] STJ AgRg no AREsp 401.543/RJ, rel. Min. Luis Felipe Salomão, 4ª T, j. em 24-3-2015, *DJe* 30-3-2015.

Em sede de Juizados Especiais, a questão assume relevância diversa e ainda maior, no que concerne à norma estatuída no art. 39 da Lei n. 9.099/1995, dispositivo limitador da "eficácia" da sentença condenatória

Em princípio, diante da clareza da regra insculpida no art. 39 em exame, a primeira conclusão a que se chega, com certa facilidade, é no sentido de que, toda e qualquer importância que ultrapassar o valor de quarenta salários mínimos (art. 3º, I) inserto no comando condenatório da sentença será *ineficaz*, conclusão esta que encontra reforço na opção conferida ao autor da demanda pelo sistema dos Juizados Estaduais, ciente de que a sua escolha importará em renúncia ao crédito excedente, excetuada a hipótese de autocomposição (art. 3º, § 3º) (v. item 6, *supra*).

Esse, aliás, foi o nosso entendimento perfilhado desde a primeira edição desta obra, coincidente com o ano da publicação da Lei n. 9.099/1995. Então, a partir desta oitava edição, passamos a refletir sobre outro prisma, revisitamos conceitos, consideramos os avanços da jurisprudência nesta seara (notadamente do STJ), e, em especial, passamos a considerar a incidência do tempo nos processos que tramitam nos Juizados e a demora na prestação da tutela jurisdicional[593] que, não raramente, ultrapassa, em muito, os feitos que se encontram em varas cíveis de competência residual.

Nessa revisão de posicionamento, passamos a considerar primeiramente os princípios norteadores da petição inicial – originalidade, obrigatoriedade e definitividade (v. comentários ao art.3º, item n. 4.6, e art. 14, item n. 3, *supra*) e, mais adiante, os princípios orientadores da sentença, notadamente a congruência que deve ser observada em relação ao pedido formulado (princípio da congruência ou da relação entre o pedido e o pronunciado).

Vale dizer, em outros termos, que o limite de quarenta salários mínimos deverá ser observados pelo autor no momento da propositura da ação, pois os contornos da lide são estabelecidos com a peça exordial (o que sobejar importará renúncia ao crédito excedente – art. 3º, § 3º), e, sobre esse pedido, haverá o réu de articular a sua defesa e exercitar plenamente o contraditório, assim como o julgador deverá observá-lo para prestar, em sintonia fina, a tutela jurisdicional perseguida.

Vejamos um exemplo para bem elucidar a questão: o autor formula pedido de condenação do réu em quantia equivalente a quarenta salários mínimos (hipoteticamente, R$ 10.000,00), ou seja, o valor do principal pretendido; frustrada a tentativa de conciliação, tempos depois (meses ou anos!!??) vem o autor a obter êxito integral em sua pretensão e, nessa toada, o juiz condena o réu ao pagamento de R$ 30.000,00 (hipoteticamente, o correspondente a quarenta salários mínimos na data da sentença).

Vem então a pergunta: sobre esse valor do principal, poderá ainda acrescer os juros legais e a correção monetária? A resposta há de ser positiva, ou seja, o julgador condenará o réu ao pagamento de R$ 30.000,00 (correspondente na data da sentença ao limite máximo de alçada = quarenta salários mínimos), acrescido de juros e correção monetária.

Dando sequência ao exemplo, o vencido não cumpre espontaneamente a sentença que lhe foi desfavorável, e o vencedor acaba por requerer o seu cumprimento forçado; para tanto, elabora planilha de cálculo inserindo os juros e a correção monetária, quando então se apercebe que a quantia objeto da execução alcança o patamar de, também hipoteticamente, R$ 45.000,00, muito acima do limite de quarenta salários mínimos.

Nesses casos, os juros e a correção monetária, em que pese integrarem o pedido principal (art. 322 do CPC), não podem ser computados para a integração da parcela do julgado que o legislador denominou *excedente ineficaz da sentença* (art. 39), pois a correção monetária é mero indexador de atualização real da moeda, de maneira a manter o seu equivalente valorativo no decurso do

---

[593] Assinala-se, *em passant*, que a demora da tramitação dos feitos nos Juizados Especiais não se atribui ao sistema normativo, mas à falta de estrutura (material e de pessoal) que os impede de atender os anseios do cidadão, em cumprimento aos preceitos constitucionais delineados no art. 98 da Lei Maior. Para aprofundamento sobre o tema da "crise jurídica e judiciária", enviamos o leitor interessado à "Introdução" desta obra.

tempo[594] e, por conseguinte, não importando em qualquer ganho de capital; por sua vez, os juros legais (moratórios) decorrem da prática de ato do próprio devedor em face de sua inadimplência, isto é, incide em razão da demora do obrigado em cumprir sua obrigação de efetuar o pagamento da dívida. Frise-se também que, *ainda que se não alegue prejuízo, é obrigado o devedor aos juros da mora*, segundo norma estatuída no Código Civil, art. 407, primeira parte.[595]

Portanto, além de integrar o principal, juros e correção monetária são considerados matéria de ordem pública, cognoscível de ofício pelo julgador, seja para condenar quando não pedido pelo autor, seja para executar, mesmo que não contido no comando condenatório da sentença, ou ainda para corrigir a decisão, o que não importará em *reformatio in pejus*.[596]

4. EXCEÇÃO AO LIMITE DE ALÇADA EM FACE DA SUCUMBÊNCIA, DA APLICAÇÃO DE PENA PECUNIÁRIA POR LITIGÂNCIA DE MÁ-FÉ OU PRÁTICA DE ATO ATENTATÓRIO À DIGNIDADE DA JUSTIÇA, DAS *ASTREINTES* E DA MULTA POR NÃO PAGAMENTO ESPONTÂNEO DECORRENTE DE CONDENAÇÃO POR QUANTIA CERTA

Conforme acabamos de ver nos itens precedentes deste estudo, a regra insculpida no art. 39 da Lei n. 9.099/1995 é dirigida à sentença (ou acórdão), no que concerne ao objeto da demanda de natureza condenatória (pagamento de soma), tendo em vista que é justamente sobre ele que reside a limitação quantitativa de alçada estatuída no art. 3º, I, § 3º e art. 15, *in fine*, da Lei em comento.

A questão é de simples resolução, pois a regra contida no art. 39 da Lei n. 9.099/1995 define apenas o limite de eficácia da sentença no que concerne ao principal propriamente dito, excluídos, por conseguinte, todos os demais acessórios ou consectários da decisão que acolhe o pedido do autor.

A regra geral da *sucumbência* é regulada no Código de Processo Civil e engloba, além do principal, a condenação do vencido a pagar ao vencedor as despesas processuais (art. 82, § 2º) e honorários advocatícios (art. 85, *caput*). Essa regra encontra aplicação subsidiária em sede de Juizados Especiais ("no que couber"), porque o microssistema também possui regulamentação própria e distinta (parcialmente) acerca da matéria, tendo-se presente que descabe, em princípio, a condenação do vencido em primeiro grau de jurisdição nas despesas processuais e honorários advocatícios, salvo se reconhecida a litigância de má-fé (v. arts. 54 e 55).

Portanto, seja em primeiro ou segundo grau de jurisdição, a soma da verba sucumbencial (despesas processuais e honorários advocatícios) com o principal poderá ultrapassar o limite de quarenta salários mínimos e o que lhe sobejar não será considerado ineficaz em dispositivo condenatório inserto em sentença ou acórdão.

Seguindo a mesma toada, é o que se verifica com os acréscimos na condenação em importâncias fundadas em *multa por litigância de má-fé* (CPC, arts. 79, 80 e 81), prática de *ato atentatório a dignidade da justiça* (ato atentatório ao exercício da jurisdição) (CPC, art. 77, § 2º), ou medidas pecuniárias de caráter coercitivo inibitório (fazer, não fazer ou entregar) (*astreintes*). Nesses casos, assim como nos demais acima versados, se essas quantias, somadas ao principal, ultrapassarem o

---

[594] A definição dos índices de correção monetária são baseadas em cálculo do preço da moeda, nos índices da inflação e na cotação do mercado financeiro.

[595] Veja-se as seguintes orientações das Cortes Superiores, devidamente sumuladas: STF, Súmula 562: "Na indenização de danos materiais decorrentes de ato ilícito, cabe a atualização de seu valor, utilizando-se, para esse fim, dentre outros critérios, dos índices de correção monetária"; STF, Súmula 254 (acima referida); STJ, Súmula 43: "incide correção monetária sobre dívida por ato ilícito a partir da data do efetivo prejuízo".

[596] "(...) 5. Os juros moratórios são consectários lógicos e *ex lege* da condenação, devendo o julgador agir, nesse seara, até mesmo de ofício, nos termos do art. 293 do CPC e da Súmula n. 254/STF. Precedentes. 6. Agravo regimental não provido (AgRg no AREsp 401.543/RJ, rel. Min. Luis Felipe Salomão 4ª T j. em 24-3-2015, *DJe* 30-3-2015).

No mesmo sentido: "(...) 2. Consoante já decidido por esta Corte, não há falar em reformatio *in pejus* quando o Tribunal altera tão somente os consectários legais, por integrarem o pedido de forma implícita, justamente por serem matéria de ordem pública, cognoscível de ofício (A respeito: AgRg no AREsp 324.626/SP, rel. Min. Humberto Martins, 2ª T., *DJe* 28-6-2013). 3. Embargos de declaração rejeitados. (EDcl nos EDcl no Ag 1074207/RS, rel. Mina. Desa. Convocada Alderita Ramos de Oliveira, j. em 20-8-2013, *DJe* 4-9-2013).

valor de alçada dos Juizados especiais, será a sentença ou o acórdão plena e quantitativamente eficaz para satisfazer o vencedor.

No que concerne às *astreintes*, pode ocorrer que o valor da causa e, portanto, o objeto da demanda não apresente considerável valor econômico e esteja, por conseguinte, abaixo de quarenta salários mínimos, e, por sua vez, a multa coercitiva ultrapasse esse limite, por si só, ou quando somada ao principal e outras verbas (v.g. multa por litigância de má-fé, honorários advocatícios, despesa processuais).[597] Nesses casos, assim como nos demais já analisados, a sentença ou acórdão terão eficácia plena.

Sobre a proporção e razoabilidade a ser observada na fixação e valor final das *astreintes*, defendemos o entendimento no sentido de que, por se tratar de medida coercitiva inibitória, deve o julgador não perder de vista seus escopos, assim como não pode servir de enriquecimento sem causa ao vencedor da demanda. Via de regra, entendemos que o valor final a ser atingido pelas *astreintes* não deve ser superior ao bem da vida objeto do litígio, ressalvadas as hipóteses particularíssimas que justifiquem posicionamento diverso para o caso concreto. Assim, deve o juiz atentar aos critérios da razoabilidade e da proporcionalidade e, ao perceber eventual descompasso, deverá limitar o quanto devido ao autor e considerar a recalcitrância do devedor como prática de ato atentatório à dignidade da justiça e fixar nova multa, desta feita a reverter para os cofres públicos, sem prejuízo de sanções criminais e processuais cabíveis (CPC, art. 77, § 2º).[598]

---

[597] Nesse sentido, já se manifestou o STJ, em aresto da lavra do Min. Ari Pargendler, *in verbis*: "Reclamação. Juizado Especial Cível. Legalidade da multa pelo descumprimento de ordem judicial, ainda que o respectivo montante exceda a alçada dos Juizados Especiais Cíveis. 1. Uma causa processada em Juizado Especial Cível, de diminuto valor patrimonial, pode resultar numa multa que exceda a alçada e que supere em múltiplas vezes o montante originalmente controvertido. Tudo porque, a se entender que a multa não pode exceder à alçada, a *astreinte* aplicada nessa jurisdição terá um teto tarifado, por cujo pagamento o demandado poderá optar em prejuízo à ordem judicial. Vale dizer, em casos que tais está em causa a autoridade da jurisdição, que se sobrepõe aos limites do Juizado Especial Cível (...)" (Rcl 9332/MG, 1ª Seção, j. 13-8-2014, *DJe* 16-11-2015). No mesmo sentido: Rcl 7861/SP, j. 11-9-2013, *DJe* 6-3-2014, rel. Min. Luis Felipe Salomão).

[598] Observa-se que está pacificado no STJ a interpretação atinente à manutenção da competência dos Juizados e a eficácia da sentença (ou acórdão) condenatória quando extrapolar o limite de alçada de quarenta salários mínimos, inclusive no que tange às *astreintes*. O ponto que ainda remanesce divergente reside na proporcionalidade e razoabilidade do quanto final atingido pela multa coercitiva no cotejo com o bem da vida perseguido (objeto da demanda propriamente dito). Nessa seara encontramos basicamente três entendimentos distintos, a saber: *a)* "não é possível a redução do montante executado a título de *astreintes* por descumprimento de ordem judicial de retirada de nome de consumidor de órgão de proteção ao crédito, ainda que a execução tramite no Juizado Especial e o valor supere o de alçada, quando a recalcitrância do devedor tenha perdurado por vários anos e este mesmo devedor, empresa de telefonia, em casos análogos, venha repetindo esse comportamento. Isso porque a redução das *astreintes*, no caso, beneficiaria sobremaneira o devedor em uma questão bastante simples, que era o descadastramento no órgão de proteção ao crédito. Assim, como não havia maior dificuldade para o cumprimento da decisão, deve-se prestigiar a ordem judicial e a importância do seu cumprimento" (voto vencido do Min. Paulo de Tarso Sanseverino); no mesmo sentido o "voto vista" do Min. Antônio Carlos Ferreira); na mesma linha: "(...) Sendo flagrante o descaso da reclamante com relação à autoridade da decisão judicial a ela dirigida, não se revela teratológica a decisão impugnada, não se havendo falar que o elevado valor alcançado pela multa cominatória estaria afrontando os princípios da proporcionalidade e da razoabilidade, nem que estaria propiciando o enriquecimento sem causa da autora da ação originária. Acrescente-se que, considerando a natureza das *astreintes*, que é a de assegurar a efetividade das decisões judiciais, não se pode aferir sua razoabilidade tomando como parâmetro a expressão econômica envolvida na ação" (voto vencido Min. Fátima Andrighi); *b)* "(...) Se a multa até esse limite [quarenta salários mínimos] não for suficiente para constranger o devedor a cumprir a sentença, restará ao credor valer-se de outros meios, como *notitia criminis* por desobediência e o ajuizamento de nova ação perante a Justiça Comum, caso o inadimplemento retardado tenha dado origem a outros danos posteriores à propositura da ação no Juizado. Acrescenta-se que o valor da multa diária não faz coisa julgada material, podendo ser revisto a qualquer momento, se se revelar insuficiente ou excessivo, conforme art. 461, § 6º, do CPC (voto vista Min. Maria Isabel Gallotti); *c)* "A multa cominatória prevista no art. 461, §§ 4º e 5º, do Código de Processo Civil não se revela como mais um bem jurídico em si mesmo perseguido pelo autor, ao lado da tutela específica a que faz jus. Sua fixação em caso de descumprimento de determinada obrigação de fazer tem por objetivo servir como meio coativo para o cumprimento da obrigação. Dessa forma, deve o juiz aplicar, no âmbito dos juizados especiais, na análise do caso concreto, os princípios da razoabilidade e proporcionalidade, além de não se distanciar dos

Como dissemos, esses acréscimos quantitativos não decorrem e não integram o pedido principal, sendo um desdobramento da própria condenação (sucumbência) ou da violação de comezinho dever de lealdade processual ou renitência no cumprimento de ordem judicial por parte do réu (litigância de má-fé e multa coercitiva – *astreintes*). A possibilidade de cumulação dessas quantias com o principal em face do limite estabelecido para a eficácia da sentença condenatória afigura-se evidente, pois, se assim não for, ficará o vencedor da demanda prejudicado, tendo em vista que a pretensão ressarcitória perseguida, em sua integralidade, ou seja, o *quantum* principal objeto de sua satisfação, haverá de mesclar-se e ser deduzido daquelas outras importâncias mencionadas, o que é inadmissível. Em outras palavras, a sucumbência e os atos desleais praticados pela parte vencida – com seus efeitos de ordem pecuniária – reverteriam em seu próprio benefício, em detrimento do vencedor da demanda, na exata medida em que o somatório dessas importâncias com o principal não ultrapassariam o limite de alçada estabelecido no art. 3º da Lei n. 9.099/1995.

Em arremate, assinala-se que as regras atinentes ao cumprimento de sentença condenatória por quantia certa, aplicam-se, no que couber, à Lei dos Juizados Especiais, em particular a disposição contida no art. 523 do CPC, que define a incidência de multa de 10% sobre o montante da condenação e honorários advocatícios, no mesmo percentual, caso o devedor não efetue o pagamento espontaneamente no prazo de 15 dias. Nessa hipótese, o valor objeto da condenação poderá ultrapassar também o valor de alçada estabelecido em quantia correspondente a quarenta salários mínimos.[599]

5. MODIFICAÇÕES DO SALÁRIO MÍNIMO

Em razão da incidência do tempo no trâmite processual, não é incomum constatar-se que, ao proferir a sentença condenatória, tenha ocorrido variação (elevação) do salário mínimo. Nesses casos, duas situações poderão ocorrer na prática, senão vejamos.

A primeira diz respeito ao pedido formulado no limite máximo, isto é, quarenta salários mínimos. Se o autor, ao peticionar, não transformou os quarenta salários mínimos ao representativo em moeda corrente nacional ao tempo da propositura da ação, e se a pretensão formulada for acolhida na íntegra, a sentença haverá de condenar o vencido em quarenta salários mínimos, independentemente da forma de reajuste utilizada pelo governo federal.

Diferentemente, se o autor, ao formular o pedido condenatório, converte os quarenta salários mínimos ao equivalente em moeda corrente da época do ajuizamento da ação, se acolhida a pretensão, ao final incidirão os juros e a correção monetária sobre o *quantum* pretendido em face do decurso do tempo. Nesse caso, se o total da condenação (juros, correção monetária e principal) ultrapassar quarenta salários mínimos da época na qual a sentença for proferida, será considerada ineficaz a decisão na parte que ultrapassar o valor de alçada (cf. item n. 3, *supra*).

A segunda hipótese diz respeito a situações nas quais o autor formula pedido de valor superior a quarenta salários mínimos, sem renunciar expressamente ao crédito excedente. Todavia, tempos depois, na época da prolação da sentença, verificou-se elevação do salário mínimo, adequando-se então o pedido ao valor atual de alçada. Circunstância como essa há de ser coibida por burlar o sistema e princípios instrumentais.

---

critérios da celeridade, simplicidade equidade que norteiam os juizados especiais, mas não há limite ou teto para a cobrança do débito acrescido da multa e outros consectários. No caso concreto, buscou-se, na fase descumprimento de sentença, o recebimento de valor a título de *astreintes* no montante de R$ 387.600,00 (o que corresponde em valores atualizados até a presente data e com juros de mora a R$ 707.910,38), quando o valor da condenação principal – danos morais – ficou em R$ 3.500,00. Sopesando o fato de o valor fixado a título de *astreintes* revelar-se, na hipótese, desarrazoado ao gerar o enriquecimento sem causa, com a gravidade da conduta da reclamante ao manter o nome do autor em cadastro restritivo por mais de dois anos, sem justificativa razoável, o valor da multa deve ser reduzido para R$ 30.000,00 (...)" (voto vencedor, rel. Min. Luis Felipe Salomão). Todos os votos citados foram retirados da Rcl 7861/SP, j. 11-9-2013, *DJe* 6-3-2014.

[599] Assim também o Enunciado 97 do Fonaje: "A multa prevista no art. 523, § 1º, do CPC/2015 aplica-se aos Juizados Especiais Cíveis, ainda que o valor desta, somado ao da execução, ultrapasse o limite de alçada; a segunda parte do referido dispositivo não é aplicável, sendo, portanto, indevidos honorários advocatícios de dez por cento".

Já tivemos oportunidade de registrar que a petição inicial é norteada pelos princípios da originalidade, definitividade e obrigatoriedade, delimitando os contornos da lide judicial e, com base nesse delineamento (salvo algumas exceções), o Estado-Juiz conhece do conflito instaurado e profere a sua decisão de mérito.

Assim, se o autor formula pedido de valor superior aos quarenta salários mínimos da época da propositura da ação, está implicitamente renunciando ao crédito excedente, em face da opção feita pelos Juizados Especiais Cíveis (art. 3º, § 3º).

6. DA ADVERTÊNCIA A RESPEITO DA RENÚNCIA DE CRÉDITO EXCEDENTE

Através do disposto no final da 2ª parte do art. 21 da Lei n. 9.099/1995, procurou o legislador fazer com que os juízes (leigos ou togados) e conciliadores não se esquecessem de advertir as partes sobre a *renúncia ao crédito excedente*, diante de formulação de pedido em quantia superior ao valor de alçada estabelecido para os Juizados Especiais.

O alerta destina-se, indistintamente, às hipóteses em que a renúncia já tenha sido feita expressamente na peça inaugural, assim como para os casos em que o autor silenciou a esse respeito, pois o escopo da norma é deixar claro ao autor as consequências de ordem material resultantes da renúncia.

Em que pese a renúncia poder realizar-se de maneira expressa ou tácita, é de bom alvitre que, em sede de Juizados Especiais, não se admita essa última forma, notadamente quando o autor estiver postulando desacompanhado de advogado.

> **Art. 40.** O juiz leigo que tiver dirigido a instrução proferirá sua decisão[1] e imediatamente a submeterá ao juiz togado, que poderá homologá-la, proferir outra em substituição ou, antes de se manifestar, determinar a realização de atos probatórios indispensáveis.[2]

1. SENTENÇA PROFERIDA POR JUIZ INSTRUTOR (OU LEIGO)

Ao comentarmos a Seção XI dessa lei, tivemos oportunidade de expor as atividades do novo auxiliar da justiça, que o legislador resolveu denominar *juiz leigo*, quando mais adequado seria *juiz instrutor*, a exemplo do que se verifica no sistema do processo civil italiano, sobretudo após a reforma de 1990, que instituiu como regra geral os juízos monocráticos (*giudice unico*) e alterou a competência *dei giudice istrutore*.

Assim como ocorre no Direito Instrumental italiano, os poderes do nosso *juiz instrutor* são amplos, inclusive o de proferir sentença,[600] além de tantos outros que se manifestam durante toda a audiência, a começar pela tentativa de conciliação (v. art. 37 c/c art. 40).

Prestigiam-se aqui os princípios da imediação, da identidade física do juiz e da celeridade processual, fazendo-se da audiência, em termos concretos, um ato único (conciliação, instrução e julgamento). A lei confere expressamente esses poderes ao juiz instrutor quando dispõe que ele *proferirá* a decisão. Não se trata, portanto, de uma faculdade ("*poderá*" *proferir decisão*), mas de uma imposição legal, pelos motivos já expostos.

Ademais, objetiva-se com essa iniciativa a agilização maior dos processos, através da prestação de uma tutela jurisdicional mais rápida e a gradativa redução do número elevadíssimo de processos que aguardam sentença a ser proferida pelos juízes togados. Aliás, a participação de juízes leigos bacharéis em Direito na prestação da tutela jurisdicional do Estado é uma tendência universal.

Tendo em vista que nos embargos à execução de título judicial ou extrajudicial realiza-se cognição e, por conseguinte, instrução incidental, poderão ser dirigidos por juiz leigo (art. 37) e por ele

---

[600] Para bem designar essas funções do *juiz instrutor*, o sistema italiano utiliza-se da expressão (a qual nos parece bastante apropriada) *Giudice instrutore in funzione di Giudice unico*. Para maiores informações a respeito deste tema, remetemos o leitor às notas de rodapé n. 26 e 27, dos nossos comentários ao art. 37, *supra*.

julgados, *ad referendum* do juiz togado (art. 40).⁶⁰¹ Após o julgamento dos embargos, o juiz leigo não mais dirigirá o processo de execução (se rejeitado os embargos), em face da ausência de instrução.

2. JUIZ TOGADO E SENTENÇA *AD REFERENDUM*

A *sentença proferida pelo juiz instrutor* é sempre *ad referendum* do juiz togado. Para tanto, dispõe a norma que, após a tomada da decisão, deverá ser imediatamente submetida à apreciação daquele, que poderá homologá-la, proferir outra em substituição ou determinar a realização de atos probatórios indispensáveis.⁶⁰²

Todavia, esse poder conferido ao juiz togado de modificar a decisão do juiz leigo não tem a amplitude que se possa a princípio imaginar, porquanto deverá acolher a decisão no mérito, em deferência ao convencimento e motivações do instrutor que presidiu toda a audiência e que colheu diretamente as provas.

O controle a ser feito não é quanto à questão de fundo (mérito), mas apenas de forma e a respeito daquelas matérias que podem ser conhecidas de ofício, em qualquer tempo e grau de jurisdição, tais como condições da ação, pressupostos processuais ou nulidades absolutas (no caso, que tenham causado prejuízo às partes).

Há que entender pela expressão "determinar a realização de atos probatórios indispensáveis" como o poder concedido ao juiz togado de controlar não o mérito da decisão, mas, sim, os meios probatórios que foram utilizados para respaldar a motivação e, consequentemente, a conclusão da sentença do juiz leigo. Tanto é que a lei fala em atos probatórios *indispensáveis* e não em outros quaisquer. São os atos que, em hipótese alguma podem ser preteridos pelo juiz instrutor. É uma questão de *qualidade de prova*. Por exemplo, será indispensável a ouvida de testemunhas, quando a espécie vertente assim o exigir e o juiz instrutor, *sponte sua*, tenha simplesmente rejeitado a sua produção.

Se assim não se entender a respeito dos poderes do juiz togado, haverá um desprestígio em face da decisão proferida pelo juiz instrutor e, o que nos parece ainda pior, um descrédito da própria justiça, o que acarretará o insucesso paulatino e indesejável dos Juizados Especiais Cíveis. Não se pode esquecer de que o legislador aplicou todas as suas esperanças nos auxiliares leigos – *conciliadores e juízes instrutores* – de quem se aguarda pleno êxito em prol da melhor e mais rápida distribuição da Justiça.⁶⁰³

Por isso, já dissemos alhures que há necessidade de uma mudança radical de concepção dos operadores do Direito, mormente dos magistrados. Ademais, a nova lei está a exigir uma profunda reflexão de todos nós a respeito de temas diversos, especialmente daqueles que são novidade no sistema, como, por exemplo, o dispositivo ora analisado. A esse respeito, v. também os nossos comentários ao art. 7º, *supra*.

> **Art. 41.** Da sentença, excetuada a homologatória de conciliação ou laudo arbitral, caberá recurso para o próprio Juizado.¹
> § 1º O recurso será julgado por uma turma² composta por 3 (três) juízes togados, em exercício no primeiro grau de jurisdição, reunidos na sede do Juizado.³
> § 2º No recurso, as partes serão obrigatoriamente representadas por advogado.⁴⁻⁵

---

[601] Cf. Enunciado 52 do Fonaje: "Os embargos à execução poderão ser decididos pelo juiz leigo, observado o art. 40 da Lei n. 9.099/1995".

[602] Nos termos do Enunciado 95 do Fonaje: "Finda a audiência de instrução, conduzida por juiz leigo, deverá ser apresentada a proposta de sentença ao juiz togado em até dez dias, intimadas as partes no próprio termo da audiência para a data da leitura da sentença".

[603] Não é por menos que insistimos na imprescindível definição de critérios objetivos para a seleção desses novos auxiliares da justiça, somados à participação em cursos de formação e constante aperfeiçoamento.

1. RECURSOS E MEIOS DE IMPUGNAÇÃO

1.1 Considerações gerais sobre os meios de impugnação nos Juizados Especiais Cíveis

De início, poderíamos afirmar que o sistema prevê apenas dois tipos de recursos: o *inominado* (o qual achamos por bem chamar de *apelação*)[604] e o de *embargos de declaração*, sem considerar que este último não contém natureza propriamente recursal, sendo uma espécie de *incidente de complementação do julgado*.

Porém, a matéria está a exigir que façamos uma análise do fenômeno por um prisma mais amplo, isto é, considerando-o como *meios de impugnação* e *recursos*.

Sabemos que o sistema recursal brasileiro, dentre outros princípios, norteia-se pelo denominado *princípio da congruência*, que preconiza quão pertinente deve ser a relação entre o tipo de decisão e o recurso específico previamente estabelecido em lei. Daí o surgimento da necessidade de uma adequada classificação dos atos e providências judiciais, razão pela qual dedicamos um item específico destes comentários para afrontar essa matéria (v. art. 12, item n. 1.2, *supra*).

A impugnação a qualquer providência judicial pressupõe a configuração de alguma lesão capaz de ensejar ao litigante prejudicado o interesse de manifestar a sua insatisfação com o escopo de obter a reforma da decisão.

Liebman nos fornece os contornos bem definidos do que vem a ser impugnação judicial: "Do ponto de vista subjetivo, impugnação é o poder que a lei atribui a um sujeito de pedir um novo exame da causa e a pronúncia de uma nova decisão; do ponto de vista objetivo, é o ato através do qual tal poder é exercido e também o inteiro procedimento que vem iniciado com este ato".[605]

Ressalta ainda o Mestre italiano que todas as decisões, como cada ato humano, podem ser defeituosas ou equivocadas. As impugnações aparecem como remédios que a lei coloca à disposição das partes para provocar o mesmo juiz, ou de instância superior, a proferir um novo juízo que se espera imune do defeito ou do erro da decisão precedente recorrida.

A probabilidade de obter com o exercício desses remédios uma decisão mais justa é inerente ao fato de que a nova decisão será pronunciada em via de controle e de reexame crítico daquilo que foi colocado no juízo recorrido, acrescido da circunstância de que o novo juízo será composto por um órgão diverso e superior, formado por magistrados selecionados, mais experientes e autorizados; quando a revisão é confiada ao mesmo órgão, a probabilidade reside no fato de que se elimina preventivamente o inconveniente que pode ter induzido em erro o juiz, ou verificam-se elementos de cognição antes desconhecidos ou impossíveis de serem considerados, ou colocados por um ponto de vista não considerado anteriormente.[606]

O princípio do duplo grau de jurisdição, apesar de não estar expressamente previsto na Constituição Federal (art. 5º, inciso LV), encontra-se indubitavelmente implícito em diversos dispositivos da Carta, através dos quais se pode concluir, sem maiores dificuldades, a respeito de sua admissibilidade dentro dos sistemas jurídicos instrumentais.[607] Esse princípio permite aos interessados recorrerem à instância imediatamente superior ao órgão prolator da decisão impugnada para obterem

---

[604] Em parceria com o eminente Ministro Athos Gusmão Carneiro, elaboramos um esboço de anteprojeto de lei para modificação de diversos dispositivos da Lei n. 9.099/1995, sendo um deles o art. 41, com a seguinte redação, *in verbis*: "Art. 41. Da sentença, excetuada a homologatória de conciliação ou laudo arbitral, caberá apelação para Turma Recursal, composta por três juízes togados em exercício no primeiro grau de jurisdição".

[605] Liebman, Enrico Tullio. *Manuale di diritto processuale civile*. v. 2. 4. ed. Milano: Giuffrè, 1984, p. 253, n. 288.

[606] Liebman, Enrico Tullio. *Manuale di diritto processuale civile*. v. 2. 4. ed. Milano: Giuffrè, 1984, p. 251-252.
Em geral, sobre os *princípios fundamentais* e, a *teoria geral dos recursos* e os *princípios do processo civil na Constituição Federal*, v. as excelentes monografias de Nelson Nery Jr., assim intituladas.

[607] A esse respeito escreve Nelson Nery Jr.: "O art. 158, da Constituição do Império de 1824, dispunha expressamente sobre a garantia absoluta do duplo grau de jurisdição, permitindo que a causa fosse apreciada, sempre que a parte o quisesse, pelo então Tribunal da Relação (depois de Apelação e hoje de Justiça). Ali estava inscrita a regra da garantia absoluta do duplo grau de jurisdição.

a revisão da matéria apreciada em interlocutória ou sentença, ou, em casos excepcionais, ao próprio prolator do *decisum* combatido, hipóteses em que poderá modificar a sua decisão mediante juízo de retratação ou retratabilidade.

No momento em que o constituinte tratou dos órgãos do Poder Judiciário estabeleceu também a competência recursal de alguns destes (arts. 102, II e III; 105, II e III; e 108, II, todos da CF), bem como instituiu para os Estados o dever de criar as "Turmas" de Recurso, para o julgamento das questões pertinentes aos Juizados Especiais de Causas Cíveis e Criminais.[608]

Em face da aplicação subsidiária do Código de Processo Civil à Lei n. 9.099/1995, na qualidade de macrossistema instrumental, as normas previstas para os recursos, em geral, aplicam-se também aos Juizados Especiais, desde que não conflitem com as suas regras próprias ou princípios norteadores. Assim, por exemplo, sempre que se verificar a hipótese de sucumbência recíproca, intimado o recorrido que até então se conformara com a decisão para oferecer contrarrazões, poderá interpor *recurso adesivo*, nos termos do disposto no art. 997 do CPC,[609] valendo frisar que a admissibilidade desse tipo de recurso, diferentemente de entendimentos equivocados em sentido diverso, em nada prejudica ou afronta o princípio da celeridade, tendo-se como certo que a parte que recorre adesivamente poderia, igualmente, interpor em separado o seu recurso de apelação ("inominado").[610]

Fazendo coro com o nosso entendimento, extraímos a seguinte lição de MÔNICA BONETTI COUTO, *in verbis*: "(...) Para nós, o recurso adesivo não pode deixar de ser admitido, visto que o recurso inominado possui o mesmo objeto de apelação, qual seja, a reapreciação de toda a matéria fática e jurídica acerca de determinado litígio por um órgão colegiado, com o escopo de atender ao princípio do duplo grau de jurisdição.

"Ademais, a adotar semelhante posição, vedando a possibilidade da parte recorrer adesivamente, estaríamos retirando dela o direito de livre exercício do contraditório, da ampla defesa e do devido processo legal por meio de lei ordinária (no caso, a Lei n. 9.099/1995), sob o argumento de dar prevalência à celeridade processual. Idêntica solução subtrairia à parte instrumento deveras importante, restando ela impossibilitada de fazer valer os seus direitos constitucionalmente garantidos, em prol da celeridade processual estabelecida por lei hierarquicamente inferior."[611]

São *requisitos de admissibilidade* do *recurso adesivo*: "a) tenha havido sucumbência recíproca (vencidos parcialmente autor e réu); b) o recorrido não tenha interposto recurso principal,

---

"As constituições que se lhe seguiram limitaram-se a apenas mencionar a existência de tribunais, conferindo-lhes competência recursal. Implicitamente, portanto, havia 'previsão' para a existência de recurso.
Mas, frise-se, não 'garantia' absoluta ao duplo grau de jurisdição" (*Princípios do processo civil na Constituição Federal*. São Paulo: Revista dos Tribunais, 1995, p. 149).

[608] Excepcionalmente, encontramos hipóteses regulamentadas na própria Constituição em que não se vislumbra a possibilidade de aplicação do princípio do duplo grau de jurisdição, como, por exemplo, naquelas de competência originária do STF (art. 102, I).

[609] Assim dispõe o art. 997 do CPC, *in verbis*: "Cada parte interporá o recurso independentemente, no prazo e com observância das exigências legais. § 1º Sendo vencidos autor e réu, ao recurso interposto por qualquer deles poderá aderir o outro. § 2º O recurso adesivo fica subordinado ao recurso independente, sendo-lhe aplicáveis as mesmas regras deste quanto aos requisitos de admissibilidade e julgamento no tribunal, salvo disposição legal diversa, observado, ainda, o seguinte: I – será dirigido ao órgão perante o qual o recurso independente fora interposto, no prazo de que a parte dispõe para responder; II – será admissível na apelação, no recurso extraordinário e no recurso especial; III – não será conhecido, se houver desistência do recurso principal ou se for ele considerado inadmissível".

[610] Nesse sentido também o entendimento de MÔNICA BONETTI COUTO: "Temos para nós que, ao obstar a interposição dessa modalidade de recurso, não estaríamos privilegiando a celeridade processual, uma vez que as partes sucumbentes poderiam utilizar-se de recursos autônomos, simplesmente pelo receio de piora de sua situação pela interposição de recurso pela outra parte – situação que exatamente o recurso adesivo quer evitar" (*Recurso adesivo*: um exame à luz da teoria geral dos recursos. Curitiba: Juruá, 2007, p. 194). Em nota de rodapé n. 442, p. 193, em reforço de sua tese, a ilustre doutrinadora cita julgado do 2º Colégio Recursal da Comarca de São Paulo, Recurso 2.438, Capital, em que foi relator o Juiz Marciano da Fonseca.
Em sentido contrário ao nosso entendimento, o Enunciado 88 do FONAJE: "Não cabe recurso adesivo em sede de Juizado Especial, por falta de expressa previsão legal".

[611] COUTO, Mônica. *Recurso adesivo*: um exame à luz da teoria geral dos recursos. Curitiba: Juruá, 2007, p. 193-194.

conformando-se com a decisão que lhe fora parcialmente adversa; c) o recurso principal seja de apelação, recurso extraordinário ou recurso especial".[612]

Não se confundem os requisitos de admissibilidade do recurso adesivo com aqueles específicos e definidos para a *apelação*, o *recurso extraordinário* e o *recurso especial* (este último por força do teor da Súmula 203 do STJ).

1.2 Da apelação

O legislador poderia perfeitamente neste ponto ter aberto uma seção (XIII) para tratar especificamente dos *recursos*, o que significaria metodologia expositiva muito melhor. Optou, porém, pelo modelo da Lei n. 7.244/1984, em vez de adotar a separação da matéria, nos termos do que já se verificava em algumas leis estaduais disciplinadoras desse assunto. O recurso não foi nominado, provavelmente para evitar comparações indesejáveis, em alguns aspectos, com o regime da apelação, insculpida no CPC. Contudo, nada obsta que as leis locais que disporão sobre a matéria atribuam--lhe a denominação de recurso de *apelação*, desde que, obviamente, obedeçam-se às linhas mestras orientadoras deste microssistema, assim como a referida codificação terá aplicação subsidiária, desde que compatível com a Lei n. 9.099/1995. Vale lembrar, por exemplo, que a Lei sul-matogrossense n. 1.071/1990 dispunha em subseção específica a respeito deste tipo de recurso (arts. 49-54).

A verdade é que o dito "recurso inominado" é ontologicamente um recurso de *apelação*, meio hábil para impugnar decisões extintivas dos processos proferidas nos Juizados Especiais, com ou sem resolução do mérito, nos moldes do art. 1.009 do CPC; a circunstância de os sistemas apresentarem algumas distinções, notadamente procedimentais/administrativas, tais como diferenciação de prazos e preparo, ou mesmo processuais, como os efeitos recursais e objeto da cognição, não desnatura a sua essência como meio hábil de impugnação contra decisão extintiva do processo regido pela Lei n. 9.099/1995.[613] Parece-nos que o recurso em questão exige nominação por não ser inominável.

Caberá recurso ao Colégio Recursal somente das sentenças de acolhimento, rejeição do pedido ou de extinção do processo, sem resolução do mérito. Contra as homologatórias de acordo ou de laudo arbitral, é vetado esse tipo de apelo (cf. art. 26), sem prejuízo do ajuizamento de ação anulatória.[614] Tratando-se de juízo arbitral, rejeitando o magistrado a homologação, ensejará a interposição de apelação dirigida ao Colégio Recursal. Para maior aprofundamento sobre esse tema, remetemos o leitor aos nossos comentários ao art. 26, n. 2, *supra*.

O recurso de apelação devolve ao Colégio Recursal o conhecimento da matéria impugnada (princípio do *tantum devolutum quantum apellatum*), nos moldes do preconizado no art. 1.013 e seguintes do Código de Processo Civil, no que couber, valendo lembrar que as Turmas funcionam

---

[612] Nery Jr., Nelson; Nery, Rosa Maria Andrade. *Comentários ao Código de Processo Civil – novo CPC – Lei 13.105/2015*. São Paulo: Revista dos Tribunais, 2015, art. 997, n. 4, p. 2017.

[613] Entendimento semelhante ao nosso é também o de Paulo Lúcio Nogueira (*Juizados Especiais Cíveis e Criminais*. São Paulo: Saraiva, 1996, p. 36, n. 14).

Diferentemente, prefere Luiz Carlos Cercato Padilha denominar esse meio de impugnação de recurso particular, para que não se confunda com o regime da apelação clássica do CPC (cf. Recursos perante os Juizados Especiais Cíveis e turmas de juízes. *Revista Novos Estudos Jurídicos* – periódico do curso de mestrado da Univali, n. 3/13-32, set. 1996).

Todavia, em que pesem os ponderáveis argumentos formulados pelo citado professor, entendemos não serem suficientes para alterar a natureza do recurso em si mesmo, posto que não é a forma, mas, sim, os delineamentos de fundo que assinalam a essência de um determinado recurso.

[614] Nesse sentido também decisão da 2ª Turma Recursal-SC: "A Lei n. 9.099/1995, em seu art. 41, não prevê a hipótese de interposição de recurso da sentença homologatória de conciliação ou laudo arbitral, motivo pelo qual não se conhece do recurso interposto. Fica ressalvado à parte prejudicada, nas hipóteses legais, o ajuizamento da competente ação anulatória" (AC 2068/2001, Blumenau/SC, rel. Juiz Francisco Oliveira Neto, j. 30-10-2001, v.u.).

como segunda e última instância recursal em sede de Juizados Especiais Cíveis,[615] o que redobra a responsabilidade de seus membros no julgamento das causas, tendo-se como certo o disposto na Súmula 203 do STJ,[616] que impede o acesso à superior instância, ressalvada a hipótese de matéria constitucional, a ser conhecida, excepcionalmente, pelo Supremo Tribunal Federal.

Para reduzir a interposição de recursos e, consequentemente, o volume de processos perante os Colégios Recursais, poderia o legislador ter conferido à apelação o regime da retratação, a exemplo do que se verifica no art. 331 do CPC[617] e art. 198, VIII, do Estatuto da Criança e do Adolescente,[618] porquanto exsurge claramente da Lei n. 9.099/1995 que a intenção do legislador foi a de reduzir o espectro recursal e limitar o acesso a todas as instâncias, com o escopo de solucionar a lide em definitivo com a maior rapidez possível.[619]

Sobre a possibilidade de interposição de *recurso adesivo*, remetemos o leitor ao item número 1.1, *supra*.

1.3 Do agravo por instrumento

O princípio do *duplo grau de jurisdição*, conforme assinalamos alhures, permite aos interessados recorrerem à instância imediatamente superior ao órgão prolator da decisão impugnada, para obterem a revisão da matéria apreciada em *interlocutória* ou *sentença*, ou, em casos excepcionais, ao próprio prolator do *decisum* impugnado, através do chamado juízo de retratação.

Apesar da omissão legislativa a respeito do *recurso de agravo*, entendemos que sua aplicação não está totalmente excluída do microssistema, conforme já tivemos oportunidade de afirmar quando comentamos o art. 2º, mais especificamente o *princípio da oralidade* (item n. 2). Contudo, diante da relevância do tema, seria interessante abordarmos novamente alguns tópicos em razão da sua importância prática e para que dúvidas não pairem.

A *irrecorribilidade das decisões*, na qualidade de um dos subprincípios integrantes da *oralidade*, tem como regra geral o escopo de atingir apenas as decisões interlocutórias (não se aplica às sentenças, em atenção a outro princípio: o *duplo grau de jurisdição*), para evitar a paralisação dos atos, mesmo que parcial, ou ainda para evitar qualquer tumulto que possa prejudicar o bom e rápido andamento do processo. Mas essa orientação não pode ser recepcionada em termos absolutos, inclusive nestes Juizados Especiais, porquanto o princípio em questão pressupõe a conclusão dos trabalhos num único ato e momento, qual seja a *audiência de conciliação, instrução e julgamento* iniciada e concluída no mesmo dia. Destarte, o subprincípio da oralidade "(...) representa a impossibilidade de usar, para as decisões proferidas no curso do processo (precisamente, durante a instrução oral), de um recurso que paralise o mesmo, ou seja, para que este princípio seja levado a efeito, não se pode apelar das

---

[615] Assim decidiu o Superior Tribunal de Justiça: "1. A reclamação não é via adequada para controlar a competência dos Juizados Especiais. 2. Igualmente inadequada a via da reclamação para sanar a grave deficiência do sistema normativo vigente, que não oferece acesso ao STJ para controlar decisões de Juizados Especiais Estaduais contrárias à sua jurisprudência dominante em matéria de direito federal, permitindo que tais Juizados, no âmbito da sua competência, representem a palavra final sobre a interpretação de lei federal. 3. Agravo regimental a que se nega provimento" (AgRg na Reclamação 2.704/SP, rel. Min. Teori Albino Zavascki; j. 12-3-2008).

[616] Súmula 203: "Não cabe recurso especial contra decisão proferida por órgão de segundo grau dos Juizados Especiais".

[617] "Art. 331. Indeferida a petição inicial, o autor poderá apelar, facultado ao juiz, no prazo de 5 (cinco) dias, retratar-se. § 1º Se não houver retratação, o juiz mandará citar o réu para responder ao recurso. § 2º Sendo a sentença reformada pelo tribunal, o prazo para a contestação começará a correr da intimação do retorno dos autos, observado o disposto no art. 334. § 3º Não interposta a apelação, o réu será intimado do trânsito em julgado da sentença."

[618] "Art. 198. (...) VIII – mantida a decisão apelada ou agravada, o escrivão remeterá os autos ou o instrumento à superior instância dentro de vinte e quatro horas, independentemente de novo pedido do recorrente; se a reformar, a remessa dos autos dependerá de pedido expresso da parte interessada ou do Ministério Público, no prazo de cinco dias, contados da intimação".

[619] Assim também o entendimento de PAULO LÚCIO NOGUEIRA (*Juizados Especiais Cíveis e Criminais*. São Paulo: Saraiva, 1996, p. 38, n. 14).

interlocutórias (v. arts. 162, § 2º, e 522)... [arts. 203, § 2º, e 1.015, CPC/2015]",[620] valendo essa regra, fundamentalmente, para as decisões proferidas dentro do segmento representado pela instrução oral, como corolário da própria concentração dos atos. Em outras palavras, as decisões interlocutórias de mérito (*liminares acautelatórias ou antecipatórias ou da evidência – tutelas provisórias*) e as demais hipóteses elencadas exaustivamente no art. 1.015 do CPC não ficam imunes ao controle do duplo grau de jurisdição, impugnáveis por meio de recurso de agravo de instrumento, em face da urgência ou importância da medida pleiteada em razão do direito acerca do qual repousa a lide pendente.

Não nos esqueçamos de que as decisões atinentes aos pedidos de concessão de liminares são tomadas fora (antes) da audiência de conciliação, instrução e julgamento, exigindo do juiz uma providência imediata que não pode aguardar até o momento de prolação da sentença de mérito, sob pena de causar prejuízo às partes.

Ademais, em face do elevado número de processos que tramitam nos Juizados Especiais Cíveis, impossível se torna a conclusão dos trabalhos instrutórios, com a prolação de sentença, com a rapidez desejada a ponto de desconsiderarmos a possibilidade de concessão de tutelas de urgência e a consequente admissibilidade de vir a sentença a ser impugnada através de recurso.

Como se não bastassem esses argumentos, há que se observar atentamente alguns dispositivos da Lei n. 9.099/1995 que, de certa forma, já acenam para a possibilidade não remota de surgimento de incidentes processuais que resultarão na impossibilidade de conclusão dos trabalhos num único dia, fazendo-se mister, por conseguinte, a cisão da audiência de conciliação, instrução e julgamento, contrariando o princípio da oralidade (imediação e concentração) que o informa, segundo se infere, dentre outros dispositivos, das hipóteses mencionadas nos arts. 21 a 27, 31, parágrafo único, 33, 35, parágrafo único, 40, 43 etc.

Por isso, entendemos desarrazoado pensar que, em homenagem ao princípio da oralidade (celeridade, concentração e imediatismo processual), se possa transformar num *minus* os princípios do dispositivo, do duplo grau de jurisdição, do contraditório, da eventualidade, da ampla defesa, em suma, do *devido processo legal*. Os sistemas instrumentais e seus princípios convivem universalmente de maneira aberta e unitária, cabendo ao intérprete a difícil tarefa de buscar e encontrar uma solução harmoniosa entre eles.

O entendimento que conclui pela inadmissibilidade da interposição de recursos contra essas decisões interlocutórias parte da premissa da incidência absoluta do princípio da oralidade em grau máximo, donde exsurge a concentração dos atos, não havendo lugar para a impugnação das interlocutórias. Sem dúvida, a teoria é perfeita e a tese adequada. Contudo, quando levada para o mundo empírico e testada na prática forense – notadamente em sede de Juizados Especiais –, surgem algumas situações de caráter emergencial que não poderão deixar o jurisdicionado desprotegido de uma rápida revisão da decisão proferida em primeira instância.

Porém, tal assertiva não invalida o nosso entendimento, tendo em vista que a regra da irrecorribilidade das interlocutórias, como dissemos, encontra sua maior aplicabilidade na audiência de conciliação, instrução e julgamento, posto que se espera que a demanda seja solucionada naquele mesmo ato.

De fato, não é incomum a ocorrência de situações emergenciais antes da instalação ou durante a audiência de conciliação, instrução e julgamento, exigindo do juiz instrutor uma decisão imediata sobre a questão, a qual não pode ser postergada ao *decisum* final, sob pena de causar prejuízo às partes (v.g. concessão ou denegação de tutela provisória), ou, ainda, hipóteses nas quais a audiência necessite ser adiada, inclusive a prolação da sentença.

Em síntese, em caráter excepcional, o recurso de agravo por instrumento há de ser admitido em sede de Juizados Especiais, nas hipóteses acima bem delineadas.[621] Nesses casos, o recurso há-

---

[620] ALVIM, José Manoel de Arruda. *Manual de direito processual civil:* parte geral. v. 1. São Paulo: Revista dos Tribunais, 2006, p. 37, n. 4.

[621] Atendendo ao convite do Instituto Brasileiro de Direito Processual, formulado pelo saudoso Prof. ATHOS GUSMÃO CARNEIRO, formulei estudo voltado à alteração da Lei n. 9.099/1995, e, dentre outras propostas constantes do esboço

bil é, sem dúvida, o agravo por instrumento, que não se confunde com as hipóteses específicas de mandado de segurança e reclamação (ou correição parcial).

Por conseguinte, a regra da *irrecorribilidade das decisões* serve apenas para as interlocutórias *proferidas dentro do segmento representado pela instrução oral*, posto que se fundamenta na razão de ser da própria concentração da audiência.

Para reforçar a tese que há muito esposamos acerca da admissibilidade de recurso de agravo de instrumento em sede de Juizados Especiais, observa-se que a Lei n. 10.259/2001, que dispõe sobre os Juizados Especiais Federais, recepcionou igualmente esse entendimento, admitindo a interposição de recurso das interlocutórias que pudessem causar gravame às partes em situações de urgência, segundo se infere do art. 4º c/c o art. 5º, ambos da aludida norma.[622] É bem verdade que a lei em questão não nomina o recurso previsto no art. 5º. Todavia, não se fazia mesmo mister, em face da aplicação subsidiária do Código de Processo Civil, na qualidade de macrossistema instrumental e da adequação específica do recurso de *agravo por instrumento* para servir como mecanismo de revisão deste tipo de *decisum* (interlocutória de mérito).

Aliás, a previsão de recurso com efeito suspensivo em face das chamadas interlocutórias de mérito é uma "tradição invariável do direito luso-brasileiro", decisões que a "doutrina dos velhos praxistas portugueses e brasileiros denominou de *mistas*, ou *com força de definitivas*, porquanto causadoras de dano irreparável".[623]

Para espancar qualquer dúvida acerca da possibilidade de aplicação do Código de Processo Civil ao sistema dos Juizados Especiais de maneira a admitir-se a excepcional utilização do agravo de instrumento para impugnar as decisões interlocutórias de mérito, encontramos a matéria disposta nos artigos 3º e 4º da Lei dos Juizados da Fazenda Pública em interpretação sistemática com o art. 27 da mesma norma (Lei n. 12.153/2009).[624]

No que concerne ao sistema das *preclusões*, apesar de a Lei n. 9.099/1995 não ter sido explícita a respeito da sua exclusão ou manutenção, parece-nos que diante da incidência do princípio da oralidade (em grau máximo), todas as interlocutórias que não causam algum gravame imediato à parte são irrecorríveis, não se podendo falar em preclusão.

Contudo, por ser o princípio da eventualidade (ou preclusão) norteador de todo o sistema processual civil, seria de boa técnica que o legislador tivesse tomado o cuidado de excepcioná-lo explicitamente. No caso dessa norma, o legislador federal não tomou a cautela de excluir a preclusão do microssistema, diversamente do que se verificou, por exemplo, na Lei Estadual n. 1.071/1990, do Estado do Mato Grosso do Sul, na qual encontramos, no art. 48, a expressa referência.[625] Porém, pela incidência do princípio da oralidade, não há que se cogitar de preclusão em sede de Juizados Especiais.

Nada obstante, alguns Colégios Recursais têm firmado orientação no sentido de que, diante da ausência de previsão legislativa para o recurso de agravo por instrumento, a impugnação interposta há de ser recebida como *reclamação* (ou *correição parcial*) contra as decisões interlocutórias, nos termos preconizados pela lei local.[626] Trata-se apenas, com a devida vênia, de uma questão puramente

---

de anteprojeto de lei, encontra-se o seguinte texto conferido ao art. 47, *in verbis*: "As decisões interlocutórias são irrecorríveis, ressalvadas as liminares proferidas em tutelas antecipatórias ou acautelatórias".

[622] Aliás, a redação do art. 43 insculpida no anteprojeto de lei de autoria da AJUFE, no Capítulo VII, responsável pelo "sistema recursal, ação rescisória e revisão criminal", dispunha expressamente que "as decisões interlocutórias são irrecorríveis, salvo quando concessivas de tutela cautelar ou antecipatória".

[623] Cf. EDSON RIBAS MALACHINI, ancorado em decisão do STF que, por sua vez, baseia-se em ensinamento de GALENO LACERDA (A correição parcial e a recorribilidade das decisões interlocutórias. *RePro*, v. 18/108, item n. 12).

[624] V. FIGUEIRA JR., Joel Dias. *Juizados Especiais da Fazenda Pública*: comentários à Lei 12.153, de 22 de dezembro de 2009. 3. ed. São Paulo: Saraiva, 2017, Capítulo I, item n. 6 e Capítulo VII, item n. 15.3.

[625] Na Seção XIII, reservada para os recursos, dispôs o legislador sul-matogrossense no art. 48, *in verbis*: "Não haverá preclusão das decisões interlocutórias".

[626] Para aprofundamento sobre o tema "reclamação ou correição parcial", v. o item n. 1.6, *infra*.

terminológica e não ontológica, porquanto, *in casu*, pouco importa o *nomen iuris* que se atribui ao recurso hábil ao fim específico de alteração de decisões proferidas no curso do processo que tramita sob a égide da Lei n. 9.099/1995.

Parece-nos um malabarismo exegético inútil, posto que é assente a aplicação subsidiária do Código de Processo Civil, na qualidade de macrossistema norteador geral das legislações extravagantes, em tudo aquilo que não conflitar com seus dispositivos e princípios orientadores.

Seja recurso *inominado* ou com o nome de *reclamação*, ou qualquer outro que se pretenda atribuir, a verdade é que as decisões interlocutórias (sobretudo as de mérito) haverão de ser revistas pelo Colégio Recursal através de recurso incidental, comparado em sua essência ao *agravo de instrumento*.

Em outros termos, o recurso admissível excepcionalmente haverá de ser o agravo por instrumento ou assume-se uma posição radical e fiel ao princípio da oralidade, rejeitando-se qualquer impugnação às interlocutórias; não concordamos com esse posicionamento, porém afigura-se mais coerente, pois o cerne do enleio não reside no recurso de "agravo", e sim na irrecorribilidade das interlocutórias em procedimento norteado pelo princípio da oralidade em grau máximo.

Ressaltamos, mais uma vez, que o nosso entendimento fundado na admissibilidade excepcional do recurso de agravo por instrumento só encontra ressonância nos casos em que se verifique fracionamento da audiência, tendo em vista que se o processo for extinto (com ou sem resolução do mérito) num único ato (e é justamente isto que se espera na Lei n. 9.099/1995, com o princípio da oralidade aplicado em grau máximo), torna-se inadmissível a utilização dessas formas de resistência; neste caso terá lugar o recurso de apelação, para o qual o juiz poderá conceder *efeito suspensivo*, com o escopo de evitar dano irreparável ou de difícil reparação (art. 43).[627]

Para os que não comungam esta tese, resta a adoção do *mandado de segurança* como meio de impugnação contra a prolação de decisão interlocutória que possa causar gravame às partes e esteja violando literal dispositivo de lei.

Todavia, a utilização do remédio constitucional não se afigura adequada para a impugnação de interlocutórias, sendo admitido somente em caráter excepcional, quando verificadas decisões teratológicas sem previsão recursal específica.[628] Retomaremos o assunto, com mais vagar, no item seguinte destes comentários (n. 1.4, *infra*).

Ressalvada a exceção mencionada, a utilização do *mandamus*, nos demais casos, representa desarmonioso retrocesso,[629] desconfigurando-se, mais uma vez, o remédio constitucional extremo.[630]

---

[627] Vale lembrar que, buscando encontrar uma via de meio para solucionar os impasses criados especialmente em termos práticos, causadores de sérios prejuízos aos jurisdicionados por falta de uma orientação legislativa bem definida a respeito da recorribilidade das interlocutórias perante os Juizados Especiais, apresentamos no passado sugestão (aprovada) à então Comissão de Reforma do sistema do CPC de 1973, liderada pelos saudosos Professores e Ministros SÁLVIO DE FIGUEIREDO TEIXEIRA e ATHOS GUSMÃO CARNEIRO, no sentido de se criar, primeiramente, uma seção específica na lei para versar sobre os recursos (Seção XIII), com o escopo de melhor sistematizar-se a matéria, com a seguinte redação: "Seção XIII. Dos recursos. Art. 40-A. Em qualquer espécie de recurso, as partes serão obrigatoriamente representadas por advogado, salvo em sede de embargos de declaração de sentença em demandas de valor inferior a vinte salários mínimos, em que as partes postulem desacompanhadas de representante com capacidade postulatória. Art. 41. Da sentença, excetuada a homologatória de conciliação ou laudo arbitral, caberá apelação para Turma Recursal, composta por três juízes togados em exercício no primeiro grau de jurisdição. (...) *Art. 47. As decisões interlocutórias são irrecorríveis, ressalvadas as liminares proferidas em tutelas antecipatórias ou acautelatórias.* Art. 48. Cabem embargos de declaração quando, na sentença ou acórdão, houver obscuridade, contradição ou omissão. (...) Art. 50. Os embargos de declaração interrompem o prazo para interposição de outro recurso, por qualquer das partes".

[628] Mostrou-se adequada, por exemplo, a impetração de mandado de segurança contra decisão do Colégio Recursal que rejeita exceção de incompetência absoluta, permitindo o Juizado conhecer de conflito de matéria alheia à sua alçada. Essa é a orientação firmada pelo Superior Tribunal de Justiça, em aresto bem lançado da lavra da Ministra FÁTIMA NANCY ANDRIGHI (RMS 17.524-BA, j. 2-8-2006).

[629] No mesmo sentido, v. MAGANO, José Paulo Camargo. Cabimento de agravo de instrumento em sede de Juizado Especial. *Tribuna da Magistratura*, n. 87/29, maio-jun. 1998.

[630] Sobre a impossibilidade de substituição do recurso de agravo por mandado de segurança visando reforma, anulação ou integração de decisão não eivada de qualquer vício, nesse sentido também se manifestou o TJDF (DVJ

Contudo, para surpresa e perplexidade nossa, em decisão inusitada e com reconhecimento de repercussão geral da matéria (art. 543-B do CPC/1973), decidiu o Plenário do Supremo Tribunal Federal, por maioria, em sentido diametralmente oposto a esse entendimento, no Recurso Extraordinário 576.847, em aresto da lavra do Ministro Eros Grau, pela não aplicabilidade subsidiária do Código de Processo Civil e da Lei do Mandado de Segurança aos Juizados Especiais, sob o fundamento de que a Lei n. 9.099/1995 foi editada com objetivo de dar celeridade a causas cíveis de menor complexidade e, por força dessa norma, as decisões interlocutórias de primeiro grau são irrecorríveis. Disse também o Ministro-Relator que o rito sumaríssimo dos Juizados é facultativo ao autor, com vantagens e limitações que a escolha acarreta, não cabendo questionar-se acerca do disposto em lei específica, não sendo compatíveis com os fins da Lei n. 9.099/1995 os prazos de 10 dias para agravar e de 120 dias para impetrar mandado de segurança.

Como já dissemos em outras passagens destes comentários, e devemos mais uma vez repetir, em face da magnitude da questão posta, o erro de interpretação em que incorreu o Supremo Tribunal Federal, com a devida vênia, é dúplice e flagrante. Em primeiro lugar, porque a Lei n. 9.099/1995, assim como todos os demais microssistemas, não existe isolada e independentemente, mas em harmonia com as outras normas jurídicas, todas interpretadas sistematicamente, sem jamais perder de vista as regras contidas em macrossistemas, assim considerados a Lei Maior e, no caso, o Código Instrumental Civil, porquanto permanentemente subsidiárias de todas elas; em segundo lugar, porque o mandado de segurança não é recurso, mas remédio constitucional inexorável, chancelado como direito e garantia fundamental prevista no art. 5º, inciso LXIX, da Constituição Federal, e, como tal, não pode ser banido de qualquer sistema ou microssistema por interpretação equivocada e, diga-se de passagem, manifestamente inconstitucional, mesmo se realizada pela Suprema Corte que, curiosamente, tem o dever de guardar e zelar pela cabal e efetiva aplicação da Lei Maior.

Ademais, o mandado de segurança é admissível contra decisão judicial da qual não caiba recurso com efeito suspensivo, nos termos do disposto no art. 5º, inciso II, da Lei n. 12.016/2009.[631]

Esperamos que a Corte Constitucional desperte para o equívoco de interpretação em que incidiu e reverta esse entendimento que, por certo, além de violar texto expresso da Lei Maior, é causador de dano irreparável ou de difícil reparação a milhares de jurisdicionados que litigam nos Juizados Especiais, normalmente as pessoas mais humildes e menos abastadas.

Bem disse o culto Ministro Marco Aurélio em seu iluminado voto vencido que, *mesmo nos Juizados Especiais, deve haver um meio de reparar eventual erro do magistrado*. De fato, se assim não for, decisões equivocadas ou teratológicas proferidas por juízes monocráticos em primeiro grau ou turmas recursais haverão de perpetuar-se, causando injustiças e prejuízos, quiçá irreversíveis, até que outra decisão definitiva e final modificadora seja proferida.

Por certo, a maioria dos doutos integrantes de nossa Suprema Corte jamais entraram numa sala de audiência ou sessão de conciliação, instrução e julgamento, assim como desconhecem o real (des)funcionamento da maioria dessas unidades jurisdicionais, em face do elevado número de demandas que por lá tramitam, do escasso número de magistrados, conciliadores e juízes leigos que lá exercem os seus respectivos e nobres misteres. E mais: por certo também desconhecem que, entre a data do ajuizamento da demanda e a prolação de sentença, medeiam, no mínimo, aproximadamente seis meses (não raramente mais de ano), e que, entre a data da propositura da ação (protocolo de requerimento inicial) e a realização da sessão de conciliação, transcorrem, no mínimo, vinte dias (comumente o prazo gira em torno de 45 dias).

20030160001510, DF, rel. Des. José de Aquino Perpétuo, *DJU* 16-5-2003, p. 142). Assim também o TAMG (3ª CC, AReg 0358935-1/01, acórdão 50222, Belo Horizonte, rel. do Ac. Juiz Edilson Fernandes, j. 8-5-2002).

[631] Assinala-se, *en passant*, que o próprio Superior Tribunal de Justiça, inúmeras vezes, já reconheceu a possibilidade de impetração de mandado de segurança em sede de Juizados Especiais, tanto que terminou por sumular a matéria, estando assim redigida a Súmula 376, *in verbis*: "Compete a turma recursal processuar e julgar o mandado de segurança contra ato de juizado especial".

Seria bom perguntar e, melhor ainda, que a Corte Constitucional respondesse: *a)* se o locador de um modesto imóvel interrompe o fornecimento de água ou de luz de seu inquilino com o escopo de constrangê-lo à desocupação ou objetivando elevar o aluguel mensal e, acorrendo o prejudicado aos Juizados, não obtém decisão liminar favorável, qual o meio de impugnação cabível? *b)* haverá de aguardar 20, 30 ou mais dias sem água ou sem luz até que se realize a sessão de conciliação? *c)* e se as partes não transigirem e o réu contestar, oportunidade em que será designada a instrução e julgamento para, digamos, 90 dias após (na melhor das hipóteses), continuará o autor sem água e sem luz por todos esses dias? *d)* imaginemos então que o autor necessita de uma cirurgia de urgência ou de medicamentos indispensáveis à sua sobrevivência e não obtém a liminar? *e)* como proceder diante de tanta teratologia? Pasmem, Senhores Ministros, situações como essas e outras de igual importância ocorrem diuturnamente em Juizados Especiais Cíveis de nosso País!!!

Portanto, não se trata de mero entendimento teórico-doutrinário, mas de prática forense, inúmeras vezes por mim vivenciada quando estive à frente (durante quase cinco anos), como Juiz de Direito dos Juizados Especiais Cíveis, da maior comarca do Estado de Santa Catarina, Joinville.

Datíssima vênia, a opção pelos Juizados Especiais não faz desta jurisdição especializada, de origem constitucional e de cunho manifestamente sociopolítico, uma justiça menor, em que milhares de pessoas simples acorrem diariamente, desacompanhadas de advogados, em busca de uma resolução para os seus conflitos, acreditando no Estado Democrático de Direito, não se podendo admitir que essas pessoas possam ser privadas de recursos ou meios de impugnação em face de liminares (que são, sabidamente, decisões provisionais de mérito) concedidas equivocadamente diante das provas produzidas, ou quiçá manifestamente teratológicas, sem aplicação subsidiária do Código de Processo Civil e sem possibilidade de impetração de mandado de segurança.

Entendimentos como esses, além de afrontar comezinhas regras de teoria geral do direito, em especial de hermenêutica jurídica, violam direitos e garantias individuais, matizadas nos princípios do duplo grau de jurisdição, contraditório e ampla defesa (CF, art. 5º, LV), somando-se a isso a expressa admissibilidade constitucional de utilização de mandado de segurança (CF, art. 5º, LXIX).

Em sede de *execução de título judicial ou extrajudicial*, o recurso de agravo não pode ser utilizado como substitutivo dos *embargos do devedor*. Outra questão interessante e merecedora de destaque refere-se à possibilidade de concessão de *efeito translativo* ao recurso de agravo por instrumento, por exegese dos arts. 141, 494, e 1.013, §§ 1º e 2º, todos em absoluta sintonia com os princípios norteadores da Lei n. 9.099/1995.

Em sede de recurso extraordinário, o Supremo Tribunal Federal editou a Súmula 727, *in verbis*: "Não pode o magistrado deixar de encaminhar ao Supremo Tribunal Federal o agravo de instrumento interposto da decisão que não admite recurso extraordinário, ainda que referente a causa instaurada no âmbito dos Juizados Especiais".

Firmou também orientação a Corte Constitucional no sentido de que "(...) o acesso ao Supremo Tribunal Federal pressupõe o esgotamento da jurisdição na origem. Acionado pelo relator integrante da Turma Recursal o disposto no art. 557 do Código de Processo Civil [art. 932, III, CPC/2015], há de ser manuseado o agravo nele previsto, instando-se a própria Turma a apreciar o tema e a prolatar decisão passível de ser impugnada perante o Supremo Tribunal Federal".[632]

Por último, no que concerne ao sistema das *preclusões*, apesar de a Lei n. 9.099/1995 não ter sido explícita a respeito da sua exclusão ou manutenção, parece-nos que diante da incidência do

---

[632] RE 422238, AgR/RJ, rel. Min. Marco Aurélio, j. 23-11-2004.
Enunciado 102 do Fonaje: "O relator, nas Turmas Recursais Cíveis, em decisão monocrática, poderá negar seguimento a recurso manifestamente inadmissível, improcedente, prejudicado ou em desacordo com Súmula ou jurisprudência dominante das Turmas Recursais ou da Turma de Uniformização ou ainda de Tribunal Superior, cabendo recurso interno para a Turma Recursal, no prazo de cinco dias".
Enunciado 103 do Fonaje: "O relator, nas Turmas Recursais Cíveis, em decisão monocrática, poderá dar provimento a recurso se a decisão estiver em manifesto confronto com Súmula do Tribunal Superior ou jurisprudência dominante do próprio Juizado, cabendo recurso interno para a Turma Recursal, no prazo de cinco dias".

princípio da oralidade (em grau máximo) todas as interlocutórias que não versam sobre o mérito são irrecorríveis, não se podendo falar em preclusão.

Contudo, por ser o princípio da eventualidade (ou preclusão) norteador de todo o sistema processual civil, seria de boa técnica que o legislador tivesse tomado o cuidado de excepcioná-lo explicitamente. No caso dessa norma, o legislador federal não tomou a cautela de excluir a preclusão do microssistema, diversamente do que se verificou, por exemplo, na Lei Estadual n. 1.071/1990, do estado do Mato Grosso do Sul, onde encontramos no art. 48 a expressa referência.[633] Porém, pela incidência do princípio da oralidade, não há que se cogitar de preclusão em sede de Juizados Especiais.

1.4 Do mandado de segurança e *habeas corpus*

Na qualidade de remédios constitucionais, o mandado de segurança e o *habeas corpus* (no caso, proveniente de ato emanado de juiz cível) jamais poderão ser excluídos de qualquer microssistema, desde que se verifique no caso concreto abuso, violação de norma, ilegalidade, violência ou coação ilegal na liberdade de ir e vir, praticadas pelo Estado-Juiz, e o sistema instrumental não proporcione outro meio mais adequado de impugnação.

A única questão que nos parece mais relevante a respeito desse tema é a definição do órgão judicial competente para o processo e conhecimento do *writ*. Desde o início, temos defendido a tese (hoje dominante e chancelada pela Súmula 376 do STJ e jurisprudência do STF) de que os tribunais estaduais não têm competência originária para conhecer do *mandamus* e *habeas corpus*, quando apontado como coator o juiz dos Juizados Especiais, mas, sim, os Colégios Recursais,[634] por ser a instância recursal imediatamente superior e não os Tribunais de Justiça.[635]

O mandado de segurança, na qualidade de ação constitucional, não pode ser utilizado como sucedâneo recursal, nem, muito menos, dirigido ao Tribunal de Justiça para fins de revisão de decisões de Turmas Recursais,[636] ressalvadas as exceções que analisaremos mais adiante.

---

[633] Na Seção XIII, reservada para os recursos, assim dispôs o legislador sul-matogrossense, no art. 48, *in verbis*: "Não haverá preclusão das decisões interlocutórias".

[634] Assim também há muito a orientação do Superior Tribunal de Justiça (ROMS 10334/RJ, 6ª T., rel. Min. Fernando Gonçalves, j. 10-10-2000, *DJU* 30-10-2000, p. 196), finalmente consolidada na Súmula 376 do STJ, *in verbis:* "Compete a turma rcursal processuar e julgar o mandado de segurança contra ato de juizado especial".
O STF também firmou entendimento neste sentido: "o julgamento do mandado de segurança contra ato de turma recursal cabe à própria turma, não havendo campo para atuação quer de tribunal, quer do Superior Tribunal de Justiça" (AgRg no AI 666523, 1ª T, rel. Min. Ricardo Lewandowski; rel. p/ acordão Min. Marco Aurélio, *DJe* 3-12-2010).
Em sentido diametralmente oposto ao nosso, v. a Conclusão 12 da Comissão Nacional de Interpretação da Lei n. 9.099/1995, que atribui a competência aos Tribunais Estaduais para o processo e conhecimento de *habeas corpus* e *mandado de segurança*.

[635] Assim a jurisprudência dominante do Superior Tribunal de Justiça: "O Tribunal de Justiça não tem competência para rever as decisões dos Juizados Especiais de Pequenas Causas, ainda que pela via de mandado de segurança" (ROMS, 10110-RS, rel. Min. Waldemar Zweiter, j. 4-3-1999, *DJU* 10-5-1999).
E mais: "Juizado Especial Cível. Mandado de segurança. Tribunal de Justiça. Inexiste lei atribuindo ao Tribunal de Justiça competência para julgar mandado de segurança contra ato da Turma Recursal do Juizado Especial Cível. Recurso ordinário improvido" (ROMS 10357-RJ, rel. Min. Ruy Rosado de Aguiar, j. 20-5-1999, *DJU* I 1-7-1999).
Ainda, em julgado de minha lavra: "Agravo regimental em mandado de segurança. Decisão monocrática que extinguiu liminarmente o feito. *Mandamus* impetrado contra ato judicial (decisão interlocutória) praticado em sede de Juizados Especiais. Incompetência do Tribunal de Justiça para apreciação do cabimento e mérito do remédio constitucional. Nulidade dos atos praticados nesta Corte. Remessa dos autos à Turma Recursal. O Tribunal de Justiça não tem competência originária ou recursal para processar e julgar mandado de segurança impetrado contra ato judicial praticado em sede de juizados especiais (deferimento de tutela antecipada), sendo absolutamente nulos os realizados nesta Corte, devendo o processo ser remetido para apreciação, inclusive juízo de admissibilidade, à Terceira Turma Recursal" (TJSC, AgReg em MS 2006.044137-6, Anchieta, rel. Des. Joel Dias Figueira Júnior, j. 8-5-2007).
No mesmo diapasão o Enunciado 62 do XIV Fonaje: "Cabe exclusivamente às Turmas Recursais conhecer e julgar o mandado de segurança e o *habeas corpus* impetrados em face de atos judiciais oriundos dos Juizados Especiais".

[636] Nesse sentido, a firme orientação do STJ, citando-se, à guisa de exemplo, o ROMS 15.910, em que foi relator o Ministro Menezes Direito (*DJ* 20-10-2003), ementado nos seguintes termos: "Recurso ordinário. Mandado de segurança contra

O Colégio Recursal é sempre competente para conhecer e rever a sua própria decisão ou do juiz monocrático integrante do colegiado em sede de mandado de segurança, *habeas corpus*, correição parcial ou reclamação.[637] Dessa decisão, dependendo do teor da matéria, é que caberá recurso ao Supremo Tribunal Federal, se a questão for constitucional, ou, em caráter excepcionalíssimo, ao Superior Tribunal de Justiça, por meio de *reclamação* (CPC, art. 988), pois a Súmula 203 obsta a interposição de recurso especial[638] (sobre esse tema, v. os nossos comentários neste artigo, item n. 1.7, *infra*).

Significa dizer, em outras palavras, que o único órgão revisor das decisões proferidas pelos juízes, no âmbito dos Juizados Especiais Cíveis, são as respectivas Turmas Recursais, e essas, por sua vez, são competentes para rever suas próprias decisões.

O Plenário do Superior Tribunal de Justiça, em acertada decisão (por maioria) da lavra da Ministra Fátima Nancy Andrighi (RMS 17.524-BA), datada de 2 de agosto de 2006, admitiu o mandado de segurança contra decisão proferida pelas Turmas Recursais, em hipóteses excepcionalíssimas, mais precisamente naquelas atinentes à incompetência absoluta dos Juizados Especiais Cíveis, na exata medida em que a Lei n. 9.099/1995 não agasalha qualquer espécie de recurso ou meio de impugnação para corrigir decisões teratológicas desta ordem, cabendo ao Tribunal de Justiça, dessa feita, conhecer do *mandamus* com o escopo de estabelecer a competência adequadamente.[639]

Em análise às peculiaridades do caso, mais precisamente no que concerne ao *controle da competência nos Juizados Especiais*, diz a Ministra Relatora: "(...) No caso *sub judice*, porém, o pedido

---

ato jurisdicional. Súmula 267/STF. Precedentes da Corte. 1. (...) 2. O mandado de segurança não é sucedâneo do recurso processual adequado, nem têm os tribunais estaduais competência para julgá-los contra decisão proferida nos Juizados Especiais. 3. Recurso ordinário conhecido e desprovido".

Assim também já decidiu o TJSC: "O Tribunal de Justiça não tem competência originária ou recursal para processar e julgar mandado de segurança impetrado contra ato judicial praticado em sede de juizados especiais (...)" (ARMS 2006.044137-6, Anchieta, 1ª CCiv, rel. Des. Joel Dias Figueira Jr., v.u. em 8-5-2007).

V. também STJ, 6ª T., ROMS 10334/RJ, rel. Min. Fernando Gonçalves, j. 10-10-2000, *DJU* 30-10-2000, p. 196; 3ª T., ROMS 9500, rel. Min. Ari Pargendler, *DJU* 27-11-2000, p. 154; TJSP, 1ª CCiv, MS 184.376-1, São Paulo, rel. Des. Euclides de Oliveira, j. 1-12-1992, v.u., *LEX*, v. 143/239; TJSP, 1ª CCiv, MS 130.901-1, São Paulo, rel. Des. Álvaro Lazzarini, j. 29-5-1990, v.u.; *RT*, v. 657/88.

[637] Cf. STJ CC 38.020, rel. Min. Maria Thereza Assis Moura, j. 28-3-2007, *DJ* 30-4-2007, p. 280; CC 39.950, rel. Min. Castro Filho, j. 5-12-2007, *DJe* 6-3-2008.

[638] Súmula 203, *in verbis*: "Não cabe recurso especial contra decisão proferida por órgão de segundo grau dos Juizados Especiais".

[639] É a seguinte a ementa do aresto da lavra da Ministra Nancy Andrighi: "Processo civil. Recurso em mandado de segurança. *Mandamus* impetrado, perante Tribunal de Justiça, visando promover controle de competência de decisão proferida por Juizado Especial Cível. Possibilidade. Ausência de confronto com a jurisprudência consolidada do STJ, que veda apenas a impetração de mandado de segurança para o controle do mérito das decisões proferidas pelos Juizados Especiais.

"Não se admite, consoante remansosa jurisprudência do STJ, o controle, pela justiça comum, sobre o mérito das decisões proferidas pelos Juizados Especiais. Exceção é feita apenas em relação ao controle de constitucionalidade dessas decisões, possível de ser promovido mediante a interposição de recurso extraordinário.

"A autonomia dos Juizados Especiais, todavia, não pode prevalecer para a decisão acerca de sua própria competência para conhecer das causas que lhe são submetidas. É necessário estabelecer um mecanismo de controle da competência dos Juizados, sob pena de lhes conferir um poder desproporcional: o de decidir, em caráter definitivo, inclusive as causas para as quais são absolutamente incompetentes, nos termos da lei civil.

"Não está previsto, de maneira expressa, na Lei n. 9.099/1995, um mecanismo de controle da competência das decisões proferidas pelos Juizados Especiais. É, portanto, necessário estabelecer esse mecanismo por construção jurisprudencial.

"Embora haja outras formas de promover referido controle, a forma mais adequada é o mandado de segurança, por dois motivos: em primeiro lugar, porque haveria dificuldade de utilização, em alguns casos, da reclamação ou da *querela nullitatis*; em segundo lugar, porque o mandado de segurança tem historicamente sido utilizado nas hipóteses em que não existe, no ordenamento jurídico, outra forma de reparar ou prevenir ameaça de lesão a direito. O impedimento de que é cabível a impetração de mandado de segurança nas hipóteses de controle sobre a competência dos Juizados Especiais não altera o entendimento anterior deste Tribunal, que veda a utilização do *writ* para o controle do mérito das decisões desses Juizados. Recurso conhecido e provido".

no mandado de segurança é para ver reconhecida a *incompetência absoluta* dos Juizados Especiais Cíveis para julgar a causa. Ou seja: a parte não pretende, no *mandamus*, promover controle quanto ao mérito da decisão proferida pela Turma Recursal. Meramente busca uma forma de promover o controle sobre a fixação da competência desses Juizados. Não há, na Lei n. 9.099/1995, qualquer menção quanto à forma de se promover tal controle, o que torna a questão assaz relevante.

"A lacuna legislativa deve, necessariamente, ser preenchida. As decisões que fixam a competência dos Juizados Especiais não podem restar absolutamente desprovidas de controle, seja pelos Tribunais dos Estados (ou Federais, conforme o caso), seja por parte desta Corte. Estender o entendimento de que não é possível o controle das decisões proferidas pelos Juízes e Turmas Recursais dos Juizados Especiais às hipóteses de fixação de sua competência conduziria a uma situação teratológica e extremamente perigosa.

"Com efeito, um Juiz, atuando no âmbito do Juizado Especial, poderia, equivocadamente, considerar-se competente para julgar uma causa que escapa de sua alçada e, caso tal decisão fosse confirmada pela Turma Recursal, à parte prejudicada restaria apenas a opção de discutir a questão no Supremo Tribunal Federal, por meio de Recurso Extraordinário. Dadas as severas restrições constitucionais e regimentais ao cabimento desse recurso, em muitos casos a distorção não seria passível de correção, em prejuízo de todo o sistema jurídico-processual.

"Tudo isso conduziria a uma grande contradição: o Juizado Especial, a quem é atribuído o poder jurisdicional de decidir causas de *menor complexidade*, mediante a observância de um procedimento *simplificado,* ficaria dotado de um poder descomunal, podendo fazer prevalecer suas decisões quando proferidas por Juiz *absolutamente incompetente*. A manutenção de tal discrepância não pode, de forma alguma, ser admitida, sob pena de implicar desprestígio de todo o sistema processual: dos Juizados Especiais, porquanto poderiam vir a ser palco de abusos, e do juízo comum, porquanto teria ilegitimamente usurpada parte de sua competência.

"Note-se, porquanto isso é muito importante frisar – que a linha de raciocínio que ora se expõe não entra em confronto com a jurisprudência já pacificada desta Corte. Mantém-se a impossibilidade de revisão de *mérito* das decisões proferidas no âmbito do Juizado Especial. Apenas a fixação da competência estaria sujeita a controle. Na verdade o controle do cumprimento da estrita obediência ao limite da competência dos Juizados Especiais Cíveis não trisca em momento algum no mérito de nenhuma decisão proferida no curso do processo, portanto, eventual análise pelos Tribunais de Justiça não adentraria no âmago das decisões proferidas por aquela Justiça Especial. É, na verdade, um controle jurisdicional que fica fora do âmbito dos processos propriamente ditos e tem a função precípua de equacionar e fazer cumprir corretamente a regra de competência ditada pela Constituição e detalhada na Lei n. 9.099/1995 (...)."[640]

Percebe-se claramente que esse entendimento sufragado pelo Superior Tribunal de Justiça excepciona de maneira bastante pontual as orientações insculpidas em duas de suas próprias súmulas, quais sejam, a 203 ("Não cabe recurso especial contra decisão proferida por órgão de segundo grau dos Juizados Especiais")[641] e, em particular, a Súmula 376 ("Compete a turma recursal processar e julgar o mandado de segurança contra ato de juizado especial")[642].

---

[640] No mesmo sentido, outra decisão do Superior Tribunal de Justiça (MS 12622), tendo como relatora também a Ministra Fátima Nancy Andrighi, frisando mais uma vez que a Corte não pode rever decisões dos Juizados Especiais, nem mesmo em sede de mandado de segurança, ressalvada a hipótese excepcional de controle de competência dos Juizados. Em outras palavras, o STJ somente conhecerá de meio de impugnação deflagrado contra ato dos Juizados Especiais quando se tratar de matéria decidida que não se enquadra no rol das demandas de sua competência específica.
Na mesma linha, STJ RMS-GO, rel. Min. Moutra Ribeiro, 3ª T., j. em 23-6-2015, *DJe*, 17-8-2015.

[641] Nessa linha, o Enunciado 124 do Fonaje: "Das decisões proferidas pelas Turmas Recursais em mandado de segurança não cabe recurso ordinário".

[642] Diga-se de passagem que, entre os julgados que originaram a Súmula 376 do STJ, encontra-se a ressalva no sentido de que "o *writ* impetrado contra ato das Turmas dos Juizados Especiais somente submete-se à cognição do Tribunal de Justiça local quando a controvérsia é a própria competência desse segmento de Justiça" (STJ CC 39.950/BA, Corte

Todavia, a impetração do mandado de segurança perante o Tribunal de Justiça para fins de controle de competência dos Juizados Especiais pressupõe o esgotamento de todos os recursos ou meios de impugnação perante os próprios Juizados, na exata medida em que, repita-se, não se traveste o *mandamus* de sucedâneo recursal, nos termos do disposto na Súmula 267 do Supremo Tribunal Federal, *in verbis:* "Não cabe mandado de segurança contra ato judicial passível de recurso ou correição".[643]

Por sua vez, começa a fluir o prazo decadencial de 120 dias para a impetração do mandado de segurança a partir da data em que se esgota a instância recursal dos Juizados com o trânsito em julgado da decisão do colegiado. Por outro lado, deixamos de comungar do entendimento esposado pelo Superior Tribunal de Justiça, no sentido de admitir a "impetração de mandado de segurança frente aos Tribunais de Justiça dos Estados para o exercício do controle da competência dos Juizados Especiais, ainda que a decisão a ser anulada já tenha transitado em julgado."[644]

Assim entendemos porque se a decisão for proferida por juiz absolutamente incompetente, o meio de impugnação adequado é a ação anulatória, porquanto equiparado a ato jurisdicional inexistente, não podendo servir o mandado de segurança, na qualidade de remédio constitucional de cognição restrita, de sucedâneo de ação rescisória, expressamente não admitida na Justiça Especializada (art. 59). Destarte, a ação anulatória e o mandado de segurança são demandas de natureza totalmente distintas, assim como os seus pressupostos e fundamentos são igualmente diversos, motivos suficientes para rechaçar o remédio constitucional como sucedâneo de ação rescisória.

Ademais, o art. 5º, inciso III, da Lei do Mandado de Segurança veda expressamente a possibilidade de interposição do *writ* quando se tratar de *decisão judicial transitada em julgado.* Por conseguinte, manifestamente ilegal e inconstitucional a má orientação firmada pela Corte da Cidadania, ao pretender admitir o mandado de segurança como meio de impugnação às decisões dos Juizados Especiais transitadas em julgado, quando extrapolada a sua competência.

Outro assunto, que já fizemos menção no item anterior, merece destaque, vejamos: quando o entendimento acerca da admissibilidade de mandado de segurança em sede de Juizados Especiais parecia estar pacificado, para surpresa e perplexidade de todos, em decisão inusitada e com reconhecimento de repercussão geral da matéria (art. 1.036 do CPC), decidiu o Plenário do Supremo Tribunal Federal, por maioria, em sentido diametralmente oposto à doutrina e orientação do Superior Tribunal de Justiça, no Recurso Extraordinário 576.847, em aresto da lavra do Ministro Eros Grau, pela não aplicabilidade subsidiária do Código de Processo Civil e da Lei do Mandado de Segurança aos Juizados Especiais.

Com a devida vênia, o erro de interpretação é flagrante, vejamos: em primeiro lugar, porque a Lei n. 9.099/1995, assim como todos os demais microssistemas, não existe isolada e independentemente, mas em harmonia com as outras normas jurídicas, que haverão de ser interpretadas sistematicamente, a começar pela Constituição Federal.

Especial, rel. Min. Castro Filho, rel. p/ acórdão, Min. Luiz Fux, *DJe* 6-3-2008). E mais: MC 15465/SC, rela. Mina. Nancy Andrighi, *in verbis:* "A autonomia dos Juizados Especiais não prevalece em relação às decisões acerca de sua própria competência para conhecer das causas que lhe são submetidas, ficando tal controle submetido aos Tribunais de Justiça, via mandado de segurança. Esse entendimento subsiste mesmo após a edição da Súmula 376/STJ, tendo em vista que, entre os próprios julgados que lhe deram origem, se encontra a ressalva quanto ao cabimento do *writ* para controle da competência dos Juizados Especiais pelos Tribunais de Justiça (...)" (*DJe* 3-9-2009).

[643] Nessa linha, o Ministro Marco Aurelio Bellizzi ressalvou o seu entendimento no julgamento do RMS-GO, em que foi relator o Ministro Moura Ribeiro (j. 23-6-2015, *DJe* 17-8-2015), *in verbis:* "(...) considerando que, contra a decisão de primeiro grau ainda cabia recurso para a Turma Recursal, órgão esse que, ao fim e ao cabo, não se manifestou sobre a questão da competência do Juizado Especial para apreciação da causa (nem na fase de conhecimento, nem na de execução), entendo que, no presente caso, não era possível a utilização do mandado de segurança, que serviu, na prática, como sucedâneo recursal. Penso que ao caso tem aplicação o enunciado n. 267 da Súmula do Supremo Tribunal Federal: 'não cabe mandado de segurança contra ato judicial passível de recurso ou correição'". Parece-nos que a referida súmula após o advento da nova Lei do Mandado de Segurança, merece ser interpretada restritivamente, nos moldes do disposto em seu art. 5º, inciso II, pois o novel diploma admite o *mandamus* para as hipóteses em não o recurso específico não seja dotado de feito suspensivo.

[644] RMS 30.170/SC, 3ª T., rela. Mina. Nancy Andrighi, j. 5-10-2010, v.u. Assim também RMS 46.955-GO, acima citado.

Por sua vez, o Código de Processo Civil é macrossistema instrumental e, por conseguinte, encontrará sempre aplicabilidade subsidiária a qualquer microssistema que traga em seu bojo conteúdo processual ou procedimental, desde que entre eles não haja incompatibilidade. Significa dizer, em outras palavras, que as normas federais reguladoras dos Juizados Especiais (Lei n. 10.259/2001, Lei n. 9.099/1995 e Lei n. 12.153/2009), quando omissas em regramentos instrumentais, permitirão sempre a aplicação subsidiária do Código de Processo Civil, na qualidade de macrossistema processual, desde que essa incidência não viole também os princípios orientadores da justiça especializada.

Aliás, não foi por menos que o legislador ao editar a Lei n. 12.153/2009 tomou o cuidado de colocar pá de cal nesse assunto, aludindo expressamente em seu art. 27 sobre a aplicação subsidiária do Código de Processo Civil, isto é, no que couber.

Sobre esse tema da subsidiariedade do CPC aos Juizados Especiais, reservamos um item específico para tratar da matéria, mais precisamente nos comentários ao art. 1º, item n. 2, *supra*.

Em segundo lugar, no que concerne ao *mandado de segurança*, é preciso lembrar e mais uma vez frisar que não se trata de um recurso ou sucedâneo recursal, mas sim de remédio constitucional inexorável, chancelado como direito e garantia fundamental prevista no art. 5º, LXIX, da CF, e, como tal, não pode ser banido de qualquer sistema ou microssistema por interpretação equivocada e, diga-se de passagem, manifestamente inconstitucional, mesmo se realizada pela Suprema Corte que, curiosamente, tem o dever de guardar e zelar pela cabal e efetiva aplicação da Lei Maior.

Tanto é que o Superior Tribunal de Justiça, mesmo após a aludida decisão teratológica do Supremo Tribunal Federal, continua conhecendo de recurso ordinário em mandado de segurança,[645] e, como se não bastasse, em 30 de março de 2009 editou a Súmula 376, *in verbis*: "Compete a turma recursal processar e julgar o mandado de segurança contra ato de juizado especial". Ademais, o mandado de segurança é admissível contra decisão judicial da qual não caiba recurso com efeito suspensivo, nos termos do disposto no art. 5º, II, c/c art. 1º, ambos da Lei n. 12.016/2009, razão pela qual a Súmula 267 do STF há de ser revista ou interpretada restritivamente (*in verbis*: "Não cabe mandado de segurança contra ato judicial passível de recurso ou correição").

A verdade é que o texto da ementa do citado aresto da Suprema Corte não reflete com fidelidade a fundamentação do próprio voto, pois extrai-se de seu conteúdo a intenção do eminente relator em rejeitar, corretamente, qualquer possibilidade de desvio de utilização do mandado de segurança, em particular para impugnar decisão interlocutória em sede de Juizados Especiais. Em outras palavras, a ementa diz uma coisa (equivocadamente), enquanto o fundamento do aresto, afirma coisa diversa (acertadamente).[646] Tanto assim é que o próprio Supremo Tribunal Federal, referindo-se ao aludido precedente da lavra do Ministro Eros Grau, pontua no sentido de não admitir mandado de segurança contra as decisões interlocutórias exaradas em processos da competência dos Juizados Especiais.[647]

Por outro lado, equivoca-se o Ministro Eros Grau ao afirmar no item n. 7 de seu voto que: "De resto não há, na hipótese, afronta ao princípio constitucional da ampla defesa, vez que decisões interlocutórias podem ser impugnadas quando da interposição de recurso inominado". Com a devida vênia, esqueceu-se Sua Excelência que, contra as decisões interlocutórias de mérito, em razão do seu conteúdo eminentemente satisfativo, cabe recurso de agravo de instrumento (por aplicação subsidiária do CPC) ou de reclamação, diante da possibilidade de causação às partes de dano irreparável ou de difícil reparação.

Por isso, afirmou com largo acerto o Ministro Marco Aurélio, ao esboçar o seu entendimento no voto vencido, no sentido de que algum meio de impugnação haveria de haver para corrigir

---

[645] Exemplificativamente, v. RMS 30.170/SC, 3ª T., rela. Mina. Nancy Andrighi, j. 5-10-2010.

[646] O acerto do pensamento do ilustre Ministro encontra-se sintetizado nos três primeiros itens do voto (fls. 2.071), especialmente no item número 3, onde fica bem claro o seu entendimento acerca da inadmissibilidade de utilização de mandado de segurança como meio de impugnação de decisão interlocutória.

[647] RE 650293 AgR/PB – Ag.Reg. no Recurso Extraordinário, 1ª T., rel. Min. Dias Toffoli, j. 17-4-2012, *DJe* 22-5-2012; AI 794005 AgR/RJ – Ag. Reg. no Agravo de Instrumento, 1ª T., rel. Min. Ricardo Lewandowski, j. 19-10-2010, *DJe* 217, 12-11-2010.

eventuais erros cometidos em decisões interlocutórias de mérito nos Juizados, sob pena de causar prejuízo irreparável. Por isso, concluiu pela admissibilidade, no caso, do *writ*, diante da ausência de previsão específica na Lei n. 9.099/1995 de algum tipo de recurso para combater esse tipo de interlocutória, pois sem impugnação é que não poderá ficar decisão que cause esse tipo de gravame.

Oxalá, a Corte Constitucional desperte para o equívoco de interpretação que incidiu e, em breve, reverta esse entendimento que, por certo, além de violar texto expresso da Lei Maior, é causador de dano irreparável ou de difícil reparação a milhares de jurisdicionados que litigam nos Juizados Especiais, normalmente as pessoas mais humildes e menos abastadas.

Bem disse o culto Ministro Marco Aurélio em seu iluminado voto vencido que, mesmo nos Juizados Especiais, deve haver um meio de reparar eventual erro do magistrado. De fato, se assim não for, decisões equivocadas ou teratológicas proferidas por juízes monocráticos em primeiro grau ou turmas recursais haverão de perpetuar-se, causando injustiças e prejuízos, quiçá irreversíveis, até que outra decisão definitiva e final modificadora seja proferida.

Por certo, haverá o Supremo Tribunal Federal de rever o seu entendimento acerca do tema em exame, sintonizando-se com as regras e princípios gerais de teoria geral do direito e, em particular, de hermenêutica jurídica.

De outra banda, aplica-se, no que couber, a regra insculpida no art. 332 do CPC aos remédios constitucionais em exame. Para aprofundamento do tema, enviamos o leitor interessado aos nossos comentários ao art. 38, item n. 3, *supra*.

1.5 Do pedido de reconsideração

É assente que os chamados *pedidos de reconsideração* aparecem na prática forense com uma certa frequência, como instrumento de postulação ao juiz, formulado por qualquer das partes interessadas, em forma de simples petição, objetivando a reapreciação da providência por ele tomada e a consequente alteração.

Apesar da ausência de previsão legal, por não afrontarem qualquer princípio ou dispositivo do Código e desde que atendidos determinados requisitos, podem ser aceitos como expediente de manifestação de algum inconformismo dos litigantes.

O cerne da questão reside em se identificar o critério a ser utilizado para determinação desses requisitos. Como os meios de impugnação em geral estão baseados na configuração de algum prejuízo causado a uma das partes em decorrência de provimento judicial tomado em seu desfavor, o critério mais adequado é aquele que considera o conteúdo do ato objeto da impugnação.

O pedido de reconsideração só pode ser utilizado como mecanismo adequado para afrontar os atos judiciais que, em razão da matéria analisada, não geram preclusão *pro iudicato*, ou seja, que podem ser revistos pelo juiz a qualquer tempo, sem provocação formal da parte interessada.[648]

A verdade é que esses *pedidos* não apresentam relevância técnica alguma, motivo pelo qual são totalmente dispensáveis, "pois não são eles que 'liberam' o juiz da preclusão (que não terá ocorrido) e não suspendem, e muito menos interrompem, o prazo para o agravo".[649] Pretendemos

---

[648] Esse também é o entendimento de NELSON e ROSA MARIA NERY, *in verbis*: "No caso de não haver preclusão pelo fato de a matéria objeto da decisão ser de ordem pública ou de direito indisponível, a decisão poderá ser revista pelo mesmo juiz ou tribunal superior, *ex officio* ou a requerimento da parte. Esse requerimento poderá ser feito por *petitio simplex* ou por intermédio de recurso de agravo, se apresentado no primeiro grau de jurisdição. A *petitio simplex* poderá receber o nome de pedido de reconsideração. Somente nesta hipótese entendemos aceitável a utilização desse meio não recursal para provocar reexame da questão já decidida pelo juiz, sem que seja preciso interpor o recurso de agravo" (*Código de Processo Civil comentado e legislação processual civil extravagante em vigor, com suplemento de atualização*. 9. ed. São Paulo: Revista dos Tribunais, 2006, art. 473, n. 2, p. 619. No mesmo sentido a doutrina do citado autor, em sua monografia intitulada Teoria geral dos recursos, 2004, n. 2.3.4.3, p. 95/96).

[649] WAMBIER, Teresa Arruda Alvim. *Agravo de instrumento (o novo regime do agravo)*. 4. ed. São Paulo: Revista dos Tribunais, 2006, p. 239. V. também os ensinamentos contidos nas p. 234-238. No mesmo sentido v. *Medida cautelar, mandado de segurança e ato judicial*. São Paulo: Revista dos Tribunais, 1994, p. 42 e s.

ressaltar também o problema da preclusão na qual a parte poderá incidir, como decorrência do uso inadequado do "pedido de reconsideração", formulado para obter modificação, por exemplo, de uma decisão interlocutória (de mérito) prolatada em cognição sumária (v.g *tutela provisória*)[650] o qual resultará infrutífero diante da inadequação da via eleita, quando o mecanismo hábil seria o agravo instrumentalizado (cf. item n. 1.3, *supra*). Nesse caso, entende-se por *preclusão* a perda ou extinção do direito da parte em realizar um ato processual em virtude: a) do decurso do prazo; b) da falta de exercício do direito no momento oportuno, quando a ordem legalmente estabelecida na sucessão das atividades processuais importe em uma consequência assim grave; c) da incompatibilidade da atividade já realizada; d) do fato de já ter sido uma vez exercitado o direito.[651] Referimo-nos, é óbvio, à *preclusão temporal*, das decisões proferidas no curso do processo que somente podem ser afastadas através da interposição do recurso de agravo (CPC, art. 507).[652]

Por isso, nesse exemplo, o *pedido de reconsideração* não encontrará ressonância prática e legal, porque a decisão concessiva ou denegatória referente à antecipação da tutela é do tipo que não se permite ser revista pelo juiz de primeiro grau, exceto quando utilizados os mecanismos adequados e no momento procedimental hábil.

Assim, esses *pedidos de reconsideração* devem ser interpretados restritivamente, no sentido de que servem apenas para manifestar o inconformismo da parte em relação aos pronunciamentos judiciais inquinados de *erro material* ou que tenham versado sobre matérias de ordem pública (instrumental ou substantiva) ou atinentes a direitos indisponíveis. Mas se o impugnante formular pedido de reconsideração e, sucessivamente, requerer ao juiz que, se assim não entender, receba a peça como agravo, deverão seus articulados preencher de antemão os requisitos do respectivo recurso. Ultrapassado o prazo de interposição do agravo, em hipótese alguma o pedido de reconsideração poderá vir a prosperar, salvo se a matéria objeto da impugnação for de ordem pública ou versar sobre direito indisponível. Vê-se, pois, que, na ausência de interposição do agravo, impossível se torna para o juiz rever a sua decisão (preclusão *pro judicato*).

Nesses casos, deverá o interessado atentar para o prazo de quinze dias definido no art. 1.003, § 5º, do CPC, que não se suspende ou interrompe jamais em razão de articulação de pedido de reconsideração ao juiz *a quo*, valendo lembrar que, na contagem dos prazos processuais, computar-se-ão somente os dias úteis (art. 219, *caput*, do CPC).[653] Assim, caso não haja reforma (ou manutenção) da decisão impugnada através de pedido de reconsideração até o décimo quinto dia útil, deverá interpor recurso de agravo por instrumento junto ao Colégio Recursal competente, sob pena de preclusão.[654]

Escreve ainda a professora paulista que "estes pomposamente chamados 'pedidos de reconsideração' equivalem a um pedido oral da parte para que o juiz 'pense melhor', em relação a uma decisão que ele poderia modificar sem que houvesse 'pedido de reconsideração' algum.
"Não se trata, como à primeira vista pode parecer, de uma prática ilícita, salvo quando empregado indevidamente, mas de algo que não tem relevância técnica alguma" (idem, ibidem).

[650] A respeito desse tema, v. os nossos comentários ao art. 1º, n. 2, onde tratamos da *aplicação subsidiária das normas processuais insculpidas no Código de Processo Civil*.

[651] LIEBMAN, Enrico Tullio. *Manuale di diritto processuale civile*. v. 1. 4. ed. Milano: Giuffrè, 1984, p. 210, n. 107.
Nesse sentido, por todos, v. CHIOVENDA, Giuseppe. *Istituzioni di diritto processuale civile*. Napoli: Jovene, 1933, v. 1, p. 339 e s. e 1934, v. 2, p. 458 e s.

[652] FERREIRA FILHO, Manoel Caetano. *A preclusão no direito processual civil*. Curitiba: Juruá, 1991, p. 82.
Assinala também o professor paranaense que "As outras duas modalidades – lógica e consumativa – verificam-se irremediavelmente, não havendo como evitá-las: praticado o ato, dá-se a preclusão consumativa; a prática anterior do ato incompatível com o que se pretende praticar produz a preclusão da faculdade de praticá-lo" (idem, ibidem).89. Em sentido contrário, o enunciado n. 165 do FONAJE: "Nos Juizados Especiais Cíveis, todos os prazos serão contados de forma contínua."

[653] Em sentido contrário, o enunciado 165 do FONAJE: "Nos Juizados Especiais Cíveis, todos os prazos serão contados de forma contínua".

[654] Salienta muito bem TERESA ARRUDA ALVIM WAMBIER que, nada obstante o pedido de reconsideração poder levar à reforma da decisão impugnada, "(...) é relevantíssimo frisar que esta prática não tem o condão de influir (quer interrompendo,

Outro não é o entendimento de Nelson Nery Jr. e Rosa Maria Nery, acerca dos denominados *pedidos de reconsideração, in verbis:* "Instituto sem forma ou figura de juízo, não previsto no CPC ou em lei federal, não é recurso por não estar previsto como tal no rol do CPC 994, não podendo interromper nem suspender prazo para a interposição de recurso regular. Muito utilizado na praxe forense, dele deve lançar-se mão com a cautela de, na mesma petição, fazer-se a ressalva de que, se o juiz não reconsiderar a decisão, recebe a irresignação como se fora agravo de instrumento. Para tanto, a petição de 'pedido de reconsideração' deve preencher os requisitos formais do agravo (fundamentação, pedido de nova decisão e indicação de peças). Na verdade, quem requer reconsideração com pedido sucessivo (CPC 326) de recebimento como agravo está interpondo efetivamente o recurso de agravo, travestido de pedido de reconsideração. O pedido de reconsideração *puro e simples*, sem pedido sucessivo de recebimento como agravo, só tem cabimento quando se tratar de decisão sobre questão de ordem pública, a cujo respeito não se opera a preclusão, que o juiz deve conhecer de ofício."[655]

Em arremate, assinalamos inexistir qualquer distinção entre *pedido de reconsideração* e *pedido de revisão*, sejam eles formulados pela parte ativa ou passiva, ao nosso entender expressões sinônimas, com idêntica designação, indicativas singelas de instituto único e informal não contemplado no Código de Processo Civil, mas utilizado na prática forense com o escopo de obter do julgador a modificação de despacho, decisão interlocutória ou sentença quando constatado erro material ou questão de ordem pública que viabilize, a qualquer tempo ou grau de jurisdição, a devida correção de ofício. Por isso, esses "pedidos" não suspendem ou interrompem o prazo do recurso hábil.[656]

1.6 Da reclamação ou correição parcial

É comum encontrarmos em legislações estaduais – no caso, Regimentos Internos das Turmas Recursais – a previsão normativa de um meio de impugnação denominado *reclamação*[657] ou

---

quer suspendendo) na contagem do prazo para a interposição de recurso (...)" (*Os agravos no CPC brasileiro*. 4. ed. São Paulo: Revista dos Tribunais, 2006, p. 481, item 8.2).

[655] Nery Jr., Nelson; Nery, Rosa Maria Andrade. *Comentários ao Código de Processo Civil – novo CPC – Lei 13.105/2015*. São Paulo: Revista dos Tribunais, 2015, art. 1.015, n. 18, p. 2083. No mesmo sentido a doutrina do citado autor, em sua monografia intitulada *Teoria geral dos recursos*, 2004, n. 2.3.4.3, p. 89/98.
Por sua vez, observa Nelson Nery Jr. não ter encontrado "(...) nenhuma manifestação, quer doutrinária, quer jurisprudencial, que defendesse a eficácia do pedido de reconsideração como causa de suspensão ou interrupção para a interposição de recurso" (*Teoria geral dos recursos*: princípios fundamentais. 6. ed. São Paulo: Revista dos Tribunais, 2004, p. 92, nota de rodapé n. 83, item n. 2.3.4.3).
Igualmente, Araken de Assis, citando orientação do STJ (REsp 74.864-SP, rel. Min. Barros Monteiro, j. 11-12-1995, *DJU* 18-3-1996, p. 7.575). *Manual dos recursos*. São Paulo: Revista dos Tribunais, 2007, p. 188-189, n. 20.1.4, nota de rodapé 353).
Assim também Moreira, José Carlos Barbosa. *Comentários ao Código de Processo Civil*. v. V. 13. ed. Rio de Janeiro: Forense, 2006, art. 522, p. 497/498, n. 269.

[656] Pelos motivos expostos, sem razão (jurídica ou lógica) e sem qualquer sustentação legal o entendimento de Maria Berenice Dias, no sentido de que "pedido de consideração" e "pedido de revisão" são institutos jurídicos distintos, sendo aquele formulado pela parte que teve o seu pedido desatendido ou parcialmente acolhido pelo juiz (v.g. autor), sem interrupção ou suspensão do prazo recursal (meio hábil de impugnação) propriamente dito, enquanto este último é instrumento a ser manejado pela parte contra quem o ato judicial causou algum gravame (v.g. réu), com a consequente interrupção do prazo recursal (Reconsideração *versus* revisão: uma distinção que se impõe. *Síntese Jornal*, n. 77, jul. 2003; *Revista do TJPR*, jul.-set. 2003).

[657] A respeito do tema, v. o estudo de Edson Malachini, intitulado A correição parcial e a recorribilidade das decisões interlocutórias. Salienta o Mestre paranaense que não há que confundir a reclamação (correição parcial) com a "(...) 'reclamação' prevista nos arts. 161 e seq. [156 e ss.] do Regimento Interno do Supremo Tribunal Federal, e que pode ser feita pelo Procurador-Geral da República ou pelo 'interessado na causa, para preservar a competência do Tribunal ou garantir a autoridade das suas decisões', cujos pressupostos e finalidade são fundamentalmente diversos (RTJ, 75/663). Também não há que confundi-la com as simples reclamações ou representações dirigidas aos órgãos disciplinares dos tribunais (corregedorias ou conselhos superiores), às vezes previstas nas Leis de Organização Judiciária ou nos regimentos internos respectivos (e.g., CODJ do Paraná, Lei n. 7.297, de 8-1-1980, art. 29,

correição parcial, destinado a corrigir atos judiciais sem previsão de recurso ou outra forma típica de manifestação da não resignação. Sob uma ou outra denominação, "preveem as leis, ou códigos, de organização judiciária dos Estados, de modo geral, uma medida paraprocessual, dita de caráter administrativo ou disciplinar, destinada, segundo a fórmula que serviu de modelo para as demais, a 'emenda de erros, ou, abusos, que importem inversão tumultuária dos atos e fórmulas da ordem legal do processo, quando para o caso não haja recurso'", conforme assinalado por EDSON RIBAS MALACHINI, ao lembrar do Dec.-Lei n. 2.726, de 31-10-1940, que criou o Conselho de Justiça do Distrito Federal.[658]

Em síntese, a reclamação ou correição parcial são utilizadas para impugnar alguma espécie de *error in procedendo*. Todavia, se a espécie não comportar o remédio excepcional constitucional do mandado de segurança, desde que demonstrado o prejuízo (qualquer gravame), contra todo e qualquer ato judicial cabe recurso de agravo, salvo se estivermos diante de ato de natureza manifestamente discricionária (v.g. determinação de produção de prova *ex officio*; designação de audiência preliminar; determinação de ouvida do perito).

As reclamações ou correições parciais são instrumentos de impugnação manifestamente inconstitucionais, pois os Estados não podem legislar em matéria processual, na exata medida em que elas são, em sua essência, uma espécie de recurso, travestido de "meio de impugnação" atípico. Não se olvida, contudo, que o Supremo Tribunal Federal firmou entendimento, por maioria de votos, em aresto da lavra da Ministra Ellen Gracie (modificando o entendimento esposado anteriormente, em julgamento dos Embargos Infringentes em Representação 1092 – *DJU* de 23-5-1986), no sentido de que, sob a égide da Carta de 1988, a chamada "reclamação" pode ser manejada, desde que prevista na Constituição do Estado e no Regimento Interno do respectivo Tribunal de Justiça (ADIn 2.212-1-CE).[659]

VII e VIII), contra serventuários ou funcionários da justiça ou mesmo contra Juízes; estas, sim, de caráter puramente administrativo, sem qualquer possibilidade de interferência nos processos sujeitos à direção destes" (A correição parcial e a recorribilidade das decisões interlocutórias. *RePro*, v. 18/88-89, item n. 1).

No Regimento Interno do Superior Tribunal de Justiça, a matéria pertinente à reclamação está regulada nos arts. 187-192.

V. também WAMBIER, Teresa Arruda Alvim. *Agravo de instrumento (o novo regime do agravo)*. 2. ed. São Paulo: Revista dos Tribunais, 1991, p. 163 e s., onde tem sustentado que "ainda que não se lance mão do argumento da inconstitucionalidade (que não se pode usar para a correição no âmbito da Justiça Federal), parece que a correição parcial é remédio que hoje encontra-se praticamente sem objeto, e em vias de extinção". Arremata dizendo que "são agraváveis as decisões interlocutórias e os despachos, estes últimos desde que, porque proferidos erradamente, tenham sido capazes de gerar prejuízo. Logo, de fato, o espaço para a correição parcial ou desapareceu ou, pelo menos, ficou bastante reduzido" (ob. cit., p. 166).

V. ainda ALVIM, José Manoel de Arruda. Correição parcial, *RT*, v. 452/11-20.

[658] Tinha o aludido Conselho, entre outras atribuições, "'proceder disciplinarmente e sem prejuízo para o andamento do feito, a requerimento dos interessados ou do Procurador-Geral, a correições parciais em autos, para emenda de erros, ou abusos que (...)'".

[659] A ementa da referida Ação Direta de Constitucionalidade está assim redigida: "Ação direta de inconstitucionalidade – Art. 108, inciso VII, alínea I, da Constituição do Estado do Ceará e art. 21, inciso VI, letra *j*, do Regimento do Tribunal de Justiça local. Previsão, no âmbito estadual, do instituto da reclamação. Instituto de natureza processual constitucional, situado no âmbito do direito de petição previsto no art. 5º, inciso XXXIV, alínea *a*, da Constituição Federal. Inexistência de ofensa ao art. 22, inciso I, da Carta.

"1. A natureza jurídica da reclamação não é a de um recurso, de uma ação e nem de um incidente processual. Situa-se ela no âmbito do direito constitucional de petição previsto no art. 5º, inciso XXXIV, da Constituição Federal. E, por consequência, a sua adoção pelo Estado-membro, pela via legislativa local, não implica em invasão da competência privativa da União para legislar sobre direito processual (art. 22, I, da CF).

"2. A reclamação constitui instrumento que, aplicado no âmbito dos Estados-membros, tem como objetivo evitar, no caso de ofensa à autoridade de um julgado, o caminho tortuoso e demorado dos recursos previstos na legislação processual, inegavelmente inconvenientes quando já tem a parte uma decisão definitiva. Visa, também, à preservação da competência dos Tribunais de Justiça estaduais, diante de eventual usurpação por parte de Juízo ou outro Tribunal local.

Ademais, carece o reclamante de interesse, em face do sistema recursal de agravo colocado à sua disposição, sempre admissível para combater os atos judiciais causadores de qualquer espécie de gravame.

Nelson Nery Jr. bem explica histórica e juridicamente esse infeliz ranço legislativo, ainda previsto nos dias de hoje, de forma equivocada e desnecessária, em diversas "normas" estaduais: "Como no sistema do CPC/1939 o agravo de instrumento só cabia em hipóteses taxativas, criou-se nas legislações estaduais o expediente da correição parcial ou reclamação, com a finalidade de impugnar a decisão interlocutória irrecorrível. Seu cabimento era previsto quando a decisão fosse teratológica, ou causasse tumulto ou subversão da ordem processual, ou seja, quando o juiz agisse com *error in procedendo*.

"Instituto inconstitucional, quer tivesse natureza administrativa (decisão administrativa não pode modificar decisão juriscicional), quer tivesse natureza processual (estado não pode legislar sobre matéria processual: CF 22 I), não tinha mais nenhum significado relevante no sistema do CPC de 1973, no qual se admitia agravo contra toda e qualquer decisão interlocutória, quer tenha o juiz incorrido em *error in procedendo*, quer em *error in judicando* (CPC/1973 162, § 2º e 522).

"Apenas no âmbito da justiça federal é que não há inconstitucionalidade da correição parcial, porque previsto em lei federal (LOJF 6º I), mas restou inoperante, porque 'cabível contra ato de que não caiba recurso', quando no regime do CPC/1973 toda decisão era recorrível". No regime legal do CPC/2015, que prevê o agravo apenas contra as interlocutórias enumeradas em *rol taxativo* (*numerus clausus*), há risco sério de que sejam ressuscitadas a correição parcial e o mandado de segurança contra decisão judicial, como sucedâneo de recurso, em situações justificáveis.[660]

Em face da polêmica que se instaurou na doutrina e jurisprudência, acerca da (in) admissibilidade do recurso de agravo de instrumento perante os Juizados Especiais Cíveis (celeuma criada sem razão, conforme procuramos demonstrar no item n. 1.3, *supra*, aos comentários deste artigo), não foram poucos os doutrinadores e turmas recursais que acabaram não conhecendo o recurso hábil, substituindo-o pela malsinada "reclamação", "correição parcial" e, até mesmo, pelo mandado de segurança.

Todavia, o meio de impugnação substitutivo é, em sua verdadeira essência, nesses casos, em tudo e por tudo (semelhante até na forma de processamento) o *agravo de instrumento*, que, por simples preconceito e convenção legislativa, deixou de ser expressamente recepcionado no microssistema dos Juizados Especiais.

Por esses motivos, a *reclamação* ou a *correição parcial* são meios de impugnação limitadíssimos e de pouquíssima utilidade nos dias atuais em face da sistemática recursal delineada no Código de Processo Civil, ressalvadas as hipóteses já mencionadas, somando-se ao fato de que, em sede recursal, somente a União tem competência constitucionalmente definida para legislar, por se tratar de matéria processual (CF, art. 22, I), nada obstante a orientação firmada pelo Supremo Tribunal Federal, em aresto da lavra da Ministra Ellen Gracie – já mencionado acima –, que admitiu a sua utilização desde que previsto na Constituição do Estado e nos respectivos Regimentos dos Tribunais.

1.7 Da reclamação destinada a dirimir divergência entre acórdão prolatado por turma recursal estadual e a jurisprudência do Superior Tribunal de Justiça

1.7.1 Breve relato histórico

A 1ª Seção do Superior Tribunal de Justiça, em decisão proferida em Agravo Regimental em Reclamação 2.704-SP, datada de 12 de março de 2008, em que foi relator o Ministro Teori Albino

---

"3. A adoção desse instrumento pelos Estados-membros, além de estar em sintonia com o princípio da simetria, está em consonância com o princípio da efetividade das decisões judiciais. "4. Ação direta de inconstitucionalidade improcedente" (*DJU* 14-11-2003).

[660] Nery Jr., Nelson. *Comentários ao Código de Processo Civil – novo CPC – Lei 13.105/2015*. São Paulo: Revista dos Tribunais, 2015, art. 1.015, item n. 17, p. 2082.
Observam ainda com muita propriedade os festejados autores que "A história do processo civil brasileiro e a experiência da doutrina e da jurisprudência, haurida de 1939 a 2015, mostram a inconveniência da adoção de expediente como o que acabou prevalecendo, isto é, do cabimento do agravo em hipóteses taxativas. História e experiência foram ignoradas e desprezadas" (idem, ibidem).

Zavascki (então integrante da citada Corte), por unanimidade, firmou entendimento no sentido de que "(...) a Reclamação não é via adequada para controlar a competência dos Juizados Especiais" e que é "igualmente inadequada a via da reclamação para sanar grave deficiência do sistema normativo vigente, que não oferece acesso ao STJ para controlar decisões de Juizados Especiais Estaduais contrárias à sua jurisprudência dominante em matéria de direito federal, permitindo que tais Juizados, no âmbito da sua competência, representem a palavra final sobre a interpretação da lei federal". Assim, negou-se provimento ao agravo regimental interposto.

Acertada, em nosso entender, a interpretação conferida pelo Superior Tribunal de Justiça, ao julgar o referido Agravo Regimental em Reclamação.

Contudo, um ano e cinco meses depois, em 26 de agosto de 2009, o Supremo Tribunal Federal acolheu, por maioria de votos, Embargos de Declaração interpostos em Recurso Extraordinário de decisão Plenária (RE 571.572 QO-ED/BA), em que foi relatora a Ministra Ellen Gracie, entendimento em sentido oposto àquele do Superior Tribunal de Justiça, chancelado no aludido e bem lançado acórdão da lavra do Ministro Teori Zavascki.

Nessa linha, decidiu a Corte Constitucional que, até a criação da Turma Nacional de Uniformização de Jurisprudência estadual[661] e com o escopo de evitar que se perpetuem julgados conflitantes com a jurisprudência do Superior Tribunal de Justiça, em sede de interpretação da legislação infraconstitucional, caberia à referida Corte afastar a divergência, conhecendo da matéria em recurso de Reclamação, previsto no art. 105, inciso I, alínea *f*, da Lei Maior.

Assim entendeu o Supremo Tribunal Federal, com o objetivo de fazer prevalecer a aplicação da jurisprudência do STJ, em razão de sua função constitucional, da segurança jurídica, da devida prestação jurisdicional e da lógica da organização do sistema judiciário nacional.

Desde o início deixamos de comungar do entendimento perfilhado pelo Supremo Tribunal Federal por entender que a *reclamação* definida no art. 105, inciso I, alínea *f*, da Constituição Federal é instrumento de manejo limitado, voltado à preservação da competência e garantia da autoridade das decisões do Superior Tribunal de Justiça, não podendo ter seu espectro cognitivo ampliado; em segundo lugar, e por outro viés, a criação de Turma de Uniformização de Jurisprudência em sede de Juizados Especiais Estaduais é inadequada, na exata medida em que atenta contra o princípio da oralidade delineado pela Carta de 1988 (CF, art. 98, inciso I) e recepcionado em grau máximo na Lei n. 9.099/1995, com os seus subprincípios apontados no art. 2º da Lei n. 9.099/1995, notadamente a celeridade, a informalidade e a simplicidade, em que pese existir, lamentavelmente, previsão legal para os Juizados Federais (Lei n. 10.259/2001, art. 14) e Juizados da Fazenda Pública (Lei n. 12.153/2009, art. 18).

Ademais, a competência do Superior Tribunal de Justiça está bem delineada no art. 105 da Carta Magna, não podendo ser reduzida ou ampliada por interpretação jurisprudencial, nem mesmo pelo Supremo Tribunal Federal, sob pena de extrapolar a sua função constitucional. Dando seguimento à orientação da Corte Constitucional, o Presidente do Superior Tribunal de Justiça, usando da atribuição que lhe é conferida pelo art. 21, XX, do Regimento Interno, e, tendo em vista o decidido pelo Conselho de Administração, em sessão de 1º de dezembro de 2009, no Processo STJ n. 11.044/2009, baixou a Resolução n. 12, de 14 de dezembro de 2009, que dispunha sobre o processamento das reclamações destinadas a dirimir divergência entre acórdão prolatado por turma recursal estadual e a jurisprudência daquela mesma Corte.

---

[661] De início, tramitou no Congresso Nacional o PL n. 4.723/2004 (no Senado Federal, PL n. 16/2007), que dispunha sobre a criação da Turma Nacional de Uniformização de Jurisprudência dos Juizados Especiais Estaduais; mais tarde, foi retirado de pauta e devolvido ao Relator, em 17-8-2011. Posteriormente, o STJ encaminhou PL que recebeu o n. 5.741/2013, que visava alterar os arts. 18, 19, 20 e 21 da Lei n. 12.153/2009 e também acrescentava o art. 20-A, criando a Turma Nacional de Uniformização de Jurisprudência dos Juizados Especiais e do Distrito Federal. Felizmente, por pressão da boa doutrina, do foro e, em particular, do FONAJE, em 5-2-2015, por acordo de líderes, foi apenas retirado de pauta.

Nessa linha, era a seguinte a redação do art. 1º do aludido Ato: "As reclamações destinadas a dirimir divergência entre acórdão prolatado por turma recursal estadual e a jurisprudência do Superior Tribunal de Justiça, suas súmulas ou orientações decorrentes do julgamento de recursos especiais processados na forma do art. 543-C do Código de Processo Civil [art. 1.036 CPC/2015) serão oferecidas no prazo de quinze dias, contados da ciência, pela parte, da decisão impugnada, independentemente de preparo (...)."[662] E, para complicar e retardar ainda mais, o art. 2º, inciso III, e art. 4º, parágrafo único da aludida Resolução, passou a admitir a manifestação de "terceiros interessados" (leia-se: *amicus curiae*) no processamento da Reclamação.[663]

Ocorre que, em pouco tempo, o Superior Tribunal de Justiça viu-se ainda mais assoberbado de processos, desta feita oriundos dos Juizados Especiais estaduais, que aportavam em grande escala e como sucedâneo recursal (inconstitucional) do Recurso Especial,[664] sob a rubrica de "reclamação", para os fins delineados na Resolução 12/2009.

Na sessão de 4 de novembro de 2015, teve início o julgamento do Agravo Regimental na Reclamação n. 18.506-SP[665] e, sequencialmente, do Agravo Regimental na Reclamação n. 17.980-SP[666], ambos da relatoria do Ministro Raul Araújo,[667] interposto pelo Ministério Público Federal (contra a decisão que julgou parcialmente procedente a reclamação intentada pelo Banco GMAC S/A para admitir a cobrança da Tarifa de Cadastro), sob o fundamento de que "além de o Relator não ter examinado nenhuma das teses desenvolvidas no parecer do *Parquet*, o que prejudica o conhecimento e o prequestionamento de todas as relevantes questões constitucionais referentes ao cabimento da reclamação instituída pela Resolução n. 12, de 2009, nota-se que também não houve obediência ao rito previsto na mencionada resolução". E conclui o MPF no sentido de que "a Resolução n. 12, de 2009, do STJ, é ilegal, logo, não deve ser aplicada. Além de ilegal, a resolução é inconstitucional, podendo o STJ, a qualquer momento, declarar a sua inconstitucionalidade de modo incidental" (fls. 191/192).

De início, o Ministro Relator votou no sentido de negar provimento ao agravo, sob o fundamento, em síntese, da impossibilidade de fazer reapreciação da questão, que veio por meio de decisão do STF. Destaca-se do voto: "Foi o próprio STF que deliberou expressamente sobre o cabimento excepcional da reclamação, motivo porque inviável, nesta Corte, qualquer discussão sobre a inconstitucionalidade ou ilegalidade da resolução que disciplinou o processamento da reclamação no âmbito deste Tribunal, justamente em atendimento à deliberação da Corte Suprema, cuja decisão, por via oblíqua, estaria tendo sua validade discutida."

Na sequência, pediu vista dos autos o Ministro Luis Felipe Salomão, advertindo sobre a seriedade da questão e a boa oportunidade de se discutir com maior profundidade a Resolução em exame. Disse sua Excelência: "Tenho conversado com os colegas da 2ª seção sobre isso. O número de reclamações é ascendente, é muito preocupante, e penso em colocar essa questão em debate na

---

[662] "(...) O prazo para interposição de reclamação inicia-se com a ciência, pela parte, do acórdão proferido pela Turma Recursal no julgamento do recurso inominado ou dos subsequentes embargos de declaração (se for o caso), e não a partir da ciência do acórdão proferido no julgamento dos embargos de declaração apresentados contra a decisão que aplicou a sistemática da repercussão geral ao recurso extraordinário dirigido ao Supremo Tribunal Federal (art. 543-B do CPC). 3. Agravo regimental não provido" (STJ, AgRg na Rcl 27168/MS, 1ª Seção, rel. Min. Mauro Campbell Marques, j. 28-10-2015, *DJe* 9-11-2015).

[663] Sobre esse tema, para aprofundamento, enviamos o leitor interessado aos comentários ao art. 10, item n. 1, *supra*, oportunidade em que tratamos com vagar acerca da "intervenção de terceiros, assistência e *amicus curiae*."

[664] Por vias transversas, ao aceitar o meio de impugnação intitulado "reclamação", o Superior Tribunal de Justiça acabou por violar sua própria súmula (203), que dispõe sobre o não cabimento de recurso especial contra decisão proferida por órgão de segundo grau dos Juizados Especiais.

[665] Partes: Agravante – Ministério Público Federal; Agravado – Banco Bradesco Financiamentos S.A.; Reclamado – Primeira Turma Cível, Criminal e Fazenda do Colégio Recursal de Americana-SP.

[666] Partes: Agravante – Ministério Público Federal; Agravado – Banco GMAC AS; Reclamado – Colégio Recursal da 35ª Circunscrição Judiciária do Estado de São Paulo.

[667] Registra-se que os agravos regimentais tiveram julgamento afetado à Corte Especial porque as matérias neles contidas apresentavam repercussão para mais de uma Seção do STJ.

Corte Especial, para examinar a manutenção, ou não, da resolução 12. Acho que essa é a oportunidade que temos de avaliar isso."[668]

Em sessão realizada no dia 3 de fevereiro de 2016, o Ministro Salomão, em extenso voto-vista, divergiu do relator e concluiu pela "nulidade" da Resolução 12/2009, e, por conseguinte, pela inaplicabilidade, de maneira a não mais admitir-se o conhecimento pelo STJ de reclamações provenientes dos Juizados Especiais. O voto não abordou diretamente a questão da inconstitucionalidade da aludida Resolução, lastreando-se o entendimento no âmbito do controle de legalidade, da oportunidade e do juízo de conveniência, notadamente no que se refere a fatos e dados hábeis a justificar sua conclusão, em particular, o crescente volume exacerbado de processos desse naipe.

Nesse sentido, assinalou o Ministro Salomão que na maior parte das vezes as reclamações são formuladas por pessoas jurídicas, desvirtuando o próprio sistema dos Juizados, na exata medida em que foi idealizado para servir ao cidadão (pessoa natural) e não às pessoas jurídicas. Apresentou também dados numéricos, observando que de fevereiro a dezembro de 2015 foram distribuídas à 1ª Seção 672 reclamações; 4.542 à 2ª Seção; e, 45 à 3ª Seção. Sustentou, com muita propriedade, que as reclamações têm sido utilizadas contra quem o sistema do Juizado Especial busca tutelar, ou seja, "o cidadão comum, impossibilitado de contratar advogado para propor reclamação em Brasília".

Logo após, pediu vista dos autos o Ministro Felix Fischer e, na sessão de 3 de março de 2016, seguiu a divergência aberta pelo Ministro Luis Felipe Salomão, para também declarar a nulidade da Resolução 12/2009, destacando em seu voto que as reclamações no STJ têm sido utilizadas como substituto de recurso incabível na espécie, de modo que a Corte termina atuando como terceira instância de jurisdição dos Juizados Especiais Cíveis, o que inadmissível.

Na mesma sessão, pediu vista antecipada de ambos os agravos regimentais a ministra Nancy Andrighi.

Nesse ínterim, em 22 de março de 2016, o STJ edita a Emenda Regimental n. 22, com o objetivo precípuo de adequá-lo ao novo Código de Processo Civil; nada obstante, em seu art. 4º, revogou expressamente a malsinada Resolução 12/2009, que até então se encontrava *sub judice* aguardando julgamento nos dois Agravos Regimentais interpostos pelo Ministério Público Federal com pedido incidental de declaração de inconstitucionalidade, conforme já anotado.

Com essa providência regimental, ficou prejudicado o incidente de inconstitucionalidade que atacava a Resolução 12/2009, assim como deliberou-se acerca da edição de nova Resolução com o escopo de definir a competência para dirimir divergências entre turma regional estadual e a jurisprudência do Superior Tribunal de Justiça.[669]

Finalmente, em 6-4-2016, a Ministra Fátima Nancy Andrighi lançou voto-vista pela prejudicialidade do agravo regimental diante da revogação da Resolução 12/2009 e, simultaneamente, apresentou proposta de nova resolução, desta feita para tratar da competência para processamento e julgamento, em caráter excepcional, de reclamações destinadas a dirimir divergência entre acórdão prolatado por turma recursal estadual e a jurisprudência do STJ. Em seu voto, salientou a Ministra

---

[668] Manifestou-se também o Ministro Herman Benjamin, nos seguintes termos: "Finalmente nós acordamos para os impactos desta resolução. O STJ, antes desta enxurrada em decorrência da resolução, já estava inviabilizado, e, agora, com esse número crescente (...). Quer dizer, não é ainda aberrante, mas já é um número muito significativo. O momento é propício para que nós repensemos o que nós fizemos".

[669] É idêntico o teor da ementa nos dois Agravos Regimentais em Reclamação (n. 17.980 e 18.506), da lavra do Ministro Raul Araújo, *in verbis*: "Agravo Regimental. Reclamação. Juizados Especiais. Resolução n. 12/2009-STJ. Incidente de Inconstitucionalidade. Prejudicado. Posterior advento da Emenda Regimental 22/2016-STJ revogando a Resolução n. 12/2009-STJ. Deliberação de edição de nova Resolução sobre a competência para dirimir divergências entre Turma Recursal Estadual e a jurisprudência desta Corte. Agravo prejudicado. Com o advento da Emenda Regimental n. 22-STJ, de 16-3-2016, ficou revogada a Resolução n. 12/2009-STJ, que dispunha sobre o processamento, no Superior Tribunal de Justiça, das reclamações destinadas a dirimir divergência entre acórdão prolatado por turma recursal estadual e a jurisprudência desta Corte. 2. Com isso, fica prejudicado o incidente de inconstitucionalidade que ataca a Resolução n. 12/2009-STJ. 3. A matéria passa a ser tratada por nova resolução, editada à luz do novo Código de Processo Civil, nos termos debatidos pela Corte Especial. 4. Agravo regimental prejudicado" (Corte Especial, v.u. 6-4-2016; *DJe* 27-5-2016).

que a Emenda Regimental 22, de 16-3-2016, havia revogado a Resolução 12/2009 e que a Corte Especial haveria de analisar o tema sob a luz dos novos ditames regimentais e do novel Código de Processo Civil; para tanto, propôs nova resolução versando sobre delegação da competência ao órgão especial, ou ao órgão correspondente dos Tribunais de Justiça, para o julgamento de reclamações dessa natureza.

Após debates, refluíram em seus votos precedentes os Ministros Luis Felipe Salomão, Felix Fischer bem como o próprio relator e, por unanimidade, a Corte Especial declarou prejudicado o Agravo Regimental em Reclamação (n. 17.980/SP e 18.506-SP) e, em "questão de ordem", aprovou a proposta de resolução formulada pela Ministra Fátima Andrighi.

No dia seguinte ao julgamento (7-4-2016), foi editada a Resolução STJ/GP n. 3 e publicada no *Diário da Justiça eletrônico* do dia subsequente que "dispõe sobre a competência para processar e julgar as Reclamações destinadas a dirimir divergência entre acórdão prolatado por turma recursal estadual ou do Distrito Federal e a jurisprudência do Superior Tribunal de Justiça".

1.7.2 Da inconstitucionalidade e da ilegalidade da Resolução STJ/GP n. 3, de 7 de abril de 2016

Conforme demonstrado em breve síntese no item precedente (n. 1.7.1, *supra*) depois de muitos debates, entendimentos divergentes e votos retificados, ao fim e ao cabo, em "questão de ordem", a Corte Especial do Superior Tribunal de Justiça fechou composição unânime no sentido de declarar prejudicado o incidente de inconstitucionalidade que atacava a Resolução n. 12/2009-STJ, e, por conseguinte, igualmente prejudicado o agravo regimental em Reclamação (n. 17.980-SP e 18.506-SP), assim como acolheu a proposta de nova resolução para versar sobre o tema em apreço, formulada em voto-vista da Ministra Nancy Andrighi, no sentido de delegar a competência que lhe fora outorgada excepcionalmente pelo Supremo Tribunal Federal, desta feita para os Tribunais estaduais, criando-se, assim, a curiosa "excepcionalidade da excepcionalidade".

Em 7-4-2016, foi editada a Resolução STJ/GP n. 3, publicada no *Diário da Justiça eletrônico* do dia subsequente dispondo "sobre a competência para processar e julgar as Reclamações destinadas a dirimir divergência entre acórdão prolatado por turma recursal estadual ou do Distrito Federal e a jurisprudência do Superior Tribunal de Justiça", *in verbis*: "O PRESIDENTE DO SUPERIOR TRIBUNAL DE JUSTIÇA, usando da atribuição conferida pelo art. 21, inciso XX, do Regimento Interno, considerando o Acórdão do Supremo Tribunal Federal nos EDcl. no RE 571.572/BA, o art. 2º da Lei n. 9.099 de 26 de setembro de 1995, o art. 927, incisos III e IV, e os arts. 988 a 993 do Código de Processo Civil, o fluxo volumoso de Reclamações no STJ envolvendo Juizados Especiais e a decisão da Corte Especial na Questão de Ordem proferida nos autos do AgRg na Rcl n. 18.506/SP, RESOLVE:

"Art. 1º Caberá às Câmaras Reunidas ou à Seção Especializada dos Tribunais de Justiça a competência para processar e julgar as Reclamações destinadas a dirimir divergência entre acórdão prolatado por Turma Recursal Estadual e do Distrito Federal e a jurisprudência do Superior Tribunal de Justiça, consolidada em incidente de assunção de competência e de resolução de demandas repetitivas, em julgamento de recurso especial repetitivo e em enunciados das Súmulas do STJ, bem como para garantir a observância de precedentes.

"Art. 2º Aplica-se, no que couber, o disposto nos arts. 988 a 993 do Código de Processo Civil, bem como as regras regimentais locais, quanto ao procedimento da Reclamação.

"Art. 3º O disposto nesta resolução não se aplica às reclamações já distribuídas, pendentes de análise no Superior Tribunal de Justiça.

"Art. 4º Esta resolução entra em vigor na data de sua publicação. Ministro FRANCISCO FALCÃO".

Com todas as vênias, a Resolução STJ/GP n. 3 é manifestamente inconstitucional e ilegal por razões diversas, como demonstraremos a seguir, motivo pelo qual não estão submetidos os tribunais estaduais a sua observância, porquanto violado o princípio constitucional da legalidade. Destarte, não estão os magistrados obrigados a fazer ou deixar de fazer alguma coisa (muito menos exercer a jurisdição que não lhes compete), senão em virtude de lei (CF, art. 5º, II).

Nada obstante, alguns tribunais acolheram a orientação contida na Resolução STJ n. 3/2016 e, para tanto, baixaram ato normativo interno para o processamento e julgamento das reclamações perante órgão da própria Corte (v.g., Tribunal de Justiça de Alagoas – Regimento Interno, art. 236; Tribunal de Justiça do Estado da Bahia – Regimento Interno, art. 92, I, alínea i, e art. 92-A; Tribunal de Justiça do Estado do Rio Grande do Sul – Regimento Interno, art. 35-A; Tribunal de Justiça do Distrito Federal e dos Territórios – Regimento Interno, art. 18, VI, e art. 23, X).

Diferentemente, o Tribunal de Justiça do Estado de São Paulo, por deliberação do Conselho da Magistratura, deliberou por delegar a competência para as Turmas de Uniformização de Jurisprudência dos Juizados Especiais para julgar as ditas reclamações. Seguindo a mesma linha, o Tribunal de Justiça do Estado de Pernambuco, por despacho (datado de 21-7-2016) do presidente da Corte, prolatado em Reclamação (n. 0007152-952016.8.17.0000), com fulcro no art. 988, § 5º, II, do CPC (que dispõe sobre a inadmissibilidade de reclamação enquanto não esgotadas as instâncias ordinárias), declinou da competência do Tribunal para a Turma de Uniformização de Jurisprudência do Sistema dos Juizados Especiais.

Por sua vez, o Tribunal de Justiça de Santa Catarina, em decisão plenária datada de 3-8-2016, no processo administrativo n. 1001442-82.2016.8.24.0000 da Capital, acolheu a competência para o seu Órgão Especial e subsequente edição de ato regimental para disciplinar a matéria, sem prejuízo de verificação, em tempo e modo oportunos, acerca da jurisdição que lhe foi excepcionalmente delegada, bem como sobre o pedido formulado pela Associação dos Magistrados Catarinenses (ofício n. 73/2016) para análise da matéria sob o ângulo da constitucionalidade (ou inconstitucionalidade) e tomada de providências cabíveis.

Em data de 5 de agosto de 2016, na qualidade de Relator da Reclamação n. 1000537-77.2016.8.24.0000, Capital, suscitei conflito negativo de competência ao Supremo Tribunal Federal. Curiosamente, em decisão monocrática do Min. Ricardo Lewandowski, não conheceu do conflito que suscitamos, sob o argumento totalmente equivocado de que não cabe conflito de competência entre Tribunais Estaduais e o Superior Tribunal Federal, decisão que afronta a literalidade do art. 102, I, "o" da Lei Maior (competência para julgar os conflitos de competência entre o Superior Tribunal de Justiça e quaisquer tribunais, entre Tribunais Superiores, ou entre estes e qualquer outro tribunal). (Conflito de Competência nº 7.990/SC)

Mas a prática inconstitucional no trato dessas "reclamações" não para por aqui. Vejamos as decisões tomadas, com acerto, pelo Tribunal de Justiça da Paraíba e de Minas Gerais e as consequências verificadas em prejuízo manifesto dos jurisdicionados em face da reiteração do entendimento da Corte da Cidadania.

Até o momento, os únicos dois tribunais que tiveram a coragem e grandeza jurídica de enfrentar os abusos perpetrados pelo Superior Tribunal de Justiça foram os acima mencionados que, com todas as letras, negaram-se a cumprir decisão manifestamente inconstitucional emanada pelo Superior Tribunal de Justiça.

Assim, através de suas Cortes Especiais, tanto o Tribunal da Paraíba quanto o de Minas Gerais não só negaram vigência à Resolução n. 3/16, como ainda reconheceram a sua inconstitucionalidade e devolveram as reclamações *sub examine* para o Superior Tribunal de Justiça.[670]

Para surpresa e perplexidade de todos, ao retornar à Corte da Cidadania as reclamações em face do reconhecimento da inconstitucionalidade da malsinada Resolução e ausência de competência das Cortes Estaduais para julgarem esse meio de impugnação, as novas decisões simplesmente desconsideraram as razões fortemente fundamentadas dos Tribunais mencionados e, numa espécie de "jogo

---

[670] V. TJMG, Reclamação n. 1.0000.16.039708-9/000, Relator: Des.João Cancio, j. 31/1/17; Incidente de inconsitucionalidade nos autos n. .0000.16.039708-9/001/0397089, Rel. Des. Caetano Levi Lopes, j. 10/05/2018; TJPB, Reclamação n. 0000509-78.2016.815.0000, Rel. Des. Maria das Graças Morais Guedes, j. 26/3/18; Incidente de Inconstitucionalidade n. 0000948-21.2018.815.0000, Rel. Desa. Maria das Graças Morais Guedes, j. 12/4/19.

do sem fim", devolveram as reclamações para os Tribunais de origem para que, mesmo evidenciada a inconstitucionalidade, acolhessem a orientação superior e julgassem essas reclamações.[671]

Em outras hipóteses não menos surreais, agora sob outro viés, o Superior Tribunal de Justiça também não conhece das reclamações oriundas dos Estados de Minas Gerais e Paraíba, nos casos em que os advogados dos reclamantes, sabedores da orientação das Cortes locais acerca da inconstitucionalidade da Resolução 3/2016, dirigem o reclamo diretamente à Corte da Cidadania; nada obstante, insensíveis ao calvário impingido aos jurisdicionados, em manifesta negativa de jurisdição, os doutos ministros, usando a venda que cobre os olhos de Themis e fazendo ouvidos moucos aos argumentos das partes e dos tribunais de origem, persistem no entendimento eivado dos vícios da ilegalidade e inconstitucionalidade, e, simplesmente, não conhecem das reclamações e devolvem à cognição às cortes estaduais.[672]

1) *Razões da inconstitucionalidades:*

a) Em observância aos ditames do Estado Democrático de Direito constitucionalmente recepcionado na Lei Maior (CF, art. 1º, *caput*), um de seus princípios fundamentais repousa na harmonia e na independência entre os três Poderes da República (CF, art. 2º), razão pela qual não pode o Judiciário arvorar-se em Legislador (infraconstitucional ou constitucional), seja para criar recurso, meio de impugnação ou para conferir competência aos seus próprios órgãos sem prévia e legítima autorização normativa.

Na hipótese em exame, significa dizer que a Corte Constitucional delegou ao Superior Tribunal de Justiça, em caráter excepcionalíssimo e transitório, competência para julgamento das "reclamações" e, por ser medida de exceção, não poderia ser estendida por simples ato normativo aos tribunais dos Estados.

Ao declinar e delegar competência que lhe foi conferida, em caráter excepcional, pelo Supremo Tribunal Federal para julgar as Reclamações oriundas de turmas recursais estaduais destinadas a dirimir divergência entre seus julgados e a jurisprudência do Superior Tribunal de Justiça, violou as orientações firmadas pela Corte Constitucional, que conferiu à Corte da Cidadania a incumbência de assim proceder até que fosse editada lei que versasse sobre o incidente de uniformização de jurisprudência para os juizados estaduais (Lei n. 9.099/1995), segundo se infere do aresto da lavra da então Ministra Ellen Gracie (EDcl no RE 571.572/BA).

Vale lembrar, neste ponto, as razões bem lançadas pelo Ministério Público Federal, em seu parecer acerca da inconstitucionalidade da Resolução STJ 12/2009 (fls. 213/214 – AgRg na Reclamação n. 17.980-SP): "(...) 136. A decisão do STF reconheceu uma omissão no sistema e, colmatando-a em controle difuso, admitiu a possibilidade de o STJ ampliar o instituto da reclamação. 137. Tal solução, sob o signo da precariedade e do aguardo de uma atuação legislativa foi colmatada pelo STJ em resolução, e não pelo parlamento. 138. O silêncio eloquente do legislador em não vulnerar os juizados especiais com mais uma instância recursal foi esvaziado pela edição de solução do STJ e a abertura de uma ampla via e casuística de rescisão pelo STJ do que encerrado nos juizados especiais. 139. O que era um breve recesso constitucional episódico virou uma lesão em razão da gravidade configurada ao sistema constitucional pátrio com a criação de um tipo de reclamação não aceita pela Constituição nem pelo Supremo Tribunal Federal. Ou seja, o que era um recesso, virou uma lesão permanente".[673]

Segundo precisa lição de NELSON NERY JR. e ROSA MARIA NERY, "resta analisar se o Poder Judiciário tem autorização constitucional para legislar, fora do caso da Súmula Vinculante do STF,

---

[671] STJ, Reclamação n. 41491 – PB, Rel. Min. Ricardo Villas Bôas Cueva, j. 12/4/21; Reclamação n. 41832 – MG, Rel. Min. Marco Bellizze, j. 7/21/21.

[672] Reclamação n. 41621 – PB (2021/0095030-8), Rela. Min. Nancy Andrighi, j. 9/6/21; Reclamação n. 42183 – MG (2021/0260370-1), Rel. Min. Ricardo Villas Bôas Cueva, j. 1º/9/21.

[673] *Mutatis mutandis*, é o que se verifica com a Resolução n. 3 STJ-GP, ao delegar a competência que lhe foi conferida excepcionalmente pelo STF para as cortes estaduais de justiça.

para o qual a autorização está presente na CF 103-A. Somente no caso de súmula vinculante, o STF tem competência constitucional para estabelecer preceitos de caráter geral. Como se trata de situação excepcional – Poder Judiciário a exercer *função típica* do Poder Legislativo –, a autorização deve estar expressa no texto constitucional e, ademais, se interpreta restritivamente, como todo preceito de exceção".[674]

b) Extrapola o Superior Tribunal de Justiça os limites constitucionais delineados para a sua competência, pois inexiste no rol elencado no art. 105 da Lei Maior a hipótese de delegação de competência (ordinária ou extraordinária) de suas funções judicantes para os tribunais estaduais.

c) A competência dos tribunais estaduais é definida somente pela Constituição dos respectivos Estados, segundo se infere do disposto no art. 125 da Constituição Federal, não cabendo ao Superior Tribunal de Justiça, nem mesmo em caráter excepcional, ampliar o espectro recursal ou os meios de impugnação que serão levados ao conhecimento das aludidas Cortes.

Os tribunais estaduais não detêm competência constitucional para regular a preservação de competência ou para garantir a autoridade de decisões de outros tribunais, muito menos do Superior Tribunal de Justiça, que é o único guardião (por preceito constitucional) da autoridade de suas próprias decisões, controle este procedido por meio de reclamação (CF, art. 105, I, *f*).

Em outros termos, a reclamação com os contornos delineados no art. 105, inciso I, alínea *f*, da Constituição Federal, em interpretação sistemática com o art. 988 do CPC, é instrumento restrito de impugnação, destinado única e exclusivamente ao Superior Tribunal de Justiça e, por conseguinte, insuscetível de delegação por ato normativo interno.

d) Tendo em vista que as reclamações em exame são constitucionalmente de competência exclusiva do Superior Tribunal de Justiça, qualquer ato administrativo ou lei (exceto se modificada a Constituição Federal) delegando para outro órgão a jurisdição que lhe é imanente, viola o *princípio do juiz natural*, recepcionado no art. 5º, LIII, da Lei Maior, *in verbis*: "Ninguém será processado nem sentenciado senão pela autoridade competente", e, no caso em exame, não são os tribunais estaduais competentes para processar e julgar as aludidas reclamações, sob pena de descompasso e violação do tão decantado Estado Democrático de Direito.

e) A matéria atinente a recursos e meios de impugnação reveste-se de natureza eminentemente processual, competindo privativamente à União legislar sobre o tema em voga, segundo se infere do art. 22, I, da Constituição Federal, não podendo o Superior Tribunal de Justiça, por conseguinte, em hipótese alguma, arvorar-se a legislador e criar um sucedâneo recursal para os tribunais estaduais.[675]

Nessa linha também o entendimento do Ministro Felix Fischer, em voto lançado no AgRg na Reclamação n. 17980-SP[676], no sentido de que a "(...) Resolução 12/2009 – STJ acaba por *legislar acerca de matéria de direito processual civil*, usurpando competência da União (art. 22, inciso I, da Constituição Federal). Tal ato normativo permite, inclusive, que o Relator conceda medida liminar para suspender a tramitação de todos os processos com a mesma controvérsia (...)".

f) A Constituição Federal prevê a criação de Juizados Especiais norteados pelo princípio da oralidade, mediante procedimento sumaríssimo, cujos recursos serão julgados por turmas de juízes de primeiro grau (CF, art. 98, I); portanto é inconstitucional a criação de recursos outros sem previsão legislativa (lei federal), pois em sede de Juizados Estaduais regidos pela Lei n. 9.099/1995, as Turmas Recursais são a segunda e a última instância, ressalvado excepcional recurso extraordinário à Corte Constitucional (STF, Súmula 640).

---

[674] Nery Jr., Nelson; Nery, Rosa Maria Andrade. *Comentários ao Código de Processo Civil – novo CPC – Lei 13.105/2015*. São Paulo: Revista dos Tribunais, 2015, art. 927, n. 5, p. 1837.
[675] Assim também o entendimento de Felippe Rocha, *Manual dos juizados especiais cíveis estaduais*, p. 372, ed. 2017.
[676] Voto que acompanhou e reforçou o entendimento capitaneado pelo Ministro Luis Felipe Salomão, quando votou pela "nulidade" da Resolução n. 12/2009-STJ.

g) Os tribunais estaduais não exercem qualquer controle jurisdicional sobre as decisões das turmas recursais, nem mesmo em sede de mandado de segurança[677] ou *habeas corpus*.

Observa-se ainda que os conflitos de competência (positivos ou negativos) criados entre juízes dos Juizados do mesmo Estado serão julgados pela Turma Estadual Recursal competente e aqueles conflitos formados entre juízes ou Turmas de estados distintos da Federação serão julgados pelo Superior Tribunal de Justiça, segundo inúmeros precedentes jurisprudenciais da aludida Corte e do Supremo Tribunal Federal.[678]

Somente os conflitos de competência instaurados entre juiz de Vara Cível Comum ou da Fazenda e juiz dos Juizados Estaduais ou Fazendários é que serão conhecidos e decididos pelos tribunais estaduais.[679]

Assim como a Corte da Cidadania não tem competência constitucional para rever decisões proferidas pelas Turmas Recursais, com o reforço dos ditames da Súmula 203[680], e, tendo-se como certo que a reclamação não pode ser utilizada perante a mesma Corte como sucedâneo de recurso especial, pelas mesmas razões, *mutatis mutandis*, os Tribunais de Justiça não podem exercer jurisdição excepcionalmente conferida ao Superior Tribunal de Justiça, ou, ainda, exercer papel de terceira instância para os Juizados Especiais.

h) O fato de ter o Superior Tribunal de Justiça revogado por disposição regimental (Emenda Regimental n. 22, de 16-3-2016, art. 4º) a Resolução 12/2009 baixada em observância aos preceitos definidos pelo Supremo Tribunal Federal (EDcl no RE 571.572/BA), não lhe confere o direito de redirecionar, a qualquer título, a competência que lhe foi conferida para as Cortes estaduais. Ao revogar a Resolução 12/2009 por emenda regimental, haveria a Corte da Cidadania de comunicar a decisão administrativa tomada ao Supremo Tribunal Federal (ordenador da providência, diga-se de passagem, também de duvidosa constitucionalidade), para os devidos fins de direito; mas em hipótese alguma poderia o STJ excepcionar a exceção, atribuindo jurisdição e competência para tribunais que não as detêm.

i) Por conseguinte, não tem qualquer lógica, fundamento ou pertinência, basear-se a Resolução n. 3/2016 STJ/GP nos EDcl no RE 571.572/BA da Corte Constitucional, por ser justamente

---

[677] STJ, Súmula 376: "Compete a turma recursal processar e julgar o mandado de segurança contra ato de juizado especial".

[678] V.g., "Conflito negativo de competência. Juizados Especiais Cíveis. Ação de cobrança. Diferenças não recebidas de cheque que não pode ser cobrado em agência bancária. Domicílio do réu. Competência relativa. I – Compete ao STJ decidir conflito de competência entre Juizados Especiais vinculados a Tribunais diversos (CF, art. 105, I, *d*). (...)" (STJ, Órgão Julgador, 2ª Seção, por unanimidade, conhecer do conflito e declarar competente o Juizado Especial Cível de Tubarão, o suscitado, nos termos do voto do Sr. Ministro-Relator, CC 2000/0114751-0, rel. Min. Antônio de Pádua Ribeiro, j. 27-11-2002, *DJU* 16-12-2002, p. 237); "Conflito negativo de competência. Turma recursal e tribunal de alçada do mesmo Estado. Competência do STJ para dirimir o conflito. Inteligência do art. 105, I, *d*, da CF. Decisão plenária do STF. Precedentes do STJ. Delito de trânsito (art. 309 da Lei n. 9.503/1997). Infração de menor potencial ofensivo. *Habeas corpus* contra ato de juiz de direito do Juizado Especial. Competência da Turma Recursal do Juizado Especial. A Egrégia Terceira Seção, em consonância com o Plenário da Suprema Corte, consolidou o entendimento de que, por não haver vinculação jurisdicional entre juízes das Turmas Recursais e o Tribunal local (de Justiça ou de Alçada) – assim entendido, porque a despeito da inegável hierarquia administrativo-funcional, as decisões proferidas pelo segundo grau de jurisdição da Justiça Especializada não se submetem à revisão por parte do respectivo Tribunal – deverá o conflito de competência ser decidido pelo Superior Tribunal de Justiça, a teor do art. 105, inciso I, alínea *d*, da Constituição Federal. 2. Compete à Turma Recursal do Juizado Especial a apreciação e julgamento de *habeas corpus* impetrado contra ato praticado por Juiz de Direito do Juizado Especial. 3. Conflito de competência conhecido para declarar a competência da Turma Recursal da 18ª Região dos Juizados Especiais de Umuarama – PR, ora suscitado" (STJ, 3ª Seção, CC 2003/0175177-7, rela. Mina. Laurita Vaz, j. 26-11-2003, *DJU* 9-12-2003, p. 209, por unanimidade, conheceu do conflito e declarou competente o suscitado). No mesmo sentido: STJ, 3ª Seção, CC 41.743-RS, rel. Min. Gilson Dipp, j. 10-11-2004, por unanimidade; CC 44.124-MG, rel. Min. José Arnaldo da Fonseca, *DJU* 24-11-2004; CC 39.876-PR, rela. Mina. Laurita Vaz, *DJU* 19-12-2003).

[679] *Mutatis mutandis*, é a matéria versada na Súmula 428 do STJ, *in verbis*: "Compete ao Tribunal Regional Federal decidir os conflitos de competência entre juizado especial federal e juízo federal da mesma seção judiciária".

[680] Súmula 203 STJ, *in verbis*: "Não cabe recurso especial contra decisão proferida por órgão de segundo grau dos Juizados Especiais".

este o aresto que lhe atribui a competência excepcional para o processamento e julgamento das malsinadas reclamações.

Ora, seguindo essa mesma linha de raciocínio capitaneada pela Corte da Cidadania, em tese e apenas para argumentar com lógica dedutiva, poderiam os tribunais estaduais, igualmente e em caráter excepcional, delegar essa mesma competência para as suas respectivas turmas estaduais de uniformização (assim criaríamos a exceção da exceção da exceção). Ora, é sabido que normas restritivas ou de exceção são interpretadas sempre restritivamente e não em sentido ampliativo (extensivo), como quer fazer crer o Superior Tribunal de Justiça, em seus arestos (AgRg na Reclamação 18.506-SP e 17.980-SP, ambos da relatoria do Min. Raul Araújo) e através da Resolução STJ-GP n. 3.[681]

2) Razões da ilegalidade:

a) O art. 2º da Lei n. 9.099/1995, referenciado no cabeçalho da Resolução n. 3/2016 STJ/GP como um dos fundamentos jurídicos autorizadores do questionado ato administrativo, curiosamente, confere-lhe sentido diametralmente inverso ao pretendido. Explica-se: o art. 2º da Lei n. 9.099/1995 é, nada mais, nada menos, do que o representativo constitucional em lei federal dos contornos principiológicos dos Juizados Estaduais (art. 98, I, da Lei Maior),[682] na exata medida em que chancela o *princípio da oralidade*, donde exsurge os seus subprincípios expressamente elencados no aludido dispositivo, quais sejam *simplicidade, informalidade, economia processual e celeridade*.

A verdade é que o art. 2º da Lei n. 9.099/1995, além observar e recepcionar em sede infraconstitucional os ditames contidos no art. 98, I, da Lei Maior, reflete o corpo e a alma dos Juizados Especiais cujo escopo maior é solucionar os delitos de menor potencial ofensivo e, em sede civil, minimizar a litigiosidade contida, permitindo pleno e amplo acesso à justiça, de maneira oral, econômica, simplificada, célere, buscando sempre que possível a autocomposição.

Trata-se de permissivo constitucional e infraconstitucional que chancela a possibilidade de o homem simples e humilde, muito ou pouco instruído, analfabeto ou doutor, adentrar no fórum de sua pequena e distante cidade do interior, desacompanhado de advogado (em demandas até vinte salários mínimos), formular seu pedido na secretaria dos Juizados, vê-lo com simplicidade reduzido a requerimento escrito e, com celeridade, economia e simplicidade, encontrar uma resposta eficiente e pronta do Estado-Juiz. Esse cidadão, ao ingressar com a sua demanda não pensa em incidente de uniformização de jurisprudência, em reclamação nem, muito menos em decisão de tribunais superiores em Brasília ou em decisão de Tribunais de Justiça. O que ele apenas e tudo almeja é a resolução de seu conflito, nada mais!

Significa dizer, em outras palavras, que o constituinte, ao prever expressamente recursos somente até as Turmas estaduais, compostas por juízes togados de primeiro grau, não estava preocupado com a tão propalada "segurança jurídica", mas com a resolução dos conflitos na base da sociedade, com a justiça no caso concreto, com o permissivo legal dos julgamentos por equidade, em observância aos fins sociais da lei e às exigências do bem comum (art. 6º, Lei n. 9.099/1995). Salienta-se que o devido processo legal está absolutamente garantido na Lei dos Juizados Especiais, presente em todos os momentos do procedimento sumariíssimo, com a observância da segurança dentro dos contornos constitucionais do contraditório, da ampla defesa, da igualdade e do duplo grau de jurisdição.

Em brilhante voto divergente lançado pelo Ministro Salomão no mencionado AgRg na Reclamação 17.980-SP e 18.506-SP, em que se discutia a inconstitucionalidade da Resolução 12/2009, extrai-se as seguintes lições e advertências, bem como a referência ao voto do então Ministro Massami Uyeda: "2. (...) Afinal, a utilização ainda que temporária, do manejo da reclamação diretamente

---

[681] Contudo, alguns tribunais estaduais delegaram a competência para as turmas estaduais de uniformização (v.g., TJSP e TJPE).

[682] CF, art. 98, I, *in verbis*: "juizados especiais, providos por juízes togados, ou togados e leigos, competentes para a conciliação, o julgamento e a execução de causas cíveis de menor complexidade e infrações penais de menor potencial ofensivo, mediante os procedimentos oral e sumariíssimo, permitidos, nas hipóteses previstas em lei, a transação e o julgamento de recursos por turmas de juízes de primeiro grau".

ajuizada no Superior Tribunal de Justiça, em se tornando regra, subverte a lógica que preside o sistema dos juizados especiais – que prima pela celeridade – quando a própria de Tribunal Superior e de superposição, que não pode ser encarado como terceira instância de jurisdição, uma vez que o processo certamente se tornará mais demorado com a concentração de todos os feitos que tramitam nos juizados especiais do Brasil, diretamente afetados ao STJ, e sem a imposição de nenhum filtro prévio, diversamente do recurso especial – via recursal destinada, por excelência, à uniformização da interpretação da legislação federal –, que ostenta rígidos requisitos de admissibilidade. 3. Com efeito, penso mesmo que a reclamação criada pela Resolução n. 12/2009 não consubstancia mero alargamento das hipóteses de cabimento da reclamação constitucional do STJ. Ao revés, configura instituto totalmente diverso, que apenas recebeu o mesmo *nomen juris*. (...) 4. Mais uma vez, traz-se a lume passagem do percuciente voto proferido pelo Ministro Massami Uyeda, na Rcl 6.721/MT (...) 'Frise-se, por oportuno, que *se admitir os procedimentos hoje adotados, estar-se á desvirtuando o âmago dos Juizados Especiais*, na qual, como estatuído pela Constituição Federal são *competentes para a conciliação, o julgamento e a execução das causas cíveis de menor complexidade e infrações de menor potencial ofensivo, mediante os procedimentos oral e sumaríssimo*. Além disso, atribuir competência para o Superior Tribunal de Justiça processar e julgar reclamações ofertadas contra decisões oriundas dos Juizados Especiais, sem sombra de dúvida, fere o direito constitucional da razoável duração do processo e da celeridade, ainda mais frente a um procedimento que constitucionalmente deve ser informal e rápido.

"Não se pode, também, deixar de consignar o número de reclamações ajuizadas, perante a Segunda Seção desta Corte, desde o reconhecimento da 'competência' do Superior Tribunal de Justiça, para resguardar a integridade e a eficácia subordinante das suas decisões frente aos julgados das Turmas Recursais dos Juizados Especiais Estaduais (...)

"(...) mas não é só: sob o mesmo argumento de suposta segurança jurídica, da devida prestação jurisdicional e de um controle de entendimentos prolatados pelas Turmas Recursais, admitir-se-á recurso ou propositura de ação perante o c. Supremo Tribunal Federal, contra o julgamento prolatado pela Corte Especial do Superior Tribunal de Justiça.

"Atentem-se Senhores Ministros e Senhoras Ministras: de uma causa de menor complexidade, em que parte do direito material é renunciado exclusivamente em razão da via eleita e alguns requisitos e dogmas do processo civil são suprimidos, está-se admitindo o acesso a um Tribunal Superior, no qual os julgadores devem, sob pena de nulidade, proferir decisão com relatório, fundamentação e dispositivo.

"'Enfim, enquanto todos os esforços estão voltados para uma otimização da prestação jurisdicional, está-se criando mais um entrave para a efetividade dos julgados.'

"5. Dessarte, reitera-se que a recomendação contida na decisão preferida há 6 anos, nos EDcl no RE 571.572, teve caráter excepcional e temporário e, certamente, não anteviu a avalanche de reclamações que passaram a chegar a esta Corte Superior, nem preconizou a expedição da Resolução STJ n. 12/2009, cujas disposições transcendem, a meu juízo, o objetivo do STF à época.

"A título de informação, consoante dados do Sistema Integrado da Atividade Judiciária e da Coordenadoria de Gestão Estratégica desta Corte Superior, apenas no período de fevereiro de 2015 a 1º-12-2015, foram distribuídas, à Primeira Seção, 672 reclamações; à Segunda Seção, 4.542; e à Terceira Seção, 45, totalizando 5.259.

"Impõe-se também destacar que quase 70% das reclamações que impugnam decisões de Turma Recursal Especial Cível foram ajuizadas por pessoas jurídicas. Tal fato demonstra, de maneira irretorquível, que o instituto é utilizado justamente contra quem o sistema de juizados especiais busca proteger, que é o cidadão comum, impossibilitado de contratar advogado para propor reclamação em Brasília (...)".

b) A resistência hercúlea do legislador federal em instituir o incidente de uniformização de jurisprudência para os Juizados Estaduais Especiais Cíveis e Criminais está coberta de fundamentos constitucionais e infraconstitucionais, na exata medida em que, se assim não for, atentará contra o princípio da oralidade em grau máximo delineado pela Carta de 1988 (CF, art. 98, inciso I) e recepcionado no art. 2º da Lei n. 9.099/1995. Para aprofundamento sobre o tema, objetivando não incidir em repetição, enviamos o leitor interessado para o item n. 1.9 (*infra*).

c) Não se sustenta também o outro fundamento que ampara a Resolução STJ/GP n. 3, consistente na referência aos arts. 927, incisos III e IV, e 988 a 993, todos do Código de Processo Civil, vejamos.

Primeiramente, no tocante ao art. 927, incisos III e IV, do CPC, não se compreende com clareza qual a interpretação a ser dada ao dispositivo para a hipótese em exame, nos termos em que foram inseridos na aludida Resolução, pois seja por um ângulo ou por outro, não encontrará sustentação capaz de legitimar-se.

Isso porque o art. 927 usa em seu *caput* regência imperativa de observância, por parte de juízes e tribunais, aos "acórdãos em incidente de assunção de competência ou de resolução de demandas repetitivas e em julgamento de recurso extraordinário e especial repetitivos" e "enunciados das súmulas do Supremo Tribunal Federal em matéria constitucional e do Superior Tribunal de Justiça em matéria infraconstitucional", regra essa de constitucionalidade questionável, pois os juízes não são nem a "boca da lei" nem a "boca da jurisprudência". A questão que se põe é a seguinte: a referência ao art. 927 na Resolução n. 3 do STJ objetiva compelir os tribunais estaduais a observar esse ato administrativo ou a observar as disposições aos preceitos do próprio CPC?

Seja qual for o escopo da referência ao art. 927 do CPC, como dissemos, trata-se de dispositivo de questionável constitucionalidade. Vale transcrever a lição de NELSON NERY JR. e ROSA MARIA NERY a respeito do tema em voga, quando comentam o art. 927 do CPC: "Assim como o juiz não é a boca da lei, pois a interpreta, analisa os fins sociais a que se destina para aplicá-la ao caso concreto, culminando com a *sentença de mérito* que é a *norma jurídica* que faz lei entre as partes, *o juiz também não é a boca dos tribunais* pois deve aplicar a súmula vinculante e o resultado da procedência da ADIn ao caso concreto (CF 102, § 2º e 103-A; CPC 927, I e II), e, nas demais situações (CPC 927, III a V), aplicar *livremente* os preceitos abstratos e gerais (leis, *lato sensu*) constantes da súmula simples dos tribunais, orientações do plenário ou do órgão especial do TRF e TJ, justificando a aplicação ou não do dispositivo oriundo do tribunal. Só existe *hierarquia jurisdicional* do tribunal sobre o juiz no caso de competência recursal, vale dizer, quando o tribunal, qualquer que seja ele, julga matéria de sua competência recursal. Aqui pode o tribunal cassar e reformar a decisão recorrida, em acórdão que vincula e vale apenas para o caso concreto. Nisso reside a hierarquia prevista no sistema constitucional brasileiro. Vinculação a preceitos abstratos, gerais, vale dizer, com caraterística de *lei*, só mediante autorização da Carta Política, que até agora não existe. STJ e STF, segundo a CF 102 e 105, são tribunais que decidem *casos concretos*, que resolve lides objetivas (e.g. ADIn) e subjetivas (e.g. RE, REsp). Não legislam para todos, com elaboração de preceitos abstratos: salvo quanto à súmula vinculante (STF, CF 103-A), não são tribunais de teses. Fazer valer e dar eficácia ao CPC 927, III a V é deixar de observar o *due process of law*, o texto e o espírito da Constituição.

"(...) O objetivo almejado pelo CPC 927 necessita ser autorizado pela CF. Como não houve modificação da CF para propiciar ao Judiciário legislar, como não se obedeceu o devido processo, não se pode afirmar a legitimidade desse instituto previsto no texto comentado. Existem alguns projetos de emenda constitucional em tramitação no Congresso Nacional com o objetivo de instituírem súmula vinculante no âmbito do STJ, bem como para adotar-se *súmula impeditiva de recurso* (PEC 358/05), ainda sem votação no parlamento. Portanto, saber que é necessário alterar a Constituição para criar-se decisão vinculante todos sabem. Optou-se, aqui, pelo caminho mais fácil, mas inconstitucional. Não se resolve problema de falta de integração da jurisprudência, de gigantismo da litigiosidade com atropelo do *due process of law*. Mudanças são necessárias, mas devem constar de reforma constitucional que confira ao Poder Judiciário poder para *legislar* nessa magnitude que o CPC, sem cerimônia, quer lhe conceder."[683]

---

[683] NERY Jr., Nelson; NERY, Rosa Maria Andrade. *Comentários ao Código de Processo Civil – novo CPC – Lei 13.105/2015*. São Paulo: Revista dos Tribunais, 2015, p. 1837.

No que concerne aos fundamentos da Resolução n. 3 STJ/GP alusivos aos arts. 988 a 993 do CPC, que dispõem sobre a "reclamação", seus requisitos legais não se amoldam aos contornos de competência definidos no art. 1º do referido ato normativo.

Ocorre que a reclamação tal como prevista nos arts. 988 a 993 do CPC é meio de impugnação a ser utilizado pela parte, pelo interessado ou Ministério Público para o controle, no caso concreto, do tribunal em face da preservação de sua competência e para garantir a autoridade de suas decisões, em observância aos seus precedentes e de súmula vinculante e decisão do STF em controle concentrado de constitucionalidade ou, ainda, para garantir a observância de acórdão proferido em julgamento de incidente de resolução de demandas repetitivas ou de incidente de assunção de competência.

Atente-se que a reclamação descrita no CPC, art. 988, incisos I e II, é dirigida ao tribunal *cuja competência se busca preservar ou cuja autoridade se pretenda garantir*, ou seja, meio de impugnação referente aos pronunciamentos ou competência da própria Corte e, nas hipóteses do art. 988, incisos III e IV, quando a súmula vinculante ou o precedente (do próprio tribunal ou dos tribunais superiores) foi ou não aplicado e se de maneira correta; nesses casos, o tribunal haverá de ter competência para efetuar esse controle, mediante prévia autorização legal.

Nada obstante, os tribunais estaduais não detém competência previamente estabelecida em lei ou na Constituição para efetuar o controle de decisões tomadas por Turmas Recursais, donde exsurge o óbice legal, neste ponto, para o atendimento da Resolução n. 3 do STJ.

Em outros termos, resumidamente, os arts. 1º e 2º da Resolução em exame não se enquadram nos contornos delineados nos arts. 988 a 993 do CPC.

d) Se os tribunais vierem a acolher essa "competência excepcional" delegada pelo STJ, suas decisões ficarão por vias transversas, passíveis de revisão em sede recurso especial, pois a hipótese abre as portas, ao menos em tese, para aplicação do art. 105, III, da Constituição Federal, afigurando-se, por conseguinte, inaplicável nesses casos a Súmula 203 da mesma Corte.

Ademais, essas decisões poderão render aos tribunais estaduais eventual interposição de agravo regimental que, na hipótese de não ser conhecido, poderá dar ensejo à impetração de mandado de segurança e, por sua vez, de recurso em mandado de segurança ao Superior Tribunal de Justiça. *Mutatis mutandis*, foi o que se verificou recentemente (24-11-2015) no Supremo Tribunal Federal, em aresto da relatoria do Ministro Teori Zavascki, que deu provimento ao RMS 32.482, proveniente de decisão do STJ que, por sua vez, negou o pedido de mandado de segurança impetrado contra decisão que não conheceu do agravo regimental interposto em reclamação, com base no que dispunha o art. 6º da revogada Resolução STJ n. 12/2009.

e) O último fundamento que embasa a Resolução STJ 3/2016 é de ordem político-judiciária, e em nada resolve o problema dos jurisdicionados que agonizam pela solução de seus conflitos, desta feita em sede de reclamação, pois apenas transfere-se para os Estados parcela do elevado volume de processos que aportariam ao Superior Tribunal de Justiça.

De qualquer sorte, por vias transversas, com o ato normativo do STJ, mantém-se a terceira instância para os Juizados Especiais, dessa feita por delegação aos tribunais dos Estados.

Por todos esses motivos, afigura-se insubsistente a Resolução STJ n. 3/2016, seja por flagrante inconstitucionalidade, seja por manifesta ilegalidade em seus fundamentos, seja por razões de política judiciária, porque não atende aos anseios dos jurisdicionados que, antes de tudo, desejam ver seus conflitos decididos com simplicidade, informalidade, economia e celeridade em sua comarca ou em sede de Turma Recursal, nada mais, nada menos.

Pelas mesmas razões que levaram a Procuradoria da República a arguir a inconstitucionalidade da Resolução STJ 12/2009, e os Ministros Luis Felipe Salomão e Felix Fischer a votar pela "nulidade" do aludido ato, somando-se aos fundamentos aqui apresentados, parece-nos que a Resolução em exame não encontra terra fértil em Estado Democrático de Direito, o que impede a sua observância.

Em arremate, registra-se que a dita "reclamação" nos moldes definidos na Resolução STJ n. 3/2016, por outros motivos, não encontra ressonância em sede de Juizados Especiais da Fazenda

Pública[684] ou de Juizados Especiais Federais,[685] porquanto dotados de mecanismo próprio – "pedido de uniformização de jurisprudência".[686]

Sobre o tema específico da *reclamação prevista no CPC e a sua aplicabilidade em sede de Juizados Especiais*, enviamos o leitor interessado aos nossos comentários ao item 1.13, *infra*.

1.8 Decisões não unânimes, embargos de divergência e a técnica do julgamento estendido

Verifica-se que as Leis n. 9.099/1995, 10.259/2001 e 12.153/2009 foram omissas a respeito de algum tipo de meio de impugnação ou técnica de julgamento estendido para as hipóteses em que as turmas recursais decidissem por maioria de votos ou seus julgados fossem divergentes, quando confrontados com a jurisprudência do tribunal ou de outra turma recursal.

Destarte, o veto presidencial sintonizou-se com o princípio da oralidade em grau máximo, orientador dos Juizados Especiais, por desígnio constitucional, segundo se infere da disposição insculpida no art. 98, inciso I, da Lei Maior, na exata medida em que recursos dessa natureza ou incidentes correlatos, como os malsinados "pedidos de uniformização de jurisprudência", prestam apenas um desserviço aos jurisdicionados, pois retardam a efetividade do processo, assim considerada como a materialização do julgado em prol da satisfação do vencedor da demanda nos planos jurídico e factual.

Não temos a menor dúvida em afirmar o acerto na inadmissibilidade dos embargos de divergência em sede de Juizados Especiais, pois, se assim não fosse, em xeque estariam colocados os tão decantados subprincípios da celeridade, da informalidade, da economia e da efetividade do processo, em favor de uma pseudo segurança jurídica ou uniformização do direito em face da melhor orientação pretoriana.[687]

Por esses motivos, não se torna possível a aplicação subsidiária do Código de Processo Civil, nesse ponto, aos microssistemas específicos dos Juizados (Estadual, Federal e da Fazenda Pública) para agasalhar, por exemplo, a nova técnica de julgamento estendido (CPC, art. 942).

Considerando-se que o tema versado neste item está umbilicalmente ligado ao ponto seguinte (n. 1.9), em que tratamos do incidente de *uniformização de jurisprudência*, e com o subsequente (n. 2), em que discorremos sobre a *competência restrititiva do colégio recursal*, para não sermos repetitivos, enviamos o leitor interessado para os itens seguintes.

1.9 Uniformização de jurisprudência

Diferentemente do que ocorreu com a Lei n. 9.099/1995, que teve o seu art. 47 vetado pelo Presidente da República, obstando que viesse a lume os embargos de divergência (infringentes),[688]

---

[684] Para aprofundamento sobre os Juizados Especiais da Fazenda Pública, v. FIGUEIRA JR., Joel Dias. *Juizados Especiais da Fazenda Pública*: comentários à Lei 12.153, de 22 de dezembro de 2009. 3. ed. São Paulo: Saraiva, 2017.

[685] Sobre o tema, v. FIGUEIRA JR., Joel Dias; TOURINHO NETO, Fernando da Costa. *Juizados Especiais Federais Cíveis e Criminais*: comentários à Lei 10.259, de 12.07.2001. 4. ed. São Paulo: Saraiva, 2019.

[686] Nesse sentido, manifestou-se também o Superior Tribunal de Justiça, em não admitir o manejo da reclamação regulada na Resolução n. 12/2009, então em vigor (STJ, 1ª Seção RCDESP – Reconsideração de Despacho – na Rcl 8718/SP, rel. Min. Mauro Campbell Marques, j. 22-8-2012; STJ, 1ª Seção, Rcl 22.033/ SC, rel. Min. Mauro Campbell Marques, j. 8-4-2015; STJ, 1ª Seção, AgRg na Rcl 7.764/SP, rel. Min. Benedito Gonçalves, j. 24-10-2012).

[687] Assim também decidiu o TJSC, em acórdão de minha lavra, *in verbis*: "Agravo interno (art. 557, § 1º, do CPC) – Negativa de seguimento aos embargos de divergência interpostos no âmbito das turmas recursais – Ausência de previsão legal – Lei n. 9.099/1995 – Decisão mantida – Recurso interposto com intuito meramente protelatório – Litigância de má-fé – Inteligência do art. 17 do CPC. I. A interposição de embargos de divergência contra decisão das Turmas Recursais não encontra amparo legal, na exata medida em que não foi recepcionado na Lei n. 9.099/1995 e o art. 47 que previa o recurso de divergência foi vetado, justamente por afrontarem os princípios orientadores dos Juizados Especiais, recepcionados no art. 2º da aludida norma. II. Litiga de má-fé aquele que interpõe recurso com intuito manifestamente protelatório (art. 17, VII, do CPC), devendo, pois, ser condenado às sanções preconizadas no art. 18 do CPC" (Agravo Interno 1996.008837-7, 1ª Câmara de Direito Civil, por unanimidade, j. 10-10-2006).

[688] Nada obstante a vontade originária do legislador e a orientação constitucional acerca da incidência do princípio da oralidade (e seus subprincípios) nos Juizados Especiais, para nossa perplexidade – e de tantos outros doutrinadores

as leis que regulam os Juizados Especiais Federais e da Fazenda Pública trazem em seu bojo previsão expressa que agasalha o pedido de uniformização de jurisprudência (art. 14 da Lei n. 10.259/2001 e art. 18 da Lei n. 12.153/2009),[689] com o escopo de padronizar os entendimentos jurisprudenciais sobre direito material em prol de uma pseudo "segurança jurídica", que, na verdade, pouco ou nada importa ao jurisdicionado que acorre à justiça especial, cuja proposta alardeada é a simplicidade, a informalidade dos atos, a economia processual e financeira e, sobretudo, a rapidez na prestação da tutela jurisdicional objetivando a pronta satisfação do vencedor da demanda no plano material.

A par disso, os valores processuais denominados "segurança jurídica" e "celeridade" são universalmente inconciliáveis em termos absolutos, porquanto incompatíveis entre si, na exata medida em que, aumentando-se a rapidez, naturalmente reduz-se, na mesma proporção, a segurança na prestação da tutela jurisdicional. Aliás, nada mais elementar!

No caso dos Juizados Especiais (Estaduais Cíveis, Fazendários e Federais), infere-se com clareza do único preceito constitucional inspirador das Leis 9.099/1995, 10.259/2001 e 12.153/2009, qual seja o art. 98 da Lei Maior, que o constituinte, deliberadamente, ao defrontar-se com esses dois valores mencionados, fez a inquestionável opção pela prestação de tutela jurisdicional mais rápida e simplificada, ao agasalhar a justiça participativa (participação de leigos) e coexistencial (autocomposição), orientada pelo princípio da oralidade em grau máximo, donde exsurge a consequente incidência de todos os seus subprincípios (simplicidade, concentração, informalidade, celeridade e economia).

Nessa mesma linha, acenou o mesmo constituinte para que os julgamentos dos recursos (leia--se: meios de impugnação) fossem realizados por "turmas de juízes de primeiro grau", de maneira a figurar como última e única instância recursal, ressalvadas as hipóteses de violação a texto constitucional, quando então a irresignação aportaria ao Supremo Tribunal Federal, através de recurso extraordinário.

Por certo, se a intenção da Lei Maior estivesse voltada para a maior segurança jurídica nos Juizados Especiais, certamente não teria feito essa opção político-legislativa, para atender demandas de menor complexidade e valor de maneira satisfatória a reduzir os problemas decorrentes da litigiosidade contida, mediante a utilização de procedimento sumaríssimo.

E mais: se a Constituição Federal desejasse resultado diverso capaz de conferir aos Juizados Especiais uniformização nacional de seus julgados, teria ampliado a competência do Superior Tribunal de Justiça. Contudo, não foi essa a inspiração do constituinte (originário ou derivado), assim como não é essa a orientação agasalhada normativamente no art. 98 da Lei Maior que, repetimos, pauta-se pelo princípio da oralidade em grau máximo.

Observa-se que a redação primitiva do Projeto de Lei do Senado n. 118/2005, que deu origem à Lei n. 12.153/2009, manteve-se fiel ao preceito constitucional e, assim, não previu o "pedido de uniformização de jurisprudência", em qualquer de suas facetas, silenciando, acertadamente, a exemplo do que se verifica com a Lei n. 9.099/1995. Contudo, ao passar pela Comissão de Constituição e Justiça daquela Casa Legislativa, o aludido meio de impugnação foi inserido e assim permaneceu.

Portanto, violando todas as elementares orientações e princípios atinentes aos Juizados Especiais, o legislador infraconstitucional (Comissão de Constituição e Justiça do Senado) fez absoluta questão de inserir no PL n. 118/2005 a excrescência jurídica denominada pomposamente "Uniformização de Jurisprudência" que, até hoje, diga-se de passagem, a doutrina não consegue harmonizar-se sequer quanto à definição de sua natureza jurídica – recurso[690] ou incidente de impugnação!!!

---

e profissionais do foro –, desde 2004 tramita no Congresso Nacional Projeto de Lei objetivando inserir o incidente de "uniformização de jurisprudência" em sede de Juizados Estaduais Cíveis (atualmente PL n. 5.741/2013).

[689] Sobre a "uniformização de interpretação de lei" e o funcionamento das respectivas Turmas, v. o Provimento n. 7/2010 da Corregedoria do Conselho Nacional de Justiça, arts. 11 a 19.

[690] Em aresto da lavra do eminente Ministro Teori Zavascki, ficou assentado que o incidente de uniformização de jurisprudência regulado no art. 14 da Lei n. 10.259/2001 possui natureza recursal, por propiciar a reforma do acórdão impugnado (2ª T., ARE – Ag. Reg. no Recurso Extraordinário com Agravo, 850960 AgR/SC, j. 24-3-2015, *DJe* 068, 13-4-2015).

Seja lá como for, representa essa malsinada "Uniformização" um meio de impugnação, verdadeira trama normativa de causar inveja aos mais complexos sistemas recursais já implementados, que, certamente, prestará um grande desserviço aos jurisdicionados, normalmente pessoas humildes, hipossuficientes, que acessam os Juizados Especiais desacompanhadas de advogado com um único, grande e nobre objetivo: ver o seu conflito solucionado pelo Estado-juiz com a maior brevidade, simplicidade e com o menor (ou nenhum) custo possível.

E, quando alçado o incidente de uniformização para o Superior Tribunal de Justiça, traveste-se em "Recurso Especial", desta feita com outra denominação, em flagrante burla à competência da Corte de Cassação definida no art. 105 da Constituição Federal.[691]

"Essas normas merecem reflexão, não tendo sentido que o STJ se transforme em órgão de superposição dos juizados especiais federais [ou da fazenda pública] numa postura diversa daquela adotada relativamente aos Juizados Especiais estaduais. As decisões das turmas recursais dos juizados estaduais também contrariam súmulas e jurisprudência preponderante do STJ e, nem por isso, mostrou-se o STJ disposto a admitir recurso para uniformizar jurisprudência e todo o País. A pequena expressão econômica das causas não aconselha recursos para os tribunais superiores, o que só retarda a entrega da prestação jurisprudencial",[692] ressalvada as hipóteses de violação à Lei Maior, quando então terá cabimento o recurso extraordinário para o Supremo Tribunal Federal.

O *incidente de uniformização de jurisprudência* é mais uma invenção cerebrina do legislador brasileiro, que, secularmente, acredita "ingenuamente" que a edição de leis entremeadas de infindáveis mecanismos recursais é capaz de propiciar ao litigante, no caso concreto, justiça absoluta e perfeita, em que o alcance da decantada "segurança jurídica" só seria alcançada no ápice do calvário.[693] Ledo engano!!!

Complementando as críticas já tecidas acerca desse "pedido de uniformização de jurisprudência", poder-se-ia afirmar que a necessidade da previsão em tela quiçá se justificasse à exata medida em que põe em disputa o patrimônio público que, em âmbito geral, interessa a todos os cidadãos. "Pondere-se, entretanto, que a divergência em relação ao direito federal não justifica a previsão de nova instância recursal aqui mais do que justificaria em qualquer outra espécie de juízo (inclusive nos juizados especiais estaduais). A mesma lesão ao interesse público que decorre da pluralidade de interpretações sobre o direito federal nos juizados especiais federais advém também da verificação dessa divergência em outras esferas do Judiciário. Se, porém, lá não se preocupou o legislador em prever semelhante figura, descabida se mostra a sua contemplação aqui. A questão, contudo, ressai da esfera do jurídico para tramitar no campo da opção legislativa",[694] que muito mais se assemelha à barganha política ou politiqueira voltada ao acolhimento das solicitações de lobistas em troca de algo...

Vale trazer a lume a Exposição de Motivos e as críticas comedidas e bem fundadas, articuladas pelo saudoso Professor e ex-Ministro ATHOS GUSMÃO CARNEIRO, objetivando fornecer redação substitutiva ao sistema recursal posto sob censura, encaminhadas em 9-5-2001 ao Deputado INALDO LEITÃO, então presidente da Comissão de Constituição e Justiça e Redação da Câmara, acerca da uniformização de jurisprudência para os Juizados Federais que, *mutatis mutandis*, servem como uma luva para os Juizados Especiais da Fazenda Pública e Juizados Estaduais Cíveis, até porque a novel legislação é praticamente uma cópia da Lei n. 10.259/2001. Diz então o Mestre gaúcho: "Lendo o Projeto de Lei n. 3.999/2001, do Poder Executivo, relativo aos Juizados Especiais Federais, relator o

---

[691] Na mesma linha, v. Rêmolo Letteriello, *Repertório dos Juizados especiais cíveis estaduais*, pp. 445/451, 2008.

[692] ALVIM, J. E. Carreira; CABRAL, Luciana G. Carreira Alvim. *Comentários à Lei dos Juizados Especiais federais cíveis*. 2. ed. Curitiba: Juruá, 2006, p. 198.

[693] Veja-se, por exemplo, as observações feitas por J. E. CARREIRA ALVIM e LUCIANA CABRAL: "(...) Muitos problemas ainda não solucionados definitivamente aflorarão, também, nessas hipóteses, como, por exemplo, o prequestionamento da divergência, e toda aquela parafernália que torna a vida do patrono do recorrente, que se dispõe a percorrer essa via recursal, um verdadeiro inferno" (idem, ibidem, p. 200).

[694] ARENHART, Sérgio Cruz. Juizados Especiais Federais (coletânea de estudos). *Juizados Especiais Federais*: pontos polêmicos. Primeiras impressões. Curitiba: Genesis Editora, 2001, item 6, p. 45.

em. Dep. Moroni Torgan, deparei com dispositivo que, a meu ver, irá subtrair-lhes os princípios de celeridade e relativa informalidade que devem necessariamente presidir tais órgãos jurisdicionais, sob pena de falharem inteiramente as suas próprias finalidades.

"Refiro-me ao art. 14, que institui incidente de Uniformização de Interpretação de Lei Federal – incidente que, aliás, inexiste nos Juizados Especiais comuns. Seria, disseram-me, fruto da insistência de procuradores de autarquias federais, temerosas de não poderem levar suas demandas, como costumam, até as últimas instâncias do Poder Judiciário.

"Como das decisões de Turmas Recursais não cabe recurso especial – e neste sentido Súmula do STJ –, lembram-se do aludido incidente para 'forçar' o pronunciamento dessa alta Corte. Parece-me, todavia, que erram na medida! Da mesma forma que está no Projeto, permitido o incidente todas as vezes (mesmo nas causas de valor ínfimo) que a parte alegar (e as partes sempre alegam...) que a decisão de uma Turma diverge da outra na interpretação de lei federal sobre questão de direito material, será na prática um nunca acabar.

"Tudo agravado pela possibilidade de ser provocada a manifestação do STJ (art. 14, § 4º), o qual 'conferirá ao preceito questionado a interpretação a ser observada', com liminar de suspensão dos processos etc. Perguntar-se-á, diga-se, que 'manifestação' será esta, a que título, se sabemos que a competência do STJ, como órgão jurisdicional, está na Constituição, que é taxativa e não prevê tal hipótese...

"Todavia, é certo que conspira contra a ordem jurídica a divergência jurisprudencial, máxime nas causas federais, porque a Administração deve pautar sua conduta pela exegese dada à lei pelos órgãos jurisdicionais, o que pressupõe a existência de uma orientação definida.

"Rogo, pois, vênia para alvitrar redação substitutiva, que deixo sob censura, procurando enquadrar a hipótese ao sistema recursal do Código, 'verbis': "Art. 14. Caberão embargos de divergência quando a decisão de Turma Recursal manifestamente contrariar, em questão de direito material, súmula ou jurisprudência dominante de Tribunal Regional Federal ou Superior Tribunal de Justiça. § 1º Os embargos serão apresentados ao Presidente da Turma Recursal e, ouvida a parte contrária em 5 (cinco) dias, de imediato, remetido à Turma de Embargos. § 2º A sede, base territorial, composição e funcionamento das Turmas de Embargos serão estabelecidos pelo Conselho da Justiça Federal. Nos casos em que se alegue divergência com súmula ou jurisprudência do STJ, a Turma de Embargos será presidida pelo Coordenador-Geral da Justiça Federal. § 3º Recebido o pedido, o relator na Turma de Embargos poderá, se houver fundado receio de dano grave e de difícil reparação, determinar a suspensão da eficácia da decisão da Turma Recursal. Poderá ainda, agir de conformidade com o disposto no art. 557 do Código de Processo Civil. § 4º As decisões das Turmas de Embargos, com eficácia de uniformização de jurisprudência no âmbito das respectivas jurisdições, serão objeto de Súmula. § 5º Não são passíveis de embargos as decisões de Turmas Recursais em causas de valor inferior a 10 (dez) salários mínimos. § 6º A reunião de juízes domiciliados em cidades diversas poderá ser feita pela via eletrônica.

"'Art. 15. Nos casos de recurso extraordinário, a decisão sobre sua admissibilidade será proferida pelo Presidente da Turma Recursal que proferiu a decisão recorrida.

"'Art. 16. O juiz não admitirá apelação contra sentença fundada em súmula do Supremo Tribunal Federal ou do Superior Tribunal de Justiça.

"'Parágrafo único. Nas causas de que trata esta lei não haverá reexame necessário'.

"São estas, eminente Deputado, as sugestões que apresento, e cujas deficiências ou equívocos serão certamente objeto de questionamento nessa Comissão. Muito atenciosamente".

Infelizmente, a aguçada crítica, excelente sugestão e o apelo fundamentado lançado à época pelo "bom Doutor" acabou não sendo acolhida pela Comissão – provavelmente por ter sido encaminhada em fase terminal do processo legislativo –, nada obstante repleta de razão em todos os seus fundamentos tão bem articulados.

Com todos esses incidentes inçados de natural dificuldade legislativa, descritos em trama recursal muito bem tecida, em prol do ente público e em manifesto detrimento do privado autor da demanda, sob o falacioso manto da "segurança jurídica", instaura-se mais um jogo do sem-fim no palco circense do processo civil brasileiro, sob os aplausos frenéticos de muitos espectadores (felizmente, não de todos!) e que se pretende estender também para os Juizados Estaduais Cíveis.

Diriam os italianos que é mais um *pasticcio* do nosso legislador que servirá apenas para atravancar a efetividade do processo nos Juizados Especiais Estaduais (assim como já se verificou com os Juizados Especiais Federais e da Fazenda Pública), conforme bem asseverou o Mestre Athos Gusmão Carneiro, respaldado pela sua larga experiência de magistrado de carreira, processualista, professor e jurista de escol.

Destarte, assombra os Juizados Especiais Estaduais Cíveis, desde 2004,[695] a possibilidade de inclusão normativa do malsinado "incidente de uniformização de jurisprudência" para as hipóteses em que houver divergência interpretativa entre Turmas de Recurso de competência cível do mesmo Estado ou Distrito Federal, sobre questão de direito material ou processual.

Nada mais difícil do que explicar o óbvio para aqueles que não querem entender.

Parece-nos que o legislador desconhece (ou não quer conhecer) e não pretende perceber o verdadeiro espírito que norteia constitucionalmente os Juizados Especiais, cujo mote se funda na oralidade em grau máximo, ladeado pelos subprincípios, dentre outros, notadamente o da economia, da celeridade, da simplicidade e da informalidade. Presenciamos mais um passo largo da legislação em direção à falência dos Juizados Especiais estaduais.

Pergunta-se: é crível que o homem simples que acessa os Juizados Especiais nos mais distantes rincões deste País esteja mesmo interessado em ver sua demanda eternizar-se aportando ao Superior Tribunal de Justiça ou Turmas de Uniformização estadual ou Nacional, para solucionar, por exemplo, a sua ínfima repetição do indébito postulada contra a Fazenda Pública municipal ou uma simples questão ressarcitória decorrente de pequeno acidente de trânsito ou cobrança?

Merecem destaque também as duras e bem lançadas críticas feitas por Fátima Nancy Andrighi[696] ao infeliz incidente de uniformização de jurisprudência instituído na Lei dos Juizados da Fazenda Pública (diga-se de passagem, incidente copiado da lei de regência dos Juizados Federais) e aos arts. 12, 18 e 19 do Provimento n. 7, de 7 de maio de 2010,[697] baixado pela Corregedoria do Conselho Nacional de Justiça, porquanto inteiramente sintonizados com a matéria em exame, em razão da identidade ou similitude da questão, não sendo crível que o legislador tenha tido "(...) a intenção de colocar mais um monstro no sistema recursal. Vamos deixar esses monstros dentro do sistema tradicional, que nós já não aguentamos mais de tanto recurso. (...) Os Juizados vão ter que esperar de 6 a 8 anos pela manifestação do Superior Tribunal de Justiça, sobre a interpretação uniformizada de lei".

Assinala também a culta Ministra a dificuldade de identificação do que venha a ser a denominada "divergência em questão de direito material", lembrando as sábias ponderações de Barbosa Moreira nesse mesmo sentido, quando confrontada com as "questões de fato". E mais: a dificuldade maior reside na circunstância de que nos Juizados Especiais os magistrados e juízes leigos estão autorizados a julgar por equidade não sendo possível jamais pensar em uniformizar essas interpretações. "(...) A equidade é impossível de se uniformizar, pois é o mais genérico dos princípios gerais.

---

[695] Inicialmente, a matéria foi tratada no PL n. 4.723/2004 (PL n. 16/2007 no Senado), que objetivava a inclusão da Seção XIII-A no Capítulo II da Lei n. 9.099/1995, dispondo acerca do malsinado incidente de "uniformização de jurisprudência". O Projeto foi retirado de pauta e devolvido ao Relator, em 17-8-2011 e, mais recentemente, a infeliz ideia foi retomada no PL n. 5.471/2013, que visa alterar os arts. 18, 19, 20 e 21 da Lei n. 12.153/2009 e acrescentar o art. 20-A, para criar a Turma Nacional de Uniformização de Jurisprudência dos Juizados Estaduais e do Distrito Federal. Por oposição da melhor doutrina, do foro, e, em particular, do Fonaje, em data de 5-2-2015, por acordo de lideres, o aludido projeto foi retirado de pauta.

[696] Palestra proferida durante o *XXVII Fonaje*, em Palmas-TO, de 26 a 28-5-2010. Questionamentos sobre o incidente de uniformização. *Revista & Cidadania*, Ed. Especial, ago. 2010, p. 22-27. V. também o estudo da festejada Ministra, intitulado Primeiras reflexões sobre o pedido de uniformização de interpretação no âmbito dos Juizados Especiais Cíveis e Criminais. In: Fonseca e Silva, Augusto Vinícios; Corrêa, Luis Fernando N. (coords.). *Juizados Especiais*: homenagem ao Desembargador José Fernandes Filho. Belo Horizonte: Del Rey, 2011.

[697] Assinala-se que o Provimento n. 7/2010 foi alterado em 2012, pelo Provimento n. 22.

Ela é um abrandamento, é benigna e humana interpretação da lei para sua aplicação. Como vamos uniformizar decisões dos Juizados? O STJ tem condições de fazer isso? Será que as questões que estão no Juizado, que são de pequeno valor e de pouca complexidade, precisam seguir a *via crucis* até o Superior Tribunal de Justiça? (...) Qual o tempo do Ministro para largar o Código de Processo Civil e a lei rígida, que temos que aplicar, para estudar teleologicamente a filosofia dos Juizados? Não há tempo. Às vezes, não há disposição. (...) No Juizado tudo é informal e célere. E, na informalidade, vão colocar na reta dos Juizados 20 ministros do Superior Tribunal de Justiça. Estamos acabando com os Juizados, vamos destruir a única coisa boa que resta da Justiça Brasileira".[698]

Por certo, se já é difícil a missão de uniformizar a interpretação diante de divergências jurisprudencial em questão de direito material no âmbito estadual, o que dizer então sobre a aplicação desse instituto em sede federal, quando vivemos num País de dimensões continentais, com costumes, economia, cultura e tradições tão distintas?[699]

Sem dúvida, esse maquiavélico incidente de uniformização que termina por travestir-se de sucedâneo recursal haverá de interessar tão somente aos entes públicos, clientes assíduos das pautas forenses, em busca de mais um mecanismo de protelação do cumprimento de sentença judicial que lhe foi desfavorável, em detrimento do jurisdicionado; em sede de Juizados Estaduais Cíveis, os clientes contumazes são os bancos, empresas de telefonia, grandes empresas ou grupos econômicos em geral que, diuturnamente, violam os direito dos consumidores, levando-os à busca da solução de seus conflitos por meio da justiça especializada que, da forma como está sendo arquitetada, representa a cada dia mais um calvário interminável.

Por outro lado, dificilmente encontraremos um particular batendo às portas do Superior Tribunal de Justiça ou da Turma Nacional de Uniformização de Jurisprudência para ver dirimidas eventuais divergências jurisprudenciais... Outro ponto merecedor de nossas considerações respeita ao regramento administrativo nacional do incidente de uniformização de interpretação de lei conferido através do Provimento 7, de 7 de maio de 2010, com as alterações aportadas pelo Provimento 22, de 5 de setembro de 2012, que "define medidas de aprimoramento relacionadas ao sistema dos Juizados Especiais, notadamente no que concerne à disposição insculpida no art. 11, que traz para o âmbito dos Juizados Especiais Estaduais Cíveis o malsinado incidente, ao versar acerca do seu cabimento com o escopo de "dirimir divergência entre decisões proferidas por Turmas Recursais do Sistema dos Juizados Especiais".[700]

---

[698] Palestra proferida durante o *XXVII Fonaje*, em Palmas-TO, de 26 a 28-5-2010. Questionamentos sobre o incidente de uniformização. Revista & Cidadania, Ed. Especial, ago. 2010, p. 22-27.

[699] Esse elemento complicador é também destacado por Fátima Andrighi: "A aplicação de forma diversa de determinada norma no âmbito dos Juizados Especiais, cíveis e criminais, poderá ser considerada igualmente válida em situações jurídicas muito semelhantes, mas não absolutamente idênticas, tendo em vista que a equidade não estabelece uma propensão para que casos outros sejam julgados de forma assemelhada, uma vez que os procedimentos mentais, e coloco ainda espirituais de intuição do justo, no caso concreto, levam em consideração uma infinidade de fatores sutis que influenciam especificamente aquela demanda. Diante da indeterminabilidade do conceito em questão de direito, surge um problema para uniformizar-se a interpretação de questão de direito material no âmbito dos Juizados. Como uniformizar o entendimento sobre a aplicação de determinado dispositivo legal com agrandamento, com humanidade, se os juízes podem, autorizados por lei, fazer a aplicação da lei no que concerne ao mesmo dispositivo, segundo os critérios de equidade, com a peculiaridade da equidade? Embora o nosso ordenamento preocupe-se com a existência de entendimentos divergentes quanto a uma mesma questão jurídica e disponha de vários mecanismos para coibir a divergência jurisprudencial, quando as decisões judiciais são tomadas por equidade, torna-se difícil ou impossível unificar, unir o entendimento sobre determinada questão jurídica, ainda mais se levarmos em conta, e nós temos que levar em conta, as diversidades culturais, sociais e econômicas de cada Estado desse imenso país. (...) Uniformizar uma interpretação dentro do mesmo Estado é completamente diferente de querer uniformizar o entendimento entre Tocantins e o Rio Grande do Sul, em face do julgamento por equidade e das peculiaridades. Com a introdução do pedido de uniformização de interpretação nos Juizados, busca-se uma unidade nacional contemporânea da interpretação das questões de direito material nele decididas, o que não exclui uma divergência sucessiva, visto que a unificação realizada de acordo com o provimento poderá ser revista pelo próprio órgão unificador, o que se constata com a leitura dos artigos 18 e 19 do Provimento (...). (idem, ibidem).

[700] Quando editado o Provimento n. 7/2010, o art. 11 determinava que até a entrada em vigor da Lei n. 12.153/2009 os Tribunais de Justiça organizassem o funcionamento das Turmas de Uniformização destinadas a dirimir divergência

Com a devida vênia, mais uma vez, o Conselho Nacional de Justiça, desta feita através de seu órgão correicional, ultrapassa os seus limites constitucionais de atuação e fere a Lei Maior em diversos pontos, não merecendo, pois, aplicabilidade em sede de Juizados Especiais Cíveis, a aludida normativa, pelos seguintes motivos, vejamos: primeiramente, a Lei n. 9.099/1995 não recepciona o incidente (ou recurso) de uniformização de jurisprudência e, por conseguinte, tratando-se de matéria processual, somente à União compete legislar (art. 22, I, da CF), ou, concorrentemente, com os Estados e o Distrito Federal, por se tratar de Juizados Especiais (art. 98, I, c/c art. 24, X, da CF); portanto, Provimento baixado pela Corregedoria do CNJ não se equipara, na teoria da hierarquia das normas, à lei federal ou estadual. Em segundo lugar, não é porque os Juizados integram um único "sistema" (leia-se: "sistema assistemático dos Juizados Especiais")[701] que as regras de cada um dos respectivos microssistemas haverão de encontrar aplicabilidade cabal em Juizado regido por microssistema diverso; em outras palavras, cada um dos Juizados Cíveis funcionam e processam suas demandas conforme as regras definidas em seus próprios microssistemas, quais sejam as Leis 9.099/1995, 12.153/2009 e 10.259/2001.

Nesse contexto, a interpretação sistemática a ser conferida, com acerto, é aquela apontada no art. 27 da Lei n. 12.153/2009 e no art. 1º da Lei n. 10.259/2001, em que a Lei n. 9.099/95 aparece sempre como norma de aplicação subsidiária, e não o inverso, razão pela qual a simples transposição de regras contidas nas Leis dos Juizados da Fazenda Pública ou Federais para os Juizados Cíveis não é permitida para os Juizados Especiais Estaduais.

Não se pode confundir unicidade do sistema dos Juizados com diferenciação de regramentos para cada um desses Juizados, cada qual com as suas variantes normativas. Destarte, enquanto o legislador federal não unificar a legislação acerca dos Juizados, conferindo-lhe um único procedimento, observando apenas algumas especificidades atinentes aos bens da vida em litígio ou os sujeitos da relação processual (v.g., bens públicos, entes públicos), situações como essa haverão de reproduzir-se no cotidiano forense.

Em suma, na prática, será de boa índole que os Tribunais de Justiça e do Distrito Federal não cumulem a competência das matérias cíveis e criminais das Turmas já instituídas com as fazendárias, seja por razões de excesso de demandas, seja em virtude da diversificação de matérias objeto de conhecimento ou, o que é mais grave, por que dará ensejo, mais dia menos dia, à formação do incidente de uniformização de jurisprudência.

O ideal é que os tribunais, se possível, criem uma única Turma Recursal por estado, com competência exclusiva para processar e julgar os recursos e meios de impugnação oriundos dos Juizados da Fazenda Pública e outra Turma para os Juizados Estaduais Cíveis; tal medida não só especializará os seus julgadores, melhorando a qualidade das decisões, conferindo-lhes maior rapidez, como também impedirá a formação de interpretação divergente em sede estadual e, portanto, não haverá espaço para o malsinado incidente de uniformização de jurisprudência; por conseguinte, o vencedor da demanda obterá com mais efetividade e celeridade a satisfação do direito que lhe foi reconhecido.

E mais: se por um lado o legislador não recepcionou a divergência em questões processuais, açambarcando apenas as de direito material, assim consideradas o mérito da causa e também as *exceções substanciais;* não satisfeito, ao dispor sobre o Regimento Interno da Turma Nacional de Uniformização de Jurisprudência dos Juizados Especiais Federais, acenou o Conselho da Justiça Federal, em sua Resolução 345, de 2 de junho de 2015 (revogada), a competência da Turma Nacional de Uniformização dos Juizados Federais em responder consulta sem efeito suspensivo, formulada

---

entre decisões proferidas por Turmas Recursais do Sistema dos Juizados Especiais. Por sua vez, o referido dispositivo passou a ter a seguinte redação, com a edição do Provimento n. 22/2012, *in verbis:* "Nas unidades da Federação onde houver mais de uma Turma Recursal dos Juizados Especiais os Tribunais de Justiça deverão garantir o funcionamento da Turma de Uniformização destinada a dirimir divergência entre decisões proferidas por Turmas Recursais do Sistema dos Juizados Especiais".

[701] Sobre esse assunto, atinente ao "sistema" dos Juizados Especiais, v. nossos comentários ao art. 1º, item n. 5, *supra*.

pelos coordenadores dos Juizados Especiais Federais, pelas Turmas Recursais ou Regionais sobre matéria processual, quando verificada divergência no processamento dos feitos (art. 7º).[702] Felizmente, a Resolução 586/CJF não mais recepcionou essa esdrúxula "consulta".

Aliás, não foi por menos que deixamos assentado em edições anteriores desta Obra que esperamos que esse precedente então contido na revogada Resolução acima mencionada não viesse a servir de exemplo para os Tribunais de Justiça quando estivessem arregimentando as Turmas Estaduais de Uniformização, evitando-se, assim, que mais uma porta revisional – mesmo que "consultiva" – se abrisse para o fomento do "jogo do sem-fim".[703]

Em conclusão, o *pedido de uniformização de jurisprudência* inserido tendenciosamente nos microssistemas dos Juizados Especiais presta, indubitavelmente, um desserviço aos jurisdicionados e viola comezinho princípio constitucional orientador da justiça especializada (oralidade), obstando a celeridade, a simplicidade, a economia e a informalidade processual, e, o que é mais perverso, retarda a definitiva prestação da tutela jurisdicional do Estado-Juiz e, por conseguinte, a satisfação do vencedor da demanda nos planos fático e jurídico.

Diga-se o mesmo das infelizes "consultas" permitidas administrativamente à Turma Nacional de Uniformização ou à Turma de Uniformização estadual, quando a divergência instaurar-se em sede processual.

Esse contexto normativo, quase surreal, faz-nos lembrar como dissemos alhures, do saudoso Stanislaw Ponte Preta (Sérgio Porto) e o seu inesquecível "samba do crioulo doido".

1.10 Do incidente de arguição de inconstitucionalidade

O incidente de arguição de inconstitucionalidade tal como formatado nos arts. 948/950 do CPC não encontra aplicabilidade em sede de Juizados Especiais, sem prejuízo da possibilidade de controle difuso de constitucionalidade, seja de ofício, ou mediante provocação das partes ou do Ministério Público (quando atuar), diante de juiz monocrático ou colegiado (turmas recursais).

O óbice para o processamento de incidente de arguição de inconstitucionalidade perante os Juizados Especiais encontra-se na própria Constituição Federal, pois reserva com exclusividade aos tribunais a competência para, pelo voto da maioria absoluta de seus membros ou dos membros do respectivo órgão especial, declarar a inconstitucionalidade de lei ou ato normativo do Poder Público. Trata-se de incidência da chamada "cláusula de reserva de plenário", prevista no art. 97 da Lei Maior.[704]

---

[702] Repete-se mais uma vez a regra já prevista nas revogadas Resoluções n. 390/2004 e n. 22/2008.

[703] O art. 18 do Provimento n. 7/2010 da Corregedoria Nacional de Justiça (CNJ) previa a possibilidade de as Turmas de Uniformização responderem a consulta, sem efeito suspensivo, formulada por mais de um terço das Turmas Recursais ou dos juízes singulares, a ela submetidas na respectiva unidade da federação, sobre matéria processual, quando verificada divergência no processamento dos feitos. O Provimento n. 22/2012 do aludido órgão, que deu nova redação ao Provimento n. 7/2011, nesse ponto, foi feliz e acertado ao suprimir a malsinada possibilidade de consulta sobre matéria processual.

[704] Assim dispõe o art. 97 da CF, *in verbis*: "Art. 97. Somente pelo voto da maioria absoluta de seus membros ou dos membros do respectivo órgão especial poderão os tribunais declarar a inconstitucionalidade de lei ou ato normativo do Poder Público".

Sobre o tema, escreve José Alexandre M. Oliani: "No direito brasileiro, a inconstitucionalidade de uma norma pode ser reconhecida mediante controle concentrado ou difuso. O controle concentrado compete ao Supremo Tribunal Federal, a quem incumbe decidir as ações diretas de constitucionalidade ou inconstitucionalidade (art. 102, I, *a*, da CF/1988 e Lei n. 9.868/1999)".

"O controle incidental ou difuso de constitucionalidade pode ser realizado em qualquer processo e, quando exercido pelos juízes de primeiro grau, não está sujeito a normas específicas. O controle difuso de constitucionalidade, no âmbito dos tribunais locais (estaduais ou federais), pode ocorrer em qualquer processo (de competência originária ou nos recursos) e se submete à cláusula de reserva de plenário (art. 97 da CFR/1988). Por força da cláusula de reserva de plenário, tem-se que nos processos cuja competência for de órgão fracionário do tribunal, o reconhecimento da inconstitucionalidade exigirá a instauração do incidente de arguição de inconstitucionalidade, cuja admissão implicará a suspensão do processo até que o Pleno ou órgão especial do tribunal resolva o incidente" (Oliani, José Alexandre Manzano et al. (coord. Luiz Wambier e Teresa Arruda Alvim Wambier). *Temas essenciais do Novo CPC*: análise das

Isso porque, nada obstante as Turmas Recursais exerçam as funções de instância revisora das decisões proferidas e impugnadas pelos juízes togados ou leigos em sede de Juizados Especiais (funcionando como "segunda e última instância"), são elas compostas por togados de primeiro grau (CF, art. 98, I, *in fine*), enquanto aos tribunais compete exclusivamente a declaração de inconstitucionalidade de lei ou norma emanada do Poder Público.

Como se não bastasse a clareza da regra constitucional em voga, o Supremo Tribunal Federal editou a Súmula Vinculante n. 10, que coloca pá de cal nessa questão, *in verbis*: "Viola a cláusula de reserva de plenário (CF, art. 97) a decisão de órgão fracionário de tribunal que embora não declare expressamente a inconstitucionalidade de lei ou ato normativo do Poder Público, afasta sua incidência, no todo ou em parte".

Portanto, se a vedação se estende até mesmo a órgão fracionário do próprio tribunal competente para o acertamento sobre arguição de inconstitucionalidade, com maior razão e lógica a competência para tanto não poderá ser ampliada, por simples interpretação extensiva e sistemática, às Turmas Recursais.

Pelas mesmas razões, não poderá ser criado o incidente de arguição de inconstitucionalidade perante as Turmas Recursais para remessa oportuna ao tribunal estadual ou regional, na exata medida em que esses tribunais não integram o sistema dos Juizados Especiais e não atuam, em hipótese alguma, como instância revisora de decisões ou julgadora de meios de impugnação de qualquer espécie.

1.11 Do incidente de resolução de demandas repetitivas

Uma das boas novidades trazidas pelo novel Código de Processo Civil é o denominado *incidente de resolução de demandas repetitivas* (arts. 976/987), porquanto sintonizado com a segurança jurídica e a isonomia, de maneira a sedimentar orientação jurisprudencial uniforme para as ações cuja controvérsia resida sobre a mesma questão e seja unicamente de direito.

Em rápida reflexão, pode parecer que o dito instituto jurídico encontre aplicabilidade em sede de Juizados Especiais Cíveis, notadamente porque o julgamento do incidente pacificaria a jurisprudência acerca do tema em exame e evitaria a repetição de outras tantas demandas versando sobre a mesma tese jurídica. Ocorre que, se por um lado essa linha de raciocínio é absolutamente correta, por outro, colide frontalmente com as orientações constitucionais (CF, art. 98, I) e infraconstitucionais (Lei n. 9.099/1995, art. 2º) no sentido de pautar-se os Juizados Especiais pelo princípio da oralidade em grau máximo, e, para tanto, observando os subprincípios da simplicidade, celeridade, informalidade e economia.

Vê-se pois, sem maiores dificuldades, que o festejado incidente muito mais confronta com as normas e princípios orientadores da justiça especializada do que com eles se harmoniza, sobretudo porque complexo e formal em sua ritualística, a ponto de exigir a suspensão do julgamento do processo respectivo e todos os demais que tramitam sob a jurisdição daquele tribunal (CPC, art. 982, I), por um ano ou mais, se assim entender o relator (art. 980, parágrafo único).

O compromisso dos Juizados Especiais, frise-se mais uma vez, é com a justiça do caso concreto, da decisão por equidade (Lei n. 9.099/1995, art. 6º), da pronta e simples resposta do Judiciário ao jurisdicionado, para minimizar a litigiosidade contida e atingir o bem maior, que é a paz social, tudo isso de maneira simplificada, célere, informal e com o menor custo possível ao consumidor da justiça.

Ademais, seria ilógico o sistema prever a possibilidade de órgãos distintos com competência coincidente para uniformizar a jurisprudência por meio de IRDR, sobretudo porque, fatalmente, resultaria em quebra da isonomia que o incidente em questão tem por escopo evitar.[705]

---

principais alterações do sistema processual civil brasileiro de acordo com a Lei 13.256/2016; Incidente de arguição de inconstitucionalidade. São Paulo: Revista dos Tribunais, 2016, p. 517-518).

[705] Cf. Sofia Temer, *Incidente de resolução de demandas repetitivas*, p. 117/118, ed. 2016.

Por essas e outras razões[706], não se harmoniza o novel instituto processual com Juizados Especiais.

Contudo, os Juizados haverão de observar, adotar e aplicar em seus julgados as teses acolhidas nesses incidentes em decisões tomadas pelos tribunais (estaduais ou superiores), segundo norma expressa insculpida no art. 985, inciso I, do CPC, *in verbis*: "Julgado o incidente, a tese jurídica será aplicada: I – a todos os processos individuais ou coletivos que versem sobre idêntica questão de direito e que tramitem na área de jurisdição do respectivo tribunal, inclusive àqueles que tramitem nos juizados especiais do respectivo Estado ou região".

1.12 Do incidente de assunção de competência

Assim como o incidente de demandas repetitivas, o *incidente de assunção de competência* é um bom instrumento colocado à disposição das partes ou do Estado-Juiz para prevenir ou compor divergências entre Câmaras ou Turmas do tribunal ou, ainda, para decidir de maneira isonômica questão relevante de direito, com grande repercussão social, sem repetição em múltiplos processos (CPC, art. 947, *caput* c/c § 4º).

Ocorre que, pelos mesmos fundamentos expostos no item precedente (v. n. 1.11, *supra*), o incidente em exame não se harmoniza com os princípios e normas constitucionais e infraconstitucionais norteadores dos Juizados Especiais.

Além das regras claras e precisas atinentes à observância do princípio da oralidade em grau máximo (CF, art. 98, I e Lei n. 9.099/1995, art. 2º) nos Juizados Especiais, em interpretação histórica constata-se o nítido espírito da lei em exame em não acolher qualquer tipo de recurso ou incidente voltado à uniformização de jurisprudência, o que se verificou quando da sanção da Lei n. 9.099/1995, com o acertado veto presidencial, porquanto em sintonia com a Lei Maior, em não recepcionar o "recurso de divergência" (art. 47 da Lei n. 9.099/1995, vetado).

E assim é, repita-se, porque a justiça especializada aparece no cenário jurídico nacional como proposta alternativa (menos ortodoxa) de prestação de tutela jurisdicional estatal, comprometida apenas, como dissemos alhures, com a justiça do caso concreto, com a decisão por equidade, com a simplicidade, informalidade, celeridade economia e, em menor grau, com a "segurança jurídica", se assim considerada como uniformização de julgados e pacificação de entendimentos jurisprudenciais.

Nos Juizados Especiais (sobretudo os estaduais cíveis), o tão decantado valor denominado "segurança jurídica" é observado em regras basilares do devido processo legal, jamais com recursos multiplicados, meio de impugnação ou incidentes processuais, sejam eles quais forem, muito menos de uniformização de jurisprudência, sob pena de "ordinarizar-se" os processos que tramitam sob a égide do rito sumaríssimo e orientados por princípios constitucionais fundados na oralidade em grau máximo.

1.13 Da reclamação prevista no Código de Processo Civil

Diferentemente das razões que nos levam a fundamentar a não admissibilidade dos incidentes de assunção de competência (item n. 1.12 *supra*), de resolução de demanda repetitiva (item n. 1.11, *supra*) e de inconstitucionalidade (item n. 1.10, *supra*), a reclamação, tal como prevista no novo CPC

---

[706] Sobre as várias razões para não se instaurar IRDR nos juizados, v. Fábio Victor da Fonte Monnerat, "O incidente de resolução de demandas repetitivas e os juizados especiais". *Panorama atual do novo CPC*, v. 3 (coord. Paulo Lucon e Pedro M. de Oliveira), pp. 163/176, ed. 2019.

V. também: Frederico Koehler, "Os problemas e os desafios decorrentes da aplicação do incidente de resolução de demandas repetitivas nos juizados especiais". *Repercussões do novo CPC. Juizados especiais da fazenda pública e juizados especiais federais*. V. 18, pp. 187/198, 2019; Humberto de Oliveira, "O incidente de resolução de demandas repetitivas e a impossibilidade de seu julgamento pelos juizados especiais estaduais, federais e de fazenda pública". *Repercussões do novo CPC. Juizados especiais da fazenda pública e juizados especiais federais*. V. 18, pp. 237/252, 2019; Mauro Peixoto, Renata Cortez Peixoto e Rodrigo Becker, "A natureza jurídica do incidente de resolução de demandas repetitivas oriundo de processos dos juizados especiais." *Repercussões do novo CPC. Juizados especiais da fazenda pública e juizados especiais federais*. V. 18, pp. 343/360, 2019.

encontra aplicação excepcional e subsidiária em sede de Juizados Especiais Estaduais, Fazendários e Federais, para os fins bem definidos nos quatro incisos do art. 988, com as adaptações que se fizerem pertinentes às suas particularidades, isto é, no que couber.

Percebe-se que o CPC, art. 985, I, requer a observância nos Juizados Especiais das teses jurídicas (idênticas questões de direito) definidas pelos tribunais a que estão vinculados, decididas em incidente de resolução de demandas repetitivas. O mesmo tratamento deixou, acertadamente, de ser conferido pelo legislador ao incidente de assunção de competência.

Merece também destaque o fato de que antes do advento do Código de 2015 havia apenas a denominada "reclamação constitucional" para o Supremo Tribunal Federal e Superior Tribunal de Justiça, para as hipóteses restritas indicadas na Lei Maior (art. 102, I, *i*, e art. 105, I, *f*, respectivamente).[707]

Com a entrada em vigor do novel Diploma, esse meio de impugnação passa a receber alcance bem maior, destinando-se a fazer com que os tribunais (superiores, federais e estaduais) e Turmas Recursais[708] controlem a observância e o cumprimento (autoridade) de suas decisões, preservem as suas competências e suas orientações jurisprudenciais consolidadas (art. 988, I a IV). Por conseguinte, é perfeitamente possível, em tese, que o Supremo Tribunal Federal ou o Superior Tribunal de Justiça conheçam também de reclamação oriunda dos Juizados Especiais, pois o "seu julgamento compete ao órgão jurisdicional cuja competência se busca preservar ou cuja autoridade se pretenda garantir" (CPC, art. 989, § 1º).

Para finalizar, é bom deixar claro, mais uma vez, para que dúvidas não pairem, que a reclamação definida no Código de Processo Civil não se confunde com o pretenso meio de impugnação instituído pela Resolução n. 3 STJ/GP, de 7-4-2016, que aparece travestido de sucedâneo recursal, com feições destorcidas de "uniformização de jurisprudência" para os Juizados Estaduais (v. item n. 1.7, *supra*).

2. DA COMPETÊNCIA RESTRITIVA DO COLÉGIO RECURSAL

Tratando-se de segundo grau de jurisdição ou instância imediatamente superior ao juízo *a quo* nos Juizados Especiais, compete aos Colégios Recursais o processo e julgamento de todos os meios de impugnação interpostos pela parte interessada,[709] ressalvadas as hipóteses de embargos de declaração (Lei n. 9.099/1995, art. 48),[710] figurando como última instância responsável pela interpretação da lei federal,[711] na exata medida em que o Superior Tribunal de Justiça, nessa esfera, não tem competência (CF, art. 105, e Súmula 203 do STJ). Os recursos de *apelação* ("*inominado*"), *agravo por instrumento*, *reclamação* (ou *correição parcial* – dependendo da lei local)[712] e *mandado*

---

[707] Antes do CPC/2015, as reclamações para os tribunais estaduais eram apenas admitidas se houvesse previsão na Constituição Estadual (v. ADIn 2.212/CE).

[708] Como as turmas recursais atuam como segunda instância, podem também conhecer de reclamação, para preservar a sua competência ou para garantir a autoridade de suas decisões (CPC, art. 988, I e II).

[709] Assim também a orientação pretoriana: "(...) Visando invalidar uma sentença prolatada no âmbito dos Juizados Especiais, deve o interessado dirigir sua pretensão em instância imediatamente superior ao juízo prolator do provimento jurisdicional impugnado, ou seja, perante o respectivo Colégio Recursal, não sendo o Tribunal de Justiça competente para conhecimento de meios de impugnação ou demandas oriundas da jurisdição especializada. (...)" (TJSC, 1ª CC, AR 2007.056527-7, Rio do Sul, rel. Des. Joel Dias Figueira Jr., v.u., j. 23-7-2010) (Idem, TJSC, 2ª CC, AI 00.004727-9, Braço do Norte, rel. Des. Gaspar Rubik, j. 11-5-2000; 3ª CC, AC 99.004423-8, Curitibanos, rel. Des. Sérgio Paladino, j. 6-6-2000). E mais: "(...) Não compete a esta egrégia Corte de Justiça a apreciação de recursos contra decisão proferida pelos juizados especiais, tal competência é exercida pelas Turmas recursais. Precedentes. Não conheceram do agravo de instrumento" (TJRS, 12ª CC, AI 70003406295, São Sebastião do Caí, rel. Des. Matilde Chabar Maia, j. 7-2-2002).

[710] Não se pode esquecer de que o magistrado *a quo* poderá também rever sua decisão (interlocutória) em sede de juízo de retratação, a ser exercido quando da comunicação da interposição do recurso de agravo por instrumento, dirigido ao Colégio Recursal.

[711] Nesse sentido, STJ, AgRg na Reclamação n. 2.704/SP, rel. Min. Teori Albino Zavascki, j. 12-3-2008.

[712] Sobre a impropriedade desse meio de impugnação, v. os nossos comentários deste artigo, item n. 1.6, *supra*.

de segurança[713] interpostos contra ato do juiz, árbitro ou conciliador, bem como as ações anulatórias de atos jurisdicionais emanados dos Juizados Especiais,[714] deverão ser processados e conhecidos pelo Colégio Recursal, nos termos do art. 98, I, da Constituição Federal.

Nenhum outro meio de impugnação haverá de ser admitido e as leis estaduais não poderão ampliar esse espectro (v.g. embargos infringentes e de divergência),[715] sob pena de afronta aos princípios norteadores dos Juizados Especiais, notadamente a propositais limitação ao duplo grau de jurisdição, com vistas à celeridade, efetividade e economia processual ("procedimento oral e sumaríssimo", expressão cunhada no art. 98, I, da Constituição Federal).

Conforme já dissemos alhures, em homenagem ao princípio da oralidade em grau máximo, outra não é a razão para não se admitir recurso aos tribunais estaduais ou mesmo para o Superior Tribunal de Justiça (Súmula 203).

Ademais, se essa não fosse a intenção da lei, não teria sido vetado o art. 47 do Projeto, cujo teor era o seguinte: "A lei local poderá instituir recurso de divergência desse julgamento ao Tribunal de Alçada, onde houver, ou ao Tribunal de Justiça, sem efeito suspensivo, cabível quando houver divergência com a jurisprudência do próprio Tribunal ou de outra turma de juízes, ou quando o valor do pedido julgado improcedente ou da condenação for superior a vinte salários mínimos". Ressaltamos, ainda, que sempre que desejarmos um sistema legislativo instrumental mais rápido, com cognição limitada, oralidade mais intensificada e consequente sumarização das formas, inversamente ao que se verifica nas chamadas *demandas plenárias*, haveremos de optar pela redução de algumas "garantias" do devido processo legal (dentre elas a limitação do duplo grau de jurisdição), sob pena de o modelo novo em nada ou muito pouco diferenciar-se do antigo.

Observação semelhante a essa é feita com muita acuidade por JOSÉ CARLOS BARBOSA MOREIRA ao assinalar que, ao longo dos séculos, foi sempre clara "(...) a noção de que a simplicidade do procedimento, em linha de princípio, varia na razão inversa da extensão das garantias. Quanto mais forte o intuito de assegurar aos litigantes o gozo de certos direitos, tanto mais premente a necessidade de abrir-lhes o ensejo de manifestar-se, de participar da atividade processual, de fiscalizar-lhe a regularidade; e correlatamente a de fazer respeitar, no itinerário do feito, linhas rigorosas e solenes. A diminuição da complexidade muita vez impõe que se tratem determinados problemas com menor delicadeza, que se despreze tal ou qual exigência da etiqueta. Para ficarmos num exemplo importante, a compreensão do contraditório é frequentemente condição *sine qua non* da viabilidade de projetos simplificadores. Ora, quando, num mesmo momento histórico, o legislador se empenha em dar igual ênfase à preservação das garantias e à simplificação do procedimento, assume, no espírito de algum observador desprevenido, a suspeita de estar querendo acender simultaneamente uma vela a Deus e outra a Satanás".[716]

Pelos mesmos motivos, o incidente de uniformização de jurisprudência não é previsto na Lei n. 9.099/1995, sendo desaconselhável a sua instituição (por lei federal), em observância aos princípios

---

[713] Dispõe a Súmula 376 do STJ, *in verbis*: "Compete a turma recursal processar e julgar o mandado de segurança contra ato de juizado especial".

[714] Decidiu o Tribunal de Justiça de Santa Catarina, em acórdão de minha lavra, que "(...) A Justiça Comum não tem competência para processar e julgar ação anulatória de ato jurisdicional quando a decisão que se pretende anular emana de Juizado Especial. Desta forma, se a demanda desconstitutiva, embora ajuizada corretamente perante o Juizado Especial, foi remetida para o Juízo cível de competência comum residual, onde foi processada e julgada, mister se faz anular o processo, remetendo-se os autos à distribuição para proceder ao direcionamento do feito ao Juizado Especial Cível competente" (AC 2001.003171-5, Brusque, Primeira Câmara de Direito Civil, j. 21-10-2008).

[715] Outra não é a orientação firmada pelo Superior Tribunal de Justiça: "Juizados Especiais. Embargos de divergência. Lei estadual. Precedente da Corte. 1. Está correta a decisão do Tribunal de origem que não admitiu o recurso de embargos de divergência de decisão de Turma de Recurso de Juizados Especiais, considerando que a lei federal não prevê tal recurso, pois está fora da alçada do legislador estadual criá-lo. 2. Recurso especial não conhecido" (3ª T., REsp 158136-SC, rel. Min. Carlos Alberto Menezes Direito, j. 2-3-1999).

[716] MOREIRA, José Carlos Barbosa. Miradas sobre o processo civil contemporâneo. *RePro*, v. 79/145.

orientadores dos Juizados Especiais Cíveis,[717] sem prejuízo da possibilidade de os Colégios Recursais reunidos sumularem as suas decisões reiteradas, com o escopo pacificador e uniformizador da interpretação jurisprudencial.[718]

Sobre a possibilidade de utilização do recurso de *reclamação* para fins de uniformização de jurisprudência perante o Superior Tribunal de Justiça, enviamos o leitor interessado aos nossos comentários feitos nos itens precedentes n. 1.6 e 1.7, *supra*.

3. DA COMPOSIÇÃO DO COLÉGIO RECURSAL

Apesar de o dispositivo em questão usar o vocábulo *Turma*, não nos parece a dicção mais adequada, posto que o seu denominativo jurídico indica um grupo de pessoas pertencentes a um determinado órgão colegiado. Em outros termos, *Turma* é designativo de um órgão integrante de uma Corte ou Tribunal e não um órgão em si mesmo; não há que falar em *Turma* sem a existência de Órgão Colegiado ao qual pertença, assim como não há Colegiado sem Turma ou Câmara. Sem dúvida, é juridicamente mais adequado referirmo-nos a esses órgãos como *Colégios Recursais*.

Esse Colégio será composto, necessariamente, por três juízes togados, em exercício no primeiro grau de jurisdição, cujo funcionamento verificar-se-á na sede do Juizado principal, ou seja, na maior comarca e estrategicamente mais bem situada em relação às demais integrantes da jurisdição compreendida pelo respectivo Colégio Recursal.

Representa a segunda e última instância recursal, ressalvada a competência do Supremo Tribunal Federal em matéria constitucional (v. comentários ao art. 59).[719] Assim sendo, na qualidade de órgão *ad quem* (observe-se a redação do art. 46 ao tratar do julgamento em *segunda instância*, referindo-se às "Turmas"), deve ser composto por juízes de Direito de última entrância (em alguns estados denominada *entrância final ou especial*).

Diante do excessivo volume de recursos interpostos (basta observarmos a abrangência do art. 3º), é de boa índole que esses juízes sejam afastados da função judicante de primeiro grau, a fim de permanecerem com dedicação exclusiva para o Colegiado. Se assim não for, não conseguirão jamais atribuir aos processos a celeridade tão esperada por todos, sem contar que representará mais um acúmulo de funções absolutamente desumano.

Para o preenchimento desses cargos, entendemos que as leis locais de organização judiciária deverão atender aos parâmetros fixados pela Constituição Federal, no art. 93, inciso II, alíneas *a*, *b*, *c*, e *d*. Assim há de ser porque esses magistrados estarão, na verdade, compondo um Colégio de segundo grau de jurisdição, numa espécie de *tribunal de alçada regional*, cuja responsabilidade de seus membros ultrapassa os limites do reexame da sentença de primeiro grau para chegar a ser a segunda e última instância, tendo em vista que, a princípio, de suas decisões descabe qualquer outro tipo de recurso, seja para o tribunal local ou para o Superior Tribunal de Justiça, ressalvada, como já mencionamos, a hipótese de recurso extraordinário à Corte Suprema, por violação de preceito constitucional.[720]

---

[717] Sobre o "incidente de uniformização de jurisprudência", v. os nossos comentários sobre o tema, item n. 1.9, *supra*. A esse respeito também, v. o artigo da lavra da Ministra Fátima Nancy Andrighi, intitulado Primeiras reflexões sobre o pedido de uniformização de interpretação no âmbito dos Juizados Especiais Cíveis e Criminais. In: Fonseca e Silva, Augusto Vinícios; Corrêa, Luis Fernando N. (coords.). *Juizados Especiais*: homenagem ao Desembargador José Fernandes Filho. Belo Horizonte: Del Rey, 2011, p. 461-467.

[718] Dispõe o Enunciado 113 do Fonaje: "As turmas recursais reunidas poderão, mediante decisão de dois terços dos seus membros, salvo disposição regimental em contrário, aprovar súmulas".

[719] Nesse sentido, decidiu o Superior Tribunal de Justiça: "(...) 2. Igualmente inadequada a via da reclamação para sanar a grave deficiência do sistema normativo vigente, que não oferece acesso ao STJ para controlar decisões de Juizados Especiais Estaduais contrárias à sua jurisprudência dominante em matéria de direito federal, permitindo que tais Juizados, no âmbito da sua competência, representem a palavra final sobre a interpretação de lei federal. 3. Agravo regimental a que se nega provimento" (AgRg na Reclamação 2.704/SP, rel. Min. Teori Albino Zavascki, j. 12-3-2008).

[720] Para maior aprofundamento sobre o tema da admissibilidade jurídica de interposição de recurso especial, para o STJ, recurso extraordinário para o STF e a *querela nullitatis*, v. os nossos comentários ao art. 59.

Desta feita, de acordo com os critérios constitucionais, esses magistrados deverão ter no mínimo dois anos em última entrância, além de integrarem a primeira quinta parte da lista de antiguidade, salvo se não houver com tais requisitos quem aceite o lugar vago. Na aferição do merecimento, serão observados os critérios objetivos de produtividade, presteza e segurança no exercício da jurisdição e a frequência e aproveitamento em cursos reconhecidos de aperfeiçoamento. O preenchimento das vagas deverá ser feito alternadamente, por antiguidade e merecimento. Para tanto, faz-se mister a confecção de uma lista de juízes interessados, nos mesmos moldes do que se verifica nas promoções para acesso, inclusive aos tribunais de segundo grau (cf. incisos II e III do art. 93 da CF).

Parece-nos não encontrar sustentação a tese em sentido contrário. Com a devida vênia, o importante é que se observem os critérios constitucionais para o preenchimento desses cargos, em que pese não se tratar de promoção, na exata medida em que a função dos membros integrantes dos Colégios Recursais equipara-se àquela exercida pelos magistrados integrantes dos Tribunais de Justiça.

Em outras palavras, esses Colégios são nada menos do que "Tribunais de Alçada regionais". Aconselha-se, inclusive, para o bom funcionamento desses Colégios, a confecção de um *Regimento Interno*. Assim, o critério de escolha dos membros não pode destoar muito do paradigma constitucional.

Ainda sobre a composição do Colégio Recursal, merece consideração o tema relacionado ao chamado "quinto constitucional", ou seja, se para a formação das "Turmas" que comporão o *segundo grau de jurisdição* (instância superior) nos Juizados Especiais haverá necessidade de observar-se o disposto no art. 94 da Lei Maior.

Primeiramente verifica-se que o § 1º do art. 41 da Lei n. 9.099/1995 não faz qualquer alusão à composição ordenada constitucionalmente, limitando-se a dizer que a turma será "composta por três juízes togados, em exercício no primeiro grau de jurisdição (...)". Em outras palavras, a norma constitucional não é recepcionada em lei hierarquicamente inferior.

Haveríamos de indagar então: essa omissão significa inconstitucionalidade? Ou, ainda, como harmonizar a regra infraconstitucional com a disposição insculpida a esse respeito em nossa Magna Carta?

Em resposta, assinalamos de início, em reiteração ao que já afirmamos alhures, que não temos a menor dúvida de que para efeitos recursais ou de duplo grau de jurisdição os *Colégios Recursais* correspondem ontologicamente à *segunda instância*, entendimento este respaldado no próprio texto legal, porquanto o art. 46, 1ª parte, faz referência a essa expressão, assim como se denominam as suas decisões *acórdãos* (art. 46, *in fine*, e art. 48, *caput*).

Contudo, parece-nos que tais circunstâncias, por si sós, não são suficientes para que se exija a incidência do *quinto constitucional*, ao menos na atual fase legislativa e realidade conjuntural verificada na prática forense; senão, vejamos. Ocorre que o art. 94 da CF[721] não deixa dúvidas ao dispor sobre *um quinto dos lugares dos "Tribunais"*, fazendo alusão expressa aos *Federais, aos Tribunais dos Estados, e aos do Distrito Federal e Territórios*, exigindo do candidato, para tanto, notório saber jurídico, mais de dez anos de experiência profissional, reputação ilibada e indicação em lista sêxtupla, formada pelos respectivos órgãos de classe.

Ora, por mais que tenhamos a convicção de que as "Turmas Recursais" equiparam-se para fins de duplo grau de jurisdição aos tribunais de *segunda instância*, tal assertiva não nos leva necessariamente à conclusão de que a composição do colegiado deverá obedecer ao *quinto constitucional*. São fenômenos jurídicos distintos e, por conseguinte, exigem um tratamento interpretativo diferenciado.[722]

---

[721] "Art. 94. Um quinto dos lugares dos Tribunais Regionais Federais, dos Tribunais dos Estados, e do Distrito Federal e Territórios será composto de membros, do Ministério Público, com mais de dez anos de carreira, e de advogados de notório saber jurídico e de reputação ilibada, com mais de dez anos de efetiva atividade profissional, indicados em lista sêxtupla pelos órgãos de representação das respectivas classes. Parágrafo único. Recebidas as indicações, o tribunal formará lista tríplice, enviando-a ao Poder Executivo, que, nos vinte dias subsequentes, escolherá um de seus integrantes para nomeação."

[722] Gilberto Antônio Luiz entende também que essas "Turmas" recursais exercem função jurisdicional pertinente à segunda instância e que se equiparam a Tribunais. Todavia, discordamos da tese defendida em estudo de sua lavra

Não podemos nos esquecer de que essa distinção percebida entre o art. 94 da CF e o art. 41 da Lei n. 9.099/1995 é mais um indicativo evidente de que, se por um lado a intenção do legislador infraconstitucional foi equiparar as "Turmas de Recurso" à instância imediatamente superior para fins de aplicação do princípio do duplo grau de jurisdição, tornando-as uma espécie de "Tribunal de Alçada Regional", em momento algum teve por escopo atribuir-lhes um *status* administrativo funcional de Corte ou Tribunal.

Pelo contrário, nesse particular, a intenção legislativa foi propriamente inversa, ou seja, a de criar regionalmente *Colégios Recursais* para viabilizar a revisão das decisões proferidas em primeiro grau de jurisdição pelos juízes monocráticos, todavia, de maneira informal, simplificada, desburocratizada, a fim de proporcionar um julgamento mais econômico e célere aos jurisdicionados, em perfeita sintonia com os princípios orientadores dos Juizados Especiais, conforme definição contida no art. 2º.

Qualquer conclusão em sentido contrário dependerá de alteração do art. 94 da Constituição Federal. Entendemos ser despicienda tal medida, sobretudo por não estar em harmonia com o espírito norteador da Lei n. 9.099/1995, que busca uma tutela jurisdicional efetivamente diferenciada.

O que nos parece imprescindível, conforme já assinalamos anteriormente, é que as leis locais definam criteriosamente a indicação do nome dos três juízes togados que irão compor o Colégio Recursal, em atenção, neste caso, aos requisitos estampados no art. 93, incisos II e III, da Constituição Federal.

Por último, faríamos a seguinte indagação: estaria a lei ordinária federal invadindo a esfera de competência estadual quando dispõe sobre a organização judiciária – criação e composição das Turmas Recursais –, matéria cuja atribuição legislativa é reservada aos Estados, por iniciativa dos Tribunais de Justiça, segundo se infere dos arts. 25, § 1º, e 96, II, *d*, da Constituição Federal?

"A resposta é negativa. E isto porque apesar de os arts. 41, § 1º e 82, da Lei n. 9.099/1995 inegavelmente disporem sobre organização judiciária dos Estados, a verdade é que em matéria de organização dos Juizados Especiais, especificamente, a intenção do legislador constituinte federal foi a de estabelecer uma concorrência legislativa entre a União e Estados-membros, cabendo àquela a competência para fixar normas gerais. Aos Estados, por sua vez, cabe a competência suplementar, naquilo que não conflitar com a lei federal. E esta interpretação é a única que se harmoniza com o art. 98, I, da Constituição da República (...)".[723]

4. DA INDISPENSABILIDADE DE ADVOGADO EM SEGUNDO GRAU DE JURISDIÇÃO

Independentemente do valor atribuído à demanda ou se as partes litigaram em primeiro grau desacompanhadas de advogado, nas hipóteses que a lei lhes permite assim proceder (art. 9º), em hipótese alguma poderão interpor recurso desacompanhadas de profissional habilitado, exceto se forem bacharéis em Direito, inscritos na Ordem, postulando em causa própria; exclui-se dessa regra também os *embargos de declaração*, em razão da sua natureza atípica, por não se tratar propriamente de um recurso, mas de *incidente de complementação do julgado*, dirigido ao juiz prolator da decisão

---

em que defende a aplicação do art. 94 da CF aos Juizados Especiais, ou seja, a observância do quinto constitucional na composição do Colégio Recursal (Algumas considerações sobre o "quinto constitucional", em face do "Colégio Recursal" instituído pela Lei n. 9.099/1995. *Síntese Jornal*, n. 13/9-10, mar. 1998).

Nesse particular, em sintonia com o nosso entendimento, observa Wander Paulo Marotta Moreira que também não vê como as Turmas Recursais possam ser conceituadas como Tribunais Estaduais, "(...) apenas porque, em grau de recurso, reexaminam as decisões proferidas, em primeiro grau, pelos Juízes dos Juizados Especiais". E arremata: "A possibilidade desse reexame, por si só, não caracteriza, a toda evidência, que tenham sido criados ou instituídos Tribunais Estaduais, mesmo porque o reexame de decisões proferidas em primeiro grau não é privativo de Tribunais (confira-se, a propósito, o art. 34 da Lei n. 6.830, de 22-9-1980, que dispõe sobre as execuções fiscais)" (*Juizados Especiais Cíveis*. Belo Horizonte: Del Rey, 1996, p. 79, n. 13.12).

[723] Santos, Manoel Alberto Rebelo dos; Gonçalves, Márcio Quintes; Bruno, Reynaldo Gabetto. Juizados Especiais Cíveis e Criminais – Breves reflexões sobre a constitucionalidade da Lei 9.099/1995. *Boletim Informativo Advocacia Dinâmica – ADV*, n. 1/4-5, 1996.

impugnada. A indispensabilidade do advogado se faz necessária para a interposição de recursos, ações ou outros meios de impugnação perante as Turmas Recursais e instâncias superiores.

Com essa medida, procura-se evitar que as partes tenham algum prejuízo, em face da maior complexidade ínsita nos próprios meios de impugnação.

Em outras palavras, poderíamos sintetizar o assunto afirmando que, para a interposição de qualquer meio de recurso e acompanhamento de seu julgamento perante os Colégios Recursais, "(...) as partes devem representar-se por advogado (art. 41, § 2º). Assim, se atuavam pessoalmente, desacompanhadas de representante com capacidade postulatória, como lhes permite o art. 9º, terão de constituir advogado se resolverem recorrer ou contra-arrazoar".[724]

Todavia, se o advogado subscritor do recurso de apelação "(...) não tem a representação da parte devidamente regularizada por instrumento de mandato, assim como deixa fluir *in albis* o prazo para ratificar os atos praticados ou não protesta pela juntada no prazo definido no *caput* do art. 37 do CPC [art. 104, CPC/2015], responde pelas despesas e perdas e danos, nos termos do disposto no parágrafo único do mesmo dispositivo, ficando o recurso prejudicado em face da ausência de pressuposto processual subjetivo intrínseco de validade (capacidade postulatória) (...)".[725]

Por outro lado, aplica-se integralmente a normativa contida no art. 76 do CPC, no que concerne à concessão de prazo para o suprimento de omissão ou irregularidade processual, em qualquer instância. Não observado o prazo razoável concedido pelo relator para a juntada de procuração ou sanar algum vício, o recurso não será conhecido,[726] se a providência couber ao recorrente, ou determinará o desentranhamento das contrarrazões, se a providência couber ao recorrido.

Destarte, "(...) se, para as instâncias ordinárias comuns, regidas essencialmente por formalidades mais densas e rigorosas, o entendimento do Superior Tribunal de Justiça é firme pela necessidade de abertura às partes interessadas da possibilidade de retificar vícios sanáveis, é impossível negar a elas o mesmo entendimento no âmbito dos Juizados Especiais, marcados notoriamente pela informalidade."[727]

Não se faz mister a juntada de procuração na instância recursal se a parte já se encontrava representada pelo mesmo advogado subscritor do recurso. O que a lei exige é que o recorrente esteja regularmente representado em juízo por advogado quando articular a peça recursal. Não se faz mister a juntada de procuração se a parte já se encontrava representada pelo mesmo advogado subscritor do recurso, cujo nome foi inserido em termo de audiência, em face de mandato verbal conferido com poderes para o foro em geral.[728]

Em outras palavras, o que não se admite é o mandato verbal (comparecimento de advogado em primeiro grau) sem a consignação da outorga em termo de audiência e a posterior interposição de recurso ou qualquer outro meio de impugnação sem instrumento de mandato.

Entendimento em sentido contrário significa excesso de rigor que afronta os princípios orientadores dos Juizados Especiais, notadamente a simplicidade e a informalidade.

---

[724] THEODORO JR., Humberto. *Curso de direito processual civil*. v. III. 13. ed. Rio de Janeiro: Forense, 1996, p. 488, n. 1.602.

[725] Cf. 5ª Turma Recursal-SC, AC 1521, rel. Juiz Joel Dias Figueira Jr.

[726] Essa, aliás, já era a orientação firmada pelo STJ, antes mesmo do advento do CPC/2015, *in verbis*: "Processual civil. Reclamação. Juizado Especial Cível Estadual. Interposição DE recurso por advogado sem procuração válida nos autos. Necessidade de intimação do patrono para regularização da representação processual. 1. A Primeira Seção desta Corte, em recente julgamento, firmou o entendimento de que, tanto no âmbito das instâncias ordinárias como nos juizados especiais, não se pode considerar inexistente recurso e, consequentemente, deixar de conhecê-lo, por ausência ou invalidade de procuração referente à capacidade postulatória de patrono sem, antes, aplicar a regra do art. 13 do CPC (abrir à parte a oportunidade de regularizar sua situação). Precedente: Rcl 5.979/PE, rel. Min. Mauro Campbell Marques, Primeira Seção, DJe 22-9-2011). Reclamação procedente" (Rcl 9327/PE, 1ª Seção, rel. Benedito Gonçalves, j. 8-2-2012, DJe 14-2-2012).

[727] STJ, Rcl 5979/PE, 1ª Seção, rel. Min. Mauro Campbell Marques, j. 14-9-2011, DJe 22-9-2011.

[728] Assim também o Enunciado 77 do FONAJE: "O advogado cujo nome constar de termo de audiência estará habilitado para todos os atos do processo, inclusive para o recurso".

5. DO JULGAMENTO MONOCRÁTICO EM SEDE RECURSAL

Tendo em vista que o Código de Processo Civil é macrossistema instrumental e encontra sempre aplicação subsidiária nos Juizados Especiais (da Fazenda Pública, Federais e Estaduais Cíveis) desde que não afronte disposição expressa de lei específica ou qualquer de seus princípios orientadores, os arts. 932, III e IV, e 995, parágrafo único, do CPC, que conferem poderes ao relator para decidir monocraticamente – no caso, o juiz integrante da Turma Recursal –, são perfeitamente aplicáveis aos Juizados Especiais, na medida em que agasalham técnicas de agilização do processo e representam a efetivação do julgado, coibindo o prosseguimento do recurso interposto.

Em outras palavras, o juiz relator, integrante do Colégio Recursal, por aplicação subsidiária do Código de Processo Civil, poderá, dependendo do caso, não conhecer de recurso inadmissível, prejudicado ou que não tenha impugnado especificamente os fundamentos da decisão recorrida, além daqueles contrários a: a) súmula do Superior Tribunal de Justiça, do Supremo Tribunal Federal ou do próprio Tribunal; b) acórdão proferido pelo Supremo Tribunal Federal ou pelo Superior Tribunal de Justiça em julgamento de recursos repetitivos; e c) entendimento firmado em incidente de resolução de demandas repetitivas ou de assunção de competência. Igualmente, se a decisão recorrida estiver em manifesto confronto com súmula ou jurisprudência dominante do Supremo Tribunal Federal, ou de Tribunal Superior, circunstância que possibilita ao relator *dar provimento ao recurso*.[729]

A requerimento do recorrente (arts. 995, parágrafo único, e 1.012, § 4º, ambos do CPC), a eficácia da sentença recorrida poderá ser suspensa por decisão do relator, nos casos em que houver risco de dano grave, de difícil ou impossível reparação, desde que fique devidamente demonstrada a probabilidade de provimento do recurso.

> **Art. 42**. O recurso será interposto no prazo de 10 (dez) dias, contados da ciência da sentença,[1] por petição escrita, da qual constarão as razões e o pedido do recorrente.[2]
>
> § 1º O preparo será feito, independentemente de intimação, nas 48 (quarenta e oito) horas seguintes à interposição, sob pena de deserção.[3]
>
> § 2º Após o preparo, a Secretaria intimará o recorrido para oferecer resposta escrita no prazo de 10 (dez) dias.[4, 5 e 6]

1. DO PRAZO DE INTERPOSIÇÃO DO RECURSO

O prazo para interposição do recurso de apelação (v. art. 41, item n. 1, *supra*) é de dez dias contados a partir da intimação da sentença, o que deverá ocorrer na própria audiência de instrução e julgamento. O inciso III do art. 52, apesar de encontrar-se embutido na Seção pertinente à *execução*, trata da matéria fixando como regra a intimação da sentença no mesmo ato de sua prolação, tudo de acordo com o princípio da oralidade (v. art. 38).

Na intimação, o vencido será *instado* a cumprir a sentença, tão logo ocorra seu trânsito em julgado, e advertido dos efeitos resultantes do descumprimento (aplicação de multa para as hipóteses de sentenças mandamentais ou executivas *lato sensu*), nos termos do inciso V do art. 52. Note-se que a parte sucumbente não é apenas comunicada da sentença; ao intimá-la, o juiz deve ser veemente no que concerne ao cumprimento espontâneo do *decisum*, isto é, sem execução forçada.

---

[729] Outra não é a orientação do Supremo Tribunal Federal (RE 422238-AgR/RJ, rel. Min. Marco Aurélio, j. 23-11-2004). Na mesma linha, o Enunciado 102 do Fonaje: "O relator, nas Turmas Recursais Cíveis, em decisão monocrática, poderá negar seguimento a recurso manifestamente inadmissível, improcedente, prejudicado ou em desacordo com Súmula ou jurisprudência dominante das Turmas Recursais ou da Turma de Uniformização ou ainda de Tribunal Superior, cabendo recurso interno para a Turma Recursal, no prazo de cinco dias". E, também, o Enunciado 103 do Fonaje: "O relator, nas Turmas Recursais Cíveis, em decisão monocrática, poderá dar provimento a recurso se a decisão estiver em manifesto confronto com Súmula do Tribunal Superior ou jurisprudência dominante do próprio Juizado, cabendo recurso interno para a Turma Recursal, no prazo de cinco dias".

Se o réu não estiver presente na audiência, será declarado revel (art. 20), e se a ausência for do autor extingue-se o processo, sem resolução do mérito (art. 51, I), salvo se presentes os seus respectivos advogados, com procuração contendo poderes expressos para transigir, desistir ou renunciar. Nesses casos, a intimação dar-se-á na pessoa do procurador regularmente constituído e habilitado.

2. FUNDAMENTAÇÃO E FORMA DO RECURSO

A forma de interposição do recurso é a *escrita*, não se admitindo, em qualquer hipótese a forma oral, mesmo se reduzida a termo.

Nesta peça recursal, o procurador do recorrente deverá articular os fatos e fundamentos jurídicos através dos quais deseja ver reformada a decisão *a quo*, devolvendo ao Colégio Recursal o conhecimento da matéria impugnada (efeito devolutivo).

Aplica-se subsidiariamente o CPC no que concerne às disposições gerais e ao recurso de apelação (arts. 1.009-1.014), desde que não entre em conflito com qualquer artigo ou princípio norteador do microssistema. Por conseguinte, aplica-se à apelação, no que couber, as disposições alusivas ao *recurso adesivo* (v. art. 41, item n. 1.1, *supra*), assim como a regra definida no art. 1.013, § 3º, do CPC, viabilizando às Turmas Recursais, nos casos de extinção do processo, sem resolução do mérito, decidir desde logo o mérito, se o processo estiver em condições de imediato julgamento.

Igualmente, aplica-se a disposição insculpida no art. 932, parágrafo único, do CPC, por se tratar de norma de agilização do processo e de prestação da tutela jurisdicional, de maneira que, antes de declarar inadmissível o recurso, o relator concederá ao recorrente prazo de 5 (cinco) dias para sanar o vício ou complementar a documentação exigível.

3. DO PREPARO E DA DESERÇÃO

O preparo da apelação deverá ser feito nas quarenta e oito horas seguintes à interposição, sob pena de o recurso ser declarado *deserto*.[730]

Para maior agilização, a lei dispensou a exigência de intimação do recorrente para efetuar o pagamento do *preparo*. Com razão, pois presume-se que ninguém mais do que o apelante seja interessado na subida dos autos à instância *ad quem* para conhecimento do seu recurso, motivo pelo qual não faz sentido a sua comunicação.

Deverá o apelante atentar, porém, que o prazo concedido não é de dois dias, mas de *quarenta e oito horas*, procedendo-se à contagem, portanto, de *minuto a minuto*.[731]

---

[730] Sobre deserção, decidiu a Turma Recursal de Belo Horizonte: "Recurso. Preparo além do prazo: No Juizado Especial Cível o prazo estipulado pela lei é de natureza preclusiva, vale dizer se não for realizado no prazo marcado não poderá sê-lo mais, e, mesmo assim se for realizado, considerar-se-á como inexistente, em face da combinação legal de deserção, especialmente à míngua de justo impedimento; inteligência do § 1º do art. 42 da Lei n. 9.099/1995 c.c. o § 1º do art. 183 do CPC. O recurso é regular, quando aviado no tempo, isto é, no prazo assinado pela lei e, além disso, pelo modo próprio, o preparo no prazo determinado e a resposta do recorrido, revelando deserto o recurso, cujo preparo foi efetivado além do prazo legal" (Rec. 452, rel. Juiz Sebastião Pereira de Souza, j. 22-8-1997).

[731] Os tribunais pátrios, inclusive o Pretório Excelso, assim têm se manifestado no sentido de que, à falta de disposição expressa no CPC, os prazos fixados por hora contam-se de acordo com o art. 125, § 4º, do CC/1916 (correspondente ao art. 132, § 4º, CC/2002), isto é, de minuto a minuto (*RTJ*, 108/675; *RT* 497/212 e 641/216; *RePro* 5/370, ementa 156) (apud Negrão, Theotonio. *Código de Processo Civil e legislação processual em vigor*. 30. ed. São Paulo: Saraiva, 1999, art. 184, n. 4, p. 190). O mesmo se aplica à Lei n. 9.099/1995, que é omissa a respeito dessa matéria. Vejamos a orientação firmada pela 1ª Turma Recursal-SC: "O recurso inominado cível, no sistema dos Juizados Especiais, protocolizado no decêndio da ciência da decisão hostilizada, atende ao requisito temporal condicionante de seu conhecimento; todavia, opera-se a deserção do inconformismo, materializando a coisa julgada em favor do vencedor da lide, em primeiro grau, se o preparo inocorrer no prazo de 48 horas da interposição da rebeldia, independentemente da intimação do recorrente, pois seu curso inexorável é contado de minuto a minuto" (Rec. Cível 3.386, Florianópolis, rel. Juiz Dionízio Jenzak, j. 16-4-2002).

Os recursos processar-se-ão também durante as férias forenses, por aplicação analógica do art. 215 do CPC, inexistindo suspensão ou interrupção de prazo.[732]

O *preparo* da apelação, conforme estatuído no art. 54, parágrafo único, da Lei n. 9.099/1995, compreende, além do recolhimento das custas alusivas ao porte do recurso (envio e retorno dos autos), todas as despesas processuais, inclusive aquelas dispensadas em primeiro grau de jurisdição, ressalvada a hipótese de assistência judiciária gratuita.

Ao fazer essa exigência, teve o legislador por escopo inibir a interposição de recurso em observância ao princípio da oralidade em grau máximo, viabilizando, por conseguinte, a execução imediata do julgado e a satisfação do vencedor da demanda no plano jurídico-fatual.

Porém, se o recorrente efetuar o pagamento parcial do preparo, atendendo apenas, por exemplo, ao recolhimento das custas atinentes ao porte de subida e retorno dos autos do processo, deverá o juiz *a quo*, ou o próprio relator, determinar, de ofício, o recolhimento da diferença faltante, em 48 horas, sob pena de deserção. Nesses casos, aplica-se por analogia a disposição insculpida no art. 1.007, § 2º, do CPC.[733] Se prevalecer entendimento contrário, haverá excesso de formalismo e rigor no processamento do recurso, o que é inconcebível em sede de Juizados Especiais, por violar os seus princípios orientadores basilares (art. 2º).

4. DA RESPOSTA AO RECURSO

O recorrido somente será intimado para responder ao apelo após o pagamento do preparo por parte do recorrente. Esse procedimento evita que a parte vencedora seja levada a praticar atos que, ao final, não serão objeto de conhecimento, em face do não pagamento do preparo.

A intimação do réu será feita pela Secretaria do Juizado, por qualquer dos modos admitidos no art. 18 c/c o art. 19 dessa Lei, inclusive por telefone, que é meio absolutamente idôneo de comunicação, desde que o secretário, com a sua fé pública, o certifique nos autos.

5. INDEFERIMENTO DA PETIÇÃO INICIAL E REFORMA DE OFÍCIO DA SENTENÇA

Perfeitamente aplicável, subsidiariamente aos Juizados Especiais, em sede recursal, a norma insculpida no art. 331 do Código de Processo Civil, por encontrar-se em perfeita consonância com o princípio da celeridade e economia processual.

Assim, indeferida a petição ou requerimento inicial, o autor poderá apelar (art. 41 c/c art. 42 da Lei n. 9.099/1995), facultando ao juiz togado, no prazo de 5 (cinco) dias, reformar sua decisão *ex officio*.

Não sendo reformada a decisão, os autos serão imediatamente encaminhados à turma recursal competente.

O juiz leigo não poderá jamais indeferir inicial, posto que sua atuação ocorre somente em momento procedimental posterior, mais precisamente em fase instrutória e decisória (arts. 24, 25, 26, 37 e 40, todos da Lei n. 9.099/1995), cabendo tal indeferimento apenas ao juiz togado.

6. DO RECURSO EM RAZÃO DE JULGAMENTO DE MÉRITO CONFORME O ESTADO INICIAL DO PROCESSO

A matéria em estudo respeita à aplicabilidade do art. 332, "*caput*", e §§ 3º e 4º do CPC aos Juizados Especiais. Para maior aprofundamento sobre o assunto, remetemos o leitor interessado aos nossos comentários ao art. 38, item n. 3, *supra*.

---

[732] Enunciado 86 do Fonaje: "Os prazos processuais nos procedimentos sujeitos ao rito especial dos Juizados Especiais não se suspendem e nem se interrompem".

[733] Em sentido contrário, o Enunciado 80 do Fonaje: "O recurso inominado será julgado deserto quando não houver o recolhimento integral do preparo e sua respectiva comprovação pela parte, no prazo de 48 horas, não admitida a complementação intempestiva (art. 42, § 1º, da Lei n. 9.099/1995)".

Descontente o autor com o julgamento que, de plano, rejeita o seu pedido, poderá apelar ao Colégio Recursal objetivando reverter esse quadro, de maneira a ver o processo seguir o seu curso normal.

Nessa oportunidade, poderá o magistrado retratar-se, no prazo de 5 dias, sem a ouvida da parte contrária, através de decisão fundamentada, lançando as razões que o levaram a não manter a sentença impugnada, terminando por ordenar o prosseguimento do processo (art. 332, § 4º).

Diversamente, caso seja mantida a sentença (também por decisão fundamentada, mesmo que concisa), será ordenada a citação do sujeito passivo para, no prazo legal, responder ao recurso de apelação (§ 4º).

Em que pese o novo dispositivo aludir apenas ao recurso de apelação, hipóteses poderão surgir em que a lide não seja extinta por completo, mas tão somente uma parcela do conflito, tal como ocorre com a cumulação de ações (cúmulo objetivo).

Em situações como essas de demandas cumuladas, conforme já dissemos alhures, nada obsta que o juiz rejeite integralmente um dos pedidos formulados, nos termos do disposto no *caput* do art. 332 do CPC, ordenando o prosseguimento do feito em relação ao pedido ou pedidos cumulativos restantes. Dessa decisão de extinção parcial do processo caberá recurso de agravo por instrumento, prosseguindo-se nos moldes preconizados pelos §§ 3º e 4º do referido artigo.

Art. 43. O recurso[1] terá somente efeito devolutivo, podendo o juiz dar-lhe efeito suspensivo, para evitar dano irreparável para a parte.[2]

1. CONTROLE DE ADMISSIBILIDADE DO RECURSO

Ao comentar o art. 1º, versamos no item n. 2 sobre a aplicabilidade subsidiária do Código de Processo Civil à Lei n. 9.099/1995, oportunidade em que afirmamos sua excepcionalidade, pois a incidência do Código somente se verifica quando o microssistema é omisso e a norma instrumental que se deseja ver aplicada nos juizados não viola os seus princípios orientadores. Pois bem, o Diploma de 2015 inovou também em sede de juízo de admissibilidade do recurso de apelação, tornando exclusivo o controle pelo relator do processo na instância recorrida, inclusive a concessão de efeito suspensivo (art. 1.010, § 3º, c/c art. 1.012, § 3º). Nada obstante a nova regra imprimir maior celeridade ao processamento do recurso, não encontra aplicabilidade nos Juizados Especiais, pois a lei em comento conta com regra específica acerca do tema, segundo se depreende da disposição contida no artigo em comento.[734]

O juiz *a quo* realizará o controle de admissibilidade do recurso tão logo seja interposto, através de verificação da pertinência do apelo, tempestividade e pagamento prévio do preparo (ressalvada a hipótese de assistência judiciária ou recurso do Ministério Público).[735]

Nada obstante, o Colégio Recursal exercitará também o mesmo controle, desta feita em segundo grau de jurisdição, e, se constatar a inobservância de algum requisito indispensável ao conhecimento do apelo, assim deverá se manifestar.

O apelo devolve ao juízo *ad quem* o reexame de toda a matéria objeto da lide, bem como o poder de rever e efetuar novo controle de admissibilidade do recurso, razão por que poderá ser conhecido ou rejeitado liminarmente.

---

[734] Em sentido contrário, o entendimento de Enio Nakamura Oku (Os juizados especiais cíveis, seus princípios e o novo Código de Processo Civil: Novos desafios na interpretação e aplicação das normas jurídicas. *Revista Bonijuris*, n. 629, abril 2016, p. 36).

[735] Nessa linha, o Enunciado 166 do Fonaje: "Nos Juizados Especiais Cíveis, o juízo prévio de admissibilidade do recurso será feito em primeiro grau".

2. EFEITOS DECORRENTES DO RECEBIMENTO DO RECURSO

O recurso terá somente *efeito devolutivo*, sendo esta a regra a ser aplicada (efeito legal), porquanto viabiliza o prosseguimento da fase sucessiva do processo, através da execução provisória da sentença, nos moldes do art. 520 do CPC.

Diga-se de passagem que essa é a tendência moderna a ser adotada nos processos de conhecimento, inclusive naqueles situados no modelo tradicional, a exemplo do que já ocorreu no Direito italiano, com a reforma de 1990, que instituiu a execução provisória como máxima (CPC, art. 282).[736] Contudo, o CPC/2015, na contramão da história, manteve a regra do efeito suspensivo aos recursos de apelação, segundo se infere do art. 1.012, *caput*, com as exceções elencadas em seu § 1º, nada obstante estabelecer regra inversa no art. 995, *caput*, qual seja "os recursos não impedem a eficácia da decisão, salvo disposição legal ou decisão judicial em sentido diverso".[737]

A novidade se insere no desencadeamento de revalorização do juízo de primeiro grau, realizado essencialmente através da introdução do sistema de preclusões e tendente a conferir maior incidência à sentença que o conclui. A solução acolhida pelo legislador, tanto aqui como na Itália, é motivada pela presença (visível nos últimos anos) de um certo tipo de política legislativa que privilegia a rapidez da tutela, em detrimento da estabilidade e, consequentemente, também das garantias das partes. A modificação introduzida no regime da executoriedade assume a função de reduzir os recursos infundados interpostos com escopo exclusivo ou prevalentemente procrastinatório. Outra função que o instituto assume, sempre correlacionado com a forte limitação imposta ao juízo de apelo, será a facilitação dos acordos, no lugar de uma concreta atuação executiva do vencedor, ou de uma incerta concessão de medida inibitória da sentença.[738]

Se a execução imediata do julgado puder causar algum dano grave, de difícil ou impossível reparação à parte sucumbente, poderá o interessado, através de requerimento, postular ao juiz sentenciante o efeito suspensivo[739] (*total* ou *parcial*), ou, se for o caso, ao próprio relator do recurso, no respectivo Colégio (art. 995 do CPC).[740] Nada obsta também que seja concedida a suspensividade *ex officio*, em qualquer um dos dois graus de jurisdição.

Em face da amplitude da expressão "dano irreparável" (conceito indeterminado), os requisitos a serem observados para a concessão da inibitória (efeito suspensivo)[741] são os seguintes: *a)* a valoração do fundamento do apelo, por meio do qual poderá prever corretamente o êxito; *b)* a valoração da posição na qual se encontra o sucumbente executado e o dano que ele está assumindo ou assumiria, que não necessariamente deve corresponder a um motivo gravíssimo (por exemplo, a falência ou fechamento de uma empresa).[742]

---

[736] Esse novo dispositivo do CPC italiano, não obstante *novellato* pela Lei n. 353/1990, entrou em vigor no dia 1º de janeiro de 1993.

[737] Sobre o tema, v. as críticas abalizadas de NERY, Nelson e NERY, Rosa Maria. *Comentários ao Código de Processo Civil – novo CPC – Lei 13.105/2015*. São Paulo: Revista dos Tribunais, 2015, art. 995, item n. 1, p. 2007, e art. 1.012, item n. 2 e 3, p. 2060-2061.

[738] Cf. PICARDI, Nicola (e colaboradores). *Codice di Procedura Civile*. Milano: Giuffrè, 1994, art. 282, n. 1, p. 837. V. também sobre esse assunto as anotações feitas por CIAN, Giorgio; TRABUCCHI, Alberto; CARPI, Federico; TARUFFO, Michele. *Commentario breve al Codice di Procedura Civile*. Padova: Cedam, 1994, art. 282, p. 609-611, e os comentários de CARPI, Federico. *La provvisoria esecutorietà della sentenza*. Milano: Giuffrè, 1979.

[739] Esse também é o regime no CPC italiano, de acordo com a reforma legislativa já mencionada, em seu art. 283.

[740] No regime italiano, o juiz competente para conceder a inibitória é aquele integrante do Colégio, salvo os casos urgentes. Nesse sentido, v. ATTARDI, Aldo. *Le nuove disposizioni sul processo civile e il progetto del Senato sul giudice di pace*. Padova: Cedam, 1991, p. 169, bem como ARIETA, Giovanni; MONTESANO, Luigi. *Il nuovo processo civile*. Napoli: Jovene, 1991, p. 74-75.

[741] A denominação efeito suspensivo não parece indicar com precisão o que a expressão possa refletir. O efeito, na realidade, é obstativo, porquanto só é possível falar em suspensão quando a execução já tenha sido iniciada, isto é, só se suspende o que está em curso.

[742] Nesse sentido, v. PICARDI, Nicola (e colaboradores). *Codice di Procedura Civile*. Milano: Giuffrè, 1994, art. 283, n. 3, p. 840.

Em outras palavras, deverá o juiz valorar a possibilidade de concessão da suspensividade pelo ângulo do *fumus boni iuris* (ou seja, a deliberação acerca da provável fundamentação do apelo) e do *periculum in mora* (aqui entendido como valoração comparativa da quantidade e da qualidade do dano que suportaria a parte sucumbente pela execução imediata da sentença em relação ao dano que seria assumido pela parte vitoriosa em razão do atraso da execução).[743]

Note-se que a "suspensão" não é obrigatoriamente da execução. Estamos diante de duas possibilidades fáticas e jurídicas bastante distintas: a primeira é a *suspensão da eficácia executiva* (= efeito *obstativo*); a segunda, a *suspensão da execução* já iniciada (= efeito *suspensivo propriamente dito*). Porém, a suspensão somente poderá ser parcial se estivermos diante de obrigação divisível.[744]

Por outro lado, o magistrado poderá ainda determinar que o exequente preste caução, atendendo-se ao *princípio da proporcionalidade*, para garantia dos possíveis danos a serem causados ao executado (CPC, art. 520, I e IV).

Se o exequente for beneficiário da justiça gratuita, ficará isento de prestar caução. É possível chegar-se a essa conclusão através de interpretação analógica e extensiva dos arts. 98/102 do CPC, e, sistematicamente, com os princípios constitucionais da igualdade entre as partes e do acesso irrestrito à ordem jurídica justa (CF, art. 5º, *caput* e inciso XXXV). É justamente em situações como esta, dentre outras semelhantes, que entra o *papel da ideologia no preenchimento das lacunas do direito*, ou seja, como *processo de integração normativa*, e, em particular, da *equidade*.[745]

Art. 44. As partes poderão requerer a transcrição da gravação da fita magnética a que alude o § 3º do art. 13 desta Lei, correndo por conta do requerente as despesas respectivas.[1]

1. DA TRANSCRIÇÃO DAS FITAS MAGNÉTICAS

Qualquer uma das partes poderá requerer que se proceda antes da subida dos autos ao Colégio Recursal à transcrição dos conteúdos das fitas magnéticas que foram objeto de gravação dos atos processuais em audiência de conciliação, instrução e julgamento.

O pedido de transcrição das fitas suspende o prazo para interposição de qualquer tipo de recurso, posto que o interessado não poderá fundamentar adequadamente a sua impugnação sem o documento escrito.

O requerimento poderá ser destinado à obtenção da transcrição completa, isto é, de todas as fitas, como poderá também ser específico a determinado ato processual a ser indicado pelo interessado.

Em sede de recurso, a análise da prova oral, necessariamente, condiciona-se à transcrição do conteúdo da fita magnética ou digital, objeto da gravação, prevalecendo, caso contrário, o conteúdo da sentença.

Esse trâmite deverá ocorrer ainda em primeiro grau, portanto, antes que os autos subam para julgamento perante o Colégio Recursal. Em outros termos, a lei está a dizer que as fitas magnéticas não poderão subir à segunda instância, mas apenas o seu conteúdo transcrito. Todavia, nada impede que em alguns casos específicos, se entender necessário, o relator requisite a subida da própria fita.

Não há que confundir a transcrição a que se refere este dispositivo com a prova porventura trazida à colação em forma de fita VHS, própria para filmagens. Esse tipo de fita com seu conteúdo pertinente ao caso *sub examine* constitui *prova documental*, nos termos do preconizado no art. 32.

---

[743] Pisani, Andrea Proto. *La nuova disciplina del processo civile*. Napoli: Jovene, 1991, p. 196-197.
[744] Pisani, Andrea Proto. *La nuova disciplina del processo civile*. Napoli: Jovene, 1991, p. 196.
[745] Esta já foi a nossa opinião apresentada em outro estudo, quando afrontamos essa matéria, sob outro prisma (cf. Reflexão a respeito da constitucionalidade do art. 925 do CPC. In: Figueira Jr., Joel Dias. *Liminares nas ações possessórias*. 2. ed. São Paulo: Revista dos Tribunais, 1999, n. 31). Essa questão ficou solucionada com o advento do CPC/2015, que ressalvou o pagamento de caução nas hipóteses do art. 559 do CPC (correspondente art. 925 do CPC/1973) diante da impossibilidade da parte economicamente hipossuficiente.

> **Art. 45**. As partes serão intimadas da data da sessão de julgamento.¹

1. DA INTIMAÇÃO DA DATA DO JULGAMENTO

O julgamento não poderá processar-se sem a prévia e regular intimação das partes, ressalvada, obviamente, a hipótese de revelia.

A intimação deverá ser feita na pessoa de seus respectivos procuradores e realizada pela Secretaria do Colégio Recursal, por qualquer uma das formas anotadas no art. 18 c/c o art. 19 da Lei n. 9.099/1995. Poderá a lei local de divisão e organização judiciária dispor a respeito da maneira pela qual serão feitas essas intimações, inexistindo qualquer óbice para que se determine a feitura por intermédio da imprensa oficial.

A intimação é indispensável, não só em observância ao *devido processo legal*, em toda sua plenitude, como também para facilitar aos interessados o conhecimento da decisão, no próprio ato da sessão de julgamento.

Importa dizer que, realizada a comunicação aludida, a intimação do *decisum* se dá no próprio ato, independentemente da presença das partes ou de seus procuradores.

> **Art. 46**. O julgamento em segunda instância constará apenas da ata, com a indicação suficiente do processo, fundamentação sucinta e parte dispositiva.¹ Se a sentença for confirmada pelos próprios fundamentos, a súmula do julgamento servirá de acórdão.²

1. DA FORMA E FUNDAMENTAÇÃO DO ACÓRDÃO

Assim como na sentença proferida em primeiro grau, todo o conteúdo do acórdão a ser lavrado no Colégio Recursal deve obedecer aos mesmos princípios da simplicidade e objetividade, com fundamentação sucinta e pouco erudita. Aliás, tudo o que dissemos a respeito da decisão de primeira instância nesta sede também encontra total aplicabilidade, razão pela qual remetemos o leitor aos nossos comentários ao art. 38.

Poderíamos apenas complementar o que já foi dito, ressaltando que, diante de algumas situações que eventualmente se apresentem com maior complexidade jurídica, talvez seja necessária uma fundamentação um pouco mais alentada. Não obstante, em qualquer hipótese, deve-se evitar a longuidão do acórdão, que sempre deverá ser, como diz a própria lei, *sucinto*.[746]

O julgamento constará da ata com os dados mínimos e suficientes para a indicação do processo *sub iudice*. Se a sentença recorrida vier a ser confirmada pelos seus próprios e jurídicos fundamentos, não há necessidade de composição de um conteúdo decisório novo – diga-se de passagem, o que é absolutamente desnecessário, porquanto verdadeira perda de tempo –, bastando que a esse respeito se refira claramente o acórdão, servindo para ele a súmula do julgamento.

Por interpretação sistemática do art. 46 com o art. 13, § 3º, dessa Lei, nada obsta que a sentença ou acórdão das Turmas Recursais sejam proferidos e fundamentados oralmente, desde que gravados em fita magnética ou equivalente, consignando em termo (ata ou assentada) apenas os dados essenciais, notadamente a parte dispositiva do julgado e, em se tratando de decisão colegiada, da ementa, para fins de publicação.[747]

---

[746] Enunciado 92 do Fonaje: "Nos termos do art. 46 da Lei n. 9.099/1995, é dispensável o relatório nos julgamentos proferidos pelas Turmas Recursais".

[747] Enunciado 46 do Fonaje: "A fundamentação da sentença ou do acórdão poderá ser feita oralmente, com gravação por qualquer meio, eletrônico ou digital, consignando-se apenas o dispositivo na ata".

2. RECURSOS E MEIOS DE IMPUGNAÇÃO

Contra as decisões proferidas pelas Turmas Recursais (acórdãos), ou contra os julgados monocráticos (CPC, art. 932, III e IV), os únicos recursos cabíveis são os embargos de declaração[748] e o recurso extraordinário.[749]

Caberá também agravo de instrumento, ao Supremo Tribunal Federal, da decisão proferida pelo juiz presidente da Turma que obstar seguimento a recurso extraordinário, conforme Súmula 727 do STF: "Não pode o magistrado deixar de encaminhar ao Supremo Tribunal Federal o agravo de instrumento interposto da decisão que não admite recurso extraordinário, ainda que referente a causa instaurada no âmbito dos Juizados Especiais".

Nas hipóteses específicas, serão sempre admissíveis os remédios constitucionais (mandado de segurança e *habeas corpus*) – que não são recursos –, cabendo às próprias turmas que praticaram o ato acoimado de ilegal a revisão do seu julgado, ou, ainda, reclamação ou correição parcial (dependendo da lei local).

Para aprofundamento sobre o tema de *recursos e meios de impugnação*, enviamos o leitor interessado aos nossos comentários ao art. 41, itens n. 1.1 a 1.6, *supra*.

Art. 47. (*Vetado.*)[750]

Seção XIII
Dos Embargos de Declaração[751]

Art. 48. Caberão embargos de declaração contra sentença ou acórdão nos casos previstos no Código de Processo Civil.[1-2]

Parágrafo único. Os erros materiais podem ser corrigidos de ofício.[3]

---

[748] Enunciado 125 do Fonaje: "Nos juizados especiais, não são cabíveis embargos declaratórios contra acórdão ou súmula na hipótese do art. 46 da Lei n. 9.099/1995, com finalidade exclusiva de prequestionamento, para fins de interposição de recurso extraordinário".

[749] Cf. Enunciado 63 do Fonaje: "Contra decisões das Turmas Recursais são cabíveis somente os embargos declaratórios e o recurso extraordinário".

Nesse sentido, decidiu a Corte Constitucional: "(...) O acesso ao Supremo Tribunal Federal pressupõe o esgotamento da jurisdição na origem. Acionado pelo relator integrante da Turma Recursal o disposto no art. 557 do Código de Processo Civil, há de ser manuseado o agravo nele previsto, instando-se a própria Turma a apreciar o tema e a prolatar decisão passível de ser impugnada perante o Supremo Tribunal Federal" (STF, RE 422238 AgR/RJ, rel. Min. Marco Aurélio, j. 23-11-2004).

Enunciado 102 do Fonaje: "O relator, nas Turmas Recursais Cíveis, em decisão monocrática, poderá negar seguimento a recurso manifestamente inadmissível, improcedente, prejudicado ou em desacordo com Súmula ou jurisprudência dominante das Turmas Recursais ou de Tribunal Superior, cabendo recurso interno para a Turma Recursal, no prazo de cinco dias".

Enunciado 103 do Fonaje: "O relator, nas Turmas Recursais Cíveis, em decisão monocrática, poderá dar provimento a recurso se a decisão estiver em manifesto confronto com Súmula do Tribunal Superior ou jurisprudência dominante do próprio Juizado, cabendo recurso interno para a Turma Recursal, no prazo de cinco dias".

[750] Era o seguinte o teor do art. 47, nos termos do Projeto de Lei n. 1.480-D, de 1989: "A lei local poderá instituir recurso de divergência desse julgamento ao Tribunal de Alçada, onde houver, ou ao Tribunal de Justiça, sem efeito suspensivo, cabível quando houver divergência com a jurisprudência do próprio Tribunal ou de outra turma de Juízes, ou quando o valor do pedido julgado improcedente ou da condenação for superior a vinte salários mínimos".

Para aprofundamento sobre o tema atinente aos "embargos de divergência", enviamos o leitor interessado aos nossos comentários ao art. 41, item n. 1.8, *supra*.

[751] O CPC/2015, em seus arts. 1.064 e 1.065, deu nova redação aos arts. 48 e 50 da Lei n. 9.099/1995, respectivamente.

1. DO CABIMENTO DOS EMBARGOS DE DECLARAÇÃO

O Código de Processo Civil de 2015 não foi feliz no que concerne à abrangência do tema em voga, na exata medida em que, enquanto procurou corrigir a redação primitiva do art. 48 da Lei n. 9.099/1995, que ainda previa a "dúvida" como uma das hipóteses para fundamentar o recurso de embargos de declaração (art. 1.064, CPC), por outro lado criou embaraço ao dispor que o dito recurso será manejado contra "sentença ou acórdão, nos casos previstos no Código de Processo Civil" quando, por sua vez, o art. 1.022, que trata da matéria, afirma que cabem embargos de declaração "contra qualquer decisão judicial".

De outra banda, o art. 1.064 do CPC modificou apenas a redação do *caput* do art. 48, permanecendo, portanto, o parágrafo único, que prevê a possibilidade de correção de erros materiais de ofício, isto é, independentemente da interposição dos aclaratórios. Ocorre que o inciso III do art. 1.022 do CPC prevê como uma das hipóteses de cabimento de embargos de declaração a correção de erro material.

Foi além, e, de maneira inusitada, o Código de Processo Civil modifica dispositivo atinente aos embargos de declaração em sede processual penal, em seu art. 1.066, *in verbis*: "O art. 83 da Lei n. 9.099, de 26 de setembro de 1995, passam a vigorar com a seguinte redação: 'Art. 83. Cabem embargos de declaração quando, em sentença ou acórdão, houver obscuridade, contradição ou omissão. (...) § 2º Os embargos de declaração interrompem o prazo para a interposição de recurso. (...).'"

Vê-se, sem grandes dificuldades, que o legislador de 2015 foi infeliz ao incursionar pela seara dos Juizados Especiais, pois com as atecnias apontadas, mais confundiu do que esclareceu, servindo apenas para deixar assentado que os ditos embargos, assim como no CPC, interrompem o prazo para a interposição de recurso.

Portanto, em sede de Juizados, nos termos do disposto no art. 1.022 do CPC, "Cabem embargos de declaração contra qualquer decisão judicial para: I – esclarecer obscuridade ou eliminar contradições; II – suprir omissão de ponto ou questão sobre o qual devia se pronunciar o juiz de ofício ou a requerimento; III – corrigir erro material. Parágrafo único: Considera-se omissa a decisão que: I – deixe de se manifestar sobre tese firmada em julgamento de casos repetitivos ou em incidente de assunção de competência aplicável ao caso sob julgamento; II – incorra em qualquer das condutas descritas no art. 489, § 1º".

O Código de 2015 afina-se com a doutrina e jurisprudência pacificada no sentido de que "qualquer decisão judicial comporta embargos de declaração. A interpretação meramente literal dos arts. 464 e 465 do CPC [revogados], atrita com a sistemática que deriva do próprio ordenamento processual".[752]

Por outro lado, mesmo no sistema do Código de 2015, "os embargos de declaração não devem revestir-se de caráter infringente. A maior elasticidade que se lhes reconhece, excepcionalmente, em casos de erro material evidente ou de manifesta nulidade do acórdão, não justifica – sob pena de grave disfunção jurídico-processual dessa modalidade de recurso – a sua inadequada utilização com o propósito de questionar a correção do julgado e obter, em consequência, a desconstituição do ato decisório".[753]

A esse respeito escreve NELSON NERY JR.: "Quando a decisão for omissa quanto a determinada matéria e forem interpostos embargos de declaração para completá-la, o Magistrado deve julgar o recurso abstraindo o conteúdo da decisão embargada, pois pode ocorrer que a decisão sobre o ponto omisso acarrete a modificação da decisão recorrida. Neste caso é admissível o recurso de embargos de declaração com caráter infringente. É a hipótese, por exemplo, de o juiz haver julgado o pedido precedente condenando o réu a indenizar, deixando de apreciar preliminar de prescrição arguida na contestação. Caso se dê provimento aos embargos reconhecendo a prescrição, terá que,

---

[752] Cf. STJ, REsp 37.252/SP, rel. Min. Sálvio de Figueiredo, *DJU* 18-2-1994. No mesmo sentido v. WAMBIER, Teresa Arruda Alvim. *Agravo de instrumento (o novo regime do agravo)*. 4. ed. São Paulo: Revista dos Tribunais, 2006, p. 259.
[753] Cf. STF, EDecl no AgReg 152.797/SP, rel. Min. Celso Mello, *DJU* 4-2-1994.

forçosamente, modificar o julgado de procedência para improcedência do pedido (art. 269, n. IV, CPC) [art. 487, II, CPC/2015]".[754]

Em outros termos, os embargos de declaração não trazem em sua essência o efeito modificativo, pois o seu escopo é, via de regra, aclarar a decisão que se afigura contraditória, obscura, omissa ou que traz em seu bojo algum erro material. Contudo, conforme previsto no § 4º do art. 1.024 do CPC, pode ocorrer a hipótese de o acolhimento dos embargos implicar a modificação (total ou parcial) da decisão embargada; nesse caso, o embargado que já tiver interposto outro recurso contra a decisão originária tem direito de complementar ou alterar as razões, nos exatos limites da modificação, no prazo de 15 (quinze) dias, contado da intimação da decisão dos embargos de declaração.

Ademais, sempre que o juiz ou o relator vislumbrar a possibilidade de conferir aos embargos de declaração efeitos modificativos, haverá de dar vista dos autos à parte contrária, pelo prazo de 5 (cinco) dias, sob pena de cerceamento de defesa e consequente nulidade, salvo se, ao final, forem rejeitados.

Em sede de embargos de declaração, não se aplica a regra contida no art. 41, § 2º, da Lei n. 9.099/1995, que exige a representação das partes por advogado para a interposição de recursos, por se tratar de forma *sui generis* de meio de impugnação, em razão de sua natureza atípica, essencialmente um *incidente de complementação do julgado*, dirigido ao juiz prolator da decisão impugnada.

A indispensabilidade do advogado se faz necessária para a interposição de recursos, ações ou outros meios de impugnação perante as Turmas Recursais e instâncias superiores.

Tratando-se de decisão proferida em primeiro grau, nada obsta que as partes, após a conclusão da sentença, interponham oralmente os referidos embargos, devendo o juiz reduzi-los sucintamente a termo e, ato contínuo, decidir a questão. Diversamente, em segundo grau de jurisdição, essa forma de interposição dos embargos não é aconselhável tendo em vista que o teor do acórdão, tal como será publicado, não chega ao conhecimento imediato do advogado presente naquele ato e, mesmo que assim não fosse, a pauta de julgamentos não comportaria esse tipo de intervenção. Não obstante, o causídico poderá oferecer os embargos *opportuno tempore*, oralmente, na secretaria do Colegiado, sendo eles também reduzidos à forma escrita pelo serventuário.

Se forem manifestamente protelatórios, haverão de ser rejeitados liminarmente, com a condenação do embargante a pagar ao embargado multa não excedente a 2% sobre o valor da causa, devidamente corrigida. Havendo reiteração de embargos protelatórios, eleva-se a multa a até 10%, ficando condicionada a interposição de qualquer outro recurso ao depósito prévio do valor respectivo (art. 1.026, §§ 2º e 3º, do CPC).

2. DA OBSCURIDADE, CONTRADIÇÃO E OMISSÃO

Convém registrarmos que, historicamente, a "dúvida" era um dos possíveis fundamentos para a interposição de embargos de declaração, conforme antiga redação insculpida no *caput* do art. 48 da Lei n. 9.099/1995 (suprimida com o advento do CPC/2015, art. 1.064). Na verdade, o legislador manteve-se adstrito à redação do art. 47 da revogada Lei n. 7.244/1984, deixando de aperceber-se que a Lei n. 8.950/1994 já havia alterado a redação idêntica contida anteriormente no inciso I do art. 535 do CPC/1973, tendo suprimido a *dúvida* como uma das hipóteses capazes de ensejar a interposição dos aludidos embargos.

---

[754] Nery Jr., Nelson. *Teoria geral dos recursos*: princípios fundamentais. 6. ed. São Paulo: Revista dos Tribunais, 2004, p. 202-203.
Complementa o seu pensamento com a seguinte observação: "O caráter infringente dos embargos de declaração, portanto, é excepcional e incide normalmente quando se tratar de recurso com o objetivo de suprir omissão. Não é de todo exato, por conseguinte, dizer-se que os embargos não têm caráter infringente, parecendo mais correto dizer como fazia o CPC da Bahia, que o provimento dos embargos se dá 'sem outra mudança no julgado' (art. 1.341)" (idem, p. 203).

Nenhuma consequência – seja positiva ou negativa – se vislumbra desta situação. Vale o registro, contudo, para demonstrar a dissonância na qual não raras vezes incidem os nossos legisladores, ainda mais curiosamente, quando tratam de matérias idênticas com critérios diversos.

A questão recebeu pá de cal por força da nova redação insculpida no art. 48, *caput*, da Lei em comento, na exata medida em que o art. 1.022 do CPC/2015 não traz a "dúvida" como uma das hipóteses de cabimento dos embargos de declaração. Aliás, não poderia ser diferente, porquanto a "dúvida" nada mais é do que um dos efeitos gerados pela "obscuridade", "contradição" ou "omissão" da decisão, isto é, a dúvida é mera consequência de caráter subjetivo decorrente da contradição, da obscuridade ou da omissão de decisão judicial, seja no espírito das partes ou de seus procuradores.

Ademais, a *dúvida*, como bem salienta com precisão Barbosa Moreira, jamais pode existir na decisão, mas apenas *ser gerada por ela*, em face da obscuridade ou da contradição.[755]

Encontramos aplicado neste dispositivo o *princípio da taxatividade*, ou seja, as possibilidades de embargos de declaração apresentam-se em *numerus clausus*, correspondentes à motivação baseada apenas na contradição, omissão e obscuridade, não podendo as partes ampliar esse espectro previamente delineado pelo legislador.

A *contradição* é a falta de lógica entre os pontos fundamentais da decisão, de ordem fatual e/ou jurídica, isto é, a incoerência verificada entre o antecedente e o consequente, constatáveis em três hipóteses, a saber: *a)* contradição entre proposições da parte decisória, por incompatibilidade entre capítulos da decisão; *b)* contradição entre a proposição enunciada nas razões de decidir e o consequente dispositivo; *c)* contradição entre a ementa e o corpo do acórdão, ou entre o teor deste último e o resultado do julgamento (situações estas que podem ser apuradas pela ata ou por outros elementos).[756]

A *omissão* nada mais é do que a não manifestação do julgador a respeito de matéria objeto da controvérsia, a qual não poderia deixar de afrontar diretamente. Por exemplo, o autor postula numa ação indenizatória danos emergentes e lucros cessantes; o juiz acolhe o pedido atinente aos danos emergentes, mas não se manifesta sobre o último.

Por sua vez, a *obscuridade* significa a falta de clareza da decisão em algum ponto relevante, gerando *dúvida* no espírito das partes. No caso do exemplo anterior, poderíamos figurar a hipótese na qual a motivação da decisão, no tocante aos lucros cessantes, abordasse o tema superficialmente, com pouca clareza, objetividade ou precisão, dando a entender que seria acolhido na parte dispositiva; contudo, vem a ser rejeitado o pedido.

Poderíamos sintetizar tudo o que foi afirmado até aqui dizendo que nos embargos de declaração nada de novo, em regra, se decide; o magistrado não profere nova decisão, apenas aclara a já proferida, motivo pelo qual o conteúdo do recurso não pode extrapolar os limites da própria decisão embargada.[757]

---

[755] Moreira, José Carlos Barbosa. *O novo processo civil brasileiro*. Rio de Janeiro: Forense, 1995, p. 185, § 22.

[756] Moreira, José Carlos Barbosa. *O novo processo civil brasileiro*. Rio de Janeiro: Forense, 1995, p. 186-187.
O festejado professor carioca oferece ainda os seguintes exemplos: para o primeiro caso – "declara-se inexistente a relação jurídica prejudicial (deduzida em reconvenção ou em ação declaratória incidental), mas condena-se o réu a cumprir obrigação que dela necessariamente dependa"; segundo – "na motivação reconhece-se como fundada alguma defesa bastante para tolher a pretensão do autor, e no entanto julga-se procedente o pedido"; e, finalmente, "em se tratando de anulação de ato jurídico, pleiteada por três diversas *causae petendi*, cada um dos três votantes, no tribunal, acolhia o pedido por um único fundamento, mas rejeitava-o quanto aos demais: o verdadeiro resultado é o de improcedência, pois cada qual das três ações assim constar do acórdão, o engano será corrigível por embargos declaratórios" (idem, ibidem).

[757] Nesse sentido também, v. Nery Jr., Nelson; Nery, Rosa Maria Andrade. *Código de Processo Civil comentado e legislação processual civil extravagante em vigor, com suplemento de atualização*. 9. ed. São Paulo: Revista dos Tribunais, 2006, p. 202. Em geral, sobre o tema, v. Batista, Sônia Hase de Almeida. *Embargos de declaração*. São Paulo: Revista dos Tribunais, 1991.

3. DA CORREÇÃO *EX OFFICIO* DE ERRO MATERIAL

Percebe-se que o art. 1.064 do CPC/2015 modificou apenas o *caput* do art. 48 da Lei n. 9.099/1995, deixando incólume o seu parágrafo único, *in verbis*: "Os erros materiais podem ser corrigidos de ofício".

O legislador fez questão de frisar esse poder que o sistema instrumental, em toda a sua completeza, confere ao julgador, em qualquer grau de jurisdição. Não precisaria ter dito, mas se assim o fez, serve para rechaçar eventuais dúvidas a esse respeito.

Os *erros materiais* são aquelas espécies de equívocos ou inexatidões nas quais o julgador ocasionalmente pode incidir, sem causar nenhum efeito direto ou indireto no conteúdo do decisório, seja na parte da motivação ou na da conclusão. Por isso, de ofício e a qualquer tempo, poderá corrigir o erro, ou, obviamente, por provocação das partes.

Segundo orientação do Superior Tribunal de Justiça, "erro material é aquele perceptível *primo ictu oculi* e sem maior exame, a traduzir desacordo entre a vontade do juiz e a expressa na sentença".[758] A retificação de erro manifesto de cálculo também se insere nesse quadro.

As partes também poderão obter a correção dos "erros materiais" através do manejo dos embargos de declaração, segundo se infere do disposto no art. 1.022, III, do CPC/2015.

> **Art. 49.** Os embargos de declaração serão interpostos por escrito ou oralmente, no prazo de 5 (cinco) dias, contados da ciência da decisão.[1]

1. DA FORMA E DO PRAZO DE INTERPOSIÇÃO DOS EMBARGOS DECLARATÓRIOS

Fica a critério do embargante a maneira como irá formular os embargos; poderá ser escrita ou oral, desde que dentro do prazo de cinco dias, a contar da ciência da decisão.

Em regra, o conhecimento da decisão se dá na própria audiência de conciliação, instrução e julgamento, ou em sessão do Colégio Recursal, em atenção ao princípio da oralidade.

Tratando-se de decisão proferida em primeiro grau, nada obsta que as partes, após a conclusão da sentença, interponham oralmente os referidos embargos, devendo o juiz reduzi-los sucintamente a termo e, ato contínuo, decidir a questão. Diversamente, em segundo grau de jurisdição, essa forma de interposição dos embargos não é possível tendo em vista que o teor do acórdão, tal como será publicado, não chega ao conhecimento imediato do advogado presente naquele ato e, mesmo que assim não fosse, a pauta de julgamentos não comportaria esse tipo de intervenção. Mesmo assim, o causídico poderá oferecer os embargos *opportuno tempore,* oralmente, na Secretaria do Colegiado, os quais serão também reduzidos à forma escrita pelo serventuário.

Se forem manifestamente protelatórios, haverão de ser rejeitados liminarmente, com a condenação do embargante a pagar ao embargado multa não excedente a 2% sobre o valor da causa, devidamente corrigida. Havendo reiteração de embargos protelatórios, eleva-se a multa até 10%, ficando condicionada a interposição de qualquer outro recurso ao depósito do valor respectivo (CPC, art. 1.026, §§ 2º e 3º).

> **Art. 50.** Os embargos de declaração interrompem o prazo para a interposição de recurso.[1]

1. DA INTERRUPÇÃO DO PRAZO PARA A INTERPOSIÇÃO DE RECURSO

Alinhando-se o recurso de embargos de declaração ao modelo estabelecido no macrossistema instrumental civil (CPC), deixam eles de possuir efeito suspensivo e passam a interromper o prazo para a interposição de recurso.

---

[758] REsp 15.640-0, rel. Min. Antônio de Pádua Ribeiro, *DJU* 6-12-1993, p. 26.653.

Todavia, "a eficácia da decisão monocrática ou colegiada poderá ser suspensa pelo respectivo juiz ou relator se demonstrada a probabilidade de provimento do recurso ou, sendo relevante a fundamentação, se houver risco de dano grave ou de difícil reparação" (art. 1.026, § 1º, do CPC/2015).

Seção XIV
Da Extinção do Processo sem Julgamento do Mérito

> **Art. 51.** Extingue-se o processo,[1] além dos casos previstos em lei:[2]
>
> I – quando o autor deixar de comparecer a qualquer das audiências do processo;[3]
>
> II – quando inadmissível o procedimento instituído por esta Lei ou seu prosseguimento, após a conciliação;[4]
>
> III – quando for reconhecida a incompetência territorial;[5]
>
> IV – quando sobrevier qualquer dos impedimentos previstos no art. 8º desta Lei;[6]
>
> V – quando, falecido o autor, a habilitação depender de sentença ou não se der no prazo de 30 (trinta) dias;[7]
>
> VI – quando, falecido o réu, o autor não promover a citação dos sucessores no prazo de 30 (trinta) dias da ciência do fato.[8]
>
> § 1º A extinção do processo independerá, em qualquer hipótese, de prévia intimação pessoal das partes.[9]
>
> § 2º No caso do inciso I deste artigo, quando comprovar que a ausência decorre de força maior, a parte poderá ser isentada, pelo juiz, do pagamento das custas.[10]

1. EXTINÇÃO OU REDISTRIBUIÇÃO DO PROCESSO?

A regra geral definida, acertadamente, no microssistema dos Juizados Especiais de Causas Cíveis, é a da extinção do processo, em vez da mera declaração de incompetência e redistribuição dos autos à justiça comum, por diversas razões. A primeira delas reside na circunstância de que o art. 51 não versa apenas sobre extinção por falta de competência (inciso III), mas também sobre outras hipóteses. Em casos excepcionais, conforme analisaremos mais adiante, é juridicamente possível a opção do juiz pela redistribuição dos autos, por questões de celeridade e economia processual.

A remessa dos autos à redistribuição poderia, aparentemente, significar economia processual, visto que a demanda continuaria tramitando, desta feita perante uma vara cível comum, com reaproveitamento dos atos praticados na justiça especializada.

Porém, os ritos previstos no CPC não se compatibilizam totalmente com o sumaríssimo dos Juizados, a começar pela propositura e requisitos da peça inaugural, pagamento de custas iniciais etc.

Não sendo caso de indeferimento liminar da petição, o processo, quando for extinto, já estará fatalmente em fase mais ou menos adiantada, talvez até no final da instrução, em que já se verificou, portanto, a redução dos prazos em geral, da cognição no plano horizontal, e, talvez, das provas, em face da sumarização da forma especializada. Assim, para que não ocorresse prejuízo à parte, e para que o novo juízo pudesse conhecer da matéria com amplitude e de forma exauriente, é que o legislador propôs, acertadamente, o regime da extinção do processo, sem resolução do mérito.

A mesma circunstância se repete quando o fundamento que pode dar azo à extinção do processo se verifica *initio litis;* deverá o juiz, de plano, indeferir a inicial, cabendo ao interessado adequar sua nova peça aos requisitos do procedimento específico a ser imprimido na justiça comum.

Por isso, nesses casos, a redistribuição não satisfaz, porque o autor teria, de qualquer maneira, de pagar as custas iniciais do processo (exceto tratando-se de assistência judiciária gratuita), adaptar a sua pretensão aos contornos da nova demanda e aos requisitos do novo procedimento, ampliar o espectro probatório etc. As desvantagens ocasionadas pelo tumulto haveriam de ser muito maiores do que recomeçar uma nova demanda, desta feita em perfeita consonância com o perfil definido pelo processo tradicional.

Nada obstante, com excepcionalidade, poderão surgir, em termos práticos, algumas situações *mais aconselháveis à redistribuição* do que à extinção processual, por questões de *celeridade* e *economia*.

Sem embargo ao que já afirmamos até aqui, circunstâncias poderão surgir nas quais a petição inicial, assim como a peça contestatória, tenham sido redigidas por advogados habilitados em estrita observância aos requisitos formais insculpidos na Lei n. 9.099/1995, somados aos definidos no Código de Processo Civil, sendo que a razão única da impossibilidade de prosseguimento do processo perante a justiça especializada reside na complexidade da matéria probatória, que emergiu após o oferecimento de resposta, não raramente robustecida por pedido contraposto, passando a exigir um instrumento mais adequado para viabilizar com maior amplitude o contraditório (procedimento comum). Diante dessas circunstâncias, parece-nos muito mais plausível e em sintonia com os princípios da celeridade e economia processual que os autos sejam remetidos à Distribuição e Contadoria, para pagamento das custas iniciais e encaminhamento para uma vara cível comum, onde então o juiz concederá prazo às partes para a adequação das peças já oferecidas ao novo rito, com aproveitamento de todos os atos já praticados e provas produzidas, sem prejuízo da renovação de qualquer ato que entender se faça necessário para a formação de seu convencimento.

Em síntese, a regra insculpida no art. 51 deste microssistema é a extinção do processo, nada impedindo que, em determinadas situações excepcionais, verificadas as particularidades do caso concreto, opte o magistrado pela redistribuição para uma das varas cíveis de competência residual.

2. EXTINÇÃO DO PROCESSO E SUAS HIPÓTESES

A Seção (XIV) objeto destes comentários não está bem colocada no texto legal, à medida que aparece depois da abordagem de temas como audiência, sentença e recursos. Seria mais adequado, lógica, técnica e metodologicamente, posicionar essa Seção no local em que se aborda a sentença (Seção XII).[759]

Já dissemos alhures que o CPC e todos os princípios norteadores do sistema instrumental encontram ressonância na Lei dos Juizados Especiais, desde que não entrem em conflito com as orientações mestras desta norma tão específica e de escopos bem definidos, inclusive de ordem constitucional (art. 2º).

Por isso, desnecessário o texto legal quando dispõe que o processo, nos Juizados Especiais, extinguir-se-á, sem resolução do mérito, nas hipóteses do art. 51, "além dos casos previstos em lei (...)". O *caput* deste artigo está se referindo, obviamente, ao CPC no que respeita ao *julgamento conforme o estado do processo* (art. 354), pelos fundamentos assinalados no art. 485.[760]

Entre outras hipóteses de extinção do processo sem resolução do mérito está a desistência da demanda. Todavia, "oferecida a contestação, o autor não poderá, sem o consentimento do réu, desistir da ação", segundo regra insculpida no art. 485, § 4º, do CPC, com perfeita aplicação em sede de Juizados Especiais.[761]

Tem aplicação também o estatuído no art. 486 do CPC, que preconiza a possibilidade de ajuizamento de nova ação, quando a anterior tenha sido extinta sem resolução do mérito, salvo quando versar sobre acolhimento de perempção, litispendência ou coisa julgada (art. 485, V, do CPC).

---

[759] O legislador seguiu a ordem expositiva das Leis Estaduais do Rio Grande do Sul (9.442/1991) e do Mato Grosso do Sul (1.071/1990), as quais, por sua vez, adotaram a sistemática da Lei n. 7.244/1984. Trata-se de mera repetição, sem maior reflexão.

[760] Lembramos que as hipóteses enumeradas no art. 487, inciso II (decadência e prescrição) e inciso III (reconhecimento da procedência do pedido), acarretam o julgamento conforme o estado do processo, mas com resolução do mérito.

[761] Diversa a conclusão contida no Enunciado 90 do Fonaje: "A desistência da ação, mesmo sem a anuência do réu já citado, implicará a extinção do processo sem resolução do mérito, ainda que tal ato se dê em audiência de instrução e julgamento, salvo quando houver indícios de litigância de má-fé ou lide temerária".

Nesse caso, não haverá necessidade de pagamento prévio de custas ou honorários advocatícios, em face da dispensa aludida no art. 54 dessa lei, exceto se tiver sido interposto recurso, nos termos do parágrafo único do mesmo dispositivo.

3. CONTUMÁCIA DO AUTOR E EFEITOS DECORRENTES DA AUSÊNCIA DAS PARTES EM QUALQUER FASE DA AUDIÊNCIA DE CONCILIAÇÃO, INSTRUÇÃO E JULGAMENTO

A ausência injustificada do procurador do autor à audiência de instrução e julgamento era tratada no CPC de 1939 sob a epígrafe de *absolvição da instância*, que poderia ser requerida pelo réu, entre outras situações elencadas no art. 201 (art. 266, I). O Código de 1973 aboliu o instituto da absolvição da instância, facultando apenas ao juiz a dispensa das provas requeridas pela parte cujo advogado não comparecer à audiência (§ 2º do art. 453). O CPC/2015 manteve a mesma regra, desta feita insculpida no art. 362, § 2º.

O termo *contumácia* sempre foi usado na doutrina na qualidade de *gênero* designativo da inatividade das partes, sendo a *revelia* uma espécie, a qual designa a inércia do réu em contestar no prazo legal.[762] Assim, diz-se que é *revel* o sujeito passivo da demanda que permanece inerte à relação processual, e *contumaz*, o autor.[763]

A respeito da *ausência do autor* em qualquer dos atos processuais, mormente na fase preliminar da audiência de conciliação, instrução e julgamento, denominada "sessão de conciliação" (cf. arts. 20 e 21), *assim como quanto à ausência do réu*, frisamos mais uma vez, nada obsta que se façam presentes por intermédio de procurador (advogado ou não) detentor de mandato com poderes para transigir, desistir, reconhecer ou renunciar ao pedido. Se a demanda tiver valor superior a vinte salários mínimos, essa representação, necessariamente, haverá de ser feita por procurador com capacidade postulatória (advogado), segundo se infere do disposto no art. 9º, *caput*, dessa Lei.[764]

Como já dissemos alhures, melhor que a parte compareça pessoalmente, pois esta foi a intenção do legislador, a fim de viabilizar a aproximação dos litigantes e facilitar a autocomposição; porém, tal assertiva não nos autoriza e rechaçar a hipótese de comparecimento por intermédio de procurador habilitado, o que significaria, em outras palavras, desprezar o instituto jurídico do mandato, que se reveste de natureza substantiva.

Essa, aliás, sempre foi a tese que defendemos, pois nunca comungamos da interpretação literal defendida por alguns estudiosos ou turmas recursais baseadas nas expressões "comparecimento pessoal das partes", ou "não comparecendo o demandado", "quando o autor deixar de comparecer a qualquer das audiências", assinaladas em diversas passagens da norma referida (art. 9º, *caput*; art. 20; art. 23; e art. 51, I), tendo em vista que, apesar de não se fazerem pessoalmente presentes ao ato, autor ou réu assim o fizeram por interposta pessoa, qual seja seu procurador regularmente habilitado. Para outra coisa não serve o mandato, diga-se de passagem.

Sem dúvida, seja no microssistema da Lei n. 9.099/1995 ou da Lei n. 10.259/2001, o ideal é que as partes compareçam pessoalmente, sobretudo na fase preliminar da audiência, para que

---

[762] Nesse sentido também, v. ALVIM, Arruda. *Manual de direito processual civil*: do processo de conhecimento. v. 2. 6. ed. São Paulo: Revista dos Tribunais, 1997, p. 194, n. 125.

[763] Cf. GIANESINI, Rita. *Da revelia no processo civil brasileiro*. São Paulo: Revista dos Tribunais, 1977, p. 54 e s. (apud ALVIM, Arruda. *Manual de direito processual civil*: do processo de conhecimento. v. 2. 6. ed. São Paulo: Revista dos Tribunais, 1997, p. 194, notas de rodapé n. 1 e 2). Segundo ENRICO TULLIO LIEBMAN, se uma das partes permanece ausente do processo ou não providencia o seu desenvolvimento naquilo que lhe compete, dá-se a contumácia (cf. *Manuale di diritto processuale civile*. v. 2. 2. ed. Milano: Giuffrè, 1968, p. 175, n. 235 e s.).

[764] Outra não é a orientação da 2ª Turma Recursal/SC: "(...) alegada extinção do processo com fulcro no art. 51, I, da Lei n. 9.099/1995. Autora que não compareceu à audiência de conciliação. Preliminar afastada. Não há que se extinguir o processo, estando a parte validamente representada na sessão conciliatória por uma pessoa a quem a autora outorgou poderes específicos para o aludido ato. A teor do art. 154, CPC, reputam-se válidos os atos processuais que, realizados de outro modo, lhe preencham a finalidade essencial (...)" (AC 2.071/2001, Blumenau, rel. Juiz Francisco Oliveira Neto, j. 21-5-2002, v.u.).

se intensifique a possibilidade da autocomposição, em face da aproximação física dos litigantes, verificando-se a busca conjunta de uma solução intermediária efetivamente hábil para contentar ambos.

Contudo, no que concerne aos Juizados Estaduais, se as partes estiverem devidamente representadas por procuradores habilitados,[765] inadmissível a decretação de revelia, se presente o procurador do réu, preparado para oferecer resposta escrita ou oral, nada obstante ausente o sujeito passivo ou, inversamente, a extinção do processo, se a ausência verificada for do autor, em que pese estar representado pelo seu procurador.

Surrealistas as decisões extintivas, sem resolução do mérito, proferidas na presença de advogado do autor pelo simples e risível fato de que o postulante ali não se encontrava, em que pese o procurador estar munido de procuração com plenos poderes.[766]

Por outro lado, essa questão da "ausência das partes" nas audiências há de ser analisada também por outros ângulos, posto que, dependendo do critério utilizado ou do enfoque de verificação, os resultados obtidos, necessariamente, haverão de variar. Vejamos algumas hipóteses: *a)* independentemente de as partes estarem representadas por advogados e mesmo que o valor da demanda atinja quarenta salários mínimos, se houver autocomposição, nada obsta que venha a ser homologado o acordo; *b)* em demanda de valor não superior a 20 salários mínimos, o autor faz-se comparecer por meio de representante legal, sem capacidade postulatória. Nesse caso, o ato realiza-se a contento; *c)* em demanda de valor superior a 20 salários mínimos, o autor comparece sem advogado ou apenas representado por procurador sem capacidade postulatória, hipótese na qual a demanda haverá de ser extinta, sem resolução do mérito, por força do disposto no art. 51, I, da Lei n. 9.099/1995, porquanto a presença do autor, em situações como estas, nas quais está desacompanhado de advogado regularmente habilitado, equivale à ausência de representação com capacidade postulatória.

Porém, se o autor não comparecer pessoalmente ou por intermédio de procurador habilitado a qualquer das audiências designadas, o processo necessariamente será extinto, sem resolução do mérito, respondendo o contumaz pelas custas do processo (art. 51, § 2º).[767]

4. INCOMPATIBILIDADE PROCEDIMENTAL

Em diversas passagens deste nosso estudo, tivemos oportunidade de demonstrar (v. arts. 3º e 35) que o procedimento sumaríssimo previsto para as demandas de competência desses Juizados muitas vezes pode se tornar inaplicável em razão da falta de compatibilidade ocasionada por circunstâncias diversas, o que poderá se verificar *após a tentativa de conciliação*.[768]

Em síntese – porquanto desnecessário repetirmos todos os fundamentos expostos em comentários aos artigos supracitados, para os quais enviamos o leitor interessado –, diríamos apenas que a causa poderá assumir complexidade fatual e probatória de grandes proporções que, inicialmente, eram pouco ou dificilmente imagináveis pelas partes e/ou pelo magistrado.

---

[765] Inclusive, se o valor da causa for inferior a 20 salários mínimos, o procurador não necessita ter capacidade postulatória para representá-lo em juízo, salvo para recorrer, na hipótese de sucumbência.

[766] Problemas como esses não ocorrem no foro federal e, por certo, a regra insculpida no art. 10 da Lei n. 10.259/2001 servirá de base para reformular boa parte da prática forense nos Juizados Estaduais, pelo menos no que concerne ao ponto de estrangulamento aqui referido.

[767] Assim também o Enunciado 28 do Fonaje: "Havendo extinção do processo com base no inciso I, do art. 51, da Lei n. 9.099/1995, é necessária a condenação em custas".

[768] O texto legal usa da dicção "após a conciliação". Porém, não há que se interpretar literalmente essa expressão, porquanto, se ocorrida a conciliação, ela deverá ser homologada por sentença e o processo extinto, imediatamente, com a resolução do mérito. Interprete-se, portanto, como inadmissibilidade do prosseguimento da demanda nos termos desta Lei, quando, após a tentativa de conciliação, ela resultar infrutífera.
No mesmo sentido, v. Tucci, Rogério L. *Manual do Juizado Especial de Pequenas Causas*. São Paulo: Saraiva, 1985, p. 284.

Essas hipóteses não são de difícil verificação, tendo-se em conta que as matérias elencadas nos arts. 3º e 35 da Lei n. 9.099/1995, além de serem numerosas, muitas delas fatalmente terminarão por exigir a produção de prova de maior complexidade.

Se não for este o entendimento a ser esposado, a sequência do trâmite processual nesses Juizados Especiais corresponderá a verdadeira afronta ao texto constitucional, que explicita em termos claros e precisos a competência específica para a "conciliação, julgamento e a execução de *causas cíveis de menor complexidade*" (CF, art. 98, I).

Assim, não obtida a conciliação, faz-se mister que o juiz declare extinto o processo, sem resolução do mérito.

Poderá ainda verificar-se a conexão ou continência com outra (ou outras) demanda(s) de valor superior ao estipulado à alçada desses Juizados ou matéria diversa daquelas estatuídas no art. 3º, não estando descartada a possibilidade de rito especial (previsto no CPC ou em leis extravagantes). Nesses casos, alternativa não resta para o juiz senão proceder na forma estatuída neste inciso II.

5. INCOMPETÊNCIA TERRITORIAL

Enquanto o inciso que acabamos de comentar dispõe sobre a extinção do processo sem resolução do mérito, dentre outros aspectos, em virtude da incompetência em razão da matéria e do valor, o inciso III aborda a questão da incompetência territorial.[769]

Estaremos diante de situação tipificada neste inciso quando não se obedecerem às normas estatuídas no art. 4º dessa lei.

A incompetência relativa não pode ser declarada de ofício, cabendo ao réu alegá-la em contestação, o que fará na audiência de conciliação, instrução e julgamento.[770] Não haverá, contudo, prorrogação da competência para os Juizados Especiais se a matéria ou o valor da causa não estiverem em perfeita sintonia com os enunciados do art. 3º da Lei n. 9.099/1995.

Se a questão do valor da causa induz a competência relativa no processo tradicional (arts. 54 c/c 63 do CPC), esta relatividade não atinge os processos dos Juizados Especiais, segundo se constata do disposto no art. 3º, I, combinado com o seu § 3º e com os arts. 15, 39 e 51, II. Em outras palavras, se no processo civil tradicional a competência em razão do valor é *relativa* e se prorroga, o mesmo não se verifica nos Juizados Especiais para aquelas demandas que não sejam de sua competência. Para maior aprofundamento sobre o tema da competência e sua *prorrogação,* remetemos o leitor aos nossos comentários ao art. 3º e, em particular, ao item n. 1.9, *supra*.

Ocorre que na fase da audiência de instrução e julgamento o processo já terá superado o momento destinado à conciliação, e, no caso, o juiz incompetente já terá participado ativamente deste ato, sentindo com intensidade a natureza, o teor e as razões dos litigantes.

Por isso, optou-se pela extinção do processo, diferentemente do que ocorre no processo tradicional (art. 64, § 3º, do CPC), no qual o juiz determina a remessa dos autos para o foro competente. Se houvesse apenas esse envio, o magistrado que iria dar seguimento ao processo ficaria excluído da participação integral. "Não é demais lembrar que, não obstante a incompetência relativa, o litígio poderá ter tido solução na fase conciliatória e, então, a questão da competência não terá surgido. A lei não fala em extinção em virtude da *incompetência absoluta,* porque esta coincide, em sua ocorrência prática, com os casos de inadmissibilidade do processo especial".[771]

6. IMPEDIMENTOS SUPERVENIENTES

Sobrevindo após a propositura da ação algumas das causas impeditivas ao estabelecimento ou manutenção da competência dos Juizados, nos termos do estatuído no art. 8º da Lei n. 9.099/1995,

---

[769] Para aprofundamento a respeito do tema sobre a competência, enviamos o leitor aos comentários dos arts. 3º e 4º.
[770] Diversa a conclusão insculpida no Enunciado 89 do Fonaje: "A incompetência territorial pode ser reconhecida de ofício no sistema de juizados especiais cíveis".
[771] Dinamarco, Cândido Rangel. *Manual das pequenas causas*. São Paulo: Revista dos Tribunais, 1986, p. 113-114, n. 109.

essa situação nova não poderá deixar de ser conhecida pelo juiz, inclusive de ofício, e até mesmo em fase recursal.

Todavia, não há que se confundir a matéria aqui exposta com a *superveniência de causa independente* prevista no art. 493 do CPC: "Se, depois da propositura da ação, algum fato constitutivo, modificativo ou extintivo do direito influir no julgamento do mérito, caberá ao Juiz tomá-lo em consideração, de ofício ou a requerimento da parte, no momento de proferir a decisão".

Essa hipótese ventilada no processo tradicional tem aplicabilidade ao microssistema dos Juizados, mas no que tange ao conhecimento de *fatos novos* para fins de julgamento da causa no qual se afronta a matéria de fundo, isto é, o mérito propriamente dito, e não sobre a extinção do processo, nos termos deste art. 51.

O art. 493 trata de situações novas que podem surgir no decorrer do processo, as quais eram impossíveis de contemplação quando do ajuizamento da demanda, trazendo aspectos objetivos que prejudiquem a pretensão original, exigindo a sua adequação ou transformação. Nesses casos, devemos recorrer ao instituto do *fato novo,* nos dizeres de FENOCHIETTO,[772] que diz respeito a *direito subjetivo superveniente* (exceção ao *princípio da definitividade*).

Existem, inclusive, algumas ações que, em face das peculiaridades decorrentes da vulnerabilidade própria do mundo dos fatos (por exemplo, as possessórias), são muito propensas a sofrerem os efeitos das mutações que se verificam subsequentemente à propositura da demanda, situações estas que refletem diretamente na necessidade de *adequação* do pedido e da causa de pedir.[773]

Nesses casos, não se vislumbra propriamente a modificação do *objeto mediato* (por exemplo, a situação possessória) ou *imediato* (por exemplo, a proteção possessória), mas a transformação ou adequação de sua extensibilidade. No curso do processo, a ação não pode ser modificada; todavia, nada obsta que ela venha a ser emendada,[774] nos termos do art. 329 do CPC, ou quando se der o surgimento, após a propositura da demanda, de algum fato constitutivo, modificativo ou extintivo do direito, capaz de influir de alguma forma no julgamento do mérito, cabendo ao juiz tomá-lo em consideração, de ofício ou a requerimento da parte, no momento de proferir a decisão (art. 493). Ademais, não há de se confundir o preceito estatuído no art. 493 do CPC com o conhecimento de fatos que signifiquem alteração do pedido ou da causa de pedir, isto é, "o juiz não pode conhecer de fato novo ocorrido posteriormente à propositura da ação, caso este venha a alterar a *causa petendi* e/ou o pedido. Pois, por 'fato novo' entenda-se aquele que, rigorosamente, se ajusta à *causa petendi* e ao pedido. É fato novo só quanto à circunstância de sua ulterior ocorrência, relativamente à época da postulação inicial, e não no sentido de inovar o *petitum* e sua(s) *causa (ae) petendi*, pois já daí deve constar".[775]

Importa dizer que o *ius superveniens* pode consistir no advento de fato ou direito que possa influir no julgamento da lide, mas não se pode, a pretexto de objetivar a sua incidência, alterar a causa de pedir ou o pedido.[776]

---

[772] FENOCHIETTO, Carlos Eduardo. *Curso de derecho procesal.* Parte especial. Buenos Aires: Abeledo-Perrot, 1978, p. 57-58, n. 9.

[773] Especificamente sobre esse assunto, em sede de demanda interdital, v. a nossa obra *Liminares nas ações possessórias* (2. ed. São Paulo: Revista dos Tribunais, 1999), item n. 11, em que tratamos da "Tutela liminar na hipótese de causa superveniente e conversibilidade dos interditos".
Assim também NELSON NERY JR., quando afirma que "(...) normalmente em hipótese de ação possessória, há a possibilidade de os fatos sofrerem alteração no curso do processo, seria aplicável o art. 462 do CPC [art. 493, CPC/2015], já que estaríamos diante de um fato superveniente, conforme o caso" (Interditos possessórios. *RePro*, v. 52/172, n. 3; e NERY JR., Nelson; NERY, Rosa Maria Andrade. *Código de Processo Civil comentado e legislação processual civil extravagante em vigor, com suplemento de atualização.* 3. ed. São Paulo: Revista dos Tribunais, 1997, p. 574, art. 462, e p. 835, art. 923).

[774] LIEBMAN, Enrico Tullio. Manuale. *Manuale di diritto processuale civile*. v. 1. 4. ed. Milano: Giuffrè, 1984, p. 175.

[775] ALVIM, Arruda. *Manual de direito processual civil*: do processo de conhecimento. v. 2. 6. ed. São Paulo: Revista dos Tribunais, 1997, p. 381, n. 304.

[776] NERY JR., Nelson. Separação judicial – Direito superveniente – Não cabimento de alteração da causa de pedir. *RePro*, v. 25/214; NERY JR., Nelson; NERY, Rosa Maria Andrade. *Código de Processo Civil comentado e legislação processual civil*

Até a prolação da decisão final (de primeiro grau ou em instância recursal) pode verificar-se o aparecimento de *fato novo*, cujo conhecimento pelo julgador se torna indispensável à solução do conflito intersubjetivo, ou, ainda, a mera conversibilidade procedimental à concessão de tutela adequada.

No tocante ao problema da individuação da categoria dos fatos que integram as chamadas *mudanças supervenientes de circunstâncias*, entendemos que somente as alterações *extraprocessuais* das circunstâncias de fato podem respaldar essa alteração.[777]

Se no curso de processo de conhecimento for decretada a liquidação extrajudicial de empresa que figura no polo passivo da demanda, deverá o feito prosseguir perante o Juizado Especial até a sentença de mérito transitada em julgado, para constituição de título executivo judicial, o que viabiliza a parte interessada habilitar o seu crédito, em momento oportuno e pela via apropriada.[778]

7 E 8. FALECIMENTO DAS PARTES

O falecimento de qualquer das partes, a princípio, não é circunstância ensejadora de imediata extinção do processo. O primeiro instituto jurídico a incidir é o da *suspensão do processo* (art. 313, I e § 1º, do CPC).[779] Em ambos os casos, por trinta dias, o processo deverá ficar suspenso.

Conta-se o prazo referido na hipótese do inciso V a partir da data do falecimento do autor; na do inciso VI, o *dies a quo* será aquele no qual o autor tomar conhecimento da morte do réu.

Se ocorrer o óbito de qualquer dos litigantes após o ajuizamento da ação, dar-se-á a substituição pelo seu espólio ou pelos seus sucessores (CPC, art. 110). A habilitação observará o procedimento estatuído nos arts. 687-692 do CPC, o qual deverá terminar dentro de trinta dias. Caso contrário extinguir-se-á o processo, sem resolução do mérito.

Mas se o falecimento for do réu, o prazo a que alude o dispositivo em questão não se refere ao processo de habilitação e sim à observância da promoção de citação dos sucessores do *de cujus*. Promover a citação significa *requerer* ao juiz da causa que ordene o cumprimento dessa determinação, na forma do art. 18 da Lei. Portanto, é o pedido que deve ser feito no trintídio e não, necessariamente, a efetivação da ordem judicial, que depende da burocracia da máquina estatal da justiça ou dos correios.

A lei é omissa a respeito do *falecimento dos procuradores* das partes. Quando essa situação se verificar, o juiz marcará, a fim de que a parte constitua novo mandatário, o prazo de 15 (quinze) dias, findo o qual extinguirá o processo sem resolução do mérito, se o autor não nomear mandatário, ou mandará prosseguir no processo, à revelia do réu, tendo falecido o advogado deste (art. 313, § 3º, do CPC).

9. EXTINÇÃO SEM INTIMAÇÃO PESSOAL

Em qualquer das hipóteses previstas em lei para a extinção do processo, sem resolução do mérito, desde que configurada a situação específica, o juiz extinguirá o processo de ofício,

---

extravagante em vigor, com suplemento de atualização. 9. ed. São Paulo: Revista dos Tribunais, 2006, p. 573, art. 462, n. 1. Está sem razão Ettore Protetti ao defender tese contrária, admitindo a possibilidade de modificação da *causa petendi* e do *petitum* quando o réu, no decorrer do processo, altera o estado de fato, com novos atos de esbulho ou de moléstia, sobre o mesmo bem (*Le azioni possessorie*: la responsabilità e il procedimento in materia possessoria. Milano: Giuffrè, 1983, p. 556, n. 2).

[777] Não são as simples modificações de alegações e/ou de fundamentações, ou novos resultados instrutórios que vão significar o fato novo.

[778] Assim também o Enunciado 51 do Fonaje: "Os processos de conhecimento contra empresas sob liquidação extrajudicial, concordata ou recuperação judicial devem prosseguir até a sentença de mérito, para constituição do título executivo judicial, possibilitando a parte habilitar seu crédito, no momento oportuno, pela via própria".

[779] Mais uma vez lembramos que as normas do CPC, mesmo quando não expressamente indicadas no microssistema, servem de orientação (subsidiária) à Lei n. 9.099/1995. A única objeção se dá quando se verifica algum conflito entre os dois sistemas, prevalecendo então este último.

independentemente de ser a parte interessada ou seus sucessores intimados pessoalmente. Não se aplica, portanto, o art. 485, § 1º, do CPC.

Entendemos também desnecessária a intimação pessoal das partes, ou por intermédio de seus procuradores, diante de sentença homologatória de acordo trazido aos autos por instrumento firmado pelas próprias partes, ou por seus procuradores habilitados.

Nesses casos de homologação de transação (CPC, art. 487, III) nos Juizados Especiais, dispensa-se a intimação das partes em observância aos princípios da simplicidade, informalidade, celeridade e economia, norteadores de todo o microssistema. Caso contrário, teríamos ainda a intimação dos advogados na imprensa oficial ou local, ou, das partes, via postal ou por oficial de justiça. Em outras palavras, essa comunicação (intimação) não ultrapassaria os limites da mera formalidade e inutilidade, tendo em vista que foram as próprias partes que se manifestaram judicialmente articulando a transação e, por certo, já estarão em fase de cumprimento espontâneo.

Obviamente que, se não ocorrer o cumprimento amigável do avençado, o interessado comunicará ao juiz sobre esses fatos e formulará pedido de execução forçada do título judicial.

10. AUSÊNCIA DO AUTOR DECORRENTE DE FORÇA MAIOR

Na hipótese do inciso I, se o autor comprovar posteriormente que a sua ausência em ato processual decorreu de *força maior*,[780] diz a Lei que o juiz *poderá* isentá-lo do *pagamento das custas*. Três indagações podemos levantar com base neste dispositivo. Primeira: trata-se de mera faculdade concedida em lei ao juiz ou de *poder-dever* de deferir o benefício? Segunda: quais seriam as *custas* a serem pagas se, pouco mais adiante, o art. 55 dispensa de condenação em despesas processuais o vencido, ressalvadas as hipóteses de litigância de má-fé ou improcedência do recurso interposto? A terceira, como decorrência da questão anterior: estaria o legislador equiparando o autor contumaz ao litigante de má-fé?

Vê-se, sem maiores dificuldades, que a confusão está colocada pelo legislador e que, mais uma vez, optou-se pela repetição literal de dispositivo da revogada Lei n. 7.244/1984 (art. 50, § 2º), o qual já vinha sendo objeto de severas críticas da doutrina.

A esse respeito, já ouvimos dizer que o dispositivo, neste particular, é de difícil compreensão, tanto mais quanto se tenha presente que, como ressaltado, o relevamento da ausência restringir-se-á à *isenção do pagamento das custas*, a saber, nos termos do estatuído no inciso I. Por outro lado, o art. 55 especifica somente duas situações capazes de ensejar a condenação em despesas processuais.

"A primeira delas diz com o reconhecimento da *litigância de má-fé*, de sorte a tornar-se inadmissível a aplicação do § 2º do art. 50" – no caso da lei atual, o § 2º do art. 51 –; "não seria crível que o litigante ímprobo, como tal condenado, pudesse justificar, *em parte*, a improbidade norteadora de sua inatuação, obtendo, então, *parcial* relevação da sanção imposta! (...)

"E a outra, respeitante à situação decorrente da *sucumbência do recorrente vencido*, mostra, por igual, absurdidade ínsita à ideia de ter-se o perdedor como vencedor: seria também incrível que se liberasse o vencido apenas do pagamento das custas (mantida, portanto, a condenação em honorários do advogado constituído pela parte contrária), no julgamento proferido pelo órgão colegiado *ad quem* de improvimento do recurso por ele interposto contra a sentença extintiva do processo com fundamento no inciso I do art. 50! (...)"[781]– art. 51, inciso I, da Lei n. 9.099/1995.

A verdade é que a regra insculpida no art. 51, § 2º, 2ª parte, destoa de todo o espírito norteador destes Juizados, mormente no confronto com o disposto no art. 54 da Lei em comento.

---

[780] Citando o *Diário do Congresso Nacional*, de 1º de junho de 1984, p. 4707 (justificativa inicial apresentada pela Câmara dos Deputados), a respeito do § 2º do art. 50 da Lei n. 7.244/1984, escreve ROGÉRIO L. TUCCI que "(...) interpretações meramente gramaticais poderão criar, numa primeira fase, sérios transtornos ao autor se não ficar claramente expresso que essa ausência deve derivar de ato de vontade e não de evento fortuito" (p. 283).

[781] TUCCI, Rogério Lauria. *Manual do Juizado Especial de Pequenas Causas*. São Paulo: Saraiva, 1985, p. 283-284.

Seção XV
Da Execução[782]

> **Art. 52.** A execução da sentença processar-se-á no próprio Juizado, aplicando-se, no que couber, o disposto no Código de Processo Civil, com as seguintes alterações:[1]
>
> I – as sentenças serão necessariamente líquidas, contendo a conversão em Bônus do Tesouro Nacional – BTN ou índice equivalente;[2]
>
> II – os cálculos de conversão de índices, de honorários, de juros e de outras parcelas serão efetuados por servidor judicial;[3]
>
> III – a intimação da sentença será feita, sempre que possível, na própria audiência em que for proferida. Nessa intimação, o vencido será instado a cumprir a sentença tão logo ocorra seu trânsito em julgado, e advertido dos efeitos do seu descumprimento (inciso V);[4]
>
> IV – não cumprida voluntariamente a sentença transitada em julgado, e tendo havido solicitação do interessado, que poderá ser verbal, proceder-se-á desde logo à execução, dispensada nova citação;[5]

---

[782] Não usando de boa técnica, o legislador sistematizou separadamente e regulou em dispositivos diversos as execuções fundadas em título judicial e extrajudicial, quando o procedimento e as formas de satisfação dos créditos são absolutamente idênticos. Os processos não diferem em nada, enquanto a única distinção reside na natureza do título exequendo.

Mister se faz que o legislador redefina toda a Seção XV, que dispõe sobre a execução, notadamente após o advento da Lei n. 11.232/2005, que simplificou a abordagem do tema, instituindo no Livro I, Título VIII, o Capítulo X que dispõe acerca do "cumprimento da sentença".

Todavia, tal medida certamente importará em criação de novos artigos e alteração na sequência numérica dos dispositivos seguintes, o que não é desejável.

Por esse motivo, enquanto não se adequa, no que couber, a Lei n. 9.099/1995 aos termos do disposto na Lei n. 11.232/2005, parece-nos que a melhor solução para contornar a dissonância apontada entre as duas formas de execução (fundada em título judicial e extrajudicial) seria a alusão à reciprocidade de incidência das normas insculpidas nas duas espécies de execução, acrescentando-se um parágrafo ao art. 52, nos seguintes termos: "Aplica-se à execução por título extrajudicial, no que couber, o disposto neste artigo".

A mesma referência poderia ser feita em nova redação a ser atribuída ao art. 53, da seguinte forma: "Art. 53. A execução de título executivo extrajudicial, no valor de até quarenta salários mínimos, processar-se-á nos termos seguintes e conforme definido no artigo anterior, no que for aplicável: (...)".

Atendendo solicitação do Instituto Brasileiro de Direito Processual, formulada na pessoa do Prof. Athos Gusmão Carneiro, apresentei algumas sugestões de alteração da Lei n. 9.099/1995, dentre elas, algumas proposições referentes ao art. 52, nos seguintes termos: "Art. 52. O cumprimento da sentença processar-se-á de conformidade com as normas do Código de Processo Civil, com as seguintes alterações: I – As sentenças serão necessariamente líquidas; (...) III – a intimação da sentença será feita, sempre que possível, na própria audiência em que for proferida, ficando o vencido ciente de que deve cumpri-la dentro de dez dias da data em que a ordem judicial tornar-se exigível pelo trânsito em julgado ou pela interposição de apelação à qual não seja atribuído efeito suspensivo (art. 43); IV – não cumprida no referido prazo, a condenação de pagamento em dinheiro será automaticamente acrescida de multa no valor de 10% sobre o valor atualizado da dívida, seguindo-se a imediata expedição de mandado de penhora e avaliação; (...) IX – O devedor poderá oferecer impugnação, versando sobre: (...)".

Justificativa: 1. Desde o advento da Lei n. 9.099/1995, o inciso I do art. 52 veio a lume em desarmonia com o sistema ou índice de conversão da época, porquanto inexistente o Bônus do Tesouro Nacional – BTN.

A nova redação proposta ao inciso I do art. 52, de maneira objetiva, atinge o seu fim, enquanto as conversões que se fizerem necessárias serão procedidas por índices oficiais admissíveis em seu tempo.

2. A redação sugerida ao inciso IX do art. 52 da Lei n. 9.099/1995 adapta-se à nova terminologia empregada no Código de Processo Civil, nos termos da Lei n. 11.232/2005 e, igualmente, à alteração sugerida neste Esboço de Anteprojeto para o *caput* do mesmo dispositivo legal.

Nada obstante, enquanto as modificações não ocorrem, salientamos que as regras hoje insculpidas para a execução de sentença proferida nos Juizados Especiais aplicam-se, no que couber, à execução de título extrajudicial e vice-versa, de competência também dos Juizados.

V – nos casos de obrigação de entregar, de fazer, ou de não fazer, o Juiz, na sentença ou na fase de execução, cominará multa diária, arbitrada de acordo com as condições econômicas do devedor, para a hipótese de inadimplemento. Não cumprida a obrigação, o credor poderá requerer a elevação da multa ou a transformação da condenação em perdas e danos, que o Juiz de imediato arbitrará, seguindo-se a execução por quantia certa, incluída a multa vencida de obrigação de dar, quando evidenciada a malícia do devedor na execução do julgado;[6]

VI – na obrigação de fazer, o Juiz pode determinar o cumprimento por outrem, fixado o valor que o devedor deve depositar para as despesas, sob pena de multa diária;[6]

VII – na alienação forçada dos bens, o juiz poderá autorizar o devedor, o credor ou terceira pessoa idônea a tratar da alienação do bem penhorado, a qual se aperfeiçoará em juízo até a data fixada para a praça ou leilão. Sendo o preço inferior ao da avaliação, as partes serão ouvidas. Se o pagamento não for à vista, será oferecida caução idônea, nos casos de alienação de bem móvel, ou hipotecado o imóvel;[7]

VIII – é dispensada a publicação de editais em jornais, quando se tratar de alienação de bens de pequeno valor;[8]

IX – o devedor poderá oferecer embargos, nos autos da execução, versando sobre:[9]

a) falta ou nulidade da citação no processo, se ele correu à revelia;

b) manifesto excesso de execução;

c) erro de cálculo;

d) causa impeditiva, modificativa ou extintiva da obrigação, superveniente à sentença.

1. DO PROCESSAMENTO DA EXECUÇÃO DE TÍTULO JUDICIAL

As sentenças proferidas nos Juizados Especiais serão nele mesmo executadas, nos termos do que dispõe a regra geral insculpida no art. 516 do CPC, extinguindo-se o processo a final, com a obtenção da pretensão insatisfeita pelo exequente,[783] ou com a frustração de todo o processado, no caso de inexistência de bens em posse ou propriedade do devedor suficientes para garantirem a satisfação do crédito.[784]

Em se tratando de cumprimento de sentença condenatória por quantia certa, aplica-se a regra contida no art. 523 do CPC, que determina a incidência de multa de 10% sobre o montante da

---

[783] Já decidiu o Tribunal de Justiça de Santa Catarina em sede de conflito de competência: "Conflito negativo de competência. Juizados Especiais Cíveis (suscitante). 5ª Vara Cível da Capital (juízo suscitado). Execução de sentença em Juizado Especial. Incidente de falsidade suscitado pelo executado. Necessidade de produção de perícia grafotécnica. Assinatura em recibo de pagamento acoimada de falso. Prova técnica, em princípio, não complexa. Competência da Justiça Especializada. Conflito conhecido e rejeitado.

"É cediço que a execução de sentença processar-se-á no próprio juízo sentenciante, segundo regra insculpida no art. 575, II, do CPC em sintonia com o art. 52, *caput*, da Lei n. 9.099/1995.

"Se, no caso de execução de sentença, em sede de Juizados Especiais Cíveis, verificar-se a necessidade de produção de prova técnica complexa, por força do disposto no art. 3º, *caput*, c/c art. 35 da Lei n. 9.099/1995, desloca-se a competência para a Justiça comum, para fins de prosseguimento do feito.

"Todavia, se a prova a ser produzida não apresentar, em princípio, maior complexidade – como é o caso da perícia grafotécnica – deve o magistrado, antes de declarar-se incompetente, tentar esclarecer junto ao *expert*, acerca da falsidade alegada pelo executado.

"Consequentemente, tratando-se de falso grosseiro, de fácil constatação, não haverá deslocamento da competência para o juízo comum. Inversamente, se o *expert* entender que a prova a ser produzida demanda tempo e custo em razão da complexidade apresentada, então, haverá o juiz de declarar-se incompetente, a fim de que a execução de sentença prossiga na vara cível comum" (TJSC, Conflito de Competência 2005.034823-5 da Capital, rel. Des. Joel Dias Figueira Junior, j. 22-11-2005).

[784] No processo tradicional, aplica-se a regra do art. 836 e, posteriormente, a do inciso III do art. 921, que determina a suspensão do processo.

condenação e mais 10% de honorários de advogado (§ 1º), caso o devedor não tenha efetuado a quitação em quinze dias.[785] A execução das sentenças proferidas em varas cíveis comuns, mesmo se estiverem em sintonia com o valor ou a matéria atinente aos Juizados, nelas mesmas deverão ser processadas até o seu final, em face da incidência do princípio da *perpetuatio iurisdictionis*. Essa também tem sido a orientação prevalecente na doutrina e na jurisprudência.[786]

As normas do processo de execução tradicional serão aplicadas, cabalmente, na segunda fase (executiva) do processo sumaríssimo, excetuando-se as incompatibilidades flagradas com disposições ou princípios norteadores desses Juizados, quando então incidirá a orientação específica.[787]

Quanto aos *embargos de terceiro*, nada obstante tratar-se de ação de conhecimento, com natureza desconstitutiva da constrição judicial, dotado de rito especial descrito nos arts. 674-681 do Código de Processo Civil, é demanda incidental e acessória, razão pela qual, em caráter excepcional, haverá de ser processada e julgada no próprio Juizado Especial, nos termos do disposto no art. 61 c/c art. 676 do aludido Diploma Legal. Sobre os embargos de terceiro, mais especificamente a respeito da competência, para uma análise mais aprofundada, remetemos o leitor aos nossos comentários ao art. 3º, item n. 1.10, *supra*.

A execução inicia-se informalmente, nos próprios autos, sem citação do executado, bastando a sua intimação pessoal ou a de seu advogado, se for o caso.

Tratando-se de *execução por quantia certa*, não havendo o cumprimento voluntário da sentença condenatória, expedir-se-á mandado de penhora (e não de citação para pagamento em 24 horas, sob pena de penhora – inciso IV do art. 52)[788] e intimação para oferecimento de embargos do devedor, por escrito. No que couber, aplica-se à execução por título executivo judicial (art. 52), fundado em condenação por soma, as disposições contidas para a execução por título extrajudicial (art. 53).[789]

"Na execução por título judicial definitivo, ainda que não localizado o executado, admite-se a penhora de seus bens, dispensando o arresto. A intimação de penhora observará o disposto no art. 19, § 2º, da Lei n. 9.099/1995".[790] Todavia, a incidência do art. 19, § 2º, só encontra ressonância se o executado, em processo de execução desta espécie, já tiver recebido alguma comunicação precedente

---

[785] Assim também o Enunciado 97 do Fonaje: "A multa prevista no art. 523, § 1º, do CPC/2015 aplica-se aos Juizados Especiais Cíveis, ainda que o valor desta, somado ao da execução, ultrapasse o limite de alçada; a segunda parte do referido dispositivo não é aplicável, sendo, portanto, indevidos honorários advocatícios de dez por cento". Enunciado 106 do Fonaje: "Havendo dificuldade de pagamento direto ao credor, ou resistência deste, o devedor, a fim de evitar a multa de 10%, deverá efetuar depósito perante o juízo singular de origem, ainda que os autos estejam na instância recursal".

[786] Cf. conclusão 18 dos Membros da Seção Civil do TJSC.
Assim também Araken de Assis ao comentar o art. 3º, § 1º, I, que dispõe sobre a execução de sentença. "Inicialmente" – diz o citado autor – "o dispositivo elimina dúvidas sobre o destino das execuções pendentes, a partir da vigência da Lei n. 9.099/1995, e, especialmente, da instalação dos Juizados por lei estadual (art. 95). Fundadas essas execuções em títulos judiciais, ainda que originários das causas relacionadas no art. 3º, incisos I a IV, elas continuarão tramitando nos respectivos juízos de origem (art. 575, II, do CPC). E a razão é simples: não se cuida de 'julgados' dos Juizados Especiais. Assumem particular relevo, neste tópico, as eventuais sentenças proferidas nas causas de rito sumário (art. 275, II, do CPC), tão numerosas no tráfego jurídico. Não ocorrerá qualquer deslocamento da execução para o novel juizado especial" (*Execução civil nos Juizados Especiais*. São Paulo: Revista dos Tribunais, 1996, p. 30, n. 2.3.2).

[787] Sobre o processo de execução, v. Assis, Araken de. Op. cit., e *Manual do processo de execução*. São Paulo: Revista dos Tribunais, 1995; SILVA, Ovídio Baptista da. *Curso de processo civil*. v. 2. Porto Alegre: Sérgio A. Fabris, 1993; Theodoro Jr., Humberto. *Processo de execução*. São Paulo: Leud, 2005; Dinamarco, Cândido R. *Execução civil*. São Paulo: Malheiros, 1994.

[788] Theodoro Jr., Humberto. *Curso de direito processual civil*. v. 3. 13. ed. Rio de Janeiro: Forense, 1996, p. 491, n. 1.604.
Nos termos do Enunciado 140 do Fonaje: "O bloqueio *on-line* de numerário será considerado para todos os efeitos como penhora, dispensando-se a lavratura do termo e intimando-se o devedor da constrição".
Enunciado 100 do Fonaje: "A penhora de valores depositados em banco poderá ser feita independentemente de a agência situar-se no Juízo da execução".

[789] Seguindo essa linha, vale mencionar o Enunciado 75 do Fonaje: "A hipótese do § 4º, do 53, da Lei n. 9.099/1995, também se aplica às execuções de título judicial, entregando-se ao exequente, no caso, certidão do seu crédito, como título para futura execução, sem prejuízo de manutenção do nome do executado no Cartório Distribuidor".

[790] Cf. Enunciado 43 do Fonaje.

(seja em fase de cognição ou de execução). Caso contrário, aplicar-se-á as regras insculpidas no art. 830 do CPC. Para maior aprofundamento sobre esse tema, remetemos o leitor interessado aos nossos comentários ao artigo seguinte, item n. 6, *infra*.

Em execução de sentença, afigura-se protelatória a designação de uma nova audiência de conciliação, tendo em vista o conteúdo dos incisos III e IV do art. 52.[791] Ao proferir sua decisão, o vencido é instado a cumprir a sentença tão logo ocorra o trânsito em julgado, assim como é advertido do seu descumprimento. Por isso, não se verificando o cumprimento voluntário, dispensa-se a citação (inciso III), procedendo-se desde logo à execução (inciso IV).

Note-se que a Lei n. 9.099/1995 silencia a respeito da forma de oferecimento dos *embargos à execução de sentença*, bem como de uma nova fase conciliatória. Para aprofundamento sobre o tema *embargos à execução*, remetemos o leitor ao item n. 9, *infra*, dos comentários deste artigo.

2. DA LIQUIDEZ DA SENTENÇA

A lei não admite sentença ilíquida em hipótese alguma, mesmo que o pedido tenha sido formulado genericamente (art. 38, parágrafo único), a fim de que ela possa ser imediatamente executada sem a necessidade de proceder-se à prévia liquidação; aliás, inexiste a fase de liquidação nos Juizados Especiais.

Para facilitar a identificação, sempre atual, do *quantum debeatur*, o legislador determinou que as importâncias fossem convertidas, na própria sentença, em índices oficiais (por exemplo, Bônus do Tesouro Nacional).[792] Assim, a qualquer momento, mediante simples operação de conversão, é possível chegar-se à importância devida quando da prolação da decisão, evitando, desta maneira, a realização de cálculo complexo pelo contador judicial, sem prejuízo da possibilidade de elaboração de simples cálculo aritmético (cf. comentário ao art. 38, item n. 4, *supra*) (v. item n. 3, *infra*).

3. DA CONVERSÃO DOS ÍNDICES

Em face dessa simplicidade instituída em termos de mera conversão de índices ou de percentuais de honorários, juros etc., não haverá necessidade, ao menos a princípio, de intervenção do contador judicial, tendo em vista que um serventuário, da própria Secretaria dos Juizados, poderá efetuar os cálculos.

De qualquer maneira, a elaboração desses "cálculos" não representa, em hipótese alguma, "liquidação de sentença" (fase procedimental inexistente nos Juizados Especiais – art. 38, parágrafo único), conforme assinalamos no item precedente.

Por outro lado, justifica-se a redação do inciso II deste art. 52, em face da circunstância de que, nos Juizados Especiais, muitos jurisdicionados leigos postulam desacompanhados de advogados, razão pela qual necessitam de apoio da contadoria ou de serventuários da justiça para a elaboração de cálculos adequados à execução de sentença por quantia certa.

---

[791] Diferentemente, dispõe o Enunciado 71 do Fonaje que "é cabível a designação de audiência de conciliação em execução de título judicial". Sem dúvida, em tese é perfeitamente possível a designação deste tipo de audiência, seja porque a autocomposição orienta os Juizados Especiais, assim como se aplica, subsidiariamente ao microssistema, a regra geral contida no art. 125, IV, do CPC. Contudo, não é esse o ponto central da questão. No caso de execução de título executivo judicial, por diversas vezes já se tentou obter a conciliação, que terminou por não frutificar. Sentenciado o réu, instado a cumprir o decisório, deixa de atender à exortação judicial. Por isso, designar um ato para esse fim exclusivo afigura-se-nos temerário, tratando-se de providência que beira as raias da procrastinação. Não se pode esquecer também que, a qualquer tempo, se desejar o executado, poderá formular acordo extrajudicial, firmado com o exequente, a ser objeto de homologação em juízo executivo.

[792] Vê-se aqui mais um deslize do legislador, ao manter índice (BTN) não mais existente no sistema financeiro. Contudo, a orientação de que as sentenças devem conter índice (atual) de conversão para facilitar a liquidação do julgado é absolutamente válida e prática.
Assim também o Enunciado 16 dos Juízes Cíveis e Juizados Especiais Cíveis do Rio de Janeiro, *in verbis*: "As sentenças líquidas conterão conversão em UFIR ou em salários mínimos".

Diversamente, quando o vencedor em demanda cognitiva de natureza condenatória estiver representado por procurador habilitado, ao atingir o momento processual da execução forçada, deverá instruir o seu requerimento com o demonstrativo de débito atualizado, nos termos preconizados pelo art. 798, I, *b*, do CPC.

Arremata-se lembrando que o intérprete do novo microssistema não poderá perder de vista as normas reguladoras do CPC, que se aplicam subsidiariamente à Lei n. 9.099/1995, *no que couber,* ou seja, enquanto não afrontarem dispositivo da norma específica ou seus princípios orientadores.

4. DA INTIMAÇÃO DA SENTENÇA E DO ATO DE INSTAR

Em atenção ao princípio da oralidade, a sentença deverá ser proferida no mesmo ato, logo após a coleta da última prova. Esse tema e outros correlatos já foram abordados em artigos anteriores, razão pela qual remetemos o leitor aos comentários dos dispositivos contidos nas Seções IX e XII da Lei n. 9.099/1995.

Não estamos diante de uma mera cientificação a respeito do julgado, feita pelo juiz às partes. O conhecimento, de fato, se dá no instante imediato no qual o magistrado está prolatando a sentença, oralmente. A lei transcende a necessidade do ato de comunicação, determinando ao juiz que o vencido seja *instado* a cumprir a sentença tão logo ocorra seu trânsito em julgado e advertido dos efeitos resultantes do descumprimento (aplicação de multa), nos termos do inciso V do art. 52, em se tratando de obrigação de entregar, de fazer ou de não fazer, ou, ainda, tratando-se de pagamento em quantia certa, da multa de 10% sobre o montante da condenação e de mais 10% de honorários de advogado, nos termos do disposto no § 1º do art. 523 do CPC. Em outras palavras, o juiz deve *insistir com veemência* (instar) para que a decisão seja cumprida independentemente de execução. Não se trata de forçar o vencido a cumprir a decisão. A diferença não é tão sutil quanto possa parecer. Na verdade, o que se espera é que o magistrado demonstre ao vencido que lhe é muito mais fácil e menos oneroso o cumprimento espontâneo da sentença do que ter de arcar com a execução forçada com todas as suas consequências.

Não são poucos os sucumbentes que desconhecem os efeitos drásticos que de uma execução podem naturalmente decorrer, tais como arresto, penhora,[793] arrombamento, força policial, adjudicação, leilão ou praça etc. Essas e outras questões deverão ser mostradas ao vencido. A princípio, para os juízes de formação mais ortodoxa, esse procedimento pode parecer descabido. Mas, como já dissemos em tantas outras passagens, o momento social, político e jurídico exige dos magistrados uma mudança radical de postura, sem o que esta lei não encontrará o mínimo sucesso desejado.

5. DO DESCUMPRIMENTO DA SENTENÇA E DA AUTOEXECUTIVIDADE DO TÍTULO JUDICIAL

Deparamo-nos com uma situação jurídica curiosíssima criada pelo legislador, porquanto divorciada do espírito que propriamente o moveu nesta cruzada reformista. Criou-se a regra da executividade provisória, com a admissão do recurso somente em efeito devolutivo (art. 43).[794]

Todavia, em absoluto contrassenso, talvez melhor, em total falta de senso, o legislador não cria a autoexecução da sentença – mantendo-se insensível, neste particular, à própria evolução e ao escopo da ciência processual contemporânea –, continuando a exigir do vencedor que se manifeste interessado na execução do julgado, como se ele, por alguns lapsos de falta de lucidez, não desejasse mais o que sempre perseguiu durante todo o processo, ou seja, obter a efetiva satisfação no plano dos fatos.

---

[793] Nos moldes do disposto no Enunciado 147 do Fonaje, "A constrição eletrônica de bens e valores poderá ser determinada de ofício pelo juiz".

[794] Remetemos o leitor aos nossos comentários ao art. 43, em que realizamos uma boa comparação do novo sistema com a reforma introduzida no Direito italiano.

O que mais impressiona é que, nas causas de alçada até vinte salários mínimos, o jurisdicionado pode bater às portas do Judiciário desacompanhado de advogado. Seria crível ou possível imaginar, de alguma forma, que aquele cidadão que precisou imbuir-se de coragem para, sozinho, enfrentar perante o Poder Judiciário o seu contendor, muitas vezes mergulhado em sua mais profunda ignorância, não espere ver a sentença prolatada em seu favor também executada? A circunstância é tão hilariante que, se deixarmos por conta dele, certamente, nada irá solicitar, porquanto coisa alguma pode, naquele momento, parecer mais óbvia senão a execução forçada, em face da ausência de cumprimento espontâneo do julgado.

Não foi por menos que o legislador italiano, em reforma realizada na década de 90 no processo civil, ao instituir o regime da execução provisória como regra em todas as decisões (CPC, cf. art. 282), introduziu o princípio da *imediata e automática executividade da sentença em primeiro grau*, ou seja, a atuação *ex lege* do comando da sentença, em forma de antecipação da sua eficácia em relação ao trânsito em julgado.[795]

O que se verificou no Direito peninsular, nos dizeres de GIUSEPPE TARZIA, foi a intenção (concretizada) de colocar no centro do processo de conhecimento o juízo de primeiro grau, dotando-o da *máxima eficácia possível*.[796]

Diante desses fundamentos e dos próprios princípios orientadores desse sistema tão especialíssimo, esperamos que os juízes não aguardem algum pedido dos jurisdicionados (ou de seus procuradores) e executem de imediato suas sentenças. Caso o executado já tenha cumprido espontaneamente a obrigação, basta que faça a prova em juízo, independentemente de embargos ou garantia prévia do juízo, em forma de exceção de pré-executividade.

Os mais cépticos ao que afirmamos que experimentem perguntar ao vencedor: o que deseja fazer com o comando dispositivo da sentença de procedência do pedido articulado na peça inaugural!?

De qualquer sorte, se o executado estiver representado em juízo por advogado, na pessoa do seu procurador haverá de ser feita a intimação; não possuindo procurador habilitado no processo de conhecimento, deverá ser intimado pessoalmente.[797] Tratando-se de pessoa jurídica, a intimação far-se-á da mesma forma, valendo ressaltar que "é cabível a aplicação da desconsideração da personalidade jurídica, inclusive na fase de execução".[798]

O tema referente a "honorários advocatícios em sede de execução de título judicial ou extrajudicial" é analisado em tópico específico destes comentários, mais precisamente no parágrafo único do art. 55 (item n. 4, *infra*), para o qual remetemos o leitor interessado.

Vale frisar neste ponto o que dissemos no item precedente, acerca da "intimação da sentença e do ato de instar", no que concerne ao cumprimento imediato do julgado. Tratando-se de obrigação de fazer, não fazer ou entregar, incidirá multa diária na hipótese de descumprimento da decisão transitada em julgado ou provisoriamente executada (art. 52, V), e, versando a espécie

---

[795] Nesse sentido v. PICARDI, Nicola. *Codice di Procedura Civile*. Milano: Giuffrè, 1994, art. 282, n. 2, p. 838; CIAN, Giorgio et al. *Commentario breve al Codice di Procedura Civile*. Padova: Cedam, 1994, art. 282, n. 1, p. 609; PISANI, Andrea Proto. *La nuova disciplina del processo civile*. Napoli: Jovene, 1991, p. 193; e TARZIA, Giuseppe. *Lineamenti del nuovo processo di cognizione*. Milano: Giuffrè, 1991, p. 185 e s.

Assinalamos que a legislação extravagante já conhecia e aplicava antes da reforma de 1990 as inovações introduzidas em 1993, para alguns setores específicos, tais como em Direito Previdenciário, do Trabalho e Civil, em demandas de indenização decorrente de seguro e acidente de circulação.

[796] TARZIA, Giuseppe. *Lineamenti del nuovo processo di cognizione*. Milano: Giuffrè, 1991, p. 185, n. 36.

[797] Cf. Enunciado 38 do FONAJE: "A análise do art. 52, IV, da Lei n. 9.099/1995, determina que, desde logo, expeça-se o mandado de penhora, depósito, avaliação e intimação, inclusive da eventual audiência de conciliação designada, considerando-se o executado intimado com a simples entrega de cópia do referido mandado em seu endereço, devendo, nesse caso, ser certificado circunstanciadamente".

Enunciado 112 do FONAJE: "A intimação da penhora e avaliação realizada na pessoa do executado dispensa a intimação do advogado. Sempre que possível o oficial de Justiça deve proceder a intimação do executado no mesmo momento da constrição judicial (art. 475, § 1º, CPC)".

[798] Cf. Enunciado 60 do FONAJE.

sobre pagamento de quantia certa, incidirá multa de 10% sobre o montante da condenação e mais 10% de honorários de advogado, caso a quitação não ocorra espontaneamente. A intimação que define a contagem do prazo para o cumprimento da sentença verificar-se-á, via de regra, na própria audiência de instrução e julgamento em que o ato é prolatado e, excepcionalmente, por intimação pessoal da parte, se não estiver representada por advogado (causas de valor não excedente a quarenta salários mínimos), ou na pessoa de seu procurador, por carta, mandado ou através do *Diário da Justiça*.[799]

6. DA EXECUÇÃO DA OBRIGAÇÃO DE ENTREGAR, DE FAZER OU NÃO FAZER

Não percebemos onde o legislador pretendeu chegar com este inciso no que tange à execução das obrigações *de entregar* coisa certa ou incerta, posto que a multa coercitiva a ser fixada pelo juiz poderá não acarretar plena satisfatividade para o exequente, ou mesmo a transformação da condenação em perdas e danos, seguindo-se a execução por quantia certa, segundo se infere da 2ª parte do disposto no inciso V do art. 52.

Ressalta-se que as demandas execucionais de obrigação de entregar têm por objeto a recuperação ou a apreensão de coisa imóvel ou móvel, sendo, portanto, este o fim perseguido pelo credor e não a indenização por perdas e danos.

Nesses casos, a obrigação do vencido no processo de conhecimento reside em entregar alguma coisa para o vencedor, em razão do seu interesse em possuí-la. Mais do que interesse: com a sentença proferida a seu favor, ele tem um *título judicial* executivo hábil à obtenção da posse do bem litigioso. Aliás, a pena de multa nada mais é do que verdadeira *astreinte* – sanção pecuniária e progressiva que aplicam os juízes a fim de que as partes cumpram os seus mandados, cujo importe tem como destinatário o litigante prejudicado pelo descumprimento da providência.[800]

Por isso se costuma dizer que ela tem caráter *coercitivo e discricionário*, tendo em vista que o juiz fixa, por meio de medida injuncional, o respectivo *quantum* que será suportado pelo sujeito passivo em caso de desobediência da ordem, objetivando vencer a possível resistência do sujeito passivo da demanda.[801]

As medidas sugeridas nessa lei para as obrigações de entregar coisa são praticamente inócuas e desproporcionais em relação ao benefício ou malefício que as partes terão. Tanto é que o sistema do revogado Código de Processo Civil não se utilizava desse regime, de acordo com as reformas então introduzidas pelas Leis n. 8.952/1994 e 10.444/2002 (*tutela antecipatória específica* – arts. 461 e 461-A), mas apenas para as obrigações de fazer ou de não fazer, verificando-se o mesmo com o Código de 2015 (arts 497/500). Nas *obrigações de entrega de coisa*, o juiz fixa um prazo para o seu cumprimento, e, se transcorrido em branco, segue-se de imediato a expedição de um mandado de busca e apreensão ou de imissão na posse, conforme se tratar de bem móvel ou imóvel (art. 538 do CPC). Lembramos que, em sede de Juizados Especiais Cíveis, não se exclui a incidência dos institutos *tutela antecipatória genérica e específica* (sobre esse tema, v. nossos comentários ao art. 1º, *supra*), aplicando-se, se for o caso, as regras contidas nos arts. 806-813 do CPC. Em suma, em se tratando de obrigação de entregar coisa, se a tutela jurisdicional, de cunho satisfativo, for concedida quando

---

[799] Ao interpretar o art. 475-J do CPC/1973 (art. 523 CPC/2015), assim decidiu o STJ, *in verbis*: "Lei n. 11.232/2005. Art. 475-J, CPC. Cumprimento da sentença. Multa. Termo inicial. Intimação da parte vencida. Desnecessidade. 1. A intimação da sentença que condena ao pagamento de quantia certa consuma-se mediante publicação, pelos meios ordinários, a fim de que tenha início o prazo recursal. Desnecessária a intimação pessoal do devedor. 2. Transitada em julgado a sentença condenatória, não é necessário que a parte vencida, pessoalmente ou por seu advogado, seja intimada para cumpri-la. 3. Cabe ao vencido cumprir espontaneamente a obrigação, em quinze dias, sob pena de ver sua dívida automaticamente acrescida de 10%" (REsp 954.859, rel. Min. Humberto Gomes de Barros, 3ª T., j. 16-8-2007).

[800] GRABOIS, Maurício. *Curso de derecho procesal – Parte especial* (coord. de FENOCHIETTO). Buenos Aires: Abeledo-Perrot, 1978, p. 472.

[801] CHABAS, François. L'astreinte en droit français. *Revista de Direito Civil*, v. 69/50-52.

da prolação da sentença, o resultado prático da providência será obtido por intermédio das técnicas contidas nos arts. 497-500 e 538, no que couber, ou em execução provisória.

Assim, nada obsta que o juiz fixe um prazo para o cumprimento da ordem, estipule pena de multa (em caso de eventual descumprimento) e, oportunamente, expeça em favor do credor mandado de imissão de posse ou de busca e apreensão, conforme se tratar de bem móvel ou imóvel; outro não é o teor do atual art. 806 do CPC, que se aplica perfeitamente à hipótese vertente.

Diz também o inciso V do art. 52 que, "(...) o juiz, na sentença ou na fase de execução, cominará multa diária, arbitrada de acordo com as condições econômicas do devedor, para a hipótese de inadimplemento. Não cumprida a obrigação, o credor poderá requerer a elevação da multa ou a transformação da condenação em perdas e danos (...)". É assente que a multa cominada nesses casos é providência de natureza puramente coercitiva (*astreintes*), com o escopo de garantir o cabal cumprimento da decisão judicial e, por isso, deve ser estabelecida em importância fixa diária, por dia de recalcitrância.

Dependendo do valor estipulado para a multa e do número de dias que o recalcitrante descumpra a ordem do juiz, poderá ocorrer, em tese, que o *quantum* totalizado atinja o correspondente a quarenta salários mínimos, ou, quiçá, ultrapasse este patamar. Deverá o juiz, na condução do processo execucional, atentar para essas circunstâncias a fim de coibi-las.

Em qualquer situação, o valor da multa totalizada não deverá ultrapassar muito o limite estabelecido para a alçada dos Juizados cíveis, sob pena de tornar-se inexequível e, o que é pior, iníqua, pois representará para o exequente um enriquecimento sem causa, às custas do executado.[802] Ora, se a multa não consegue atingir o seu escopo (compelir o executado ao cumprimento do julgado) em determinado tempo de incidência, não poderá eternizar-se. Por isso, acena o legislador para a conversão em perdas e danos, somando-se, nestes casos, à sanção pecuniária, em favor do exequente. Em complementação ao que dissemos, remetemos o leitor aos nossos comentários ao art. 39, item n. 4, *supra*.

Para o controle de incidência da pena pecuniária coercitiva (inibitória), há de se aplicar, subsidiariamente e por analogia, o disposto no art. 537, § 1º, do CPC, *in verbis*: "§ 1º O juiz poderá, de ofício ou a requerimento, modificar o valor ou a periodicidade da multa vincenda ou excluí-la, caso verifique que: I – se tornou insuficiente ou excessiva; II – o obrigado demonstrou cumprimento parcial superveniente da obrigação ou justa causa para o descumprimento".

A respeito da regra insculpida no art. 537, § 1º, do CPC, afigura-se evidente que o dispositivo objetiva manter em permanente evidência os escopos da multa fixada, quais sejam servir como técnica hábil de coerção à efetivação da providência jurisdicional ou à obtenção do resultado prático equivalente, diante de circunstâncias supervenientes da mais diversa ordem, resultantes na diminuição real do *quantum* estipulado ou em razão da sua incidência no tempo, frente à recalcitrância do sujeito passivo.

A adequação da multa à nova realidade é medida de salutar justiça, seja porque se tornou ineficaz para constranger ou porque passou a representar um ônus por demais excessivo, impossível mesmo de ser atendido, ou, ainda, porque começa a representar para a parte beneficiada com a decisão um enriquecimento sem causa, em face de sua desproporção com relação ao caso concreto. Ocorrerá também adequação da multa se o obrigado demonstrar cumprimento parcial superveniente da obrigação ou justa causa para o descumprimento (art. 537, § 1º, inciso II, do CPC).

Da mesma forma, a multa (de caráter eminentemente coercitivo/punitivo) não poderá representar à parte benefícios econômicos superiores àqueles pretendidos por meio da própria efetivação da providência judicial (definitiva ou interina).

Em outras palavras, a multa não poderá jamais perder a sua eficácia e, concomitantemente, não deverá tornar-se por demais onerosa ou, o que é ainda pior, tornar-se com o tempo impagável,

---

[802] Enunciado n. 144 do Fonaje: "A multa cominatória não fica limitada ao valor de 40 salários mínimos, embora deva ser razoavelmente fixada pelo Juiz, obedecendo ao valor da obrigação principal, mais perdas e danos, atendidas as condições econômicas do devedor".

ou, inversamente, inexpressiva, capaz de criar a figura esdrúxula do recalcitrante e descumpridor "pagador".

Por conseguinte, dependendo da hipótese vertente, em face da impossibilidade de efetivar-se a ordem judicial ou obter-se o resultado prático equivalente, poderá o juiz, também de ofício, suspender a incidência da multa, convertendo a obrigação resistida pelo contumaz recalcitrante em perdas e danos, conforme estatuído no art. 499, e, no caso da Lei n. 9.099/1995, de acordo com o seu art. 52, V.[803]

Mutatis mutandis, as mesmas regras se aplicam às hipóteses nas quais o autor postula as *astreintes* sugerindo valor incompatível, seja para mais ou para menos, ou a sua incidência em período de tempo desaconselhável ao caso concreto (v.g., postula incidência mês a mês, quando se faz mister para atingir sua eficácia que a multa tenha incidência semanal ou diária).

Nesses casos, o juiz poderá, *ex officio* e de plano, definir a forma e o valor que lhe parecem mais adequados, reduzindo-a ou ampliando-a, utilizando-se, para tanto, dos critérios da necessidade e da proporcionalidade. Pelos mesmos motivos, poderá entender o juiz que, naquele caso ou naquele momento, a aplicação de multa ainda não se afigura imprescindível, sem prejuízo de fixação posterior.

Dessas decisões não caberá nenhum recurso, por se tratar de atos judiciais tipicamente *discricionários*.

O termo inicial a ser considerado para a incidência da multa é o descumprimento da ordem judicial, assim perdurando a sua incidência até que o juiz a revogue, amplie ou reduza.[804] Todavia, a sua execução somente deverá efetivar-se após o trânsito em julgado da sentença que confirma a tutela antecipada que deu azo à fixação da multa.

Em arremate, assinala-se que, na obrigação de fazer, o juiz pode determinar o cumprimento por outrem, estabelecendo o valor que o devedor deve depositar em juízo para realização das despesas, sob pena de multa diária, na hipótese de inadimplemento da ordem (inciso VI), sem prejuízo da configuração de prática de ato atentatório à dignidade da justiça (art. 77, IV, do CPC).

7. DA ALIENAÇÃO FORÇADA DE BENS PROVENIENTES DE CONSTRIÇÃO JUDICIAL

Sempre que for possível, na alienação forçada de bens provenientes de constrição judicial, o juiz *deverá* autorizar o devedor, o credor, ou terceira pessoa de reconhecida idoneidade, a alienar extrajudicialmente o bem penhorado.

Essa medida se destina, como facilmente se percebe, a agilizar a efetivação do processo executivo, por meio de alienação sem os entraves do processo de execução tradicional, dependente dos trâmites judiciais. Por sua vez, o aperfeiçoamento da operação dar-se-á em juízo até a data fixada para a praça (imóveis) ou leilão (móveis).

Diz a lei que, se o preço oferecido for inferior ao da avaliação, as partes serão ouvidas. Todavia, não nos parece que se trate de importância inferior qualquer; deverá haver um desnível razoável

---

[803] Analisando as hipóteses de cominação de multa diária (*astreintes*), tem decidido reiteradamente o STJ no sentido de que a "(...) sua aplicação está sujeita a juízo de adequação, compatibilidade e necessidade, podendo ser dispensada ante a existência de outros meios considerados mais eficazes (§ 4º do art. 461 do CPC) [art. 537, CPC/2015]. Precedentes: REsp 494886/RS, 5ª T., Min. José Arnaldo Fonseca, DJ 6-12-2004" (REsp 765925/RS, rel. Min. Teori Zavascki). E mais: "Obrigação de fazer. Execução. Multa. Limite. Ao contrário do Código de 39, a lei vigente não estabelece limitação para o valor da multa cominada na sentença que tem o objetivo de induzir ao cumprimento da obrigação e não o de ressarcir. Nem se justifica tolerância com o devedor recalcitrante que, podendo fazê-lo, se abstém de cumprir a sentença. Impossibilidade de cumprimento de que não se cogitou" (REsp 141.559-RJ, rel. Min. Eduardo Ribeiro).

[804] Cf. Figueira Jr., Joel Dias. *Comentários à novíssima reforma do CPC – Lei 10.444, de 7 de maio de 2002*. Rio de Janeiro: Forense, 2002, p. 199, item n. 2.
Cf. Enunciado 22 do Fonaje: "A multa cominatória é cabível desde o descumprimento da tutela antecipada, nos casos dos incisos V e VI, do art. 52, da Lei n. 9.099/1995".

entre o preço ofertado e a avaliação, a ponto de trazer prejuízos sensíveis às partes. Somente o juiz, em cada caso concreto, poderá encontrar o ponto de equilíbrio para melhor resolver a questão.

Desarrazoado, e contrário aos princípios orientadores dos Juizados, é postergar a satisfação do crédito do exequente, em face de uma pequena ou insignificante diferença verificada.

Se o pagamento não for à vista, o arrematante deverá prestar caução idônea (real ou fidejussória) para o caso de alienação do bem móvel; as hipóteses atinentes a bens imóveis são pouco prováveis, em razão do valor de alçada dos Juizados.

8. DA PUBLICAÇÃO DE EDITAIS DE PRAÇA E LEILÃO

Dispensa-se a publicação de editais em jornais quando o bem penhorado e que será alienado for de *pequeno valor*.

Ocorre que a dicção *pequeno valor* representa um conceito vago, pois o que é de pequeno, ou, quem sabe, até insignificante valor para uma pessoa, pode ser de valor elevadíssimo para outra menos abastada. Na verdade, inexiste fórmula preestabelecida para equacionar esse problema.

Assim, mais uma vez, a prudência e o bom senso do juiz deverão ditar, no confronto com as peculiaridades da hipótese vertente, a necessidade da publicação do edital de praça ou leilão. Nada obstante, quiçá o parâmetro para estabelecer o "pequeno valor" possa ser enquadrado no limite de até vinte salários mínimos.

Para fins de hasta pública, recomenda-se a designação de um único ato, se o bem penhorado não atingir valor superior a sessenta salários mínimos,[805] tendo-se como certo que a alienação poderá ocorrer em quantia inferior ao da avaliação e no valor da dívida haverão de ser incluídos os acessórios, hipóteses que podem ultrapassar o limite de quarenta salários mínimos.

9. DOS EMBARGOS À EXECUÇÃO, À ARREMATAÇÃO, À ADJUDICAÇÃO E DE TERCEIRO

Desde que seguro o juízo, o devedor poderá oferecer embargos,[806] que versarão, tão somente, sobre as matérias enumeradas nas quatro alíneas do inciso IX deste artigo, tratando-se, portanto, de um rol taxativo, e não meramente exemplificativo.

Diante da ausência de norma específica acerca do prazo de interposição dos embargos do devedor fundados em título executivo extrajudicial, aplica-se a regra insculpida no art. 915 do CPC.[807]

As matérias que podem ser alegadas nos "embargos" estão definidas nas alíneas *a, b, c* e *d* do inciso IX do art. 52, e são elas: *a)* falta ou nulidade da citação no processo de conhecimento, se e somente se ocorreu a tramitação à revelia do executado embargante; *b)* excesso manifesto de execução, portanto, perceptível sem a realização de nenhuma operação mais complexa, inclusive pericial; *c)* erro de cálculo; *d)* alguma causa impeditiva, modificativa ou extintiva da obrigação, ocorrida ou verificada após a sentença.[808]

---

[805] Cf. Enunciado 79 do Fonaje.

[806] Dispõe o Enunciado 117 do Fonaje: "É obrigatória a segurança do Juízo pela penhora para apresentação de embargos à execução de título judicial ou extrajudicial perante o Juizado Especial".

[807] Assim também decidiu a 2ª Turma Recursal Cível do Rio Grande do Sul, *in verbis:* "Embargos do devedor. O prazo para interposição de embargos conta-se da juntada aos autos da prova da intimação da penhora, e não da juntada da carta precatória cumprida. Interpretação consoante os arts. 52 da Lei n. 9.099/1995 e 738, I, do CPC [revogado]. A exigência prevista no art. 241, IV, do CPC não se aplica ao processo de execução, que tem regra própria. Recurso improvido" (AC 71000214767 – Barra do Ribeiro, rel. Juíza Leila Vani Machado, j. 12-12-2001).

Equivocado o Enunciado 142 do Fonaje: "Na execução por título judicial o prazo para oferecimento de embargos será de quinze dias e fluirá da intimação da penhora".

[808] Assim também o Enunciado 121 do Fonaje: "Os fundamentos admitidos para embargar a execução da sentença estão disciplinados no art. 52, inciso IX, da Lei n. 9.099/1995 e não no art. 475-L do CPC, introduzido pela Lei n. 11.232/2005" [art. 525, § 1º, do CPC/2015].

A respeito da *superveniência de causa independente,* v. os nossos comentários ao art. 51, inciso IV, item n. 5, *supra*.

Se o sujeito passivo da demanda for *pessoa jurídica*, poderá oferecer embargos, porque, no microssistema dos Juizados Especiais Cíveis, eles não aparecem como *ação* relativamente autônoma e de caráter incidental, mas como simples *contestação*.[809]

Contudo, trata-se de resposta *sui generis*, visto que o executado embargante, para oferecer *contestação*, deverá previamente garantir o juízo pelo oferecimento de bens penhoráveis e suficientemente hábeis para atingir o fim específico, sob pena de rejeição liminar dos embargos opostos. Assim entendemos em razão da liquidez, da certeza e da exigibilidade do título (judicial) que enseja a fase execucional, de maneira que, para ser excepcionado, necessita o interessado oferecer alguma garantia por intermédio de penhora.

Em hipótese alguma, fluindo *in albis* o prazo para o oferecimento de embargos, poderá o devedor interpor recurso de agravo por instrumento ou qualquer meio de impugnação para suprir a omissão, porquanto não só incidiu na preclusão temporal, como também a previsão expressa e normatizada de oposição à execução inviabiliza qualquer interpretação em sentido contrário.

Por outro lado, o procedimento a ser impresso nos "embargos" *à execução* decorrente *de título extrajudicial* é de certa maneira um tanto quanto diferenciado, conforme veremos nos comentários ao art. 53. Em regra, não há que designar sessão de conciliação ou audiência de conciliação, instrução e julgamento em sede de execução de título executivo judicial, salvo se a hipótese exigir em face dos embargos opostos pelo devedor.

Nada obsta, contudo, em caráter excepcional, que o juiz designe audiência meramente conciliatória objetivando a autocomposição (CPC, art. 139, V).[810] Afirmamos que a designação do aludido ato aparece como excepcional em face das circunstâncias que envolvem a própria fase execucional, pois a tentativa de conciliação já ocorreu em fase cognitiva do mesmo processo sem, contudo, frutificar. Destarte, designar uma audiência com esse fim único e específico pode representar, na prática, providência meramente protelatória, pois tendente à falta de êxito (v. comentários ao art. 52, item n. 1).

"A arrematação e a adjudicação podem ser impugnadas, no prazo de cinco dias do ato, por simples pedido"[811], de forma simples, nos próprios autos.[812] Aplica-se, no que couber, o disposto no art. 903 do CPC.

A respeito dos *embargos de terceiro* (CPC, art. 674), sua interposição é admissível em caráter excepcional perante o Juizado Especial. Sobre esse assunto, efetuamos análise mais aprofundada quando tratamos dos temas da competência, da conexão e da prevenção, nos comentários ao art. 3º, item n. 1.10, *supra*, para o qual remetemos o leitor interessado.

> **Art. 53.** A execução de título executivo extrajudicial, no valor de até quarenta salários mínimos, obedecerá ao disposto no Código de Processo Civil, com as modificações introduzidas por esta Lei.[1]
>
> § 1º Efetuada a penhora, o devedor será intimado a comparecer à audiência de conciliação, quando poderá oferecer embargos (art. 52, IX), por escrito ou verbalmente.[2]

---

[809] Registra-se que Araken de Assis admite também os embargos opostos por pessoa jurídica. Todavia, em sentido contrário, mantém o entendimento de que os embargos do devedor são uma ação, mesmo na Lei n. 9.099/1995 (*Execução civil nos Juizados Especiais*. São Paulo: Revista dos Tribunais, 1996, p. 167, n. 21). Discordamos ainda de Araken, com a devida vênia, quando afirma que as pessoas jurídicas têm "legitimidade ativa para embargar" (idem, ibidem). Ocorre que não estamos diante de legitimidade *ad causam* (condições da ação), mas de pressuposto processual de validade (= capacidade de estar em juízo). Como dissemos alhures, trata-se de disciplina processual dirigida ao controle da capacidade para estar em juízo, e não sobre a legitimidade para ser parte em juízo. Sobre esse assunto, v. os nossos comentários no art. 8º, item n. 1, *supra*.

[810] Segundo o Enunciado 71 do Fonaje: "É cabível a designação de audiência de conciliação em execução de título judicial".

[811] Enunciado 81 Fonaje.

[812] Assis, Araken de. *Execução civil nos Juizados Especiais*. São Paulo: Revista dos Tribunais, 1996, p. 167, n. 21.

§ 2º Na audiência, será buscado o meio mais rápido e eficaz para a solução do litígio, se possível com dispensa da alienação judicial, devendo o conciliador propor, entre outras medidas cabíveis, o pagamento do débito a prazo ou a prestação, a dação em pagamento ou a imediata adjudicação do bem penhorado.[3]

§ 3º Não apresentados os embargos em audiência, ou julgados improcedentes, qualquer das partes poderá requerer ao Juiz a adoção de uma das alternativas do parágrafo anterior.[4]

§ 4º Não encontrado o devedor ou inexistindo bens penhoráveis, o processo será imediatamente extinto, devolvendo-se os documentos ao autor.[5 e 6]

1. DOS LIMITES E DO PROCESSAMENTO DA EXECUÇÃO DE TÍTULO EXTRAJUDICIAL

Os *títulos executivos extrajudiciais* (CPC, art. 784) que se enquadrarem na competência, em razão do valor, destes Juizados, serão processados nos termos do dispositivo em questão, aplicando-se no que for compatível o CPC, assim como no que concerne aos *títulos executivos judiciais* nos quais se verifica a condenação por soma – obrigação de pagar quantia certa.[813] Por sua vez, tratando-se de execução eletrônica de título executivo extrajudicial, a cártula será digitalizada e o original apresentado até a sessão de conciliação ou prazo assinado, a fim de ser carimbado ou retirado em secretaria.[814]

A lei é bastante clara, não deixando qualquer dúvida a respeito da necessidade de prévia comprovação da existência de título líquido, certo e exigível (condição específica de admissão da executividade), não se podendo falar em viabilidade jurídica de adequação do *procedimento monitório* (CPC, arts. 700 –702), porquanto já possui um rito todo próprio e particularizado, inconciliável com o sumariíssimo.

Presentes as condições da ação e os pressupostos processuais, designará o juiz *audiência de conciliação* (a qual pode vir a se transformar em instrução e julgamento, se os embargos forem opostos) e ordenará a citação do réu para, no prazo de três dias, efetuar o pagamento da dívida, sob pena de constrição judicial de tantos bens quantos bastem para garantir o crédito postulado pelo exequente (art. 829 do CPC).[815] No mesmo ato, será o devedor intimado a oferecer embargos à execução em audiência, se desejar, na forma escrita ou oral, e produzir provas, sob pena de preclusão (art. 53, § 1º, da Lei n. 9.099/1995).

A lei é omissa a respeito do prazo que deve mediar entre a citação e a audiência de conciliação. Entendemos que não pode ser inferior a dez dias, ressalvada a hipótese de comparecimento do executado, sem prejuízo da sua defesa.

Por outro lado, como dissemos no item relativo à execução de título judicial, as *pessoas jurídicas* podem embargar a execução, assim como são juridicamente possíveis as impugnações *à arrematação e à adjudicação* (v. n. 9, *supra*).

Quanto aos *embargos de terceiro*, nada obstante tratar-se de ação de conhecimento de natureza desconstitutiva da constrição e roteirizada por procedimento especial descrito nos arts. 674-681 do CPC, estamos diante de demanda incidental e acessória, razão pela qual, em caráter excepcional, haverá de ser processada e julgada no próprio Juizado Especial, nos termos do disposto no art. 61 c/c art. 676 do aludido diploma legal. Sobre os embargos de terceiro, mais especificamente a respeito

---

[813] Especificamente sobre o tema do controle de admissibilidade, v. a monografia de Marcelo L. Guerra (*Execução forçada*: controle de admissibilidade. São Paulo: Revista dos Tribunais, 1995).
Conforme o Enunciado 59 do Fonaje, "admite-se o pagamento do débito por meio de desconto em folha de pagamento, após anuência expressa do devedor e em percentual que reconheça não afetar sua subsistência e a de sua família, atendendo sua comodidade e conveniência pessoal".

[814] Cf. Enunciado 126 do Fonaje.

[815] Bens suntuosos ou supérfluos de propriedade do devedor, que guarneçam a sua residência, podem ser objeto de constrição judicial. Aliás, nesse sentido, com acerto, o Enunciado 14 do Fonaje: "Os bens que guarneçam a residência do devedor, desde que não essenciais à habitabilidade, são penhoráveis".

da competência, para análise mais aprofundada, remetemos o leitor aos nossos comentários ao art. 3º, item n. 1.10, *supra*.

2. DA AUDIÊNCIA DE CONCILIAÇÃO, INSTRUÇÃO E JULGAMENTO

Garantido o juízo, o devedor será intimado a comparecer à *audiência de conciliação, instrução e julgamento*, na qual poderá oferecer *embargos* à execução, baseado nas matérias elencadas no inciso IX do art. 52.

Assim como já ocorria no CPC revogado (art. 736), o Código de 2015 também admite a oposição de embargos do devedor independentemente de penhora, depósito ou caução (art. 914), diferentemente do disposto no § 1º do art. 53 da lei em comento. Ao intérprete poderá surgir dúvida acerca da aplicabilidade do aludido dispositivo do CPC em sede de execução nos Juizados Especiais, tendo-se como certa a subsidiariedade do macrossistema instrumental, reforçada, no caso, pela regra assim expressa no *caput* do art. 53.

É assente que o Código de Processo Civil só se aplica aos Juizados Especiais na hipótese de lacuna da Lei n. 9.099/1995, e desde que em sintonia com os seus princípios orientadores. No caso em exame, não resta dúvida de que o disposto no art. 914 do CPC está harmonizado com os princípios norteadores dos Juizados, na exata medida em que se reveste de maior simplicidade, voltado ao incremento da celeridade do processo executivo.

Contudo, a lei específica não é omissa a respeito do tema em questão, tendo conferido tratamento diverso aos embargos do devedor, que, para serem opostos, necessitam de prévia garantia do juízo, razão pela qual não há falar em derrogação do art. 53 da Lei n. 9.099/1995, com o escopo de ver aplicada a regra contida no art. 914 do CPC.

Ademais, a lei posterior, de caráter geral, não revoga lei anterior específica, de idêntica hierarquia legislativa, ao dispor de forma diversa a respeito de determinada matéria.

Dito isto, assinala-se que, na intimação, o executado será cientificado não apenas da necessidade de seu comparecimento à audiência de *conciliação*, nos termos da lei, mas também de que se a mesma restar infrutífera, poderá, no mesmo ato, oferecer a sua "defesa" em forma de embargos, por escrito ou oralmente, oportunidade na qual produzirá provas, sob pena de preclusão, desde que seguro o juízo por meio de penhora. Entre a data da intimação e a designação da audiência referida, faz-se mister um intervalo de, no mínimo, dez dias, de acordo com interpretação sistemática dessa lei com o CPC.

Se a conciliação não vingar e forem os embargos oferecidos, o juiz colherá imediatamente a manifestação do credor embargado sobre os articulados e as provas que eventualmente deseja ainda produzir, além do título (prova maior) que já instrui a inicial.

Na hipótese de serem os embargos opostos manifestamente protelatórios, deverão ser rejeitados liminarmente, sem a ouvida da parte contrária. Se houver a necessidade de produção de prova e o credor assim solicitar, para que não sofra prejuízo, o juiz designará, no mesmo ato, dia e hora para o prosseguimento da audiência, ficando desde então todos intimados (art. 27, parágrafo único).

Caso contrário, prossegue-se com a audiência, e, após a coleta das provas produzidas pelo embargante, o juiz proferirá sentença. Para maiores detalhes sobre o procedimento em audiência, remetemos o leitor aos nossos comentários aos artigos da Seção IX.

Por último, reiteramos as afirmações contidas nos comentários ao artigo precedente (item n. 9, *supra*) a respeito da impossibilidade jurídica de vir o executado, que deixou transcorrer em branco o prazo para oferecimento de *embargos do devedor*, a utilizar-se do recurso de agravo, em qualquer de suas modalidades.

3. DA COMPOSIÇÃO JUDICIAL AMIGÁVEL E DA ADJUDICAÇÃO

Durante as tratativas, o conciliador, o juiz instrutor ou o juiz togado, na busca de uma composição amigável (rápida e eficaz à solução do conflito qualificado), deverá propor, dentre outras medidas, o pagamento do débito a prazo ou a prestação, a dação em pagamento ou a imediata adjudicação do bem em favor do credor. De qualquer sorte, a multa cominatória prevista no art. 52, V, ou no art. 523 do CPC não são aplicáveis aos casos de execução de título extrajudicial previsto no art. 53 da Lei n. 9.099/1995.

Se o prosseguimento da execução for necessário, a alienação judicial do bem penhorado deverá, sempre que possível, ser evitada, devendo a sua consecução realizar-se, preferivelmente, na forma estatuída no art. 52, inciso VII (alienação extrajudicial).

Afigura-se-nos possível a adjudicação do bem penhorado em execução de título extrajudicial, antes do leilão, desde que, comunicado do pedido, o executado não se oponha, no prazo de 10 dias.

4. EFEITOS DA REJEIÇÃO DOS EMBARGOS OU DA INEXISTÊNCIA DE OPOSIÇÃO

A solução apontada pela lei para o prosseguimento da execução, nos casos de não oferecimento de embargos, de sua rejeição liminar ou improcedência é bastante simples e objetiva, pois qualquer das partes poderá pedir ao juiz, em conjunto ou separadamente, a aplicação das medidas estatuídas no § 2º deste dispositivo, quais sejam o pagamento do débito a prazo ou a prestação, a dação em pagamento ou a imediata adjudicação do bem penhorado, entre outras cabíveis, preferencialmente com dispensa da alienação judicial, a fim de viabilizar com maior rapidez a satisfatividade perseguida pelo credor exequente.

Assinala-se, ainda, que na *decisão* que rejeita liminarmente ou não acolhe os "embargos" (improcedência), como não é extintiva do processo e a oposição é feita incidentalmente nos próprios autos executivos, como espécie de *defesa* ou variante da *contestação*, na hipótese de inconformismo da parte vencida, e havendo interesse em impugnar a decisão, o meio hábil não será jamais a apelação, mas, sim, o recurso de *agravo por instrumento* ou a *reclamação* (correição parcial).[816]

5. DA INEXISTÊNCIA DE BENS PENHORÁVEIS E SEUS EFEITOS

Verifica-se a absoluta frustração da execução e, de uma forma geral, de todo o processo, quando o devedor não mais for encontrado e/ou inexistirem bens em sua posse ou propriedade, ou, ainda que encontrados, forem insuficientes para justificar a penhora e a satisfação do crédito do exequente.

Nesse caso, extingue-se o processo e devolvem-se os documentos que instruíram a inicial ao exequente, que poderá, futuramente, se houver mudança nas circunstâncias de fato, propor nova ação executiva contra o mesmo devedor. "A hipótese do § 4º, do art. 53, da Lei n. 9.099/1995, também se aplica às execuções de título judicial, entregando-se ao exequente, no caso, certidão do seu crédito, como título para futura execução, sem prejuízo da manutenção do nome do executado no Cartório Distribuidor".[817]

Não se aplica, pois, a suspensão do processo prevista no art. 921, III, do CPC.

É de bom alvitre na hipótese de inexistência de bens penhoráveis que, após esgotados os meios de defesa, seja expedida, a pedido do exequente, certidão de dívida, para fins de inscrição no Serviço de Proteção ao Crédito – SPC e SERASA.[818]

Outra questão merecedora de relevo diz respeito à extinção do processo de execução por ausência de bens ou não localização do executado e a incidência (ou não) de *prescrição do título* executivo extrajudicial (art. 53, § 4º). Nesses casos, dois desdobramentos distintos ocorrerão: *a)* ordenada a citação e não possuindo o executado bens penhoráveis, a prescrição está interrompida

---

[816] Esta última espécie de meio de impugnação é a que deve ser utilizada pelos defensores da tese da inadmissibilidade de agravo em sede de Juizados.

[817] Cf. Enunciado 75 do FONAJE.

[818] Assim está redigido o Enunciado 76 do FONAJE: "No processo de execução, esgotados os meios de defesa e inexistindo bens para garantia do débito, expede-se a pedido do exequente certidão de dívida para fins de inscrição no Serviço de Proteção ao Crédito – SPC e SERASA, sob pena de responsabilidade".

(retroagindo à data da propositura da ação), por força do disposto no art. 240, § 1º, do CPC e, com a extinção do processo, o prazo prescricional recomeçará a fluir; *b)* não conseguindo o credor citar o executado ou localizar os seus bens para fins de constrição judicial, extinguindo-se o processo, o prazo prescricional continua fluindo, sem nenhuma interrupção ou suspensão.

Ressalta-se, ainda, que a interrupção da prescrição somente poderá ocorrer uma única vez (CC, art. 202), assim como, interrompida, recomeça a fluir da data do ato que a interrompeu, ou do último ato do processo para interrompê-la (CC, art. 202, parágrafo único).

6. DO ARRESTO DE BENS DO DEVEDOR NÃO LOCALIZADO

Situações poderão ocorrer em que o executado não seja localizado, mas, em contrapartida, sejam encontrados os seus bens passíveis de penhora, hábeis a garantir o juízo e a satisfatividade do crédito perseguido.

Há de se questionar, então, se terá aplicação ou não o disposto no art. 830 do CPC, que autoriza o meirinho a proceder ao arresto de tantos bens quantos bastem para garantir a execução, seguindo-se a citação por edital e a conversão da constrição judicial em penhora. Já defendemos, no passado, a impossibilidade de aplicação dessa regra aos Juizados (arts. 653 e 654, ambos do CPC/1973) em face da inexistência de citação por edital, expressamente vedada no art. 18, § 2º, da Lei n. 9.099/1995, com aplicação aos processos de conhecimento, cautelar e executivo, diante da incompatibilidade do princípio da oralidade e seus subprincípios, e a comunicação presumida ou fictícia, que atenta contra a simplicidade, a celeridade, a concentração e a informalidade.[819]

Na verdade, continuamos a manter a mesma posição jurídica até então defendida, porquanto estamos absolutamente convencidos de que a citação editalícia, em princípio, não se coaduna com a oralidade em grau máximo e, por conseguinte, com o procedimento diferenciado da Lei n. 9.099/1995. Todavia, por questões de política judiciária, revimos o nosso entendimento doutrinário, a partir da terceira edição desta obra, em razão das consequências indesejáveis, em termos práticos, que aquela tese eventualmente poderia causar.

Se admitida como verdadeira a assertiva de que o legislador procurou excluir a forma presumida de citação para viabilizar a maior agilidade processual (simplicidade, celeridade e economia), também não é menos verdadeiro que o microssistema tem por escopo facilitar e ampliar o acesso à justiça.

Por conseguinte, a não admissibilidade de citação por edital do executado na hipótese (rara) do art. 830 do CPC, com a consequente aplicação do disposto no § 4º deste art. 53 (imediata extinção do processo), acarretará ao credor, fatalmente, uma limitação indesejável de acesso à justiça, notadamente nas causas de pequeno valor (inferior a vinte salários mínimos), tendo em vista que esta decisão obrigará o interessado a pleitear o seu crédito perante as varas cíveis comuns, por intermédio de advogado e com o pagamento de custas e despesas processuais, sem contar com a incidência do complexo processo executivo tradicional.

Admite-se, portanto, em caráter excepcionalíssimo, a *citação por edital*, desde que presentes os requisitos do art. 830 do CPC, não se perdendo de vista a *mens legis* e a *mens legislatoris*, em sintonia com os princípios norteadores dos Juizados.

Em outras palavras, a conjunção alternativa *ou* consignada no § 4º do art. 53 da Lei n. 9.099/1995, observada a hipótese de localização de bens, mas não do devedor, autoriza o arresto e a citação editalícia, observado, no que couber, o art. 830 do CPC. Neste particular, o § 2º do art. 18 da Lei n. 9.099/1995 não se aplica ao processo de execução.[820]

---

[819] Entendimento mantido até a 2ª edição dos nossos *Comentários à Lei dos Juizados Especiais Cíveis e Criminais*, e alterado a partir da 3ª edição (cf. p. 393, item n. 6).

[820] Encampando o nosso entendimento, em termos práticos, já encontramos precedentes jurisprudenciais (cf. autos n. 03896032671-4, Joinville, rel. Juiz Carlos Adilson Silva, j. 28-5-1999).

Verifica-se, ainda, na mencionada decisão, conteúdo voltado à celeridade do processo, porquanto objetivando operacionalizar em um único ato processual – a citação editalícia – a comunicação para fins de pagamento em 24

Seção XVI
Das Despesas

Art. 54. O acesso ao Juizado Especial independerá, em primeiro grau de jurisdição, do pagamento de custas, taxas ou despesas.[1]

Parágrafo único. O preparo do recurso, na forma do § 1º do art. 42 desta Lei, compreenderá todas as despesas processuais, inclusive aquelas dispensadas em primeiro grau de jurisdição, ressalvada a hipótese de assistência judiciária gratuita.[2]

1. DO AMPLO ACESSO À JUSTIÇA, GRATUIDADE E PRINCÍPIO DA SUCUMBÊNCIA

Percebeu o legislador que não basta garantir ao jurisdicionado – sobretudo ao mais humilde e desafortunado – o direito de ação (direito de acesso à jurisdição), fazendo-se imprescindível a viabilização do amplo e irrestrito acesso à ordem jurídica justa.

Para atingir esse desiderato, não bastaria colocar à disposição dos cidadãos um mecanismo ágil e eficiente de prestação da tutela jurisdicional estatal. Seria necessário não criar nenhum obstáculo de ordem financeira, garantindo, desta forma, que todos os conflitos intersubjetivos de interesses não solucionados sem a interferência do Estado-Juiz (espontaneamente) fossem levados aos tribunais, evitando-se a litigiosidade contida ou a "justiça informal" paralela.

Fez-se, portanto, o acesso aos Juizados Especiais de Causas Cíveis, em primeiro grau, sem ônus às partes, independentemente do resultado da demanda, ressalvadas algumas pouquíssimas hipóteses que veremos mais adiante.

Todavia, se o benefício adequava-se perfeitamente às expectativas da Lei das Pequenas Causas (Lei n. 7.244/1984, art. 51), o mesmo já não ocorre, na mesma proporção, quando transportado para a Lei n. 9.099/1995.

Justificava-se a isenção geral das despesas no primeiro grau de jurisdição no sistema revogado porque se partia da premissa de que estaríamos diante de uma justiça criada para atender à população mais carente, sobretudo pela limitação do valor da causa em vinte salários mínimos. Dizia-se, inclusive, que nas pequenas causas a gratuidade não dependia de requerimento, porque havia presunção de pobreza, a qual decorria da própria lei.[821]

Diverso é o microssistema atual, com valor de alçada ampliado para quarenta vezes o salário mínimo, que ainda chamou para si, em caráter opcional, a competência para as causas enumeradas no art. 3º, no qual se inclui, entre tantas demandas, a execução de títulos extrajudiciais. Hoje, a justiça especializada atende também à classe menos abastada da população, como aos inúmeros interesses da

---

horas, sob pena de conversão automática do arresto em penhora, registrou o magistrado que, a partir de então, passaria a fluir o prazo de 10 (dez) dias para a oposição de embargos à execução.

No mesmo sentido o Enunciado 37 do Fonaje, *in verbis*: "Em exegese ao art. 53, § 4º, da Lei n. 9.099/1995, não se aplica ao processo de execução o disposto no art. 18, § 2º, da referida lei, sendo autorizados o arresto e a citação editalícia quando não encontrado o devedor, observados, no que couber, os arts. 653 e 654 do CPC [art. 830 do CPC/2015].

Por sua vez, verificamos o Enunciado 43 do Fonaje, em contradição com o aludido Enunciado 37, nada obstante a situação jurídica ser exatamente a mesma, ou seja, a não localização do executado e a existência de bens passíveis de constrição: "Na execução do título judicial definitivo, ainda que não localizado o executado, admite-se a penhora de seus bens, dispensado o arresto. A intimação de penhora observará ao disposto no art. 19, § 2º, da Lei n. 9.099/1995".

Não encontramos justificativa para conferir tratamento jurídico distinto para os títulos executivos judiciais e extrajudiciais. Aliás, esse nosso entendimento deixamos registrado logo no início dos comentários ao art. 52 (cf. nota de rodapé n. 1, *supra*).

[821] Cf. Frigini, Ronaldo. *Comentários à Lei de Pequenas Causas*. São Paulo: LED, 1995, p. 413-415, n. 51.1 e 51.2.

chamada classe média (baixa, intermediária e alta); para chegarmos a esse resultado, basta considerar que o salário mínimo do povo brasileiro gira em torno de US$ 192,00 (cento e noventa e dois dólares).

Vê-se, sem maiores dificuldades, que o sistema do diploma revogado e o do atual não se equivalem nesse aspecto. Não foi feliz o legislador ao realizar a simples transposição do antigo art. 51 da revogada Lei para o art. 54 do novel microssistema. Teria andado melhor se tivesse mantido a gratuidade até o limite já estabelecido na Lei n. 7.244/1984 e para as hipóteses nas quais o postulante litigasse desacompanhado de procurador habilitado. Poderia também o sistema ter assegurado o benefício apenas até a fase conciliatória. Nos demais casos, observar-se-iam as regras norteadoras do CPC (arts. 82, § 2º, e 85). Mas não foi isso que se verificou.

A ampliação da isenção das custas e do ônus da sucumbência, em caráter absoluto, em primeiro grau dos Juizados Especiais representa, por vias transversas, o enriquecimento sem causa da parte perdedora e o empobrecimento desproposital do vencedor, que terá de suportar ao menos os honorários de seu advogado, se a demanda for de valor superior a vinte salários mínimos.

Por certo, o sucumbente deveria arcar com o ônus final, inclusive com honorários advocatícios, não sendo justo impor ainda mais essa sobrecarga ao vencedor, posto que representa limitação ou restrição ao seu próprio direito reconhecido em juízo, ou, indiretamente, a toda a sociedade, que assume o gravame por meio do erário, com as despesas processuais. A distinção legislativa deveria repousar tão só na circunstância econômica de cada um dos litigantes e não simplesmente em sua generalização.

Parece-nos ainda que existe afronta ao princípio da igualdade jurídica, porquanto se atribui ao vencedor o mesmo tratamento conferido ao perdedor da causa. Nada obstaria, se fosse o caso, de se aplicar o benefício da Lei n. 1.060/1950, que dispõe sobre a assistência judiciária gratuita, em sintonia com o disposto nos arts. 98 usque 102 do CPC.[822]

Outro problema que se tem verificado na prática forense, servindo como indicador da necessidade de uma revisão da aplicabilidade da supressão total do princípio da sucumbência nos Juizados Especiais Cíveis, reside na preocupante situação que envolve as *diligências dos oficiais de justiça*, entre outras despesas, tais como expedição de certidões e autenticação de documentos.[823]

Se não há dúvida de que a nova lei veio para facilitar e ampliar o espectro do acesso ao Judiciário, também não é menos verdadeiro que os serventuários ou o próprio Estado não podem arcar, incondicionalmente, com esse fardo.

Parece-nos que a *via di uscita* está na aplicação analógica da orientação já firmada pelo Superior Tribunal de Justiça, para as demandas nas quais a Fazenda Pública figura como parte.[824]

---

[822] Não se pode esquecer da orientação firmada pelo Superior Tribunal de Justiça, ao nosso sentir absolutamente correta, em aplicar o princípio da sucumbência, inclusive quando a parte perdedora fosse beneficiária da assistência judiciária gratuita. É a seguinte a súmula da decisão: "O acesso ao Judiciário é oneroso, ressalvadas as exceções legais. O vencido arcará com o pagamento das despesas, custas e honorários de advogado. A sucumbência é para ambas as partes, ainda que uma delas atue amparada pela assistência judiciária. Impõe-se a respectiva condenação. Em havendo mudança patrimonial do vencido, antes necessitado, cumpre efetuar o pagamento. Raciocínio contrário afetaria o princípio da igualdade jurídica entre autor e réu. Justifica-se a distinção, por fator econômico. A sentença, na espécie, não é condicional. Condicional é a execução. Inteligência da Lei n. 1.060/1950, art. 11, § 2º, e da Lei n. 4.215/1963, art. 94, II e III" (REsp 26.978-0-SP, registro 92.0022575-6, rel. Min. Vicente Cernicchiaro, v.u.). Lembramos que a Lei n. 4.215/1963, citada nessa decisão, foi revogada pela Lei n. 8.906/1994.
Ressalta-se ainda do corpo do v. aresto a lição distintiva entre o "ônus da sucumbência – igual para todas as partes – e disponibilidade de recursos para o pagamento. Aqui, sim, e não lá, reside a causa da distinção imposta pela isonomia".

[823] Assim também a Resolução n. 02/2003 do Conselho da Magistratura do TJSC: "(...) Art. 1º A autenticação de documento e a expedição de certidão referente a processos que tramitam no Juizado Especial destinadas a instruir os feitos de competência do Juízo Comum, não são alcançadas pela isenção prevista no art. 54 da Lei n. 9.099/1995 (...)".
Existe Projeto de Lei em tramitação no Congresso Nacional (n. 3.644/2008) que pretende alterar o art. 54, prevendo pagamento das diligências dos oficiais de justiça do âmbito dos Juizados Especiais. Em complementação, remetemos o leitor aos nossos apontamentos efetuados em nota de rodapé n. 7, *infra*.

[824] Isso porque "(...) não há legislação que obrigue o oficial de justiça a antecipar o pagamento das despesas com diligências necessárias à prática de atos de interesse de entidades públicas" (STJ, rel. Min. Peçanha Martins, *DJU I* 1-3-1993, p. 2503).

Analisando situação análoga, em face dos privilégios da Fazenda Pública, firmou orientação o Supremo Tribunal Federal, em aresto bem lançado da lavra do Ministro Moreira Alves, de onde se retira o seguinte excerto: "(...) No caso, o que pretende a Fazenda Pública, com base nos arts. 27 do CPC [art. 91, CPC/2015] e 39 da Lei n. 6.830, é que o oficial de justiça financie as atividades, em última análise, de seu patrão. Nenhum desses dispositivos determina que o serventuário da Justiça retire de sua remuneração – que é paga pelo próprio Estado – as quantias necessárias ao pagamento das despesas de condução para o exercício de suas funções, e depois, ou as receba ao final do vencido, ou não as receba ao final de ninguém, se a Fazenda for vencida, certo como que, neste último caso, em face dos termos do parágrafo único do art. 39, se vencida, a Fazenda ressarcirá o valor das despesas feitas pelo oficial de justiça em diligência do interesse da Fazenda.

"A questão não é, portanto, sequer de injustiça – que seria clamorosa –, mas de ausência de obrigação legal, a caracterizar hipótese típica do princípio de que ninguém é obrigado a fazer ou não senão em virtude de lei (art. 153, § 2º, da Carta Magna) (...) [texto da revogada Carta de 1967, cf. redação da Constituição de 1988, art. 5º, inciso II]".[825]

Contudo, se a lei local contiver previsão no sentido de o próprio Estado antecipar as importâncias concernentes às despesas por atos indispensáveis a serem cumpridos por serventuários, as partes interessadas no seu cumprimento nada haverão de pagar.

Não se pode perder de vista que, se a interpretação por critérios tradicionais conduzir à injustiça, incoerências ou contradição, recomenda-se buscar o senso equitativo, lógico e acorde com o sentimento geral. Custas e emolumentos, quanto à natureza jurídica, não se confundem com despesas para o custeio de atos decorrentes do caminhamento processual, não estando o meirinho obrigado a arcar, em favor da Fazenda Pública, também compreendidas as suas autarquias, com as despesas necessárias para a execução de atos judiciais;[826] o mesmo entendimento pode e deve ser aplicado em relação aos Juizados Especiais Cíveis.

Em síntese, se a lei dispensa o jurisdicionado que litiga no polo ativo da demanda do preparo inicial da causa (custas, taxas), tal assertiva não se aplica para as despesas processuais que deverão ser antecipadas no curso do processo pela parte interessada, sob pena de preclusão.[827]

No mesmo sentido, "os arts. 27 do CPC e art. 39 da Lei n. 6.830, de 22-9-1980, não obrigam o meirinho a financiar despesas para permitir a prática de atos processuais do interesse de entidades públicas, retirando de sua remuneração, que é paga pelo Estado, quantias com aquela finalidade. O caso não é de simples iniquidade, mas de obrigação legal" (STJ, rel. Min. Antônio de Pádua Ribeiro, *DJU I* 31-8-1992, p. 13641).

[825] RE 108845-SP, *RTJ*, v. 127/228-9.
Nesse sentido também, a Circular n. 138/1998 da CGJ do TJSC, revogada pela Circular 29/2008.
Em sentido contrário, e sem razão, o Enunciado 44 do Fonaje: "No âmbito dos Juizados Especiais, não são devidas despesas para efeito do cumprimento de diligências, inclusive, quando da expedição de cartas precatórias".

[826] Cf. STJ, Emb. Dev. em REsp 22.661-7-SP, registro 93.0010655-4, rel. Min. Milton Luiz Pereira, *RSTJ*, v. 71/43, jul. 1995.
Em São Paulo, Provimentos da Corregedoria-Geral de Justiça têm acolhido essa tese, com a orientação de que "o ressarcimento das despesas de condução do oficial de justiça será realizado pela Fazenda Pública do Estado de São Paulo, e pelas Fazendas Municipais interessadas, depois de entregue ao seu representante, especialmente indicado, a relação mensal dos mandados (modelo próprio) e cópias das certidões do respectivo cumprimento, observada a disciplina fixada nos itens 13, 14 e 15 e no subitem 26.2, deste Capítulo" (Cf. Cap. VI, item n. 28, apud Negrão, Theotonio. *Código de Processo Civil e legislação processual em vigor*. 30. ed. São Paulo: Saraiva, 1999, p. 98, art. 27, nota n. 6).

[827] No mesmo diapasão, a tese defendida por Wander Marotta Moreira, reforçando de maneira integral o nosso entendimento, *in verbis*: "A regra impede o pagamento de custas, isto é, a cobrança do conhecido preparo inicial da causa, aqui incluídas as taxas previdenciárias e as que, com estas, são destinadas a diversos órgãos que a lei contempla. Por outro lado, contudo, o que a lei isenta é o acesso, isto é, o ingresso, a possibilidade de ajuizamento do pedido. É óbvio, entretanto, que as despesas efetuadas no curso do processo poderão ser cobradas da parte que a requereu. Assim, o custo das gravações magnéticas (áudio e vídeo); os honorários do Perito; a condução do Oficial de Justiça; as despesas com correio, telegrama, fax etc.". E arremata o professor e Magistrado mineiro: "Essa cobrança se justifica porque o Judiciário não pode obrigar que esses trabalhos sejam prestados gratuitamente por terceiros, como no caso de peritos ou técnicos; nem pode obrigar o Oficial de Justiça a pagar pessoalmente as despesas que tiver com

2. DAS DESPESAS PROCESSUAIS EM GRAU DE RECURSO

A isenção das despesas a que nos referimos restringe-se, como princípio, ao primeiro grau de jurisdição. Se as partes entenderem que devem recorrer ao Colégio Recursal, deverão efetuar previamente o preparo, na forma estatuída no § 1º do art. 42 dessa Lei, o qual compreenderá todas aquelas típicas desta fase processual, assim como as que foram dispensadas inicialmente na instância *a quo*.

Dessa regra, excetuam-se os beneficiários da assistência judiciária gratuita que, para a obtenção do benefício, basta que assim declarem na própria petição inicial, contestação ou em recurso, nos moldes do disposto no art. 99 do Código de Processo Civil.[828]

Porém, "verificada a deserção, ante a inobservância do disposto no art. 54, parágrafo único, da Lei n. 9.099/1995, o deferimento posterior, ao apelante, dos benefícios da assistência judiciária, não tem o poder de levantar à deserção, eis que esta já se verificou. Assim, 'não pode o julgador conceder a gratuidade de justiça para o fim de levantar a deserção' (JTARGS – 83/188)".[829] Por outro lado, "indeferida a concessão do benefício da gratuidade da justiça requerido em sede de recurso, conceder-se-á o prazo de 48 horas para o preparo".[830]

O preparo, em sede de Juizados Especiais Cíveis, compreende *todas as despesas processuais, inclusive aquelas dispensadas em primeiro grau de jurisdição*, assim consideradas o porte de envio e de retorno, além de todas as demais despesas alusivas ao regular desenvolvimento do feito, na instância recorrida.

Todavia, a prática forense tem demonstrado que o recorrente, habituado ou mais afeito aos trâmites do processo tradicional, ao interpor o recurso previsto nos arts. 41 e 42 da Lei n. 9.099/1995, recolhe apenas as custas pertinentes ao porte de remessa e retorno dos autos à origem, nos termos regimentais da lei local. Cai no esquecimento, por conseguinte, o recolhimento das despesas que não foram objeto da condenação, mas que se faziam indispensáveis, conforme exigência contida no parágrafo único do art. 54.

---

condução, afastados, é claro, os emolumentos ou custas de diligências" (*Juizados Especiais Cíveis*. Belo Horizonte: Del Rey, 1996, p. 98, n. 16.1), desde que previamente remunerados nos termos da lei local.

O entendimento por nós esposado foi também acolhido, entre outros, pelo Judiciário Catarinense, que fixou orientação normativa nesse sentido, mediante Circular (138/1998) baixada pela Corregedoria-Geral de Justiça, em 27-11-1998. Posteriormente, o mesmo Corregedor-Geral de Justiça emitiu a Circular n. 189/1999, por meio da qual determinou fosse desconsiderada a congênere antes referida quando no cumprimento de precatórias expedidas em feitos que tramitam sob a égide da Lei n. 9.099/1995 e oriundas de outros estados da Federação. Em outras palavras, só nos processos de competência dos Juizados Especiais que tramitam no estado de Santa Catarina é que devem ser cobradas as diligências dos oficiais de justiça. Nas precatórias oriundas de outros Estados da Federação não são devidas tais verbas, nos precisos termos da circular mencionada. As aludidas circulares foram revogadas pela circular 29/2008. Já apresentamos à Comissão de Reforma do sistema instrumental civil, liderada pelos Ministros Sálvio de Figueiredo Teixeira e Athos Gusmão Carneiro, proposta de alteração de vários dispositivos da Lei n. 9.099/1995, dentre eles o art. 54, tendo sensibilizado fortemente os festejados professores.

A redação proposta é a seguinte:

"Art. 54. O acesso ao Juizado Especial independerá, em primeiro grau de jurisdição, do pagamento das custas, taxas ou despesas, o que não se confunde com a incidência do princípio da sucumbência. § 1º Quando houver necessidade de cumprimento de atos judiciais por oficial de justiça, contador ou leiloeiro, a parte interessada providenciará o depósito prévio das custas das diligências, salvo se beneficiária da assistência judiciária gratuita e respeitadas as normas específicas locais. § 2º (Cf. redação do atual parágrafo único)".

[828] Entendemos desacertado o Enunciado 116 do FONAJE, que preconiza, *in verbis*: "O Juiz poderá, de ofício, exigir que a parte comprove a insuficiência de recursos para obter a concessão do benefício da gratuidade da justiça (art. 5º, LXXIV, da CF), uma vez que a afirmação da pobreza goza apenas de presunção relativa de veracidade". Assim entendemos porque a lei específica (Lei n. 1.060/1950) não faz tal exigência, prevendo, inclusive, a pena de pagamento de até o décuplo das custas judiciais na hipótese de afirmação não verdadeira. Por sua vez, o CPC/2015 estabelece que se presume verdadeira a alegação de insuficiência deduzida exclusivamente por pessoa natural (art. 99, § 3º) e, antes de indeferir o pedido, o juiz oportunizará à parte que faça a prova do preenchimento dos requisitos à obtenção do benefício pleiteado (CPC, art. 99, § 2º).

[829] Cf. 2ª Turma de Recursos/SC, AC 2.061/2.001, Blumenau, rel. Juiz Rubens Schulz, j. 20-11-2000, por maioria.

[830] Enunciado 115 do FONAJE.

Sobre o tema, dois entendimentos existem: *a)* o que se funda em interpretação literal do art. 54, parágrafo único, da Lei n. 9.099/1995, considerando deserto o recurso da parte que não recolheu integralmente as custas e despesas processuais; *b)* o que aplica, subsidiariamente, o disposto no art. 1.007, § 2º, do CPC, *in verbis*: "A insuficiência no valor do preparo, inclusive porte de remessa e de retorno, implicará deserção se o recorrente, intimado na pessoa de seu advogado, não vier a supri-lo no prazo de 5 (cinco) dias".

Ora, afigura-se mais do que lógico, porquanto justo e sintonizado com os princípios norteadores dos Juizados Especiais (sobretudo celeridade, informalidade e economia), o segundo (*b*) entendimento; se a complementação do preparo se faz admissível em sede de Justiça Comum, com maior razão há de se acolher a mesma providência em sede de Juizados Especiais.

> **Art. 55.** A sentença de primeiro grau não condenará o vencido em custas e honorários de advogado,[1] ressalvados os casos de litigância de má-fé.[2] Em segundo grau, o recorrente, vencido, pagará as custas e honorários de advogado, que serão fixados entre 10% (dez por cento) e 20% (vinte por cento) do valor de condenação ou, não havendo condenação, do valor corrigido da causa.[3]
>
> Parágrafo único. Na execução não serão contadas custas, salvo quando:[4]
>
> I – reconhecida a litigância de má-fé;
>
> II – improcedentes os embargos do devedor;
>
> III – tratar-se de execução de sentença que tenha sido objeto de recurso improvido do devedor.

1. DA INEXISTÊNCIA DE SUCUMBÊNCIA (COMO REGRA) NO PROCESSO COGNITIVO EM PRIMEIRO GRAU DE JURISDIÇÃO

Objetiva-se, com esta medida de exclusão total da sucumbência do vencido (ou vencidos, na hipótese de reciprocidade da sucumbência = acolhimento parcial do pedido),[831] estimular as partes a não recorrerem, tendo em vista que, em segundo grau, o recorrente vencido pagará as custas e honorários de advogado; se a hipótese for de sucumbência recíproca, cada qual pagará proporcionalmente a sua parte das despesas.

Conforme já assinalamos nos comentários ao artigo precedente, o legislador *não* poderia ter confundido o *acesso gratuito à justiça* com o *ônus da sucumbência*. Se a dispensa das custas iniciais é digna de nota, visto que tem por escopo não obstaculizar, de qualquer maneira, o acesso à jurisdição estatal, visando à minimização do fenômeno da litigiosidade contida, por outro lado não se vislumbra razão plausível para o vencido deixar de arcar com as despesas processuais e os honorários da parte *ex adversa*.

O sistema, tal como está formulado, onera injustamente o vencedor, que acaba arcando com os honorários de seu advogado – e seria leda ingenuidade imaginar que os causídicos prestarão seus serviços profissionais gratuitamente –, ressalvando-se sempre as hipóteses de assistência judiciária.

---

[831] Apresentamos ao Instituto Brasileiro de Direito Processual, atendendo honrosa solicitação que nos foi dirigida, na pessoa do Professor Athos Gusmão Carneiro, esboço de anteprojeto de lei para modificação de diversos dispositivos da Lei n. 9.099/1995, dentre eles o art. 55, com a seguinte redação: "Art. 55. A sentença de primeiro grau não condenará o vencido em custas e honorários de advogado, ressalvados os casos de litigância de má-fé. Em segundo grau, *o vencido* pagará as custas e honorários de advogado, que serão fixados entre 10% (dez por cento) e 20% (vinte por cento) do valor da condenação ou, não havendo condenação, do valor corrigido da causa" (grifamos).

A justificativa para a proposta de mudança legislativa foi a seguinte: "A redação atual dispõe que, '(...) em segundo grau, o *recorrente*, vencido, pagará (...)' em manifesta dissintonia com o princípio da sucumbência, na exata medida em que haverá de ser o perdedor do recurso que pagará as despesas e honorários advocatícios ou, se verificada a sucumbência recíproca, proceder-se-á ao rateio proporcional".

Pelos mesmos motivos, não há de se admitir que o Estado termine por arcar com todas as despesas decorrentes do trâmite processual (correios, fax, contador, oficial de justiça etc.), quando as partes possuem plena capacidade financeira para o adiantamento das despesas processuais que se fizerem necessárias, após a propositura da demanda – esta, sim, sempre gratuita.

Foi ilusão (ou ingenuidade) do legislador imaginar que somente os menos afortunados economicamente acorreriam aos Juizados Especiais Cíveis. Nossa experiência forense tem demonstrado que não apenas os menos abastados, mas também a classe média (baixa e média) e a própria classe social definida como "alta" (ou "A") tem buscado também a solução de seus conflitos mediante a justiça especializada, ou mesmo figurando no polo passivo das demandas.

O que não se pode perder de vista é a necessidade urgente de se fazer uma *reforma da Lei n. 9.099/1995*, inclusive sobre esse ponto crucial, pois o que se tem verificado frequentemente na prática forense é que, em alguns casos, o ajuizamento de ações transformou-se em *direito lotérico*, visto que o autor, a princípio, nada tem a perder com a propositura da ação, ou seja, ganha ou nada perde.

2. LITIGÂNCIA DE MÁ-FÉ, PRÁTICA DE ATO ATENTATÓRIO À DIGNIDADE DA JUSTIÇA E SUCUMBÊNCIA

Verificando-se a litigância de má-fé (CPC, art. 80), além da condenação ao pagamento de multa superior a 1% e inferior a 10% sobre o valor da causa devidamente corrigida e a indenização à parte contrária dos prejuízos que esta sofreu, cujo valor será fixado pelo juiz (art. 81, § 3º, do CPC) arcará ainda o litigante desleal com a sucumbência, em sua inteireza, ou seja, as despesas processuais e os honorários advocatícios (CPC, arts. 82, § 2º, e 85), fixados pelo julgador em primeiro grau de jurisdição.

Verificada a prática de *ato atentatório à dignidade da justiça* (CPC, art. 77, IV), incidirá contra o faltante nas sanções estabelecidas no parágrafo segundo do mencionado dispositivo, sem óbice de aplicação cumulativa com as sanções pertinentes à litigância de má-fé; nesses casos, a gratuidade da justiça não abrange as referidas penalidades.[832] Em se tratando de execução, também poderá o devedor incidir na prática de *ato atentatório à dignidade da justiça* (CPC, art. 774), com as penas estabelecidas no parágrafo único do aludido dispositivo.

3. DA SUCUMBÊNCIA EM SEGUNDO GRAU DE JURISDIÇÃO

A fixação dos *honorários advocatícios* será estabelecida pelo Colégio Recursal, em porcentagem que deve girar entre 10% a 20% do valor da condenação, do proveito econômico obtido ou, não sendo possível mensurá-lo, sobre o valor atualizado da causa, obedecendo-se aos critérios do art. 85, § 2º, do CPC.

A condenação do vencido em honorários advocatícios independe da apresentação de contrarrazões de recurso.[833] A exceção reside em hipótese na qual o juiz reconhecer, de ofício, ou a requerimento da parte, a litigância de má-fé.

Ao Colégio Recursal caberá a fixação da verba honorária que será arcada pela parte sucumbente (art. 55 da Lei n. 9.099/1995), atendendo aos parâmetros estabelecidos nos arts. 84 e 85, § 2º, do CPC. Pouco importa se o sucumbente, em segundo grau de jurisdição, é o recorrente ou o recorrido. Na segunda parte do *caput* do art. 55 da Lei n. 9.099/1995, disse menos o legislador do que desejava, tendo em vista que, não raramente, ambas as partes recorrem da sentença de primeiro grau, mantendo-se ou modificando-se (total ou parcialmente) a decisão impugnada.

Assim, para fins de incidência cabal do princípio da sucumbência em segundo grau, o que deve nortear o julgador é a identificação do sujeito perdedor da causa, independentemente de se tratar de recorrente ou o recorrido. Em outras palavras, o "recorrido vencido", por óbvio, deve também

---

[832] Semelhante o Enunciado 114 do Fonaje.
[833] Cf. Enunciado 96 do Fonaje.

ser condenado ao pagamento de despesas processuais e honorários advocatícios. Se assim não for, se aplicada isoladamente a regra do art. 55, *caput*, segunda parte, da Lei n. 9.099/1995, chega-se à absurda conclusão de que, se vencedor o recorrente, o recorrido perdedor não arcará com a sucumbência alguma.

Da mesma forma, responderá pelas despesas processuais e honorários advocatícios o recorrente que não teve conhecido o seu apelo por ausência de pressuposto de admissibilidade.[834]

No mais, reportamo-nos aos itens precedentes, no que concerne às críticas feitas à forma irrestrita e não criteriosa utilizada pelo legislador para excluir o princípio da sucumbência em primeiro grau dos juizados.

4. DAS DESPESAS E HONORÁRIOS NO PROCESSO DE EXECUÇÃO

Seja a *execução* fulcrada em *título judicial ou extrajudicial*, as regras a serem aplicadas são praticamente as mesmas do processo de conhecimento.

O princípio da sucumbência nos Juizados Especiais incidirá somente quando ocorrer o reconhecimento de litigância de má-fé, ato atentatório à dignidade da justiça, quando se tratar de execução de sentença que tenha sido objeto de recurso improvido do devedor, ou, ainda, de julgamento improcedente dos embargos.

Situação merecedora de destaque diz respeito aos *honorários advocatícios* em sede de execução (fundada em título judicial ou extrajudicial), embargada ou não.

Se o sucumbente não cumpre espontaneamente o julgado e permanece inerte após a intimação para esse fim específico, arcará com honorários advocatícios de 10% (art. 523, § 1º, do CPC), além da multa de 10%. Efetuado o pagamento parcial no prazo previsto no *caput* do art. 523 do CPC, a multa e os honorários mencionados incidirão sobre o restante inadimplido (art. 523, § 2º, do CPC).

Não temos a menor dúvida de que o Código de Processo Civil, na qualidade de macrossistema instrumental, aplica-se também à Lei n. 9.099/1995, se e quando inexistirem normas específicas a respeito do tema ou não afrontar nenhum de seus princípios orientadores (art. 2º). Aliás, sobre essa matéria, diante de sua importância, reservamos para exame um ponto específico nesta obra (cf. art. 1º, item n. 2, *supra*), somando-se ao fato de que os arts. 52 (execução de sentença) e art. 53 (execução de título extrajudicial), ambos da Lei n. 9.099/1995, reportam-se à incidência das regras atinentes ao tema em voga contidas no Código de Processo Civil, com as modificações (particularidades) introduzidas pela Lei dos Juizados Especiais.

A Seção XV do Capítulo II da Lei dos Juizados Especiais destina-se a regular as execuções de títulos judiciais e extrajudiciais, não fazendo alusão à sucumbência no tocante aos honorários advocatícios. Por sua vez, a Seção XVI, que trata exclusivamente das despesas processuais, também é omissa a respeito dessa matéria, observando apenas no parágrafo único do art. 55 que na execução – de título judicial ou extrajudicial – não serão cobradas custas, salvo se declarada a litigância de má-fé de qualquer das partes, se rejeitados os embargos ou tratar-se de execução de sentença que tenha sido objeto de recurso do devedor que acabou sendo improvido.

A exclusão da possibilidade de incidência de verba honorária aparece, tão somente, no *caput* do art. 55, primeira parte, alusiva aos processos de conhecimento, na medida em que pressupõe a prolação de "sentença de primeiro grau".

Portanto, inexiste na Lei n. 9.099/1995 regra específica capaz de obstar a incidência de honorários advocatícios em demandas executivas; resta agora verificar se os princípios norteadores dos Juizados Especiais impedem a aplicação subsidiária do art. 85 do CPC, no que couber.

Se confrontado, isoladamente, com o *princípio da economia*, apontado no art. 2º da Lei n. 9.099/1995, chegaremos à conclusão no sentido de que a verba honorária não pode incidir, de uma

---

[834] Assim também o Enunciado 122 do Fonaje, *in verbis*: "É cabível a condenação em custas e honorários advocatícios na hipótese de não conhecimento do recurso inominado".

forma geral, em execução; mas a linha de raciocínio não há de ser apenas essa, exigindo que outros aspectos sejam também considerados.

Como já tivemos oportunidade de afirmar precedentemente, o princípio em questão orienta os Juizados Especiais objetivando a facilitação do acesso à justiça, não sendo admissível confundir sucumbência com gratuidade voltada ao ingresso na jurisdição especializada. Ademais, o exequente é detentor de título revestido de certeza, liquidez e exigibilidade, cuja pretensão se faz insatisfeita, o que agrava a situação jurídica do executado.

Todavia, a incidência de honorários advocatícios em *execução de título executivo extrajudicial não embargada* não se afigura compatível com a orientação insculpida no art. 2º da Lei n. 9.099/1995 e seu art. 54, que determina o acesso gratuito aos Juizados, independente de pagamento de custas, taxas e despesas, no qual se inclui a verba honorária.

Diferente é a situação das *execuções fundadas em título executivo judicial*, tendo-se em conta que o exequente já passou pelo processo de conhecimento, e, em fase subsequente, em razão da recalcitrância do sucumbente em cumprir com a sentença que lhe foi desfavorável, necessita ainda, para obter a satisfação de sua pretensão, trilhar pela fase execucional, com todos os percalços dela decorrentes, somando-se a impiedosa incidência do tempo no processo.

Nesses casos, conforme já assinalamos ao comentar o art. 52 da Lei n. 9.099/1995, aplica-se, no que couber, as inovações inseridas no Código de Processo Civil para o cumprimento da sentença, nos moldes do preconizado nos arts. 513/519.

Seção XVII
Disposições Finais

> **Art. 56**. Instituído o Juizado Especial, serão implantadas as curadorias necessárias e o serviço de assistência judiciária.[1]

1. DAS CURADORIAS E ASSISTÊNCIA JUDICIÁRIA

A preocupação do legislador, como se pode constatar facilmente, não se limita a permitir o acesso à justiça. Procura mergulhar na sua mais ampla e verdadeira acepção com o escopo de possibilitar ao jurisdicionado carente todo o sistema de proteção que garanta o *devido processo legal* (em que se inclui a *paridade de armas*) e, ainda, prestar serviços preventivos de assistência jurídica.

Para que se concretize esse desiderato, faz-se mister que as leis locais de organização judiciária – que na verdade serão a "alma" desses Juizados –, dentre outras abordagens, afrontem as questões concernentes às curadorias e ao serviço de assistência judiciária. Sem isso, torna-se muito difícil o funcionamento dessas unidades jurisdicionais, da forma como se espera e anseia.

> **Art. 57**. O acordo extrajudicial, de qualquer natureza ou valor, poderá ser homologado, no juízo competente, independentemente de termo, valendo a sentença como título executivo judicial.
> Parágrafo único. Valerá como título extrajudicial o acordo celebrado pelas partes, por instrumento escrito, referendado pelo órgão competente do Ministério Público.[1]

1. DA VALIDADE JURÍDICA DO ACORDO EXTRAJUDICIAL

Como já tivemos oportunidade de dizer em tantas passagens deste nosso estudo, a intenção do legislador está voltada permanentemente para a forma alternativa tão prestigiada no processo civil moderno, que é nada menos do que a autocomposição (v. *Introdução: a crise jurídica e judiciária*, item n. 1.1.3 e art. 2º, itens 7 e 8). E assim o faz, porque é sabedor de que o processo judicial não resolve, em regra, o conflito sociológico existente entre as partes, mas tão somente a lide jurídica, que representa apenas uma parcela do conflito intersubjetivo que é levado ao conhecimento do julgador.

Tem consciência também o legislador de que a sentença, como ato típico de império que é, emanado da vontade do Estado-Juiz, representa sempre uma violência contra o jurisdicionado, significando imposição, em vez de composição (amigável).

Desta feita, o acordo de qualquer natureza (com objeto lícito) ou valor, mesmo que ultrapasse os limites do inciso I do art. 3º dessa lei, poderá ser homologado nos Juizados Especiais, independentemente de termo, adquirindo a sentença homologatória a validade e força de título executivo judicial, para os seus devidos fins (art. 515, inciso III, do CPC).

Assim também já se manifestou o 2º Tribunal de Alçada Cível de São Paulo, em acórdão da lavra do Juiz Francisco Barros: "(...) É induvidoso que, seja sob a égide da Lei n. 7.244/1984 ou sob a atual Lei n. 9.099/1995, a intenção da lei é no sentido de ampliar a faculdade homologatória de acordos extrajudiciais para além do Juizado Especial, alcançando assim o juízo comum".[835]

Porém, se para o *processo judicial litigioso* não há dúvidas que "ficam excluídas da competência dos Juizados Especiais as demandas de alimentos, família, entre outras da mesma natureza",[836] além daquelas apontadas no art. 3º, § 2º (em razão da matéria) e art. 8º, *caput* e § 1º (em razão das pessoas), a mesma orientação não encontra respaldo em se tratando de *autocomposição* (art. 57, *caput*).

Significa dizer que, no tocante ao valor, para fins de homologação de acordo extrajudicial, não haverá nenhuma limitação de alçada, enquanto todas as matérias, inclusive aquelas não elencadas no art. 3º, poderão ser também objeto de conhecimento para os fins aqui delineados, com as ressalvas apontadas anteriormente.

Terá a mesma validade o acordo celebrado entre as partes, por instrumento escrito e referendado pelo órgão do Ministério Público.

Na verdade, o art. 57 da Lei n. 9.099/1995 está a merecer maior atenção e realce, diante da possibilidade conferida aos jurisdicionados de resolverem seus conflitos por meio de *acordos não jurisdicionalizados* (autocomposição extrajudicial).

Nesses casos, resolve-se a lide sociológica de maneira puramente não adversarial, isto é, sem a instauração de processo e, por conseguinte, sem demanda e formação de *lide jurídica,* com chancela conferida pelo microssistema aos acordos extrajudiciais que são apresentados ao Estado-Juiz, ou ao Ministério Público; assim, equiparam-se esses acordos a títulos judicial ou extrajudicial, respectivamente.

Nada obstante tratar-se de regra que facilita a autocomposição, tem sido pouco utilizada na prática forense, desconhecendo-se, na verdade, a razão desse fato. Uma coisa é certa: há de se instituir nos Estados, e, difusamente, em bairros, municípios, distritos e subdistritos, uma política judicial direcionada à resolução não adversarial dos conflitos.

Observadas as limitações instituídas no art. 8º da Lei n. 9.099/1995, o legislador abriu um enorme leque em sede de competência dos Juizados Especiais Cíveis para fins de conciliação, como verdadeira exceção às regras insculpidas no art. 3º, inciso I (valor) e § 2º (matéria). Significa dizer que os limites referidos têm pertinência tão somente no que concerne às lides institucionalizadas, ou seja, para fins de resolução de conflitos em sede adversarial (lide e processo jurisdicionalizados).

Em síntese, segundo o próprio texto legal, as matérias de quaisquer natureza e valor (inexistência de limite qualitativo ou quantitativo) podem ser objeto de acordo e homologadas perante o juiz togado dos Juizados Especiais, ampliando-se, em muito, o espectro da autocomposição.[837]

---

[835] Cf. Ap.Civ. 454316, Jacareí, j. 7-5-1996.
[836] Cf. TJSC, CC 2874, Tubarão, rel. Des. Amaral e Silva, *DJE* 10-7-1996.
[837] Nesse sentido decidiu a 3ª Turma Recursal do Distrito Federal: "Execução de alimentos. Art. 57 e parágrafo único da Lei n. 9.099/1995. Aplicação transcendente à órbita dos Juizados Especiais. Acordo referendado pelo Ministério

Por outro lado, para a melhor consecução da norma insculpida no parágrafo único do art. 57, é de bom alvitre que o Poder Judiciário estabeleça, com o Ministério Público, diretrizes comuns para a sua efetivação.

Ampliando a possibilidade de autocomposição, dispôs o legislador no parágrafo único do art. 57 da Lei n. 9.099/1995 que "valerá como título extrajudicial o acordo celebrado pelas partes, por instrumento escrito, referendado pelo órgão competente do Ministério Público". Nesses casos está dispensada a homologação do acordo pelo Estado-Juiz.

Contudo, o acordo extrajudicial firmado pelas partes litigantes, não referendado pelo Ministério Público ou não homologado pelo Estado-Juiz, não exclui os efeitos dele decorrentes. Nos dizeres de SÍLVIO VENOSA, "a ausência de homologação não inibe os efeitos da transação entre as partes. Isso quando, evidentemente, é extrajudicial e feita fora dos autos. Trata-se de um contrato. A homologação apenas empresta valor processual à transação. Não homologada, mas absolutamente válida e eficaz, o caminho processual será mais longo. A homologação apenas dota a transação ultimada fora dos autos de caráter executório. A homologação é mera confirmação do ato. Pode ocorrer posteriormente a qualquer momento (RT 413/193, 580/187, 550/110, 497/122)".[838]

Diante do espírito "conciliador" de que está imbuído o art. 57, parece-nos também possível que o pedido de homologação de acordo seja feito também por pessoa jurídica, na medida em que o dispositivo não faz restrição a esse respeito. O que o legislador desejou com o dispositivo em comento foi ampliar ao máximo a possibilidade de pacificação dos conflitos, com ou sem instauração de demanda.

Homologado o acordo, na forma prevista no art. 57, a princípio, a efetivação da autocomposição processar-se-á espontaneamente. Porém, fazendo-se mister a intervenção jurisdicional, a execução será processada perante o "juízo competente", não necessariamente perante os Juizados Especiais.

Em outras palavras, a execução forçada do acordo descumprido será realizada no juízo que seria competente para o processo de conhecimento ou de execução, que poderá ser o próprio Juizado Especial, vara cível de competência comum ou vara de família.

Em complementação ao que acabamos de dizer, para não incidirmos em repetição, remetemos o leitor interessado ao item n. 1.1.6 da Introdução desta obra, em que tratamos, com vagar, do tema *acordos não jurisdicionalizados com força de título (judicial ou extrajudicial)*.

> **Art. 58.** As normas de organização judiciária local poderão estender a conciliação prevista nos arts. 22 e 23 a causas não abrangidas por esta Lei.[1]

1. DA EXTENSÃO DAS HIPÓTESES DE CONCILIAÇÃO

As leis locais, como acabamos de dizer, têm papel importantíssimo na efetivação destes Juizados, podendo ser consideradas a sua "alma", posto que darão vida, energia e força à consecução das unidades jurisdicionais especializadas.

Por isso, poderão estender a conciliação a hipóteses não abrangidas e não obstadas por essa lei.

Público. Recurso provido. I – A despeito de inseridos na Lei n. 9.099/1995 o art. 57 e seu parágrafo podem ser aplicados às causas excluídas da competência dos Juizados Especiais, em razão da natureza da lide ou do valor excedente a quarenta salários mínimos. II – Acordo de alimentos referendado pelo Ministério Público constitui título hábil a embasar respectiva execução" (ACI 1999.081.000.5483, APC/DF, rel. Nivio Gonçalves, j. 19-8-1999, *DJDF* 1-12-1999, p. 18).

[838] VENOSA, Sílvio. *Direito civil*: teoria geral das obrigações e teoria geral dos contratos. 3. ed. São Paulo: Atlas, 2003, p. 308.

> **Art. 59.** Não se admitirá ação rescisória nas causas sujeitas ao procedimento instituído por esta Lei.[1]

1. AÇÃO RESCISÓRIA, AÇÃO ANULATÓRIA, RECURSO ESPECIAL E RECURSO EXTRAORDINÁRIO

1.1 Ação rescisória

A matéria pertinente aos recursos e meios de impugnação contra as decisões (*lato sensu*) judiciais já foi por nós afrontada nos comentários aos arts. 41 a 46, *supra*, razão pela qual, neste tópico, versaremos pontualmente sobre o tema e, para maior aprofundamento, remetemos o leitor interessado aos dispositivos mencionados, em particular os comentários ao art. 41.

Contudo, deixamos reservado este último artigo para abordar, juntamente com a ação rescisória, outros temas não menos polêmicos em nossa doutrina e jurisprudência, sobretudo quando analisados sob o prisma dos Juizados Especiais.

Francamente, não encontramos razões plausíveis para excluir a *ação rescisória* do elenco dos meios de impugnação contra as decisões proferidas nestes Juizados, porquanto não nos parece razoável admitir (seria até ingenuidade) que os juízes de primeiro grau ou os Colégios Recursais não incidirão jamais em quaisquer das hipóteses figuradas no art. 966 do CPC.

Assim como a estabilidade da relação jurídica entre as partes litigantes depende no futuro, após a decisão definitiva, da segurança da coisa julgada, a manutenção, no mundo jurídico, de sentenças proferidas ao arrepio da lei ou dos verdadeiros fatos causam, sem dúvida, o efeito reverso.

Mas a lei assim afirmou e com clareza, repetindo *ipsis litteris* o teor do art. 57 da revogada Lei n. 7.244/1984, tornando impossível juridicamente essa pretensão (falta de interesse de agir), razão pela qual não podemos deixar de aplicá-la.[839]

Porém, lançamos mais uma vez o alerta com a esperança de que sejamos ouvidos pelo legislador ao proceder-se à reforma da Lei n. 9.099/1995 (que há muito já se exige, em face dos inúmeros problemas e atecnias verificados no microssistema), de maneira a modificar a redação deste art. 59, e, finalmente, passar a admitir a ação rescisória também em sede de Juizados Especiais.

Para arrematar, observa-se que a demanda rescisória, se acolhida nos Juizados Especiais, em nada afronta o texto constitucional (art. 98, I) ou o princípio da oralidade (com os seus subprincípios recepcionados no art. 2º da Lei n. 9.099/1995), pois não traz qualquer interferência para o trâmite da demanda cognitiva ou de execução. Aliás, sem sentido algum o preceito normativo que exclui dos Juizados Especiais esse tipo de demanda que, em tudo e por tudo, visa apenas à recomposição da justiça da decisão tomada em desconformidade com a lei, em observância aos preceitos estabelecidos no art. 966 do CPC. *Mutatis mutandis*, o que está a dizer com art. 59 da Lei n. 9.099/1995, em outros termos é que, por exemplo, a decisão de mérito, transitada em julgado e proferida por força de prevaricação, concussão ou corrupção do juiz (CPC, art. 966, I), em sede de Juizados Especiais, não poderá ser desconstituída.[840]

---

[839] Nesse sentido, já se manifestou o TJSC, em acórdão de minha relatoria: "(...) Visando invalidar uma sentença prolatada no âmbito dos Juizados Especiais, deve o interessado dirigir sua pretensão em instância imediatamente superior ao juízo prolator do provimento jurisdicional impugnado, ou seja, perante o respectivo Colégio Recursal, não sendo o Tribunal de Justiça competente para conhecimento de meios de impugnação ou demandas oriundas da jurisdição especializada. Outrossim, apenas *ad argumentandum*, assinala-se a impossibilidade jurídica do ajuizamento de ação rescisória em sede de Juizados Especiais (art. 59 da Lei n. 9.099/1995)" (AC 2007.056527-7, Rio do Sul, j. 23-7-2010, v.u.).

[840] Não se pode esquecer que, nesses casos, a delicada questão atinente à *responsabilidade civil do Estado-Juiz* passa também pelo crivo da ação rescisória com base nos fundamentos apontados no exemplo indicado. Para aprofundamento sobre o tema da *Responsabilidade civil do Estado-Juiz*, v. a nossa monografia assim intitulada, especialmente o item VIII, em que tratamos do *erro judiciário* stricto sensu ou *inexatidão técnico-jurídica* (p. 59-69).

Por todas essas razões, enquanto não acolhida no microssistema dos Juizados Especiais a ação rescisória, servirá a ação anulatória como instrumento de correção desses julgados, em interpretação sistemática com o Código de Processo Civil (v. item n. 1.2 seguinte).

Foi justamente por inexistir ação rescisória em sede de Juizados Especiais que o Superior Tribunal de Justiça passou a admitir, em caráter excepcional, a impetração de mandado de segurança contra as decisões de Turmas Recursais manifestamente incompetentes, a ser interposto perante o Tribunal de Justiça a que se encontram vinculadas.[841] Para maior aprofundamento sobre o tema atinente ao "mandado de segurança", remetemos o leitor interessado aos nossos comentários ao art. 41, item n. 1.4, *supra*.

1.2 Ação anulatória

Dando sequência ao item precedente, enquanto não se procede à alteração do art. 59, conforme acabamos de assinalar, a solução possível para o problema posto encontra-se no ajuizamento excepcional de *ação anulatória a ser proposta no próprio Juizado em que a decisão impugnada foi proferida*; assim, tratando-se de decisão monocrática de primeiro grau, a propositura dar-se-á perante o juiz togado da respectiva unidade jurisdicional competente; se a desconstituição for de acórdão de Turma Recursal, perante o mesmo colegiado haverá de ser ajuizada a ação.

Salienta-se que "a Justiça Comum não tem competência para processar e julgar ação de anulação de ato jurisdicional quando as decisões que se pretende anular são emanadas de Juizado Especial e Turma de Recursos, mesmo que elas tenham sido eventualmente proferidas por Juízo incompetente. Desta forma, se a demanda desconstitutiva foi ajuizada e julgada por juiz cível de competência residual comum, mister se faz anular o processo, *ab initio*, remetendo-se os autos à distribuição para proceder o direcionamento do processo ao Juizado Especial competente".[842]

Por outro lado, a ação anulatória de ato jurisdicional encontra larga aplicabilidade nos Juizados Especiais para os casos respeitantes aos "atos de disposição de direitos, praticados pelas partes ou por outros participantes do processo e homologados pelo juízo, bem como os atos homologatórios praticados no curso da execução (...)" (CPC, art. 966, § 4º); basta mencionar, por exemplo, os casos de sentença homologatória de conciliação ou laudo arbitral que não são atacáveis por meio de recurso.[843]

Há de se considerar também que não se confunde a chamada *ação anulatória* ou *ação de nulidade de ato jurisdicional* com a secular *querela nullitatis*, que se funda na inexistência de ato em

---

[841] RMS 17.524-BA, j. em 2 de agosto de 2006, em que ficam patentes as razões que se fundam na inexistência de recurso ou meio de impugnação nos Juizados para corrigir decisões teratológicas, limitando-se os Tribunais de Justiça (TRFs ou STJ) apenas a conhecer de questões atinentes ao controle da competência, sem adentrar no mérito da causa. Assim também v. RMS, 49.955-GO, rel. Min. Moura Ribeiro, j. em 23-6-2015, DJe 17-8-2015.

[842] Cf. TJSC, AC 2006.003668-7, Blumenau; rel. Des. Joel Figueira Júnior; 1ª Câm. de Dir. Civ., j. 8-1-2008. No mesmo sentido, da lavra do mesmo relator, o seguinte julgado: "Apelação cível. Ação anulatória de acórdão proferido por turma recursal em sede de juizado especial ajuizada perante vara cível de competência residual. Incompetência absoluta da justiça comum para apreciar o pedido. Ausência de pressuposto processual intrínseco de validade. Nulidade manifesta. Competência do juizado especial cível que processou a demanda ressarcitória para o conhecimento de pretensão desconstitutiva de seus julgados. Matéria de ordem pública. Declinação de juízo conhecida de ofício.
"A Justiça Comum não tem competência para processar e julgar *ação de anulação de ato jurisdicional* quando as decisões que se pretende anular são emanadas de Juizado Especial e Turma de Recursos, mesmo que elas tenham sido eventualmente proferidas por Juízo incompetente.
"Desta forma, se a demanda desconstitutiva foi ajuizada e julgada por Juiz Cível de competência residual comum, mister se faz anular o processo, *ab initio*, remetendo-se os autos à distribuição para proceder o direcionamento do processo ao Juizado Especial Competente" (AC 2006.003668-7, Blumenau, j. 20-10-2007, v.u.).
Na mesma linha, v. TJSC, AC 2001.003171-5, Brusque, rel. Des. Joel Figueira Jr., j. 7-10-2008, v.u.).

[843] A 2ª Turma Recursal de Santa Catarina admitiu a possibilidade de ajuizamento de ação anulatória, nos seguintes termos: "A Lei n. 9.099/1995, em seu art. 41, não prevê a hipótese de interposição de recurso da sentença homologatória de conciliação ou laudo arbitral, motivo pelo qual não se conhece do recurso interposto. Fica ressalvado à parte prejudicada, nas hipóteses legais, o ajuizamento da competente ação anulatória" (AC 2068/2001, Blumenau, rel. Juiz Francisco Oliveira Neto, j. 30-10-2001, v.u.).

si (*non nullus*) e que é ainda utilizada com o nome de *ação declaratória de inexistência de sentença* por ausência de requisito indispensável para a prestação da tutela jurisdicional (v.g. falta de citação), possível também de ser articulada perante os Juizados Especiais,[844] manejável também em sede de Juizados Especiais.

Ressalta-se que a ação anulatória (também denominada *declaratória de inexistência de ato jurisdicional*, ou *de inexistência de relação jurídica*, ou, simplesmente, *ação anulatória* ou *de nulidade*) de sentença ou acórdão traz consigo a vantagem de não estar atrelada a prazo decadencial, diferentemente do que se verifica com a rescisória (dois anos), o que a torna, ao menos neste ponto, bastante atraente.

1.3 Recurso especial

No que respeita ao recurso especial, o Superior Tribunal de Justiça fixou orientação por meio da Súmula 203, assim definida: "Não cabe recurso especial contra decisão proferida por órgão de segundo grau dos Juizados Especiais".[845]

Sempre entendemos que, a princípio, não seria possível a interposição de recurso especial contra as decisões proferidas pelas Turmas, em face da preocupação do legislador com a prolação rápida e os efeitos definitivos da sentença de mérito. Outra, aliás, não foi a razão que ensejou o veto presidencial, por exemplo, ao art. 47 do Projeto que previa o *recurso de divergência*, fundado no parecer exarado pelo Ministério da Justiça, no sentido de que a intenção do legislador residia em propiciar maior agilidade processual por intermédio da redução do espectro recursal, dentre outros expedientes utilizados.

Todavia, em caráter excepcional, parecia-nos ser cabível o aludido recurso, desde que a matéria versada estivesse afrontando a legislação federal,[846] ou contrariasse as orientações do Superior Tribunal de Justiça.[847] Esse, aliás, continua sendo o nosso entendimento, nada obstante a edição da Súmula 203, com a alteração verificada em 2002.

---

[844] Sobre o tema, v. Silva, Ovídio A. Baptista da. Sobrevivência da "querella nullitatis". *Revista Forense*, v. 333/115-122. Vide também Fabrício, Adroaldo Furtado. Réu revel não citado, "querella nullitatis" e ação rescisória. *RePro*, v. 48/27-44. Ainda, Vasconcelos, Rita de Cássia Corrêa de. Os fundamentos da ação anulatória do art. 486 do CPC, à luz do novo Código Civil. *RePro*, v. 120/95-111.

[845] Súmula alterada (cf. *DJU* 3-6-2002), sendo a seguinte a redação anterior: "Não cabe recurso especial contra decisão proferida, nos limites de sua competência, por órgão de segundo grau dos Juizados Especiais".

Essa orientação não obstaculizava radicalmente a interposição de recurso especial como meio de impugnação às decisões proferidas em segundo grau nos Juizados Especiais. Deixava muito sabiamente uma porta entreaberta, qual seja todas as vezes que o Colégio Recursal extrapolava os limites de sua competência, conhecendo de matéria alheia ao âmbito estabelecido pelo microssistema (v.g. questões envolvendo complexidade probatória incompatível com o princípio da oralidade em grau máximo) ou de valor de alçada superior ao estabelecido no art. 3º, c/c arts. 15 e 39 da Lei n. 9.099/1995.

[846] Nesse sentido já se manifestou o Superior Tribunal de Justiça, conhecendo de recurso especial e dando-lhe provimento, senão vejamos: "(...) I – Cabe recurso especial, para resolver conflito entre lei local e lei federal, quando a solução se possa obter sem declaração de inconstitucionalidade. II – Decisão que submete ação de indenização por acidente de trânsito, ao procedimento da Lei Estadual 8.151/1990. Essa decisão nega vigência aos arts. 275 *et seq.* do CPC. III – Nulidade do processo, a partir da submissão" (REsp 40.992-6-SC, *RSTJ*, v. 58/428, v.u., rel. Min. Humberto Gomes de Barros).

[847] Assim também o entendimento do Ministro Nilson Naves, exposto no corpo do aresto proferido no REsp 123166/RJ, publicado no *DJU* de 16-3-1998, p. 111, em que foi relator o Ministro Eduardo Ribeiro. Registrou então o Ministro Naves: "Venho defendendo o cabimento do especial em amplitude maior do que a posição do Sr. Relator, tratando-se de recurso interposto contra tais decisões. Mas tenho ficado vencido. Ultimamente, venho dizendo que o recurso é cabível, se proferida decisão em desacordo com a jurisprudência do Superior Tribunal. Não é o caso destes autos, razão pela qual acompanho o Sr. Relator".

No mesmo diapasão, manifestou-se o Ministro Romildo Bueno de Souza, ao relatar o Recurso Ordinário em Mandado de Segurança 2.330 (*DJU* 25-10-1993, p. 22.495), *in verbis*: "Processual civil. Mandado de segurança contra decisão do Colegiado do Juizado Especial de Pequenas Causas. 1. *Mandamus* utilizado como sucedâneo recursal, após o trânsito em julgado da decisão que se pretendia impugnar. 2. Entendimento abroquelado pelo Relator.

Estamos de certa maneira de acordo com a conclusão da tese que não admite a interposição de recurso especial para revisão de acórdão dos Colégios Recursais. Todavia, discordamos da fundamentação articulada, isto é, o entendimento de que o Colégio de primeiro grau não tem a mesma natureza dos órgãos jurisdicionais a que se refere o art. 105, III, da Constituição Federal, razão pela qual estaria excluída a competência recursal do Superior Tribunal de Justiça.[848]

O citado dispositivo da Carta de 1988 assim está redigido: "Compete ao Superior Tribunal de Justiça: (...) III – julgar, em recurso especial, as causas decididas, em única ou última instância, pelos Tribunais Regionais Federais ou pelos Tribunais dos Estados, do Distrito Federal e Territórios, quando a decisão recorrida: a) contrariar tratado ou lei federal, ou negar-lhes vigência; b) julgar válido ato de governo local contestado em face de lei federal; c) der a lei federal interpretação divergente da que lhe haja atribuído outro tribunal (...)". Não resta a menor dúvida de que os Colégios Recursais não são órgãos integrantes do Tribunal de Justiça, mas, nos termos das leis de divisão e organização judiciária, deverão figurar como integrantes do Poder Judiciário local, com competência para conhecer em segundo grau de jurisdição os recursos interpostos contra as decisões proferidas nos Juizados Especiais.

Os Colégios, para fins de conhecimento de recursos e meios de impugnação, e dentro das limitações estabelecidas pelo microssistema, *equiparam-se em suas funções aos extintos Tribunais de Alçada* ou *Tribunais de Justiça*, sendo possível chegar-se a este resultado exegético por interpretação analógica e extensiva do inciso III do art. 105 da Lei Maior.

Em outras palavras, *não são tribunais, mas equiparam-se a eles*, na qualidade de Colégios Recursais (segundo grau) compostos por juízes togados de primeiro grau (§ 1º do art. 41 da Lei n. 9.099/1995 e art. 98, inciso I, da CF), exercendo papel de instância *ad quem*. Tanto é assim que a própria Lei n. 9.099/1995, no art. 46, aduz que "o julgamento *em segunda instância* constará apenas da ata (...)".

O motivo que nos leva a não admitir o recurso especial, como já dissemos, é a observância aos princípios insculpidos no art. 2º da Lei n. 9.099/1995 – oralidade em grau máximo, com todos os seus consectários.

Nada obstante nosso entendimento,[849] a matéria já se encontra sumulada, restando apenas a reflexão sobre o tema e, quiçá no futuro, a modificação da orientação do Superior Tribunal de Justiça, ou, pelo menos, da fundamentação norteadora da conclusão a que chegaram os eminentes Ministros.

Acerca da competência do Superior Tribunal de Justiça para o conhecimento e julgamento de *reclamação* e *uniformização de jurisprudência* em sede de Juizados Especiais, enviamos o leitor interessado aos nossos comentários ao art. 41, itens n. 1.6, 1.7 e 1.9, *supra*.

Admissibilidade da interposição de recurso especial e extraordinário, assim como da impetração de mandado de segurança contra as decisões proferidas no Juizado de Pequenas Causas. 3. Recurso desprovido, no entanto, em face das características da espécie. Decisão: Por unanimidade, negar provimento ao recurso".

[848] Nesse sentido, dentre outras, podemos mencionar algumas decisões do STJ: "Civil e processual civil. Ação ordinária. Indenização. Decisão proferida por Conselho do Juizado de Defesa do Consumidor. Recurso especial. Descabimento. I – Por falta de previsão legal, não se há de admitir Recurso Especial das decisões proferidas por conselho do Juizado de Defesa do Consumidor. Ao recurso especial se aplica a mesma sistemática que informa o cabimento do recurso extraordinário em matéria infraconstitucional, eis que emanadas da mesma fonte e precedentes do STJ. II – Recurso não conhecido" (REsp 38.472, rel. Min. Waldemar Zveiter, *DJU* 9-5-1994, p. 10869, por maioria de votos).

"Recurso especial. Juizados Especiais e de Pequenas Causas. Os Conselhos ou Câmaras Recursais daqueles juizados não se inserem na previsão do art. 105, III, da Constituição que se refere a causas decididas por Tribunais Regionais Federais ou Tribunais dos Estados, do Distrito Federal e Territórios. Inadmissível recurso especial de suas decisões. Não releva a circunstância de, por disposição de Lei Estadual, tal sucede no Estado da Bahia, ser o Conselho composto por Desembargadores. Não é órgão do Tribunal de Justiça, integrando a estrutura do Juizado Especial" (REsp 48.136, rel. Min. Eduardo Ribeiro de Oliveira, *DJU* 22-8-1994, p. 21264).

O mesmo entendimento é seguido por: THEODORO JR., Humberto. *Curso de direito processual civil*. v. 3. 13. ed. Rio de Janeiro: Forense, 1996, p. 487, n. 1.602; NOGUEIRA, Paulo Lúcio. *Juizados Especiais Cíveis e Criminais*. São Paulo: Saraiva, 1996, p. 38; BENETI, Sidnei; ANDRIGHI, Fátima Nancy. *Juizados Especiais Cíveis e Criminais*. Belo Horizonte: Del Rey, 1996, p. 54.

[849] Assim também BOTELHO, Ronaldo. Juizado de Pequenas Causas. Recurso especial. Cabimento em matéria de competência. *Boletim LBJ*, n. 183/255-256, maio 1998.

1.4 Recurso extraordinário

O Supremo exerce função típica de Corte Constitucional, e, como tal, não pode deixar de conhecer de matérias desse jaez, independentemente da origem do recurso. Ressaltamos que o Pretório Excelso, em Sessão Plenária, já admitiu a sua competência para conhecer dos recursos provindos dos Juizados Especiais de Pequenas Causas e,[850] para colocar pá de cal nessa questão, editou a Súmula 640, *in verbis*: "É cabível recurso extraordinário contra decisão proferida por juiz de primeiro grau nas causas de alçada, ou por turma recursal de Juizado Especial Cível e Criminal".[851]

Por outro lado, "o acesso ao Supremo Tribunal Federal pressupõe o esgotamento da jurisdição na origem. Acionado pelo relator integrante da Turma Recursal o disposto no art. 557 do Código de Processo Civil [art. 932, III e IV, CPC/2015], há de ser manuseado o agravo nele previsto, instando-se a própria Turma a apreciar o tema e a prolatar decisão passível de ser impugnada perante o Supremo Tribunal Federal".[852]

Nessa linha, manifestou-se com precisão a Corte Constitucional, em aresto lapidar da lavra do culto Ministro Teori Zavascki, em que apontou para a possibilidade jurídica de recurso extraordinário em sede de Juizados Especiais, assim como frisou a excepcionalidade de repercussão geral ensejadora de acesso à máxima instância. Assim está ementado o julgado: "(...) 1. Como é da própria essência e natureza dos Juizados Especiais Cíveis Estaduais previstos na Lei n. 9.099/95, as causas de sua competência decorrem de controvérsias fundadas em relações de direito privado, revestidas de simplicidade fática e jurídica, ensejando pronta solução na instância ordinária. Apenas excepcionalmente essas causas são resolvidas mediante aplicação direta de preceitos normativos constitucionais. E mesmo quando isso ocorre, são incomuns e improváveis as situações em que a questão constitucional debatida contenha o requisito da repercussão geral de que tratam o art. 102, § 3º, da Constituição, os arts. 543-A [art. 1.035, CPC/2015] e 543-B [art. 1.036, CPC/2015] do Código de Processo Civil e o art. 322 e seguintes do Regimento Interno do STF. 2. Por isso mesmo, os recursos extraordinários interpostos em causas processadas perante os Juizados Especiais Cíveis da Lei n. 9.099/95 somente podem ser admitidos quando (a) for demonstrado prequestionamento de matéria constitucional envolvida diretamente na demanda e (b) o requisito da repercussão geral estiver justificado com indicação detalhada das circunstâncias concretas e dos dados objetivos que evidenciam, no caso examinado, a relevância econômica, política, social ou jurídica. 3. A falta dessa adequada justificação, aplicam-se ao recurso extraordinário interposto nas causas de Juizados Especiais Estaduais Cíveis da Lei n. 9.099/95 os efeitos de repercussão geral, nos termos do art. 543-A [art. 1.035, CPC/2015] do CPC".[853]

A mesma egrégia Corte firmou entendimento no sentido de que eventual violação reflexa da Constituição da República não viabiliza o manejo de recurso extraordinário, pois "o exame da alegada ofensa ao art. 5º, V e LV, da Lei Maior, observada a estrita moldura com que devolveria a

---

[850] O teor da ementa é o seguinte: "Reclamação. Juizado Especial de Pequenas Causas. Recurso extraordinário inadmitido. Agravo de instrumento obstado na origem. Interceptação inadmissível (CPC, art. 528). Usurpação da competência do Supremo Tribunal Federal. Reclamação procedente. Cabe recurso extraordinário das decisões que, emanadas do órgão colegiado a que se refere a Lei n. 7.244/1984 (art. 41, § 1º), resolvem controvérsia constitucional suscitada em processo instaurado perante o Juizado Especial de Pequenas Causas. Denegado o recurso extraordinário em procedimento sujeito ao Juizado Especial de Pequenas Causas, caberá agravo de instrumento, no prazo legal, para o Supremo Tribunal Federal, não sendo lícito ao Juiz negar trânsito a esse recurso que, sendo de seguimento obrigatório (CPC, art. 528), não pode ter o seu processamento obstado. Cabe Reclamação para o STF quando a autoridade judiciária intercepta o acesso a Suprema Corte de agravo de instrumento interposto contra decisão que negou trânsito a recurso extraordinário". Decisão unânime, resultado procedente (Tribunal Pleno, Reclamação 459, Goiás, 1º-2-1994, *DJU* 8-4-1994, p. 7.222). A título de esclarecimento, frisa-se que a Lei n. 7.244/1984 foi revogada pela Lei n. 9.099/1995, enquanto o art. 528 do CPC teve a sua redação alterada pela Lei n. 9.139/1995 [art. 1.020 do CPC/2015].

[851] Decisão de 24-9-2003, *DJU*, 9-10-2003, p. 2, legislação.

[852] STF, RE n. 422238 AgR/RJ – Rio de Janeiro, rel. Min. Marco Aurélio, j. 23-11-2004.

[853] ARE 836819 RG/SP – Repercussão Geral no Recurso Extraordinário com Agravo. Pleno, j. 19-3-2015, *DJe*-058, 25-3-2015.

matéria à apreciação desta Suprema Corte, dependeria de prévia análise da legislação infraconstitucional aplicada à espécie, o que refoge à competência jurisdicional extraordinária, prevista no art. 102 da Magna Carta".[854]

No mesmo sentido é a orientação da doutrina dominante (praticamente unânime), ao afirmar, categoricamente, o cabimento do recurso extraordinário ao Supremo Tribunal Federal, desde que demonstrada a violação de dispositivo constitucional, porquanto o art. 102, III, da Lei Maior admite este meio de impugnação contra *qualquer julgamento* de "única ou última instância" e não apenas aos julgados de "Tribunais" de segundo grau, nos termos do disposto no art. 102, III, da CF.[855]

De qualquer forma, mantendo-se a coerência e lógica do nosso entendimento, afigura-se evidente que o argumento maior para a admissibilidade do recurso extraordinário seja realmente a violação da Constituição Federal em qualquer decisão em única ou última instância, independentemente de serem as "Turmas" nos Juizados Especiais de colegiado de primeiro ou segundo grau, ou, se é ontologicamente ou não um "Tribunal" especial regional com competência definida pela Lei n. 9.099/1995 e leis locais.

Além da edição da Súmula 640, o Supremo Tribunal Federal assentou entendimento no sentido de não ser lícito ao juiz negar seguimento a esse tipo de recurso, cabendo reclamação ao Pretório Excelso quando a autoridade judiciária intercepta o acesso em agravo de instrumento interposto contra a decisão que negou trânsito a recurso extraordinário.[856] Mais recentemente, editou a Súmula 727, *in verbis*: "Não pode o magistrado deixar de encaminhar ao Supremo Tribunal Federal o agravo de instrumento interposto da decisão que não admite recurso extraordinário, ainda que referente a causa instaurada no âmbito dos Juizados Especiais".

---

[854] ARE 837330 AgR/AL – Ag. Reg. no Recurso Extraordinário com Agravo. 1ª T., rela. Mina. Rosa Weber, j. 26-5-2015, *DJe*-110, 10-6-2015; no mesmo sentido, da mesma relatora: ARE 749296 AgR/RJ – Ag. Reg. no Recurso Extraordinário com Agravo. 1ª T., j. 10-12-2013, *DJe* 3-2-2014).

[855] Cf. THEODORO JR., Humberto. *Curso de direito processual civil*. v. 3. 13. ed. Rio de Janeiro: Forense, 1996, p. 487, n. 1.602; BENETI, Sidnei; ANDRIGHI, Fátima Nancy. *Juizados Especiais Cíveis e Criminais*. Belo Horizonte: Del Rey, 1996, p. 53; NOGUEIRA, Paulo Lúcio. *Juizados Especiais Cíveis e Criminais*. São Paulo: Saraiva, 1996, p. 38.

Assim também o Enunciado 63 do FONAJE: "Contra decisões das Turmas Recursais são cabíveis somente os embargos declaratórios e o recurso extraordinário". Outrossim, observa-se que esse enunciado alude tão somente aos recursos, pois nada obsta que a parte manifeste irresignação contra as decisões das turmas por outros meios de impugnação, tais como mandado de segurança, *habeas corpus*, reclamação ou correição parcial. Nesses casos, será o próprio colégio recursal competente para conhecer da impugnação ou remédio constitucional e rever a sua decisão (ou do juízo monocrático integrante do colegiado).

Por essas razões, não podemos concordar com os que defendem a tese do descabimento da interposição de recurso extraordinário para o Supremo Tribunal Federal, sob a argumentação de que a matéria objeto da competência dos Juizados seria inadmissível para fins de questionamento de constitucionalidade e repercussão geral e, em segundo lugar, porque, na dicção da Lei Maior, os Colégios Recursais não seriam considerados tribunais (v. TUCCI, Rogério L. *Manual do Juizado Especial de Pequenas Causas*. São Paulo: Saraiva, 1985, p. 263, nota de rodapé n. 40; e DINAMARCO, Cândido. *Manual das pequenas causas*. São Paulo: Revista dos Tribunais, 1986, p. 107-108).

[856] Cf. STF, Tribunal Pleno, Reclamação 459, rel. Min. Celso de Mello, v.u., *DJU* 8-4-1994, p. 7222.

Segunda Parte

JUIZADOS ESPECIAIS CRIMINAIS

Fernando da Costa Tourinho Neto

DEDICATÓRIA
*Às minhas adoráveis filhas, Claudinha, Liu e Nanda,
frutos do meu amor com Cece.*

AGRADECIMENTOS

Meus agradecimentos à minha filha N<small>ANDA</small>, que muito, muito mesmo, me auxiliou na revisão, e à I<small>ZABELA</small> L<small>OBO</small> B<small>UENO</small>, que, igualmente, me ajudou na correção.

"Os que acham que a <small>MORTE</small> é o maior de todos os males é porque não refletiram sobre os males que a <small>INJUSTIÇA</small> pode causar." (<small>SÓCRATES</small>)[1].

Mas justiça atrasada não é justiça, senão injustiça qualificada e manifesta. Porque a dilação ilegal nas mãos do julgador contraria o direito escrito das partes, e, assim, as lesa no patrimônio, honra e liberdade... Os tiranos e bárbaros antigos tinham por vezes mais compreensão real da justiça que os civilizados e democratas de hoje. (<small>RUI BARBOSA</small>)[2].

"O único título em nossa democracia que é superior ao de Presidente é o de Cidadão." (<small>LOUIS DEMBITZ BRANDEIS</small>)[3].

"O crime é contagioso. Se o governo quebra a lei, o povo passa a menosprezar a lei." (<small>LOUIS DEMBITZ BRANDEIS</small>)[4].

"O direito é um poder passivo ou pacificado pelo Estado e é sinônimo de poder, pois sem esta participação e legitimação democrática, só resta a violência, a descrença e a barbárie." (<small>HANNAH ARENDT</small>)[5].

"Nada é absoluto. Tudo muda, tudo se move, tudo gira, tudo voa e desaparece." (<small>FRIDA KAHLO</small>)[6].

---

[1] F<small>RASES</small> jurídicas. Mara Paula, [s. l.], [2010?]. Disponível em: http://marapauladearaujo.blogspot.com/p/frases-juridicas.html. Acesso em: 11 nov. 2022.

[2] P<small>ENSADOR</small>. [S. l.], c2022. Disponível em: https://www.pensador.com/frase/MjIyMzYzMg/. Acesso em: 11 nov. 2022.

[3] F<small>RASESFAMOSAS.COM.BR</small>. [S. l.], c2015. Disponível em: https://www.frasesfamosas.com.br/frases-de/louis-dembitz-brandeis/. Acesso em: 11 nov. 2022.

[4] F<small>RASESFAMOSAS.COM.BR</small>. [S. l.], c2015. Disponível em: https://www.frasesfamosas.com.br/frases-de/louis-dembitz-brandeis/. Acesso em: 11 nov. 2022.

[5] A<small>KSELRAD</small> e associados. [S. l.], c2019. Disponível em: https://www.akselrad.adv.br/akselrad_areas_de_atuacao_view.php?editid1=2#:~:text=%E2%80%9CO%20direito%20%C3%A9%20um%20poder,(Hannah%20Arendt%20%E2%80%93%20Fil%C3%B3sofa). Acesso em: 11 nov. 2022.

[6] P<small>ENSADOR</small>. [S. l.], c2022. Disponível em: https://www.pensador.com/frase/MTgwMDQyOQ/. Acesso em: 11 nov. 2022.

Introdução

1. O DIREITO, A LIBERDADE, A JUSTIÇA, O HOMEM E O CRIMINOSO, O RESPEITO À DIGNIDADE DA PESSOA HUMANA

1.1 O Direito

O que é o Direito? Esta mesma pergunta faz H. L. A. Hart[7] e assim responde: "parece claro que nenhum conceito suficientemente conciso para ser aceito como uma definição poderia oferecer-lhes uma resposta satisfatória."

A palavra direito vem do latim *directum,* reto, correto. Daí Immanuel Kant[8] ter a seguinte perspectiva: "o conjunto das leis suscetíveis de uma legislação exterior se chama teoria do Direito, ou simplesmente Direito (*jus*)". "É justa toda ação que por si, ou por sua máxima, não constitui um obstáculo à conformidade da liberdade do arbítrio de todos com a liberdade de cada um segundo leis universais." "Ora, tudo o que é injusto contraria a liberdade, segundo as leis gerais."

É importante salientar que: "O Direito, como ciência sistemática, divide-se em Direito natural, que se funda em princípios puramente *a priori*, e, em Direito positivo (regulamentar), que tem por princípio a vontade do legislador."[9]

Lemos em Sérgio Sérvulo da Cunha[10] que Kelsen afirmava que "Direito é o que foi imposto pela autoridade, independentemente de que seja considerado justo ou injusto". Estamos de acordo, plenamente.

O termo direito tem várias acepções, uma de grande importância é a que o entende como direito objetivo (regra de direito) e direito subjetivo (o poder do indivíduo integrante de uma sociedade).

1.2 A liberdade

Liberdade (*libertas*) para sempre. Justiça para sempre.

É a capacidade de o indivíduo fazer suas escolhas, segundo sua vontade, seu querer.

A liberdade, no seu grau máximo, chegaria ao anarquismo, seu bem supremo, e assim teríamos a abolição de qualquer controle exercido pela sociedade sobre o indivíduo. Observou, no entanto, Bertrand Russel[11]: "Se as ações de todos os homens estivessem isentas de controle por uma autoridade externa, não conseguiríamos um mundo em que todos os homens fossem livres. Os fortes oprimiriam os fracos, a maioria oprimiria a minoria, e os que amam a violência oprimiriam as criaturas mais pacíficas".

Pergunta-se: em uma sociedade comunista pode existir algum Direito?

NÃO.

---

[7] HART, H. L. A. *O conceito de direito*. Tradução: Antônio de Oliveira Sette-Câmara. São Paulo: Martins Fontes, 2020. p. 21.
[8] KANT, I. *Doutrina do Direito*. Tradução: Edson Bini. São Paulo: Ícone, 1993. p. 44 et seq.
[9] KANT, I. op. cit., p. 55.
[10] CUNHA, S. S. da. *Uma deusa chamada justiça*. São Paulo: Martins Fontes, 2009. p. 8.
[11] RUSSELL, B. *Caminhos para a liberdade*. Socialismo, anarquismo e sindicalismo. Tradução: Breno Silveira. São Paulo: Martins Fontes, 2005. p 101-102.

Por que não?

Ora, o objetivo da Ditadura do proletariado é acabar com as classes sociais. Logo, com o perecimento do Direito.

1.3 A justiça

"[...] a justiça parece ser às vezes a mais forte dentre as virtudes, e nem a *estrela da noite*, e bem a *estrela da manhã* são assim admiráveis. Digamos, tal como citado no provérbio: *Na justiça se encontra, em suma, toda a virtude* e ela (Teógnis, Elegias, 147) é a virtude mais perfeita, porque é o uso da virtude completa."[12]

O que é justo, o que é injusto?

Afirma Antônio Pedro Barbas Homem[13] que:

> Na Ética, Aristóteles define os conceitos: o injusto é aquilo que é ilegal e desigual; o justo é aquilo que é prescrito pela lei e se conforma com a igualdade (Ética a Nicômaco, V, II, 8). A ideia de justiça como igualdade (V, III) só é perceptível por esta mesma ideia de proporção, entre pessoas e objetos. Para que a justiça se realize, adverte o Estagirita, são necessários pelo menos duas pessoas e dois objetos.

O filósofo Pascal[14], em grande pensamento, proclamou: "A justiça sem a força é impotente. A força sem a justiça é tirânica. A justiça sem a força é contestada, porque há sempre malvados. A força sem justiça é acusada. Deve-se, pois, juntar a justiça e a força. E para isso fazer o que é justo seja forte e o que é forte seja justo".

A justiça, em Roma, é representada por uma estátua com olhos vendados, significando que *todos são iguais perante a lei* e que *todos têm iguais direitos*.

Justiça comutativa ou corretiva, que é tutelada pelo Direito, exige que cada pessoa dê a outra o que lhe é devido, é por excelência moral; e justiça distributiva é aquela que se considera como uma questão política, mandando que a sociedade dê a cada particular o bem que lhe é devido. Aristóteles[15] chamava de iníquas as pessoas que querem muitas coisas boas e pouco as más. O iníquo seria injusto.

Os legisladores, sem compreenderem a realidade da vida, elaboram leis injustas e, assim, os juízes as aplicam, sem ajustá-las, sem adequá-las à realidade, causando, desse modo, mais confusão do que paz. Esquecendo-se, consequentemente, do que seja Justiça.

1.4 O homem, o criminoso e o respeito à dignidade da pessoa humana

No dizer de Francesco Carnelutti[16]:

> O homem está no centro do Direito Penal, e mesmo do próprio Direito. Mas o que é o homem? Aqui vem imediatamente em ajuda dos juristas, e principalmente dos penalistas, uma amarga definição: *homo homini lupus*. Ferri via-o assim. Digamos a verdade: é difícil, para um penalista, não o ver assim. O lobo destroça; e os homens destroçam-se mutuamente. É a guerra. Mas a guerra produz o mal, e os homens têm necessidade do bem. A paz traz o bem. *Pax et bonum*, na expressão franciscana, não quer na verdade significar duas coisas diferentes,

---

[12] EURÍPEDES. Fragmento 486 de Melanipa. In: Aristóteles. *Etica de Nicômaco*. Tradução: Luciano Ferreira de Souza. São Paulo: Martin Claret, 2015. p. 123.

[13] HOMEM, A. P. B. *O justo e o injusto*. Lisboa: AAFDL, 2017. p. 20.

[14] PASCAL. *Pensamentos*. Tradução: Mem Martins. Publicações Europa-América, 1978. § 28. p. 129.

[15] ARISTÓTELES. *Ética a Nicômacos*. Tradução: Mário da Gama Kury. 3. ed. Brasília: Editora Universidade de Brasília, 1992. p. 94.

[16] CARNELUTTI, F. *Lições sobre o processo penal*. Tradução: Francisco José Galvão Bruno. Campinas: Brookseller, 2004. v. 1. p. 34-35.

mas dois aspectos da mesma coisa. [...] O escopo do Direito Penal está portanto em eliminar o mal. Mas como age para fazê-lo? É o próprio homem quem o diz: recorda a dor. O Direito Penal é o Direito da dor; dor dupla, anterior e posterior, do pecado e do castigo.

A barbárie da punição, atualmente, não é mais o pelourinho, o patíbulo, a roda, o chicote. Não, tomou ela novas formas e com aplausos de muitos *homens da justiça*, juízes, membros do Ministério Público e policiais. Riem muitos das humilhações que são impostas aos acusados, aos indiciados. Deleite da mídia.

É necessário conter o Estado de polícia e defender o Estado de Direito! A defesa não pode ser considerada como um estorvo ao processo, como a Inquisição entendia.

Interessa à sociedade que o direito dos acusados seja protegido como manda a Constituição, pois é o respeito ao homem que se exige. Observe-se que a finalidade do processo penal é proteger os direitos fundamentais do homem, e não só instrumentalizar o Direito Penal.

É preciso que se veja no criminoso um homem, e não um animal irracional; e no Direito Penal não um instrumento de vingança, seja individual, seja social. Por mais monstruoso que seja o crime, por mais que nos cause repulsa e instinto de vingança, é primordial nos controlarmos, principalmente se operamos com o Direito, sejamos delegado de polícia, defensor dativo ou público, representante do Ministério Público ou juiz. Sim, também o defensor. Vejam isto: nos autos do processo 2005.32.01.000302-5/AM, em alegações finais, um defensor dativo disse que não encontrou "qualquer virtude na acusada, eis que está confessando o cometimento de um crime digno de masmorra, por ser demasiado nocivo à sociedade humana". O juiz, evidentemente, o destituiu do *munus*. *Reus est res sacra*[17]. A pessoa do réu tem de ser respeitada. Não pode ser humilhado, execrado, algemado sem necessidade.

O respeito à dignidade da pessoa humana é direito fundamental e deve constituir dogma do Estado Democrático de Direito. Formulou LUIGI FERRAJOLI, com base nesse princípio, a famosa teoria do *garantismo jurídico,* apesar de não romper com o sistema socioeconômico liberal, burguês e capitalista.

INGO WOLFANG SARLET[18], magistrado, mestre de Direito Constitucional e jurista afamado, proclamou que:

> A dignidade humana é a qualidade intrínseca e distintiva reconhecida em cada ser humano que o faz merecedor do mesmo respeito e consideração por parte do Estado e da comunidade, implicando, neste sentido, um complexo de direitos e deveres fundamentais que assegurem a pessoa tanto contra todo e qualquer ato de cunho degradante e desumano, como venham a lhe garantir as condições existentes mínimas para uma vida saudável, além de propiciar e promover sua participação ativa e corresponsável nos destinos da própria existência e da vida em comunhão com os demais seres humanos.

A Teoria Garantista, no dizer de ALEXANDRE MORAIS DA ROSA[19], "representa, ao mesmo tempo, o resgate e a valorização da Constituição como documento constituinte da sociedade". Esclarecia ALFREDO BUZAID[20] que os direitos individuais "aludem à pessoa, são inerentes ao homem e qualificam a sua natureza, enquanto coexistem socialmente dentro do Estado".

Os direitos e as garantias constitucionais jamais podem ser alijados, postos de lado.

---

[17] O réu é coisa sagrada.

[18] SARLET, I. W. *Dignidade da Pessoa Humana e Direitos Fundamentais na Constituição Federal de 1988.* Porto Alegre: Livraria do Advogado, 2001. p. 60.

[19] ROSA, A. M. da. *O que é garantismo jurídico?*. Florianópolis: Habitus, 2003. p. 34.

[20] BUZAID, A. "Juicio de amparo" e mandado de segurança (contrastes e confrontos). In: *Estudos de direito processual* in memoriam *do Ministro Costa Manso.* São Paulo: RT, 1965. p. 127.

Com acerto, diz Zaffaroni[21]: "Não podemos, de outro lado, aceitar cortes de direitos e garantias fundamentais na ilusão de que teremos mais segurança".

Discorrendo sobre direitos fundamentais, Canotilho[22] explica que tais direitos podem sofrer restrições, dizendo:

> Quando nos preceitos constitucionais se prevê expressamente a possibilidade de limitação dos direitos, liberdades e garantias através de lei, fala-se em direitos sujeitos à *reserva de lei restritiva*. Isto significa que a norma constitucional é simultaneamente: (**1**) uma *norma de garantia*, porque reconhece e garante um determinado âmbito de proteção ao direito fundamental; (**2**) uma *norma de autorização de restrições*, porque autoriza o legislador a estabelecer limite ao âmbito de proteção constitucionalmente garantido.

E esclarece que há:

> (**1**) restrições constitucionais diretas ou imediatas = restrições diretamente estabelecidas pelas próprias normas constitucionais; (**2**) restrições estabelecidas por lei, mediante autorização expressa da constituição (reserva da lei restritiva); (**3**) limites imanentes ou implícitos (= limites constitucionais não escritos, cuja existência é postulada pela necessidade de resolução de conflitos de direitos).[23]

Antônio Luis Chaves Camargo,[24] livre-docente da Universidade de São Paulo (USP), chama a atenção de que, no Direito Processual Penal, nas investigações, as medidas drásticas "somente podem ser adotadas para fundamentar uma acusação grave, pois atingem diretamente a dignidade humana".

Isso demonstra que nenhum poder ou direito pode ser absoluto. Para tudo há de haver um limite.

Todas as medidas restritivas de direitos fundamentais não podem ficar fora do controle judicial. Vivemos num Estado de Direito, e não num Estado Policial ou *Ministerial*.

É dever do juiz, proclama o Des. Ranulfo de Melo Freire[25],

> garantir a ampla e efetiva defesa, o contraditório e a isonomia de oportunidades, favorecendo, assim, o concreto exercício da função de defesa. É seu dever, por fim, invalidar as provas obtidas com a *violação da autonomia ética da pessoa*, ou seja, todos aqueles meios de prova que importem ofensa à dignidade da pessoa humana, à integridade pessoal (física ou moral) do arguido e, em especial, os que importem qualquer perturbação da sua liberdade de vontade e de decisão.

Tal lição não é seguida hoje por certa parte dos juízes. Observem a má aplicação da Teoria do Domínio do Fato nos processos apelidados de *mensalão* e *lava jato*.

A Teoria do Domínio do Fato foi criada por Hans Welzel em 1939 e desenvolvida em 1963 pelo jurista alemão Claus Roxin em sua obra *Taterschaft und Tatherrschaft* (Autoría y Dominio del hecho en Derecho Penal). A 6ª Turma do STJ, ao julgar o RHC 139465/PA, em 23.08.2022, tendo como Relator o Ministro Rogério Schietti, disse na ementa:

> É insuficiente e equivocado afirmar que um indivíduo é autor porque detém o domínio do fato se, no plano intermediário ligado aos fatos, não há nenhuma circunstância que estabeleça o nexo entre sua conduta e o resultado lesivo (comprovação da existência de plano delituoso comum ou contribuição relevante para a ocorrência do fato criminoso). (DJe 31.08.2022).

---

[21] Zaffaroni, E. R. *RBCCrim*, n. 8. p. 150.
[22] Canotilho, J. J. G. *Direito constitucional*. 5. ed. Coimbra: Almedina, 1991. p. 1260.
[23] Canotilho, op. cit., p. 1258-1259.
[24] Camargo, A. L. C. Direitos humanos e direito penal: limites da intervenção estatal no Estado Democrático de Direito. In: Shecaira, S. S. (org.). *Estudos criminais em homenagem a Evandro Lins e Silva (criminalista do século)*. São Paulo: Método, 2001. p. 80.
[25] Freire, R. de M. Prefácio. In: Franco, A. S. *Crimes hediondos*: notas sobre a Lei n. 8.072/1990. 3. ed. rev. ampl. São Paulo: RT, 1994.; 5. ed. 2005. p. 18.

Claus Roxin, nascido em 1931, professor da Universidade de Munique, desenvolveu a **teoria do domínio do fato** pelo **domínio** da vontade, em que **um tipo penal também poderá ser realizado quando um indivíduo se servir de outro para a prática de um ilícito penal. Temos dois autores:** um mediato, remoto, indireto, que tem o domínio da ação; e outro que é o executor.

Vale lembrar que Roxin foi quem criou o **princípio da bagatela, em 1964.**

1.5 Suspeito, indiciado, acusado e autor do fato

1.5.1 Suspeito e indiciado

Indiciado é o provável autor do fato delituoso, ou seja, da infração penal. Distingue-se do suspeito, pois contra este existem meros indícios. O *suspeito* ou *averiguado* não pode ser indiciado. Não pode haver indiciamento contra o suspeito, uma vez que contra ele não existem elementos probatórios que levem a concluir ser ele o provável autor da infração penal. O indiciamento vem a ser, portanto, a imputação a alguém do cometimento de uma infração penal. Não é, dessa forma, um ato discricionário. É por essa razão que o indiciamento arbitrário constitui abuso de poder, fruto de arbitrariedade, passível, pois, de *habeas corpus,* uma vez que configura *constrangimento ilegal.* Se não há indícios de responsabilidade penal no fato a ser apurado, o indiciamento constitui constrangimento ilegal.

Atente-se que a Lei n. 6368, de 1976, em seu art. 37, parágrafo único, e a Lei n. 10409, de 2002, no art. 30, atualmente revogadas pela Lei n. 11343, de 23.08.2006 (a nova Lei Antidrogas), que cuidavam do tráfico de entorpecentes, exigiam que a autoridade policial fundamentasse o indiciamento. Essa Lei revogou as Leis n. 6368, de 21.10.1976, e 10409, de 11.01.2002.

A Delegacia Geral de Polícia do Estado de São Paulo, pela Portaria 18, de 25.11.1998, em seu art. 5º, determina que a autoridade policial diga qual a necessidade do indiciamento.

Geralmente, a autoridade policial dirige as investigações como melhor lhe convém, realizando ou não diligências. Na verdade, direciona o inquérito a seu bel-prazer, ouve quem quer, determina a realização de perícias como entende. Ao receber os autos do inquérito, o Ministério Público não tem, muitas vezes, outro jeito senão seguir a linha traçada pelo Delegado de Polícia. E, assim, é denunciado e, com frequência, condenado quem o Delegado de Polícia quer. Havendo contraditório, podendo o indiciado indicar provas e ser interrogado, essa discricionariedade exacerbada conferida ao Delegado tem um freio.

O indiciado não pode ser um mero objeto do inquérito. Tem de se lhe dar o direito de participar de maneira ativa na instrução.

Deve o delegado de polícia, após a instauração da investigação criminal – que pode ser por meio de inquérito policial ou outro procedimento previsto em lei, com o propósito de apurar o crime (materialidade e autoria), e, assim, ouvir testemunhas, investigado, vítima –, verificar, portanto, se há elementos que indicam ter ele praticado o delito, para só então, se positivo, promover seu **indiciamento**, apontando o crime praticado.

Feito o **indiciamento**, proceder-se-á à redução a termo seu interrogatório, a juntada dos termos de ouvida de testemunhas, dos documentos (levantados), como carteira de identidade, agenda telefônica, agenda de anotações, título de eleitor, folha de antecedentes, confecção do boletim de vida pregressa, prontuário individual, material da perícia, laudo de exame de corpo de delito, comunicação ao juízo de garantias dando ciência da instauração do inquérito.

É válido lembrar que o art. 2º, da Lei n. 12830, de 20.06.2013, dispõe que, "durante a investigação criminal, cabe ao delegado de polícia a requisição de perícia, informações, documentos e dados que interessem à apuração dos fatos."

Consequentemente ao **indiciamento**, determinação privativa do delegado de polícia, "dar-se-á por ato fundamentado, mediante análise técnico-jurídica do fato, que deverá indicar a autoria, materialidade e suas circunstâncias".

A autoridade policial deverá ter o máximo cuidado para não incidir na Lei de Abuso de Autoridade, não prejudicando a terceiro, não agindo em seu benefício ou, ainda, por mero capricho ou satisfação pessoal (art. 1º, § 1º, da Lei n. 13869, de 05.09.2019).

Faz ver Maria Elizabeth Queijo[26] que, "etimologicamente, *indiciar* significa mostrar por vários indícios, permitindo a acusação".

Permite o art. 14 do Código de Processo Penal brasileiro (CPP) que o indiciado possa requerer qualquer diligência.

Observe-se que, havendo base fática da culpa e vestígios afins, o indiciamento não assinala constrangimento ilegal. Tipificada a ilegalidade, é caso de impetrar-se *habeas corpus*.

O indiciamento (ato típico do inquérito) deve ser o último ato a ser praticado no inquérito, posto que primeiro se colecionam todos os elementos probantes para, ao final, concluir a averiguação de materialidade e autoria da infração.

Não pode o juiz determinar que o delegado de polícia proceda o indiciamento, visto ser incompatível com o sistema acusatório.

No HC 115015/SP, a Segunda Turma do STF, Rel. Min. Teori Zavascky, julgado em 27.08.2013, publicado em 12.09.2013, tendo como autoridade coatora o STJ, decidiu que o juiz não pode, após receber a denúncia, requisitar o indiciamento do investigado. O acórdão ficou assim ementado:

> HABEAS CORPUS. PROCESSUAL PENAL. CRIME CONTRA ORDEM TRIBUTÁRIA. REQUISIÇÃO DE *INDICIAMENTO* PELO MAGISTRADO APÓS O RECEBIMENTO DENÚNCIA. MEDIDA INCOMPATÍVEL COM O SISTEMA ACUSATÓRIO IMPOSTO PELA CONSTITUIÇÃO DE 1988. INTELIGÊNCIA DA LEI n. 12830/2013. CONSTRANGIMENTO ILEGAL CARACTERIZADO. SUPERAÇÃO DO ÓBICE CONSTANTE NA SÚMULA 691. *ORDEM* CONCEDIDA. 1. Sendo o ato de *indiciamento* de atribuição exclusiva da autoridade policial, não existe fundamento jurídico que autorize o magistrado, após receber a denúncia, requisitar ao Delegado de Polícia o *indiciamento* de determinada pessoa. A rigor, requisição dessa natureza é incompatível com o sistema acusatório, que impõe a separação orgânica das funções concernentes à persecução penal, de modo a impedir que o *juiz* adote qualquer postura inerente à função investigatória. Doutrina. Lei n. 12830/2013. 2. *Ordem* concedida.

Pode a autoridade policial, cotejando as provas, atentar que o indiciado não participou do crime em apuração e, desse modo, determinar o **desindiciamento** do investigado, oficiando ao instituto de identificação para que seja eliminado o registro. Não se trata de ordenar o arquivamento dos autos de investigação. Entendo, no entanto, que esses autos devem ser encaminhados ao Ministério Público.

Suspeito é aquele contra o qual há apenas frágeis, débeis indícios. Trata-se de um simples juízo de possibilidade de autoria. Já o indiciado tem contra si vários elementos convergentes que o indicam como possível autor da infração penal.

Luta-se, nos dias de hoje, por uma nova análise do princípio do contraditório em sede do inquérito policial. Mas, desde o início da década de 1950, esse assunto já era discutido.

O eminente professor catedrático de Direito Judiciário Penal da Faculdade de Direito da Universidade de São Paulo Joaquim Canuto Mendes de Almeida,[27] no ano de 1957, publicou em *O Estado de São Paulo* artigo intitulado *O direito de defesa no inquérito policial*, resultante da supressão da pronúncia no juízo singular, em que proclamou:

> Mas, uma vez que o inquérito policial se destina a servir de base à denúncia ou queixa, a servir de fundamento a um despacho judicial de que resulta para o indiciado o mal do processo, seria absolutamente contrário a qualquer senso de justiça, e ao sistema mesmo de nosso processo penal, afastá-lo, como se nada tivesse ele a ver com a sua própria liberdade.

---

[26] Queijo, M. E. *Estudos em processo penal*. São Paulo: Siciliano Jurídico, 2004. p. 7.

[27] Almeida, J. C. M. de. *Princípios fundamentais do processo penal*. São Paulo: RT, 1973. p. 217.

Não pode, por outro lado, haver indiciamento se o Ministério Público der início à ação penal prescindindo-a de inquérito policial, com base em outras peças de informação. Indiciar, nessa hipótese, por que e para quê, se já houve denúncia? Com a denúncia, não temos mais indiciado e sim acusado, réu.

O indiciamento, frise-se, mais uma vez, é ato inerente ao inquérito policial, com consequências no âmbito judicial, visto que o indiciado fica sujeito a determinados ônus e obrigações, como ser conduzido coercitivamente para ser interrogado, para ser submetido a reconhecimento pessoal, ter sua vida pregressa averiguada etc. E, no âmbito social, há de se ter em vista que o dano social que o investigado sofre é grande, apesar de alguns entenderem que se trata de mera investigação. A sociedade estigmatiza, de forma muitas vezes cruel, aquele que é indiciado, apesar de não haver ainda acusação. O indiciamento atinge o *status dignitatis* do indivíduo, comprometendo, por consequência, a sua psique, causando-lhe um trauma psicológico.

1.5.2 Réu ou acusado

Acusado ou réu é quem responde a processo; é aquele que foi denunciado e a denúncia foi recebida. Antes do recebimento, temos um denunciado ou imputado. Acusado é a pessoa contra quem se propõe a ação penal. Ao acusado se imputa a prática de alguma infração penal. É aquele que é parte na relação processual, o sujeito passivo da relação processual (*is contra quem res in judicium deducitur*)[28]. Parte, pessoa que se defronta num litígio, daí os autores alemães referirem-se ao litígio como *parte kumpf* (*kumpf* = luta), ou seja, luta de partes. Ainda bem que o Código de Processo Penal é a garantia do acusado, a parte mais fraca no processo. Proferida a sentença condenatória, transitada em julgado, não há mais acusado, pois a acusação já se encerrou. Temos, agora, um condenado. Alguns doutrinadores entendem que réu é tão somente o sentenciado, como José Lisboa da Gama Malcher[29] ("Uma vez definitivamente condenado, passa o acusado à posição de réu").

Na ação penal pública, o acusado, em regra, é chamado de réu; na ação privada, querelado.

1.5.3 Autor do fato

A Lei dos Juizados não se refere nem a indiciado – porque não há indiciamento, não há inquérito – nem a réu ou acusado, e sim a autor do fato, aquele que praticou o fato tido como criminoso.

A Comissão Legislativa do Fórum Permanente de Coordenadores de Juizados Especiais do Brasil está propondo que a expressão *autor do fato* seja substituída por *investigado*, sob a seguinte justificativa: "Em respeito ao princípio de inocência e em virtude de o investigado não estar reconhecendo nenhum tipo de responsabilidade pelo fato pesquisado, a designação que lhe deve ser atribuída tem de ser alterada".

1.6 A pena de talião. Desrespeito à pessoa humana

"O *talião* individual – sintetizado no Êxodo, quando preceitua: *roce animam pro anima, oculum pro roce, dentem pro dente*[30]– representa não já o direito de legítima defesa, mas a represália, a vingança, que foi a primeira manifestação da penalidade entre todos os povos", assim diz Filinto Justiniano Ferreira Bastos.[31]

A pena de talião – "mas, se houver outros danos, urge dar vida por vida, olho por olho, dente por dente, mão por mão, pé por pé, queimadura por queimadura, ferida por ferida, golpe por

---

[28] Aquele contra quem se pede em juízo.
[29] Malcher, J. L. da G. *Manual de processo penal*. 2. ed. Rio de Janeiro: Freitas Bastos, 1999. p. 178.
[30] Devolves vida por vida, olho por olho, dente por dente.
[31] Bastos, F. J. F. *Breves lições de direito penal*. Bahia: Litho Typhographia Almeida, 1906. p. 13.

golpe"[32] –, ou seja, punição em tudo e por tudo igual ao crime, já representa um avanço, pois, em face dessa lei, já "não é mais lícito tirar-se a vida de alguém que apenas ferira seu inimigo". Não nos esqueçamos de que VOLTAIRE, a respeito dessa lei, disse: "*L'heureuse loi du talion. Est la loi plus equitable*"[33]. E CRISTO proclamou: "Tendes ouvido o que foi dito: Olho por olho, dente por dente. Eu, porém, vos digo: Não resistais ao mal. Se alguém te ferir a face direita, oferece-lhe também a outra"[34], ou seja, fugi à vingança.

"[…] A suspensão condicional da pena, ou uma multa, é, geralmente, mais eficaz que a segregação", preleciona TEODOLINDO CASTIGLIONE.[35]

Parodiando SHAKESPEARE[36]: "Algo está a apodrecer" no nosso Brasil.

1.7 Justiça morosa, negativa a seu acesso efetivo

É verdade que a justiça é morosa, lenta, não conseguindo dar vazão às demandas, que aumentaram, e muito, depois da Constituição Federal de 1988, a qual abriu um leque enorme de possibilidades de a pessoa, física ou jurídica (inclusive, grandes empresários), bater à porta da Justiça. Não por culpa exclusiva do juiz, mas em razão de vários e inúmeros fatores – a exclusão social gerando e aumentando a violência; o número grande e abusivo de recursos; o formalismo exagerado; a linguagem antiquada; o pouco uso da informática; a estruturação do Poder Judiciário arcaica, envelhecida; a falta de sistematização na criação de tribunais, comarcas e varas etc. A questão da impunidade não é devida tão somente à má estrutura do Poder Judiciário, como pensa a Organização das Nações Unidas (ONU) pela sua relatora ASMA JAHANGIR, encarregada de fazer um levantamento sobre as execuções sumárias de vidas no Brasil. Como observou SAULO RAMOS[37]:

> Não explicaram para a Dra. Asma, cujo trabalho é de suma importância, que, no Brasil, o Judiciário nada tem a ver com as execuções sumárias, inclusive das testemunhas por ela ouvidas. **Nosso sistema jurídico não permite que o juiz tome providências de ofício, isto é, por iniciativa própria**.

O número de inquéritos que levam anos e anos nas delegacias de polícia é grande e, quando chegam ao juízo, depois de passarem, muitas vezes, algum tempo no Ministério Público, boa parte dos crimes já foi alcançada pela prescrição. Também a polícia civil não dá conta de cumprir os mandados de prisão. Tudo isso, no entanto, é debitado à justiça.

As leis são, um sem-número de vezes, mal elaboradas, mal estruturadas, casuísticas. Nada resolvem, complicando, isso sim, o bom andamento dos processos.

Se há grande divergência entre a norma e a realidade, a lei não é respeitada ou é tida como inexistente. Há, na verdade, uma ausência de norma. Também esse fato é imputado à justiça. Pobre justiça, vai carregando os pecados do Legislativo e do Executivo…

Parodiando CASTRO ALVES,[38] a justiça "é como Ahasverus", solitária… "A marchar, a marchar no itinerário/Sem termo do existir". Invejada! "A invejar os poderosos. Vendo a sombra dos álamos frondosos […] E sempre a caminhar… sempre a seguir […]. E a mísera "de glória em glória corre… Mas quando a terra diz": – Ela não morre. Responde a desgraçada: "Eu nunca vivi…". **O juiz diz: nada resolvi**.

---

[32] BÍBLIA Sagrada. Tradução: Centro Bíblico Católico. 65. ed. São Paulo: Ave Maria, 1989. p. 101.
[33] A feliz lei do talião. É a mais equitativa.
[34] BÍBLIA…, op. cit., Mateus, cap. 5, v. 38-39, p. 1289.
[35] CASTIGLIONE, T. *Lombroso perante a criminologia contemporânea*. São Paulo: Saraiva, 1962. p. 105.
[36] SHAKESPEARE, W. *Hamlet, príncipe da Dinamarca*. Tradução: Carlos Alberto Nunes. 2. ed. São Paulo: Melhoramentos, 2017. p. 45.
[37] RAMOS, J. S. P. Judiciário e o acesso de tosse. *Folha de S. Paulo*, 12.10.2003. p. A-3.
[38] ALVES, A. DE C. Ahasverus e o gênio. In: *Poesias completas de Castro Alves*. Rio de Janeiro: Tecnoprint Gráfica S/A. p. 37.

Acesso à justiça não significa apenas ter facilidade em ajuizar a ação, não é a mera acessibilidade. Não. É ter, também, direito a um processo rápido, com igualdade de condições entre os litigantes ("igualdade de armas")[39], e *justo*; consequentemente, direito a amplo e *efetivo* acesso à justiça. O acesso, com essa significação, é "o mais básico dos direitos humanos". Ter acesso à justiça e *dela sair com uma solução*.

Atente-se que, em 2015, segundo o Conselho Nacional de Justiça (CNJ), cada juiz brasileiro produzia em média 1.616 sentenças por ano, enquanto o número de sentenças é de 959 para os juízes italianos, 689 para os espanhóis e 397 para os portugueses. Temos um número insuficiente de juízes e o número de processos em trâmite cresce, assustadoramente, a cada ano, enquanto a quantidade de magistrados não cresce em igual proporção.

2. O MICROSSISTEMA PROCESSUAL

2.1 Origem, criação e instituição dos Juizados Especiais Estaduais e Federais

OTÁVIO CÉSAR AUGUSTO, um dos maiores imperadores de Roma, criou, conta-nos SUETÔNIO[40], uma quarta decúria de juízes,

> recrutada entre os cidadãos de censo inferior, à qual chamou *Decúria dos Duzentos*, encarregada de julgar os processos de pouca importância. Escolheu juízes com idade a partir dos trinta anos, isto é, cinco anos menos do que a idade até então requerida. Como, porém, a maior parte recusasse estas funções jurídicas, concedeu, mas contra a vontade, um ano de férias, rotativamente, a cada decúria, e o direito de suspender a execução dos processos, como de costume, nos meses de novembro e dezembro.

É interessante notar que a Constituição Federal de 1824, em seu art. 161, dispunha que "sem se fazer constar que se tem intentado o meio da reconciliação não se começará processo algum". Esse deve ser o objetivo maior da justiça: resolver o conflito, *sem mágoas*. Se o acordo é possível, que seja feito; não se inicie o processo. Isso é o que busca o Juizado Especial, órgão da Justiça Ordinária, e não uma nova Justiça Especializada, como a Eleitoral, a do Trabalho e a Militar.

Nosso Código Penal foi instituído em 07 de dezembro de 1940, pelo Decreto-lei n. 2848, e entrou em vigor no dia 01.01.1942 (a parte geral foi inteiramente reformada pela Lei n. 7209, de 11.07.1984, passando a vigorar a partir do dia 13.01.1985). Há mais de 70 anos, mais de meio século, vige a Parte Especial. Nesse lapso, a realidade brasileira mudou. Alguns crimes deixaram de ser assim considerados, na prática, pelo povo, como o adultério, antes mesmo de vir a lume a Lei n. 11106, de 28.03.2005, que, expressamente, revogou o art. 240 do Código Penal; outros deixaram de ter grande repercussão no meio social. Novos crimes, mais graves e deletérios, surgiram, tais como crimes praticados via internet e crimes ambientais. Crimes *velhos* são *aperfeiçoados* na sua execução, como os sequestros relâmpagos, o estelionato pela *clonagem* de cartões de crédito, os crimes de colarinho branco e outros.

O Código de Processo Penal é instrumento para processar e julgar os autores das infrações penais, a fim de possibilitar a prevenção e a repressão dos crimes, objetivando a tranquilidade, a paz e o bem-estar de todos. *Salus roces suprema lex est*.[41] O processo é um dos meios para se solucionar os conflitos de interesses. Ademais, no Estado Democrático de Direito, a pena só pode ser aplicada mediante o processo, o devido processo legal, constituindo garantia de todos nós. Ensinava o Ministro JOÃO MENDES DE ALMEIDA JÚNIOR[42], do Supremo Tribunal Federal, na primeira década do

---

[39] CAPPELLETTI, M. et al. *Acesso à justiça*. Tradução: Ellen Gracie Northfleet. Porto Alegre: Fabris, 1988. p. 15.
[40] SUETÔNIO. *A vida dos doze Césares*. Apresentação: Carlos Heitor Cony. Tradução: Sady-Garibaldi. 2. ed. reform. São Paulo: Ediouro, 2002. p. 119-120.
[41] Que o bem-estar do povo seja a lei suprema.
[42] ALMEIDA JÚNIOR, J. M. DE. *O processo criminal brasileiro*. 4. ed. Rio de Janeiro: Freitas Bastos, 1959. p. 14.

século XX: "[...] as formas do processo asseguram a liberdade dos indivíduos, porque garantem a defesa; dão força aos julgamentos e aos juízes, porque são o penhor da sua imparcialidade; revestem a justiça de toda a majestade, porque dão testemunho da prudência de seus agentes".

Essa lição é, agora, renovada com clareza por Roberto Delmanto Júnior,[43] nestes termos:

> É por isso que o fundamento do processo penal é a tutela da liberdade jurídica do ser humano, consubstanciando-se, antes de mais nada, em um instrumento da liberdade que surge como complemento dos direitos e garantias individuais, impondo limites à atuação estatal em cumprimento do seu dever de prestar jurisdição.

O processo[44], como explica o ex-Ministro do Tribunal Federal de Recursos Adhemar Raymundo da Silva[45], meu professor no curso de graduação de Direito Processual Penal, "tem por escopo tornar efetiva a jurisdição, porque nele se desenvolvem atividades que procuram alcançar esse objetivo". Daí, como citado por ele, dizer Satta: **"Se suprimirdes o processo, tereis suprimido a jurisdição"**.

Deve ficar claro, no entanto, como bem salienta Afrânio Silva Jardim[46], que não se pode transformar "o processo penal em instrumento de combate aos altos índices de criminalidade, massacrando a verdadeira realidade dos fatos, postergando valores éticos e humanitários que já se encontram incorporados, de forma indelével, à nossa cultura, à nossa civilização".

Frederico Marques[47], sobre a aplicação da lei penal, transcreve a seguinte lição de Filippo Grispigni:

> [...] se é verdade que do crime nasce o direito de punir, o Estado, nem por isso, se encontra autorizado a infligir a pena antes que se verifique se tem fundamento a pretensão punitiva, o que se realiza por meio da jurisdição penal: *nemo damnetur nisi per legale iudicium*.[48] E essa intervenção dos órgãos jurisdicionais é exigida pelo direito objetivo em razão do interesse público, constituído, de um lado, pela oportunidade de oferecer garantias ao autor do crime, para a tutela de seus direitos, e de outro, para evitar qualquer punição diversa da que a lei prevê.

Afinal, como dizem os franceses: *Les hommes ne seraient pas libres et tranquilles si la justice est mal administrée*[49].

Lembremos as lições de Rousseau,[50] em sua famosa obra *O contrato social*: "Para ordenar o todo ou dar a melhor forma possível à coisa pública, há que se considerar diversas relações". A terceira relação considerada por ele é a "relação entre o homem e a lei, a saber, a da desobediência à penalidade, dando lugar ao estabelecimento das leis criminais, que no fundo são menos uma espécie particular de leis que a sanção de todas as outras".

Proclamava Tobias Barreto[51]:

> É mister bater, bater cem vezes e cem vezes repetir: o direito não é filho do céu – é simplesmente um fenômeno histórico, um produto cultural da humanidade. *Serpens nisi serpentem comederit,*

---

[43] Delmanto Júnior, R. et al. *As modalidades de prisão provisória e seu prazo de duração*. 2. ed. rev. ampl. Rio de Janeiro: Renovar, 2001. p. 5-6.

[44] De *procedere*, avançar, ir para frente, movimento.

[45] Silva, A. R. da. *Estudos de direito processual penal*. Salvador: Progresso, 1957. p. 9.

[46] Jardim, A. S. *Direito processual penal*. 4. ed. rev. atual. Rio de Janeiro: Forense, 1992. p. 472.

[47] Marques, J. F. *Tratado de direito processual penal*. v. 1. São Paulo: Saraiva, 1980. p. 5.

[48] Ninguém é condenado a não ser em juízo legal.

[49] Os homens não seriam livres e tranquilos se a justiça fosse mal administrada.

[50] Rousseau, J. J. *O contrato social*. 3. ed. Tradução: Antônio de Pádua Danesi. São Paulo: Martins Fontes, 1996. Livro II, cap. XII.

[51] Barreto, T. *Estudos de direito III*. Organização, introduções e notas de Jackson da Silva Lima e Luiz Antônio Barreto. Edição comemorativa. Rio de Janeiro: Record; Aracaju: Secretaria de Cultura e Meio Ambiente, 1991. p. 449.

non fit draco: a serpe que não devora a serpe não se faz dragão; a força que não vence a força não se faz direito; o direito é a força que matou a própria força.

A tarefa do processo penal está no saber se o acusado é inocente ou culpado. Isto quer dizer, antes de tudo, se aconteceu ou não aconteceu um determinado fato: um homem foi ou não foi assassinado, uma mulher foi ou não violentada, um documento foi ou não foi falsificado, uma joia foi ou não levada embora?. (FRANCESCO CARNELUTTI)[52].

O Direito Penal pune, o processo liberta.

O processo é acima de tudo uma garantia para todo cidadão, delinquente ou não. Aquele que é acusado precisa ter um juiz imparcial, natural, um devido processo legal, assegurados o contraditório e a ampla defesa. Não se precisa de um MORO. Daí explicar ANTONIO MAGALHÃES GOMES FILHO[53]:

> O *processo*, enquanto *metodologia* para o exercício do poder, constitui uma *garantia política* e, como tal, exige que toda atuação estatal – legislativa, administrativa ou judicial – seja procedida da discussão de alternativas, com a participação dos interessados, o que assegura não só a correção, mas também a aceitação social da solução a final encontrada.

O processo judicial, disse Carnelutti[54], significa "el hacerse el derecho mediante el juez"[55].

O Código de Processo Penal, instituído pelo Decreto-lei n. 3689, de 03.10.1941, entrando em vigor no dia 01.01.1942, precisa ser reformado – **não se exigindo necessariamente um novo código** – para se tornar ágil, mais moderno, incorporando novas técnicas de comunicação, menos formal, mais preciso, para atender à realidade atual, bem servindo, desse modo, à sociedade, ao povo. É certo que, como disse PIMENTA BUENO[56], "as formalidades dos atos e termos do processo são frutos da prudência e razão calma da lei". Mas o excesso de formalismo faz que o processo não *ande* e termine por beneficiar o autor da infração penal.

Alguns juristas e legisladores fazem-nos lembrar os Locrios. Conta JOÃO MENDES[57] o seguinte fato:

> Os Locrios – dizia DEMÓSTENES no seu discurso contra TIMÓCRATES – são tão aferrados à sua antiga legislação, aos regulamentos de seus pais, tão inimigos de inovações, sobretudo em matéria de processo criminal, que o autor de uma moção [projeto de lei] nova a propõe com uma corda no pescoço. Se é julgada boa, ele se retira vivo; mas, se é julgada prejudicial, é ele estrangulado.

Quando surgiu o atual Código de Processo Penal, uma grande transformação operou-se na aplicação da lei penal. Lê-se na exposição de motivos que o Ministro de Justiça e Negócios Interiores, FRANCISCO CAMPOS, conhecido como CHICO CIÊNCIA, apresentou ao projeto do novo código ao Presidente da República, GETÚLIO VARGAS:

"As nulidades processuais, reduzidas ao mínimo, deixam de ser o que têm sido até agora, isto é, um meandro técnico por onde se escoa a substância do processo e se perde o tempo e a gravidade da justiça."

Eis a importância das leis penais e dos processuais penais.

A preocupação pela simplicidade, informalidade e celeridade dos processos referentes aos crimes de menor potencial ofensivo não é de agora, é de antes da Constituição de 1988. Em maio

---

[52] CARNELUTTI, F. *As misérias do processo penal*. Tradução: José Antonio Cardinalli. São Paulo: Conan, 1995. p. 43.
[53] GOMES FILHO, A. M. et al. *A motivação das decisões penais*. São Paulo: RT, 2001. p. 239.
[54] CARNELUTTI, F. *Lecciones sobre el proceso penal*. Tradução: Santiago Sentís Melendo. Buenos Aires: Bosh y Cía., 1950. v. 1. p. 57.
[55] "O fazer-se o direito mediante o juiz."
[56] BUENO, J. A. P. *Apontamentos sobre o processo criminal brasileiro*. Edição anotada, atual. compl. por José Frederico Marques. São Paulo: RT, 1959. p. 228.
[57] ALMEIDA JÚNIOR, 1959, p. 14.

de 1981, o Ministro de Estado da Justiça, Ibrahim Abi-ackel, publicou o anteprojeto do Código de Processo Penal, em que merecem destaque as seguintes inovações: instituição do procedimento sumaríssimo com dispensa do inquérito, lavrando-se, em substituição, boletim de ocorrência circunstanciado quando se tratar de crime punido com detenção de até um ano, de lesão corporal culposa, de homicídio culposo e de contravenção "das causas de menor importância"; denúncia oral; uso de gravação sonora ou meio equivalente; medidas alternativas à prisão provisória; redução do tempo do debate oral para cinco minutos; instituição de órgão colegiado de primeiro grau para julgamento, em grau de recurso, das causas processadas em rito sumaríssimo; e simplificação do procedimento recursal.

O inciso I do *caput* do art. 98 da Constituição Federal dispõe que a União, no Distrito Federal e nos Territórios, e os Estados criariam Juizados Especiais, não tratando da criação dos Juizados Especiais na Justiça Federal. Foi a Emenda Constitucional n. 22, de 18.03. 1998, que acrescentou um parágrafo ao art. 98 da Constituição, dispondo sobre "a criação de juizados especiais no âmbito da Justiça Federal".

A Lei dos Juizados Especiais veio para proporcionar a todos fácil acesso à justiça para resolver seus conflitos. Foi editada *ex omni populo*[58]. Os juizados são, por conseguinte, instrumentos para democratização do acesso à justiça. *Ita est*[59].

Nem todos pensam que os Juizados Especiais são benéficos para os réus. Observe-se que o advogado Hélder B. Paulo de Oliveira[60], antes da Lei n. 11313, de 28.06.2006, tinha a seguinte opinião sobre a Lei n. 10259/2001:

> [...] o ter a lei dos juizados especiais federais fixado pena para o crime de menor gravidade em até dois anos, não quer dizer, tacitamente, e no caso concreto, que é mais benéfica do que o art. 61 da Lei n. 9.099/1995, aproximando-nos do pensamento de Cezar Roberto Bitencourt. É que a simples modificação do órgão julgador não traz tantos benefícios para o réu como *prima facie*[61] pareceria. Os princípios processuais da oralidade, celeridade, informalidade e economia, no caso prático, não são mais benéficos aos autores de crimes *menos graves* juridicamente bem assessorados, na jurisdição dita *comum*. Podem até ser *lex gravior*.[62]

"As inovações incorporadas ao cenário do processo penal brasileiro, por meio da Lei n. 9.099, de 26.09.1995", como diz Geraldo Prado[63], "procuram acompanhar os grandes movimentos ideológicos, políticos e culturais que têm motivado os ramos mais progressistas da criminologia, no chamado Mundo Ocidental".

O Código de Processo Penal português, de 1929, previa o processo correcional, que "é aplicável aos crimes a que corresponda pena de prisão até três anos (desde que o infrator não seja preso em flagrante delito) ou pena de multa". O interessante, interessantíssimo desse processo é que o juiz "perguntará aos representantes da acusação e da defesa se renunciam ou não ao recurso". Se renunciarem, nada será reduzido a escrito. "Caso não renunciem, os interrogatórios do réu, os depoimentos das testemunhas, declarações dos ofendidos e outras pessoas serão reduzidos a escrito". Explica João Castro e Sousa[64], professor da Universidade de Lisboa, que:

---

[58] Em proveito do povo.
[59] Assim é.
[60] Oliveira, H. B. P. de. Apontamentos sobre a Lei dos Juizados Especiais Criminais na Justiça Federal. Disponível em: http://www.direitocriminal.com.br. Acesso em: 25 set. 2001.
[61] À primeira vista.
[62] Lei grave, forte.
[63] Prado, G. *Sistema acusatório*: a conformidade constitucional das leis processuais penais. 2. ed. Rio de Janeiro: Lumen Juris, 2001. p. 236.
[64] Sousa, J. C. e. *A tramitação do processo penal*. 2. tir. Lisboa: Coimbra, 1985. p. 29.

"Este sistema é intuitivamente compreensível", pois, "se se verificar a renúncia, tudo aconselha a que a imediação seja a mais pura possível, através de uma exclusiva oralidade, uma vez que é apenas ao juiz que compete decidir definitivamente".

Interessante também é que, depois das alegações orais, "o juiz perguntará ao réu se tem mais alguma coisa a dizer em sua defesa e ouvi-lo-á, depois do que proferirá a sentença, lendo-a publicamente na audiência".

Para que bem funcionassem e tornassem realidade a esperança do jurisdicionado, o ideal seria que os Juizados Especiais fossem dotados de estruturas física e funcional próprias, adequadas ao seu funcionamento, primando pela simplicidade e acessibilidade *efetiva. A Lei n. 13603, de 09.01.2018, alterou, em um só dispositivo, o art. 62, da Lei n. 9099, de 26.09.1995, para incluir a simplicidade como "critério orientador do processo perante os Juizados Especiais Criminais"*[65].

3. OS JUIZADOS E A PANDEMIA

O que é pandemia?

– É uma epidemia de doença infecciosa que se alastra entre a população de uma região geográfica. A pandemia de covid-19 é uma doença respiratória causada pelo coronavírus da síndrome respiratória aguda grave. Teve origem em 2019 na província de Wuhan, China. O vírus tem sintomas variáveis, podendo levar à morte. Ele se espalha pelo ar, exigindo como precaução que as pessoas fiquem, no mínimo, um metro e meio distante das pessoas, que ficam contaminadas por até catorze dias. Além do distanciamento social, é recomendado uso de máscaras faciais encobrindo o nariz e a boca e lavagem das mãos com sabão e água. O vírus deixa uma pessoa infectada quando ela tosse, espirra ou fala. A Covid já causou, no Brasil, mais de 600.000 mortes.

A Ministra do STJ Fátima Nancy Andrighi palestrou durante o *Encontro Estadual dos Juizados Especiais*, realizado nos dias 16 e 17.06.2021 pela Corregedoria Geral da Justiça, sobre Juizados Especiais em tempos de pandemia, e disse:

> De forma absolutamente inesperada veio a pandemia e, com ela, a mudança profunda de determinados atos judiciais, como o atendimento aos advogados e a realização das sessões de julgamento. E hoje eu vejo, realizada e feliz, os ministros atendendo advogados via plataforma digital.

Destacou frisando que este foi um benefício trazido pela pandemia. (Consultor Jurídico de 21.06.2021).

Os cientistas e infectologistas (não sabia que tinha tanto infectologista no Brasil, como mostra a mídia) afirmam que surge uma nova variante do coronavírus, talvez mais perigosa, denominada ômicron, classificada pela Organização Mundial da Saúde (OMS) como variante de preocupação, detectada na África do Sul, levando os países a fecharem fronteiras aéreas para seis países da África (África do Sul, Botsuana, Eswatini, Lesoto, Namíbia e Zimbábue). A Agência Nacional de Vigilância Sanitária (Anvisa), em 26.11.2021, publicou nota técnica recomendando medidas de restrição para viajantes e voos desses seis países.

Essas medidas têm grande reflexo na Justiça, aumentando as ações contra elas, mandados de segurança, ações ordinárias com pedido de tutela, ações nos juizados cíveis.

4. OS JUIZADOS E A ERA DIGITAL

Com as cautelas de precaução previstas pela covid foi possível o uso da tecnologia nos Juizados Cíveis, com audiências *online*, dispondo o § 2º, do art. 22, da Lei n. 9099, de 26.09.1995: "*É cabível*

---

[65] Lei n. 13603/2018, art. 62. *O processo perante o Juizado Especial orientar-se-á pelos critérios da oralidade,* **simplicidade**, *informalidade, economia processual e celeridade, objetivando, sempre que possível, a reparação dos danos sofridos pela vítima e a aplicação de pena não privativa de liberdade.* (g.n.)

a conciliação **não presencial** conduzida pelo Juizado mediante o emprego dos recursos tecnológicos disponíveis de transmissão de sons e imagens em tempo real, devendo o resultado da tentativa de conciliação ser reduzido a escrito com os anexos pertinentes." (incluído pela Lei n. 13994/2020).

– É possível o emprego dessa tecnologia nos Juizados Criminais?

– Trata-se de uma modalidade de audiência realizada por videoconferência, sugerida e autorizada pelo CNJ como forma de manter o andamento das atividades do judiciário diante de um contexto de instabilidade, como a pandemia da covid-19.

Observe-se que a previsão da audiência *online* foi abordada no Capítulo II Dos Juizados Especiais Cíveis, art. 22, §§ 1º e 2º.

Importante salientar como alerta de PEDRO TOVÃO DO ROSÁRIO que "vivemos numa era de hiperinformação e que, a partir de qualquer local, mediante a utilização de aparelhos eletrônicos, facilmente se atenta contra os direitos fundamentais à intimidade, imagem, honra e vida privada". (Cf. ROSÁRIO, P. T. DO. O GPRD, ou RGPD como exemplo da tendência de um Estado fiscalizador do cumprimento de direitos fundamentais).[66]

Disse CLÁUDIA OLIVEIRA DA COSTA TOURINHO SCARPA, em livro a ser publicado, intitulado *O avanço tecnológico, a liberdade de expressão e o chamado direito ao esquecimento*:

> *Estamos em uma era na qual a exposição da vida está cada vez mais intensa. Vivemos uma revolução digital, sendo a internet no dizer de Klaus Schwab, "uma ferramenta sem precedentes de libertação e de democratização e, ao mesmo tempo, um facilitador da fiscalização maciça, indiscriminada, de longo alcance e quase impenetrável" [...] Acredita o autor klaus schwab que estamos vivendo a Quarta Revolução Industrial, que não está mudando apenas o que fazemos, mas também quem somos.*

Observou ainda CLÁUDIA que:

> *As pessoas têm necessidade de publicar, nas diversas redes sociais disponíveis (Facebook, WhatsApp, Instagram, YouTube, TikTok, Twitter, Pinterest, Facebook Messenger, LinkedIn, Snapchat, entre outros), fatos marcantes que acontecem em suas vidas e, às vezes, utilizam as redes como se fossem verdadeiros diários, com uma narrativa autobiográfica, não deixando de publicar nenhum fato relevante ocorrido durante seu dia, e não raro fatos sem maior relevância. Na verdade, **quem não possui rede social é visto com desconfiança e até estigmatizado, questiona-se qual o problema a pessoa possui por não ter rede social**.*

Convido vocês a lerem este livro não só pela autora que o escreveu, de talentosa inteligência, como pela qualidade primorosa e científica dos textos. Não se arrependerão. Farão uma boa leitura.

> *Pela dinâmica criminal, diz Roque de Brito Alves: "O processo se movimentará tendo em vista a natureza do homem, da sociedade e a atualidade do delito num dinamismo de energias e contra energias, acionando a todos e em todos se alimentando para, na realidade, revestir a fisionomia própria de um ato antissocial".*
>
> O que é o portal e-SAJ?
>
> *"Portal e-SAJ é uma solução especialmente desenvolvida para a Internet, que facilita a troca de informações e agiliza o trâmite processual por meio de diversos serviços WEB voltados para os advogados, cidadãos e serventuários da justiça". (Carlos Alexandre Rodrigues).*[67]

---

[66] RAMOS, J. J. M. A autotutela jurídica na era digital. In: MONTEIRO, M.; GUEDES, V. (coord.) *Os Desafios do Direito do Século XXI: Violência, Criminalização, Consendo, Tutela Digital e Caloba Lab oral.* Coimbra: Almedina, 2019. p. 119-142.

[67] RODRIGUES, C. A. *Manual prático de peticionamento eletrônico.* São Paulo: Império Editora de Livros, 2020. p. 13.

Capítulo III
Dos Juizados Especiais Criminais
Disposições Gerais

> **Art. 60.** O Juizado Especial Criminal, provido por juízes togados ou togados e leigos, tem competência para a conciliação, o julgamento e a execução das infrações penais de menor potencial ofensivo, respeitadas as regras de conexão e continência.
>
> **Parágrafo único.** Na reunião de processos, perante o juízo comum ou o tribunal do júri, decorrentes da aplicação das regras de conexão e continência, observar-se-ão os institutos da transação penal e da composição dos danos civis.

1. COMPOSIÇÃO. JUÍZES TOGADOS. JUÍZES LEIGOS

A Constituição Federal, no art. 98, I, possibilitou à União e aos Estados a criação de Juizados Especiais providos por juízes togados, ou togados e leigos.

Pode, assim, o Juizado Criminal – e não é só o Cível, como entendem alguns autores – ter uma composição mista, juízes togados e leigos. O constituinte não fez distinção. Nunca só leigos, mas, só togados, sim. A ideia de uma composição mista é boa, se não fossem as dificuldades para a instalação, como pagamento de salário aos juízes leigos, recrutamento etc. Deveria ser obrigatória a presença do leigo. Juiz leigo? Na verdade, não é juiz nem é leigo. Não se trata de leigo – leigo é aquele que é desconhecedor de determinado assunto –, e sim de um técnico especializado, um advogado, pois o art. 7º da lei ora em comento define que os juízes leigos serão recrutados entre advogados com mais de cinco anos de experiência. Nem se trata de juízes, uma vez que não têm jurisdição.[68] Disso já tinha se apercebido ADROALDO FURTADO FABRÍCIO[69]:

> Uma palavra, ainda, se faz necessária sobre os assim chamados *juízes leigos*. A lei precisou adotar essa denominação porque essa foi a utilizada no texto constitucional, mas, em verdade, sua impropriedade é manifesta. Eles não são exatamente juízes, porque não se acham investidos de jurisdição, e também não são leigos, porque só podem ser selecionados entre advogados com pelo menos cinco anos de prática forense, como a própria lei estabelece.

O leigo julga de acordo com o que sente o povo. Não está preso às normas legais. Veja, por exemplo, o tribunal do júri absolvendo o marido traído que mata a companheira (sentido amplo), a mulher pobre que pratica o aborto. Daí dizer HÉLIO TORNAGHI[70]:

"Se o jurado verifica que a lei, no caso concreto, não corresponde ao ideal de justiça, deixa de lado a lei e fica com a Justiça e nisso não há nada de mais: o próprio juiz togado tem esse poder, em certos casos, dado também por lei."

Após citar alguns casos em que a lei foi afastada e feita justiça, diz o mestre: "Quem quer que lide no foro poderia acrescentar uma série infinita de casos reais em que a justiça dos jurados teria sido mais perfeita que a do juiz profissional"[71].

---

[68] Não confundir com o árbitro, que, segundo o art. 18, da Lei n. 9307, de 23.09.1996, "é juiz de fato e de direito", e a sentença que ele profere "não fica sujeita a recurso ou a homologação pelo Poder Judiciário".
[69] FABRÍCIO, A. F. A experiência brasileira dos Juizados de Pequenas Causas. *Revista de Processo*, São Paulo, v. 26, n. 101, jan./mar. 2001. p. 186.
[70] TORNAGHI, H. B. *Instituições de processo penal*. Rio de Janeiro: Forense, 1959. v. 2. p. 311.
[71] TORNAGHI, op. cit., p. 312.

E magistralmente explica[72]:

> Demais, o juiz togado tem um defeito que o jurado não tem: *o calo profissional*, que terminará por desumanizá-lo, por esvaziá-lo, por endurecê-lo: ao fim de certo tempo já não o comovem as grandes dificuldades humanas. Frio, impassível, ele já não sente o que precisaria sentir para poder avaliar devidamente a tragédia que se lhe antepõe e a personalidade do réu. Não há maior negação de justiça do que *o juiz mão pesada*: ele não vê o que os outros veem, não tolera, não concede, não suporta. Não encara o réu com imparcialidade, com equilíbrio.

FREDERICO MARQUES[73] é contra esse entendimento, dizendo: "Antes de mais nada, é o juiz leigo muito acessível a injunções e cabalas; em segundo lugar, como FERRI notava, o jurado, mais que qualquer outro, é a encarnação da justiça de classe".

Vêm os juízes togados do seio do povo, mas dele uma grande parte divorcia-se, dele se esquece, trancam-se em seus gabinetes sem quererem receber os advogados e as partes. A acusação, esta pode ser recebida a qualquer hora. E o povo? Quem é o povo?!

E, vejam, há uma proposta no Supremo Tribunal Federal para alterar o Regimento Interno, a fim de que o ministro só possa receber o advogado de uma parte se for acompanhado do defensor da outra. O texto da proposta é o seguinte: "Nenhum ministro é obrigado a receber parte ou advogado, senão na presença do advogado da parte contrária, ou, quando seja o caso, do representante do Ministério Público". Seria um prévio contraditório!!!

O Ministro aposentado MARCO AURÉLIO, que foi presidente da Comissão de Regimento Interno do STF, manifestou-se contra a proposta. Argumentou que o Estatuto da Advocacia prevê a obrigatoriedade de os juízes receberem os advogados. "Aqueles que personificam o Estado-juiz nada mais são do que servidores e devem, de início, atender aos que os procuram", disse.

O Código Ibero-americano de Ética Judicial recomenda, no art. 15, que "o juiz deve procurar não manter reuniões com uma das partes ou os seus advogados (no seu gabinete, ou pior ainda, fora do seu gabinete), que as contrapartes e os seus advogados possam razoavelmente considerar injustificadas".

Essa recomendação não é aceita no Brasil. A Lei Orgânica da Magistratura (LOMAN) – Lei Complementar n. 35/1979) – em seu art. 35, IV, estabelece que é dever do magistrado "atender aos que o procurarem, a qualquer momento, quando se trate de providência que reclame e possibilite solução de urgência".

O art. 7º, VIII, da Lei n. 8906/1994 (Estatuto da Advocacia), autoriza, como direito do advogado, "dirigir-se diretamente aos magistrados nas salas e gabinetes de trabalho, independentemente de horário previamente marcado ou outra condição, observando-se a ordem de chegada".

O juiz deve, sim, receber o advogado. A proibição de não receber o advogado implica não confiar no juiz, ou o juiz não confiar em si. Uma pergunta: o juiz estará, também, impedido de receber o representante do Ministério Público, que é a acusação? Se pode receber este, onde fica o *princípio da paridade de armas*?

É certo que o povo não é corrupto, mas é facilmente enganado, manipulado. Por isso, todo cuidado é pouco para aceitar-se como correto o que o povo proclama. O povo não é um corpo unitário. FÁBIO KONDER COMPARATO, ao prefaciar a obra de FRIEDRICH MÜLLER[74] (*Quem é o povo?*), afirmou que "a soberania popular não pode ser absoluta. Ou melhor, não existe soberania inocente, porque a própria ideia de um poder supremo e incontrastável representa aquela *hybris*, que a sabedoria grega sempre considerou a matriz da tragédia humana".

A força da lei não está na fonte formal de onde promana, e sim na aceitação que obtém na sociedade. Se o legislador se afasta dos anseios populares, a lei que produz é de má qualidade: em

---

[72] TORNAGHI, op. cit., p. 313-314.
[73] MARQUES, J. F. *A instituição do júri*. São Paulo: Saraiva, 1963. v. 1. p. 5.
[74] MÜLLER, F. *Quem é o povo?*. São Paulo: Max Limonad, 1998. p. 27.

vez de ordenar, de disciplinar, prejudica, gera conflitos. Logo, o juiz não pode aplicá-la, pois lhe é lícito, como afirmado por Eduardo Espínola[75], "deixar de aplicar a lei que não corresponde às necessidades sociais" (direito alternativo, direito achado nas ruas?). Não tem, pois, legitimidade. O juiz jamais pode ser neutro. É impossível. Está sempre comprometido ou com o sistema, com o justo pensado pelo povo, com a sua própria história, com a sua origem, ou sofre a influência das correntes filosóficas que segue. O juiz deve ser, sim, imparcial. Não indiferente. A imparcialidade deriva diretamente do princípio do juiz natural, exigência de todo julgador em qualquer situação (até participando de um concurso de *miss*), pois não pode se comprometer com uma das partes.

"Imparcialidade do juiz: **direito** de quem vai ser julgado consistente num tratamento isento. Logo, é um **dever** do magistrado". Falou o grande magistrado pernambucano Ministro do STJ OG Fernandes[76].

Atualmente, criou-se a *impartialidade* para designar a qualidade de terceiro. Fala-se, por isso, que, desse modo, para o exercício da atividade jurisdicional, é preciso haver impartialidade e imparcialidade do julgador.

Em *A Justiça Justa*[77], tive oportunidade de dizer:

> Exigir que o juiz julgue de acordo com a lei, mesmo injusta, que o juiz seja neutro, e não criativo, constitui forma disfarçada de conservação do poder por aqueles que o detêm. A segurança e a ordem jurídicas não devem ser pressupostos para manietar os juízes, mas, sim, para levá-los a encontrar um meio de assegurar a paz social, a paz de todos, e não a segurança de poucos.

É certo que o juiz, apesar de ter os olhos voltados para a vontade do povo, deve estar atento para o ordenamento jurídico globalmente considerado, sob pena de, procurando fazer justiça, destruir esse ordenamento que é essencial para o entendimento firme do Direito, não podendo, pois, esquecer de utilizar a dogmática e a hermenêutica sistemático-constitucional.

O Supremo Tribunal Federal, em 23.03.2021, reconheceu que o ex-Juiz Sérgio Moro agiu sempre com parcialidade, sendo um magistrado **corrupto por ser parcial**, manchando a magistratura.

Atente-se para o disposto no art. 6º, da Lei n. 9099/1995: "O juiz adotará em cada caso a decisão que reputar *mais justa* e *equânime*, atendendo aos fins sociais da lei e às exigências do bem comum". Essa parte final, inclusive, está disposta, também, no art. 5º da Lei de Introdução às Normas do Direito Brasileiro, Decreto-lei n. 4657, de 04.09.1942: "Na aplicação da lei, o juiz atenderá aos fins sociais a que ela se dirige e às exigências do bem comum".

A finalidade maior da decisão judicial é buscar a pacificação social.

Pontes de Miranda[78] disse com propriedade:

> A falsidade da lei, verifica-a sua inaplicação, o fato denunciador do desrespeito popular: não tem função social, por isso mesmo que a não respeitam os homens. Se não concretiza o uso, se não representa o produto das necessidades existenciais de um povo, por mais enérgica e prontamente que se faça respeitar, sujeitando os indivíduos a seus ditames arbitrários, não influi nem modifica, não minora nem reanima os males sociais a que se aplica; nasceu da lógica racional, e a sociedade não a entende, porque suas regras de conduta são oriundas, em grande parte, de uma lógica mais requintada e mais confusa, a lógica do sentimento.

O juiz leigo orienta o trabalho dos conciliadores, auxiliando, desse modo, o juiz togado. Pode presidir a conciliação, como permitido pelo art. 73, da Lei n. 9099/1995. Não a transação. Lei estadual não pode conceder ao leigo o poder de julgar, pois ao Estado não foi conferido tal poder pela Constituição Federal, que reservou à União legislar, privativamente, sobre direito processual.

---

[75] Espínola, E. A jurisprudência dos tribunais, sua função e técnica. *Pandectas Brasileiras*, v. 1, 1ª parte. p. 7.
[76] Fernandes, O. *Cabeça de juiz*. São Paulo: Migalhas, 2018. p. 59.
[77] Tourinho Neto, F. da C. O juiz e a lei. In: *coletânea de artigos jurídicos*. Brasília: TRF-1ª Região, 2000. p. 33.
[78] Miranda, F. C. P. de. *À margem do direito*. Campinas: Bookseller, 2002. p. 74.

Os Estados e o Distrito Federal podem, sim, concorrentemente com a União, legislar sobre procedimentos em matéria processual.[79] As Leis dos Juizados, Estaduais e Federais, Leis n. 9099/1995 e 10259/2001, leis editadas pela União, não deram esse poder ao leigo. A questão da competência da União, dos Estados e do Distrito Federal para criação, funcionamento e processo dos Juizados Especiais, estudaremos ao comentar o art. 93.

A fase de execução foi reservada, como a do julgamento, somente ao juiz togado.

Os Juizados Especiais têm seu berço no Juizado das Pequenas Causas, visando "socializar ou democratizar o processo, despindo-o daqueles formalismos insuperáveis, facilitando o acesso do mais humilde cidadão à presença de um juiz ou árbitro, independente de cultura ou posses, para resguardar efetivamente seus direitos, ainda que os mais ínfimos", explica CARLOS AURÉLIO MOTA DE SOUZA[80].

2. CONCILIAÇÃO

É a conciliação o fim maior do Juizado Especial, e não a punição. A Justiça Comum, ordinária é que tem por objetivo a punição, daí ser considerada conflitiva. Ressalta-se, porém, que o fim da Justiça Penal não é a punição e sim a busca da ressocialização do infrator, sua reabilitação, para devolver à sociedade um homem apto a viver em harmonia com seus semelhantes (finalidade utilitária). O fim da pena é corrigir o autor do delito (prevenção especial), mas tem, também, uma prevenção geral, ou seja, um fim intimidativo dirigido a toda a sociedade, visando impedir que seus membros pratiquem crimes. Uma teoria da pena, portanto, mista, nem o *punitur quia peccatum est* (pune-se porque se cometeu crime) – teoria absoluta – mal justo oposto ao mal injusto do crime; nem o *punitur ne peccetur* (pune-se para não pecar), uma necessidade social, dirigida não só para quem delinquiu, mas, igualmente, uma advertência aos delinquentes em potencial. Teoria relativa.

A justiça do Juizado é consensual, em que a vítima tem consideração especial. Diz LUIZ MELÍBIO UIRAÇABA MACHADO[81]: "A Justiça consensual volta-se, dirige-se e tem por fito fundamental tutelar, proteger, amparar a vítima do crime". É para compor acusado e vítima. Quebrar as arestas.

A conciliação não se restringe à composição dos danos civis, podendo ajudar na realização da transação, aconselhando autor da infração e vítima.

O conciliador, portanto, é um auxiliar da justiça, não realiza nenhum ato processual, ajuda, sim, na solução *amigável* do feito. Não faz, também, a coleta de provas. Tanto o juiz togado como o leigo podem presidir a conciliação, como previsto no art. 73. A transação também pode ser conduzida pelo juiz leigo.

Dispõem os Enunciados 70 e 71:

Enunciado 70: "O conciliador ou o juiz leigo podem presidir audiências preliminares nos Juizados Especiais Criminais, propondo conciliação e encaminhamento da proposta de transação" (Aprovado no XV Encontro – Florianópolis/SC).

Enunciado 71: "A expressão conciliação prevista no art. 73, da Lei n. 9099/1995, abrange o acordo civil e a transação penal, podendo a proposta do Ministério Público ser encaminhada pelo conciliador ou pelo juiz leigo, nos termos do art. 76, § 3º, da mesma Lei" (nova redação do Enunciado 47 – Aprovado no XV Encontro – Florianópolis/SC).

Os conciliadores não são remunerados. A Comissão Nacional de Interpretação da Lei n. 9099/1995, reunida em Belo Horizonte, em 1996, entendeu, na Conclusão 7, que "a função dos conciliadores e juízes leigos será considerada de relevante caráter público, vedada sua remuneração".

---

[79] CF/1988, art. 24, XI. Compete à União, aos Estados e ao Distrito Federal legislar concorrentemente sobre: [...] XI – procedimentos em matéria processual [...].

[80] SOUZA, C. A. M. DE. *Poderes Éticos do Juiz: a igualdade das partes e a repressão ao abuso no processo*. Porto Alegre: Fabris, 1987. p. 55-56.

[81] MACHADO, L. M. U. Princípios políticos dos Juizados Especiais. *Ajuris – Revista da Associação dos Juízes do Rio Grande do Sul*, n. 67. p. 203.

Não se obtendo a conciliação, parte-se para a instrução, se necessária, e para o julgamento. Qual a diferença entre juiz leigo e conciliador?

JOEL DIAS FIGUEIRA JÚNIOR[82] observa que:

> não se pode esquecer, ainda, de que ao *juiz leigo* cumpre, normativamente, papel destacado na condução do processo, podendo auxiliar de forma mais efetiva o julgador e muito mais do que o próprio conciliador, à medida que, além de exercer atividades conciliatórias (preliminares), poderá efetuar a instrução probatória e proferir sentenças a ser submetida à apreciação do togado para homologação, substituição e outra vir a proferir ou, antes de se manifestar, determinar o juiz a realização de atos probatórios indispensáveis (art. 40, da Lei n. 9099/1995).

Não esquecer que, no Juizado Criminal, não há disposição que dê ao juiz *leigo* o poder de instruir ou o de julgar. A observação do Professor JOEL, atente-se, é para o Juizado Especial Cível. Entretanto, em 14.05.2009, o Plenário da Câmara Federal aprovou substitutivo ao Projeto de Lei n. 7087/2006, possibilitando que, nos Juizados Especiais, a instrução possa ser conduzida pelo conciliador. Esse projeto foi transformado em lei: Lei n. 12153/2009. Lei dos Juizados Especiais da Fazenda Pública. Meu litisconsorte escreveu uma obra sobre Juizados Especiais da Fazenda Pública[83].

3. JULGAMENTO

De acordo com o § 1º do art. 203 do CPC, sentença é o ato pelo qual o juiz[84] põe fim à fase de conhecimento ou à fase de execução. O mesmo ocorre com a transação (Lei n. 9099/1995, art. 76) e com a decisão do final do procedimento sumário (Lei n. 9099/1995, art. 81). Por sua vez, a suspensão do processo não constitui julgamento. Não há sentença.

O juiz leigo, repita-se, não tendo jurisdição, não pode julgar, mas tão somente conciliar.

4. EXECUÇÃO

O art. 84 cuida da execução, porém exclusivamente da execução da pena de multa. A execução das penas privativas de liberdade e restritivas de direitos, ou de multa cumulada com estas, será processada perante o órgão competente, definido pela Lei n. 7210, de 11.07.1984, art. 65.

5. JURISDIÇÃO E COMPETÊNCIA

Ao comentarmos o art. 63, estudaremos jurisdição e competência.

6. AS REGRAS DE CONEXÃO E CONTINÊNCIA

Quando do estudo do art. 63, analisaremos o alcance desta determinação: "respeitadas as regras de conexão e continência", quais suas implicações, o que mudou, se mudou.

> **Art. 61**. Consideram-se infrações penais de menor potencial ofensivo, para os efeitos desta Lei, as contravenções penais e os crimes a que a lei comine pena máxima não superior a 2 (dois) anos, cumulada ou não com multa.

---

[82] TOURINHO NETO, F. DA C.; JÚNIOR, J. D. *Juizados Especiais Federais Cíveis e Criminais*: comentários à Lei n. 10.259, de 10-7-2001. São Paulo: RT, 2002. p. 165-166.

[83] TOURINHO NETO; FIGUEIRA JÚNIOR, 2002.

[84] CPC, art. 162, § 1º: "Sentença é o ato do juiz que implica alguma das situações previstas nos arts. 267 e 269 desta Lei", extinguindo o processo, sem resolução de mérito (CPC, art. 267), ou com resolução de mérito (CPC, art. 269).

1. CRITÉRIO PARA DETERMINAR O QUE SEJA DELITO DE MENOR POTENCIAL OFENSIVO

A Lei n. 11313, de 28.06.2006, alterou, por seu art. 1º, este dispositivo, pois passou a considerar infrações de menor potencial ofensivo as contravenções e os crimes a que a lei comine pena máxima não superior a dois anos. Antes da nova lei eram consideradas infrações menores aquelas a que lei cominava pena máxima não superior a um ano. Em face do disposto no parágrafo único do art. 2º, da Lei n. 10259/2001 (Lei dos Juizados Especiais Federais), o entendimento doutrinário e jurisprudencial era de que o art. 61, com a redação anterior, tinha sido derrogado, pelo que a alteração não surtiu grande efeito na prática.

O critério utilizado, basicamente, pelo legislador para determinar o que seja delito de menor potencial ofensivo foi o da intensidade da sanção, a pena. Na verdade, é possível que o crime seja punido com pena máxima prevista em abstrato não superior a dois anos e, no entanto, não seja de menor potencial ofensivo, isto é, a potencialidade ofensiva, independentemente da pena, é grave. O legislador não soube cominar a pena.

O crime de menor potencial ofensivo é, para quem admira as expressões americanas, um *soft crime*[85].

A Lei n. 10054, de 07.12.2000, foi revogada pela Lei n. 12037/2009, que dispõe sobre a identificação criminal do civilmente identificado, regulamentando o art. 5º, LVIII, da Constituição Federal. O que são crimes de menor potencial ofensivo? A resposta está, em princípio, no próprio artigo ora comentado.

Em se tratando de Juizado Especial Federal, estão inclusos os crimes e não as contravenções, pois essas infrações, por força do art. 109, IV, da Constituição, estão excluídas da competência da Justiça Federal.

A Emenda Constitucional 22, de 18.03.1999, acrescentou um parágrafo ao art. 98. A Emenda Constitucional n. 45, de 08.12.2004, renumerou esse parágrafo, que era único, para § 1º, e incluiu mais um parágrafo. Embora a expressão *infrações* utilizada no inciso I do art. 98 abranja tanto crimes como contravenções, há de se ponderar que o parágrafo único se limitou a determinar a criação de Juizados Especiais "no âmbito da Justiça Federal", o que nos remete à competência fixada no art. 109, IV, da Constituição Federal, cuja redação não foi alterada e restringe as infrações da competência da Justiça Federal, ou seja, são excluídas as contravenções. Assim, não se pode querer, agora, depois da Emenda n. 22, que os Juizados Especiais Federais tenham competência para processar e julgar contravenções penais, contrariando uma disposição constitucional.

Previa a Lei n. 10259/2001 a competência do Juizado Especial Federal para o julgamento dos crimes punidos com pena privativa de liberdade, seja de reclusão, seja de detenção, até dois anos, ou com pena de multa.

Já para esse artigo em comento, infrações penais de menor potencial ofensivo eram as contravenções penais e os crimes a que a lei comine pena máxima superior a um ano. Esse dispositivo, como veremos logo mais, foi derrogado[86] pela antiga redação do art. 2º, da Lei n. 10259/2001.

O legislador cedeu, no entanto, às pressões da jurisprudência e da doutrina, fazendo vir a lume a Lei n. 11313, de 28.06.2006, passando a considerar infrações penais de menor potencial ofensivo, para fins da lei ora em apreciação, as contravenções penais e os crimes a que a lei comine pena máxima não superior a dois anos, cumulada ou não com multa.

Um crime a que a lei comine pena de reclusão de até dois anos e um outro cuja pena cominada seja tão somente de multa serão, ambos, julgados pelo Juizado Especial, pois são considerados de menor potencial ofensivo.

---

[85] Crime leve, suave.
[86] Derrogação significa revogação parcial. V. item 3.

O que se discute é se o crime punido com pena privativa de liberdade acima de dois anos *ou* com multa – uma ou outra pena – é da competência do Juizado Especial. Ora, se para o crime estão previstos dois tipos de pena – privativa de liberdade ou multa – e se o legislador dispôs que o crime punido com multa é de menor potencial ofensivo, evidentemente entendeu que, apesar de poder ser punido com pena acima de dois anos, esse mesmo crime pode ser punido somente com pena de multa. Logo, é ele de menor potencial ofensivo. Melhor explicando, a determinado crime é cominada a pena de prisão acima de dois anos *ou* multa. A competência, a meu sentir, é do Juizado. Esta é a melhor interpretação.

No processo, aplicam-se as regras comuns de interpretação, podendo até aplicar-se a analogia, conforme dispõe o art. 3º do Código de Processo Penal.

No Juizado Especial, a conciliação, a transação, a aplicação imediata de pena não privativa de liberdade e a suspensão do processo (v. arts. 72, 76 e 89 da Lei n. 9099/1995) repercutem no âmbito penal, beneficiando o acusado.

Não podemos esquecer que o juiz, como dito por Mário Franzen de Lima,[87] é um *"ajustador do direito à vida"*.

Ao interpretar a lei, determina o juiz seu sentido, seu objetivo, o que pretende ela alcançar. Interpretar "é achar o valor da lei em determinado momento" (Hélio Tornaghi)[88]. Isso está explicitado no art. 5º da Lei de Introdução às Normas do Direito Brasileiro: "Na aplicação da lei, o juiz atenderá aos fins sociais a que ela se dirige e às exigências do bem comum". Essa norma deve, evidentemente, ser observada em todos os ramos do Direito. O art. 6º, da Lei n. 9099/1995, dispõe que "o juiz adotará em cada caso a decisão que reputar mais justa e equânime, atendendo aos fins sociais da lei e às exigências do bem comum". Esse artigo é comentado, nesta obra, por Joel Dias Figueira Júnior.

Toda lei deve ter por finalidade trazer a maior felicidade ao cidadão e ao bem comum do povo a que ela é destinada. Para isso, é mister observar, como lembrado por Arthur Machado Paupério[89], que "a justiça sozinha, às vezes, degenera em injustiça, quando não equilibrada harmonicamente com a equidade".

Assim, se a determinado crime pode ser cominada pena privativa de liberdade acima de dois anos *ou* multa, discriminatório e injusto seria não sujeitar esse crime ao julgamento do Juizado Especial só por prever também a aplicação de pena superior a dois anos. Atente-se que o juiz deve agir em busca de uma justiça justa, em busca da paz social, devendo estar livre para com isso conseguir escapar do *legalismo* exacerbado, do legal pelo legal. Observa-se que, aos crimes contra a ordem tributária (arts. 1º a 3º da Lei n. 8137, de 27.12.1990), o legislador cominou pena privativa de liberdade e multa; já aos crimes contra a ordem econômica, pena privativa de liberdade ou multa, isto é, uma ou outra pena.

2. AS CONTRAVENÇÕES PENAIS

As contravenções penais, igualmente, são consideradas infrações de menor potencial ofensivo, independentemente da quantidade da pena. As contravenções, ainda quando praticadas contra bens, serviços ou interesses da União ou de suas entidades autárquicas ou empresas públicas, repita-se, não são da competência da Justiça Federal – art. 109, IV, da Constituição Federal; a lesão social que causam é diminuta, escassa.

José Duarte[90] vê nas normas que regulam a contravenção

---

[87] Lima, M. F. de. *Da interpretação jurídica*. 2. ed. Rio de Janeiro: Forense, 1955. p. 202.
[88] Tornaghi, 1959, p. 120.
[89] Paupério, A. M. *Introdução axiológica ao direito*: apêndice à introdução à ciência do direito. Rio de Janeiro: Forense, 1977. p. 179.
[90] Duarte, J. *Comentários à Lei das Contravenções Penais*. Rio de Janeiro: Forense, 1944. p. 42.

uma legítima função pedagógica porque, à custa de saber proibidas certas ações ou omissões aparentemente inocentes, o indivíduo, automaticamente, se faz observador de um comportamento exemplar, possuindo uma noção mui nítida e proveitosa do perigo de certos fatos, e este procedimento, uniforme e constante, edifica pelo exemplo, produz salutares efeitos, pela imitação.

Qual a diferença entre crime e contravenção? Ontologicamente, não há. Em si, não há diferença. A diferença é apenas de grau e quantidade, dentro de um critério tão somente de política criminal. Um crime, hoje, pode ser, amanhã, uma contravenção. Ambos, crime e contravenção, são *species*[91] do ilícito penal, *genus*.[92]

E o que quer dizer *ontologicamente*? Marilena Chaui[93] elucida que "a ontologia investiga a essência ou sentido do ente físico ou natural, do ente psíquico, lógico, matemático, estético, ético, temporal, espacial, etc. Investiga as diferenças e as relações entre eles, seu modo próprio de existir, sua origem, sua finalidade".

A ontologia estuda o *ser*, sua natureza fundamental.

Estudando o crime e a contravenção, investigando sua essência, não há diferença.

A contravenção é o *delicti nani*.[94]

É indiferente para a caracterização do fato contravencional o dolo ou a culpa. Basta a simples voluntariedade. A ação ou omissão deve ser voluntária, consciente, não automática. Vontade livre, expressa sem nenhuma coação, moral ou física. Por exemplo, o temor reverencial, puro e simples, sem nenhuma intimidação, não configura coação. Na contravenção não se indaga a *intenção*. Ainda que ela seja *inocente* ou que vise a um *fim lícito*, pode estar configurada a contravenção, que existe em face do possível perigo que pode acarretar, seja para a ordem, seja para a tranquilidade pública.

Existe diferença entre voluntariedade e intenção? Sim. A voluntariedade significa espontaneidade, é um agir espontâneo, *quase* instintivo, mas que não é instintivo, existindo um esforço consciente. Não pode existir conduta sem vontade. Na intenção, existe um propósito, uma deliberação, um fim, o querer um certo resultado. Como diz José Duarte[95]: "Em tema de infração, se fala em dolo, se há em vista a *intenção*, isto é, o esforço da vontade dirigida à lesão jurídica, que a lei quer impedir, e esta intenção, em regra, falta na contravenção".

Define C. Lahr[96] a vontade como "a faculdade de agir segundo as luzes da razão, ainda que nem sempre racionalmente". Explicando:

> A atividade instintiva é cega, espontânea, fatal; a atividade voluntária é *inteligente, refletida e livre*: **a)** *inteligente*, isto é, conhece o fim para que tende, a oportunidade dos meios que emprega e as consequências prováveis dos seus atos; **b)** *refletida*, isto é, não cede, como o instinto, ao impulso espontâneo da inclinação, à força cega da imagem, mas antes de agir concentra-se para conhecer estes móveis, para lhes apreciar a conveniência e o valor, e transformar assim esta imagem em *ideia*, este móvel em *motivo*; **c)***livre*, isto é, capaz de se determinar por si mesma e eleger entre bens diversos.

Atente-se que na contravenção há vontade, vontade livre e consciente. Há o *querer* realizar o ato. Pouco importa a intenção. Pouco importa, por exemplo, o fato de a dona de casa colocar, sem

---

[91] Espécie.
[92] Gênero.
[93] Chaui, M. *Convite à filosofia*. 7. ed. São Paulo: Ática, 1996. p. 242.
[94] Delito anão.
[95] Duarte, op. cit., p. 114.
[96] Lahr, C. *Manual de filosofia*. 8. ed. Porto: Livraria Apostolado da Imprensa, 1968. p. 227.

as devidas cautelas, um vaso de plantas no peitoril da janela para embelezar a casa.[97] O fato em si não é ofensivo, a intenção é boa, mas pode acarretar um perigo (a queda pode causar um dano).

Daí o art. 3º, da Lei das Contravenções Penais, dispor:

"Para a existência da contravenção, basta a ação ou omissão voluntária. Deve-se, todavia, ter em conta o dolo ou a culpa, se a lei faz depender, de um ou de outra, qualquer efeito jurídico".

Diz JOSÉ DUARTE[98]: "O elemento moral na contravenção é a simples *voluntariedade* da ação ou da omissão, isto é, para o reconhecimento do fato contravencional, prescinde-se do dolo ou da culpa". Tratando da contravenção, explica:

> A lei brasileira acolheu a teoria da *vontade* e não a da representação ou da previsão. Só há uma condição comum: a voluntariedade da ação ou da omissão. No dolo há previsão do resultado; na culpa é indiferente. No dolo se manifesta a voluntariedade do evento; na culpa deve faltar essa voluntariedade.

O que dizer-se da omissão por *esquecimento,* na qual não existe a voluntariedade?

LUCCHINI, citado por BENTO DE FARIA, solucionou a questão, com simplicidade. "Se a vontade é presumida *juris*[99], ocorre também nessa hipótese, por isso que se o contraventor *tivesse querido* o fato não teria acontecido". Logo, o *esquecimento* não é defesa para contraventor.

Esclarece BENTO DE FARIA[100] que é "supérflua a questão do – *dolo ou culpa* – nas contravenções, dês que elas subsistem, independentemente de um ou da outra".

A tentativa de contravenção é indiferente.[101] Isso porque há falta de perigo e há pequeníssima importância do fato. Atente-se, outrossim, que, para haver tentativa, tem de haver a intenção, e a contravenção *independe* da intenção. Portanto, não pode haver tentativa de contravenção. Teríamos uma *contradictioinadjecto*.[102]

A ação penal nos processos contravencionais é sempre pública e não depende de representação.[103]

A Lei n. 9437, de 20.02.1997, elevou as contravenções de porte ilegal de arma de fogo (Lei das Contravenções Penais, art. 19) e de disparo de arma de fogo (Lei das Contravenções Penais, art. 28) à categoria de crime. A Lei n. 10826, de 22.12.2003, revogou a Lei n. 9437/1997 (art. 36[104]), manteve os referidos ilícitos penais como crime e os considerou – *quase* – crimes hediondos, pois os teve como crimes inafiançáveis (arts. 14, parágrafo único, e 15, parágrafo único).

A Lei n. 11983, de 16.07.2009, publicada no Diário Oficial da União (DOU) de 17.07.2009, revogou o art. 60 da Lei de Contravenções Penais, que dispunha:

> **Art. 60.** Mendigar, por ociosidade ou cupidez: Pena – prisão simples, de 15 (quinze) dias a 3 (três) meses. **Parágrafo único.** Aumenta-se a pena de um sexto a um terço, se a contravenção é praticada: **a)** de modo vexatório, ameaçador ou fraudulento; **b)** mediante simulação de moléstia ou deformidade; **c)** em companhia de alienado ou de menor de 18 (dezoito) anos.

GALDINO SIQUEIRA[105] distinguia mendigos inválidos e mendigos válidos. Dizia ele:

---

[97] Lei das Contravenções Penais, parágrafo único do art. 37. Na mesma pena incorre aquele que, sem as devidas cautelas, coloca ou deixa suspensa coisa que, caindo em via pública ou em lugar de uso comum ou de uso alheio, possa ofender, sujar ou molestar alguém.
[98] DUARTE, op. cit., p. 112-113.
[99] *Praesumptiones juris*. Presunções jurídicas.
[100] FARIA, A. B. de. *Das contravenções penais*. Rio de Janeiro: Record, 1958. p. 31.
[101] Decreto-lei n. 3688/1941 (Lei das Contravenções Penais), art. 4º. Não é punível a tentativa de contravenção.
[102] Contradição, incoerência.
[103] Decreto-lei n. 3688/1941 (Lei das Contravenções Penais), art. 17. A ação penal é pública, devendo a autoridade proceder de ofício.
[104] Lei n. 10826/2003, art. 36. É revogada a Lei n. 9437, de 20.02.1997.
[105] SIQUEIRA, G. *Direito penal brasileiro*. v. II. p. 913.

Daí a distinção que desde a legislação romana se tem feito entre *mendigos válidos*, que são os indivíduos aptos para o trabalho e que, habituados à ociosidade, pedem esmolas sob pretexto de enfermidade ou invalidez, e *mendigos inválidos,* aqueles a quem a moléstia ou idade impossibilita de trabalhar.

Se estes [os mendigos inválidos] inspiram piedade e devem ser socorridos pela sociedade, aqueles constituem causa de fundado perigo à ordem social, pois não tendo o necessário para viver e, não querendo buscá-lo no trabalho honesto, colocam-se na precisão de servirem-se do crime para subsistirem. A mendicidade assume assim o aspecto de uma contravenção contra a ordem pública, caráter esse contravencional reconhecido nas modernas legislações, como o código italiano, a lei belga de 27 de novembro de 1891, inspirada pelo ministro do Estado, LE JEUNE, uma das mais perfeitas, por encarar o problema da vagabundagem e da mendicidade no ponto de vista eminentemente preventivo e de repressão adequada.

Essa contravenção nunca foi observada. **"Não pegou"**. Era tida como *criminalização da pobreza*. Com a revogação do art. 60, das Leis das Contravenções Penais (LCP), os *mendigos válidos* também não responderão a processo, o que não é novidade, pois não se encontra, na jurisprudência, uma ação penal instaurada por mendicância.

A Câmara analisa o Projeto de Lei n. 4226/2008, apresentado em 05.11.2008 pelo deputado FERNANDO CORUJA (Partido Popular Socialista – PPS-SC), que exclui do Código de Processo Penal (Dec.-Lei n. 3689/1941) a possibilidade de prisão preventiva para pessoas acusadas de vadiagem[106]. A proposta também revoga o trecho do Código que impede o pagamento de fiança para libertar alguém acusado de vadiagem ou de mendicância.

O deputado CORUJA argumenta que "a prisão preventiva dos acusados por vadiagem é uma medida exagerada, pois o instrumento só deve ser usado em casos de delitos de maior gravidade associados à periculosidade do réu, ou quando a liberdade do indiciado possa frustrar o cumprimento de eventual pena", não havendo "justificativa plausível para prender preventivamente um indiciado simplesmente por este não desenvolver atividade remunerada".

O inciso II, do art. 313, do Código de Processo Penal, passaria a vigorar com a seguinte redação: "Art. 313. "II – punidos com detenção, quando, havendo dúvida sobre a sua identidade, não fornecer ou não indicar elementos para esclarecê-la".

Pelo art. 2º do Projeto, ficarão revogados os incisos II e IV, do art. 323, do Código de Processo Penal.

Em 27.05.2010, a *Comissão de Constituição e Justiça e de Cidadania (CCJC) aprovou o projeto, que foi, em 16.06.2010,* remetido ao Senado Federal por meio do Ofício n. 601/10/PS-GSE. O referido projeto foi transformado em lei (Lei n. 12403, de 05.05.2011), alterando, assim, o CPP, dando nova redação ao inciso II, do art. 313, e revogando os incisos II e IV, do art. 323, do Decreto-lei n. 3689, de 03.10.1941 – Código de Processo Penal –, excluindo a decretação de prisão preventiva e a impossibilidade de concessão de fiança nos casos em que o indiciado é considerado vadio.

Realmente, com o desemprego em larga escala, difícil será qualificar alguém como vadio por não ter emprego e, assim, viver na ociosidade. Ao pobre, sem renda, sem meios bastantes de subsistência, o *pau de arara do Nordeste, o boia-fria do Sul,* é fácil taxá-lo de vadio. Ao rico, não. Este pode não trabalhar mas ter meios para subsistir. Logo, não é vadio. Desse modo, a lei trata diferentemente, nesta hipótese (é verdade que há muitos outros casos), o miserável e o abonado.

O Tribunal de Justiça do Estado de São Paulo concedeu, no dia 05.06.2012, liminar em pedido de *habeas corpus* coletivo, determinando que todos os processos criminais abertos contra moradores de rua da cidade de Franca (SP), acusados de "contravenção penal de vadiagem", fossem suspensos (HC0115880-26.2012.8.26.0000). O acórdão teve a seguinte ementa:

---

[106] Lei das Contravenções Penais, art. 59. Entregar-se alguém habitualmente à ociosidade, sendo válido para o trabalho, sem ter renda que lhe assegure meios bastantes de subsistência, ou prover a própria subsistência mediante ocupação ilícita: Pena – prisão simples, de 15 (quinze) dias a 3 (três) meses [...].

HABEAS CORPUS PREVENTIVO Alega-se que os pacientes sofrem constrangimento ilegal, pois são abordados pela Polícia Militar fora das situações previstas em lei, somente pelo fato de serem pessoas em situação de rua, e encaminhados perante aos distritos policiais, para a lavratura de termos circunstanciados por vadiagem. Foi impetrado *habeas corpus* na origem, todavia, a medida liminar foi indeferida pelo juízo monocrático. Pleiteia-se a cessação das abordagens policiais aos pacientes, bem como a suspensão dos termos circunstanciados que tramitam nas Varas dos Juizados Especiais locais ADMISSIBILIDADE As abordagens policiais vêm sendo dirigidas de modo arbitrário contra mendigos e moradores de rua da Comarca de Franca, sem que sejam observados os preceitos legais para tanto, violando a liberdade de locomoção dos pacientes, o que por si só já autoriza a concessão do *writ*. Ademais, é cediço que o rigor na aplicação da súmula 691, do STF tem sido abrandado por julgados do próprio Pretório Excelso em hipóteses excepcionais em que seja patente o constrangimento ilegal. Convalidada a liminar, ordem concedida.

Na sessão do dia 15.08.2012, a 12ª Câmara Criminal do TJ-SP, tendo como relator o Des. PAULO ROSSI, convalidou a liminar.

2.1 Crime, contravenção e reincidência

A contravenção não leva à reincidência quanto ao crime subsequente, ou seja, se o agente, condenado por sentença transitada em julgado pela prática de contravenção, vier a praticar um crime, não será considerado reincidente. É o que está dito no art. 63, do CP. Todavia, se cometer um crime e depois uma contravenção, haverá reincidência.

Dispõe o art. 7º, da Lei das Contravenções Penais: "Verifica-se a reincidência quando o agente pratica uma contravenção depois de passar em julgado a sentença que o tenha condenado, no Brasil ou no estrangeiro, *por qualquer crime*, ou, no Brasil, *por motivo de contravenção*" (g. n.).

Assim, a contravenção anterior praticada no estrangeiro não gera a reincidência, só o crime. No Brasil, não; se cometer uma contravenção e, transitada em julgado a sentença, vier a cometer outra contravenção, teremos caracterizada a reincidência. Observe-se que o art. 2º, da Lei das Contravenções Penais, estabelece que "a lei brasileira só é aplicável à contravenção praticada no território nacional".

Não implicará reincidência a pena imposta na transação aceita pelo autor do fato (Lei n. 9099/1995, art. 76, § 4º). A composição civil (Lei n. 9099/1995, art. 74, parágrafo único) e a suspensão condicional do processo (Lei n. 9099/1995, art. 89) também não geram a reincidência. Tais institutos estudaremos adiante, ao comentarmos esses dispositivos.

O art. 65, da Lei das Contravenções Penais (Decreto-Lei 3688, de 03.10.1941)[107], que cuidava da perturbação da tranquilidade, foi revogado pela Lei n. 14132, de 31.03.2021. Hoje o preceito primário é o seguinte "Perseguir alguém, reiteradamente e por qualquer meio, ameaçando-lhe a integridade física ou psicológica, restringindo-lhe a capacidade de locomoção ou, de qualquer forma, invadindo ou perturbando sua esfera de liberdade ou privacidade" (art. 147-A, do CP). É o crime de perseguição. O preceito secundário é pena de reclusão, de seis meses a dois anos e multa.

2.2 A competência dos Juizados e as contravenções com pena superior a dois anos

Ainda que a contravenção seja cominada à pena superior a dois anos, por exemplo, na prevista no art. 45, do Decreto-lei n. 6259/1944, a competência para julgá-la é do Juizado Especial Criminal Estadual, e seja a contravenção contra bem, interesse ou serviço da União Federal, suas autarquias, empresas públicas ou fundações, em face do que dispõe o art. 109, IV, da Constituição Federal:

---

[107] Art. 65: Molestar alguém ou perturbar-lhe a tranquilidade, por acinte ou por motivo reprovável: Pena – prisão simples, de 15 (quinze) dias a 2 (dois) meses, ou multa.

Aos juízes federais compete processar e julgar: [...] IV – os crimes políticos e as infrações penais praticadas em detrimento de bens, serviços ou interesse da União ou de suas entidades autárquicas ou empresas públicas, excluídas as contravenções e ressalvada a competência da Justiça Militar e da Justiça Eleitoral.

Qualquer contravenção, ainda que disposta em lei especial, é da competência do Juizado Especial Criminal Estadual.

Dispõe o § 1º, III, do art. 394, do CPP, com a nova redação dada pela Lei n. 11719, de 20.06.2008, que o procedimento comum sumaríssimo é aplicável "para as infrações penais de menor potencial ofensivo, na forma da lei". E essas infrações são apuradas pela Lei dos Juizados Especiais.

Em face de o art. 396, *caput*, do CPP, com a nova redação ditada pela Lei n. 11719/2008, dispor que "nos procedimentos ordinário e sumário, oferecida a denúncia ou queixa, o juiz, se não a rejeitar liminarmente, recebê-la-á e ordenará a citação do acusado para responder à acusação, por escrito, no prazo de 10 (dez) dias", pode-se entender que os institutos da resposta escrita e absolvição sumária não se aplicam ao procedimento sumaríssimo. Mas observa-se que o § 4º, do art. 394, reza que: "As disposições dos arts. 395 a 398 aplicam-se a todos os procedimentos penais de primeiro grau, ainda que não regulados neste Código". E agora? Aplica-se esse dispositivo ou ainda se observa o art. 81, da Lei n. 9099/1995?

Dispõe esse artigo:

Aberta a audiência, será dada a palavra ao defensor para responder à acusação, após o que o Juiz receberá, ou não, a denúncia ou queixa; havendo recebimento, serão ouvidas a vítima e as testemunhas de acusação e defesa, interrogando-se a seguir o acusado, se presente, passando-se imediatamente aos debates orais e à prolação da sentença.

Há de se aplicar, sem dúvida, o art. 396, do CPP, com a alteração ditada pela Lei n. 11719/2008, mais favorável ao autor da infração.

3. DERROGAÇÃO DO ART. 61, DA LEI N. 9099/1995, ANTES DA LEI N. 11313/2006

Na 4ª edição desta obra, item 3, p. 386-387, quando ainda não tinha sido editada a Lei n. 11313/2006, dizíamos:

O parágrafo único do art. 2º, da Lei n. 10259/2001, derrogou[108] o art. 61, da Lei n. 9099/1995. Depois da Lei n. 10259/2001, a interpretação dada pela jurisprudência e pela doutrina dominantes era que infração de menor potencial ofensivo seria aquela a que a lei cominasse pena máxima não superior a dois anos, ou multa. Seja o crime da competência estadual ou federal. Também pouco importa se se trate de crime em que *a lei preveja procedimento especial*.

Entendimento diverso poderia levar ao absurdo. Por exemplo, crimes em que a pena máxima é de dois anos, como o de resistência (CP, art. 329), se a resistência for oposta a servidor federal, o crime será de menor potencial ofensivo; se, estadual, não; o de assédio sexual (CP, art. 216-A), o de usurpação de função pública (CP, art. 328); o de desacato (CP, art. 331), ou seja, a mesmíssima infração, a depender do sujeito passivo, pode ser de menor potencial ofensivo ou não. *Interpretatio illas asumen da quo et absurdum evitetur.*[109]

---

[108] Derrogação significa revogação parcial da lei; ab-rogação, revogação total da lei. Revogação tem, assim, sentido amplo, podendo significar derrogação (revogação parcial) ou ab-rogação (revogação total). *Derogatur legi aut abrogatur: derogatur legi cum pars detrahitur, abrogatur legi cum prosus tollitur* (derroga-se a lei ou ab-roga-se: derroga-se a lei, quando se suprime uma parte; ab-roga-se a lei, quando se a suprime inteiramente).

[109] Adote-se aquela interpretação que evite o absurdo.

É a interpretação que vem dominando. Márcia Aguiar Arend[110], Promotora de Justiça do Estado de Santa Catarina, e Rudson Marcos, servidor do Ministério Público daquele Estado, dizem: "Portanto, forçoso concluir que a menção contida na Lei n. 10259/2001, art. 2º, parágrafo único, no sentido de que o conceito de menor potencial ofensivo ali arquitetado, só é aplicável para os efeitos desta lei, constitui-se em um nada jurídico, sem nenhuma aplicabilidade, pois, o princípio da isonomia substancial afasta a distinção feita pelo legislador ordinário".

Cláudio Dell'Orto[111], Juiz de Direito do Rio de Janeiro, claramente, afirma: "A alteração do art. 61, da Lei n. 9099/1995, torna-se inevitável e, até mesmo obrigatória, em homenagem ao princípio da igualdade".

O Tribunal de Justiça do Estado de Minas Gerais, em 06.12.2001, baixou a Portaria Conjunta 24/2001, dispondo que, "a partir de 13.01.2002, data de vigência da Lei Federal n. 10259, de 12.07.2001, aplicar-se-á, para fixação da competência dos Juizados Especiais Criminais do Estado, o disposto no seu art. 2º, parágrafo único".

O parágrafo único do art. 2º, da Lei n. 10259/2001, por cuidar de norma de natureza penal, deve, realmente, ser aplicado ao Juizado Especial Estadual e deve ter aplicação retroativa, porque o crime ou é ou não é de menor potencial ofensivo. Se é, deve-se aplicar a nova lei mesmo para os crimes praticados anteriormente à sua vigência, interpretação esta válida para os Juizados Especiais Estaduais ou Federais.

O Superior Tribunal de Justiça, pela sua 3ª Seção, já firmou o entendimento no sentido de que o rol dos crimes de menor potencial ofensivo da competência dos Juizados Especiais Estaduais foi ampliado, em face da Lei n. 10259/2001, para dois anos (Cf. CC 38.513/MG, rel. Ministra LAURITA VAZ, v.u., j. 13.08.2003, *DJ* 15.09.2003).

A parte do parágrafo único, do art. 2º, que diz "para os efeitos desta Lei"[112] e a parte final do art. 20, ambos da Lei n. 10259/2001, que veda sua aplicação no Juizado Estadual, nesses pontos, são inconstitucionais, porque contrariam o art. 5º, da Constituição Federal, que proclama: "todos são iguais perante a lei, sem distinção de qualquer natureza [...]".

O art. 61, com a redação anterior[113], não se referia à pena de multa. Agora, explicita que considera-se infração de menor potencial ofensivo aquela a que a lei comine pena máxima não superior a 2 (dois) anos, *cumulada ou não com multa*, ou seja, se o máximo da pena não ultrapassar dois anos e também for cominada multa, a infração há, igualmente, de ser considerada de menor ofensividade.

O legislador não teve outro jeito, como já disse acima, senão ceder à força da jurisprudência e da doutrina e, desse modo, editou a Lei n. 11313, de 28.06.2006, alterando o art. 61, da Lei n. 9099/1995, aumentando o teto da pena máxima para considerar infração penal de menor potencial ofensivo a punida com pena máxima de 2 (dois) anos. A referida lei também alterou a Lei n. 10259/2001.

4. O JUIZADO E O CRIME DE BAGATELA

O crime de bagatela é o crime de quase nenhuma, ou nenhuma, reprovabilidade. Os crimes de menor potencial ofensivo são infrações de menor gravidade, infrações que causam menor reprovação social, diferentemente do conceito de crime de bagatela e do princípio da insignificância.

---

[110] Arend, M. A. et al. Lei dos Juizados Especiais Federais. Reflexos da ampliação do conceito de infrações de menor potencial ofensivo no ordenamento penal e processual penal. Disponível em: http://www.direitocriminal.com.br. Acesso em: 16 ago. 2001.

[111] Dell'Orto, C. Efeitos da Lei n. 10.259, de 2001, que instituiu os Juizados Especiais no âmbito da Justiça Federal. Disponível em: http://www.direitocriminal.com.br. Acesso em: 27 jul. 2001.

[112] Antes, atente-se de entrar em vigor a Lei n. 11313, de 28.06.2009.

[113] A redação anterior do art. 61 era a seguinte: Consideram-se infrações penais de menor potencial ofensivo, para os efeitos desta Lei, as contravenções penais e os crimes a que a lei comine pena máxima não superior a 1 (um) ano, excetuados os casos em que a lei preveja procedimento especial.

No crime de bagatela, pelo princípio da insignificância, há exclusão da tipicidade, conforme doutrina prevalente, é um "não crime", enquanto naquele, no crime de menor potencial ofensivo, o fato é típico, devendo seu autor ser submetido a processo e julgamento se não for possível a conciliação e transação (Mirabete).

O crime de bagatela não tem preeminência, respeitabilidade penal. Não pode, assim, ser elevado à consideração do Direito Penal. Mas o Min. TEORI ZAVASCKI, falecido em acidente aéreo, em voto proferido no julgamento em conjunto dos HCs 123.734, 123.533 e 12.310, em 03.08.2015, salientou que

> adotar o princípio da insignificância indiscriminadamente em casos de pequenos furtos, com qualificação ou reincidência, seria tornar a conduta penalmente lícita e também imune a qualquer espécie de repressão estatal. É preciso que o Tribunal tenha presente as consequências jurídicas e sociais que decorrem de um juízo de atipicidade em casos como estes. Negar a tipicidade destas condutas seria afirmar que, do ponto de vista penal, seriam lícitas.

Entendeu o Ministro Teori que "é inegável que a conduta – cometimento de pequenos furtos – não é socialmente aceita e que, ante a inação do Estado, a sociedade pode começar a se proteger e buscar fazer 'justiça com as próprias mãos'". Argumentou, ainda, que, a pretexto de proteger o agente, a imunização da conduta acabará deixando-o exposto à situação de justiça privada, com consequências imprevisíveis e provavelmente mais graves.

Bagatela significa objeto de pouco valor, soma irrisória de dinheiro. Por isso os crimes de bagatela são considerados de menor potencial ofensivo. O princípio da bagatela teve origem no Direito Romano e foi, em 1964, introduzido na Alemanha[114].

No nosso Direito Penal, encontramos a aplicação desse princípio no § 2º, do art. 155, do CP: "Se o criminoso é primário, e é de pequeno valor a coisa furtada, o juiz pode substituir a pena de reclusão pela de detenção, diminuí-la de um a dois terços, ou aplicar somente a pena de multa".

Mas, no RHC 136413, a Primeira Turma do STF, relator Min. Aposentado MARCO AURÉLIO, decidiu, em 15.12.2020, publicado em 11.01.2021: "TRÁFICO DE DROGAS – INSIGNIFICÂNCIA – INADEQUAÇÃO. O tráfico de drogas, pouco importando a quantidade de entorpecente apreendido, afasta a construção jurisprudencial do *crime de bagatela*, considerado o bem protegido – a saúde pública".

A jurisprudência do STJ é contrária à aplicação do princípio da insignificância nos crimes contra a Administração Pública (Súmula 599), mas o STF tem decisões em que reconhece a atipicidade material em delitos dessa natureza:

> *Habeas corpus.* Peculato praticado por militar. Princípio da insignificância. Aplicabilidade. Consequências da ação penal. Desproporcionalidade.1. A circunstância de tratar-se de lesão patrimonial de pequena monta, que se convencionou chamar crime de bagatela, autoriza a aplicação do princípio da insignificância, ainda que se trate de crime militar.2. Hipótese em que o paciente não devolveu à Unidade Militar um fogão avaliado em R$455,00 (quatrocentos e cinquenta e cinco reais). Relevante, ademais, a particularidade de ter sido aconselhado, pelo seu Comandante, a ficar com o fogão como forma de ressarcimento de benfeitorias que fizera no imóvel funcional. Da mesma forma, é significativo o fato de o valor correspondente ao bem ter sido recolhido ao erário.3. A manutenção da ação penal gerará graves consequências ao paciente, entre elas a impossibilidade de ser promovido, traduzindo, no particular, desproporcionalidade entre a pretensão acusatória e os gravames dela decorrentes. Ordem concedida. (1.ª T., HC87.478/PA, Rel. Min. EROS GRAU, DJe23.02.2007). No mesmo sentido: HC107.370/SP,

---

[114] TEIXEIRA, M. O princípio da insignificância: seu conceito e aplicação no século XXI. *Jusbrasil*, [s. l.], 2009. Disponível em: https://lfg.jusbrasil.com.br/noticias/1567141/o-principio-da-insignificancia-seu-conceito-e-aplicacao-no-seculo-xxi-mariana-teixeira. Acesso em: 15 ago. 2015.

rel. Min. GILMAR MENDES, Dje 22.06.2011; HC112.388/SP, rel. Min. RICARDO LEWANDOWSKI, Dje14.09.2012.

O furto privilegiado não se confunde com o crime de bagatela. Neste último, não há exclusão da tipicidade, ainda que a pena ao final aplicada seja tão somente de multa. Furto privilegiado: o agente é primário e é de pequeno valor a coisa subtraída (a jurisprudência considera pequeno valor até 1 salário mínimo). É chamado de privilegiado, porque, presente a primariedade e sendo o bem de pequeno valor, deverá (é direito subjetivo do réu) o juiz substituir a pena de reclusão pela de detenção, diminuir a pena de 1/3 a 2/3 OU aplicar apenas a pena de multa, enquanto furto de bagatela é aquele em que a lesão jurídica é irrelevante, não tendo o bem furtado importância econômica ou sentimental para a vítima. Nesse caso, a jurisprudência entende que o fato é materialmente atípico, não havendo que se falar em crime. O princípio da bagatela teve origem no Direito Romano e foi, em 1964, introduzido na Alemanha[115], como dissemos acima.

5. CONCURSO DE CRIMES

Havendo concurso de crimes, as penas devem ser somadas para verificar-se se ultrapassam o máximo previsto (dois anos) que define o crime de menor potencial ofensivo?

A soma ou acréscimo das penas, decorrentes do concurso de crimes – material (soma das penas dos dois ou mais crimes – CP, art. 69); formal (aplicação da pena mais grave *"das penas cabíveis ou, se iguais, somente uma delas, mas aumentada, em qualquer caso, de 1/6 (um sexto) até 1/2 (metade)"* – CP, art. 70); ou da continuidade (aplicação da *"pena de um só dos crimes, se idênticas, ou a mais grave, se diversas, aumentada, em qualquer caso, de 1/6 (um sexto) a 2/3 (dois terços)"* – CP, art. 71) –, não pode transformar um crime de menor potencial ofensivo em crime de gravidade maior.

O crime não pode ser, ao mesmo tempo, de maior ou de menor potencial ofensivo, a depender do número de vezes que foi praticado ou se o foi em concurso com outro ou outros delitos. O agente é que pode, com esse modo de agir, demonstrar uma personalidade voltada para o crime, que, em si, não deixa de ser de menor potencial ofensivo se a pena in abstracto[116] não é superior a dois anos ou se é punido tão somente com multa.

Tenha-se que as normas que "restringem a liberdade humana" devem ser interpretadas estritamente, como explica CARLOS MAXIMILIANO[117]. *In poenalibus causis benignus interpretandum est.*[118]

Não obstante, no IV Encontro Nacional de Coordenadoria de Juizados Especiais Cíveis e Criminais, realizado em novembro de 1998, no Rio de Janeiro, e também no VI Encontro, em Macapá, estado do Amapá, em novembro de 1999, ficou entendido que, no concurso material, se a soma das penas for igual ou superior a um ano, a competência deixa de ser do Juizado Especial.

Tratando de fiança, o Superior Tribunal de Justiça consolidou o entendimento de que "não se concede fiança quando, em concurso material, a soma das penas mínimas cominadas for superior a 2 (dois) anos de reclusão" (Súmula 81). Somou as penas.

Observe-se, também, o que dispõe a Súmula 243 do STJ:

> O benefício da suspensão do processo não é aplicável em relação às infrações penais cometidas em concurso material, concurso formal ou continuidade delitiva, quando a pena mínima cominada, seja pelo somatório, seja pela incidência da majorante, ultrapassar o limite de 1 (um) ano.

A 2ª Turma do Supremo, ao julgar o HC 83453/SP, em 07.10.2003, decidiu que crime de estupro e de atentado violento ao pudor, ainda que praticados contra a mesma vítima, configuram o

---

[115] TEIXEIRA, 2009.
[116] Em abstrato.
[117] SANTOS, C. M. P. DOS. *Hermenêutica e aplicação do direito*. 6. ed. Rio de Janeiro: Freitas Bastos, 1957. p. 399.
[118] Adote-se nas causas penais a exegese mais benigna.

concurso material de delitos e não crime continuado. Relatou o feito o Min. Aposentado Carlos Velloso. Eis o acórdão abaixo:

> PENAL. PROCESSUAL PENAL. HABEAS CORPUS. ACÓRDÃO DO SUPERIOR TRIBUNAL DE JUSTIÇA. QUESTÕES NOVAS. ESTUPRO E ATENTADO VIOLENTO AO PUDOR. CONCURSO MATERIAL E NÃO CRIME CONTINUADO. **I.** – Por conter questões novas, não apreciadas pelo Superior Tribunal de Justiça, o habeas corpus não pode ser conhecido. **II.** – A jurisprudência do Supremo Tribunal Federal é no sentido de que estupro e atentado violento ao pudor praticados contra a mesma vítima caracterizam hipótese de concurso material de delitos e não de crime continuado. **III.** – H.C. conhecido em parte e, nessa parte, indeferido. (STF – HC: 83453 SP, Rel: Min. Carlos Velloso, Data de julgamento: 07.10.2003, Segunda Turma, Data de publicação: DJ 24.10.2003 p. 00028).

Tratando-se de crime continuado ou crime permanente, iniciado o seu cometimento sob vigência de determinada lei e prosseguindo sua prática quando já vige nova lei, com cominação de pena mais grave, a jurisprudência firme do Supremo Tribunal Federal, consolidada na Súmula 711, é de que "a lei penal mais grave aplica-se ao crime continuado ou ao crime permanente, se a sua vigência é anterior à cessação da continuidade ou da permanência".

6. CRIME CONTINUADO. FIXAÇÃO DA PENA

Entende-se haver crime continuado "quando o agente, mediante mais de uma ação ou omissão, pratica dois ou mais crimes da mesma espécie e, pelas condições de tempo, lugar, maneira de execução e outras semelhantes, devem os subsequentes ser havidos como continuação do primeiro [...] " (CP, art. 71).

Se forem praticados tão somente dois crimes em continuidade delitiva, a majoração prevista no art. 71, do Código Penal, deve ser fixada em seu mínimo, ou seja, um sexto. Este é o entendimento do Supremo, pela sua 2ª Turma, ao julgar o HC 83161-3/RS, rel. Min. Ellen Gracie, 05.08.2003 (*DJ* 29.08.2003).

Ao julgar, em 10.02.2004, o HC 83632/RJ (*DJ* 23.04.2004), a 1ª Turma do Supremo, tendo como relator o Min. aposentado antecipadamente Joaquim Barbosa – relator da AP 470, o mensalão (foi sucedido por Ricardo Lewandowski), entendeu que, praticados até três delitos, em continuidade delitiva, a majoração deve ser fixada no mínimo.

Poder-se-ia dizer que se estaria empregando um método tarifário para fixação da pena, fugindo-se ao princípio da subjetividade, necessário para a individualização da pena. Mas, a meu sentir, em princípio, é a solução – a quantidade de crimes praticados em continuidade serviria para graduar a majoração. Observe-se que a análise das circunstâncias judiciais (CP, art. 59) já foi feita para fixar a pena-base. Essa análise não pode mais ser feita para cada crime em continuação.

7. AS CIRCUNSTÂNCIAS

As circunstâncias [de *circum*, à roda de, em volta de, em torno de] são dados, elementos acidentais ou acessórios que gravitam, se movem em torno do crime, não alterando, no entanto, sua essência, dele não fazendo parte, mas agravando a pena (circunstância agravante) ou a diminuindo (circunstância atenuante). Refletem-se tão só na pena.

Circunstâncias *judiciais* são as que estão previstas no art. 59, do Código Penal, *legais genéricas*, estabelecidas na Parte Geral do Código Penal (ex.: arts. 26, parágrafo único, LX, § 1º, LXI, LXII, LXV, do Código Penal; *legais específicas*, encontradas na Parte Especial do Código Penal, podendo ser *qualificadoras* (ex.: art. 121, § 2º) e *causas de aumento* e *de diminuição* da pena.

As *causas de aumento* ou de *diminuição* alteram a pena em *quantidades fixas* em fração (um terço, um sexto, o dobro, a metade) ou *em certos limites* de número fracionário (um a dois terços, um sexto até a metade). Podem ser encontradas tanto na Parte Geral como na Parte Especial do Código

Penal. Como exemplo de *causas de aumento*, temos: o concurso formal (CP, art. 70); o crime continuado (CP, art. 71); o homicídio culposo em determinadas situações, ou o doloso quando praticado contra menor de 14 (catorze) anos (CP, 121, § 4º); o roubo qualificado pelas circunstâncias (CP, art. 157, § 2º). São exemplos de causa de diminuição: crime tentado (CP, art. 14, parágrafo único); homicídio privilegiado (CP, art. 121, § 1º); e furto privilegiado (CP, art. 155, § 2º).

As circunstâncias qualificadoras diferem das causas de aumento porque o dispositivo dá o mínimo e o máximo da pena, representados por algarismos. Exemplo: Código Penal, art. 121, § 2º: Pena – reclusão de *12 a 30* anos. As qualificadoras, como o nome está a dizer, qualificam o crime.

Por fim, há de lembrar-se que as circunstâncias podem ser *objetivas*, também chamadas *reais*, que dizem respeito aos modos e meios de prática do crime, ao tempo, lugar em que foi praticado, portanto relacionam-se com o fato; e *subjetivas* ou *pessoais*, referentes à pessoa do agente, suas condições (menoridade relativa, maioridade senil), os motivos que levaram à prática do crime, as relações com a vítima etc., a reincidência.

Cuidando-se de causa de diminuição, encontrada a pena máxima por força da diminuição, e verificado que é igual ou inferior a dois anos, a competência para o processo e julgamento será do Juizado Especial.

8. A ELEMENTAR

Elementar (requisito específico do crime; p. ex., no crime de infanticídio, abstraindo-se o elemento temporal – durante ou logo após o parto, art. 123, do CP –, teremos o crime de homicídio, CP, art. 121) e *circunstância* (*circumstare* – estar em redor), não esquecer, não se confundem.

Se, do tipo, excluirmos um determinado elemento, o crime pode desaparecer (o fato passa a ser atípico) ou pode surgir um outro crime. Assim, estamos diante de uma *elementar* (algo essencial, fundamental). Exemplos clássicos e de fácil entendimento: constitui crime de prevaricação o funcionário público "retardar ou deixar de praticar, indevidamente, ato de ofício, ou praticá-lo contra disposição expressa de lei, para satisfazer interesse ou sentimento pessoal" (CP, art. 319). Só o funcionário público, no exercício da função, pode cometer esse delito. Se demonstrado que o agente não é servidor público, não detém essa qualidade, o crime de prevaricação não existe nem surge outra figura delituosa. Isso porque a qualidade de funcionário público é elementar do crime de prevaricação. No crime de peculato, art. 312, do CP ("Apropriar-se o funcionário público de dinheiro, valor ou qualquer outro bem móvel, público ou particular, de que tem a posse em razão do cargo, ou desviá-lo, em proveito próprio ou alheio"), se o agente não tem a qualidade de funcionário público, não pode haver esse delito. Mas o fato de alguém apropriar-se de dinheiro, valor ou qualquer outro bem móvel de outrem, de que tem a posse, não constituirá crime? Sim, o de apropriação indébita (CP, art. 168: "Apropriar-se de coisa alheia móvel, de que tem a posse ou a detenção"). Logo, não sendo o agente funcionário público, inexiste o crime de peculato, e sim o de apropriação indébita, um outro delito. Desse modo, a qualidade de funcionário público é *elementar* do crime de peculato.

Se não desaparece o crime nem surge um novo crime, estamos diante de uma *circunstância*, que pode aumentar ou diminuir a pena. Matar alguém com emprego de veneno, fogo, explosivo, ou por motivo fútil, ou por traição, qualifica o crime de homicídio (CP, art. 121, § 2º). A exclusão desses dados não faz o crime de homicídio desaparecer nem faz surgir um novo crime. O crime continua o mesmo: homicídio, homicídio simples (CP, art. 121, *caput*: "Matar alguém").

A *elementar* imiscui-se, interfere, intromete-se na qualidade do crime, e a *circunstância* na quantidade da sanção, para mais ou para menos.

8.1 A tentativa e o máximo da pena

No caso de tentativa, como se obtém o máximo da pena?

Primeiramente, verifica-se qual a pena máxima cominada ao crime consumado; em seguida, o mínimo da redução, e, assim, temos a pena máxima do crime tentado. Por exemplo: a pena máxima cominada ao crime de violência arbitrária é de três anos – art. 322, do CP – não sendo, pois, da competência do Juizado Especial. Se tentado, a pena pode ser reduzida de um terço (mínimo) a dois terços (máximo) – parágrafo único, do art. 14, do CP. Diminuindo-se a pena de três anos, pena cominada à violência arbitrária, de um terço, teremos dois anos, máximo da pena da tentativa desse crime. Competência, pois, do Juizado Especial.

Para verificar se o crime está ou não sujeito ao julgamento pelo Juizado Especial, busca-se, sempre, a pena máxima, e esta só é possível reduzindo-se da pena *inabstracto* o mínimo e não o máximo. É o que ocorre, também, no arrependimento posterior (CP, art. 16). A pena máxima é encontrada com o abatimento de um terço e não de dois terços.

9. O CRIME COMPLEXO

José Frederico Marques[119] assim entende o crime complexo:

> Para que haja crime complexo é imprescindível que em um só crime estejam reunidos pelo menos dois delitos. É preciso que as infrações penais sejam diferentes: se houver delito de conduta plúrima em que as diversas ações se enquadram num só tipo, teremos a figura delituosa composta do crime habitual.

Damásio de Jesus[120], louvando-se nas lições de Antolisei, diz que "há o delito complexo em sentido amplo, quando um crime, em todas ou algumas das hipóteses contempladas na norma incriminadora, contém em si outro delito menos grave, necessariamente". E afirma que "o legislador acrescenta à definição de crime fatos que, por si mesmos, não constituem delito" [*fatos atípicos*]. E exemplifica: a denunciação caluniosa (CP, art. 339), integrada da calúnia (CP, art. 138) e da denunciação – "dar causa à instauração de investigação policial, de processo judicial, instauração de investigação administrativa, inquérito civil ou ação de improbidade administrativa contra alguém" –, que não configura delito, fazendo surgir um novo crime. Teríamos aí um crime complexo em sentido lato.

Mas Damásio de Jesus[121], hoje, *remellius perpensa*,[122] não mais admite o crime complexo em sentido amplo, dizendo textualmente:

"Para nós, só há delito complexo na reunião de dois ou mais tipos penais incriminadores, apresentando-se sob duas formas: **1ª**) dois ou mais delitos constituem outro, funcionando como elementares; **2ª**) um delito integra outro como circunstância qualificadora".

Muitos doutrinadores também não admitem o crime complexo em sentido amplo, sob o argumento de que não há, na hipótese, mais de um crime reunido; há apenas um só crime e mais um outro elemento que, faltando, não constitui crime.

No crime complexo em sentido estrito, teríamos dois ou mais tipos constituindo um outro crime. Esses dois crimes são elementares[123] de um outro crime. Exemplo: o crime previsto no art. 159, do CP, extorsão mediante sequestro, que tem como crimes elementares o de extorsão, tipificado no art. 158 do mesmo Código, e o sequestro (CP, art. 148). Ressalta Nelson Hungria[124]: temos, assim, "a fusão unitária de mais de um tipo".

Podemos ter, também, crime complexo em sentido estrito, quando um crime integra outro como circunstância que o qualifica. Por exemplo: o crime do § 3º, do art. 157, parte final, do CP,

---

[119] Marques, J. F. *Tratado de direito penal*. v. 2. 2. ed. São Paulo: Saraiva, 1966. p. 363.
[120] Jesus, D. E. de. *Direito Penal*: parte geral. v. 1. 23. ed. rev. atual. São Paulo: Saraiva, 1999. p. 197.
[121] Ibid.
[122] Melhor examinando a matéria.
[123] Elementares "são os elementos típicos do crime, dados que integram a definição da infração penal" (Jesus, op. cit., p. 435).
[124] Hungria, N. *Comentários ao Código Penal*. v. I, t. II. 5. ed. Rio de Janeiro: Forense, 1978. p. 53.

apelidado de *latrocínio*. Nessa hipótese, temos o homicídio (CP, art. 121) qualificando o crime de roubo (CP, art. 157).

Estudando as espécies dos tipos e sua classificação, LUIS JIMÉNEZ DE ASÚA[125] explica:

> En suma: en una íntima referencia a la autonomía de los tipos, éstos han sido divididos por Paul Merkek (*Grundriss*, p. 16-18) en *básicos, especiales y complementados*. Los primeros son de índole fundamental y tienen plena independencia. El *tipoespecial* supone el mantenimiento de los caracteres del tipo básico, pero añadiéndole alguna otra peculiaridad, cuya nueva existencia excluye la aplicación del tipo básico y obliga a subsumir los hechos bajo el tipo especial; es decir, que éste y el básico se eliminan mutuamente. El cambio, el *tipo complementado* presupone la aplicación del tipo básico que se ha de incorporar a aquél.

Dispõe o art. 101, do CP: "Quando a lei considera como elemento ou circunstâncias do tipo legal fatos que, por si mesmos, constituem crimes, cabe ação pública em relação àquele, desde que, em relação a qualquer destes, se deva proceder por iniciativa do Ministério Público".

Nos crimes complexos em sentido estrito, esclarece JOSÉ FREDERICO MARQUES:

"As infrações que o compõem estão ligadas indissoluvelmente. Separá-las, [...] é atentar contra regra estrutural do delito complexo, sem que texto algum o autorize, como acontece no caso de extinção da punibilidade, onde o legislador expressamente previu a separação dos delitos que integram a figura complexa".

Consequentemente, se ao crime complexo for cominada pena superior a dois anos, mesmo que um dos delitos que o componha tiver pena igual ou inferior a dois anos, a competência não será do Juizado Especial. E se um deles for de ação penal pública condicionada? A sua apuração dependerá da vontade da vítima? Não, evidentemente não. O crime que compõe o crime complexo perde sua autonomia.

Não confundir quando um crime é praticado em concurso material com outro, sendo punido, autonomamente, como no crime de resistência (CP, art. 329, e seu § 2º). Se esse crime, apesar de vinculado ao principal, depende de representação, esta se faz necessária – não para promoção da ação penal referente ao crime principal, que pode ser apurado independentemente da vontade da vítima – se for de ação penal pública incondicionada.

Se, em relação a qualquer um dos crimes integrantes do crime complexo, a ação penal for pública incondicionada, igualmente em relação àquele em que ela não o for, a ação será pública incondicionada, conforme dispõe o art. 101, do CP.

10. O CRIME DE ESTUPRO E A LESÃO CORPORAL LEVE

O crime de estupro é tipificado como "constranger alguém, mediante violência ou grave ameaça, a ter conjunção carnal[126] ou a praticar ou permitir que com ele se pratique outro ato libidinoso" (CP, art. 213). A lesão leve é absorvida pelo tipo principal, que é constranger alguém à conjunção carnal. O constrangimento e a violência ou a grave ameaça estão reunidos num só delito. A lesão, aí, não é um delito autônomo. A lesão leve não qualifica o estupro, é por ele absorvido.

Havendo lesão, ainda que leve, a violência é real e a ação é publica incondicionada. Confirma essa assertiva a Súmula 608 do STF: "No crime de estupro, praticado mediante violência real, a ação penal é pública incondicionada". Seria este o entendimento por que a lesão leve era considerada de ação penal pública incondicionada? E agora, depois da Lei n. 9099/1995, que tem o crime de lesão leve como de ação penal pública condicionada, o estupro cometido mediante a

---

[125] ASÚA, L. J. DE. *Tratado de derecho penal*. t. III. Buenos Aires: Losada, 1951. p. 790.

[126] Conjunção sexual. É a cópula com mulher. Conjunção carnal é o coito vagínico, a introdução do pênis na vagina da mulher. Atualmente, ante o que dispõe a redação dada pela Lei n. 12015, de 2009, constranger alguém (homem ou mulher), mediante violência ou grave ameaça, a ter conjunção carnal ou a praticar ou permitir que com ele se pratique outro ato libidinoso, constitui estupro.

prática desse tipo de lesão deveria, também, ser considerado de ação penal pública condicionada? Para que seja iniciada a ação penal do crime de estupro, a representação é imprescindível, necessária, indispensável?

Alguns entendem que, depois da Lei n. 9099/1995, o estupro mediante violência física (*vis absoluta*[127] ou *vis corporalis*[128]), ainda que a lesão seja leve, exige representação para dar início à propositura da ação penal.

No entanto, o Superior Tribunal de Justiça, pela sua 6ª Turma, relator Min. aposentado ANSELMO SANTIAGO, em 20.10.1998 (*DJ* 23.11.1998), por unanimidade, manifestou o entendimento de que "o estupro absorve as lesões corporais leves decorrentes do constrangimento, ou da conjunção carnal, não havendo, pois, como separar estas daquele, para se exigir a representação prevista no art. 88, da Lei n. 9099/1995".

O estupro é crime complexo em sentido amplo. O ato de constranger, forçar, obrigar, a pessoa à conjunção carnal ou ao ato libidinoso é que constitui a figura central do estupro. O constrangimento ilegal constitui crime, tipificado no art. 146, do CP. A lesão corporal leve, por si só, não constitui o crime de estupro; é um dos meios empregados para o agente conseguir seu desejo. É o crime no seu todo que deve ser considerado e não em suas partes. O crime meio perde sua autonomia. Observe-se que a pena do crime de estupro é alta: reclusão de seis a dez anos. Não se pode, pois, entender que, por ser a lesão leve crime de ação pública condicionada, o estupro venha também a ser só porque a lesão funcionou como crime meio.

O crime de estupro sempre foi punido com severidade por todas as legislações, antigas ou contemporâneas.

O *Quinto Livro das Ordenações*, que obedecemos quando éramos dominados por Portugal, no Título XVIII – *Do que dorme per força com qualquer mulher, ou travadella, ou a leva per sua vontade*[129], dispunha: "Todo homem, de qualquer estado e condição que seja, que forçosamente dormir com qualquer mulher, posto que ganhe dinheiro per seu corpo, ou seja escrava, *morra por ello*" – destacamos.

11. A DESCLASSIFICAÇÃO DA TENTATIVA DE HOMICÍDIO PARA LESÃO LEVE, PELO TRIBUNAL DO JÚRI

Dispõe o § 1º, do art. 492, do CPP, com redação dada pela Lei n. 11689, de 09.06.2008, que:

> Se houver desclassificação da infração para outra, de competência do juiz singular, ao presidente do Tribunal do Júri caberá proferir sentença em seguida, aplicando-se, quando o delito resultante da nova tipificação for considerado pela lei como infração penal de menor potencial ofensivo, o disposto nos arts. 69 e seguintes da Lei n. 9099, de 26.09.1995.

ADA PELLEGRINI GRINOVER, ANTÔNIO MAGALHÃES GOMES FILHO, ANTÔNIO SCARANCE FERNANDES e LUIZ FLÁVIO GOMES[130] entendem que "quando a desclassificação for para infração de menor potencial ofensivo" [...] "a competência passa a ser do Juizado Especial Criminal", que, "por ser de ordem material e ter base constitucional, é absoluta". Isso antes da Lei n. 11689, de 2008.

GUILHERME DE SOUZA NUCCI[131] também entende inconstitucional a segunda parte do § 1º, do art. 492, que teve a redação ditada pela Lei n. 11689, de 09.06.2008.

---

[127] Força absoluta.
[128] Força corporal, força física.
[129] ORDENAÇÕES e leis do Reino de Portugal, Recopiladas per mandado Delrei D. Filippe o Primeiro. Livro Quinto. 257.
[130] GRINOVER, A. P. et al. *Juizados Especiais Criminais:* comentários à Lei n. 9.099, de 26-9-1995. 5. ed. rev. ampl. atual. de acordo com a Lei n. 10.259/2001. São Paulo: RT, 2005. p. 88.
[131] NUCCI, G. DE S. *Código de Processo Penal comentado*. 8. ed. São Paulo: RT, 2008. p. 829.

EUGÊNIO PACELLI DE OLIVEIRA[132] sustenta que, embora prevista constitucionalmente "a criação do Juizados Especiais Criminais, com competência para o julgamento de infrações penais de menor potencialidade ofensiva (art. 98, I)", não estabeleceu a Constituição:

> **a)** nenhuma privaticidade dos Juizados para o julgamento dos crimes de menor potencial ofensivo, como facilmente se percebe da leitura do art. 98, I, CF; **b)** qualquer competência material, rigorosamente falando, isto é, em razão do direito material, que pudesse exigir a criação de uma Justiça especializada. O que é especializado nos Juizados é o rito procedimental e a possibilidade de transação penal, consoante os termos do art. 98, I, da Constituição.

Entendo, também, não ser inconstitucional a norma em estudo. O argumento maior é que, quando o acusado não é encontrado para ser citado, o juiz encaminha o processo para o juízo comum, como lembra PACELLI. Há vinte e sete anos está em vigor a Lei n. 9099/1995 e nunca foi suscitada a inconstitucionalidade do parágrafo único do seu art. 66.

As infrações de menor potencial ofensivo são da competência do Juizado, em face do que dispõe o art. 98 constitucional, mas a lei deve ser interpretada *modusinrebus*[133]. Atente-se, também, que, na hipótese de não haver, na comarca, Juizado Especial, a competência é do juízo comum, aplicando os institutos despenalizadores.

Desclassificado o crime para outro de menor potencial ofensivo, o juiz presidente aguardará o trânsito em julgado da decisão, quando, então, designará audiência preliminar, possibilitando o oferecimento da proposta de transação penal, aplicando os institutos despenalizadores.

Havendo a desclassificação, pode haver a necessidade da representação por parte do ofendido ou de seu representante legal. Nesse caso, deve-se intimar a vítima para que, em prazo determinado pelo juiz, expresse sua vontade de prosseguir, ou não, com o processo. Não é caso de esperar-se o prazo de seis meses. A situação aqui é excepcional, anômala. HUNGRIA,[134] com sua inteligência brilhante, explicou:

"Toda ciência jurídica exige o método lógico-formal. Mas *est modus in rebus*. Não há permitir que o tecnicismo jurídico, com a hipertrofia do seu método, se torne um fim em si mesmo ou um abstracionismo insaciável".

Não esquecer que a decisão de pronúncia é marco interruptivo da prescrição. Súmula 191/STJ: "A pronúncia é causa interruptiva da prescrição, ainda que o Tribunal do Júri venha a desclassificar o crime".

V. Item 2 da Seção II, comentários ao art. 76.

12. OS CRIMES DE MENOR POTENCIAL OFENSIVO PREVISTOS EM NORMAS COM RITOS ESPECIAIS

O art. 61, antes de ser modificado, excetuava da competência dos Juizados os casos em que a lei previa procedimento especial. Curvou-se o legislador ao que entendia a maioria dos doutrinadores e dos julgadores.[135] Observe-se que, nesse tópico, a redação dos artigos da Lei dos Juizados

---

[132] OLIVEIRA, E. P. *Processo penal*. 11. ed. Rio de Janeiro: Lumen Juris, 2009. p. 619.

[133] Para cada coisa existe uma medida própria.

[134] HUNGRIA, N. *Comentários ao Código Penal*. v. I, t. II. 5. ed. Rio de Janeiro: Forense, 1978. p. 451.

[135] É verdade que o Supremo Tribunal Federal, pela sua 1ª Turma, tinha entendimento contrário. Observem-se estes dois acórdãos: HC 86102-4/SP, j. 27.09.2005 (*DJ* 02.03.2005), rel. Min. EROS GRAU: "1. O art. 61 da Lei n. 9099/1995 é categórico ao dispor que não compete aos Juizados Especiais o julgamento dos casos em que a lei preveja procedimento especial. É a hipótese dos crimes tipificados na Lei n. 5250/1967". HC 88547-1/SP (*DJ* 09.06.2006), rel. Min. CEZAR PELUSO: "Juizado Especial Criminal Estadual. Ação penal. Infração ou crime de menor potencial ofensivo. Não caracterização. Delito de imprensa. Sujeição a procedimento especial. Competência da Justiça Comum. HC concedido para esse fim. Aplicação de art. 61 da Lei n. 9099/1995, que não foi revogado pelo art. 2º, parágrafo único, da Lei n. 10259/2001. Precedentes. É incompetente Juizado Especial Criminal Estadual para processo e julgamento de delito previsto na Lei de Imprensa".

está em sua versão anterior, portanto, ainda não notificados, e que a Lei de Imprensa foi declarada inconstitucional. Comentando esse artigo, na 4ª edição desta obra (item 11, p. 396-397), tivemos oportunidade de assim nos expressar:

> Há delitos previstos em legislação especial que, não estando sujeitos a procedimento especial, incluem-se na competência do Juizado Especial Criminal, como os tipificados nos arts. 63, § 2º, 66 e 67 a 74 do Código de Defesa do Consumidor" – como explicam MARINO PAZZAGLINI FILHO, ALEXANDRE DE MORAES, GIANPAOLO POGGIO SMANIO e LUIZ FERNANDO VAGGIONE.[136]

Pela Lei n. 9099/1995 estão excetuados da competência dos Juizados Especiais os crimes em que a lei preveja procedimento especial, ainda que tenham pena máxima não superior a um ano (art. 61, na sua anterior redação), como, por exemplo, os crimes de imprensa (Lei n. 5250/1967, declarada inconstitucional pelo STF em 30.04.2009)[137], e os crimes eleitorais (Leis n. 4737/1965, 6091/1974 e 7021/1982).

No entanto, o STJ, pelas 5ª e 6ª Turmas, tem decidido que se aplica a Lei dos Juizados Especiais Criminais aos crimes sujeitos a procedimentos especiais, uma vez obedecidos os requisitos autorizadores, possibilitando-se, desse modo, a transação e a suspensão condicional do processo.

No julgamento do RHC 8480/SP, em 21.10.1999 (*DJ* 22.11.1999), rel. Min. aposentado GILSON DIPP, a 5ª Turma do STJ decidiu:

> A Lei n. 9099/1995 aplica-se aos crimes sujeitos a procedimentos especiais, desde que obedecidos os requisitos autorizadores, permitindo a transação e a suspensão condicional do processo inclusive nas ações penais de iniciativa exclusivamente privada.

Pacificado, hoje está naquela mais alta Corte Infraconstitucional que, aos crimes sujeitos a ritos especiais, aplica-se a Lei dos Juizados Especiais Criminais, ainda que a ação seja exclusivamente privada (Cf. CC 38513/MG, v.u., j. 13.08.2003, *DJ* 15.09.2003, rel. Min. LAURITA VAZ).

Argumentação segura a de NEREU JOSÉ GIACOMOLLI[138] quanto a essa questão:

> Não há justificativa plausível para se excluir do rol das infrações de menor potencial ofensivo as que se processam por ritos especiais, pois estes não foram instituídos em razão do menor ou maior dano às vítimas ou à sociedade, mas por apresentarem peculiaridades em razão do bem jurídico atingido (honra, funcionários públicos), da forma de persecução (propriedade imaterial, falências), da forma de agir (imprensa) etc.
>
> Tal exceção não está prevista na Lei n. 10259/2001. Assim, os crimes *federais*, ainda que de procedimento especial, sempre foram, sem qualquer dúvida, julgados pelo Juizado Especial Federal, desde que a pena máxima cominada não seja superior a dois anos ou que seja cominada pena de multa.

Agora, não há mais dúvida.

13. O JUIZADO ESPECIAL E OS CRIMES DE AÇÃO PENAL PRIVADA

Na quinta edição de seu livro *Lei dos Juizados Especiais Criminais anotada*, ano 2000, DAMÁSIO DE JESUS[139] explicitava que somente dois crimes de ação penal privada "podem ser julgados pelos

---

[136] PAZZAGLINI FILHO, M. et al. *Juizado Especial Criminal*: aspectos práticos da Lei n. 9.099/1995. 3. ed. rev. ampl. São Paulo: Atlas, 1999. p. 31.

[137] Por sete votos a quatro, o Supremo Tribunal Federal, na sessão de 30.04.2009, declarou que a Lei n. 5250/1967 (Lei de Imprensa) não foi recepcionada pela nova ordem democrática. Desse modo, a Lei de Imprensa está excluída totalmente do nosso ordenamento jurídico (ADPF 130).

[138] GIACOMOLLI, N. J. *Juizados Especiais Criminais*: Lei n. 9.099/1995. Porto Alegre: Livraria do Advogado, 1999. p. 32.

[139] JESUS, D. E. DE. *Lei dos Juizados Especiais Criminais anotada*. 5. ed. rev. atual. São Paulo: Saraiva, 2000. p. 17.

Juizados Especiais: dano simples (CP, art. 163, *caput*) e exercício arbitrário das próprias razões, sem violência (CP, art. 345)".

Nas 8ª e 9ª edições, DAMÁSIO já não mais se referiu aos crimes de ação penal privada. Isso porque existem outros crimes de ação penal de iniciativa privada que são da competência do Juizado Especial, em razão da pena máxima não ser superior a dois anos, como os crimes contra a honra (calúnia, CP, art. 138; difamação, CP, art. 139; injúria, CP, art. 140); os de alteração de limites, usurpação de águas e esbulho possessório (CP, art. 161, § 1º, I e II), quando não houver emprego de violência e se tratar de propriedade particular – v. § 3º; os de dano (CP, art. 163, *caput*, c/c o art. 167); o de introdução ou abandono de animais em propriedade alheia (CP, art. 164 c/c o art. 167); o de fraude à execução (CP, art. 179); os de violação de direito autoral (CP, art. 184 c/c o art. 186, I); os de induzimento a erro essencial e ocultação de impedimento (CP, art. 236 c/c o seu parágrafo único); o de exercício arbitrário das próprias razões, desde que não haja violência (CP, art. 345 c/c seu parágrafo único); e os crimes previstos nos arts. 183 a 190 e 192 a 195 c/c o art. 199, da Lei n. 9279, de 1996, que regula os direitos e as obrigações relativos à propriedade industrial.

14. O JUIZADO ESPECIAL E OS CRIMES FALIMENTARES. LEI N. 11101, DE 09.02.2005

Entre os crimes falimentares, apenas um, o previsto no art. 178, é punido com pena de até dois anos de detenção. O *nomen iuris* desse crime é: "Omissão dos documentos contábeis obrigatórios". Trata-se de crime subsidiário, pois a imposição da punibilidade só se dará se o fato não constituir crime mais grave. Esse delito só é punível a título de dolo, e a conduta é omissiva ("deixar de elaborar, escriturar ou autenticar"). O crime do art. 190, do Decreto-lei n. 7661/1945, que foi revogado pela Lei n. 11101/2005, passou a ser punido com pena de dois a quatro anos de reclusão. É o que dispõe o art. 177 dessa Lei (o nome do crime é "violação de impedimento"). A vigência da nova lei iniciou-se em 09.06.2005.

A nova Lei revogou, também, os arts. 503 a 512 do Decreto-lei n. 3689, de 03.10.1941 – CPP. Pelo art. 504 do CPP revogado, a ação referente aos crimes falimentares deveria ser intentada no juízo criminal. Já a antiga Lei de Falências (o Dec.-lei n. 7661/1945, que era posterior), dispunha que a ação deveria ser iniciada no juízo falencial. O juiz da falência é quem recebia a denúncia, em despacho fundamentado, e determinava a remessa imediata dos autos ao juízo criminal competente para o prosseguimento da ação penal (art. 109, § 2º) – só excepcionalmente poderia ser proposta no juízo criminal (art. 194)[140]. Desse modo, relativamente ao crime previsto no art. 190 da antiga Lei de Falências, apesar de a pena máxima cominada ser de dois anos, a ação penal não podia ser intentada no Juizado Especial.

Se a ação penal falimentar era iniciada no juízo falencial, não podia o Juizado Especial ser competente para processar e julgar o autor do fato incriminado no art. 190 da antiga Lei de Falências, pois o procedimento era totalmente diferente. No Juizado, na fase preliminar, em audiência, há possibilidade de compor danos e de haver transação, que, aceita, poderá levar o juiz a homologá-la, aplicando pena restritiva de direitos ou multa. Não ocorrendo a transação, antes do recebimento da peça inicial acusatória em audiência, é dada a palavra ao defensor para responder à acusação, após o que o juiz receberá, ou não, a denúncia. No procedimento da antiga Lei de Falências, o juiz falimentar recebia a denúncia em decisão fundamentada, sem ouvir o denunciado e sem, antes, tentar a transação. Daí a dificuldade de o prosseguimento do processo ser no Juizado Especial. Contudo, no Juízo Comum Criminal, dever-se-ia atentar para os institutos da Lei dos Juizados Especiais, como a suspensão condicional do processo etc.

---

[140] Decreto-lei n. 7661/1945, art. 194. A inobservância dos prazos estabelecidos no art. 108 e em seu parágrafo único não acarreta decadência do direito de denúncia ou de queixa. O representante do Ministério Público, o síndico ou qualquer credor, podem, após o despacho de que tratam o art. 109 e seu § 2º, e na conformidade do que dispõem os arts. 24 e 62 do Código de Processo Penal, intentar ação penal por crime falimentar perante o juiz criminal da jurisdição em que tenha sido declarada a falência.

Pela nova Lei de Falências, o rito a ser obedecido para o processo e julgamento dos crimes falimentares era o sumário, estabelecido nos arts. 531 a 540 do CPP. É o que dispõe o art. 185 da Lei n. 11101/2005: "Recebida a denúncia ou a queixa, observar-se-á o rito previsto nos arts. 531 a 540 do Decreto-lei n. 3689, de 03.10.1941 – Código de Processo Penal". Mas os arts. 531 a 538 tiveram sua redação alterada, e os arts. 539 e 540 foram revogados pela Lei n. 11719, de 2008.

A Lei n. 11719/2008 alterou também o art. 394, do CPP, e estabeleceu no inciso II, do § 1º, o procedimento comum sumário "quando tiver por objeto crime cuja sanção máxima cominada seja inferior a 4 (quatro) anos de pena privativa de liberdade" e no inciso III o rito "sumaríssimo para as infrações penais de menor potencial ofensivo, na forma da lei". Assim, agora o procedimento a ser obedecido para o crime cuja pena privativa de liberdade máxima seja inferior a quatro anos é o sumário.

Há de se observar, no entanto, que, após a Constituição Federal de 1988, foi extinto o procedimento de ofício. A ação penal, hoje, só pode ter início mediante denúncia, derrogados que foram, pela Constituição, art. 129, I, os arts. 531 a 537 do CPP.

Atualmente, a ação penal para todas as contravenções segue o procedimento sumaríssimo (CPP, art. 394, III).

Na hipótese de a pena cominada ao crime falimentar não ser superior a dois anos, atentar-se-á para as normas que regem o Juizado Especial Criminal. Não há rito processual especial para os crimes de reclusão.

Quanto à competência para o processo e julgamento do crime falimentar, estabelece o art. 183, da Lei n. 11101/2005, que é do "juiz criminal da jurisdição onde tenha sido decretada a falência, concedida a recuperação judicial ou homologado o plano de recuperação extrajudicial". Analisando esse dispositivo, diz FÁBIO ULHOA COELHO[141]:

> Essa norma, na verdade, é inconstitucional. Cabe à lei estadual de organização judiciária definir a competência para a ação penal por crimes falimentares. Na distribuição de competências que a Constituição estabelece, não é da União, mas sim dos Estados, a de estruturar os serviços judiciários, definindo que órgãos serão criados e com qual competência jurisdicional.

Já ARTUR MIGLIARI JÚNIOR[142] pensa de modo contrário. Assim explica seu entendimento:

> [...] pensamos que o atual art. 183 da LRE não afetou a competência para conhecer, processar e julgar as ações penais falenciais, posto que não faz – e nem poderia fazer – referência expressa a qual juiz teria competência para a decisão final. Limitou-se o legislador a fixar a competência territorial do processo criminal falencial, não a competência *stricto sensu*, ou seja, competência para a decisão final.

Observa-se que a antiga Lei de Falências dispunha, no art. 109, § 2º, que o juiz falimentar recebia a denúncia ou a queixa, em despacho fundamentado, e determinava a remessa imediata dos autos ao juízo criminal competente para prosseguimento da ação penal. Logo, a competência para processar e julgar os crimes falenciais era do juízo criminal. Havia, é certo, um procedimento misto. O juiz falimentar recebia a denúncia ou a queixa e o juiz criminal prosseguia no desenvolvimento dos atos processuais e julgava. Nunca se questionou, porém, a constitucionalidade desse dispositivo.

A nova Lei de Falências determinou qual o juiz criminal competente: o da jurisdição em que tiver sido decretada a falência, não se limitando apenas a determinar a competência territorial. Explicitou, repisa-se, que, dentro da jurisdição em que foi decretada a falência, qual seria o juiz competente: o criminal. A lei anterior referia-se ao juiz criminal "competente para prosseguimento

---

[141] COELHO, F. U. *Comentários à nova Lei de Falências e de Recuperação de Empresas:* Lei n. 11.101, de 9-2-2005. 2. ed. rev. São Paulo: Saraiva, 2005. p. 412.
[142] MIGLIARI JÚNIOR, A. In: TOLEDO, P. F. C. S. DE; ABRÃO, C. H. (coord.). *Comentários à Lei de Recuperação de Empresas e Falência.* São Paulo: Saraiva, 2005. p. 475.

da ação penal *nos termos da lei processual penal*". A atual, não. Ela firma a competência do juiz do lugar onde foi decretada a falência.

Não tenho, desse modo, como inconstitucional o art. 183, da Lei n. 11101/2005.

15. O JUIZADO ESPECIAL E OS CRIMES CONTRA A ECONOMIA POPULAR. LEI N. 1521, DE 16.12.1951

Trata a Lei n. 1521, de 1951, dos crimes contra a economia popular. Dois são da competência do Juizado Especial: os previstos nos arts. 2º e 4º.

16. JUIZADO ESPECIAL E OS CRIMES DE ABUSO DE AUTORIDADE. LEI N. 4898, DE 09.12.1965

Nos arts. 3º e 4º, da Lei n. 4898, de 1965[143], encontramos os fatos tipificados como crimes de abuso de autoridade. A sanção penal, aplicada de acordo com as regras dos arts. 59 a 76 do Código Penal, consiste em multa e detenção por 10 (dez) dias a 6 (seis) meses – art. 6º, § 3º. A competência, portanto, é do Juizado.

A Lei n. 13869, de 05.12.2019, **dispõe** sobre os crimes de abuso de autoridade; **altera a** (i) Lei n. 7960, de 21.12.1989, (ii) a Lei n. 9296, de 24.07.1996, (iii) a Lei n. 8069, de 13.07.1990, e (iii) a Lei n. 8906, de 04.07.1994; e **revoga a** Lei n. 4898, de 09.12.1965.

17. O JUIZADO ESPECIAL E OS CRIMES DE IMPRENSA. LEI N. 5250, DE 09.02.1967

Dizíamos na 5ª edição desta obra: "Na Lei de Imprensa, são crimes da competência do Juizado Especial os capitulados nos arts. 16, 17, 19, 21 e 22".

O Supremo Tribunal Federal, todavia, em sessão plenária do dia 30.04.2009, por maioria, declarou, como dissemos acima, que a Lei de Imprensa (Lei n. 5250, de 1967) é incompatível com a nova ordem constitucional. O relator da Arguição de Descumprimento de Preceito Fundamental 130,[144] Min. CARLOS AYRES BRITTO, votou pela procedência total da arguição e foi acompanhado pelos Mins. EROS GRAU, MENEZES DIREITO, CÁRMEN LÚCIA, RICARDO LEWANDOWSKI, CEZAR PELUSO e CELSO DE MELLO. Os MINISTROS JOAQUIM BARBOSA, ELLEN GRACIE e GILMAR MENDES manifestaram-se pela parcial procedência da ação, e o Min. MARCO AURÉLIO, pela improcedência.

"Nada mais nocivo e perigoso do que a pretensão do Estado de regular a liberdade de expressão e pensamento", disse o Min. CELSO DE MELLO, ressaltando que "a liberdade de expressão não é

---

[143] Art. 3º. Constitui abuso de autoridade qualquer atentado: a) à liberdade de locomoção; b) à inviolabilidade do domicílio; c) ao sigilo da correspondência; d) à liberdade de consciência e de crença; e) ao livre exercício do culto religioso; f) à liberdade de associação; g) aos direitos e garantias legais assegurados ao exercício do voto; h) ao direito de reunião; i) à incolumidade física do indivíduo; j) aos direitos e garantias legais assegurados ao exercício profissional. *Alínea j incluída pela Lei n. 6657, de 05.06.79. Art. 4º Constitui também abuso de autoridade: a) ordenar ou executar medida privativa da liberdade individual, sem as formalidades legais ou com abuso de poder; b) submeter pessoa sob sua guarda ou custódia a vexame ou a constrangimento não autorizado em lei; c) deixar de comunicar, imediatamente, ao juiz competente a prisão ou detenção de qualquer pessoa; d) deixar o Juiz de ordenar o relaxamento de prisão ou detenção ilegal que lhe seja comunicada; e) levar à prisão e nela deter quem quer que se proponha a prestar fiança, permitida em lei; LEGISLAÇÃO CITADA ANEXADA PELA COORDENAÇÃO DE ESTUDOS LEGISLATIVOS – CEDI f) cobrar o carcereiro ou agente de autoridade policial carceragem, custas, emolumentos ou qualquer outra despesa, desde que a cobrança não tenha apoio em lei, quer quanto à espécie quer quanto ao seu valor; g) recusar o carcereiro ou agente de autoridade policial recibo de importância recebida a título de carceragem, custas, emolumentos ou de qualquer outra despesa; h) o ato lesivo da honra ou do patrimônio de pessoa natural ou jurídica, quando praticado com abuso ou desvio de poder ou sem competência legal; i) prolongar a execução de prisão temporária, de pena ou de medida de segurança, deixando de expedir em tempo oportuno ou de cumprir imediatamente ordem de liberdade. *Alínea i incluída pela Lei n. 7960, de 21.12.1989.

[144] Foi o deputado federal MIRO TEIXEIRA (PDT-RJ) o autor da ação.

absoluta – como aliás nenhum direito", argumentou, explicando que "o próprio direito à vida tem limites, tendo em vista a possibilidade de pena de morte (art. 5º, XLVII) nos casos de guerra".

Agora é de aplicar-se o Código Penal. Os arts. 20 (calúnia), 21 (difamação) e 22 (injúria) da Lei de Imprensa, declarada incompatível com a Constituição de 1988, correspondem, respectivamente, aos arts. 138, 139 e 140, do CP. Crimes estes da competência do Juizado Especial.

Revogada a Lei de Imprensa, pode o processo continuar a ter andamento quando a imputação está baseada exclusivamente nela?

Alguns juristas entendem que não, eis que a norma deixou de existir. Já outros têm entendimento diferente. A ação pode prosseguir com base em dispositivos correlatos do Código Penal, uma vez que o acusado se defende dos fatos, procedendo o juiz ao enquadramento destes. *Da mihi factum, dabo tibi jus*.[145] Penso assim também.

E o direito de resposta, como fica?

O Ministro CELSO DE MELLO deu a solução. O direito de resposta é bem garantido no inciso V, do art. 5º, da Constituição: "É assegurado o direito de resposta, proporcional ao agravo, além da indenização por dano material, moral ou à imagem".

18. O JUIZADO ESPECIAL E OS CRIMES DE TÓXICOS. LEI N. 11343, DE 23.08.2006

A Lei n. 11343, de 23.08.2006, revogou expressamente a Lei n. 6368, de 21.10.1976, a antiga Lei Antitóxicos, e a Lei n. 10409, de 11.01.2002. A nova lei é mais rigorosa.

O § 3º, do art. 33, da atual lei, cria um novo *tipo*: "Oferecer droga, eventualmente e sem objetivo de lucro, a pessoa de seu relacionamento, para juntos a consumirem", cominando a pena de detenção, de 6 (seis) meses a 1 (um) ano, e pagamento de 700 (setecentos) a 1.500 (mil e quinhentos) dias-multa, sem prejuízo das penas previstas no art. 28.

A esse crime e ao previsto no art. 38 ("Prescrever ou ministrar, culposamente, drogas, sem que delas necessite o paciente, ou fazê-lo em doses excessivas ou em desacordo com determinação legal ou regulamentar: Pena – detenção, de 6 (seis) meses a 2 (dois) anos, e pagamento de 50 (cinquenta) a 200 (duzentos) dias-multa") aplica-se o procedimento previsto na Lei dos Juizados, tendo em vista que a pena máxima cominada não é superior a 2 (dois) anos.

Também será processado e julgado pela Lei dos Juizados o mero usuário de drogas (Lei n. 11343/2006, art. 28:

> Quem adquirir, guardar, tiver em depósito, transportar ou trouxer consigo, para consumo pessoal, drogas sem autorização ou em desacordo com determinação legal ou regulamentar será submetido às seguintes penas: I – advertência sobre os efeitos das drogas; II – prestação de serviços à comunidade; III – medida educativa de comparecimento a programa ou curso educativo.

Conforme estabelece o § 1º, do art. 48, que dispõe:

> O agente de qualquer das condutas previstas no art. 28 desta Lei, salvo se houver concurso com os crimes previstos nos arts. 33 a 37 desta Lei, será processado e julgado na forma dos arts. 60 e seguintes da Lei n. 9099, de 26 de setembro de 1995, que dispõe sobre os Juizados Especiais Criminais.

Com referência aos tipos previstos no art. 15, da Lei n. 6368/1976, hoje, com algumas alterações no art. 38, da Lei n. 11343/2006, a pena cominada continuou não sendo superior a dois anos, estando, assim, sujeitos à competência dos Juizados Especiais.

---

[145] Dá-me o fato, dar-te-ei o direito.

Oportuno dizer que o Supremo está analisando a questão do portar *droga* para consumo próprio, no RE 635659/SP. O relator é o Min. GILMAR MENDES. O Tribunal reconheceu a existência de repercussão geral da questão constitucional suscitada. Não se manifestaram os Ministros aposentados CEZAR PELUSO, JOAQUIM BARBOSA e a Ministra CÁRMEN LÚCIA.

No referido RE (635659/SP), concluso ao relator, cujo julgamento ainda não terminou, o Min. GILMAR MENDES votou pela "inconstitucionalidade do artigo 28 da Lei de Drogas (Lei n. 11343/2006), que define como crime o porte de drogas para uso pessoal". O Min. BARROSO votou pela descriminalização do porte de drogas para uso e foi acompanhado pelo Min. FACHIN, votando pela inconstitucionalidade apenas quanto à maconha, permanecendo crime o porte de uso pessoal para as demais espécies de drogas. Trata-se de *eading case*.

Os autos foram, em 17.01.2017, remetidos para o gabinete do falecido Min. TEORI ZAVASCKI, onde ainda se encontram. Coube ao Min. ALEXANDRE DE MORAES, que o substituiu, dar continuidade ao julgamento. Já votaram os Mins. GILMAR MENDES, EDSON FACHIN e LUIZ ROBERTO BARROSO pela descriminalização das drogas. MENDES, pela descriminalização de todas as drogas; FACHIN, pela descriminalização do uso e do porte apenas da maconha; e BARROSO, pela descriminalização apenas da maconha, propondo que fosse estabelecida uma quantidade de droga para que o uso pessoal não seja confundido com o tráfico e defendendo o cultivo caseiro da maconha. O Min. ALEXANDRE DE MORAES, em 23.11.2018, liberou seu voto na ação que discute a constitucionalidade da criminalização do porte de droga para consumo próprio.

19. O JUIZADO ESPECIAL E OS CRIMES CONTRA O SISTEMA FINANCEIRO. LEI N. 7492, DE 16.06.1986

Todos os crimes previstos na Lei n. 7492, de 1986 (crimes contra o Sistema Financeiro), têm a pena máxima superior a dois anos. Não são, portanto, da competência do Juizado Especial.

20. O JUIZADO ESPECIAL E OS CRIMES CONTRA A CRIANÇA E O ADOLESCENTE. LEI N. 8069, DE 13.06.1990

É da competência do Juizado Especial os seguintes crimes previstos no Estatuto da Criança e do Adolescente (ECA): arts. 228, 229, 230, 231, 232, 234, 235, 236 e 244. As penas dos arts. 242 e 243 foram aumentadas, respectivamente, para três a seis anos e dois a quatro anos, pela Lei n. 10764, de 12.11.2003.

21. O JUIZADO ESPECIAL E OS CRIMES CONTRA O CONSUMIDOR. LEI N. 8078, DE 11.09.1990

Todos os crimes estabelecidos na Lei n. 8078/1990, que dispõem sobre a proteção ao consumidor, são punidos com pena igual ou inferior a dois anos. Por isso, são da competência dos Juizados Especiais. São os capitulados nos arts. 63, 64, 65, 66, 67, 68, 69, 70, 71, 72, 73 e 74.

22. O JUIZADO ESPECIAL E OS CRIMES DE SONEGAÇÃO FISCAL. LEI N. 8137, DE 27.12.1990

A Lei n. 8137/1990 define os crimes contra a ordem tributária, econômica e contra as relações de consumo. A pena máxima cominada aos crimes previstos no art. 2º, crimes contra a ordem tributária, é de dois anos. Logo, são da competência do Juizado Especial. (Não esquecer que a Lei n. 9964, de 10.04.2000, pelo seu art. 15, suspendeu a pretensão punitiva do Estado durante o período em que a pessoa jurídica estiver incluída no Programa de Recuperação Fiscal (Refis). Já os crimes previstos nos arts. 4º, 5º – crimes contra a ordem econômica – e 7º – crimes contra as relações de consumo – têm a pena máxima superior a dois anos. Mas é prevista, alternativamente, a pena de multa. No meu entendimento, são de menor potencial ofensivo, caso contrário não poderiam ser punidos alternativamente com pena de multa.

É necessário o exaurimento do processo administrativo-fiscal para a caracterização do crime contra a ordem tributária (Lei n. 8137/1990, art. 1º). Assim tem decidido o Supremo Tribunal Federal (HC 81611, Min. Sepúlveda Pertence, Pleno, j. 10.12.2003, *DJ* 13.05.2005; HC 85051/MG, rel. Min. Carlos Velloso, *DJ* 01.07.2005; HC 90957/RJ, rel. Min. Celso de Mello, *DJ* 19.10.2007; HC 84423/RJ, rel. Min. Carlos Britto, *DJ* 24.09.2004).

Também a instauração de inquérito policial para apuração dos crimes previstos no art. 2º, I, da Lei n. 8137/1990, e no art. 168-A, do CP, está condicionada à decisão final proferida em procedimento fiscal.

23. O JUIZADO ESPECIAL E O CRIME CONTRA A ADMINISTRAÇÃO PÚBLICA. LEI N. 8429, DE 02.06.1992

É da competência do Juizado Especial processar e julgar o crime previsto no art. 19, da Lei n. 8429/1992, por ser a pena máxima cominada à detenção de dez meses (art. 19. Constitui crime a representação por ato de improbidade contra agente público ou terceiro beneficiário, quando o autor da denúncia o sabe inocente. Pena: detenção de seis a dez meses e multa).

Houve alteração ditada pela Lei 14230/2021, que passou a dispor sobre as sanções aplicáveis em virtude da prática de atos de improbidade administrativa, de que trata o § 4º, do art. 37, da Constituição Federal.

24. O JUIZADO ESPECIAL E OS CRIMES DE LICITAÇÃO. LEI N. 8666, DE 21.06.1993

A Lei n. 8666, de 1993, que institui normas para licitações, estabelece determinados crimes que são da competência do Juizado Especial, como os previstos nos arts. 91, 93, 97 e 98, punidos com pena máxima de dois anos de detenção. A Lei n. 14133, de 01.04.2021, pelo seu art. 193, revogou (i) os arts. 89 a 108, da Lei n. 8666, de 21.06.1993, até 21.04.2021, data da publicação da Lei n. 14133, de 01.04.2021. E (ii) a Lei n. 8666, de 21.06.1993, (III) a Lei n. 10520, de 17.09.2002, e (iii) os arts. 1º a 47-A, da Lei n. 12462, de 04.08.2011, **após decorridos** 2 (dois) anos da publicação oficial da Lei n. 14133.

25. O JUIZADO ESPECIAL E OS CRIMES CONTRA A PROPRIEDADE INDUSTRIAL. LEI N. 9279, DE 14.05.1996

Todos os crimes contra a propriedade industrial (crimes contra as patentes, contra os desenhos industriais, contra as marcas, cometidos por meio de marca, título de estabelecimento e sinal de propaganda, contra indicações geográficas e os crimes de concorrência desleal – Título V, da Lei n. 9279/1996) são punidos com pena máxima de um ano, sendo, consequentemente, da competência do Juizado Especial.

26. O JUIZADO ESPECIAL E OS CRIMES DE TORTURA. LEI N. 9455, DE 07.04.1997

Não há nenhum fato tipificado na Lei n. 9455/1997 que defina os crimes de tortura, da competência dos Juizados Especiais.

Por falar em tortura, conta Elio Gaspari[146] que o advogado Georges Pinet, representando o Secretariado Internacional dos Juristas Católicos, disse:

> A tortura, no Brasil, não é nem pode ser o resultado de excessos individuais; nem é, nem pode ser considerada, uma reação exagerada a atos terroristas para derrubar um regime em

---
[146] Gaspari, E. *A ditadura derrotada*: o sacerdote e o feiticeiro. São Paulo: Companhia das Letras, 2003. p. 26.

dificuldade que, por seu lado, provoca o famoso *ciclo da violência*. Isso não sucede, porque já não existe luta armada no Brasil. A tortura é manifestação e necessidade de um modelo político num contexto jurídico e socioeconômico.

27. A ATIVIDADE CLANDESTINA DE TELECOMUNICAÇÃO. LEI N. 9472, DE 16.07.1997, E A LEI N. 4117, DE 27.08.1962

O art. 183, da Lei n. 9472, de 16.07.1997, dispõe que constitui crime "desenvolver clandestinamente atividades de telecomunicação", cominando pena de detenção de 2 (dois) a 4 (quatro) anos, aumentada da metade se houver dano a terceiro, e multa de R$ 10.000,00 (dez mil reais). No art. 215, I, dispôs a citada lei que "Ficam revogados: I – a Lei n. 4117, de 27.08.1962, salvo quanto à matéria penal não tratada nesta Lei e quanto aos preceitos relativos à radiodifusão".

O art. 70, da Lei n. 4117, de 27.08.1962, com a redação ditada pelo Decreto-lei n. 236, de 28.02.1967, estabelece:

"Constitui crime punível com a pena de detenção de 1 (um) a 2 (dois) anos, aumentada da metade se houver dano a terceiro, a instalação ou utilização de telecomunicações, sem observância do disposto nesta Lei e nos regulamentos".

Teria esse dispositivo sido revogado pela Lei n. 9472, de 1997? Observe-se que o art. 183, da Lei n. 9472, de 1997, refere-se a "desenvolver clandestinamente atividades de telecomunicação". Tenho que instalar ou utilizar atividades de telecomunicações está abrangido na atividade de desenvolver.

Desse modo, o processo e julgamento dos crimes relativos a atividades clandestinas de telecomunicação, atualmente, não são mais da competência dos Juizados Especiais Criminais e sim do Juízo Comum Criminal.

A Corte Especial do TRF-1, ao julgar a arguição de inconstitucionalidade 2005.40.00.006267-0/PI, de que fui relator, em 02.09.2010, declarou, com unanimidade, inconstitucional, no art. 183, da Lei n. 9472/1997, a expressão "de 10.000,00 (dez mil reais)", por violar o inciso XLVI, do art. 5º, da Constituição Federal.

28. O JUIZADO ESPECIAL E OS CRIMES DE TRÂNSITO. LEI N. 9503, DE 23.09.1997

Na Lei n. 9503, de 1997 – Código de Trânsito Brasileiro – há uma norma específica quanto à competência da Lei dos Juizados. É a do art. 291, que assim dispõe:

"Aos crimes cometidos na direção de veículos automotores, previstos neste Código, aplicam-se as normas gerais do Código Penal e do Código de Processo Penal, se este Capítulo não dispuser de modo diverso, bem como a Lei n. 9099, de 26.09.1995, no que couber".

E o § 1º reza:

> § 1º Aplica-se aos crimes de trânsito de lesão corporal culposa o disposto nos arts. 74, 76 e 88 da Lei n. 9099, de 26.09.1995, exceto se o agente estiver: I – sob a influência de álcool ou qualquer outra substância psicoativa que determine dependência; II – participando, em via pública, de corrida, disputa ou competição automobilística, de exibição ou demonstração de perícia em manobra de veículo automotor, não autorizada pela autoridade competente; III – transitando em velocidade superior à máxima permitida para a via em 50 km/h (cinquenta quilômetros por hora).

Aos crimes previstos nos arts. 303, 304, 305, 307, 309, 310, 311 e 312 são cominadas penas de no máximo dois anos. Logo, são da competência do Juizado Especial. O art. 308 tem pena de detenção mínima de seis meses e máxima fixada em três anos. Redação dada pela Lei n. 12971, de 09.05.2014.

Aos crimes capitulados nos arts. 303 (lesão corporal culposa, pena máxima de dois anos), 306 (embriaguez ao volante, pena máxima de três anos) e 308 (participação em competição não autorizada, o **célebre *racha***, também denominado *pega*, pena máxima de dois anos), aplica-se o disposto nos arts. 74 (composição civil), 76 (transação) e 88 (representação nos crimes de lesão leve e lesão corporal culposa) da Lei n. 9099/1995. Antes da Lei n. 10259/2001, só eram crimes de menor potencial ofensivo os crimes punidos com pena de até um ano, daí por que o legislador abriu exceção permitindo que, aos crimes de trânsito com pena superior a um ano, fossem aplicados os institutos da composição, da transação e da representação. Hoje, em face do advento da Lei n. 11313/2006, a exceção só privilegia o crime do art. 306. Os crimes dos arts. 303 e 308 são, por força da ampliação da justiça consensual, crimes de menor potencial ofensivo.

A ação penal referente aos crimes de trânsito previstos nos arts. 306 e 308 passam a depender de representação? Houve, assim, alteração do art. 88, da Lei n. 9099/1995 ("Além das hipóteses do Código Penal e da legislação especial, dependerá de representação a ação penal relativa aos crimes de lesões leves e culposas")? Se entender-se que sim, quem faria a representação, já que temos a hipótese de um perigo concreto indeterminado?

A representação não se faz necessária, uma vez que os crimes dos arts. 306 e 308 têm por objetividade jurídica a proteção da incolumidade pública, não havendo uma vítima *determinada*, ou seja, a vítima não é *claramente* identificada. A ação é, portanto, pública incondicionada.

O Supremo Tribunal Federal, pela sua 1ª Turma, relator Min. SEPÚLVEDA PERTENCE, em 11.12.2001, ao julgar o HC 81510-3/PR, *DJ* 12.04.2002, decidiu que,

> embora o pudesse ter feito, o CTB não converteu em infrações penais de *menor potencial ofensivo*, para o fim de incluí-los na competência dos Juizados Especiais, os crimes tipificados nos seus arts. 303 (lesão corporal no trânsito), 306 (embriaguez ao volante) e 308 (participação em competição não autorizada); no art. 291, *caput*, a aplicação da Lei dos Juizados Especiais foi limitada pela cláusula *noquecouber,* bastante a excluí-la em relação aos delitos de trânsito cuja pena máxima cominada seja superior a um ano (Lei n. 9099/1995, art. 61); no parágrafo único do mesmo artigo, cingiu-se o CTB a prescrever aos três crimes referidos – todos sujeitos a pena máxima superior a um ano – os arts. 74 (composição de danos civis no processo penal), 76 (transação penal) e 88 (exigência de representação para a persecução de lesões corporais).

O homicídio doloso no trânsito é aquele no qual o motorista assume o risco de matar uma pessoa ao dirigir em alta velocidade, por exemplo. Todavia, não há jurisprudência pacificada. Muitos juristas divergem.

Nossas leis não conceituam claramente como enquadrar um atropelamento com morte. A doutrina também não. O atropelamento constitui um homicídio doloso (com intenção de matar ou assumindo o condutor risco da morte) ou culposo (acidental). Estamos numa zona nebulosa (*grey área*): dolo eventual ou culpa consciente. A doutrina e a jurisprudência, ainda, não definiram a questão.

Em Brasília, Distrito Federal, o Tribunal do Júri recebeu denúncia contra o motorista por homicídio, dolo eventual, pois teria ele assumido o risco de produzir o resultado morte ao dirigir o veículo em velocidade, estando, em tese, embriagado.

Os crimes de trânsito com morte têm trazido consequências assustadoramente preocupantes à sociedade.

29. O JUIZADO ESPECIAL E OS CRIMES AMBIENTAIS. LEI N. 9605, DE 12.02.1998

Na Lei dos Crimes Ambientais estão sujeitos à competência dos Juizados Especiais os crimes previstos nos arts. 29, 31, 32 (crimes contra a fauna); 44, 45, 46, 48, 49, 50, 51, 52 (crimes contra a flora); 54, § 1º, 55, 56, § 3º, 60 (crimes de poluição e outros crimes ambientais); 62, parágrafo único, 64, 65 (crimes contra o ordenamento urbano e o patrimônio cultural); e art. 67, parágrafo único (crime contra a administração ambiental).

A competência para julgar os crimes ambientais não foi atribuída à Justiça Federal, salvo quando praticado em detrimento de bens, serviços e interesses da União ou de suas entidades autárquicas ou empresas públicas, como a pesca predatória em rio federal, o rio que atravessa mais de um estado da federação; o rio que é proveniente de território estrangeiro; o desmatamento feito em área pertencente a reservas indígenas, a parques nacionais administrados pela União.

A atuação de um órgão federal, seja como agente executor fiscalizador de normas fixadas para o meio ambiente, seja como agente responsável pelo licenciamento de atividades que, efetiva ou potencialmente, possam causar danos ao meio ambiente, o Instituto Brasileiro do Meio Ambiente e dos Recursos Naturais Renováveis (Ibama) não interfere ou não pode interferir na competência da Justiça Federal. E mais, ainda que a falsidade, material ou ideológica, de documento de autarquia federal seja utilizada para a prática de crime ambiental, cuidando-se, pois, de crime meio, a competência não se desloca para a Justiça Federal. Impõe-se, portanto, a verificação de ser o delito praticado em detrimento de bens, serviços ou interesse da União ou de suas entidades autárquicas ou empresas públicas, em face do que dispõe o art. 109, IV, da Carta Magna, para se firmar ou não a competência da Justiça Federal.

A Súmula 91 do STJ, editada em 27.10.1993, com base na Lei n. 5197/1967, antes, portanto, do advento da Lei n. 9605/1998, consolidou o entendimento de que "compete à Justiça Federal processar e julgar os crimes praticados contra a fauna". Essa Súmula veio a ser cancelada em 08.11.2000, em face de a Lei n. 9605, de 12.02.1998, não prever tal competência. O entendimento é de que, sendo a proteção ao meio ambiente matéria de competência comum da União, dos Estados e dos Municípios e não existindo, quanto aos crimes ambientais, dispositivo constitucional ou legal expresso sobre qual a justiça competente para o seu julgamento, o processo e o julgamento dos crimes ambientais são de competência da Justiça Comum Estadual.

Observa-se, no entanto, que, julgando o RE 411.690/PR, em 17.08.2004 (*DJ* 03.09.2004), relatoria a cargo da Min. ELLEN GRACIE, decidiu a 2ª Turma do Supremo Tribunal Federal que:

"Cuidando-se de falsidade de documentos federais, a competência é da Justiça Federal. Releva, ainda, na hipótese, que a falsidade visou a obtenção de financiamento em instituição financeira, que é crime federal (Lei n. 7492/1996, arts. 19 e 26)".

No voto condutor do acórdão está dito:

> A falsificação incidiu sobre documentos federais – Certidão de Dados da Receita Federal e Guia de Recolhimento do ITR/DARF – sendo manifesta, portanto, a competência da Justiça Federal. Trata-se de documentos relacionados com o serviço federal. Irrelevante que a falsificação e a utilização desses documentos não tenham sido direcionados perante repartição ou órgão federal. O que releva é que a conduta prejudicou concretamente o interesse e o serviço público federal.

A 1ª Turma do STF, em sessão de 07.04.2009, julgando o RE 446.938-3/PR, relator Min. MARCO AURÉLIO, voltou a ratificar esse entendimento ao decidir sobre a falsidade de certidão emitida por autarquia federal, entendendo que compete à Justiça Federal processar e julgar ação penal relativa a crime de falsificação de documento público (CP, arts. 297 e 304), quando a falsificação é de documentos federais (*DJe* 19.06.2009).

Antes desse entendimento, a falsificação de documento expedido por órgão federal era da competência da Justiça Estadual, se o objetivo era enganar o particular.[147]

Daí poder haver conexão da prática dos dois crimes, levando a competência para a Justiça Federal. Verificada a conexão entre crimes de *competência* estadual e federal, é da Justiça Federal a *competência* para processá-los e julgá-los (Súmula 122 do Superior Tribunal de Justiça).

Com referência à pesca predatória, se é praticada no mar territorial, nas unidades de conservação da União Federal, nos lagos e rios pertencentes a ela (rios que atravessam, por exemplo, mais de um Estado da federação), a competência é da Justiça Federal, em razão de haver interesse dessa entidade.

---

[147] No RE 108902/SP, rel. Min. NÉRI DA SILVEIRA, j. 17.06.2006 (*DJ* 29.09.2006), decidiu a 1ª Turma do STF: "Carteira de Trabalho e Previdência Social obtida mediante documento falsificado. Anotação de fictício contrato de trabalho feita pelo réu, com o objetivo de abrir crediário junto ao comércio. Falsidade verificada pelos empregados da empresa. Desígnio de enganar o particular. Competência da justiça estadual. Recurso extraordinário não conhecido".

Também é de afastar-se a competência da Justiça Federal para o processo e o julgamento de crimes cometidos contra a flora pelas mesmas razões que levam a não se dar pela competência dessa justiça no tocante aos crimes contra a fauna.

Cortar árvores em floresta considerada de preservação permanente, administrada pela União, sem a devida permissão, constitui crime da competência da Justiça Federal. O art. 15, § 1º, da Lei n. 9985/2000, que regulamenta o art. 225, § 1º, incisos I, II, III e VII, da Constituição Federal, e institui o Sistema Nacional de Unidades de Conservação da Natureza, dispõe que a Área de Proteção Ambiental é constituída por terras públicas ou privadas. Não se pode definir a competência da Justiça Federal pelo simples critério de propriedade do bem, já que ela não se restringe somente aos casos de bens da União, mas, também, aos bens particulares situados em áreas de proteção federal. A preservação ambiental é matéria atinente à Justiça Federal, independentemente de quem seja o titular do imóvel.

A extração ilegal de madeira, ocorrida no interior de reserva indígena, causa lesão a bens, serviços e interesses da União, nos termos do art. 20, XI, da CF/1988, justificando-se a competência da Justiça Federal e observando-se o disposto no art. 231 constitucional.

O desmatamento da Amazônia é grande. 60% da área descoberta vira pasto para uma pequena quantidade de gado.

De agosto de 2020 a julho 2021, a Amazonas já teve sua área desmatada equivalente ao Estado do Rio de Janeiro, segundo o Imazon. (v. notícias ditas por Laís Modelli, em G1, publicado DM 09.08.2021).

A pior taxa de desmatamento anual na Amazônia registrada pelo Instituto Nacional de Pesquisas Espaciais (Inpe) foi a de 2008, quando foram derrubados 12911 km² de floresta. A segunda pior foi a de 2020, com 10129 km² devastados.

Muita madeira é exportada para o exterior.

Até junho deste ano de 2021, dos 5 municípios mais devastados na Amazônia durante junho, três são do Pará e dois do Amazonas: Altamira (PA): 61 km², São Félix do Xingu (PA): 48 km², Lábrea (AM): 47 km², Novo Progresso: 42 km², Apuí (AM): 41 km².

Um horror!!!

30. O JUIZADO ESPECIAL E O ESTATUTO DA PESSOA IDOSA. LEI N. 10741, DE 01.10.2003

A lei n. 14423, de 22.07.2022, alterou a Lei n. 10741, de 01.10.2003, para substituir, em toda a Lei, as expressões "idoso" e "idosos" pelas expressões "pessoa idosa" e "pessoas idosas", respectivamente.

De acordo com o art. 94, da Lei n. 10741, de 2003, "aos crimes previstos nesta Lei, cuja pena máxima privativa de liberdade não ultrapasse 4 (quatro) anos, aplica-se o procedimento previsto na Lei n. 9099, de 26.09.1995, e, subsidiariamente, no que couber, as disposições do Código Penal e do Código de Processo Penal". Apenas dois crimes não ficam sujeitos ao procedimento do Juizado: o previsto no § 2º, do art. 99, e o do art. 107.

Importante o acréscimo feito pelo § 3º, do art. 15, da Lei n. 14423/2022: "É vedada a discriminação da pessoa idosa nos planos de saúde pela cobrança de valores diferenciados em razão da idade."

Alterou a Lei n. 10741/2003, em parte, o art. 61, da Lei n. 9099, de 1995, ao entender que, tratando-se de crime praticado contra o idoso, o crime a que foi cominada pena máxima não superior a quatro anos, é de menor potencial ofensivo! Por que isso? A alteração é em benefício do idoso ou daquele que cometeu a infração contra o idoso?

O Estatuto da Pessoa Idosa modificou o limite da pena para determinar o que seja crime de menor potencial ofensivo?

Duas correntes existem tratando do tema. Uma **(a)** que responde afirmativamente – a da ampliação; e outra **(b)** que entende que não houve ampliação.

Para a primeira, crime de menor potencial ofensivo para todas as hipóteses, é aquele que é punido com pena não superior a 4 (quatro) anos, em respeito ao princípio da isonomia. Houve, assim, segundo esse entendimento, derrogação tácita do art. 61, da Lei n. 9099/1995, antes da redação ditada pela Lei n. 11313/2006, e do parágrafo único do art. 2º, da Lei n. 10259/2001, também antes da alteração pela Lei n. 11313. Todavia, tratar igualmente aos desiguais é que ofende o princípio da isonomia. No caso, ao crime praticado contra o idoso, está-se dando um mesmo tratamento. Para fazer-se justiça, deve-se tratar desigualmente os desiguais na medida em que se desigualam. Lembremo-nos do ensinamento de Rui Barbosa[148]: "Regra da igualdade não consiste senão em aquinhoar desigualmente aos desiguais, na medida em que se desigualam [...]. Tratar desigualmente a iguais, ou a desiguais com igualdade, seria desigualdade flagrante, e não igualdade real".

Para a corrente contrária, não há, acertadamente, nenhuma ofensa ao princípio da isonomia, uma vez que todo aquele que praticar crime previsto no Estatuto da Pessoa Idosa está submetido ao mesmo tratamento.

Thiago André Pierobom de Ávila[149], Promotor de Justiça Adjunto do Ministério Público do Distrito Federal e Territórios, cataloga seis correntes doutrinárias que procuram interpretá-lo:

> a) Houve ampliação total do conceito de infração penal de menor potencial ofensivo (IPMPO); b) Houve ampliação do conceito de IPMPO somente em relação aos crimes do Estatuto com pena máxima entre dois e quatro anos, os quais serão processados perante o Juizado Especial Criminal, com direito à transação penal; c) Estes delitos devem ser processados perante o Juizado, com o rito sumaríssimo, mas sem direito à aplicação de transação penal; d) Os delitos devem ser processados perante o juízo comum, com direito a transação penal e com o procedimento sumaríssimo; e) Os delitos devem ser processados perante o juízo comum, sem direito ao benefício da transação penal, apenas com o procedimento sumaríssimo; f) O dispositivo é inconstitucional, não devendo ter qualquer aplicação.

Concluindo o estudo, arremata o ilustre representante do Ministério Público que:

> a) o art. 94 do Estatuto da Pessoa Idosa é constitucional e não estendeu o conceito de IPMPO, mas apenas determinou a aplicação do procedimento sumaríssimo às infrações descritas naquela lei com pena máxima entre dois e quatro anos; "b) permanece inalterada a competência do Juizado Especial Criminal para julgar os crimes com pena máxima de até dois anos; "c) os crimes no Estatuto da Pessoa Idosa com pena máxima até dois anos são da competência do Juizado Especial Criminal; "d) os crimes ali descritos com pena máxima superior a quatro anos são processados perante o Juízo Comum, mediante o procedimento legal; "e) os crimes ali descritos com pena máxima superior a dois e igual ou inferior a quatro anos serão processados perante o Juízo Comum, pelo rito sumaríssimo, sem direito aos benefícios materiais da Lei n. 9099/1995 (acordo civil ou transação penal); a apuração dar-se-á mediante inquérito policial e o recurso de apelação será julgado pelo Tribunal de Justiça.

Ainda que o propósito do legislador fosse apenas dar maior celeridade ao processo que trata dos crimes previstos na Lei n. 10741/2003 praticados contra o idoso, tem-se que, dentro de uma interpretação lógica, há de aplicar a Lei dos Juizados Especiais, no caso, em toda sua inteireza, com todos os seus institutos, apesar de se referir apenas ao procedimento da Lei n. 9099/1995. O processo e julgamento dar-se-á no Juizado Especial, com recurso para a Turma Recursal.

Portanto, de acordo com o art. 94, do Estatuto da Pessoa Idosa, os crimes previstos exclusivamente nessa lei, cuja pena máxima privativa de liberdade não ultrapasse quatro anos, são *infrações penais de menor potencial ofensivo*.

---

[148] Barbosa, R. *Rui Barbosa*: escritos e discursos seletos. 1. ed. 3. reimp. Rio de Janeiro: Nova Aguilar, 1997. p. 1010.

[149] Ávila, T. A. P. de. O art. 94 do Estatuto do Idoso e a aplicação do procedimento da Lei n. 9.099/1995. *Jus.com.br*, [s. l.], 2004. Disponível em: https://jus.com.br/artigos/5728/o-art-94-do-estatuto-do-idoso-e-a-aplicacao-do-procedimento-da-lei-n-9-099-95. Acesso em: 12 nov. 2022.

O Estatuto da Pessoa Idosa modificou o conceito de infração de menor potencial ofensivo, uma vez que permitiu a aplicação do procedimento previsto na Lei do Juizado. Ora, se permitiu um procedimento simplificado, informal, célere, baseado na oralidade, é porque entendeu que tais crimes são de menor potencial ofensivo. Desse modo, ainda que não fosse seu desejo, o legislador permitiu a implementação dos institutos despenalizadores da Lei n. 9099/1995 – composição civil e transação penal.

Explica CARLOS MAXIMILIANO[150]:

> Com a promulgação, a lei adquire vida própria, autonomia relativa; separa-se do legislador; contrapõe-se a ele como um produto novo; dilata e até substitui o conteúdo respectivo sem tocar nas palavras; mostra-se, na prática, mais previdente que o seu autor. Consideram-na como "disposição mais ou menos imperativa, materializada num texto, a fim de realizar sob um ângulo determinado a harmonia social, objeto supremo do Direito". Logo, ao intérprete incumbe apenas determinar o sentido objetivo do texto, a *vis ac potestas legis (a força e o poder da lei)*; deve olhar menos para o passado do que para o presente, adaptar a norma à finalidade humana, sem inquirir da vontade inspiradora da elaboração primitiva.

O Estatuto da Pessoa Idosa, impondo a obediência ao procedimento da Lei n. 9099/1995, procurou, em primeiro lugar, beneficiar o idoso com um processo mais célere para apurar os crimes contra ele cometido e, sem dúvida, trazendo os benefícios da transação (a transação penal, registra-se, não é sinônimo de impunidade, é um meio de combate ao crime de menor potencial ofensivo) e da composição civil. Observamos, outrossim, que, dentro dessa interpretação, não haverá necessidade de ação civil *ex delicto* nem de execução civil.

Escrevinhar Pessoa Idosa e não Pessoas Idosas. Por quê? Não se sabe.

31. O JUIZADO ESPECIAL E A LEI DAS ARMAS DE FOGO. LEI N. 10826, DE 22.12.2003

Apenas um único crime é punido com pena de até dois anos (art. 13), logo, da competência do Juizado Especial. Os demais crimes têm penas altas, como se isso fosse resolver o problema da criminalidade. O porte ilegal de arma de fogo de uso permitido, por exemplo, é punido com pena mínima de dois anos e máxima de quatro! (art. 14).

32. O JUIZADO ESPECIAL E OS CRIMES MILITARES

A Lei n. 9839, de 27.09.1999, acrescentou o art. 90-A à Lei n. 9099, de 1995, dispondo que "as disposições desta Lei não se aplicam no âmbito da Justiça Militar".

Os crimes militares, portanto, não estão sujeitos à competência dos Juizados Especiais Criminais.

A Lei n. 9839, de 27.09.1999, que acrescentou o art. 90-A à Lei n. 9099/1995, não é aplicável aos crimes ocorridos antes de sua vigência, tendo em vista que, embora se trate de inovação processual, os efeitos são de direito material e prejudicam o réu (CF, art. 5º, XL). Assim decidiu a 2ª Turma do Supremo ao julgar o HC 81186-RJ, impetrado contra acórdão do STM, rel. Min. NÉRI DA SILVEIRA, em 04.09.2001. Não pode a referida lei, portanto, retroagir.

33. O JUIZADO ESPECIAL E A LEI MARIA DA PENHA. LEI N. 11340, DE 07.08.2006, QUE CUIDA DE MECANISMOS PARA COIBIR A VIOLÊNCIA DOMÉSTICA E FAMILIAR CONTRA A MULHER

Apesar de o art. 33, da Lei n. 11340/2006 referir-se a Juizados de Violência Doméstica e Familiar contra a Mulher, não se trata do Juizado Especial. O art. 41 é claro e preciso ao determinar que:

---

[150] MAXIMILIANO, C. *Hermenêutica e aplicação do direito*. 12. ed. Rio de Janeiro: Forense, 1992. p. 48.

"Aos crimes praticados com violência doméstica e familiar contra a mulher, independentemente da pena prevista, não se aplica a Lei n. 9099, de 26.09.1995".

No XXI Encontro, realizado em Vitória, Espírito Santo, de 30.06 a 02.06.2007, foi aprovado o Enunciado 29:

> Nos casos de violência doméstica, cuja competência seja do Juizado Especial Criminal, a transação penal e a suspensão do processo deverão conter, preferencialmente, medidas socioeducativas, entre elas acompanhamento psicossocial e palestras, visando à reeducação do infrator, evitando-se a aplicação de pena de multa e prestação pecuniária. (Esse Enunciado, 29, foi cancelado).

O Enunciado 29 tomou o número 88 no XXIV Fórum Nacional de Juizados Especiais, realizado de 12 a 14.11.2008, em Florianópolis (SC).

Um enunciado, formulado em 2007, que contraria frontalmente o art. 41, da Lei n. 11340, de 2006.

De acordo com a Lei Maria da Penha, não se aplicam os institutos da transação e da composição de danos.

A Lei n. 11340/2006, conhecida como Lei Maria da Penha, em homenagem a essa mulher, símbolo maior da resistência ao machismo, à perversidade do homem, prevê assistência à mulher, vítima da violência doméstica e familiar, estabelecendo medidas de proteção em caráter de urgência e medidas assistenciais, como o afastamento do agressor do lar, domicílio ou local de convivência com a ofendida; proibição de praticar determinadas condutas, entre as quais a aproximação da ofendida, o contato com a ofendida a de frequentar determinados lugares etc.; restrição ou suspensão de visitas a dependentes menores; e prestação de alimentos provisionais ou provisórios. MARIA DA PENHA MAIA FERNANDES era uma farmacêutica, natural do Ceará, que sofreu constantes agressões do marido, professor universitário MARCO ANTÔNIO HERREDIA VIVEROS, inclusive tentativa de morte, em 1983. Sobreviveu, mas ficou paraplégica. Voltando para casa, voltou a sofrer nova tentativa de morte. O marido tentou eletrocutá-la. A Lei Maria da Penha trouxe novidades, como prisão do suspeito de agressão e afastamento do agressor. A violência agrava a punição e não pode mais ser substituída por cesta básica – no caso de a vítima ser dependente do agressor, terá direito à assistência econômica. Também sofreram agressões por parte do marido suas três filhas, Cláudia, Fabíola e Viviane.

Foi disponibilizado o número telefônico 180, no qual a pessoa que se sente vítima de violência pode denunciar seu agressor.

Igualmente, instituiu as Casa da Mulher Brasileira com o objetivo específico de acolher a mulher que não tem para onde ir.

A Lei Maria da Penha protege a mulher contra a violência doméstica e familiar, e não o homem, marido ou companheiro. São raríssimos os casos em que o homem sofre violência doméstica por parte da mulher.

Não se aplica em casos de agressões físicas a Lei dos Juizados Especiais, em face da brandura da Lei n. 9099/1995. Pelo art. 14, da Lei n. 11340/2006, são criados os Juizados de Violência Doméstica e Familiar contra a Mulher para o julgamento e a execução das causas decorrentes da prática de violência doméstica e familiar contra a mulher.

A 3ª Seção do STJ, rel. Min. NAPOLEÃO NUNES MAIA FILHO, ao julgar o CC 102832/MG, em 25.03.2009 (*DJ* 22.04.2009), decidiu que:

> **3.** Ao cuidar da competência, o art. 41 da Lei n. 11340/2006 (Lei Maria da Penha) estabelece que, aos crimes praticados com violência doméstica e familiar contra a mulher, independentemente da pena prevista, não se aplica a Lei n. 9099/1995 (Lei dos Juizados Especiais Criminais). O art. 33 da citada Lei, por sua vez, dispõe que enquanto não estiverem estruturados os Juizados de Violência Doméstica e Familiar contra a Mulher, as Varas Criminais acumularão as competências cível e criminal para conhecer e julgar as causas decorrentes de violência doméstica.
> "**4.** Afastou-se, assim, em razão da necessidade de uma resposta mais eficaz e eficiente para os delitos dessa natureza, a conceituação de crimes de menor potencial ofensivo, punindo-se mais

severamente aquele que agride a mulher no âmbito doméstico ou familiar."**5**. A definição ou a conceituação de crimes de menor potencial ofensivo é da competência do legislador ordinário, que, por isso, pode excluir alguns tipos penais que em tese se amoldariam ao procedimento da Lei n. 9099/1995, em razão do *quantum* da pena imposta, como é o caso de alguns delitos que se enquadram na Lei n. 11340/2006, por entender que a real ofensividade e o bem jurídico tutelado reclamam punição mais severa.

De acordo com dados divulgados na página eletrônica da Secretaria de Políticas para Mulheres, existem apenas 48 Juizados e Varas com competência exclusiva para aplicação da Lei Maria da Penha em todo o país, sendo que 30 deles estão instalados nas capitais e em Brasília.

Uma novidade da nova lei é que a mulher já não pode mais retirar a *queixa* (sentido amplo), na verdade, a representação, depois de oferecida a denúncia pelo Ministério Público. Dispõe o art. 16: "Nas ações penais públicas condicionadas à representação da ofendida de que trata esta Lei, só será admitida a renúncia à representação perante o juiz, em audiência especialmente designada com tal finalidade, antes do recebimento da denúncia e ouvido o Ministério Público".

O legislador não transferiu, também, essa competência para as varas criminais. Observa-se que o Projeto de Lei n. 4559/2004, inicialmente enviado ao Congresso, previa expressamente a competência do Juizado Especial Criminal (Jecrim) para os crimes de violência doméstica contra a mulher, dispondo no art. 29:

"Ao processo, julgamento e execução dos crimes de competência dos Juizados Especiais Criminais em que esteja caracterizada a violência doméstica e familiar contra a mulher, aplica-se a Lei n. 9099, de 26.09.1995, no que não conflitar com o estabelecido nesta Lei". Este dispositivo foi excluído do texto final.

No Encontro de Juízes dos Juizados Especiais Criminais e de Turmas Recursais do Estado do Rio de Janeiro, realizado em Búzios, em 2007, entendeu-se que:

> **a)** É inconstitucional o art. 41, da Lei n. 11340/2006, ao afastar os institutos despenalizadores da Lei n. 9099/1995 para crimes que se enquadram na definição de menor potencial ofensivo, na forma do art. 98, I e 5º, I, da Constituição Federal; **b)** São aplicáveis os institutos despenalizadores da Lei n. 9099/1995 aos crimes abrangidos pela Lei n. 11340/2006 quando o limite máximo da pena privativa de liberdade cominada em abstrato se confinar com os limites previstos no art. 61, da Lei n. 9099/1995, com a redação que lhe deu a Lei n. 11313/2006; **c)** É cabível, em tese, a suspensão condicional do processo para o crime previsto no art. 129, § 9º, do Código Penal, com a redação dada pela Lei n. 11340/2006; **d)** É cabível a audiência prévia de conciliação aos crimes abrangidos pela Lei n. 11340/2006 quando o limite máximo de pena privativa de liberdade cominada em abstrato se confinar com os limites previstos no art. 61 da Lei n. 9099/1995, com a redação que lhe deu a Lei n. 11313/2006; **e)** É cabível a audiência prévia de conciliação para o crime previsto no art. 129, § 9º, do Código Penal, com a redação dada pela Lei n. 11340/2006.

Tenho que, à Lei Maria da Penha, por suas peculiaridades e finalidades, não se aplicam os institutos despenalizadores da Lei n. 9099/1995, nem qualquer outra benesse dessa lei.

A Lei Maria da Penha: **a)** acrescentou um inciso, o IV, ao art. 313, do CPP: "IV – se o crime envolver violência doméstica e familiar contra a mulher, nos termos da lei específica, para garantir a execução das medidas protetivas de urgência"; **b)** alterou a alínea *f* do inciso II, do art. 61, do Código Penal: "*f*) com abuso de autoridade ou prevalecendo-se de relações domésticas, de coabitação ou de hospitalidade, ou com violência contra a mulher na forma da lei específica"; **c)** deu nova redação: – ao art. 129, do Código Penal:

> § 9º Se a lesão for praticada contra ascendente, descendente, irmão, cônjuge ou companheiro, ou com quem conviva ou tenha convivido, ou, ainda, prevalecendo-se o agente das relações domésticas, de coabitação ou de hospitalidade: Pena – detenção, de 3 (três) meses a 3 (três)

anos. [...] § 11. Na hipótese do § 9º deste artigo, a pena será aumentada de 1/3 (um terço) se o crime for cometido contra pessoa portadora de deficiência.

Ao art. 152 da Lei n. 7210, de 11.07.1984 (Lei de Execução Penal): "Parágrafo único. Nos casos de violência doméstica contra a mulher, o juiz poderá determinar o comparecimento obrigatório do agressor a programas de recuperação e reeducação".

Expressamente, o art. 17, da Lei Maria da Penha, declara que: "É vedada a aplicação, nos casos de violência doméstica e familiar contra a mulher, de penas de cesta básica ou outras de prestação pecuniária, bem como a substituição de pena que implique o pagamento isolado de multa".

Veja mais anotações sobre a Lei Maria da Penha no item 9, n. 1, Seção II, Capítulo III, comentários ao art. 69.

A Lei n. 14188, de 28.07.2021, incluiu o § 13, no art. 129, que dispõe que: se a lesão for praticada contra a mulher, em função da condição do sexo feminino, nos termos do § 2º-A: a pena será de reclusão, de 1 (um) a 4 (quatro) anos.

Essa Lei define o **Programa de Cooperação Sinal Vermelho** contra a Violência Doméstica como uma das medidas de enfrentamento da violência doméstica e familiar contra a mulher, previstas na Lei n. 11340, de 07.08.2006 (Lei Maria da Penha), e no Decreto-Lei n. 2848, de 07.12.1940 (Código Penal), em todo o território nacional; e altera o Decreto-Lei n. 2848, de 07.12.1940 (Código Penal), para modificar a modalidade da pena da lesão corporal simples cometida contra a mulher por razões da condição do sexo feminino e para criar o tipo penal de violência psicológica contra a mulher.

Violência psicológica contra a mulher. O art. 147-B dispõe que:

> Causar dano emocional à mulher que a prejudique e perturbe seu pleno desenvolvimento ou que vise a degradar ou a controlar suas ações, comportamentos, crenças e decisões, mediante ameaça, constrangimento, humilhação, manipulação, isolamento, chantagem, ridicularização, limitação do direito de ir e vir ou qualquer outro meio que cause prejuízo à sua saúde psicológica e autodeterminação: Pena – reclusão, de 6 (seis) meses a 2 (dois) anos, e multa, se a conduta não constitui crime mais grave.

A presidente da Associação dos Magistrados Brasileiros (AMB), Renata Gil, exortou às mulheres: "Se você está sendo violentada, agredida, ameaçada e abusada, **denuncie**. Vá até uma farmácia e apresente um **X** vermelho na palma da mão para que os atendentes chamem a polícia e você possa se livrar dessa situação absurda."

No dia 28.07.2021 foi sancionado o PL 741, o PACOTE BASTA. É a AMB lutando pela vida das mulheres. **Sinal vermelho contra a violência doméstica.** É a Lei n. 14188, de 28.07.2021, que define

> o programa de cooperação Sinal Vermelho contra a Violência Doméstica como uma das medidas de enfrentamento da violência doméstica e familiar contra a mulher previstas na Lei n. 11340, de 07.08.2006 (Lei Maria da Penha), e no Decreto-lei n. 2848, de 07.12.1940, (Código Penal), em todo o território nacional; e altera o Decreto-lei n. 2848, de 07.12.1940 (Código Penal), para modificar a modalidade da pena da lesão corporal simples cometida contra a mulher por razões da condição do sexo feminino e para criar o tipo penal de violência psicológica contra a mulher.

O texto aprovado é um substitutivo da deputada Perpétua Almeida para o projeto de autoria das deputadas Margarete Coelho, Soraya Santos, Greyce Elias e Carla Dickson.

E o que vem a ser **feminicídio**?

Com perfeição, conceituam Francisco Dirceu Barros e Renee do Ó Souza[151]:

---

[151] BARROS, F. D.; SOUZA, R. do Ó. *Feminicídio: Controvérsias e aspectos práticos*. São Paulo: JH Minuzino, 2019.

O feminicídio pode ser definido como uma qualificadora do crime de homicídio motivada pelo ódio contra as mulheres ou crença na inferioridade da mulher; caracterizado por circunstâncias específicas nas quais o pertencimento da mulher ao sexo feminino é central na prática do delito.

É também aplicada para casais de mulheres e transsexuais.

A Lei n. 13771, de 2018, inseriu no art. 121, § 7º, do Código Penal, mais uma majorante ao feminicídio, consistente na situação em que o homicídio é praticado durante a vigência de medidas protetivas decretadas em favor da vítima.

Por que essa Lei é denominada Maria da Penha?

34. CONCLUSÃO

Enfim, no nosso ordenamento jurídico, são infrações de pequeno potencial ofensivo, seja qual for a justiça que as julgará, Federal ou Estadual:

a) as contravenções, independentemente da pena cominada, valendo ressaltar que a Justiça Federal não processa e julga as contravenções penais (CF, art. 109, IV);

b) os crimes punidos só com multa;

c) os crimes punidos com pena privativa de liberdade, cuja pena máxima seja de até dois anos, *ainda que o procedimento seja especial*;

d) os crimes punidos com pena privativa de liberdade acima de dois anos, *ou* com multa (esse entendimento é minoritário).

> **Art. 62.** O processo perante o Juizado Especial orientar-se-á pelos critérios da oralidade, **simplicidade**, informalidade, economia processual e celeridade, objetivando, sempre que possível, a reparação dos danos sofridos pela vítima e a aplicação de pena não privativa de liberdade. (Redação dada pela Lei n. 13603, de 2018).

1. PRINCÍPIOS ORIENTADORES DOS JUIZADOS ESPECIAIS

São princípios, ou seja, mandamentos basilares dos Juizados Especiais: oralidade, informalidade, simplicidade e economia processual, a fim de ser alcançada a celeridade desejada pelo jurisdicionado, assegurada, hoje em dia, em face do acréscimo do inciso LXXVIII, ao art. 5º, da CF, pela Emenda 45, de 30.12.2004. O princípio da simplicidade consta do art. 2º, da Lei n. 9099/1995.

Princípio? O que vem a ser princípio? Princípio, diz Celso Antônio Bandeira de Mello[152],

> é, por definição, mandamento nuclear de um sistema, verdadeiro alicerce dele, disposição fundamental que se irradia sobre diferentes normas, compondo-lhes o espírito e servindo de critério para sua exata compreensão e inteligência, exatamente por definir a lógica e a racionalidade do sistema normativo, no que lhe confere a tônica e lhe dá sentido harmônico.

A oralidade, a informalidade, a simplicidade, a celeridade e a economia processual são os preceitos fundamentais do Juizado Especial.

1.1 Princípio da oralidade

Oralidade, isto é, o processo é verbal em suas peças mais importantes. Não deveria, portanto, haver redução a termo, e sim, tão somente, o registro. Observe-se o que dispõe o § 2º, do art. 81:

---

[152] Mello, C. A. B. de. *Curso de direito administrativo*. 13. ed. rev. ampl. atual. São Paulo: Malheiros, 2001. p. 771-772.

"De todo o ocorrido na audiência será lavrado termo, assinado pelo juiz e pelas partes, contendo *breve resumo* dos fatos relevantes ocorridos em audiência e a sentença" (g.n.).

Oralidade, predominância da palavra oral sobre a escrita, tem como objetivo dar maior agilidade à entrega da prestação jurisdicional, beneficiando, desse modo, o cidadão. Assinale-se que, com a aplicação desse princípio, há uma *desburocratização documental* do processo.

Estudando, com proficiência, o processo oral, CHIOVENDA[153] diz que ele se resolve com a aplicação dos seguintes princípios: **a)** "prevalência da palavra como meio de expressão combinada com uso de meios escritos de preparação e de documentação"; **b)** "imediação da relação entre o juiz e as pessoas cujas declarações deva apreciar"; **c)** "identidade das pessoas físicas que constituem o juiz durante a condução da causa", explicando que esse princípio depende dos dois outros; **d)** "concentração do conhecimento da causa num único período (debate) a desenvolver-se numa audiência ou em poucas audiências contíguas", frisando que esse princípio "é a principal característica exterior do processo oral, e a que mais influi na abreviação das lides"; **e)** "irrecorribilidade das interlocutórias em separado. Para pôr em prática a oralidade e a concentração, exige-se ademais que a decisão do incidente não seja recorrível à parte da questão principal".

O legislador, atento ao princípio da oralidade, dispôs, quanto aos Juizados Especiais, que: a composição dos danos civis será homologada pelo juiz mediante *sentença irrecorrível* (art. 74, da Lei n. 9099/1995); só os atos exclusivamente essenciais serão objeto de registro escrito (art. 65, § 3º, da Lei n. 9099/1995); nenhum ato será adiado (art. 80, da Lei n. 9099/1995); todas as provas serão produzidas na audiência de instrução e julgamento (art. 81, § 1º, da Lei n. 9099/1995); a sentença será proferida em audiência (art. 81, § 2º, da Lei n. 9099/1995); somente será admitido recurso de sentença definitiva, salvo nos casos do art. 4º (Cf. art. 5º, da Lei n. 10259/2001).

Cinco elementos constituem as linhas mestras da oralidade, como explica JOAQUIM CANUTO MENDES DE ALMEIDA[154]:

"1º) a predominância da palavra falada; 2º) a imediatidade da relação do juiz com as partes e com os meios produtores da certeza; 3º) a identidade física do órgão judicante em todo o decorrer da lide; 4º) a concentração da causa no tempo; 5º) a irrecorribilidade das interlocutórias".

Observa-se, pois, que o Juizado Especial é, realmente, regido pelo princípio da oralidade.

O juiz deve estar atento à audiência, não pode desviar o pensamento sob pena de deixar escapar dados importantes para o julgamento. Como diz PEDRO HENRIQUE DEMERCIAN[155]: "Ele deve estar presente na audiência, de *corpo e espírito* [...]".

MALATESTA[156] enfatiza o princípio da oralidade, quando da tomada de depoimento das testemunhas, dizendo:

> Com o exame direto e oral do testemunho, o juiz, que tem sob os seus olhos os vários elementos do julgamento, pode descobrir onde a testemunha foi deficiente por omissão ou inexatidão, e reparar por meio de oportunas interrogações. Quando tenha, ao contrário, de julgar segundo testemunhos reduzidos a escrito por outrem, ainda que por um oficial público, existirá sempre a possibilidade de um auto não completamente fiel, por ter desprezado qualquer parte do depoimento oral ou subtendido. Além disso, o juiz dos debates, confiando na redação escrita dos testemunhos, priva-se daquela grande luz que surge da conduta pessoal da testemunha e aclara a maior ou menor credibilidade de suas afirmações. Há sinais de veracidade ou de mentira na fisionomia, no som da voz, na serenidade ou no embaraço de quem depõe. É um acúmulo precioso de provas indiretas que se perde quando se julga sobre o escrito.

---

[153] CHIOVENDA, G. *Instituições de direito processual civil*. Tradução: J. Guimarães Menegale. v. 3. 3. ed. São Paulo: Saraiva, 1969. p. 50 et seq.

[154] ALMEIDA, 1973. p. 25.

[155] DEMERCIAN, P. H. *A oralidade no processo penal brasileiro*. São Paulo: Atlas, 1999. p. 48.

[156] MALATESTA, N. F. D. *A lógica das provas em matéria criminal*. Tradução: Paolo Capitanio. v. 1. São Paulo: Bookseller, 1996. p. 326.

Tal entendimento não prejudica, como se pode pensar, o julgamento nos tribunais, uma vez que a análise que ali se faz é diferente, pois o juiz do primeiro grau já deu sua versão sobre os fatos. O tribunal vai examinar e interpretar essa análise.

Tais observações, preciosas, para as quais todo juiz deveria atentar, servem, igualmente, para o interrogatório do acusado e para a tomada de declarações da vítima.

1.2 Princípio da simplicidade

O procedimento do Juizado Especial deve ser simples, natural, sem aparato, franco, espontâneo, a fim de deixar os interessados à vontade para exporem seus objetivos.

Inocêncio Borges da Rosa,[157] citando Lucchini, observa que "as complicações processuais derivam geralmente de conceitos poucos claros na mente do legislador, ou de perigosas incertezas ou artificiosas dissimulações do pensamento legislativo".

João Mendes Júnior[158], na época Ministro do Supremo Tribunal Federal, em carta dirigida a Alfredo Pinto, Ministro da Justiça, governo de Epitácio Pessoa, dizia:

"Simplificar o processo é reduzir os atos a tantos quantos sejam necessários para chegar ao *julgamento* e à *execução*, e os termos do processo a tantos quantos sejam suficientes para a fluência da instância".

Certíssima a orientação do ministro. Lição, no entanto, que nunca foi aprendida pelos nossos legisladores, salvo agora com a Lei dos Juizados, apesar de *um tanto quanto* ainda burocratizante.

1.3 Princípio da informalidade

Informalidade, desapego às formas processuais rígidas, burocráticas. Procurarão o juiz, os conciliadores e os servidores do Juizado evitar ao máximo o formalismo, a exigência desproporcional no cumprimento das normas processuais e cartorárias, o cerimonial que inibe e atormenta as partes, mas isso não quer dizer que o tratamento seja íntimo, é preciso que seja um pouco cerimonioso (senhor e senhora – estes devem ser os tratamentos usados). Uma formalidade cordial. A vulgaridade será sempre reprovável. Somente as formas solenes, burocratizantes e vexatórias, que não levam a nada, são desnecessárias à perfeição dos atos. Estudando o juiz e o formalismo, ensina Hélio Tornaghi[159]:

> Na aplicação da lei depara-se ao juiz ainda outro problema. No Direito, como em tudo mais, a técnica introduz um elemento artificial: a fórmula. O formalismo é um bem ou um mal? Na medida em que se divorcia da realidade é um mal, pois o Direito é a arte do que é realmente bom e équo: *ars boni et aequi*[160]; mas na proporção em que traz segurança é um bem, porque o Direito é também a arte do estável e seguro: *ars stabiliet securi*[161]. É preciso – e não é fácil – encontrar um meio-termo, entre a segurança e a justiça, entre a rijeza das Doze Tábuas e o laxismo[162] trazido por ideias nobres, mas perigosas, como a da livre investigação, de Geny, ou do Direito justo, de Stammler, ou do Direito livre, de Kantorowicz, ou das concepções de outros juristas que, buscando a justiça pura, caem no arbítrio, especialmente no arbítrio judicial.

Informalidade, ou seja, nenhum ato tem forma própria, definida. Não há forma. É informal o processo. O processo não tem forma, mas não é um informe, um monstro.

---

[157] Rosa, I. B. da. *Comentários ao Código de Processo Penal*. v. 1. 2. ed. Porto Alegre: Gráfica da Livraria do Globo, 1961. p. 44.

[158] Mendes Júnior apud Rosa, op. cit., p. 44.

[159] Tornaghi, H. B. *A relação processual penal*. 2. ed. rev. atual. São Paulo: Saraiva, 1987. p. 153-154.

[160] A arte do bom e do justo.

[161] A arte do estável e seguro.

[162] Laxismo: sistema filosófico, político etc. que preconiza ideias pouco severas, amplas e conciliatórias [opõe-se a rigorismo]. Laxismo. In: Ferreira, A. B. de H. *Novo Aurélio século XXI: o dicionário da língua portuguesa*. 3. ed. 2. imp. ver. ampl. Rio de Janeiro: Nova Fronteira, 1999. p. 1194.

Não se pode olvidar, porém, que o ato processual deve realizar-se de acordo com a lei. Mas não vá se chegar às raias do absurdo. Outro dia, 23.11.2021, o Min. do STJ Luis Felipe Salomão pediu que o advogado se retirasse da sessão porque ele estava sem gravata. É verdade que o advogado errou. Deveria ser chamado atenção, mas não mandar que se retirasse. Houve uma desproporcionalidade entre o erro e a sanção. Outro dia, em sessão *online*, um Juiz do TRF estava sem gravata. Nem por isso a sessão deixou de realizar-se.

1.4 Princípio da economia processual

A diminuição de fases e de atos processuais leva à rapidez, economia de tempo; logo, economia de custos. O objetivo é obter-se o "máximo resultado com o mínimo emprego possível de atividades processuais" (Moacyr Amaral Santos[163]).

Enfim, no Juizado Especial busca-se, sobretudo, com aplicação desses princípios, a reparação dos danos sofridos pela vítima e aplicação de pena não privativa de liberdade. É o que está previsto no art. 62, da Lei n. 9099/1995. E isso é conseguido com o princípio da identidade física, dele derivando os princípios da imediação e da concentração dos atos.

Economia processual significa que todos os atos do processo devem ser aproveitados. É a economia de tempo. A justiça precisa ser rápida para evitar as metas programadas pelo Conselho Nacional de Justiça.

1.5 Princípio da imediação

Por esse princípio, dá-se uma relação próxima, imediata mesmo, entre juiz, acusado, vítima e testemunhas. Há um maior contato do juiz com as partes. Desse princípio decorre que só o juiz que participou da audiência é que pode julgar o feito. Corolário, portanto, do princípio da identidade física do juiz.

Eberhard Schmidt[164] ressalta que "el principio de inmediación se refiere la prueba judicial. Esta forma es inmediata cuando el tribunal realiza la recepción de la prueba original directamente por sus propios sentidos" e informa que "el *Reichsgericht* ha señalado el principio de inmediación como *el principio fundamental del procedimiento penal*".

1.6 Princípio da concentração de atos

Por força desse princípio, temos que os atos praticados no processo devem ficar próximos uns dos outros. Até a sentença é prolatada em audiência, logo após a instrução. É o que se dá no processo argentino. Comentando o art. 396, do Código Processo Penal, aprovado pela Ley 23984, dizem Enrique A. Sosa Arditi e José Fernández[165]:

"Este artículo trae una excepción a las reglas mencionadas, permitiendo que se dicte la sentencia en forma inmediata al cierre del debate, sin que el juez salga de la sala de debates para deliberar. En este caso, aquella será transcripta en el acta, que dará cuenta de esa continuidad".

E chamam a atenção:

> Consideramos necesario advertir que cuando el juez haga uso de esta facultad, no podrá dictar sólo la parte resolutiva, difiriendo para audiencia posterior la lectura de los fundamentos. Deberá dictar integralmente la sentencia en esa oportunidad, es decir, que expondrá verbalmente los

---

[163] Santos, M. A. *Primeiras linhas de direito processual civil*. v. 2. 18. ed. São Paulo: Saraiva, 1997. p. 68.

[164] Schmidt, E. *Los fundamentos teoricos y constitucionales del derecho procesal penal*: comentario doctrinario de la ordenanza procesal y de la ley organica de los tribunales. Versión castellana del Dr. José Manuel Núñez. Buenos Aires: Editorial Bibliográfica Argentina, 1957. p. 263.

[165] Arditi, E. A. S. et al. *Juicio oral en el proceso penal*. Buenos Aires: Astrea, 1994. p. 176-177.

razonamientos que lo han llevado a la conclusión, para luego emitir el veredicto, haciéndose consta todo ello en el acta.

A concentração não pode prejudicar, no entanto, nem o acusado, ferindo os direitos que lhe são assegurados pela Constituição – ampla defesa, contraditório, devido processo legal –, nem a acusação, impedindo-a de fazer a prova do que alega.

Como lembra Pedro Henrique Demercian[166],

> nem sempre se pode concentrar numa única audiência todos os atos de instrução. O direito à prova deve ser resguardado, incumbindo ao magistrado, sempre atento, às regras garantidoras do contraditório e da ampla defesa, além do indeclinável bom senso, indeferir as provas que demonstrem inequívoco caráter procrastinatório ou que não guardem qualquer relação com o objeto do processo.

1.7 Princípio da identidade física do juiz

Pelo princípio da identidade física do juiz, o magistrado que colheu a prova deve ser o mesmo a sentenciar, salvo nas hipóteses de aposentadoria, remoção e outras excepcionalidades.

Dos princípios da oralidade, da concentração dos atos processuais e da imediatidade decorre, sem dúvida alguma, o princípio da identidade física do juiz, pois, sendo quase todos os atos orais, como um outro juiz que não presidiu a instrução pode proferir a sentença? Na hipótese de isso acontecer, os atos terão de ser repetidos. É certo que a *repetição* da prova oral fere o princípio da celeridade, mas acima desse princípio está o princípio do convencimento do julgador, que só deve julgar quando tiver plena consciência dos fatos.

Explica Giuseppe Chiovenda[167]:

> É claro, com efeito, que tanto a oralidade quanto a imediação são impraticáveis se os diversos atos processuais se desenvolvem perante pessoas físicas a cada trecho variadas; pois que a impressão recebida pelo juiz que assiste a um ou mais atos não se pode transfundir no outro que tenha de julgar, mas somente se lhe poderia transmitir por meio da escrita, e, em tal hipótese, o processo que seria oral em relação ao juiz instrutor, tornar-se-ia escrito relativamente ao julgador.

Adiante, explicita didaticamente[168]:

> Tudo isso, ao invés, é indiferente no processo escrito, no qual, julgando-se sobre o que está escrito, pouco importa que uma atividade seja exercida perante um juiz, outra perante outro, e um terceiro juiz decida. É como se o processo fosse um quadro, uma estátua, um edifício, que um artista pode esboçar e outro concluir, e não uma cadeia de raciocínios, que exige, quanto seja possível, a unidade da pessoa que o realiza.

Diz Marcos Antonio Marques da Silva[169]:

> Deve o julgador dirigir pessoalmente a instrução processual, recolhendo elementos probatórios úteis à decisão, percebendo, sem qualquer intermediário, todo o conjunto trazido aos autos. Entendemos que deve ser sempre fisicamente o mesmo magistrado, participando e dirigindo a colheita de provas e todos os atos necessários para deliberar, proferindo sentença com base em tudo que foi carregado ao feito, bem como tudo aquilo que pode aprender no curso do processo.

---

[166] Demercian, 1999. p. 54.
[167] Chiovenda, 1969, p. 53-54.
[168] Chiovenda, op. cit., p. 54.
[169] Silva, M. A. M. da. *A vinculação do juiz no processo penal*. São Paulo: Saraiva, 1993. p. 62.

Perfeito o entendimento. Na verdade, no processo criminal, mais ainda no Juizado Especial Criminal, o juiz está visceralmente vinculado ao processo, daí a identidade física com o juiz.

No Juízo Comum, não vigorava o princípio da identidade física do juiz, ou seja, o processo podia ser julgado por um juiz que não fez a instrução; era diferente do que dispunha o processo civil (CPC, art. 132). A Lei n. 11719/2008 estabeleceu no § 2º, do art. 399, do CPP: "O juiz que presidiu a instrução deverá proferir a sentença".

Assim, o juiz que colher a prova oral, devido ao princípio da imediatidade, fica vinculado ao julgamento da causa; por isso mesmo a prova documental e a pericial não levam a que o juiz fique adstrito ao julgamento do feito. A Súmula 262 do antigo Tribunal Federal de Recursos proclamava:

"Não se vincula ao processo o juiz que *não colheu* prova em audiência".

Essa jurisprudência tem de ser seguida.

1.7.1 Exceções ao princípio da identidade física do juiz

Todavia, no Juizado Especial, em que o processo é por excelência oral, não há como não se obedecer, rigorosamente, tal princípio. Assim, pois, sem dúvida alguma, esse princípio deverá, em regra, ou seja, quando possível, imperar.

Esse princípio, evidentemente, não pode ser absoluto.

De acordo com o art. 132, do Código de Processo Civil de 1973, que não foi repetido no atual Código de 2015, mas que permanece no sistema jurídico como regra principiológica, a eficácia do princípio da identidade física do juiz será relativizada se o magistrado for convocado, estiver licenciado, afastado por qualquer motivo, for promovido ou aposentado.

Entende-se, também, que deve a remoção ser incluída entre as hipóteses de exceção ao princípio da identidade (Cf. AgRg no Ag 986062/PR, julgado pela 4ª Turma do STJ, em 16.12.2008, *DJ* 02.02.2009, rel. Min. Fernando Gonçalves).

Se toda a colheita da prova testemunhal é feita por precatória em uma determinada comarca, quem deverá julgar a causa: o juiz deprecante ou o deprecado?

É uma outra hipótese de afastamento do princípio da identidade física do juiz. Quem deve julgar a causa é o juiz deprecante, por ser o juiz natural.

1.8 Princípio da celeridade

Nas férias forenses e nos feriados[170], o andamento dos feitos não sofrerá solução de continuidade, conforme determina o art. 64, da Lei n. 9099/1995: "Os atos processuais serão públicos e poderão realizar-se em horário noturno e em qualquer dia da semana, conforme dispuserem as normas de organização judiciária". Não há distinção entre atos dos Juizados e das Turmas Recursais. O Juizado Especial pode, portanto, funcionar em qualquer dia da semana, de domingo a domingo, e a qualquer hora, seja durante o dia, seja durante a noite.

Depois da Emenda Constitucional 45, de 30.12.2004, tal afirmação criou mais força, uma vez que no inciso XII, do art. 93, por ela incluído, está dito: "a atividade jurisdicional será ininterrupta, sendo vedado férias coletivas nos juízos e tribunais de segundo grau, funcionando, nos dias em que não houver expediente forense normal, juízes em plantão permanente".

Falando em férias coletivas, é bom observar que a Ordem dos Advogados do Brasil, que tanto lutou pelo fim das férias coletivas, hoje se bate pelo seu retorno, nem que seja por um mês. Para a Magistratura e para o Ministério Público, o fim das férias coletivas deu mais liberdade para o gozo

---

[170] Lei n. 9093/1995, art. 1º. São feriados civis: I – os declarados em lei federal; II – a data magna do Estado fixada em lei estadual; III – os dias do início e do término do ano do centenário de fundação do Município, fixados em lei municipal.
Lei n. 9093/1995, art. 2º. São feriados religiosos os dias de guarda, declarados em lei municipal, de acordo com a tradição local e em número não superior a quatro, neste incluída a Sexta-Feira da Paixão.

das férias no período em que for considerado mais adequado. Já para os advogados foi um desastre, pois torna impossível ao advogado desfrutar de alguns dias de descanso.

O Supremo Tribunal Federal, pelo seu presidente, tem entendido que o fim das férias coletivas não beneficiou o Judiciário. As férias, nos tribunais, em meses diferentes, na verdade, prejudicam a tramitação dos processos nos tribunais, com saída dos juízes dos órgãos fracionários e com a convocação de juízes da primeira instância para substituí-los, o que, muitas vezes, leva à mudança da jurisprudência.

As férias em diferentes meses, no entanto, prejudicaram a tramitação dos processos nos Tribunais de Justiça, uma vez que as Câmaras e Turmas ficaram desfalcadas para realizar julgamentos.

O Código de Processo Penal, art. 797, faculta que os atos do processo, excetuadas as sessões de julgamento, possam ser praticados em período de férias, em domingos e dias de feriados. Faz, portanto, distinção. Comentando esse artigo, disse EDUARDO ESPÍNOLA FILHO[171]:

> Somente em relação a sessões de tribunal, de primeira ou segunda instância, vigora a proibição de convocação para domingo ou feriado; ainda assim, o julgamento iniciado em dia útil pode prolongar-se pelo dia, ou pelos dias seguintes, a despeito da superveniência de domingo ou feriado. Regra que, na prática, só interessa ao funcionamento do júri. Bem se percebe que, apenas excepcionalmente, é admissível o funcionamento do juízo em domingos e feriados, e a fantasia ou capricho do magistrado, mesmo apegando-se ao acúmulo de serviço, muito mal impressionariam, sujeitando os outros a trabalhar nesses dias de repouso semanal.

A celeridade é decorrente, também, de não haver inquérito policial, de o rito ser muito simples, da adoção dos princípios da oralidade, da imediatidade e da identificação física do juiz.

Todos os ordenamentos jurídicos buscam a celeridade dos processos. EUGENIO FLORIAN[172] explica a instrução sumaríssima no Direito italiano:

> El criterio inspirador de esta forma de instrucción es la oportunidad de proveer con un procedimiento rápido y breve al juicio de los delitos cuyas pruebas sean tan evidentes que hagan innecesaria la instrucción. Su característica es que se pasa directamente de las investigaciones preliminares a los debates. El código vigente ha colocado esta forma de instrucción en la parte que trata del juicio oral y como *juiciodirecto* (*giudiziodiretttissimo*) (art. 502 e ss.).

Conta também como é o "juicio inmediato para los delitos cometidos durante las vistas, en el caso de que éstos se puedan enjuiciar inmediatamente. En realidad de lo que aquí se trata es de un juicio sin instrucción previa (art. 435-436)".[173]

BECCARIA[174], séculos atrás, já previa essa lição, dizendo:

> Quando o delito é constatado e as provas são certas, é justo conceder ao acusado o tempo e os meios de justificar-se, se lhe for possível; é preciso, porém, que esse tempo seja bem curto para não retardar demais o castigo que deve seguir de perto o crime, se se quiser que este seja um freio contra os celerados.

Não esquecer que a celeridade não pode *atropelar* os princípios constitucionais que protegem o acusado.

A obediência a esses princípios permite a democratização da administração da justiça.

Uma questão de celeridade: a 3ª Turma do Tribunal Regional Federal da 1ª Região, tendo-me como relator, no HC 20070100027472-1/DF, concedeu o prazo de trinta dias para que a Polícia

---

[171] ESPÍNOLA FILHO, E. *Código de Processo Penal brasileiro anotado*. v. 9. 5. ed. Rio de Janeiro: Rio, 1976. p. 75.
[172] FLORIAN, E. *Elementos de derecho procesal penal*. Tradução: L. Prietto Castro. Barcelona: Bosch, 1934. p. 247-248.
[173] FLORIAN, 1934, p. 249.
[174] BECCARIA, C. *Dos delitos e das penas*. Tradução: Paulo M. Oliveira. 4. ed. São Paulo: Atena, 1954. p. 73.

Judiciária, Delegacia de Polícia Federal do Distrito Federal, terminasse o inquérito que já tramitava há mais de quatro anos, sem que fosse concluído.

No voto condutor do acórdão, está dito:

> O inquérito perdura há mais de 4 (quatro) anos e 5 (cinco) meses e 26 (vinte e seis) dias, ou seja, 1636 dias, o que constitui abusividade, arbitrariedade intolerável.
>
> O indiciado – a quem é imputado a prática de um crime que está sendo investigado no inquérito policial –, sem dúvida alguma, sofre restrições em sua vida pessoal, transtornos psíquicos, e, também, na vida social. O indiciado pode ser um inocente.
>
> Não pode o indiciado ficar *ad eternum* sujeito às investigações de um órgão policial. A investigação mediante inquérito é discricionária, mas não arbitrária. Tem limites, como prazo para conclusão, não podendo prolongar-se indefinidamente.
>
> Além dos transtornos causados ao cidadão indiciado, traz essa demora excessiva, incompreensível, malefícios à sociedade, em face de instaurar um clima de impunidade, que, inclusive, é debitado à Justiça. E, na verdade, a Justiça é responsável, pois permite, pacificamente, que a autoridade policial, o Delegado de Polícia, requeira indefinidamente prorrogação de prazo para conclusão do inquérito.

Aury Lopes Jr.[175] observa que:

> "A polícia é o símbolo mais visível do sistema formal de controle da criminalidade e, em regra, representa a *first-line enforcer*[176] da norma penal. Por isso, dispõe de uma discricionariedade de fato para selecionar as condutas a serem perseguidas. Esse espaço de atuação está muitas vezes na zona cinza, no sutil limite entre o lícito e o ilícito. Em definitivo, não se deve atribuir à polícia ainda mais poderes (como a titularidade da instrução), mas sim exercer um maior controle por parte dos juízes, tribunais e membros do MP. A polícia deve ser um órgão auxiliar e não o titular da instrução preliminar, pois, quanto maior é o controle real dos Tribunais e do MP sobre a atividade policial, menor é essa discricionariedade, e o inverso também é verdadeiro."

Por ter dito que os representantes do Ministério Público foram desidiosos, a Subprocuradoria-Geral da República ingressou com denúncia contra mim, por crime contra a honra, não recebida, por unanimidade (v. APn 55/DF, j. 01.04.2009, *DJ* 14.05.2009, rel. Min. Luiz Fux).

O Código de Processo Penal, no art. 10, *caput*, estabelece prazos para a conclusão do inquérito:

> O inquérito deverá terminar no prazo de 10 (dez) dias, se o indiciado estiver preso em flagrante, ou estiver preso preventivamente, contado o prazo, nesta hipótese, a partir do dia em que se executar a ordem de prisão, ou no prazo de 30 (trinta) dias, quando estiver solto, mediante fiança ou sem ela.

Ainda que ocorra a prorrogação, há sempre prazo determinado para a conclusão do inquérito.

Geralmente, os pretextos da autoridade policial para justificar a extrapolação dos prazos para a conclusão dos inquéritos são: gozo de férias do delegado, presidente do inquérito, e aquele que vai substituí-lo não estar a par das diligências; falta de recursos para o delegado e equipe poderem se deslocar para outras localidades, em diligência; "inúmeras diligências investigativas" em outros inquéritos, tidos pela cúpula da Polícia Federal como mais importantes. São desculpas que não podem ser aceitas porque violam a lei e a Constituição.

---

[175] Lopes Júnior, A. C. A crise do inquérito policial: breve análise dos sistemas de investigação preliminar no processo penal. *Doutrina*, [s. l.], n. 4, p. 40-66, out./nov., 2000. Disponível em: http://www.mpsp.mp.br/portal/page/portal/documentacao_e_divulgacao/doc_biblioteca/bibli_servicos_produtos/bibli_boletim/bibli_bol_2006/RDP_04_39.pdf. Acesso em: 13 nov. 2022.

[176] Executor de primeira linha.

O Projeto de Lei n. 409, apresentado pelo Poder Executivo em 12.03.2001, em trâmite no Congresso Nacional, estando, no momento, para ser apreciado pelo Plenário, já aprovado pela Comissão de Constituição e Justiça e de Cidadania (CCJC), no § 1º, do art. 10, dá uma solução para a ocorrência de excesso de prazo para a conclusão do inquérito:

"Excedido qualquer dos prazos assinados à polícia judiciária, o ofendido poderá recorrer à autoridade policial superior ou representar ao Ministério Público, objetivando a finalização do inquérito e a determinação da responsabilidade da autoridade e de seus agentes".

O Projeto ainda não foi aprovado.

2. OBJETIVOS DOS JUIZADOS ESPECIAIS CRIMINAIS

Os objetivos do processo perante o Juizado Especial são, sempre que for possível: a) não aplicação de pena privativa de liberdade; b) reparação dos danos sofridos pela vítima (art. 62, da Lei n. 9099/1995). Nas infrações de menor potencial ofensivo, de baixa lesividade social, a vítima, geralmente, sofre mais um prejuízo de ordem patrimonial do que físico-moral.

2.1 Não aplicação da pena privativa de liberdade

A pena privativa da liberdade deve ser aplicada como última razão (*ultima ratio*). Explica MAURA ROBERTI[177]:

> [...] no processo legislativo de elaboração de leis penais, o princípio da intervenção mínima deverá ser observado, num primeiro momento, para impedir o quanto possível novas e desnecessárias criminalizações, e, num segundo momento, aliado ao princípio da proporcionalidade e aos critérios da necessidade e suficiência da sanção penal, para, com a máxima cautela do legislador, servir de termômetro ao cominar o grau de resposta estatal, especialmente quando se trata de pena de prisão.

Disse CARNELUTTI[178] que o Direito Penal "es el derecho del dolor; dolor doble, de antes y de después, del pecado y del castigo"[179]. Ao que acrescentou WEBER MARTINS BATISTA[180], dupla não, tríplice: dor pelo pecado, pela apuração e pela punição. É uma verdade. Só responder a processo já é uma tortura moral, pois sofre-se antes da punição. Todo processo é uma pena, diz CARNELUTTI, e explica[181]:

> El castigo, desgraciadamente, no comienza con la condena; sino que ha comenzado antes de ésta con el debate, con la instrucción, con los actos preliminares, incluso con la primera sospecha que recae sobre el imputado; tanto el juicio penal es castigo que a menudo hasta el imputado queda sujeto a él *invinculis*[182] como se ya hubiese sido condenado; el drama es que él es castigado para saber si debe ser castigado.

Pequenas contendas enervam a vida do cidadão: um tapa que causa uma ligeira vermelhidão; o vendedor que reluta em não trocar um sapato de pouco valor; a não entrega do objeto que se tomou emprestado; o bode que invade a terra do vizinho e come um pouco da plantação de milho; a bica que joga água para a casa vizinha; a encomenda de uma pequena estante de livros que não ficou pronta no dia; o motorista do carro oficial que abalroa o automóvel do cidadão, e a União não quer

---

[177] ROBERTI, M. *A intervenção mínima como princípio no direito penal brasileiro*. Porto Alegre: Fabris, 2001. p. 86.
[178] CARNELUTTI, F. *Lecciones sobre el proceso penal*. Tradução: Santiago Sentís Melendo. v. 1. Buenos Aires: Bosch y Cía., 1950. p. 37.
[179] "É o direito da dor; dor dupla, de antes e de depois, do pecado e do castigo."
[180] BATISTA, W. M. *Liberdade provisória*: modificações da Lei n. 6.416, de 24 de maio de 1977. Rio de Janeiro: Forense, 1981. p. 8.
[181] CARNELUTTI, op. cit., p. 38-39.
[182] Em vínculo, em liame.

indenizar (nenhuma novidade); o tempo de serviço que o Instituto Nacional do Seguro Social (INSS) põe obstáculos para reconhecer (também tão comum); a altercação narrada por TOBIAS BARRETO[183]:

> Há cerca de um mês que deu-se aqui um pequeno conflito entre um negociante e um matuto, no ato de um troco de dinheiro, em que este pretendia ter dado a trocar 5$000 [cinco mil réis], e aquele afirmava ter recebido uma cédula de 2$000 [dois mil réis]. Daí resultou um ligeiro ferimento no matuto, ferimento este que no meio de tantos milhares de coisas desapercebidas podia também passar em completo silêncio.

Essas pequenas rixas geram um desconforto na vida individual, com reflexos na vida social. O indivíduo fica nervoso, agitado, irritadiço, estressado, com os nervos à flor da pele. Sente-se humilhado e facilmente descamba para a violência. Bem disse FERNANDO NOAL DORFMANN[184]:

> Estes pequenos conflitos, desprezados pelo Estado e que não preocuparam durante muito tempo, foram, a cada dia, germinando insatisfações, culminando com a eclosão de violentas reações por parte da sociedade, como noticiado diuturnamente nos meios de comunicação, postando nosso País numa situação delicada, no limiar de uma convulsão social.

Esses pequenos entreveros, não insignificantes muitas vezes, deverão ser resolvidos pelos Juizados Especiais.

Acompanhando a realidade social, em que os pequenos delitos não são apurados, existe uma imensa *cifra negra* de criminalidade oculta em razão da impossibilidade de recursos humanos e materiais da polícia e da justiça. O legislador, sem descriminalizar, ou descriminar, isto é, sem tirar o caráter ilícito da infração, procurou imprimir celeridade aos processos, desburocratizá-los, simplificá--los, permitindo, assim, que todos tenham acesso à justiça, elidindo a sensação de impunidade. Para tanto, a nova lei instituiu a composição civil com a consequente extinção da punibilidade (natureza civil e penal); a composição penal (natureza penal e processual penal); a exigência da representação da vítima para as lesões corporais leves e culposas (natureza penal e processual penal); a suspensão condicional do processo (natureza penal e processual penal), medidas de "despenalização".

Descriminalizar "é sinônimo", no dizer de RAÚL CERVINI[185], "de retirar formalmente ou de fato do âmbito do Direito Penal certas condutas, não graves, que deixam de ser delitivas".

Pela descriminalização, a conduta tipificada como ilícito penal deixa de sê-lo, por força de ato legislativo. Pode, também, a sociedade não mais considerar determinada conduta como ilícito penal. Naquela hipótese, temos a descriminalização *formal*; nesta, a descriminalização *de fato*, como diz MAURA ROBERTI[186], ou, como a doutrina vem dizendo, a *adequação social*.

Já pelo instituto da despenalização, a conduta continua ilícita, mas a pena é diminuída, substituída, medidas processuais são adotadas, como a transação penal, a suspensão do processo e a mudança de ação penal pública incondicionada para condicionada, para a apuração de determinados crimes.

SÉVERIN CARLOS VERSELE[187], sobre a "descriminalização" e a despenalização, dá uma explicação muito clara e precisa. Diz ele:

> A descriminalização consiste em eliminar a repressão penal em comportamentos que as coletividades contemporâneas julgam não mais dever interessar ao sistema penal, nem a nenhuma outra forma de controle social. Cada país decidirá livremente, se e em que medida a avaliação

---

[183] BARRETO, T. *Estudos de direito III*. Organização, introduções e notas de Jackson da Silva Lima e Luiz Antônio Barreto. Edição comemorativa. Rio de Janeiro: Record; Aracaju: Secretaria de Cultura e Meio Ambiente, 1991. p. 391.
[184] DORFMANN, F. N. *As pequenas causas no Judiciário*. Porto Alegre: Sérgio A. Fabris, 1989. p. 23.
[185] CERVINI, R. *Os processos de descriminalização*. Tradução: Eliana Granja et al. São Paulo: RT, 1995. p. 72.
[186] ROBERTI, 2001, p. 138.
[187] VERSELE, S. C. Procedimentos judiciais e outras formas de controle social na prevenção do crime. Tradução: Maria Letícia de Alencar. *Revista de Direito Penal*, Rio de Janeiro, Forense, n. 24, jan./dez., 1979. p. 34.

de seus costumes justifica renunciar a reprimir ou a controlar alguns comportamentos que, em outros tempos e em outras condições de vida, foram incriminados.

A despenalização consiste em transferir as intervenções sobre alguns comportamentos para outras modalidades de controle social que não a justiça penal. Essas outras formas de controle interessariam aos organismos e serviços de ordem administrativa ou social, e suas intervenções seriam mais de persuasão que de constrangimento. A experiência demonstra que alguns desvios justificam uma intervenção de ordem médica, sociopedagógica ou de assistência material, e não só isso, mas também que uma intervenção da justiça penal, nestes casos, é mal adaptada quando não verdadeiramente contraindicada.

Tenha-se, no entanto, que a concepção do direito de punir, como explica ARY AZEVEDO FRANCO[188], "sob o ponto de vista político é variável no tempo e no espaço: ela tem a sua razão de ser conforme as épocas e as sociedades. Há uma série de crimes de ontem, que hoje não o são, e de outros hoje, que talvez não o sejam amanhã". E, assim, há muitas vezes a necessidade de descriminalizar.

Vale lembrar, em face da despenalização instituída pela Lei dos Juizados, a lição de BENTHAM[189] de que "a lei criminal não deve ser utilizada se o dano causado pela pena é maior do que o dano causado pelo delito", não se devendo esquecer de que há um movimento mundial para a eliminação da justiça criminal, liderado pelo holandês LOUK HULSMAN. Luta-se por substituir o sistema penal "por outras instâncias de solução de conflitos"[190]. Estes são os radicais; há, porém, os moderados, que defendem um direito penal mínimo, advertindo MIGUEL REALE JÚNIOR[191] que "é vital descriminalizar várias condutas tipificadas por leis especiais, cuja qualificação penal é fruto de passageira conveniência dos órgãos públicos. Está em jogo a própria dignidade do direito".

Não se pode olvidar de que **"a pena é um meio extremo, como tal é também a guerra"** (TOBIAS BARRETO).

A mídia, no entanto, induz o povo a acreditar que a questão da violência se resolve aumentando-se as penas e mandando-se o criminoso para a cadeia. Incute a ideia de que a paz se consegue aumentando-se o número de figuras delituosas, ou seja, criminalizando-se mais condutas. O legislador e o governo perdidos, inoperantes, acolhem essa ideia, mesmo sabendo que não é a solução. Com isso tentam aplacar a ira do cidadão.

O Direito Penal não pode, por si só, conter a onda avassaladora de crimes. Não é a prisão que vai fazer diminuir o número de criminosos. Não é o recrudescimento das sanções penais que vai amedrontar a quem não tem nada a perder, não tem teto, não tem comida, não tem emprego, não tem dinheiro.

Se a prisão a estes não mete medo, medo também não mete aos criminosos de colarinho-branco, pois crentes estão de que as normas penais, a polícia e a justiça não os atingem.

É preciso desmistificar a ideia de que o Direito Penal e, principalmente, a prisão, a cadeia são as soluções para a contenção da onda de criminalidade que invade, domina e sufoca a sociedade.

Conta PIEDADE JÚNIOR[192] o que disse um preso numa das prisões mexicanas, iguais às nossas:

> "En este lugar maldito,
>
> donde reina la tristeza,
>
> no se condena al delito,
>
> se condena a la pobreza".[193]

---

[188] FRANCO, A. A. *Direito penal*: apontamentos de um curso. Rio de Janeiro: Typ. e Lith. Almeida Marques & C., 1934. p. 12.

[189] BENTHAM apud CERVINI, 1995. p. 104.

[190] ZAFFARONI, E. R. *Em busca das penas perdidas*: a perda da legitimidade do sistema penal. Tradução: Vânia Romano Pedrosa e Amir Lopes da Conceição. 4. ed. Rio de Janeiro: Revan, 1999. p. 97.

[191] REALE JÚNIOR, p. 189 apud D'URSO, L. F. B. *Direito criminal na atualidade*. São Paulo: Atlas, 1999. p. 41-42.

[192] PIEDADE JÚNIOR, H. Mulheres condenadas e presas – Consequência de uma sociedade violenta, cruel e desigual. *Revista do Conselho Nacional de Política Penitenciária*. v. 1, n. 12, jul./dez., 1998. p. 73.

[193] "Neste lugar maldito/onde reina a tristeza/não se condena ao delito/se condena à pobreza."

É preciso conscientizar a população de que nem toda conduta que causa dano ao cidadão deve ser criminalizada.

Observou Norberto Spolansky[194]:

> Existe uma visão ingênua e mágica segundo a qual com o Direito Penal se pode resolver todo tipo de problemas; desde a proteção da vida até a solução da inflação. Esta é a visão ingênua e mágica do Direito Penal e do poder do Estado e pressupõe a ideia de que toda a eficácia está sempre assegurada quando o Estado atua.

É preciso que se afaste a ideia de que a consequência única do crime é a prisão, a cadeia.

Ressalta, em análise perfeita e inteligente, D. Santiago López-Moreno[195]:

> Los delitos guardan cierta proporción con las penas. A medida que éstas aumentan en número e intensidad, aumentan igualmente aquellos. Sea que el hombre, por inexplicable y misteriosa contradicción, teme la pena menos cuanto es más dura, como se su espíritu, exacerbado por la injusticia, que el excesivo rigor siempre supone, buscara en el menosprecio la protesta; bien que la severidad de las penas lleve frecuentemente consigo la inaplicación, como afirma Mittermaier, ó ya que, prodigándose demasiado el castigo, influya, perniciosamente su frecuencia en el ánimo, que llega á contemplarlo impasible, es un hecho, muy digno de tenerse en cuenta y de ser estudiado, que las épocas de mayor crueldad y dureza en las penas, junto con su más fácil y frecuente aplicación, vienen á ser las en que más horribles crímenes y en mayor número se cometen.

O aumento *feroz* das penas cominadas aos crimes hediondos e aos crimes de trânsito não fez diminuir a prática desses crimes, como facilmente se constata lendo jornais e revistas e ouvindo os noticiários das televisões e das rádios. Assim como não fará reduzir os crimes de porte de arma.

A natureza do Direito Penal é, portanto, subsidiária, no sentido de que "somente se podem punir as lesões de bens jurídicos e as contravenções contra fins de assistência social, se tal for indispensável para uma vida em comum ordenada, na qual bastem os meios do direito civil ou do direito público, o direito penal deve retirar-se" (Claus Roxin)[196].

Subsidiário, isto é, tem caráter de auxílio, de ajuda. Arma poderosa a ser usada em última instância.

O Marquês de Beccaria[197], há quase trezentos anos, dizia:

> Se se proíbem aos cidadãos uma porção de atos indiferentes, não tendo tais atos nada de nocivo, não se previnem os crimes: ao contrário, faz-se que surjam novos, porque se mudam arbitrariamente as ideias ordinárias de vício e virtude, que todavia se proclamam eternas e imutáveis.

Certos ilícitos deveriam ter solução extrapenal, como o descaminho, a fraude no pagamento por meio de cheque. Passariam a ser apenas ilícitos tributários, administrativos ou civis.

A tendência do direito penal é, pois, observar o princípio da intervenção mínima do Estado, reduzindo a legislação penal, que é excessivamente abrangente. Princípio de ordem política.

Eduardo Novoa Monreal[198] também chama a atenção para o fato de que:

---

[194] Spolansky, N. E. O delito de posse de entorpecentes e as ações privadas dos homens. *Cadernos de Advocacia Criminal*, v. 1, n. 5. Porto Alegre: Fabris, 1988. p. 102.

[195] López-Moreno, D. S. *La prueba de indícios*. 3. ed. cor. y aum. Madrid: Librería de Victoriano Suárez, 1987.

[196] Roxin, C. *Problemas fundamentais de direito penal*. Tradução: Ana Paula Natscheradetz, Ana Isabel de Figueiredo e Maria Fernanda Palma. Lisboa: Vega Universidade, 2004. p. 28.

[197] Beccaria, 1954. p. 194.

[198] Monreal, E. N. Alternativas e transes do direito penal de hoje. Tradução: J. Sérgio Fragoso. *Revista de Direito Penal*, v. 24, Rio de Janeiro: Forense, jan./dez., 1979. p. 62.

Está ganhando vigor uma tendência que propõe a redução das tipificações penais, como forma de excluir do âmbito punitivo todos aqueles fatos antissociais, para os quais a pena não seja estritamente necessária. É o que se tem denominado de despenalização ou descriminalização do direito penal.

O resultado disso é permitir que os crimes mais graves sejam apurados, evitando-se a sensação de impunidade. Lembremo-nos do que preconizava BECCARIA[199]:

"A perspectiva de um castigo moderado, mas inevitável, causará sempre uma impressão mais forte do que o vago temor de um suplício terrível, em relação ao qual se apresenta alguma esperança da impunidade."

Afinal, não se justifica, como ensina MAURACH[200]:

"[...] aplicar um recurso mais grave quando se obtém o mesmo resultado através de um mais suave: seria tão absurdo e reprovável criminalizar infrações contratuais civis quanto cominar ao homicídio tão só o pagamento das despesas funerárias."

Do alto do seu magistério, doutrina NELSON HUNGRIA[201]:

Somente quando a sanção civil se apresenta ineficaz para a reintegração da ordem jurídica é que surge a necessidade da enérgica sanção penal. O legislador não obedece a outra orientação. As sanções penais são o último recurso para conjurar a antinomia[202] entre a vontade individual e a vontade normativa do Estado. Se um fato ilícito, hostil a um interesse individual ou coletivo, pode ser convenientemente reprimido com as sanções civis, não há motivo para a reação penal.

E adverte[203]: "O Estado só deve recorrer à pena quando a conservação da ordem jurídica não se possa obter com outros meios de reação, isto é, com os meios próprios do Direito Civil (ou de outros ramos que não o penal)".

As condutas, ainda que anormais, que pouco afetam, ou quase nada afetam, o bem jurídico, não podem ser incriminadas.

Daí afirmar EUGENIO RAÚL ZAFFARONI[204]:

"A proliferação de tipificações com limites difusos, com elementos valorativos moralistas, com referência de ânimo, com omissões ou ocultamentos do verbo típico etc., são outras formas de debilitar ou cancelar a legalidade penal."

Com clareza, afirma JOSÉ HENRIQUE PIERANGELLI[205]:

"Estabelecendo que o direito penal só deve ocupar-se da proteção de bens jurídicos de significação social, afasta a tipicidade de condutas de pouco ou nenhum relevo social. Afinal, em matéria penal, é de seguir-se o chamado princípio da intervenção mínima."

O legislador, frisa CLAUS ROXIN[206], "não possui competência para, em absoluto, castigar pela sua imoralidade condutas não lesivas de bens jurídicos", citando, como exemplo, a prática de atos homossexuais por homens adultos "de comum acordo e sem publicidade".

É o princípio da fragmentariedade. Só os bens fundamentais, imprescindíveis à vida da sociedade, devem ser tutelados penalmente. Só *fragmentos* dos interesses jurídicos, os mais importantes, devem ser protegidos pelo Direito Penal.

---

[199] BECCARIA, 1954, p. 111.
[200] MAURACH apud BATISTA, N. *Introdução crítica ao direito penal brasileiro*. 3. ed. Rio de Janeiro: Revan, 1996. p. 87.
[201] HUNGRIA, N. *Comentários ao Código Penal*. v. VII. 5. ed. Rio de Janeiro: Forense, 1955. p. 172.
[202] Contradição entre duas leis ou princípios.
[203] HUNGRIA, op. cit., p. 168.
[204] ZAFFARONI, 1999, p. 28.
[205] PIERANGELLI, J. H. Direito alternativo e aplicação da lei penal. *Revista do Ministério Público do Rio Grande do Sul*, Porto Alegre, n. 31, 1994. p. 222.
[206] ROXIN, 2004, p. 29.

Como explica ROBERTO LYRA FILHO[207]: "O problema do crime, como o do direito, há de ser encarado *dentro* do processo global sociopolítico".

Sobre o princípio da insignificância, CEZAR ROBERTO BITENCOURT[208] ensina que:

> O princípio da insignificância foi cunhado pela primeira vez por CLAUS ROXIN, em 1964, que voltou a repeti-lo em sua obra *Política criminal sysistemas del Derecho Penal*, partindo do velho adágio latino *minima non curat praetor*.
>
> A tipicidade penal exige uma ofensa de alguma gravidade aos bens jurídicos protegidos, pois nem sempre qualquer ofensa a esses bens ou interesses é suficiente para configurar o injusto típico. Segundo esse princípio, que KLAUS TIEDEMANN chamou de princípio de bagatela, é imperativa uma efetiva proporcionalidade entre a gravidade da conduta que se pretende punir e a drasticidade da intervenção estatal. Amiúde, condutas que se amoldam a determinado tipo penal, sob o ponto de vista formal, não apresentam nenhuma relevância material. Nessas circunstâncias, pode-se afastar liminarmente a tipicidade penal porque em verdade o bem jurídico não chegou a ser lesado.
>
> [...]
>
> Assim, a irrelevância ou insignificância de determinada conduta deve ser aferida não apenas em relação à importância do bem juridicamente atingido, mas especialmente em relação ao grau de sua intensividade, isto é, pela extensão da lesão produzida, como, por exemplo, nas palavras de ROXIN, "mau-trato não é qualquer tipo de lesão à integridade corporal, mas somente uma lesão relevante; uma forma delitiva de injúria é só a lesão grave a pretensão social de respeito. Como força deve ser considerada unicamente um obstáculo de certa importância, igualmente também a ameaça deve ser sensível para ultrapassar o umbral da criminalidade".

O Supremo Tribunal Federal tem admitido o princípio desde que haja uma análise de critérios objetivos, a saber: ofensividade mínima da conduta do agente, ausência de periculosidade social da ação, reduzido grau de reprovabilidade do comportamento do agente e inexpressividade da lesão ao bem juridicamente tutelado.

Julgando o HC 84412, o Min. CELSO DE MELLO, do Supremo Tribunal Federal, do alto de sua cátedra, afirmou ser necessária, para a configuração da tipicidade penal material, a presença de certos vetores:

> O princípio da insignificância – que considera necessária, na aferição do relevo material da tipicidade penal, a presença de certos vetores, tais como (**a**) a mínima ofensividade da conduta do agente, (**b**) a nenhuma periculosidade da ação, (**c**) o reduzidíssimo grau de reprovabilidade do comportamento e (**d**) a inexpressividade da lesão jurídica provocada – apoiou-se em seu processo de formação teórica, no reconhecimento de que o caráter subsidiário do sistema penal reclama e impõe, em função dos próprios objetivos por ele visados, a intervenção mínima do Poder Público em matéria penal. Isso significa, pois, que o sistema jurídico há de se considerar a relevantíssima circunstância de que a privação da liberdade e a restrição de direitos do indivíduo somente se justificarão quando estritamente necessária à própria proteção das pessoas, da sociedade e de outros bens jurídicos que lhe sejam essenciais, notadamente naqueles casos em que os valores penalmente tutelados se exponham a dano, efetivo ou potencial, impregnado de significância lesividade.

Nesse contexto, a Lei n. 10.522/2002 determinou em seu art. 20 o arquivamento, sem baixa na distribuição, dos autos das execuções fiscais de débitos inscritos como Dívida Ativa da União pela Procuradoria-Geral da Fazenda Nacional ou por ela cobrados, de valor consolidado igual ou inferior àquele estabelecido em ato do Procurador-geral da Fazenda Nacional (Redação dada pela

---

[207] LYRA FILHO, R. Carta aberta a um jovem criminólogo: teoria, práxis e táticas atuais. *Revista de Direito Penal*, n. 28. Rio de Janeiro: Forense, 1980. p. 14.
[208] BITENCOURT, C. R. *Tratado de direito penal*. v. 1. 8. ed. São Paulo: Saraiva, 2003. p. 19-20.

Lei n. 13874, de 2019). Assim, no HC 96374/PR, tendo como relatora a Min. ELLEN GRACIE, a 2ª Turma do Supremo, em 31.03.2009 (*DJ* 23.04.2009), por unanimidade, decidiu que:

> **1.** A questão de direito tratada neste *writ*, consoante à tese exposta pela impetrante na petição inicial, é a suposta atipicidade da conduta realizada pela paciente com base no princípio da insignificância. **2.** No caso concreto, a paciente foi denunciada por transportar mercadorias de procedência estrangeira sem pagar quaisquer impostos, o que acarretou a sonegação de tributos no valor de R$ 1.715,99 (mil setecentos e quinze reais e noventa e nove centavos). **3.** O art. 20, da Lei n. 10522/2002, determina o arquivamento das execuções fiscais, sem baixa na distribuição, quando os débitos inscritos como dívida ativa da União forem iguais ou inferiores a R$ 10.000,00 [valor modificado pela Lei n. 1.033/2004]. **4.** Esta colenda Segunda Turma tem precedentes no sentido de que falta justa causa para a ação penal por crime de descaminho quando a quantia sonegada não ultrapassar o valor previsto no art. 20, da Lei n. 10522/2002. **5.** Ante o exposto, concedo a ordem de *habeas corpus*.

Não se quer, pois, uma reação simbólica, mas atuante. É necessário acabar com a sensação de impunidade, e isso é possível com os Juizados.

Não é mais possível pensar em pena privativa de liberdade para os crimes de menor potencial ofensivo. Em 1974, dizia LAÉRCIO PELLEGRINO[209]: "O sentido da pena como represália e penitência, nos dias atuais, não tem mais sentido". E frisava: "Maltratar o preso, negar-lhe as condições mínimas para o retorno ao convívio social, é ultrajar a consciência da época em que vivemos".

Justitiae nim sine misericordia non est justitia sed crudelitas.[210]

O que precisa ficar certo, não haver dúvida, é que aquele que infringiu a lei foi punido. "Nada torna mais frágil o instrumento das leis que a esperança da impunidade" (FOUCAULT[211]).

Daí dizer FOUCAULT[212]: "Para que o castigo produza o efeito que se deve esperar dele, basta que o mal que causa ultrapasse o bem que o culpado retirou do crime".

2.2 Ressarcimento dos danos sofridos pela vítima

No século XIX, GAROFALO[213] já era a favor da reparação do dano social e individual, dizendo:

> Portanto, reparação à parte diretamente lesada e reparação à sociedade. A coerção ao pagamento das somas estabelecidas pelo juiz substituiria utilmente qualquer outro meio repressivo, uma vez que a execução fosse enérgica e não regulada pelas normas ordinárias do processo.

E proclamava[214]:

"É necessário tornar sério e iniludível o dever da reparação para que esta possa constituir um verdadeiro sucedâneo da pena."

Observa-se, como anota GAROFALO, que o art. 321, do antigo Código Penal alemão, estabelecia que, "para as lesões corporais, o juiz ao pronunciar a sentença condenatória possa, em favor do ofendido, impor ao réu uma multa até dois mil *thalers*".

---

[209] PELLEGRINO, L. *Estudos de direito e processo penal*. São Paulo: Lex, 1974. p. 19-20.
[210] Justiça sem misericórdia não é justiça, mas crueldade.
[211] FOUCAULT, M. *Vigiar e punir (nascimento da prisão)*. Tradução: Raquel Ramalhete. 11. ed. Petrópolis: Vozes, 1994. p. 87-88.
[212] FOUCAULT, OP. cit., p. 86.
[213] GAROFALO, R. *Criminologia, estudo sobre o delito e a repressão penal*. Tradução: Júlio de Mattos. São Paulo: Teixeira & Irmão, 1893. p. 254-255.
[214] GAROFALO, 1893, p. 386.

Estudando o dano, público ou privado, decorrente do crime, propôs Ferri[215] a constituição de um fundo para amparar as vítimas e suas famílias, explicando:

> E é precisamente como reconhecimento do caráter de sanção pública na indenização que a última alínea do art. 90 do nosso Projeto (1921) estabelece que, *quando o crime não tiver causado prejuízo econômico apreciável*, o juiz poderá acrescentar a obrigação de pagar, em benefício da Caixa das Multas, uma soma não superior a cinquenta mil liras.

É uma boa ideia. A sentença condenatória infringiria ao réu o pagamento de uma contribuição para um fundo de amparo à vítima e sua família, para o caso de o agressor destas não ter condições de indenizá-las. Com a palavra, o nosso legislador.

A Lei dos Juizados, olhando para a vítima, trouxe para o processo penal o responsável civil, a fim de possibilitar que facilmente seja ela ressarcida. Não exigiu a cumulação de ações civil e penal para efetivação da indenização. O legislador foi humano.

É verdade que há danos que não podem ser ressarcidos, às vezes por não terem um resultado naturalístico (modificação no mundo exterior provocada por uma ação ou omissão), mas os danos morais podem e devem ser ressarcidos.

Muita discussão se travou tentando-se concluir se é possível ou não a indenização por dano moral. A Constituição de 1988 pôs um ponto-final nessa querela ao estabelecer no inciso V, do art. 5º, que "é assegurado o direito de resposta, proporcional ao agravo, além da indenização por dano material, *moral* ou à imagem"; e no inciso X: "São invioláveis a intimidade, a vida privada, a honra e a imagem das pessoas, assegurado o direito à indenização pelo dano material ou *moral* decorrente de sua violação".

O art. 186 do Código Civil, Lei n. 10406, de 10.01.2002, foi obediente à Constituição Federal ao estabelecer que o dano, ainda que exclusivamente moral, constitui ato ilícito e, assim, por consequência, indenizável (CC, art. 186: "Aquele que, por ação ou omissão voluntária, negligência ou imprudência, violar direito e causar dano a outrem, ainda que exclusivamente moral, comete ato ilícito"). O art. 159, do antigo Código Civil, não se referia a dano moral ("Aquele que, por ação ou omissão voluntária, negligência, ou imprudência, violar direito, ou causar prejuízo a outrem, fica obrigado a reparar o dano").

O Supremo Tribunal Federal, ao entender indenizável o acidente que causa a morte de filho menor, ainda que não exerça trabalho remunerado, na verdade admitiu a indenização por dano moral (Súmula 491: "É indenizável o acidente que cause a morte de filho menor, ainda que não exerça trabalho remunerado").

Ao votar no RE 84718/PR, o Min. Moreira Alves, vogal, disse, em 08.09.1976: "Dissenti, então de S. Exa. [o Min. relator Thompson Flores] trazendo voto escrito em que externei minha opinião de que, no direito brasileiro, mesmo em face do sistema adotado pelo Código Civil, o dano simplesmente moral pode ser ressarcido, como entende a maioria da doutrina [...]".

O Superior Tribunal de Justiça entendeu que as indenizações por dano material e dano moral são cumuláveis, ainda que oriundos do mesmo fato (Súmula 37: "São cumuláveis as indenizações por dano material e dano moral oriundos do mesmo fato").

É jurisprudência tranquila do STJ: "A pessoa jurídica pode sofrer dano moral" (Súmula 227).

O STJ, pela sua 2ª Turma, em 29.11.1993, ao julgar o REsp 11735/PR (*DJ* 13.12.1993, *RSTJ*, v. 71/183), decidiu: "O direito de ação por dano moral é de natureza patrimonial e, como tal, transmite-se aos sucessores da vítima".

Sobre indenização por dano moral, temos as seguintes súmulas do STJ:

---

[215] Ferri, E. *Princípios de direito criminal, o criminoso e o crime*. Tradução: Paolo Capitanio. 2. ed. Campinas: Bookseller, 1999. p. 534.

Súmula 281: "A indenização por dano moral não está sujeita à tarifação prevista na Lei de Imprensa". Observa-se que essa súmula perdeu sua eficácia, tendo em vista a inconstitucionalidade da Lei de Imprensa, proclamada pelo STF em sessão de 30.04.2009 (ADPF 130).

Súmula 227: "A pessoa jurídica pode sofrer dano moral".

Assim, é indenizável, portanto, o dano patrimonial como o dano moral.

Em seu excelente livro sobre responsabilidade civil, RUI STOCO[216] transcreve a definição de dano moral dada por EDUARDO ZANONI, em sua obra *El daño en la responsabilidad civil*: "Denomina-se dano moral o menoscabo ou lesão a interesses não patrimoniais provocado por evento danoso, vale dizer, pelo ato antijurídico".

O dano moral causa um sofrimento na alma da pessoa, um abatimento psíquico, um constrangimento em face de outras pessoas, a vergonha que se suporta pelo ato contra si praticado, a desmoralização sentida, a honra ultrajada. Uma dor que precisa ser indenizada. Não que o dinheiro a restabeleça, mas diminui ele o impacto causado, dá uma sensação de alívio, aplaca um pouco o sofrimento. A dor sofrida, é certo, não tem preço (*pretium doloris*)[217], mas a indenização representa uma satisfação psicológica.

YUSSEF SAID CAHALI[218] destaca:

> Na realidade, multifacetário[219] o ser anímico,[220] tudo aquilo que molesta gravemente a alma humana, ferindo-lhe gravemente os valores fundamentais inerentes à sua personalidade ou reconhecidos pela sociedade em que está integrado, qualifica-se, em linha de princípio, como dano moral; não há como enumerá-los exaustivamente, evidenciando-se na dor, na angústia, no sofrimento, na tristeza pela ausência de um ente querido falecido; no desprestígio, na desconsideração social, no descrédito à reputação, na humilhação pública, no devassamento da privacidade; no desequilíbrio da normalidade psíquica, nos traumatismos emocionais, na depressão ou no desgaste psicológico, nas situações de constrangimento moral.

O valor da indenização – *quantum debeatur*[221] – deve ser arbitrado com prudência, tendo em vista que não há parâmetros para sua fixação. É difícil, sem dúvida, estabelecer o *quantum*[222] do dano moral.

Diz CELSO RIBEIRO BASTOS[223]: "Não se desconhecem as dificuldades de encontrar-se uma correspondência entre o dano moral e a reparação patrimonial. No particular, a experiência dos países que têm longo trato com o assunto servirá certamente de auxílio para a atividade do magistrado".

É certo que há dificuldade, grande dificuldade, para indenizar o dano puramente moral, sem reflexo econômico. Como faz ver RUI STOCO[224],

> a dificuldade que se vinha antepondo à indenização autônoma do dano moral reside no argumento de que ele não pode ser indenizado porque a dor, o sofrimento, a honorabilidade são inestimáveis financeiramente, sem reflexo econômico e, portanto, não são passíveis de dimensionamento econômico.

---

[216] STOCO, R. *Responsabilidade civil e sua interpretação jurisprudencial*: doutrina e jurisprudência. 4. ed. rev. atual. ampl. São Paulo: RT, 1999. p. 674.
[217] O preço da dor (indenização por dano moral).
[218] CAHALI, Y. S. *Dano moral*. 2. ed. rev. atual. ampl. 3. tir. São Paulo: RT, 1999. p. 20.
[219] Que tem muitas facetas.
[220] Relativo à alma, ao psíquico.
[221] Quanto se deve.
[222] Quantidade, percentual.
[223] BASTOS, C. R. et al. *Comentários à Constituição do Brasil*: promulgada em 5 de outubro de 1988. v. 2. São Paulo: Saraiva, 1989. p. 65.
[224] STOCO, 1999, p. 695.

No entanto, como ele próprio refuta, com apoio de DE PAGE: "A dificuldade de avaliar não apaga a realidade do dano e, por conseguinte, não dispensa da obrigação de repará-lo".

Ensina RUI STOCO[225]:

> O dano moral, que em verdade é um "não dano" [sob o aspecto patrimonial], fixado apenas para compensar a dor, o vexame, o abalo psicológico, a tristeza e outros fatores anímicos[226], deve ser arbitrado em valor fixo e único, sempre representado por uma compensação pecuniária, podendo, ou não, estar cumulado com o dano material.

Tenha-se que o objetivo maior da reparação do dano moral é proporcionar uma compensação à vítima.

Dá o ilustre magistrado[227] algumas regras para o arbitramento da indenização por dano moral:

> **a)** na indenização por dano moral a quantia a ser fixada não pode ser absolutamente insignificante, mas servir para distrair e aplacar a dor do ofendido e dissuadir o autor da ofensa da prática de outros atentados, tendo em vista o seu caráter preventivo e repressivo; **b)** na fixação do valor do dano moral o julgador deverá ter em conta, ainda e notadamente, a intensidade do sofrimento do ofendido, a gravidade, a natureza e repercussão da ofensa e a sua posição social e política. Deverá, também, considerar a intensidade do dolo e o grau da culpa do agente.

O valor da indenização não pode ser simbólico nem tão alto que ultrapasse a capacidade econômica do autor do fato, não se prestando, portanto, para enriquecer a vítima e empobrecer o autor.

YUSSEF SAID CAHALI[228] é de parecer que a fixação do *quantum* indenizatório deva ser feito por meio de arbitramento.

O *quantum* da indenização, em nosso ordenamento jurídico, não é, portanto, prefixado. Não adotamos o critério da *tarifação*. O art. 1533, do antigo Código Civil, dispunha: "Nos casos não previstos neste capitulo [Capitulo II – Da liquidação das obrigações resultantes de atos ilícitos], se fixará por arbitramento a indenização". E o atual art. 946 estabelece que: "Se a obrigação for indeterminada, e não houver na lei ou no contrato disposição fixando a indenização devida pelo inadimplente, apurar-se-á o valor das perdas e danos na forma que a lei processual determinar", ou seja, a liquidação por arbitramento[229] ou por artigos[230]. A liquidação por arbitramento é a mais indicada para apuração do *quantum* devido, na indenização por dano moral, quando não houver necessidade de alegar e provar fato novo.

Sobre a fixação do *quantum*, a Lei de Imprensa (Lei n. 5250, de 09.02.1967), no art. 53, fazia algumas recomendações, como **a)** a intensidade do sofrimento da vítima; **b)** a situação econômica da vítima e sua posição social; **c)** a situação econômica do ofensor; **d)** a natureza e a gravidade da ofensa; **e)** o grau de culpa; **f)** a intensidade do dolo; **g)** as circunstâncias que envolveram os fatos; **h)** a repercussão da ofensa; e **i)** a retratação. O artigo está assim redigido:

> No arbitramento da indenização em reparação do dano moral, o juiz terá em conta, notadamente: I – a intensidade do sofrimento do ofendido, a gravidade, a natureza e repercussão da ofensa e a posição social e política do ofendido; II – a intensidade do dolo ou o grau da culpa do responsável, sua situação econômica e sua condenação anterior em ação criminal ou cível fundada em abuso no exercício da liberdade de manifestação do pensamento e

---

[225] STOCO, op. cit., p. 813.
[226] Relativo à alma, ao psíquico.
[227] STOCO, op. cit., p. 816.
[228] CAHALI, 1999, p. 705.
[229] CPC/1973, art. 475-C. Far-se-á a liquidação por arbitramento quando: I – determinado pela sentença ou convencionado pelas partes; II – o exigir a natureza do objeto da liquidação.
[230] CPC/1973, art. 475-E. Far-se-á a liquidação por artigos, quando, para determinar o valor da condenação, houver necessidade de alegar e provar fato novo.

informação; III – a retratação espontânea e cabal, antes da propositura da ação penal ou cível, a publicação ou transmissão da resposta ou pedido de retificação, nos prazos previstos na lei e independentemente de intervenção judicial, e a extensão da reparação por esse meio obtida pelo ofendido.

É certo que a Lei de Imprensa foi declarada inconstitucional pelo STF em sessão de 30.04.2009 (ADPF 130), caindo, assim, por terra, esse dispositivo. Mas as suas recomendações podem ser observadas para a fixação do valor do dano em qualquer hipótese. Trata-se de uma boa orientação para se chegar ao *quantum* do dano.

Por fim, vale ressaltar que a reparação dos danos sem a necessária pacificação dos espíritos dos contendores não é salutar. Daí LUIZ GUSTAVO GRANDINETTI CASTANHO DE CARVALHO[231] ponderar: "Reparar o dano não é somente compor pecuniariamente prejuízos. É antes de tudo, pacificar os conflitos de interesses. Este parece ser o melhor sentido para a expressão reparação de danos".

Outras súmulas do STJ sobre dano moral:

Súmula 37: "São cumuláveis as indenizações por dano material e dano moral oriundos do mesmo fato".

Súmula 326: "Na ação de indenização por dano moral, a condenação em montante inferior ao postulado na inicial não implica sucumbência recíproca".

Súmula 362: "A correção monetária do valor da indenização do dano moral incide desde a data do arbitramento".

Súmula 370: "Caracteriza dano moral a apresentação antecipada de cheque pré-datado".

Súmula 385: "Da anotação irregular em cadastro de proteção ao crédito, não cabe indenização por dano moral, quando preexistente legítima inscrição, ressalvado o direito ao cancelamento".

Súmula 387: "É lícita a cumulação das indenizações de dano estético e dano moral".

Súmula 388: "A simples devolução indevida de cheque caracteriza dano moral".

A quantificação do valor da indenização por danos morais é um dos maiores tormentos que tem o julgador. Não é fácil. Seu objetivo é *compensar* o lesado por todos os danos extrapatrimoniais sofridos. Vários critérios existem: matemático, do tabelamento e do arbitramento judicial.

RUI STOCO[232] sustenta que:

> [...] não deve nem existir limite máximo em leis sobre a matéria – como ocorre em certos países – diante do princípio fundamental dessa teoria, que é o da limitação da responsabilidade no patrimônio do lesante, uma porque se pode mostrar irreal em certas situações (como no lesionamento conjunto de várias pessoas) e, a duas, porque tem sido ele derreado, em nossos Tribunais, pela aplicação da regra do "cúmulo" ou da "cumulação" de indenizações sob os dois fundamentos possíveis, o do risco e o da culpa, como vem acontecendo em acidentes de transporte e em acidentes do trabalho.

O juiz, porém, seja qual for o critério que adotar, deve ter em mente o princípio de que o dano não pode ser fonte de lucro.

O critério matemático não é admissível dada a dificuldade de mensurar uma lesão imaterial. Segundo esse critério, fixar-se-ia um valor para cada tipo de dano e, quando fosse estabelecer o cálculo do *quantum* indenizatório, somar-se-iam os valores de acordo com a lesão sofrida e aí ter--se-ia o valor correto da indenização.

A tarifação para estipulação do dano moral não tem embasamento, uma vez que não se está reparando um dano material. Quanto vale o sofrimento humano? Em que extensão?

---

[231] PRADO, G.; CARVALHO, L. G. G. C. DE. *Lei dos Juizados Especiais Criminais*. Atualizada de com acordo com a Lei n. 10259, de 12.07.2001. 3. ed. Rio de Janeiro: Lumen Juris, 2003. p. 55.

[232] STOCO, RUI. O arbitramento do dano moral. In: MONTENEGRO FILHO, Misael; MARANHÃO, Daniel de Albuquerque; PIRES FILHO, Ivan (coord.). *Responsabilidade civil* – temas atuais. Recife: Escola de Advocacia de Recife, 2000.

O critério do arbitramento é o melhor: o juiz levará em conta as condições econômicas e sociais da vítima e do agente, bem como a gravidade da lesão, sendo esse critério subjetivo. O juiz deverá agir com bom senso, com sensibilidade.

Há também a teoria do valor do desestímulo, que consiste na fixação de indenizações elevadas com a finalidade de coibir o ofensor de reiterar a conduta ilícita, bem como servindo de lição para a sociedade, a fim de não desrespeitar os direitos da personalidade.

O STJ reafirmou que, inexistindo critérios para o arbitramento, o valor deve ser estimado de acordo com o caso concreto, atendendo as peculiaridades e com moderação, sempre observando a razoabilidade, conforme o referido julgado em frente:

> 1. Para que um determinado tema seja considerado prequestionado, mais que a expressa menção à norma federal, faz-se necessário que a questão jurídica tenha sido discutida e decidida pelo Tribunal *a quo*, mediante o acolhimento ou a rejeição da pretensão deduzida. 2. Inexistindo critérios determinados e fixos para a quantificação do dano moral, recomendável que o arbitramento seja feito com moderação, atendendo às peculiaridades do caso concreto, o que, na espécie, não ocorreu, distanciando-se o *quantum* arbitrado da razoabilidade, justificando-se a sua redução de R$ 50.000,00 para R$ 10.000,00.3. Agravo Regimental improvido (AgRg no REsp 1383211/SC, rel. Min. SIDNEI BENETI, 3ª T., j. 24.09.2013, *DJe* 08.10.2013).

Seção I
Da Competência e dos Atos Processuais

> **Art. 63**. A competência do Juizado será determinada pelo lugar em que foi praticada a infração penal.

1. JURISDIÇÃO

O conceito de jurisdição – *jurisdictio* (*juris* = direito + *dictionis* = ação de dizer; logo, *jurisdictio* = ação de dizer o direito) revela-se quando examinamos sua finalidade. Diz-nos FREDERICO MARQUES[233]: "O escopo da jurisdição é o de tornar efetiva a ordem jurídica e de impor, por meio dos órgãos estatais adequados, a regra jurídica concreta que, por força do direito vigente, deve regular determinada situação jurídica".

O termo jurisdição, como explica EDUARDO COUTURE[234],

> aparece en el lenguaje jurídico con distintos significados. Muchas de las dificultades que la doctrina no ha podido aún superar, provienen de esta circunstancia. El derecho de los países latino-americanos este vocablo tiene, por lo menos, cuatro acepciones: como ámbito territorial; como sinónimo de competencia; como conjunto de poderes o autoridad de ciertos órganos del poder público; y su sentido preciso y técnico de función pública de hacer justicia.

É composta a jurisdição de cinco elementos: *notio*[235] (faculdade de conhecer uma causa, o conflito, por provocação – *ne judex procedat ex officio*)[236]; *vocatio*[237] (faculdade de fazer comparecer

---

[233] MARQUES, J. F. *Da competência em matéria penal*. São Paulo: Saraiva, 1953. p. 9.
[234] COUTURE, E. J. *Fundamentos del derecho procesal civil*. 3. ed. reimpresión inalterada. Buenos Aires: Depalma, 1990. p. 27.
[235] Direito de conhecer da causa e decidir a controvérsia.
[236] Não deve o juiz proceder de ofício.
[237] Chamamento. Convite.

em juízo aquele cuja presença se faz necessária); *coertio*[238] (fazer respeitar as decisões – *jurisdictio sine coercitio nulla est*[239]); *judicium*[240] (direito de decidir); e *executio*[241] (direito de tornar obrigatória a decisão).

Reunidos todos esses elementos, temos a *judicatio*[242], que, no dizer de João Mendes Júnior[243], não é apenas o julgamento, compreendendo, também, "o expediente dos atos necessários ao Juízo, isto é os *acta judicii*[244] praticados desde a *editio actionis*[245] até a *pronuntiatio sententiae*"[246].

Afinal, como ensina o mestre[247], jurisdição "é a função de dizer o direito aplicável aos fatos, considerado esse poder em sua origem, na natureza da sanção da lei aplicável e em sua extensão".

A jurisdição é o poder de julgar e de impor a execução da sentença. Daí dizer Tornaghi[248]: "Ao primeiro corresponde uma atividade intelectual (*notio, cognitio, deliberatio, pronunciatio etc.*), ao segundo uma atividade física (*executio*)".

Portanto, a jurisdição é una e indivisível. É emanação da soberania nacional.

2. COMPETÊNCIA

Todavia é impossível um só órgão judiciário conhecer todos os conflitos, julgar todas as causas, em razão não só da extensão territorial, da população, como também de conhecimentos. O juiz não é uma enciclopédia do Direito. Necessário se faz delimitar a jurisdição, e isso é feito pela competência, que delimita a matéria, o lugar e determinada fase do processo. Explica Frederico Marques[249]: "[...] a competência é a medida da jurisdição: aquela é o poder de julgar organizado, e esta o poder de julgar constituído".

Emílio Gomes Orbaneja[250] bem resumiu a questão:

> [...] competencia es el ámbito, delimitado por la ley, dentro del cual un órgano investido de jurisdicción (ordinaria o especial) puede ejercerla. En sentido objetivo, significa el conjunto de asuntos que alcanza la actividad jurisdiccional del órgano. En sentido subjetivo: con relación al órgano, es el derecho-deber de entender en una causa determinada; con relación a los otros sujetos del proceso, es el deber de sometimiento a la actividad del juez, y el derecho a investir con el conocimiento de la causa a ese concreto juez, con exclusión de cualquier otro (v. Rosenberg, *Lehrbuch*, § 28).

A competência, como pondera Galdino Siqueira[251], "particulariza a jurisdição; é por isso que os escritores dizem que ela é a medida da jurisdição".

Juiz competente, por conseguinte, é aquele que tem jurisdição, no âmbito determinado pela lei, para julgar determinada causa.

---

[238] Coerção. Constrangimento (poder coercivo).
[239] A jurisdição sem coerção é nenhuma.
[240] Julgamento.
[241] Execução.
[242] Juízo (ação de julgar).
[243] Mendes Júnior apud Marques, op. cit., p. 24.
[244] Os atos judiciais.
[245] A edição da ação.
[246] A pronunciação da sentença.
[247] Almeida Júnior, 1959, p. 127.
[248] Tornaghi, H. *Processo penal*. v. 1. Rio de Janeiro: A. Coelho Branco Filho, 1953. p. 160.
[249] Marques, 1953, p. 36.
[250] Orbaneja, E. G. *Comentarios a la ley de enjuiciamiento criminal, de 14 de septiembre de 1882*. t. I. Barcelona: Bosch. p. 262.
[251] Siqueira, G. *Curso de processo criminal*. 2. ed. rev. ampl. 3. tir. São Paulo: Magalhães, 1924. p. 20.

Três critérios existem para a fixação da competência: **o objetivo**, que leva em consideração elementos externos da lide, como valor da causa, sua natureza (*ratione materiae*) e a condição das pessoas (*ratione personae*); **o territorial** (é o território que determina a competência) e **o funcional** (quando mais de um juiz no mesmo processo exerce atividades jurisdicionais).

O critério predominante no Juizado Especial é o material, *ratione materiae*[252]. É da sua competência os crimes de menor potencial ofensivo. Uma competência dada pela Constituição Federal, art. 98, I, apesar de, numa interpretação primeira, ter-se a ideia de que o dispositivo constitucional apenas autorizou a criação dos Juizados Especiais. Mas, a meu pensar, criou e fixou-lhe, de logo, a competência – os crimes de menor potencial ofensivo. O limite dessa competência deixou para a lei ordinária – os crimes de menor potencial são os que têm a pena máxima não superior a dois anos, ou multa (Cf. Lei n. 11313/2006, art. 1º, que alterou a redação do art. 61, da Lei n. 9099/1995).

Fixada essa competência, teremos de verificar qual o Juizado competente. A competência é determinada pelo art. 63. A competência é *ratione loci*[253], em razão do lugar em que foi praticada a infração – *locus delicti comissi*[254]. *Ibi facinus perpetravit, ibi poena reddita*[255] ou *ibi sit poena, ubi et noxia sint*[256].

Por força do disposto no art. 3º, § 3º, da Lei n. 10259/2001, a competência dos Juizados Especiais Federais em *matéria cível* é absoluta.

A não observância da competência decorrente da prevenção gera nulidade relativa, que é sanável se não for alegada no momento oportuno. Esse é o entendimento do Supremo Tribunal Federal. Súmula 706: "É relativa a nulidade decorrente da inobservância da competência penal por prevenção".

Nas hipóteses referentes à competência territorial, não se obedecendo à norma disciplinadora, temos nulidade relativa. Não alegada a tempo e modo, ocorre a preclusão[257].

a) Com referência à matéria – infrações penais de menor potencial ofensivo –, a competência dos Juizados para conciliação, processo, julgamento e execução é absoluta. O Juizado não pode processar outras infrações sob pena de nulidade absoluta. Pode, no entanto, o Juízo Comum processar e julgar infrações definidas como de menor potencial ofensivo em quatro hipóteses: **a)** se nas localidades não existirem Juizados Especiais; **b)** quando o autor do fato não for encontrado para ser citado (Lei n. 9099/1995, art. 66, parágrafo único); **c)** quando a causa for complexa; ou **d)** apresentar circunstâncias especiais, não permitindo o imediato oferecimento da denúncia ou da queixa (Lei n. 9099/1995, art. 77, § 3º).

Vale ressaltar que, mesmo nessas hipóteses, sendo o crime de menor potencial ofensivo, o autor do fato terá direito aos benefícios previstos nas Leis n. 9099/1995 e 10259/2001, como a transação e a suspensão do processo.

A 2ª Turma do Supremo Tribunal Federal, ao apreciar o HC 79865/RS, relator o Min. CELSO DE MELLO, em 14.03.2000, firmou, por unanimidade, o entendimento de que não compete à Turma Recursal de Juizado Especial julgar, em grau de recurso, a sentença que fora proferida pelo Juízo Comum, em face da complexidade do caso. No voto condutor do acórdão, disse o ínclito Ministro:

> [...] se a causa penal – em virtude da complexidade dos fatos ou da matéria – tramitou perante o Juízo comum, neste observando as prescrições estabelecidas pelo Código de Processo Penal,

---

[252] Em razão da matéria.
[253] Em razão do lugar.
[254] Lugar onde é cometido o crime.
[255] Onde a ação foi perpetrada, a pena nesse lugar deve ser aplicada.
[256] Esteja a pena onde estiverem os danos.
[257] Preclusão, *praeclusio, praecludere*, significa encerrar. Preclusão é a perda de uma faculdade processual pelo não exercício dela no prazo (*preclusão temporal*) por ter praticado um ato ou realizado uma atividade, incompatível com esse exercício (*preclusão lógica*), ou por já ter sido validamente realizada (*preclusão consumativa*). Temos, também, a *preclusão pro judicato*, quando, dentro do processo, se dá a imutabilidade de uma decisão de conteúdo tão só formal, por exemplo, a sentença de pronúncia, que impede, depois de encerrado o prazo de recurso, que o juiz a modifique.

não se torna lícito à Turma Recursal, vinculada ao sistema de Juizados Especiais Criminais, julgar, em sede de apelação, o recurso interposto contra sentença proferida por Juiz de Direito, em contexto formal absolutamente diverso daquele disciplinado pela Lei n. 9099/1995. Se assim não fosse, ofender-se-ia gravemente o postulado do juiz natural.

Assim, deferiu o *habeas corpus* para cassar o acórdão da Turma Recursal dos Juizados Especiais Criminais do estado do Rio Grande do Sul por incompetência, determinando a remessa dos autos da apelação ao Tribunal de Justiça do mesmo estado, competente para a sua apreciação.

Observar que os crimes de competência, segundo o art. 109, da Constituição da República, da Justiça Federal, em razão da pessoa ofendida ou da natureza do delito, são, quando de menor potencial ofensivo, da competência dos Juizados Federais. Vale lembrar que o crime, qualquer que seja ele, salvo o militar – cometido a bordo de aeronaves e navios –, é igualmente da Justiça Federal (art. 109, IX, da CF).

A escolha do procedimento não fica à livre escolha da acusação, pública ou privada, ao seu alvedrio. Os Juízos Comuns não podem julgar as infrações de menor potencial ofensivo, senão quanto às exceções vistas atrás. Dispõe o art. 2º, da Lei n. 10259/2001: "Compete ao Juizado Especial Federal Criminal processar e julgar os feitos de competência da Justiça Federal relativos às infrações de menor potencial ofensivo, respeitadas as regras de conexão e continência". E o art. 60 da Lei n. 9099/1995 estabelece que: "O Juizado Especial Criminal, provido por juízes togados ou togados e leigos, tem competência para a conciliação, o julgamento e a execução das infrações penais de menor potencial ofensivo, respeitadas as regras de conexão e continência."

A Emenda Constitucional n. 45/2004, publicada no *DOU* 31.12.2004, acrescentou uma letra, a letra A, ao inciso V, do art. 109, da CF, para atribuir à Justiça Federal o processo e julgamento das causas relativas a direitos humanos.

No dia 08.06.2005, a Terceira Seção do Superior Tribunal de Justiça (STJ), tendo como relator o Min. Arnaldo Esteves Lima, apreciou o primeiro caso de Incidente de Deslocamento de Competência (IDC), formulado pelo Procurador-geral da República, Cláudio Lemos Fonteles, e, por unanimidade, negou o deslocamento da competência de investigação e julgamento do caso do assassinato da irmã Dorothy Stang da Justiça estadual do Pará para a Justiça Federal. Considerou a Seção ausente um dos requisitos para a incidência do dispositivo recém-criado pela Emenda Constitucional da Reforma do Judiciário: a inércia ou incapacidade das autoridades responsáveis de responder ao caso específico.

No entanto, na sessão de 27.10.2010, a Terceira Seção do Superior Tribunal de Justiça, apreciando o IDC 2/2009-DF, tendo como relatora a Min. Laurita Vaz, decidiu pela federalização do processo sobre o assassinato do advogado e defensor dos direitos humanos Manoel Bezerra de Mattos Neto, ocorrido em 2009 no litoral da Paraíba. Acompanharam a relatora os ministros Napoleão Maia Filho, Og Fernandes, Jorge Mussi e o desembargador convocado Haroldo Rodrigues. Votaram contra o deslocamento os desembargadores convocados Celso Limongi e Honildo de Mello Castro. A Min. Maria Thereza de Assis Moura presidiu o julgamento. Foi o primeiro caso a ser federalizado no país. A apuração do crime passa a ser responsabilidade da Justiça Federal da Paraíba. Manoel Mattos, morto a tiros em 24.01.2009, era advogado e militante dos Direitos Humanos, tendo denunciado a atuação de grupos de extermínio compostos de agentes estatais e particulares. O pedido de deslocamento foi formulado pelo então Procurador-geral da República, Antonio Fernando de Souza.

2.1 Desclassificação

Se o Juiz da Vara Comum desclassifica o crime, passando a considerá-lo como infração de menor potencial ofensivo, esse mesmo Juiz Comum é que deve designar audiência para que o Ministério Público ofereça a transação penal ao réu, se entender cabível.

A 1ª Turma do STF, ao julgar o RHC 81925/SP, relatora Min. ELLEN GRACIE, em 18.06.2002 (*DJ* 21.02.2003), entendeu, por unanimidade, em relação à suspensão do processo, que a "desclassificação operada na sentença condenatória para o crime do art. 155, *caput*, do mesmo diploma [a denúncia foi oferecida pelo crime do art. 155, § 4º, I, do Código Penal]" é "hipótese enquadrável no art. 89, da Lei n. 9099/1995, que trata da suspensão condicional do processo". Nessas condições, impor-se-ia ao Juízo, ao concluir pela desclassificação, a oitiva do Ministério Público sobre a suspensão condicional do processo. E, assim, declarou insubsistente

> a da condenação imposta para que, mantida a desclassificação operada pelo Juízo, seja ouvido o Ministério Público quanto à proposta a que alude o *caput* do referido art. 89, tendo como parâmetro a desclassificação da conduta delituosa para aquela prevista no art. 155, *caput*, do Código Penal.

Na hipótese de deslocamento da competência do Juizado para o Juízo Comum, nas hipóteses dos arts. 66, parágrafo único, e 77, § 3º, se a causa, porventura, tiver seguimento perante o Juizado, haverá, apenas, incompetência relativa.

2.2 Determinação da competência

O que é que determina a competência jurisdicional?

Segundo dispõe o art. 69, do Código de Processo Penal: I – o lugar da infração; II – o domicílio ou residência do réu; III – a natureza da infração; IV – a distribuição; V – a conexão ou continência; VI – a prevenção; VII – a prerrogativa de função.

Determinada a competência, tem-se, em princípio, o juiz competente para processar e sentenciar o autor da infração. Havendo mais de um juiz competente, a escolha dar-se-á pela prevenção, se não for caso de conexão ou continência.

"Ninguém será processado nem sentenciado senão pela autoridade competente" – Constituição Federal, art. 5º, LIII. Assim, as regras para a fixação da competência devem ser prévias, anteriores à prática do delito. Não pode haver juízo de exceção, nos termos do inciso XXXVII, do art. 5º, da Constituição, ou seja, como fazem ver CELSO RIBEIRO BASTOS e IVES GANDRA MARTINS[258], os "órgãos judicantes a que se confere o julgamento de crimes *ex post facto*"[259]. Não se cria órgão judicante para julgar crime específico que já ocorreu.

2.3 Competência pela natureza da infração

A competência do Juizado é determinada, primeiramente, pela matéria, pela natureza da infração (CPP, art. 74). Os crimes de competência da Justiça Federal de menor potencial ofensivo são processados e julgados pelo Juizado Especial Federal Criminal. Assim como as contravenções (ainda aquelas praticadas em detrimento de bens, serviços ou interesses da União Federal, ou de suas entidades autárquicas, ou empresas públicas, *ex vi* do inciso IV do art. 109 da CF/1988), os crimes *não federais* a que a lei comine pena máxima não superior a dois anos (art. 61 da Lei n. 9.099/1995, com a redação ditada pela Lei n. 11.313, de 28.06.2006) são julgados pelos Juizados Estaduais.

É a competência *ratione materiae*[260] (art. 2º, da Lei n. 10259/2001, com a redação dada pela Lei n. 11313/2006) – "Compete ao Juizado Especial Federal Criminal processar e julgar os feitos de competência da Justiça Federal relativos às infrações de menor potencial ofensivo, respeitadas as regras de conexão e continência". E os crimes de menor potencial são tanto para os crimes da competência da Justiça Estadual como para a Federal – "as contravenções e os crimes a que a lei comine pena máxima não superior a 2 (dois) anos, cumulada ou não com multa" (Lei n. 9099/1995,

---

[258] BASTOS, 1989, p. 204.
[259] Depois do fato.
[260] Em razão da matéria.

art. 61, com a redação ditada pela Lei n. 11313/2006). Não importa que o crime seja doloso ou culposo, consumado ou tentado, punido com pena de reclusão, de detenção ou de multa. Os Juizados Estaduais são competentes, também, para o processo e julgamento das contravenções.

2.4 Competência pelo lugar da infração

Fixada a competência em razão da matéria, se competente o Juizado Especial, teremos de procurar saber qual Juizado é o competente para o processo. Isso nos é dito pelo art. 63, da Lei n. 9099/1995: "A competência do Juizado será determinada pelo lugar em que foi *praticada* a infração penal". Na hipótese da Justiça Federal, se, na Região, houver mais de um Juizado Federal, o que evidentemente haverá – por exemplo, um em Mato Grosso e outro na Bahia –, ou havendo, no Estado, mais um Juizado Estadual, um em Blumenau e outro em Chapecó, ambos do Estado de Santa Catarina, competente será o Juizado onde a infração foi praticada. Por oportuno, vale dizer que a Justiça Federal está interiorizando-se (Cf. Lei n. 10772, de 21.11.2003).

MIRABETE[261], estudando a competência pelo lugar da infração, explica que, como é direito material o conceito de *lugar do crime*,

> deve ser aplicado no caso, para a interpretação do dispositivo, o conceito material a ele correspondente, previsto expressamente no art. 6º, do Código Penal: "Considera-se praticado o crime no lugar em que ocorreu a ação ou omissão, no todo ou em parte, bem como onde se produziu ou deveria produzir-se o resultado". Como exceção à regra geral do processo penal, portanto, a competência *ratione loci*[262] dos Juizados Especiais Criminais é determinada pelo *princípio da ubiquidade*, ou seja, pelo lugar em que foram praticados um ou mais atos de execução ou em que ocorreu o resultado total ou parcial.

Sobre o que se entende por *infração praticada*, explica o príncipe dos processualistas penais, meu tio, TOURINHO FILHO[263]: "[...] *infração praticada* traduz a ideia de uma infração realizada, executada, ou, em linguagem jurídico-penal, *consumada*. Este, a nosso juízo, diz ele, o seu verdadeiro sentido, consonando-se com a regra genérica do Código de Processo Penal fixada no art. 70".

Pensamos diferentemente, apesar do exemplo do arremesso da pedra... dado por TOURINHO FILHO. Estamos com ADA PELLEGRINI, GOMES FILHO, SCARANCE e LUIZ FLÁVIO[264], que dizem: "A competência de foro será estabelecida pelo lugar em que for praticada a infração penal, ou seja, onde esgotados todos os meios ao alcance do autor do fato, independentemente do lugar em que venha a ocorrer o resultado".

É a mesma regra estabelecida pelo § 1º, do art. 147, da Lei n. 8069, de 13.07.1990 – Estatuto da Criança e do Adolescente: "Nos casos de ato infracional, será competente a autoridade do lugar da ação ou omissão, observadas as regras de conexão, continência e prevenção".

No Juizado Especial, não se aplica o disposto no art. 70, do CPP, em que

> a competência será, de regra, determinada pelo lugar em que se consumar a infração, ou, no caso de tentativa (o crime é tentado quando, iniciada a execução, não se consuma por circunstâncias alheias à vontade do agente [Código Penal, art. 14]), pelo lugar em que for praticado o último ato de execução.

É a teoria do resultado.

Também não se aplica o Código Penal, que elegeu a teoria da ubiquidade, estabelecendo no art. 6º: "Considera-se praticado o crime no lugar em que ocorreu a ação ou omissão, no todo ou em parte, bem como onde se produziu ou deveria produzir-se o resultado".

---

[261] MIRABETE, J. F. *Juizados Especiais Criminais*: comentários, jurisprudência, legislação. São Paulo: Atlas, 2002. p. 64.
[262] Em razão do lugar.
[263] TOURINHO FILHO, F. DA C. *Comentários à Lei dos Juizados Especiais Criminais*. 6. ed. São Paulo: Saraiva, 2009. p. 45.
[264] GRINOVER et al., 2005. p. 45.

A preferência pelo lugar da infração decorre de que o julgamento do autor no lugar em que a cometeu serve de exemplo para os que o conhecem e souberam da prática do delito. É o que se chama de prevenção geral. Outro motivo é a facilidade para a coleta das provas, ouvidas de testemunhas, perícias etc.

A prevenção geral, como ensina Bentham[265], da escola clássica, "se aplica a todos os membros da comunidade, sem exceção". Da comunidade em que o crime foi praticado. A certeza da punição funciona como prevenção geral.

Na segunda metade do século XVIII, o filósofo humanista Cesare Bonesana, Marquês de Beccaria[266], dizia:

> Não é o rigor do suplício que previne os crimes com mais segurança, mas a certeza do castigo, o zelo vigilante do magistrado e essa severidade inflexível que só é uma virtude no juiz quando as leis são brandas. A perspectiva de um castigo moderado, mas inevitável, causará sempre uma impressão mais forte do que o vago temor de um suplício terrível, em relação ao qual se apresenta alguma esperança de impunidade.

Como diz Frederico Marques[267]: "O rigor da ameaça pouco vale se a impunidade imperar".

2.5 Competência pelo domicílio ou residência do réu

Não sendo conhecido o lugar da infração, firmar-se-á a competência pelo domicílio ou residência do autor do fato, a teor do art. 72, do Código de Processo Penal. Trata-se, como se vê, de foro supletivo, só considerado quando for desconhecido o lugar da infração.

Domicílio, define o art. 70, do Código Civil (Lei n. 10406, de 10.01.2002, que entrou em vigor em 12.01.2003), é o lugar onde a pessoa natural estabelece sua residência com ânimo definitivo[268]. Ressalta Orlando Gomes[269] que "o que importa fundamentalmente na caracterização do domicílio é a determinação do lugar onde a pessoa exerce sua profissão ou tem suas ocupações habituais". *Constitutio rerum et fortunarum*[270]. A residência, diz o renomado civilista baiano[271]. "é o lugar onde mora pessoa física com a intenção de aí permanecer, ainda quando temporariamente afastada".

2.6 Competência pela distribuição

Se, na seção judiciária, na circunscrição judiciária, na subseção judiciária da Justiça Federal ou comarca, houver mais de um Juizado igualmente competente – Salvador, por exemplo, com dois Juizados, ou Bauru, com mais de um Juizado Estadual –, a competência será determinada pela distribuição. É o que dispõe o art. 75, *caput*, do Código de Processo Penal: "A precedência da distribuição fixará a competência quando, na mesma circunscrição judiciária, houver mais de um juiz igualmente competente".

2.7 Competência pela prevenção

Tratando-se de infração continuada ou permanente, praticada em território de duas ou mais jurisdições, a competência firmar-se-á, segundo o disposto no art. 71, do CPP, pela prevenção.

---

[265] Bentham Apud Aragão, A. M. S. *As três escolas penais*: clássica, antropológica e crítica. 6. ed. atual. Rio de Janeiro: Freitas Bastos, 1955. p. 266.
[266] Beccaria, 1954, p. 111.
[267] Marques, J. F. *Curso de direito penal*. v. 3. São Paulo: Saraiva, 1956. p. 115.
[268] Corresponde ao art. 31, do antigo Código de 1916.
[269] Gomes, O. *Introdução ao direito civil*. 10. ed. Rio de Janeiro: Forense, 1991. p. 188.
[270] Constituição dos bens e das riquezas.
[271] Gomes, op. cit., p. 183.

Prevenção, de *praevenio*, tomar a dianteira, preceder, daí *praeventus*, antecipado. A prevenção decorre do conhecimento antecipado, do conhecimento em primeiro lugar. O juiz que tomou primeiro conhecimento da causa fica prevento, excluindo-se os demais juízes igualmente competentes.

A inobservância da regra de prevenção, como dissemos linhas atrás, acarreta nulidade relativa, considerando-se sanada se não for alegada no momento oportuno. O Supremo Tribunal Federal tem orientação nesse sentido. Veja Súmula 706: "É relativa a nulidade decorrente da inobservância da competência penal por prevenção". Nessa hipótese, trata-se de competência territorial, e não aquela quando os dois ou mais Juizados são competentes em razão da matéria. Nesse caso, não se pode aplicar essa súmula.

2.8 Competência pela conexão e continência

Conexão significa nexo, ligação; já continência, de *continens, continentis*, proximidade, contiguidade.

A conexidade, preleciona BENTO DE FARIA[272], "não é um estado de direito, mas de fato: a lei não a decreta, porém, simplesmente, aceita tal situação para sujeitá-la à sua disciplina".

Explica didaticamente JOSÉ FREDERICO MARQUES[273]:

> Na conexão, há pretensões punitivas paralelas que se unem processualmente em virtude de traços comuns, embora presas entre si por determinados liames que aconselham o julgamento em *simultaneus processus*[274], por *unum et idem judex*[275]. Na continência, as infrações penais ou estão ligadas entre si pela unidade de ação, ou então há infração única com pluralidade de agentes. Em ambos os casos, as lides penais estão entre si presas por uma relação de identidade em seus elementos constitutivos.

Ocorrendo conexão ou continência entre a competência do Juizado Especial e a do Juízo Comum, se observamos rigorosamente o disposto no art. 79, do CPP, prevalecerá a competência deste último. O juízo de maior amplitude açambarca o de menor. É a aplicação do princípio da *vis attractiva*.[276] Adiante, digo por que não concordo com esse posicionamento.

Ao julgar, em 11.09.2001, o HC 81042-0/DF, a 1ª Turma do Supremo Tribunal Federal, tendo como relator o Min. SEPÚLVEDA PERTENCE, em votação unânime, decidiu:

> 1. A reunião, como objeto do mesmo processo, das acusações relativas a delitos distintos, só é lícita nas hipóteses legais de conexão ou continência, esta de logo afastada, quando se cuida de concurso material. 2. A conexão instrumental ou probatória – única modalidade cogitável na espécie – exige, porém, vínculo objetivo entre as diversas infrações, de tal modo que a prova de uma ou de qualquer de suas circunstâncias elementares influa na prova da outra (precedentes do STF): não basta, assim, para sua caracterização, a identidade do agente e da vítima de delitos independentes. 3. Juizados Especiais: suas peculiaridades não bastam a legitimar a reunião no mesmo processo de acusações diversas, ausentes a conexão e a continência, se daí podem resultar dificuldades à defesa.

GENACÉIA DA SILVA ALBERTON[277], Desa. do Tribunal de Justiça do Rio Grande do Sul, é de opinião que, havendo concurso de crimes, sendo um deles do Juízo Comum e outro do Juizado

---

[272] FARIA, A. B. DE. *Código de Processo Penal*. v. 1. 2. ed. Rio de janeiro: Record, 1960. p. 185.
[273] MARQUES, J. F. *Elementos de direito processual penal*. v. 1. 2. ed. São Paulo: Forense, 1965. p. 273.
[274] Processo simultâneo. Um só processo.
[275] Um só e mesmo juiz.
[276] Por força de atração.
[277] ALBERTON, G. DA S. Considerações sobre o Juizado Especial Criminal: competência, infrações de menor potencial ofensivo e audiência preliminar. In: Tovo, P. C. (org.). *Estudos de direito processual penal*. v. 2. Porto Alegre: Livraria do Advogado, 1999. p. 61.

Especial, a competência será do Juízo Comum. Mas entende que os institutos benéficos previstos na Lei dos Juizados poderão ser aplicados no Juízo Comum. Explica:

> No caso de concurso de crimes em tramitação no juízo comum, havendo uma infração que seria da competência do Juizado Especial (se o réu, por exemplo, estiver sendo processado por provocação de tumulto e porte de substância entorpecente sem autorização legal,[278] para uso próprio – art. 40, do Dec.-lei n. 3688, e art. 16, da Lei n. 6368/1976), não vejo óbice a que o Ministério Público possa propor a transação penal para a contravenção e a suspensão do processo para o delito de tóxicos. Não haveria, porém, audiência preliminar, que é fase pré-processual específica do Juizado Especial Criminal.

É de se convir, porém, que o *simultaneus processus*[279], correndo no Juízo Comum, apesar de não impedir que o autor do fato seja beneficiado com os institutos da transação e da suspensão condicional do processo, não propiciará a composição civil e as vantagens do Juizado Especial, a exemplo da rapidez na solução da causa. Por essa razão, a separação dos processos se impõe. O autor do fato não pode ser prejudicado.

Dessa mesma forma, manifestam-se ADA PELLEGRINI, de saudosa memória, falecida em 17.07.2017, aos 84 anos de idade, com perfeita lucidez, GOMES FILHO, SCARANCE e LUIZ FLÁVIO[280]:

> Havendo conexão ou continência, deve haver separação de processos para julgamento da infração de competência dos Juizados Especiais Criminais e da infração de outra natureza. Não prevalece a regra do art. 79, *caput*, que determina a unidade de processo e julgamento de infrações conexas, porque, no caso, a competência dos Juizados Especiais é fixada na Constituição Federal (art. 98, I), não podendo ser alterada por lei ordinária.

Já JÚLIO FABBRINI MIRABETE[281], também de saudosa memória, falecido em 26.07.2003, pensa diferentemente:

> Não podem ser apreciados pelo Juizado Especial os crimes de menor potencial ofensivo quando praticados em concurso com crimes que estão excluídos de tal competência. Impossibilitado o Juizado de apreciar o crime conexo, por incompetência absoluta, impõe-se a exclusão também da infração penal de menor potencial ofensivo, já que esta exige um processo e julgamento único, salvo quando se trata de separação obrigatória de processos, como no caso de concurso de crime da Justiça Ordinária e da Justiça Militar (art. 79, I, do CPP). Tratando-se de continência ou conexão nas hipóteses de crimes comuns, na ausência de norma específica sobre as hipóteses dos Juizados Especiais, a competência é determinada pelo juízo competente para processar e julgar o crime mais grave, aplicando-se o art. 78, II, do CPP.

No Enunciado 10 do VII Encontro de Coordenadores de Juizados Especiais Cíveis e Criminais do Brasil, ficou decidido: "Havendo conexão entre crimes da competência do Juizado Especial e do Juízo Penal Comum, prevalece a competência deste".

E na hipótese de concurso formal, quando se tratar de crimes não idênticos em que um deles tenha a pena superior a dois anos (CP, art. 70)?

É caso de continência (CPP, art. 77). Entendo que a separação também pode ocorrer.

---

[278] A pena máxima cominada ao porte de substância entorpecente sem autorização legal – art. 16, da Lei n. 6368/1976, atualmente revogada – era de dois anos; assim, ante a Lei n. 10259/2001, também revogada, esse crime era de menor potencial ofensivo. O artigo da ilustre jurista é de 1999, anterior à Lei n. 10251/2001. Hoje, diante da Lei n. 11343/2006, revogadora das duas leis, esse crime é punido com penas restritivas de direitos e não privativa de liberdade, continuando, pois, sujeito ao processo e julgamento pelos Juizados Especiais.

[279] Concomitantes processos.

[280] GRINOVER ET AL., 2005, p. 67.

[281] MIRABETE, 2002, p. 56.

Cuidando-se de conexão instrumental ou probatória, na qual a prova de uma infração pode influir na prova de outra (o caso sempre citado do furto e da receptação), realmente, o ideal é que não haja a separação dos processos. Que fazer? Nessa hipótese, não deve haver a separação. A unidade de processos, no entanto, não pode, repito, prejudicar o acusado. Os institutos de despenalização devem ser aplicados pelo Juízo Comum ao acusado que fizer jus aos benefícios.

Se forem praticados dois ou mais crimes da competência do Juizado Especial, a competência será do lugar da infração à qual foi cominada pena mais grave, nos termos do art. 78, II, *a*, do CPP.

Na hipótese de crimes conexos de competência do Juizado Federal e do Juizado Estadual, a competência para os dois crimes deverá ser do Juizado Especial Federal, de acordo com a Súmula 122[282] do STJ (antiga Súmula 52 do Tribunal Federal de Recursos[283]), se a pena cominada for igual ou inferior a dois anos.

Também vale lembrar a Súmula 704 do Supremo: "Não viola as garantias do juiz natural, da ampla defesa e do devido processo legal a atração por continência ou conexão do processo do corréu ao foro por prerrogativa de função de um dos denunciados" (Súmula aprovada pelo Tribunal Pleno, na sessão de 24.09.2003).

2.8.1 O procedimento no caso de ocorrer conexão ou continência

Em face da Lei n. 11313, de 28.06.2006, que alterou o *caput* do art. 60, da Lei n. 9099/1995, mandando que fossem respeitadas as regras de conexão e continência, tem-se que atentar para o disposto no art. 79, do CPP ("A conexão e a continência importarão unidade de processo e julgamento [...]"). Esta é a regra. Daí é de perguntar-se: havendo conexão entre processos da competência do Juizado Especial e do Juízo Comum (federal ou estadual), qual o juízo que deverá ser observado? De acordo com o art. 78, II, *a*, do CPP ("Na determinação da competência por conexão ou continência, serão observadas as seguintes regras: [...] II – no concurso de jurisdições da mesma categoria: *a)* preponderará a do lugar da infração, à qual for cominada a pena mais grave; [...]"), a competência é do juízo para processar o crime mais grave. É essa interpretação que deve ser dada quando houver conexão entre infrações de maior e de menor potencial ofensivo?

Creio que, na verdade, a nova lei nada esclareceu. A dúvida continua. Havendo conexão ou continência, os processos devem, ou não, ser separados? Separar os processos (CPP, art. 79) ou reuni-los (CPP, art. 78)? Pelo parágrafo único, do art. 60, da Lei n. 9099/1995, a ideia que passa é que não haverá separação de processos. Observe-se o que determina o dispositivo: "Na reunião de processos, perante o juízo comum ou o tribunal do júri, decorrentes da aplicação das regras de conexão e continência, observar-se-ão os institutos da transação penal e da composição dos danos cíveis". Portanto, havendo conexão ou continência, os processos serão reunidos no juízo comum, atentando-se, sim, para os institutos próprios do Juizado.

A discussão, contudo, vai continuar. Para uns, deverá ser feita a separação; para outros, não. O Juízo Comum, ou o tribunal do júri, terá prevalência, observando-se os institutos próprios da Lei dos Juizados, como a transação, a composição civil, a suspensão condicional do processo.

A Lei n. 11313, de 2006, é de aplicação imediata. Dispõe seu art. 3º: "Esta lei entra em vigor na data de sua publicação" – 29.06.2006. Não será aplicada, no entanto, se já houver sentença. A competência recursal também não será modificada. Um só recurso deverá ser interposto, e não um para a Turma Recursal e outro para o Tribunal.

Observe-se que as infrações conexas serão analisadas separadamente para efeito de transação. A infração de maior gravidade não pode impedir a transação ou a composição do dano civil.

---

[282] Súmula 122/STJ: Compete à Justiça Federal o processo e julgamento unificado dos crimes conexos de competência federal e estadual, não se aplicando a regra do art. 78, II, *a*, do Código de Processo Penal.

[283] Súmula 52/TFR: Compete à Justiça Federal o processo e julgamento unificado dos crimes conexos de competência federal e estadual, não se aplicando a regra do art. 78, II, *a*, do Código de Processo Penal.

Reunidos os processos, o juiz, primeiramente, designará audiência de conciliação (fase do consenso), mesmo porque não pode haver, de imediato, denúncia em relação à infração de menor potencial ofensivo, e sim quanto ao crime mais grave. Quanto àquele, a acusação deverá fazer a proposta de transação. Não havendo acordo, a acusação aditará a denúncia para fazer constar a infração menor. Daí em diante seguir-se-á o rito ordinário. Outros doutrinadores entendem que o Ministério Público deveria "aguardar o desfecho da audiência preliminar para, depois, existindo elementos quanto às duas infrações conexas, oferecer uma única denúncia". Dois princípios se chocam, o da economia processual e o da celeridade (oferecimento imediato da denúncia e depois, se for o caso, o aditamento). Fico com este último posicionamento.

2.9 Competência por prerrogativa de função

A competência por prerrogativa de função é conhecida, também, por competência originária *ratione personae*. Determinadas pessoas, em razão do cargo ou função que ocupam, de relevância político-jurídica, gozam de foro especial. Não se trata de privilégio, mas de prerrogativa, decorrente do cargo ou função ocupados. A competência por prerrogativa de função está prevista na Constituição Federal (Cf. arts. 29, X, 102, I, *c*, 105, I, *a*, e 108, I, *a*), nas Constituições Estaduais, nas leis ordinárias (CPP, art. 87) e nas leis de Organização Judiciária. Os tribunais regionais federais têm competência para processar e julgar crime de prefeito municipal praticado em detrimento de interesses, bens e serviços da União Federal, suas autarquias e empresas públicas. Assim já decidiu o Supremo Tribunal Federal (RE 158282-1/RS, 1ª T., j. 23.03.1993, *DJ* 16.04.1993, relator Min. ILMAR GALVÃO).

2.10 *Perpetuatio jurisdictionis*

Perpetuatio jurisdictionis significa perpetuação da competência e tem por finalidade estabilizar a competência com o propósito de proteger a parte, evitando-se mudança de lugar do processo toda vez que houver modificações supervenientes. Está tal princípio consagrado no art. 81, do CPP, que é aplicável nos casos de conexão e continência. Logo, quando se tratar de um só crime, não há de se aplicar o princípio.

Há de se aplicar o disposto no art. 87, do CPC, e não o art. 70, do CPP, quando instalada nova Comarca ou novo Juizado. A ação penal já tramita em local em que não ocorreu o crime. Assim decidiu o Plenário do Supremo, por maioria, vencidos os Mins. MARCO AURÉLIO, CARLOS BRITTO e SEPÚLVEDA PERTENCE ao julgar, em 06.08.2003, o RHC 83181-RJ, relator para o acórdão o Min. JOAQUIM BARBOSA. A maioria entendeu que, desse modo, seria preservado o princípio do juiz natural. Assim também penso.

2.11 A ação penal privada e o lugar de propositura da ação

O querelante, na ação penal privada, não pode escolher o lugar para propor a ação se o lugar onde foi praticado o crime (*locus comissi delicti*)[284] é conhecido, tendo em vista a norma estabelecida no art. 63, da Lei dos Juizados Especiais – Lei n. 9099/1995 ("A competência do Juizado será determinada pelo lugar em que foi praticada a infração penal"), que é específica em relação ao disposto no art. 73, do CPP ("Nos casos de exclusiva ação privada, o querelante poderá preferir o foro de domicílio ou da residência do réu, ainda quando conhecido o lugar da infração").

2.12 O Tribunal do Júri e o Juizado

Dispõe o § 3º, do art. 74, do CPP: "Se o juiz da pronúncia desclassificar a infração para outra atribuída à competência do juiz singular, observar-se-á o disposto no art. 410; mas, se a desclassificação for feita pelo próprio Tribunal do Júri, a seu presidente caberá proferir a sentença (art. 492, § 2º)".

---

[284] Lugar da infração. Lugar onde é cometido o crime. O mesmo que *forum delicti comissi* (lugar da infração).

O Tribunal do Júri atrai todos os crimes conexos aos dolosos contra a vida, julgando, assim, o crime doloso contra a vida e a infração conexa, ainda que praticada isoladamente. E se o crime for da competência do Juizado?

Se houver absolvição sumária do delito doloso contra a vida (CPP, art. 415) ou desclassificação (CPP, arts. 418 e 419), remanescendo o crime conexo de pena não superior a dois anos, os autos serão encaminhados, após o trânsito em julgado, ao Juizado Especial. Esse mesmo procedimento será observado se houver impronúncia (CPP, art. 414 – redação dada pela Lei n. 11689/2008: "Não se convencendo da materialidade do fato ou da existência de indícios suficientes de autoria ou de participação, o juiz, fundamentadamente, impronunciará o acusado. Parágrafo único. Enquanto não ocorrer a extinção da punibilidade, poderá ser formulada nova denúncia ou queixa se houver prova nova"). É de atentar-se, portanto, para o disposto no parágrafo único do art. 81: "Reconhecida inicialmente ao júri a competência por conexão ou continência, o juiz, se vier a desclassificar a infração ou impronunciar ou absolver o acusado, de maneira que exclua a competência do júri, remeterá o processo ao juízo competente".

Despronúncia é a impronúncia proferida pelo Tribunal *ad quem*[285].

Havendo, no entanto, no Plenário do Júri, absolvição do crime contra a vida, já se tendo firmado a competência do Tribunal do Júri para julgar o crime conexo, deverá seu presidente suspender o julgamento a fim de que o Ministério Público possa oferecer proposta de transação ou de suspensão, que, se aceita, será apreciada pelo Tribunal do Júri.

Atualmente, a questão está prevista por lei. Dispõe o § 1º, do art. 492, do CPP, com a redação dada pela Lei n. 11689, de 09.06.2008:

> Se houver desclassificação da infração para outra, de competência do juiz singular, ao presidente do Tribunal do Júri caberá proferir sentença em seguida, aplicando-se, quando o delito resultante da nova tipificação for considerado pela lei como infração penal de menor potencial ofensivo, o disposto nos arts. 69 e seguintes da Lei n. 9099, de 26.09.1995.

Portanto, desclassificado o crime para um de menor potencial ofensivo, o juiz-presidente aguardará o trânsito em julgado da decisão, quando, então, designará audiência preliminar, possibilitando o oferecimento da proposta de transação penal, aplicando os institutos despenalizadores.

Ver comentários ao art. 61, Capítulo III, item 11.

> O Júri limita-se a julgar fatos. A pena é imposta pelo Juiz togado que o preside. No Escabinado, os escabinos (leigos e togados) julgam e aplicam a pena. Entre nós, as provas que são apuradas no inquérito, que é sigiloso, são repetidas em juízo sob o crivo do contraditório. Inegavelmente, nesse particular, o nosso diploma, em se tratando de tutela do direito de liberdade, supera o sistema francês. As provas que servem para a prolação da sentença são colhidas depois de "baixar a poeira", como se costuma dizer, explica TOURINHO FILHO[286].

2.13 Conflito de competência

Em conflito de competência entre Juízo de Direito e Juizado Especial Estadual Criminal de um mesmo Estado, a competência para conhecê-lo e dirimi-lo é do Tribunal de Justiça do Estado. Este é o entendimento da 3ª Seção do Superior Tribunal de Justiça, estabelecido no julgamento do CC 30137-AM, relator Min. FÉLIX FISCHER, realizado em 13.12.2001 (*DJ* 18.02.2002).[287]

---

[285] Para quem ou qual.
[286] TOURINHO FILHO, F. DA C. *Proposta de reforma do nosso Código de Processo Penal. Reflexões sobre a Lei de Execução Penal*. São Paulo: Ed. do autor, 2021. p. 21-22.
[287] CC 30137-AM. Ementa: "Incompetência do Superior Tribunal de Justiça para processar e julgar conflito negativo de competência entre Juízo de Direito e Juizado Especial Cível e Criminal (CF, art. 105, I, *d*). Competência do E. Tribunal de Justiça do Estado do Amazonas. Conflito não conhecido".

O Supremo Tribunal Federal assim também tem decidido. No CC 7096-GO, j. 01.06.2000 (*DJ* 30.06.2000), rel. Min. Maurício Corrêa, em sessão plenária, decidiu aquela mais alta Corte do País: "Incompetência do Supremo Tribunal Federal e do Superior Tribunal de Justiça para processar e julgar conflito negativo de competência entre Juízo de Direito e Juizado Cível e Criminal (CF, arts. 102, I, *o,* e 105, I, *d)".*

E se o conflito for entre Juizado Especial Estadual e Juizado Especial Federal ou entre Juizado Especial Federal e Juízo de Direito? Por força de norma constitucional – CF, art. 105, I, *d,* parte final –, a competência é do Superior Tribunal de Justiça.

E entre Turmas Recursais de Juizados Especiais Federais? Ao Tribunal Regional Federal a que estiverem vinculadas. Se se tratar de Juizados Especiais Estaduais, ao Tribunal de Justiça a que estiverem subordinadas. Se estiverem vinculadas a tribunais diversos, ao STJ, aplicando-se a parte final da letra *d,* do inciso I, do art. 105, da Constituição Federal ([...] *entre juízes vinculados a tribunais diversos*).

Em 19.08.2002, decidiu o Supremo Tribunal Federal, em sessão plenária, tendo como relator o Min. Sydney Sanches, ao julgar o Conflito de Competência 7081-6/MG (*DJ* 27.09.2002): "As decisões de Turma Recursal de Juizado Especial, composta por Juízes de 1º Grau, não estão sujeitas à jurisdição de Tribunais estaduais (de Alçada ou de Justiça)".

Consequentemente, decidiu que,

> havendo Conflito de Competência, entre Turma Recursal de Juizado Especial e *Tribunal de Alçada*, deve ele ser dirimido pelo Superior Tribunal de Justiça, nos termos do art. 105, I, *d,* da CF, segundo o qual a incumbência lhe cabe, quando envolva, *tribunal e juízes a ele não vinculados*[288] (g.n.).

Explicou o relator que, na hipótese, "está um Tribunal de Alçada (de 2ª instância), cujas decisões não estão sujeitas à jurisdição do Tribunal de Justiça do Estado; e, de outro, um órgão colegiado de Juízes de primeiro grau, não submetido à jurisdição de um ou de outro".

No CC 7098-6/GO (Questão de Ordem), relator o Min. Moreira Alves, tinha-se um conflito entre Juiz de Direito de Vara Criminal e Juizado Especial da mesma Comarca. A questão, aqui, é entre Juiz de primeiro grau e Juizado Especial, também de primeiro grau, de uma mesma comarca. Aí entendeu o Supremo, em sessão plenária, por unanimidade, em 29.06.2000, que a competência para conhecer do conflito seria do Tribunal de Justiça. Assim também fora decidido, em 08.06.2000, no CC 7095-1/GO, rel. Min. Ilmar Galvão, e no CC 7096-0/GO, rel. Min. Maurício Corrêa, em 01.06.2000.

A competência não poderia ser do Supremo porque lhe cabe dirimir "os conflitos de competência entre o Superior Tribunal de Justiça e quaisquer tribunais, entre Tribunais Superiores, ou entre estes e qualquer outro tribunal" (art. 102, I, *o,* da CF), nem do STJ, porque sua competência é para processar e julgar "os conflitos de competência entre quaisquer tribunais, ressalvado o disposto no art. 102, I, *o,* bem como entre tribunal e juízes a ele não vinculados e entre juízes vinculados a tribunais diversos" (art. 105, I, *d,* da CF).

O STJ entendia que era incompetente para julgar conflito de competência entre Tribunal de Justiça e Turma Recursal do mesmo Estado. O entendimento era de que não havia conflito de competência por ser o Tribunal de Justiça órgão hierarquicamente superior à Turma Recursal (CC 32227/MG, *DJ* 01.04.2002; CC 30913/MA, *DJ* 18.02.2002).

Todavia, depois da orientação do Supremo, passou-se a conhecer dos conflitos entre *Juizados* para dar pela competência da Turma Recursal (Cf. CC 38513/MG, relatora Min. Laurita Vaz, v.u., j. 13.08.2003, *DJ* 15.09.2003). O acórdão, na parte que interessa, ficou assim ementado:

---

[288] O art. 4º, da EC n. 45/2004 extinguiu os Tribunais de Alçada: "Ficam extintos os tribunais de Alçada, onde houver, passando os seus membros a integrar os Tribunais de Justiça dos respectivos Estados, respeitadas a antiguidade e classe de origem".

A Eg. Terceira Seção, em consonância com o julgado do Plenário da Suprema Corte no CC 7081-6, consolidou o entendimento de que, por não haver vinculação jurisdicional entre Juízes das Turmas Recursais e o Tribunal local (de Justiça ou de Alçada) – assim entendido porque, a despeito da inegável hierarquia administrativo-funcional, as decisões proferidas pelo segundo grau de jurisdição da Justiça Especializada não se submetem à revisão por parte do respectivo Tribunal –, deverá o conflito de competência ser decidido pelo Superior Tribunal de Justiça, a teor do art. 105, I, *d*, da Constituição Federal, que dispõe ser da competência deste Tribunal processar e julgar, originariamente, "os conflitos de competência entre quaisquer tribunais, ressalvado o disposto no art. 102, I, *o*, bem como entre tribunal e juízes a ele não vinculados e entre juízes vinculados a tribunais diversos".

Decidiu a 1ª Seção do STJ, no CC 84826, em 11.02.2009 (*DJ* 03.03.2009), relator Min. Luiz Fux, que a competência para decidir os conflitos entre Juizados e Juízos comuns, ainda que da mesma Comarca ou Seção Judiciária, é do STJ. A Súmula 348/STJ ("Compete ao Superior Tribunal de Justiça decidir os conflitos de competência entre juizado especial federal e juízo federal, ainda que da mesma seção judiciária") ficou ultrapassada.

Todavia, o Supremo Tribunal Federal, em 26.08.2009, entendeu, por unanimidade de votos, que é da competência dos tribunais regionais federais dirimir conflitos entre Juizado Especial e Juízo Comum da mesma Seção Judiciária (RE 590406), rel. Min. Ricardo Lewandowski. O RE 590406 teve sua repercussão geral reconhecida pela Corte em outubro de 2008. A repercussão geral é aplicada a casos nos quais o resultado do julgamento ultrapassa o interesse das partes e ganha relevância social, econômica, política ou jurídica.

A questão refere-se a Juizado Especial Federal, mas o entendimento aplica-se ao Juizado Especial Estadual.

3. CAUSAS DE COMPETÊNCIA ORIGINÁRIA DOS TRIBUNAIS REGIONAIS FEDERAIS

Na segunda instância ou nas instâncias especiais (Supremo Tribunal Federal e Superior Tribunal de Justiça), nos processos originários, podem ser aplicados os institutos dos juizados especiais? Sim. Caso contrário, aqueles que respondessem a processos nos tribunais sofreriam uma discriminação negativa. Assim, apesar de não haver conciliadores, podem ser aplicados os institutos da transação penal e da suspensão do processo. A aplicação desses institutos não cria confusão com a ação originária.

Esse é o entendimento do Supremo Tribunal Federal, firmado em questão de ordem suscitada no Inquérito 1055-3/AM, pelo Min. Celso de Mello. Em seu despacho, disse o Ministro:

> A exigência legal de representação do ofendido nas hipóteses de crimes de lesões corporais leves e de lesões culposas reveste-se de caráter penalmente benéfico e torna consequentemente extensíveis aos procedimentos penais originários instaurados perante o Supremo Tribunal Federal os preceitos inscritos nos arts. 88 e 91 da Lei n. 9099/1995.

4. COMPETÊNCIA POR PRERROGATIVA DE FUNÇÃO APÓS A CESSAÇÃO DA INVESTIDURA

A Súmula 394 do Supremo Tribunal Federal estabelecia: "Cometido o crime durante o exercício funcional, prevalece a competência especial por prerrogativa de função, ainda que o inquérito ou a ação penal sejam iniciados após a cessação daquele exercício".

Essa Súmula foi cancelada na sessão do dia 25.08.1999, ao ser julgado o Inq. (QO) 687-SP.

Indagava-se, então, com a nova redação do *caput* e o acréscimo de dois parágrafos ao art. 84, do Código de Processo Penal, pela Lei n. 10628, de 24.12.2002: Houve restabelecimento da Súmula 394? Não. O Supremo Tribunal Federal, em sessão plenária, tendo como relator o Ministro Sepúlveda Pertence, ao julgar o Inq. (QO) 718-SP, em 23.04.2003, decidiu, por uma só voz, que o §

1º, do art. 84, do Código de Processo Penal, introduzido pela Lei n. 10628/2002, não restabeleceu integralmente o disposto no verbete 394 da Súmula do STF, cancelado na sessão do dia 25.08.1999 (Inq. (QO) 687-SP), segundo o qual, cometido o crime durante o exercício funcional, prevaleceria a competência especial por prerrogativa de função, ainda que o inquérito ou a ação penal sejam iniciados após a cessação daquele exercício (Informativo 305, de 30.04.2003).

Em 15.09.2005, o Supremo Tribunal Federal, por maioria, julgou procedente a ADI 2797-2, nos termos do voto do relator, Min. SEPÚLVEDA PERTENCE, para declarar a inconstitucionalidade da Lei n. 10628, 24.12.2002, que acresceu os §§ 1º e 2º, ao art. 84, do CPP, vencidos os Mins. EROS GRAU, GILMAR MENDES e ELLEN GRACIE. A competência, assim, para processar e julgar o agente político por crime comum, após a cessação do exercício da função pública, é do juízo de primeiro grau.

5. COMPETÊNCIA DELEGADA

O acesso à justiça é um dos princípios garantidos pela Constituição Federal, mas, diante da extensão continental do nosso país, a solução é a Justiça Federal delegar processos de sua competência para as estaduais, salvo quanto aos crimes de tráfico internacional de drogas.

O juiz estadual deprecado exerce jurisdição federal delegada quando cumpre carta precatória expedida pela Justiça Federal. E a competência para julgar recurso contra decisão do Juiz estadual do TRF.

O recurso que desafia sentença proferida pelo Juiz Estadual, investido na jurisdição federal por delegação constitucional, deve ser apreciado pelo Egrégio Tribunal Regional Federal.

Bom lembrar que, após a Lei n. 11343, de 23.08.2006, o que dispõe o **art. 70**:

> O processo e o julgamento dos crimes previstos nos arts. 33 a 37 desta Lei, se caracterizado ilícito transnacional, são da competência da Justiça Federal. **Parágrafo único**. Os crimes praticados nos Municípios que não sejam sede de vara federal serão processados e julgados na vara federal da circunscrição respectiva.

Se o tráfico for interno, isto é, dentro do Brasil, não havendo demonstração da transnacionalidade dos delitos, a competência é da Justiça Estadual.

6. OS JUIZADOS ESPECIAIS E A EXTRADIÇÃO

O chamado Estatuto do Estrangeiro, Lei n. 6815, de 19.08.1980, foi alterado pela Lei n. 6964, de 09.12.1981, arts. 76 a 94 e, posteriormente, em 2017, revogado pela Lei n. 13445/2017, a Lei de Migração.

Extradição é o processo pelo qual um Estado solicita a outro a entrega do criminoso que foragiu para seu território, a fim de que seja julgado pela autoridade judiciária do governo requisitante. É um instituto de cooperação internacional eficaz na luta contra o crime. Não se confunde com a *expulsão*, que é o processo pelo qual o Estado põe para fora do seu território o estrangeiro.

É interessante ressaltar que o pedido de vistos para viajar para o Brasil é de responsabilidade das delegações consulares distribuídas no mundo e da Divisão de Imigração. No Brasil, por exemplo, o órgão responsável pela concessão de vistos é o Itamaraty.

Nem com a *deportação*, que, como ensina JOSÉ FRANCISCO REZEK[289], "é uma forma de exclusão, do território nacional, daquele estrangeiro que aqui se encontre após uma *entrada irregular* – geralmente clandestina – ou cuja *estada* tenha-se tornado irregular – quase sempre por excesso de prazo, ou por exercício de trabalho remunerado, no caso de turista".

A expulsão e a deportação são modalidades de exclusão do estrangeiro por iniciativa local. E o que vem a ser a ***abdução***? É o sequestro, a prisão arbitrária, a captura irregular, que, no entanto, é tolerada pelo Direito internacional, uma vez que houve mandado regular de prisão expedido

---

[289] REZEK, J. F. *Direito internacional público*: curso elementar. 9. ed. rev. São Paulo: Saraiva, 2002. p. 187.

pelo Estado que reclama o fugitivo. É a *extradição dissimulada*. Um dos casos mais famosos é o de Adolf Eichmann, coronel da SS, Organização do Exército Secreto de Hitler, retirado à força da Argentina, em 1960, pelo serviço secreto israelense, para ser julgado em Israel.

Podem ser extraditados, a qualquer tempo, os estrangeiros que, depois de cometerem crimes em outros países, ainda que em país do qual não sejam naturais, entram no Brasil. O objetivo da extradição é fazer que os infratores sejam punidos pelos crimes que cometeram.

Indeferindo o Supremo pelo seu Plenário, o pedido de extradição, o governo comunica a decisão ao país estrangeiro, e o cidadão poderá ser solto e continuar no Brasil, a depender da regularidade de seu visto.

Deferido o pedido de extradição, a decisão é comunicada ao Ministério da Justiça, a fim de que o estrangeiro seja entregue ao país requerente.

Se o estrangeiro comete crimes também no Brasil, sendo condenado por eles, cabe ao Presidente da República decidir se o entrega ao país requerente, antes ou depois do cumprimento da pena aplicada pela justiça brasileira.[290]

Não pode o Brasil impor ao Estado requerente – extradição passiva, que é aquela em que o Estado estrangeiro pede ao Brasil a entrega do criminoso – a aceitação de institutos peculiares ao Direito Penal pátrio, como os previstos na Lei dos Juizados Especiais – transação penal, suspensão condicional do processo –, uma vez que tal exigência não está prevista na legislação que cuida da extradição (Lei n. 6815, de 19.08.1980 – Estatuto dos Estrangeiros –, alterada pela Lei n. 6964, de 09.12.1981, arts. 76 a 94). Estatuto substituído pela Lei n. 13445/2017 (Lei de Migração).

Julgando a Extradição 682-7, em 24.10.1996 (*DJ* 05.12.1997), o Supremo Tribunal Federal, tendo como relator o Min. Francisco Rezek, decidiu: "Nem o Direito Internacional nem o nosso ordenamento jurídico condescendem com a *exportação* forçada de institutos penais. É inapropriado impor ao Estado requerente a aceitação de institutos peculiares ao direito penal brasileiro: suspensão do processo (Lei n. 9099/1995)".

Voltou o Supremo a confirmar esse entendimento em 10.03.1999 (*DJ* 30.04.1999), ao julgar, em sessão plenária, a Extradição 736-7, solicitada pela República Federal Alemã, rel. Min. Sydney Sanches:

> Os institutos brasileiros de suspensão do processo, conforme o montante da pena mínima prevista para os crimes, e do regime de cumprimento de pena não podem ser impostos à Justiça alemã pela brasileira, nem isso é previsto na legislação que regula a extradição, ou em tratado entre os dois países.

7. GRAUS DE JURISDIÇÃO NOS JUIZADOS

Nos Juizados Especiais, queira-se ou não, tem-se, na verdade, dois graus de jurisdição. O primeiro, constituído de um juiz togado e de conciliadores; e o segundo, composto de três juízes

---

[290] Caso de grande repercussão, polêmico, é o do italiano Cesare Battisti, ex-militante do movimento comunista italiano dos anos 1970. EXT – 64470. O Ministério da Justiça do Brasil concedeu-lhe asilo político. O Ministro Tarso Genro declarou que sua decisão é jurídica, pois o italiano foi condenado à prisão perpétua mais de trinta anos depois dos acontecimentos, em julgamento sumário, sem direito a plena defesa e por sentença baseada unicamente em informação obtida por "delação premiada". A decisão desagradou a Itália. O processo de extradição, formulado em 2007, está em andamento. O Procurador-Geral da República, Antonio Fernando de Souza, recomendou o arquivamento do processo de extradição. O julgamento iniciado no dia 09.09.2009 foi suspenso com o pedido de vista do Ministro Marco Aurélio. Em 16.12.2009, o Tribunal, por maioria, deferiu o pedido de extradição, vencidos a Senhora Ministra Cármen Lúcia e os Senhores Ministros Eros Grau, Joaquim Barbosa e Marco Aurélio. Por maioria, o Tribunal assentou o caráter discricionário do ato do Presidente da República de execução da extradição, vencidos os Senhores Ministros, Relator, Ricardo Lewandowski, Ellen Gracie e o Presidente, Ministro Gilmar Mendes. Foi relator do feito o Min. César Peluso. O presidente, Luiz Inácio Lula da Silva, segundo comentários da imprensa, deve manter no país o ex-ativista italiano Cesare Battisti, que está preso no Brasil e foi condenado à prisão perpétua pelo governo da Itália por terrorismo. Até agora, não decidiu. É possível que fique para sua sucessora, Dilma Rousseff, decidir.

do primeiro grau, mas que têm a função de rever as sentenças proferidas pelos juízes de primeiro grau. São as turmas recursais.

Vale chamar a atenção para o fato de que a Turma Recursal não tem qualquer poder correcional ou administrativo sobre os Juizados Especiais.

> **Art. 64**. Os atos processuais serão públicos e poderão realizar-se em horário noturno e em qualquer dia da semana, conforme dispuserem as normas de organização judiciária.

1. ATOS PROCESSUAIS

Fato é um acontecimento gerado pelo homem ou pela natureza. Diz Hélio Tornaghi[291]: "Tudo quanto acontece é um fato natural: a queda de uma telha, a morte de um animal, o transbordamento de um rio, a subtração de coisa pública por um presidente são fatos". Se esse fato, no entanto, por força de uma norma jurídica que o considerou relevante, provoca um efeito jurídico, temos um fato jurídico. Explica bem Marcos Bernardes de Mello[292]: "Somente o fato que esteja regulado pela norma jurídica pode ser considerado um fato jurídico, ou seja, um fato gerador de direitos, deveres, pretensões ou de qualquer outro efeito jurídico, por mínimo que seja".

O fato jurídico, em sentido estrito, é aquele que, independentemente da vontade do homem, produz efeitos jurídicos, como o nascimento, a morte, o decurso do tempo etc. (acontecimentos naturais ordinários), ou o caso fortuito, a força maior etc. (acontecimentos naturais extraordinários). Se o fato jurídico é proveniente da ação do homem e gera efeitos jurídicos, nós temos fatos jurídicos *lato sensu*[293], que podem ser voluntários (uma declaração, uma escritura etc.) e involuntários (atos ilícitos). Evidentemente que, se o ato for doloso, não se pode falar em involuntariedade.

Os atos ilícitos, segundo definição de Orlando Gomes[294], "são ações humanas de efeitos jurídicos impostos pela lei, a título de sanção, porque violam o dever genérico de conduta do agente (*damnum injuria datum*)[295]". E o ato jurídico? Define-o Bernardes de Mello[296] como "o fato jurídico cujo suporte fático tenha como cerne uma exteriorização consciente de vontade, dirigida a obter um resultado juridicamente protegido ou não proibido e possível".

Atos processuais são atos jurídicos praticados, no processo, pelos sujeitos da relação processual: o juiz; a parte acusadora: o Ministério Público – parte necessária (crimes de ação pública); o ofendido, seu representante legal ou seu sucessor como assistente da acusação (parte contingente, não necessária) e o ofendido como querelante – parte necessária (crimes de ação penal privada); parte acusada: o réu ou acusado e o querelado; terceiros e servidores da justiça. O defensor não é parte; assiste, sim, tecnicamente, o acusado ou querelado.

Também praticam atos no processo os auxiliares da justiça e terceiros, como a testemunha, os peritos, os intérpretes (terceiros desinteressados); o ofendido, quando não figura como parte, o terceiro de boa-fé em poder de quem a coisa foi apreendida (terceiros interessados). **Os atos processuais são muitos e diversos.**

2. O PRINCÍPIO DA PUBLICIDADE E O DA CELERIDADE

Pelo princípio da publicidade – os atos processuais serão públicos e poderão ser realizados em qualquer dia da semana, sábado, domingo e feriado, e até à noite (art. 64, da Lei n. 9099/1995),

---

[291] Tornaghi, 1959, p. 502.
[292] Mello, M. B. de. *Teoria do fato jurídico*. 6. ed. atual. São Paulo: Saraiva, 1994. p. 9.
[293] Em sentido extenso.
[294] Gomes, 1991, p. 249.
[295] Dano produzido pela injúria (injúria = ofensa).
[296] Mello, op. cit., p. 115.

"conforme dispuserem as normas de organização judiciária" –, o propósito é dar maior celeridade aos Juizados. Atente-se que o art. 96, II, *d*, da CF, diz que compete aos Tribunais de Justiça "a alteração da organização e da divisão judiciárias".

No caso da Justiça Federal, ocorrerá, de acordo com o que dispuserem a Lei n. 5010, de 30.05.1966, uma lei, na verdade, de organização judiciária da Justiça Federal, e as resoluções dos tribunais regionais. O Conselho da Justiça Federal tem-se *arvorado* em baixar resoluções sobre questões da administração dos tribunais federais e seções judiciárias, violando, desse modo, o parágrafo 1º, do art. 105, da Constituição Federal, incluído pela Emenda Constitucional n. 45, de 30.12.2004. Os poderes correicionais dizem respeito às questões administrativas e orçamentárias, tão somente. Ao Conselho cabe *supervisionar*, ou seja, orientar em plano superior. Se assim não for entendido, será o Conselho que irá elaborar os regimentos dos tribunais, organizar suas secretarias e os juízos a eles vinculados etc.

> § 1º Funcionarão junto ao Superior Tribunal de Justiça:
>
> I – a Escola Nacional de Formação e Aperfeiçoamento de Magistrados, cabendo-lhe, dentre outras funções, regulamentar os cursos oficiais para o ingresso e promoção na carreira; (Incluído pela Emenda Constitucional nº 45, de 2004)
>
> II – o Conselho da Justiça Federal, cabendo-lhe exercer, na forma da lei, a supervisão administrativa e orçamentária da Justiça Federal de primeiro e segundo graus, como órgão central do sistema e com poderes correicionais, cujas decisões terão caráter vinculante. (Incluído pela Emenda Constitucional n. 45, de 2004)

"A publicidade do juízo", como dizia BENTO DE FARIA[297], Ministro do Supremo Tribunal Federal, "é a melhor garantia da própria Justiça, constituindo um estímulo para seus servidores que, à vista de todos, se hão de esforçar no consciencioso desempenho do dever". E frisou: "A Justiça, sempre que possível, deve ser distribuída a portas abertas. Lucra a autoridade moral dos julgamentos".

EDUARDO ESPÍNOLA FILHO[298] salientou: "Todos os atos do processo criminal têm, como traço característico, o aspecto da publicidade, no sentido de que são acessíveis ao público, qualquer pessoa podendo assistir à sua realização, sem outro interesse além da simples curiosidade".

A publicidade dos atos processuais constitui, pela atual Constituição Federal, art. 5º, LX, direito fundamental do cidadão. E é norma pétrea, não podendo ser objeto de deliberação a proposta que tente eliminá-la (Constituição Federal, art. 60, § 4º, IV). Só um direito maior sobrepuja a publicidade: a intimidade do cidadão ou o interesse social. E isso é ressalvado pelo próprio dispositivo constitucional. A vida privada, a honra e a imagem das pessoas são, por força da própria Constituição, invioláveis e constituem direitos fundamentais de todo cidadão. Daí a disposição do § 1º, do art. 792, do CPP:

> Se da publicidade da audiência, da sessão ou do ato processual, puder resultar escândalo, inconveniente grave ou perigo de perturbação da ordem, o juiz, ou o Tribunal, câmara, ou turma, poderá, de ofício ou a requerimento da parte ou do Ministério Público, determinar que o ato seja realizado a portas fechadas, limitando o número de pessoas que possam estar presentes.

A publicidade, portanto, é restringida, na hipótese, por poder resultar em: **a)** escândalo; **b)** inconveniente grave; **c)** perigo de perturbação da ordem.

O princípio da publicidade complementa o da ampla defesa e o do devido processo legal, como bem explica ROGÉRIO LAURIA TUCCI[299]:

---

[297] FARIA, 1960, p. 134.

[298] ESPÍNOLA FILHO, 1976, p. 66.

[299] TUCCI, R. L. *Direitos e garantias individuais no processo penal brasileiro*. São Paulo: Saraiva, 1993. p. 239.

Impõe-se, outrossim, para que a defesa do imputado seja assegurada em sua plenitude, a ampla publicidade dos atos processuais, imprescindibilidade também ao *due process of law*[300] no processo penal, e que se perfaz com o conhecimento e a presença, na totalidade deles, dos interessados na definição e/ou satisfação de concreta relação jurídica penal, bem como pelo acesso a eles de todos os membros da comunidade.

Estudando o princípio da publicidade, conta-nos ERNST BELING[301]:

> El proceso penal del Derecho común era *secreto*. Todo acto de comunicación procesal se realiza sólo entre dos personas. En el interrogatorio de un testigo, por ej., se excluye la presencia del inculpado y de cualquier tercero. Nadie, ni siquiera el inculpado, tenía derecho a ver los autos. El liberalismo naciente reclamó, en cambio, con toda energía, la publicidad de los actos procesales, no sólo para los interesados: publicidad para las partes, sino también para el publico: publicidad popular. La Constitución de 1849 se hizo eco de esta exigencia. Las legislaciones de los Países adoptaron el principio de la publicidad, siguiéndolas la legislación imperial.

O princípio da publicidade não impede que as audiências e as sessões possam ser realizadas em outro local que não no *forum*[302]. O § 2º, do art. 792, do CPP, dispõe: "As audiências, as sessões e os atos processuais, em caso de necessidade, poderão realizar-se na residência do juiz, ou em outra casa por ele especialmente designada".

O art. 220, do CPP, prevê a audiência das pessoas impossibilitadas, por doença ou velhice, que não possam se deslocar até o *fórum*, de serem inquiridas onde estiverem, em casa, no hospital, em abrigos para velhos etc. Entre as pessoas estão, evidentemente, o acusado, a vítima.

O art. 221 do mesmo Código trata das pessoas que têm a prerrogativa de escolher o local onde serão ouvidas. O acusado e a vítima, também, desde que, sendo autoridade, ainda esteja no exercício de sua função.

Atente-se para o parágrafo único do art. 22, da Lei n. 10259/2001, a Lei dos Juizados Especiais Federais, que prevê o Juizado itinerante percorrendo vários lugares, levando juiz e servidores para atender *in loco*[303] o cidadão.

Hoje a palavra em moda para explicar o princípio da publicidade é *transparência*, no sentido de visibilidade, permissibilidade de que tudo que é realizado seja facilmente conhecido por todos. A Justiça não pode ter nada a esconder.

As audiências e sessões são realizadas a portas abertas, podendo qualquer pessoa assistir a elas. Vejam que interessante acórdão, interessante porque inusitado, mas, sem dúvida alguma, certo, do Tribunal de Alçada Criminal do Estado de São Paulo (TACrim/SP), relatado pelo Juiz RIBEIRO MACHADO ao julgar o HC 208888/5, em 12.08.1993 (*RT* 706/334), como lembrado por MIRABETE:

> Não compromete o princípio constitucional da publicidade dos atos processuais o fato de as portas da sala de audiências do Fórum estarem fechadas e não trancadas, para garantir o bom funcionamento do aparelho de ar condicionado, porque não impedindo o acesso ao recinto de qualquer pessoa interessada em acompanhar os trabalhos forenses.

Diz ROBERTO LYRA[304] que EUSÉBIO GÓMEZ, estudando a matéria (a publicidade), fixou os incontáveis proveitos da publicidade:

---

[300] Devido processo de direito, de lei, ou seja, legal.
[301] BELING, E. *Derecho procesal penal*. Traducción del alemán por Miguel Fenech. Barcelona: Editorial Labor, 1943. p. 148.
[302] *Forum*: local onde se realizam as audiências, onde está localizada a justiça. Não confundir com *foro*: "Espaço de uma divisão territorial, onde impera a jurisdição de seus juízes e tribunais" (PEREIRA E SOUZA).
[303] No próprio local.
[304] LYRA, R. *Comentários ao Código de Processo Penal*. v. 6. Rio de Janeiro: Forense, 1944. p. 463-464.

"Um tribunal para ser justo – dizia Feuerbach – não precisa funcionar em público, mas, para não parecer injusto, o necessita, embora manifesta a sua justiça".

E que Firmino Whitaker proclamava: "Em nosso direito, por mais escandalosa que seja a discussão da causa, por maior que pareça a conveniência de afastar a assistência dos curiosos, é inadmissível a validade de um julgamento secreto".

Os princípios da publicidade, da transparência, do devido processo legal e da presunção da inocência são hoje duramente atingidos pelos Estados Unidos, em face do abominável ataque aos corações econômico e militar dos norte-americanos, respectivamente o *World Trade Center* e o Pentágono, em 11.09.2001, quando ficou demonstrado que a defesa americana não é inexpugnável, insuperável, invencível. A maior potência da Terra, de defensora dos direitos humanos, das liberdades individuais e da autodeterminação dos povos, de arauto de todas as liberdades, tornou-se uma nação antidemocrática, desrespeitadora dos direitos humanos.

No dia 19.11.2001, o então presidente americano baixou um decreto que lhe dá a prerrogativa de determinar quem é suspeito de ser terrorista, sem direito a recurso, que estabelece que os tribunais especiais poderão omitir do acusado e da defesa trechos dos autos que considerem comprometedores para a segurança nacional; os acusados, se condenados à pena de morte, serão sumariamente executados.

Desrespeito total e absoluto ao art. X, da Declaração Universal dos Direitos Humanos, que proclama: "Todo homem tem direito, em plena igualdade, a uma justa e pública audiência por parte de um Tribunal independente e imparcial, para decidir de seus direitos e deveres ou do fundamento de qualquer acusação criminal contra ele". Como pode, então, um Estado que quer vingança julgar Osama Bin Laden, o suposto autor intelectual de um abominável crime: matar mais de seis mil pessoas num ataque raivoso contra o povo americano? O seu julgamento só se pode dar, sem dúvida, por um tribunal internacional.[305]

O que vemos, nisso, é a repetição do que dizia Atena ao povo da pequena ilha de Melos, segundo narrado por Tucídides[306]: "Bem sabeis, como nós, que na ordem do mundo só se fala de direito entre iguais em força. Entre fortes e fracos, os fortes fazem o que podem, e os fracos sofrem o que devem".

Não confundir o princípio da publicidade com a *publicidade emocional da mídia*. O crime deve ser duramente combatido. Mas a pessoa do acusado, por pior crime que tenha cometido, deve ser respeitada. Nada de espalhafato, de estardalhaço para humilhá-lo e alegrar os menos esclarecidos. Nada de medidas que tentem enganar a sociedade.

A imprensa – órgão, sem dúvida, formador de opinião – é essencial para a liberdade e a democracia, mas deve conter-se dentro de determinados limites de decência, decoro, dignidade, respeito, acatamento e consideração à pessoa para não transbordar para a desmoralização dos homens de bem, para não causar danos incomensuráveis ao indivíduo agredido e a toda sua família. Como afirmou Rui: "Nada mais útil às nações do que a imprensa na lisura da sua missão. Nada mais nefasto do que ela mesma na transposição do seu papel".

Joaquim Falcão[307], jornalista, com muita propriedade, disse:

> Ser o que não se é, é errado. Imprensa não é Justiça. Esta relação é um remendo. Um desvio institucional. Repórter não é juiz. Nem editor é desembargador. E quando, por acaso, acreditam ser, transformam a dignidade da informação na arrogância da autoridade que não tem. Não raramente, hoje, alguns jornais, ao divulgarem a denúncia alheia, acusam sem apurar. Processam sem ouvir. Colocam o réu, sem defesa, na prisão da opinião pública. Enfim, condenam sem julgar.

---

[305] Tourinho Neto, F. da C. Direitos humanos e autodeterminação. *Folha de S. Paulo*, 16.12.2001. p. A-3.

[306] Tucídides apud Barbosa, R. *Pensamento e ação de Rui Barbosa*. Brasília: Senado Federal, 1999. p. 229.

[307] Falcão, J. A imprensa e a justiça. *O Globo*, 06.06.1993. p. 7.

Estudando o princípio da publicidade, GERALDO PRADO[308] chegou à seguinte conclusão: "[...] o *processo paralelo* difundido na mídia é superficial, emocional e muito raramente oferece a todos os envolvidos igualdade de oportunidade para expor seus pontos de vista".

3. ATOS DO JUIZ

Os atos praticados pelos juízes[309] são decisórios, instrutórios e de documentação.

Mediante *atos decisórios*, o juiz: **I)** ordena o processo, dá-lhe movimento, fazendo-o *caminhar*, são os chamados despachos de mero expediente; **II)** ou decide, definitivamente ou não, solucionando a questão, e temos, então, as decisões: **1)***definitivas*, que apreciam o mérito, conhecidas por sentenças condenatórias, absolutórias ou definitivas em sentido estrito; **2)** as *interlocutórias mistas*, interlocutórias porque dizem respeito a determinados procedimentos em alguma de suas fases e mistas porque têm força de definitiva, isto é, equiparam-se às definitivas, mas definitivas, na verdade, não são, podendo ser: **a)***terminativas*, que põem fim à relação processual sem decidirem o mérito, como as que julgam procedente a exceção de coisa julgada ou de litispendência, a que rejeita a denúncia ou a queixa; **b)***não terminativas*, que encerram uma fase do procedimento cujo exemplo maior é a pronúncia; **3)***interlocutórias simples*, como a que recebe a denúncia, a que decreta prisão preventiva.

As sentenças podem: **a)** condenar, acolhendo a pretensão punitiva, total ou parcialmente, de forma própria, em que é infligida a pena, são as sentenças condenatórias próprias; nas sentenças condenatórias impróprias, a pena é infligida, mas não é aplicada por ter ocorrido o perdão judicial; ou **b)** absolver, rejeitando a acusação, e, igualmente, de forma própria, absolvendo o acusado ou querelado, ou imprópria, em que, apesar da absolvição, é imposta medida de segurança.

São *atos instrutórios* aqueles que o juiz pratica para instruir o processo e, assim, informar-se para poder bem julgar, como o interrogatório, a tomada de depoimento das testemunhas, da vítima, as acareações etc.

Atos de documentação são os praticados para comprovar algo, como assinar os termos de audiência, de ouvida de testemunhas etc.

4. ATOS DAS PARTES

Os atos das partes podem ser: **a)** *postulatórios*, aqueles em que a parte pede alguma coisa – assim temos as petições, os requerimentos –, visando obter do juiz uma decisão, um despacho; **b)** *instrutórios*, tendentes à produção de prova a fim de convencer o juiz dos fatos que alegam – isso se dá arrolando testemunhas, inquirindo testemunhas etc., cientes de que, para o juiz, aquilo que não está nos autos não está no mundo, isto é, não existe (*quod non est in actis non est in mundo*[310]), e apresentando-se, também, sob forma de alegações, para demonstrar suas pretensões, com o propósito de convencer o juiz; **c)***reais*, que se caracterizam, como dito por GABRIEL REZENDE FILHO[311], "por se manifestarem *re, non verbis*[312]: o oferecimento de documentos, a prestação de caução às custas, o pagamento das custas como condições para a proposição de nova demanda, tendo sido o réu, em anterior processo, absolvido da instância"; aqueles em que são procedidas as alegações; **d)** *dispositivos*, concernentes ao direito material em litígio, como na transação, na desistência e na submissão, chamados por GOLDSCHMIDT de "negócios jurídicos processuais".

---

[308] PRADO, 2001. p. 180.

[309] CPP, art. 800. Os juízes singulares darão seus *despachos e decisões* dentro dos prazos seguintes, quando outros não estiverem estabelecidos: I – de 10 (dez) dias, se a *decisão for definitiva*, ou *interlocutória mista*; II – de 5 (cinco) dias, se *for interlocutória simples*; III – de 1 (um) dia, se se tratar de *despacho de expediente* [...] (g.n.).

[310] Aquilo que não está nos *autos* não está no mundo.

[311] REZENDE FILHO, G. J. R. DE. *Curso de direito processual civil*. v. 2. 5. ed. anotada, corrigida e atualizada por Benvindo Aires. São Paulo: Saraiva, 1960. p. 5.

[312] Por coisas, não por palavras.

No processo penal, temos a transação (Cf. art. 2º, da Lei n. 9099/1995, ora em análise), a conciliação (v. art. 520, do CPP, aplicável nos crimes de calúnia e injúria: "Antes de receber a queixa, o juiz oferecerá às partes oportunidade para se reconciliarem, fazendo-as comparecer em juízo e ouvindo-as, separadamente, sem a presença dos seus advogados, não se lavrando termo") e a desistência (renúncia, perempção e retratação – v. art. 107, IV e V, do CP, e art. 25, do CPP).

Pela submissão, o réu reconhece a procedência do pedido e o direito invocado contra ele pelo autor. E, assim, o juiz pode desde logo aplicar a pena (o *guilty plea*, do Direito inglês, significa a afirmação por parte do réu de ser culpado. Se o réu decide confessar-se culpado antes do julgamento, não será obrigado a prestar depoimento). O nosso processo penal não contempla esse instituto.

5. ATOS DOS SERVENTUÁRIOS

Também os serventuários da justiça praticam atos no processo, e temos, assim, os atos de movimentação, que fazem que o processo *ande,* os termos de vista, de conclusão, as certidões, os de documentação, mediante os quais o servidor comprova que determinado ato foi praticado, como quando certifica que o advogado foi intimado; e os atos de execução, por meio dos quais o servidor cumpre as ordens do juiz, citando o réu, notificando o representante do Ministério Público etc.

6. ATOS PRATICADOS POR TERCEIROS

No processo, ainda há os atos praticados por pessoas que têm interesse na solução do litígio: o terceiro interessado, como a vítima; os terceiros desinteressados, como a testemunha, os peritos.

> **Art. 65.** Os atos processuais serão válidos sempre que preencherem as finalidades para as quais foram realizados, atendidos os critérios indicados no art. 62 desta Lei.
>
> **§ 1º** Não se pronunciará qualquer nulidade sem que tenha havido prejuízo.
>
> **§ 2º** A prática de atos processuais em outras comarcas poderá ser solicitada por qualquer meio hábil de comunicação.
>
> **§ 3º** Serão objeto de registro escrito exclusivamente os atos havidos por essenciais. Os atos realizados em audiência de instrução e julgamento poderão ser gravados em fita magnética ou equivalente.

1. NULIDADE DOS ATOS PROCESSUAIS

1.1 Ato processual perfeito

TORNAGHI[313], ao tratar da matéria, assim começou:

> Antes de passar ao estudo desta questão, quero valer-me de um símile que, acredito, irá depois iluminar o assunto: Três crianças estão para nascer. No dia em que a primeira vem à luz, verifica-se que ela nasceu sem pernas, inexistem pernas. Quando do nascimento da segunda, vê-se que ela tem pernas, mas são nulas, não se movimentam. Ao nascer a terceira, comprova-se que ela tem pernas, estas se movem, mas estão atingidas por uma doença que acabará por paralisá-las, por anulá-las. Se quiséssemos, poderíamos falar: no primeiro caso, em inexistência das penas; no segundo, em nulidade; no terceiro, em anulabilidade. Assim é também com o ato jurídico.

Considera-se o ato processual perfeito quando, diz JOSÉ JOAQUIM CALMON DE PASSOS[314], meu grande mestre no Curso de Especialização em Processo, está adequado "ao modelo prefixado na

---

[313] TORNAGHI, 1959, p. 62-63.

[314] PASSOS, J. J. C. DE. *A nulidade no processo civil.* Salvador: Imprensa Oficial da Bahia, 1959. p. 49.

lei (o tipo)". E explica: "A falta de correspondência entre o tipo e o ato determina sua imperfeição, e o ato é defeituoso ou viciado, como dito geralmente".

Ato processual perfeito é, portanto, o ato típico.

1.2 Ato inexistente

Ato inexistente é o que não existe, pois não tem elementos, não tem matéria. FLÁVIO LUIZ GOMES[315], falecido em 01.04.2020, tratando do assunto, explica: "[...] o ato pode simplesmente inexistir no mundo dos fatos, sequer como aparência de ato (inexistência material); às vezes, porém, constata-se a existência de um fato com aparência de fato; a ausência de um requisito vital, entretanto, desnatura-o como ato jurídico (inexistência jurídica)".

O ato inexistente material, portanto, é um não ato, logo não tem nenhum significado jurídico, insuscetível, por não existir, de ser anulado. Já o ato inexistente juridicamente, na verdade, existe, mas lhe falta um elemento essencial, substancial ou formal, descaracterizando-o como um determinado tipo de ato. Disso se extrai que o ato inexistente materialmente não precisa de um provimento judicial para torná-lo ineficaz, pois ele não existe, não podendo ser convalidado nem pela coisa julgada. Logo, o ato inexistente não é ato típico nem tampouco atípico, porque é um não ato. A inexistência jurídica decorre, evidentemente, da falta do agente. Por exemplo, sentença proferida por quem não é juiz, por juiz aposentado, contra quem não é acusado ou contra acusado já falecido, ou, também, por falta de objeto, como no caso do laudo de exame de corpo de delito não assinado ou firmado por quem não é médico legista, salvo as exceções legais.

No entanto, o ato inexistente juridicamente equivale ao ato nulo e, assim, exige uma decisão que declare a sua ineficácia.

EUGENIO FLORIAN[316], com perfeita lógica, diz o seguinte:

> Para que el acto procesal pueda ser anulado es necesario que exista; el acto inexistente no es tal en la realidad, no es más que una apariencia. El CPP no se ocupa de los actos inexistentes y de su consiguiente invalidez; y en realidad no era menester que se ocupase de él, pues, lógicamente es fácil argumentar que el acto inexistente es inválido. El acto procesal inexistente corresponde a un estado de hecho en el cual no se dan los elementos necesarios para que el acto pueda surgir.

1.3 Nulidade. Ato nulo

O ato imperfeito, ato atípico, pode implicar nulidade insanável, sanável ou mera irregularidade. Mas o que é nulidade? Responde INOCÊNCIO BORGES DA ROSA[317]:

"É o defeito jurídico que torna sem valor ou pode invalidar o ato ou o processo, no todo ou em parte".

E o que é ato nulo? Considera-se ato nulo – nulidade absoluta – o ato imperfeito, eivado de vício, que não pode ser sanado, convalidado. O ato imperfeito só pode ser tido como nulo depois que a sanção de sua ineficácia for decretada. Nulo, pois, é o ato que foi atingido pela sanção de ineficácia. Enquanto isso não ocorrer, produz, normalmente, seus efeitos.

Nulidade insanável é aquela que não pode ser sanada, pois o vício atinge o interesse público, podendo, assim, ser declarada de ofício pelo juiz. *Quod nullum est, nullum producit effectum*[318]; todavia, no âmbito processual, a nulidade deve ser, sempre, declarada; enquanto não for, seja absoluta ou não, o ato é válido. A regra do *quidquid fit contra legem nullum est*[319] revela um sistema

---

[315] GOMES, F. L. et al. *Teoria geral do processo civil*. Porto Alegre: Letras Jurídicas, 1983. p. 222.
[316] FLORIAN, 1934, p. 119.
[317] ROSA, I. B. DA. *Processo penal brasileiro*. v. 3. 2. ed. Porto Alegre: Globo, 1961. p. 304.
[318] O que é nulo não produz efeito algum.
[319] Tudo que é feito contra a lei é nulo.

absolutista, ultrapassado, do *dura lex, sed lex*[320]. Hoje, o que importa, em regra, é a substância. *Le fond emporte la forme.*[321]

Tenha-se que, na nulidade absoluta, não se exige a demonstração do prejuízo porque este já é tido como certo, evidente. Isso não ocorre com a nulidade relativa. Daí a Súmula 523 do Supremo: "No processo penal, a falta de defesa constitui nulidade absoluta, mas a sua deficiência só o anulará se houver prova de prejuízo para o réu". São os atos tidos como essenciais ou estruturais (Cf. CPP, art. 564, III, *a, b, c, d, e*, 1ª parte, *f, i, j, k, m, o* e *p*).

A nulidade, observa-se, só existe com o pronunciamento do juiz; antes, nós temos apenas um ato imperfeito, defeituoso. A nulidade é a sanção, que torna o ato ineficaz.

1.3.1 Princípio da finalidade

Dispõe o art. 65, da Lei n. 9099/1995, que "os atos processuais serão válidos sempre que preencherem as finalidades para as quais foram realizados [...]".

É o princípio da finalidade, bem explicitado no inciso II, do art. 572, do Código de Processo Penal[322]. Na dúvida, deve fazer-se a interpretação para que valha o ato, para salvar o ato. *Facienda est interpretatio, in dubio, ut actus valeat.*[323]

No Juizado Especial, não há ato insanável desde que tenha ele atingido sua finalidade, sem prejuízo efetivo para as partes nem para apuração da verdade real. O Grupo de Estudos de Processo Penal da Escola Superior da Magistratura do Rio Grande do Sul elaborou diversas súmulas sobre a Lei n. 9099/1995, entre elas a de n. 12, sobre nulidade, com a seguinte redação:

"Quando a Lei n. 9099, de 26.09.1995, diz, em seu art. 65, § 1º: 'Não se pronunciará qualquer nulidade sem que tenha havido prejuízo', quer se referir evidentemente a toda e qualquer espécie de nulidade, sanável ou não, excluídas apenas as hipóteses de inexistência. Unânime". Ainda que seja no caso de transação realizada sem advogado, se a parte anuiu com o acordo, poderia, posteriormente, alegar prejuízo. Tudo depende do caso em discussão.

Interessante o julgamento, mencionado por Mirabete, proferido pela 1ª Turma do STF (HC 70749-1/RJ) em 08.03.1994 (*RT* 708/417), relator o Min. Ilmar Galvão, em que foram observados os princípios *pas de nullité sans grief*[324] e da finalidade: "A defesa patrocinada por bacharel, cuja inscrição junto à OAB tenha sido suspensa ou cancelada, não induz nulidade sem a comprovação concreta do prejuízo sofrido pelo acusado. Precedentes".

É a aplicação do princípio do prejuízo. Se não há prejuízo, se a finalidade não foi comprometida pelo vício, o ato não deve ser invalidado. Está no art. 566, do CPP: "Não será declarada a nulidade de ato processual que não houver influído na apuração da verdade substancial ou na decisão da causa".

1.3.2 Princípio do prejuízo

No § 1º, do art. 65, da Lei dos Juizados, está gizado o princípio do prejuízo, pois está dito que "não se pronunciará qualquer nulidade sem que tenha havido prejuízo". E é o que está disposto no art. 563, do Código de Processo Penal: "Nenhum ato será declarado nulo, se da nulidade não resultar prejuízo para a acusação ou para a defesa". *Pas de nullité sans grief*. O prejuízo pode ser demonstrado por argumentos ou por provas admitidas em direito.

---

[320] A lei é dura, mas é lei.
[321] A essência sobrepuja a forma.
[322] CPP, art. 572. As nulidades previstas no art. 564, III, *d* e *e*, segunda parte, *g* e *h*, e IV, considerar-se-ão sanadas: [...] II – se, praticado por outra forma, o ato tiver atingido o seu fim; [...].
[323] Na dúvida, deve-se fazer a interpretação de modo que o ato valha.
[324] Nenhuma nulidade, sem prejuízo.

O art. 566 dispõe: "Não será declarada a nulidade de ato processual que não houver influído na apuração da verdade substancial ou na decisão da causa". Ou seja, não há comprometimento do ato pelo vício.

1.3.3 Princípio da convalidação

Esclarece MIRABETE[325]:

> [...] ainda que não obedecida uma formalidade legal, se o ato praticado produziu o efeito esperado no processo, realizando sua finalidade com o atendimento dos critérios previstos pelo art. 62, será ele considerado válido. Não é declarada sua nulidade em obediência ao *princípio da convalidação* (g.n.).

Observa-se o que estabelece o art. 572, II, do CPP: "As nulidades previstas no art. 564, III, *d* e *e*, segunda parte, *g* e *h* e IV, considerar-se-ão *sanadas*: [...] II – se, praticado por outra forma, o ato tiver atingido o seu fim" (g.n.).

O art. 568 do mesmo Código dispõe: "A nulidade por ilegitimidade do representante da parte poderá ser a todo tempo *sanada*, mediante ratificação dos atos processuais" (g.n.).

Esse princípio é de alta importância nos Juizados Criminais. É básico para o princípio da economia processual.

1.4 Nulidade sanável

Nulidade sanável é relativa, uma vez que "o legislador deixa à parte prejudicada a faculdade de pedir ou não a invalidação do ato irregularmente praticado, subordinando também o reconhecimento do vício à efetiva demonstração do prejuízo sofrido", como explicam ADA PELLEGRINI, SCARANCE e GOMES FILHO.[326] A nulidade relativa pode ser sanada, *vis sanatrix*.[327]

É do Supremo Tribunal Federal o seguinte entendimento consolidado na Súmula 706: "É relativa a nulidade decorrente da inobservância da competência penal por prevenção".

O ato nulo que pode ser convalidado é considerado de nulidade relativa. Por exemplo, o ato praticado de outra forma que não a prevista legalmente atingiu seu fim.

O processo é estabelecido para ir para a frente, marchar adiante; não é um retrocesso, um *retrocedere*, mas um *procedere*, um avançar. Vencida, *queimada* uma etapa, não se volta, não se retorna.

Está no art. 572, do CPP: "As nulidades previstas no art. 564, III, *d* e *e*, segunda parte, *g* e *h*, e IV, considerar-se-ão sanadas: I – se não forem arguidas, em tempo oportuno, de acordo com o disposto no artigo anterior [...] ".

Dá-se, nessa hipótese, a preclusão. O art. 278, *caput,* do CPC, dispõe: "A nulidade dos atos deve ser alegada na primeira oportunidade em que couber à parte falar nos autos, sob pena de preclusão". Não a alegando, dá-se a preclusão e o ato se convalida. Mas observa o dispositivo, no parágrafo único: "Não se aplica o disposto no *caput* às nulidades que o juiz deva decretar de ofício, nem prevalece a preclusão provando à parte legítimo impedimento". Na primeira parte, refere-se à nulidade absoluta.

Trata-se, na verdade, de corolário do dever de lealdade processual.

A preclusão leva à perda da faculdade de praticar o ato processual, que pode ser por decurso do tempo, do vencimento do prazo – *preclusão temporal*; por incompatibilidade entre o ato praticado e o outro – *preclusão lógica*; ou por já ter sido o ato, não sendo, portanto, possível realizá-lo de novo – *preclusão consumativa*.

---

[325] MIRABETE, 2002, p. 70.
[326] GRINOVER, A. P. et al. *As nulidades no processo penal*. São Paulo: Malheiros, 1992. p. 18.
[327] Força saneadora.

1.5 Nulidade originária e nulidade derivada

Há casos de nulidade derivada, ou seja, a nulidade de um ato, nulidade originária que pode acarretar a nulidade dos atos subsequentes. Dispõe o § 1º, do art. 573, do CPP: "A nulidade de um ato, uma vez declarada, causará a dos atos que dele diretamente dependam ou sejam consequência". Daí por que "o juiz que pronunciar a nulidade declarará os atos a que ela se estende" (CPP, § 2º, do art. 573). A nulidade da denúncia implica nulidade da citação, do interrogatório etc.

É a aplicação do *princípio da causalidade*, em que o juiz examina se a nulidade não atingiu outros atos do procedimento, que derivam do ato eivado de nulidade. Não há dependência entre um ato e outro ou relação de causa e efeito.

Há nulidades que não contaminam os demais atos. A nulidade é só do ato sem ter consequência nos atos subsequentes. Às vezes, é só parte do ato atingido por um vício. Nessa hipótese, se o ato é separável, geralmente o ato complexo, a parte não atingida é válida. *Utile non debet per inutile vititiari*.[328]

1.6 Irregularidade

A mera irregularidade é a desatenção às prescrições ditadas pela lei sem que o âmago do ato seja atingido. Não deve, portanto, ser sancionado com a nulidade nem há necessidade de ser repetido, de ser sanado.

É lição de ADA PELLEGRINI, SCARANCE e GOMES FILHO[329] que em determinados casos: "[...] o desatendimento às prescrições legais não compromete os objetivos pelos quais a forma foi instituída, de sorte que podem ser considerados meramente *irregulares*, sem que sua eficácia esteja em jogo".

1.7 Princípio do interesse

As nulidades relativas e as irregularidades devem ser arguidas pelos interessados, mas estabelece, no entanto, o art. 565, do CPP: "Nenhuma das partes poderá arguir nulidade a que haja dado causa, ou para que tenha concorrido, ou referente à formalidade cuja observância só à parte contrária interesse". *Nemo auditur propiam turpidinem allegans*[330], ou *nemo ex dolo suo lucretur*[331], ou ainda, *nemo de improbitate sua consequitur actionem*[332].

Explica ESPÍNOLA FILHO[333]: "[...] para poder invocar a nulidade, a parte interessada nisto necessita satisfazer uma condição essencial. É imprescindível não tenha, com seu procedimento ativo, ou por omissão, dado motivo à nulidade, nem contribuído para registrar-se o defeito, ou vício, que invalida o ato".

A nulidade absoluta, por atingir o próprio interesse público, deve ser reconhecida de ofício pelo juiz, ou seja, ainda que nenhuma das partes o provoque.

Não se deve esquecer que, em face do disposto no art. 251[334], do CPP, de ofício, o juiz pode declarar a nulidade relativa, ou seja, daquela que é sanável. O art. 251 reza que "ao juiz incumbirá prover a regularidade do processo e manter a ordem no curso dos respectivos atos". Logo, deve expurgar irregularidades, mandando retificar ou renovar o ato sumário.

---

[328] O útil não deve ser viciado pelo inútil.
[329] GRINOVER, 1992, p. 16.
[330] Ninguém é ouvido alegando a própria torpeza.
[331] Ninguém lucre por dolo seu.
[332] Ninguém, por sua improbidade, consegue ação.
[333] ESPÍNOLA FILHO, 1976, p. 146.
[334] CPP, art. 251. Ao juiz incumbirá prover à regularidade do processo e manter a ordem no curso dos respectivos atos, podendo, para tal fim, requisitar a força pública.

1.8 A instrumentalidade do processo

Discorrendo sobre a instrumentalidade, observa CÂNDIDO RANGEL DINAMARCO[335] a importância do processo como instrumento, dizendo:

> Sem transformar as regras formais do processo *num sistema orgânico de armadilhas ardilosamente preparadas pela parte mais astuciosa e estrategicamente dissimuladas no caminho do mais incauto*, mas também sem renegar o valor que têm, o que se postula é, portanto, a colocação do processo em seu devido lugar de instrumento que não pretenda ir além de suas funções; *instrumento cheio de dignidade e autonomia científica, mas nada mais do que instrumento.*

E ressalta: "O processo bem estruturado na lei e conduzido racionalmente pelo juiz cônscio dos objetivos preestabelecidos é o melhor penhor da segurança dos litigantes".

O processo é meio, e não fim; logo, o princípio que deverá vigorar é o da instrumentalidade das formas, como bem expressa o art. 65, da Lei dos Juizados Especiais Estaduais.

Não pode o processo ser utilizado para discussões acadêmicas. Há peças processuais que mais parecem monografias.

É bom frisar que, embora não possam ser esquecidos os princípios concernentes ao contraditório e à ampla defesa, é certo que, se o ato praticado, sem a atenção a esses princípios, foi em benefício do autor do fato, a decisão não deverá ser anulada. Dispõe a Súmula 523 do STF: "No processo penal, a falta da defesa constitui nulidade absoluta, mas a sua deficiência só o anulará se houver prova de prejuízo para o réu".

Afinal: *Scire leges non hoc est verba earum tenere sed vim ac potestatem.*[336]

Tenha-se sempre a ideia de que a obediência às formas, não à obediência cega, rigorosa, é uma forma de garantia para todos os que atuam no processo: partes, testemunhas, peritos, advogados, Ministério Público e juiz.

2. A PRÁTICA DOS ATOS PROCESSUAIS EM OUTRAS SEÇÕES JUDICIÁRIAS OU COMARCAS

A prática de atos processuais em outras comarcas (na Justiça Federal, temos seção judiciária, subseções e circunscrições)[337] poderá ser solicitada por qualquer meio hábil de comunicação (§ 2º, do art. 65, da Lei n. 9099/1995), e não só, portanto, por meio de carta precatória, podendo, assim, ser feita por telefone, fax, telex, telegrama, *e-mail*.

3. REGISTRO. REDUÇÃO A TERMO

Só será objeto de registro escrito, isto é, de redução a termo (reduzir a termo é transformar em escrito o ato praticado), exclusivamente os atos havidos por essenciais – § 3º, do art. 65, da Lei n. 9099/1995. O procedimento sumaríssimo converteu-se, na verdade, em ordinário. O CPC referia-se a procedimento sumaríssimo. Todavia, como não existia procedimento sumário, não poderia existir o sumaríssimo.

---

[335] DINAMARCO, C. R. *A instrumentalidade do processo*. São Paulo: RT, 1990. p. 269.

[336] Saber as leis não é reter suas palavras, mas sua força e poder.

[337] A *seção judiciária* corresponde ao território de um Estado; as subseções ou circunscrições, aos territórios de um ou mais municípios do interior do Estado; e a seção e a subseção judiciárias são compostas de uma ou mais Varas. Uma Vara tem um juiz titular e um substituto.
Comarca é a circunscrição territorial cujos limites são determinados pela Lei de Organização Judiciária, em que o juiz de direito exerce sua jurisdição. A comarca poderá ter uma ou mais varas, cada uma com um juiz, às vezes um titular e um substituto ou um auxiliar. O inciso VII, do art. 93, da Constituição Federal, determina que o juiz resida na respectiva comarca (art. 93, VII – o juiz titular residirá na respectiva comarca, salvo autorização do respectivo tribunal).

Deverão ser reduzidos a escrito: o acordo sobre a composição dos danos – art. 74; a representação oral feita pelo ofendido – art. 75; a proposta de transação – art. 76; a aceitação da proposta pelo autor do fato – art. 76, § 3º; a sentença homologatória da transação ou a decisão que não a homologou – art. 76, § 4º; a denúncia ou queixa quando formuladas oralmente – art. 78; a decisão que rejeita a denúncia ou a queixa – art. 81; o resumo do interrogatório e dos depoimentos da vítima e das testemunhas – art. 81, § 2º; resumo dos debates orais – art. 81; a sentença, sem relatório – art. 81; os embargos de declaração, quando opostos oralmente – art. 83, § 1º.

Permite o § 3º, do art. 65, da Lei n. 9099/1995, que os atos realizados na audiência sejam gravados em fita magnética ou equivalente, podendo, portanto, ser em fita cassete, em CD (*compact disc*) ou até gravação em vídeo. A instituição do sistema de registro fonográfico de audiências possibilitará que sejam observados, em sua plenitude, os princípios da celeridade, da economia processual e da oralidade. Ademais, haverá, sem dúvida, uma maior fidelidade do que foi dito pelo réu e seu defensor, pela vítima, pelas testemunhas, pelo Ministério Público e pelo juiz. Em alguns juízos federais, principalmente no sul do País e no Distrito Federal, já é utilizada gravação nas audiências. O resultado tem sido satisfatório. A fidelidade do que se passou é precisa, não deixando margens para dúvida. É como se a própria Turma Recursal estivesse ouvindo o autor do fato, a vítima e as testemunhas. Melhor será quando for possível gravar as audiências mediante vídeo (vê-se e ouve-se).

De acordo com o § 1º, do art. 405, do CPP, incluído pela Lei n. 11719/2008:

"Sempre que possível, o registro dos depoimentos do investigado, indiciado, ofendido e testemunhas será feito pelos meios ou recursos de gravação magnética, estenotipia, digital ou técnica similar, inclusive audiovisual, destinada a obter maior fidelidade das informações."

Grande polêmica gira em torno da degravação.

No Tribunal de Justiça de São Paulo, alguns desembargadores estão se recusando a examinar recursos em que as audiências são gravadas, sem que tenha havido a degravação, devolvendo os autos aos juízes de primeiro grau para que promovam a transcrição em papel.

É verdade que as audiências gravadas facilitam muito o trabalho na primeira instância, mas criam embaraços na segunda, pelo tempo tomado na ouvida dos depoimentos, apesar de permitir a fidelidade da prova.

Se for para fazer, no primeiro grau, a transcrição, é preferível a utilização do método tradicional. Talvez a melhor ideia seja criar, nos tribunais, um setor de degravação.

O certo é que não se deve voltar ao método antigo, que pode possibilitar erro na transcrição, pouca fidelidade das respostas dos inquiridos, tendo em vista que o juiz dita as respostas, geralmente, com suas palavras, que não traduzem o que o ouvido quis dizer, ou deixa de registrar alguma resposta por, no momento, não achar importante, dificultando a busca à verdade real. Além do mais, a gravação imprime grande celeridade à realização de ato processual.

É o novo que chega para romper as travas do antigo.

> **Art. 66.** A citação será pessoal e far-se-á no próprio Juizado, sempre que possível, ou por mandado.
>
> **Parágrafo único.** Não encontrado o acusado para ser citado, o juiz encaminhará as peças existentes ao Juízo comum para adoção do procedimento previsto em lei.

1. ATOS DE COMUNICAÇÃO

Explica Galdino Siqueira[338] que "o processo judicial é o movimento dos atos da ação em juízo" e que o "primeiro ato deste movimento não pode deixar de ser o chamamento do réu a juízo para ver-se-lhe propor a ação": a citação.

---

[338] Siqueira, 1924, 114-115.

1.1 Citação

Citação é o ato pelo qual se dá ciência ao autor do fato da acusação que lhe é feita, chamando-o a juízo para se defender, dando-lhe ciência do dia e hora em que deverá comparecer para ser interrogado e assistir à instrução até o final da sentença transitada em julgado. No Direito romano, a citação era expressa pela locução *in jus vocatio*, chamamento a juízo.

A citação somente existe, portanto, quando o processo criminal foi iniciado com a denúncia ou a queixa. O denunciado ou querelado só é citado, no processo, uma única vez. A diferença entre citação e intimação é feita, inclusive, pela própria Lei n. 9099/1995, no art. 68, no qual está dito "do ato de intimação do autor do fato e do mandado de citação do acusado [...]". Autor do fato, antes da denúncia ou da queixa. Autor do fato, e não indiciado, porque, na hipótese, não há indiciamento em inquérito; a expressão "indiciado" é utilizada para identificar aquele que está respondendo a inquérito. Com a denúncia, o autor está sendo incriminado da prática de uma infração penal. É acusado. Tratando-se de queixa, a denominação técnica é querelado, e não acusado. Para alguns autores, enquanto a denúncia não é recebida, não se tem acusado. Não esquecer que, no Juizado Especial, a denúncia só é recebida após a apresentação da defesa – art. 81 (como nos crimes da competência dos tribunais, Lei n. 8038/1990, art. 4º; nos crimes de responsabilidade de funcionário público, art. 514, do CPP etc.). Vale lembrar que suspeito não é indiciado, quanto mais réu. O indiciado é aquele que contra ele pesam indícios, não suspeitas, de ser o autor da infração.

A citação pode ser *pessoal*, dita também *real*, que é a feita por mandado, por carta precatória, carta de ordem, carta rogatória e mediante requisição, ou ficta, efetivada por edital.

1.1.1 Citação por mandado

A citação do réu será sempre pessoal, *in faciem*[339], também chamada de real, mediante ciência nos autos, nos casos em que o autor da infração estiver presente; ou, caso contrário, por mandado – citação por mandado (Lei n. 9099/1995, art. 66). Tratando-se de militar na ativa, a citação é feita por intermédio de ofício requisitório (requisição) ao comando (CPP, art. 358), não se dispensando, no entanto, a comunicação pessoal do acusado. Cuidando-se de funcionário público, apesar de ser citado por mandado, será dada ciência ao chefe a quem o autor do fato está subordinado (CPP, art. 359).

Não pode, assim, o acusado ser citado na pessoa do seu advogado, de seu cônjuge, de seus pais, de seus filhos.

Do mandado de citação do autor do fato, constará, além dos requisitos exigidos pelo art. 352, do CPP, que deverá comparecer acompanhado de advogado, com a advertência de que, assim não fazendo, ser-lhe-á dado um defensor público.[340] Esse defensor, apesar de ser denominado na lei defensor público, poderá ser advogado dativo. Essa advertência ser-lhe-á feita, também, se a citação se der por meio de ciência nos autos.

Apesar de não constar da Lei dos Juizados, o citado deve receber cópia da denúncia ou da queixa (contrafé), para poder saber do que está sendo acusado e em que termos, a fim de elaborar sua defesa. Ainda que a citação se dê por certidão nos autos, o acusado deve receber cópia da denúncia ou da queixa. A entrega da contrafé será certificada pelo funcionário que citou o autor do fato nos autos ou pelo oficial de justiça. A ausência da entrega da contrafé só dará lugar à nulidade se a defesa demonstrar o prejuízo. Na falta da arguição, presume-se que ela foi entregue. Presunção esta que cede à prova em contrário. Não é presunção *juris et de jure*[341], e sim *juris tantum*[342].

---

[339] Na face.
[340] Lei n. 9099/1995, art. 68. Do ato de intimação do autor do fato e do mandado de citação do acusado, constará a necessidade de seu comparecimento acompanhado de advogado, com a advertência de que, na sua falta, ser-lhe-á designado defensor público.
[341] De direito e por direito.
[342] De direito até que se prove o contrário.

A falta da citação traz como consequência a nulidade absoluta do processo, salvo se o acusado se der por citado. Dispõe o art. 570, do CPP:

> A falta ou a nulidade da citação, da intimação ou notificação estará sanada, desde que o interessado compareça, antes de o ato consumar-se, embora declare que o faz para o único fim de argui-la. O juiz ordenará, todavia, a suspensão ou o adiamento do ato, quando reconhecer que a irregularidade poderá prejudicar direito da parte.

O mandado poderá ser substituído pela cópia da denúncia ou da queixa. Como assim? Em vez de extrair um mandado, a cópia da denúncia ou da queixa, ou do termo que a reduziu a escrito, no caso de ter sido feita oralmente, servirá de mandado, devendo o oficial de justiça certificar-se de que entregou a cópia dessas peças ao acusado e de que foi ele advertido de que deverá comparecer acompanhado de advogado; caso contrário, ser-lhe-á dado um defensor. A precatória, no cível, não serve de mandado? Nos antigos códigos estaduais, esse tipo de citação, chamado de *citação por despacho*, era possível. Disso nos fala GALDINO SIQUEIRA[343]:

> Tem lugar a citação por despacho quando o citando reside dentro da cidade ou vila ou em seus próximos arrabaldes. A expressão – dentro da cidade ou vila – refere-se ao perímetro *intra continentia urbis aedificia*[344]. Neste caso, o requerimento é entregue ao oficial da diligência para efetuá-la. Neste caso o requerimento pedindo a citação, devidamente despachado, é entregue ao oficial da diligência para efetuá-la.

1.1.2 Citação por carta precatória

O autor do fato poderá também ser citado por precatória, se estiver residindo fora do território do juizado. No juízo deprecado, proceder-se-á como se fosse no território do juízo deprecante. É verdade que *atrapalha* a celeridade do processo, mas é preferível a enviar-se as peças existentes ao Juízo Comum para que, aí, o autor do fato seja *processado*.

Precatória, *precatorius*, de *precari*, pedir, rogar, é o pedido que um juiz de uma comarca ou seção judiciária faz ao colega de outra comarca ou seção judiciária para a prática de um ato processual. Pede que mande citar o autor do fato, que ouça testemunhas etc.

Recebendo a carta precatória, o juiz deprecado lançará o *cumpra-se*. Feita a citação, procederá à devolução da carta.

A carta precatória deverá, preferencialmente, ser expedida por meio eletrônico, podendo também ser por telefone ou por telegrama (artigos 263 e 264 do atual Código de Processo Civil).

> *Art. 263. As cartas deverão, preferencialmente, ser expedidas por meio eletrônico, caso em que a assinatura do juiz deverá ser eletrônica, na forma da lei.*
>
> *Art. 264. A carta de ordem e a carta precatória por meio eletrônico, por telefone ou por telegrama conterão, em resumo substancial, os requisitos mencionados no art. 250, especialmente no que se refere à aferição da autenticidade.*

1.1.2.1 Precatória itinerante

E o que vem a ser precatória itinerante? A precatória é expedida para uma determinada comarca onde está residindo o réu. Todavia, se ao ser procurado pelo oficial de justiça o réu já mudou de residência, morando em outra comarca, o juiz deprecado, em vez de devolver a precatória ao juízo deprecante, remete-a para o juiz da comarca onde o acusado está agora residindo. Tal procedimento é expressamente admitido pelo CPC, art. 204: "A carta tem caráter itinerante; antes ou depois de

---

[343] SIQUEIRA, 1924, p. 116.

[344] Dentro do continente da cidade construída.

lhe ser ordenado o cumprimento, poderá ser apresentada a juízo diverso do que dela consta, a fim de se praticar o ato".

Sobre intimação por precatória, o Superior Tribunal de Justiça tem a seguinte jurisprudência assim enunciada na Súmula 273: "Intimada a defesa da expedição da carta precatória, torna-se desnecessária intimação da data da audiência no juízo deprecado".

1.1.3 Citação por carta de ordem

Na carta precatória, juiz deprecante e juiz deprecado são do mesmo grau de jurisdição. Se o juiz deprecante for de grau superior, não pedirá o cumprimento de determinado ato processual, e sim determinará. Mas, se o juiz deprecado não estiver subordinado administrativamente ao juízo deprecado – juiz subordinado a Tribunal diverso do que está solicitando o ato –, a carta a ser expedida será precatória, e não de ordem. Na carta de ordem, temos juiz *ordenante*, que equivale a juiz deprecante, e juiz *ordenado*, que é o juiz deprecado.

1.1.4 Citação por carta rogatória

Se o réu está no estrangeiro, não será possível, no Juizado, a citação por rogatória (CPP, art. 368)[345], em face da demora, da perda da celeridade do processo. O desrespeito ao princípio da celeridade, ocasionado pela busca da verdade real, no caso das rogatórias, desnatura o procedimento sumaríssimo e, dessa forma, impõe a remessa do processo ao Juízo Comum. Caímos na hipótese do parágrafo único, do art. 66, da Lei n. 9099/1995: "Não encontrado o acusado para ser citado, o juiz encaminhará as peças existentes ao Juízo Comum para adoção do procedimento previsto em lei".

A rogatória é a solicitação que o juiz faz ao governo estrangeiro para determinar a citação do réu que no seu país se encontra. Dispõe o art. 388, do Código de Bustamante: "Toda diligência judicial, que um Estado contratante necessite praticar em outro, será efetuada mediante carta rogatória ou comissão rogatória, transmitida por via diplomática [...]". E o art. 10 da Convenção de Haia de 1905, disciplinando a carta rogatória, estabelece:

> Salvo acordo em contrário, a carta rogatória deve ser redigida, quer na língua da autoridade requerida, quer na língua convencionada entre os dois Estados, ou ser acompanhada de tradução feita numa dessas línguas e autenticada por um agente diplomático, ou consular do Estado requerente ou por um tradutor juramentado do Estado requerido.

A carta rogatória, como faz ver Antônio Luiz Câmara Leal[346], "é uma verdadeira precatória, que recebe essa denominação especial, quando dirigida pelo juiz nacional a outra autoridade estrangeira". Apesar de assemelhar-se à precatória, a carta rogatória, substituindo-se as expressões justiça deprecante por justiça rogante e justiça deprecada por justiça rogada, tem processamento demorado, pois deverá ser encaminhada primeiramente ao Ministério da Justiça, que, por sua vez, solicitará ao Ministério das Relações Exteriores seu cumprimento. Não pode ser admitida no Juizado Especial.

1.1.5 Citação por edital. Citação com hora certa

A citação por edital só é admissível quando: o réu não for encontrado (CPP, art. 361). É citação *ficta* ou presumida, porque se presume que, com o edital, o acusado tome conhecimento do fato que lhe é imputado e do dia que deverá comparecer em juízo para ser interrogado. A Lei n. 11719/2008 deu nova redação ao art. 362, do CPP, para permitir a citação com hora certa. Boa inovação. Uma forma de citação igualmente *ficta*, pois presume-se que o acusado tomou conhecimento do seu conteúdo.

---

[345] CPP, art. 368. Estando o acusado no estrangeiro, em lugar sabido, será citado mediante carta rogatória, suspendendo-se o curso do prazo de prescrição até o seu cumprimento.

[346] Leal, A. L. da C. *Comentários ao Código de Processo Penal brasileiro*. v. 2. Rio de Janeiro: Freitas Bastos, 1942. p. 417.

O art. 363, do CPP, dispõe que "o processo terá completada a sua formação quando realizada a citação do acusado", por uma de suas modalidades. Mas qual o momento inicial do processo? O oferecimento da denúncia ou o do seu recebimento. O entendimento dominante é que o processo tem início com o recebimento da denúncia.

Edital, de *edictus*, *edicare*, é a publicação na imprensa. Citação por edital é citação por meio de publicação na imprensa e afixação à porta do edifício onde funciona o juízo. Leia-se o que dispõe o parágrafo único, do art. 365, do CPP.

O Supremo Tribunal Federal tem entendido, pacificamente, que a publicação em jornal local pressupõe a existência, na comarca, de imprensa oficial. Assim decidiu ao julgar, em 29.09.1977, o RHC 55503, por maioria, relator para o acórdão Min. SOARES MUÑOZ (*DJU* 18.03.1978): "A citação por edital com a necessária publicação em jornal local, pressupõe a existência, na Comarca, de imprensa oficial. Caso exista periódico, sem essa natureza, de publicação oficial, a formalidade é dispensável".

Não cabe, no Juizado Especial, a citação *ficta*, por edital (*citatio edictalis*), que é aquela que "se faz por avisos (éditos), publicados pela imprensa e afixados na sede do juízo", como explica MOACYR AMARAL SANTOS[347]. É, como acentua ele, uma "citação *ficta*: presume-se que o citando venha ler os avisos ou a saber que o estão chamando a juízo". Assim, não encontrado o autor do fato, o juiz, após esgotados todos os meios para citá-lo pessoalmente, encaminhará os autos ao Juízo Comum, tradicional, para que seja adotado o procedimento previsto no Código de Processo Penal, ou seja, o procedimento comum (Lei n. 9099/1995, art. 66, parágrafo único). Dá-se, desse modo, a *declinatoria fori*[348]. A razão é simples. No Juizado, temos institutos, como a transação, que só podem ser aplicados com a presença do réu. Além do mais, haveria a quebra dos princípios do informalismo, da celeridade e da economia processual. Nesse caso, ainda que a infração seja de menor potencial ofensivo, o processo e o julgamento não serão da competência do Juizado Especial, e sim do Juízo Comum.

Vamos supor que, no Juízo Comum, se verifique que houve erro no endereço do autor do fato ao ser digitado o mandado e, por essa razão, não foi encontrado. Como proceder? Os autos deverão ser devolvidos ao Juizado Especial sob pena de o autor do fato sofrer grave prejuízo para o qual não deu causa. Sim, pois os princípios que informam o Juizado Especial, principalmente o da celeridade e o da informalidade, permitem que o processo termine em menor tempo, além de possibilitar a aplicação de determinados institutos, como a composição civil dos danos e a transação.

E se, citado por edital, o autor do fato comparecer ao Juízo Comum para se defender, aplicar-se-ão os institutos próprios da Lei dos Juizados ou devolver-se-ão os autos para esse Juizado? Devem ser devolvidos, se o autor do fato comparecer, e, de pronto, isto é, na primeira oportunidade que falar nos autos, requerer sua remessa ao Juizado Especial. É verdade que a Lei dos Juizados determina que, não encontrado o acusado para ser citado, "o juiz encaminhará as peças existentes ao Juízo comum para adoção do procedimento previsto em lei" (Lei n. 9099/1995, art. 66). Mas não haverá algum prejuízo nem para a vítima, nem para a Justiça se a devolução se der, de imediato, ao Juizado Especial.[349]

Dispõe o art. 366 do Código de Processo Penal, com a redação ditada pela Lei n. 9271, de 17.04.1996, que, "se o acusado, citado por edital, não comparecer, nem constituir advogado, ficarão suspensos o processo e o curso do prazo prescricional [...]". Muito bem. Pergunta-se: se o acusado não comparecer, mas constituir advogado, poderá ser beneficiado com os institutos da composição, transação e suspensão do processo? Não, porque a Lei dos Juizados exige a presença do autor do fato.

O acusado que não comparece a juízo, mas constitui advogado, é de ser considerado revel? Sim, porque revel é a condição do acusado que não comparece a juízo para se defender, sem nenhuma

---

[347] SANTOS, 1997, p. 177.

[348] Declinatória do foro.

[349] MIRABETE tem, no entanto, entendimento contrário. Para ele, "nem mesmo o comparecimento do autor do fato para o interrogatório no Juízo comum devolve a competência do feito ao Juizado, já que a lei não se refere ao reaforamento" (MIRABETE, 2002, p. 78).

justificativa ou escusa legítima. Todavia, pode ele constituir advogado para se defender. O processo não será, contudo, suspenso.

Por falar nisso, por quanto tempo ficará suspenso o prazo prescricional? O prazo é indefinido. Sobre esse assunto, justamente indignado, diz TOURINHO FILHO[350]:

> Citado por edital, não acudindo ao chamado, nem constituindo Defensor, o processo fica paralisado e o curso da prescrição não corre. Trata-se, é claro, de medida violenta, porquanto permite que o Estado fique *ad infinitum*[351] com a espada de DÂMOCLES[352] sobre a cabeça do acusado, num indisfarçável atentado a seu direito de liberdade, e, ao mesmo tempo, obrigando-o a uma expiação indireta. A providência foi por demais severa e ao mesmo tempo inútil, porquanto paralisado o processo durante vinte ou trinta anos, nenhum juiz de bom senso proferirá decreto condenatório, salvo a hipótese de crime gravíssimo.

Tem-se entendido, no entanto, a fim de impedir que esse prazo fique suspenso indefinidamente, que a prescrição fique suspensa pelo prazo máximo em abstrato estabelecido para o crime (CP, art. 109). Decorrido esse prazo, começaria a correr a prescrição.

Dispõe o § 4º, do art. 363, do Código de Processo Penal, que, "comparecendo o acusado citado por edital, em qualquer tempo, o processo observará o disposto nos arts. 394 e seguintes deste Código".

A 3ª Turma do Tribunal Regional Federal da 1ª Região, ao julgar, em 19.04.2005 (*DJ* 29.04.2005), o HC 20050100017139-4/MG, em voto da minha relatoria, sobre a questão da suspensão do processo e da prescrição, assim se manifestou:

> **1.** Na hipótese do cometimento do crime antes da vigência da Lei n. 9271, de 17.04.1996, que alterou o art. 366, do CPP, há três orientações: **a)** a lei nova retroage por inteiro nas partes penal (suspensão do curso do prazo da prescrição), nessa hipótese, viola o princípio da irretroatividade da lei penal mais severa (CF/1988, art. 5º) e processual penal (suspensão do processo); **b)** a lei nova é de aplicação imediata, na parte processual penal (CPP, art. 2º, parágrafo único), suspende-se o processo mas não a prescrição; **c)** a lei nova é irretroativa por inteiro, não se aplicando aos réus, citados por edital, que praticaram as infrações antes da vigência da Lei n. 9271, de 17.04.1996. **2.** Segundo a jurisprudência dominante, pacificada, a lei nova, Lei n. 9271, de 17.04.1996, que alterou o art. 366, do CPP, é irretroativa por inteiro.

Observe-se que os §§ 1º e 2º, do art. 366, foram revogados pela Lei n. 11719/2008.

1.1.6 Citação via e-mail (processo virtual)

E a citação por *e-mail*? Nada obsta, desde que obedecidos os requisitos de segurança previstos no art. 265, do CPC.

A Lei n. 11419, de 19.12.2006, dispondo sobre a informatização do processo judicial, possibilitou que os tribunais criassem o *Diário de Justiça eletrônico*, permitiu as intimações por meio eletrônico, dispensando a publicação no órgão oficial, inclusive o eletrônico. As cartas rogatórias, precatórias e de ordem poderão ser expedidas por meio eletrônico. Essa matéria está minuciosamente

---

[350] TOURINHO FILHO, F. DA C. *Código de Processo Penal comentado*. v. 1. 7. ed. rev. ampl. atual. São Paulo: Saraiva, 2003. p. 754-755.

[351] Até o infinito.

[352] Espada de DÂMOCLES. "Significa o mesmo, uma ameaça permanente, um perigo iminente e terrível. DÂMOCLES era um cortesão que cercava de lisonjas o tirano de SIRACUSA, DIONÍSIO, o Velho. Certo dia, como exaltasse a felicidade de DIONÍSIO, que exercia autoridade sem contraste e cuja palavra era lei, o tirano fê-lo sentar em seu próprio lugar, mas mandou que colocassem, acima de sua cabeça, uma espada pendente de um fio que, a qualquer instante, poderia romper-se. Queria com isso simbolizar as inquietações do poder." apud MAGALHÃES JÚNIOR, R. *Dicionário de curiosidades verbais*. 6. ed. Rio de Janeiro: Tecnoprint, 1983. p. 120.

disciplinada nos arts. 4º a 7º. Institui essa lei o processo *virtual*, o processo eletrônico, também conhecido por *e-process*.

Tal norma pode, em princípio, ser aplicada no processo penal. É verdade que há o problema da autenticidade, ou seja, se o endereço realmente corresponde ao correio eletrônico do réu, ou se o réu faz uso constante desse meio de comunicação. O primeiro problema poderia ser resolvido com a indicação concomitante do CPF. Mas, diante dessas incertezas, teríamos uma edição *ficta*, como a por edital.

A citação realizada por via eletrônica trará grande celeridade, pois evitará a expedição de mandados e cartas (de ordem, precatória), reduzirá o trabalho dos cartórios e, também, as custas.

O Conselho Nacional de Justiça e o Conselho da Justiça Federal, em 15.09.2009, assinaram acordo de cooperação técnica, para uniformizar os sistemas eletrônicos do processo virtual.

Disse o Ministro GILMAR MENDES que o novo sistema será uma segunda geração do processo eletrônico, com ferramentas ainda mais automáticas. "A primeira geração, que é a atual, elimina a atividade cartorial. Na segunda geração, vamos automatizar o processo, para que o tempo seja efetivamente usado com a inteligência humana".

Já temos na Corte Suprema o Plenário Virtual do Supremo, para decidir os casos que tenham repercussão geral.

É um novo procedimento que é implantado para agilizar o processo judicial. Esse sistema exigia uma senha de acesso restrita aos ministros do STF e aos tribunais cadastrados, mas já está, desde dezembro de 2008, desbloqueado e disponível para consultas na internet pelo *site* do Supremo (www.stf.jus.br). O usuário do *site* poderá acompanhar, em tempo real, o voto de cada Ministro no julgamento sobre a existência de repercussão geral.

Em 3 deste mês de novembro de 2021, o STF retomou gradualmente as sessões presenciais. O atendimento ao público externo está, igualmente, retomando. Em 28.10.2021, o Presidente Fux baixou a Resolução n. 748, estabelecendo medidas e orientações para o retorno das atividades presenciais no STF.

1.1.7 Citação por WhatsApp

Admite-se a citação por *WhatsApp* desde que com a comprovação de sua autenticidade, contendo, assim, o número do telefone, a confirmação escrita e a foto individual.

Ao julgar o HC 140752/DF, relator Min. REYNALDO SOARES DA FONSECA, em 09.03.2021 (DJe 15.03.2021), abordando o tema da citação por *WhatsApp*, assim decidiu:

> RECURSO ORDINÁRIO EM *HABEAS CORPUS*. **ART. 24-A DA LEI MARIA DA PENHA.** NULIDADE. **CITAÇÃO POR *WHATSAPP*.** CIÊNCIA INEQUÍVOCA DO PROCESSO. CONSTITUIÇÃO DE DEFENSOR. AUSÊNCIA DE DEMONSTRAÇÃO DE PREJUÍZO. *PAS DE NULLITÉ SANS GRIEF*. CONCORDÂNCIA COM O FORMATO ADOTADO. COMPORTAMENTO CONTRADITÓRIO. *NEMO POTEST VENIRE CONTRA FACTUM PROPRIUM*[353]. RECURSO ORDINÁRIO EM *HABEAS CORPUS* NÃO PROVIDO. 1. A nulidade de atos processuais penal leva em consideração a necessidade de respeito às garantias constitucionais, de modo que o reconhecimento do vício depende de demonstração de prejuízo experimentado pela parte em razão da inobservância das formalidades, nos termos do art. 563, do Código de Processo Penal, e do princípio *pas de nullité sans grief*[354]. 2. Neste caso, o paciente foi citado por meio de aplicativo instantâneo de troca de mensagens por telefone celular (*WhatsApp*). Esse formato foi adotado pelo Tribunal *a quo*, sobretudo em razão da emergência sanitária causada pela pandemia do novo coronavírus. 3. Neste caso, verifica-se que o paciente aderiu de forma voluntária à realização do ato na forma aqui questionada.

---

[353] Ninguém pode comportar-se contra seus próprios atos.
[354] Não há nulidade sem prejuízo, assim como não há fogo sem calor. Inexiste nulidade processual sem prejuízo às partes, em observância ao princípio da instrumentalidade das formas.

Ademais, não há dúvida quanto à sua ciência da existência de processo criminal movido em seu desfavor, tendo em vista que manifestou interesse em ser patrocinado pela Defensoria Pública, não se constatando qualquer prejuízo às garantias constitucionais do paciente. 4. Além disso, o comportamento do acusado viola a proibição do *venire contra factum proprium*, pois, em um primeiro momento, o acusado ter concordado com a realização do ato processual para, em seguida, questionar a forma em que a citação se aperfeiçoou. 5. Recurso ordinário em *habeas corpus* não provido.

Nessa mesma data, esta mesma Turma, figurando como Relator o Min. RIBEIRO DANTAS (DJe 15.03.2021), proferiu magnífico voto sobre a matéria:

> PROCESSUAL PENAL. *HABEAS CORPUS* SUBSTITUTIVO. INADEQUAÇÃO. **CITAÇÃO VIA *WHATSAPP*.** NULIDADE. PRINCÍPIO DA NECESSIDADE. INADEQUAÇÃO FORMAL E MATERIAL. *PAS DE NULLITÉ SANS GRIEF*. AFERIÇÃO DA AUTENTICIDADE. CAUTELAS NECESSÁRIAS. NÃO VERIFICAÇÃO NO CASO CONCRETO. *WRIT* NÃO CONHECIDO. ORDEM CONCEDIDA DE OFÍCIO.
>
> **1.** Esta Corte – HC 535063/SP, Terceira Seção, Rel. Ministro SEBASTIÃO REIS JUNIOR, julgado em 10.06.2020 – e o Supremo Tribunal Federal – AgRg no HC 180365, Primeira Turma, Rel. Min. ROSA WEBER, julgado em 27.03.2020; AgR no HC 147210, Segunda Turma, Rel. Min. EDSON FACHIN, julgado em 30.10.2018 –, pacificaram orientação no sentido de que não cabe *habeas corpus* substitutivo do recurso legalmente previsto para a hipótese, impondo-se o não conhecimento da impetração, salvo quando constatada a existência de flagrante ilegalidade no ato judicial impugnado. **2.** A citação do acusado revela-se um dos atos mais importantes do processo. É por meio dela que o indivíduo toma conhecimento dos fatos que o Estado, por meio do *jus puniendi* lhe direciona e, assim, passa a poder demonstrar os seus contra-argumentos à versão acusatória (contraditório, ampla defesa e devido processo legal). **3.** No Processo Penal, diversamente do que ocorre na seara Processual Civil, não se pode prescindir do processo para se concretizar o direito substantivo. É o processo que legitima a pena. **4.** Assim, em um primeiro momento, vários óbices impediriam a citação via *WhatsApp*, seja de ordem formal, haja vista a competência privativa da União para legislar sobre processo (art. 22, I, da CF),ou de ordem material, em razão da ausência de previsão legal e possível malferimento de princípios caros, como o devido processo legal, o contraditório e a ampla defesa. **5.** De todo modo, imperioso lembrar que "sem ofensa ao sentido teleológico da norma não haverá prejuízo e, por isso, o reconhecimento da nulidade nessa hipótese constituiria consagração de um formalismo exagerado e inútil" (GRINOVER, A. P.; GOMES FILHO, A. M.; FERNANDES, A. S. *As nulidades no processo penal*. 11. ed. São Paulo: RT, 2011. p. 27).
>
> Aqui se verifica, portanto, a ausência de nulidade sem demonstração de prejuízo ou, em outros termos, princípio *pas de nullité sans grief*. **6.** Abstratamente é possível imaginar se a utilização do *WhatsApp* para fins de citação na esfera penal, com base no princípio *pas de nullité sans grief*. De todo modo, para tanto, imperiosa a adoção de todos os cuidados possíveis para se comprovar a autenticidade não apenas do número telefônico com que o oficial de justiça realiza a conversa, mas também a identidade do destinatário das mensagens. **7.** Como cediço, a tecnologia em questão permite a troca de arquivos de texto e de imagens, o que possibilita ao oficial de justiça, com quase igual precisão da verificação pessoal, aferir a autenticidade da conversa. É possível imaginar se, por exemplo, a exigência pelo agente público do envio de foto do documento de identificação do acusado, de um termo de ciência do ato citatório assinado de próprio punho, quando o oficial possuir algum documento do citando para poder comparar as assinaturas ou qualquer outra medida que torne inconteste tratar-se de conversa travada com o verdadeiro denunciado. De outro lado, a mera confirmação escrita da identidade pelo citando não nos parece suficiente. **8.** Necessário distinguir, porém, essa situação daquela em que, além da escrita pelo citando, há no aplicativo foto individual dele. Nesse caso, ante a mitigação dos riscos, diante da concorrência de três elementos indutivos da autenticidade do destinatário, número de telefone, confirmação escrita e foto individual, entendo possível presumir-se que a citação se deu de maneira válida, ressalvado o direito do citando de, posteriormente, comprovar

eventual nulidade, seja com registro de ocorrência de furto, roubo ou perda do celular na época da citação, com contrato de permuta, com testemunhas ou qualquer outro meio válido que autorize concluir de forma assertiva não ter havido citação válida. **9**. *Habeas corpus* não conhecido, mas ordem concedida de ofício **para anular a citação via WhatsApp, porque sem nenhum comprovante quanto à autenticidade da identidade do citando**, ressaltando, porém, a possibilidade de o comparecimento do acusado suprir o vício, **bem como a possibilidade de se usar a referida tecnologia, desde que, com a adoção de medidas suficientes para atestar a identidade do indivíduo com quem se travou a conversa** (g.n.).

Art. 67. A intimação far-se-á por correspondência, com aviso de recebimento pessoal ou, tratando-se de pessoa jurídica ou firma individual, mediante entrega ao encarregado da recepção, que será obrigatoriamente identificado, ou, sendo necessário, por oficial de justiça, independentemente de mandado ou carta precatória, ou ainda por qualquer meio idôneo de comunicação.

Parágrafo único. Dos atos praticados em audiência considerar-se-ão desde logo cientes as partes, os interessados e defensores.

1. INTIMAÇÃO E NOTIFICAÇÃO

Chama-se intimação, como diz MIRABETE[355], "à ciência dada à parte, no processo, da prática de um ato, despacho ou sentença. Refere-se ela, portanto, ao passado, ao ato já praticado". E denomina-se notificação – de *notus ficare*[356]–, também nas palavras de MIRABETE, "à comunicação a parte ou outra pessoa, do lugar, dia e hora de um ato processual a que deve comparecer. Refere-se ao futuro, ao ato que vai ser praticado".

Comunicam-se os atos para propiciar a contrariedade.

JOAQUIM CANUTO MENDES DE ALMEIDA[357], estudando os atos de comunicação, alerta:

> A necessidade de citação, de notificação e de intimação das partes é, assim, salientemo-lo bem, a primeira nota concreta de procedimento contraditório. Graças a elas, o autor não pode mover ação sem que o réu deste tenha notícia; o réu não pode reagir sem que de sua contestação o autor tenha notícia; nenhuma alegação se faz, nenhuma prova produz qualquer dos litigantes sem que o adversário as conheça; e o juiz não examina pedidos ignorados por um dos contendores e não dá despachos, nem lavra sentenças de cujo teor não mande cientificar as partes. Dessa forma é que pode a contrariedade efetivar-se, ficando as partes, no correr do feito, a par de todos os seus atos e termos.

A intimação far-se-á por carta, em vez do método tradicional do mandado, com *aviso de recebimento pessoal* (ARP), que deverá ser assinado, exclusivamente, pelo intimando, e não por morador da casa, seja parente ou não.

Tratando-se de pessoa jurídica ou firma individual, que também é pessoa jurídica, uma pessoa jurídica *unipessoal*, o recebimento poderá ser feito pelo encarregado da recepção (o porteiro). Os administradores (os sócios-gerentes) dessas pessoas jurídicas são as responsáveis civis pela reparação do dano sofrido pela vítima. A anotação, pelo carteiro, de que o encarregado da recepção passou o recibo da entrega da correspondência tem o mesmo valor que a certidão do oficial de justiça. O porteiro deverá lançar uma assinatura *identificável*. Não exige a lei que o representante legal da

---

[355] MIRABETE, J. F. *Processo penal*. 10. ed. rev. atual. São Paulo: Atlas, 2000. p. 436.
[356] Ficar conhecido.
[357] ALMEIDA, 1973, p. 80-81.

pessoa jurídica receba pessoalmente a correspondência. Note-se que a lei faz distinção quando se trata dos destinatários pessoa física ou pessoa jurídica.

Na verdade, não há razão para a distinção entre a intimação por correspondência à pessoa física e à pessoa jurídica. Por que dar mais credibilidade ao empregado da recepção do que à mulher, marido, filhos ou empregados da pessoa física? Pode-se dizer que entre o recepcionista e o representante da pessoa jurídica existe um vínculo de subordinação, o que traz maior certeza e responsabilidade no ato do empregado transmitir a intimação ao seu superior. Esse entendimento, no entanto, *data venia,* não é aceitável, pois o familiar, no caso, inclusive, próximo, tem maior interesse em fazer chegar às mãos do parente a intimação. O *esquecimento* da entrega da comunicação tanto pode ser do empregado como do familiar.

A carta de intimação poderá ser entregue por oficial de justiça, independentemente da extração de mandado, inclusive nas comarcas vizinhas. Nada impede que a intimação – não a citação – seja feita por telefone (é necessário que sejam tomadas as devidas cautelas, anotando-se dados pessoais do intimando, como número do CPF, da carteira de identidade, data de nascimento etc.), fac-símile (fax), telegrama, *e-mail* (hoje, há meios de saber se o destinatário, aquele a quem pertence o *e-mail*, o recebeu), haja vista o que dispõe o § 2º, do art. 65, da Lei n. 9099/1995. É a utilização da infografia (combinação de desenhos, fotos, gráficos etc. para comunicação). Daí serem chamadas de *infovias*.

A intimação pode ser feita *por despacho*. O que é isso? Dispõe o art. 371, do CPP, que "será admissível a intimação por despacho na petição em que for requerida, observado o disposto no art. 357".

Fique claro que primeiro se tenta a intimação por carta; não sendo possível, faz-se a intimação pelo oficial de justiça, sem a extração formal de um mandado.

Não há formalismo para as comunicações dos atos processuais. O importante é que o receptor do ato, realmente, dele tome conhecimento. O meio pouco importa. Não há, como se pode pensar num primeiro momento, insegurança jurídica, uma vez que a parte que se sentir prejudicada poderá arguir nulidade e pedir que o ato seja refeito.

A autoridade policial não deve esquecer-se de anotar no Boletim de Ocorrência o número do telefone e do *fax*, além do *e-mail*, dos interessados (autor do fato, vítima, testemunhas).

A intimação pode dar-se nos próprios autos. É a intimação por despacho, prevista no art. 371, do Código de Processo Penal: "Será admissível a intimação por despacho na petição em que for requerida, observado o disposto no art. 357", isto é, os requisitos para citação por mandado: leitura do despacho e declaração do servidor de que o despacho foi lido e entregue a cópia, se for o caso, ao intimando. Constava do art. 122, do antigo Código do Maranhão: "A intimação será feita pelo escrivão, lendo, à parte, o conteúdo do despacho e lavrando-se certidão do ocorrido".

A intimação poderá realizar-se, ainda, pela imprensa, como se deflui do § 1º, do art. 370, do Código de Processo Penal, aplicável subsidiariamente como permite o art. 92, da Lei dos Juizados.

Hugo Nigro Mazzilli[358] já sugeria, em 1993, ao propor reformas de alteração legislativa para melhorar o processo penal, que fosse aplicado, "no que for cabível, o sistema mais atual do Código de Processo Civil de 1973, valorizando-se a intimação do advogado e admitindo-se intimações pela imprensa oficial, para maior celeridade do processo". Entendimento que ainda persiste. Pode dar-se a intimação, portanto, por: carta, oficial de justiça, qualquer meio idôneo de comunicação (imprensa, *fax*, *e-mail*, telefone), na audiência ou na secretaria do Juizado.

Para notificação, não se poderá utilizar o edital. Como notificar por edital a testemunha para comparecer em juízo para depor?

Enfim, **cita-se** o acusado para defender-se. Intimam-se – deveria ser *notificam-se* – a testemunha e a vítima para serem ouvidas. **Intima-se**, também, o acusado para acompanhar qualquer outro ato do processo que não para se defender. Dá-se, nessas hipóteses, ciência às partes e às testemunhas mediante intimação, veiculando-se uma ordem ou não. Não só às partes, aos interessados

---

[358] Mazzilli, H. N. Justiça penal: celeridade e reformulação. In: Penteado, J. C. (coord.). *Justiça penal*. São Paulo: RT, 1993. p. 51.

ou a terceiros, mas a qualquer pessoa estranha ao processo, para que pratique ou deixe de praticar algum ato. A intimação, em seu conceito puro, seria apenas dar ciência de algum ato já consumado. Intima-se da sentença.

Não se refere a Lei dos Juizados à **notificação.** Também o Código de Processo Penal não a conceitua, não fazendo distinção entre os dois institutos, referindo-se, no entanto, à notificação no art. 514. Antônio Luiz da Câmara Leal[359], comentando o art. 370, do Código de Processo Penal, ressalta que "o novo Código se afastou da técnica, não estabelecendo distinção entre notificação e intimação. Ele as confunde indevidamente". Para o legislador processual penal, como dito por Basileu Garcia[360], intimação e notificação são palavras sinônimas. Diz textualmente: "Devemos concluir que, no sistema vigente do estatuto processual, são sinônimas as palavras *intimação* e *notificação*".

O Código de Processo Civil conceitua a intimação como "o ato pelo qual se dá ciência a alguém dos atos e termos do processo." (art. 269). Mas não se refere à notificação.

O representante do Ministério Público e o defensor público, constituído ou dativo, são intimados de qualquer ato do processo, pessoalmente, conforme dispõe o § 5º (acrescentado pela Lei n. 7871, de 08.11.1989), do art. 5º, da Lei n. 1060, de 05.02.1950, que estabelece normas para concessão de assistência judiciária; o art. 41, da Lei n. 8625, de 12.02.1993, instituidora da Lei Orgânica Nacional do Ministério Público, e o art. 44 da Lei Complementar n. 80, de 12.01.1994, que organiza a Defensoria Pública da União do Distrito Federal e dos Territórios.

A Lei n. 11033, de 21.12.2004, pelo art. 20, dispôs que "as intimações e notificações de que tratam os arts. 36 a 38 da Lei Complementar n. 73, de 10.02.1993, inclusive aquelas pertinentes a processos administrativos, quando dirigidas a Procuradores da Fazenda Nacional, dar-se-ão pessoalmente mediante a entrega dos autos com vista".

Todavia decidiu, por unanimidade de votos, o Plenário do Supremo Tribunal Federal, em 17.06.1998 (*DJ* 27.04.2001), ao julgar o HC 76915-0/RS, tendo como relator o Min. Marco Aurélio, que, nos Juizados Especiais, nem o Ministério Público nem os defensores públicos serão intimados pessoalmente. O acórdão na parte que interessa ficou assim ementado:

> O critério da especialidade é conducente a concluir-se pela inaplicabilidade, nos juizados especiais, da intimação pessoal prevista nos arts. 370, § 4º, do Código de Processo Penal (com redação dada pelo art. 1º, da Lei n. 9271, de 17.04.1996) e 5º, § 5º, da Lei n. 1060/1950 (com a redação introduzida pela Lei n. 7871/1989).

Quanto à contagem de prazo, na hipótese de intimação por precatória, é jurisprudência do Supremo Tribunal Federal consolidada na Súmula 710: "No processo penal, contam-se os prazos da data da intimação, e não da juntada aos autos do mandado ou da carta precatória ou de ordem".

2. INTIMAÇÃO NA AUDIÊNCIA

Dispõe o parágrafo único do artigo ora comentado que, dos atos praticados em audiência, considerar-se-ão desde logo cientes as partes, os interessados, ou seja, os terceiros (a testemunha, por exemplo, é terceiro e não interessado) e os defensores, isto é, deverão eles, na audiência, ser intimados dos atos que na audiência foram praticados ou foram determinados. Por exemplo, sairão logo cientes da designação da audiência de instrução e julgamento. Não se perde tempo. Uma intimação *automática*.

O Código de Processo Penal tem disposição semelhante. O art. 372 dispõe: "Adiada, por qualquer motivo, a instrução criminal, o juiz marcará desde logo, na presença das partes e testemunhas, dia e hora para seu prosseguimento, do que se lavrará termo nos autos."

---

[359] Leal, 1942, p. 421.
[360] Garcia, B. *Comentários ao Código de Processo Penal*. v. 3. Rio de Janeiro: Forense, 1945. p. 418.

Art. 68. Do ato de intimação do autor do fato e do mandado de citação do acusado, constará a necessidade de seu comparecimento acompanhado de advogado, com a advertência de que, na sua falta, ser-lhe-á designado defensor público.

1. ASSISTÊNCIA DE ADVOGADO

Ainda na audiência preliminar (Lei n. 9099/1995, art. 72), há necessidade de que o autor do fato seja assistido por advogado, embora nessa fase não haja acusação. Isso porque poderá haver o acordo civil, ou seja, a composição ou a transação, que têm, uma e outra, repercussões no âmbito penal, naquela com a extinção da punibilidade, o arrependimento posterior, atenuante, e nesta com a imposição de pena restritiva de direitos ou multa. O autor do fato pode ser instruído pelo advogado sobre a conveniência de não aceitar a proposta de aplicação de multa ou pena restritiva de direitos.

O inciso LV, do art. 5º, da Constituição Federal, assegura aos acusados em geral "a ampla defesa", e essa ampla defesa só pode dar-se mediante a intervenção de um técnico habilitado: o advogado. Daí a necessidade de constar do ato da intimação ou do mandado de citação que o autor do fato ou o acusado (entenda-se, também, querelado) deva comparecer à audiência acompanhado de advogado.

É certo que, oferecida a denúncia ou queixa, em audiência, após sua redução a termo, entregar-se-á cópia ao acusado, que com ela ficará citado (Lei n. 9099/1995, art. 78, *caput*). Todavia, se ele não estiver presente, será citado na forma dos arts. 66 e 68 da Lei n. 9099/1995 (Lei n. 9099/1995, art. 78, § 1º).

Antes do oferecimento da denúncia, o agente, aquele que cometeu a infração de menor potencial ofensivo, é chamado de *autor do fato*, e não de indiciado. Denunciado, acusado são, evidentemente, a mesma pessoa.

Fica de logo, um ou outro, autor do fato ou acusado, advertido que, caso não se faça acompanhar de advogado, ser-lhe-á nomeado um defensor público.

O advogado pode não ter em mão a procuração. O juiz fará constar dos termos elaborados na audiência (preliminar ou de instrução e julgamento) a declaração do autor do fato ou acusado. É a procuração *apud acta*[361]. Nesse caso, não pode haver substabelecimento.

Dispõe, observa-se, o art. 266, do Código de Processo Penal: "A constituição de defensor independerá de instrumento de mandato, se o acusado o indicar por ocasião do interrogatório". Quando da realização do interrogatório, indaga do acusado se ele tem defensor. Nesse momento, ele poderá dizer que tem e indicará o nome e endereço para as devidas intimações. Está, assim, constituído o advogado como defensor do acusado.

Estabelece o art. 265, *caput*, do CPP, com a redação ditada pela Lei n. 11719/2008:

"O defensor não poderá abandonar o processo senão por motivo imperioso, comunicado previamente o juiz, sob pena de multa de 10 a 100 salários mínimos, sem prejuízo das demais sanções cabíveis."

Diante do novo texto, questionam os advogados: a ausência, não justificada, a uma audiência pode ser entendida como abandono do processo? E se o advogado não comparecer à audiência mas requerer providências no processo? Pode ser punido?

Não cuida o dispositivo do abandono definitivo. Ademais, a multa só pode ser aplicada depois de dar ao advogado a oportunidade de defender-se. Instaura-se, assim, um procedimento incidente.

2. A FALTA DE ADVERTÊNCIA

A falta da advertência, no mandado de intimação ou de citação, de que o comparecimento do autor do fato ou do acusado sem advogado ensejará a nomeação de defensor dativo, e comparecendo

---

[361] Nos autos. Procuração *apud acta* é aquela que é lavrada pelo serventuário nos próprios autos da causa, na presença do juiz, ante a manifestação do acusado.

o autor do fato ou o acusado sem advogado, dá lugar à nulidade do ato intimatório ou citatório, e sua consequente repetição.

3. O COMPARECIMENTO DO ACUSADO SEM ADVOGADO

Tendo o acusado comparecido, apesar de advertido, sem advogado, o juiz dar-lhe-á um defensor. Há de se lembrar o que dispõe o art. 261, *caput*, do Código de Processo Penal: "Nenhum acusado, ainda que ausente ou foragido, será processado ou julgado sem defensor".

Não havendo, na localidade, Defensoria Pública ou não estando presente o defensor público, o juiz nomeará um advogado que atuará como defensor dativo, ainda que independentemente da condição econômica do autor do fato ou do acusado.

Estabelece o *caput* do art. 263 do Código de Processo Penal que: "Se o acusado não o tiver, ser-lhe-á nomeado defensor pelo juiz, ressalvado o seu direito de, a todo tempo, nomear outro de sua confiança, ou a si mesmo defender-se, caso tenha habilitação". *Caso tenha habilitação,* ou seja, não basta ser bacharel, é preciso ser advogado, isto é, que esteja inscrito na Ordem dos Advogados do Brasil.

Esclarece o parágrafo único do art. 263: "O acusado, que não for pobre, será obrigado a pagar os honorários do defensor dativo, arbitrados pelo juiz".

Seção II
Da Fase Preliminar

> **Art. 69.** A autoridade policial que tomar conhecimento da ocorrência lavrará termo circunstanciado e o encaminhará imediatamente ao Juizado, com o autor do fato e a vítima, providenciando-se as requisições dos exames periciais necessários.
>
> **Parágrafo único**. Ao autor do fato que, após a lavratura do termo, for imediatamente encaminhado ao juizado ou assumir o compromisso de a ele comparecer, não se imporá prisão em flagrante, nem se exigirá fiança. Em caso de violência doméstica, o juiz poderá determinar, como medida de cautela, seu afastamento do lar, domicílio ou local de convivência com a vítima.

1. A FASE PRELIMINAR

Ocorrido o fato, a autoridade policial que dele tomar conhecimento lavrará termo circunstanciado e o encaminhará imediatamente ao Juizado, fazendo, ainda, a apresentação do autor do fato e da vítima para a audiência preliminar. Também, se for o caso, providenciará as requisições dos exames periciais.

A autoridade policial toma conhecimento do fato tido por delituoso por meio da *notitia criminis*[362], que se dá por diversas formas, por exemplo, oralmente (a pessoa, mesmo sendo estranha ao fato, dirige-se à Delegacia e comunica o que ocorreu), por carta, telefonema, *e-mail*, ofício, telegrama. Se o crime for de ação pública, a autoridade policial deve determinar, de pronto, as investigações; se for de ação pública condicionada ou privada, é necessário que o ofendido se faça presente.

Evidentemente que os envolvidos no fato delituoso só podem ser encaminhados ao Juizado se isso for possível. Não será feito encaminhamento se houver certeza de que não haverá, naquele dia, audiência preliminar. Daí a necessidade de a autoridade policial entrar em contato com o Juizado

---

[362] Notícia do crime. A *delatio criminis* é a *notitia criminis* realizada pelo próprio ofendido.

para estabelecer os dias e os horários em que pode fazer o encaminhamento dos envolvidos. A 10ª Conclusão da Comissão Nacional da Escola Superior da Magistratura é bem expressiva:

> O encaminhamento pela autoridade policial dos envolvidos no fato tido como delituoso ao Juizado Especial será precedido, quando necessário, do agendamento da audiência de conciliação com a Secretaria do Juizado, por qualquer meio idôneo de comunicação, aplicando-se o disposto no art. 70.

Quando o autor do fato ou a vítima não forem conhecidos, será instaurado inquérito policial e não termo circunstanciado. Não tem sentido a aplicação das regras do Juizado, que visam à composição, à transação.

Nessa fase, em regra, não há oitiva da vítima, das testemunhas e interrogatório, devendo constar apenas o relato resumido dos fatos, bem como a indicação dos nomes e qualificação dos envolvidos.

Se a autoridade, na hipótese de ter de lavrar o termo circunstanciado, erroneamente instaura inquérito, os autos, ainda assim, devem ser encaminhados ao Juizado Especial.

Havendo indícios de que o autor do fato é inimputável ou semirresponsável, nos termos do art. 26, *caput*, e seu parágrafo único, do Código Penal, não deve ser lavrado termo circunstanciado, e sim instaurado inquérito policial, porque a sistemática do Juizado não tem aplicação.

2. AUTORIDADE POLICIAL

O que se entende por autoridade? Por autoridade, diz HELY LOPES MEIRELLES[363], "entende-se a pessoa física investida de poder de decisão dentro da esfera de competência que lhe é atribuída pela norma legal".

Para efeitos da Lei dos Juizados Especiais, o conceito de autoridade policial abrange, também, a militar? Entendem alguns autores que sim. Todas as autoridades encarregadas de preservar a ordem e a incolumidade das pessoas e do patrimônio estariam, assim, obrigadas a lavrar o termo circunstanciado de ocorrência.

A nona conclusão da Comissão Nacional da Escola Superior da Magistratura estabelece que "a expressão autoridade policial, referida no art. 69, compreende todas as autoridades reconhecidas por lei, podendo a Secretaria do Juizado proceder à lavratura do termo de ocorrência e tomar as providências no referido artigo".

Na prática, o que vemos é o militar prender o autor do fato e levá-lo para a Delegacia, onde a autoridade policial civil lavrará o termo circunstanciado de ocorrência. Como o militar lavrará esse termo? No quartel? Quem o lavrará? Haverá cartório para isso? Complicado. E as requisições dos exames periciais, quem fará? Se tudo isso for possível, nada impede que a autoridade policial militar lavre o termo.

E se o policial militar levar os envolvidos para o Juizado Especial? Nesse caso, como sugere TOURINHO FILHO[364], "o próprio bom senso aconselha deva o Secretário do Juizado registrar o fato com as versões das partes e de eventuais testemunhas, levando a seguir esse documento e as partes à presença do Promotor ou do Juiz".

Na prática, o servidor do Juizado Especial aconselhará o policial militar a que leve os envolvidos para a Delegacia.

Ademais, a apuração das infrações penais cabe à polícia federal e às polícias civis, segundo dispõem os §§ 1º, I, e 4º, do art. 144, da Constituição Federal. Às demais polícias, a polícia fardada, militar, cabe o patrulhamento ostensivo das rodovias e ferrovias e a preservação da ordem pública.

---

[363] MEIRELLES, H. L. *Mandado de segurança, ação popular, ação civil pública, mandado de injunção,* habeas data, *ação direta de inconstitucionalidade, ação declaratória de constitucionalidade e arguição de descumprimento de preceito fundamental.* 25. ed. atual. por Arnoldo Wald e Gilmar Ferreira Mendes. São Paulo: Malheiros, 2003. p. 31.

[364] TOURINHO FILHO, 2009, p. 69.

Sérgio Marques de Moraes Pitombo[365] atentava para o fato de que

> tem-se dito que policial militar é autoridade policial, no sentido da Lei sob estudo. Surpreendente é que se não tenha lembrado tanto de dar a mesma interpretação ao se considerar a arrecadação e o arrolamento de bens, requisitados pelo juiz à *autoridade policial*, nos casos de herança jacente (art. 1148, *caput* e parágrafo único, do Código de Processo Civil).

Com correspondência atual no § 1º, do art. 740, do CPC/2015.

3. TERMO CIRCUNSTANCIADO

Termo circunstanciado de ocorrência significa um termo com todas as particularidades de como ocorreu o fato – a demonstração da existência de um ilícito penal, de suas circunstâncias e de sua autoria – e o que foi feito na Delegacia, constando, assim, *resumo* do interrogatório do autor do fato, dos depoimentos da vítima e das testemunhas. Esses depoimentos não serão tomados por termo. Faz-se um resumo, repita-se. Indagar-se-á, sim, do autor da infração, da vítima e das testemunhas o que ocorreu e consignar-se-á resumidamente no termo circunstanciado – no inquérito, os depoimentos são prestados com informações detalhadas e cada depoimento constitui um termo –, tomando-se a assinatura de todos. Serão relacionados os instrumentos do crime e os bens apreendidos, e listados os exames periciais requisitados. O termo circunstanciado deve conter todos os elementos que possibilitem, se for o caso, ao Ministério Público oferecer a denúncia, ou ao querelante, a queixa.

Pode o termo circunstanciado ser elaborado em formulários impressos, preenchidos os campos em branco, à mão ou por meio de máquina de datilografia ou de computador.

Havendo necessidade de realização de diligências, por exemplo, exame de corpo de delito, mencionar-se-á o fato no boletim circunstanciado e, depois de realizadas, serão, com a maior brevidade, encaminhadas ao Juizado Especial em aditamento ao boletim circunstanciado.

Esse Termo Circunstanciado de Ocorrência, sem formalidades, abreviado pela sigla TCO, substitui o inquérito e o auto de prisão em flagrante. O termo circunstanciado não é o mesmo que Boletim de Ocorrência (BO), que é um termo simples, bem simples, feito tão somente para registrar a *queixa* (queixa não no sentido técnico de queixa-crime, e sim de reclamação). É com base no termo circunstanciado que o Ministério Público formará a *opinio delicti*[366].

Recebendo o termo circunstanciado, o juiz o encaminhará ao Ministério Público, que poderá tomar as seguintes decisões: **a)** propor aplicação imediata de pena não privativa de liberdade (Lei n. 9099/1995, art. 76, *caput*); **b)** oferecer denúncia oral (Lei n. 9099/1995, art. 77, *caput*); **c)** oferecer denúncia escrita (Lei n. 9099/1995, art. 77, § 2º); **d)** requerer arquivamento (CPP, art. 28); **e)** requerer diligências imprescindíveis ao oferecimento da denúncia (CPP, art. 16); **f)** propor suspensão do processo (Lei n. 9099/1995, art. 89).

Vale chamar atenção de que o Ministério Público não pode investigar, como se autoridade policial fosse. Entendeu a 2ª Turma do Supremo Tribunal Federal, ao julgar o RE 233072-4/RJ, interposto pelo Ministério Público Federal, relator para o acórdão Ministro Nelson Jobim, em sessão de 18.05.1999, por maioria, vencidos os Ministros Néri da Silveira, relator, e Maurício Corrêa (*DJ* 03.05.2002):

> O Ministério Público **(1)** não tem competência para promover inquérito administrativo em relação à conduta de servidores públicos; **(2)** nem competência para produzir inquérito penal sob o argumento de que tem possibilidade de expedir notificações nos procedimentos administrativos; **(3)** pode propor ação penal sem o inquérito policial, desde que disponha de elementos suficientes. Recurso não conhecido.

---

[365] Pitombo, S. M. de M. et al. *Juizados Especiais Criminais*: interpretação e crítica. São Paulo: Malheiros, 1997. p. 78.
[366] Opinião, ponto de vista sobre o delito.

Luiz Gustavo Grandinetti Castanho de Carvalho[367] observa o seguinte:

> O que não se pode tolerar de modo algum, porém, é que o Ministério Público intime ou requeira a intimação do autor do fato para colher suas declarações, pois a isso se opõe o princípio da isonomia: não pode uma parte (mesmo eventual e futura) submeter a outra parte, intimando-a ou colhendo suas declarações.

3.1 Investigação feita pelo Ministério Público

Não se pode admitir que o mesmo órgão que investigue, estando, portanto, envolvido diretamente na colheita da prova, venha a denunciar. A divisão de atribuições – investigação e acusação – deve estar separada, por exigência do Estado Democrático de Direito. A união das atribuições constitui um atentado à dignidade do cidadão. O Ministério Público não tem atribuição para realizar investigações, instaurando procedimento investigatório criminal, presidindo instrução, interrogando o agente, ouvindo testemunhas etc. A Constituição Federal não lhe dotou do poder de presidir inquérito policial, nem instaurar *procedimento investigatório criminal*. Pode, sim, tão somente, requisitar diligências à autoridade policial.

No entanto, a 2ªTurma do STF, julgando, em 10.03.2009 (*DJ* 02.04.2009), o HC 91661/PE, relatora a Min. Ellen Gracie, entendeu que: "É perfeitamente possível que o órgão do Ministério Público promova a colheita de determinados elementos de prova que demonstrem a existência da autoria e da materialidade de determinado delito".

Uma observação: muitas vezes, o Ministério Público instaura procedimento administrativo criminal e, depois, verifica que não há tipicidade e encaminha esse procedimento a Juízo para que neste seja procedido o arquivamento. Ora, é caso de o Ministério Público arquivar o feito na sua própria repartição.

4. DILIGÊNCIAS COMPLEMENTARES

Antes da tentativa de composição, não pode o juiz restituir ao delegado de polícia o termo circunstanciado para realização de diligências complementares. Pode dar-se a composição e serem, assim, desnecessárias as diligências. A devolução constitui, na verdade, constrangimento ilegal.

5. PRISÃO EM FLAGRANTE

Flagrante vem de *flagans, antis,* ardente, quente, inflamado. Logo, prisão em flagrante é a que é feita quando o crime ainda está quente, ardendo, ou seja, está sendo praticado (*in faciendo deprehensus est*)[368] ou acaba de ser praticado, de modo que o torna evidente. O flagrante é a "certeza visual do crime", como disse Raphael Magalhães[369] em voto que proferiu, em junho de 1927, ao julgar o HC 2284 no Tribunal da Relação do Estado de Minas Gerais, concedendo a ordem à artista La Belle Agnes. Ou, como dito por Hélio Tornaghi, o flagrante é "a mais eloquente prova da autoria de um crime".

Se o termo é circunstanciado e é enviado imediatamente ao Juizado, não há razão para a lavratura do auto de prisão em flagrante, salvo na hipótese de o autor do fato não ser logo apresentado ao Juizado. Ademais, não se recolherá o autor da infração à cela, ainda que tenha havido prisão em flagrante, se ele se comprometer a comparecer ao Juizado. Esse compromisso pode ser até verbal, procedendo a autoridade policial à certificação. Logo, a prisão em flagrante pode, sem dúvida alguma, ocorrer, mas o preso não será levado à cadeia, caso se comprometa a comparecer ao Juizado, ou no caso de ser ele imediatamente encaminhado ao Juizado. Nessa hipótese, também, não lhe será

---

[367] Carvalho, 2003, p. 91.
[368] Apanhado ao fazer, praticar.
[369] Magalhães, R. *Archivo judiciário*. jul./set., 1927. p. 64.

imposta fiança. Se não houver o compromisso, será recolhido à prisão, sujeitando-se ao pagamento da fiança, se cabível. Esse recolhimento ocorre em razão da prisão em flagrante, e não pela falta do compromisso. Se não houver prisão em flagrante, o autor do fato não pode ser recolhido à cadeia. O registro do compromisso é feito no próprio termo circunstanciado.

Observo que, se houver a prisão em flagrante, o autor do fato não será *recolhido* se se comprometer a comparecer ao Juizado. A lei está dando um benefício – não ser recolhido à prisão se fizer o compromisso. Não comparecendo, há possibilidade de ser, excepcionalmente, decretada a prisão preventiva, uma vez presentes os requisitos dos arts. 312 e 313, II e III (o inciso I diz respeito aos crimes dolosos punidos com pena privativa de liberdade máxima superior a 4 (quatro) anos do Código de Processo Penal).

Se não ficar demonstrada a ocorrência da infração, se já tiver ocorrido a prescrição ou a decadência, se o fato for atípico, a autoridade policial não lavrará o termo de ocorrência.

Se se verificar, no Juizado Especial, quando forem apresentados autor do fato e vítima, que não se trata de infração de menor potencial ofensivo, o autor do fato que for preso em flagrante deverá ser reconduzido à Delegacia de Polícia para a lavratura do auto correspondente.

6. A PRISÃO DETERMINADA POR JUIZ CÍVEL POR DESOBEDIÊNCIA À SUA ORDEM

Pode o juiz cível decretar a prisão daquele que desobedece à sua decisão? Não, porque não tem competência penal. O que pode fazer é determinar, observados os pressupostos legais, prisão em flagrante do desobediente, uma vez que esse tipo de prisão pode ser efetuado por qualquer do povo (CPP, art. 301). Se tiver passado esse momento, só lhe resta encaminhar ao Ministério Público cópias das peças necessárias à demonstração da conduta do desobediente.

O crime de desobediência, art. 330, do Código Penal, é punido com pena de detenção, de quinze dias a seis meses, e multa. Logo, a competência, por ser crime de menor potencial ofensivo, é do Juizado Especial Criminal. Preso o desobediente, deverá ser apresentado à autoridade policial, que o encaminhará ao Juizado. Não poderá ser encarcerado. Dele não se exigirá fiança.

Observa Eduardo Talamini[370]: "[...] nos casos em que a desobediência tem caráter permanente e continua ocorrendo, não parece possível o cabimento da proposta de transação se não houver a pronta cessação da desobediência".

Seria, na verdade, um contrassenso!

Vale lembrar que, nas comarcas ou subseções de vara única com um só juiz, este está impedido de conduzir o processo criminal se foi o autor da decisão que determinou a ordem. A imparcialidade estaria afetada.

7. FIANÇA

Se o autor do fato, preso em flagrante, for encaminhado de imediato ao Juizado ou assumir o compromisso de a ele comparecer, não se exigirá dele, também, fiança. A fiança, na hipótese, é dispensada.

Fiança criminal, define Inocêncio Borges da Rosa[371], "é a caução ou garantia, prestada pelo acusado, ou por outra pessoa a seu favor, mediante a qual pode o acusado, solto (ou em liberdade), acompanhar o processo que se lhe move e aguardar o seu julgamento definitivo".

Não esquecer que a fiança, caução real, é uma garantia assegurada constitucionalmente, uma vez que está inscrito no inciso LXVI, do art. 5º, da Constituição Federal, que "ninguém será levado à prisão ou nela mantido, quando a lei admitir a liberdade provisória, com ou sem fiança".

A fiança pode ser prestada a qualquer tempo, desde a lavratura do auto de prisão em flagrante, durante o procedimento policial ou no decorrer do processo, e até o instante em que transite em julgado a sentença condenatória.

---

[370] Talamini, E. *Tutela relativa aos deveres de fazer e de não fazer.* 2. ed. rev. atual. ampl. São Paulo: RT, 2003. p. 316.
[371] Rosa, 1961, p. 329.

Se o crime atribuído ao autor do fato é punido com reclusão, e ele não assume o compromisso de comparecer ao Juizado, dele se exigirá a fiança, que deverá ser requerida ao juiz.

Consoante ao art. 321, do CPP, ausentes os requisitos para prisão preventiva, o juiz **deverá** conceder liberdade provisória com ou sem imposição de medidas cautelares do art. 319 c/c art. 282, ambos do CPP.

A autoridade policial somente poderá conceder fiança na hipótese de infração penal cuja pena máxima em abstrato não seja superior a 4 (quatro) anos; nos demais casos, a fiança deverá ser requerida ao juiz, que terá 48 (quarenta e oito) horas para deliberar (art. 322, do CPP).

Não será concedida fiança nas hipóteses de prática de crime de racismo, tortura, tráfico ilícito de entorpecentes e drogas afins, terrorismo e nos definidos como crimes hediondos e quando o crime for cometido por grupos armados, civis ou militares, contra a ordem constitucional e o Estado Democrático; (CPP, art. 323, do CPP). Também não será concedida fiança se, no mesmo processo, o acusado tiver quebrado fiança anteriormente concedida ou infringido, sem motivo justo, qualquer das obrigações a que se referem os arts. 327 e 328 desse Código. No caso de prisão civil ou militar e quando presentes os requisitos para a decretação da prisão preventiva (art. 324, do CPP), e na hipótese de ter prestado fiança, se vier a ocorrer a suspensão do processo (art. 89, da Lei n. 9099/1995), não se deve permitir, de imediato, sua revogação, isso porque poderá sobre ela recair a reparação do dano ou parte dele (art. 89, § 1º, I).

Sobre a fiança pode, igualmente, recair a composição dos danos civis (art. 74, da Lei n. 9099/1995).

8. APRESENTAÇÃO DO AUTOR DO FATO AO JUIZADO ESPECIAL

Na prática, o que ocorrerá é que o autor do fato não será apresentado imediatamente ao Juizado. Assim, deverá ele prestar o compromisso de comparecer ao Juizado, não se impondo a prisão em flagrante nem dele se exigindo fiança. Cf. parte final da primeira parte do parágrafo único do art. 69. Será indagado do autor do fato se ele se compromete a apresentar-se ao Juizado. Este, por sua vez, fará a pauta dos horários das audiências e a encaminhará às Delegacias, que marcarão as audiências preliminares, de acordo com a pauta, e dela darão ciência aos interessados (autor do fato, vítima, responsável civil, responsável do menor, se for o caso, e testemunhas). A vítima, frisa-se, também ficará ciente de que deverá comparecer ao Juizado Especial no mesmo dia e hora em que o autor do fato deverá comparecer.

Pode acontecer de a vítima e o autor do fato dirigirem-se diretamente ao Juizado. Se isso ocorrer, o que deve ser feito? O funcionário do Juizado lavrará termo circunstanciado, o mesmo que seria lavrado pela autoridade policial, e marcará a audiência preliminar, se não for possível ser realizada de pronto. Na verdade, suprimiu-se uma etapa. Se o fato se repetir com frequência, a fim de não prejudicar o serviço do Juizado, o melhor é encaminhar os interessados para a Delegacia de Polícia.

Em se tratando de crimes da competência do Juizado Especial, a autoridade policial não poderá instaurar inquérito – o inquérito vai contra o objetivo do Juizado, pois é *burocratizante*, demorado. Se o inquérito for instaurado, poderá ser impetrado *habeas corpus* para trancá-lo, uma vez que haverá constrangimento ilegal. Não sendo o autor da infração encontrado, o inquérito poderá ser instaurado, pois, nesse caso, como já observamos, a competência deixa de ser do Juizado.

9. VIOLÊNCIA DOMÉSTICA

Na 4ª edição, dissemos que:

> a violência doméstica não significa, como a princípio pode-se pensar, que é a violência do homem contra a mulher (marido e mulher, companheiro e companheira, amantes). Não é. É, sim, a violência referente à vida familiar. É a violência, também, da mulher contra o homem – raras hipóteses; dos pais contra os filhos; entre sogra/sogro e genro/nora, avós e neto, irmãos, cunhados.

Este, realmente, era o entendimento, pois, ao vetar, parcialmente, o Projeto de Lei n. 67/2001 (3901/2000 na Câmara dos Deputados), que veio a transformar-se na Lei n. 10455, de 13.05.2002, dando nova redação ao parágrafo único, do art. 69, da Lei n. 9099, de 26.09.1995, ao acrescentar: "Em caso de violência doméstica, o juiz poderá determinar, como medida de cautela, seu afastamento do lar, domicílio ou local de convivência com a vítima". Disse o Presidente da República, na Mensagem Presidencial n. 373, de 13.05.2002, "que a violência doméstica pode ter como autor do fato e como vítima qualquer pessoa que conviva na mesma unidade doméstica ou familiar, não se dirigindo a norma apenas aos cônjuges ou companheiros, podendo, inclusive, ser voltada para menor".

A violência doméstica era tratada, na Lei dos Juizados, tão só quanto à medida cautelar de afastamento do agente agressor do ambiente de convivência com a vítima.

No dia 07.08.2006, veio a ser sancionada a Lei n. 11340, que pune a violência doméstica e familiar. Lei esta que recebeu o nome "Lei Maria da Penha" como forma de homenagear a mulher símbolo da luta contra a violência familiar e doméstica, MARIA DA PENHA FERNANDES, que foi vítima de duas tentativas de homicídio por parte do ex-marido e ficou paraplégica, e a punição do seu agressor só veio a se dar mais de 19 anos depois.

Atualmente, todos os estados da federação possuem Juizado Especializado de Violência contra a Mulher.

Tem quem entenda que é inconstitucional o termo "mulher" na Lei Maria da Penha (LMP), pois afrontaria o princípio da isonomia ao dar proteção exclusiva à mulher. Penso que não. É a mulher que, em quase cem por cento dos casos, é agredida. É ela que necessita de uma proteção especial.

Observa-se que a Constituição dá tratamento diferenciado a homens e mulheres (CF, arts. 7º, XX, e 201).

RUI BARBOSA[372], na solenidade de 29.03.1921, em discurso aos recém-formandos bacharéis em Direito da Faculdade de Direito de São Paulo de 1920, seus afilhados, lido pelo Professor REINALDO POCCHAT, proclamava:

> A regra da igualdade não consiste senão em quinhoar desigualmente aos desiguais, na medida em que se desigualam. Nesta desigualdade social, proporcionada à desigualdade natural, é que se acha a verdadeira lei da igualdade. O mais são desvarios da inveja, do orgulho, ou da loucura. Tratar com desigualdade a iguais, ou a desiguais com igualdade, seria desigualdade flagrante, e não igualdade real.

A Lei em comento, além de criar vários regramentos de proteção, vedou aos crimes praticados com violência doméstica e familiar contra a mulher, independentemente da pena prevista, a aplicação da Lei n. 9099, de 26.09.1995 (art. 41 da LMP). São da competência da LMP: 1º) violência contra mulher; e 2º) que ela faça parte do âmbito doméstico, familiar ou de relacionamento íntimo do agente do fato. Não importa o local da agressão, no interior do lar ou não.

Constituem violência à mulher: **a)** a física, a ofensa à sua integridade ou saúde corporal (lesões corporais, tortura etc.); **b)** a psicológica, aquela que causa dano emocional, levando a uma baixa autoestima (constrangimento, humilhação, manipulação, isolamento, vigilância constante, perseguição, insulto, chantagem, ciúme doentio etc.); **c)** a sexual, como constranger a mulher a manter relação sexual contra sua vontade, mediante intimidação, ameaça, coação ou uso da força (estupro); impedi-la de usar qualquer método contraceptivo ou que a force a abortar, prostituir-se; **d)** a patrimonial, a violência que leve à subtração de seus bens ou à sua destruição; **e)** a moral, como caluniá-la, difamá-la ou injuriá-la.

O sujeito ativo pode ser qualquer pessoa, geralmente é o homem.

A vítima é a mulher, esposa, companheira, filha, mãe, avó, sobrinha, prima. Pouco importa que a vítima seja até prostituta.

---

[372] BARBOSA, 1997, p. 666.

Observe que o governo federal, em 14.05.2009, lançou o Plano Nacional de Promoção da Cidadania e Direitos Humanos de LGBT (lésbicas, *gays*, bissexuais, travestis e transexuais). O plano é composto por 51 diretrizes, que devem ser transformadas em políticas de Estado. Entre elas estão a legalização do direito de adoção dos casais que vivem em parceria homoafetiva e o reconhecimento dos direitos civis de casais homossexuais; acolher mulheres lésbicas, bissexuais, travestis e transexuais na aplicação da Lei Maria da Penha, que pune agressões contra mulheres.

Parte da doutrina, no entanto, entende que as uniões homoafetivas constituem unidade doméstica, sejam formadas por um homem e uma mulher, por duas mulheres, ou por dois homens, configurando uma entidade familiar.

Nas questões relativas à violência doméstica e familiar contra a mulher, expressamente dispõe o art. 41, da Lei n. 11340/2006, que não se aplica à Lei dos Juizados, ainda que a pena máxima não seja superior a dois anos. Os Juizados de Violência Doméstica e Familiar são espécie dos Juizados Especiais, que é o gênero.

Ver anotações sobre o assunto no item 33, Capítulo III, comentários ao art. 61.

10. IDENTIFICAÇÃO CRIMINAL

A Lei n. 10054, de 07.12.2000, que tratava da identificação criminal, foi revogada pela Lei n. 12037, de 01.10.2009. A nova Lei é mais concisa, dispondo, no art. 1º: "O civilmente identificado não será submetido à identificação criminal, salvo nos casos previstos nesta Lei".

A Lei n. 10054/2000 era mais analítica, dispondo no seu art. 1º, *caput*:

> O preso em flagrante delito, o indiciado em inquérito policial, *aquele que pratica infração penal de menor gravidade (art. 61*, caput, *e parágrafo único, do art. 69, da Lei n. 9099, de 26.09.1995)*, assim como aqueles contra os quais tenha sido expedido mandado de prisão judicial, desde que não identificados civilmente, serão submetidos à identificação criminal, inclusive pelo processo datiloscópico e fotográfico (g.n.).

Mas a nova Lei estabelece, apesar da concisão do seu art. 1º: "A identificação criminal incluirá o processo datiloscópico e o fotográfico, que serão juntados aos autos da comunicação da prisão em flagrante, ou do inquérito policial ou outra forma de investigação" (art. 5º). Ora, se o "civilmente identificado não é submetido à identificação criminal" e se a identificação inclui o processo datiloscópico e fotográfico, não será ele, o civilmente identificado, submetido a esses dois processos.

Deve ter a nova lei, no entanto, a mesma interpretação. Também, aquele que pratica infração de menor potencial ofensivo (infração penal de menor gravidade, como dito por essa lei) está sujeito à identificação criminal, salvo se identificado civilmente.

A nova lei não exige que seja apresentado o original do documento civil de identificação, mas determina, no parágrafo único, do art. 3º, que "as cópias dos documentos apresentados deverão ser juntadas aos autos do inquérito, ou outra forma de investigação, ainda que consideradas insuficientes para identificar o indiciado".

São documentos de identificação, assim tidos por lei: cédula de identidade – RG, expedida pela Secretaria de Segurança Pública, Carteira Nacional de Habilitação, carteira de juiz, de membro do Ministério Público, de Procurador do Estado, do Município, de advogado da União Federal, carteira expedida pelos conselhos profissionais, como a de advogado (carteira da OAB), de médico, de farmacêutico etc., carteira de Procurador Federal, carteiras de identidade expedidas pelos ministérios ou órgãos subordinados à Presidência da República, inclusive aos Comandos do Exército, Marinha e Aeronáutica, e Ministério da Defesa, carteira expedida pelo Poder Legislativo para seus membros, carteira de Delegado de Polícia, passaporte, nacional ou estrangeiro, as carteiras dos militares, Carteira Profissional do Trabalho etc. E as carteiras das associações? Estas não, porque não estão reconhecidas por lei. Também não servem para identificação as certidões de nascimento, de casamento, de batismo, por falta de fotografia. Sem fotografia, não dá para verificar se seu portador é realmente quem está mencionado na certidão.

A Súmula 568 do Supremo Tribunal Federal ("A identificação criminal não constitui constrangimento ilegal, ainda que o indiciado já tenha sido identificado civilmente") e o inciso VIII, do art. 6º, do Código de Processo Penal ("Logo que tiver conhecimento da prática da infração penal, a autoridade policial deverá: [...] VIII – ordenar a identificação do indiciado pelo processo datiloscópico, se possível, e fazer juntar aos autos sua folha de antecedentes") devem ser interpretados de acordo com o art. 1º, da Lei n. 1.037, de 01.10.2009, posto que, se o indiciado estiver identificado civilmente, a identificação pelo processo datiloscópico não poderá ser feita, até porque qualquer incompatibilidade resultaria na revogação dos atos normativos anteriores à edição da *novatio legis*.

O método seguro de identificação é o datiloscópico. As impressões digitais, com seus arcos, presilhas e verticilos, são perenes (acompanham o indivíduo durante toda a vida), imutáveis (não mudam, não desaparecem). Atualmente, método eficaz é, também, o que utiliza a íris, a parte colorida do olho, que fica em volta da pupila. Método sofisticado e já utilizado para identificação de pessoas que pretendem ter acesso a alguns setores com restrição.

A identificação datiloscópica, explica FERNANDO DE ALMEIDA PEDROSO[373]: "Tem por desiderato legal, apenas, estremar a identidade física do suspeito do crime, de modo a que fique sobranceira a qualquer dúvida, permitindo-se, assim, distingui-lo dos demais cidadãos".

A identificação sujando os dedos com tinta preta não deixa de ser uma humilhação, por mais que se diga que não. É como diz MÁRIO SÉRGIO SOBRINHO[374]:

> Não era desconhecido que o ato de impregnar os dedos da pessoa apontada como autora de um delito com a tinta escura de imprensa, utilizada para tomada das impressões digitais, tinha forte efeito simbólico e era praticado, muitas vezes, com um verdadeiro ritual cujo jargão policial apelidou de *tocar piano*, o que se tornou, em alguns casos, uma forma de humilhação ou constrangimento das pessoas, normalmente, as mais pobres e humildes, atingindo, em algumas oportunidades, os abastados ou os poderosos, principalmente quando perdiam a fortuna ou o poder.

Pode o indiciado ou o acusado ou o autor da infração recusar-se a ser identificado? Não. Ressalta JOSÉ FREDERICO MARQUES[375]: "Não pode o acusado (e tampouco o indiciado) subtrair-se à identificação, pelo que à autoridade policial está facultado emprego de meios coercitivos para compeli-lo a isto".

A recusa, em princípio, pode, inclusive, constituir crime de desobediência (CP, art. 330). Todavia, se não houver a obrigação de identificar-se por já estar o agente identificado civilmente, não há o crime, pois a ordem não é legal, faltando, assim, o núcleo do tipo que é desobedecer à ordem legal.

A não inclusão do processo datiloscópico, o mais seguro de todos, pode levar a equívocos de identidade, prejudicando terceiros, como ocorre em casos em que o infrator usa de identidade falsa.

> **Art. 70.** Comparecendo o autor do fato e a vítima, e não sendo possível a realização imediata da audiência preliminar, será designada data próxima, da qual ambos sairão cientes.

1. IMPOSSIBILIDADE DA REALIZAÇÃO DA AUDIÊNCIA PRELIMINAR

Se não for possível, por qualquer motivo – por exemplo, o autor do fato comparece desacompanhado de advogado e não há, no momento, advogado que possa ser nomeado dativo; o expediente está para terminar; há audiência em curso e vai demorar a ser concluída; há necessidade de

---

[373] PEDROSO, F. DE A. *Processo penal*: o direito de defesa: repercussão, amplitude e limites. Rio de Janeiro: Forense, 1986. p. 62-63.

[374] SOBRINHO, M. S. *A identificação criminal*. São Paulo: RT, 2003. p. 81.

[375] MARQUES, 1980, p. 289.

realização da perícia para a exata tipificação do fato, o que pode levar à incompetência do Juizado; o Ministério Público, em face das exigências estabelecidas no § 2º, do art. 76, tem dúvida sobre o oferecimento da proposta de aplicação de pena não privativa de liberdade etc. –, a realização da audiência preliminar, tendo comparecido o autor do fato, a vítima e o responsável civil pelos danos, a Secretaria designará outra data próxima, dela ficando, de logo, aqueles cientes, isto é, intimados, lançando, para comprovação, suas assinaturas nos autos. Próxima, isto é, para o primeiro dia útil desimpedido. Há Juizados que estão com as pautas altamente sobrecarregadas e, dessa forma, a audiência está sendo designada para um ano depois! Tem-se de partir para que o Juizado funcione 24 horas por dia. Funcionamento em tempo integral, inclusive sábados, domingos e feriados. Muitos supermercados não funcionam assim?

O advogado não precisa apresentar procuração, pois o autor do fato se faz presente. No termo de audiência, far-se-á constar que o autor do fato constituiu o advogado como seu defensor. É a procuração *apud acta*[376]. Walter P. Acosta[377], muito conhecido nos meus tempos de estudante, sobre constituição de advogado, ensinava:

> O acusado, como é óbvio, tem liberdade de escolher seu advogado, podendo constituí-lo por instrumento público (passado em tabelionato), por instrumento particular (manuscrito ou datilografado), por *apud acta* (procuração lavrada nos próprios autos, no cartório criminal), ou por indicação verbal, ao responder a interrogatório. Esta indicação dispensa outorga de mandato, mas é insuscetível de substabelecimento.

Presentes o Ministério Público, o autor do fato, a vítima e, se possível, o responsável civil, acompanhados estes últimos, claro, por seus advogados, instala-se a audiência preliminar, que deverá se realizar de modo informal, esclarecendo-se a todos sobre a possibilidade da conciliação, da composição dos danos e, por fim, da proposta da transação penal, com aplicação imediata de medida socioeducativa ou de pena não privativa de liberdade. Aceita a transação penal, deverá ser informado o autor do fato e expressamente consignado de que o descumprimento da medida aplicada permitirá a retomada do procedimento, encaminhando-se este para o Promotor de Justiça, que é o Ministério público, a fim de, sendo o caso, oferecer denúncia.

Não pode e não deve o juiz, em vez de proceder à audiência preliminar, encaminhar o termo circunstanciado ao Ministério Público para verificar se não é caso de imediato oferecimento de denúncia. Tal ato constitui constrangimento ilegal, passível de *habeas corpus*.

Se o autor do fato, *injustificadamente,* não comparece à audiência, deve o Ministério Público oferecer a denúncia. Esse foi o entendimento do IV Encontro de Coordenadores de Juizados Especiais Cíveis e Criminais do Brasil. Enunciado 1: "A ausência injustificada do autor do fato à audiência preliminar implicará em vista dos autos ao Ministério Público para o procedimento cabível".

Uma das conclusões do I Encontro de Coordenadores de Juizados Especiais, realizado em Natal/RN, em maio de 1997, foi de que, "quando o autor do fato não comparece à audiência preliminar, tendo ele assumido esse compromisso, para não ser-lhe imposta prisão nem pagar fiança, fica sujeito à condução coercitiva".

Entendo, *data venia,* que não. A audiência preliminar tem por objetivo a composição, a conciliação. Se o autor do fato não quer, mostrando desinteresse, não pode ser obrigado a ir à audiência.

Prejudicada a realização da audiência preliminar pela falta injustificada do autor do fato, passa-se ao procedimento previsto no art. 77, da Lei n. 9099/1995.

E se a vítima, injustificadamente, não comparece?

Se a ação for pública incondicionada, não há a composição dos danos, e o Ministério Público, se for o caso, oferece a denúncia.

---

[376] Nos autos.

[377] Acosta, W. P. *O processo penal*: teoria, prática, jurisprudência, organogramas. 11. ed. Rio de Janeiro: Editora do Autor, 1975. p. 126.

Se for pública condicionada à representação, o procedimento ficará paralisado até operar-se a decadência. Há entendimentos de que o termo circunstanciado deva ser arquivado provisoriamente, podendo ser desarquivado dentro do prazo decadencial da representação, por sua mera provocação.

Se for privada, ocorrerá a perempção, prevista no inciso III, do art. 60, do Código de Processo Penal.

A ausência do autor do fato e da vítima, ou de um, ou de outro, não impede que, posteriormente, na audiência de instrução, seja feita a proposta tentando a composição dos danos ou a transação.

> **Art. 71.** Na falta do comparecimento de qualquer dos envolvidos, a Secretaria providenciará sua intimação e, se for o caso, a do responsável civil, na forma dos arts. 67 e 68 desta Lei.

1. AUDIÊNCIA PRELIMINAR. INTIMAÇÃO DO FALTOSO

Pode ocorrer, também, que ou o autor do fato ou a vítima não compareça, ou ambos não compareçam à audiência preliminar. A presença da vítima é importante em razão de buscar-se a composição dos danos, que é um dos objetivos da audiência preliminar. Nessa hipótese, a Secretaria, independentemente de despacho judicial, designará nova audiência e providenciará a intimação do faltoso ou faltosos. Nessa fase, ainda não se fala em citação, pois também não houve denúncia ou queixa.

Se não houver justa causa para a lavratura do termo circunstanciado, o Ministério Público deverá requerer seu arquivamento. De ofício é que o juiz não pode determiná-lo. Se o fizer, o Ministério Público poderá interpor correição parcial, reclamação, segundo o regimento de alguns tribunais, ou mesmo mandado de segurança.

A decisão que determina o arquivamento *a pedido* do Ministério Público é irrecorrível.

O fato de o termo circunstanciado apresentar-se incompleto, desde que esteja demonstrado, em princípio, o ilícito penal, não impede a audiência preliminar, cuja finalidade é de tão só obter-se a composição dos danos.

> **Art. 72.** Na audiência preliminar, presente o representante do Ministério Público, o autor do fato e a vítima e, se possível, o responsável civil, acompanhados por seus advogados, o juiz esclarecerá sobre a possibilidade da composição dos danos e da aceitação da proposta de aplicação imediata de pena não privativa de liberdade.

1. A AUDIÊNCIA PRELIMINAR

A esta audiência devem comparecer o representante do Ministério Público, o suposto autor do fato, seu defensor e a vítima. Nela, depois de o Ministério Publico verificar que não é caso de arquivamento, tentar-se-á: a) a composição dos danos civis e b) a transação penal.

Nos termos do art. 5º, *caput*, do Código Civil, Lei n. 10406, de 10.01.2002 (*DOU* 11.01.2002), que entrou em vigor em 12.01.2003, o maior de 18 anos já é capaz. Pelo antigo Código Civil, a maioridade era alcançada aos 21 anos. A maioridade civil, hoje, coincide com a maioridade penal.

Pelo atual Código Civil, são incapazes, relativamente, os maiores de 16 e menores de 18 anos (art. 4º). A menoridade cessa, desse modo, de acordo com o art. 5º, do Código Civil, "aos 18 anos completos, quando a pessoa fica habilitada à prática de todos os atos da vida civil". Com essa idade, a pessoa torna-se maior. A maioridade civil foi, portanto, reduzida de 21 para 18 anos.

Também deverá ser intimado para audiência o representante legal (pai, tutor ou curador)[378], ou o curador especial[379], se o *ofendido* for incapaz, absoluta (os menores de 16 (dezesseis) anos – art. 3º, do CC) ou relativamente (os maiores de 16 (dezesseis) anos emenores de 18 (dezoito) anos; os ébrios habituais; os viciados em drogas; aqueles que, por causa transitória ou permanente, não puderem exprimir sua vontade e os pródigos – art. 4º, do CC). É o que também diz o art. 33, do Código de Processo Penal. Isso para o caso de intentar a ação penal privada. Caberá ao defensor público do Estado atuar como curador especial, nos termos do parágrafo único, do art. 72, do CPC. Não havendo na localidade defensor público, será nomeado advogado para exercer essa função.

Apesar de a lei não exigir a presença do responsável civil – presente, "se *possível*, o responsável civil" –, ela se faz necessária porque, se houver acordo, é ele que ficará responsável pela composição dos danos civis. O responsável civil poderá comparecer acompanhado de advogado ou requerer ao juiz que lhe seja nomeado um advogado.

O responsável civil não é necessariamente o curador do autor do fato. O curador, que não precisa ter capacidade postulatória, pode ser o pai, a mãe, como também qualquer pessoa idônea, pois apenas completa a defesa não técnica do menor, integrando sua vontade; o outro, isto é, o responsável civil, responde patrimonialmente pelos danos causados pelo incapaz, sendo de regra seu representante legal. Pode, é verdade, por coincidência, em determinados casos, o responsável civil ser o curador.

O curador pode ser, inclusive, o próprio advogado constituído ou o dativo. Note-se que o processo penal não é nulo por falta de nomeação de curador ao réu menor se este teve assistência de defensor dativo, conforme já decidiu o STF[380]. Se tiver assistência de defensor constituído, obviamente, também, não será anulado.

O que se quer, com a presença do responsável civil, é alguém que tenha responsabilidade para responder pelos danos, e o defensor constituído e o dativo não têm.

Faz-se necessária a presença do curador quando o autor do fato é incapaz para que sua vontade seja completada, por ser relativamente incapaz para decidir sozinho sobre seus próprios atos.

Pode haver a nomeação de pessoa não bacharel, ou bacharel não advogado, para assistir o autor do fato? O art. 4º, *caput*, da Lei n. 8906, de 04.07.1994, Estatuto da Ordem dos Advogados do Brasil, dispõe: "São nulos os atos privativos de advogado praticados por pessoa não inscrita na OAB, sem prejuízo das sanções civis, penais e administrativas". Como, então, resolver o problema das comarcas longínquas, distantes de tudo, sem advogado? Os processos não podem ficar paralisados indefinidamente!

Fui juiz de Direito em uma comarca na Bahia, Saúde, entrada do sertão, há quarenta e quatro anos, onde não havia profissional habilitado, advogado. O que podia fazer? Vali-me das professoras primárias. Nomeadas defensoras, dava-lhes livros de prática de processo, principalmente o de WALTER ACOSTA. E não é que se saiam razoavelmente bem! Recorriam até, e tiveram apelações, no mérito, providas, principalmente cuidando de matéria de fato. O Direito constitucional de acesso ao Judiciário não podia ficar limitado por uma norma infraconstitucional.

Não cabe, nessa fase, a admissão de assistente de acusação, pois, ainda, não existe ação.

Ausente a vítima, a composição civil fica prejudicada. Não se pode fazer acordo sem a presença de um dos interessados.

Podem o autor do fato, a vítima e o responsável civil, não comparecendo acompanhados de advogado, recusar o nomeado pelo juiz? Não, mas podem preferir constituir advogado, hipótese

---

[378] CPC, art. 71 O incapaz será representado ou assistido por seus pais, por tutor ou por curador, na forma da lei.

[379] CPC, art. 72 O juiz nomeará curador especial ao: I – incapaz, se não tiver representante legal ou se os interesses deste colidirem com os daquele, enquanto durar a incapacidade; II – réu preso revel, bem como ao réu revel citado por edital ou com hora certa, enquanto não for constituído advogado. Parágrafo único. A curatela especial será exercida pela Defensoria Pública, nos termos da lei. .

[380] Súmula 352 do STF: Não é nulo o processo penal por falta de nomeação de curador ao réu menor que teve a assistência de defensor dativo.

em que a audiência será *redesignada* pelo juiz. Se forem pobres, não confiando no advogado dativo, deverão dar as razões da não confiança, e o juiz, após a devida análise, poderá substituir o advogado.

Também deverá estar presente à audiência o representante de entidade, pública ou privada, na hipótese de haver danos a serem ressarcidos ao ofendido, em ação regressiva. O representante da entidade que comparecer à audiência de composição de danos deverá ter poderes para acordar, desistir ou transigir, conforme dispõe o parágrafo único, do art. 11, da Lei n. 10259/2001. Desse modo, havendo danos a serem ressarcidos pelo autor do crime, a entidade deverá ser intimada para apresentar, na audiência, um representante para conciliar, transigir ou desistir. Não há necessidade de ser um procurador, um advogado.[381] A entidade (União Federal, o Estado e o Município, e suas autarquias, empresas e fundações), posteriormente, poderá pedir ressarcimento ao autor do fato, se este for seu servidor, como determina o § 6º, do art. 37, da Constituição Federal.

A presença pessoal dos interessados é importantíssima e imprescindível para possibilitar a conciliação. Ao estudar os Juizados de Pequenas Causas, enfatizava FERNANDO NOAL DORFMANN[382]: "A necessidade do comparecimento pessoal da parte resulta da própria finalidade, a maior, do Juizado de Pequenas Causas, a possibilidade de conciliação, meta buscada em todos os momentos do processo, somente alcançável se as partes estiverem presentes em cada fase da demanda".

Nada mais certo. É como diz a sabedoria popular: "É conversando que a gente se entende", ou, como dizia um certo animador de programa de televisão, CHACRINHA: "Quem não se comunica, se trumbica". Se fosse permitida a procuração, o procurador não teria a mesma facilidade que o próprio autor do fato para conciliar. O procurador tem um de até onde pode ir, um limite, digamos, ético.

Nessa fase, nenhum dos interessados poderá ser conduzido coercitivamente, caso não compareça, como prevê o art. 80, da Lei dos Juizados. Aqui, ainda não há processo. Ademais, a composição deve resultar da livre vontade da vítima e do autor do fato. O não comparecimento leva à presunção de não quererem compor.

Se o autor do fato foi devidamente intimado, sua ausência não implica adiamento, ficando, sim, prejudicadas as tentativas de composição dos danos civis e a transação.

Atente-se que se deve observar se os interessados foram devidamente intimados, sob pena de não ser possível a realização da audiência, que deverá também ser adiada caso os interessados apresentem justificativa aceitável.

Nos crimes de ação penal pública incondicionada, o Ministério Público deve interferir na tentativa de composição dos danos. Dispensável, no entanto, sua participação quando se trata de ação pública condicionada ou privada.

2. AS EXPLICAÇÕES SOBRE A COMPOSIÇÃO DOS DANOS

Nessa audiência, o juiz, ou o conciliador, esclarecerá ao autor do fato e à vítima ser possível uma composição a respeito dos danos que a infração causou, dizendo, no caso de ação penal privada, que, se chegarem a um acordo e se este for homologado, ocorrerá a renúncia por parte da vítima em prosseguir com o processo. Se for crime de ação penal pública condicionada, haverá uma renúncia por parte da vítima à representação. Examinaremos essa matéria ao comentarmos o art. 74.

Na hipótese de crime de ação pública incondicionada, expor-se-á que a composição dos danos civis terá por objetivo indenizar a vítima. Ressalta ANDRÉ LUÍS ALVES DE MELO[383] que "tal composição dependerá de aceitação da vítima, a qual não poderá rediscutir este fato em ação cível, salvo se ficar expresso no termo que o acordo se refere apenas a danos morais ou somente materiais".

---

[381] Lei n. 10259/2001, art. 10. As partes poderão designar, por escrito, representantes para a causa, advogado ou não.
[382] DORFMANN, 1989, p. 71.
[383] MELO, A. L. A. et al. *Lei dos Juizados Especiais Cíveis e Criminais comentada*: jurisprudência, legislação e prática. São Paulo: Iglu, 2000. p. 59.

Nessa fase, é importantíssima a atuação do conciliador, que deve esforçar-se ao máximo em busca do acordo entre as partes, a fim de conseguir a paz social. Deverá agir com bom senso, com equidade, esquecendo os princípios da legalidade e buscando o justo. Deve aconselhar como um bom pai de família (*bonus pater familias*), mostrando as vantagens do acordo, mas, veja bem, sem exercer qualquer tipo de pressão, sem amedrontar com argumentos *ad terrorem*[384], como algumas vezes faziam os juízes classistas nas audiências trabalhistas. O objetivo é que o autor do fato e a vítima não saiam da audiência com o sentimento de que foram enganados, de que perderam, que não saiam frustrados. Tudo realizado com respeito mas informalmente. Daí por que os interessados podem conversar entre si, fazer perguntas ao conciliador para melhor informar-se. É um acordo que, numa *mesa-redonda*, se está elaborando.

Para conseguir um acordo que a todos agrade, o juiz e o conciliador devem transparecer serenidade, mostrar-se tranquilos, sem arrogância ou prepotência. Demonstrar que não estão com *pressa*, que não querem ficar *livres* de mais um processo.

A Lei n. 11719/2008 criou, no inciso IV, do art. 387, do CPP, um comando para determinar que o juiz fixe, independentemente de pedido expresso, tendo elementos suficientes, um "valor mínimo para reparação dos danos causados pela infração, considerando os prejuízos sofridos pelo ofendido", estabelecendo, assim, o *quantum debeatur*. Agilizou-se a indenização. Na exposição de motivos do projeto, consta: "Desse modo, a vítima poderá ser desde logo satisfeita, embora parcialmente, sem necessidade de aguardar as delongas do processo civil de liquidação"[385]. Isso, porém, não impede que a vítima proponha ação civil com o objetivo de reparar o dano sofrido, a ação civil *ex delicto*, paralelamente à ação penal, ou aguarde o trânsito da sentença penal condenatória, valendo-se dela como título executivo.

> **Art. 73.** A conciliação será conduzida pelo juiz ou por conciliador sob sua orientação.
> **Parágrafo único.** Os conciliadores são auxiliares da Justiça, recrutados, na forma da lei local, preferentemente entre bacharéis em Direito, excluídos os que exerçam funções na administração da Justiça Criminal.

1. A CONCILIAÇÃO

O juiz, ou o conciliador orientado pelo juiz, conduzirá a audiência de conciliação. Pode o juiz pessoalmente tratar da conciliação ou pode o conciliador, sem a presença do juiz, mas já tendo dele recebido a devida orientação, dela tratar. Não se pode entender que a conciliação seja conduzida pelo conciliador sob sua própria orientação. Por que a lei iria dizer que o conciliador conduziria a conciliação "sob sua orientação"? Não faz sentido.

É certo que o art. 72 dispõe que "o juiz esclarecerá sobre a possibilidade da composição dos danos e da aceitação da proposta de aplicação imediata de pena não privativa de liberdade".

Conciliando os dois dispositivos, os arts. 72 e 73, temos de entender que as explicações genéricas serão dadas pelo juiz, e a tentativa de conciliação, pelo conciliador. No Juizado Cível, o juiz leigo poderá esclarecer às partes sobre as vantagens da conciliação, "mostrando-lhes os riscos e as consequências do litígio" (art. 21).

Nessa audiência preliminar, o juiz, ou o conciliador, esclarecerá as partes, de maneira informal, deixando todos à vontade, sobre a possibilidade de composição amigável quanto aos danos civis, explicando, no caso de ação penal privada ou de ação penal pública condicionada à representação (Lei n. 9099/1995, art. 88), que a composição implicará renúncia ao direito de queixa ou de representação (Lei n. 9099/1995, parágrafo único do art. 74).

---

[384] Para aterrorizar.
[385] Mensagem n. 213. *Diário da Câmara dos Deputados*, 30.03.2001. p. 9510.

Também deixará claro que, se não for feita a composição, a vítima poderá tentar obtê-la mediante ação própria (Lei n. 9099/1995, art. 76, § 6º, parte final).

Esclarecerá, igualmente, que a composição civil independe de *composição penal* (a transação penal) que vier a ser a proposta por parte do Ministério Público ou do querelante de aplicação imediata de pena restritiva de direitos ou multa. Ou seja, a composição civil não evitará a transação.

A composição dos danos civis pode abarcar os danos morais, tendo em vista que a lei não faz nenhuma distinção. A vítima deverá comprovar os danos materiais e morais que sofreu.

Deverá o juiz, ou o conciliador, permitir que as partes conversem entre si, debatam, façam contrapropostas, para chegarem a um denominador comum. Ambiente informal, simples, não significa anárquico, desrespeitoso. O juiz, nesse momento, deve mais do que nunca falar a linguagem comum do povo.

Estamos retornando à época da composição, do acordo, da indenização. A vítima nem sempre quer a punição penal do acusado.

A função de conciliação pode ser exercida sem a presença do juiz. Talvez melhor que seja assim, pois evita a possibilidade de um prejulgamento ou mesmo de uma má vontade do julgador ante a resistência do autor do fato a acordar, ou até ao modo como ele se expressa ao recusar a conciliação.

Não obtida a conciliação, ou seja, a composição dos danos civis, será, de acordo com o *caput* do art. 75, imediatamente dada oportunidade à vítima para exercer o direito de representação verbal.

Se aceita, a composição de danos civis será reduzida a escrito e homologada pelo juiz togado, mediante sentença irrecorrível, que terá eficácia de título a ser executado no Juízo Cível competente. Segundo está previsto no Enunciado n. 37 do Fórum Nacional dos Juizados Especiais (FONAJE), esse acordo pode versar sobre qualquer valor ou matéria. Tratando-se de ação penal privada ou ação penal pública condicionada, o acordo referente à composição, uma vez homologado, acarreta a renúncia ao direito de queixa ou representação.

O não oferecimento da representação na audiência preliminar não implica decadência do Direito, que poderá ser exercido no prazo de seis meses, a contar da data do fato, desde que a vítima intimada tenha comparecido e feito pedido expresso nesse sentido, porquanto pela aplicação do Enunciado n. 99 do FONAJE, o não comparecimento da vítima, ou a impossibilidade de sua localização no endereço por ela fornecido, demonstra desinteresse e permite o arquivamento do procedimento, por falta de justa causa.

1.1 Um fundo de amparo à vítima

Por oportuno, vale lembrar que GAROFALO observava que o art. 321 do antigo Código Penal alemão estabelecia que, "para as lesões corporais, o juiz ao pronunciar a sentença condenatória possa, em favor do ofendido, impor ao réu uma multa de até dois mil *thalers*".

Dizia o grande jurista[386]:

> A coerção ao pagamento das somas estabelecidas pelo juiz, substituiria utilmente qualquer outro meio repressivo, uma vez que a execução fosse *enérgica* e não regulada pelas *normas ordinárias do processo*. Que o culpado, se tem meios, não possa de modo nenhum subtrair-se ao pagamento; se os não tem ou simula não os ter, seja constrangido a trabalhar em benefício do Estado e da parte lesada.

Estudando o dano, público ou privado, decorrente do crime, propôs FERRI[387] a constituição de um fundo para amparar as vítimas e suas famílias, explicando: "E é precisamente como reconhecimento do caráter de sanção pública na indenização, que a última alínea do art. 90 do nosso Projeto (1921) estabelece que, *quando o crime não tiver causado prejuízo econômico apreciável*, o

---

[386] GAROFALO, 1893, p. 254-255.
[387] FERRI, 1999, p. 534.

juiz poderá acrescentar a obrigação de pagar, em benefício da Caixa das Multas, uma soma não superior a cinquenta mil liras".

É uma boa ideia. A sentença condenatória infligiria ao réu o pagamento de uma contribuição para um fundo de amparo à vítima e sua família, para o caso de o agressor destas não ter condições de indenizá-las. Com a palavra, o nosso legislador.

1.2 Pode haver composição em que o sujeito passivo é tão somente o Estado?

Não. Não, porque não há sentido para essa indenização. Por exemplo, na contravenção de "dirigir aeronave sem estar devidamente licenciado" (Lei das Contravenções Penais, art. 33).

1.3 O Ministério Público e a composição dos danos

Não havendo interesse de menores ou incapazes, não há razão para a intervenção do Ministério Público.

1.4 Pode a tentativa de conciliação ser deprecada?

Sim. Nada impede. Observa-se, inclusive, que, se tratando de pessoa geralmente humilde, o autor do fato, muitas vezes, terá dificuldade de se locomover para o Juízo territorialmente competente, nos termos do art. 63. Prejuízo haverá até mesmo para a vítima. Obtida a conciliação, a precatória será devolvida, e o juiz da causa a homologará. Não conseguida, o juiz deprecado devolvê-la-á com as informações do que ocorreu.

2. OS CONCILIADORES

Pode o juiz valer-se dos estagiários das faculdades de Direito e dos servidores bacharéis em Direito que já se aposentaram, dos advogados militantes ou que não estejam mais advogando, juízes aposentados, para designar como conciliadores. Se não puder deles se valer, nomeará leigos para a função, como psicólogo, pedagogo etc. O que importa, na verdade, é ser paciente, ter equilíbrio emocional, educação, experiência de vida. Se for inteligente, tiver raciocínio rápido e uma boa retórica, melhor ainda.

O conciliador, como explica CÂNDIDO DINAMARCO[388]:

> não exerce jurisdição, como se dá com o *conciliatore* do processo civil italiano. Mas é vital e indispensável a sua tarefa num Juizado Especial de Pequenas Causas [no novo Juizado Especial também]. Age como multiplicador da capacidade de trabalho do juiz e sob sua superior orientação.

O conciliador não pode praticar nenhum ato instrutório, quanto mais decisório. Não homologa o acordo. Sua função é tão só administrativa, encerrando-a com o término da fase de reparação civil. Não interfere, pois, na transação.

Não poderão exercer as funções de conciliador aqueles que tenham função na administração da Justiça Criminal, diz o parágrafo único, última parte, do art. 73, da Lei n. 9099, de 1995 ("[…] excluídos os que exerçam funções na administração da Justiça Criminal"). Da Justiça Criminal. Portanto, pode ser funcionário da Justiça Cível da mesma comarca. Podem ser designados conciliadores os servidores da Secretaria desde que não atuem na área criminal. Na verdade, nada impede, nem dificulta, nem embaraços cria.

O conciliador, como o juiz, deve manter-se imparcial. Ele não pode se posicionar quanto ao mérito. Tem de ter paciência, tranquilidade, ser compreensivo. O juiz, no Juizado mais do que no

---

[388] DINAMARCO, C. R. *Manual das pequenas causas*. São Paulo: RT, 1986. p. 10-11.

Juízo comum, é um *juiz social*, como se tem dito. Assim também deve atuar o conciliador. Como alerta Roberto Portugal Bacellar[389]: "O mediador não pode ter pressa e mesmo que esteja com pressa não pode demonstrar".

O advogado conciliador está impedido de exercer a advocacia? Não, salvo perante o próprio Juizado. Observa-se que o advogado que compõe os tribunais eleitorais, na qualidade de jurista, não está impedido de advogar, salvo em matéria eleitoral.

O conciliador é um auxiliar da justiça, podendo, se for difícil recrutar bacharel em Direito, ser um leigo. Difícil, creio, vai ser encontrar bacharel em Direito que se disponha a ser conciliador, uma vez que não terá qualquer remuneração.

Dispõe o art. 18, *caput*, da Lei n. 10259, de 2001, que o exercício da função de conciliador será gratuito, sendo-lhe assegurados, tão somente, os direitos e prerrogativas do jurado, nos termos dos arts. 439 e 440 do Código de Processo Penal, isto é, estabelecerá presunção de idoneidade (interessante: se o jurado tem presunção de idoneidade, *a contrario sensu*[390], presume-se que o cidadão que não exerceu efetivamente a função de jurado não tem idoneidade) e o asseguramento de prisão especial (ora, se o conciliador for bacharel em Direito, só pela condição de ser diplomado em curso superior já tem direito à prisão especial), em caso de prática de crime comum, até o julgamento definitivo, e preferência, na hipótese de igualdade de condições, nas concorrências públicas, ou seja, nas licitações e, também, nos concursos públicos. Eduardo Espínola Filho[391] assim entendia, afirmando que o exercício efetivo da função de jurado "assegura preferência nos concursos e em outras competições de natureza pública [...]".

A Sétima Conclusão da Comissão constituída pela Escola Nacional da Magistratura é neste sentido: "A função dos conciliadores e juízes leigos será considerada de relevante caráter público, vedada a remuneração."

Relativamente à prisão especial (condenado, sentença transitado em julgado, o réu deixa de ter direito à prisão especial – CPP, art. 295), atente-se que a Lei n. 10258, de 11.07.2001, disciplinou o art. 295, do Código de Processo Penal, ao acrescentar cinco parágrafos para conceituar o que se deve entender por esse tipo de prisão. Não deve haver discriminação! Grita a mídia, mas ainda existem presos especiais e presos comuns... São expressões da lei. Os presos especiais são recolhidos em local distinto dos demais presos provisórios. Todo preso tem direito a uma prisão que não retire do homem sua dignidade de *pessoa humana*. Acabou-se a prisão especial, que de especial não tinha nada, apenas permanecem direitos básicos que deveriam ser assegurados a todos os presos. Os presos ditos comuns deveriam ter direito ao mesmo tipo de prisão dos presos rotulados de especiais.

A Organização das Nações Unidas (ONU) tem se preocupado com o tratamento dado aos presos, provisórios ou não, perante o Comitê Permanente da América Latina para Revisão das Regras Mínimas da ONU para Tratamento dos Presos, Seminário Internacional, realizado em Buenos Aires – Argentina, de 27 a 29.04.2009, tendo como temática a busca de mecanismos garantidores da efetividade das Regras Mínimas da ONU para Tratamento dos Presos, com objetivo de redução de oportunidades aos conflitos e às controvérsias na reforma global das prisões. A saber:

a) Regras mínimas para o tratamento dos presos;

b) Princípios básicos para o tratamento dos presos;

c) Conjunto de princípios para a proteção de todas as pessoas submetidas a qualquer forma de detenção ou prisão;

d) Regras das Nações Unidas para a proteção dos menores, privados da liberdade;

e) Declaração sobre a proteção de todas as pessoas contra a tortura e outros atos ou penas cruéis, desumanas ou degradantes;

f) Convenção contra a tortura e outros atos ou penas cruéis, desumanas ou degradantes.

---

[389] Bacellar, R. P. *Juizados Especiais*: a nova mediação processual. São Paulo: RT, 2003. p. 200.

[390] Em sentido contrário.

[391] Espínola Filho, 1976, p. 373.

> **Art. 74.** A composição dos danos civis será reduzida a escrito e, homologada pelo juiz mediante sentença irrecorrível, terá eficácia de título a ser executado no juízo civil competente.
>
> **Parágrafo único.** Tratando-se de ação penal de iniciativa privada ou de ação penal pública condicionada à representação, o acordo homologado acarreta a renúncia ao direito de queixa ou representação.

1. A COMPOSIÇÃO DOS DANOS

Com a possibilidade da composição dos danos, lembrou-se o legislador da vítima, que era, na verdade, no processo criminal, um objeto. Agora não, ela é chamada para se manifestar sobre o dano que sofreu. É verdade que o anteprojeto da Reforma Penal de 1984 lembrou-se da multa reparatória ou indenizatória.

Praticado o delito, a ideia que vem à mente é punir o autor do fato; a vítima é posta de lado, é vista apenas como objeto, só é chamada no processo para prestar declarações e submeter-se, quando for o caso, à exame de corpo de delito. Não lhe é dada ciência do andamento do processo, não se lhe indaga que danos sofreu para poder ser reparada. A justiça penal é sempre retributiva, aplicação de pena, prisão ou multa, ou de medida de segurança. Multa aplicada em favor do Estado. A reparação dos danos sofridos pela vítima não é levada em consideração.

Estamos retornando à época da composição, do acordo, da indenização. A vítima nem sempre quer a "punição penal" do acusado.

Não podemos esquecer que o Direito Penal deve ser, também, instrumento de pacificação, de *humanização* do homem.

Com o estudo da vitimologia, que tem como fundador BENJAMIN MENDELSSOHN, a importância da vítima no processo começa a aflorar, passando a ser considerada como sujeito de direitos.

A vitimologia *ressuscita* a vítima, que teve seu período áureo quando predominavam a vingança e a justiça privadas.

A vitimologia teve forte ascendência sobre a Lei n. 9099/1995, em que a vítima vem a ser lembrada como sujeito de direitos, pensando-se na reparação dos danos por ela sofridos. Explica LUIZ FLÁVIO GOMES[392]:

> A Lei n. 9099/1995, no âmbito da criminalidade pequena e média, introduziu no Brasil o chamado modelo consensual de Justiça criminal. A prioridade nessas infrações não é o *castigo* (tradicional) do infrator, senão sobretudo a indenização dos danos e prejuízos causados pelo delito em favor da vítima.

Chegando o autor e a vítima (no caso de a vítima ser menor de dezoito, também, o seu representante) a um acordo sobre os danos civis, este será reduzido a escrito e, em seguida, submetido a controle jurisdicional. Observados que foram os requisitos para sua celebração – exame de estrita legalidade –, o juiz homologá-los-á.[393] Essa decisão homologatória é irrecorrível, diz a lei, transitando, pois, de imediato, em julgado, constituindo título executivo judicial a ser executado no Juízo Cível. No Juizado Especial Estadual, se o valor for de até 40 salários mínimos, no Juizado Federal, se o valor for de até 60, ou no Juízo Comum, Estadual ou Federal, se acima desses valores, a depender da competência.

Nessa audiência preliminar, trata-se da composição dos danos civis, e não da composição penal. Os danos civis podem abranger os danos materiais e os morais, que podem logo ser quantificados,

---

[392] GOMES, L. F. Vitimologia e justiça penal reparatória. In: LEAL, C. B.; PIEDADE JÚNIOR, H. (org.). *Violência e vitimização*: a face sombria do cotidiano. Belo Horizonte: Del Rey, 2001. p. 207.

[393] Vide *caput* do art. 74 em comento.

evitando-se a liquidação. Pode, no entanto, a composição ser parcial, deixando de fora os danos morais, para serem apurados no Juízo Cível. Isso, todavia, não impede a renúncia ao direito de queixa ou representação e, consequentemente, a extinção da punibilidade.

No caso de vários autores do fato e uma só vítima, a composição feita por um deles com a vítima a todos se estenderá, uma vez que o dano é um só. A reparação foi integral. Dispõe o art. 49, do Código de Processo Penal: "A renúncia ao exercício do direito de queixa, em relação a um dos autores do crime, a todos se estenderá".

Se, no entanto, o valor do dano for *divisível* e um dos autores do fato celebra acordo com a vítima, a renúncia e a extinção da punibilidade só a ele se operam. É o lógico.

Se forem várias vítimas e um só autor do fato, o acordo celebrado com uma delas não evita que as outras apresentem a representação, no caso de ação penal pública condicionada, ou queixa, na hipótese de ação privada.

Sendo o autor da infração um "pobre miserável", na acepção jurídica da palavra, far-se-á o acordo da melhor maneira possível, de modo que possibilite seu cumprimento, como: pagamento parcelado, pagamento em mercadorias que fabrica, em produtos de sua horta, roça etc., em serviços que o autor do fato costuma prestar – como eletricista, como faxineira etc. (não se vá falar em serviço escravo; não presta o condenado serviços à comunidade sem retribuição salarial). Tudo deve ser feito para que nem o autor do fato nem a vítima sejam prejudicados.

Além da divergência entre o autor do fato e a vítima ou seu representante legal, divergências podem surgir entre o autor do fato e seu advogado ou entre a vítima e seu advogado. Nesses casos, deverá prevalecer a vontade da vítima ou do autor do fato, que são aqueles que melhor podem dizer o que lhes interessa.

Ainda não homologado o acordo, pode uma das partes dele desistir? Creio que não. Celebrado o acordo, devidamente assinado, não pode um dos convenentes dele desistir. Seria o caso de rescisão do acordo por vontade unilateral. Essa manifestação unilateral não impede que o juiz homologue o acordo. Evita-se que uma das partes fique com a espada de Dâmocles em relação à outra.

2. A DECISÃO SOBRE O ACORDO

Chegado a um acordo, lavra-se o termo, reduzindo-se a escrito (reduzir a termo é reduzir a escrito) o que foi acordado, que é submetido à análise do juiz. Do juiz, pois o conciliador não pode homologar o acordo, por não ter o poder jurisdicional, que é indelegável.

Frisa-se que a decisão homologatória não gera nenhum efeito de natureza penal. Não há, no caso, condenação.

A decisão que homologa o acordo constitui título executivo judicial, como é a sentença condenatória proferida no processo de conhecimento. Dispõe o art. 515, do CPC: "São títulos executivos judiciais, cujo cumprimento dar-se-á de acordo com os artigos previstos neste Título: [...] II – a decisão homologatória de autocomposição judicial").

A decisão que homologa o acordo é irrecorrível, diz o art. 74, *caput*. Um recurso, no entanto, é cabível: os embargos de declaração, se a decisão estiver eivada dos vícios de ambiguidade, obscuridade, contradição ou omissão (CPP, arts. 382 e 619). Observe que da ambiguidade, contradição ou omissão surge a dúvida. Esta, portanto, resulta, na verdade, daquelas causas.

Os erros materiais podem ser corrigidos pelo juiz de ofício ou a pedido das partes. Observe o que dispõe o § 3º, do art. 83, da Lei n. 9099/1995: "Os erros materiais podem ser corrigidos de ofício".

A decisão que homologa o acordo em que o juiz o reduziu ou o ampliou, contrariando a vontade das partes, pode ser atacada por mandado de segurança? Sim, tendo em vista que a sentença homologatória é irrecorrível. Se ocorrer ofensa a direito líquido e certo do acusado, possível é a impetração de mandado de segurança, instrumento constitucional previsto "para proteger direito líquido e certo, não amparado por *habeas corpus* ou *habeas data*, quando o responsável pela ilegalidade ou abuso de poder for autoridade pública ou agente de pessoa jurídica no exercício de atribuições do poder público" – art. 5º, LXIX, da Constituição Federal.

Os erros materiais poderão ser corrigidos não só de ofício como por provocação dos interessados.

A sentença homologatória do acordo está, com fundamento no § 4º, do art. 966, do Código de Processo Civil, passível de anulação ("Os atos de disposição de direitos, praticados pelas partes ou por outros participantes do processo e homologados pelo juízo, bem como os atos homologatórios praticados no curso da execução, estão sujeitos à anulação, nos termos da lei"). O Juizado Especial (não é a Turma Recursal, tendo em vista que não se trata de ação rescisória) será competente para conhecer dessa ação se o valor da causa não ultrapassar 40 salários mínimos (Lei n. 9099/1995, art. 3º, I) ou 60 salários mínimos (Lei n. 10259/2001, art. 3º, *caput*). Se ultrapassar esses valores, em razão, por exemplo, da correção monetária, competente será o Juízo Comum, Estadual ou Federal, a depender da competência.

A decisão homologatória da composição civil não está sujeita à rescisão por meio de ação rescisória porque não é decisão de mérito. Dispõe o art. 966, *caput*, do Código de Processo Civil, que "a decisão de mérito, transitada em julgado, pode ser rescindida quando [...]" a sentença que homologa acordo não é de mérito.

A decisão que nega a homologação é apelável. Irrecorrível é a decisão que homologa. Já escrevi que tanto a decisão que nega a homologação como a que homologa são irrecorríveis. Mudei, como se vê.

3. A RENÚNCIA

Ensina ALOYSIO DE CARVALHO FILHO[394], que exerceu durante longos anos a cátedra de Direito Penal na Faculdade de Direito da Universidade da Bahia, "ao direito de agir corresponde, é lógico, o direito de desistir, sem outras limitações que a da própria vontade".

Com o acordo, a vítima está renunciando a seu direito de queixa, tratando-se de ação penal privada, ou de representação, no caso de ação penal condicionada. Homologado o acordo, cabe ao juiz, sem aguardar o prazo previsto no art. 38, do Código de Processo Penal, declarar extinta a punibilidade. Decisão, observa-se, transitada em julgado. Fala-se em desistência quando já intentada a ação penal privada. Antes, temos a renúncia, que pode ocorrer na ação penal privada e na ação penal pública condicionada.

Renunciado o direito de representação, transitada em julgado a decisão homologatória, não pode a vítima retratar-se, como prevê os arts. 104, do Código Penal, e 25, do Código de Processo Penal.

Será que é válida a regra do art. 25, do Código de Processo Penal, para o Juizado Especial? LUIZ GUSTAVO GRANDINETTI CASTANHO DE CARVALHO[395] entende que não, dizendo:

> Não parece deva-se adotar essa regra em uma legislação que se fundamenta em outros princípios, não conhecidos pelo Código de Processo. Diferentemente deste, a Lei n. 9099/1995 elegeu a reparação do dano com um dos princípios fundamentais da nova legislação. E, como dissemos antes, a pacificação social ou familiar é o bem maior que deve ser buscado pelo Direito, insculpindo-se como uma forma de reparação de dano. Assim, havendo retratação da representação, mesmo após o oferecimento da denúncia, deve-se considerá-lo como causa para a extinção da punibilidade, por analogia ao art. 107, V, do Código Penal, que autoriza a extinção da punibilidade pela renúncia do direito de representação.

Concordo, integralmente, com esse entendimento.

Frisando: tratando-se de ação penal privada ou de ação pública condicionada, a homologação do acordo extingue a punibilidade. Cuidando-se de ação penal pública incondicionada, a homologação

---

[394] CARVALHO FILHO, A. *Comentários ao Código Penal*. v. 4. Rio de Janeiro: Forense, 1944. p. 224.
[395] CARVALHO, 2003, p. 133.

não impede o prosseguimento do processo, como se vê nos arts. 75 (não composição de danos), 76 (transação penal) e 77 (oferecimento da denúncia). Nesse caso, a reparação do dano permite a aplicação do art. 16, do Código Penal (arrependimento posterior).

A composição realizada depois de oferecida a denúncia, homologada, também terá o efeito de extinguir a punibilidade.

4. O NÃO CUMPRIMENTO DO ACORDO

O não cumprimento do acordo não implica restaurar o *status quo ante*[396]. Só resta à vítima, credora, executar o título judicial que foi criado com a decisão homologatória transitada em julgado. Não se devolve o prazo decadencial. A operação da decadência é fatal. É como a morte, não tem ressurreição. Só CRISTO RESSUSCITOU!!!

Todavia, o STF, julgando o RE 581201 AgR/RS, em 24.10.2010, p. 08.10.2010, decidiu que "o descumprimento da transação a que alude o art. 76, da Lei n. 9099/1995 gera a submissão do processo ao seu estado anterior, oportunizando-se ao Ministério Público a propositura da ação penal e ao juízo o recebimento da denúncia."

> **Art. 75.** Não obtida a composição dos danos civis, será dada imediatamente ao ofendido a oportunidade de exercer o direito de representação verbal, que será reduzida a termo.
>
> **Parágrafo único**. O não oferecimento da representação na audiência preliminar não implica decadência do direito, que poderá ser exercido no prazo previsto em lei.

1. A AÇÃO PENAL. A REPRESENTAÇÃO

A ação penal pode ser pública ou privada. A pública (quando a lei não declarar que a ação será privativa do ofendido, art. 100, *caput*, do CP), por sua vez, pode ser incondicionada e condicionada. Condicionada quando o Ministério Público só procede mediante representação do ofendido ou de requisição do Ministro da Justiça (CP, art. 100, § 1º).

Se a ação penal for privada ou pública condicionada à representação, o acordo civil devidamente homologado implica renúncia ao direito de queixa ou representação (Lei n. 9099/1995, art. 74, parágrafo único). Ou seja, a vítima ou seu representante legal não mais poderão oferecer a queixa ou a representação. Trata-se de renúncia tácita, sem necessidade de que a vítima ou seu representante legal expressamente afirmem que renunciam ao direito de representação. Renúncia ou desistência? Renunciar significa não querer, recusar.

Diz TOURINHO FILHO[397] que, se o ofendido compareceu ao Juizado, "é sinal de que se manifestou, tacitamente, no sentido de querer que sejam tomadas as devidas providências em relação ao autor do fato". Portanto, entende que já teria o ofendido exercitado seu direito de representação, com o que não concordamos. Desse modo, ao acordar com a composição dos danos, não está, segundo o grande processualista, renunciando ao direito de representação, não porque ele já o exercitou, ele está, sim, dela desistindo, por não querer prosseguir com o intento de representar ou de oferecer a queixa.

Não sendo obtida a composição dos danos, será dada a palavra ao ofendido, na mesma audiência, *para exercitar seu direito de representação verbal* (este o momento próprio), que será reduzida a termo (art. 75, *caput*). Isso nas hipóteses de ação penal pública condicionada. Reduzir a termo é transformar em escrito o ato praticado, no caso a representação. A representação oral é também prevista no art. 39, do Código de Processo Penal. Se o crime for de ação privada, o ofendido também poderá de imediato exercer seu direito de queixa. Por que não? É a aplicação analógica do dispositivo.

---

[396] Situação anterior, estado anterior.
[397] TOURINHO FILHO, 2009, p. 87.

Ainda que não haja representação formal, se o ofendido demonstrou vontade, *em juízo*, por qualquer modo, de ver iniciada a persecução penal, há de se ter como havida a representação, pois esta não exige uma forma especial, forma sacramental. Quando da lavratura do termo circunstanciado, não pode o ofendido exercitar o direito de representação, que surge somente quando não obtida a composição dos danos civis.

O art. 75 diz que a representação verbal será reduzida a termo. E se, por qualquer motivo, não for? Há de se entender, então, que não houve representação? É claro que não, se ficou demonstrada a vontade do ofendido de ver iniciada a persecução criminal.

A representação só pode ser feita, portanto, após a tentativa de composição. Não pode haver inversão sob pena de haver prejuízo para o autor do fato, uma vez que a representação é irretratável, se for de imediato oferecida a denúncia, conforme o art. 25, do Código de Processo Penal.

A representação pode ser feita na Polícia? Não. Há uma natural impossibilidade. É certo que o ofendido procura a Polícia para que sejam tomadas as devidas providências. Mas é em juízo que se tenta a composição dos danos. E o art. 75, *caput*, da Lei n. 9099/1995, dispõe que, "não obtida a composição dos danos civis, será dada imediatamente ao ofendido a oportunidade de exercer o direito de representação verbal, que será reduzida a termo". Logo, é nesse momento que o ofendido pode exercitar seu direito de representação. É verdade que o § 4º, do art. 5º, do Código de Processo Penal, dispõe que "o inquérito, nos crimes em que a ação pública depender de representação, não poderá sem ela ser iniciado". Todavia, a Lei dos Juizados dispôs de modo diferente, e lei especial derroga a lei geral. Não esqueçamos que o termo circunstanciado, nos crimes de menor potencial ofensivo, substitui o inquérito. Se feita a representação na Polícia, legitimado já se acharia o Ministério Público para oferecer a denúncia, impedindo, assim, a composição dos danos, uma das finalidades da Lei dos Juizados.

Se o ofendido, levado à Delegacia pela Polícia Militar, não quiser que sejam tomadas providências, cabe à autoridade policial tomar por escrito essa manifestação de vontade.

Não exercitando o ofendido seu direito de representação na audiência preliminar, poderá exercitá-lo no prazo de seis meses, previsto no art. 103, do Código Penal, e no art. 38, do Código de Processo Penal, ante o que dispõe a parte final do parágrafo único do art. 75, da Lei n. 9099, de 1995. O prazo decadencial é peremptório, não podendo ser prorrogado, pois é fatal e contínuo, insuscetível de interrupção. O que fazer para impedir que a decadência não se opere? Só há uma solução: o ofendido apresentar a representação no prazo de seis meses, contando o prazo a partir da data da audiência em que não houve a composição.

Pode o Ministério Público, se a vítima não comparecer à audiência preliminar (art. 75), oferecer a denúncia? Entendo que não, pois, até esse momento, a vítima não apresentou a representação dentro da sistemática do Juizado. Será possível, sim, se a vítima fez uma representação formal, por escrito. Nessa hipótese, o prazo decadencial não tem por termo *a quo* o momento em que se daria a tentativa de composição dos danos civis, e sim o previsto no art. 38, do Código de Processo Penal.

O prazo decadencial, segundo nosso sentir, tem início a partir da audiência preliminar, e não, como determinado no art. 103, do Código Penal, e no art. 38, do Código de Processo Penal, do dia em que o ofendido veio a saber quem é o autor do crime. A Lei dos Juizados, como lei especial, instituiu um novo critério. Esse art. 75, *caput*, da Lei n. 9099/1995, diz que "será dada imediatamente ao ofendido a oportunidade de exercer o direito de representação verbal". A partir dessa data é que começa o prazo a fluir. Assim, igualmente, pensa o Desembargador MÁRIO JOSÉ GOMES PEREIRA[398], do Tribunal de Justiça do Rio Grande do Sul, argumentando deste modo:

> Segundo a regra de seu art. 75 (*Lei n. 9099/1995*), "não obtida a composição dos danos civis, será dada imediatamente ao ofendido a oportunidade de exercer o direito de representação verbal [...]". Ora, se esta a dicção legal, fica evidente que este direito não poderá ser exercido pelo ofendido antes de tal ocasião. Mais. Se o parágrafo único do referido artigo reza que "não

---

[398] PEREIRA, M. J. G. Juizados Especiais Criminais: alguns aspectos. In: TOVO, P. C. (org.). *Estudos de direito processual penal*. v. 2. Porto Alegre: Livraria do Advogado, 1999. p. 28.

oferecimento da representação na audiência preliminar não implica decadência do direito, que poderá ser exercido no prazo previsto em lei", há que se entender que o prazo para representar é de seis meses a contar da data da audiência preliminar.

Assim também pensa Maurício Antônio Ribeiro Lopes[399]: "[...] nos casos de crimes de competência do Juizado Especial Criminal, esse prazo [o prazo para a representação] deverá ser contado a partir da data de audiência para conciliação quando esta não for possível, ou quando o arguido não comparecer".

Se a audiência for realizada após esse prazo, não houve, ainda, a tentativa de composição de danos; desse modo, o prazo decadencial ainda não começou a correr.

Paulo Lúcio Nogueira[400], sobre o assunto, manifestou-se no sentido de que:

> [...] a representação na ação condicionada e o requerimento escrito na ação privada devem ser apresentados antes da elaboração do termo ou boletim circunstanciado, procedimento mais correto e que até evitaria transtornos e dificuldades – a polícia não pode agir de ofício, já que não se trata de ação pública incondicionada.

Mas entende:

> Nesse aspecto a Lei do Juizado parece-nos que andou mal *em prever a representação verbal após a audiência de conciliação na fase preliminar*, pois, se não obtido o acordo, representação será reduzida a termo (art. 75), e mesmo que não o seja aguardar-se-á o decurso do prazo decadencial (art. 75).

Esse, todavia, não é o entendimento que prevalece na doutrina e na jurisprudência. Entende-se que o prazo decadencial começa a correr "[...] do dia em que [o ofendido] vier a saber quem é o autor do crime [...]" e que a representação pode ser feita na Polícia.

A Desa. Genacéia da Silva Alberton[401], aposentada do Tribunal de Justiça do Rio Grande do Sul, é desta opinião:

> O fato de dispor o art. 75 [*da Lei n. 9099/1995*] sobre a representação em juízo não significa que ela é desnecessária na fase policial, mas, sim, que, não havendo interesse em dar prosseguimento para a instauração da demanda penal, na fase pré-processual, pode a vítima retratar-se. Eis que não foi modificado o art. 25 do Código de Processo Penal quanto à retratação que poderá ocorrer a qualquer momento antes do oferecimento da denúncia.

O Promotor de Justiça Marcellus Polastri Lima[402], tachando de intérpretes *apressados* os que entendem que o prazo de seis meses é contado a partir da audiência preliminar, diz:

> Obviamente que esta não é a melhor interpretação, já que o lapso decadencial e a forma de sua contagem se regem pelo Código de Processo Penal, dispondo o art. 38 que será de seis meses a contar do conhecimento do autor do fato, e, aliás, é o que dispõe a parte final do art. 75, da Lei n. 9099/1995 [...].

Desse modo, afirma o ilustre jurista,

> se, na audiência preliminar, já tiverem passado quatro meses de conhecido o autor do fato, a vítima terá mais quatro meses para exercer o seu direito de representar, e, caso já esteja aquele

---

[399] Lopes, M. A. R. et al. *Comentários à Lei dos Juizados Especiais Cíveis e Criminais:* Lei n. 9.099, de 26-9-1995. 3. ed. rev. atual. ampl. São Paulo: RT, 2000. p. 598.
[400] Nogueira, P. L. *Juizados Especiais Cíveis e Criminais*. São Paulo: Saraiva, 1996. p. 87.
[401] Alberton, 1999, p. 126.
[402] Lima, M. P. *Novas leis criminais especiais comentadas por artigos*. v. 1. Rio de Janeiro: Lumen Juris, 2001. p. 59.

prazo para se expirar e ainda não haja sido designada, a vítima deve peticionar ao Juízo, tornando inequívoco o seu desejo de representar, sob pena de ocorrer a decadência.

Questão de interpretação de determinar o alcance e o sentido da norma. Esclarece CARLOS MAXIMILIANO PEREIRA DOS SANTOS[403] que a "Justiça das decisões depende sempre do coeficiente pessoal; da cultura e perspicácia do magistrado, suas preferências filosóficas, pendores jurídicos, orientação sociológica, bondade, retidão". Isso não é só em relação ao juiz, mas a todo e qualquer intérprete.

Referindo-se à representação, o Código Penal só admite a irretratabilidade da representação após o oferecimento desta. É o que está disposto no seu art. 102 e no art. 25, do Código de Processo Penal: "A representação será irretratável, depois de oferecida a denúncia". Pela Lei dos Juizados, o acordo homologado acarreta a renúncia ao direito de representação (parágrafo único do art. 74). Ou seja, depois do acordo homologado, não pode haver mais representação. Extinta está, com o acordo homologado, a punibilidade. A decisão homologatória da composição é causa extintiva da punibilidade para, obviamente, os crimes de ação penal pública condicionada e privada.

Mas, se feita a representação, pode o ofendido, antes de o Ministério Público formular a proposta de aplicação de pena não privativa de liberdade, retratar-se.

Tenha-se que, se o ofendido manifestar o desejo de não exercer o direito de representação, não estará impedido de intentar a ação de indenização.

Observa-se, no entanto, que o art. 104, parágrafo único, parte final, do Código Penal, dispõe que o fato de receber o ofendido a indenização do dano pelo crime não importa renúncia tácita ao direito de queixa (ou ao direito de representação). Nos crimes de menor potencial ofensivo, não vige essa regra, que, contudo, continuará a viger para os demais crimes.

O art. 935, do Código Civil, Lei n. 10406, de 10.01.2002, *DJ* 11.01.2002 (art. 1525, do antigo CC), que entrou em vigor em 12.01.2003, dispõe que a responsabilidade civil é independente da criminal. Consequentemente, o acusado pode ser absolvido no juízo criminal e ser obrigado a reparar o dano causado. E é o que, também, consta do art. 64, do Código de Processo Penal. No Juizado Especial, no entanto, a composição dos danos pode ocorrer no próprio juízo criminal, independentemente de ser apurada a culpabilidade do autor do fato.

Não se verificando o acordo, o ofendido ou seu representante legal terão, então, a oportunidade de exercitar o direito de representação verbal, como reza o *caput* desse artigo em comento. Também, não havendo acordo, o Ministério Público oferecerá a denúncia, se se tratar de ação penal pública condicionada (art. 77, *caput*), ou, tratando-se de crime de ação privada, o ofendido ou seu representante legal apresentarão queixa (art. 77, § 3º).

Se não houver renúncia, o termo circunstanciado ficará em cartório pelo prazo de seis meses, aguardando a iniciativa do ofendido. Se este não oferecer a representação, opera-se a decadência de postular a instauração da ação penal, dando lugar à extinção da punibilidade do agente (CP, art. 107, IV, segunda figura: "Extingue-se a punibilidade: [...] IV – pela prescrição, *decadência* ou perempção" (g.n.)). Em seguida, dar-se-á o arquivamento.

Ainda que haja acordo (composição civil), cuidando-se de ação penal pública incondicionada, o processo prosseguirá em seus ulteriores termos, instaurando-se, desse modo, o procedimento sumaríssimo (art. 77). Nesse caso, a reparação do dano, que poderá ocorrer mediante composição, configurará causa de diminuição da pena, como previsto no art. 16, do Código Penal, se for realizada até o recebimento da denúncia, pois, na hipótese de não haver transação penal, o processo chegará até a sentença.

2. O MENOR DE 18 ANOS E O DIREITO DE REPRESENTAÇÃO

Segundo o art. 38 do Código de Processo Penal, se o *ofendido* for menor de 18 anos, o direito de representação cabe ao seu representante legal, que não o exercitando no prazo de seis meses, contado

---

[403] SANTOS, 1957. p. 103.

do dia em que veio a saber quem foi o autor do crime, possibilitará que o ofendido o exercite no prazo de seis meses, contado de quando completar 18 anos. Se assim não o fizer, ocorrerá a decadência.

É a explicação dada pela Súmula 594 do STF: "Os direitos de queixa e de representação podem ser exercidos, independentemente, pelo ofendido ou por seu representante legal". Mas, vencido o prazo para um deles, a decadência operar-se-á.

Se o representante legal da vítima menor de 18 anos realiza o acordo previsto no art. 74 da Lei em comento (composição civil dos danos), que é homologado, pode o ofendido, ao completar 18 anos, exercitar seu direito de queixa ou de representação? Não – se já decorreu o prazo decadencial. Se ainda em curso, também não, uma vez que, se o acordo foi homologado, é porque teve a anuência do menor. Houve convergência das duas vontades. Se colidirem com os interesses dos dois, o juiz está obrigado a nomear um curador, nos termos do art. 33, do Código de Processo Penal. Homologado o acordo, não poderá mais ser desfeito, sob pena de se instalar a insegurança jurídica.

E na hipótese de o ofendido ser maior de 18 e menor de 21 anos, quando seu representante legal acordar e o menor não, deve o acordo ser homologado? Não, seguindo o entendimento de que deve prevalecer sempre a vontade de quem quer o prosseguimento da ação. Diz a Súmula 594 do STF: "Os direitos de queixa e de representação podem ser exercidos, *independentemente*, pelo ofendido ou por seu representante legal" (g.n.). Ou seja, tanto um como outro pode oferecer a queixa ou representar, os dois não precisam estar convergentes na vontade de intentar a ação.

Mas essa hipótese só poderia ocorrer sob a vigência do antigo Código Civil de 1916. Atualmente, de acordo com o novo Código Civil, art. 5º, *caput*, "a menoridade cessa aos dezoito anos completos, quando a pessoa fica habilitada à prática de todos os atos da vida civil".

Pode-se dizer **de menor**? Não, linguagem popular. E sim **de menor idade**.

3. A *ACTIO CIVILIS EX DELICTO*

Qual a razão da composição cível na ação penal pública incondicionada? Evitar a *actio civilis ex delicto*[404] (art. 63 do CPP), isto é, a ação civil que tem por objetivo reparar a ofensa causada pelo delito. É a reparação do dano, prevista no art. 186, do Código Civil, que, inclusive, menciona expressamente o dano moral ("Aquele que, por ação ou omissão voluntária, negligência ou imprudência, violar direito e causar dano a outrem, *ainda que exclusivamente moral*, comete ato ilícito" – g.n.). O art. 159 do antigo Código Civil tinha a seguinte dicção: "Aquele que, por ação ou omissão voluntária, negligência, ou imprudência, violar direito, ou causar prejuízo a outrem, fica obrigado a reparar o dano".

Ensina Hélio Bastos Tornaghi[405]: "Todo crime é uma ofensa, é um quebrantamento da ordem jurídica, porque lesa o interesse que a lei quis proteger, porque causa dano. De todo crime, portanto, deveria surgir a obrigação de ressarcir o dano patrimonial ou de compensar o dano moral".

Feito o acordo, acertada a composição, não há, em princípio, razão de ofendido vir a propor a ação *ex delicto*. Todavia, se a vítima não for inteiramente satisfeita, poderá intentar a ação *ex delicto*.

Aos que sustentam a inconstitucionalidade do art. 74, da Lei n. 9099/1995, responde Cezar Roberto Bitencourt[406]:

> A invocação leviana de inconstitucionalidades, de duvidosa fundamentação político-jurídica presta, na verdade, um grande desserviço à democracia nacional. Nesses casos, quando se traz um instituto de extraordinário valor, esperado com grande ansiedade por todos os acadêmicos, forçar inconstitucionalidades, em razão de desigualdades econômicas numa sociedade pluralista, não passa de um discurso *criminalizador e penalizador*, travestido de *liberalizante-democrático*.

Lição perfeita.

---

[404] Ação civil oriunda do delito.
[405] Tornaghi, 1959, p. 430-431.
[406] Bitencourt, C. R. *Juizados Especiais Criminais Federais*: análise comparativa das Leis n. 9.099/1995 e 10.259/2001. São Paulo: Saraiva, 2003. p. 136.

4. FRUSTRAÇÃO DA COMPOSIÇÃO CIVIL E A AÇÃO PENAL PRIVADA

Dispõe o art. 75 que, frustrada a composição dos danos, será dada imediatamente ao ofendido oportunidade para exercer o direito de representação. E, em se tratando de ação privada, será, *de imediato*, dada oportunidade ao ofendido para oferecer a queixa? Não, uma vez que este não é o momento próprio. Antes de oferecer a queixa, o ofendido poderá propor a aplicação de pena restritiva de direitos ou multa. Essa questão é polêmica, uma vez que alguns doutrinadores não admitem que o querelante possa fazer proposta de transação. Adiante, estudaremos esse assunto.

> **Art. 76.** Havendo representação ou tratando-se de crime de ação penal pública incondicionada, não sendo caso de arquivamento, o Ministério Público poderá propor a aplicação imediata de pena restritiva de direitos ou multas, a ser especificada na proposta.
>
> § 1º Nas hipóteses de ser a pena de multa a única aplicável, o juiz poderá reduzi-la até a metade.
>
> § 2º Não se admitirá a proposta se ficar comprovado:
>
> I – ter sido o autor da infração condenado, pela prática de crime, à pena privativa de liberdade, por sentença definitiva;
>
> II – ter sido o agente beneficiado anteriormente, no prazo de 5 (cinco) anos, pela aplicação de pena restritiva ou multa, nos termos deste artigo;
>
> III – não indicarem os antecedentes, a conduta social e a personalidade do agente, bem como os motivos e as circunstâncias, ser necessária e suficiente a adoção da medida.
>
> § 3º Aceita a proposta pelo autor da infração e seu defensor, será submetida à apreciação do juiz.
>
> § 4º Acolhendo a proposta do Ministério Público aceita pelo autor da infração, o juiz aplicará a pena restritiva de direitos ou multa, que não importará em reincidência, sendo registrada apenas para impedir novamente o mesmo benefício no prazo de 5 (cinco) anos.
>
> § 5º Da sentença prevista no parágrafo anterior caberá a apelação referida no art. 82 desta lei.
>
> § 6º A imposição da sanção de que trata o § 4º deste artigo não constará de certidão de antecedentes criminais, salvo para os fins previstos no mesmo dispositivo, e não terá efeitos civis, cabendo aos interessados propor ação cabível no juízo cível.

1. TRANSAÇÃO OU COMPOSIÇÃO PENAL

Ensina AFFONSO FRAGA[407]:

> A palavra transação corresponde em vernáculo ao vocábulo latino *transactio*[408], deriva de *transigire*, verbo anfibológico[409] formado da partícula *e*, preposição *trans*, além de, e de *agere*, conduzir; e com o mais que ordinariamente exprimia na locução *lacial*[410], como passar além, traspassar, transpor certos limites, também significava o último grau da ação, a sua terminação ou transformação.

Dizem os cristãos: Cristo é paz. Assim se: *Christus est pax, transactio forma pacis; ergo, per transactionem, pro pace laboremus.*[411]

---

[407] FRAGA, A. *Da transação ante o Código Civil brasileiro*. São Paulo: Saraiva, 1928. p. 11.
[408] Transação.
[409] Que encerra ambiguidade.
[410] De *lacio, is, lacui*. Enlaçar.
[411] Cristo é paz, transação é uma forma de paz, pois, pela transação, trabalhamos pela paz.

Ressalta Affonso Fraga[412]: "A lide judiciária foi instituída pela sabedoria humana como um remédio para dirimir com serenidade e justiça as dissensões privadas suscitadas na sociedade pelo desconhecimento do direito e choque de interesses opostos".

Daí dizer ele[413]:

> Do exposto resulta que a transação, substituindo o estado de luta pelo de paz, é da maior utilidade às partes que, mercê dela, libertam-se das despesas avultadas necessárias ao custeio da lide, dos dissabores e incômodos que determina, das inimizades capitais que engendra e finalmente da incerteza do seu êxito que, como todo o desconhecido, é o tormento contínuo de quem litiga. Ela é, portanto, uma das melhores armas que o direito proporciona à prudência humana para volver à reconciliação, ou, na frase feliz de Butera, o porto seguro oferecido aos pleiteantes para abrigarem-se da tormenta desencadeada no mar sempre revolto da lide judiciária.

Procura-se, inicialmente, que as partes transijam, entrem num acordo. Muito bem explicou Airton Zanatta[414]: "Transação é consenso entre as partes, é convergência de vontades, é acordo de propostas, é ajuste de medidas etc.; enfim, tudo o mais que se queira definir como uma verdadeira conciliação de interesses".

Com precisão, ensina Niceto Alcalá-Zamora y Castillo[415], que é a transação tipo de autocomposição:

> Supone sacrificios o concesiones mútuos: si es uno solo de los litigantes quien cede o accede, habrá desistimiento o allanamiento, parciales o totales, pero no transacción. Pero reciprocidad no quiere decir igualdad en lossacrificios consentidos, y por tanto, junto a la *transacción ciento por ciento* (v.g., A reclama mil pesos; B niega la deuda; transigen en quinientos) existe la que denominaremos *transacción-desistimiento* (en el ejemplo anterior, A, atacante, se contenta con recibir 250 pesos) y la que llamaremos *transacción-allanamiento* (siempre sen la misma hipótesis, B,atacado, accede a pagar 750 pesos). Como es natural, las cosas no se presentan siempre en forma tan elemental, ni son las pretensiones en dinero las únicas susceptibles de transacción; pero a título de ejemplo, he preferido poner uno de claridad evidente, bien entendido que los alejamientos antes señalados no son los únicos que respecto del punto medio podrían establecerse.

A Constituição Federal, no art. 98, I, prevê que a lei disponha sobre a transação. Ainda assim, não é pacífica a questão de ser constitucional esse instituto, sob a alegação de não atentar para o devido processo legal e para os princípios da ampla defesa, do contraditório e da presunção de inocência.

Dizem outros que a transação redunda na aplicação de pena, pena restritiva de direitos ou de multa. Aplicação de pena, portanto, sem julgamento. *Nulla poena sine judicio*.[416] Haveria um juízo antecipado de culpabilidade, ferindo assim o princípio da presunção da inocência.

As sanções previstas no art. 76 (pena restritiva de direitos e multa) não trazem, no entanto, "sentido de reprovabilidade ético-jurídica e tampouco se assentam no reconhecimento da culpabilidade do suposto autor do fato", como salientam Pedro Henrique Demercian e Jorge Assaf Maluly.[417]

Miguel Reale Júnior[418] sustenta que, com a transação: "[...] infringe-se o devido processo legal. Faz-se *tabula rasa*[419], vazio total do princípio constitucional da presunção de inocência, rea-

---

[412] Fraga, op. cit., p. 24-25.
[413] Fraga, op. cit., p. 24-25.
[414] Zanatta, A. *A transação penal e o poder discricionário do Ministério Público*. Porto Alegre: Fabris, 2001.
[415] Castillo, N. A. *Proceso, autocomposición y autodefensa*: contribución al estudio de los fines del proceso. México: Universidad Nacional Autónoma de México, 1991. p. 91.
[416] Não pode haver punição sem um julgamento (sem processo).
[417] Demercian, P. H. et al. *Juizados Especiais Criminais*: comentários. Rio de Janeiro: Aide, 1996. p. 63.
[418] Reale Júnior, M. et al. Pena sem processo. In: Pitombo, A. S. A. de M. (org.). *Juizados Especiais Criminais*: interpretação e crítica. São Paulo: Malheiros, 1997. p. 27-28.
[419] Deixar de fazer referência.

lizando-se um juízo antecipado de culpabilidade, com lesão ao princípio *nulla poena sine judicio*, informador do processo penal". Ademais,

> [...] sem que haja *opinio delicti*[420] e, portanto, inexigindo-se a existência de convicção da viabilidade de propositura da ação penal, sem a fixação precisa de uma acusação, sem elementos embasadores de legitimidade de movimentação da jurisdição penal, e, portanto, sem legítimo interesse de agir, o promotor pode propor um acordo pelo qual o autuado concorda em ser apenado sem processo.

E mais, pergunta REALE JÚNIOR[421]: "Qual vai ser a correlação entre a denúncia que não existe e uma sentença, que é só aparente? [...] Ou seja, entre a denúncia inexistente e sentença aparente tem que haver correlação".

AFRÂNIO SILVA JARDIM[422], analisando o art. 76, da Lei n. 9099/1995, com muita propriedade, explica:

> [...] estabelecemos uma premissa para compreensão do sistema interpretativo proposto: quando o Ministério Público apresenta em juízo a proposta de aplicação de pena não privativa de liberdade, prevista no art. 76, da Lei n. 9099/1995, está ele exercendo a ação penal, pois deverá, ainda que de maneira informal e oral – como a denúncia –, fazer uma imputação ao autor do fato e pedir a aplicação de uma pena, embora esta aplicação imediata fique na dependência do assentimento do réu. Em outras palavras, o promotor de justiça terá que, oralmente como na denúncia, descrever e atribuir ao autor do fato uma conduta típica, ilícita e culpável, individualizando-a no tempo (prescrição) e no espaço (competência foro). Deverá, outrossim, em nível de tipicidade, demonstrar que tal ação ou omissão caracteriza uma infração de menor potencial ofensivo (competência de juízo), segundo definição legal (art. 61). Vale dizer, na proposta se encontra embutida uma acusação penal (imputação mais pedido de aplicação de pena).

É verdade. Para fazer a proposta, o Ministério Público tem de verificar se há os pressupostos para dar início à ação penal no Juizado competente. Daí por que deve expor o fato criminoso, com todas suas circunstâncias, o lugar (*ubi*), o tempo (*quando*), sem minúcias classificar a infração penal, apontando seu autor (*quis*). São pressupostos básicos para precisar, inclusive, se o Juizado Especial é competente para conhecer do crime e se o cidadão apresentado é, realmente, seu autor. Verifica os dados, como se fosse oferecer a denúncia.

Ensina, com precisão e acuidade, JOÃO MENDES DE ALMEIDA JÚNIOR[423] que a denúncia:

> É uma exposição narrativa e demonstrativa. Narrativa, porque deve revelar o fato com todas suas circunstâncias, isto é, não só a ação transitiva, como a pessoa que a praticou (*quis*)[424], os meios que empregou (*quibus auxiliis*)[425], o malefício que produziu (*quid*)[426], os motivos que o determinaram a isso (*cur*, por quê?) a maneira que a praticou (*quo modo*)[427], o lugar onde a praticou (*ubi*)[428], o tempo (*quando*)[429]. Demonstrativa, porque deve descrever o corpo de delito, dar as razões de convicção ou presunção e nomear as testemunhas e informantes.

---

[420] A respeito do delito (para dar início à ação penal, um juízo provisório).
[421] REALE JÚNIOR, op. cit., p. 30.
[422] JARDIM, A. S. Os princípios da obrigatoriedade e da indisponibilidade nos Juizados Especiais Criminais. *Boletim do Instituto Brasileiro de Ciências Criminais*, v. 4, n. 48, nov., 1996. p. 4.
[423] ALMEIDA JÚNIOR, 1959, p. 183.
[424] Quem?
[425] Quais os meios?
[426] Que coisa?
[427] De que maneira?
[428] Onde? Em que lugar?
[429] Quando? Em que época?

Radicalmente contrário à transação, MIGUEL REALE JÚNIOR[430], inteligente e brilhante como sempre, chega a ser mordaz e irônico ao dizer:

> Há até mesmo juízes, e é esta a orientação fixada por associação de magistrados, que consideram que, se o advogado for contrário à transação, mas o réu for a favor, prevalece a opinião deste último, destituindo-se o insubordinado causídico que impede a celeridade processual. Desconfia-se de que o advogado queira o processo para ganhar honorários, mas não desconfiam de que o advogado queira o processo para que seu cliente seja absolvido.

Adiante indaga REALE JÚNIOR[431]: "Qual a vantagem de fazer esse acordo?". E responde: "A vantagem evidente é livrar a justiça penal de um processo. Mas para isso não era necessário adotar-se a aplicação de pena sem processo. A cegueira jurídica decorre do afã de se permitir a celeridade, alçada a valor supremo".

A vantagem maior, todavia, não é da justiça, e sim do acusado, que não passa a conviver com um processo longo, demorado, causando-lhe estresse[432], portanto, passível de adquirir várias doenças, para, na maioria das vezes, ver decretada a prescrição pela pena *in abstracto*[433].

Segundo comprovação científica, a pendência demorada de um processo, a angústia pela solução do conflito causam depressão, ou seja, um distúrbio mental caracterizado por uma grande ansiedade que pode levar até ao suicídio.

Mediante convênio com o Ministério da Saúde Pública, a Suprema Corte de Justiça do Uruguai – *Convênio de Cooperação Interinstitucional* – instalou nos hospitais (*cotarro*) centros de atendimento de problemas jurídicos. A parte, paciente, no próprio hospital, em tratamento médico, pode buscar a solução de seu problema jurídico. Isso tem ajudado na cura do paciente e, consequentemente, cumpre a justiça seu papel maior, que é a busca da paz social.

1.1 Natureza jurídica da transação

Discute-se qual a natureza da sentença homologatória da transação que aplica a pena restritiva de direitos ou multa. Para uns, como PAZZAGLINI FILHO, ALEXANDRE DE MORAES, SMANIO e VAGGIONE,[434] constitui (**a**) sentença condenatória. ADA PELLEGRINI, GOMES FILHO, SCARANCE FERNANDES e LUIZ FLÁVIO[435] dizem que se trata de (**b**) mera sentença homologatória de transação, com eficácia de título executivo. E explicam:

> Certamente a sentença não poderá ser classificada como absolutória, porquanto aplica uma sanção, de natureza penal. Mas, a nosso ver, tão pouco poderá ser considerada condenatória, uma vez que não houve acusação e a aceitação da imposição da pena não tem consequência no campo criminal (salvo, como visto, para impedir novo benefício no prazo de cinco anos).

CEZAR ROBERTO BITENCOURT[436] entende que se trata de (**c**) sentença declaratória constitutiva, pois a própria lei exclui "qualquer caráter condenatório, afastando a reincidência, a constituição

---

[430] REALE JÚNIOR, 1997, p. 28.

[431] REALE JÚNIOR, 1997, p. 28.

[432] Estresse: "Conjunto de manifestações psíquicas e orgânicas de agressão provocada por diferentes agentes: estafa, emoção, intoxicação, choque cirúrgico" (BUENO, F. DA S. *Dicionário escolar da língua portuguesa*. 11. ed. 10. tir. Rio de Janeiro: FAE, 1986. p. 1247).

[433] Em abstrato.

[434] PAZZAGLINI FILHO, 1999, p. 59.

[435] GRINOVER ET AL., 2005, p. 167.

[436] BITENCOURT, C. R. *Juizados Especiais Criminais e alternativas à pena de prisão*. 2. ed. rev. ampl. Porto Alegre: Livraria do Advogado, 1996. p. 103.

de título executivo civil, de antecedentes criminais etc.". Mantém esse entendimento em sua obra *Juizados Especiais Criminais Federais: análise comparativa das Leis n. 9.099/1995 e 10.259/2001*[437].

Outros entendem que se trata de um (**d**) acordo cível com a consequência de impedir a propositura da ação penal. Sentença condenatória, dizem outros, não pode ser, uma vez que o juiz não examina o mérito da causa, ou seja, se o agente é ou não culpado (culpa em sentido lato).

Para o Supremo Tribunal Federal, a natureza jurídica da sentença que homologa a transação penal não é condenatória, nem absolutória, mas meramente homologatória. Assim decidiu, em 29.02.2000, pela sua 1ª Turma, ao julgar o HC 79572-2/GO, relatado pelo Min. MARCO AURÉLIO, em 29.02.2000, *DJ* 22.02.2002, no qual se salientou que a sentença que homologa a transação não tem natureza condenatória.

No voto condutor do acórdão, o Ministro MARCO AURÉLIO afirmou: "Disseram bem os autores supramencionados que o termo de homologação do acordo não ganha contornos de sentença condenatória, muito menos quanto ao exercício da liberdade de ir e vir".

Pela sua 1ª Turma, o Supremo, ao apreciar o RE 268320-5/PR, relator Min. OCTAVIO GALLOTTI, em 15.08.2000 (*DJ* 10.11.2000), voltou a afirmar esse entendimento.

O Superior Tribunal de Justiça tem entendido, no entanto, que a sentença homologatória da transação tem natureza condenatória, conforme ficou decidido no REsp 223316/SP, julgado em 23.10.2001 e publicado no *DJ* 12.11.2001, relator Min. FERNANDO GONÇALVES: "A sentença homologatória da transação penal, por ter natureza condenatória, gera a eficácia de coisa julgada formal e material, impedindo, mesmo no caso de descumprimento do acordo pelo autor do fato, a instauração da ação penal".

Entendemos, como GERALDO PRADO[438], que se trata de sentença condenatória "de tipo sumário, e que emerge em seu devido processo legal, sem a objeção de inconstitucionalidade oposta pelos que defendem a sua não aplicação".

Como não ser uma sentença condenatória se o juiz, acolhendo a proposta da transação, aplicará, diz o § 4º, do art. 76, da Lei n. 9099/1995, "a pena restritiva de direitos ou multa?". Penas caracterizadoras de uma sanção penal. O art. 32, do Código Penal[439], estabelece quais são as espécies de pena, e entre elas estão: as restritivas de direitos e a multa. Aplicar tais penas não será condenar? Temos uma sentença e uma sentença condenatória, ainda que homologatória. Não é o nome que dá essência às coisas. Afinal que são sentenças condenatórias? Define, com precisão, EDUARDO COUTURE[440]: "Son sentencias de condena todas aquellas que imponen el cumplimiento de una emprestación, ya sea en sentido positivo (dar, hacer), ya sea en sentido negativo (no hacer, abstenerse)".

O que significa *homologação*? "Ato [como define DE PLÁCIDO E SILVA][441] pelo qual a autoridade judicial ou administrativa, *ratifica, confirma ou aprova um outro ato*, a fim de que possa investir-se de *força executória* ou apresentar-se com validade jurídica, para ter a eficácia legal".

Desse modo, a sentença homologatória da transação, em que o autor do fato aceitou que lhe fosse aplicada uma sanção, apesar de não se reconhecer culpado, só pode ser de natureza condenatória. Dizer que a natureza é homologatória é não dizer nada. Dessa sentença deriva um título executivo *penal*.

Segundo ADA PELLEGRINI, GOMES FILHO, SCARANCE e LUIZ FLÁVIO:[442]

> A nosso ver, a sanção aplicada pelo juiz a pedido das partes (ou partícipes) tem incontestável natureza penal. Opiniões em contrário não têm o condão de mudar a realidade das coisas.

---

[437] BITENCOURT, op. cit., p. 128.
[438] PRADO, 2001, p. 240.
[439] CP, art. 32. As penas são: I – privativas de liberdade; II – restritivas de direitos; III – de multa.
[440] COUTURE, 1993, p. 318.
[441] SILVA, DE P. E. *Vocabulário jurídico*. 24. ed. atual. por Nagib Slaibi Filho e Gláucia Carvalho. São Paulo: Forense, 2004. p. 685.
[442] GRINOVER ET AL., 2005, p. 99.

A pena de multa e restritiva de direitos, em matéria de *infrações penais de menor potencial ofensivo,* têm índole criminal, e afirmar o contrário para escapar às críticas quanto à pretensa inconstitucionalidade da transação penal não presta um serviço à ciência.

Ita est.[443] O autor do fato, nesse caso, deve ser considerado culpado? Como fica o princípio da presunção da inocência? Não. Não deve ser considerado culpado. Pelo fato de aceitar uma sanção não significa que seja culpado. Pode-se presumir[444], mas presumir não quer dizer ter certeza. O autor do fato tão somente não contestou o que lhe imputam, mas também não assumiu a culpa. *Nolo contendere.*[445] Não quis contender. Preferiu a tranquilidade a ter de responder a um processo.

Ao aceitar a transação, o autor do fato, como argumenta FERNANDO LUIZ XIMENES ROCHA[446], Desembargador do Tribunal de Justiça do Ceará, "não está fazendo a chamada confissão de culpa, mas tão somente deixando de se submeter à instrução criminal, com a produção de seus meios probatórios, e aos respectivos debates orais".

1.2 O princípio da obrigatoriedade

A Lei dos Juizados Especiais, ao admitir a transação, abranda o princípio da obrigatoriedade da ação penal. Pelo princípio da obrigatoriedade ou da legalidade (*legalitätsprinzip*), se estiver demonstrada a tipicidade, a materialidade do crime e se houver indícios suficientes de autoria, salvo se ocorrer causa de excludente de ilicitude, de extinção de punibilidade ou quando presente o princípio da insignificância, crime de bagatela – o Estado não se preocupa com as coisas mínimas (*minima non curat praetor*)[447] –, o órgão ministerial está obrigado a oferecer a denúncia, pois os delitos não podem ficar impunes (*nec delicta maneant impunita*)[448]. Cometida a infração penal, explica CARLOS FRANCO SODI[449], "surge el derecho de castigar del Estado y surge también, para el Ministerio Público, la obligación de ejercitar la acción penal".

Anota FREDERICO MARQUES[450] que, "no Direito brasileiro, apesar de não haver texto explícito sobre o assunto, o que se deduz da sistemática legal é que nele vigora o chamado 'princípio da ação penal obrigatória'".

Ao propor a transação, o Ministério Público está se afastando do princípio da obrigatoriedade, com a permissão dada pelo legislador. Pelo princípio da oportunidade, na ação penal pública, o Ministério Público apresenta a denúncia se entender que é necessário dar início à ação penal. Fica a seu alvedrio agir ou não. O *son droit de poursuite*[451] é acionado quando lhe parecer oportuno. A Lei dos Juizados Especiais admitiu o princípio da oportunidade, mas uma oportunidade *regrada,* também chamada de regulada, ou limitada, ou temperada, e submetida ao controle jurisdicional. Oportunidade regrada porque é a lei que diz quando será possível a transação e de que modo ela deve ser feita. Não fica ao arbítrio do Ministério Público propor ou não a transação. Não é uma faculdade do órgão ministerial. O agir discricionário do acusador pode dar lugar à impetração de *habeas corpus* ou mesmo de mandado de segurança.

---

[443] Assim é.

[444] De *praesumo:* "Julgar antes de, fazer juízo antecipado, conjeturar, suspeitar" (SARAIVA, F. R. DOS S. *Novíssimo dicionario latino-portuguez* (redigido segundo o plano de L. Quicherat). 2. ed. Rio de Janeiro: B. L. Garnier. p. 940).

[445] Não querer lutar.

[446] ROCHA, F. L. X. A transação penal e os cinco anos de vigência da Lei n. 9.099/1995. In: SHECAIRA, S. S. (org.). *Estudos criminais em homenagem a Evandro Lins e Silva (criminalista do século).* São Paulo: Método, 2001. p. 162.

[447] O pretor não cuida das coisas pequenas.

[448] Nenhum crime deve permanecer impune.

[449] SODI, 1946, p. 123 apud MARQUES, J. F. *Elementos de direito processual penal,* atual. por Eduardo Reale Ferrari e Guilherme Madeira Dezem. v. 1. 3. atual. Campinas: Millenium, 2009. p. 334-335.

[450] MARQUES, op. cit., p. 337.

[451] Seu direito de perseguir (demandar).

AFRÂNIO SILVA JARDIM[452] não concorda com a tese de que a Lei n. 9099/1995 mitigou o princípio da obrigatoriedade do exercício da ação penal pública. Afirma que, "presentes os requisitos do § 2º, do art. 76, poderá o Ministério Público exercer a ação penal de dois modos: formulando a proposta de aplicação de pena não privativa de liberdade, após atribuir ao réu a autoria ou participação de uma determinada infração penal, ou apresentar denúncia oral". E proclama: Em verdade, o sistema que se depreende da referida Lei n. 9099/1995 não rompe com o tradicional da obrigatoriedade do exercício da ação penal pública condenatória, mas apenas outorga ao Ministério Público a faculdade jurídica de exercer uma espécie de ação."

O Ministério Público não pode modificar a acusação para crime de menor gravidade, pedir pena mais suave. Não, uma vez que não adotamos o *plea bargain*[453], o negociar pechinchando, barganhando.

1.3 A transação e os princípios processuais constitucionais

A transação penal prevista para o Juizado Especial obedece, sem dúvida alguma, aos cânones: **a)** do devido processo legal; **b)** do juízo natural; **c)** do contraditório; **d)** da presunção da inocência; **e)** da independência do juiz. Vejamos:

a) O devido processo legal

AIRTON ZANATTA[454] rebate as argumentações contrárias à constitucionalidade da transação, dizendo:

> Pela análise sistêmica do instituto da transação penal, verifica-se que ele contém todos os elementos necessários à caracterização da ação penal pública. Sua origem é constitucional, assim como é a ação penal pública. Sua legitimidade para propositura é privativa do Ministério Público, tal qual é na ação penal pública. Ambas são formas de exercício do *jus puniendi*[455] do Estado, tendo o autuado asseguradas todas as garantias do devido processo legal na forma em que a lei ordinária estabelece.

AMAURY DE LIMA E SOUZA[456], quanto à alegação de que é violado o princípio do devido processo legal, diz:

> Não compactuamos com esta ideia, pois mesmo em se aplicando os preceitos da Lei n. 9099/1995, haverá atividade jurisdicional, pois o Ministério Público estará requerendo a aplicação de pena (pecuniária ou restritiva de direitos) e esta, se aceita pelo réu, será imediatamente aplicada pela autoridade judiciária, se preenchidos os demais requisitos legais. Estará patenteada, portanto, a sanção. Como dizer, dessa forma, que se violou o princípio do devido processo legal? Ele continua existindo – tanto que a lide se formou de modo bem mais dinâmico e prático – e a prestação da tutela jurisdicional foi alcançada, através do *jus puniendi*[457] estatal, que é a própria sanção.

Preciso é NEREU JOSÉ GIACOMOLLI[458] quando afirma:

> O *due process of law*[459] (critério objetivo e não substantivo) é obedecido na medida em que a Constituição Federal, no seu art. 98, I, e a Lei n. 9099/1995 estabeleceram qual a forma de se

---

[452] JARDIM, 1996, p. 497-498.
[453] Pleito, processo negociado, regateado, ajustado (*plea* = processo; *bargain* = barganha, troca, negócio).
[454] ZANATTA, 2001, p. 107.
[455] Direito de punir.
[456] SOUZA, apud ZANATTA, op. cit., p. 38-39.
[457] Direito de punir.
[458] GIACOMOLLI, N. J. *Juizados Especiais Criminais*: Lei n. 9.099/1995. Porto Alegre: Livraria do Advogado, 1997. p. 37-38.
[459] Devido processo legal.

processar e julgar as infrações de menor potencial ofensivo. A ampla defesa não resta violada porque o envolvido é esclarecido, no início da audiência, a respeito de todas as possibilidades disponíveis; obtém acompanhamento e orientação de advogado (defesa técnica); tem a opção entre a estigmatização do processo, de uma possível sentença condenatória ou de uma sentença homologatória. Ainda. Não é obrigado a aceitar a transação criminal (defesa pessoal). O princípio do contraditório também é assegurado na medida em que, acompanhado de advogado, o envolvido tem a possibilidade de aceitar ou não a medida alternativa da proposta. Inexiste acusação angularizada e tampouco supressão da possibilidade de contraditar uma futura acusação (uma vez não aceita a transação criminal). O Ministério Público vela pelo *jus puniendi*[460]; o envolvido, pelo *status libertatis*[461]. Pelo fato de não haver confissão de culpa pelo autor do fato e nem declaração desta pelo juiz; por inexistir provimento condenatório e nem eficácia plena de sanção criminal, na aceitação da proposta de transação criminal não há violação ao princípio constitucional da presunção de inocência ou da não culpabilidade. A multa ou a restrição de direitos, aplicadas ao autor do fato, estão previstas no ordenamento jurídico (art. 5º, XLVI, *c* e *d*, da CF e art. 76, da Lei n. 9099/1995).

Humberto Dalla Bernardina de Pinho[462] conclui seu trabalho, intitulado *Breves anotações ao instituto da transação penal*, dizendo: "O instituto não apresenta qualquer vício de inconstitucionalidade, desde que examinado sob o prisma de um procedimento jurisdicional".

Se a transação está prevista em lei e se estão garantidos o direito à jurisdição, ao juiz natural, à publicidade dos atos processuais e ao contraditório, não se pode dizer que não haja um devido processo legal. Além do mais, é a transação um benefício para o acusado; logo, por que criar obstáculos jurídicos para impedir sua admissão? Tanto é um benefício que se aplica retroativamente, atentando-se para o princípio de que "a lei penal não retroagirá, salvo para beneficiar o réu" (CF, art. 5º, XL). Poder-se-ia argumentar que a transação não é instituto penal. Sim, mas tem reflexos no campo penal. E como tem!

A imposição de pena, restritiva de direitos ou multa, tão só com o aceite pelo autor do fato da proposta do Ministério Público, não viola o devido processo legal. Houve um processo simples, modesto, mas um processo legal, pois previsto em lei. E o autor do fato aceitou, livremente, a proposta apresentada pelo Ministério Público após examinar, com o auxílio de seu defensor, os prós e os contras.

Explica Luís Roberto Barroso[463]:

> O princípio do devido processo legal, como é assente, não tem um sentido unívoco predefinido. Trata-se de uma cláusula de relativa elasticidade, mas que, naturalmente, abriga certos conteúdos mínimos, sob pena de tornar-se uma inutilidade. A doutrina processual tem identificado, no *due process of law*,[464] três subprincípios: o do juiz natural, do contraditório e do procedimento regular.

O princípio do *nulla poena sine iudicio*[465] é observado pela Lei dos Juizados. O processo é sumário, célere, mas há, sem sombra de dúvida, um processo em que são observadas as garantias necessárias à sua defesa.

b) O juiz natural

O juiz natural (*juge naturel*), juiz constitucional, juiz legal ou juiz competente, é aquele previsto na Constituição, é esse juiz, revestido das garantias constitucionais, que tem o poder de julgar, como

---

[460] Direito de punir.
[461] O estado de liberdade.
[462] Pinho, H. D. B. de. Breves anotações ao instituto da transação penal. *RT*, São Paulo, v. 87, n. 758, dez., 1998. p. 427.
[463] Barroso, L. R. *Temas de direito constitucional*. Rio de Janeiro: Renovar, 2001. p. 596.
[464] Devido processo legal.
[465] Nenhuma pena sem julgamento (processo).

determina o art. 5º, XXXVII ("não haverá juízo ou tribunal de exceção") e LIII ("ninguém será processado nem sentenciado senão pela autoridade competente"), da Constituição Federal. Como disse José Celso de Mello Filho, quando era Promotor Público em São Paulo:[466] "Somente os juízes, tribunais e órgãos jurisdicionais previstos na Constituição se identificam com o juiz natural, princípio que se estende ao poder de julgar também previsto em outros órgãos, como o Senado, nos casos de impedimento de agentes do Poder Executivo".

E acentuou nesse mesmo artigo:

> O princípio do juiz natural constitui postulado inerente ao Estado de Direito, tendo sido contemplado na legislação dos povos cultos. O conceito de juiz natural existe em função dos princípios da legalidade e da igualdade e a sua adoção pelo Direito Positivo tem, como principal consequência, a vedação dos juízos extraordinários e dos tribunais de exceção.

Diz Alfredo Vélez Mariconde[467]:

> En virtud del mismo art. 18 de la C. (Constitución) Nacional, 'ningún habitante de la Nación puede ser [...] juzgado por *comisiones especiales* o sacado de los *jueces designados por la ley antes del hecho de la causa*', lo que significa consagrar también el principio del 'juez natural'. De este principio resulta, en primer término, que la organización judicial debe ser regulada por la ley (en sentido formal); es decir, que el P. Ejecutivo no puede crear tribunales o dictar normas de competencia. Con una *formulación negativa* – se observa en segundo lugar – la Constitución prohíbe la intervención de jueces o comisiones especiales *ex post facto* para investigar un hecho o juzgar a una persona determinada, de modo que, con una *formulación positiva*, exige que la función jurisdiccional sea ejercida por los magistrados *instituidos previamente* por la ley para juzgar una clase de asuntos o una categoría de personas.

Por força do princípio do juiz natural, não pode haver juízes extraordinários, os "constituídos após o fato para o julgamento de determinados casos ou pessoas". É a proibição do tribunal de exceção, como o instituído pelos Estados Unidos depois do ataque terrorista que sofreram no dia 11.09.2001. Não pode haver o juiz *ad hoc*[468] e o juiz *post factum*[469].

O juiz natural é a garantia constitucional do cidadão, da democracia, do Estado de Direito.

O princípio do juiz natural não implica obrigatoriedade de aplicação do princípio da identidade física do juiz nem da continência ou da conexão. Observe-se a Súmula 704 do Supremo:

"Não viola as garantias do juiz natural, da ampla defesa e do devido processo legal a atração por continência ou conexão do processo do corréu ao foro por prerrogativa de função de um dos denunciados".

Também não ofende o princípio do juiz natural a prática de atos processuais do juiz promovido, mas ainda no exercício de sua jurisdição. Assim decidiu o Supremo, por sua 2ª Turma, ao julgar, em 07.08.2001, o HC 81036-5/SP, relator Min. Néri da Silveira (*DJ* 06.09.2001).[470]

Igualmente, segundo o Supremo, não agride o princípio do juiz natural a designação de juízes substitutos para a realização de esforço concentrado em diversas comarcas com o objetivo de auxiliar os juízes titulares (RE 255639-4/SC julgado pela 1ª Turma em 13.02.2001, relator Min. Ilmar Galvão, *DJ* 14.05.2001 e republicado no *DJ* 18.05.2001).[471]

O juiz natural não exclui a Justiça Especial, e sim os juízes de exceção e os extraordinários, pois aquela está prevista na Constituição.

---

[466] Mello Filho, J. C. de. A tutela judicial da liberdade. *RT*, n. 526, p. 291-302.
[467] Mariconde, A. V. *Derecho procesal penal*. t. II. 2. ed. cor. y aum. Buenos Aires: Lerner, 1969. p. 49.
[468] Para isto, para este ato, para este caso.
[469] Depois do fato.
[470] *Informativo do STF*, n. 236, 06 a 10.08.2001.
[471] *Informativo do STF*, n. 217, 12 a 16.02.2001.

b.1 Requisição de inquérito pelo juiz

Pode o juiz, após a Constituição de 1988, requisitar a abertura de inquérito?

Explica MARCELLUS POLASTRI LIMA, Procurador de Justiça no estado do Rio de Janeiro, mestre em Direito pela UFMG:[472]

> Em relação à requisição da Autoridade Judiciária, entendemos ter a nova Constituição derrogado o art. 5º, do CPP, já que o art. 129, I, defere exclusividade da promoção da ação penal pública ao Ministério Público, e, tratando-se o inquérito de fase preliminar da *persecutio criminis*, estaria o magistrado extrapolando suas funções judiciais e ferindo o princípio acusatório e da imparcialidade ao requisitar o inquérito. O correto, após a nova ordem constitucional, é o envio pelo juiz dos elementos ou notícia-crime ao Ministério Público, que requisitará a instauração de inquérito ou proporá desde logo a ação penal, consoante, aliás, já dispunha o art. 40, do CPP. Entendemos que até pode haver o simples envio dos elementos à autoridade policial, mas sem o caráter de requisição de instauração de inquérito, pois o ato requisitório demonstra interesse em atingir a imparcialidade do magistrado.

AURY LOPES JR.[473], doutor em Direito Processual pela Universidad Complutense de Madrid, professor e advogado, sobre a independência e imparcialidade do juiz, diz o seguinte:

> [...] o fundamento da legitimidade da jurisdição e da independência do Poder Judiciário está no reconhecimento do Poder Judiciário da sua função de garantidor dos direitos fundamentais inseridos ou resultantes da Constituição. Nesse contexto, a função do juiz é atuar como garantidor dos direitos do acusado no processo penal.

Daí por que deve o juiz manter-se afastado da investigação preliminar, não podendo sequer requisitar abertura de inquérito, afirmando:

> Em definitivo, não cabe ao juiz requisitar a instauração do IP, em nenhum caso. Mesmo quando o delito for, aparentemente, de ação penal privada ou condicionada, deverá o juiz remeter ao MP, para que este solicite o arquivamento ou providencie a representação necessária para o exercício da ação penal.

Isso mesmo afirma JOÃO MARCELLO DE ARAÚJO JUNIOR[474], Professor Doutor *honoris causa* e professor aposentado da UERJ:[475]

> No sistema acusatório, na lição de GÄETAN DI MARINO, no último número da *Reveue Internationale de Droit Pénal*, as partes têm a iniciativa e comandam o processo, sendo o juiz um árbitro imparcial. O processo é oral, público e contraditório. O dogma acusatório garante a proteção do indivíduo, colocando as partes em um mesmo pé de igualdade, assegurando a imparcialidade do juiz e dando ao acusado o máximo de garantias.

MÁRIO LUIZ BONSAGLIA, Procurador Regional da República da 3ª Região[476], também comunga da opinião de que não pode o juiz requisitar a instauração de inquérito:

> Em síntese, podemos afirmar que a requisição de instauração de inquérito policial tem relação instrumental com a propositura da ação penal pública. Só aquele que pode deflagrar esta é

---

[472] LIMA, M. P. *Curso de processo penal*. v. I. Rio de Janeiro: Lumen Juris, 2002. p. 116-117.
[473] LOPES JÚNIOR, A. *Sistemas de investigação preliminar no processo penal*. Rio de Janeiro: Lumen Juris, 2000. p. 150.
[474] ARAÚJO JÚNIOR, J. M. Polícia e Judiciário: relações e conflitos. *Revista da Emerj. Escola da Magistratura do Estado do Rio de Janeiro*, Rio de Janeiro, v. 2, n. 6, 1999. p. 176.
[475] ARAÚJO JÚNIOR, 1999, p. 176.
[476] BONSAGLIA, M. L. Inconstitucionalidade da requisição de inquérito policial por magistrado. *Boletim dos Procuradores da República*, n. 8, dez., 1998. p. 23.

a que cabe decidir pela necessidade e oportunidade ou não de utilização desse instrumento apuratório, sendo absolutamente ilógico, contraproducente e indesejável que o Magistrado imiscua-se em tal juízo de conveniência, estreitamente ligado à formação da *opinio delicti*.

GERALDO PRADO[477] explica:

> Exemplo claro de causa de impedimento, derivada desta ordem de coisas, reside na impossibilidade de o juiz que tenha requisitado a instauração de inquérito policial vir a processar e julgar o acusado em processo penal iniciado em razão desta investigação. Observe-se que nesta hipótese o juiz poderá se sentir habilitado a apreciar com isenção as teses que eventualmente a defesa venha a apresentar. Todavia, o réu não poderá confiar em um juiz que, independentemente de qualquer causa penal, já se manifestou a princípio pela existência de uma infração penal, ainda que ao nível de um juízo sumário, provisório e superficial.

A garantia de imparcialidade do juiz está em que não pode requisitar abertura de inquérito. Isso porque o juiz não pode ser um investigador, por infringir o democrático e constitucional sistema acusatório. Sabiamente diz a Procuradora da República DENISE NEVES ABADE[478]:

"A partir do momento em que o juiz incumbe-se da atividade de colheita de provas, perde sua obrigatória imparcialidade. Ocorre a quebra da pretendida paridade das partes."

Não pode o juiz investigar, função própria da autoridade policial, não pode e não deve, também, requisitar abertura de inquérito policial. A primeira parte do inciso II, do art. 5º, do CPP, não foi recepcionada pela Constituição Federal, que alçou o sistema acusatório à sua posição máxima ao entregar tão só ao Ministério Público a função de acusar, como se pode observar na leitura do art. 129, VIII, da Constituição Federal. *Nemo judex sine actore* (não há juiz sem autor) ou *ne procedat judex ex officio* (o juiz não pode proceder sem provocação da parte).

O juiz não pode e não deve deliberar sobre a *opinio delicti* (opinião, ponto de vista sobre o delito). Há a perda da imprescindível imparcialidade do juiz ao deliberar sobre a *opinio delicti*, requisitando a instauração de inquérito policial, por tratar-se de uma atividade persecutória.

Dizia o grande EVARISTO DE MORAES[479], catedrático de Direito Penal na antiga Faculdade Nacional de Direito:

> [...] o ponto de partida de toda a instrução criminal (ainda nos países onde isto se pratica com relativo critério) é uma autossugestão, que empolga o encarregado das diligências prévias, ou Juiz instrutor. Instala-se-lhes nos cérebros tal ou qual convicção, com a tenacidade absorvente de ideia fixa, e essa convicção prematura orienta as inquirições, inspira as buscas, fornece explicação para determinadas circunstâncias, dá vibração e movimento aos fatos menos vivos, modaliza, enfim, o conjunto de todo o trabalho, unilateralmente conduzido.

E, logo adiante, chamava a atenção:

"Na origem de gravíssimos erros judiciários, o que se depara de mais evidente é a convicção leviana da culpabilidade de alguém, que monopolizou a cerebração,[480] ou do juiz, e o tornou cego e surdo às advertências da razão e do bom senso."

Para advertir:

"Na nossa atual sociedade, encarna-se no juiz de instrução a última parcela do poder absoluto. Ele se dirige para a verdade pelos caminhos que se lhe afiguram melhores e pela forma que lhe apraz."

---

[477] PRADO, 2001, p. 131.
[478] ABADE, D. N. *Garantias do processo penal acusatório*: o novo papel do Ministério Público no processo penal de partes. Rio de Janeiro: Renovar, 2005. p. 168.
[479] MORAES, E. *O testemunho perante a justiça penal. Ensaio de psychologia judiciária*. Rio de Janeiro: Livraria Jacinto, 1939. p. 23-24.
[480] Atividade intelectual.

O juiz pode, sim, valer-se do disposto no art. 40, do CPP, agindo, desse modo, como agiria qualquer pessoa do povo. Aqui não se trata de *opinio delicti* e sim de *notitia criminis*. Não está o juiz, nesse caso, requisitando a instauração de inquérito, mas levando um fato que teve conhecimento à consideração do Ministério Público, a quem cabe proceder a devida análise e requisitar a abertura de inquérito ou oferecer denúncia, se for o caso.

Não se pode esquecer as palavras de JOSÉ JOAQUIM GOMES CANOTILHO[481]:

> A ideia de *reserva de jurisdição* implica a *reserva de juiz* (*Richtervorbehalt*) relativamente a determinados assuntos. Em sentido rigoroso, *reserva de juiz* significa que em determinadas matérias cabe ao juiz não apenas a última palavra mas também a primeira palavra. É o que se passa, desde logo, no domínio tradicional das penas restritivas da liberdade e das penas de natureza criminal na sua globalidade. Os tribunais são os guardiões da liberdade e das penas de natureza criminal e daí a consagração do princípio do *nulla poena sine judicio* (CRP, art. 32º/2).

Por dizer a primeira palavra e também a última é que a responsabilidade do juiz é imensa e grandiosa. É difícil exercer essa função, pois, como dito por ENRICO ALTAVILLA[482]:

> Um dos elementos que mais perturbam o juiz é a opinião pública, sobre a qual se refletem, como elementos componentes, as opiniões políticas, o sentimento religioso etc. Dão-se crimes que provocam profunda impressão: cria-se um estado coletivo de expectativa da sentença do juiz, o qual, involuntariamente, é levado a proferir a sua sentença num sentido que o tornará popular.

Na verdade, só os maus juízes tomam como *fundamento* de suas decisões a *opinião pública* criada e imposta pela mídia, ainda que sem expressamente citá-la.

Juiz **impartial** significa aquele que não é parte.

O juiz deve, portanto, ser impartial e imparcial.

b.2 O promotor natural

Existe promotor natural? Não, proclama o Supremo Tribunal Federal ao julgar o RE 387974/DF, relatora Min. ELLEN GRACIE (Cf. *DJ* 26.03.2004, p. 25).[483] E com razão.

O Ministério Público é uno e indivisível.[484] Uno porque seu representante age como parte de um todo, e não isoladamente. É um só corpo. Indivisível porque um membro da instituição pode substituir o outro em um mesmo processo. Quando um fala, fala em nome de toda a instituição.

Explica EUGENIO FLORIAN[485]:

> La unidad significa que todas las personas físicas diseminadas en todos los tribunales constituyen un solo órgano y todas están sometidas a una sola dirección. La indivisibilidad se entiende en sentido relativo, refiriéndola a los diferentes tribunales cerca de los cuales actúa el MP. Entendida de este modo la indivisibilidad, deriva de ella el que las personas físicas que componen el MP y lo representan ante los diferentes tribunales pueden ser sustituidas sin que el principio resulte vulnerado.

Podendo um membro da instituição substituir o outro, são reciprocamente substituíveis, como existir o promotor natural? Seria uma *contradictio in adjecto* ou *contradictio in adjectis*.[486]

---

[481] CANOTILHO, 1991. p. 658.
[482] ALTAVILLA, E. *Psicologia judiciária*. Tradução: Fernando de Miranda. v. 5. 2. ed. baseada na 4. ed. italiana. Coimbra: Armênio Amado, 1960. p. 92.
[483] *Informativo do STF*, n. 328, 03 a 07.11.2003.
[484] CF/1988, art. 127, § 1º. São princípios institucionais do Ministério Público a *unidade*, a *indivisibilidade* e a independência funcional (g.n.).
[485] FLORIAN, 1934. p. 88.
[486] Contradição, incoerência.

Com precisão, disse a ilustre relatora no excelente voto que proferiu:

> Estender a regra fixista do juiz natural para criar o promotor natural é dividir as funções do Ministério Público, em contraposição à indivisibilidade constitucional. É afronta ao princípio do não emanado da lógica formal. Além do mais [acrescenta] resulta da noção do promotor natural outra contradição de natureza processual. Consiste em conferir direito a uma parte sobre a outra. Seria direito sobre a contradição do próprio direito.

O culto Min. José Celso de Mello, ao votar, como relator, no HC 67759-2/RJ, em agosto de 1992, disse: "[...] enquanto não sobrevier a disciplina legislativa pertinente, não há como aplicar – ou mesmo invocar – o princípio do promotor natural, que, inobstante a sua formulação no plano doutrinário, ainda constitui tema *de lege ferenda*".[487]

c) O princípio do contraditório

Todo processo, o processo penal mais ainda, porque lida com a liberdade do indivíduo, reclama, como explica Rogério Lauria Tucci[488]:

> [...] na segunda fase da *persecutio criminis*[489] – da instrução criminal – o contraditório efetivo, real, a fim de que perquirida, com absoluto rigor, a verdade material, reste devidamente assegurada a liberdade jurídica do acusado. Além do que, o direito deste à contraditoriedade real assume a natureza de indisponível, dada, precipuamente, a impessoalidade dos interesses em conflito; sendo, portanto, indispositivo.

Procedimento regular significa a obediência ao devido processo legal. E o devido processo legal exige respeito ao princípio do contraditório.

A respeito desse princípio, disse Canuto Mendes de Almeida[490]: "Praticamente o princípio do contraditório se manifesta na ação penal pela ciência tempestiva dada ao imputado de todas as cargas judicialmente contra ele acumuláveis. Isso significa que o réu não deve ser processado sem citação e sem termo de contrariedade."

No Juizado Especial, há o contraditório, como vimos.

d) O princípio da presunção da inocência

Também é obedecido, no Juizado Especial, o princípio da presunção da inocência, pois o autor do fato, livremente, é ouvido, são-lhe explicadas as consequências de admitir que praticou a infração, diz-se-lhe que, prosseguindo o processo, pode vir a ser absolvido.

Enquanto não houver sentença transitada em julgado, presume-se que o réu seja inocente, ou melhor, não culpado. Isso vem desde 26.10.1789, com a *Declaration des droits de l'homme e du citoyen*[491], e foi repetida na Declaração Universal dos Direitos do Homem, das Nações Unidas, de 10.12.1948.

O princípio da inocência é o abrigo dos inocentes, e não dos culpados.

Com sabedoria, dizia Malatesta[492]:

> O homem, no maior número de casos, não comete ações criminosas; é ordinariamente inocente; portanto, a inocência se presume. A presunção de inocência não é, pois, senão

---

[487] Da lei a se criar, a se elaborar.
[488] Tucci, 1993, p. 43-44.
[489] Persecução (perseguição) do crime. A persecução penal está dividida em duas fases: uma pré-processual, que é administrativa (exceção: o inquérito judicial nos crimes falimentares), consubstanciada na investigação criminal (*informatio delicti* – informação do delito, do crime), e outra processual, que é a instrução criminal.
[490] Almeida, 1973, p. 107.
[491] Declaração dos direitos do homem e do cidadão.
[492] Malatesta, 1996, p. 134.

uma especialização da grande presunção genérica que expusemos: o ordinário se presume. E como, para o princípio ontológico, presumindo-se o ordinário, é o extraordinário que se deve provar, segue-se que, aberto o debate judiciário penal, é à acusação que cabe a obrigação da prova.

Quilibet praesumitur bonus, donec contrarium probetur.[493]

O sistema inquisitivo do Código Penal Italiano de 1930, Código Rocco, teve de curvar-se ao disposto no art. 27, da Constituição de 1947: "*L'imputato non è considerato colpevole sino alla condanna definitiva*".

Assim sempre pensei e agi. Dizia LORD BYRON: "*I may stand alone, but would not change my free thoughts for a throne*"[494]. Parodiando, digo: Posso ficar só, mas não trocarei meus pensamentos livres de julgador para tomar decisões que agradem ao povo.

Não cabe ao réu provar sua inocência. A acusação é que deve comprovar a culpabilidade do réu. É seu o ônus da prova. ROGÉRIO SCHIETTI MACHADO CRUZ[495], ilustre membro do Ministério Público do Distrito Federal e Territórios, hoje Ministro do STJ, discorrendo sobre a presunção de inocência, com acerto afirmou:

> [...] o acusado somente pode ser preso diante de uma imperiosa necessidade, devidamente justificada e apoiada em critérios legais e objetivos, de modo a conferir o caráter cautelar à prisão *ante tempus*.[496] Significa, também, que o uso de algemas naquele que se apresenta ao Tribunal ou juiz, para depor ou para assistir a uma audiência, somente se justifica ante o concreto receio de que, com as mãos livres, fuja ou coloque em risco a segurança das pessoas que participam do ato processual.

Apresenta-se, assim, o princípio da inocência, como regra probatória e como regra de tratamento, na lição de SCHIETTI. Regulando a atividade probatória, a presunção de inocência resguarda a liberdade e a inocência do acusado ou indiciado, afastando os juízos fundamentados em mera suspeita.

Como regra de tratamento, o princípio implica respeito ao acusado ou indiciado, respeito à sua dignidade.

Não se pode confundir *processado* com aquele que teve uma sentença desfavorável, este, sim, já foi condenado.

Explica PIETRO ELLERO[497], em *Della critica criminale*, em matéria penal, "compete ao juiz a obrigação da prova", uma vez que o juiz deve procurar a verdade real, a verdade substancial.

Estudando o princípio da presunção de inocência proclamado na Constituição de Córdoba, art. 17 ("la ley reputa inocentes a los que por sentencia firme no han sido declarados culpables"), diz ALFREDO VÉLEZ MARICONDE[498] que não há presunção de inocência, explicando: "[...] nuestra formulación revela ya que la Constitución no consagra una verdadera *presunción* de inocencia, sino el *estado jurídico* en que se encuentra el imputado antes de una sentencia condenatoria."

Adiante diz:

> El principio no consagra una *presunción* legal sino un *estado jurídico* del imputado, el cual *es inocente* hasta que sea declarado culpable por sentencia firme, y esto no obsta, claro está, a que durante el proceso pueda existir una presunción de culpabilidad (del Juez) capaz de justificar medidas coercitivas de seguridade.

---

[493] Qualquer um se presume bom, até se provar o contrário.
[494] Posso ficar só, mas não trocarei meus pensamentos livres por um trono.
[495] CRUZ, R. S. M. *Garantias processuais nos recursos criminais*. São Paulo: Atlas, 2002. p. 105.
[496] Antes do tempo.
[497] ELLERO apud MALATESTA, 1996, p. 135.
[498] MARICONDE, 1969, passim.

Concluindo:

> En segundo término, el legislador encuentra en el postulado constitucional *el verdadero fundamento de toda restricción a la libertad del imputado*:si éste es inocente hasta que una sentencia firme lo declare culpable, su libertad sólo puede ser restringida a título de cautela o como medida de seguridad (el Estado no tiene otro título), cuando *sea indispensable* para asegurar el imperio del derecho, es decir, la aplicación efectiva de la ley. Con otras palabras, la detención provisional puede ser autorizada siempre que se compruebe la necesidad, efectiva y actual, de evitar el peligro de un 'daño jurídico', ya sea porque el imputado, en el primer momento de la investigación, pueda realizar maniobras capaces de ocultar la verdad (v.g., acordarse con sus cómplices o sobornar a los testigos, u ocultar los rastros del delito) ya sea porque pueda eludir con su fuga la acción de la justicia (evitar el juicio o la ejecución penal), ya sea porque exista el grave peligro, derivado de sus antecedentes, de que prosiga su actividad delictiva, es decir de que continúe violando el orden jurídico.

É o que diz GAROFALO, citado por MARICONDE[499]: "[...] en el juicio, al imputado no se lo debe presumir inocente ni culpable. Es lo que es: imputado, es decir, que existen razones por las cuales el magistrado que lo envía ante los jueces lo ha creído culpable".

FLÁVIO MEIRELLES MEDEIROS[500], após estudar a questão, conclui: "[...] não há, como regra, presunção de inocência substancial, visto que a presunção, se acaso houver, poderá, dependendo da prova, ser de culpa ou de inocência. Não há presunção jurídica de inocência processual: enquanto não houver condenação, o acusado é processualmente inocente".

Em resumo, o cidadão não pode ser tido como criminoso por antecipação. Logo, devem ser observados os princípios do devido processo legal e do *in dubio pro reo*[501].

Mas, como diz CALAMANDREI, em citação de SANTIAGO SENTÍS MELENDO[502], para certos juízes, "la inocencia parece una falta de respeto a la magistratura".

Argumenta CEZAR ROBERTO BITENCOURT[503]: "[...] a presunção de inocência insculpida na Constituição brasileira é *iuris tantum*[504], cedendo quando houver prova em contrário, como ocorre com a aquiescência do autor do fato, na transação penal".

O princípio da inocência é um princípio jungido ao princípio do *in dubio pro reo*[505] ou ao do *favor rei*[506] ou ainda ao princípio do *favor libertatis*[507]?

Os dois primeiros princípios estão ligados aos ditames da presunção de inocência, sendo que o "O princípio do *favor libertatis* é aquele que, em função do conflito entre o *jus puniendi* do Estado e o *jus libertatis* do acusado, deve a balança inclinar-se em favor do acusado". Assim entende RICARDO ALVES BENTO[508].

---

[499] MARICONDE, 1969, p. 34.
[500] MEDEIROS, F. M. *Manual do processo penal*. Rio de Janeiro: Aide, 1987. p. 235.
[501] Na dúvida, pelo réu.
[502] MELENDO, S. S. *Teoría y práctica del processo*: ensayos de derecho procesal. v. 2. Buenos Aires: Ediciones Jurídicas Europa-América, 1958. p. 77.
[503] BITENCOURT, 1996, p. 104.
[504] De direito até que se prove o contrário. É a presunção relativa, admitindo prova em contrário. Ao contrário da presunção *juris et de jure* (de direito e por direito), que é a presunção absoluta, indestrutível.
[505] Na dúvida, decida-se a favor do réu.
[506] Idem.
[507] Em favor da liberdade.
[508] BENTO, R. A. *Presunção de Inocência no Processo Penal*. São Paulo: Qartier Latin, 2007. p. 150.

d.1 Uso de algemas?

O uso de algemas: "Atenta à incolumidade do preso, custodiado e do transportado, o agente público que, por excesso ou por desvio do poder discricionário abusando, o põe em algemas", afirma Sérgio Marcos de Moraes Pitombo[509].

Já o Juiz de Direito Nagib Slaibi Filho[510] pensa diferentemente. Para ele: "Nem todo algemado está preso; mas todo preso deve ser algemado. O constrangimento, se houver, está no fato da prisão e não no fato do emprego das algemas".

Data venia[511], o ilustre jurista e julgador está equivocado. Quem está algemado não está preso? Não há humilhação na colocação desnecessária de algemas? O ser algemado não avilta, rebaixa, deprime o homem? No nosso Nordeste, no nosso sertão, o homem tem orgulho de dizer que nunca foi a uma delegacia nem para ser ouvido como testemunha. Imagine ser algemado!

Nada de espalhafato, de estardalhaço para humilhar o acusado e alegrar o povo e a mídia, que não entendem, na verdade, o que se passa. Na verdade, são medidas que enganam a sociedade.

Apesar de reconhecer, como toda sociedade, o trabalho eficiente da Polícia, temos visto muitos exageros, exageros estes que contam com o beneplácito de alguns juízes, membros do Ministério Público e da imprensa, escrita ou falada. Pergunto: Por que o pedido de prisão temporária, e sua decretação, depois da completa investigação, que levou muitas vezes meses? Por que a prisão com o uso de algemas e a presença da televisão? Comemoração do resultado exitoso das investigações? Mostrar "serviço"? Coroamento das investigações? Ocupar a primeira página dos jornais e as capas das revistas e, assim, desviar a atenção dos reais problemas da nação?

A Lei n. 7210, de 11.07.1984 (Lei de Execução Penal), no seu art. 199, dispõe que "o emprego de algemas será disciplinado por decreto federal". Até hoje, passados trinta e oito anos, o decreto não foi baixado. Daí os abusos. Investigados, sem nenhuma necessidade, são algemados. Velhos, doentes, deficientes, ninguém escapa. Não demorará a presenciarmos crianças serem algemadas, como se viu outro dia acontecer nos Estados Unidos: uma menina de cinco anos, por mau comportamento na escola, ser algemada com as mãos nas costas.

Atente-se que o Código de Processo Penal Militar, Decreto-lei n. 1002, de 21.10.1969, *da época da ditadura militar,* estabelece, no art. 234, § 1º, que "o emprego de algemas deve ser evitado, desde que não haja perigo de fuga ou de agressão da parte do preso".

De acordo com o art. 284, do Código de Processo Penal:

"Não será permitido o emprego de força, salvo a indispensável no caso de resistência ou de tentativa de fuga do preso."

E o art. 292, do mesmo Código, dispõe:

"Se houver [...] resistência à prisão em flagrante ou à determinada por autoridade competente, o executor e as pessoas que o auxiliarem poderão usar dos meios necessários para defender-se ou para vencer a resistência [...]".

Desse modo, a utilização da força só é possível: **a)** quando indispensável no caso de resistência ou tentativa de fuga; **b)** e quando os meios forem necessários para a defesa ou para vencer a resistência.

Se a utilização das algemas exorbitar desse limite constitui abuso, conforme estabelece a Lei 3869/2019, art. 13, inciso II ("constranger o preso ou o detento, mediante violência, grave ameaça ou redução de sua capacidade de resistência, a: II – submeter-se a situação vexatória ou a constrangimento não autorizado em lei").

O uso desnecessário das algemas tem por objetivo, tão somente, humilhar, aviltar, ferir a dignidade do homem.

---

[509] Pitombo, S. M. de M. Emprego de algemas: notas em prol de sua regulamentação. *RT*, São Paulo, v. 592, fev., 1995.

[510] Slaibi Filho, N. Constituição, prisão e algemas. In: Tubenchlak, J.; Bustamante, R. (coord.). *Livro de estudos jurídicos*. Rio de Janeiro: Instituto de Estudos Jurídicos, 1994. p. 267.

[511] Com a devida licença, com respeito. *Data venia* é o mesmo que *permissa venia, concessa venia, rogata venia.*

De acordo com a 11ª Súmula Vinculante, entendeu o Supremo Tribunal Federal que o uso de algemas somente é lícito em casos excepcionais. Previu, também, a aplicação de penalidades pelo abuso nessa forma de constrangimento físico e moral do preso.

O teor da súmula é o seguinte:

> Só é lícito o uso de algemas em caso de resistência e de fundado receio de fuga ou de perigo à integridade física própria ou alheia, por parte do preso ou de terceiros, justificada a excepcionalidade por escrito, sob pena de responsabilidade disciplinar, civil e penal do agente ou da autoridade e de nulidade da prisão ou do ato processual a que se refere, sem prejuízo da responsabilidade civil do Estado.

Julgando o HC 89429/RO, a 1ª Turma do STF, em sessão de 22.08.2006 (*DJ* 02.02.2007), em acórdão da lavra da Min. CÁRMEN LÚCIA, entendeu:

> O uso legítimo de algemas não é arbitrário, sendo de natureza excepcional, a ser adotado nos casos e com as finalidades de impedir, prevenir ou dificultar a fuga ou reação indevida do preso, desde que haja fundada suspeita ou justificado receio de que tanto venha a ocorrer, e para evitar agressão do preso contra os próprios policiais, contra terceiros ou contra si mesmo. O emprego dessa medida tem como balizamento jurídico necessário os princípios da proporcionalidade e da razoabilidade.

A prisão ocorrida com o uso desnecessário de algemas é nula. O preso deverá ser posto, imediatamente, em liberdade, ainda que o auto de prisão em flagrante esteja escorreito.

Acorrentam-se até os pés.

Ocorrendo a utilização irregular de algemas, cabe ao Ministério Público determinar a apuração do fato.

O § 3º, do art. 474, com a redação determinada pela Lei n. 11689, de 09.06.2008, dispõe: "Não se permitirá o uso de algemas no acusado durante o período em que permanecer no plenário do júri, salvo se absolutamente necessário à ordem dos trabalhos, à segurança das testemunhas ou à garantia da integridade física dos presentes".

A algema é símbolo maior da humilhação.

d.2 Presunção de culpabilidade

E a presunção de culpabilidade? Existe? O indivíduo foi preso no momento em que retirava a faca do corpo da vítima, mas estava... socorrendo-a. Há presunção de inocência ou de culpabilidade? O assunto é assaz controvertido. Mas o certo é que, enquanto não houver sentença transitada em julgado, não se terá ainda culpado. Ainda que presentes todas as evidências, não se pode afirmar que existe, no caso, presunção de culpabilidade.

e) O princípio da independência do juiz

Este é o maior dos princípios. FREDERICO MARQUES[512], analisando os princípios fundamentais do processo penal, disse que um se sobressai em nosso país.

Disse ele:

> Tenho para mim que, no tocante ao Direito Processual Penal, o princípio supremo em que todos os demais encontram os elementos que os tornam aplicáveis e suscetíveis de se projetarem *hic et nunc*[513] nos procedimentos penais é aquele da independência do Poder Judiciário, de seus Juízes e Tribunais.

---

[512] MARQUES, J. F. O processo penal na atualidade. In: PORTO, H. A. M.; SILVA, M. A. M. DA (org.). *Processo penal e Constituição Federal*. São Paulo: Acadêmica, 1993. p. 15.

[513] Aqui e agora. Imediatamente.

Sem a independência do juiz, no entanto, todos os outros princípios caem por terra. Nenhum deles vale nada. EBERHARD SCHMIDT[514] salienta, com ênfase:

> La independencia del poder judicial *no importa un privilegio para los jueces*. No significa libertad de toda obligación, sino libertad para producir resoluciones justas, porque sin esta libertad se traicionaría la *causa de la justicia*. De esto resulta necesariamente la vinculación del juez al mundo de los valores jurídicos. Esta vinculación no se debe entender propiamente como *limitación*, sino como sentido y *justificación* de la independencia del poder judicial.

1.4 Requisitos para a concessão da transação

A falta de composição civil, diga-se logo, não impede a transação.

A transação não poderá ser proposta se estiver comprovado, de acordo com o § 2º, do art. 76, da Lei n. 9099/1995: **a)** que o agente já foi condenado, pela prática de crime, à pena privativa de liberdade, por sentença definitiva; b) que o agente já foi beneficiado, nos cinco anos anteriores, pela aplicação de pena restritiva ou multa, mediante transação; e **c)** quando seus antecedentes, conduta social e personalidade, bem como os motivos e as circunstâncias não indicarem ser necessária e suficiente a adoção da aplicação da pena restritiva de direitos ou multa, fazendo-se indispensável a pena privativa de liberdade.

A proposta não pode ser genérica, imprecisa, vaga.

a) Condenação anterior pela prática de crime.

Não se admitirá a proposta se o autor do fato já tiver sido condenado pela prática de crime, diz o inciso I, do § 2º, do art. 76, da Lei n. 9099/1995, sem distinguir se doloso ou culposo. Crime, e não contravenção.

O dispositivo, quando se refere à sentença definitiva, está referindo-se à sentença transitada em julgado? Para alguns autores, a sentença, enquanto passível de recurso, não é definitiva. Mas observa-se que o art. 593, do Código de Processo Penal, diz: "Caberá apelação no prazo de cinco dias [nos Juizados Especiais, não esquecer que o prazo é de dez dias, art. 82, § 1º]: I – das sentenças *definitivas* de condenação [...]".

Ora, a sentença definitiva para o Código de Processo Penal não é, portanto, a transitada em julgado. E o art. 5º, da Lei dos Juizados Especiais Federais, é no mesmo sentido: "Exceto nos casos do art. 4º, somente será admitido recurso de sentença *definitiva*".

É justo, no entanto, que a sentença ainda não transitada em julgado impossibilite a transação? Onde fica o princípio da presunção da inocência? E se a sentença vier a ser reformada, dando-se pela absolvição do réu? Se o Ministério Público não fizer a proposta, sob o fundamento de que há sentença condenatória definitiva, mas não transitada em julgado, só resta ao acusado impetrar *habeas corpus*.

Tenha-se, primeiramente, que, para alguns autores, se já houve sentença condenatória, não há mais falar no princípio da inocência, e sim no da não culpabilidade – com o que não concordamos, haja vista o que dispõe o inciso LVII, do art. 5º, da Constituição Federal –, cabendo, assim, ao réu demonstrar que é inocente. Entretanto, se vier a ser absolvido, só resta invalidarem-se os atos posteriores ao oferecimento da denúncia – mediante ação de revisão ou de *habeas corpus* – e designar-se nova audiência para ser proposta a transação.

Para aqueles que entendem que a sentença condenatória, ainda que não transitada em julgado, impede a transação, apresenta-se a seguinte solução: realiza-se a transação, incluindo-se uma *cláusula resolutiva*, no sentido de que, se a sentença condenatória vier a transitar em julgado, perderá a eficácia a homologação, ficando a transação prejudicada. Desse modo, se a sentença condenatória

---

[514] SCHMIDT, 1957, p. 285-286.

vier a ser *confirmada* em definitivo, ou seja, transitar em julgado, demonstrando-se que, à época em que foi feita a composição penal, não teria direito o réu a ela, a transação é revogada.

A condenação transitada em julgado não será considerada se, entre as datas do cumprimento ou extinção da pena e da infração posterior que está sendo objeto da transação, já houver decorrido período de tempo superior a cinco anos, nos termos do art. 64, I, do Código Penal.

b) A repetição do benefício no período de cinco anos

A transação não pode ser repetida se o autor do fato já foi, no prazo de cinco anos, beneficiado com esse instituto. É a *temporariedade* da transação.

c) Os antecedentes, a conduta social, a personalidade do acusado, os motivos e as circunstâncias

São antecedentes criminais os fatos da vida passada do acusado que o envolveram com infrações penais, em menos de cinco anos, contados do cumprimento ou da extinção da pena, que revelam seu modo de proceder, de agir, sua personalidade. São antecedentes criminais; se devem ser considerados como maus, é outra coisa.

Quanto ao *prazo depurador* de cinco anos, previsto no inciso I, do art. 64, do Código Penal, explicam os Delmantos[515]:

> Condenação transitada em julgado antes do novo fato: Como gera reincidência (CP, arts. 61, I,[516] e 63), não deverá ser considerada, ao mesmo tempo, mau antecedente, para não constituir *bis in idem*[517]. Caso o prazo depurador de cinco anos (CP, art. 64, I) já tenha passado, não deve igualmente ser considerada nos antecedentes, pois não seria coerente que a condenação anterior, não gerando mais reincidência, passasse a ser considerada mau antecedente.

O Supremo Tribunal, no entanto, é de entendimento diverso. Ao julgar o HC 69001-7, em 18.02.1992 (*DJ* 26.06.1992), relator Min. Celso de Mello, decidiu, por unanimidade de votos, que as condenações, ainda que não impliquem reincidência por já ter decorrido sua temporariedade, podem ser consideradas maus antecedentes. Assim está na ementa:

> A existência de condenações penais anteriores irrecorríveis – mesmo revelando-se inaplicável a circunstância agravante da reincidência, ante o que dispõe o art. 64, I, do Código Penal – não inibe o Poder Judiciário de considerá-las, no processo de dosimetria[518] penal, como elementos caracterizadores de maus antecedentes judiciário-sociais do acusado.

Parte da doutrina e da jurisprudência sustentam que revelam maus antecedentes: inquéritos, não os arquivados; processos, não os em que houve absolvição; processos não sentenciados prescritos; a condenação por fato anterior, transitada em julgado após o novo fato, apesar de tecnicamente ser o réu primário.

Vale lembrar que o Supremo Tribunal Federal entende que é elemento caracterizador de maus antecedentes o fato de o réu responder a diversos inquéritos policiais e ações penais sem trânsito em julgado. Todavia, a questão deve ser examinada com o máximo cuidado, ante a evidência de que grande número de inquéritos é arquivado, ou seja, não se apurou, apesar do indiciamento, haver elementos que levem à denúncia.

A questão, porém, não é pacífica. No próprio Supremo há votos divergentes. Aqui, atente-se, não estamos tratando da temporariedade.

---

[515] Delmanto, C. et al. *Código Penal comentado*. 5. ed. atual. ampl. Rio de Janeiro: Renovar, 2000. p. 103.
[516] CP, art. 61, I. São circunstâncias que sempre agravam a pena, quando não constituem ou qualificam o crime: I – a reincidência; [...].
[517] Repetição sobre a mesma coisa. Duas vezes a mesma coisa.
[518] Constitui a técnica de determinar, dosar, fixar a pena.

Decidiu a 2ª Turma, no julgamento do HC 73297-6/SP, em 06.02.1996 (*DJ* 16.08.1996), rel. Min. MAURÍCIO CORRÊA, por unanimidade de votos:

> Embora tecnicamente primária, não podem ser considerados bons os antecedentes registrados na vida pregressa da paciente que responde a mais de sessenta inquéritos policiais já instaurados e a mais de vinte ações penais, oito das quais em grau de recurso interposto pela defesa no próprio tribunal apontado como coator.

No julgamento do HC 73394-8/SP, relator Min. MOREIRA ALVES, em 19.03.1996 (*DJ* 21.03.1997), a 1ª Turma, por maioria, vencido o Min. CELSO DE MELLO, decidiu: "A presunção de inocência não impede que a existência de inquéritos policiais e de processos penais possam ser levados à conta de maus antecedentes".

Em seu voto, disse o Min. JOSÉ CELSO DE MELLO FILHO:

> [...] entendo, na linha de diversas decisões que já proferi nesta Suprema Corte (*RT* 690/390, *RT* 698/452-454, v.g.), que a mera sujeição de alguém a simples investigações policiais ou a persecuções criminais instauradas em juízo não basta – ante a inexistência de condenação penal transitada em julgado – para justificar a afirmação de que o réu não possui bons antecedentes.

Igualmente, assim foi decidido no HC 72664-0/SP, em 08.08.1995 (*DJ* 19.09.1997), relator Min. MOREIRA ALVES, vencido o Min. CELSO DE MELLO:

> O aumento de pena está devidamente justificado quer com relação aos maus antecedentes que resultam dos vários processos a que responde o ora paciente bem como da condenação que lhe foi imposta ainda que não transitada em julgado, quer em virtude das sérias consequências do delito pela lesão patrimonial causada a terceiros.

O Min. MARCO AURÉLIO, ao votar no HC 73297-6/SP, disse: "Para mim, simples inquéritos e ações em tramitação não revelam que o cidadão tem maus antecedentes criminais. É preciso, segundo o disposto na própria Carta Política da República, que a culpa nesse campo tão delicado esteja realmente retratada em sentença transitada em julgado".

Assim também entende o Min. CELSO DE MELLO, que no HC 73394-8/SP, em que ficou vencido, verberou:

> O magistério doutrinário (JESUS, D. E. DE. *Código Penal Anotado*. 4. ed. São Paulo: Saraiva, 1994. p. 151; DELMANTO, C. *Código Penal Comentado*. 3. ed. Rio de Janeiro: Renovar, 1991. p. 89. v.g.) – atento à presunção constitucional de não culpabilidade proclamada pelo art. 5º, LVII, da Carta Política – adverte, com apoio na jurisprudência dos Tribunais (*RT* 418/286, *RT* 422/307, *RT* 572/391, *RT* 586/338), que processos penais em curso, inquéritos policiais em andamento e, até mesmo, condenações criminais ainda sujeitas a recurso não podem ser considerados, enquanto episódios processuais suscetíveis de pronunciamento judicial absolutório, como evidenciadores dos maus antecedentes do réu.

No HC 70871-4/RJ, rel. Min. PAULO BROSSARD, a 2ª Turma do STF, em 11.10.1994 (*DJ* 25.11.1994), entendeu: "Não se pode admitir que a presunção de inocência atue como uma barreira impeditiva do exame de circunstâncias indispensáveis à individualização da pena, que também tem assento na Constituição, art. 5º, XLVI".

Também entendemos que um ou outro inquérito não pode configurar maus antecedentes. Mas o acusado que tem sua vida *ante acta*[519] pontilhada de inquéritos não se pode dizer que possui bons antecedentes, e sim maus antecedentes.

---

[519] Antes do ato.

Se o indiciado ou acusado passou cinco anos sem se envolver com delitos, não se deve levar em consideração os fatos praticados anteriormente. É de inferir que se recuperou. Não podemos ter um fato praticado há muitos anos, muitas vezes na juventude, como elemento caracterizador de maus antecedentes. Observa-se que o legislador, para efeito de reincidência, que é muito mais grave, dispôs que "não prevalece a condenação anterior, se entre a data do cumprimento ou extinção da pena e a infração posterior tiver decorrido período de tempo superior a cinco anos" (CP, art. 64, I).

1.4.1 Maus antecedentes e pena restritiva de direitos ou de multa

Importará maus antecedentes a pena restritiva de direitos imposta por força da transação penal? Estabelece o § 4º, do art. 76, da Lei n. 9099/1995 que a aplicação da pena restritiva de direitos ou multa não implicará reincidência. Mas a parte final desse mesmo dispositivo dispõe que o autor do fato, assim favorecido, fica impedido de receber "o mesmo benefício no prazo de cinco anos". Logo, na verdade, não deixou de constituir maus antecedentes.

Não se deve esquecer de que, ao considerar a reincidência como maus antecedentes, não será possível aumentar a pena-base como circunstância agravante, sob pena de caracterizar *bis in idem*[520]. Há súmula do STJ nesse sentido, a de número 241:

"A reincidência penal não pode ser considerada como circunstância agravante e, simultaneamente, como circunstância judicial."

A condenação somente em multa é certo que constitui fato revelador de maus antecedentes. Mas, no Juizado Especial, não impede a proposta de transação ("Não se admitirá a proposta se ficar comprovado: I – ter sido o autor da infração condenado, pela prática de crime, à *pena privativa de liberdade*, por sentença definitiva", segundo o disposto no inciso I, do § 2º, do art. 76).

Igualmente, a pena restritiva de direitos não impede a transação. Só a *privativa de liberdade*, diz a lei. Apesar de as penas restritivas de direitos serem aplicadas em substituição à pena privativa de liberdade (observar que a Lei n. 9714, de 25.11.1998, alterando o art. 44, do CP, alterou também os arts. 43, 45, 46, 47, 55 e 77, todos do mesmo Código –, revogou em parte o art. 54, tendo em vista que o art. 44, I, permitiu a substituição da pena privativa de liberdade quando esta foi fixada em quantidade não superior a quatro anos). Com a substituição, deixou de existir a pena privativa de liberdade, logo o impedimento previsto no inciso I do § 2º do art. 76 da Lei n. 9099/1995, deixou de existir.

Cezar Roberto Bitencourt[521] também entende que a substituição da pena privativa de liberdade pela restritiva de direitos não impede a transação, ao dizer: "[...] eventual condenação anterior que tenha sido substituída por pena restritiva de direitos ou por multa, ou então que tenha recebido *sursis*, também não é causa impeditiva de transação".

E, no Juízo Comum, a pena de multa anterior configura reincidência (CP, art. 63)? O STF já deu três decisões diferentes. Decidiu, em 22.09.1965, em decisão unânime, no plenário, relator Ministro Gonçalves de Oliveira, que a pena de multa não caracteriza reincidência (*RTJ* 35/484). Consta do voto do relator: "Concedo a ordem. Efetivamente o paciente foi processado e condenado como incurso nas penas do art. 129, mas é primário, pois a condenação por pena de multa, imposta em processo-crime, lhe não retira esse caráter".

No entanto, em 6.10.1977 (*DJ* 31.10.1977), ao julgar o RECr. 86754/SP, a 1ª Turma, por unanimidade de votos, relator Min. Bilac Pinto, entendeu que, só se os dois crimes forem dolosos, a multa anterior configura a reincidência. O acórdão restou assim ementado: "Medida de segurança. Reincidência em crime doloso (CP, art. 78, IV). Mesmo que a condenação anterior tenha sido somente por multa, caracterizada se acha a reincidência, pois ambos os crimes são dolosos".

---

[520] Repetição sobre a mesma coisa. Duas vezes a mesma coisa.
[521] Bitencourt, 1996, p. 130.

Por fim, decidiu, pela sua 2ª Turma, igualmente, por unanimidade, ao julgar o RHC 65332-4/SP em 18.08.1987 (*DJ* 04.09.1987), relator Ministro já falecido ALDIR PASSARINHO, que a pena de multa anterior configura reincidência, ficando o acórdão com a seguinte ementa:

> Embora, em razão do crime anterior (e não de contravenção, assinale-se), a pena aplicada tenha sido a de multa, caracteriza-se a reincidência, pois a lei não distingue, para caracterizá-la, hipótese em que a apenação foi de pena detentiva de liberdade ou de multa. Assim, cabe aplicar-se, para fixação do prazo prescricional, o disposto no art. 110, parte final, do Código Penal, que estabelece que tal prazo é aumentado de um terço, no caso de reincidente o acusado.

A princípio, há reincidência, pois esta configura-se quando o agente comete novo crime, após haver sido definitivamente condenado por crime anterior, pouco importando, assim, qual a pena que foi aplicada. O que se leva em consideração é a prática de novo crime depois de transitar em julgado a sentença que o tenha condenado por crime anterior. Todavia, temos de pensar que a condenação anterior à pena de multa não impede a concessão de *sursis*[522] (CP, § 1º, do art. 77). Analisemos o art. 77, I, do Código Penal. A execução da pena privativa de liberdade pode ser suspensa desde que o condenado não seja reincidente em crime doloso. Mas o § 1º desse artigo dispõe que "a condenação anterior à pena de multa não impede a concessão do benefício". Logo, a pena de multa em condenação anterior não tem o condão de configurar a reincidência. Há de existir uma interpretação sistemático-constitucional, a fim de que haja justiça na decisão.

Basta a ocorrência de uma só causa impeditiva: **I** – ter sido o autor da infração condenado, pela prática de crime, à pena privativa de liberdade, por sentença definitiva; **II** – o benefício já ter sido concedido anteriormente, no prazo de cinco anos; **III** – os antecedentes, a conduta social e a personalidade do agente, bem como motivos e circunstâncias não satisfatórios, de modo a presumir-se que o autor do fato não se intimidou com a condenação – para não ser admissível a transação.

Transitada em julgado a decisão homologatória da transação, verificando-se, posteriormente, que havia causa impeditiva para sua celebração, não poderá ser anulada, salvo se houver cláusula resolutiva, como atrás mencionado, pois não existe revisão *pro societate*[523]. A revisão jamais pode prejudicar o réu.

A transação penal despenaliza, sem descriminalizar. O crime continua existindo. O seu autor sofrerá não pena privativa de liberdade, mas pena restritiva de direitos ou pena de multa. Melhor para ele que não responde processo, que, na verdade, constitui um tormento. Daí a grande vantagem do processo do Juizado Especial instituindo a transação em que o réu não corre o risco de vir a sofrer uma condenação com pena privativa de liberdade. Melhor para a sociedade, que não perde uma força de trabalho, e para o Estado, que deixa de construir penitenciárias e de ter despesas enormes para mantê-las, e ainda assim de maneira terrificante, medonha. Bom, enfim, para a vítima, que, com a transação, é indenizada.

O único efeito penal da transação é impossibilitar que o benefício seja de novo concedido pelo prazo de cinco anos.

1.5 A proposta de transação

Na hipótese de ação penal pública incondicionada, ou havendo representação, não sendo caso de arquivamento, proporá o Ministério Público a transação, ou seja, a aplicação, de pronto, de pena restritiva de direitos ou multa, que especificará na proposta (art. 76, da Lei n. 9099/1995). Se o autor do fato preencher os requisitos para obter a transação (direito subjetivo), o Ministério Público deverá – e não poderá (faculdade) – propô-la. Estamos diante de um *poder-dever*.

---

[522] *Sursis:* não se pronuncia o **s**.
[523] Em favor da sociedade.

"A obtenção da transação", como explica WEBER MARTINS BATISTA[524], "com todas as vantagens dela decorrentes, constitui direito subjetivo do autor da infração, desde que satisfeitos os requisitos estabelecidos na lei".

1.5.1 Transação por precatória

Não residindo o autor do fato na comarca ou na sede da seção judiciária em que os fatos ocorreram, pode-se expedir carta precatória, tendo como objetivo a realização da audiência preliminar e eventual transação. A proposta é feita pelo promotor do juízo deprecante e encaminhada ao juízo deprecado. O promotor desse último juízo pode, com o objetivo de transacionar, modificar o acordo.

Assim entendeu o X Encontro do Fórum Permanente dos Coordenadores dos Juizados Criminais, realizado em Rondônia, no período de 21 a 24.11.2001, ao editar o Enunciado n. 13: "É cabível o encaminhamento de proposta de transação através de carta precatória".

1.6 Proposta formulada pelo autor do fato

Poderá o autor do fato formular a proposta? Evidentemente que sim. Que impede? Nada, pois, além de cuidar de se obter uma conciliação, o instituto da transação é um direito público subjetivo do autuado, ou seja, do autor do fato. Se preencher ele os requisitos para que o Ministério Público faça a proposta, tem o direito de exigir que o órgão ministerial a faça. Se não a fizer, ele pode propor a transação. Os papéis, assim, invertem-se. O Ministério Público é que, então, será indagado se a aceita ou não.

Esse é, também, o pensamento de ADA PELLEGRINI, GOMES FILHO, SCARANCE e LUIZ FLÁVIO:[525]

> Embora a lei só se refira ao Ministério Público, como proponente da imediata aplicação de pena não privativa de liberdade, nada impede que a iniciativa da apresentação da proposta seja do próprio autuado, assistido por seu advogado. Esse entendimento não é apenas sufragado pelo princípio constitucional da isonomia, como ainda se coaduna com a técnica processual adotada pelo legislador, no tocante à informalidade da audiência de conciliação.

Afinal, para que complicar se tudo pode ser resolvido, sem arranhar a Constituição, na própria audiência? E tudo será *comme il faut*[526]. Caso contrário, o autuado terá de interpor recurso ou impetrar uma ordem de *habeas corpus*.

AIRTON ZANATTA[527] critica o entendimento de que o próprio autuado possa fazer a proposta de transação, dizendo:

> Ora, não há como aceitar logicamente que o próprio interessado na aplicação da medida restritiva de direitos se autopropusesse uma sanção criminal, ainda que substitutiva. "Eu proponho que me seja aplicada tal medida restritiva, com tais e tais especificações!" Seria uma espécie de *self-service*[528] no Direito Penal.

A crítica é desarrazoada. Temos, então, o seguinte: o autuado preenche os requisitos para obter a transação; o Ministério Público não faz a proposta; o juiz não pode fazê-la, segundo a maioria dos doutrinadores. E nenhuma solução rápida e eficaz, informal, se pode tomar, a não ser o recurso (correição parcial ou apelação, como adiante será estudado) para a Turma Recursal ou a impetração de *habeas corpus*. Assim, a celeridade da justiça com eficiência será difícil de ser alcançada.

---

[524] BATISTA, W. M. et al. *Juizados Especiais Cíveis e Criminais e suspensão condicional do processo*: a Lei n. 9.099/1995 e sua doutrina mais recente. Rio de Janeiro: Forense, 1996. p. 321.
[525] GRINOVER ET AL., 2005, p. 143.
[526] Como deve ser.
[527] ZANATTA, 2001, p. 70-71.
[528] A própria pessoa se servindo, estilo restaurante *self-service*?

Porque o autuado não pode dizer: "Já que os senhores não sabem o que fazer, eu proponho que me seja aplicada tal pena substitutiva, com tais e tais especificações. Se o Ministério Público não estiver de acordo, sugiro que faça uma contraproposta". Atente-se que, quando o Ministério Público faz a proposta, o autuado pode fazer uma contraproposta, aventando outras especificações. O autuado não fica limitado a aceitar ou recusar a proposta. Tratando-se de um acordo, pode sugerir outra pena restritiva de direito, diferente da que foi proposta. Ou não pode?!!!

E se o Ministério Público não fizer contraproposta à proposta do autor do fato? Como proceder? O juiz examinará a proposta do autor do fato e decidirá, excluindo algumas cláusulas, incluindo outras ou aceitando-a integralmente.

Atente-se que é o juiz quem vai apreciar a proposta do Ministério Público depois de aceita pelo autuado, podendo homologá-la ou não, e, nessa decisão, poderá modificá-la em parte e submetê-la à apreciação do órgão ministerial e do autor do fato. O juiz não será um mero órgão *homologador* da proposta. Não é figura decorativa.

A complicação não cessa na primeira instância do Juizado. Se a transação não foi proposta pelo Ministério Público, o autor do fato impetra ordem de *habeas corpus*. A Turma Recursal, deferindo a ordem, pode determinar a baixa dos autos ao Juizado de origem a fim de que o Ministério Público faça a proposta de transação. Pergunta-se: E se o órgão ministerial não a fizer? Qual a solução a ser dada? Envio dos autos ao Procurador-geral da República, entendem uns, aplicando-se analogicamente o art. 28, do Código de Processo Penal. Se o chefe do *parquet*[529], ou a Câmara do órgão Ministerial, for do mesmo entendimento do Promotor de Justiça na primeira instância, *tollitur quaestio*[530]. O Ministério Público dará, então, início à ação penal. Se não for, poderá ele próprio, como acontece com o pedido de arquivamento não aceito pelo juiz, apresentar a proposta ou designar outro representante do Ministério Público para que o faça, e, nesse caso, o Ministério Público local não poderá insistir na não formulação da proposta.

O que é essencial, a meu pensar, é que o Ministério Público participe da audiência. Ao apreciar o RE 296185-0/RS, a 2ª Turma do STF, em sessão de 20.11.2001 (*DJ* 22.02.2002), por unanimidade, conheceu do recurso extraordinário, por ofensa ao art. 129, I,[531] da Constituição Federal, e lhe deu provimento "para anular a audiência em que proposta e ratificada pelo juiz a transação, sem participação do MP, bem como o processo, a partir desse ato, sem prejuízo de sua renovação, se ainda não extinta a punibilidade, o que será verificado no juízo de origem". Relator Ministro NÉRI DA SILVEIRA. O voto condutor do acórdão, na Turma Recursal dos Juizados Especiais, é da lavra do Juiz NEREU JOSÉ GIACOMOLLI, que disse: "Tenho que, nos casos de não comparecimento do Ministério Público em audiência, desde que devidamente intimado, o magistrado só pode como deve formular a proposta, por se tratar de direito público subjetivo do autuado, que não pode ser dele subtraído".

1.7 Transação penal *ex officio*

Se o Ministério Público não oferecer proposta de transação penal, o juiz deverá apresentá-la. A questão, todavia, é altamente polêmica. Se, no Juizado, o juiz busca um acordo, por que não pode fazer proposta de transação e apresentá-la ao Ministério Público, ao autor do fato e ao seu defensor para a discussão?

---

[529] *Parquet*. Os reis da França procuravam dar aos seus representantes (*gens du roi*) a função de *procurateur* (acusador público), e procuravam, a todo custo, dar-lhes força, independência e prestígio e colocá-los em pé de igualdade com os juízes, e, assim, determinavam que subissem no *parquet*, um estrado em que ficavam as cadeiras dos juízes. *Parquet* passou a designar "a reunião de magistrados que exercem o ministério *près d'une même juridiction*" (perto de uma mesma jurisdição). GARRAUD, apud MARQUES, 1965, p. 47.

[530] Questão superada.

[531] CF/1988, art. 129, I. São funções institucionais do Ministério Público: I – promover, privativamente, a ação penal pública, na forma da lei [...].

A Comissão Nacional de Interpretação da Lei n. 9099, de 26.09.1995,[532] sob a Coordenação da Escola Nacional da Magistratura, chegou à conclusão de que, "se o Ministério Público não oferecer proposta de transação", poderá o juiz fazê-lo (Conclusão 13ª). O entendimento da Comissão foi correto.

Pode ou não o juiz propor a conciliação?

CEZAR ROBERTO BITENCOUR[533], por exemplo, responde com um "contundente não" e argumenta: "Não há mais espaço para o 'Juiz acusador', se se pretende mantê-lo imparcial".

NEREU JOSÉ GIACOMOLLI[534], por sua vez, responde afirmativamente: "Na ausência do Ministério Público, desde que devidamente intimado, ou se presente e não formular proposta, o juiz poderá propor a transação criminal, sob pena de haver negativa de adequada jurisdição e negativa de um direito do acusado".

WEBER MARTINS BATISTA[535] é da opinião de que, se o autor do fato preenche os requisitos para obter a transação, e o Ministério Público oferece, no entanto, a denúncia, o juiz, "em vez de receber a denúncia, e por entender que o autor do fato *tem direito* à transação, ele próprio toma a iniciativa de oferecê-la". E explica:

> Se o juiz pode fazer o mais, que é condenar o acusado, com todas as desvantagens daí decorrentes, pode fazer o menos, que é impor-lhe uma pena mais branda, por ele aceita, em decisão que não lhe trará qualquer outra consequência danosa, como fato jurídico. Só uma coisa o juiz não poderia fazer e, no caso, não fez: tomar a iniciativa do procedimento, usurpar função exclusiva do Ministério Público.

A TOURINHO FILHO[536] também parece que sim. Diz ele:

> Não havendo apresentação da proposta, por mera obstinação do Ministério Público, parece-nos que poderá fazê-la o próprio Magistrado, porquanto o autor do fato tem um direito subjetivo de natureza processual no sentido de que se formule a proposta, cabendo ao Juiz o dever de atendê-lo, por ser indeclinável o exercício da atividade jurisdicional.

Pergunta-se: Se o autor do fato não aceitar a proposta do juiz, prosseguindo-se, então, o processo, a imparcialidade do juiz estaria posta em dúvida? Não. A simples proposta de transação não deixa antever que o juiz vá condenar ou absolver o autor do fato. O magistrado examinou apenas os requisitos para a concessão ou não do instituto da transação, não analisou a culpabilidade. Não está o juiz acolhendo o início da persecução penal, logo inexiste ofensa ao princípio da oficialidade. Não se pode dizer que o juiz deu movimentação *ex officio*[537] ao processo. Pelo contrário, com a transação, não se dá início à ação penal. Não há, assim, violação ao princípio do *nemo judex sine actore*[538] ou *ne procedat judicio ex officio*[539]. O juiz, na hipótese de o autor do fato preencher os requisitos para a obtenção da transação – um direito subjetivo seu –, está fazendo valer o direito que o Ministério Público descurou de fazer.

A posição, no entanto, majoritária da doutrina é de que o juiz não pode propor a transação, pois estaria travestindo-se em acusador.

---

[532] Conclusão 13ª. Se o Ministério Público não oferecer proposta de transação penal ou de suspensão condicional do processo nos termos dos arts. 79 e 89, poderá o juiz fazê-lo.
[533] BITENCOURT, 1996, p. 107.
[534] GIACOMOLLI, 1997, 100.
[535] BATISTA, 1996, p. 322.
[536] TOURINHO FILHO, 2009, p. 92.
[537] Em função do cargo, por força do cargo.
[538] Não pode haver jurisdição sem um autor que tome a iniciativa.
[539] O juiz não pode se movimentar sem que as partes o provoquem.

1.8 Aplicação analógica do art. 28, do Código de Processo Penal

Inicalmente, convém ressaltar que a Lei 13964/2019 alterou a redação do art. 28, do CPP, contudo sua eficácia se encontra suspensa, *sine die*, pelo Supremo, em razão de concessão de liminar na ADI 6305/DF. Assim, continua em vigor a redação original do referido artigo.

Dito isso, segundo outra corrente, não apresentando o Ministério Público a proposta, deve ser aplicado, por analogia, o art. 28 (já citado) c/c o art. 3º, ambos do Código de Processo Penal. Desse modo, o juiz fará remessa do termo circunstanciado, acompanhado das razões do Ministério Público para a não apresentação da proposta e de sua decisão discorde, ao Procurador-geral, que terá três soluções: **a)** concordar com o juiz e, assim, apresentar a proposta; **b)** designar outro membro da instituição para fazê-la; ou **c)** insistir em não formulá-la.

O Supremo, sobre essa questão, ainda não bateu o martelo, como fez com a suspensão do processo, que sumulou, inclusive. Súmula 696: "Reunidos os pressupostos legais permissivos da suspensão condicional do processo, mas se recusando o Promotor de Justiça a propô-la, o Juiz, dissentindo, remeterá a questão ao Procurador-geral, aplicando-se por analogia o art. 28, do Código de Processo Penal".

O Superior Tribunal de Justiça tem entendido que a transação só pode ser proposta pelo Ministério Público. Se não a fizer, os autos devem ser remetidos ao Procurador-geral.

Ao julgar o HC 24148/SP, em 10.02.2004, a 6ª Turma, tendo como relator o Min. PAULO MEDINA (*DJ* 08.03.2004), decidiu: "É prerrogativa exclusiva do Ministério Público a iniciativa para a proposta de transação penal, sendo descabida, em tese, a sua realização pelo Julgador".

No REsp 562370/SP, relatado pelo Min. GILSON DIPP, em 04.12.2003, a 5ª Turma (*DJ* 25.02.2004) assim, também, entendeu:

> [...] Transação penal que deve ser proposta pelo Ministério Público, sendo que, no caso em tela, o órgão acusatório entendeu não ser cabível o referido instituto, fazendo-se mister a aplicação analógica do art. 28 da Lei Processual Penal. IV. Deve ser determinada a remessa do processo criminal ao Juízo monocrático, a fim de que seja expedido ofício ao Procurador-geral de Justiça do Estado de São Paulo, remetendo-lhe os autos para que proceda à análise dos requisitos necessários ao oferecimento de proposta de transação penal ao paciente.

Antes, a 5ª Turma, apreciando, em 18.11.2003, o REsp 538795/SP (*DJ* 15.12.2003), relatora Min. LAURITA VAZ, foi taxativa:

> [...] É vedado ao Juiz oferecer a proposta de transação penal *ex officio* ou a requerimento da parte, uma vez que tal prerrogativa é exclusiva do Ministério Público. Precedentes. 4. Havendo divergência entre o Juiz e o Ministério Público acerca do oferecimento da benesse legal, os autos devem ser encaminhados ao Procurador-geral de Justiça, por analogia ao disposto no art. 28, do Código de Processo Penal.

1.9 Inexistência de proposta

Complicado será se ninguém oferecer proposta. O acusado deverá recorrer, interpondo correição parcial, segundo uns, e apelação, segundo outros, aplicando-se o disposto no § 5º, do art. 76, da Lei n. 9099/1995.

A apelação é cabível das sentenças definitivas de *condenação ou absolvição* e *das decisões definitivas, ou com força de definitivas* (CPP, art. 593, *caput* e incisos I e II). Por outras palavras, a apelação é interposta contra uma decisão que **a)** põe fim ao processo; **b)** encerra a relação processual sem julgar o mérito; ou **c)** põe termo a um procedimento, julgando o mérito. O não oferecimento da proposta encerra um processo ou um procedimento? Encerra um procedimento, o da transação, ou melhor, não deixa que ele sequer tenha início. Logo, o recurso cabível é a apelação.

A correição parcial é cabível quando, não havendo recurso previsto em lei, os despachos dos juízes, por erro ou abuso, implicarem inversão tumultuária do processo. Não é o caso da não proposta de transação. A correição parcial, vale ressaltar, não ataca o *error in judicando*[540], e sim o *error in procedendo*[541].

Na dúvida, há de se aplicar o princípio da fungibilidade.[542] Explica bem Júlio Fabbrini Mirabete[543]: "Há realmente situações [em] que existem dúvidas na doutrina e na jurisprudência quanto ao recurso adequado a certas situações. Assim, adota-se no processo penal o *princípio da fungibilidade* dos recursos, colocando-se acima da legitimidade formal o fim a que visa a impugnação".

Tenha-se, porém, que não deve haver má-fé e que o recurso deve ser interposto, para não haver sobressalto para o recorrente, no prazo do recurso em que tiver menor prazo. Isso porque a dúvida, na verdade, não é do recorrente e sim dos tribunais.

Por falar nisso, observa BENTO DE FARIA[544]:

> O erro na interposição do recurso refere-se ao meio processual estabelecido para impugnar a decisão, mas não aos prazos fixados para respectiva interposição. Consequentemente, só não prejudicará a utilização de um recurso por outro, quando manifestado, embora erradamente, dentro do prazo determinado para o recurso cabível. Assim, se a parte usou do recurso de apelação quando o caso somente comportava o recurso em sentido estrito, esse erro não terá influência quando tal apelação tiver sido interposta no prazo estabelecido para este último (recurso cabível), mas não para o da mesma apelação. Do contrário, importaria deixar o tempo para o exercício do direito de recorrer. Se assim não for, a má-fé facilmente poderá vingar, sempre acobertada pelo pretendido erro. E todos os recursos poderiam ser interpostos no prazo mais dilatado, bastando a simples denominação adotada para torná-los admissíveis.

O Código de Processo Civil de 1939 também previa a possibilidade de aplicação do princípio da fungibilidade (art. 810)[545]. O Código de 1973, não merecendo crítica de José Carlos Barbosa Moreira[546], que disse: "Melhor seria que se houvesse acolhido, no particular, a sugestão da Comissão Revisora, no sentido de repetir-se, com redação mais clara, a norma contida no art. 810 do antigo diploma". Admite o renomado processualista, no entanto, que, apesar da falta de texto expresso, admite-se a fungibilidade, ou seja, a interposição de um recurso em lugar de outro, mas observando-se o mesmo prazo que foi concedido ao recurso certo.

O CPC/2015 também não previu de forma genérica o princípio da fungibilidade, embora, no caso de recebimento de embargos de declaração, recurso especial e extraordinário (arts. 1.024, § 3º; 1.032 e 1.033).

Chama a atenção o festejado processualista Eduardo Espínola Filho[547] para o seguinte: "Se a lei é de uma clareza meridiana, no determinar o recurso próprio, e outro foi o apresentado, urge mais rigor pra atribuir-se o engano à ignorância, ao descuido, à leviandade, e não à má-fé".

---

[540] Erro no julgar o mérito.
[541] Erro no encaminhar o processo.
[542] CPP, art. 579. Salvo a hipótese de má-fé, a parte não será prejudicada pela interposição de um recurso por outro. Parágrafo único. Se o juiz, desde logo, reconhecer a impropriedade do recurso interposto pela parte, mandará processá-lo de acordo com o rito do recurso cabível.
[543] Mirabete, 2000, p. 615.
[544] Faria, 1960, p. 306.
[545] CPC/1939, art. 810. Salvo a hipótese de má-fé ou erro grosseiro, a parte não será prejudicada pela interposição de um recurso por outro, devendo os autos ser enviados à Câmara ou à Turma a que competir o julgamento.
[546] Moreira, J. C. B. *Comentários ao Código de Processo Civil*. v. 5. Rio de Janeiro: Forense, 1974. p. 205.
[547] Espínola Filho, 1976, p. 71.

2. A TRANSAÇÃO E O TRIBUNAL DO JÚRI

Operada a desclassificação do crime doloso contra a vida para o de lesão corporal leve ou culposa, possível é a transação. Pelo juiz, presidente do Tribunal do Júri, ou os autos deverão ser encaminhados ao M.M. juiz *a quo*? O que é certo, porém, seja um, seja outro juiz, os institutos da Lei n. 9099/1995 deverão ser, desde que preenchidos os requisitos, aplicados (composição de danos civis, transação, representação e, eventualmente, suspensão condicional do processo).

Estabelece o § 1º, do art. 492, do Código de Processo Penal, com a redação dada pela Lei n. 11689, de 09.06.2008:

> Se houver desclassificação da infração para outra, de competência do juiz singular, ao presidente do Tribunal do Júri caberá proferir sentença em seguida, aplicando-se, quando o delito resultante da nova tipificação for considerado pela lei como infração penal de menor potencial ofensivo, o disposto nos arts. 69 e seguintes da Lei n. 9099, de 26.09.1995.

Logo, desclassificado o crime para um de menor potencial ofensivo, o presidente do Tribunal do Júri aguardará o trânsito em julgado da decisão, quando, então, designará audiência preliminar, possibilitando o oferecimento da proposta de transação penal, aplicando os institutos despenalizadores.

V. também item 1, Capítulo II, comentários ao art. 61.

3. AÇÃO PENAL PRIVADA E TRANSAÇÃO

Pode, em crime de ação penal privada, o querelante propor a aplicação de pena restritiva de direitos ou multa? Sim, por que não? Na ação privada vigora, sem restrição, o princípio da oportunidade, o que viabiliza melhor a transação. O fato de a Lei dos Juizados referir-se ao Ministério Público como legitimado para propor a transação não quer dizer que o querelante não tenha legitimidade para tanto. A lei não previu expressamente que o querelante pudesse fazer a proposta, porque entendeu ser isso óbvio, uma vez que o princípio da oportunidade rege a ação penal privada. Se o querelante pode o mais, que é propor a ação, por que não pode o menos, que é propor a transação? E mais: no final de contas, prejudicado será o autor do fato se a transação não puder ser feita pelo querelante.

A Comissão Nacional de Interpretação da Lei n. 9099, de 26.09.1995, sob a Coordenação da Escola Nacional da Magistratura[548], entendeu que o "disposto no art. 76 abrange os casos de ação penal privada" (décima primeira conclusão).

Igual entendimento teve o STJ, pela sua 5ª Turma, no julgamento do RHC 8480/SP, em 21.10.1999 (*DJ* 22.11.1999), relator Min. GILSON DIPP:

> [...] A Lei n. 9099/1995 aplica-se aos crimes sujeitos a procedimentos especiais, desde que obedecidos os requisitos autorizadores, permitindo a transação e a suspensão condicional do processo *inclusive nas ações penais de iniciativa exclusivamente privada*. II. Recurso provido para anular o feito desde o recebimento da queixa-crime, a fim de que seja observado o procedimento da Lei n. 9099/1995.

GIACOMOLLI[549] é de opinião que "cabe transação na ação penal privada", pois "não existe vedação legal".

DEMERCIAN e ASSAF MALULY[550] pensam de modo contrário:

---

[548] Compuseram essa Comissão: SÁLVIO DE FIGUEIREDO TEIXEIRA, LUIZ CARLOS FONTES DE ALENCAR, RUI ROSADO DE AGUIAR JÚNIOR, WEBER MARTINS BATISTA, FÁTIMA NANCY ANDRIGHI, SIDNEI AGOSTINHO BENETI, ADA PELLEGRINI GRINOVER, ROGÉRIO LAURIA TUCCI E LUIZ FLÁVIO GOMES.

[549] GIACOMOLLI, 1997, p. 95.

[550] DEMERCIAN ET AL., 1996, p. 73.

A lei não previu o oferecimento de proposta por parte do querelante, porque este não é detentor do *jus puniendi*[551] estatal e também porque na ação de natureza privada vigem os princípios da oportunidade e disponibilidade, sem qualquer mitigação, isto é, somente ao ofendido cabe o exame da conveniência da propositura e prosseguimento da ação penal, sem quaisquer limites.

A questão continua tormentosa. Entendo que, nessa hipótese, preenchidos os requisitos que possibilitem a transação, o juiz fará a proposta se o querelante e o querelado não a fizerem.

4. AÇÃO PENAL PÚBLICA, TRANSAÇÃO E COMPOSIÇÃO DOS DANOS CIVIS

Cuidando-se de ação penal pública incondicionada, a transação pode ser feita independentemente de ter havido ou não composição dos danos civis. No caso de ação penal pública condicionada é que só haverá transação se não houver composição civil. Dispõe o art. 75, *caput*, da Lei n. 9099/1995: "Não obtida a composição dos danos civis, será dada imediatamente ao ofendido a oportunidade de exercer o direito de representação verbal, que será reduzida a termo". *Contrario sensu*[552], obtida a composição, não poderá haver representação e, assim, não poderá haver a ação penal. É o que diz o parágrafo único do art. 74: "Tratando-se de ação penal de iniciativa privada ou de ação penal pública condicionada à representação, o acordo homologado acarreta a renúncia ao direito de queixa ou representação".

5. ACEITAÇÃO DA PROPOSTA DE TRANSAÇÃO

A transação depende, evidentemente, da vontade do autor do fato, que para isso deve tomar conhecimento das implicações da aceitação da proposta: admissão implícita da culpa, mas não a declaração de que é culpado, o *plea of guilty*[553] (o acusado se declara culpado em troca de uma acusação menos grave – este instituto não existe no Brasil); cumprir a pena aplicada. Deve-lhe ser explicado: **a)** querendo, o processo poderá prosseguir e ele demonstrar que é inocente, por não ter o órgão acusador provado que ele é culpado, sendo, portanto, absolvido; **b)** que, condenado, poderá recorrer e ser inocentado na segunda instância; que, condenado, não lhe será aplicada pena privativa de liberdade, ou seja, não vai para a *cadeia*. Seu defensor deve assessorá-lo, dar-lhe condições para que possa, livremente, decidir, podendo, desse modo, intervir, a qualquer momento, mesmo depois de o juiz ter dado as explicações para a consecução do acordo. Enfim, o autor deve ter conhecimento dos prós e dos contras para poder decidir, livremente, sem constrangimento, se aceita ou não o acordo. Não pode ele, depois de aceitar a proposta de transação, sentir-se enganado.

Se o acusado aceitar a proposta e seu defensor não, deve prevalecer a vontade do primeiro. Observe-se que o § 4º, do art. 76, refere-se à proposta "aceita pelo autor da infração" para que o juiz aplique a pena restritiva de direitos ou multa, e não à proposta "aceita pelo autor da infração *e seu defensor*". A essa conclusão também chegou a Comissão Nacional de Interpretação da Lei n. 9099, de 26.09.1995, sob a Coordenação da Escola Nacional da Magistratura: "Quando entre o interessado e seu defensor ocorrer a divergência quanto à aceitação da proposta de transação penal", "prevalecerá a vontade do primeiro" (conclusão décima quinta).

Se o defensor aceita a proposta de transação e o autor do fato não, ainda neste caso, deve prevalecer a vontade deste último, facultando, sem dúvida, ao defensor dar-lhe explicações.

Essa deve ser a regra. Todavia, a depender da questão, pode ser excepcionada, prevalecendo a vontade do defensor. Suponha-se, por exemplo, que o autor do fato aceite a proposta de transação pela prática da conduta prevista no art. 32, da Lei das Contravenções, que trata de dirigir sem habilitação, dispositivo que foi derrogado, em parte, pelo atual Código de Trânsito, Lei n. 9503, de

---

[551] Direito de punir.
[552] Em sentido contrário.
[553] *Plea* = processo, súplica. *Guilty* = culpado.

23.09.1997, na hipótese de a conduta do agente não causar efetivo perigo de dano, constituindo, nesse caso, mera infração administrativa, nos termos do art. 162, I, do referido diploma legal. Se gerar perigo de dano, teremos o fato tipificado no art. 309, do Código de Trânsito.

O defensor se opõe à transação em face da *abolitio criminis*[554] e, mesmo assim, o juiz, pouco afeito à matéria penal, dá curso à proposta feita pelo Ministério Público. Qual a vontade que deve prevalecer? Sem dúvida alguma, a do defensor, apesar de contrariar a do autor do fato.

Pazzaglini Filho, Alexandre de Moraes, Smanio e Vaggione[555] entendem diferentemente. Para eles, se um só, autor do fato ou defensor, não anuir com a proposta, não poderá ela ser homologada, dizendo textualmente:

> A necessidade da dupla aceitação, autor do fato e defensor, ampara-se no princípio da ampla defesa, que inclui a defesa técnica, não nos parecendo possa a aceitação de qualquer dos dois prevalecer sobre a negativa do outro. Mesmo que a aceitação seja do autor do fato, pois este pode não ter bem a noção das consequências jurídicas de seu ato, necessitando da orientação de seu defensor.

Lembram os autores que o Supremo Tribunal Federal decidiu, em relação à interposição de apelação pelo defensor, quando o réu manifestou desejo de não recorrer, que "a declaração do réu, feita sem a assistência do defensor, no sentido de que não deseja recorrer da sentença condenatória, não deve, por si só, produzir efeitos definitivos [...]. Sem a assistência do defensor, nem sempre o réu está plenamente capacitado a avaliar as possibilidades de sua defesa [...]".

Ao julgar o RHC 62737-4/RJ, decidiu, em 06.08.1985, a 1ª Turma do STF, relator Min. Octavio Gallotti, que, sendo a sentença condenatória, há "necessidade de intimação do defensor, não apenas do réu". Não se trata, como se vê, de fazer prevalecer a vontade do defensor, e sim de ouvir também o réu, intimando-o da sentença. Além do mais, em recurso do réu, jamais a sentença poderá ser reformada *in pejus*[556]. É o que dispõe o art. 617, do Código de Processo Penal. Logo, nenhum prejuízo haverá para o réu se seu defensor apelar sem seu consentimento.

E se o réu desejar recorrer e o defensor for de entendimento contrário? Deve prevalecer a vontade do réu, pois não poderá haver *reformatio in pejus*[557].

Mas, como diz Airton Zanatta,[558] essa discussão "é um tanto quanto estéril". O desencontro de vontades dificilmente perduraria, pois o autor do fato poderia desconstituir o advogado ou protestar contra a indicação do defensor nomeado, ou o advogado ou "o próprio defensor poderia renunciar ao mandato que lhe foi outorgado ou dar-se por impedido no caso do dativo".

Alguns autores têm uma cisma, impertinência, desconfiança, com o advogado dativo ou o defensor público. Não há razão para tanto. A enormidade dos acusados, pobre, analfabeta, rude, é defendida por tais profissionais. Por que desconfiar deles na hora da transação? Quanto ao advogado *ad hoc,* ou seja, "para este caso", "para o caso eventualmente", "para isto", "para o ato", é um pouco diferente. Tem-se a impressão de que o advogado, passando pelos corredores, foi chamado para que a justiça se livrasse de um processo. A diferença entre o advogado dativo e o advogado *ad hoc* é que este não deixa de ser um advogado dativo, mas foi nomeado pelo juiz tão somente para um ato do processo. Como é o caso do escrivão *ad hoc*, do secretário *ad hoc*. É um substituto ocasional, enquanto o advogado dativo é, em princípio, para defender o acusado em todos os atos do processo.

Só o ofendido, pessoalmente, é quem pode aceitar a proposta de transação? Não pode dar procuração para tal fim?

---

[554] Supressão do crime, extinção do tipo penal.
[555] Pazzaglini Filho, 1999, p. 53-54.
[556] Para pior.
[557] Reforma para pior.
[558] Zanatta, 2001, p. 68.

CEZAR ROBERTO BITENCOURT[559] entende que "a transação penal é um ato personalíssimo, exclusivo do acusado". Ninguém, mesmo com poderes específicos, poderá realizar a transação em nome do autor. Entendemos, também, que só o autor do fato é quem deve dizer, pessoalmente, *ad faciem*[560], se aceita ou não a proposta.

Há, na vida, certos atos que não podem ser praticados por procuração. Ademais, como dissemos linhas atrás, o procurador tem um limite de até onde pode ir, um limite, digamos, ético.

O ofendido participa da *negociação* para obtenção da transação? Não, a discussão para chegar à composição penal trava-se, tão somente, entre Ministério Público e autor do fato. Aquele propõe, e este aceita, ou apresenta contraproposta, ou faz uma proposta, ou o juiz apresenta proposta, se o Ministério Público e o autor do fato não a apresentam. Na hipótese de ação penal privada, como o ofendido é também o acusador, querelante, participa ele, evidentemente, da transação.

6. HOMOLOGAÇÃO DA TRANSAÇÃO

A transação não pode ser feita fora da audiência, no gabinete do representante do Ministério Público ou nas salas da Ordem dos Advogados (OAB), existentes nos juízos, e levada ao juiz para homologação, sem que o autor do fato diga-lhe qualquer coisa. Os preparativos, as conversas, os entendimentos podem, é verdade, ser feitos antes, mas a proposta final do acordo, com a presença do autor do fato, deve ser posta ao juiz, a fim de que aquele esclareça devidamente este e indague-lhe se está de acordo, e este decida livremente. Assim deve ser feita a conciliação. Tudo transparentemente.

Feita a proposta e aceita, o juiz examinará se estão presentes os requisitos legais; se não estiverem, não a homologará. Se homologar, dessa decisão cabe apelação, conforme dispõe o § 5º, do art. 76, da Lei n. 9099/1995.

Se não houver homologação, o processo continua.

O juiz não atua, tão somente, como mero *homologador*, podendo excluir, ou mesmo incluir, determinadas cláusulas da proposta feita pelo Ministério Público. Observe-se que a proposta, feita pelo Ministério Público e aceita pelo autor da infração, é "submetida à apreciação do juiz" (§ 3º, do art. 76). Apreciar o quê e para quê?

Já se foi o tempo em que o juiz, no processo, era um simples convidado, e um *convidado de pedra*.

O juiz, acolhendo, após o devido exame (§ 3º, do art. 76), a proposta do Ministério Público aceita pelo acusado, aplicará a pena restritiva de direitos ou multa. Essa punição não leva à reincidência, caso o acusado venha a cometer novo crime. Importará, sim, impedimento da concessão de nova transação pelo prazo de cinco anos.

Se a proposta for apenas de aplicação da pena de multa, o juiz pode reduzi-la à metade. Não pode aumentá-la, como previsto no Código Penal (§ 1º, do art. 60). Há de ver, também, que o Código Penal não prevê a redução da multa, e sim seu parcelamento, dependendo da situação econômica do acusado (art. 50, *caput*, última parte).

Ao propor a transação, o representante do Ministério Público faz opção entre: penas restritivas de direitos e multa. Como? Explicam PAZZAGLINI FILHO, ALEXANDRE DE MORAES, SMANIO e VAGGIONE[561]: "A opção entre a pena restritiva de direitos e multa deve atender às finalidades sociais da pena, aos fatores referentes à infração praticada (tais como: motivo, circunstâncias e consequências) e a seu autor (antecedentes, conduta social, personalidade, reparação do dano à vítima)".

A pena deve ser ao máximo individualizada[562], personalizada, de modo a aplicar-se ao infrator a pena certa e justa para a devida correção, em busca da recuperação. A pena deve ser habilmente

---

[559] BITENCOURT, 1996, p. 101.
[560] Na face.
[561] PAZZAGLINI FILHO, 1999, p. 62.
[562] CF/1988, art. 5º, XLVI – a lei regulará a individualização da pena e [...].

aplicada "para que a reação ao delito seja necessária e justa" (BASILEU GARCIA)[563]. Como disse RAYMOND SALEILLES[564] em sua obra *L'individualisation de la peine* (A individualização da pena): "Cette adaptation de la peine à l'individu, c'est ce que l'on apelle aujourd'hui l'individualisation de la peine"[565].

Pode o juiz, em vez de aplicar multa, adotar o pagamento em cestas básicas, ficando o autor da infração comprometido a fazer a entrega a determinada instituição de um certo número de produtos básicos? Não. Porque o pagamento em cesta básica constitui uma pena restritiva de direitos, prestação pecuniária que não se confunde com a multa (ver item 1.5 – A proposta de transação).

Sobre aplicação de sanção resultante da transação em casos de violência doméstica, os magistrados brasileiros coordenadores dos Juizados Especiais do Fonaje o seguinte Enunciado:

Enunciado n. 29. "Nos casos de violência doméstica, a transação penal e a suspensão do processo deverão conter preferencialmente medidas socioeducativas, entre elas acompanhamento psicossocial e palestras, visando à reeducação do infrator". Posterirormente, substituído pelo Enunciado 88:

> Nos casos de violência doméstica, cuja competência seja do Juizado Especial Criminal, a transação penal e a suspensão do processo deverão conter, preferencialmente, medidas socioeducativas, entre elas acompanhamento psicossocial e palestras, visando à reeducação do infrator, evitando-se a aplicação de pena de multa e prestação pecuniária (Aprovado no XXI Encontro – Vitória/ES).

Por fim, o Enunciado 88 foi cancelado no XXXIII Encontro – Cuiabá/MT.

De fato, o Enunciado se encontrava hoje esvaziado em face da Lei n. 11340/2006, que impede o processo e julgamento dos crimes relativos à violência doméstica pelo Juizado Especial, conforme está disposto no seu art. 41 ("Aos crimes praticados com violência doméstica e familiar contra a mulher, independentemente da pena prevista, não se aplica a Lei n. 9099, de 26.09.1995").

A sentença homologatória deverá conter, sucintamente, relatório identificando o autor do fato, mencionando a proposta, sem fazer referência às discussões que houve para se chegar a um denominador comum, sua aceitação; e parte dispositiva, a aplicação da pena.

Se for mais de um o autor do fato, basta que um aceite a transação para que em relação a ele haja a homologação, prosseguindo o processo em relação aos demais.

Homologada a transação, extingue-se a punibilidade. É mais uma hipótese a ser acrescentada ao art. 107, do Código Penal.

7. RECURSO CONTRA SENTENÇA HOMOLOGATÓRIA DA TRANSAÇÃO

A sentença homologatória de transação não pode, em princípio, implicar sucumbência para qualquer das partes. Como então haver a possibilidade de recurso dessa decisão? A possibilidade de recurso existe, sim, uma vez que, apesar do acordo, em que há perdas e ganhos, resta um prejuízo maior para o acusado, que, na verdade, nessa transação, sucumbiu. Pode, também, o acusado aceitar a transação para encobrir um crime maior, admitindo ser autor de uma lesão corporal leve, para ter um álibi[566] que encobrirá um homicídio. Pode o juiz, ao homologar a transação, modificar seu teor, como foi dito linhas atrás. CEZAR ROBERTO BITENCOURT[567] explica bem a questão. Diz ele:

> Embora pareça excessivo liberalismo, ou constitua entrave injustificável à celeridade processual [...], a previsão recursal da decisão homologatória da transação penal (art. 76, § 5º) tem sua razão de ser. Entrave pode ser, mas não injustificável. Nem tudo o que parece ser é, na verdade.

---

[563] GARCIA, B. *Instituições de direito penal*. v. 1. t. II. 2. ed. rev. atual. São Paulo: Max Limonad, 1954. p. 461.
[564] SALEILLES, apud MARQUES, 1956, p. 234.
[565] Esta adaptação da pena ao indivíduo é o que se chama hoje em dia de individualização da pena.
[566] Álibi (de *alius etibi*), em outro lugar. Meio de defesa pelo qual o acusado prova que, no momento do crime, se encontrava em outro lugar.
[567] BITENCOURT, 1996, p. 91-92.

Muitas vezes, a formalidade não passa de uma *roupagem de legalidade*, encobrindo abusos ou arbitrariedades[...].

Argumenta que o recurso:

[...] servirá, no mínimo, para impedir excessos, erros e equívocos, que, embora não desejados, podem acontecer, sem afastar a exigência do *princípio da sucumbência*. Explico: conhecendo do apelo e constatando-se que as formalidades legais foram observadas, assegurando-se a autonomia de vontade e ampla defesa do acusado, deve-se julgar improcedente. Mas esta análise, [afirma], somente será possível se a decisão homologatória for recorrível, e, constatando-se [...] abusos ou excessos, deverá a Turma anulá-la.

Bem, mas então seria caso de remessa oficial.

Qual o recurso cabível contra a decisão que não homologa a transação? As leis dos Juizados Especiais, tanto a Lei n. 9099/1995 como a Lei n. 10259/2001, não preveem. Alguns autores entendem que recurso cabível é a apelação, outros sustentam que seria caso de correição parcial. Segundo meu pensar, é caso de apelação. A apelação é admissível contra *sentenças definitivas de condenação ou absolvição* e contra *decisões definitivas, ou com força de definitivas* (CPP, art. 593). Logo, a apelação é interposta contra uma decisão: **a)** que põe fim ao processo com julgamento do mérito; **b)** que encerra a relação processual, sem julgar o mérito; ou c) que põe termo a um procedimento. A decisão que não homologou a transação, na verdade, pôs fim ao procedimento que trata desse instituto. Consequentemente, o recurso cabível é a apelação. MARCELLUS POLASTRI LIMA[568] chega a esta mesma conclusão:

Na verdade, a rigor trata-se de decisão interlocutória, em se entendendo que o procedimento do Juizado é uno, tendo o entendimento de MIRABETE, quer nos parecer, advindo do fato de que a transação é um devido processo conciliatório, a impedir um processo específico, e, desta forma, findo o processo, nada obstaria à conclusão de que tal decisão, a se impedir a transação, teria força de definitiva neste sentido, podendo ser utilizada a apelação do art. 593, II, do Código de Processo Penal.

Como há dúvida, há de se aplicar o princípio da fungibilidade.

Havendo possibilidade de vir a ser aplicada pena privativa de liberdade, o autor do fato pode impetrar uma ordem de *habeas corpus*. O Ministério Público, se teve sua atuação cerceada por ato judicial, pode impetrar mandado de segurança.

8. EFEITOS DA SENTENÇA HOMOLOGATÓRIA

A sentença homologatória transitada em julgado impede nova transação penal pelo prazo de cinco anos (§ 2º, II, do art. 76, da Lei n. 9099/1995), seu único efeito penal. Não implica reincidência, não terá efeitos civis, nem constará de certidão de antecedentes criminais, como dito nos §§ 4º e 6º do art. 76, da Lei n. 9099/1995.

A sentença homologatória deverá ser registrada em livro próprio no Cartório, tendo em vista que o autor do fato só poderá vir a ser novamente beneficiado depois de decorrido o prazo de cinco anos, a contar do trânsito em julgado da homologação da transação. Isso para haver um maior controle, visto que todos os cartórios criminais do estado e fora dele deverão ter conhecimento para aplicação do § 4º, do art. 76. Também deverá haver comunicação com o Departamento de Identificação Criminal.

---

[568] LIMA, 2001, p. 74-75.

9. A TRANSAÇÃO NOS CRIMES AMBIENTAIS

Tratando-se de crimes ambientais de menor potencial ofensivo, ou seja, aqueles aos quais a lei comine pena máxima não superior a dois anos, e/ou multa (art. 61, da Lei n. 9099/1995, com a redação ditada pela Lei n. 11313, de 28.06.2006), a composição do dano ambiental terá de ser prévia para que possa ser formulada a proposta de transação. Assim dispõe o art. 27, da Lei n. 9605, de 12.02.1998. Um dos objetivos da Política Nacional do Meio Ambiente é a "preservação e restauração dos recursos ambientais com vistas à sua utilização racional e disponibilidade permanente, concorrendo para a manutenção do equilíbrio ecológico propício à vida" (Lei n. 6938, de 31.08.1981, art. 4º, VI). O juiz só pode admitir a proposta de aplicação imediata de pena restritiva de direitos ou multa, formulada pela acusação e aceita pela defesa, se ficar demonstrada a prévia composição do dano ambiental.

Composição do dano e reparação efetiva do dano são a mesma coisa? Que se deve entender por composição do dano? Para alguns doutrinadores, compor significa acordar, acertar, firmar compromisso de reparar o dano, de pagar o prejuízo. O efetivo pagamento, a efetiva reparação, dá-se posteriormente.

O art. 74, *caput*, da Lei n. 9099/1995 dispõe que "a composição dos danos civis será reduzida a escrito e, homologada pelo juiz mediante sentença irrecorrível, terá eficácia de título a ser executado no Juízo Civil competente". Ora, se é reduzida a termo e a sentença tem a força de título executivo, não houve, efetivamente, a reparação dos danos, isto é, recebimento do que foi acordado.

Compor é harmonizar, reconciliar. Como explica DE PLÁCIDO E SILVA[569], composição (*compositio*), "em acepção mais estrita, é sinônimo de acordo ou transação havida entre as partes litigantes, em virtude do que põem fim à demanda".

O art. 75, *caput*, da Lei n. 9099/1995 estabelece que, "não obtida a composição dos danos civis [*isto é, não havendo acordo*], será dada imediatamente ao ofendido a oportunidade de exercer o direito de representação verbal, que será reduzida a termo", ou, como está dito no art. 76, *caput*, "tratando-se de crime de ação penal pública incondicionada, [...], o Ministério Público poderá propor a aplicação imediata de pena restritiva de direitos ou multa [...]". O art. 27, da Lei dos Crimes Ambientais, determina, no entanto, que essa proposta "somente poderá ser formulada desde que tenha havido a prévia composição do dano ambiental [...]".

Uma condição a mais. A transação só pode ser proposta nos crimes ambientais se tiver havido, antes, prévia composição do dano ambiental. Nos outros crimes, ainda que não haja composição, pode haver a transação.

Qual a razão de a Lei dos Crimes Ambientais exigir "a prévia composição do dano ambiental"? Sem dúvida alguma, *forçar* a reparação do dano ambiental em benefício do ser humano e, também, dos animais, ou, melhor dizendo, de todo ser vivo do planeta Terra e das gerações futuras.

10. ESPÉCIES DE PENAS APLICÁVEIS POR FORÇA DA TRANSAÇÃO

O que é pena? DAMÁSIO DE JESUS[570] dá o seguinte conceito, tecnicamente correto: "Pena é a sanção aflitiva imposta pelo Estado, mediante ação penal, ao autor de uma infração [penal], como retribuição de seu ato ilícito, consistente na diminuição de um bem jurídico, e cujo fim é evitar novos delitos".

A principal finalidade da pena é a prevenção geral, intimidatória e limitadora do poder punitivo do Estado, sem esquecer a prevenção especial, em busca da ressocialização do infrator. Atualmente, no entanto, uma nova função é dada à pena. É a teoria da prevenção-integração, criada por ALESSANDRO BARATTA. Explica MARIA LÚCIA KARAM[571]: "Substitui-se, assim, o princípio da prevenção

---

[569] SILVA, 2004, p. 322.
[570] JESUS, 1999, p. 519.
[571] KARAM, M. L. *De crimes, penas e fantasias*. 2. ed. Niterói: Luam, 1993. p. 174-175.

especial (reeducação) e o negativo da prevenção geral (dissuasão) por um princípio de prevenção geral: a pena como um exercício de reconhecimento e de fidelidade à norma".

Observa com discernimento:

> A história demonstra que a função de prevenção geral negativa nunca funcionou: a ameaça, mediante normas penais, não evita a prática de delitos ou a formação de conflitos; ao contrário, eles se multiplicaram e sofisticaram. O efeito dissuasório não se comprovou, estando, ao contrário, demonstrado que a aparição do delito não está relacionada com o número de pessoas punidas, ou com a intensidade das penas impostas.

A prova maior dessa afirmação é a lei dos crimes hediondos, que não reduziu a prática desses delitos, apesar da severidade das penas e de sua execução inflexível e implacável.[572]

As penas podem ser (CP, art. 32): privativas de liberdade, restritivas de direitos e multa.

As penas restritivas de direito são (CP, art. 43, como já dissemos): **a)** prestação pecuniária; **b)** perda de bens e valores; **c)** prestação de serviço à comunidade ou às entidades públicas; **d)** interdição temporária de direitos; **e)** limitação de fim de semana.

A pena restritiva de direitos substitui a pena privativa de liberdade. A sanção cominada ao crime ou é pena privativa de liberdade ou multa. O juiz deve, no entanto, preenchidos determinados requisitos, substituir a pena privativa de liberdade por restritiva de direitos. Desse modo, primeiro fixa a pena privativa e depois a substitui pela restritiva. O tempo de duração dessa última pena é o mesmo da privativa de liberdade, conforme dispõe o art. 55, do Código Penal.

Na transação, a pena restritiva não substitui a privativa. Logo, para aplicá-la o juiz realiza operação diversa daquela da sentença condenatória. O Ministério Público propõe a aplicação da pena restritiva; se o autor do fato a aceita, o juiz a aplica. Seu tempo de duração não pode ser superior ao mínimo da pena cominada ao crime.

A pena de limitação de fim de semana não pode ser aplicada, uma vez que implica restrição de liberdade, contrariando a filosofia do Juizado Especial.

Pode o juiz aplicar pena restritiva de direitos não prevista no art. 43, do Código Penal? Não. O rol dessas penas é taxativo. Além do mais, não pode haver pena sem prévia cominação legal (CF, art. 5º, XXXIX). Mas não seria possível às partes, de comum acordo, proporem penas diversas das capituladas? Creio que não, dada a *taxatividade* do art. 43, do Código Penal.

A Constituição Federal, no art. 5º, XLVI[573], refere-se, ao catalogar as penas, à de *prestação social alternativa*, que é uma "categoria ainda não disciplinada pela lei penal", como dito por ADA PELLEGRINI, GOMES FILHO, SCARANCE e LUIZ FLÁVIO na edição anterior do livro que escreveram, *Juizados Especiais Criminais: comentários à Lei n. 9099/1995* (p. 144). Na obra atualizada, eles[574] dizem o seguinte:

> Ao incluir entre as penas restritivas de direitos a *prestação pecuniária*, a Lei n. 9714/1998 deixou superada questão relativa à possibilidade de ser objeto da transação penal a chamada *prestação social alternativa* (como, por exemplo, a entrega de cestas básicas, vestuário ou remédios à coletividade carente ou a instituições assistenciais).

Observa SÉRGIO SALOMÃO SHECAIRA[575] que "a *prestação social alternativa*, em essência, corresponde à pena de prestação de serviços à comunidade (espécie de restrição de direitos), prevista no Código Penal".

---

[572] Nesse sentido, Cf. avaliação crítica da Lei de Crimes Hediondos no quadro penal brasileiro: FRANCO, A. S. *Crimes hediondos*: notas sobre a Lei n. 8.072/1990. 3. ed. rev. ampl. São Paulo: RT, 1994. p. 636 et seq.

[573] CF/1988, art. 5º. [...] XLVI – a lei regulará a individualização da pena e adotará, entre outras, as seguintes: [...] *d)* prestação social alternativa [...].

[574] GRINOVER et al., 2005, p. 148.

[575] SHECAIRA, S. S. *Prestação de serviços à comunidade*: alternativa à pena privativa de liberdade. São Paulo: Saraiva, 1993. p. 45.

O significado de prestação social, prevista na Constituição, é mais amplo e abrange a prestação de serviços à comunidade. Aquela é o gênero e esta, a espécie.

O termo "comunidade" dá ideia de uma parcela da sociedade, mas comunidade e sociedade dizem respeito a um corpo social coeso em face do consenso espontâneo que une todos os seus membros.

A prestação social dita na Constituição pode trazer maiores benefícios ao réu, exatamente por ser mais ampla do que a prevista no Código Penal.

Ademais, prevendo a prestação social alternativa, a Constituição eliminou qualquer ideia de que a prestação de tarefas gratuitas em favor da comunidade (trabalho sem remuneração em hospitais, creches, escolas, orfanatos) seja inconstitucional, para não confundir com trabalhos forçados, que é proibido pela Constituição.

A obrigação de entregar cestas básicas a um orfanato, por exemplo, não constitui prestação de serviços à comunidade, mas constitui uma prestação social alternativa.

10.1 A aplicação da pena

A fixação da pena é feita de acordo com as regras traçadas pelo art. 59, do Código Penal. Esse dispositivo é o guia do juiz para aplicá-la.

Não podemos esquecer que, no Juizado, há a possibilidade de composição de danos (Lei n. 9099/1995, art. 72), não havendo razão para a propositura da ação *ex delicto,* salvo se a composição não chegar a bom termo. Dispõe o art. 74, *caput,* da Lei n. 9099/1995, que "a composição dos danos civis será reduzida a escrito e, homologada pelo juiz mediante sentença irrecorrível, terá eficácia de título a ser executado no juízo civil competente".

A pena de multa é uma sanção pecuniária de natureza penal que consiste no pagamento de uma determinada importância por parte do autor do fato para o Fundo Penitenciário. Como diz VERA REGINA DE ALMEIDA BRAGA[576],

> a pena de multa constitui uma modalidade de pena pecuniária, imposta pelo Estado às pessoas condenadas pela prática de infrações penais. Trata-se [observa] de uma retribuição não correspondente ao valor do dano causado, considerada como sanção de natureza patrimonial, por representar pagamento em dinheiro por determinação judicial, em virtude de sentença condenatória.

O art. 76 refere-se a *multas,* "no plural". Todavia a multa, como pena, é uma só. Há quem sustente que a palavra multa está no plural em razão de o art. 72, do Código Penal, dispor que, "no concurso de crimes, as penas de multa são aplicadas distinta e integralmente". Podem ser duas ou mais multas, mas a pena é sempre de multa. Pode a sanção cominada ser pena privativa de liberdade e multa. Se aquela for igual ou inferior a dois anos, poderá ser substituída por pena de multa. Aí teremos duas multas, uma originária e outra substitutiva.

A pena privativa de liberdade, conforme o disposto no § 2º, do art. 60, do Código Penal, só pode ser substituída pela de multa se *aplicada* até seis meses. Pena aplicada é aquela fixada pelo juiz. Mas, na transação, não foi aplicada pena alguma. Como, então, fazer o cálculo para a substituição pela multa? Evidentemente que não se pode aplicar a norma do Código Penal, sob pena de a disposição do art. 76, da Lei dos Juizados, tornar-se letra morta no tocante à substituição da pena privativa de liberdade pela de multa. Logo, terá de ser considerada a pena cominada ao delito. Enfim, a pena privativa de liberdade não superior a dois anos, no Juizado Especial, pode ser substituída pela de multa. Pelo § 2º, do art. 44, do Código Penal, não. Por quê? Não há, em princípio, lógica. Pelo Código Penal, portanto, a substituição só se pode operar por uma restritiva de direitos cumulada com multa, ou por duas restritivas de direitos. Entendo que deva ser aplicada a pena mais benéfica, conforme entendimento pacífico em nosso ordenamento jurídico.

---

[576] BRAGA, V. R. DE A. *Pena de multa substitutiva no concurso de crimes.* São Paulo: RT, 1997. p. 18.

A decisão sobre substituição da pena privativa de liberdade pela de multa deve ser fundamentada. Ocorrendo os pressupostos, a substituição não pode ser negada, conforme decidiu a 1ª Turma do STF ao julgar, em 23.06.1992, o HC 69365/RJ, relator Min. SEPÚLVEDA PERTENCE (*RTJ* 143/199):

> A sentença que condena à pena privativa de liberdade não superior a seis meses deve decidir fundamentadamente sobre ser ou não o caso de sua substituição pela pena de multa (CP, art. 60, § 2º), à vista da presença ou não dos pressupostos legais (CP, art. 44, III), que, quando concorrem, a tornam imperativa.

O § 2º, do art. 44, não vai de encontro ao § 2º, do art. 60; eles não se chocam. Se a pena privativa de liberdade aplicada não for superior a seis meses, aplica-se este último dispositivo, ou seja, substitui-se a pena privativa de liberdade tão somente pela de multa.

Há discussão de como se proceder na cumulação de multas – originária e substitutiva. As duas multas, a substitutiva e a originária, devem ser cumuladas? Multa originária é a cominada no dispositivo legal violado. Quando a pena privativa de liberdade é substituída pela de multa, temos a multa substitutiva. Não há, no entanto, razão para se impor duas penas de multa. Desse modo, a multa substitutiva não pode concorrer com a originária, absorvendo-a, pois.

Tratando-se de leis especiais, o Superior Tribunal de Justiça editou a Súmula 171, do seguinte teor: "Cominadas cumulativamente, em lei especial, penas privativa de liberdade e pecuniária, é defeso a substituição da prisão por multa". Não vislumbro a razão desse entendimento. A multa substitutiva[577] é tratada na parte geral do Código Penal, aplicando-se, portanto, aquelas regras a todas as leis penais, salvo quando houver disposição em contrário. É o que está dito no art. 12 do Código Penal: "As regras gerais deste Código aplicam-se aos fatos incriminados por lei especial, se esta não dispuser de modo diverso".

A Súmula 171 não poderia ter caráter uniforme, geral, mas sim a norma prevista no § 2º, do art. 60, do Código Penal, topograficamente localizada na parte geral e, assim, aplicável a fatos incriminados em lei especial.

Reparemos no que diz o § 2º, do art. 60, do Código Penal: "A pena privativa de liberdade aplicada, não superior a seis meses, pode ser substituída pela multa, observados os critérios dos incisos II e III do art. 44 deste Código". Não menciona se a pena privativa de liberdade é autônoma ou não. A interpretação que estão a fazer os tribunais prejudica o réu. *Poenalia sunt restringenda*.[578] As normas que restringem a liberdade devem ser interpretadas restritivamente.

O Supremo Tribunal Federal, no entanto, deu guarida ao entendimento do STJ, conforme se vê no julgamento do HC 70445, em 14.09.1993, pela 1ª Turma do Supremo, relator Min. MOREIRA ALVES (*RTJ* 152/845):

> O benefício da substituição da pena privativa de liberdade pela pena de multa não é cabível quando há cominação cumulativa da pena privativa de liberdade com a pena de multa. Ademais, a norma do art. 60, § 2º, do Código Penal, é regra geral que não se aplica à Lei n. 6368/1976[579], que é especial, porque esta dispõe diferentemente quanto à fixação da pena de multa por ela imposta, não permitindo, portanto, que as duas multas se cumulem pelo mesmo princípio de valor do Código Penal. Incidência da parte final do art. 12 desse Código.
>
> Os DELMANTO – CELSO, ROBERTO, ROBERTO JÚNIOR e FÁBIO[580] – pensam diferentemente. Dizem eles: Embora sejam respeitáveis algumas opiniões em contrário, entendemos ser cabível a multa substitutiva neste crime (porte de tóxicos, art. 16, da Lei n. 6368/1976[581]), quando a

---

[577] Multa vicariante, de vicário, que faz as vezes de outra coisa.
[578] Interpretam-se estritamente as disposições cominadoras de pena.
[579] Essa Lei foi revogada. Hoje a lei que cuida da questão do tráfico de drogas é a Lei n. 11343, de 23.08.2006, e está regulamentada pelo Decreto n. 5912, de 27.09.2006.
[580] DELMANTO et al., 2000, p. 117-118.
[581] O porte de drogas está previsto, atualmente, no art. 28, da Lei n. 11343/2006.

pena privativa de liberdade aplicada for a mínima (seis meses) e estiverem presentes os demais requisitos da substituição. Então, essa pena será substituída por duas multas cumuladas (a substituta e a originária). Em nossa opinião, formal ou teleologicamente, nada há na Lei de Tóxicos que inviabilize a troca. A Lei n. 6368/1976[582] não dispõe em contrário e suas penas privativas de liberdade (as únicas substituíveis) são idênticas às do CP. Por outro lado, suas penas pecuniárias (que não são objeto de substituição) muito se assemelham com as multas do CP, sendo até suas precursoras na adoção dos dias-multa.

Correto. Atente-se, porém, que o crime de porte de drogas não é mais punido com pena privativa de liberdade e sim com penas restritivas de direitos (art. 28, da Lei n. 11343/2006).

Como aplicar essa multa? Quais critérios devem ser obedecidos para não descambar para o puro subjetivismo? Seguir as normas estabelecidas pelo art. 49, *caput* e § 1º (já citado no item 1.5 – A proposta de transação), e pelo art. 60, *caput*, ambos do Código Penal. A pena de multa "será, no mínimo, de dez e, no máximo, de trezentos e sessenta dias-multa"; e o "valor do dia-multa será fixado pelo juiz, não podendo ser inferior a um trigésimo do maior salário mínimo mensal vigente ao tempo do fato, nem superior a cinco vezes esse salário".

A multa é fixada em duas etapas. Na primeira, o juiz estabelece o número de dias-multa, entre um mínimo de dez e um máximo de trezentos e sessenta dias. Para fazer esse cálculo, deve-se levar em consideração as circunstâncias judiciais previstas no art. 59, do Código Penal, e a gravidade maior ou menor do delito, as atenuantes, as agravantes e as causas de aumento e de diminuição. Fixado o número de dias-multa, parte o juiz para determinar o valor do dia-multa. Nessa segunda etapa, deve o juiz observar a situação econômica do autor do fato (CP, art. 60), estabelecendo o valor entre um trigésimo do maior salário mínimo mensal, vigente no tempo do fato, o mínimo, e até cinco vezes este (CP, § 1º, do art. 49). Esse valor poderá ser aumentado até o triplo se, fixada a multa até cinco vezes o salário mínimo, ainda assim for insuficiente em face da boa situação econômica do autor do fato (CP, § 1º, art. 60, citado quando tratamos da "homologação da transação"). Assim, o máximo da multa pode chegar a quinze vezes o salário mínimo. Esse aumento não é resultado de aplicação de causa de aumento de pena. E atente-se que não é o número de dias-multa que é aumentado, e sim o valor do dia-multa. As causas de aumento ou de diminuição serão consideradas para a fixação do número de dias-multa. A fixação da multa deve ser devidamente fundamentada, obedecendo-se ao que dispõe o inciso IX, do art. 93, da Constituição Federal.

Não vamos confundir multa, espécie de pena de sentido amplo, com prestação pecuniária, espécie de pena restritiva de direitos. A prestação pecuniária "consiste no pagamento em dinheiro à vítima, a seus dependentes ou a entidade pública ou privada com destinação social, de importância fixada pelo juiz, não inferior a um salário mínimo nem superior a trezentos e sessenta salários mínimos" (CP, § 1º, do art. 45). A multa é recolhida para o Estado, para o Fundo Penitenciário Nacional.

Qual o critério para a fixação da prestação pecuniária? Dois critérios existem. Um, leva em consideração o valor do prejuízo da vítima, tendo em vista que a prestação pecuniária tem por finalidade reparar o que a vítima perdeu ou deixou de ganhar. O outro critério toma como finalidade precípua a prevenção e a reprovação do crime. No que se refere ao Juizado Especial, em que o objetivo maior é reparar o dano sofrido pela vítima, o primeiro critério é o mais adequado, pertinente. Ainda mais que um dos objetivos do Juizado Especial é, sem dúvida, evitar a ação de reparação civil.

A prestação pecuniária não pode ser convertida em prisão. Também não pode a multa, depois que foi editada a Lei n. 9268, de 01.04.1996, que alterou o art. 51 do Código Penal e revogou seus §§ 1º e 2º, ser convertida em pena privativa de liberdade. Essa vedação permanece mesmo com a nova redação dada ao art. 51 pela Lei 13964/2019: "transitada em julgado a sentença condenatória, a multa será executada perante o juiz da execução penal e será considerada dívida de valor, aplicáveis as normas relativas à dívida ativa da Fazenda Pública, inclusive no que concerne às causas interruptivas e suspensivas da prescrição".

---

[582] A Lei n. 11343, de 2006, revogou a Lei n. 6368, de 21.10.1976, e a Lei n. 10409, de 11.01.2002.

11. PRINCÍPIO DA INSIGNIFICÂNCIA

O Juizado Especial não elimina o princípio da insignificância. Pode e deve aplicá-lo.

Pelo princípio da insignificância, excluem-se do tipo os fatos de mínima perturbação social. Não há, assim, razão para que o bem jurídico mereça a proteção do direito penal. Há, na verdade, uma ausência de tipicidade material (o fato se subsume ao modelo legal – tipo), mas, afora isso, esse fato deve causar ameaça, perigo ou lesão ao bem jurídico penalmente tutelado. São crimes de bagatela, de uma nonada, de uma *pouquidade*. A tipicidade formal é quando se tem a coincidência entre o fato e a norma. Basta isso para sua configuração. **O Direito Penal não se ocupa de bagatelas**. *Minimis non curat praetor*.[583]

Preleciona FRANCISCO DE ASSIS TOLEDO[584]: "Segundo o princípio da insignificância, que se revela por inteiro pela sua própria denominação, o direito penal, por sua natureza fragmentária, só vai até onde seja necessário para a proteção do bem jurídico. Não deve ocupar-se de bagatelas".

E adiante:

> Note-se que a gradação qualitativa e quantitativa do injusto, referida inicialmente [...], permite que o fato penalmente insignificante seja excluído da tipicidade penal, mas possa receber tratamento adequado – se necessário – como ilícito civil, administrativo etc., quando assim o exigirem preceitos legais ou regulamentares extrapenais. Aqui, mais uma vez, se ressalta a maior amplitude e a anterioridade da ilicitude em relação ao tipo legal de crime.

HELENO CLÁUDIO FRAGOSO[585] informa:

> A tendência generalizada é a de reduzir ao máximo a área de incidência do Direito Penal, tendo-se em vista o alto custo social que a pena apresenta: as lesões de bens jurídicos só podem ser submetidas à pena, quando isso seja indispensável para a ordenada vida em comum. Uma nova política criminal requer o exame rigoroso dos casos em que convém impor pena (criminalização), e dos casos em que convém excluir, em princípio, a sanção penal (descriminalização), suprimindo a infração ou modificar ou atenuar a sanção existente (despenalização). Desde logo se deve excluir do sistema penal a chamada criminalidade de bagatela e os fatos puníveis que se situam puramente na ordem moral. A intervenção punitiva só se legitima para assegurar a ordem externa. A incriminação só se justifica quando está em causa um bem ou valor social importante. Não é mais possível admitir incriminações que resultem de certa concepção moral da vida, de validade geral duvidosa, sustentada pelos que têm o poder de fazer a lei. Orienta-se o Direito Penal de nosso tempo no sentido de uma nova humanização, fruto de larga experiência negativa.

E o princípio da adequação social? Esse princípio foi pensado por WELZEL com o objetivo de não criminalizar fatos aceitos e adequados socialmente. Se o fato é por todos aceito, não será possível considerá-lo típico, sob o prisma da tipicidade material, pois não constituirá ameaça, perigo ou lesão a um bem jurídico. Exemplo: a perfuração da orelha para colocar argola; os *piercings* (os aros colocados pelos jovens até nos locais mais íntimos do corpo após a devida perfuração).

Não se trata daquelas ações que são causas justificadas por lei, como a legítima defesa, ou por norma supralegal, como o consentimento do ofendido, também excludente da ilicitude, porque, nestas, a ação isoladamente considerada não é aceita socialmente, mas, por força de determinadas circunstâncias especiais, a conduta será considerada lícita, como o agente matar alguém em legítima defesa.

---

[583] O pretor não cuida de coisas mínimas.
[584] TOLEDO, F. DE A. *Princípios básicos de direito penal*. 4. ed. São Paulo: Saraiva, 1991. p. 133-134.
[585] FRAGOSO, H. C. *Lições de direito penal*: parte geral. 13. ed. rev. por Fernando Fragoso. Rio de Janeiro: Forense, 1991. p. 5.

Princípios da insignificância e da adequação social significam a mesma coisa? Não. No primeiro, há lesão, ameaça ou perigo de lesão a um bem jurídico, por mínima que seja, além de a conduta ser tolerada pela sociedade por ter pouca gravidade. No segundo, a adequação social, o bem jurídico sequer chegam a ser ameaçados, sendo a ação totalmente aceita.

Portanto, apesar de os princípios serem distintos, o resultado é o mesmo. O princípio da insignificância foi criado por Claus Roxin com a mesma finalidade do da adequação. Os dois princípios se interpenetram e se completam.

Pelos danos de pequena valia, a justiça penal não deve preocupar-se.

O Direito Penal só deve ser utilizado nos casos graves de perturbação social; as perturbações menores ficariam a cargo de outros ramos do Direito. Explica Magalhães Noronha[586]: "Onde é insuficiente a sanção civil, surge a pena como recurso extremo". O Direito Penal é a tropa de choque (sem os seus desmandos, fique claro).

É de Norberto E. Spolansky[587] a advertência:

> Existe uma visão ingênua e mágica segundo a qual com o Direito Penal se pode resolver todo tipo de problemas: desde a proteção da vida até a solução da inflação. Esta é a visão ingênua e mágica do Direito Penal e do poder do Estado e pressupõe a ideia de que toda a eficácia está sempre assegurada quando o Estado atua.

Ou, como explica Mariano Ruiz Funes[588]: "Queda así precisado que la justicia penal tiene una función de excepción, y que sólo actúa cuando los bienes jurídicos fundamentales exigen una protección reforzada".

Estudando a Declaração dos Direitos Humanos, Marino Barbero Santos[589], catedrático de Direito Penal da Universidad Complutense de Madrid, chama a atenção para o seguinte:

> Es cierto que en la Declaración de Derechos del Hombre y del Ciudadano, de 1789, figuraban preceptos de transcendencia penal pero carecían de carácter positivamente vinculante, v.g., la ley no puede prohibir más que las acciones perjudiciales a la sociedad, *ni establecer más penas que las estrictamente necesarias*: nadie puede ser castigado sino por una ley promulgada con anterioridad a al comisión del delito y legalmente aplicada; *la ley ha de se ser la misma para todos, sea que proteja, sea que castigue* etc. (g.n.)

Nada mais do que certo. As penas devem ser proporcionais ao delito. E não pode haver uma lei penal para o pobre e outra para o rico. Nem lei mais severa para o que desfruta de boa situação na escala social, nem lei mais protecionista para o menos afortunado.

Disso tudo resulta o *princípio da fragmentariedade*. Por esse princípio, somente os fatos ilícitos mais graves seriam selecionados para serem alcançados pelo Direito que atua subsidiariamente quando os outros ramos do Direito revelam-se insuficientes.

Não se pode esquecer, também, do *princípio da confiança*, assim explicitado por Fernando Capez[590]: "Todos devem esperar das outras pessoas que estas sejam responsáveis e ajam de acordo com as normas da sociedade, visando evitar danos a terceiros". Dá o elucidativo exemplo:

> Nas intervenções médico-cirúrgicas, o cirurgião tem de confiar na assistência correta que costuma receber dos seus auxiliares, de maneira que, se a enfermeira lhe passa uma injeção com medicamento trocado e, em face disso, o paciente vem a falecer, não haverá conduta culposa

---

[586] Noronha, E. M. *Do crime culposo*. São Paulo: Saraiva, 1957. p. 161.
[587] Spolansky, 1988, p. 102.
[588] Funes, M. R. *Actualidad de la venganza (tres ensayos de criminología)*. Buenos Aires: Losada, 1944. p. 187.
[589] Santos, M. B. Estado constitucional del derecho y sistema penal. In: Pierangeli, J. H. (coord.). *Direito criminal*. v. 2 (Coleção Aeternum). Belo Horizonte: Del Rey, 2001. p. 67.
[590] Capez, F. *Curso de direito penal*: parte geral. 5. ed. rev. atual. São Paulo: Saraiva, 2003. p. 16.

por parte do médico, pois não foi sua ação mas sim a de sua auxiliar que violou o dever objetivo de cuidado. O médico ministrou a droga fatal impelido pela natural e esperada confiança depositada em sua funcionária.

Disse o Senador JACQUES LARCHÉ[591]: "[...] nosso problema atual não é somente facilitar o acesso do cidadão à Justiça, mas talvez o lhe fornecer os meios de dela sair, isto é, de lhe permitir receber uma resposta da Justiça em prazos razoáveis".

O Supremo Tribunal Federal, pela sua 1ª Turma, ao julgar, em 15.01.1981 (*DJ* 23.10.1981 – *RT* 100/157), o RHC 59191-4/PB, relator Min. CLÓVIS RAMALHETE, por unanimidade, decidiu: "Decidir-se como tendo força de extinguir a punibilidade, o ressarcimento de dano de pequena monta, é entendimento de estímulo ao encerramento de controvérsias e cabe no poder criativo dos juízes na aplicação da lei penal".

E que caso foi esse?

Relata o Ministro RAMALHETE:

> O caso é cômico. Numa pequena cidade, o Juiz, dizem, implica com o Prefeito e o Delegado. Então surge o popular DEDÉ, que corta as folhas da palmeira do pátio da Prefeitura. Daí, se arma a disputa judicial. Não fosse a austeridade desta Corte, no relatório eu tomaria de empréstimo ou a pena do cronista STANISLAW PONTE PRETA ou uma câmera de cinema de diretor de comédia italiana.

Continua o Ministro seu relato:

> A poda na copa da pequena palmeira ocorreu em 16.09 do ano passado (1980). O Prefeito logo chamou o autor do dano à responsabilidade. Por isso, JOSÉ GUILHERME em carta pediu desculpas pelo ato ao Prefeito e dispôs-se a reparar o prejuízo. O Prefeito, JOÃO BOSCO, mandou que peritos avaliassem o prejuízo. Estes concluíram pela quantia de Cr$ 200,00. E foi paga pelo recorrente, e recolhida aos cofres da Municipalidade. O Prefeito enviou então ao Delegado um ofício tudo relatando – as desculpas, a avaliação, o ressarcimento – e declarou que não mais pretendia que se procedesse contra JOSÉ GUILHERME. Deu então por encerrado o caso da palmeira.

É de estarrecer que essa questão tenha chegado à mais alta corte do país. Chegar ao Juízo Comum já é de espantar, quanto mais ao Supremo. Não há justiça que, assim, possa funcionar com celeridade e eficiência. Esse é um típico caso de Juizado Especial, para ser resolvido, diga-se, de pronto, ao *som do martelo*!

A sociedade descriminaliza (descriminalização de fato) certas condutas. E, como disse SANTIAGO MIR PUIG[592], "no puede castigarse lo que la Sociedad considera correcto". É o princípio welzeliano da adequação social, que "leva à impunidade dos comportamentos normalmente admitidos ainda que formalmente realizem a letra de algum tipo legal". É do princípio da insignificância que "permite excluir del tipo los hechos de mínima entidad social".

Atualmente, tal princípio é aplicado com maior larguza. De acordo com ele, excluem-se do tipo os fatos de mínima perturbação social.

Estudando o Direito no Estado, observou HAROLD LASKI[593]:

> De tudo isto, deduzo duas consequências: em primeiro lugar, que a validade da lei não depende da fonte donde promana, mas da aceitação que obtém, e, em segundo lugar, que o acertado seria organizar o supremo corpo legislativo do Estado, quero dizer o Governo, de tal modo que, de antemão, contasse com o máximo de aceitação das suas atividades antes que estas começassem a desenvolver-se.

---

[591] LARCHÉ apud BURGELIN, J. Le service publique de la Justice. *Anais da OAB*, v. 2. p. 1315.
[592] MIR, S. P. *Introducción a las bases del derecho penal*. Barcelona: Bosch, 1976. p. 154.
[593] LASKI, H. *O direito no Estado*. Tradução: J. Azevedo Gomes. Lisboa: Editorial Inquéritos Ltda., 1939. p. 27.

Em suma, o princípio da insignificância é consequência do princípio da proporcionalidade ou da razoabilidade.

Em relação aos crimes ambientais, o princípio da insignificância pode, também, ser aplicado, mas com muita cautela. A 3ª Turma do TRF-1, ao julgar o RCCR 20033400038110-8/DF, de que fui relator, assim apreciou essa questão: "**1.** Inviável a aplicação do princípio da insignificância em matéria ambiental, pois a biota, conjunto de seres animais e vegetais de uma região, pode se revelar extremamente diversificada, ainda que em nível local. Em pequenas áreas podem existir espécimes só ali encontradas, de forma que determinadas condutas, inicialmente insignificantes, podem conter potencialidade suficiente para causar danos irreparáveis ao meio ambiente. **2.** A prática de condutas contra o meio ambiente, a qual poderia, isoladamente, ser considerada de menor potencial ofensivo, e, por isso mesmo, menos lesiva, quando considerada em conjunto, afeta o interesse público, pois, somada com outras, reclamam real extensão do dano provocado ao equilíbrio ambiental por pequenas ações. **3.** Em relação ao crime ambiental, portanto, deve-se ter em mente, primeiramente, o bem objeto de proteção do tipo penal em estudo, qual seja, a conservação do meio ambiente equilibrado, pois, uma vez danificado, torna-se difícil repará-lo, o que não sugere a aplicação daquele princípio. **4.** Recurso em sentido estrito provido, para restabelecer a ordem processual."

Não faz muito tempo, uns dez anos, um pobre *coitado*, em Brasília, foi preso em flagrante e permaneceu na *cadeia* por mais de uma semana, porque tinha tirado um pedaço da casca de uma árvore para fazer um chá para um filho que estava doente. A sociedade ficou estarrecida com a prisão. É certo que, se muitas pessoas tiverem o mesmo procedimento, a árvore pode morrer, e, aí, teremos um dano de grande monta. Cabe ao juiz agir, nesse caso, com bom senso, a fim de não praticar uma injustiça.

O princípio da proporcionalidade, como dito por Suzana de Toledo Barros[594],

> tem por conteúdo os subprincípios da adequação, necessidade e proporcionalidade em sentido estrito. Entendido como parâmetro a balizar a conduta do legislador quando estejam em causa limitações a direitos fundamentais, a *adequação* traduz a exigência de que os meios adotados sejam apropriados à consecução dos objetivos pretendidos; o pressuposto da *necessidade* é que a medida restritiva seja indispensável à conservação do próprio ou de outro direito fundamental e que não possa ser substituída por outra igualmente eficaz, mas menos gravosa; pela *proporcionalidade em sentido estrito*, pondera-se a carga de restrição em função dos resultados, de maneira a garantir-se uma equânime distribuição de ônus.

No dizer dos alemães, é a proibição do excesso. É vedação ao abuso, na hipótese, do direito de punir.

Não é razoável punir-se com a pena mínima de um ano o *camelô*[595] que adquire mercadorias estrangeiras de pequeno valor para revender. A punição é desproporcional ao fato ilícito praticado. Também não é razoável submetê-lo às consequências de uma transação penal.

Mediante a aplicação do princípio da razoabilidade, controla-se a "discricionariedade legislativa e administrativa" (Luís Roberto Barroso).[596]

Tenha-se que o que se busca com o princípio da proporcionalidade, o da razoabilidade ou o da vedação do excesso, é fazer justiça. Este o resultado desejado.

Verificando o Juizado que se trata de questão de *bagatela*, aplicará o princípio da insignificância, não admitindo a transação. A composição civil, sim. Nos tempos antigos, dizia-se: *minima non curat praetor*[597].

---

[594] Barros, S. de T. *O princípio da proporcionalidade e o controle de constitucionalidade das leis restritivas de direitos fundamentais*. 2. ed. Brasília: Brasília Jurídica, 2000. p. 212.
[595] Comerciante que vende suas mercadorias nas ruas, nas calçadas.
[596] Barroso, L. R. *Interpretação e aplicação da Constituição*: fundamentos de uma dogmática constitucional transformadora. 3. ed. São Paulo: Saraiva, 1999. p. 234.
[597] O pretor não cuida das coisas pequenas.

Atente-se, por fim, que o fato pode ser penalmente insignificante, mas configurar um ilícito administrativo ou civil.

Há de levar-se, no entanto, em consideração a relevância para a vítima, como decidiu o Supremo ao julgar o RHC 96813. Nesse caso, o valor do furto foi de R$ 40,00, a renda de uma dona de um *trailer* de lanche durante o longo dia de trabalho.

A condenação levou em conta o fato de que a vítima do furto, dona de um *trailer* de lanche, teve subtraída "toda a renda auferida durante um longo dia de trabalho". A Defensoria Pública do estado do Rio de Janeiro recorreu, apontando o pequeno valor do bem subtraído.

Também, deve levar-se em conta se o crime foi cometido com violência. Assim decidiu o Supremo ao julgar o HC 96671 (j. 31.03.2009, *DJ* 24.04.2009), relatora Min. ELLEN GRACIE. O valor da quantia subtraída da vítima, na hipótese, nem chegou a ser determinada. Segundo a acusação, o valor seria de R$ 50,00. A Defensoria Pública da União alega que o total roubado foi de R$ 25,00.

Como dito, no HC 93482/PR, pelo Min. CELSO DE MELLO, em 07.10.2008 (*DJ* 06.03.2009):

> O direito penal não se deve ocupar de condutas que produzam resultado, cujo desvalor – por não importar em lesão significativa a bens jurídicos relevantes – não represente, por isso mesmo, prejuízo importante, seja ao titular do bem jurídico tutelado, seja à integridade da própria ordem social. Aplicabilidade do postulado da insignificância ao delito de descaminho (CP, art. 334), considerado, para tanto, o inexpressivo valor do tributo sobre comércio exterior supostamente não recolhido. Precedentes.

No crime de moeda falsa, o objeto jurídico do crime é a fé pública. Contudo, revela-se inconcebível a condenação daquele que tentou introduzir em circulação cinco notas falsas de R$ 10,00. A pena mínima *in abstrato* para o delito em questão é de três anos de reclusão. A decisão deve ser proporcional à ofensividade da conduta perpetrada pelo réu, para se reconhecer a insignificância desta.

É aplicável, nos crimes de descaminho, o princípio da insignificância quando o valor do tributo suprimido é igual ou inferior àquele estabelecido em ato do Procurador-geral da Fazenda Nacional. A Lei n. 138974/2019 deu nova redação ao art. 20, da Lei n. 10522, de 19.07.2002, assim dispondo:

> Art. 20. Serão arquivados, sem baixa na distribuição, por meio de requerimento do Procurador da Fazenda Nacional, os autos das execuções fiscais de débitos inscritos em dívida ativa da União pela Procuradoria-geral da Fazenda Nacional ou por ela cobrados, de valor consolidado igual ou inferior àquele estabelecido em ato do Procurador-geral da Fazenda Nacional.

Ao julgar o HC 96374/PR, a 2ª Turma do Supremo, em 31.03.2009 (*DJ* 24.04.2009), tendo como relatora a Min. ELLEN GRACIE, entendeu de aplicar o princípio da insignificância em crime de descaminho.

O Min. MARCO AURÉLIO, relator do HC 98944, todavia, em decisão de 08.05.2009 (*DJ* 18.05.2009), denegou a liminar impetrada em favor de uma mulher que roubou caixas de goma de mascar no valor de R$ 98,80 de um supermercado, salientando que, apesar de o prejuízo do furto ser de pequena monta, que poderia levar à aplicação do princípio da insignificância (instituto da bagatela), no entanto, ela tinha sido condenada duas vezes, uma por furto e a outra por violação de domicílio, fatores que, conforme o Ministro, impediam a aplicação do princípio da insignificância em decisão liminar. Textualmente disse: "Em síntese, [a paciente] voltou a claudicar na arte de proceder em sociedade, não cabendo, ao menos nesta fase preliminar, acionar o instituto da bagatela e suspender a eficácia do título executivo judicial condenatório".

O princípio da insignificância exclui a tipicidade material da conduta atribuída ao agente, e, logicamente, importa na absolvição do réu, nos termos do art. 386, III, do CPP.

Afinal, tenha-se como precisa a lição de FRANZ VON LISZT[598]:

---

[598] LISZT, F. V. *A teoria finalista no direito penal*. Tradução: Rolando Maria da Luz. Campinas: LZN, 2005. p. 39-40.

Só a pena necessária é justa. A pena é para nós meio para alcançar um escopo. A ideia do escopo postula porém a adaptação do meio ao fim e a máxima parcimônia na sua aplicação. Esta exigência tem particular valor porquanto concerne à pena, devendo ser essa com efeito uma arma de duplo corte: tutela do bem jurídico, atuada através da sua lesão. Não é imaginável maior ultraje à ideia do escopo, de um exagerado emprego da pena, a que pode ser o aniquilamento da existência física, ética, econômica de um cidadão, no caso desta não inevitavelmente postulada das faltas do ordenamento jurídico. O domínio da ideia do escopo se põe assim como a mais segura garantia da liberdade individual contra aquela cruel espécie de pena da época passada, a qual – é bom recordar-se – não foi eliminada dos sólidos defensores idealistas da pena retributiva.

Era – não é mais – pacífico o entendimento de não ser possível a aplicação do benefício do furto privilegiado em caso de furto qualificado. O Supremo, julgando o HC 97034/MG, relator Min. CARLOS AYRES BRITTO, em 06.04.2010, pela sua 1ª Turma, reconheceu ser possível, em furto qualificado, a incidência do privilégio, ante a primariedade e o pequeno valor da coisa subtraída.

Antes, em fevereiro de 2010, em sessão do dia 02, julgando o HC 99581/RS, relator Min. CEZAR PELUSO, a 2ª Turma do Supremo já tinha entendido não haver "vedação legal ao reconhecimento concomitante do furto qualificado (art. 155, § 4º) e privilegiado (art. 155, § 2º)".

A 5ª Turma do STJ, ao julgar o HC 149517/SP, em 19.10.2010, relatora Min. LAURITA VAZ, por maioria, igualmente, reconheceu essa possibilidade. Nesse caso, ocorreu uma tentativa de furto de objeto avaliado em R$ 84,20, em que o acusado teria praticado a ação em conjunto com outra pessoa (concurso de pessoas).

Por mais um pouco, aplicar-se-á o princípio da insignificância, apesar de sabença geral que o princípio da insignificância não se confunde com o furto privilegiado, pois o primeiro é causa de reconhecimento de atipicidade da conduta; o segundo, de redução da pena.

12. DESCUMPRIMENTO DO ACORDO

Se não for cumprida a pena restritiva de direitos, entende DAMÁSIO DE JESUS que deverá haver conversão em pena privativa de liberdade, nos termos do art. 181, *caput* e de seu § 1º, *c*, da Lei n. 7210, de 11.07.1984, Lei da Execução Penal.

Em recurso extraordinário interposto pelo Ministério Público Estadual, RE 268320-5/PR, a 1ª Turma do STF, relatado pelo Min. OCTAVIO GALLOTTI, em 15.08.2000 (*DJ* 10.11.2000), decidiu em acórdão deste modo ementado: "Juizado Especial Criminal. Transação penal efetivada nos termos do art. 76, da Lei n. 9099/1995, fixando pena restritiva de direitos. Inviabilidade de sua conversão em pena privativa de liberdade. Recurso extraordinário de que não se conhece".

Assim, também, já havia decidido, nesse mesmo ano, em 29.02, a 2ª Turma, ao julgar o HC 79572-2/GO, *DJ* 22.02.2002, tendo como relator o Min. MARCO AURÉLIO, ao reformar acórdão do STJ que permitira a conversão da pena. O entendimento do STF é de que a conversão ofende o princípio do devido processo legal, uma vez que, para esse Tribunal, a sentença que homologa a transação penal não tem natureza condenatória.

Seguindo essa linha de raciocínio, a 2ª Turma do STF, no julgamento do mesmo *habeas corpus* (HC 79572-2/GO), decidiu que os autos deveriam ser encaminhados ao Ministério Público para que oferecesse a denúncia. O acórdão tem a seguinte ementa:

> A transformação automática de pena restritiva de direitos, decorrente de transação, em privativa do exercício da liberdade discrepa da garantia constitucional do devido processo legal. Impõe-se, uma vez descumprido o termo de transação, a declaração de insubsistência deste último, retornando-se ao estado anterior, dando-se oportunidade ao Ministério Público de vir a requerer a instauração de inquérito ou propor a ação penal, ofertando denúncia.

No voto condutor do acórdão, disse o Min. MARCO AURÉLIO:

O inadimplemento do avençado na transação penal, pelo autor do fato, importa desconstituição do acordo e, após cientificação do interessado e seu defensor, determina a remessa dos autos ao Ministério Público. Nem se diga que a visão resulta em desprestígio para o texto da Lei n. 9099/1995. Possível a execução direta do que acordado, esta há de ocorrer aplicando-se subsidiariamente, as normas processuais comuns. Tratando-se de obrigação de fazer de cunho pessoal, impossível é substituí-la na forma estampada no acórdão do Superior Tribunal de Justiça.

Para o Supremo, portanto, o descumprimento do acordo não pode levar à aplicação da pena privativa de liberdade.

E a conversão da multa em pena restritiva de direitos?

ADA PELLEGRINI, GOMES FILHO, SCARANCE e LUIZ FLÁVIO[599] são contrários à conversão da multa em pena restritiva de direitos e, assim, argumentam:

> No sistema do Código Penal, a pena restritiva resulta de substituição da pena detentiva e, em caso de descumprimento, será convertida pelo tempo de pena privativa da liberdade aplicado na sentença. Mas no Juizado a pena restritiva é autônoma, não existindo quantidade de pena detentiva para a conversão. Embora exista quantidade de pena restritiva, não se pode estabelecer equivalência entre esta e quantidade de pena privativa de liberdade.

A 5ª e a 6ª Turmas do STJ têm decidido que a sentença homologatória da transação penal é de natureza condenatória, gerando eficácia de coisa julgada material e formal e, portanto, se descumprido o acordo homologado, não pode haver oferecimento de denúncia contra o autor do fato.

Assim, julgando o REsp 205739/SP, relator Min. GILSON DIPP, a 5ª Turma do STJ, em 22.08.2000 (*DJ* 23.10.2000), decidiu:

> I. A sentença homologatória da transação penal, prevista no art. 76, da Lei n. 9099/1995, tem natureza condenatória e gera eficácia de coisa julgada material e formal, obstando a instauração de ação penal contra o autor do fato, se descumprido o acordo homologado. II. No caso de descumprimento da pena de multa, conjuga-se o art. 85, da Lei n. 9099/1995, e o art. 51, do CP, com a nova redação dada pela Lei n. 9286/1996 [*rectius*: Lei n. 9268/2006], com a inscrição da pena não paga em dívida ativa da União para ser executada.

Entendeu, igualmente, ao julgar o REsp 223316/SP, em 23.10.2001, publicado em 12.11.2001, relator Min. FERNANDO GONÇALVES: "Não efetuando o infrator o pagamento da multa aplicada, como pactuado na transação (art. 76, da Lei n. 9099/1995), cabe ao Ministério Público a execução da pena imposta, devendo prosseguir perante o Juízo competente, nos termos do art. 86 daquele diploma legal)".

Diferentemente pensam PEDRO HENRIQUE DEMERCIAN e JORGE ASSAF MALULY[600]: "Eventual descumprimento deverá resultar pura e simplesmente no oferecimento da denúncia ou a adoção de procedimento preparatório para tal desiderato (p. ex., requisição de inquérito ou diligências necessárias ao embasamento da denúncia), retornando-se ao *statu quo ante*"[601].

Entendo que, se a decisão homologatória transitou em julgado, extinguindo, assim, o processo, não se pode, se o acordo não for cumprido, dar continuidade a ele, com a remessa dos autos ao Ministério Público para oferecimento da denúncia. Nem pode haver, pois, conversão da pena restritiva de direitos ou da multa em privativa de liberdade, extinguindo o processo com a transação, *tollitur quaestio*[602]. Há de cumprir-se o que foi posto no acordo.

---

[599] GRINOVER et al., 2005, p. 40.
[600] DEMERCIAN et al., 1996, p. 65.
[601] Estado anterior, no estado em que se encontrava anteriormente.
[602] Questão superada.

Por essa razão, alguns juízes não homologam a transação, aguardam o cumprimento integral do que foi acordado. A 6ª Turma do STJ, tendo como relator o Min. José Arnaldo da Fonseca, deu guarida a essa posição ao julgar o RHC 11398-SP, *DJ* 12.11.2001.

> Entendo que, na verdade, esse entendimento contraria o art. 76 e seus parágrafos da Lei n. 9099/1995, e o direito do autor do fato de ver, já que transacionou, o acordo devidamente homologado. E mais, como lembra Luiz Flávio Gomes[603]: "Toda execução pressupõe um título executivo, que, no caso, é a sentença homologatória. Não se pode executar antes para se criar o título executivo depois".

Correto. Como executar-se um acordo que não foi homologado?

O STJ mudou de entendimento, passando a admitir o oferecimento de denúncia e o prosseguimento da ação penal em caso de descumprimento dos termos da transação penal homologada judicialmente. Esse é o entendimento do Supremo Tribunal Federal (STF), firmado no julgamento do Recurso Extraordinário 602072, no qual foi reconhecida repercussão geral.

Antes do posicionamento do STF, o STJ tinha entendimento consolidado de que a sentença homologatória de transação penal tinha eficácia de coisa julgada formal e material. Por essa razão, entendia que não era possível a posterior instauração de ação penal quando descumprido o acordo homologado judicialmente (5ª Turma, relator Min. Jorge Mussi).

Atualmente, todos obedecem à Súmula Vinculante 35 do STF:

> A homologação da transação penal prevista no art. 76, da Lei n. 9099/1995, não faz coisa julgada material e, descumpridas suas cláusulas, retoma-se a situação anterior, possibilitando-se ao Ministério Público a continuidade da persecução penal mediante oferecimento de denúncia ou requisição de inquérito policial.

13. ASSISTENTE DA ACUSAÇÃO NA AUDIÊNCIA PRELIMINAR

Na transação, não há a participação do assistente da acusação, tendo em vista que não acarreta efeitos civis, segundo dispõe o § 6º do artigo em comento. Não há lugar, pois, para a intervenção do assistente. Explica Tourinho Filho[604] que "a razão de se permitir a ingerência do ofendido em todos os termos da ação penal pública, ao lado do Ministério Público, repousa na influência decisiva que a sentença da sede penal exerce na sede civil".

Todavia o STF, por sua 2ª Turma, entende que o interesse do ofendido está também na "exata aplicação da justiça penal", conforme ficou decidido no HC 71453/GO, julgado em 06.09.1994 e publicado no *DJ* de 27.10.1994, tendo como relator o Ministro Paulo Brossard: "Interesse do ofendido, que não está limitado à reparação civil do dano, mas alcança a exata aplicação da justiça penal. Princípio processual da verdade real".

Na transação, porém, não se iniciou o processo, apenas há uma composição penal. Logo, não há lugar para o assistente da acusação. O assistente da ação, explica Damásio de Jesus[605], "não pode interpor recurso em sentido estrito da rejeição da denúncia, uma vez que sua intervenção só é possível após seu recebimento".

Pode a transação ser aplicada aos casos ocorridos antes da vigência da Lei n. 10259/2001? Sim, porque a transação, além da natureza processual, tem, também, natureza penal – uma vez que repercutirá na própria pretensão punitiva do Estado e, pois, na liberdade do cidadão –, devendo retroagir sempre que beneficiar o autor do fato. Evidentemente, se ainda não houve sentença transitada em julgado.

O recebimento da denúncia não impede que se faça a transação, como veremos adiante.

---

[603] Gomes, L. F. *Juizados Criminais Federais, seus reflexos nos Juizados Estaduais e outros estudos.* São Paulo: RT, 2002. p. 37-38.
[604] Tourinho Filho, F. da C. *Processo penal.* v. 2. 25. ed. rev. atual. São Paulo: Saraiva, 2003. p. 514.
[605] Jesus, 2003, p. 211.

14. O ARQUIVAMENTO

O arquivamento, no dizer de José Antonio Paganella Boschi[606], "é uma decisão judicial que, dando guarida às razões formuladas pelo Ministério Público, encerra as investigações em torno do fato imputado ao indiciado". E salienta: "decisão judicial que, diga-se de passagem, não faz coisa julgada, porque não se trata de decisão definitiva de mérito".

O mesmo ocorre com o arquivamento do boletim circunstanciado no Juizado Especial.

O Ministério Público requererá o arquivamento do termo circunstanciado de ocorrência nas seguintes hipóteses: **a)** quando houver falta de tipicidade, formal ou material; **b)** quando demonstrado estiver que o indiciado atuou sob uma das causas excludentes da ilicitude: estado de necessidade, legítima defesa e em estrito cumprimento de dever legal ou no exercício regular de direito (Código Penal, arts. 23, 24, 25, 128 etc.); **c)** quando já estiver extinta a punibilidade; d) quando se tratar de crime de *bagatela* ou presente se fizer o princípio da insignificância (falta de tipicidade material).

A decisão que determina, a pedido do Ministério Público, o arquivamento do termo circunstanciado de ocorrência é irrecorrível. É a lição que se *deduz* do art. 18, do Código de Processo Penal, e da Súmula 524 do STF[607].

Assim tem decidido, há muitos anos, o STF, conforme se vê no julgamento do RECr. 21987/ES, pela 2ª Turma, em 13.01.1953, relator Min. Lafayete Andrada: "Não cabe apelação do despacho que determina o arquivamento do inquérito policial. Arquivamento feito pelo Ministério Público".

É possível o desarquivamento do boletim circunstanciado se surgirem novas provas, como se deduz da Súmula 524 do STF. Novas provas – como explicado pelo próprio Supremo Tribunal Federal ao julgar, em 28.08.1979 (*DJ* 05.10.1979), pela sua 2ª Turma, o RHC 57191-3/RJ, relator Min. Décio Miranda – "serão somente aquelas que produzem alteração no panorama probatório dentro do qual fora concebido e acolhido o pedido de arquivamento. A nova prova há de ser substancialmente inovadora e não apenas formalmente nova".

Pode haver arquivamento implícito do boletim circunstanciado? Sim. Ocorre no Juízo Comum. Segundo a maioria dos estudiosos do Direito, o arquivamento implícito é quando o Ministério Público deixa de incluir na denúncia algum dos indiciados ou algum fato investigado, sem justificar a razão de assim proceder, e o juiz recebe a peça acusatória, dando lugar à ocorrência da preclusão processual. Assim também há de ser no Juizado Especial.

Sobre o assunto, diz Paulo Cláudio Tovo[608]: "Se o juiz limitou-se a receber a denúncia em tais termos, sem tomar as providências previstas no Código de Processo Penal, art. 28, ocorreu o arquivamento implícito, causa impeditiva de oferecimento da denúncia quanto aos demais indiciados, se de outras provas não houver notícia".

O boletim circunstanciado, como o inquérito, nunca poderá ser desarquivado de ofício pelo juiz.

Seção III
Do Procedimento Sumaríssimo

> **Art. 77.** Na ação penal de iniciativa pública, quando não houver aplicação de pena, pela ausência do autor do fato, ou pela não ocorrência da hipótese prevista no art. 76 desta Lei, o Ministério Público oferecerá ao juiz, de imediato, denúncia oral, se não houver necessidade de diligências imprescindíveis.

---

[606] Boschi, J. A. P. *Persecução penal*: inquérito policial, ação penal e Ministério Público. Rio de Janeiro: Aide, 1987. p. 193.
[607] Súmula 524 do STF. Arquivado o inquérito policial, por despacho do juiz, a requerimento do promotor de justiça, não pode a ação penal ser iniciada sem novas provas.
[608] Tovo, P. C. *Apontamentos e guia prático sobre a denúncia no processo penal brasileiro*. Porto Alegre: Fabris, 1986. p. 27.

> **§ 1º** Para o oferecimento da denúncia, que será elaborada com base no termo de ocorrência referido no art. 69 desta Lei, com dispensa do inquérito policial, prescindir-se-á do exame do corpo de delito quando a materialidade do crime estiver aferida por boletim médico ou prova equivalente.
>
> **§ 2º** Se a complexidade ou circunstâncias do caso não permitirem a formulação da denúncia, o Ministério Público poderá requerer ao juiz o encaminhamento das peças existentes, na forma do parágrafo único do art. 66 desta Lei.
>
> **§ 3º** Na ação penal de iniciativa do ofendido, poderá ser oferecida queixa oral, cabendo ao juiz verificar se a complexidade e as circunstâncias do caso determinam a adoção das providências previstas no parágrafo único do art. 66 desta Lei.

1. O PROCEDIMENTO SUMARÍSSIMO

Nesta Seção, Seção III do Capítulo III (Dos Juizados Especiais Criminais), cuida a Lei n. 9099/1995 do procedimento sumaríssimo. São sete artigos: 77 a 83.

Sumaríssimo ou sumariíssimo? A Lei n. 9099/1995 refere-se a sumaríssimo. Já a Constituição Federal, no art. 98, I, diz sumariíssimo. Sumariíssimo, com dois "ii", é, na verdade, o superlativo de sumário; sumário, palavra oriunda do latim *summarium, ii* (de *summa*)[609]. Todo adjetivo da língua portuguesa terminado em "io" tem, em seu superlativo, o "i"dobrado.

Cuidando dos procedimentos sumários em matéria penal, ADA PELLEGRINI[610] faz uma interessante distinção:

> Preferimos, por isso, expressões mais modernas e mais indicativas: *procedimento simplificado*, quando se trate de adotar *formas* procedimentais mais simples e diretas que desburocratizem o processo, deformalizando-o; *procedimento acelerado*, quando se cuide de reduzir prazos processuais; e *procedimento abreviado*, quando se suprima uma das fases procedimentais (v.g., a audiência preliminar, ou a fase do juízo).

2. AÇÃO PENAL PÚBLICA INCONDICIONADA. OFERECIMENTO DA DENÚNCIA

2.1 A acusação

"Em sua forma elementar, a acusação era exercida por homens rudes e violentos, que tanto a poderiam desenvolver no interesse particular, como no coletivo." Assim disse FERNANDO WHITAKER DA CUNHA.[611]

A acusação não pode ter mais poderes e prerrogativas do que a defesa.

LAÉRCIO PELLEGRINO[612], escrevendo sobre o texto do anteprojeto do Código de Processo Penal (1974), espantado, incrédulo, indagava: "Como admitir-se, pois, um Código de Processo Penal em que poderes excessivos são concedidos a uma das partes, no caso a Acusação Pública, em detrimento da parte adversária, ou seja, a Defesa?!".

Necessário lembrar a lição de MONTESQUIEU[613]: "a experiência eterna mostra que todo homem que tem poder é tentado a abusar dele; vai até onde encontra limites". Isso é da natureza do homem.

---

[609] SARAIVA, p. 1157.
[610] GRINOVER, A. P. Procedimentos sumários em matéria penal. In: PENTEADO, J. DE C. (org.). *Justiça penal*. São Paulo: RT, 1993. p. 15.
[611] CUNHA, F. W. DA. Campos Sales e o Ministério Público. *Revista Arquivos do Ministério da Justiça*, v. 27, n. 110, jun., 1969. p. 65.
[612] PELLEGRINO, 1974, p. 106.
[613] MONTESQUIEU, B. DE (CHARLES-LOUIS DE SECONDAT). *Do espírito das leis*. v. 1. Tradução: Fernando Henrique Cardoso e Leôncio Martins Rodrigues. São Paulo: Difusão Europeia do Livro, 1962. p. 179.

E, espantado, exclamava: "Quem o diria! A própria virtude tem necessidade de limites". Logo, o Ministério Público não pode ter poder excessivo.

É atribuído ao grande TEODÓSIO[614] as seguintes palavras em relação aos libelos difamatórios (Código, Livro IX, Título VII): "Se proceder de leviandade, convém desprezar; se de loucura, é digno de piedade; se intenção de prejudicar, deve ser perdoado"[615].

Será que merece mesmo perdão?

O Min. LUIZ GALLOTTI foi preciso quando disse: **"Acusador é parte, tribunal é juiz"** (*RHC* 48728–SP, j. 26.05.1971, *RTJ*, v. 63/317).

2.1.1 O Ministério Público e a investigação

Não pode a acusação, por outro lado, querer absorver a função policial. A separação das duas funções não deixa de ser uma segurança para o cidadão. Aquele que investiga diretamente não pode acusar, pois pode direcionar a investigação para acusar, sem dar oportunidade à defesa.

É certo que a Constituição Federal, no art. 129, I, estabelece que compete, privativamente, ao Ministério Público promover a ação penal pública. Mas pode essa instituição realizar diretamente investigações e diligências em procedimento administrativo investigatório com o objetivo de apurar infrações penais?

Já decidiu o Supremo Tribunal Federal[616]:

> O Ministério Público (**1**) não tem competência para promover inquérito administrativo em relação à conduta de servidores públicos; (**2**) nem competência para produzir inquérito penal sob o argumento de que tem possibilidade de expedir notificações nos procedimentos administrativos; (**3**) pode propor ação penal sem o inquérito policial, desde que disponha de elementos suficientes.

O Min. CARLOS VELLOSO, no voto condutor do acórdão do RE 205473-9/AL (2ª Turma, sessão de 15.12.1998, *DJ* 19.03.1999), foi preciso quando afirmou:

> [...] não compete ao Procurador da República, na forma do disposto no art. 129, VIII, da Constituição Federal, assumir a direção das investigações, substituindo-se à autoridade policial, dado que, tirante a hipótese inscrita no inciso III, do art. 129, da Constituição Federal, não lhe compete assumir a direção de investigações tendentes à apuração de infrações penais (art. 144, §§ 1º e 4º).

Não se pode admitir que o mesmo órgão que investigue, estando, portanto, envolvido diretamente na colheita de prova, denuncie. E investigue sem qualquer controle por parte do juiz. Unilateralmente, produz suas provas. Provas produzidas no próprio ambiente do órgão acusador, sem qualquer fiscalização. Observa-se que, quando o inquérito é instaurado pela autoridade policial, há fiscalização por parte do Ministério Público e até mesmo pelo juiz. Ao admitir-se a investigação direta pelo Ministério Público, admitiremos que a polícia civil passará a ser um mero departamento dessa instituição, cumprindo, tão somente, as ordens que lhe serão determinadas.

A divisão de atribuições – investigação e acusação – deve estar separada, por exigência do Estado Democrático de Direito. A união das atribuições constitui um atentado à dignidade do cidadão.

O investigador não pode acusar!

Apreciando o Inquérito 1968, o relator Min. MARCO AURÉLIO, do Supremo Tribunal Federal, em sessão plenária, realizada no dia 15.10.2003, entendeu que o Ministério Público, embora titular

---

[614] VOLTAIRE, F. A. *O preço da justiça*. Tradução: Castilho Benedetti. São Paulo: Martins Fontes, 2001. p. 84.
[615] *Si ex levitate processerit, contemnendum; si ex insania, miseratione dignissimum; se ab injuria, remittendum.*
[616] RE 233072-4/RJ, sessão de 18.05.2002 (*DJ* 19.05.1999), 2ª Turma, rel. p/ acórdão Min. NELSON JOBIM. Decisão por maioria.

da ação penal, não tem competência para realizar diretamente investigações na esfera criminal, mas apenas de requisitá-las à autoridade policial competente. Foi acompanhado pelo Min. NELSON JOBIM. Em voto-vista, o Min. JOAQUIM BARBOSA divergiu, no que foi acompanhado pelos Mins. EROS GRAU e CARLOS BRITTO. Após, o Min. CEZAR PELUSO pediu vista dos autos (*Informativo* n. 359, 30.08./03.09.2004). Em 15.02.2007, no entanto, com a extinção do mandato de deputado federal do indiciado, cessou a competência do Supremo para dirigir o inquérito e, assim, o relator declinou da competência para a Justiça Federal no estado do Maranhão, remetida cópia da decisão ao Min. CEZAR PELUSO e à presidente da Corte, Min. ELLEN GRACIE, objetivando a retirada do processo do Pleno.

A 2ª Turma do Supremo, todavia, em sessão de 10.03.2009 (*DJ* 03.04.2009), julgando o HC 91661, relatora Min. ELLEN GRACIE, reconheceu, por unanimidade, que existe a previsão constitucional de que o Ministério Público tem poder investigatório. O acórdão, na parte que interessa, ficou assim ementado:

> [...] **5.** É perfeitamente possível que o órgão do Ministério Público promova a colheita de determinados elementos de prova que demonstrem a existência da autoria e da materialidade de determinado delito. Tal conclusão não significa retirar da Polícia Judiciária as atribuições previstas constitucionalmente, mas apenas harmonizar as normas constitucionais (arts. 129 e 144) de modo a compatibilizá-las para permitir não apenas a correta e regular apuração dos fatos supostamente delituosos, mas também a formação da *opinio delicti*. **6.** O art. 129, inciso I, da Constituição Federal, atribui ao *Parquet* a privatividade na promoção da ação penal pública. Do seu turno, o Código de Processo Penal estabelece que o inquérito policial é dispensável, já que o Ministério Público pode embasar seu pedido em peças de informação que concretizem justa causa para a denúncia. **7.** Ora, é princípio basilar da hermenêutica constitucional o dos "poderes implícitos", segundo o qual, quando a Constituição Federal concede os fins, dá os meios. Se a atividade-fim – promoção da ação penal pública – foi outorgada ao *Parquet* em foro de privatividade, não se concebe como não lhe oportunizar a colheita de prova para tanto, já que o CPP autoriza que "peças de informação" embasem a denúncia.

Estou, no entanto, de acordo com o voto do Min. MARCO AURÉLIO. Realmente, o art. 129, VIII, da Constituição Federal, estabelece que "são funções institucionais do Ministério Público: VIII – requisitar diligências investigatórias e a instauração de inquérito policial, indicados os fundamentos jurídicos de suas manifestações processuais", e não presidir inquérito ou realizar investigações, usurpando as funções da polícia civil.

ALCALÁ-ZAMORA e RICARDO LEVENE HIJO,[617] tratando do Ministério Público, explicam: "Em otros términos, si *orgánicamente* el Ministerio Público se aproxima a la judicatura, *procesalmente* sus afinidades son con las partes".

Adiante, afirmam: "la verdadera norma de conducta de un Fiscal [o Ministério Público] debe ser la de comportarse como un juez [...], a quien corresponde pedir o acusar (de ser ello procedente), en vez de decidir y juzgar".

ELIO GASPARI[618], em artigo publicado na *Folha de S.Paulo*, "Ser direito dá cadeia", mostrou com fidelidade a triste realidade em que vivemos, assim começando seu artigo: "Aconteceu entre Brasília e Cuiabá um episódio que deve levar os procuradores do Ministério Público e a imprensa a refletirem sobre seus papéis na defesa da lei e dos direitos dos cidadãos". Conta que um homem inocente, diretor de Florestas do Ibama, engenheiro ANTÔNIO CARLOS HUMMEL, foi preso, a pedido do Procurador da República. Diz que:

> No dia 07, depois de passar quatro noites na cadeia, o engenheiro soube, pelo procurador, que seria solto. Com a palavra, o delegado federal TARDELLI BOAVENTURA, responsável

---
[617] CASTILLO, N. A. y et al. *Derecho procesal penal*. t. I. Buenos Aires: Editorial Guillermo Kraft, 1945. passim.
[618] GASPARI, E. Ser direito dá cadeia. *Folha de S. Paulo*, 22.06.2005. p. A-10.

pelas investigações da Curupira: "O procurador acompanhou o interrogatório. A Polícia Federal não tinha nada contra ele. No final, o procurador concluiu que não deveria sequer ter indiciado ele".

2.2 O procedimento

Nessa fase, não há participação dos conciliadores.

Tratando-se de ação penal pública, condicionada ou não: **a)** se não tiver havido a transação por falta do comparecimento do autor da infração à audiência preliminar prevista no art. 72; **b)** se não for aceita a proposta de aplicação imediata de pena restritiva de direitos ou multa (art. 76); ou **c)** se a proposta não for admissível (art. 76, § 2º), o Ministério Público, havendo viabilidade fática, "oferecerá ao juiz, de imediato, denúncia oral, se não houver necessidade de diligências imprescindíveis (art. 77)". O procedimento sumaríssimo terá início na própria audiência preliminar, logo em seguida ao fracasso da tentativa de transação –, portanto, *de imediato*.

Nada impede que, antes do oferecimento da denúncia, fracassada a primeira tentativa de composição, se possa tentar mais uma vez a transação.

E depois de oferecida a denúncia? Também. Será um tanto difícil acontecer, mas pode o acusado, na audiência de instrução, alegar que se arrependeu de não ter aceitado a proposta de transação, e o órgão ministerial, então, voltar a propô-la. Qual o prejuízo que haverá? Nenhum. Qual o transtorno processual? Nenhum.

2.3 Diligências imprescindíveis

Havendo "necessidade de diligências imprescindíveis" (art. 77, *caput*), a denúncia não poderá ser oferecida na audiência em que não houve a transação. Primeiro, terão de ser realizadas tais diligências. Assim, o Ministério Público deve requerer o sobrestamento do processo para sua realização, como a prova da materialidade do delito, se o fato não for complexo.

Com a queixa, ocorre o mesmo procedimento. Não há por que fazer-se diferença.

2.4 A denúncia

A denúncia, sem desprezar os requisitos previstos no art. 41, do Código de Processo Penal, deverá ser objetiva, clara, entendível pelo autor do fato.

A denúncia não pode ser um misto de relatório e alegações finais, deixando de ser concisa, exata e condensada, e ser dissertativa, contendo minúcias supérfluas e muitos adjetivos, fugindo, assim, à técnica exigível para sua formulação. A denúncia, como explica magistralmente Paulo Cláudio Tovo[619]: "Há de ser uma narrativa precisa e concreta, que sirva unicamente para aquele fato e para nenhum outro mais; mas concisa, panorâmica dos acontecimentos, sem minúcias desnecessárias nem aspectos dissertativos".

A denúncia não deve conter adjetivos, ou, se necessário qualificar, que se use um mínimo possível de adjetivos, pois, como ensina Paulo Cláudio Tovo[620]: "Acusar, como julgar, é um ato de consciência, não devendo nele influir o clamor social, o descontentamento ou indignação popular, nem sempre justa, nem quaisquer outras injunções".

Para o oferecimento da denúncia, é bom sempre ter em mente as circunstâncias fantasticamente resumidas no verso latino: *Quis? Quid? Ubi? Quibus auxiliis? Cur? Quo modo? Quo modo? Quando? Nec plus ultra?* (Quem? Que coisa? Onde? Quais os meios? Por quê? De que maneira? Quando? Não mais além?)

---

[619] Tovo, 1986, p. 23.
[620] Tovo, op. cit., p. 48.

Sem ser bacharel em Direito, e sim sociólogo, FERNANDO HENRIQUE CARDOSO[621], ex-presidente da República, disse acertadamente que a acusação deve ser séria e o procedimento do Ministério Público não pode ser espetaculoso.

A atecnia, no entanto, não dá lugar à nulidade.

Assim, deve o Ministério Público: **a)** expor o fato criminoso, com todas suas circunstâncias; **b)** qualificar, ou seja, individualizar o autor do fato (dar o prenome e nome, apelido – vulgo, idade, estado civil, profissão, filiação, residência) ou dar elementos que possam identificá-lo; **c)** classificar a infração, isto é, indicar o dispositivo legal que foi violado (a errônea classificação do delito pode ser corrigida pelo Ministério Público – CPP, art. 569[622] – a qualquer tempo, antes, evidentemente, da sentença; trata-se, pois, de uma classificação provisória que não constitui constrangimento remediável em *habeas corpus*, assim já decidiu o STF)[623]; **d)** apresentar o rol de testemunhas. Os dois primeiros requisitos são indispensáveis, e sua ausência leva ao não recebimento da denúncia. Tenha-se que o réu se defende do fato que lhe é imputado, e não da classificação. E há de lembrar-se que o juiz não fica vinculado à classificação do crime feita pelo Ministério Público na denúncia. É o que veremos quando estudarmos sentença.

E o pedido de condenação? O pedido de condenação, na verdade, pode não ser formulado, pois está implícito, uma vez que é tal desiderato que o Ministério Público persegue com a denúncia.

A denúncia será oferecida com base no termo circunstanciado de ocorrência – TCO – de que trata o art. 69. Dispensável o inquérito. Óbvio o motivo, posto que não chegou a ser aberto. Se o termo circunstanciado não apresentar elementos para o oferecimento da denúncia, o Ministério Público deverá *requerer* sua baixa à delegacia de origem para que seja complementado.

2.4.1 Denúncia alternativa

A *denúncia alternativa* ocorre quando o Ministério Público tem dúvida quanto à conduta que deva ser imputada ao acusado, a ele atribuindo, assim, todas, ou várias, condutas. A acusação deve ser determinada, concreta. As Mesas de Processo Penal, realizadas na Universidade de São Paulo/SP, sob a coordenação de ADA PELLEGRINI, não a admitem. Doutrinadores há que a admitem. Havendo compatibilidade lógica entre os fatos imputados ao acusado, a meu pensar, é possível a denúncia *alternativa*.

FREDERICO MARQUES[624], sobre a questão, faz a seguinte indagação para, em seguida, responder: "Será cabível, no juízo penal, a formulação de uma acusação alternativa?

"Nada há que o impeça, pois que em face de uma situação concreta, que se apresenta equívoca, pode o acusador atribuir um *ou* outro fato ao réu. Não será motivo de escândalo – diz PASCUALE SARACENO – a citação de *Tício como acusado de furto* ou *de receptação*."

---

[621] CARDOSO, F. H. Anestesia moral. *Correio Braziliense*, 06.11.2005. p. 23.

[622] CPP, art. 569. As omissões da denúncia ou da queixa, da representação, ou, nos processos das contravenções penais, da portaria ou do auto de prisão em flagrante poderão ser supridas a todo tempo, antes da sentença final.

[623] HC 79856-0/RJ, rel. Min. NELSON JOBIM, em sessão de 02.05.2000 (*DJ* 06.04.2001). A jurisprudência do STF é no sentido de que a capitulação errônea da denúncia não representa constrangimento remediável em *habeas corpus*, já que o réu se defende dos fatos nela contidos, cabendo ao juiz, na eventualidade de erro, apenas no momento da prolação da sentença, dar nova definição jurídica aos fatos (CPP, arts. 383 e 418, de acordo, respectivamente, com as Leis n. 11719/2008 e 11689/2008 – o juiz poderá dar ao fato definição jurídica diversa da constante da acusação, embora o acusado fique sujeito a pena mais grave. Semelhante redação tinha o § 4º, do art. 408, antes das alterações introduzidas pela Lei n. 11719/2008).

"O réu se defende dos fatos descritos na denúncia. O eventual equívoco na capitulação não acarreta a sua inépcia. A suspensão condicional do processo não é alcançável após o oferecimento da denúncia" (HC 79856-0/RJ, rel. Min. JOBIM).

[624] MARQUES, 1965, p. 154.

Em 1970, ao apreciar o Recurso Criminal 106130, em que se alegava inépcia da denúncia por ser alternativa quanto à qualificadora do delito, a 1ª Câmara Criminal do Estado de São Paulo, relatora a Desembargadora Silva Leme, decidiu que "inepta não é a denúncia que descreve um fato típico, apenas tergiversando no tocante à sua qualificação, se seria o motivo fútil ou torpe, circunstância a ser definitivamente fixada na sentença".[625]

A 1ª Câmara do extinto Tribunal de Alçada Criminal do Estado de São Paulo teve esse mesmo entendimento ao julgar a Apelação Criminal 146623, em 12.04.1978, relator Juiz Rafael Granato: "A alternatividade na classificação jurídica do fato não torna inepta a denúncia, porque não somente uma exata e certa adequação é irrelevante, como, também, porque não vincula o julgador. A este é que cabe capitular corretamente o fato nela descrito".[626]

2.4.2 Denúncia acrítica

E denúncia *acrítica*? Denúncia *acrítica* é aquela que não tem crítica, que não procede a valoração das informações de molde a demonstrar, com base em elementos objetivos, a responsabilidade do autor do fato. Não pode ser, portanto, *acrítica* a denúncia, até porque é necessário fazer a valoração para classificar o crime.

2.4.3 Aditamento

São cabíveis aditamentos e retificações que, igualmente como a denúncia, deverão ser formulados oralmente, reduzidos, depois, a termo, ou seja, a escrito. As omissões da denúncia e da queixa podem ser supridas até antes da sentença, como permite o art. 569, do Código de Processo Penal, já citado quando tratamos da *denúncia*.

O aditamento pode ser *objetivo* ou *subjetivo*.

O primeiro, o objetivo, decorre: **a)** do reconhecimento da existência de outro fato que constitua elementar ou circunstância do que foi, na denúncia, imputado ao autor do fato, possibilitando a modificação da imputação original; **b)** de adição de outro fato que é também infração de menor potencial ofensivo; se não for, não poderá haver o aditamento, devendo observar-se o que dispõe o art. 40, do Código de Processo Penal.

Vale chamar a atenção para o fato de que a reunião, no mesmo processo, de acusações distintas só é possível nos casos de conexão e continência.

Temos de observar, também, que, como vimos ao estudar o art. 61, para alguns têm que se levar em consideração a soma das penas dos crimes em concurso material. Se for superior a dois anos, a competência deixa de ser do Juizado Especial.

Assim, só poderá o Ministério Público aditar a denúncia se a soma das penas dos crimes não for superior a dois anos.

Do aditamento feito em audiência, dar-se-á conhecimento ao autor do fato para defesa. Se desse aditamento resultar nova configuração típica que retire a competência do Juizado, os autos deverão ser enviados ao Juízo Comum, competente. Dispõe o § 2º, do art. 74, do Código de Processo Penal: "Se, iniciado o processo perante um juiz, houver desclassificação para infração da competência de outro, a este será remetido o processo, salvo se mais graduada for a jurisdição do primeiro, que, em tal caso, terá sua competência prorrogada".

No caso de adição de outro fato, será dada à defesa a oportunidade de obter a transação, de apresentar defesa antes de o aditamento ser recebido, novamente ser interrogado e arrolar outras testemunhas.

---

[625] *RT*, n. 419, set. 1970, p. 112-113.
[626] *RT*, n. 528, out. 1979, p. 361-369.

O aditamento *subjetivo* ocorre quando, no curso do processo, surgem indícios de coautoria de infração penal relativamente à pessoa que até então era desconhecida. Nesse caso, o coautor do fato deverá ser intimado para audiência preliminar (art. 72, da Lei n. 9099/1995) e obediência ao disposto no art. 76. Isso, indubitavelmente, acarretará um tumulto e um prejuízo para a celeridade do processo. Mas, ante o que dispõe o art. 77, do Código de Processo Penal, dever-se-á obedecer ao princípio da unidade do processo e do julgamento.

Geraldo Luiz Mascarenhas Prado[627] é da opinião de que a regra que disciplina a continência (CPP, art. 77) não é absoluta, "devendo o Ministério Público oferecer denúncia e iniciar outro processo em face do novo indiciado".

2.4.4 Denúncia por escrito

Poderão a denúncia ou a queixa ser oferecidas por escrito? Sim. Poder-se-ia pensar que, sendo por escrito, teríamos a burocratização do processo, a formalidade. Mas, tendo-se que essas peças feitas oralmente serão reduzidas, por inteiro, a escrito, pode-se perder tempo não as apresentando por escrito.

Observa André Luís Alves de Melo[628] que, "em razão do vultoso número de audiências, o oferecimento de denúncia em audiência pode ser impraticável".

A denúncia ou a queixa podem ser oferecidas por escrito e lidas na audiência. Nada impede. Facilita até os trabalhos na audiência, uma vez que não haverá demora na redução a termo ou nos atos que se seguem ao oferecimento da denúncia ou da queixa, protocolo etc.

3. EXAME DE CORPO DE DELITO

Dispensável, também, o exame de corpo de delito direto quando houver ficha clínica do pronto-socorro, hospital ou qualquer outra prova equivalente, fotografias retratando a vítima ferida etc.

Os delitos que deixam vestígios (delitos feitos com vestígios) – *delicta facti permanentis* – exigem a comprovação mediante exame de corpo de delito, que pode ser direto ou, excepcionalmente, indireto. Não havendo o exame de corpo de delito direto ou prova equivalente, tendo desaparecido os vestígios, a prova testemunhal poderá suprir-lhe a falta ante o disposto no art. 167, do Código de Processo Penal ("Não sendo possível o exame de corpo de delito, por haverem desaparecido os vestígios, a prova testemunhal poderá suprir-lhe a falta"). Serão ouvidas, desse modo, as testemunhas que viram os vestígios do crime, testemunho direto, *ictu oculi*[629], descrevendo as lesões. É o exame de corpo de delito indireto, como permite o art. 158, do CPP ("Quando a infração deixar vestígios, será indispensável o exame de corpo de delito, direto ou indireto, não podendo supri-lo a confissão do acusado").

Não exige a Lei dos Juizados, repita-se, perícia, isto é, exame de corpo de delito firmado por peritos, afastando, de certa forma, o disposto no art. 158, do Código de Processo Penal ("Quando a infração deixar vestígios, será indispensável o exame de corpo de delito, direto ou indireto, não podendo supri-lo a confissão do acusado"). De certa forma, porque torna prescindível tão somente o exame de corpo de delito direto – este não é exigido, mas o indireto é –, invertendo a regra de que, havendo possibilidade da realização do exame do corpo de delito direto, não será admitido o indireto. Relata Nilo Batista[630] que, "na decisão do AC 8702, afirmou a 2ª Câmara Criminal do TAGB (Tribunal de Alçada do Estado da Guanabara) que o boletim de socorro do hospital não

---

[627] Prado, G.; Carvalho, L. G. G. C. de. *Lei dos Juizados Especiais Criminais*. Atualizada de com acordo com a Lei n. 10259, de 12.07.2001. 3. ed. Rio de Janeiro: Lumen Juris, 2003. p. 177.
[628] Melo et al., 2000, p. 68.
[629] De vista.
[630] Batista, N. *Decisões criminais comentadas*. Rio de Janeiro: Liber Juris, 1976. p. 103.

substitui o exame feito por dois legistas". Isso no Juízo Comum, que exige o exame de corpo de delito direto; o indireto, só quando impossível aquele.

Pelo Código de Processo Penal, como explicam ADA PELLEGRINI, SCARANCE FERNANDES e GOMES FILHO[631]: "O suprimento pela prova testemunhal só é possível se houverem desaparecido os vestígios, não podendo ela substituir o exame direto se ainda persistem os sinais sensíveis da prática delituosa".

4. CASO COMPLEXO

Se o caso for complexo, não permitindo a formulação de pronto da denúncia, o Ministério Público poderá *requerer* ao juiz o encaminhamento das peças existentes ao Juízo Comum, como previsto no parágrafo único do art. 66. Essa complexidade pode advir da existência de conexão com outros crimes, concurso de agentes, concurso de crimes (na hipótese de não poder haver a separação dos processos), perícia demorada, inquirição de testemunha residente em comarca distante, exame de insanidade do autor da infração etc.

Sobre o assunto, ainda diz CEZAR ROBERTO BITENCOURT[632]:

> Pela referência vaga do texto legal, a complexidade pode decorrer da forma da execução do fato, da quantidade de pessoas envolvidas, como os arrastões, linchamentos, invasões etc.; ou simplesmente da dificuldade probatória, ou seja, quando demandar maiores investigações, tratar-se de autoria ignorada ou incerta, exigir prova pericial etc.

A complexidade do caso leva à infração, ainda que definida como de menor potencial ofensivo, que não seja da competência do Juizado Especial.

Basta o requerimento do Ministério Público para afastar a competência do Juizado Especial? Evidentemente, não. Se é requerimento, pode ser indeferido pelo juiz, por entender que não se trata de questão complexa. Não se conformando o Ministério Público com a decisão, só lhe restará interpor correição parcial[633], único meio cabível de se opor, sob o argumento de que houve, no caso, *error in procedendo*[634].

Acreditam uns que, se o juiz entender que a questão não é complexa, deverá encaminhar os autos ao Procurador-geral, aplicando-se analogicamente o art. 28, do Código de Processo Penal.

Atente-se que não se pode falar em exceção de competência quando o juiz aceita sua competência e o Ministério Público recusa-se a oferecer a denúncia.

GERALDO PRADO[635] explica que, se a diligência for pretendida pelo Ministério Público, como "exame de determinada peça, até mesmo para reafirmar a sua atribuição e a competência do Juizado, como o auto de exame de corpo de delito nos crimes de lesão corporal", "tal peça poderá ser requisitada sem a conversão do termo circunstanciado em inquérito policial", observando que, "se a diligência não puder ser providenciada direta e prontamente, caberá ao Ministério Público enviar

---

[631] GRINOVER et al., 1992, p. 122.
[632] BITENCOURT, 1996, p. 60.
[633] Correição parcial é a medida admitida quando não há recurso previsto em lei, sendo interposto quando o despacho do juiz, por erro ou abuso, implica inversão tumultuária do processo, combatendo, desse modo, o *error in procedendo* (erro no proceder, no encaminhar o processo), e não o *error in judicando* (erro no julgar). O prazo para sua interposição é de cinco dias. Em algumas leis que cuidam da organização judiciária, esse recurso é denominado reclamação, como na Lei n. 11697, de 13.06.2008, que dispõe sobre a organização judiciária do Distrito Federal, art. 8º: "Compete ao Tribunal de Justiça: I – processar e julgar: [...] *l* – as reclamações formuladas pelas partes e pelo Ministério Público, no prazo de cinco dias, contra ato ou omissão de Juiz de que não caiba recurso ou que, importando em erro de procedimento, possa causar dano irreparável ou de difícil reparação".
[634] Erro no encaminhar o processo.
[635] PRADO, 2003, p. 164.

o termo circunstanciado à autoridade policial, para o fim de convertê-lo em inquérito policial, prosseguindo com as investigações".

Lembra o ilustre doutrinador que o disposto no art. 129, I, da Constituição "importa em o Juiz não poder se opor à providência de remessa do termo circunstanciado à autoridade policial, para o fim de instaurar inquérito" ou da remessa do termo circunstanciado ao Juízo Comum. Não pode sequer utilizar-se, por analogia, do disposto no art. 28, do Código de Processo Penal, porque a utilização dessa medida "está voltada ao controle do não exercício da ação penal, mediante indevida violação do princípio da obrigatoriedade, enquanto a situação examinada é de transferência ou recusa de atribuição".

E se o juiz se opuser? Pensamos que cabe a correição parcial ou reclamação, pois não há nenhum recurso previsto para oposição a essa decisão.

O IV Encontro de Coordenadores de Juizados Especiais Cíveis e Criminais do Brasil laborou o seguinte Enunciado, que tomou o número 18: "Na hipótese de fato complexo, as peças de informação deverão ser encaminhadas à Delegacia Policial para as diligências necessárias. Retornando ao Juizado, e sendo caso do art. 77, § 2º, da Lei n. 9099/1995, será encaminhado ao Juízo Penal comum".

Tenha-se que a baixa do termo circunstanciado à Delegacia de origem não significa, a princípio, que o Juizado Especial perdeu a competência, por se pensar em complexidade do caso em face de pedido de novas diligências. Pode não existir essa complexidade e, assim, cumprida a diligência pretendida pelo Ministério Público, sem instauração de inquérito, retorna o termo circunstanciado ao Juizado e aí tem prosseguimento. Se porventura a autoridade policial se equivocou e instaurou inquérito, isso não implica perda de competência do Juizado.

Sendo o crime de ação penal pública, o legislador foi expresso ao permitir que o Ministério Público possa "requerer ao juiz o encaminhamento das peças existentes, na forma do parágrafo único do art. 66", como explicitado no § 2º, do art. 77. Isso não significa, contudo, que o juiz não possa fazê-lo de ofício.

4.1 Complexidade verificada no curso da ação penal

As Leis dos Juizados, n. 9099/1995 e 10259/2001, não trataram da hipótese de a complexidade só vir a ser verificada depois do oferecimento da denúncia. Entendo, tendo em vista o princípio da *perpetuatio jurisdicionis*[636], que o processo deve ter seu prosseguimento no Juizado Especial. Dispõe o art. 81, do Código de Processo Penal:

> Verificada a reunião dos processos por conexão ou continência, ainda que no processo da sua competência própria venha o juiz ou tribunal a proferir sentença absolutória ou que desclassifique a infração para outra que não se inclua na sua competência, continuará competente em relação aos demais processos.

Da mesma forma, se o juiz ou o Ministério Público, iniciada a ação penal, verificar que se cuida de caso complexo, sua competência não cessa.

Pelo princípio da perpetuação da jurisdição, proposta a ação, fato superveniente – na hipótese, a verificação da complexidade – não altera a competência.

Não é esse, no entanto, o entendimento do Superior Tribunal de Justiça, pois, ao decidir o CC 102723/MG, em 25.03.2009 (*DJ* 24.04.2009), sua 3ª Seção, por unanimidade, relator Min. OG FERNANDES, decidiu que a necessidade de prova pericial, no Juizado Especial, pode levar o feito para a competência do Juízo Comum. O acórdão ficou com a seguinte ementa:

> **1.** Ação penal instaurada perante Juizado Especial Criminal com posterior remessa dos autos ao Juízo Comum pela necessidade de realização de procedimento de maior complexidade. **2.** Embora a Lei n. 9099/1995 estabeleça que a complexidade do feito deve ser considerada antes

---

[636] Perpetuação da jurisdição.

do oferecimento da denúncia, havendo complexidade da causa incompatível com o rito dos Juizados Especiais, ainda assim deve ser a competência para processar e julgar o feito deslocada para o Juízo Comum, sob pena de não se alcançar a finalidade e os princípios norteadores da lei que rege os Juizados Especiais. **3**. Conflito conhecido para declarar competente o Juízo de Direito da 4ª Vara Criminal de Juiz de Fora – MG, o suscitante.

5. AÇÃO PENAL PRIVADA. QUEIXA

Tratando-se de ação penal privada, o ofendido pode oferecer, de imediato, queixa oral ou pode deixar para oferecê-la posteriormente, dentro, entretanto, do prazo decadencial.

Oferecida a queixa, o Ministério Público poderá, facultativamente, aditá-la, nos temos dos arts. 45 e 48, do Código de Processo Penal.

Na hipótese de crime de ação penal privada, a complexidade ou as circunstâncias do caso, *recomendativas* da adoção do procedimento previsto no Código de Processo Penal, são examinadas pelo juiz, sem provocação do querelante, conforme dispõe o § 3º do artigo em comento ("[...] cabendo ao juiz verificar se a complexidade e as circunstâncias do caso determinam a adoção das providências previstas no parágrafo único do art. 66 desta Lei").

Vale a pena lembrar que o Supremo Tribunal Federal consolidou o entendimento: "É concorrente a legitimidade do ofendido, mediante queixa, e do Ministério Público, condicionada à representação do ofendido, para a ação penal por crime contra a honra de servidor público em razão do exercício de suas funções" (Súmula 714).

6. AÇÃO PENAL PRIVADA SUBSIDIÁRIA

Se o Ministério Público não oferecer a denúncia no prazo legal (art. 46, do Código de Processo Penal) – no Juizado Especial, o Ministério Público oferecerá a denúncia *de imediato*, este é o prazo legal –, não promovendo, assim, a ação penal, possibilita a lei que o ofendido ou quem o represente legalmente possa promovê-la, apresentando a queixa, que vem a substituir a denúncia. É o que está dito no art. 29, do Código de Processo Penal: "Será admitida ação privada nos crimes de ação pública, se esta não for intentada no prazo legal, cabendo ao Ministério Público aditar a queixa, repudiá-la e oferecer denúncia substitutiva, intervir em todos os termos do processo, fornecer elementos de prova, interpor recurso e, a todo tempo, no caso de negligência do querelante, retomar a ação como parte principal". Assim, também dispõe o § 3º, do art. 100, do Código Penal. Igualmente, encontramos tal disposição no inciso LIX, do art. 5º, da Constituição Federal: "Será admitida ação privada nos crimes de ação pública, se esta não for intentada no prazo legal".

Qual a finalidade da ação privada subsidiária da pública? A finalidade "de impedir os males defluentes da desídia e da relapsia do Ministério Público", diz JORGE ALBERTO ROMEIRO[637].

É possível, sem dúvida alguma, o particular intentar a ação privada subsidiária da pública no Juizado Especial, por ser, inclusive, previsto na Constituição Federal (art. 5º, LIX), sem restrição.

Atente-se que, nos crimes contra a honra de servidor público no exercício da função, há legitimação concorrente do Ministério Público mediante ação penal pública condicionada à representação do ofendido, e deste por meio de queixa. Perdido o prazo decadencial para o oferecimento da queixa autônoma, não pode o ofendido representar o Ministério Público.

Com efeito, a admissão da ação privada nos crimes de ação penal pública só se faz possível, de acordo com o texto expresso da nossa Constituição Federal, quando a ação pública não for intentada no prazo legal, ação esta que só pode ter curso, frisa-se, com o oferecimento da denúncia. Entendendo o Ministério Público que não há crime algum nos fatos narrados, pedindo o arquivamento da representação, não pode o ofendido intentar ação penal privada. Inviável, pois, é o *recebimento* da *queixa*, uma vez que não se trata de *queixa autônoma*, decorrente da legitimidade própria do

---

[637] ROMEIRO, J. A. *Da ação penal*. Rio de Janeiro: Forense, 1940. p. 188.

ofendido, cujo prazo este deixou decair, mas de queixa subsidiária, substitutiva da ação penal pública, a qual o *dominus litis* já disse não ser possível. Observa-se que a queixa substitutiva de uma ação penal pública tem natureza eminentemente pública, tanto que, quanto a esta, não há falar em perdão, renúncia, perempção, institutos típicos de uma ação privada.

Não pode a parte aviar queixa crime subsidiária, apesar de o Ministério Público não ter intentado a ação penal pública, se, ao devolver os autos, manifestou-se pelo seu arquivamento. É certo que o inciso LIX, do art. 5º, da Constituição Federal, dispõe que "será admitida ação privada nos crimes de ação pública, se esta não for intentada no prazo legal", mas a interpretação não pode ser feita ao pé da letra. Esse modo de interpretação é inaceitável. É antigo o preceito que se deve adotar a interpretação que evite o absurdo (*interpretatio illa sumenda est quae vitetur absurdum*)[638].

Se o *dominus litis* afirma que não há crime, pode o particular, mesmo que o pronunciamento do Ministério Público seja tardio, se sobrepor a esse entendimento do Estado e ajuizar a ação penal subsidiária?

Não, evidentemente que não.

Observa-se que, no HC 65260-3/SP, rel. Min. NÉRI DA SILVEIRA, julgado pela 1ª Turma, em 25.03.1988 (*DJ* 08.09.1989), o Ministério Público, no prazo de dez dias, não pediu a instauração da ação penal nem se manifestou quanto ao arquivamento da representação.

No HC 66297/RJ, j. 07.04.1989 (*DJ* 26.05.1989), rel. Min. ALDIR PASSARINHO, lemos no voto condutor do acórdão que o Ministério Público "limitou-se a pedir a autuação e distribuição da representação, reservando-se para, após, emitir parecer".

No relatório desse acórdão, foi dito, com toda pertinência, pelo advogado do paciente JOSÉ GUILHERME VILELLA[639]: "Seria, em verdade, aberrante que o Ministério Público, depois de ter recusado a propositura da ação, devesse ser compelido a aderir obrigatoriamente à ação do ofendido".

Antes, em 29.05.1981, julgando o RE 94135/RJ, rel. Min. LEITÃO DE ABREU, a 2ª Turma do Supremo decidiu (Cf. *DJ* 07.08.1981) que a ação penal privada subsidiária (CPP, art. 29) "[...] não é cabível, se não houve inércia do Ministério Público. Aplicação correta do art. 43, III, do CPP [revogado pela Lei n. 11719/2008], ao ser rejeitada a queixa".

> **Art. 78.** Oferecida a denúncia ou queixa, será reduzida a termo, entregando-se cópia ao acusado, que com ela ficará citado e imediatamente cientificado da designação de dia e hora para a audiência de instrução e julgamento, da qual também tomarão ciência o Ministério Público, o ofendido, o responsável civil e seus advogados.
>
> **§ 1º** Se o acusado não estiver presente, será citado na forma dos arts. 66 e 68 desta Lei e cientificado da data da audiência de instrução e julgamento, devendo a ela trazer suas testemunhas ou apresentar requerimento para intimação, no mínimo 5 (cinco) dias antes de sua realização.
>
> **§ 2º** Não estando presentes o ofendido e o responsável civil, serão intimados nos termos do art. 67 desta Lei para comparecerem à audiência de instrução e julgamento.
>
> **§ 3º** As testemunhas arroladas serão intimadas na forma prevista no art. 67 desta Lei.

1. DENÚNCIA. OFERECIMENTO

Oferecida a denúncia ou a queixa, oralmente, o juiz mandará reduzi-las a termo, ou seja, transformá-las em escrito, na íntegra, e não em breve resumo, por tratar-se de peça importante, essencial;

---

[638] Deve ser tomada aquela interpretação que evite o absurdo.
[639] JOSÉ GUILHERME VILLELA, brilhante, conceituado e respeitado advogado, sua mulher, MARIA, e a empregada (FRANCISCA NASCIMENTO DA SILVA) foram assassinados, em casa, em Brasília, no coração da cidade, no dia 31.08.2009. VILLELA foi Ministro do TSE e atuou em casos de repercussão, defendendo FERNANDO COLLOR DE MELLO durante o processo de *impeachment* no Congresso. Antes, defendeu JUSCELINO KUBITSCHEK, o presidente do Senado JOSÉ SARNEY, PAULO MALUF e DELFIM NETTO.

extrair uma cópia, que será entregue ao acusado ou querelado; e designará data para a audiência de instrução e julgamento, dela logo ficando citado o réu ou querelado se, evidentemente, presentes à audiência. Dessa audiência, também ficarão, de pronto, cientes o ofendido, o responsável civil e seus advogados, se presentes, e o Ministério Público, o mesmo ocorrendo com as testemunhas.

Se o acusado ou querelado não estiverem presentes, serão citados por mandado, com a advertência de que, não comparecendo à audiência (arts. 66 e 68, da Lei n. 9099/1995), ser-lhes-á designado defensor público ou defensor dativo e intimados do dia e hora da audiência de instrução e julgamento. Não há citação por edital. Deveria a lei em comento ter previsto a citação por hora certa.

2. AS TESTEMUNHAS

Nas duas hipóteses, isto é, presentes ou não à audiência, o acusado ou o querelado ficarão cientificados de que, na audiência de instrução, deverão trazer suas testemunhas ou requerer, até cinco dias antes da audiência, a intimação delas (§ 1º, do art. 78). O Ministério Público e o querelante poderão, também, requerer a intimação de suas testemunhas, que devem ter sido arroladas na denúncia ou na queixa, pois esse é o momento, único, possível de fazer. Na prática, o Ministério Público não vai trazê-las, dadas as dificuldades naturais para assim proceder. A defesa pode apresentar suas testemunhas no dia da audiência, independentemente de tê-las arrolado. Se o Ministério Público e a defesa não requererem a intimação da testemunha, a audiência será realizada, ainda que a testemunha não compareça. Ocorreu, na hipótese, a preclusão (de *precludere*[640]), que significa a perda de determinada faculdade processual, no caso, por decurso do prazo, ou seja, a de requerer a intimação da testemunha, no mínimo cinco dias antes da audiência. Havendo justa causa, o juiz assinará novo prazo para a prática do ato.

Se a testemunha, apesar de devidamente intimada, não comparecer, será, desde que seu depoimento seja considerado importante, conduzida. Veremos isso ao comentarmos o art. 80.

2.1 Número de testemunhas

Qual o número máximo de testemunhas a ser arrolado? A Lei dos Juizados não prevê. Trata-se, no entanto, de um procedimento sumaríssimo. Antes da Lei n. 11719/2008, entendíamos que deveríamos seguir a regra traçada pelo Código de Processo Penal para os crimes apenados com detenção (art. 539). No entanto, esse artigo foi revogado pela Lei n. 11719/2008. Há de atentar-se agora para o disposto no art. 394, § 1º, do CPP, com a redação ditada pela Lei n. 11719, que classifica o procedimento comum em ordinário, sumário e sumaríssimo, sendo este aplicável "para as infrações de menor potencial ofensivo, na forma da lei". Observa-se também que, de acordo com o § 4º desse mesmo artigo, "as disposições dos arts. 395 a 398 deste Código aplicam-se a todos os procedimentos penais de primeiro grau, ainda que não regulados neste Código" (g.n.).

No procedimento sumário, "na instrução, poderão ser inquiridas até 5 (cinco) testemunhas arroladas pela acusação e 5 (cinco) pela defesa" (CPP, art. 532, com a nova redação determinada pela Lei n. 11719). No procedimento sumaríssimo, quantas testemunhas poderão as partes indicar?

Lembremos que o art. 92, da Lei n. 9099/1995 manda aplicar subsidiariamente o Código de Processo Penal. Assim, o número máximo a ser observado deve ser de cinco testemunhas, uma vez que o Código de Processo Penal não previu o número de testemunhas a serem arroladas no procedimento sumaríssimo.

Tenho, no entanto, que esse número de testemunhas é elevado para o procedimento sumaríssimo. Se esse número de testemunhas – cinco – é determinado para um procedimento, o sumário, que é aplicável "quando tiver por objeto crime cuja sanção máxima cominada seja inferior a 4 (quatro) anos", não deve ser observado quando a infração for de menor potencial ofensivo. O número, neste caso, deve ser, no máximo, de três testemunhas, como era para o antigo procedimento sumaríssimo,

---

[640] Fechar, encerrar.

previsto no art. 537, do CPP, antes da reforma pela Lei n. 11719, de 2008 ("Interrogado o réu, ser-lhe-á concedido, se o requerer, o prazo de três dias para apresentar defesa, arrolar testemunhas até o máximo de três e requerer diligências" – g.n.).

Há de se aplicar, assim, o sistema histórico-evolutivo, em que se busca "conciliar o passado com o presente, admitir a exegese progressiva sobre a base da dogmática", para observar "não só o que o legislador quis, mas também o que ele quereria, se vivesse no meio atual, enfrentasse determinado caso concreto hodierno, ou se compenetrasse das necessidades contemporâneas de garantias, não suspeitadas pelos antepassados", como explica CARLOS MAXIMILIANO.[641] Atentemos para o conceito de PAULO: *Non ex regula jus sumatur, sed ex jure, quod est, regula fiat.*[642]

Não sendo o acusado ou querelado encontrados para serem citados por mandado, porque, por exemplo, mudaram de residência, desapareceram, *os autos devem ser encaminhados ao Juízo Comum*. Não há razão para o feito continuar no Juizado, uma vez que perdida está sua finalidade. Dispõe o art. 538, do CPP, com o remendo feito pela Lei n. 11719/2008: "Nas infrações penais de menor potencial ofensivo, quando o juizado especial criminal encaminhar ao juízo comum as peças existentes para a adoção de outro procedimento, observar-se-á o procedimento sumário previsto neste Capítulo" (g.n.).

Não há no Juizado citação por edital. Posterior comparecimento do autor do fato ao Juízo Comum, entendo, fará que o termo circunstanciado de ocorrência seja devolvido ao Juízo Especial. O que atrapalha? Nada, a não ser um pequeno atraso.

Atualmente, em face da Lei n. 11719/2008, que deu nova redação ao art. 397, após a resposta do autor da infração (art. 396-A),

> o juiz deverá absolver sumariamente o acusado quando verificar: **I** – a existência manifesta de causa excludente da ilicitude do fato; **II** – a existência manifesta de causa excludente da culpabilidade do agente, salvo inimputabilidade; **III** – que o fato narrado evidentemente não constitui crime; ou **IV** – extinta a punibilidade do agente.

Antes da Lei n. 11719, de 2008, o recebimento da denúncia (juízo de admissibilidade) ocorria, em regra, imediatamente após o seu oferecimento. Atualmente, pode-se não aguardar a sentença para absolver o réu. Procede-se um contraditório, ouvindo-se, antes do exame da denúncia, o denunciado. Depois do oferecimento de resposta pela defesa, é que o juiz receberá ou não a denúncia.

Não se fazendo presentes à audiência de instrução o ofendido, o responsável civil e seus advogados, serão eles intimados por carta, com ARP (aviso de recebimento pessoal), que deverá ser entregue pessoalmente à pessoa física; no caso de pessoa jurídica ou firma individual, a carta poderá ser entregue ao encarregado da recepção, ou, sendo necessário, por mandado ou carta precatória, ou, ainda, por qualquer meio de comunicação, telefone, fax, *e-mail* (art. 67), para comparecerem à audiência de instrução e julgamento (§ 2º do art. 78).

A ouvida de testemunha por precatória só será admissível se estritamente necessária.

A 5ª Turma do Superior Tribunal de Justiça, ao julgar o RHC 9740/MG, em 21.11.2000, relator Min. JOSÉ ARNALDO DA FONSECA, por unanimidade, decidiu que (*DJ* 19.02.2001):

> A concentração dos atos processuais em audiência única, prescrita no art. 81, § 1º, da Lei n. 9099/1995, não constitui regra absoluta e não pode servir de obstáculo à busca da verdade real, com prejuízo ao acusado. Os princípios da celeridade e economia processual que informam o procedimento previsto na Lei dos Juizados Especiais Criminais (lei ordinária) não podem ser invocados em detrimento de um princípio maior, como o da ampla defesa, com os meios e recursos a ela inerentes (art. 5º, LV, da CF), dentre os quais está a possibilidade de produção de prova testemunhal, inclusive por meio de precatória, se necessário for.

---

[641] SANTOS, 1957, p. 68.
[642] Da regra não se extraia o Direito, ao contrário, com o Direito, tal como é na sua essência, construa-se a regra.

Contrariamente ao que está disposto no § 1º, do art. 222, do Código de Processo Penal ("A expedição da precatória não suspenderá a instrução criminal"), no Juizado Especial, deverá haver suspensão da instrução em face da concentração dos atos processuais em uma só audiência.

As testemunhas arroladas serão intimadas também na forma do art. 67 (§ 3º, do art. 78), ou seja, por correspondência, com aviso de recebimento, por oficial de justiça, sem necessidade de mandado ou carta precatória, ou por qualquer outro meio de comunicação.

3. PRISÃO PREVENTIVA

É possível a decretação da prisão preventiva no Juizado Especial?

A finalidade da prisão preventiva é a garantia da ordem pública (evitar que o autor da infração continue na prática de atos delituosos) e da ordem econômica; por conveniência da instrução criminal (o autor do fato está a perturbar a instrução, ameaçando testemunhas, tentando suborná-las, aliciando-as, enfim, estorvando a instrução); para assegurar a aplicação da lei penal.

Presentes esses requisitos (o *periculum in mora* ou *periculum libertatis*) e os pressupostos – existência do crime e indícios suficientes da autoria (o *fumus boni iuris*) –, pode e deve o juiz, no Juizado Especial, decretar a prisão preventiva do autor do fato.

Dizia FRANCESCO CARRARA[643] com acerto:

> Sin embargo, se admite como una necesidad política hoy ya reconocida, por las siguientes necesidades: **1ª**, necesidad de justicia: para impedir la fuga del reo; **2ª**, necesidad de verdad: para impedirle enturbiar las investigaciones de la autoridad, destruir los vestigios del delito, intimidar a los testigos; **3ª**, necesidad de defensa pública: para impedir a ciertos facinerosos que continúen, mientras dure el proceso, en sus ataques al derecho ajeno.

O art. 313, do Código de Processo Penal, estabelece as hipóteses em que a prisão preventiva pode ser decretada. Primeiramente, só nos crimes dolosos e se punidos com reclusão; nos punidos com detenção, quando se apurar que o indiciado é vadio (*vagabundo*, na linguagem do Código de Processo do Estado da Bahia, art. 1.646, 1º); se houver dúvida sobre sua identidade ou se for reincidente em crime doloso. Nos casos das duas primeiras hipóteses, a prisão é decretada para assegurar a aplicação da lei penal, desde que provada a existência do crime e havendo indício suficiente da autoria, e se presente se fizer o *fumus boni iuris*[644]. Na terceira hipótese, quando o réu é reincidente em crime doloso (aquele que volta a cometer outro crime depois de já ter sido condenado, com sentença transitada em julgado); e a última, para garantir a execução de medidas protetoras da vítima, em casos de violência doméstica.

A prisão preventiva, por *não ser pena antecipada*, não pode ser decretada com base no alarma social, no clamor público, na comoção social, no modo como foi executado o crime, na repercussão do crime na imprensa, para proteção da paz pública, para dar satisfação ao público.

Diz ODONE SANGUINÉ[645], emérito Procurador de Justiça, "é inconstitucional atribuir à prisão preventiva a função de acalmar o alarma social ocasionado pelo delito, pois, por muito respeitáveis que sejam os sentimentos sociais de *vingança*, a prisão preventiva não está concebida com uma pena antecipada que possa cumprir fins de prevenção".

O argumento de que o indiciado, ou acusado, que dispõe de vultosas quantias, o que facilita a articulação no sentido de corromper testemunhas, servidores públicos, é meramente especulativo,

---

[643] CARRARA, F. *Programa del curso de derecho criminal dictado en la real Universidad de Pisa*. v. 2. Buenos Aires: Depalma, 1944. p. 285.

[644] Fumaça do bom Direito (juízo de probabilidade e verossimilhança).

[645] SANGUINÉ, O. A inconstitucionalidade do clamor público como fundamento da preventiva. In: SHECAIRA, S. S. (org.). *Estudos criminais em homenagem a Evandro Lins e Silva (criminalista do século)*. São Paulo: Método, 2001. p. 279.

teórico, não passando de mera, simples suspeita, desconfiança, conjectura. É de perguntar-se: Quem será o corrompido? As testemunhas são passíveis de serem corrompidas? Por quê?

O fato de o indiciado, ou acusado, ter recursos, grandes recursos, não significa, por si só, que irá evadir-se do distrito da culpa. Se esse entendimento for certo, todo indiciado, ou acusado, rico deverá ter sua prisão preventiva, *obrigatoriamente*, decretada.

Muitas vezes se alega que a prisão preventiva dever ser decretada para não levar ao descrédito os órgãos de repressão estatal.

A comoção social frequentemente é fabricada pela autoridade policial, ou pelo Ministério Público, com utilização da mídia.

Agir de acordo com a lei e a Constituição não pode ocasionar o descrédito das autoridades. O que leva ao descrédito é a falta de apuração dos fatos tidos como criminosos, é a sensação de impunidade, é a morosidade dos procedimentos administrativos na Polícia, no Ministério Público e dos processos em juízo.

Sobre a comoção social, o Supremo Tribunal Federal, por sua 2ª Turma, em lapidar voto do Min. CELSO DE MELLO ao julgar o HC 80719-4/SP, impetrado contra ato coator do Superior Tribunal de Justiça, em sessão de 26.06.2001 (*DJ* 28.09.2001), decidiu em votação unânime:

> O estado de comoção social e de eventual indignação popular, motivado pela repercussão da prática da infração penal, não pode justificar, só por si, a decretação da prisão cautelar do suposto autor do comportamento delituoso, sob pena de completa e grave aniquilação do postulado fundamental da liberdade. O clamor público – precisamente por não constituir causa legal de justificação da prisão processual (CPP, art. 312) – não se qualifica como fator de legitimação da privação cautelar da liberdade do indiciado ou do réu, não sendo lícito pretender-se, nessa matéria, por incabível, a aplicação analógica do que se contém no art. 323, V, do CPP, que concerne, exclusivamente, ao tema da fiança criminal. Precedentes. A acusação penal por crime hediondo não justifica, só por si, a privação cautelar da liberdade do indiciado ou do réu.

E a respeito da *perda de credibilidade das autoridades*, nesse mesmo julgamento, ficou decidido:

> Preservação da credibilidade das instituições e da ordem pública não consubstancia, só por si, circunstância autorizadora da prisão cautelar. Não se reveste de idoneidade jurídica, para efeito de justificação do ato excepcional de privação cautelar da liberdade individual, a alegação de que o réu, por dispor de privilegiada condição econômico-financeira, deveria ser mantido na prisão, em nome da credibilidade das instituições e da preservação da ordem pública.

Não podemos esquecer que o art. 312, do Código de Processo Penal, estabelece quais as únicas hipóteses em que a prisão preventiva pode ser decretada, por se fazer necessária. São elas: garantia da ordem pública, da ordem econômica, por conveniência da instrução criminal ou para assegurar a aplicação da lei penal.

É a prisão preventiva um mal necessário e, desse modo, deve ficar limitada aos casos previstos em lei e "dentro dos limites da mais restrita necessidade". Prisão preventiva sem fundamentação é "a mais rematada expressão da prepotência, do arbítrio e da opressão" (HÉLIO TORNAGHI)[646].

Prisão preventiva não é pena, não é sanção. É medida de exceção que só pode ser admitida em situações que revelem que o indiciado ou o acusado deva ser segregado. É medida *cautelar*, sendo, pois, instrumento para a realização do processo ou para garantir seu resultado.

Vale observar que o preso, ainda que provisoriamente, pode remir, ou seja, resgatar, abater parte do tempo da pena que venha a cumprir (Lei de Execução Penal – Lei n. 7210, de 11.07.1984, art. 126 c/c o parágrafo único do art. 2º e o parágrafo único do art. 31 dessa mesma Lei).

Não se pode esquecer, também, da detração – abatimento – (CP, art. 42), isto é, computa-se, na pena privativa de liberdade e na medida de segurança, o tempo de prisão provisória.

---

[646] TORNAGHI, H. B. *Manual de processo penal*. Rio de Janeiro: Freitas Bastos, 1963. p. 619.

Segundo lição do Supremo Tribunal Federal, é preciso que o decreto de prisão preventiva mencione fatos concretos de molde a atestar a ocorrência dos requisitos estabelecidos no art. 312, do Código de Processo Penal (Cf. RHC 83645/SP, j. 25.11.2003, *DJ* 19.12.2003, 1ª Turma, rel. Min. CARLOS BRITTO).

No HC 80719-4/SP, acima mencionado, o Supremo Tribunal Federal, pela voz de um de seus mais ilustres e preclaros membros, Min. CELSO DE MELLO, proclamou:

> A privação cautelar da liberdade individual reveste-se de caráter excepcional, somente devendo ser decretada em situações de absoluta necessidade. A prisão preventiva, para legitimar-se em face de nosso sistema jurídico, impõe – além da satisfação dos pressupostos a que se refere o art. 312, do CPP (prova da existência material do crime e indício suficiente de autoria) – que se evidenciem, com fundamento em base empírica idônea, razões justificadoras da imprescindibilidade dessa extraordinária medida cautelar de privação da liberdade do indiciado ou do réu. A prisão preventiva, enquanto medida de natureza cautelar, não tem por objetivo infligir punição antecipada ao indiciado ou ao réu. A prisão preventiva não pode – e não deve – ser utilizada, pelo Poder Público, como instrumento de punição antecipada daquele a quem se imputou a prática do delito, pois, no sistema jurídico brasileiro, fundado em bases democráticas, prevalece o princípio do devido processo legal incompatível com punições sem processo e inconciliável com condenações sem defesa prévia. A prisão preventiva – que não deve ser confundida com a prisão penal – não objetiva infligir punição àquele que sofre a sua decretação, mas destina-se, considerada a função cautelar que lhe é inerente, a atuar em benefício da atividade estatal desenvolvida no processo penal.

A doutrina é nessa mesma linha de entendimento.

Tenha-se sempre, como já tive oportunidade de dizer, que não existe a presunção absoluta do *periculum in mora*. A Lei n. 5349, de 03.11.1967, acabou com essa presunção justificadora da prisão preventiva compulsória. Antes, quando ao crime correspondia pena igual ou superior a dez anos, a prisão preventiva era *obrigatória*.[647]

3.1 Prisão para execução da pena

A prisão que tem por objetivo o início da aplicação da pena somente pode ser iniciada quando forem julgados todos os recursos cabíveis a serem interpostos, inclusive o especial e o extraordinário.

3.2 Prisão preventiva para fins de extradição

Tal modalidade de prisão tem por objetivo garantir a efetividade do processo extrajudicial, sendo condição para se iniciar o processo de extradição. Desse modo, a extradição deve ser requerida depois da prisão. O Ministério das Relações Exteriores remeterá o pedido ao Ministério da Justiça, que o encaminhará ao STF, cabendo ao Ministro-relator ordenar a prisão do extraditando para que seja colocado à disposição do Supremo Tribunal Federal.

> **Art. 79.** No dia e hora designados para a audiência de instrução e julgamento, se na fase preliminar não tiver havido possibilidade de tentativa de conciliação e de oferecimento de proposta pelo Ministério Público, proceder-se-á nos termos dos arts. 72, 73, 74 e 75 desta Lei.

1. TENTATIVA DE CONCILIAÇÃO

Na audiência de instrução e julgamento, se, por qualquer motivo – ausência do autor da infração ou do seu representante legal, ou da vítima –, não tiver havido a tentativa de conciliação

---

[647] TOURINHO NETO, F. DA C. Prisão provisória. *Cartilha Jurídica*, TRF-1ª Região, Brasília, v. 27, jun., 1994. p. 9.

ou sua proposta, o juiz, antes de mais nada, esclarecerá "sobre a possibilidade de composição de danos" e "da aceitação da proposta de aplicação imediata de pena não privativa de liberdade" (art. 72); conduzirá, se for o caso, a conciliação (art. 73) e, chegando-se a uma composição, mandará reduzi-la a termo, homologando-a (art. 74). Também, nessa ocasião, poderá o Ministério Público "propor a aplicação imediata de pena restritiva de direitos ou multa" (art. 76). Menciona o citado dispositivo o art. 75; deve ser, no entanto, o art. 76, pois é este que trata da proposta do Ministério Público – aplicar imediatamente a pena restritiva de direitos ou multa ([...] o Ministério Público poderá propor a aplicação imediata de pena restritiva de direitos ou multa [...]") a cuja ausência (de proposta) refere-se o art. 79.

Nada impede que o juiz, apesar de já ter, anteriormente, proposto a conciliação e esta fracassado, novamente a tente entre o autor da infração e a vítima, com o objetivo de obter a composição dos danos civis e, mais uma vez, tente que o autor da infração aceite a aplicação de pena restritiva de direitos ou multa.

Não haveria quebra do princípio da irretratabilidade da ação penal, estabelecido no art. 42, do Código de Processo Penal, se a denúncia já foi oferecida? Em princípio, sim, mas, considerando que o fim maior do Juizado Especial é alcançar a conciliação, a pacificação, não. Ademais, o Código de Processo Penal só pode ter aplicação subsidiária quando os seus princípios não forem incompatíveis com os das Leis dos Juizados, cujo princípio maior é o da solução consensual. Recebida a denúncia, não mais será possível a conciliação.

MIRABETE[648] é desse mesmo entendimento, dizendo:

> Criou a lei, portanto, por exceção ao *princípio da indisponibilidade* ou da *indesistibilidade*, a possibilidade de retratação da ação penal pública; ainda que oferecida a denúncia, nada impede que o Ministério Público transacione, oferecendo proposta de imposição imediata de pena restritiva de direitos ou multa.

Em relação à ação pública condicionada, assim explicitou seu pensamento:

> Aqui [no Juizado], ao contrário do disposto nos arts. 102, do Código Penal, e 25, do Código de Processo Penal, que, agasalhando o *princípio da indesistibilidade* da ação penal pública, consideram a representação irretratável depois de oferecida a denúncia, permitem a retratação no rito especial dos Juizados Especiais Criminais antes do recebimento da inicial. No caso de queixa, criou a lei uma hipótese expressa de *desistência* da ação penal privada.[649]

Art. 80. Nenhum ato será adiado, determinando o juiz, quando imprescindível, a condução coercitiva de quem deva comparecer.

1. CONDUÇÃO COERCITIVA

Visando obter celeridade, a Lei dos Juizados Especiais determina, no art. 80, que nenhum ato seja adiado, e para isso permite que o juiz ordene a condução coercitiva (medida restritiva de liberdade) imediata daquele que, intimado devidamente, não compareceu à audiência. Mas se não houver, é claro, justo motivo.

O art. 218, do Código de Processo Penal, tem um dispositivo semelhante na hipótese de o faltante ser a testemunha: "Se, regularmente intimada, a testemunha deixar de comparecer sem motivo justificado, o juiz poderá requisitar à autoridade policial a sua apresentação ou determinar seja conduzida por oficial de justiça, que poderá solicitar o auxílio da força pública".

---

[648] MIRABETE, 2002, p. 191-192.
[649] MIRABETE, 2002, p. 191.

O Projeto do Código de Processo Penal – Projeto de Lei n. 1655-A, de 1983 –, no § 1º, do art. 345, dispõe de igual procedimento: "Aberta a audiência, e verificadas as presenças, pode o juiz ordenar a condução coercitiva do ofendido, peritos e testemunhas que não houverem comparecido até quinze minutos após".

O § 1º, do art. 201, do Código de Processo Penal, em relação ao ofendido, dispõe que, "se, intimado para esse fim [o fim previsto no *caput*], deixar de comparecer sem motivo justo, *o ofendido poderá ser conduzido à presença da autoridade*" (g.n.). Esse parágrafo foi, em face da Lei n. 11690, de 09.06.2008, renumerado.

Dispõe o art. 201, *caput,* que: "Sempre que possível, o ofendido será qualificado e perguntado sobre as circunstâncias da infração, quem seja ou presuma ser o seu autor, as provas que possa indicar, tomando-se por termo as suas declarações". Portanto, para uma boa instrução, muitas vezes é necessária a ouvida do ofendido.

Tomou a lei certas precauções, como as que se vê nos §§ 4º e 6º:

"§ 4º Antes do início da audiência e durante a sua realização, será reservado espaço separado para o ofendido".

Essa medida evitará que o ofendido sofra constrangimentos e seja preservada sua integridade física.

> § 6º O juiz tomará as providências necessárias à preservação da intimidade, vida privada, honra e imagem do ofendido, podendo, inclusive, determinar o segredo de justiça em relação aos dados, depoimentos e outras informações constantes dos autos a seu respeito para evitar sua exposição aos meios de comunicação.

Evita-se, assim, o *strepitus judice*.

De referência ao acusado, diz o art. 260, do Código de Processo Penal, que, se ele "não atender à intimação para o interrogatório, reconhecimento ou qualquer outro ato que, sem ele, não possa ser realizado, a autoridade poderá mandar *conduzi-lo à sua presença*" (g.n.). Mas não é bem assim. O acusado não está obrigado a comparecer perante o juízo para ser interrogado. Seu silêncio está garantido constitucionalmente – inciso LXIII, do art. 5º, da Constituição Federal ["o preso será informado de seus direitos, entre os quais o de permanecer calado, sendo-lhe assegurada a assistência da família e de advogado"] – *nemo tenetur se detegere*[650]. Para outros fins, sua condução, para a maioria dos doutrinadores, pode ser determinada.

Mas o acusado é objeto do processo ou sujeito? Daí GERALDO PRADO[651] recusa, "a princípio, a possibilidade de condução do acusado, especialmente quando vinculada ao propósito de submetê-lo a qualquer tipo de apreciação probatória, convertendo-o de sujeito em objeto do processo". *Nemo tenetur edere contra se.*[652] Afinal: *nemo tenetur seipsum accusare.*[653]

Isso, como por ele bem lembrado, é o que dispõe o art. 8º, item 2, g, do Pacto de São José da Costa Rica, Convenção adotada e aberta à assinatura na Conferência Especializada Interamericana sobre Direitos Humanos, em San José de Costa Rica, em 22.11.1969, e ratificada pelo Brasil em 25.09.1992:

> Art. 8º Garantias judiciais:
>
> [...] 2. Toda pessoa acusada de um delito tem direito a que se presuma sua inocência, enquanto não for legalmente comprovada sua culpa. Durante o processo, toda pessoa tem direito, em plena igualdade, às seguintes garantias mínimas: [...] g) direito de não ser obrigada a depor contra si mesma, nem a confessar-se culpada [...].

---

[650] Ninguém é forçado a confessar.
[651] PRADO, 2003, p. 197.
[652] Ninguém é obrigado a fazer prova contra si.
[653] Nem ninguém é forçado a acusar-se.

A condução coercitiva poderá ser feita pelo oficial de justiça ou pela autoridade policial. Não se trata de prisão. Logo, não se pode falar em violação ao art. 5º, LXI, da Constituição Federal. Ademais, foi uma autoridade competente quem determinou a condução coercitiva. É [...] *I tropi amen gaston la messa*.[654]

Mas atente-se para a determinação do dispositivo: o juiz ordenará a condução coercitiva de quem deva comparecer e não compareceu a fim de evitar o adiamento da audiência. *Modus in rebus*.[655] Se o promotor de justiça ou o procurador da República e o advogado não comparecerem, evidentemente o juiz não os mandará conduzir *debaixo de vara*, expressão antiga que significa condução forçada pelo oficial de justiça. Em Roma, o servidor que conduzia o faltoso ia tocando-o com uma vara chamada de *bidelus*[656].

A condução coercitiva só será determinada se a ausência daquele cuja presença se impõe não for justificada. Justo o motivo, a condução não deve ser determinada.

SÉRGIO MORO, quando juiz da 13ª Vara da "*República de Curitiba*", utilizava da prática de determinar a condução coercitiva ainda que o cidadão não tivesse se recusado a comparecer à audiência. Assim procedeu com LUIZ INÁCIO LULA DA SILVA. O Ministro MARCO AURÉLIO criticou o juiz:

> Eu só concebo condução coercitiva se houver recusa do intimado a comparecer. É o figurino legal. Basta ler o que está no Código de Processo. Deve ser o último recurso. Você hoje é um cidadão e pedem que você seja intimado a prestar um depoimento. Em vez de expedirem o mandado de intimação, podem conduzir coercitivamente, como se dizia, debaixo de vara?

Era uma prática recorrente na lava-jato. Era um juiz altamente arbitrário, o que o tornava suspeito de julgar.

Se o defensor, constituído ou dativo, é o ausente, o juiz poderá nomear um advogado *ad hoc*[657] para substituí-lo. Se for o representante do Ministério Público, o caso deverá ser comunicado ao procurador-geral da República ou ao da justiça, a depender se o Juizado Especial for Federal ou Estadual. Não se admite mais a figura do promotor *ad hoc*.

À testemunha faltosa, o juiz poderá aplicar multa "sem prejuízo do processo penal por crime de desobediência, e condená-la ao pagamento das custas da diligência". É o que prevê o art. 219, do Código de Processo Penal, aplicado subsidiariamente, conforme determina o art. 92, da Lei n. 9099/1995.

O querelante, em não se fazendo presente, não deve ser conduzido. Sua ausência implica perempção, nos termos do art. 60, III, do Código de Processo Penal.

E o réu? O réu, como vimos, não; este poderá ser conduzido. Não está ele obrigado a falar. *Nemo tenetur se detegere*[658], mas deverá se fazer presente, sob pena, inclusive, de cometer o crime de desobediência – art. 330, do Código Penal.

> **Art. 81.** Aberta a audiência, será dada a palavra ao defensor para responder à acusação, após o que o juiz receberá, ou não, a denúncia ou queixa; havendo recebimento, serão ouvidas a vítima e as testemunhas de acusação e defesa, interrogando-se a seguir o acusado, se presente, passando-se imediatamente aos debates orais e à prolação da sentença.
>
> **§ 1º** Todas as provas serão produzidas na audiência de instrução e julgamento, podendo o juiz limitar ou excluir as que considerar excessivas, impertinentes ou protelatórias.

---

[654] O excesso de améns estraga a missa.
[655] Para cada coisa existe a medida própria.
[656] De *bidellium*, espécie de palmeira.
[657] Para isto.
[658] Ninguém é obrigado a se desvendar (falar).

> **§ 1º-A.** Durante a audiência, todas as partes e demais sujeitos processuais presentes no ato deverão respeitar a dignidade da vítima, sob pena de responsabilização civil, penal e administrativa, cabendo ao juiz garantir o cumprimento do disposto neste artigo, vedadas:
>
> **I** – a manifestação sobre circunstâncias ou elementos alheios aos fatos objeto de apuração nos autos;
>
> **II** – a utilização de linguagem, de informações ou de material que ofendam a dignidade da vítima ou de testemunhas. (acréscimo feito pela Lei n. 14245, de 22.11.2021).
>
> **§ 2º** De todo o ocorrido na audiência será lavrado termo, assinado pelo juiz e pelas partes, contendo breve resumo dos fatos relevantes ocorridos em audiência e a sentença.
>
> **§ 3º** A sentença, dispensado o relatório, mencionará os elementos de convicção do juiz.

1. TENTATIVA DE CONCILIAÇÃO E PROPOSTA DO MINISTÉRIO PÚBLICO

Após a tentativa de conciliação e de oferecimento de proposta do Ministério Público para aplicação da pena restritiva de direitos ou de multa, se isso não ocorreu na fase preliminar ou de sua renovação, o que é possível, como já vimos, inicia-se a audiência de instrução e julgamento, dando o juiz a palavra ao defensor para responder, na audiência, à acusação. Essa resposta poderá ser oral, que será reduzida a termo, ou por escrito, pois o autor da infração já teve ciência da denúncia ou da queixa (art. 78). Vale lembrar que o rol de testemunhas não é oferecido com a resposta, e sim em até cinco dias antes, no mínimo, da audiência, se houver necessidade de intimação. Não havendo necessidade de intimação, a apresentação das testemunhas pode ser feita no momento da audiência, sem indicação prévia (§ 1º, do art. 78, da Lei dos Juizados Especiais).

Nos procedimentos ordinário e sumário, as testemunhas são arroladas na defesa inicial (resposta inicial) – art. 396-A (CPP, Livro II – Dos processos em espécie; Título I – Do processo comum; Capítulo I – Da instrução criminal). Não se trata, observa-se, da defesa preliminar prevista em procedimento dos crimes especiais, como na Lei de Drogas e no procedimento dos crimes praticados por funcionários públicos (CPP, arts. 513 e s.). O art. 537 (do processo sumário) foi revogado pela Lei n. 11719/2008. No procedimento do Juizado, as testemunhas são, também, arroladas na defesa preliminar. Observar que o procedimento de ofício, por força do art. 129, I, da Constituição Federal, foi extinto. Ao processo penal por contravenção deve ser aplicado o procedimento sumaríssimo previsto no art. 394, § 1º, III, do CPP, com a redação determinada pela Lei n. 11719, de 2008.

2. RESPOSTA À ACUSAÇÃO. DEFESA

Aberta a audiência, o juiz dará a palavra ao defensor do autor do fato para resposta à acusação, ou seja, para contestá-la, impugná-la, de molde a convencer o juiz a não recebê-la.

É mais do que a defesa prévia antes prevista no art. 395, do Código de Processo Penal, pois, nesta, a defesa limitava-se à negativa geral, a dizer que os fatos não se passaram como dito pela acusação e a requerer diligências, arrolando, de logo, testemunhas. Era feita de uma maneira simples. Geralmente, na defesa prévia, o defensor reserva-se o direito de, a final, nas alegações finais, apreciar melhor a questão, o *meritum causae*[659]. Não é, pois, grande valia, tanto assim que o Supremo Tribunal Federal entendeu, algumas vezes, não ser causa de nulidade. Por exemplo, ao apreciar o HC 80958/PE, em 18.12.2001 (*DJ* 12.04.2002), rel. Min. MOREIRA ALVES, da 1ª Turma do Supremo, decidiu:

> No tocante à defesa prévia, que alegou a inocência do ora paciente como seria demonstrado na instrução criminal, mas não apresentou rol de testemunhas, essa falta não é causa de nulidade do processo penal, porquanto é firme a jurisprudência desta Corte (assim, a título exemplificativo, os RHC 58433 e 59429, e os HC 68923, 69034, 74794 e 76226) no sentido de que até

---
[659] Mérito da causa.

> a ausência de defesa prévia, por não ser peça essencial do processo, não é causa de nulidade deste, o mesmo ocorrendo, com maior razão, quando foi apresentada defesa prévia, mas nela não se arrolaram testemunhas.

Atualmente, depois da Lei n. 11719/2008, a outrora defesa prévia, hoje defesa ou resposta inicial, corresponde a uma verdadeira contestação.

O que anulava o processo era a ausência de concessão de prazo para apresentação da resposta preliminar.

Se o autor do fato não apresentar defesa prévia, por não ter advogado, ou, se tendo, este não a apresentou, o juiz nomeará defensor para oferecê-la ou enviará o feito para a Defensoria Pública (v. § 2º, do art. 396-A, acrescentado pela Lei n. 11719/2008).

No Juizado é causa, também, de nulidade o juiz receber a denúncia antes de o autor do fato apresentar resposta.

Atualmente, pelo disposto no art. 366-A, *caput*, do CPP, acrescentado pela Lei n. 11719/2008: "Na resposta, o acusado poderá arguir preliminares e alegar tudo o que interesse à sua defesa, oferecer documentos e justificações, especificar as provas pretendidas e arrolar testemunhas, qualificando-as e requerendo sua intimação, quando necessário". Deixou, assim, de ser uma mera peça com a finalidade tão só de arrolar testemunhas.

A 1ª Turma do Supremo, em sessão de 14.10.2003, examinando o HC 82672/RJ, por maioria, concedeu a ordem porque o advogado constituído pela paciente confessara a contravenção antes mesmo de ser ela interrogada, pleiteando sua condenação no mínimo legal. Entendeu a Turma que não houve defesa técnica. O *habeas corpus* foi impetrado por defensor público. O relator, Min. CARLOS BRITTO, entendeu que, na hipótese, houve estratégia da defesa. Salientou, outrossim, que o fato de a defesa não requerer a absolvição poderia dar lugar à prática proposital do requerimento da condenação do constituinte com o objetivo de posteriormente alegar nulidade. O Min. MARCO AURÉLIO foi designado relator para o acórdão.

A decisão foi acertada. Observa-se que a defesa *confessou* o delito *antes* de a acusada ser interrogada, antes do término da instrução. A confissão não deveria ser admitida pelo juiz.

A defesa é um dos pilares da democracia, do devido processo legal. Deve ser respeitada por pior e mais horrendo que seja o crime. O acusado pode ser inocente! Há de se lhe dar oportunidade de defender-se.

MALATESTA[660], por sua vez, disse:

> A pena deve reprimir a perturbação nascida de *certo* delito, atingindo o delinquente *certo*, e não tomando em conta a fantástica perturbação oriunda da *suposição delinquente*. Infligir pena a um suposto criminoso é infligi-la a um possível inocente, é uma perturbação da consciência social superior à produzida pelo próprio delito.

É necessário reconstruir o homem para reconstruir o mundo. Observem esta lição de PAULO COELHO[661]:

> O pai estava tentando ler o jornal, mas o filho pequeno não parava de perturbá-lo. Já cansado daquilo, arrancou uma folha – que mostrava o mapa do mundo –, cortou-a em vários pedaços e entregou-a ao filho. – Pronto, aí tem algo para você fazer. Eu acabo de lhe dar um mapa do mundo e quero ver se você consegue montá-lo exatamente como ele é. Voltou a ler seu jornal, sabendo que aquilo ia manter o menino ocupado pelo resto do dia. Quinze minutos depois, porém, o garoto voltou com o mapa. – Sua mãe andou lhe ensinando geografia? – Perguntou o pai, aturdido. – Nem sei o que é isso, pai – respondeu o menino. – Acontece que do outro lado da folha tinha o retrato de um homem. E, uma vez que consegui reconstruir o homem, eu também reconstruí o mundo.

---

[660] MALATESTA, 1996, p. 89.
[661] COELHO, P. *História para pais, filhos e netos*. São Paulo: Globo, 2001. p. 17.

MONTESQUIEU, na inquietude de sua inteligência, apregoou: "A pior tirania é a exercida à sombra da lei e com a aparência de justiça"[662].

3. RECEBIMENTO DA DENÚNCIA

Só depois da resposta – defesa preliminar – é que o juiz receberá ou não a peça acusatória (exame de admissibilidade da peça inicial acusatória). Desse modo, a decisão que recebe ou rejeita a denúncia deve ser fundamentada, ao contrário do processo comum, em que a regra é receber a denúncia sem fundamentação, tão somente com um "Recebo a denúncia. Notifique-se o acusado para ser interrogado, no dia tal, às tantas horas".

Constituem exceções os procedimentos de responsabilidade dos funcionários públicos (arts. 513 a 518, do CPP). O art. 514 dispõe que, "nos crimes afiançáveis, estando a denúncia ou queixa em devida forma, o juiz mandará autuá-la e ordenará a notificação do acusado, para responder por escrito, dentro do prazo de 15 (quinze) dias". E o art. 516 determina que o despacho que rejeitar a denúncia deve ser fundamentado. A Lei n. 8038, de 1990, assim também determina. Exigência também que era prevista nos crimes de imprensa, art. 43, § 1º, da Lei n. 5250, de 1967 (Lei esta que não foi recepcionada pela nova ordem democrática, sendo excluída totalmente do ordenamento jurídico, pelo STF, ao julgar a Arguição de Descumprimento de Preceito Fundamental (ADPF) n. 130-7, e está presente nos crimes referentes a enriquecimento ilícito por agentes públicos, previstos na Lei n. 8429, de 1992, art. 17, § 7º. O art. 55, da Lei n. 11343, de 2006, que revogou a Lei n. 6368/1976 e a Lei n. 10409, de 2002, dispõe que, oferecida a denúncia, o acusado seja citado para, em dez dias, responder à acusação. Só depois da resposta é que o juiz receberá ou rejeitará a denúncia. Também esse procedimento se via na antiga Lei de Falências (Dec.-lei n. 7661/1945), que foi revogada pela Lei n. 11101/2005.

O juiz não faz nenhuma instrução para decidir se recebe ou não a denúncia ou a queixa. Proferirá a decisão com os elementos que já se encontram nos autos.

O Projeto de Lei n. 1655-A, de 1983, que instituía o Código de Processo Penal[663], no art. 235, estabelecia que, "ao deferir o processamento da denúncia ou queixa, o juiz ordenará a citação do acusado para responder ao pedido". Depois da resposta é que se receberia ou não a denúncia.

O Projeto de Lei n. 4207, de 2001, que deu origem à Lei n. 11719, de 2008, dispunha, no art. 395:

> Nos procedimentos ordinário e sumário, oferecida a denúncia ou queixa, o juiz, se não a rejeitar liminarmente, ordenará a citação do acusado para responder à acusação, por escrito, no prazo de dez dias, contados da data da juntada do mandado aos autos ou, no caso de citação por edital, do comparecimento pessoal do acusado ou do defensor constituído.

Para receber ou não a denúncia, haveria um contraditório. Após a resposta do denunciado é que aconteceria o juízo de admissibilidade.

Seria o ideal!

Mas não foi isso que ficou estabelecido. O Projeto sofreu alterações e, afinal, saiu o art. 396 com a seguinte redação:

"Nos procedimentos ordinário e sumário, oferecida a denúncia ou queixa, o juiz, se não a rejeitar liminarmente, recebê-la-á e ordenará a citação do acusado para responder à acusação, por escrito, no prazo de 10 (dez) dias".

Cuidou o dispositivo apenas da rejeição liminar e não da rejeição em face das argumentações do denunciado. As hipóteses previstas no art. 397 que acarretam a absolvição sumária: "**I** – a existência manifesta de causa excludente da ilicitude do fato; **II** – a existência manifesta de causa excludente

---

[662] MONTESQUIEU apud PELLEGRINO, 1974, p. 107.
[663] Cf. *Diário do Congresso Nacional*, Câmara dos Deputados, seção I, v. 39, suplemento ao n. 129, 19.10.1984.

da culpabilidade do agente, salvo inimputabilidade; III – que o fato narrado evidentemente não constitui crime; ou IV – extinta a punibilidade do agente".

O art. 395 tratou das hipóteses de rejeição da denúncia e da queixa.

Certa está a Lei dos Juizados, em que o juiz só recebe ou rejeita a denúncia após a resposta do autor da infração, pelo seu defensor.

Recebida a peça acusatória, tem-se início a instrução, a colheita das provas.

Faz-se a prova para reconstituir os fatos e, assim, verificados como ocorreram, saber-se-á se o acusado o praticou, como o praticou e por que o praticou.

3.1 Rejeição e não recebimento da denúncia. Diferenciação

A denúncia que não preenche os requisitos formais do art. 41, do Código de Processo Penal, não será recebida. Se concorressem as condições de ação previstas no art. 43, do Código de Processo Penal, a denúncia seria rejeitada. TOURINHO FILHO[664] cita alguns exemplos em que a denúncia não deve ser recebida: a que não estiver escrita em vernáculo; a que não contiver a assinatura do juiz; aquela em que não haja a descrição do fato criminoso. Entendem alguns doutrinadores que o recurso da decisão que não recebe a denúncia é o recurso em sentido estrito; e da que a rejeita, a apelação. Rejeitada a denúncia, cabe o recurso de apelação, que estudaremos ao comentar o art. 82.

3.2 Provimento do recurso interposto contra decisão que rejeita a denúncia

A decisão do tribunal que dá provimento ao recurso contra a rejeição da denúncia implica seu recebimento, salvo quando nula a decisão de primeiro grau. Questão já pacificada pelo Supremo Tribunal Federal, pela Súmula 709: "Salvo quando nula a decisão de primeiro grau, o acórdão que provê o recurso contra a rejeição da denúncia vale, desde logo, pelo recebimento dela". O acórdão da lavra do Min. PERTENCE, no HC 75638-7/PR, um dos precedentes da súmula, em sessão de 22.09.1998 (*DJ* 06.11.1998), é bastante claro: "Denúncia: o provimento do recurso contra a decisão que a rejeita implica o recebimento da denúncia, não representando supressão de instância".

4. PROVAS INADMISSÍVEIS, IMPERTINENTES, EXCESSIVAS OU PROTELATÓRIAS

O juiz limitará ou excluirá as provas que considerar juridicamente inadmissíveis, impertinentes, excessivas ou protelatórias. Tudo isso com o propósito de produzir as provas numa só audiência. A Lei n. 7244, de 07.01.1984 (Lei do Juizado Especial de Pequenas Causas) – essa lei foi revogada pela lei ora em comento –, no art. 34, já facultava ao juiz limitar ou excluir as provas que considerasse excessivas, impertinentes ou protelatórias.

Provas inadmissíveis são as provas ilícitas, obtidas com violação de normas materiais, as referentes aos princípios constitucionais. Ilegais consideram-se, também, as provas delas derivadas (provas ilícitas por derivação, *fruits of the poisonous tree*)[665].

Como exemplos de provas ilícitas, temos a captação clandestina de conversações telefônicas (a Lei n. 9296, de 24.07.1996, trata das interceptações telefônicas), as conseguidas por meio de hipnose, narcoanálise, de microfones dissimulados, as confissões alcançadas por meio de interrogatórios realizados depois de impedir o preso de dormir durante várias noites, de manutenção do prisioneiro em posição de estresse, de colocá-lo nu, encapuzado, dias seguidos, em solitárias sem luz, de humilhá-lo, como forçá-lo a masturbar-se, quebrando, assim, sua resistência, ou seja, *amaciando* o preso, criando condições para forçar, *arrancar* a confissão. Assim agiram os norte-americanos no Iraque, na prisão de Abu Ghraib, contra os prisioneiros iraquianos, tendo uma soldado americana

---

[664] TOURINHO FILHO, 2003, p. 149.
[665] Frutos da árvore venenosa.

dito: "O trabalho do policial militar era mantê-los [os prisioneiros] acordados e fazer o inferno para que eles falassem"[666].

Há diferença entre provas ilegais e ilegítimas; estas infringem normas processuais e aquelas, as normas materiais.

A prova vedada, ou proibida, é aquela que viola o ordenamento jurídico, seja porque é ilícita, seja porque é ilegítima.

A Constituição Federal, art. 5º, LVI, dispõe que "são inadmissíveis, no processo, as provas obtidas por meios ilícitos".

Ninguém pode ser acusado, quanto mais julgado, com fundamento em provas ilícitas.

Tourinho Filho[667], do alto de sua cátedra, pontificou: "É preferível que o criminoso fique impune a se permitir o desrespeito à Lei Maior", assim como é melhor absolver um culpado do que condenar um inocente (*nocentem absolvere satius quam innocentem condemnare*).

O Projeto de Lei n. 4205, de 2001, que altera o art. 157, do Código de Processo Penal, tratando da prova ilícita, foi convertido na Lei n. 11690/2008.

O art. 157, em sua redação primitiva, ao tratar da prova, dispunha que: "O juiz formará sua convicção pela livre apreciação da prova". A redação atual do *caput* é a seguinte: "São inadmissíveis, devendo ser desentranhadas do processo, as provas ilícitas, assim entendidas as obtidas em violação a normas constitucionais ou legais".

Tratou, também, das provas derivadas das ilícitas, dispondo no § 1º: "São também inadmissíveis as provas derivadas das ilícitas, salvo quando não evidenciado o nexo de causalidade entre umas e outras, ou quando as derivadas puderem ser obtidas por uma fonte independente das primeiras". É a teoria dos frutos da árvore envenenada – *fruits of the poisonous tree*. A prova, em si mesma, é lícita, mas teve origem em uma prova ilícita.

E o que dizer da prova ilícita *pro reo*? Esta deve ser admitida. A vedação da prova ilícita é em benefício do réu, em face de a proibição ser posta em seu favor. Logo, se a prova ilícita demonstra a inocência do réu, deve ela ser admitida. Seria um *non sense* não aceitá-la.

O Min. Sepúlveda Pertence, em voto vencido (com ele também vencidos os Ministros Francisco Rezek, Ilmar Galvão, Marco Aurélio e Celso de Mello), prolatado no HC 69912-0/RS, j. 30.06.2003 (*DJ* 26.11.1993), disse:

> Estou convencido de que essa doutrina da invalidade probatória do *fruit of the poisonous tree* é a única capaz de dar eficácia à garantia constitucional da inadmissibilidade da prova ilícita. De fato, vedar que se possa trazer ao processo a própria *degravação* das conversas telefônicas, mas admitir que as informações nela colhidas possam ser aproveitadas pela autoridade, que agiu ilicitamente, para chegar a outras provas, que, sem tais informações, não colheria, evidentemente, é estimular e não reprimir a atividade ilícita da escuta e da gravação clandestina de conversas privadas.

O Presidente da República, pela Mensagem n. 350, de 09.6.2008, por entender contrário ao interesse público, vetou o § 4º, do art. 157, do CPP, acrescido pelo Projeto de Lei n. 4205/2001, o qual determinava que: "O juiz que conhecer do conteúdo da prova declarada inadmissível não poderá proferir a sentença ou acórdão".

O juiz que toma conhecimento de uma prova ilícita, o que é natural por ser humano, e, naturalmente, de uma maneira até inconsciente, é levado a considerar aquela prova, apesar de ter sido expungida dos autos e a ela, evidentemente, não se referir.

Não podemos aceitar a celeridade e a simplicidade para desfecho do processo em detrimento do direito à liberdade do cidadão. Isso não é assegurar a prestação jurisdicional.

---

[666] Nosso trabalho era arrancar confissões de presos, diz o soldado. *Folha de S. Paulo*, 09.05.2004. p. A-19.
[667] Tourinho Filho, F. da C. *Processo penal*. 34. ed. rev. São Paulo: Saraiva, 2012. p. 263.

A prova impertinente, isto é, aquela que não tem nenhuma relação com o fato descrito na denúncia ou na defesa, não há dúvida, deverá ser dispensada. É a prova descabida, despropositada, estranha ao fato que se apura. Sua admissão revela pura perda de tempo.

No tocante à prova excessiva, demasiada, a restrição deve ser vista com muita cautela para evitar violação ao princípio constitucional do direito à prova. O juiz dizer que tal ou qual delas é excessiva pode levar a um prejulgamento, uma vez que pode ser suficiente para um juiz, e não para outro, e o julgamento não é em instância única, há o duplo grau de jurisdição.

A prova procrastinatória, como ouvida de testemunha sobre fato já comprovado de forma induvidosa ou sobre fato irrelevante, sobre fatos notórios ou incontroversos, tem por finalidade tão somente adiar a instrução, evitar que ela chegue ao fim. Disso se apercebendo, o juiz deve indeferi-la.

4.1 Direito à prova

ROGÉRIO LAURIA TUCCI e JOSÉ ROGÉRIO CRUZ E TUCCI,[668] sobre o assunto, fizeram uma perfeita análise:

> Com efeito, por óbvia exigência de economia processual, fundada na máxima *frustra probatur quod probatum non relevat*[669], o direito à prova não significa que o interessado possa valer-se de qualquer prova, mas, apenas, daquelas aptas a evidenciar os fatos cruciais da causa submetida à apreciação judicial, e, por via de consequência, passíveis de influir no respectivo julgamento. E isso, por certo, para não se alongar, desnecessariamente, a marcha procedimental, colocando em risco outra garantia das próprias partes, qual seja a de obtenção do provimento jurisdicional invocado dentro de prazo razoável – a *celeridade na prestação jurisdicional*. Assim sendo, desde que reputada relevante, toda espécie de prova nominada, ou não, na legislação em vigor, deve ser considerada pelo juiz: basta que diga respeito a *fatos pertinentes* e, também, *relevantes*, e, outrossim, se efetive *licitamente*.

É de bom alvitre que o juiz, antes de indeferir a prova, indague das partes o que pretendem provar com ela. Constituiria cerceamento de defesa? Entendo que não, apenas facilita, sem prejudicar as partes, o bom andamento da instrução. Não se pode esquecer que quem dirige a instrução é o juiz, e a prova tem por finalidade convencê-lo de como realmente ocorreram os fatos. Disse CARVALHO SANTOS[670]: "A finalidade da prova não é outra senão convencer o juiz, nesta qualidade, da verdade dos fatos sobre os quais ela versa".

Preciso, também, foi JAIME GUASP[671]:

> Si la función de la prueba es la de producir la convicción psicológica del Juzgador en torno a la existencia o inexistencia de un dato procesal determinado, apreciar la prueba procesal no puede querer decir sino expresar el resultado psicológico de las operaciones probatorias: exteriorizar la convicción del juez tal como ésta surge al finalizar los actos de prueba.

5. A VÍTIMA

Vítima é a pessoa que teve seu bem jurídico lesado ou posto em perigo pelo crime. É o sujeito passivo do crime. A vítima será perguntada "sobre as circunstâncias da infração, quem seja ou presuma ser o autor, as provas que possa indicar" (CPP, art. 201). Suas palavras, por serem parte da relação jurídico-material, deverão ser aceitas com reserva. O ofendido não é testemunha. Não

---

[668] TUCCI, R. L. et al. *Constituição de 1988 e processo*: regramentos e garantias constitucionais do processo. São Paulo: Saraiva, 1989. p. 69-70.
[669] Debalde se prova o que, mesmo provado, não releva ou em vão se prova o que, uma vez provado, não tem relevância.
[670] CARVALHO SANTOS, J. M. *Código de Processo Civil interpretado*. v. 3. 3. ed. Rio de Janeiro: Freitas Bastos, 1940. p. 161.
[671] GUASP, J. *Derecho procesal civil*. t. I. 2. reimp. de la 3. ed. Madrid: Instituto de Estudios Políticos, 1968. p. 338.

presta compromisso. *Nullus idoneus testis in re sua ingelligitur.*[672] Interessante é a ouvida da vítima antes de as testemunhas prestarem depoimento, na ordem ditada pelo art. 81, da Lei n. 9099/1995. E poderá ser ouvida independentemente de ser requerida pelas partes.

Os termos "vítima" e "ofendido" têm o mesmo significado? Não. Explica HÉLIO BASTOS TORNAGHI[673]:

> Ofendido é aquele que sofre o crime, ou, melhor, a lesão. Nem sempre é o sujeito passivo. São inúmeros os casos em que o sujeito passivo do crime é o Estado, porque o bem jurídico tutelado em primeiro plano lhe pertence, mas ofendido é o particular que também teve um bem jurídico atingido. A lei emprega a palavra *ofendido* sempre para designar um particular, o que foi objeto material do crime.

A Lei n. 11690, de 09.06.2008, trouxe inovações a respeito do ofendido. Pela nova lei, o ofendido é intimado, ainda que não habilitado como assistente de acusação, de atos do processo, como data da designação da audiência de instrução e julgamento, para, querendo, acompanhar a instrução, pois pode ter interesse no valor da indenização. É intimado da sentença e dos respectivos acórdãos que a mantenham ou a modifiquem. É o ofendido, igualmente, intimado dos atos relativos ao ingresso e à saída do acusado da prisão. Por que e para quê? Entendo, primeiro, para o ofendido poder se precaver com a liberdade do acusado, para sua segurança, portanto. Segundo, para poder recorrer da decisão, constituindo um advogado. É certo que o assistente de acusação é parte ilegítima para recorrer contra a decisão que determina a soltura do réu. Mas, se se dá o direito, tem que se dar a ação para o garantir. Direito sem garantia não vale nada. É mera norma programática. Essas inovações estão no § 2º, do art. 201, do CPP ("O ofendido será comunicado dos atos processuais relativos ao ingresso e à saída do acusado da prisão, à designação de data para audiência e à sentença e respectivos acórdãos que a mantenham ou modifiquem").

6. A TESTEMUNHA

Testemunha – e toda pessoa pode ser (CPP, art. 202) – é aquela que presta um depoimento oral sobre aquilo que percebeu sensorialmente, ou seja, por meio dos cinco sentidos, e o que falou. Narra ela os fatos que teve conhecimento por qualquer dos sentidos. Não dá opinião, não externa nenhum juízo de valor – *testis non est iudicare*[674], apenas narra (CPP, art. 213). A testemunha não pode eximir-se do dever de depor (CPP, art. 206), salvo as dispensas legais (CPP, arts. 206 e 207), e está obrigada a dizer a verdade do que souber e lhe for perguntado (CPP, art. 203), exceto as pessoas mencionadas no art. 208. Está, portanto, obrigada a comparecer em juízo e a depor, a dizer a verdade sobre um fato passado por ela conhecido.

O art. 212, *caput*, do CPP, com a redação dada pela Lei n. 11690/2008, fez uma grande modificação na colheita da prova testemunhal ao permitir que "as perguntas serão formuladas pelas partes diretamente à testemunha, não admitindo o juiz aquelas que puderem induzir a resposta, não tiverem relação com a causa ou importarem na repetição de outra já respondida".

Adotou o legislador o sistema de inquirição chamado de *cross-examination* (perguntas diretas), desprezando o sistema presidencialista. As partes que façam perguntas para provar o que alegam. Certo. O juiz apenas fiscaliza, indeferindo as perguntas capciosas, impertinentes e repetitivas, humilhantes. Isso importa proteger o juiz da parcialidade inconsciente. O *cross-examination* é o método da pergunta diretamente feita à testemunha, ao réu ou à vítima. É utilizado na Inglaterra e nos Estados Unidos.

Permite-se, todavia, que, "sobre os pontos não esclarecidos", o juiz possa complementar a inquirição (art. 212, parágrafo único).

---

[672] Não se compreende que alguém seja testemunha idônea em negócio seu.
[673] TORNAGHI, 1959, p. 444.
[674] Testemunha não pode julgar.

De acordo com esse método de inquirir, primeiro perguntará a parte que arrolou a testemunha, depois a parte contrária, e, finalmente, se houver necessidade, o juiz fará perguntas complementares.

A não obediência a esse sistema implica nulidade, e não mera irregularidade, salvo se as partes não fizerem objeção.

O juiz poderá ditar as perguntas para o termo se a inquirição não for por meio de áudio, videoconferência (o que é permitido pelo art. 222, § 3º), cingindo-se o juiz, "tanto quanto possível, às expressões usadas pelas testemunhas, reproduzindo fielmente as suas frases" (CPP, art. 215).

7. O INTERROGATÓRIO

Após a ouvida da vítima e das testemunhas, o acusado será interrogado. A mudança do momento de realização do interrogatório – do início da instrução, logo após a defesa prévia, para o final da instrução – dá outro sentido a esse ato, que passa a ser preponderantemente um ato de defesa, autodefesa, e não um meio de prova.

A Lei n. 10792, de 01.12.2003, alterou, para melhor, o Capítulo III, do Título VII, do Livro I, do Código de Processo Penal, referente ao interrogatório do acusado. Agora, com a Lei n. 11900, de 08.01.2009, a melhora foi maior, pois disciplinou, inclusive, o interrogatório pelo sistema de videoconferência.

Determinou a referida lei que o acusado só seja interrogado na presença de seu defensor, constituído ou nomeado (art. 185).

Disciplinou, além disso, o interrogatório realizado na prisão, explicitando que será feito em sala própria, garantidas a segurança do juiz e auxiliares, a presença do defensor e a publicidade do ato (§ 1º, do art. 185). A nova lei fez incluir, expressamente, entre aqueles a quem deve ser dispensada a segurança o membro do Ministério Público (Cf. art. 185, § 1º).

Se inexistir segurança, o interrogatório será feito como é para os demais réus, ou seja, nos termos do Código de Processo Penal (art. 185, § 1º, antes da nova alteração).

7.1 O silêncio do interrogado

Ao acusado é assegurado o direito de, antes da realização do interrogatório, entrevistar-se reservadamente com seu defensor. Assim dispunha o antigo § 2º, do art. 185. A Lei n. 11900, de 2009, no § 5º, do art. 185, manteve esse direito e o disciplinou, também, no tocante ao interrogatório realizado por videoconferência:

> Em qualquer modalidade de interrogatório, o juiz garantirá ao réu o direito de entrevista prévia e reservada com o seu defensor; se realizado por videoconferência, fica também garantido o acesso a canais telefônicos reservados para comunicação entre o defensor que esteja no presídio e o advogado presente na sala de audiência do Fórum, e entre este e o preso.

Ressaltou-se o direito de o acusado ser, depois de qualificado, cientificado do inteiro teor da acusação, informado pelo juiz de seu direito de permanecer calado e não responder perguntas que lhe forem formuladas, sem que isso importe ser interpretado em prejuízo de sua defesa (art. 186). Pela redação anterior do Código de Processo Penal, o silêncio do acusado poderia "ser interpretado em prejuízo da própria defesa". Esse dispositivo, no entanto, já se entendia, ainda que não por todos, revogado pela Constituição de 1988 (art. 5º, LXIII: "o preso será informado de seus direitos, entre os quais o *de permanecer calado,* sendo-lhe assegurada a assistência da família e de advogado").

O silêncio do acusado não pode significar autoincriminação. Silêncio não é confissão ficta, isto é, suposta, imaginada, deduzida de algum fato. A máxima *qui tacet, consentire videtur*[675] (locução

---
[675] Quem cala consente.

oriunda do Direito canônico, de uma decretal do Papa Bonifácio VIII), nem sempre é verdadeira. Os italianos, inclusive, contrapõem com uma outra: *chi tace non dice niente*[676].

Está implícito no princípio constitucional do devido processo legal (*due process of law*) o privilégio do acusado de não se autoincriminar.

O Supremo Tribunal Federal, pela sua 1ª Turma, ao julgar o HC 68929-9/SP em 22.10.1991 (*DJ* 28.08.1992), relator Min. CELSO DE MELLO, decidiu:

> O direito de permanecer em silêncio insere-se no alcance concreto da cláusula constitucional do devido processo legal. E nesse direito ao silêncio inclui-se, até mesmo por implicitude, a prerrogativa processual de o acusado negar, ainda que falsamente, perante a autoridade policial ou judiciária, a prática da infração penal.

E o Pleno dessa Corte, em 08.11.2000, igualmente, por unanimidade de votos, ao julgar o HC 79812-8/SP (*DJ* 16.02.2001), relator Min. CELSO DE MELLO, fez ver: "O exercício do direito de permanecer em silêncio não autoriza os órgãos estatais a dispensarem qualquer tratamento que implique restrição à esfera jurídica daquele que regularmente invocou essa prerrogativa fundamental".

Em sessão de 18.11.2003, ao julgar o HC 83096/RJ, a 2ª Turma do STF, por unanimidade (*DJ* 12.12.2003), relatora Min. ELLEN GRACIE, igualmente decidiu:

> 1. O privilégio contra a autoincriminação, garantia constitucional, permite ao paciente o exercício do direito de silêncio, não estando, por essa razão, obrigado a fornecer os padrões vocais necessários a subsidiar prova pericial que entende lhe ser desfavorável. 2. Ordem deferida, em parte, apenas para, confirmando a medida liminar, assegurar ao paciente o exercício do direito de silêncio, do qual deverá ser formalmente advertido e documentado pela autoridade designada para a realização da perícia.

7.2 Como é realizado o interrogatório?

Com melhor técnica, o legislador dispôs, no art. 187, do Código de Processo Penal, que o interrogatório será constituído de duas partes. Na primeira parte, o juiz indagará ao acusado a respeito de sua:

> residência, meios de vida ou profissão, oportunidades sociais, lugar onde exerce a sua atividade, vida pregressa, notadamente se foi preso ou processado alguma vez e, em caso afirmativo, qual o juízo do processo, se houve suspensão condicional ou condenação, qual a pena imposta, se a cumpriu e outros dados familiares e sociais.

Informado esses dados, passará o juiz a indagar os fatos imputados ao acusado, isto é, se é verdadeira a acusação que lhe é feita. Não sendo verdadeira a acusação, se tem algum motivo particular a que atribuí-la, se conhece a pessoa ou pessoas a quem deva ser imputada a prática do crime e quem são, se com elas esteve antes da prática da infração ou depois dela. Perguntará, também, onde estava no tempo em que foi cometida a infração e se teve notícia desta, bem como se sabe a respeito das provas já apuradas. Procurará se informar se o acusado conhece as vítimas e testemunhas já inquiridas ou por inquirir e desde quando, se tem o que alegar contra elas, se conhece o instrumento com que foi praticada a infração ou qualquer objeto que com esta se relacione e tenha sido apreendido; todos os demais fatos e pormenores que conduzam à elucidação dos antecedentes e circunstâncias da infração. Por fim, perguntará se tem algo mais a alegar em sua defesa (art. 187, § 2º).

Concluído o interrogatório, o juiz indagará das partes se restou algum fato para ser esclarecido, formulando as perguntas correspondentes se as entender pertinentes e relevantes (CPP, art. 188).

Essas normas deverão ser obedecidas no Juizado Especial.

---

[676] Quem não fala nada diz.

Muito se discute se o interrogatório é meio de prova ou de defesa. José Cirilo de Vargas[677] sobre essa dúvida disse uma coisa interessante:

> Discute-se em doutrina qual seria a natureza jurídica do interrogatório: se meio de prova ou meio de defesa. Tanto faz. Não existe interrogatório igual; se se tratar de réu inteligente e sagaz, interrogado por juiz inexperiente, esse ato pode ser considerado meio de defesa, se consegue o acusado convencer o juiz de que os fatos da denúncia não são exatos, que se passaram de outra forma, que está sendo perseguido pela família da vítima, que o membro do Ministério Público não gosta dele etc. Mas pode ser meio de prova, se o juiz consegue extrair elementos verdadeiros, que se conjugam com os demais meios probatórios conseguidos nos autos do processo.

Lembra Eudes Oliveira[678] o interrogatório de Joana D'Arc ao ser interrogada por Jean Beupère, das suas respostas, em que escapava inteligente e habilmente das perguntas maldosas e insinuantes do inquiridor. Vejamos uma delas:

> – Joana, acreditas estar em estado de graça? [Se respondesse que estava se arrogaria juízo divino, o que lhe seria, naquele tribunal, mortal.]
>
> – Se não estou, que Deus nele me ponha, se estou, que Deus nele me conserve.

É como diz Rogério Lauria Tucci[679]:

> Em suma, tendo sido consagrado constitucionalmente, em nosso País, o direito do imputado de permanecer calado, nenhuma ilação dele poderá ser tirada, apresentando-se o silêncio como prova negativa da imputação, sem nenhuma repercussão positiva na apuração da responsabilidade penal.

7.3 O direito do réu de acompanhar a audiência

Ao réu é assegurado o direito de acompanhar a produção de provas durante a audiência e se fazer assim presente à audiência de instrução.

A ausência do réu preso à audiência é causa de nulidade absoluta, conforme decidiu a 2ª Turma do Supremo ao julgar o HC 86634/RJ, em sessão de 18.12.2006 (*DJ* 23.02.2007), rel. Min. Celso de Mello.

No interrogatório via videoconferência, deve ser igualmente assegurado ao acusado preso o direito de acompanhar a instrução.

7.4 Interrogatório por videoconferência

Disciplinando o interrogatório na prisão, o legislador de então, de 2003, não admitiu o *interrogatório a distância*, ou seja, aquele que é realizado por meio de vídeo, isto é, da sede do *fórum*, o juiz interroga o acusado, que se encontra na prisão. Tal proibição era expressa no Projeto de Lei n. 4204/2001. A Lei n. 11900/2009 autoriza essa modalidade de interrogatório (CPP, art. 185, § 2º).

Em 14.08.2007 (*DJ* 05.10.2007), o Supremo, pela sua 2ª Turma, em acórdão da relatoria do Min. Cezar Peluso sobre a realização de interrogatório mediante videoconferência, entendeu ser inadmissível quando tal forma é determinada sem motivação alguma, nem citação do réu.

Atualmente, a Lei n. 11900, de 2009, que disciplinou o interrogatório mediante videoconferência, estabelece os seguintes requisitos (art. 185, §§ 3º, 4º, 5º e 6º): **a)** este método de realizar o interrogatório será determinado em decisão pelo juiz, sendo as partes intimadas com dez dias de

---

[677] Vargas, J. C. *Processo penal e direitos fundamentais*. Belo Horizonte: Del Rey, 1992. p. 121.
[678] Oliveira, E. *A técnica do interrogatório*. 3. ed. rev. ampl. São Paulo: RT, 1993. p. 108.
[679] Tucci, 1993, p. 397.

antecedência. Não obedecido este prazo, o acusado pode se valer do *habeas corpus;* melhor do que esperar a apelação para alegar esta nulidade em preliminar; **b)** o preso poderá acompanhar, por este mesmo sistema, e, portanto, da prisão, os demais atos da audiência única; **c)** é garantido ao preso, antes da audiência, direito de entrevista prévia e reservada com seu advogado; **d)** é garantido ao acusado "o acesso a canais telefônicos reservados para a comunicação entre o defensor que esteja no presídio e o advogado presente na sala de audiência do Fórum, e entre este e o preso.

O interrogatório do preso por videoconferência exige que seja acompanhado por dois advogados, um no presídio e outro na sala de audiência.

Desse modo, estão assegurados os princípios da ampla defesa, do devido processo legal, da publicidade e da dignidade da pessoa humana.

7.4.1 Requisitos de admissibilidade

A Lei n. 11900, de 2009, autoriza, excepcionalmente, a realização de interrogatório por videoconferência, "desde que a medida seja necessária para atender a uma das seguintes finalidades" (CPP, art. 185, § 2º):

> **I** – prevenir risco à segurança pública, quando exista fundada suspeita de que o preso integre organização criminosa ou de que, por outra razão, possa fugir durante o deslocamento; **II** – viabilizar a participação do réu no referido ato processual, quando haja relevante dificuldade para seu comparecimento em juízo, por enfermidade ou outra circunstância pessoal; **III** – impedir a influência do réu no ânimo de testemunha ou da vítima, desde que não seja possível colher o depoimento destas por videoconferência, nos termos do art. 217 deste Código; **IV** – responder à gravíssima questão de ordem pública.

Tais requisitos não são cumulativos. A decisão pode fundamentar-se tão só em um deles e pode ser de ofício.

8. AUDIÊNCIA DE INSTRUÇÃO E JULGAMENTO

Audiência, de *audire,* escutar, é a sessão em que as partes, as testemunhas e os demais interessados são ouvidos pelo juiz, na qual se produzem os debates e se dão as decisões. Daí o nome "audiência de instrução e julgamento".

No Juizado, na audiência serão ouvidas a vítima e as testemunhas. Após a tomada desses depoimentos, o acusado, ou o querelado, é interrogado. A vítima, repita-se, deve ser ouvida antes das testemunhas.

O fato de o réu, diversamente do procedimento comum, ser interrogado após as testemunhas e a vítima não obsta que ele assista à inquirição, haja vista que não pode ser impedido de conhecer as provas que estão sendo apuradas contra si.[680]

Pode o acusado assistir ao interrogatório do corréu? Parece-me que não, pois não deixa de haver *vantagem* para a defesa daquele que é ouvido em segundo lugar.

Se a vítima ou qualquer das testemunhas não comparecerem, o juiz suspenderá a audiência e determinará a condução delas. Se não for possível, marcará nova data para prosseguimento da

---

[680] TJRJ, Enunciado Criminal n. 21, I Encontro de Coordenadores e Juízes das Turmas Recursais dos Juizados Especiais: "É direito do réu assistir à inquirição das testemunhas, antes do seu interrogatório, ressalvado o disposto no art. 217, do CPP" (*DO* 26.06.1998).

CPP, art. 217. Se o juiz verificar que a presença do réu poderá causar humilhação, temor, ou sério constrangimento à testemunha ou ao ofendido, de modo que prejudique a verdade do depoimento, fará a inquirição por videoconferência e, somente na impossibilidade dessa forma, determinará a retirada do réu, prosseguindo na inquirição com a presença do seu defensor. Parágrafo único. A adoção de qualquer das medidas previstas no *caput* deste artigo deverá constar do termo, assim como os motivos que a determinaram.

audiência. Estando presente o acusado, não poderá ser interrogado, salvo se a defesa entender que não há prejuízo na tomada de depoimento da vítima ou das testemunhas antes do interrogatório do réu.

Tenha-se, também, que as testemunhas arroladas pela acusação são ouvidas antes das testemunhas de defesa, em atenção ao princípio do contraditório. Essa ordem pode deixar de ser obedecida caso a defesa concorde.

Se, por qualquer motivo, as testemunhas não puderem ser ouvidas numa mesma audiência, esta poderá ser prorrogada.

Antes da Lei n. 11960, de 2008, as partes não poderiam inquirir as testemunhas diretamente, pois o art. 212 dispunha: "As perguntas das partes serão requeridas ao juiz, que as formulará à testemunha. O juiz não poderá recusar as perguntas da parte, salvo se não tiverem relação com o processo ou importarem repetição de outra já respondida".

Atualmente, com a edição da Lei n. 11960, de 2008, "as perguntas serão formuladas pelas partes diretamente à testemunha [...]".

No processo dos crimes da competência do júri, as partes, antes da Lei n. 11689, de 09.06.2008, já podiam fazer perguntas diretamente à testemunha (*cross examination*)[681], conforme dispunham os arts. 467 e 468, ambos do Código de Processo Penal. A matéria está disciplinada no art. 473 e em seus parágrafos.

A Lei de 29.11.1832, que instituiu o Código de Processo Criminal de primeira instância, permitia a inquirição das testemunhas diretamente pelas partes, conforme dispunham os arts. 262 e 264.

8.1 Réu que incrimina corréu

Se houver mais de um réu (corréu) e um incriminar o outro, há de se admitir reperguntas. Assim entenderam as Mesas de Processo Penal, doutrina, jurisprudência e súmulas do Departamento de Direito Processual Penal da FDUSP, emitindo a Súmula 65: "O interrogatório do corréu, incriminando ao outro, tem, com relação a este, natureza de depoimento testemunhal, devendo por isso se admitirem as reperguntas".

8.2 Ouvida de testemunha referida

Poderão as partes requerer a ouvida de testemunha referida? Sim, poderão. É certo que, no Juizado Especial, é bastante a verdade consensual na primeira fase, mas, na segunda, que se instaura com o oferecimento da denúncia ou da queixa, busca-se a verdade real. Logo, é muitas vezes essencial que se ouça testemunha referida, isto é, a testemunha que foi mencionada por outra testemunha.

8.3 Ouvida de testemunha por determinação do juiz

Também pode o juiz ouvir, se julgar necessário, outras testemunhas, além das indicadas pelas partes, como faculta o art. 209, do Código de Processo Penal.

8.4 Testemunha residente fora da jurisdição do Juizado

A testemunha que residir fora da jurisdição do Juizado será inquirida pelo juiz do lugar de sua residência, por carta precatória, como previsto no art. 222, do Código de Processo Penal. O juiz marcará um prazo razoável para o cumprimento da carta precatória. Vencido o prazo sem que tenha sido devolvida, poderá proceder ao julgamento. Atualmente, com audiência *online*, esse dispositivo ficou ultrapassado.

---

[681] Inquirição direta.

8.5 Documentos apresentados no curso da audiência

Poderão as partes apresentar documentos no curso da audiência. A parte contrária, obviamente, deles terá ciência e poderá, querendo, manifestar-se de logo.

8.6 Acusado ou querelado ausentes

Se o acusado ou o querelado não se fizerem presentes, ouvidas a vítima e as testemunhas, o juiz prossegue dando a palavra, primeiramente, ao Ministério Público e, depois, à defesa para os debates orais.

8.7 Respeito à dignidade da vítima e das testemunhas

A falta de urbanidade e de respeito, na audiência, deve ser rechaçada pelo juiz.

Dignidade, virtude, nobreza. A dignidade da pessoa humana é um princípio do Estado Democrático de Direito. O Estado deve respeitar e garantir os direitos humanos e os direitos fundamentais dos cidadãos. A dignidade é um direito sacrossanto do homem.

9. DEBATE ORAL

Debate oral é o momento em que as partes, acusação e defesa, apresentam suas razões, fazendo a análise dos fatos e do direito e a crítica e avaliação das provas, para influenciar o ânimo do julgador.

Qual o tempo dos debates orais? A Lei dos Juizados não previu. O disposto no § 2º, do art. 538, do Código de Processo Penal foi revogado pela Lei n. 11719/2008. Agora tem de se obedecer ao art. 534, com a redação ditada pela Lei n. 11719/2008, em face do que dispõe o art. 92, da Lei n. 9099/1995. O prazo será de vinte minutos para cada parte, podendo ser prorrogado por mais dez, a critério do juiz. Não se vá reduzir o debate oral a termo, *ipsis litteris*[682], literalmente, palavra por palavra. Nem se vá pegar o *vezo* de entregar memoriais.

Todos os atos praticados na audiência – resposta da defesa (se o defensor não trouxer por escrito), declarações da vítima, depoimentos das testemunhas, interrogatório, debates e sentença – deverão constar de um só termo, segundo o § 2º, do art. 81. É como se fosse uma ata de assembleia. Tal determinação não impede, todavia, que as declarações da vítima, os depoimentos das testemunhas e o interrogatório sejam lavrados em termos em separado, se com isso se alcance uma maior celeridade e praticidade. Sim, porque, apesar de o artigo não mencionar, a vítima, as testemunhas e o acusado ou querelado também devem assinar o termo. Ora, se for um só termo, terão essas pessoas de aguardar o final da audiência, até a prolação da sentença, para assiná-lo. Nada prático. É dispensável que os depoimentos sejam registrados na íntegra, basta um breve resumo dos fatos relevantes. Não há contradição entre a disposição que manda que "de todo ocorrido na audiência seja lavrado termo" contendo "breve resumo dos fatos relevantes" e a tomada, em separado, das declarações da vítima e dos depoimentos das testemunhas. Uma coisa não exclui a outra.

10. SENTENÇA

10.1 Julgar

O juiz, como diz CARRARA[683], é um homem com "poderes excepcionais sobre sus semejantes, que natural y políticamente serían sus iguales".

Para julgar, lembremos do ensinamento de MALATESTA[684]:

---

[682] Com as mesmas palavras.
[683] CARRARA, 1944, p. 260.
[684] MALATESTA, 1996, p. 51.

A contradição entre a consciência social e a do juiz deve levar sempre à absolvição e jamais à condenação. Se o juiz, embora sentindo-se pessoalmente convicto da culpabilidade do acusado, sente que suas razões não são tais que possam gerar igual convicção em qualquer outro cidadão racional desinteressado, deve absolver. Assim como, quando o juiz, pela natureza dos motivos convergentes à afirmação da culpabilidade, crê que, por consciência social, embora o juiz acredite nisso, deve absolver o acusado, se este, perante sua consciência de juiz, não se apresenta racionalmente e, com certeza, culpado.

Não deve o juiz fazer conjecturas, suposições. Deve julgar de acordo com a prova dos autos. Daí ensina MOACYR AMARAL SANTOS[685] que

> não pode o juiz, na apreciação dos fatos controvertidos, guiar-se, para nortear e fazer gerar a sua convicção a respeito deles, apenas pela sua consciência, por suposições, impressões pessoais, ou usar de processos ou medidas que correspondam a atentados a direitos legítimos e merecedores de amparo da própria Justiça.

Adiante, disse o velho Mestre[686]: "Porque não lhe é dado julgar" [evidentemente que apenas] "de acordo com sua consciência, igualmente não deve, nem pode estimar provado o fato, fundado em suposições". E cita lição de JOÃO MONTEIRO: "Não pode o juiz *supor* coisa alguma". E vem à tona por ele do ensinamento de VINNIO: o juiz julga *secundum acta et probata, non secundum privatam scienttiam*[687].

La légalité nous tue[688] (ODILON BARROT, primeiro-ministro de LUÍS BONAPARTE).

Contra o endurecimento da legislação penal e o tratamento indigno de presos, surgiu o Movimento Antiterror. O agravamento das penas não contribui para a redução da criminalidade. Observa-se que, depois da aprovação da chamada Lei dos Crimes Hediondos, em 1990, aumentou o número de sequestros. Esse retrocesso é inadmissível. Lembremos o horror das penas torturantes que nos conta MICHEL FOUCAULT[689]:

> [DAMIENS fora condenado, a 02.03.1757], a pedir perdão publicamente diante da porta principal da Igreja de Paris, [aonde devia ser] levado e acompanhado numa carroça, nu, de camisola, carregando uma tocha de cera acesa de duas libras; [em seguida], na dita carroça, na praça de Grève, e sobre um patíbulo que aí será erguido, atenazado nos mamilos, braços, coxas e barrigas das pernas, sua mão direita segurando a faca que cometeu o dito parricídio, queimada com fogo de enxofre, e às partes em que será atenazado se aplicarão chumbo derretido, óleo fervente, piche em fogo, cera e enxofre derretidos conjuntamente, e a seguir seu corpo será puxado e desmembrado por quatro cavalos e seus membros e corpo consumidos ao fogo, reduzidos a cinzas, e suas cinzas lançadas ao vento. Finalmente foi esquartejado [relata a Gazette d'Amsterdam]. Essa última operação foi muita longa, porque os cavalos utilizados não estavam afeitos à tração; de modo que, em vez de quatro, foi preciso colocar seis; e como isso não bastasse, foi necessário, para desmembrar as coxas do infeliz, cortar-lhe os nervos e retalhar-lhe as juntas [...].

Será que é o retorno à aplicação dessas penas que quer a mídia, uma parcela da sociedade e um pequeno setor do Ministério Público?!!!

O retorno à barbárie. É como diz MARCO ANTÔNIO MARQUES DA SILVA[690]: "A teoria nos prega a humanização, enquanto a prática nos prega em termos de cárcere a barbárie".

---

[685] SANTOS, M. A. *Prova judiciária no cível e no comercial.* v. 1. 3. ed. rev. atual. São Paulo: Max Limonad, [1960?]. p. 17-18.
[686] SANTOS, op. cit., p. 18.
[687] Segundo ações e aprovações, não segundo juízo próprio, opinião própria, conhecimentos próprios.
[688] A legalidade nos mata.
[689] FOUCAULT, 1994, p. 11.
[690] SILVA, M. A. M. DA. Dos Juizados Especiais Criminais. In: D'URSO, L. F. B. (coord.). *Os novos Juizados Especiais Criminais.* São Paulo: WVC, 1996. p. 39.

Bem diz René Ariel Dotti[691] que é ilusão combater a violência do crime com a violência da lei:

> A tendência do Congresso Nacional em editar uma *legislação de pânico* para combater o surto da violência e a criminalidade organizada, caracterizada pelo aumento da pena de prisão e o isolamento diuturno de alguns condenados perigosos durante dois anos – além de outras propostas fundadas na *aritmética do cárcere* – revelam a ilusão de combater a violência do crime com a violência da lei.

Evandro Lins e Silva[692], o grande criminalista, confessa em seu livro *O salão dos passos perdidos* que sua maior derrota profissional foi uma vitória no júri. O casal de médicos que ele acusava foi condenado. Diz que estavam dentro de casa e um grupo de pessoas fazia barulho na rua. O médico teria dado tiros e matado um rapaz. No dia seguinte à condenação, suicidou-se na prisão. Daí sua lição: "Acho que todos devemos ter uma vigilante compreensão humana dos dramas da vida, do infortúnio, da desgraça alheia, dos gestos impensados, do desespero com que as pessoas agem". E revela: "Eu tenho, realmente, uma formação liberal. Está dentro de mim, nas minhas entranhas, o sentido da compreensão, de entender, de ajudar aquele que sofre um infortúnio, que está num momento de desgraça, de aflição, de angústia, de padecimento".

Todos devem ser humanos, principalmente o juiz, o julgador.

Há de ser repetido o que disse Hamlet a Horácio[693]: "Há muita coisa mais no céu e na terra, Horácio, do que sonha a nossa pobre filosofia".

Voltaire[694] explica que "outra maneira de ser injusto é condenar ao suplício extremo um homem que mereceria no máximo três meses de prisão: essa espécie de injustiça é a dos tiranos e sobretudo dos fanáticos, que se tornam sempre tiranos desde que tenham o poder de fazer o mal".

Válida a lição de Mariano Ruiz Funes[695]: "Al responder al crimen con otro crimen, no se despierta en los demás un sentimiento de ejemplaridad, sino de horror".

É ensinamento bíblico: *"Justitia enim sine misericordia non est justitia sed crudelitas"*.[696]

O Des. Pedro Vieira Mota[697], do Tribunal de Justiça de São Paulo, analisando o ensinamento de Montesquieu sobre a separação das funções de acusador e de juiz, sabiamente disse: "O Direito Processual evoluiu no sentido dessa crítica de Montesquieu. Neste é fundamental a distinção entre partes e julgador, e a equidistância deste entre as partes. O julgador tem o compromisso com a Justiça, à qual serve. Não se confunde com o acusador".

10.2 Decisão acertada com delegado e membro do Ministério Público

Alguns juízes, para decidir, *trocam ideias* com o acusador, às vezes até com a polícia. Contaram-me, não me lembro quem, que, em certas comarcas ou seções judiciárias, sentam-se à mesa juiz, membro do Ministério Público e delegado de polícia para decidirem a decretação de prisão, temporária ou prisão preventiva. Decidem em conluio. É errado, uma vez que há, na hipótese, nítido prejuízo para a defesa. Não pode haver essa confusão. Lembremos da lição do Ministro Luís Gallotti: **"Acusador é parte, tribunal é juiz"**.

---

[691] Dotti, R. A. Emoção e razão. É ilusão combater o crime com a violência das leis. *Revista Consultor Jurídico*, 13.05.2003.

[692] Silva, E. L. e. *O salão dos passos perdidos (depoimento ao CPDOC)*. 3. impr. Rio de Janeiro: Nova Fronteira; FGV, 1997. p. 219.

[693] Shakespeare, 2017, p. 51.

[694] Voltaire, 2001, p. 4.

[695] Funes, 1944, p. 64.

[696] Justiça, seguramente, sem misericórdia não é justiça, mas crueldade.

[697] Montesquieu, B. de (Charles-Louis de Secondat). *O espírito das leis*: as formas de governo: a divisão dos poderes. Introdução, tradução e notas: Pedro Vieira Mota. São Paulo: Saraiva, 1987. p. 177.

Procura o cidadão a justiça e sai tosquiado, pois a decisão foi tomada a quatro mãos. Como diz Mário Monteiro[698], advogado do Instituto de Coimbra: "Sob a pressão de um critério errado, anacrônico e nefasto é que os tribunais se transformam numas moitas espinhosas onde as ovelhas procuram um refúgio e de onde não saem sem que lá deixem parte da sua lã".

Uma coisa é decidir-se em conluio, em consórcio, outra é o juiz receber, em seu gabinete, o membro do Ministério Público e a autoridade policial. Ouvi-los. O erro está em decidir em conluio, mancomunado, em conchavo com eles. Assim, temos uma trama contra o indiciado ou o acusado.

O ex-Juiz Moro conluiava-se com os procuradores para acertarem quem deveria ser arrolada como testemunha ou desistir desta ou daquela que fora arrolada. Vejam que Justiça!!! Cristo Rei!!!

Inquéritos policiais e ações penais sem trânsito em julgado não podem ser considerados como elementos caracterizadores de maus antecedentes. Entendimento pacífico, como se observa nos julgados do Supremo. Confira: RHC 83493/PR, j. 04.11.2003 (*DJ* 13.02.2004), relator para o acórdão o Min. Carlos Brito (e não o Ministro Pertence, como constou na edição anterior):

> Impossibilidade de considerar-se como maus antecedentes a existência de processos criminais pendentes de julgamento, com o consequente aumento da pena-base. Recurso parcialmente provido para, mantida a condenação, determinar que nova decisão seja proferida, com a observância dos parâmetros legais.

10.3 Sentença. Conceito

De forma genial, Vincenzo Cavallo[699] define sentença como "o ato mediante o qual se individualiza o Direito".

A sentença é o ato por meio do qual o juiz põe fim ao processo, solucionando a questão.

Concluídos os debates orais, o juiz proferirá a sentença, não devendo postergar esse ato. Se necessitar de algum estudo, suspenderá a audiência por breves minutos, retirando-se para seu gabinete, para uma maior concentração. Isso feito, retornará à sala, reabrirá a audiência e prolatará a sentença. Se, por algum motivo razoável, o juiz não puder proferir a decisão nesse dia, marcará para um dia próximo a continuação da audiência.

A sentença, que não terá relatório, deve ser sucinta, objetiva, clara, sendo dispensáveis citações de jurisprudência e doutrina, devendo o juiz preocupar-se em mencionar os elementos de sua convicção, como, aliás, já determina o art. 93, IX, da Constituição Federal.

Hoje em dia usa-se mais a expressão Ministério Público do que Justiça Pública "como autor nas ações penais públicas, o que é correto, pois ao Ministério Público compete promover a ação penal pública, nos termos do inciso I, do art. 129, da Constituição", como acertadamente chama a atenção José Paulo Baltazar Junior[700].

Sobre a sentença proferida pelo *juez correcional*, dizem Enrique A. Sosa Arditi e José Fernández:[701] "Este artículo trae una excepción a las reglas mencionadas, permitiendo que se dicte la sentencia en forma inmediata al cierre del debate, sin que el juez salga de la sala de debates para deliberar. En este caso, aquélla será transcripta en el acta, que dará cuenta de esa continuidad".

O sistema a que o juiz deve atentar para proferir a sentença é o da persuasão racional, que permite que aprecie livremente as provas, mas tire sua convicção das provas produzidas. Sobre esse sistema, comentou Moacyr Amaral Santos[702]:

> Se, assim, do ponto de vista lógico, é o sistema da persuasão racional o que conduz ao mínimo de possibilidades de erro, em face da necessidade, de que se impõe ao juiz, da motivação da

---

[698] Monteiro, M. *Do crime*. Lisboa: Avelar Machado, 1928. p. 11.
[699] Cavallo, apud Marques, J. F. *Elementos de direito processual penal*. São Paulo: Forense, 1962. p. 19.
[700] BALTAZAR JUNIOR, J. P. *Sentença Penal*. Porto Alegre: Verbo Jurídico, 2004. p. 26.
[701] Arditi, 1994, p. 176.
[702] Santos, [1960?], p. 357.

convicção, – e já se encara a questão do ponto de vista político – sem dúvida fica assegurada, ainda, a redução daquelas possibilidades pelo fato de se submeter a apreciação judicial à crítica da sociedade, satisfazendo-se o requisito da *sociabilidade da convicção,* o que corresponde ao máximo de garantia da excelência da verdade declarada na sentença.

O juiz deve, pois, motivar a decisão, com assento nas provas dos autos, para tranquilidade não só sua como dos litigantes e da sociedade.

Deve-se atender, se for o caso, às determinações estabelecidas nos arts. 383 e 384, do Código de Processo Penal.

10.3.1 Acusação e sentença. Princípio da correlação

Deve haver correlação entre a acusação e a sentença, não podendo o juiz condenar o réu por fato narrado, não tipificado. O réu se defende de fatos, e não de artigos lançados na denúncia ou na queixa. O processo não pode ser alterado durante o seu caminhar em busca da sentença, durante o *iter* procedimental. Essa correlação constitui, na verdade, uma relação de identidade. Sobre o assunto, disse GUSTAVO HENRIQUE RIGHI IVAHY BADARÓ:[703]

> A regra da correlação entre acusação e sentença impõe que a sentença julgue não somente o que foi objeto da imputação, mas também tudo o que foi objeto da imputação. A sentença deve esgotar o conteúdo da pretensão, resolvendo-a totalmente, e nada resolvendo que esteja fora da mesma. Também haverá violação da regra da correlação entre acusação e sentença quando o juiz deixar de considerar ou omitir um ou alguns dos fatos contidos na impugnação.

A violação desse princípio geralmente viola outro, o do contraditório. O acusado é condenado por fatos que não constam da imputação. Daí as rigorosas regras para a emenda ou a mudança do libelo, ou seja, da acusação.

10.3.1.1 Emendatio libelli

Ocorre a *emendatio libelli*[704] quando o juiz dá ao fato narrado na denúncia ou na queixa – o fato está devidamente descrito na peça inicial acusatória – definição jurídica diversa, não importando que tenha de aplicar pena mais grave. O acusador, público ou privado, narrou corretamente o fato, mas deu a classificação equivocada. Daí por que o juiz pode aplicar corretamente o direito. *Narra mihi factum, dabo tibi jus*[705]. É a aplicação do princípio do *jura novit curia*[706]. É o que está disposto no art. 383, do Código de Processo Penal. O acusado não se defende da capitulação do fato, e sim do fato que lhe é imputado (*imputatio facti*)[707]. O fato constitui apropriação indébita previdenciária (CP, art. 168-A), no entanto é capitulado como estelionato (CP, art. 171). Erro na capitulação, tão somente. A corrigenda não pega de surpresa o acusado.

A Lei n. 11719, de 2008, tornou mais explícito o disposto no art. 383 ao constar que o "juiz, *sem modificar a descrição do fato contida na denúncia ou queixa*, poderá dar-lhe definição jurídica diversa, ainda que, em consequência, tenha de aplicar pena mais grave" (g.n.).

Havendo a *emendatio libelli,* o processo continuará ou não no Juizado, pois a pena pode ou não ser alterada.

O § 4º, do art. 383, do Projeto de Lei n. 4207/2001, que deu origem à Lei n. 11719/2008, dispunha que: "Tratando-se de infração da competência do Juizado Especial Criminal, a este serão

---

[703] BADARÓ, G. H. R. I. *Correlação entre acusação e sentença.* São Paulo: RT, 2000. p. 140.
[704] Correção do libelo – denúncia ou queixa.
[705] Narra-me o fato, dar-te-ei o direito.
[706] O juiz conhece o Direito.
[707] Imputação de um fato.

encaminhados os autos". A Lei n. 11719, de 2008, de maneira ampla, no § 2º, do art. 383, estabeleceu que: "Tratando-se de infração de competência de outro juízo, a este serão encaminhados os autos".

Se a infração nova a ser reconhecida for, no seu mínimo, igual ou inferior a um ano, o juiz não deve julgar e, sim, converter o julgamento em diligência, abrindo vista ao Ministério Público para que ofereça proposta de suspensão condicional do processo. Dispõe a Súmula 337 do STJ, editada em 09.05.2007 e publicada no *DJ* de 16.05.2007: "É cabível a suspensão condicional do processo na desclassificação do crime e na procedência parcial da pretensão punitiva".

Atente-se que o Tribunal igualmente pode aplicar a *emendatio libelli*, mas respeitando o princípio que veda a *reformatio in pejus*. Se houver recurso só da defesa, não pode haver correção, haveria uma reforma para pior, uma modificação desvantajosa para o réu, e isso não é admitido em nosso Direito positivo.

10.3.1.2 *Mutatio libelli*

Pode ocorrer, também, a *mutatio libelli*[708]. Aqui, a circunstância elementar resulta de prova existente nos autos, não descrita na denúncia ou na queixa, nem explícita nem implicitamente. O juiz, nesse caso, não tem o fato para poder aplicar o Direito. A defesa não tinha conhecimento dessa elementar e dela, assim, não se defendeu. O que deve, então, o juiz fazer?

Antes da Lei n. 11719, de 2008, se a pena continuava a mesma, ou se viesse a ser menor, o juiz baixava os autos ao cartório, a fim de que a defesa, no prazo de oito dias, se manifestasse, podendo arrolar até três testemunhas (CPP, art. 384, *caput*). Nessa hipótese, não haveria aditamento à denúncia ou à queixa.

Se a pena pudesse vir a ser agravada, o juiz baixaria os autos a cartório a fim de que o Ministério Público pudesse aditar a denúncia ou a queixa, abrindo-se prazo de três dias para a defesa, que poderia oferecer prova, arrolando até três testemunhas (CPP, art. 384, parágrafo único).

Observa-se, antes de mais nada, que, para preservar a imparcialidade do juiz, este não mais mandará baixar os autos a cartório para que a defesa se manifeste ou para que o juiz adite a denúncia. O Ministério Público é que, "se entender cabível nova definição jurídica do fato, em consequência de prova existente nos autos de elemento ou circunstância da infração penal não contida na acusação", aditará a denúncia ou a queixa. O juiz não é acusador!

Outra observação: tanto faz a pena ser a mesma ou mais grave. O procedimento, agora, é o mesmo.

11. CONSEQUÊNCIA DA INOBSERVÂNCIA DO PROCEDIMENTO

A não observância do disposto no art. 81, da Lei n. 9099/1995 constitui nulidade relativa, e não absoluta. Não arguida no momento oportuno, gera preclusão. Não há razão para anular-se o processo por não atendimento ao que prescreve esse artigo. Seria um *non sense*. Este é o entendimento da 2ª Turma do Supremo Tribunal Federal. Confira-se o HC 88650-7/SP, j. 16.05.2006 (*DJ* 09.06.2006), rel. Min. EROS GRAU:

> O entendimento desta Corte é no sentido de que "não alegada a tempo e modo a inobservância do disposto no art. 81, da Lei n. 9099/1995, que é uma nulidade relativa, ocorre a preclusão" (HC 85271, Min. CARLOS VELLOSO, *DJ* 01.07.2005). No caso concreto, essa nulidade não foi arguida nas alegações finais nem nas razões da apelação.

Art. 82. Da decisão de rejeição da denúncia ou queixa e da sentença caberá apelação, que poderá ser julgada por turma composta de 3 (três) juízes em exercício no primeiro grau de jurisdição, reunidos na sede do Juizado.

---

[708] Mudança, variação do libelo.

> **§ 1º** A apelação será interposta no prazo de 10 (dez) dias, contados da ciência da sentença pelo Ministério Público, pelo réu e seu defensor, por petição escrita, da qual constarão as razões e o pedido do recorrente.
>
> **§ 2º** O recorrido será intimado para oferecer resposta escrita no prazo de 10 (dez) dias.
>
> **§ 3º** As partes poderão requerer a transcrição da gravação da fita magnética a que alude o § 3º, do art. 65, desta Lei.
>
> **§ 4º** As partes serão intimadas da data da sessão de julgamento pela imprensa.
>
> **§ 5º** Se a sentença for confirmada pelos próprios fundamentos, a súmula do julgamento servirá de acórdão.

1. A RAZÃO DOS RECURSOS

INOCÊNCIO BORGES DA ROSA[709], em uma página magistral, explica o porquê dos recursos:

> O recurso tem seu fundamento na contingência humana, na falibilidade da cultura, da inteligência, da razão e da memória do homem, por mais culto e perspicaz e experiente que seja. Sendo a decisão judicial uma obra humana e a esta estando portanto ligada invariavelmente a ideia da imperfeição e do erro (*errare humanum est*),[710] surge a indeclinável necessidade da Lei conceder à pessoa, a quem dita decisão não satisfaz ou prejudica, o direito de pedir novo exame do caso posto em Juízo, para emenda ou alteração da respectiva decisão, e, na maioria dos casos, o direito de invocar um Juízo ou parecer superior, que se manifeste sobre a justiça e o mérito da decisão proferida.

O inconformismo com uma primeira decisão não se dá apenas na área judicial. Se alguém procura um médico e este diagnostica uma doença grave, o paciente, duvidando, procura outro médico para a confirmação ou não do primeiro diagnóstico. O mesmo ocorre quando se leva um automóvel à oficina para verificação de algum defeito. É, como se pode observar, uma necessidade que se dá em qualquer setor da atividade humana.

O recurso não significa que a nova decisão seja mais correta, mais acertada. Não, a reforma pode até produzir uma decisão injusta. *Bene latas sentencias in pejus reformatio*.[711]

"Recurso é o meio voluntário de impugnação das decisões judiciais, utilizado antes do trânsito em julgado e no próprio processo em que foi proferida a decisão, visando a reforma, invalidação, esclarecimento ou integração da decisão judicial", define GUSTAVO HENRIQUE BADARÓ[712].

2. OBJETIVOS DOS RECURSOS

INOCÊNCIO BORGES DA ROSA[713] adverte:

> [...] os recursos destinam-se a sanar: **(a)** os defeitos graves ou substanciais da decisão; **(b)** a injustiça da decisão; **(c)** a má apreciação da prova; **(d)** a errônea interpretação e aplicação da Lei, ou da norma jurídica; **(e)** a errônea interpretação das pretensões das partes; (f) a errônea apreciação dos fatos e das suas circunstâncias.

---

[709] ROSA, 1961, p. 475.
[710] Errar é humano.
[711] Reforma para piorar sentenças bem pronunciadas.
[712] BADARÓ, G. H. *Manual dos Recursos Penais*. 2. ed. rev. atual. ampl., São Paulo: RT, 2017. p. 32.
[713] ROSA, 1961, p. 475.

Consequentemente, mediante recurso[714], provoca-se o reexame de uma decisão pelo mesmo órgão prolator da decisão recorrida ou por um órgão jurisdicional superior (juízo *ad quem*)[715]. O órgão ao qual se recorre se chama juízo *a quo*[716]. Nos Juizados Especiais, o reexame pode ser feito, também, pelo mesmo juiz prolator da decisão, como nos embargos de declaração, e por um outro órgão do mesmo grau, a Turma Recursal, que, sem dúvida alguma, é superior aos juízes monocráticos.

3. PRESSUPOSTOS E REQUISITOS DOS RECURSOS

Para que a parte possa recorrer é preciso que tenha sucumbido, sido vencida. *Succubiturus oneri*[717]. Este é o pressuposto fundamental.

Não pode haver recurso sem sucumbência, seja *total* (a parte perde tudo que pediu) ou *parcial* (a decisão dá apenas parte do que foi pleiteado); *única* (atingida apenas uma das partes) ou *múltipla* (existência de mais de um sucumbente, os interesses atingidos são vários); *paralela* (a decisão prejudica, simultaneamente, interesses das duas partes ou de várias partes) ou *recíproca* (prejudicados são, ao mesmo tempo, os "interesses opostos de duas partes"); *direta* ("vencida é uma das partes do litígio") ou *reflexa* ("a decisão vai refletir-se, de maneira prejudicial, em relação a terceiro").[718]

Explica NELSON NERY JUNIOR[719]:

> Há sucumbência quando o conteúdo da parte dispositiva da decisão judicial diverge do que foi requerido pela parte no processo (*sucumbência formal*), ou quando, independentemente das pretensões deduzidas pelas partes no processo, a decisão judicial colocar a parte ou o terceiro em situação jurídica pior daquela que tinha antes do processo, isto é, quando a decisão produzir efeitos desfavoráveis à parte ou ao terceiro (*sucumbência material*), ou, ainda, quando a parte não obteve no processo tudo aquilo que poderia dele ter obtido.

O recurso pressupõe, de um modo geral, também, a existência do *duplo grau de jurisdição*, ou seja, a existência de um órgão jurisdicional que reexamine a decisão proferida por um órgão de categoria inferior. Há decisões que provocam o reexame no próprio juízo em que se deu a prolação da sentença, como os embargos declaratórios. Antes, tínhamos o protesto por novo júri, mas a Lei n. 11689, de 2008, o extinguiu. Mas o art. 4º, da Lei n. 11689, de 2008, revogou o Capítulo IV, do Título II, do Livro III, do Código de Processo Penal, que, com dois artigos, o 607 e o 608, cuidava do protesto por novo júri.

RENÉ ARIEL DOTTI[720], que se retirou da Comissão de Reforma do CPP em solidariedade ao Ministro da Justiça JOSÉ CARLOS DIAS, responsável pela elaboração do anteprojeto, de referência ao protesto por novo júri, disse por que opinava pela sua extinção:

> Trata-se de uma imposição dos tempos modernos e da necessidade de se aplicar a pena justa ao caso concreto. Historicamente o protesto se impunha em face do sistema criminal do Império cominar as penas de morte e galés perpétuas, justificando a revisão obrigatória do julgamento. Nos tempos modernos a supressão já foi sustentada por BORGES DA ROSA e pelo mais fervoroso defensor do tribunal popular: o magistrado MAGARINOS TORRES, que, presidindo durante tantos anos o Conselho de Sentença, averbou este recurso supérfluo e inconveniente. Quanto ao aspecto da pena justa, forçoso é reconhecer que, embora condenados por homicídio com mais de uma qualificadora, muitos réus são beneficiados com a pena de reclusão inferior a 20

---

[714] *Recursus*, de *recurrere*, corrida para trás, possibilidade de voltar. Logo, recurso dá ideia de voltar para novo exame.
[715] Para quem.
[716] Do qual.
[717] Ficar vencido no combate.
[718] MARQUES, 1965, p. 189.
[719] NERY JUNIOR, N. *Princípios fundamentais*: teoria geral dos recursos. 7. ed. São Paulo: RT, 2014. p. 301.
[720] DOTTI, R. A. Anteprojeto do júri. *RT*, n. 702, abr., 1994. p. 281.

anos. Tal estratégia tem o claro objetivo de impedir o novo Júri que se realizará mediante o simples protesto, sem necessidade de o processo chegar ao tribunal de apelação. Procura-se, com esse expediente, fugir dos ônus de um novo julgamento, com a fatigante reencenação da vida e da morte dos personagens do fato delituoso.

3.1 Pressupostos objetivos

a) *Previsão legal.* Para se interpor um recurso é necessário que esteja previsto em lei.

b) *Tempestividade.* O recurso deve ser interposto dentro do prazo legal. No Juizado Especial, o prazo para apelar é de dez dias.

Os prazos recursais são fatais (inevitáveis, impreteríveis, inadiáveis), contínuos (ininterruptos, continuados) e peremptórios (terminantes), como dispõe o art. 798, do Código de Processo Penal. Observa CÂMARA LEAL[721]:

> Os prazos serão contínuos e peremptórios. Segue-se daí que não sofrem interrupção e são improrrogáveis, isto é, fatais. Contudo, dá-se a interrupção do prazo se seu vencimento cai em domingo ou dia feriado, não se computando esse dia em sua contagem, o que constitui uma interrupção. Também se interrompe, pois não corre, se sobrevém impedimento do juiz, força maior ou obstáculo judicial oposto pela parte contrária. Não se interrompem os prazos pela intercorrência de domingo ou dia feriado. Somente quando o seu vencimento cai nesses dias é que se dá a interrupção, ficando prorrogado até o dia útil imediato.

O termo *a quo* está disciplinado no § 5º, do art. 798, do Código de Processo Penal. A Súmula 310 do STF dispõe sobre o termo inicial: "Quando a intimação tiver lugar na sexta-feira, ou a publicação com efeito de intimação for feita nesse dia, o prazo judicial terá início na segunda-feira imediata, salvo se não houver expediente, caso em que começará no primeiro dia útil que se seguir".

Não se computa o dia do início [*dies a quo non computatu in termino*][722], como disciplinado pelo disposto no § 1º, do art. 798, do Código de Processo Penal. Final do prazo: "O prazo que terminar em domingo ou dia feriado considerar-se-á prorrogado até o dia útil imediato" – § 3º, do art. 798, do Código de Processo Penal.

Não se deve esquecer de que a contagem do prazo penal é diferente. Esse é disciplinado pelo art. 10, do Código Penal, que dispõe: "O dia do começo inclui-se no cômputo do prazo [...]". No processo penal, não.

c) *Formalidades legais.* Forma prescrita em lei. Deve o recorrente fundamentar o recurso, ou seja, apresentar as razões por que recorre. Nos Juizados Especiais, a petição terá de ser escrita e conterá de imediato a motivação. É a petição, também, no Juízo Comum, a forma mais usual para interpor o recurso. Pode o recurso ser interposto por termo nos autos (CPP, art. 578, e seu § 1º).

A Lei n. 14365/2022 incluiu o art. 798-A no CPP, estabelecendo que:

> Suspende-se o curso do prazo processual nos dias compreendidos entre 20.12 e 20.01, inclusive, salvo nos seguintes casos: I – que envolvam réus presos, nos processos vinculados a essas prisões; II – nos procedimentos regidos pela Lei n. 11340, de 07.08.2006; III – nas medidas consideradas urgentes, mediante despacho fundamentado do juízo competente. Parágrafo único. Durante o período a que se refere o *caput* deste artigo, fica vedada a realização de audiências e de sessões de julgamento, salvo nas hipóteses dos incisos I, II e III do *caput* deste artigo.

No processo civil, segundo o art. 224, "salvo disposição em contrário, os prazos serão contados excluindo o dia do começo e incluindo o dia do vencimento. § 1º Os dias do começo e do vencimento do prazo serão protraídos para o primeiro dia útil seguinte, se coincidirem com dia em que

---

[721] LEAL, A. L. DA C. *Comentários ao Código de Processo Penal brasileiro.* v. 4. Rio de Janeiro: Freitas Bastos, 1943. p. 439-440.
[722] O dia de início não se computa no termo.

o expediente forense for encerrado antes ou iniciado depois da hora normal ou houver indisponibilidade da comunicação eletrônica. § 2º Considera-se como data de publicação o primeiro dia útil seguinte ao da disponibilização da informação no Diário da Justiça eletrônico. § 3º A contagem do prazo terá início no primeiro dia útil que seguir ao da publicação.

Tanto no processo civil quanto no processo penal, não se considera o primeiro dia (da intimação), mas o último dia do prazo entra na contagem. No processo penal, o fundamento disso está no art. 798, do Código de Processo Penal.

Não se aplica aos prazos processuais o art. 219 do CPC, que estabelece na contagem dos prazos que só comutar-se-ão os dias úteis.

3.2 Pressupostos subjetivos

a) *Interesse*. Como ensina Tourinho Filho[723]: "A parte não pode recorrer se não houver interesse na reforma. Assim, da sucumbência exsurge o interesse na modificação do ato jurisdicional".

Dispõe o parágrafo único, do art. 577, do Código de Processo Penal, que "não se admitirá, entretanto, recurso da parte que não tiver interesse na reforma ou modificação da decisão".

b) *Legitimidade*. Temos ao lado do interesse, como explica Tourinho Filho[724], "a legitimidade, isto é, a pertinência subjetiva dos recursos, vale dizer, somente a parte que sofreu o gravame é que pode recorrer". Só a parte que sofrer prejuízo é que tem legitimidade para recorrer. Didaticamente, ensina Moacyr Amaral Santos[725]: "Tem interesse de recorrer a parte prejudicada pela decisão. O que justifica o recurso é o *prejuízo*, ou *gravame*, que a parte sofreu com a sentença. Assim, o prejuízo resulta da *sucumbência*. Por sucumbente, ou vencido, e, pois, prejudicado, se considera a parte a quem a sentença não atribuiu o efeito prático a que visava".

3.2.1 Unirrecorribilidade

De pronto, diga-se que a parte não pode interpor mais de um recurso contra a mesma decisão. É o princípio da unirrecorribilidade. Exceções: a) a decisão proferida pelo júri podia dar lugar à apelação e ao protesto por novo júri, conforme permitia o art. 608, do Código de Processo Penal, hoje revogado pela Lei n. 11689, de 2008; b) a decisão do Tribunal pode admitir recurso especial e recurso extraordinário; c) se a decisão não for unânime, podem caber recurso extraordinário ou especial e embargos infringentes.

4. JUÍZO DE ADMISSIBILIDADE

No juízo *a quo*, é feito um juízo preliminar de admissibilidade ou não do recurso, em que são observados os pressupostos objetivos e subjetivos, tais como tempestividade, formalidades, legitimidade, interesse. Negativo o exame, o recurso não é recebido. O tribunal *ad quem* pode fazer também esse exame, que já foi feito no primeiro grau.

5. EFEITOS DOS RECURSOS

Os recursos apresentam três efeitos. Os mais conhecidos são: o *devolutivo* e o *suspensivo*. O **devolutivo** é peculiar da própria natureza do recurso, uma vez que devolve o conhecimento da questão, às vezes matéria de fato e de direito (a apelação, por exemplo), às vezes só matéria de direito (v.g., os recursos especial e extraordinário) a um outro órgão jurisdicional, ao juízo *ad quem* ou ao próprio órgão prolator da decisão. O efeito **suspensivo** susta a execução do que foi decidido.

---

[723] Tourinho Filho, 2012, p. 317.
[724] Tourinho Filho, F. da C. *Manual de processo penal*. 3. ed. rev. atual. ampl. São Paulo: Saraiva, 2001. p. 568.
[725] Santos, 1997, p. 82.

Por exemplo, se o acusado foi condenado, a execução da sentença é suspensa. Algumas vezes, a lei excepciona e não dá o efeito suspensivo, como na hipótese dos crimes hediondos, em que o § 3º, do art. 2º, da Lei n. 8072, de 25.07.1990, estabelece que, "em caso de sentença condenatória, o juiz decidirá fundamentadamente se o réu poderá apelar em liberdade". Assim também preceitua o art. 9º, da Lei n. 9034, de 03.05.1995, que cuida das ações praticadas por organizações criminosas: "O réu não poderá apelar em liberdade nos crimes previstos nesta Lei".

O terceiro efeito é o *regressivo*. O próprio juiz que prolatou a decisão pode, antes de remeter os autos para o órgão *ad quem,* reexaminá-la e retratar-se, acolhendo as razões do recorrente. Houve, assim, o juízo de retratação, ou seja, o juiz recua, retrocede, *volta atrás,* na linguagem do povo, confessando o equívoco, o erro. Se o juiz mantiver a decisão, não deixou de haver o efeito regressivo. Tal efeito está presente no recurso em sentido estrito e no agravo em execução.

Se só o acusado recorreu, não pode o juízo *ad quem* modificar a sentença para pior. Isso está dito no art. 617, do Código de Processo Penal: "O tribunal, câmara ou turma atenderá nas suas decisões ao disposto nos arts. 383, 386 e 387, no que for aplicável, não podendo, porém, ser agravada a pena, *quando somente o réu houver apelado da sentença*".

Dispõe a Súmula 453 do STF: "Não se aplicam à segunda instância o art. 384 e parágrafo único do Código de Processo Penal, que possibilitam dar nova definição jurídica ao fato delituoso, em virtude de circunstância elementar não contida, explícita ou implicitamente, na denúncia ou queixa".

O Tribunal e a Turma Recursal podem dar nova qualificação legal à infração, como disposto no art. 383, do Código de Processo Penal. Todavia, não poderão aplicar pena mais grave ante a inexistência de recurso da acusação. Preleciona Antônio Luís da Câmara Leal[726], com sua grande autoridade de processualista, ao comentar o art. 617, do Código de Processo Penal: "Ao Tribunal é permitido afastar-se, em seu julgamento, da classificação do crime, quer na queixa, quer na denúncia, quer na decisão recorrida, embora tenha de aplicar pena mais grave (art. 383), *salvo* quando a apelação for interposta pelo réu somente e a nova classificação importar em agravação da pena imposta pela sentença de primeira instância, porque a isto se opõe o preceito expresso do art. 617".

A apelação obedecerá aos requisitos e pressupostos, objetivos e subjetivos, estabelecidos no Código de Processo Penal, salvo quanto ao prazo.

Afinal, para ser provido, "o recurso deve ser admissível e procedente", como leciona Leo Rosenberg.[727]

6. APELAÇÃO

Prolatada a sentença, o acusado é dela intimado. Essa intimação poderá ser por edital, se o réu não for encontrado, nos termos do art. 392, do Código de Processo Penal. Observa-se que, segundo a jurisprudência dominante, o réu deverá ser sempre intimado da sentença, assim como seu defensor. Em resumo: **réu e defensor devem ser intimados. A intimação de um não dispensa a do outro**.

O prazo para apelar é de dez dias, prazo único para interposição e apresentação das razões, ao contrário do procedimento previsto no Código de Processo Penal, arts. 593 e 600, em que a interposição dá-se no prazo de cinco dias e a apresentação das razões, em oito dias, nada impedindo, no entanto, que as razões sejam apresentadas quando da interposição da apelação. O prazo para as contrarrazões também é de dez dias.

O prazo é de dez dias para apelar, mas o Supremo já entendeu que, se a petição de interposição é protocolizada até o quinto dia e o juiz recebe a apelação e abre prazo para as razões, há de ser entendido que o rito comum foi o adotado, e o réu, assim, não pode ser prejudicado. A apelação é tempestiva, devendo ser conhecida. Isso se deu quando do julgamento, unânime, do HC 80947-2/MG, em 04.09.2001 (*DJU* 19.10.2001), em que a 1ª Turma, relator Min. Sepúlveda Pertence, decidiu:

---

[726] Leal, 1943, p. 125.
[727] Rosenberg apud Marques, 1962, p. 197.

A apelação para a Turma Recursal deve ser interposta com as razões, no prazo de 10 dias (Lei n. 9099/1995, art. 82, § 1º); no entanto, se ajuizada no prazo de 5 dias, o Juiz a recebe e abre prazo para as razões, entende-se que adotou o rito da lei processual comum (CPP, art. 593), não se podendo reputar intempestivas as razões oferecidas no prazo do art. 600, do Código de Processo Penal (HC 80121, 1ª Turma, j. 15.08.2000, rel. Min. GALLOTTI, DJ 07.12.2000). De qualquer modo, também no processo dos Juizados Especiais, a ausência ou a intempestividade das razões não prejudicam a apelação interposta no prazo legal (CPP, art. 601).

O entendimento está perfeito. Se a apelação é interposta tempestivamente, nos cinco dias contados da intimação, na verdade, está sendo apresentada dentro do prazo previsto pela Lei dos Juizados Especiais – dez dias. O juiz não advertiu o réu de que a apelação veio desacompanhada das razões. Pelo contrário, concedeu o prazo de oito dias para sua apresentação. Logo, não pode, evidentemente, depois, dizer que a apelação é intempestiva. Ademais, se as razões não fossem apresentadas, deveria, mesmo assim, a apelação ser conhecida.

Dispõe o art. 601, do Código de Processo Penal: "Findos os prazos para razões, os autos serão remetidos à instância superior, com as razões ou sem elas, no prazo de 5 (cinco) dias [...]".

Não apresentando a defesa as razões do recurso, deve, tratando-se de defensor constituído, notificar o réu para constituir outro; se for dativo, o juiz deverá nomear outro. Mas a apelação não poderá deixar de ser conhecida. Assim, há de se considerar que as razões apresentadas fora do prazo constituem mera irregularidade. É a aplicação do princípio da ampla defesa.

E tratando-se de contrarrazões? Apreciaremos essa questão no item 6.6.

O prazo começará a ser contado, para a interposição da apelação, quando se der à parte ciência da sentença. Não só o defensor deve ser intimado da sentença, mas, também, o acusado ou querelado (art. 82, § 1º: "A apelação será interposta no prazo de 10 (dez) dias, contados da ciência da sentença pelo Ministério Público, pelo réu e seu defensor[...]"). Tanto faz o defensor público, o dativo ou o constituído. A lei não fez diferenciação. Os dois, portanto, devem ser intimados. Desse modo, o prazo é contado a partir da data em que o último for intimado. Mas, como a sentença é prolatada em audiência, as partes, nesse momento, dela tomaram conhecimento. Logo, a partir dessa data – excluindo-se o dia do começo e incluindo-se, porém, o do vencimento, como manda o art. 798, § 1º, do Código de Processo Penal –, tem início o prazo para recurso.

Observa-se que, se a parte não estiver presente ou se se retirar da audiência antes do término da prolação da sentença, deverá ser regularmente intimada, nos termos do art. 67, da Lei n. 9099/1995. Nessa hipótese, estando presente o defensor, mas o acusado não, porque se retirou antes da prolação da sentença, o prazo para apelação só começará a correr depois que ele for intimado.

Dando-se a intimação da sentença por mandado, a contagem do prazo segue a regra da letra *a*, do § 5º, do art. 798, do Código de Processo Penal, começando a fluir, portanto, a partir da intimação, e não da data juntada aos autos do mandado cumprido. Se por edital, o prazo começará a correr após o término nele fixado, tendo como *dies a quo*[728] o dia seguinte, se útil, à data da publicação no *Diário da Justiça*.

As razões são apresentadas com a petição de recurso, salvo a hipótese de haver pedido de transcrição de gravação de fita magnética. No Juizado Especial, não tem aplicação a faculdade permitida pelo § 4º, do art. 600, do Código de Processo Penal – apresentação de razões no juízo *ad quem*.

É certo que, de acordo com o § 1º, do art. 82, da Lei n. 9099, de 1995, as razões de apelação devem ser apresentadas concomitantemente com o recurso, no prazo de dez dias. No entanto, o Supremo, pela 1ª Turma, ao examinar o HC 83169-9/RO, relator Min. MARCO AURÉLIO, j. 05.08.2003 (*DJ* 05.09.2003), decidiu que, dada a informalidade dos Juizados Especiais, é admissível a interposição de recurso por simples petição, "pois silente a Lei n. 9099/1995 quanto às consequências da falta de apresentação de razões e está em jogo a liberdade de ir e vir". No caso, o juiz não recebera a apelação por intempestividade das razões recursais, que foram apresentadas posteriormente ao recurso.

---

[728] Dia de início ou termo inicial. Igualmente: *dies cedit*. Em sentido contrário, *dies ad quem*: dia ou termo final.

Não se deve esquecer de que o dia do começo não é computado, mas o do vencimento é incluído. O recorrido é intimado para apresentação das contrarrazões, como estabelecido pelo art. 67.

6.1 Do cabimento da apelação

6.1.1 Sentença que absolve ou condena

Da sentença que absolver ou condenar o acusado ou querelado, cabe apelação, como também cabe tal recurso, como visto anteriormente, da sentença que homologa a transação (§ 5°, do art. 76) e da que rejeita a denúncia ou a queixa (art. 82). Esse recurso será julgado por turma composta de três juízes do primeiro grau de jurisdição, juízes togados, que se reunirão na sede do Juizado. Mas nada impede que a reunião dos juízes domiciliados em cidades diversas seja feita pela via eletrônica, como previsto no § 3°, do art. 14, da Lei n. 10259/2001, ou pelo sistema de videoconferência.

Trata-se de um sistema da mais alta importância, de extrema relevância para a prestação jurisdicional, principalmente para a parte mais carente. A vantagem do sistema é abolir gastos com deslocamentos de advogados a Brasília, onde está a sede do Tribunal (no caso do TRF da 1ª Região), ou com a contratação de advogados locais para acompanhamento dos recursos. Na 1ª Região da Justiça Federal, instalamos, quando estive à frente do Tribunal Regional Federal, o sistema de videossustentação oral, com o propósito de bem atender os advogados dos 13 Estados que a compõem. **O presidente, Juiz Catão Alves, que me sucedeu abortou o sistema.**

Junto às turmas recursais, atuará o Ministério Público, como representante da primeira instância, como *custos legis*[729], Promotor de Justiça ou Procurador Regional, e não Procurador de Justiça e Procurador Regional Federal, que atuam na segunda instância da Justiça Estadual ou da Federal, respectivamente.

6.1.2 Decisão que rejeita a denúncia ou a queixa

Caberá, da decisão que rejeitar a denúncia ou queixa, apelação. Assim diz o art. 82, da Lei n. 9099/1995.

Decisão que rejeitar ou que não receber a denúncia? Há diferença entre rejeitar ou não receber? Na verdade, como já vimos ao comentar o art. 81, item 3.1, na essência, há. Quando o juiz não recebe a denúncia, aprecia apenas os aspectos formais, extrínsecos, e, sanados os defeitos, poderá nova denúncia ser oferecida. Exemplo: o caso do art. 41, do Código de Processo Penal, no qual, faltando um dos elementos contidos nesse dispositivo, o juiz não a recebe. Quando rejeita, analisa os aspectos materiais, como a atipicidade do fato (o fato narrado não subsume qualquer tipo penal), a extinção da punibilidade (o crime, por exemplo, está prescrito) e, igualmente, examina a manifesta ilegitimidade da parte (o crime é de ação exclusivamente privada, e o Ministério Público ofereceu denúncia), ausência de condição legal exigida para o início da ação penal. Assim dispunha o art. 43, do Código de Processo Penal, que foi revogado pela Lei n. 11719, de 2008, que, no entanto, na nova redação do art. 395, tratou da rejeição da denúncia, dispondo: "A denúncia ou queixa será rejeitada quando: I – for manifestamente inepta; II – faltar pressuposto processual ou condição para o exercício da ação penal; ou III – faltar justa causa para o exercício da ação penal".

Também é caso de rejeição quando está *devidamente comprovada* a excludente de ilicitude, apesar de haver decisão do Superior Tribunal de Justiça no sentido de que se trata, na hipótese, de questão de mérito, que só pode ser apreciada na sentença, conforme julgamento na Ação Penal n. 33, pela Corte Especial, relator Min. CARLOS THIBAUT, j. 14.05.1992, *DJ* 08.06.1992 (cf *RT* 685/359). O acórdão ficou, na parte em que interessa, com a seguinte ementa: "[…] III – Legítima defesa. Excludente de antijuridicidade que não pode ser examinada no juízo de admissibilidade da ação penal. IV – Denúncia recebida".

---

[729] Guardião da lei, fiscal da lei, defensor da lei.

No voto condutor do acórdão, disse o Min. THIBAUT:

> Quanto à denúncia, deve ser recebida, em primeiro lugar porque se mostra formalmente idônea, contendo a exposição do fato criminoso, com todas suas circunstâncias, a qualificação do acusado, a classificação do crime e o rol de testemunhas (CPP, art. 41). Além disso, está comprovada a materialidade do fato, pelo auto de exame de corpo de delito de fl. 10, existindo indícios suficientes da autoria do acusado.

É minoritária a corrente que entende não se poder rejeitar a denúncia por comprovada excludente de ilicitude.

6.1.2.1 Rejeição e não recebimento da denúncia

Diferença – Há diferença entre rejeitar ou não receber a denúncia? No livro que escrevi sobre Juizados Especiais, em coautoria com JOEL DIAS FIGUEIRA JÚNIOR, que ficou responsável pela parte cível[730], entendi, naquela oportunidade, que, para efeito de recurso, tanto faz rejeitar como não receber. Hoje, penso diferentemente. Quando o juiz não recebe a denúncia, o processo não é extinto. Nova denúncia pode ser ofertada. Quando o juiz rejeita, o processo é extinto. Logo, seguindo a sistemática do nosso ordenamento jurídico, inclusive no processo civil, o recurso no primeiro caso deve ser em sentido estrito, e, no outro, que põe fim ao processo, em que a sentença é definitiva, apelação.

A doutrina e a jurisprudência ainda não são pacíficas, nem num sentido nem no outro.

LÚCIO SANTORO DE CONSTANTINO[731] orienta-se no sentido de, no caso de rejeição da denúncia, ser cabível apelação, citando os acórdãos abaixo mencionados. Diz ele:

> Questão interessante é não confundir não recebimento com rejeição da denúncia ou queixa. O recurso em sentido estrito é para o não recebimento. Exemplificando, o juiz deixou de receber a denúncia porque não havia qualificação ou identificação do acusado ou deixou de recebê-la porque não havia descrição do fato criminoso. O não recebimento está adstrito ao art. 41, do CPP.

Já a rejeição está prevista no art. 395, com a redação dada pela Lei n. 11719/2008, do referido diploma, e deverá ser atacada por recurso de apelação, art. 593, II, do Código de Processo Penal.

Assim, no caso de não recebimento, será recurso em sentido estrito. No caso de rejeição, será recurso de apelação.

O Tribunal de Justiça do estado do Rio Grande do Sul, pela sua 2ª Câmara Criminal, julgando a ACr. 25346, em 23/04.1981, relator Des. NELSON LUIZ PÚPERI[732], decidiu: "A manifestação de inconformidade com a decisão que rejeita a denúncia porque os fatos nela narrados não constituem crime deve ser levada a efeito através de apelação e não por via de recurso em sentido estrito".

Assim também entendeu a 3ª Câmara Criminal do extinto Tribunal de Alçada do estado do Rio Grande do Sul, em 13.06.1989, relator Juiz VLADIMIR GIACOMUZZI[733]: "Da decisão que rejeita a denúncia, por entender que o fato nela descrito não constitui crime, cabe apelação e não recurso em sentido estrito".

O autor do fato deve ser intimado para contra-arrazoar a apelação interposta contra decisão que rejeitou a denúncia. É entendimento pacífico do Supremo. Súmula 707: "Constitui nulidade a falta de intimação do denunciado para oferecer contrarrazões ao recurso interposto da rejeição da denúncia, não a suprindo a nomeação de defensor dativo".

---

[730] TOURINHO NETO; FIGUEIRA JÚNIOR, 2002. p. 671.
[731] CONSTANTINO, L. S. DE. *Recursos criminais, sucedâneos recursos criminais e ações impugnativas autônomas criminais*. Porto Alegre: Livraria do Advogado, 2004. p. 83.
[732] *Revista de Jurisprudência do TJRS*, n. 87, ago., 1981, p. 90-93.
[733] *Julgados do extinto Tribunal de Alçada do RS*, n. 71, set., 1989, p. 44-46.

6.2 Da decisão que receber a denúncia ou queixa, qual o recurso cabível?

Segundo o art. 5º, da Lei n. 10259/2001 – "exceto nos casos do art. 4º, somente será admitido recurso de sentença definitiva" –, nenhum outro recurso é cabível. O art. 4º estabelece: "O Juiz poderá, de ofício ou a requerimento das partes, deferir medidas cautelares no curso do processo, para evitar dano de difícil reparação".

No processo comum, também não cabe recurso em sentido estrito contra a decisão que recebe a denúncia ou a queixa. O único instrumento a ser utilizado é o *habeas corpus*.

Apesar de entendermos ser cabível, no processo do Juizado Especial, o recurso em sentido estrito, como veremos adiante, na hipótese, não é admissível tal espécie de recurso.

6.3 Qual o recurso contra a decisão que rejeita o aditamento à denúncia?

O recurso em sentido estrito, uma vez que o aditamento tem a mesma natureza da denúncia. E da decisão que não recebe a denúncia cabe esse recurso, como prevê o art. 581, I, do Código de Processo Penal. É verdade que há julgados que consideram incabível o recurso em sentido estrito do despacho que não recebe o aditamento, sob o fundamento de que a hipótese não está elencada no art. 581, do Código de Processo Penal.

6.4 Da decisão homologatória

A decisão que homologa a transação é recorrível, como dispõe o § 5º, do art. 76, da Lei n. 9099/1995. Em princípio, não deveria tal decisão ser objeto de recurso, por falta de interesse. Recorrer por quê? Se foram as próprias partes que estabeleceram as cláusulas do acordo? CEZAR ROBERTO BITENCOURT, todavia, faz algumas ponderações aceitáveis, contando, inclusive, fato concreto para mostrar a necessidade do recurso. Argumenta ele:

> Nem tudo o que parece ser na verdade é. Muitas vezes a formalidade não passa de uma *roupagem de legalidade*, encobrindo abusos ou arbitrariedade, mesmo que haja a intervenção do Ministério Público e receba a fiscalização direta do juiz, em que pese a grande e justa credibilidade que as duas instituições, Poder Judiciário e Ministério Público, ainda desfrutam neste País.

6.5 Pressupostos subjetivos da apelação

São pressupostos subjetivos a *legitimidade* e o *interesse*. Os legitimados para recorrer são: o Ministério Público, o querelante e a defesa. Diz o § 1º, do art. 82, da Lei dos Juizados, que estão legitimados para recorrer o Ministério Público, o réu e o defensor.

Pode o réu recorrer pessoalmente?

Sim, pois não há razão para não se aplicar o disposto no art. 577, do Código de Processo Penal: "O recurso poderá ser interposto pelo Ministério Público, ou pelo querelante, ou *pelo réu*, seu procurador ou seu defensor". Mas TOURINHO FILHO[734] chama a atenção para o fato de:

> Malgrado os termos amplos do artigo em análise, evidente que o réu, pessoalmente, não pode interpor todo e qualquer recurso. Poderá, sim, se se tratar de apelação, protesto por novo júri e recurso em sentido estrito, em determinados casos, como, por exemplo, nas hipóteses de negativa de fiança, pronúncia, não concessão de *sursis*. Quanto aos demais, cuja interposição exige certa técnica, não. É claro que *habeas corpus* e revisão criminal não são recursos. E a lei lhe confere legitimidade para tanto. Observa-se, tão só, que o protesto por novo júri foi extinto pela Lei n. 11689, de 09.06.2008.

---

[734] TOURINHO FILHO, 2003, p. 294.

Se o réu, pessoalmente, apelar, mas não apresentar as razões do recurso, ou mesmo as apresentando, o juiz deve intimar seu defensor para que as apresente ou nomear advogado para esse fim.

Deve-se atentar para o enunciado da Súmula 708 do STF: "É nulo o julgamento da apelação se, após a manifestação nos autos da renúncia do único defensor, o réu não foi previamente intimado para constituir outro".

6.6 Efeitos do recurso de apelação

O recurso de apelação tem os efeitos devolutivo e suspensivo.

Ao recorrer, na petição de interposição, sem, portanto, apresentar as razões, o recorrente poderá "requerer a transcrição da gravação da fita magnética a que alude o § 3º, do art. 65" (art. 82, § 3º, da Lei n. 9099/1995). Assim, o prazo recursal ficará suspenso até que seja feita a transcrição. Após sua juntada aos autos, a parte será intimada para apresentar as razões.

Não sendo a sentença prolatada na audiência em que se procedeu à instrução, as partes serão intimadas da audiência de julgamento – quando foi prolatada a sentença – na forma do art. 67, da Lei n. 9099/1995.

O prazo para apelar, também, pode ser contado, ainda que a parte não tenha sido intimada – se ela teve ciência *inequívoca* da sentença ao se manifestar, por qualquer razão, nos autos.

Os recursos contra as decisões dos Juizados Especiais serão interpostos para turmas compostas de três juízes, em exercício no primeiro grau de jurisdição, reunidos na sede do Juizado (art. 82).

O juiz, ao receber o recurso, fará um exame de admissibilidade, admitindo-o se presentes os pressupostos objetivos e subjetivos. Tal exame não exclui o da instância superior. Uma vez recebida a apelação, o juiz não mais poderá retratar-se, reconsiderar a decisão que recebeu o recurso.

Recebendo a apelação, o recorrido será intimado para oferecer contrarrazões, por escrito, também no prazo de dez dias. A falta de contrarrazões por parte da defesa não dá lugar à nulidade. Pode ser, como lembrou o Min. Nelson Jobim no julgamento do RHC 79460-2/SP pelo Pleno do STF, ocorrido em 16.12.1999 (*DJ* 14.05.2001), "estratégia do defensor". "O que gera nulidade do processo", ficou decidido nesse julgamento, "é a falta de intimação para o cumprimento de um determinado ato processual, ou seja, a não concessão da oportunidade legal". Restou vencido tão somente o Min. Marco Aurélio, por entender que, "a partir do momento em que o advogado constituído não interveio nos autos, deixando de oferecer contrarrazões, incumbia a designação de defensor dativo e não o julgamento da apelação sem a manifestação da defesa".

Se fosse o defensor dativo que não apresentasse as contrarrazões, outro defensor seria nomeado. Argumenta, então, que "a distinção entre a atuação do defensor dativo e do defensor credenciado não se justifica. A regra que impõe a atividade do defensor no processo não diferencia a forma de constituição. O que se busca, acima de tudo, é a atividade em prol dos interesses do acusado".

A diferença é grande. O advogado constituído é contratado pelo acusado na base da confiança. O dativo, não. É dado pelo juiz. Logo, se é desidioso, não apresentando as contrarrazões, a responsabilidade é do magistrado, que não soube bem escolher.

6.7 Renúncia ao direito de apelação

O direito ao recurso é renunciável, pois se trata de um ônus processual.[735] Se o acusado não quiser apelar, não apela. Observando, no entanto, que prevalece a vontade do defensor. Daí a Súmula 705 do Supremo: "A renúncia do réu ao direito de apelação, manifestada sem a assistência do defensor, não impede o conhecimento da apelação por este interposta".

---

[735] Ônus processual é, como explica Hélio Tornaghi (1959, p. 211), "um fardo que o próprio interessado deve carregar se dele se quiser valer. É como que uma obrigação para consigo mesmo".

Na sessão plenária de 01.04.1998 (*DJ* 29.08.2003), o Supremo Tribunal Federal, no HC 76524-1/RJ, relator Min. SEPÚLVEDA PERTENCE, disse:

> No processo penal, o papel do defensor, constituído ou dativo, não se reduz ao de simples representante *ad judicia*[736] do acusado, investido mediante mandato, ou não, incumbindo-lhe velar pelos interesses da defesa: por isso, a renúncia do réu à apelação não inibe o defensor de interpô-la.

6.7.1 Renúncia e desistência

A renúncia não se confunde com a desistência. Desiste-se daquilo que já se fez, do que já se exercitou. Renuncia-se a se fazer algo. Na renúncia, *desiste-se*, na verdade, de usar um direito que se tem. O acusado *desiste* da apelação que já *interpôs* e renuncia ao direito de *interpor* a apelação; não a interpõe, portanto.

A renúncia do acusado ao direito de recorrer não impede que o defensor recorra, ou sua desistência, sem a assistência do defensor, do recurso que já interpôs, não impede o conhecimento do recurso.

7. RECURSO EM SENTIDO ESTRITO

É admissível esse tipo de recurso nos Juizados Especiais?

Os Coordenadores de Juizados Especiais, reunidos em Encontro Nacional, o VII, no estado do Espírito Santo, em maio de 2000, decidiram, pelo Enunciado n. 19, que "não cabe recurso em sentido estrito no Juizado Especial Criminal". Assim também pensa FÁBIO BITTENCOURT DA ROSA[737], Juiz do Tribunal Regional Federal da 4ª Região, dizendo: "É incabível o recurso em sentido estrito nos Juizados Especiais, sob pena de se neutralizar a celeridade que constitui o alicerce do novo procedimento".

Enunciado 48 do Fonaje: "O recurso em sentido estrito é incabível em sede de Juizados Especiais Criminais".

O STJ entende contrariamente. Sua 5ª Turma, ao julgar, em 27.10.1998, unanimemente, o REsp 164387/RJ, relator Min. JOSÉ ARNALDO, disse ser cabível a interposição de recurso em sentido estrito contra decisão que concede ou nega a suspensão condicional do processo, aplicando, analogicamente, o disposto no inciso XI, do art. 581, do Código de Processo Penal.

Assim penso: grande prejuízo haverá para as partes não se ter como admissível o recurso em sentido estrito.

ADA PELLEGRINI, GOMES FILHO, SCARANCE e LUIZ FLÁVIO[738] admitem, também, o recurso em sentido estrito nos Juizados. Ao questionarem qual o recurso que seria cabível na seguinte hipótese: o juiz, no procedimento sumaríssimo, conclui pela sua incompetência ou decreta a extinção da punibilidade?, respondem: "Não temos dúvida em afirmar que nessas situações o referido recurso [*recurso em sentido estrito*] continua a ser cabível e deve ser julgado pelas mesmas *turmas recursais*". Firmam a argumentação no art. 98, I, da Constituição, que permite sem limitação o julgamento de recursos, e na própria Lei n. 9099/1995, que prevê a aplicação subsidiária do Código de Processo Penal, "quando as respectivas disposições não forem incompatíveis".

7.1 Qual o recurso admissível contra as decisões deferitórias de medidas cautelares previstas no art. 4º da Lei n. 10259/2001?

Sem dúvida, o recurso em sentido estrito, previsto no art. 581, V, do Código de Processo Penal. Nesse dispositivo, está dito que caberá recurso em sentido estrito da decisão, despacho ou sentença que: conceder, negar, arbitrar, cassar ou julgar inidônea a fiança, indeferir requerimento de prisão

---

[736] Para fins judiciais.
[737] ROSA, F. B. DA. Juizados Criminais na Justiça Federal. *Revista do TRF-4ª Região*, Porto Alegre, n. 42, 2001. p. 35.
[738] GRINOVER et al., 2005, p. 186.

preventiva ou revogá-la, conceder liberdade provisória ou relaxar a prisão em flagrante. São essas medidas cautelares e deferitórias; logo, cabível o recurso, como permitido pelo art. 5º, da Lei n. 10259/2001 (exceto nos casos do art. 4º, somente será admitido recurso de sentença definitiva). Há decisões cautelares, no entanto, cujo recurso cabível é a apelação, por não estarem elencadas no art. 581, do Código de Processo Penal, como a busca e apreensão e o sequestro.

Tourinho Filho[739] põe dúvida à certeza do Enunciado n. 19 (hoje, 48) do VII Encontro Nacional dos Coordenadores de Juizados Especiais, que dispõe não caber no Juizado o recurso em sentido estrito, dizendo:

> Fazemos reserva. E, se por acaso o juiz não receber o recurso de apelação, como proceder o recorrente senão valendo-se da regra do art. 581, XV, do CPP?[740] E se o juiz reconhecer, por exemplo, a coisa julgada? Não caberá o recurso em sentido estrito previsto no art. 581, III, do Código de Processo Penal? E se o Juiz reconhecer sua incompetência? Não será oponível o recurso previsto no art. 581, II, do CPP? E no caso de denegação ou concessão da ordem de *habeas corpus*? E se a parte for considerada ilegítima? *Quid juris*? Essas são algumas hipóteses. Haverá outras em que, pelo processo comum, admite-se o recurso em sentido estrito. Ficarão elas irrecorríveis?

Também entendemos que o recurso em sentido estrito é admissível nos Juizados Especiais, Estaduais ou Federais, pois não contraria sua filosofia e sua não admissibilidade pode criar situações embaraçosas, não se tendo como recorrer de determinadas decisões.

8. EMBARGOS INFRINGENTES

Se o resultado for, por maioria, desfavorável ao réu, serão admitidos, no Juízo Comum, embargos infringentes e de nulidade, nos termos do parágrafo único, do art. 609, do Código de Processo Penal.

E, nos Juizados Especiais, é possível esse tipo de recurso? Pela filosofia dos Juizados Especiais, não há lugar para tal tipo de recurso.

Esse recurso deveria ser eliminado do Juízo Comum, quanto mais do Juizado Especial. Maioria ou não, a decisão está tomada, e o réu, vencido, deverá interpor, após, se for o caso, dos embargos de declaração, o recurso extraordinário, se cabível. Imaginem se na localidade só for instalado um Juizado. Como fazer?

9. CARTA TESTEMUNHÁVEL

É admissível. A carta testemunhável é cabível, de acordo com o art. 639, do Código de Processo Penal, quando o juiz denegar o recurso ou quando, apesar de admiti-lo, obstar seu seguimento.

10. RECURSO DE OFÍCIO

Não vige no Juizado Especial Federal o duplo grau obrigatório de jurisdição. Assim diz o art. 13, da Lei n. 10259, de 12.07.2001: "Nas causas de que trata esta Lei, não haverá reexame necessário". Norma esta, sem dúvida, aplicável também aos Juizados Estaduais. Não há razão para fazer distinção.

O Código de Processo Penal refere-se a recurso de ofício no art. 574, e o Código de Processo Civil, a duplo grau de jurisdição, conforme se lê no art. 496. Remessa *ex officio*, recurso de ofício, apelação necessária, como denominava o parágrafo único, do art. 822, do Código de Processo Civil de 1939[741], tudo se resume em reexame necessário, obrigatório. E o reexame necessário não está previsto no Juizado Especial Federal, seja o cível, seja o criminal.

---

[739] Tourinho Filho, 2009, p. 151.
[740] CPP, art. 581. Caberá recurso, no sentido estrito da decisão, despacho ou sentença: [...] XV – que denegar a apelação ou a julgar deserta; [...].
[741] CPC, de 1939, art. 822. A apelação necessária ou *ex officio* será interposta pelo juiz mediante simples declaração na própria sentença. Parágrafo único. Haverá apelação necessária: I – Das sentenças que declararam a nulidade

O reexame necessário deveria ser eliminado, por completo, do nosso processo. É uma excrescência, uma demasia, uma superfluidade. A entidade pública vencida que recorra, se achar conveniente. A remessa, na verdade, é uma *muleta* para esses entes. Será que seus procuradores precisam de *ajuda processual* para defender os órgãos que representam?

Ainda bem que o Código de Processo Civil de 2015, na mesma linha do Código de 1973 (art. 475, §§ 2º e 3º), determinou que não está sujeito a duplo grau de jurisdição

> quando a condenação ou o proveito econômico obtido na causa for de valor certo e líquido inferior a: I – 1.000 (mil) salários mínimos para a União e as respectivas autarquias e fundações de direito público; II – 500 (quinhentos) salários mínimos para os Estados, o Distrito Federal, as respectivas autarquias e fundações de direito público e os Municípios que constituam capitais dos Estados; III – 100 (cem) salários mínimos para todos os demais Municípios e respectivas autarquias e fundações de direito público" (art. 496, § 3º).

Também determinou que não haverá remessa necessária

> quando a sentença estiver fundada em: I – súmula de tribunal superior; II – acórdão proferido pelo Supremo Tribunal Federal ou pelo Superior Tribunal de Justiça em julgamento de recursos repetitivos; III – entendimento firmado em incidente de resolução de demandas repetitivas ou de assunção de competência; IV – entendimento coincidente com orientação vinculante firmada no âmbito administrativo do próprio ente público, consolidada em manifestação, parecer ou súmula administrativa (art. 496, § 4º).

11. CORREIÇÃO PARCIAL

É o meio admitido quando não há recurso previsto em lei, sendo interposto quando o despacho do juiz, por erro ou abuso, implica inversão tumultuária do processo, combatendo, desse modo, o *erro in procedendo* (erro no proceder, no encaminhar o processo), e não o *erro in judicando* (erro no julgar). O prazo para sua interposição é de cinco dias.

A correição ataca ato ou omissão do juiz que represente abuso ou erro, conturbador do desenvolvimento do processo – se não houver tumulto processual, não se admite a correição ou reclamação –, e não de servidores da justiça ou de partes.

Em algumas leis de organização judiciária, esse recurso é denominado reclamação, como na Lei n. 11697/2008, disciplinadora da organização judiciária do Distrito Federal, art. 8º, *l*, que dispõe:

> Compete ao Tribunal de Justiça: processar e julgar originariamente: as reclamações formuladas pelas partes e pelo Ministério Público, no prazo de cinco dias, contra ato ou omissão de Juiz de que não caiba recurso ou que, importando em erro de procedimento, possa causar dano irreparável ou de difícil reparação.

A Lei n. 5010, de 30.05.1966, que organizou a Justiça Federal de primeira instância, no art. 6º, I, dava ao Conselho da Justiça Federal competência para "conhecer de correição parcial requerida pela parte ou pela Procuradoria da República contra ato ou despacho do Juiz de que não caiba recurso ou que importe erro de ofício ou abuso de poder", dispositivo este alterado pelo Decreto-lei n. 253, de 28.02.1967, que acrescentou o prazo para interposição e também passou a referir-se a ato omissivo, ficando com a seguinte redação: "Conhecer de correição parcial requerida pela parte ou pela Procuradoria da República, no prazo de cinco dias, contra ato ou despacho do Juiz de que não caiba recurso ou omissão que importe erro de ofício ou abuso de poder".

---

de casamento. II – Das que homologam o desquite amigável. III – Das proferidas contra a União, o Estado ou o Município.

A Lei n. 12016, de 07.08.2009, nova Lei do Mandado de Segurança (ela revogou a Lei n. 1533/1951), dispõe: "Art. 5º Não se concederá mandado de segurança quando se tratar: [...] II – de decisão judicial da qual caiba recurso com efeito suspensivo; [...]".

Em 1911, veio a lume o Decreto n. 9623, que tratou da organização do antigo Distrito Federal, no qual foi prevista a correição parcial, dispondo no § 6º, do art. 143: "Sempre que chegar ao conhecimento do Conselho Supremo ou do procurador-geral fato grave que exija correição em algum juízo ou ofício de justiça, deverá aquele efetuá-la imediatamente, qualquer que seja a época do ano" (v. também Consolidação das Leis do Processo Criminal do Distrito Federal, organizada por EDGAR COSTA[742], parágrafo único, do art. 435).

A correição parcial ou reclamação, apesar de aparentar ter natureza disciplinar de recurso administrativo, na verdade, seu caráter, sem dúvida alguma, é processual. Alguns doutrinadores apelidaram-na de *recurso clandestino, recurso supletivo* ou *recurso disfarçado*, mas sempre um recurso. Daí as Mesas de Processo Penal da Faculdade de Direito da USP terem editado a Súmula 160 com o seguinte enunciado: "a correição parcial, na forma como vem regulada no Estado de São Paulo, tem natureza jurídica de recurso".

Sobre a matéria, disse EGAS DIRCEU MONIZ DE ARAGÃO[743] em tese de concurso (*A correição parcial*) à docência-livre de Direito Judiciário Civil na Faculdade de Direito da Universidade do Paraná: "A correição parcial é indubitavelmente um recurso. Recurso clandestino, mas recurso".

Explicando:

> Logo, [a correição] está equiparada, nos próprios termos em que foi concebida, a um recurso propriamente dito. Sua finalidade, com efeito, é proporcionar à parte, que entenda prejudicial ao seu interesse determinado ato do juiz, pleitear que um órgão superior o examine, reestudando seus aspectos de fato e de direito, e profira em seu lugar um novo juízo de valor que pode importar na manutenção ou na reforma do ato ou despacho impugnado, o qual, assim, será *corrigido*.

No Juizado Especial é admissível a correição parcial, apesar de ser um procedimento célere. A correição será examinada pela Turma Recursal.

12. TURMA RECURSAL

A Turma Recursal não é órgão de tribunal nem constitui tribunal; é um órgão autônomo, colegiado, *vinculado* ao tribunal. Não sendo tribunal, não há de se falar em quinto constitucional para o Ministério Público e para os advogados, como dispõe o art. 94, da Constituição Federal.

Julga a Turma Recursal os recursos oriundos dos Juizados Especiais. No entanto é possível o julgamento de recurso interposto contra o juiz comum na seguinte hipótese: com a Lei n. 10259/2001, o rol dos crimes de menor potencial ofensivo foi ampliado, porquanto o limite da pena máxima foi alterado para dois anos – atualmente, a Lei n. 11313, de 28.06.2006, alterou o art. 61 da Lei ora em comento; assim, a apelação interposta contra as sentenças proferidas no Juízo Comum são conhecidas pela Turma Recursal. Desse modo, decidiu a 3ª Seção do STJ ao julgar o CC 38513 em sessão de 12.08.2003 (*DJ* 15.09.2003), relatora Min. LAURITA VAZ.[744]

---

[742] COSTA, E. *Consolidação das leis do processo criminal do Distrito Federal, anotada com os Avisos do Governo e a jurisprudência dos tribunais*. Rio de Janeiro: Leite Ribeiro & Maurillo, 1919. p. 194-195.

[743] ARAGÃO, E. D. M. DE. *A correição parcial*. São Paulo: José Bushatsby, 1969. p. 54-55.

[744] Ementa: "[...] 2. As Turmas que compõem a Terceira Seção desta Egrégia Corte firmaram o entendimento no sentido de que, preenchidos os requisitos autorizadores, a Lei dos Juizados Especiais Criminais aplica-se aos crimes sujeitos a ritos especiais, inclusive àqueles apurados mediante ação penal exclusivamente privada; outrossim, que, com o advento da Lei n. 10259/2001, em obediência ao princípio da isonomia, o rol dos crimes de menor potencial ofensivo foi ampliado, porquanto o limite da pena máxima foi alterado para 2 anos. 3. *In casu*, tendo sido a apelação levada a julgamento em 30.04.2002, quando já vigorava a Lei n. 10259, que entrou em vigor em 13.01.2002. Seis meses após sua publicação, mostra-se escorreita a decisão do Tribunal de Alçada mineiro em declinar da competência em favor da Turma Recursal, porquanto, a teor do art. 2º do CPP, tratando-se de norma processual, deve ser aplicada de imediato".

12.1 O procedimento de julgamento na Turma Recursal

1. Chegando os autos à Turma Recursal serão distribuídos a um relator e, em seguida, será dado vista ao Ministério Público. Para alguns autores, o Ministério Público não será chamado para intervir nas Turmas Recursais como *custos legis*[745].

Entendemos de modo contrário. O Ministério Público, de acordo com a Constituição Federal, é instituição essencial à função jurisdicional do Estado (art. 127, da Constituição Federal). Nos tribunais, além da atuação nos processos originais de que é parte, funciona como fiscal da aplicação da lei, em busca da efetivação da justiça. É certo que, como preleciona Hélio Bastos Tornaghi[746], "o interesse do Ministério Público em que se faça justiça não o induz a proceder da mesma forma que o juiz, pois então haveria inútil duplicação".

Na atuação de fiscal da fiel execução da lei, o Ministério Público não tem a função de fiscalizar os atos do juiz, pois, como bem salientou Antônio Luís da Câmara Leal[747]:

> A atividade do Ministério Público, em relação aos atos do juiz, é igual à atividade das partes, pleiteando a reforma dos atos injustos por meio dos recursos. Seria uma inversão de poderes conceder ao Ministério Público alguma parcela de ascendência sobre os juízes. Sua fiscalização se exerce mediante reclamações ao próprio juiz, por meio de requerimentos, e se dirige contra atos dos serventuários, quando opostos à fiel execução da lei.

Além do mais, se o Ministério Público funciona na segunda instância, nas turmas, seções e plenário, por que não atuar nas turmas recursais?

O Conselho Nacional dos Procuradores-gerais de Justiça, em sua Conclusão n. 11, entendeu: "Em que pese a omissão da lei, deve o Ministério Público atuar perante a Turma Recursal (art. 82), por aplicação subsidiária do Código de Processo Penal. Por equalização funcional, deve um Promotor de Justiça atuar perante tal órgão recursal".

O representante do Ministério Público, nas Turmas Recursais, é o que atua no primeiro grau, o procurador da República ou o promotor de justiça, a depender de o Juizado ser Federal ou Estadual.

Retornando os autos à Turma, o relator lançará o relatório e o encaminhará ao revisor, que pedirá dia para julgamento. Não haverá revisor se a apelação disser respeito a crime a que lei comine pena de detenção. Na sessão, as partes poderão fazer sustentação oral, pelo prazo de dez minutos, se o crime for punido com pena de detenção, e quinze minutos, se de reclusão. É a aplicação subsidiária, como permite o art. 92, da Lei n. 9099/1995, e os arts. 610 a 613 do Código de Processo Penal.

As partes serão intimadas da sessão de julgamento, como se procede normalmente nos julgamentos dos tribunais, pela imprensa (§ 4º, do art. 82). Segundo a Súmula 431 do STF: "É nulo o julgamento de recurso criminal, na segunda instância, sem prévia intimação, ou publicação da pauta, salvo em *habeas corpus*". Atualmente, se o impetrante solicitar, deverá ser comunicado da data em que o *habeas corpus* será julgado.

Há uma corrente, fraca, diga-se de passagem, que entende que se deve acabar com as Turmas Recursais. Os recursos seriam julgados pelos tribunais a que estão vinculados os Juizados.

12.2 Intimação pessoal do Ministério Público e dos defensores públicos

Nos Juizados Especiais, nem o Ministério Público nem os defensores públicos – apesar do disposto no art. 41, IV, da Lei n. 8625, de 12.02.1993[748]; do art. 44, I, da Lei Complementar n. 80, de 12.01.1994, que organiza a Defensoria Pública da União, do Distrito Federal e dos Territórios; e do

---

[745] Guardião da lei, defensor da lei, fiscal da lei.
[746] Tornaghi, 1987, p. 172.
[747] Leal, 1942, p. 136-137.
[748] Art. 41. Constituem prerrogativas dos membros do Ministério Público, no exercício de sua função, além de outras previstas na Lei Orgânica: [...] IV – receber intimação pessoal em qualquer processo e grau de jurisdição, através da entrega dos autos com vista.

art. 5º, § 5º, da Lei n. 1060, de 1950, com a redação dada pela Lei n. 7871, de 1989, que determinam que sejam eles intimados pessoalmente, em qualquer processo e grau de jurisdição, mediante vista dos autos – serão intimados pessoalmente, pois assim decidiu, por unanimidade de votos, o Plenário do Supremo Tribunal Federal, em 17.06.1998 (*DJ* 27.04.2001), ao julgar o HC 76915-0/RS, tendo como relator o Min. Marco Aurélio.

No voto condutor do acórdão, argumentou o Min. Marco Aurélio que, "mediante o preceito do art. 82, § 4º, sem distinguirem-se quer as partes da ação penal, quer os profissionais em atuação, previu-se, de modo linear, a intimação da sessão do julgamento pela imprensa: '§ 4º As partes serão intimadas da data da sessão de julgamento pela imprensa'".

A intimação será feita com antecedência mínima de 48 horas. O Superior Tribunal de Justiça dispôs no Enunciado da Súmula 117 que: "a inobservância do prazo de 48 horas, entre a publicação de pauta e o julgamento sem a presença das partes, acarreta nulidade". Era o que preconizava o art. 522, § 1º, do CPC/1973, aplicável subsidiariamente ao processo penal.

O Código de Processo Civil de 2015 ampliou o prazo de intervalo mínimo de 48 horas para 5 dias: art. 935 "entre a data de publicação da pauta e a da sessão de julgamento decorrerá, pelo menos, o prazo de 5 (cinco) dias, incluindo-se em nova pauta os processos que não tenham sido julgados, salvo aqueles cujo julgamento tiver sido expressamente adiado para a primeira sessão seguinte".

Se a intimação pela imprensa se der na sexta-feira, deve-se atentar para o que dispõe a Súmula 310 do STF: "Quando a intimação tiver lugar na sexta-feira, ou a publicação com efeito de intimação for feita nesse dia, o prazo judicial terá início na segunda-feira imediata, salvo se não houver expediente, caso em que começará no primeiro dia útil que se seguir". Se o feito for retirado de pauta, nova publicação deve-se dar. Se for tão só adiado, não, pois, nessa hipótese, ele não sai da pauta, continua, podendo ser julgado em uma das sessões subsequentes.

No Juízo Comum, a intimação do Ministério Público é pessoal. O prazo inicia-se a partir da entrega dos autos com vista à secretaria do órgão, e não da data do lançamento do *ciente* pelo *parquet*[749]. Assim decidiu o Plenário do Supremo Tribunal Federal, por maioria, vencidos os Mins. Joaquim Barbosa e Celso de Mello ao julgar o HC 83255/SP, em 05.11.2003 (*DJ* 12.03.2004), tendo como relator o Min. Marco Aurélio. O acórdão, na parte em que interessa, ficou assim ementado:

> A entrega de processo em setor administrativo do Ministério Público, formalizada a carga pelo servidor, configura intimação direta, pessoal, cabendo tomar a data em que ocorrida como a data da ciência da decisão judicial. Imprópria é a prática da colocação do processo em prateleira e a retirada à livre discrição do membro do Ministério Público, oportunidade na qual, de forma juridicamente irrelevante, apõe o *ciente*, com a finalidade de, somente então, considerar-se intimado e em curso o prazo recursal. Nova leitura do arcabouço normativo, revisando-se a jurisprudência predominante e observando-se princípios consagradores da paridade de armas.

Observe-se que, em relação ao julgamento dos *habeas corpus*, apesar de independer de pauta, como consta dos diversos regimentos internos, a defesa, se solicitar a comunicação, deve ser cientificada (ainda que por telefone) da data do julgamento. Assim foi decidido na Questão de Ordem em *Habeas Corpus* n. 93833-7/MS, em sessão de 31.03.2009, rel. Min. Carlos Ayres de Brito.[750]

---

[749] Parquet. "Expressão francesa que designa o Ministério Público, em atenção ao pequeno estrado (*parquet*) onde se postam os seus agentes em suas manifestações processuais" (Silva, 2004, p. 1006).

[750] QO em HC 93833-7/MS. Ementa: "Questão de ordem em *habeas corpus*. Pedido do impetrante de intimação da apresentação do feito em mesa para julgamento. Ausência de comunicação. 1. Havendo pedido de comunicação da data de apresentação em mesa para apreciação do feito e ausente a comunicação da Defensoria Pública da União, não subsiste o julgamento. 2. Questão de ordem encaminhada no sentido de declarar insubsistente o julgamento ocorrido da sessão de 10.03.2009".

Na sessão, o juiz que não se sentir habilitado a proferir de pronto o voto poderá pedir vista. Se, porventura, surgir alguma questão nova, complexa, levantada pelas partes, quando da sustentação, que mereça um estudo profundo, poderá o relator indicar adiamento do julgamento.

12.3 Motivação *per relationem*

Se a decisão da Turma Recursal for pela confirmação da sentença pelos seus próprios fundamentos, a súmula do julgamento servirá de acórdão; a motivação é a mesma da sentença, motivação *per relationem*[751]. Se a Turma aceitar a fundamentação da sentença, é o que basta. O presidente proclamará o resultado, o qual constitui o acórdão, pois nele está contida a fundamentação da sentença. Essa é a súmula do julgamento. Explica SÉRGIO NOJIRI[752], ilustre Juiz Federal da Circunscrição Judiciária de Franca/SP, que essa técnica de decidir consiste em adotar "[...] como fundamentação as razões de decidir contidas em outra decisão que julgou caso análogo ou em outro momento do processo (por exemplo, quando o órgão *ad quem* reporta-se à decisão de 1ª instância) [...]".

Essa técnica de decidir é louvável quando o juiz do segundo grau nada tem a acrescentar à decisão do juiz *a quo*, repetindo-a, consequentemente, com outras palavras e citando mais um ou outro acórdão. Nos tempos atuais, em que o número de processos é assustador, não tem lógica, nem é compreensível, que o juiz *ad quem* assim proceda. A motivação *per relationem*, desse modo, impõe-se não só nos Juizados Especiais, como nos Juízos Comuns. "Não há que se falar em nulidade do ato decisório", como diz SÉRGIO NOJIRI[753], "desde que o *decisum*[754] consiga transparecer os motivos pelos quais o julgador optou por uma dada solução".

Não tem a Turma Recursal competência para julgar sentença proferida em face de complexidade do caso, pelo juízo (comum, para onde os autos, antes, tinham sido encaminhados – Lei n. 9099/1995, art. 77, § 2º. Assim decidiu o Supremo, pela sua 2ª Turma, ao julgar o HC 79865-9/RS em sessão de 14.03.2000 (*DJ* 06.04.2001), relator Min. CELSO DE MELLO, que disse no voto condutor do acórdão:

> No que concerne ao fundo da controvérsia, entendo que não compete à Turma Recursal vinculada ao sistema de Juizados Especiais Criminais julgar, em sede recursal, a apelação interposta contra sentença penal absolutória proferida em processo que tramitou perante o Juízo comum, ainda que referente à infração penal de menor potencial ofensivo, desde que – tal como ocorreu no caso ora em exame – a exclusão do procedimento sumaríssimo, previsto na Lei n. 9099/1995, tenha sido motivada pela complexidade do fato.

E, assim, cassou o acórdão da Turma Recursal dos Juizados Especiais Criminais do estado do Rio Grande do Sul, por incompetência.

12.4 Intimação da decisão de Turma Recursal

Prescinde-se da intimação pessoal, no julgamento do recurso pelas Turmas Recursais, das partes, inclusive, do Ministério Público e dos defensores públicos, em face do que dispõe o § 4º, do art. 82, da Lei n. 9099/1995. O Supremo, em sessão plenária, por unanimidade, julgando o HC 76915-0/RS, relator Min. MARCO AURÉLIO, em 17.06.1998 (*DJ* 27.04.2001), sobre essa questão assim decidiu: "O critério da especialidade é conducente a concluir-se pela inaplicabilidade, nos Juizados Especiais, da intimação pessoal prevista no art. 370, § 4º, do Código de Processo Penal (com redação dada pelo art. 1º, da Lei n. 9271/1996) e art. 5º, § 5º, da Lei n. 1060/1950 (com a redação introduzida pela Lei n. 7871/1989)".

---

[751] Por narração, por moção proposta.
[752] NOJIRI, S. *O dever de fundamentar as decisões judiciais*. 2. ed. rev. atual. ampl. São Paulo: RT, 2000. p. 124.
[753] NOJIRI, 2000, p. 124.
[754] Decisão.

13. PEDIDO DE UNIFORMIZAÇÃO

13.1 Divergência entre decisões de Turmas da mesma região (art. 14 da Lei n. 10259/2001)

Dispõe o § 1º, do art. 14, da Lei n. 10259/2001 que, havendo divergência entre Turmas da mesma região (as regiões da Justiça Federal são cinco) sobre questões de Direito material, os embargos interpostos com o objetivo de uniformizar a interpretação da lei federal serão julgados pela reunião das Turmas em conflito, sob a presidência do Juiz Coordenador. "Os Juizados Especiais serão coordenados por Juiz do respectivo Tribunal Regional, escolhido por seus pares, com mandato de dois anos", como dispõe o art. 22, da Lei n. 10259/2001.

13.2 Divergência entre decisões de Turmas de diferentes regiões

Se a divergência for entre Turmas de diferentes regiões sobre questões de direito material ou de decisão proferida em contrariedade à súmula ou jurisprudência dominante do Superior Tribunal de Justiça, o julgamento será por Turma de Uniformização, integrada por juízes de Turmas Recursais, dois de cada Região, sob a presidência do Coordenador da Justiça Federal, conforme dispõe o art. 14, § 2º, da Lei n. 10259/2001. O Coordenador da Justiça Federal é um dos ministros do STJ que compõe o Conselho da Justiça Federal.

Segundo a Resolução 586/2019, que dispões sobre o Regimento Interno da Turma Nacional de Uniformização dos Juizados Especiais Federais, estabelece no art. 12:

> O pedido de uniformização de interpretação de lei federal endereçado à Turma Nacional de Uniformização será interposto perante a Turma Recursal ou Regional de origem, no prazo de 15 (quinze) dias a contar da data da intimação do acórdão recorrido. § 1º O recorrente deverá demonstrar, quanto à questão de direito material, a existência de divergência na interpretação da lei federal entre a decisão recorrida [...].

O relator, em seguida, solicitará, se necessário, informações ao presidente da Turma Recursal ou coordenador da Turma de Uniformização e ouvirá o Ministério Público no prazo de cinco dias. Findo o prazo, o relator incluirá o pedido de uniformização em pauta. Se as decisões proferidas pela Turma de Uniformização contrariarem súmula ou jurisprudência dominante do STJ, esse tribunal, por provocação da parte interessada, dirimirá a divergência. Cabe ao STJ expedir norma regulamentando esse procedimento, dispondo qual dos seus órgãos – Turma, Seção, Corte Especial – irá dirimir a divergência.

13.3 Turma de Uniformização de Jurisprudência nos Juizados Estaduais

Julgada a causa pelo juiz do Juizado, cabe recurso para a Turma Recursal. Se uma Turma divergir de outra do mesmo estado, o pedido será julgado em reunião conjunta das Turmas em conflito, sob a presidência de Desembargador indicado pelo Tribunal de Justiça.

No caso de o julgamento divergir de Turma de outro estado ou do Distrito Federal, ou contrariar súmula ou jurisprudência dominante no Superior Tribunal de Justiça, o pedido de uniformização de jurisprudência será remetido para julgamento perante o STJ.

Importa considerar que, das decisões das Turmas Recursais, cabe apenas o recurso extraordinário para o Supremo Tribunal Federal quando ocorrerem as hipóteses previstas no art. 102, III, *a*, *b* e *c*, da Constituição Federal.

14. AGRAVO

É possível a interposição de agravo contra decisão de juiz de Turma Recursal?

Sim, é possível, ante o que decidiu o Supremo no RE 311382-8, em 04.09.2001 (*DJ* 11.10.2001), relator Min. SEPÚLVEDA PERTENCE. No voto condutor do acórdão, disse o eminente relator:

Ainda que induvidosamente não se trate de um tribunal [a Turma Recursal] e mesmo que se lhe negue a qualificação de órgão de segundo grau de jurisdição – como sustenta a doutrina autorizada – o indiscutível é que a Turma Recursal é um órgão colegiado, como tal previsto na Constituição. Certo, tal como se tem julgado com relação aos Tribunais, da circunstância de cuidar-se de um colegiado, não se segue que, por norma legal ou regimental, não se possa conferir poder decisório individual aos juízes que o compõem. Essa decisão individual, contudo – tem assentado igualmente o Supremo –, não pode ter o selo de definitividade, sequer na instância do órgão colegiado que o prolator integre, ao qual não se pode subtrair o poder de revê-la.

O eminente Ministro concluiu o voto dizendo: "[...] o RE interposto imediatamente da decisão de Relator que inadmitiu o agravo, sem que a Turma fosse provocada à sua revelia, é incabível. Incide, pois, a Súmula 281".

14.1 Agravo em recurso extraordinário criminal

Da decisão que não admite o recurso extraordinário, cabe agravo de instrumento para o STF no prazo de quinze dias (art. 1042 c/c art. 1003, § 5º, do CPC c/c arts. 3º e 798, do CPP).

14.2 Agravo na execução

A Lei de Execução Penal, Lei n. 7210, de 1984, prevê, no art. 197, o agravo contra a decisão proferida no procedimento da execução ("Das decisões proferidas pelo juiz caberá recurso de agravo, sem efeito suspensivo"). A execução das penas privativas de liberdade será feita de acordo com a Lei n. 7210/1984. Logo, tal recurso é cabível. Estudaremos melhor o assunto quando comentarmos o art. 86, da Lei n. 9099/1995.

15. RECURSOS EXTRAORDINÁRIO E ESPECIAL

A finalidade do recurso extraordinário é garantir a supremacia da Constituição Federal; em especial, assegurar a hegemonia das leis federais. *Função política*.

De acordo com o art. 102, III, da Constituição, compete ao Supremo Tribunal Federal "julgar, mediante recurso extraordinário, as causas decididas em única ou última instância, quando a decisão recorrida: **a)** contrariar dispositivo dessa Constituição; **b)** declarar a inconstitucionalidade de tratado ou lei federal; **c)** julgar válida lei ou ato de governo local contestado em face dessa Constituição; **d)** julgar válida lei local contestada em face de lei federal".

Ao Superior Tribunal de Justiça, em face do inciso III, do art. 105, cabe:

> julgar, em recurso especial, as causas decididas, em única ou última instância, *pelos Tribunais Regionais Federais ou pelos Tribunais dos Estados, do Distrito Federal e Territórios*, quando a decisão recorrida: **a)** contrariar tratado ou lei federal, ou negar-lhes vigência; **b)** julgar válido ato de governo local contestado em face de lei federal; c) der a lei federal interpretação divergente da que lhe haja atribuído outro tribunal (g.n.).

Turma Recursal não é tribunal. Logo, de suas decisões, seja em única, seja em última instância, não é admissível o recurso especial. No tocante às decisões proferidas em única ou em última instância de qualquer órgão judiciário (a Turma Recursal, por exemplo), cabe o recurso extraordinário.

Em 10.02.1994, julgando a Recl. 470-8/SP (*DJ* 08.04.1994), o Plenário do Supremo, por unanimidade, relator Min. SEPÚLVEDA PERTENCE, decidiu:

> Reclamação: cabimento e procedência contra decisão de Juiz-presidente de Colégio Recursal de Pequenas Causas, que – a título de ele *não conhecer*, porque não previsto na legislação específica de tais juizados – negou processamento consequente remessa de agravo de instrumento que, interposto da denegação de recurso extraordinário no juízo *a quo*, é da competência privativa do Supremo Tribunal.

15.1 Recurso especial

De acordo com o art. 105, III, da Constituição Federal, ao Superior Tribunal de Justiça compete "julgar, em recurso especial, as causas decididas, em única ou última instância, pelos Tribunais Regionais Federais ou pelos Tribunais dos Estados, do Distrito Federal e Territórios, quando [...]". Ora, os Juizados Especiais Federais não estão sob a jurisdição dos Tribunais Regionais. Logo, o Superior Tribunal de Justiça não tem competência para decidir as causas julgadas pela Turma Recursal. Quem detém essa competência é o Supremo Tribunal Federal, competência que lhe é dada pelo art. 102, III, da Constituição Federal, ao dispor que cabe à Corte Suprema "julgar, mediante recurso extraordinário, as causas decididas em única ou última instância, quando [...]". A decisão da Turma Recursal é em última instância, pois não está submetida nem ao Tribunal Regional nem ao Superior Tribunal de Justiça. Portanto, a competência é do Supremo Tribunal Federal.

O Supremo Tribunal Federal, em sessão plenária, ao julgar o HC 71713-6/PB, por maioria de votos, vencidos os Mins. Marco Aurélio, Carlos Velloso, Néri da Silveira e Ilmar Galvão, tendo como relator o Min. Sepúlveda Pertence, pôs fim a qualquer discussão ao decidir, em 26.10.1994 (DJ 23.03.2001):

> Os tribunais estaduais não exercem jurisdição sobre as decisões das turmas de recurso dos Juizados Especiais, as quais se sujeitam imediata e exclusivamente à do Supremo Tribunal, dada a competência deste, e só dele, para revê-las, mediante recurso extraordinário (Cf. Recl. 470, Plenário, 10.02.1994, rel. Min. Sepúlveda Pertence): donde só poder tocar ao Supremo Tribunal Federal a competência originária para conhecer de *habeas corpus* contra coação a elas atribuída.

Assim, temos que, nos Juizados Especiais, Estaduais ou Federais, não é cabível recurso especial. O Superior Tribunal de Justiça, em reiterada e mansa jurisprudência já consolidada em súmula, declarou: "Não cabe recurso especial contra decisão proferida por órgão de segundo grau dos Juizados Especiais" (Súmula 203).

Não há órgão que possa estender e fazer prevalecer a aplicação da jurisprudência do STJ aos juizados especiais estaduais. O STJ está conhecendo, no entanto, de reclamação contra entendimento consolidado de sua jurisprudência, seguindo a sistemática dos incidentes de uniformização de jurisprudência prevista na Resolução n. 12/2009 do STJ (v. Rcl. 4.554, autuada em 30.08.2008).

Essa reclamação é consequência da decisão proferida pelo Pleno do STF no julgamento dos EDcl. no RE 571572-8/BA, rel. Min. Ellen Gracie, DJ 14.09.2009[755], que consignou que, "enquanto não for criada a turma de uniformização para os juizados especiais estaduais, poderemos ter a manutenção de decisões divergentes a respeito da interpretação da legislação infraconstitucional federal", tendo, por conseguinte, determinado que, até a criação de órgão que possa estender e fazer prevalecer a aplicação da jurisprudência do STJ aos Juizados Especiais Estaduais, "a lógica do sistema judiciário nacional recomenda [que] se dê à reclamação prevista no art. 105, I, *f*, da CF, amplitude suficiente à solução deste impasse".

---

[755] RE 571572 ED/BA: "Ementa – 2. Quanto ao pedido de aplicação da jurisprudência do Superior Tribunal de Justiça, observe-se que aquela egrégia Corte foi incumbida pela Carta Magna da missão de uniformizar a interpretação da legislação infraconstitucional, embora seja inadmissível a interposição de recurso especial contra as decisões proferidas pelas turmas recursais dos juizados especiais. 3. No âmbito federal, a Lei n. 10259/2001 criou a Turma de Uniformização da Jurisprudência, que pode ser acionada quando a decisão da turma recursal contrariar a jurisprudência do STJ. É possível, ainda, a provocação dessa Corte Superior após o julgamento da matéria pela citada Turma de Uniformização. 4. Inexistência de órgão uniformizador no âmbito dos juizados estaduais, circunstância que inviabiliza a aplicação da jurisprudência do STJ. Risco de manutenção de decisões divergentes quanto à interpretação da legislação federal, gerando insegurança jurídica e uma prestação jurisdicional incompleta, em decorrência da inexistência de outro meio eficaz para resolvê-la. 5. Embargos declaratórios acolhidos apenas para declarar o cabimento, em caráter excepcional, da reclamação prevista no art. 105, I, f, da Constituição Federal, para fazer prevalecer, até a criação da turma de uniformização dos juizados especiais estaduais, a jurisprudência do Superior Tribunal de Justiça na interpretação da legislação infraconstitucional".

15.2 Recurso extraordinário

Como vimos linhas atrás, o Supremo Tribunal Federal, julgando o HC 71713-6, da Paraíba, decidiu que as decisões de Turmas Recursais estão exclusivamente sujeitas à sua jurisdição. O art. 15, da Lei n. 10259/2001 é conclusivo: "O recurso extraordinário, para os efeitos desta Lei, será processado e julgado segundo o estabelecido nos §§ 4º a 9º, do art. 14, além da observância das normas do Regimento".

Ao julgar a Reclamação n. 461-9/GO, relator Min. CARLOS MÁRIO VELLOSO, decidiu o Supremo Tribunal Federal, em sessão plenária, em 20.04.1994 (*DJ* 17.06.1994), unanimemente, pelo "cabimento de recurso extraordinário de decisão proferida pelo Colegiado Recursal dos Juizados Especiais de Pequenas Causas".

Em novembro desse mesmo ano (Cf. *DJ* 19.12.1994), ao apreciar a Reclamação n. 471-6/SP, o relator, Min. CELSO DE MELLO, voltou a ratificar esse entendimento. No voto condutor do acórdão, disse o relator:

> A Constituição promulgada em 1988, no entanto, ao aludir, para efeito de interposição de recurso extraordinário, às "causas decididas em única ou última instância" (art. 102, III), tornou viável, ainda que excepcionalmente – desde que presente uma situação de litigiosidade constitucional –, o cabimento do apelo extremo contra atos decisórios emanados de órgãos judiciários de primeira instância [...].

Jurisprudência já pacificada no Supremo e consolidada na Súmula 640: "É cabível recurso extraordinário contra decisão proferida por juiz de primeiro grau nas causas de alçada ou por turma recursal de juizado especial cível e criminal".

15.2.1 Procedimento do recurso extraordinário

Os arts. 632 a 636, do Código de Processo Penal, que disciplinavam o recurso extraordinário, foram revogados pela Lei n. 3396, de 02.06.1958, que veio a ser revogada pela Lei n. 8038, de 28.05.1990, regulando-o nos arts. 26 a 29, que, por sua vez, vieram a ser substituídos pelos arts. 541 a 546, do Código de Processo Civil de 1973, pela Lei n. 8950, de 13.12.1994.[756] Por fim, o Código de Processo Civil de 2015 regulou a matéria nos arts. 1.029 a 1.044.

O procedimento do recurso extraordinário no Tribunal, como no Juizado Especial, é comum ao Processo Penal e ao Processo Civil. Há de se aplicar, subsidiariamente, o Código de Processo Civil. O recurso extraordinário será interposto, no prazo de quinze dias, perante o presidente da Turma Recursal.

Perante o presidente da Turma Recursal ou perante o juiz coordenador? O art. 22, da Lei n. 10259/2001, dispõe: "Os Juizados Especiais serão coordenados por juiz do respectivo Tribunal Regional, escolhido por seus pares, com mandato de dois anos". E o § 1º, do art. 14, da mesma Lei, estabelece: "O pedido fundado em divergência entre Turmas da mesma Região será julgado em reunião conjunta das Turmas em conflito, sob a presidência do Juiz Coordenador". Mas o Juiz Coordenador dirige as Turmas Recursais, mas não a Turma Recursal. Logo, perante o presidente da Turma é que deve ser interposto o recurso extraordinário.

Recebida a petição de recurso, o recorrido deverá ser intimado para apresentar contrarrazões no prazo de quinze dias. Findo o prazo, os autos serão conclusos para admissão ou não do recurso no prazo de quinze dias. Admitido, o recurso será remetido ao Supremo Tribunal Federal. Não sendo admitido, caberá agravo de instrumento, no prazo de quinze dias, para o Supremo. Decidiu o Plenário do Supremo, em questão de ordem suscitada pelo Min. Marco Aurélio no RE 388846-QO/SC, em sessão de 09.09.2004 (*DJ* 18.02.2005), que o primeiro juízo de admissibilidade de recurso

---

[756] Lei n. 8950/1994, art. 2º. Os arts. 541 a 546 da Lei n. 5869, de 11.01.1973, revogados pela Lei n. 8038, de 28.05.1990, ficam revigorados com a seguinte redação [...].

extraordinário interposto contra decisão de Turma Recursal de Juizado Especial deve ser feito pelo seu presidente.[757]

Não cabe, não esqueçamos, recurso extraordinário da decisão monocrática do relator no âmbito dos Juizados Especiais. Assim já proclamou o STF, pela 1ª Turma, ao julgar o RE 311382-8, em 04.09.2001 (*DJ* 11.10.2001), relator Min. SEPÚLVEDA PERTENCE:

> Recurso extraordinário: inadmissibilidade contra decisão individual do Juiz de Turma Recursal de Juizados Especiais, que liminarmente tranca o processamento de recurso a ela endereçado, não submetida mediante agravo ao seu reexame, cujo cabimento decorre da colegialidade do órgão, explicitado no art. 98, I, da Constituição.

Art. 83. Cabem embargos de declaração quando, em sentença ou acórdão, houver obscuridade, contradição ou omissão (Redação dada pela Lei n. 13105, de 2015).

§ 1º Os embargos de declaração serão opostos por escrito ou oralmente, no prazo de 5 (cinco) dias, contados da ciência da decisão.

§ 2º Os embargos de declaração interrompem o prazo para a interposição de recurso (Redação dada pela Lei n. 13105, de 2015).

§ 3º Os erros materiais podem ser corrigidos de ofício.

---

1. EMBARGOS DE DECLARAÇÃO

Caberão embargos de declaração no prazo de cinco dias (no Juízo Comum, o prazo é de dois dias, Código de Processo Penal, art. 619, contados da ciência de decisão, sentença ou acórdão que apresentarem obscuridade, contradição, omissão. São defeitos da decisão que precisam ser corrigidos:

1.1 Os defeitos da decisão

Obscuridade, isto é, a falta de clareza, a dificuldade em entender a decisão. Uma decisão obscura é uma decisão incompreensível.

Contradição é a incoerência na própria decisão, é a antinomia, a incoerência entre duas afirmações, enfim, o conflito entre duas assertivas.

Pode haver contradição entre a ementa e o acórdão (a ementa, lembrar, é, na verdade, a síntese do acórdão, que é composto de relatório e voto). Prevalece, sem dúvida, o que foi disposto no acórdão. Todavia, o Supremo já decidiu que, nessa hipótese, não são admissíveis embargos. A contradição deve estar no próprio acórdão. Está dito na ementa do EDcl.-RE 88690/SP (sessão de 19.06.1978, *DJ* 11.08.1978, rel. Min. MOREIRA ALVES): "Em hipótese como essa – contradição apenas entre o acórdão e sua ementa – o STF tem entendido que não são cabíveis embargos de declaração, que só se admitem quando a contradição ocorre no próprio acórdão".

Não se considera como vício do acórdão a contradição com outro acórdão – a chamada contradição externa. A 4ª Turma do STJ, ao julgar o EDcl. AgRgAg 27417-7/RJ, relator o saudoso Min. FRANCISCO DIAS TRINDADE, um grande, um fantástico juiz, em sessão de 26.10.1993 (*DJ* 21.02.1994), deixou claro: "Não enseja embargos de declaração a existência eventual de contradição externa, senão a que se acha no próprio acórdão embargado".

---

[757] RE 388846-QO/SC. O acórdão ficou assim ementado: "Cumpre ao presidente da turma recursal, observado o contraditório, o exercício do crivo primeiro de admissibilidade do extraordinário, presentes os pressupostos gerais de recorribilidade – adequação, oportunidade, interesse de agir, preparo e representação processual – e os específicos de que trata o inciso III, do art. 102, da Constituição Federal, não cabendo a retenção prevista no § 3º, do art. 542, do Código de Processo Civil".

Não é embargável, portanto, a contradição com julgado anterior, ainda que do próprio juiz sentenciante, o juiz relator.

A **contradição** que mais ocorre é entre a parte conclusiva da decisão e o voto do relator, aceito pela turma julgadora.

Omissão, como explica VICENTE MIRANDA[758], "é a falta de pronunciamento judicial sobre matéria que deveria ter sido apreciada pelo juiz de ofício ou mediante provocação das partes. Deixa o julgador de pronunciar-se sobre ponto ou questão suscitada pelas partes ou sobre ponto ou questão que *deveria apreciar de oficio*" (g.n.).

É o defeito mais encontrado nas decisões, devido mesmo à pletora de processos que o juiz tem de examinar e decidir.

A dúvida foi excluída nova redação do art. 83, pelo art. 1066, da Lei n. 13105/2015. ***Dúvida*** é a incerteza. O que o juiz quis dizer? A dúvida, como explica LAHR[759], "é o estado de equilíbrio entre duas asserções contraditórias. Na dúvida apreende-se na verdade como simplesmente *possível*; por isso o espírito na falta de dados positivos abstém-se de qualquer afirmação".

Talvez por ser a dúvida um estado de espírito, dependendo de quem lê a decisão e a interpreta, a Lei n. 13105/2015, pelo seu art. 1066, modificou a redação do art. 83 da Lei n. 9099/1995, para não mais considerar a dúvida como causa de interposição de embargos de declaração. Assim, a dúvida deixou de ser um vício embargável também no processo penal.

Ambiguidade. O pré-citado art. 619, do Código de Processo Penal, prevê embargos de declaração para afastar ambiguidade. O que é ambíguo é duvidoso, impreciso, incerto. Disse, com sabedoria o ilustre JOSÉ DOS SANTOS SILVEIRA[760]:

> Ora, nem todas as horas se prestam para uma composição feliz. Há composições em que as ideias brotam com a limpidez da água cristalina e os termos borbulham e desabrocham como as flores da primavera, correspondendo nitidamente ao pensamento. Tudo tem a sua hora, como se diz no Evangelho. A experiência nos ensina. O vício da ambiguidade ou obscuridade pode enfermar uma decisão judicial, como qualquer outra expressão do pensamento humano, dando lugar a dúvidas por quem tenha de [sic] a interpretar.

1.2 Finalidade dos embargos

Bem explicitada está a finalidade dos embargos no acórdão da lavra do Min. CELSO DE MELLO[761]:

> Os embargos de declaração destinam-se, precisamente, a *desfazer* obscuridades, a *afastar* contradições e a *suprir* omissões que eventualmente se registrem no acórdão proferido pelo Tribunal. Essa modalidade recursal só permite o reexame do acórdão embargado para o específico efeito de viabilizar um pronunciamento jurisdicional de caráter integrativo-retificador, que, *afastando* as situações de obscuridade, omissão ou contradição, complemente e esclareça o conteúdo da decisão proferida. A jurisprudência do Supremo Tribunal Federal firmou-se no sentido da *impossibilidade* jurídico-processual de a parte recorrente buscar, pela via dos embargos de declaração, a *ampliação* e a *complementação* dos fundamentos do apelo extremo, deduzindo, *ex novo*, alegações de ofensa à Constituição que não foram formuladas no momento oportuno.

Os embargos de declaração têm por finalidade o esclarecimento ou a integração de despacho, decisão, sentença ou acórdão, visando, consequentemente, eliminar sua obscuridade, contradição ou omissão. São, portanto, uma forma de *aprimoramento* do ato judicial.

---

[758] MIRANDA, V. *Embargos de declaração no processo civil brasileiro*. São Paulo: Saraiva, 1990. p. 53.
[759] LAHR, 1968, p. 437.
[760] SILVEIRA, J. DOS S. *Impugnação das decisões em processo civil (reclamações e recursos)*. Lisboa: Coimbra, 1970. p. 46.
[761] MELLO apud FRANCO, A. S.; STOCO, Rui (org.). *Código de Processo Penal e sua interpretação jurisprudencial*. v. 2. 33. ed. São Paulo: RT, 1999. p. 3034.

Não se prestam os embargos para: **a)** rever a decisão anterior; **b)** corrigir os fundamentos da decisão; **c)** instaurar uma nova discussão; **d)** corrigir apreciação de prova; **e)** apreciar questão nova; **f)** que o órgão julgador proceda ao *reexame* da questão e dê um novo pronunciamento, com a mudança do resultado final do julgamento.

1.2.1 Questionário formulado pelo embargante

Não se prestam os embargos para responder questionário ou consulta das partes. Ao julgar o RE 97558-6/GO (EDcl.), sessão de 27.04.1984 (*DJ* 25.05.1984), 1ª Turma do STF, disse o relator Min. Oscar Corrêa no voto condutor do acórdão:

> Não está o juiz obrigado a examinar, um a um, os pretensos fundamentos das partes, nem todas as alegações que produzem: o importante é que indique o fundamento suficiente de sua conclusão, que lhe apoiou a convicção no decidir. De outra forma, tornar-se-ia o juízo o exercício fatigante e estéril de alegações e contra-alegações, mesmo inanes; *flatus voci*[762] inconsequente, para suplício de todos; e não prevalência de razões, isto é, capazes de convencimento e conduzindo à decisão.

1.2.2 Pormenor irrelevante

Somente as questões relevantes para a decisão, pertinentes, é que devem ser objeto de embargos de declaração. Pormenores irrelevantes, de pouca importância, não são examinados.

Ao apreciar o RE 92-346-1/RJ (EDcl.), em sessão de 13.02.1981 (*DJ* 06.03.1981), relator o amazonense, Min. Xavier de Albuquerque, decidiu a 1ª Turma do STF: "Não tinha a Turma nenhum dever de se pronunciar sobre o pormenor irrelevante".

1.3 Procedimento

O pedido de declaração, que pode ser formulado tanto pela defesa como pela acusação e assistente da acusação, deve ser objetivo, preciso, indicando o ponto obscuro, contraditório ou omisso. É o que determina o art. 1023, do CPC.

Não esquecer o que dispõe a Súmula 317 do Supremo: "São improcedentes os embargos declaratórios, quando não pedida a declaração do julgado anterior, em que se verificou a omissão".

Deve o embargante, acusação ou defesa, indicar claramente, com objetividade, o ponto da sentença ou do acórdão que deva ser declarado ou corrigido. Como o objetivo dos embargos é tão somente eliminar vícios que maculam a decisão, não há contraditório, ou seja, a parte contrária não é ouvida, não havendo, pois, contrarrazões.

O prazo para embargos, aqui, repita-se, é de cinco dias. Pelo disciplinamento do Código de Processo Penal, é de dois dias, de acordo com os seus arts. 382 e 619.

No Juízo Comum, contra a sentença são admissíveis os embargos de declaração, apesar de a lei processual penal não tê-lo nominado. Dispõe o art. 382, do CPP: "Qualquer das partes poderá, no prazo de 2 (dois) dias, pedir ao juiz que declare a sentença, sempre que nela houver obscuridade, ambiguidade, contradição ou omissão". São chamados, no jargão forense, de *embarguinhos*.

1.4 Suspensão do prazo para recurso

Os embargos opostos contra a sentença suspendem o prazo para a interposição da apelação. Suspendem, não interrompem o prazo. A diferença é grande. Na suspensão, decididos os embargos, o prazo para apelar, que já começou a fluir antes da interposição dos embargos, é válido. Prossegue-se, assim, a contagem. Se os embargos são opostos no quarto dia em que a parte teve ciência da

---

[762] Num sopro de voz, um sussurro.

sentença ou do acórdão decididos, tem ela, agora, seis dias para apelar, e não dez. Se fosse o caso de interrupção, o prazo para apelar seria reiniciado, não se considerando, desse modo, o lapso decorrido até a interposição dos embargos. Recomeça, pois, a correr por inteiro, *ex novo*[763]. Assim é no Código de Processo Civil, art. 1026: "Os embargos de declaração não possuem efeito suspensivo e interrompem o prazo para a interposição de recurso". O Código de Processo Penal é omisso, devendo aplicar-se o art. 1026 do Código de Processo Civil, por força do art. 3º, do Código de Processo Penal.

A nova redação do § 2º do art. 83 da Lei n. 9099/1995 estabelece que "os embargos de declaração interrompem o prazo para a interposição de recurso". Interromperão, não mais suspenderão, como anteriormente. E quando opostos contra acórdão?

Contra acórdão da Turma Recursal pode ser interposto o recurso extraordinário, acórdão que será impugnável se padecer de vícios a serem sanados mediante embargos de declaração. Consequentemente, os embargos de declaração opostos contra acórdão suspendem, também, o prazo para o recurso.

1.5 Embargos contra decisão monocrática de relator

A questão não é pacífica. Entende o Supremo que não é possível. Foi dito pelo Plenário, no julgamento da Pet. 1245-3/SP – EDclAg., em sessão de 22.04.1998 (*DJ* 22.05.1998), relator o Min. Moreira Alves: "É firme a jurisprudência desta Corte no sentido de não ter como cabíveis embargos de declaração contra despacho do relator, podendo, porém, haver sua conversão em agravo regimental".

As decisões são baseadas no art. 337, do Regimento Interno do STF ("Cabem embargos de declaração, quando houver no acórdão obscuridade, dúvida, contradição ou omissão que devam ser sanadas"). Daí ter dito o Min. Rezek no voto condutor do acórdão do AgRegMS 21888-6, em sessão de 10.02.1994 (*DJ* 17.06.1994): "Da leitura do art. 337, do Regimento Interno resulta claro que os embargos declaratórios são cabíveis contra decisão proferida em acórdão, portanto, contra uma deliberação colegiada. Desta forma, não vejo como acolher embargos declaratórios contra despacho singular de relator".

Não conhece o Supremo de embargos de declaração contra decisão monocrática do relator, mas o converte em agravo regimental (!). Observe este julgamento nos EDcl. RE 195578-7, realizado em 15.05.1996 (*DJ* 23.08.1996), relator Min. Ilmar Galvão, em que se verifica que é caso típico de embargos de declaração, e, no entanto, foi conhecido como agravo regimental: "Decisão que, na verdade, inadvertidamente, invocou o precedente do RE 174529, inaplicável à hipótese sob enfoque, quando, na verdade, o que se teve em mira foi o do RE 134578, que tratou de vantagem funcional análoga, conquanto prevista na LC 444/1985".

O Supremo deveria alterar o Regimento.

Tem entendimento diverso o Superior Tribunal de Justiça, decidindo a 4ª Turma, quando do julgamento do RoMS 12172/MA, em 15.02.2001 (*DJ* 02.04.2004), relator Min. Ruy Rosado de Aguiar: "Decisão monocrática. São cabíveis embargos declaratórios de decisão do relator". No voto condutor do acórdão, disse o Ministro:

> Está pacificado no âmbito deste Tribunal o cabimento de embargos de declaração de decisão monocrática do Relator: sendo um ato judicial, deve estar fundamentado; sendo recorrível, deve exaurir a questão, sem omissão ou contradição, para permitir o recurso. Logo, possível a integração do julgado com os embargos declaratórios opostos também contra a decisão monocrática que, no caso, inadmitiu o mandado de segurança.

O Regimento Interno do STJ, art. 263, também só prevê embargos de declaração aos acórdãos proferidos pela Corte Especial, pelas Seções ou pelas Turmas no prazo de cinco dias, quando se trata de matéria cível, ou no prazo de dois dias, quando se trata de matéria penal.

---

[763] De novo.

1.6 Embargos com a finalidade de prequestionamento

Se a decisão foi omissa em relação a determinado ponto, deve a parte opor embargos de declaração. Se não o fizer, não poderá atacar essa questão no recurso especial ou no extraordinário. Daí termos a Súmula 282 do Supremo: "É inadmissível o recurso extraordinário, quando não ventilada, na decisão recorrida, a questão federal suscitada".

A Súmula 356, também do Supremo, é mais clara e precisa: "O ponto omisso da decisão, sobre o qual não foram opostos embargos declaratórios, não pode ser objeto de recurso extraordinário, por faltar o requisito do prequestionamento".

Se a parte interpôs os embargos e o tribunal não supriu a omissão, entende o Supremo Tribunal Federal que não é necessária nova provocação. Ao apreciar o RE 176626-3/SP, em 10.11.1998 (*DJ* 11.12.1998), relator Min. SEPÚLVEDA PERTENCE, a 1ª Turma do STF, por votação unânime, decidiu:

> A teor da Súmula 356, o que se reputa não prequestionado é o ponto indevidamente omitido pelo acórdão primitivo sobre o qual "não foram opostos embargos declaratórios". Mas, se opostos, o Tribunal *a quo* se recuse a suprir a omissão, por entendê-la inexistente, nada mais se pode exigir da parte (RE 210638, Pertence, *DJ* 19.06.1998).

Diferentemente pensa o Superior Tribunal de Justiça, como observa ROBERTO ROSAS[764] em sua conhecida e sempre consultada obra *Direito sumular: comentários às súmulas do Supremo Tribunal Federal e do Superior Tribunal de Justiça*.

A Súmula 211 do STJ tem o seguinte enunciado: "Inadmissível recurso especial quanto à questão que, a despeito da oposição de embargos declaratórios, não foi apreciada pelo tribunal *a quo*".

Comentando essa súmula, diz ROBERTO ROSAS, advogado de mão cheia, perfeito, de encher as medidas[765]:

> O problema surge com a persistência da omissão, quando o tribunal não aprecia o ponto omisso, ainda que suscitado nos embargos. Há necessidade de reiteração dos embargos, que pode tornar-se infinita. Há interpretação, o tribunal não examina, com recurso especial, com apoio no art. 535, do CPC, acolhido pelo STJ, devolvendo ao tribunal *a quo* o exame da omissão. E o tribunal novamente não o aprecia [...].

1.7 Embargos procrastinatórios

São os embargos que têm por finalidade tão somente provocar o retardamento da prestação jurisdicional, adiar a efetividade da decisão. São os embargos que *forçam* a existência de vício não existente na decisão. São abusivos. Dispõe o §§ 2º e 3º, do art. 1026, do CPC:

> Quando manifestamente protelatórios os embargos de declaração, o juiz ou o tribunal, em decisão fundamentada, condenará o embargante a pagar ao embargado multa não excedente a dois por cento sobre o valor atualizado da causa. Na reiteração de embargos de declaração manifestamente protelatórios, a multa será elevada a até dez por cento sobre o valor atualizado da causa, e a interposição de qualquer recurso ficará condicionada ao depósito prévio do valor da multa, à exceção da Fazenda Pública e do beneficiário de gratuidade da justiça, que a recolherão ao final.

1.8 Efeitos modificativos dos embargos

Poderão os embargos ter, em caráter excepcional, efeitos modificativos, ou seja, alterar o que foi decidido. Por exemplo, a sentença julgou improcedente o pedido; se os embargos de declaração

---

[764] ROSAS, R. *Direito sumular*: comentários às súmulas do Supremo Tribunal Federal e do Superior Tribunal de Justiça. 12. ed. rev. atual. São Paulo: Malheiros, 2004. p. 156.

[765] ROSAS, op. cit., p. 416.

forem acolhidos, o pedido que fora julgado improcedente pode vir a ser julgado procedente. A infringência do julgado é uma consequência natural, em face do suprimento da omissão ou da extirpação da contradição. Exige-se que a parte contrária seja ouvida. É justo e certo. Sobre o assunto, disseram ADA PELLEGRINI, SCARANCE e GOMES FILHO:[766]

> Os embargos de declaração têm frequentemente efeito infringente e assim têm sido aceitos e julgados pelos tribunais, notadamente pelo Supremo Tribunal Federal. Dessa forma, a surpresa para a parte contrária, decorrente da ausência de contraditório, viola frontalmente as garantias constitucionais do *devido processo legal*. Será insanavelmente nula a decisão nos embargos que modificar a embargada, sem observância do contraditório.

Apreciando o RE 250396-7/RJ, em sessão de 14.12.1999 (*DJ* 12.05.2000), a 2ª Turma do STF, relator Min. MARCO AURÉLIO, disse: "Os pronunciamentos do Supremo Tribunal Federal são reiterados no sentido da exigência de intimação do embargado quando os declaratórios veiculem pedido de efeito modificativo".

1.9 Rejeição in limine dos embargos e o agravo inominado

Contra a decisão monocrática proferida pelo juiz integrante de Turma Recursal que rejeita liminarmente os embargos de declaração, normalmente cabe agravo regimental, também chamado de *interno*, previsto no Regimento Interno do tribunal. Ora, como as Turmas Recursais não têm regimento, agravo regimental não pode ser assim denominado. Vamos chamá-lo de agravo interno para não ficar sem nome (inominado).

Considerando que a sentença é dada em audiência, as partes poderão opor, imediatamente, após sua prolação, e oralmente, embargos de declaração. O mesmo acontecendo na sessão em que é julgada a apelação. Esse procedimento é permitido pelo § 1º, do art. 83, dessa Lei.

Uma observação: os embargos de declaração, quando utilizados para o fim a que se destinam, são de grande utilidade. Todavia, na imensa maioria dos casos, são usados com fins tão somente procrastinatórios e, algumas vezes, para ofender o juiz. Deve-se, nesse caso, aplicar a multa? Não. No processo penal, quando os embargos são manifestamente protelatórios, o juiz, apesar de declarar que o são, não pode condenar o embargante a pagar ao embargado multa, uma vez que não há previsão legal. A única consequência decorrente do ato procrastinatório será a não suspensão do prazo para a interposição de um outro recurso.

1.10 Órgão competente para julgar os embargos

Competente para apreciar os embargos é o juízo que proferiu a decisão, não a pessoa física do juiz. Se o juiz foi promovido, removido ou encontra-se de férias, os embargos serão decididos por aquele que o substituiu ou o está substituindo. O órgão judicial que proferiu a decisão embargada é que deve apreciar os embargos de declaração.

GERALDO LUIZ MASCARENHAS PRADO[767] é de opinião de que é o próprio juiz sentenciante ou o relator do feito quem deve apreciar os embargos, assim explicando o seu entendimento:

> Como ato de vontade, a princípio sua integração pressupõe a apreciação pelo juiz que emitiu a sentença, e que, portanto, está familiarizado com o percurso lógico que o levou a escolher determinada decisão. Neste sentido, o juiz que prolatou a decisão impugnada é insubstituível, salvo nos mesmos casos que autorizam a substituição para efeito de emissão da sentença (aposentadoria, promoção etc.).

---

[766] GRINOVER et al., 1992, p. 187-188.
[767] PRADO, G. L. M. In: CARVALHO, L. G. G. C. DE (org.). *Lei dos Juizados Especiais Cíveis e Criminais comentada e anotada*. Rio de Janeiro: Lumen Juris, 2000. p. 330.

Com a devida vênia, não concordamos porque os embargos devem ser examinados objetiva e não subjetivamente. Logo, outro juiz que não o autor da decisão pode apreciá-los.

1.11 Retratabilidade

A intenção dos embargos é, na verdade, que o próprio juiz elimine o vício da decisão. Portanto, uma finalidade de propiciar a retratação, isto é, que o juiz reconheça que se enganou e corrija seu equívoco ou erro. Por essa razão, não é admitido o pedido de reconsideração, que não constitui recurso.

1.12 Embargos de declaração a embargos de declaração

É possível a interposição de embargos de declaração da decisão proferida em embargos de declaração, por mais de uma vez, inclusive, desde que nesta última decisão haja algum defeito. Não se trata mais do vício da primitiva decisão.

2. ERROS MATERIAIS

Pode o juiz, de ofício,[768] corrigir os erros materiais, ou seja, aqueles facilmente perceptíveis, como os de digitação, troca de nomes, um *não* que, obviamente, pela leitura se vê que deveria ser *sim*, ou vice-versa, os erros aritméticos, um terço de 12 como sendo cinco etc. Num lance de vista, detecta-se o erro. O Código de Processo Penal não prevê a correção de erros materiais, ao contrário do Código de Processo Civil, que assim dispõe no art. 494: "Publicada a sentença, o juiz só poderá alterá-la: I – para corrigir-lhe, de ofício ou a requerimento da parte, inexatidões materiais ou erros de cálculo; [...]". Nos Juizados Especiais, no 1º e 2º graus, pode, também, haver a correção de erros materiais, conforme dispõe o § 3º desse artigo em comento: "Os erros materiais podem ser corrigidos de ofício". Nada impede que, no Juízo Comum, aplique-se analogicamente o disposto no art. 494, I, do Código de Processo Civil.

A parte pode requerer a correção de erros materiais sem opor embargos de declaração. Basta um simples requerimento.

3. POSSIBILIDADE DE EXECUÇÃO DA PENA APÓS CONDENAÇÃO EM SEGUNDO GRAU

Por não haver possibilidade de, em recursos nobres, examinarem matéria fática, transita em julgado a condenação criminal. Sim, porque o recurso especial e o extraordinário não discutem matéria de fato, e sim, tão somente, de direito.

O *habeas corpus* e o mandado de segurança não são recursos e podem ser impetrados ainda que tenha ocorrido o trânsito em julgado da decisão.

Seção IV
Da Execução

> **Art. 84.** Aplicada exclusivamente pena de multa, seu cumprimento far-se-á mediante pagamento na Secretaria do Juizado.
> **Parágrafo único.** Efetuado o pagamento, o juiz declarará extinta a punibilidade, determinando que a condenação não fique constando dos registros criminais, exceto para fins de requisição judicial.

---

[768] De ofício (*ex officio*): por força do cargo, por dever de ofício, por lei.

1. A EXECUÇÃO

Se ao acusado for aplicada tão somente a pena de multa, seu pagamento far-se-á na Secretaria do Juizado. Assim, também, proceder-se-á com a execução da multa resultante da transação. Não é de bom parecer, no entanto, que o pagamento seja feito na Secretaria, como dito no art. 84. As complicações que daí advirão serão grandes: como guardar esse dinheiro, quem ficará responsável pelo depósito etc.

O acusado deverá recolher o valor da multa em agência bancária, em favor do Fundo Penitenciário Nacional (Funpen), mediante preenchimento de Documento de Arrecadação da Receita Federal (Darf), código 5260, conforme dispõe o art. 2º, V, da Lei Complementar n. 79, de 07.01.1994[769], regulamentada pelo Decreto n. 1093, de 03.03.1994, devolvendo à Secretaria uma via autenticada para comprovar o pagamento.

A pena de multa pode resultar de transação penal (art. 76, § 4º) e de sentença condenatória em procedimento sumaríssimo (arts. 77 a 81). Feito o pagamento, o juiz do próprio Juizado Especial declarará extinta a punibilidade (parágrafo único do art. 84). Nas duas hipóteses, a pena de multa foi a única imposta. Em ambos os casos, não constará o fato dos registros criminais, nem será fornecida certidão, salvo quando for requisitada judicialmente, como determinado pelos §§ 4º, parte final, 5º e 6º do art. 76, e pelo parágrafo único do art. 84.

1.1 Prazo para pagamento da multa. Termo *a quo*

A multa deverá ser paga no prazo de dez dias, como determinado no art. 50, do Código Penal, a partir do trânsito em julgado da decisão. Não paga espontaneamente, é o réu citado para pagar, como dispõe o art. 164, da Lei de Execução Penal. A Lei dos Juizados é omissa quanto ao prazo do pagamento e seu início. Subsidiariamente, portanto, aplica-se o Código Penal.

1.2 Pagamento parcelado e mediante desconto na remuneração do condenado

Nada impede que o pagamento da multa, no Juizado, seja parcelado, como permite o art. 50, do Código Penal. A impontualidade acarreta o cancelamento do parcelamento.

O art. 168, da Lei n. 7210, de 11.07.1984 (Lei de Execução Penal), que não foi revogado pela Lei n. 9268/1996, por sua vez, permite que a cobrança da multa se efetue mediante desconto no vencimento ou no salário do condenado, nas hipóteses do § 1º, do art. 50, do CP.

1.3 Cobrança da multa

De acordo com o art. 164, da Lei n. 7210/1984, para a cobrança da multa, *deveria* ser extraída certidão da sentença transitada em julgado com valor de título executivo, para instruir *ação fiscal* movida pelo Ministério Público, e não pelos procuradores da Fazenda Nacional, em face da natureza penal, e não tributária, da multa.

Pelo Enunciado Criminal n. 15, conclusão do VI Encontro Nacional de Coordenadoria de Juizados Especiais, Macapá (*DO* 01.12.1999), todavia: "A multa decorrente da sentença deve ser executada pela Fazenda Nacional".

O I Encontro de Juízes e Promotores de Justiça dos Juizados Especiais Criminais do Rio de Janeiro entendeu diferentemente. Pelo seu Enunciado n. 5: "Cabe ao Ministério Público a iniciativa da execução da pena de multa e das penas restritivas de direito, propostas na transação penal" (*DO* 23.09.1999).

Estabelece o art. 51, do Código Penal, modificado pela Lei 1964/2019, que "Transitada em julgado a sentença condenatória, a multa será executada perante o juiz da execução penal e será

---

[769] LC 79/1994, art. 2º. Constituirão recursos do Funpen: [...] V – multas decorrentes de sentenças penais condenatórias com trânsito em julgado; [...].

considerada dívida de valor, aplicáveis as normas relativas à dívida ativa da Fazenda Pública, inclusive no que concerne às causas interruptivas e suspensivas da prescrição".

Na hipótese de transação, será extraída certidão do acordo homologado pelo juiz, e a execução far-se-á como se fosse multa resultante de sentença condenatória transitada em julgado.

Qual o procedimento para cobrar a multa?

O art. 50, do Código Penal, determina que "a multa deve ser paga dentro de 10 (dez) dias depois de transitada em julgado a sentença". Qual a norma que deve ser aplicada, a do art. 50 ou a do art. 51? Em todos os casos, deve ser observado o disposto no art. 50, do Código Penal. Ao autor do fato ou ao condenado deve ser dada oportunidade para pagar espontaneamente a multa, ou seja, transitada em julgado a decisão, o autor do fato, no caso de homologação de transação, ou o condenado serão notificados para efetuar o pagamento da multa. Assim, apenas quando não efetivado o pagamento voluntário, haverá a execução, nos termos do art. 51, do Código Penal, com a redação que lhe deu a Lei n. 13964/2019. Isto posto, a execução da pena de multa deverá ser realizada no próprio juízo de execução penal.

A quem cabe promover a execução da pena de multa?

O STF, no dia 13.12.2018, ao apreciar a ADI n. 3150, de relatoria do Ministro Marco Aurélio, e a 12ª Questão de Ordem apresentada na Ação Penal n. 470, de relatoria do Ministro Luís Roberto Barroso, alterou o entendimento anterior do tribunal e deu interpretação ao artigo 51, do Código Penal, explicitando que "a legitimação prioritária para a execução da multa penal é do Ministério Público perante a Vara de Execuções Penais". A questão de ordem foi resolvida no sentido de assentar a legitimidade do Ministério Público para propor a cobrança de multa com a possibilidade de cobrança subsidiária pela Fazenda Pública.

Em conclusão, *após o advento da Lei n. 13964/2019, a execução da pena de multa deverá ser, necessariamente, perante o Juízo da Execução Penal, com atribuição prioritária do Ministério Público, não excluindo a legitimidade subsidiária das Procuradorias da Fazenda Pública.*

1.4 A multa e a correção monetária

Findo o prazo de dez dias para pagamento, o valor da multa deverá ser atualizado, ou seja, corrigido monetariamente pelos índices oficiais. Autores entendem que a correção se deva dar a partir da data do fato. Mas tem de se observar que, quando o juiz a fixa na sentença, ela está atualizada.

1.5 Extinção da punibilidade pelo pagamento

Paga a multa, o juiz declarará extinta a punibilidade de ofício[770], como permite o art. 61, do Código de Processo Penal ("Em qualquer fase do processo, o juiz, se reconhecer extinta a punibilidade, deverá declará-lo de ofício"). Atente-se para o fato de que a extinção da punibilidade dar-se-á com o pagamento e não com a sentença.

1.6 Registro criminal

Nos registros criminais, não ficará constando a condenação à pena de multa, como determinado na parte final, do parágrafo único, do art. 84, da Lei n. 9099/1995. Atente-se, porém, que o registro persistirá no caso de haver requisição judicial, em face do que dispõem o art. 64, do Código Penal, e os arts. 76, § 2º, II e § 4º, e art. 89, da Lei n. 9099/1995.

1.7 A multa e a herança

Por ser a multa de caráter penal, a herança responde dentro do limite de sua força, não se transmitindo aos herdeiros a obrigação de pagá-la, tendo em vista a regra *intra vires hereditatis*[771].

---

[770] Em função do cargo.
[771] Dentro das forças da herança.

1.8 O inadimplemento

O não pagamento da multa aplicada em razão de transação não autoriza oferecimento de denúncia. A decisão homologatória da transação constitui título executivo penal. Tem força de coisa julgada, não podendo dela fazer-se *tábula rasa*[772]. Sugerem ADA PELLEGRINI, GOMES FILHO, SCARANCE FERNANDES e LUIZFLÁVIO GOMES[773] que se preveja no acordo "a conversão da pena de multa em restritiva, admitindo o autor do fato que, em caso de não pagamento da multa, opere-se a conversão em pena restritiva".

Não se pode esquecer que a conversão de pena restritiva de direitos em privativa de liberdade, em face de descumprimento da transação penal (Lei n. 9099/1995, art. 76), ofende os princípios do devido processo legal, da ampla defesa e do contraditório.[774]

1.8.1 A multa decorrente de transação e a conversão em cesta básica

Alguns autores entendem que a multa aplicada por força de transação penal não é resultante de condenação e, desse modo, pode ser convertida em cesta básica. Entendemos que não. A multa resultante de transação é pena, é sanção criminal. A natureza da sentença homologatória da transação tem, como vimos linhas atrás, natureza condenatória.

1.9 Competência para execução

O Juizado Especial, pelo disposto no art. 86, da Lei n. 9099/1995, como veremos adiante, tem competência para executar a pena de multa.

> **Art. 85.** Não efetuado o pagamento de multa, será feita a conversão em pena privativa de liberdade, ou restritiva de direitos, nos termos previstos em lei.

1. NÃO PAGAMENTO DA MULTA. CONSEQUÊNCIA

O não pagamento da multa não implica conversão em pena privativa da liberdade, como estabelecia o art. 51, do Código Penal. Esse dispositivo foi alterado pela Lei n. 13964/2019, que lhe ditou nova redação: "Transitada em julgado a sentença condenatória, a multa será executada perante o juiz da execução penal e será considerada dívida de valor[775], aplicáveis as normas relativas à dívida ativa da Fazenda Pública, inclusive no que concerne às causas interruptivas e suspensivas da prescrição".

O art. 85, da Lei n. 9099/1995, que prevê a conversão da multa em pena privativa de liberdade ou em restritiva de direitos, já havia sido tacitamente revogado pela Lei n. 9268/1996, o que permanece com a alteração do art. 51 pela Lei n. 13964/2019. A conversão seria feita "nos termos previstos em lei". Mas que lei se o art. 51, do CP, teve sua redação modificada, e o art. 182 da Lei de Execução Penal (Lei n. 7210, de 11.07.1984) foi revogado pelo art. 3º, da Lei n. 9268/1996?

---

[772] Onde não foi escrito. Suprimir inteiramente.

[773] GRINOVER et al., 2005, p. 202.

[774] STF, RE 268319/PR, 1ª Turma, rel. Min. ILMAR GALVÃO, j. 13.06.2000, *DJ* 27.10.2000: "A conversão da pena restritiva de direito (art. 43, do Código Penal) em privativa de liberdade, sem o devido processo legal e sem defesa, caracteriza situação não permitida em nosso ordenamento constitucional, que assegura a qualquer cidadão a defesa em juízo, ou de não ser privado da vida, liberdade ou propriedade, sem a garantia da tramitação de um processo, segundo a forma estabelecida em lei. Recurso não conhecido".

[775] Dívida de valor, diz ANTUNES VARELA, são "dívidas que não têm diretamente por objeto o dinheiro, mas uma prestação de outra natureza ou a atribuição de certo poder aquisitivo ao credor. O dinheiro é apenas um ponto de referência ou um meio necessário de liquidação da prestação em determinado momento", como a obrigação de dar alimentos ou de reparar o dano. VARELA apud FRANCO, A. S. *Código Penal e sua interpretação jurisprudencial*. 7. ed. rev. atual. ampl. São Paulo: RT, 2001. p. 991.

O inadimplemento da multa, portanto, não conduz à conversão em privativa da liberdade nem em restritiva de direitos. Isso porque não há mais previsão legal. Logo, em respeito ao princípio constitucional da reserva legal, art. 5º, XXXIX, da Constituição Federal ("Não há crime sem lei anterior que o defina, nem pena sem prévia cominação legal"), não é possível a conversão, como explica Cezar Roberto Bitencourt[776]: "Resumindo, não há previsão legal no ordenamento jurídico brasileiro permitindo substituir a pena não paga por pena restritiva de direitos".

É verdade. A multa passou a ser considerada dívida de valor (*quid*[777], e não *quantum*[778]) e será cobrada como dívida ativa, não podendo mais ser convertida nem em pena privativa de liberdade, nem em pena restritiva de direitos, uma vez que não houve ressalva para a conversão nestas últimas.

Esse foi o entendimento do Supremo Tribunal ao julgar, pela sua 1ª Turma, o HC 78200-8/SP, em 27.08.1999 (*DJ* 09.03.1999), relator Min. Octavio Gallotti. Nesse julgamento, ficou estabelecido que é inviável a conversão da pena de multa em restritiva de direitos. O acórdão tem a seguinte ementa:

> Paciente condenado à pena de multa, como resultado da transação prevista no art. 72, da Lei n. 9099/1995. Inviabilidade, por ausência de critério legal aplicável, de conversão da pena pecuniária na de restrição de direito. *Habeas corpus* deferido para restabelecer a decisão de primeiro grau, que limitou-se a promover a inserção da dívida para cobrança judicial.

Mauricio Antonio Ribeiro Lopes[779] pensa de modo contrário e assim argumenta:

> Entendo ser possível operá-la [a conversão] após análise das condições genéricas previstas nos arts. 59, do CP, e 76, § 2º, III, desta Lei [9099/1995], conquanto não se esteja a examinar a aplicação da pena, mas a conversão da pena aplicada em outra modalidade, portanto, reaplicação da pena, atendendo-se, ademais, ao escopo fundamental da Lei n. 9099, esculpido na última parte do art. 62. O processo perante o Juizado Especial objetivará, sempre que possível, a aplicação de pena não privativa de liberdade. Daí a possibilidade de conversão da multa em restrição de direitos ordinariamente, agora não mais se reservando à conversão mais drástica para as situações-limite de reprovabilidade.

Como proceder à conversão da multa em pena restritiva de direitos se não há parâmetros legais? Qual a pena restritiva que substituiria a multa? "Como converteria o juiz", indagam Ada Pellegrini, Gomes Filho, Scarance Fernandes e Luiz Flávio Gomes[780], "por exemplo, 100 dias-multa, sendo cada dia no valor mínimo, em pena restritiva?" E respondem:

> [...] como a lei admite transação sobre pena restritiva e prevê a conversão de multa em pena restritiva, pode o promotor de Justiça propor ao autor do fato a aplicação imediata de multa e, se não for paga, a conversão em pena restritiva, por ele já especificada. Havendo concordância do autor do fato e da defesa e sendo o acordo homologado, em caso de não pagamento da multa, será cumprida a sentença, convertendo-se a pena pecuniária na pena restritiva prevista na transação.

Não haveria, na hipótese, na verdade, uma conversão pura e simples, mas uma conversão já pactuada. Assim, será possível. Agora, se não houver prévio acordo, impossível a conversão.

Não efetuado o pagamento, uma das consequências pode ser o prosseguimento do processo? Não. Se o processo foi concluído com o acordo homologado ou com a sentença condenatória transitada em julgado, como pode ter prosseguimento? Há de se aplicar o art. 51, do Código Penal, com a atual redação ditada pela Lei n. 13964/2019.

---

[776] Bitencourt, 2003, p. 170.
[777] Alguma coisa.
[778] Quanto.
[779] Lopes et al., 2000, p. 662-663.
[780] Grinover et al., 2005, p. 204.

1.1 Natureza da multa

A multa não tem natureza tributária diante do conceito imposto pelo art. 3º, do Código Tributário Nacional: "Tributo é toda prestação pecuniária compulsória, em moeda ou cujo valor nela se possa exprimir, que *não constitua sanção de ato ilícito*, instituída em lei e cobrada mediante atividade administrativa plenamente vinculada".

Constituindo a multa uma sanção penal, aplicada em face da prática de uma infração penal, não pode ser considerada tributo, segundo o art. 3º, do Código Tributário Nacional (CTN). Explica ALIOMAR BALEEIRO[781]: "O CTN adotou a teoria segundo a qual os tributos se caracterizam pelo caráter compulsório, e, para distingui-los das multas e penalidades, inseriu a cláusula 'que não constitua sanção de ato ilícito'".

O valor da multa deve ser inscrito, portanto, como dívida ativa para cobrança judicial, como dispõe o Código Tributário Nacional.

1.2 A prescrição da pena de multa

Por fim, vale lembrar que, sendo a multa considerada dívida não tributária, sua prescrição não ocorrerá em cinco anos, prazo prescricional próprio das dívidas tributárias, e sim em dois anos, quando aplicada isoladamente, ou no mesmo prazo para a prescrição da pena privativa de liberdade, quando aplicada cumulativamente, nos termos do art. 114, I e II, do Código Penal. Todavia, por ser considerada dívida de valor e conforme, inclusive, determina expressamente o art. 51, do Código Penal, deverão ser aplicadas as mesmas causas suspensivas e interruptivas da prescrição, previstas na legislação de dívida ativa da Fazenda Pública. DAMÁSIO DE JESUS[782], no entanto, entende que o prazo prescricional é de cinco anos (art. 144, *caput* [*rectius* – mais corretamente: 174], do CTN).

MANOEL ÁLVARES, MAURY BOTTESINI, ODMIR FERNANDES, RICARDO CHIMENTI e CARLOS ABRÃO[783] também entendem que a prescrição deve ser a prevista pelo Código Penal:

> Os prazos prescricionais aplicáveis na hipótese são aqueles previstos no art. 114, I e II, do CP, na redação da Lei n. 9268/1996, contados do decurso do prazo para pagamento consignado na notificação expedida pelo Juízo Criminal. Inaplicável, no caso, o art. 174, do CTN, por se tratar de dívida ativa não tributária. As causas suspensivas e interruptivas da prescrição são aquelas previstas na legislação da dívida ativa.

Art. 86. A execução das penas privativas de liberdade e restritivas de direitos, ou de multa cumulada com estas, será processada perante o órgão competente, nos termos da lei.

1. A EXECUÇÃO DAS PENAS PRIVATIVAS DE LIBERDADE, RESTRITIVAS DE DIREITOS OU DE MULTA CUMULADA COM ESTAS

O art. 86 dispõe que "a execução das penas privativas de liberdade e restritivas de direitos, ou de multa cumulada com estas, será processada perante o órgão competente, nos termos da lei". Que lei? Qual órgão? No Juizado Especial ou no Juízo Comum?

O art. 60, atente-se, determina que o Juizado Especial Criminal é competente para "a execução das infrações penais de menor potencial ofensivo". O art. 1º, também, dispõe que os Juizados Especiais

---

[781] BALEEIRO, A. *Direito tributário brasileiro*. 10. ed. 6. tir. rev. atual. por Flávio Bauer Novelli. Rio de Janeiro: Forense, 1990. p. 62.

[782] JESUS, 1999, p. 543.

[783] ÁLVARES, M. et al. *Lei de Execução Fiscal comentada e anotada*: Lei n. 6.830, de 22-9-1980: doutrina, prática, jurisprudência. 2. ed. rev. ampl. São Paulo: RT, 1997. p. 43.

têm competência para a "execução, nas causas de sua competência". O art. 86 contraria os arts. 1º e 60 da Lei n. 9099/1995. O art. 60 dispõe que o Juizado Especial Criminal "tem competência para a conciliação, o julgamento e a *execução* das infrações penais de menor potencial ofensivo". Nesse mesmo sentido, o art. 1º. O art. 86 diz que "a *execução* das penas privativas de liberdade e restritivas de direitos, ou de multa cumulada com estas, será processada perante o órgão competente, nos termos da lei". Ao que tudo indica, o art. 86 reduziu o disposto nos arts. 1º e 60. Desse modo, conclui-se que a norma do artigo em comento é regra especial em relação aos arts. 1º e 60? Sim, pois a disposição desses artigos é muito ampla ao referir-se à competência para "a execução das infrações penais de menor potencial ofensivo". Sempre no geral está o especial (*semper specialia generalibus insunt*).

Observa-se a lição de CARLOS MAXIMILIANO[784]:

> Sempre que descobre uma contradição, deve o hermeneuta desconfiar de si; presumir que não compreendeu bem o sentido de cada um dos trechos ao parecer inconciliáveis, sobretudo se ambos se acham no mesmo repositório. Incumbe-lhe preliminarmente fazer tentativa para harmonizar os textos; a este esforço ou arte os Estatutos da Universidade de Coimbra, de 1972, denominavam Terapêutica Jurídica.

O Juizado Especial só executará a pena de multa. As penas privativas de liberdade e as restritivas de direito bem como a de multa cumulada com essas penas serão executadas de acordo com a Lei n. 7210/1984 (Lei de Execução Penal), no Juízo Comum, em face da complexidade do procedimento executório (são vários os incidentes, progressão de regimes etc.), impróprio para o Juizado Especial.

A Lei de Execução Penal, Lei n. 7210, de 1984, em seu art. 65, dispõe: "A execução penal competirá ao juiz indicado na lei local de organização judiciária e, na sua ausência, ao da sentença". Não havendo, na Justiça Federal, lei que discipline a questão, a execução da sentença caberá ao juiz da sentença. A sentença, no entanto, prolatada pelo Juizado Especial Federal, será executada no Juízo Comum Federal. Há de se observar, contudo, que o Superior Tribunal de Justiça consolidou, na Súmula 192[785], o entendimento de que o juízo competente para a execução da sentença proferida pelo Juiz Federal, quando o sentenciado estiver recolhido a estabelecimento sujeito à administração estadual, é o das Execuções Penais do Estado.

São aplicadas, na hipótese de penas privativas de liberdade, o disposto nos arts. 105 a 146 da Lei de Execução Penal. Para as penas restritivas de direitos, o previsto nos arts. 147 a 155 dessa mesma Lei.

ADA PELLEGRINI, GOMES FILHO, SCARANCE FERNANDES e LUIZ FLÁVIO assim explicam a questão: "No Juizado, a pena restritiva é autônoma, não existindo, portanto, quantidade de pena privativa para a conversão. Existe, é certo, quantidade de pena restritiva, mas não se pode estabelecer uma equivalência entre a quantidade da pena restritiva e a quantidade de pena detentiva".

Realmente, como pode ser convertida uma pena de prestação de serviços em detenção? O tempo de prestação de serviços não pode ser o mesmo da prisão. Um dia de prestação de serviços, evidentemente, não pode corresponder a um dia de prisão. Um dia de prisão corresponde a quantos dias de prestação de serviços? Difícil, senão impossível, fazer-se a substituição.

2. A PENA RESTRITIVA DE DIREITOS E SUA CONVERSÃO EM PENA PRIVATIVA DE LIBERDADE

O Superior Tribunal de Justiça, ao julgar o RHC 8198/GO, pela sua 6ª Turma, em sessão de 08.06.1999 (*DJ* 01.07.1999), relator Min. FERNANDO GONÇALVES, admitiu a possibilidade de, em caso de transação penal, em face de ter caráter condenatório impróprio, ser convertida a pena restritiva de direitos em privativa de liberdade:

---

[784] SANTOS, 1957, p. 172-173.
[785] Súmula 192/STJ. Compete ao Juízo das Execuções Penais do Estado a execução das penas impostas a sentenciados pela Justiça Federal, Militar ou Eleitoral, quando recolhidos a estabelecimentos sujeitos à administração estadual.

A transação penal prevista no art. 76, da Lei n. 9099/1995, distingue-se da suspensão do processo (art. 89), porquanto, na primeira hipótese, faz-se mister a efetiva concordância quanto à pena alternativa a ser fixada e, na segunda, há apenas uma proposta do *Parquet* no sentido de o acusado submeter-se não a uma pena, mas ao cumprimento de algumas condições. Deste modo, a sentença homologatória da transação tem, também, caráter condenatório impróprio (não gera reincidência, nem pesa como maus antecedentes, no caso de outra superveniente infração), abrindo ensejo a um processo autônomo de execução, que pode – legitimamente – desaguar *na conversão em pena restritiva de liberdade, sem maltrato ao princípio do devido processo legal*. É que o acusado, ao transacionar, renuncia a alguns direitos perfeitamente disponíveis, pois, de forma livre e consciente, aceitou a proposta e, *ipso facto*, a culpa (RHC 8198/GO).

No entanto, ao conhecer de *habeas corpus* (HC 79572-2/GO, j. 29.02.2000, *DJ* 22.02.2002), impetrado contra essa decisão, a 2ª Turma do Supremo Tribunal Federal, tendo como relator o Min. MARCO AURÉLIO, concedeu a ordem, reformando, assim, o entendimento do STJ. O acórdão teve a seguinte ementa:

> A transformação automática da pena restritiva de direitos, decorrente de transação, em pena privativa do exercício da liberdade discrepa da garantia constitucional do devido processo legal. Impõe-se, uma vez descumprido o termo de transação, a declaração de insubsistência deste último, retornando-se ao estado anterior, dando-se oportunidade ao Ministério Público de vir a requerer a instauração de inquérito ou propor a ação penal, ofertando a denúncia.

3. SUBSTITUIÇÃO DA PENA PRIVATIVA DE LIBERDADE POR PRESTAÇÃO PECUNIÁRIA. LEI ESPECIAL

Entende o Supremo Tribunal Federal que, na hipótese de cumulação de pena privativa de liberdade e multa, por lei especial, não é possível a substituição da pena privativa de liberdade por prestação pecuniária (Cf. RHC 84040-0/SP, j. 13.04.2004, *DJ* 30.04.2004, 2ª Turma, relatora a Min. ELLEN GRACIE). Explica a eminente relatora:

> [...] se a lei especial impôs dupla penalidade – pena privativa de liberdade e multa –, a substituição da primeira por prestação pecuniária implicará numa única penalidade, ou seja, pecuniária, embora de maior vulto, diante da cumulação, e não penalidades diversas, como pretendeu o legislador. A substituição pretendida ofende o disposto no art. 12, do Código Penal. Bem por isso esta Corte tem, reiteradamente, entendido que a norma do art. 60, § 2º, do Código Penal, não se aplica à Lei n. 6368/1976 (art. 16), por ser esta última lei especial e por ter ela imposto pena cumulativa, ou seja, privação de liberdade e multa. E isso decorre da incidência do disposto no art. 12, do Código Penal (HC 70445, MOREIRA ALVES; 74248, MAURÍCIO CORRÊA; 79567, MAURÍCIO CORRÊA).

Atente-se, porém, que o crime de porte de drogas não é mais punido com pena privativa de liberdade, e sim com penas restritivas de direitos (art. 28, da Lei n. 11343, de 2006).

A Lei n. 6368, de 21.10.1976, e a Lei n. 10409, de 11.01.2002 (Lei também antidrogas), foram revogadas pela Lei n. 11343, de 23.08.2006, que está regulamentada pelo Decreto n. 5912, de 27.09.2006.

Seção V
Das Despesas Processuais

> **Art. 87**. Nos casos de homologação do acordo civil e aplicação de pena restritiva de direitos ou multa (arts. 74 e 76, § 4º), as despesas processuais serão reduzidas, conforme dispuser lei estadual.

1. DESPESAS PROCESSUAIS

As despesas processuais compreendem, como define Humberto Theodoro Júnior[786],

> as custas e todos os demais *gastos* efetuados com os atos do processo, como indenização de viagem, diária de testemunha e a remuneração de assistentes técnicos (art. 20, § 2º). São *custas* as verbas pagas aos serventuários da Justiça e aos cofres públicos pela prática de ato processual, conforme a tabela da lei e regimento adequado. Pertencem ao gênero dos tributos por representarem remuneração de serviço público.

O Código de Processo Penal não faz diferença entre custas propriamente ditas e despesas processuais. Dispõe o art. 804 que "a sentença ou o acórdão que julgar a ação, qualquer incidente ou recurso, condenará nas custas o vencido". A falta de pagamento gera consequências diferentes, tratando-se de ação penal privada ou de ação penal pública. Na primeira, não sendo o acusado pobre, a ausência de pagamento, nos termos do art. 806, do Código de Processo Penal, acarreta: a) renúncia à diligência ou ao ato requerido; b) deserção do recurso interposto ou c) peremção, consoante ao disposto no art. 60, I, do Código de Processo Penal. Sendo a ação pública, condicionada ou incondicionada, a prática dos atos processuais e diligências não depende do pagamento de custas. Entendimento contrário afrontaria o princípio constitucional da ampla defesa, insculpido no art. 5º, LV, da Constituição Federal. As custas são devidas, todavia, pelo vencido, após o trânsito em julgado da decisão. Observa-se, porém, que, se vencido for o Ministério Público, não haverá condenação em custas. Observa-se, também, que, sendo o acusado reconhecidamente pobre, nos termos do art. 32, do Código de Processo Penal, será ele, ainda assim, condenado a pagar as custas, mas ficará delas isento. Prevê a parte final do art. 12, da Lei n. 1060, de 1950, aplicável ao processo penal, por força do disposto no art. 3º, do Código de Processo Penal, que, "se, dentro de 5 (cinco) anos, a contar da sentença final, o assistido não puder satisfazer tal pagamento, a obrigação ficará prescrita".

2. REDUÇÃO DAS DESPESAS PROCESSUAIS

As despesas processuais – ou seja, as custas (despesas no sentido restrito), porque as demais despesas dizem respeito à indenização de viagem, diária de testemunha e remuneração do assistente técnico, que o Estado não pode dispor (a União dispõe das custas que lhe são devidas, assim como o Estado-membro), sob pena de causar prejuízo ao interessado – serão (imperativo) reduzidas, nos casos de *homologação* de composição civil extintiva da punibilidade (art. 74) ou de transação, com aplicação de pena restritiva de direitos ou multa (art. 76, § 4º). Em caso de condenação, não.

Por que a redução? Porque o processo não chegou a seu final. Foi abortado em seu percurso, com a composição civil extinguindo a punibilidade ou com a transação penal (soluções consensuais). Custas, portanto, reduzidas. Pode o Estado-membro nada cobrar, como um meio de incentivar os acordos, civis ou penais. Dispõe o art. 805, do Código de Processo Penal: "As custas serão contadas e cobradas de acordo com os regulamentos expedidos pela União e *pelos Estados*" (g.n.).

3. HONORÁRIOS ADVOCATÍCIOS

A verba honorária não constitui despesa processual. É imposta por força da sucumbência. O vencido paga, no processo civil, os honorários do advogado do vencedor (CPC, art. 85: "A sentença condenará o vencido a pagar honorários ao advogado do vencedor"). Essa verba honorária será devida, também, nos casos em que o advogado funcionar em causa própria "§ 17. Os honorários serão devidos quando o advogado atuar em causa própria"). Constituem os honorários a remuneração paga ao advogado pelos serviços que prestou. Na ação penal privada, não há por que não ser condenado o vencido, querelante ou querelado em verba honorária.

---

[786] Theodoro Júnior, H. *Curso de direito processual civil*. v. 1. 18. ed. Rio de Janeiro: Forense, 1996. p. 88.

Seção VI
Disposições Finais

> **Art. 88.** Além das hipóteses do Código Penal e da legislação especial, dependerá de representação a ação penal relativa aos crimes de lesões corporais leves e lesões culposas.

1. DA REPRESENTAÇÃO PARA OS CRIMES DE LESÃO CORPORAL LEVE E CULPOSA

A Lei dos Juizados, atentando para a filosofia do Estado de só punir os ilícitos que, realmente, causem transtorno à sociedade, deixou a cargo do ofendido dar início ou não à ação referente aos crimes de lesão corporal dolosa simples, ou lesão leve (CP, art. 129, *caput*), e lesão culposa, simples ou agravada (CP, art. 129, §§ 6º, 7º, 9º e 10, estes dois últimos parágrafos acrescentados pela Lei n. 10886, de 17.06.2004). Esses crimes passaram a ser de ação penal pública condicionada. É o que diz o art. 88. Tal medida foi de grande importância para as lesões leves e culposas, decorrentes de acidentes de trânsito, pois ficará a critério da vítima dar ou não início à ação penal, e, geralmente, a vítima nenhum interesse tem nesse tipo de ação.

A representação é condição de procedibilidade da ação penal pública. Sem a representação, não pode o Ministério Público dar início à ação penal. Fica esta, assim, a depender da vontade do ofendido. É por meio da representação que o ofendido manifesta seu interesse em dar início à ação ou fazê-la prosseguir. É o seu assentimento.

Tem a representação natureza processual ou penal?

A norma processual não tem efeito retroativo, é de aplicação imediata. Explica JOSÉ FREDERICO MARQUES[787]:

> A sua aplicação imediata decorre do princípio, válido para toda lei, de que, na ausência de disposições em contrário, não se aplica a norma jurídica a fatos passados, quer para anular os efeitos que já produziram, quer para tirar, total ou parcialmente, a eficácia de efeitos ulteriores derivados desses fatos pretéritos.

Se a representação tiver natureza puramente processual, sua aplicação é imediata, não retroagindo. Não se lhe aplica, por conseguinte, o art. 5º, XL, da Constituição Federal – "a lei penal não retroagirá, salvo para beneficiar o réu" –, como não incide a norma prevista no inciso XXXIX, do art. 5º constitucional – "não há crime sem lei anterior que o defina, nem pena sem prévia cominação legal". A norma processual pode ser posterior à infração penal, tendo imediata aplicação. De tudo isso resulta o seguinte ensinamento de FREDERICO MARQUES[788]:

> Queixa, representação e requisição se encontram sob o domínio das normas de processo porque são condições de procedibilidade e não de punibilidade. Mas a decadência do direito de queixa ou de representação extingue a punibilidade (CP, art. 108, IV e V – depois da reforma de 1984, art. 107, IV e V).[789] Logo, constituem condições de punibilidade: a) a não decadência do direito de queixa ou de representação; b) a ausência de renúncia do direito de queixa ou de perdão aceito. Sendo assim, a queixa e a representação, por se acharem vinculadas a essas condições do *jus puniendi*[790], não se subordinam às regras intertemporais do direito processual, apesar de o próprio Código Penal considerá-las condições de pro-

---

[787] MARQUES, 1980, p. 68.
[788] MARQUES, op. cit., p. 72.
[789] CP, art. 107. Extingue-se a punibilidade: [...] IV – pela prescrição, decadência ou perempção; V – pela renúncia do direito de queixa ou pelo perdão aceito, nos crimes de ação privada; [...].
[790] Direito de punir.

cedibilidade. É que a decadência, da mesma forma que a prescrição e outros fatos ou atos extintivos da punibilidade, se inclui nas normas penais, pelo que, sendo mais favorável ao réu, deverá retroagir a lei posterior.

A representação tem uma natureza mista: processual e penal, produzindo efeito processual e penal.

A lição de HUNGRIA[791] se encaixa como uma luva à presente questão. Vejamos:

> Se a lei nova converte um crime de *ação pública* em crime de *ação privada* ou, diversamente da lei anterior, subordina a *ação pública* à *representação* ou *requisição*, cria, certamente, uma situação de favor para o réu, e, assim, mesmo em relação aos fatos pretéritos, a ação penal não pode ser intentada sem as ditas condições de processabilidade (queixa, representação, requisição), e se já está em curso a ação do Ministério Público, não prosseguirá, salvo no caso de exigência de representação ou requisição, se o respectivo titular a apresentar no prazo legal, e sem prejuízo, no caso da metamorfose em ação privada, do direito de queixa, a ser exercido igualmente no devido prazo (contado, de regra, da data de entrada em vigor da nova lei), sob pena de *decadência*.

Bem explicado!

Apreciando o Inq. 1055-3/AM (questão de ordem), o Supremo Tribunal Federal, em sessão plenária de 24.04.1996 (*DJ* 24.05.1996), tendo como relator o Min. CELSO DE MELLO, decidiu:

> Lei n. 9099/1995, que dispõe sobre os Juizados Especiais Cíveis e Criminais, subordinou a perseguibilidade estatal dos delitos de lesões corporais leves (e dos crimes de lesões corporais culposas também) ao oferecimento de representação pelo ofendido ou por seu representante legal (art. 88), condicionando, desse modo, a iniciativa oficial do Ministério Público à delação postulatória da vítima, mesmo naqueles procedimentos penais instaurados em momento anterior ao da vigência do diploma legislativo em questão (art. 91). A lei nova, que transforma a ação pública incondicionada em ação penal condicionada à representação do ofendido, gera situação de inquestionável benefício em favor do réu, pois impede, quando ausente a delação postulatória da vítima, tanto a instauração da *persecutio criminis in judicio*[792] quanto o prosseguimento da ação penal anteriormente ajuizada. *Doutrina*.

A lei retirou da Polícia a obrigação de instaurar inquérito para apurar esses delitos, assim como do Ministério Público o dever de instaurar ação penal. Agora, depende da vontade do ofendido. Sim, porque, não havendo a representação, ocorrerá a extinção da punibilidade pela decadência, que ocorrerá no prazo de trinta dias (Lei n. 9099/1995, art. 91), em se tratando de fatos ocorridos anteriormente à entrada em vigor da Lei n. 9099/1995 e estando em curso inquérito ou ação penal. Nesse caso, o ofendido, ou seu representante legal, será intimado para, repita-se, no prazo de trinta dias, apresentar, querendo, a representação. Fora essa hipótese, o prazo decadencial será de seis meses, como estabelecido no art. 38, do CPP.

Decidiu a 5ª Turma do Superior Tribunal de Justiça, relator Min. FÉLIX FISHER, ao apreciar o RHC 7003/SP, em 09.12.1997 (*DJ* 25.02.1998):

> I – Nos crimes de lesões corporais leves e lesões corporais culposas, se o fato ocorreu na vigência da *novatio legis*[793], o prazo para o oferecimento da representação é de seis meses, *ex-vi* arts. 38, do CPP, e 103 do CP. II – O disposto no art. 91, da Lei n. 9099/1995, exterioriza regra de transição referente aos casos anteriores.

---

[791] HUNGRIA, N. *Comentários ao Código Penal*. v. 1. t. I. 5. ed. Rio de Janeiro: Forense, 1977. p. 130 et seq.
[792] Persecução do crime em juízo.
[793] Nova lei.

Com a entrada em vigor da Lei n. 10259/2001, Lei do Juizado Especial Federal, o ofendido deverá ser intimado pessoalmente para dizer, no prazo de trinta dias, se deseja seu prosseguimento. É certo que, iniciada a ação, não se pode mais falar em decadência do direito de representação. Nessa hipótese, temos de entender que a representação é condição de *prosseguibilidade*. De procedibilidade não é, uma vez que a ação já foi intentada. Não pode é prosseguir sem a representação em razão de uma exigência legal superveniente.

Se a vítima não for encontrada para fazer a representação, os autos ficarão em cartório, aguardando sua iniciativa, até o final do prazo de seis meses. Decorrido *in albis*[794] o prazo, será declarada a extinção do processo pela ocorrência da decadência, conforme dispõe o art. 38, do Código de Processo Penal: "Salvo disposição em contrário, o ofendido, ou seu representante legal, *decairá* do direito de queixa ou de representação, se não o exercer dentro do prazo de seis meses [...]". E, com base no art. 61, do CPP, o juiz reconhecerá extinta a punibilidade, declarando-a de ofício.

Todavia é possível – não tendo a vítima sido encontrada – que, nos autos, haja elementos que revelem ter a vítima demonstrado interesse na persecução criminal, uma vontade inequívoca nesse sentido. Nesse caso, não há de se exigir uma representação formal, uma fórmula sacramental.

Ao apreciar o HC 76109-3/SP, em que o paciente alegou estar

> sofrendo constrangimento ilegal, pois, tendo os autos baixado para a aplicação do art. 91, da Lei n. 9099/1995, e por ter a vítima se manifestado pelo prosseguimento do feito, deveria o Tribunal examinar a pertinência dos outros institutos *despenalizadores*: composição civil, transação penal ou suspensão do processo.

Decidiu a 2ª Turma do STF, em 10.03.1998 (*DJ* 30.04.1998), em acórdão relatado pelo Min. CARLOS VELLOSO, por maioria:

> **I** – Já vencida a instância de conhecimento, e encontrando-se o feito em fase de julgamento de apelação interposta pela defesa, quando veio a lume a Lei n. 9099/1995, fez-se a conversão do julgamento em diligência, para cumprimento tão só do disposto no art. 91 da mesma Lei n. 9099/1995. Oferecida a representação pela vítima, não há falar em composição civil. Lei n. 9099/1995, art. 75. **II** – Existente sentença condenatória, não há que se falar em suspensão processual. **III** – HC indeferido.

Há de atentar-se para o fato de que a composição se dá antes da representação. O art. 75, *caput*, da Lei n. 9099/1995 é claro: "Não obtida a composição dos danos civis, será dada imediatamente ao ofendido a oportunidade de exercer o direito de representação verbal, que será reduzida a termo".

Logo, composição não era cabível. Todavia a transação era cabível, pois esta se dá após a representação, nos termos do art. 76, da Lei n. 9099/1995: "Havendo representação [...], o Ministério Público poderá propor a aplicação imediata de pena restritiva de direitos ou multas, a ser especificada na proposta".

Esta foi a posição do Min. MARCO AURÉLIO (HC 76109-3/SP): "entendo aplicável a Lei n. 9099/1995, ainda que haja sentença proferida, desde que não transita em julgado", e, assim, concedia a ordem, "a fim de que se instaure o incidente visando à manifestação da vítima quanto à transação". O entendimento, pensamos, está correto. Se a transação tiver êxito, cai a sentença.

2. PROCEDIMENTOS ORIGINÁRIOS

Nos procedimentos penais originários (inquéritos e ações penais) também se aplicam as disposições contidas nos arts. 88 e 91, da Lei n. 9099/1995. É o entendimento do Supremo Tribunal Federal, que, julgando, em 24.04.1996, o Inq. 1055-3/AM (*DJ* 24.05.1996), relator o Min. CELSO DE MELLO, decidiu, em sessão plenária, por unanimidade de votos, determinar a suspensão do

---

[794] Em branco, sem que se faça nada.

procedimento penal – investigação criminal objetivando a apuração da prática do delito tipificado no art. 129, *caput,* do Código Penal, imputado a um deputado federal – para que, nos termos do art. 91, da Lei n. 9099/1995, se procedesse à intimação da vítima de lesões corporais, a fim de que, no prazo de trinta dias, oferecesse, querendo, a necessária representação, sob pena de decadência.

3. A FALTA DE REPRESENTAÇÃO E O ART. 564, III, *A*, DO CPP

Estabelece o art. 564, III, *a*, do Código de Processo Penal, que "a nulidade ocorrerá nos seguintes casos: [...] III – por falta das fórmulas ou dos termos seguintes: a) a denúncia ou a queixa e a *representação*, e nos processos de contravenções penais, a portaria ou o auto de prisão em flagrante" – g.n. Não esquecer que, depois da Constituição Federal de 1988, não mais existe procedimento instaurado por portaria ou auto de prisão em flagrante e que não constou do dispositivo a requisição do Ministro de Estado da Justiça.

4. A CONTRAVENÇÃO E A REPRESENTAÇÃO

Na hipótese de contravenção, em que a ação é pública incondicionada, a Lei n. 9099/1995 não excepcionou. A exceção foi expressa apenas para a lesão corporal leve e para a culposa.

Entende o Supremo Tribunal Federal que, por serem as contravenções de ação penal pública de natureza incondicionada, art. 17, da Lei das Contravenções Penais, o Juizado Especial tem competência para conhecê-las e julgá-las, independentemente de representação. No HC 80617-1/MG, relator Min. Sepúlveda Pertence, julgado pela 1ª Turma em 20.03.2001 (*DJ* 04.05.2001), assim foi decidido. O acórdão tem a seguinte ementa:

> Ação penal pública incondicionada: contravenção de vias de fato (LCP, art. 17). A regra do art. 17, da LCP – segundo a qual a persecução das contravenções penais se faz mediante ação pública incondicionada – não foi alterada, sequer com relação à de vias de fato, pelo art. 88, da Lei n. 9099/1995, que condicionou à representação a ação penal por lesões corporais leves.

Em seu voto, explicou o Min. Pertence:

> Ainda que possa soar paradoxal, o art. 88, da Lei n. 9099/1995 – que tornou condicionada à representação a ação penal por lesões corporais leves – não se estende à persecução das contravenções. Sequer à de vias de fato (LCP, art. 21), ainda que o fato que constitui seja, de regra, consumido pela consumação de lesões corporais. Não cabe condicionar à representação a ação penal pública – nem por analogia, nem por força de compreensão.

Essa é a interpretação que deva ser dada? Não. Vejamos: a pena máxima cominada ao crime de lesão corporal leve é de um ano (CP, art. 129, *caput*), já para a contravenção – crime anão –, prevista no art. 21 (vias de fato), da Lei das Contravenções Penais, é de prisão simples de quinze dias a três meses. Por um tapa que deixe apenas uma vermelhidão, vias de fato, a ação penal pode ser iniciada, independentemente da vontade da vítima, já por um corte, com derramamento de sangue, lesão corporal leve, a ação penal depende de representação do ofendido. Uma verdadeira incongruência.

O *esquecimento* do legislador deve ser contornado para não levar ao absurdo. Carlos Maximiliano[795], estudando hermenêutica, disse que deve ser preferido "o sentido conducente ao resultado mais razoável, que melhor corresponda às necessidades da prática, e seja mais humano, benigno, suave". E advertiu: "Deve o direito ser interpretado inteligentemente: não de modo que a ordem legal envolva um absurdo, prescreva inconveniências, vá ter a conclusões inconsistentes ou impossíveis", ou esdrúxulas, dizemos nós.

---

[795] Santos, 1957, p. 209-210.

A não exigência da representação da vítima, no caso de vias de fato, na verdade gera situação de injustiça, porque contraria o próprio espírito que levou à edição da Lei n. 9099/1995.

5. DESCLASSIFICAÇÃO DE LESÃO GRAVE PARA LEVE E A REPRESENTAÇÃO

Denunciado o acusado por lesão grave e, ao final, verificando-se que a lesão foi leve, como proceder?

Uma solução seria intimar a vítima para representar ou não. Uma segunda corrente entende que, na verdade, no curso do processo, a vítima demonstrou ter interesse que o autor seja de fato processado e condenado.

Entendo que a primeira posição é a mais correta e nenhum transtorno traz ao processo.

6. A LESÃO LEVE E A JUSTIÇA MILITAR

Trataremos do assunto ao estudarmos o art. 90-A.

7. A REPRESENTAÇÃO E O CRIME COMPLEXO

Esta questão foi abordada quando comentamos o art. 61.

8. O CRIME DE TRÂNSITO, EMBRIAGUEZ AO VOLANTE

Foi esta matéria tratada quando analisamos o art. 61.

> **Art. 89.** Nos crimes em que a pena mínima cominada for igual ou inferior a 1 (um) ano, abrangidas ou não por esta Lei, o Ministério Público, ao oferecer a denúncia, poderá propor a suspensão do processo, por 2 (dois) a 4 (quatro) anos, desde que o acusado não esteja sendo processado ou não tenha sido condenado por outro crime, presentes os demais requisitos que autorizariam a suspensão condicional da pena (art. 77, do Código Penal).
>
> § 1º Aceita a proposta pelo acusado e seu defensor, na presença do Juiz, este, recebendo a denúncia, poderá suspender o processo, submetendo o acusado a período de prova, sob as seguintes condições:
>
> I – reparação do dano, salvo impossibilidade de fazê-lo;
>
> II – proibição de frequentar determinados lugares;
>
> III – proibição de ausentar-se da comarca onde reside, sem autorização do Juiz;
>
> IV – comparecimento pessoal e obrigatório a juízo, mensalmente, para informar e justificar suas atividades.
>
> § 2º O Juiz poderá especificar outras condições a que fica subordinada a suspensão, desde que adequadas ao fato e à situação pessoal do acusado.
>
> § 3º A suspensão será revogada se, no curso do prazo, o beneficiário vier a ser processado por outro crime ou não efetuar, sem motivo justificado, a reparação do dano.
>
> § 4º A suspensão poderá ser revogada se o acusado vier a ser processado, no curso do prazo, por contravenção ou descumprir qualquer outra condição imposta.
>
> § 5º Expirando o prazo sem revogação, o Juiz declarará extinta a punibilidade.
>
> § 6º Não correrá a prescrição durante o prazo de suspensão do processo.
>
> § 7º Se o acusado não aceitar a proposta prevista neste artigo, o processo prosseguirá em seus ulteriores termos.

1. SUSPENSÃO CONDICIONAL DO PROCESSO

A suspensão condicional do processo apresenta algumas semelhanças com o *probation system*, que, após a realização de toda a instrução, suspende o julgamento, a sentença não chega a ser prolatada. Difere da suspensão condicional da pena, pois, aqui, já existe uma sentença condenatória, e suspensa é a execução da pena. A suspensão condicional do processo visa evitar a instrução judicial e o julgamento da ação penal. Não há instrução.

O Ministério Público, nos crimes em que a pena mínima cominada for igual ou inferior a um ano, oferece, se for o caso, a denúncia e, ao mesmo tempo, propõe a suspensão do processo. Dispõe o art. 89 que o Ministério Público, ao oferecer a denúncia, *poderá* propor a suspensão do processo, desde que presentes se façam determinados pressupostos, objetivos e subjetivos, previstos no referido dispositivo. Esse poder é um poder-dever e não mera faculdade. Presentes os pressupostos, o Ministério Público deve formular a proposta de suspensão do processo. Não se trata de ser ou não conveniente propor a suspensão. Não. Presentes os pressupostos, o Ministério Público deve propô-la. O *poderá* está empregado como dever. Trataremos da recusa do Ministério Público em oferecer a proposta de suspensão do processo adiante.

É o que acontece com o disposto no art. 310, do Código de Processo Penal, que dá ao juiz, em certas condições, o poder de conceder liberdade provisória ao réu. Comentando esse dispositivo, Tourinho Filho[796] explica:

> Na expressão "o juiz poderá", não obstante a lei empregue o verbo *poder*, certo é que não se cuida de mera faculdade do Juiz, mas de um direito público subjetivo do indiciado. Explica-se o termo *poderá*: se a excludente não estiver bem delineada nos seus contornos, evidentemente não poderá o juiz aplicar a regra do art. 310. Mas, se não houver dúvida nesse sentido, não pode a liberdade do indiciado ficar ao bel-prazer do Magistrado. O *poderá* converte-se e se convola em *deverá*. Negada a providência por simples obstinação do Juiz, ou por erro, caberá *habeas corpus*.

Essa é também a lição de José Frederico Marques[797] ao estudar o art. 350, do Código de Processo Penal:

> Ao contrário do que ensinam os comentadores do estatuto de processo penal, não nos parece que tão só porque o texto usa do verbo *poder*, no art. 350, fique entregue, discricionariamente, ao juiz a concessão ou indeferimento na liberdade vinculada. Desde que se encontrem atendidos os pressupostos legais, tem o réu direito à liberdade provisória: trata-se de direito público subjetivo, emanado do *status libertatis*[798] do acusado, e que é corolário do disposto no art. 144, combinado com o art. 141, § 21, ambos da Constituição Federal [de 1946].

Correspondente, respectivamente, na atual Constituição ao § 2º do art. 5º e ao inciso LXVI do art. 5º.

Mutatis mutandis[799], é o que acontece com a proposição da suspensão do processo. Não pode ficar ao talante do Ministério Público propor ou não a suspensão do processo. Trata-se de um *poder-dever* do Ministério Público propô-la, se presentes os requisitos legais que a autorizam.

E mais: não pode exorbitar nas condições propostas. É como diz Edson Alfredo Smanioto[800], ilustre e culto Desembargador do Tribunal de Justiça do Distrito Federal:

---

[796] Tourinho Filho, 2003, p. 683.
[797] Marques, J. F. *Elementos de direito processual penal*. v. 4. 2. ed. São Paulo: Forense, 1964. p. 167-168.
[798] Estado de liberdade.
[799] Mudado o que deve ser mudado.
[800] Smanioto, E. A. Suspensão do processo. Prerrogativa da acusação. *Revista dos Juizados Especiais*: doutrina e jurisprudência, Brasília, Tribunal de Justiça do Distrito Federal e dos Territórios, n. 2, 1997. p. 31.

Na verdade, as condições a que deva se sujeitar o réu já estão previstas em lei. O Ministério Público, contra o réu, não pode inová-las, sem ferir o *jus libertatis*[801] do acusado. É quase um contrato de adesão: as cláusulas foram escritas pelo legislador. A negociação tem limites bem definidos. Permite-se um *minus*[802], jamais um *plus*.[803]

A suspensão condicional do processo não beneficia tão somente o réu, mas, também, a justiça e a sociedade. Livra o réu de um tormento, que é o processo; facilita a prestação jurisdicional, com a diminuição de processos; e diminui os gastos do tesouro, beneficiando a sociedade. A observação feita por José Luis Sales[804] sobre a suspensão condicional da pena é válida para a do processo: "A suspensão condicional da pena, já afirmamos de uma feita e nunca é demais insistir, não foi instituída para favorecer tão somente o criminoso primário, mas sim, e principalmente, o próprio interesse da sociedade".

1.1 Requisitos para a concessão da suspensão do processo

A suspensão do processo pode dar-se por dois a quatro anos, desde que satisfeitos os seguintes requisitos: **a)** pena mínima cominada igual ou inferior a um ano; **b)** não responder o acusado em outro processo; **c)** não ter sido condenado por outro crime; **d)** estarem presentes os demais requisitos autorizativos da suspensão condicional da pena – *sursis* (CP, art. 77).

Observa-se que, para fixar a competência do Juizado Especial, leva-se em consideração a pena máxima de dois anos. Cuidando-se de suspensão processual, deve-se atentar para a pena mínima de um ano. Portanto, se ao crime for cominada pena *máxima* não superior a dois anos, a competência será do Juizado Especial; se a pena *mínima* cominada for igual ou inferior a um ano, poder-se-á, satisfeitos os demais requisitos, conceder ao acusado a suspensão do processo; se superior, não. Por exemplo, ao crime de violação de sigilo funcional, art. 325, do Código Penal, é cominada a pena de seis meses a dois anos ou multa. Crime da competência do Juizado Especial, pois a pena máxima não é superior a dois anos e cabe a concessão do *sursis processual*, uma vez que a pena mínima cominada é inferior a um ano. Da competência do Juizado Especial Federal não há nenhum crime em que a pena mínima cominada seja superior a um ano e a máxima igual a dois. Logo, no Juizado Federal, sempre será concedido o *sursis processual*, pois a pena mínima sempre será igual ou inferior a um ano.

Entende o Supremo, pela sua 2ª Turma, acertadamente, que a Lei n. 10259/2001, ao revogar a antiga redação do art. 61, da Lei n. 9099/1995, não alterou o tempo de prisão para a concessão da suspensão do processo estabelecido no art. 89, e sim, tão somente, ampliou, decidiu a competência dos juizados especiais para o julgamento de infrações de menor potencial ofensivo. Confira o HC 83104-RJ, relator Min. Gilmar Mendes. Julgamento realizado em 21.10.2003 (*DJ* 21.11.2003).

Ao julgar o REsp 328176/SP, o Superior Tribunal de Justiça, em acórdão da relatoria do Min. José Arnaldo da Fonseca, em 06.09.2001 (*DJ* 29.10.2001), por unanimidade de votos, ressaltou:

> O benefício previsto no art. 89, da Lei n. 9099/1995, tem como requisito objetivo a pena mínima de um ano de sanção privativa de liberdade cominada em abstrato, e não a pena aplicada em concreto, como decorrência de *emendatio libelli* (art. 383, do CPP) ou de acolhimento parcial da pretensão punitiva.

Falamos sobre a *emendatio libelli* ao comentarmos o art. 81.

Pode parecer que o segundo requisito também não apresente dificuldades. No entanto, elas existem. Primeiramente, tenha-se que o acusado não pode estar com outro processo contra si em curso, criminal, evidentemente. A expressão "outro processo" não abrange o contravencional.

---

[801] Direito de liberdade.
[802] Menos.
[803] Mais.
[804] Sales, J. L. *Da suspensão condicional da pena*. Rio de Janeiro: Forense, 1945. p. 67.

Vejamos o que diz o art. 89: "[...] desde que o acusado não esteja sendo processado ou não tenha sido condenado por outro *crime*". Outro crime. Portanto, o acusado pode ter sido *condenado* por contravenção, o que não impede que lhe seja concedido o *sursis processual;* logo, estar *respondendo* a um processo contravencional também não impede. Se o mais não impede, quanto mais o menos!

A condição "desde que o acusado não esteja sendo processado", para alguns, como o Min. Marco Aurélio, do Supremo Tribunal Federal, é inconstitucional, pois "contraria o princípio da presunção de inocência, empresta efeitos obstaculizadores do implemento da providência à situação jurídica, que de maneira alguma pode extravasar as paredes do processo em que é revelada, de modo a prejudicar o acusado, até então, um simples acusado". Argumenta que,

> se a presunção é no sentido de não culpabilidade enquanto não concluído o processo, descabe emprestar efeitos nefastos ao acusado, a ponto, inclusive, de repercutir fora das balizas da própria ação penal em curso (voto vencido proferido pelo Min. Marco Aurélio em sessão plenária no RHC 79460-2 em 16.12.1999, DJ 14.05.2001).

É verdade. Todavia, suspender-se o processo é uma exceção, uma vantagem grande que é concedida ao acusado, evitando-lhe uma tortura. Logo, é razoável que se exija que ele não esteja respondendo a outro processo para lhe conceder tal benefício.

O Supremo, em sessão plenária, não acolheu essa inconstitucionalidade, como se vê do RHC 79460-2, relator para o acórdão o Min. Nelson Jobim, j. 16.12.1999, DJ 18.05.2001, cuja ementa é a seguinte: "A suspensão condicional do processo é benefício que não alcança o acusado que esteja sendo processado ou condenado por outro crime".

O Ministro Sepúlveda Pertence, neste *habeas corpus,* explicou:

> A questão – não estou certo se já a teremos enfrentado na Turma – da inconstitucionalidade da vedação da suspensão condicional do processo, quando o réu responda a outra ação penal, com todas as vênias, não me parece procedente, sobretudo em razão de ser a existência de outro processo prejudicial de todo o sentido da política criminal justificadora do instituto do chamado *sursis* processual.

Em 04.09.2001 (*DJ* 05.10.2001), a 1ª Turma do STF, por unanimidade, relator Min. Sepúlveda Pertence, manteve o precedente ao julgar o RE 299781-1/SP, que tem a seguinte ementa: "Suspensão condicional do processo (Lei n. 9099/1995, art. 89): descabimento quando o acusado esteja sendo processado ou já foi condenado por outro crime: precedente do Plenário (RHC 79460-2, 16.12.1999, Nelson Jobim, *DJ* 18.05.2001)".

O terceiro requisito – não ter sido condenado por outro crime – já pode dar margens a algumas dúvidas. A condenação a ser levada em consideração é a ocorrida a qualquer tempo? Não, deve-se atentar para o disposto no art. 64, I, do Código Penal, de que "não prevalece a condenação anterior, se entre a data do cumprimento ou extinção da pena e a infração posterior tiver decorrido período de tempo superior a cinco anos [...]". A interpretação tem de ser restritiva. Ampliativa prejudicaria o acusado. *Odiosa restringenda, favorabilia amplianda*[805] ou *semper in dubiis benigniora praeferenda sunt*[806].

Se a sentença condenatória ainda não transitou em julgado, o processo, na verdade, não foi concluído; logo, o *sursis processual* não pode ser concedido, por força de o acusado estar respondendo a outro processo.

O STF, pela 2ª Turma, julgando o HC 73793-5/PA, relator Min. Maurício Corrêa, entendeu, em 11.06.1996 (*DJ* 20.09.1996), que o acusado que responde à ação penal pendente de recurso e a outros processos não tem direito ao benefício da suspensão do processo.

---

[805] Restrinja-se o odioso; amplie-se o favorável.
[806] Nos casos duvidosos, sempre se preferirá a solução mais benigna.

E a condenação anterior em pena de multa? Diante de uma interpretação lógica, não há impedimento da concessão do *sursis* processual. Não, porque a condenação em pena de multa não impede a concessão da suspensão da pena (CP, art. 77, § 1º). Ora, se não impede a suspensão condicional da pena, quando já houve, portanto, uma condenação, por que haveria de impossibilitar o *sursis* processual quando não há culpado?

A 5ª Turma do Superior Tribunal de Justiça, relator Min. GILSON DIPP, ao julgar o RHC 10252/SP, em 03.05.2001 (*DJ* 11.06.2001), decidiu: "A condenação anterior à pena de multa não obsta a concessão do *sursis* processual".

Por fim, o quarto requisito: estarem "presentes os requisitos que autorizariam a suspensão condicional da pena". Os requisitos autorizativos da suspensão condicional da pena, *sursis*, são (CP, art. 77): **a)** ser a pena privativa de liberdade; **b)** a pena aplicada não ser superior a dois anos; **c)** o condenado não ser reincidente em crime doloso; **d)** a culpabilidade, os antecedentes, a conduta social e personalidade do agente, bem como os motivos e as circunstâncias autorizarem a concessão do benefício; **e)** não ser indicada ou cabível a substituição por pena restritiva de direitos (se for indicada a substituição, deve-se proceder à substituição, e não à concessão do *sursis*).

É aplicado ao *sursis processual* tão somente o indicado no item *d* (a culpabilidade, os antecedentes, a conduta social e personalidade do agente, bem como os motivos e as circunstâncias autorizarem a concessão do benefício).

Assim, é necessário que a culpabilidade, os antecedentes, a conduta social e a personalidade do agente, bem como os motivos e as circunstâncias, autorizem a concessão do benefício. Quanto ao item *a* (ser a pena privativa de liberdade), não há de ser aplicado, pois pode o processo relativo a crime punido tão somente com pena de multa ser suspenso. Com relação ao item *b* (a pena aplicada não ser superior a dois anos), igualmente não se aplica, uma vez que a pena mínima cominada deve ser igual ou inferior a um ano. Em relação ao item *c* (o condenado não ser reincidente em crime doloso), também não, tendo em vista que, para o *sursis processual*, basta que o acusado esteja respondendo a processo ou que tenha sido condenado por outro crime, culposo ou doloso, o benefício não pode ser concedido. Quanto ao item *e* (não ser indicada ou cabível a substituição por pena restritiva de direitos), de igual maneira não, levando em conta que a pena restritiva de direitos é pena, e não condição para a suspensão. Assim, não teríamos um processo suspenso, e sim uma condenação sem processo.

Anterior perdão judicial impede a concessão do *sursis*[807] processual? Não. A sentença concessiva do perdão judicial é meramente extintiva da punibilidade e não condenatória. O réu, desse modo, não é considerado culpado: seu nome, consequentemente, não irá para o rol dos culpados, não será considerado reincidente, conforme está dito no art. 120, do CP: "A sentença que conceder perdão judicial não será considerada para efeitos de reincidência".

É jurisprudência pacífica do STJ, consagrada na Súmula 18, que "a sentença concessiva do perdão judicial é declaratória da extinção da punibilidade, não subsistindo qualquer efeito condenatório".

Já decidiu a 2ª Turma do STF, ao julgar o RECr. 115648-SP, em 18.03.1988 (*RTJ* 125/1327), relator Min. CÉLIO BORJA, que o "perdão judicial alcança tão só a aplicação da pena principal e acessória, bem como da medida de segurança, subsistindo os demais efeitos da sentença condenatória".

E o que é perdão judicial? É um instituto pelo qual, ainda que praticada a infração penal, o juiz deixa de aplicar a pena ao culpado, tendo em vista circunstâncias justificadas. Por exemplo, a hipótese do § 5º, do art. 121: "Na hipótese de homicídio culposo, o juiz poderá deixar de aplicar a pena se as consequências da infração atingirem o próprio agente de forma tão grave que a sanção penal se torne desnecessária". É um direito subjetivo, dito de liberdade, do acusado. Não é um favor concedido pelo juiz. Tenha-se que o perdão judicial só pode ser concedido nos casos previstos em lei.

O sofrimento do agente não pode ser mensurado pelo julgador, como se ele, juiz, fosse suportar esse sofrimento. Essa apreciação deve ser feita de modo objetivo. Parece paradoxal: avaliar um fato

---

[807] *Sursis*. Pronuncia-se sem s.

subjetivo de maneira objetiva. Mas, se assim não for, o grau de sofrimento variará de juiz para juiz. Os mais duros dariam um grau de intensidade menor a determinado sofrimento ou entenderiam como não ocorrente o sofrimento. O fenômeno da sensibilidade, como explica C. LAHR[808], "varia segundo os sujeitos. Diversos sujeitos não são afetados do mesmo modo pela mesma causa, e o mesmo sujeito será diversamente afetado conforme as disposições em que se encontra". Atente-se que não cabe ao juiz combater o crime. Ele julga e deve julgar com sentimento, não como uma máquina, como um robô. O juiz não é um carrasco. Não pode ser contagiado pela *mass media* (sistemas organizados de produção, difusão e recepção de informação que contribuem para a formação da opinião pública e, depois, para a fazer repercutir, impondo-a).

O perdão judicial (não confundir com o perdão do ofendido, que é o ato pelo qual, depois de iniciada a ação privada, o ofendido ou seu representante legal desiste de seu prosseguimento – CP, art. 105) é causa de extinção da punibilidade (CP, art. 107, IX). A Lei n. 9807, de 13.07.1999, art. 13, prevê nova forma de perdão judicial, o perdão em face de colaboração premiada.

A suspensão – quando o acusado for maior de 70 anos ou por motivo de saúde, independentemente da idade – pode alcançar a execução da pena privativa de liberdade até quatro anos, e não dois, como para os demais acusados. É o "*sursis*" etário e o por motivo de saúde, previstos no art. 77, § 2º, do Código Penal. Tal dispositivo não tem aplicação no Juizado Especial Federal, uma vez que só os crimes punidos com pena máxima não superior a dois anos, ou multa, são de sua competência.

2. O *SURSIS* PROCESSUAL, OS CONCURSOS FORMAL E MATERIAL E A CONTINUIDADE DELITIVA; O CRIME QUALIFICADO E A CONEXÃO

O pensamento dominante é de que não pode ser concedida a suspensão condicional do processo se, havendo concursos formal, material ou continuidade delitiva, a *soma* das penas mínimas para cada infração ficar acima do mínimo previsto para a concessão do benefício.

O Superior Tribunal de Justiça tranquilizou a jurisprudência ao editar a Súmula 243, do seguinte teor:

> O benefício da suspensão do processo não é aplicável em relação às infrações penais cometidas em concurso material, concurso formal ou continuidade delitiva, quando a pena mínima cominada, seja pelo somatório, seja pela incidência da majorante, ultrapassar o limite de um ano.

Nesse sentido, em 26.06.2001, a 2ª Turma do Supremo Tribunal Federal, em julgamento unânime, relator Min. JOSÉ CELSO DE MELLO FILHO, no HC 80837-9/SP (*DJ* 31.08.2001), também decidiu. O acórdão teve a seguinte ementa:

> A suspensão condicional do processo penal, prevista no art. 89, da Lei n. 9099/1995, não se estende aos crimes cometidos em concurso formal, ou em concurso material, nem àqueles praticados em continuidade delitiva, se a soma das penas mínimas cominadas a cada infração penal, computado o aumento respectivo, ultrapassar o limite de 1 (um) ano, a que se refere o preceito legal em questão. Precedentes de ambas as Turmas do Supremo Tribunal Federal.

Assim foi, igualmente, decidido no HC 77242-9/SP, em sessão plenária, por maioria, vencidos os Mins. SEPÚLVEDA PERTENCE e MARCO AURÉLIO em 18.03.1999 (*DJ* 25.05.2001), relator Min. MOREIRA ALVES: "O art. 89, da Lei n. 9099/1995, não se aplica quando se trata de crime continuado se a soma da pena mínima do crime mais grave com o aumento mínimo de um sexto for superior a um ano".

O Ministro SEPÚLVEDA PERTENCE, em voto vencido, disse:

> Diversamente a suspensão condicional do processo – solução muito mais radical que a fórmula intermediária da *probation* do direito americano, cujo deferimento ocorre entre a condenação e a definição da pena – visa evitar os inconvenientes do processo – o estigma, a distância no

---

[808] LAHR, 1968, passim.

tempo entre o fato delituoso e a resposta penal e a economia do sistema judicial congestionado – e, consequentemente, a condenação e suas consequências igualmente deletérias para a vida futura do acusado e sua oportunidade de integração social. Por isso, ao contrário do que sucede na equação lógica do *sursis*, o que ganha relevo na suspensão do processo é a menor gravidade dos crimes, revelada no mínimo da pena a eles cominada.

Estamos com o Ministro PERTENCE. O que se deve levar em consideração é a gravidade do crime, e não a pena. Se o crime é de menor potencial ofensivo, deve-se suspender o processo. As penas não devem ser somadas. Cada pena deve ser considerada isoladamente.

Esse, também, é o pensamento do grande TOURINHO FILHO[809]. É sua lição: "Na hipótese de concurso material, formal ou mesmo nos casos de continuidade delitiva, a nosso juízo, as penas, no primeiro caso, não devem ser somadas nem deve ser considerado o acréscimo nos dois últimos casos. O legislador, a nosso ver" – diz ele –, "levou em consideração o tipo de infração penal: aquele cuja pena mínima cominada *in abstracto*[810] não seja superior a um ano".

Em 21.08.2003, sendo os crimes cometidos em concurso formal, concurso material ou em continuidade delitiva, foi considerada a pena mínima atribuída a cada um dos delitos, isoladamente, e não a sua soma, ao julgar o HC 83163-SP, em sessão plenária, voltou o Min. SEPÚLVEDA PERTENCE, relator, a insistir em seu anterior posicionamento. O Min. NELSON JOBIM pediu vista, apresentando o voto em 23.02.2006, abrindo divergência para indeferir a ordem. Em seguida, nessa mesma data, após o voto do Min. JOBIM, pediu vista o Min. CEZAR PELUSO. Em 16.04.2009, o julgamento foi concluído e, por maioria, foi denegada a ordem, contra os votos dos Mins. SEPÚLVEDA PERTENCE (relator), EROS GRAU e MARCO AURÉLIO. Não participaram da votação os Mins. MENEZES DIREITO e CÁRMEN LÚCIA, que sucederam, respectivamente, aos Mins. SEPÚLVEDA PERTENCE e NELSON JOBIM, que proferiram voto. Ausentes, justificadamente, os Mins. GILMAR MENDES (Presidente), CELSO DE MELLO e ELLEN GRACIE. Prevaleceu o entendimento de que, para concessão do benefício, há de haver a soma das penas mínimas dos delitos em concurso ou continuados, cujo valor deve ser inferior a um ano. Lavrou o acórdão o Min. JOAQUIM BARBOSA.

Atente-se, também, que, por outras causas – causas de natureza subjetiva, grau de censura, de culpa, antecedentes etc. –, a suspensão pode não ser concedida.

Como se apura o mínimo da pena para aqueles que entendem que se deve levar em consideração o acréscimo decorrente do concurso formal ou da continuidade? Apura-se o mínimo da pena com a causa de aumento, tomando-se por base o mínimo de aumento. Vejamos: o crime de estelionato (CP, art. 171) é punido com pena mínima de um ano, permitindo, pois, o *sursis*. Todavia foi praticado em concurso formal. Desse modo, a pena é aumentada de um sexto até a metade (CP, art. 70). Para sabermos qual a pena mínima, temos de aumentar de um sexto, que é o mínimo de aumento. Assim, temos: um sexto de um ano (12 meses) é igual a dois meses (1 x 12 ÷ 6 = 2), que, somados a um ano, perfazem a pena mínima do estelionato, ou seja, um ano e dois meses. Incabível, consequentemente, o benefício. Aqui, diferentemente de como vimos antes, não se cuida da soma das penas mínimas. Da mesma forma, se tivermos uma causa de diminuição de pena, ficará esta igual ou inferior àquela abstrata mínima cominada ao crime. O arrependimento posterior, ao levar a pena para abaixo do mínimo legal de um ano, permite a concessão do benefício, uma vez que o juiz pode, de imediato, aferir a incidência da minorante.

O Superior Tribunal de Justiça, pela sua 5ª Turma, tendo como relator o Min. GILSON DIPP, julgando o RHC 10252/SP, em 03.05.2001 (*DJ* 11.06.2001), entendeu: "Deve haver o cômputo das minorantes para a verificação dos requisitos da suspensão condicional do processo".

Como se verificar a pena mínima, em face da diminuição para a concessão do *sursis* antecipado?[811] Vejamos. A pena mínima cominada ao crime de peculato (CP, art. 312) é de dois anos. Logo,

---

[809] TOURINHO FILHO, 2009, p. 159.
[810] Em abstrato.
[811] *Sursis* antecipado e *sursis* processual significam a mesma coisa.

não cabe o benefício. Todavia, o crime foi tentado. A tentativa é punida com a pena correspondente ao crime consumado, diminuída de um a dois terços. Se diminuirmos a pena mínima do peculato de dois terços (2 x 24 meses = 48 ÷ 3 = 16; 24 − 16 = 8), teremos oito meses. Essa é a pena mínima do crime de peculato. Cabível, pois, o benefício. Se a redução fosse de um terço (24 meses ÷ 3 = 8; 24 − 8 = 16 meses), teríamos um ano e quatro meses. Essa pena não seria a mínima *in abstracto*, e o *sursis* não poderia ser concedido.

E se um dos crimes, objeto da denúncia, tiver pena mínima superior a um ano? Aí não será possível a suspensão e, consequentemente, impede suspensão do processo em relação aos demais crimes (uma denúncia e múltiplas infrações), uma vez que o processo é um só.

3. O CRIME QUALIFICADO, O CONEXO E A SUSPENSÃO DO PROCESSO

Nos crimes qualificados, como proceder? Nos crimes qualificados, a causa de aumento de pena integra a pena-base, a completa. Logo, se a majoração ficou acima de um ano, não cabe a concessão do benefício da suspensão condicional do processo. Esse é o entendimento do Supremo, conforme se vê na decisão do HC 80216/RS, julgado em 16.10.2001.

Não é tão só pela pena majorada que o crime se torna mais grave, não, é a qualificadora que lhe dá essa gravidade. Houve alteração no conteúdo do injusto; logo, isso há de ter reflexo na concessão ou não do benefício.

Nos crimes conexos cometidos pelo mesmo acusado, em que um crime admite a suspensão e outro não, pode haver a suspensão para o que a permite. No entanto, se ele está preso em face de um dos crimes, a suspensão não pode ser concedida em relação ao que a admite, pela impossibilidade de cumprir as condições da suspensão.

Se o acusado vem a ser absolvido por um dos crimes e condenado pelo outro que admite a suspensão, pode a acusação fazer a proposta de suspensão? De acordo com o STJ, não, por ser já ultrapassado o momento próprio para a concessão da suspensão.

Julgando o REsp 328176/SP, o Superior Tribunal de Justiça, em acórdão da relatoria do Min. José Arnaldo da Fonseca, em 06.09.2001 (*DJ* 29.10.2001), por unanimidade de votos, decidiu: "É inviável – porque já ultrapassado o momento processual adequado – a proposta de *sursis* processual após a sentença que absolve um dos dois delitos capitulados na denúncia".

Na hipótese de um dos crimes admitir a transação e o outro a suspensão, haverá desmembramento do processo a fim de que se possibilite a suspensão daquele em que é possível o *sursis* processual. Assim decidiu, em 10.06.1997, a 1ª Turma do STF ao julgar o HC 75193-8 (*DJ* 29.08.1997), sob a relatoria do Min. Sydney Sanches. O acórdão tem a seguinte ementa:

> **1.** No que concerne à imputação de crime previsto no art. 299, parágrafo único, do Código Penal, a suspensão do processo é inviável, nos termos do art. 89, da Lei n. 9099, de 26.09.1995, pois a ele se comina pena superior a um ano de reclusão, já que necessariamente acrescida de um sexto. **2.** Quanto aos crimes sancionados, ambos com pena mínima de três meses de detenção (incisos III e IV, do art. 1º, do Dec.-lei n. 201, de 27.02.1967), a suspensão do processo é, em tese, possível, nos termos do mesmo art. 89, ou seja, desde que o acusado não esteja sendo processado ou não tenha sido condenado por outro crime, presentes os demais requisitos que autorizam a suspensão condicional da pena (art. 77, do Código Penal). **3.** O Tribunal, apontado como coator, deve, pois, verificar se o paciente preenche todos os requisitos referidos no item anterior e, nesse caso, se aceita a suspensão parcial do processo (quanto aos delitos ali referidos). **4.** Uma vez admitida e aceita tal suspensão, o Tribunal fixará as condições a serem cumpridas (§ 1º, do art. 89). 5. Se necessário, será providenciado o traslado de peças, para nele se verificar o preenchimento das condições eventualmente impostas na hipótese de suspensão parcial do processo.

Na conexão instrumental ou probatória, prevista no art. 76, III, do Código de Processo Penal, tratando-se de crimes imputados a acusados diferentes, aquele a que foi imputado crime que admite a suspensão, terá direito a ela. ADA PELLEGRINI, GOMES FILHO, SCARANCE FERNANDES e LUIZ FLÁVIO[812] sugerem que, se a acusação tiver interesse em ouvir o acusado beneficiário do *sursis* antecipado, uma vez que ele não pode ser ouvido como testemunha, por ser corréu, a suspensão só se dê após o interrogatório, em caráter excepcional, "tendo em vista o princípio da verdade material".

No caso de concurso de agentes, pode ocorrer a hipótese de o juiz vir a absolver um dos acusados que não aceitou a suspensão, por atipicidade ou por ter ficado provada a inexistência do crime. Que fazer em relação aos que aceitaram a suspensão? Aplicar analogicamente – o princípio da analogia é admitido no processo penal – o art. 580, do Código de Processo Penal, que permite, "no caso de concurso de agentes (CP, art. 25 [*rectius*: art. 29, em face da Lei n. 7209/1984, que alterou a Parte Geral do mesmo Código]), a decisão do recurso interposto por um dos réus, se fundado em motivos que *não sejam de caráter exclusivamente pessoal*, aproveitará aos outros" (g.n.).

Em caso de coautoria[813] – quando os agentes executam a conduta descrita no tipo – ou de participação (moral ou material) – quando o agente contribui para a realização do tipo, sem, contudo, executar qualquer comportamento nele descrito –, a situação de cada um dos autores e partícipes será examinada separadamente. Para os que tiverem direito à suspensão, o processo será suspenso. Cinde-se, assim, o processo, aplicando-se o art. 80, do Código de Processo Penal[814], considerando a relevância do motivo.

A participação consiste na colaboração, em caráter acessório, sem o domínio do fato, em um fato alheio, mas tendo a consciência de que está contribuindo para a prática do crime. Se houver o domínio do fato, estamos diante de uma coautoria. Presente está, assim, na participação, o elemento subjetivo. Se o empregado, por exemplo, deixa a porta da casa aberta e o ladrão por ela penetra e pratica o crime de furto, temos de considerar qual foi a intenção desse empregado. Se deixou propositadamente a porta aberta, pode ser considerado partícipe, se foi por esquecimento, não. Não pratica o partícipe a conduta descrita no tipo.

A participação é acessória a um comportamento principal. E essa acessoriedade pode ser mínima (a acessão tão somente a um fato típico), limitada (nessa hipótese, a conduta principal é típica e antijurídica), extrema (aqui, o comportamento principal constitui um fato típico, antijurídico e culpável) ou pode ser muito grande, uma hiperacessoriedade (neste caso, concorrem, também, circunstâncias de agravamento e atenuação relativas ao autor). Ora, de acordo com o nosso Código Penal, a acessoriedade só pode ser limitada. Ensina WELZEL, citado por DAMÁSIO DE JESUS[815]: "para a punibilidade da participação basta que o fato principal seja típico e antijurídico", "não se exigindo que seja culpável".

Pode a participação ser moral (psíquica, intelectual) ou material. A *participação moral* consiste na **a)** *instigação*, fazendo *nascer* no outro a decisão de realizar o crime (persuasão), ou no **b)** *induzimento*, ou seja, a incitação, a estimulação do agente que já tem a ideia de cometer o crime. Há uma "dolosa determinação de outrem para a ação punível que o induzido dolosamente praticou" (FRANZ VON LISZT)[816]. A participação *material* é a contribuição, a cooperação física, real, por exemplo, o fornecimento de meios para o cometimento do crime, como o empréstimo da arma. Atente-se que o auxílio constitui uma participação material, chamada outrora de *cumplicidade*. A "cumplicidade psíquica ou intelectual verifica-se, especialmente" – diz LUIZ REGIS PRADO[817] – "mediante o fortalecimento da vontade de atuar do autor principal". Nesse tipo de cumplicidade, o sujeito aconselha

---

[812] GRINOVER et al., 2005, p. 266.

[813] CP, art. 29. Quem, de qualquer modo, concorre para o crime incide nas penas a este cominadas, na medida de sua culpabilidade [...].

[814] CPP, art. 80. Será facultativa a separação dos processos quando as infrações tiverem sido praticadas em circunstâncias de tempo ou de lugar diferentes, ou, quando pelo excessivo número de acusados e para não lhes prolongar a prisão provisória, ou *por outro motivo relevante*, o juiz reputar conveniente a separação. (g.n.)

[815] WELZEL, H. *Derecho penal alemán*, p. 161 apud JESUS, 1999, p. 414.

[816] LISZT, F. V. *Tratado de direito penal alemão*. t. I. Tradução: José Higinio Pereira. Campinas: Russel, 2003. p. 345.

[817] PRADO, L. R. *Curso de direito penal brasileiro*: parte geral. v. 1. 3. ed. rev. atual. ampl. São Paulo: RT, 2002. p. 400.

o autor, dá-lhe instruções de como realizar o crime. Não o incita nem o instiga, ajuda o autor que está resolvido a praticar o crime. A cumplicidade material é a mesma participação material, é o auxílio sempre dolosamente prestado.

4. MOMENTO DA PROPOSTA DE SUSPENSÃO DO PROCESSO

A proposta de suspensão deve ser feita quando do oferecimento da denúncia. Essa é a regra. Todavia, nada impede que possa ser formulada em outro qualquer momento até antes da prolação da sentença, mas sempre depois de recebida a denúncia, quando tem início a relação processual. Não se pode suspender o que não existe. A suspensão é do processo. Se não há processo, não se pode falar em suspensão.

A suspensão é ato processual, e não extraprocessual, devendo ser feita por exigência do § 1º, do art. 89, da Lei n. 9099/1995, na presença do juiz.

Não propondo o Ministério Público a suspensão, as soluções que se apresentam são as seguintes:

a) o juiz suspende de ofício o processo. Posição defendida por Damásio de Jesus[818] e pela Comissão Nacional de Interpretação da Lei n. 9099, de 26.09.1995, sob a Coordenação da Escola Nacional da Magistratura, que chegou à conclusão de que, "se o Ministério Público não oferecer proposta de suspensão condicional do processo", poderá o juiz fazê-lo (conclusão décima terceira).

Damásio de Jesus prefere a orientação de que o juiz possa de ofício aplicar o *sursis* processual, com os seguintes argumentos:

> A suspensão provisória da ação penal, assim como o *sursis*, que tem natureza de medida alternativa. Se o juiz pode aplicar o *sursis*, que tem natureza punitiva e sancionatória, mesmo em face da discordância do Ministério Público, o mesmo deve ocorrer na suspensão condicional do processo, forma de despenalização. Se o juiz pode aplicar de ofício a medida mais grave, seria estranho que não o pudesse na mais leve. Além disso, toda medida que afasta o processo da direção da imposição de pena detentiva atende à finalidade da Lei nova. E o formalismo, atrelando a inovação à provocação do Ministério Público, não atende ao anseio de celeridade e simplicidade.

O juiz transformar-se-ia, para alguns, nesse caso, em acusador. Isso ocorrendo, o Ministério Público poderá impetrar mandado de segurança ou interpor correição parcial ou apelação. Apelação porque o juiz põe fim ao processo, daí poder o recorrente fundamentar suas razões no inciso II, do art. 593, do Código de Processo Penal. Recurso extraordinário, como alguns entendem, não, porque não é decisão de única ou última instância (CF, art. 102, III). Na dúvida de qual recurso é cabível, há de se aplicar o princípio da fungibilidade.

b) aplica-se, analogicamente, o art. 28, do Código de Processo Penal. Posição acolhida por Alberto Zacharias Toron[819], que assim argumenta:

> Em face dos termos claros da lei, a melhor intelecção, ainda que não represente a melhor solução, é de se manter a faculdade de se propor a suspensão nas mãos do Promotor de Justiça, aplicando-se, no entanto, o disposto no art. 28, do CPP, caso o magistrado entenda que a hipótese comporte a suspensão do processo e o acusado assim o queira.

Os autos seriam, assim, encaminhados à 2ª Câmara de Coordenação e Revisão do Ministério Público Estadual, de acordo com o art. 62, IV, da Lei Complementar n. 75, de 20.05.1993.

Pacificou o entendimento o Supremo Tribunal Federal, mediante a Súmula 696, segundo a qual, "reunidos os pressupostos legais permissivos da suspensão condicional do processo, mas se recusando o Promotor de Justiça a propô-la, o Juiz, dissentindo, remeterá a questão ao Procurador-geral, aplicando-se por analogia o art. 28, do Código de Processo Penal".

---

[818] Jesus, D. E. de. *Lei dos Juizados Especiais Criminais anotada*. 3. ed. São Paulo: Saraiva, 2004. p. 123.

[819] Toron, A. Z. Drogas: novas perspectivas com a Lei n. 9.099/1995. *Boletim do IBCCrim*, [s. l.], v. 3, n. 35, nov., 1995. p. 6.

c) o acusado requer a suspensão, o juiz, se for o caso, defere-a, e o Ministério Público, não se conformando, recorre. Posição adotada por LUIZ FLÁVIO GOMES[820], com o seguinte raciocínio:

> A solução, destarte, só pode ser a seguinte: o acusado (por força do princípio da isonomia processual, bem estudado pelo Prof. ROGÉRIO L. TUCCI (1993, p. 164 e ss.), diante da recusa do Ministério Público, e considerando a natureza de direito público subjetivo do instituto, desde que presentes os requisitos legais, pode formular o pedido de suspensão e nesse caso o juiz estará obrigado a emitir um provimento jurisdicional. Ouvirá o Ministério Público antes e em seguida decidirá, podendo suspender o processo. A decisão do juiz será controlada pela via recursal.[821] A segunda instância dirá quem tem razão. Nenhum direito público, de outro lado, pode ficar fora da tutela judiciária (CF/1988, art. 5º, inc. XXV [*rectius*[822]: XXXV][823]).

d) impetração de *habeas corpus*[824] contra a omissão do representante do Ministério Público;

e) o juiz pode conceder o benefício de ofício se nem o Ministério Público nem o acusado apresentarem a proposta de suspensão. Nesse caso, o acusado também não apresenta a proposta de suspensão.

O representante do Ministério Público, sendo de opinião de que o caso não é de suspensão condicional do processo, deve fundamentar seu parecer, dando os fundamentos jurídicos pelos quais assim entende.

O Supremo Tribunal Federal, em sessão plenária, ao julgar o HC 75343-MG, relator para o acórdão o Min. SEPÚLVEDA PERTENCE, em 12.11.1997 (*DJ* 18.06.2001), pendeu para a segunda posição, decidindo:

> Suspensão condicional do processo (Lei n. 9099/1995, art. 89). Natureza consensual. Recusa do Promotor. Aplicação, *mutatis mutandis*[825], do art. 28, do Código de Processo Penal. A natureza consensual da suspensão condicional do processo – ainda quando se dispense que a proposta surja espontaneamente do Ministério Público – não prescinde do seu assentimento, embora não deva este sujeitar-se ao critério individual do órgão da instituição em cada caso. Por isso, a fórmula capaz de compatibilizar, na suspensão condicional do processo, o papel insubstituível do Ministério Público, a independência funcional dos seus membros e a unidade da instituição é aquela que – uma vez reunidos os requisitos objetivos da admissibilidade do *sursis* processual (art. 89, *caput*) *ad instar* [à semelhança] do art. 28, do Código de Processo Penal – impõe ao Juiz submeter à Procuradoria-geral a recusa de assentimento do Promotor à sua pactuação, que há de ser motivada.

Assim, também, decidiu a 1ª Turma, por unanimidade, ao julgar o HC 76439-3/SP, em 12.05.1998 (*DJ* 21.08.1998), relator Min. OCTAVIO GALLOTTI:

> **1** – Em face do princípio da fungibilidade,[826] não é suscetível de causar prejuízo ao paciente a controvérsia existente acerca do cabimento na espécie de correição parcial ou de apelação.

---

[820] GOMES, L. F. *Suspensão condicional do processo penal*: o novo modelo consensual de justiça criminal. Lei n. 9.099, de 26-9-1995. São Paulo: RT, 1995. p. 169-170.

[821] O recurso, no caso de deferimento, seria o de apelação (CPP, art. 593, II); se de indeferimento, seria a hipótese de impetração de *habeas corpus*, segundo GOMES (1995, p. 179).

[822] Mais corretamente.

[823] CF/1988, art. 5º, XXXV. A lei não excluirá da apreciação do Poder Judiciário lesão ou ameaça a direito.

[824] *Habeas corpus*, diz FRANCISCO CAVALCANTI PONTES DE MIRANDA, "eram as palavras iniciais da fórmula no mandado que o Tribunal concedia, endereçado a quantos tivessem em seu poder, ou guarda, o corpo do detido. A ordem era do teor seguinte: 'Toma (literalmente: tome, no subjuntivo, *habeas corpus*, de *habeo, habere*, ter, exibir, tomar, trazer etc.) o corpo deste detido e vem submeter ao Tribunal o homem e o caso'" (MIRANDA, F. C. P. DE. *História e prática do* habeas corpus: direito constitucional e processual comparado. v. 2. 8. ed. rev. atual. ampl. São Paulo: Saraiva, 1979. p. 22).

[825] Mudado o que deve ser mudado.

[826] O princípio da fungibilidade tem por objetivo possibilitar o aproveitamento de um recurso em lugar de outro, que seria o adequado. Está previsto no art. 579, *caput*, do CPP: "salvo a hipótese de má-fé, a parte não será prejudicada pela interposição de um recurso por outro".

2 – Suspensão condicional do processo (art. 89, da Lei n. 9099/1995). A recusa do promotor em propô-la deve ser submetida ao Procurador-geral de Justiça, por aplicação analógica, no que couber, do art. 28, do Código de Processo Penal. Precedente do Supremo Tribunal: RE 75343, T. Pleno, sessão de 12.11.1997.

Entendemos que, sendo a suspensão do processo, o *sursis* processual, um direito subjetivo do acusado, o juiz pode de ofício concedê-la após ouvir o Ministério Público e o acusado. Estamos, desse modo, com a posição sustentada por Damásio de Jesus. A posição de Luiz Flávio Gomes só resolve a questão se o acusado, na omissão do Ministério Público, fizer a proposta. E se não fizer? Voltaremos ao ponto inicial do problema.

A posição do Supremo, *data venia*, coloca o direito subjetivo do acusado nas mãos da acusação, ferindo o princípio constitucional do contraditório, limitando, assim, o exercício de um direito de forma sumular. Ferido, também, está o princípio da separação de Poderes.

5. PROPOSTA DE SUSPENSÃO NÃO ACOLHIDA PELO JUIZ

Recusando-se o juiz a acolher a proposta de suspensão aceita pelo acusado, o único recurso cabível é a correição parcial, uma vez que não são cabíveis nem a apelação, posto que a decisão não põe fim ao processo, nem o recurso em sentido estrito, tendo em vista que a hipótese não subsume nenhum dos casos previstos no art. 581, do Código de Processo Penal. O melhor, no entanto, é a impetração de *habeas corpus*.

6. SUSPENSÃO DO PROCESSO, DIREITO SUBJETIVO DO ACUSADO

Se o acusado preenche as condições estabelecidas no art. 89, da Lei n. 9099/1995, evidentemente, tem ele direito à concessão do *sursis* processual, direito público subjetivo de liberdade. Não pode ficar ao arbítrio do Ministério Público, ao seu bel-prazer, a seu líbito[827] apresentar ou não a proposta de suspensão do processo. Não se trata, pois, de uma faculdade do Ministério Público. Essa é a opinião de Dyrceu Aguiar Dias Cintra Júnior[828]: "Quando configurada a situação regulada pela lei (art. 89, da Lei n. 9099/1995) surge o direito subjetivo do réu à suspensão, que deve ser proposta pelo promotor e deferida pelo juiz".

Pazzaglini Filho, Alexandre de Moraes, Gianpaolo Smanio e Luiz Fernando Vaggione[829] pensam de modo contrário, dizendo: "Existindo, pois, *ius puniendi*[830] e *ius punitionis*[831] do Estado na aplicação e efetivação da pena pela autoridade judicial competente, por crime definido em lei, através do devido processo legal, não há como sustentar existência de direito subjetivo do acusado à suspensão condicional do processo".

Se assim não for, crê que o art. 89, da Lei n. 9099/1995, é "flagrantemente inconstitucional, uma vez que exclui do gozo deste 'suposto direito' os acusados nos casos de ação penal privada, sendo, portanto, incompatível com o princípio da igualdade (art. 5º, *caput*[832])".

---

[827] Vontade, gosto, prazer. Líbito. In: Ferreira, A. B. de H. *Novo Aurélio século XXI*: o dicionário da língua portuguesa. 3. ed. 2. imp. ver. ampl. Rio de Janeiro: Nova Fronteira, 1999.

[828] Cintra Júnior, D. A. D. Suspensão condicional do processo e desclassificação do crime em face da igualdade e da proteção judiciária. *RT*, n. 746, dez., 1997. p. 474.

[829] Pazzaglini Filho, 1999, p. 104.

[830] O direito de punir.

[831] Direito de punição.

[832] CF/1988, art. 5º, *caput*. Todos são iguais perante a lei, sem distinção de qualquer natureza, garantindo-se aos brasileiros e aos estrangeiros residentes no País a inviolabilidade do direito à vida, à liberdade, à igualdade, à segurança e à propriedade [...].

Pedro Henrique Demercian e Jorge Assaf Maluly[833], Promotores de Justiça, também entendem que o instituto da suspensão do processo não representa um direito subjetivo do acusado, "mas uma faculdade conferida ao *dominus litis*[834] no sentido de, em determinadas hipóteses legalmente limitadas, sempre pautado no indeclinável bom senso, deixar de prosseguir na ação proposta".

O STF, entretanto, entende que não é direito subjetivo. Assim decidiu ao julgar, pela sua 2ª Turma, em 17.02.1998 *(DJ* 02.02.2001), o HC 75441/SP, tendo como relator o Min. Maurício Corrêa. O acórdão teve a seguinte ementa: "Tem esta Corte já decidido que o direito à suspensão do processo não se traduz em prerrogativa subjetiva do réu, mas sim faculdade processual ínsita ao Ministério Público (HC 75343-4)".

O Superior Tribunal de Justiça segue essa linha de raciocínio. Julgando o REsp 195596, a 6ª Turma, tendo como relator o Min. Vicente Leal, meu companheiro na 3ª Turma do TRF-1, em 29.10.2001 *(DJ* 04.10.2001), decidiu:

> A egrégia Terceira Seção proclamou o entendimento de que a suspensão condicional do processo, solução extrapenal para o controle social de crimes de menor potencial ofensivo, não é um direito subjetivo do réu, mas uma faculdade do titular da ação penal, aplicando-se, na hipótese de divergência entre o Ministério Público e o juiz, a regra do art. 28, do Código de Processo Penal. Ressalva do ponto de vista em contrário do Relator.

Pacificou o Supremo Tribunal Federal, mediante a Súmula 696, o entendimento segundo o qual, "reunidos os pressupostos legais permissivos da suspensão condicional do processo, mas se recusando o Promotor de Justiça a propô-la, o Juiz, dissentindo, remeterá a questão ao Procurador-geral, aplicando-se por analogia o art. 28, do Código de Processo Penal". Essa posição do Supremo, como dissemos acima, é, *data venia,* inaceitável, pois fere os princípios do contraditório e da separação de Poderes. Como um direito subjetivo do réu pode ficar ao arbítrio da acusação?

Vale salientar que não pode ser imposta ao acusado a condição de não recorrer para aceitar a suspensão. Isso não é condição, é coação.

7. AÇÃO INICIADA ANTES DA VIGÊNCIA DA LEI N. 10259/2001 E A SUSPENSÃO DO PROCESSO

Se a ação iniciou-se antes da vigência da Lei n. 10259/2001, não tendo ainda havido sentença, deve o juiz possibilitar à acusação propor a suspensão do processo, atendendo-se ao que dispõe o art. 2º, do Código de Processo Penal: "a lei processual penal aplicar-se-á desde logo, sem prejuízo da validade dos atos realizados sob a vigência da lei anterior". É certo, como se vê, que os atos realizados sob a vigência da lei velha (*lex priori*)[835] são válidos, mas temos de atentar para o fato de que a suspensão do processo tem natureza mista, processual e penal, uma vez que há reflexos na extinção da punibilidade, devendo, assim, retroagir, a fim de possibilitar ao Ministério Público a formulação da proposta, e ao acusado, aceitá-la. Os atos anteriores são válidos – não serão anulados e não há razão para deles retirar a validade, uma vez que a proposta de suspensão pode fracassar se não for aceita pelo acusado, além de poder ser apresentada até o momento da prolação da sentença.

Ao julgar o HC 75200-4/RJ, em 29.04.1997 (*DJ* 13.06.1997), relator Min. Ilmar Galvão, decidiu a 1ª Turma do STF que é "incabível a suspensão do processo, reclamada pelo impetrante com base nas Leis 9271/1996 e 9099/1995, por se tratar de fato apreciado por sentença anterior ao advento destas".

---

[833] Demercian, et al., 1996, p. 110.
[834] Dono da lide.
[835] Lei anterior.

8. ERRO NA CLASSIFICAÇÃO DO CRIME E SUSPENSÃO DO PROCESSO

O acusado pode se insurgir quanto à tipificação feita na denúncia que impossibilita a concessão do *sursis*. A denúncia, por exemplo, classificou o delito como lesão grave, mas a lesão, na verdade, foi leve. Que fazer?

Aguardar a sentença para proceder à desclassificação, como permitem os arts. 383 e 384, do Código de Processo Penal? Ou, ao receber a denúncia, o juiz, verificando que o Ministério Público qualificou erradamente o fato delituoso, dando-lhe uma equivocada classificação jurídico-penal, impossibilitando o benefício da suspensão condicional do processo, deve proceder à correta classificação?

Evidentemente, o acusado não pode ficar prejudicado pelo equívoco do órgão acusador. O juiz corrigirá a errônea classificação.

Fui Juiz de Direito em uma comarca do interior da Bahia em que o Promotor de Justiça retardava, em muito, o oferecimento da denúncia. Acontecia, então, por exemplo, que, em crime de lesão corporal, quando apresentava a denúncia, o crime já estava prescrito pela pena *in abstracto*. Denunciava, então, por crime de lesão corporal grave, sob a alegação de ter resultado para a vítima incapacidade para as ocupações habituais por mais de trinta dias (CP, art. 129, § 1º, I).

O Projeto de Lei n. 4207, de 2001, proposto pelo Poder Executivo, alterava os arts. 383 e 384, do Código de Processo Penal. O § 2º, do art. 383, desse projeto, previa que o juiz poderia atribuir nova definição jurídica ao fato *ao receber a denúncia*. O parágrafo tinha a seguinte redação: "A providência prevista no *caput* deste artigo poderá ser adotada pelo juiz no recebimento da denúncia ou queixa". O Projeto veio a transformar-se na Lei n. 11719/2008, mas a proposta de o juiz atribuir nova definição jurídica ao fato, no momento de receber a denúncia, não foi aprovada. Foi uma pena! Perdeu-se uma oportunidade de melhorar o nosso Código.

Tem razão, portanto, Dyrceu Aguiar Dias Cintra Júnior[836] quando preleciona:

> O juiz deve analisar os requisitos de admissibilidade da suspensão condicional do processo, mas, antes de tudo, verificar se *o caso* – muito mais que a classificação dele dada na denúncia – está no âmbito do art. 89, da Lei n. 9099/1995, ou seja, se o crime de que se cuida é daqueles de pena mínima cominada igual ou inferior a um ano. Em tal atividade, o juiz não analisa questões propriamente de mérito, mas, sendo o caso, pode *reconhecer* que a classificação do fato na denúncia está incorreta. Deve fazê-lo, agora, com o novo instituto, antes de condenar ou absolver alguém, pois, de outra forma, subtraída dele esta possibilidade, tem-se como materialmente não garantido ao réu o direito subjetivo à suspensão do processo.

Ou se faz justiça, ou se fica preso ao processo, que não é um fim em si mesmo, e sim um meio para se fazer justiça. Afirmou com propriedade Hélio Bastos Tornaghi[837]:

> Já se disse que o Código Penal é a Carta Magna dos delinquentes, os quais, por meio dele, sabem que atos podem praticar sem incidir na sanção da lei, enquanto o Código de Processo Penal é o estatuto protetor dos inocentes, que nele encontram o escudo contra a prepotência dos juízes ou a má-fé dos adversários. A lei de processo penal é o prolongamento e a efetivação do capítulo constitucional sobre os direitos e as garantias individuais.

Bem lembrado por Pedro J. Bertolino:[838]

> La Corte Suprema de Justicia de la Nación ha expresado, en trascendente pronunciamiento, que la normativa procesal "[...] indispensable y jurídicamente valiosa, no se reduce a una mera técnica de organización formal de los procesos sino que, en su ámbito específico, tiene como

---

[836] Cintra Júnior, 1997, p. 473.
[837] Tornaghi, 1959, p. 10-11.
[838] Bertolino, P. J. *El funcionamiento del derecho procesal penal*. Buenos Aires: Depalma, 1985. p. 7.

finalidad y objetivo ordenar adecuadamente el ejercicio de los derechos en aras de lograr la concepción del valor justicia en cada caso".

Insensível será o juiz que aguardar a sentença para proceder à desclassificação. Não é o juiz um mero *enquadrador* do ato humano na moldura da lei, sendo, assim, um servo de uma dogmática implacável. Os juízes, diz LÉDIO ROSA DE ANDRADE[839], "são agentes capazes de modificar os desvios legislativos e executivos, corrigindo a própria lei, quando injusta".

Pode o acusado impetrar *habeas corpus* para conseguir a correção da denúncia. Julgando o HC 70687-8/SP, decidiu o STF, em 08.03.1994 (*RT* 708/414), relator Min. PERTENCE: "Cabe verificar em *habeas corpus* a inexistência de circunstância essencial à tipicidade da imputação, afirmada na denúncia, quando a desminta, no ponto, prova documental inequívoca (HC 42697, VICTOR NUNES, *RT* 35/517, 532 e ss.)".

Desclassificando, na sentença, o crime para outro que permita o *sursis* processual, o STF entendeu que a sentença deve ser invalidada, mantida, no entanto, a desclassificação operada e ser ouvido o Ministério Público (Cf. HC 75894-SP, rel. Min. MARCO AURÉLIO, j. 01.04.1998, *DJ* 23.08.2002). Explicou o relator, em seu voto, que "cumpria ao Juízo, na mesma sentença em que procedida a desclassificação, converter o processo em diligência para que o Ministério Público viesse a pronunciar-se sobre a proposta de suspensão".

9. AÇÃO PENAL PRIVADA E SUSPENSÃO DO PROCESSO

O benefício da suspensão pode ser aplicado na ação penal privada? Pode. Se não pudesse, teríamos uma discriminação, uma injustiça. O querelante pode não querer que o processo se encerre, objetiva a condenação do querelado, daí não renunciar, não deixar operar a decadência, estar atento para que não ocorra a perempção, não perdoar, não aceitar a retração, mas o querelante preenche os requisitos legais para a obtenção do *sursis* antecipado. Se não for possível a concessão desse benefício, ferido fica o princípio da isonomia. Mas a questão não é tranquila.

Diz CEZAR ROBERTO BITENCOURT:[840] "Embora pareça contraditória essa opção do legislador, excluindo a suspensão do processo, nos crimes de ação penal privada, é em sede de política criminal justificável".

Explicando linhas adiante:

> Ora, quando o ofendido, *dominus litis*[841], na ação penal privada, superar todos esses obstáculos [*o strepitus fori*,[842] *o sofrimento dos seus familiares*] e vier a juízo para instaurar a ação penal, não seria legítimo que o Estado, nesta hora, viesse cercear-lhe o direito de levar aos Tribunais a sua súplica, postulando a manifestação jurisdicional para satisfação da lesão a seu direito legalmente protegido. Aliás, acreditamos que entendimento diverso esbarraria na inconstitucionalidade de excluir *da apreciação do Poder Judiciário lesão ou ameaça a direito* (art. 5º, XXXV).

ADA PELLEGRINI, GOMES FILHO, SCARANCE FERNANDES e LUIZ FLÁVIO[843] entendiam diferentemente, mas mudaram de posicionamento, argumentando que, "se o querelante pode o mais, que é perdoar, é evidente que também pode o menos (optar pela solução alternativa do litígio)".

TOURINHO FILHO[844] é do mesmo pensamento, observando que "na lei não existe nenhuma restrição" à aplicação do *sursis* processual aos crimes da alçada privada, acreditando, inclusive, que o "princípio da isonomia fica lesionado".

---

[839] ANDRADE, L. R. DE. *Juiz alternativo e Poder Judiciário*. São Paulo: Acadêmica, 1992. p. 17.
[840] BITENCOURT, 2003, p. 146-147.
[841] Titular do direito de ação, dono da ação.
[842] Estrépito de fora (o escândalo).
[843] GRINOVER, et al., 2005, p. 267-268.
[844] TOURINHO FILHO, 2009, p. 168.

O VII Encontro Nacional de Coordenadoria de Juizados Especiais Cíveis e Criminais, realizado em maio de 2000, no estado do Espírito Santo, chegou a essa mesma conclusão, emitindo o Enunciado n. 26: "Cabe transação e *suspensão condicional do processo* também na ação penal privada".

Damásio de Jesus[845] continua com a opinião de que, na ação penal privada, "não há suspensão condicional do processo, uma vez que já prevê meios de encerramento da persecução criminal pela renúncia, decadência, reconciliação, perempção, perdão, retratação etc.".

10. PERDÃO JUDICIAL E SUSPENSÃO DO PROCESSO

Perdão judicial, na definição de Damásio de Jesus[846], "é o instituto pelo qual o juiz, não obstante comprovada a prática da infração penal pelo sujeito culpado, deixa de aplicar a pena em face de justificadas circunstâncias".

Se for caso de ser concedido perdão judicial, o juiz deve concedê-lo, e não suspender o processo. O perdão judicial extingue a punibilidade nos casos previstos em lei *ex vi*[847] do inciso IX, do art. 107, do Código Penal.

Quais os casos em que o Código Penal prevê o perdão judicial? Nas hipóteses previstas nos arts. 121, § 5º, 129, § 8º, 140, § 1º, 176, parágrafo único, 180, § 5º, 242, parágrafo único, 249, § 2º, todos do Código Penal. Também encontramos o perdão judicial no § 2º, do art. 29, da Lei n. 9605, de 12.02.1998 (Lei dos Crimes Ambientais).

11. ACEITAÇÃO DA PROPOSTA DE SUSPENSÃO DO PROCESSO

Na audiência que dá início ao procedimento sumaríssimo, o Ministério Público, se for o caso, oferece denúncia oral (Lei n. 9099/1995, art. 77, *caput*) e fará a proposta, também se for a hipótese, de suspensão condicional do processo (art. 89, da Lei n. 9099/1995). Poderá o réu, no entanto, não comparecer a essa segunda audiência, prevista no art. 79, da Lei n. 9099/1995, mas seu advogado sim, quando apresentará, inclusive, a resposta à acusação.

A ausência do acusado não impede que a acusação, pública ou particular, apresente a proposta de suspensão do processo. O acusado, no entanto, deverá ser intimado pessoalmente para dizer se aceita ou não a proposta, pois é quem deverá cumprir as condições que lhe foram impostas para que ocorra a suspensão.

Se o acusado não residir no foro onde corre o processo, poderá ser intimado por precatória ou por qualquer outro meio previsto na Lei n. 9099/1995, para comparecer à audiência e dizer se aceita ou não a proposta de suspensão do processo.

Se o réu não puder comparecer à audiência conciliatória por ser, por exemplo, pobre, miserável, ou em razão de algum outro motivo relevante, a proposta de suspensão poderá ser formulada por carta precatória.

Manda o § 1º, do art. 89, da Lei n. 9099/1995, que o réu e seu defensor manifestem-se sobre a proposta de suspensão. Se o acusado, contrariando o entendimento de seu defensor, aceitar a proposta, prevalecerá sua vontade. É o acusado que deve avaliar se vale a pena ou não ser o processo suspenso, se vale a pena ficar sujeito às condições impostas pelo juiz. Cabe à defesa, apenas, mostrar-lhe quais são os prós e os contras. A essa conclusão chegou a Comissão Nacional de Interpretação da Lei n. 9099, de 26.09.1995, sob a Coordenação da Escola Nacional da Magistratura: "quando entre o interessado e seu defensor ocorrer a divergência quanto à aceitação da proposta de suspensão condicional do processo [...] prevalecerá a vontade do primeiro" (conclusão décima quinta).

Não havendo convergência de vontades, o acusado, aceitando a proposta, e o defensor não, ou vice-versa, pode o último pedir a suspensão da audiência ou mesmo seu adiamento, para melhor

---

[845] Jesus, 2004, p. 120.
[846] Jesus, 1999, p. 687.
[847] Por força.

examinar a proposta e explicá-la ao acusado. Esse pedido é plenamente aceitável, sendo, pois, de deferir-se.

O acusado, ao aceitar a suspensão, não está se confessando culpado. Não quer é ter o constrangimento de responder a um processo, não sofrer a angústia, o tormento de se ver condenado ou absolvido. Pode até declarar-se inocente, mas essa declaração não é causa impeditiva da concessão do benefício.

Aceita a proposta de suspensão, o acusado não mais poderá retratar-se, salvo se o termo ainda não tiver sido lavrado. Assim entendeu a 2ª Turma do Supremo ao julgar o HC 79810-1/RJ, em sessão de 16.05.2000 (*DJ* 24.05.2000), relator Min. CELSO DE MELLO.

Se o acusado não aceitar a proposta, o processo prosseguirá "em seus ulteriores termos" (Lei n. 9099/1995, § 7º, do art. 89).

12. RENOVAÇÃO DA PROPOSTA DE SUSPENSÃO DO PROCESSO

Pode o Ministério Público, após iniciada a instrução, renovar a proposta de suspensão, ou pode o acusado que não a aceitou provocar o Ministério Público, voltar atrás e dizer que resolveu aceitá-la? Sim, por que não? A admissibilidade da segunda proposta está dentro da filosofia do Juizado. Qual o embaraço que causa? É verdade que já houve algum trabalho, como a ouvida de testemunhas. O limite temporal, no entanto, será até a conclusão dos autos para sentença. Esse entendimento exsurge dos próprios princípios informadores do Juizado: informalidade e simplicidade.

Admitem ADA PELLEGRINI, GOMES FILHO, SCARANCE FERNANDES e LUIZ FLÁVIO[848] o arrependimento do réu, resolvendo aceitar a suspensão proposta pelo Ministério Público. Não aceitam, no entanto, uma segunda proposta, argumentando:[849]

> Estamos convencidos da impossibilidade de uma segunda proposta dentro do mesmo processo. Foi feita uma primeira proposta e houve rejeição pelo acusado. Depois de iniciada a instrução (interrogatório), considerando-se as denúncias oferecidas após o advento da lei, torna-se impossível a suspensão do processo, salvo casos excepcionais: desclassificação final da infração, por exemplo.

13. RECEBIMENTO DA DENÚNCIA E SUSPENSÃO DO PROCESSO

Aceita a proposta pelo acusado e seu defensor, o juiz receberá a denúncia e suspenderá o processo. Todavia, se não for caso de recebimento, o juiz deve de imediato manifestar-se e não passar para a fase seguinte de ouvir o réu e seu defensor se estão de acordo com a proposta de suspensão. Isso porque o fato narrado pode não constituir crime, a punibilidade estar extinta, a parte ser ilegítima etc. Como, então, o juiz encaminhará proposta de suspensão do processo se não há justa causa para a propositura da ação penal? Se der seguimento à proposta, o réu pode alegar a inépcia da peça acusatória. Observa-se que, se o juiz rejeitar a denúncia, caberá recurso em sentido estrito (CPP, art. 581, I) e, se o tribunal cassar a decisão de rejeição, recebendo a denúncia, passa-se à fase de suspensão do processo.

14. CONDIÇÕES IMPOSTAS PARA A SUSPENSÃO DO PROCESSO

A suspensão pode dar-se de dois a quatro anos, ficando o acusado submetido a um período de prova (Lei n. 9099/1995, art. 89, § 1º) mediante o cumprimento das seguintes condições **obrigatórias**: **I** – reparação do dano, salvo impossibilidade de fazê-lo; **II** – proibição de frequentar determinados lugares; **III** – proibição de ausentar-se da comarca onde reside sem autorização do juiz; **IV** – comparecimento pessoal e obrigatório a juízo, mensalmente, para informar e justificar suas atividades.

---

[848] GRINOVER et al. 2005, p. 313.

[849] GRINOVER, et al., op. cit., p. 304.

Outras condições não especificadas no dispositivo podem ser determinadas pelo juiz, "desde que adequadas ao fato e à situação pessoal do acusado" (art. 89, § 2º). Essas condições são facultativas.

Há de existir uma proporcionalidade entre o crime praticado e as condições impostas. Uma condição mais dura não se coaduna com a prática de um crime não tão grave quanto outros, apesar de todos serem de menor potencial ofensivo. Nesses crimes, não deixa de haver uma gradação de maior ou menor lesividade. E, assim, existindo gradação delitiva, os princípios da isonomia substancial e da proporcionalidade devem ser observados no momento de aplicação da pena alternativa.

Cuidando-se de crimes ambientais, alerta VLADIMIR PASSOS DE FREITAS[850], Juiz[851] do Tribunal Regional da 4ª Região, estudioso da matéria:

> É importante que as condições para gozar das regalias da lei especial só sejam concedidas se o infrator procurar reparar o mal. É dizer, se ele polui um rio, a suspensão do processo terá como condição alguma atividade relacionada diretamente com a ação reprovável: por exemplo, prestar serviços em um parque. Não deverá ser imposto algo que nada tenha a ver com o crime e em nada auxilie na conscientização e recuperação do infrator, como a doação de cestas básicas.

O prazo de suspensão terá variação de dois a quatro anos. O juiz pode, assim, suspender o processo por um período mínimo de dois anos até o máximo de quatro. Qual o critério para a fixação desse período? Mero arbítrio do juiz? Não. O que deve o juiz levar em consideração para a quantificação desse período? Se o crime se consumou ou não, ficando na tentativa, a maior ou menor gravidade da conduta típica do agente ou a extensão do dano causado à vítima.

Primeiramente, o acusado, ou querelado, deve reparar, desde que possível – *ad impossibilia nemo tenetur*[852] –, o dano que praticou. O dano pode ser irreversível, não havendo como reconstituir o que foi destruído, danificado. Às vezes, também, o agente não tem condições econômicas para proceder à reparação. Se não é possível a reparação do dano, essa condição não pode ser determinada. *Impossibile praeceptum judicis nullius esse momenti*.[853]

Apesar de o dispositivo dar como condição para suspensão do processo a *reparação do dano*, na verdade não pode haver, de pronto, de imediato, logo após aceita a proposta de suspensão, a reparação. Há, sim, o compromisso de reparar o dano, a composição. Não fosse assim, estando o dano já reparado, não seria caso de revogação da suspensão o fato de o beneficiário "não efetuar, sem motivo justificado, a reparação do dano", como dito pelo § 3º, do art. 89, da Lei n. 9099/1995. Revogar o quê e por quê se o dano já fora reparado?

Impondo essa condição, o legislador olhou para a vítima. A reparação será feita pelo próprio autor do fato, ou pelo responsável civil, ou por terceiro que assim queira se obrigar. O que importa é que o dano seja reparado.

E, por falar em reparação, a vítima deve ser intimada para a audiência de instrução e julgamento, quando será oferecida a peça inicial acusatória – denúncia ou queixa? Não há exigência legal, mas é aconselhável que a vítima esteja presente, para discussão da primeira condição prevista no inciso

---

[850] FREITAS, V. P. DE. *A Constituição Federal e a efetividade das normas ambientais*. 2. ed. rev. atual. (até out. 2001). São Paulo: RT, 2002. p. 220.

[851] Juiz? Sim. Não existe cargo de Desembargador Federal. O Magistrado que trabalha em um TRF é o Juiz, o mesmo nome dos que atuam na primeira instância. A Constituição é explícita. Cf. CF, art. 107, *caput*. Ao instituir os Tribunais Regionais Federais, a vigente Constituição atribuiu expressamente aos seus integrantes o título de "juízes" (art. 107, *caput*). denominou *"desembargadores"* apenas os componentes dos Tribunais de Justiça. Desembargador Federal é título Regimental que afronta a Constituição. PINTO FERREIRA foi preciso quando disse: "Cada TRF será composto de sete juízes, no mínimo. A designação é de juiz, e não de ministro ou desembargador" (FERREIRA. P. *Comentários à Constituição Federal Brasileira*. v. 4. São Paulo: Saraiva, 1992. p. 470). Quando do juiz do TRF-1, coloquei na placa do meu gabinete Juiz TOURINHO NETO. Por causa disso, o Presidente, Juiz CATÃO ALVES, abriu uma sindicância contra mim, que, claro, não deu em nada.

[852] Ninguém é obrigado a coisas impossíveis.

[853] Não tem valor o mandado do juiz acerca de coisa impossível.

I, do § 1º, do art. 89, da Lei n. 9099/1995 – a reparação do dano. Por essa mesma razão, deverá estar presente o responsável civil.

Deve o juiz, como medida de prevenção, proibir que o acusado – ou querelado – frequente determinados lugares que propiciam a prática do crime, que estimulam sua prática, como *boates*, *barzinhos*, bailes *funk, reggae,* bailes carnavalescos, estádio de futebol etc.

A proibição de ausentar-se da comarca onde reside é para que o juizado possa fiscalizar o procedimento do acusado – ou querelado. A Justiça Federal, em sua organização, não tem comarcas, e sim subseções, circunscrições e seções que abrangem um ou mais municípios. Assim, o agente não poderá ausentar-se desses territórios sem autorização do juiz. A Justiça dos Estados está organizada em comarcas. A comarca abrange um ou mais municípios.

Mensalmente, o acusado ou querelado deverá comparecer ao Juizado para informar o que está fazendo, se está empregado etc. Essa audiência não deve ser formal, de praxe. E mais, deve ser marcado um horário que não prejudique o beneficiado no seu trabalho, tendo que pedir permissão ao patrão para chegar tarde, ou sair cedo, ou mesmo ter de faltar. Em São Paulo, a maioria dos Juizados funciona também à noite, o que facilita a vida daqueles que trabalham durante o dia. Esse expediente é possível, tanto mais que, segundo acreditamos, a justiça em futuro não muito longínquo funcionará ininterruptamente, ou seja, "24 (vinte e quatro) horas por dia". Se no Juizado existir Comissariado de Vigilância, não haverá necessidade de ser imposta a condição de o beneficiário comparecer mensalmente ao Juizado. O Comissário fará a fiscalização, e o comparecimento do beneficiário ao Juizado poderá ser trimestral.

O juiz deve observar a realidade ao fixar as condições para a concessão do *sursis* processual, também chamado de *sursis antecipado*, a fim de que não se tornem um suplício para o beneficiário. Não deve o juiz proibir o beneficiado de ir aos cinemas, teatros, restaurantes, obstando, assim, a que possa se distrair. Terá de atentar para a profissão do beneficiário. Se for motorista de caminhão que viaja por esse Brasil afora, não poderá haver rigidez na obrigação de se apresentar em juízo. Se for dançarina de *boate*[854], não se poderá proibi-la de frequentar tal tipo de estabelecimento. Na vida, tudo é relativo, como doutrinava ALBERT EINSTEIN[855]. Como prova disso, dizia: "Quando você está namorando uma bela garota, uma hora parece um segundo. Quando você se senta numa brasa viva, um segundo parece uma hora. *Isso é relatividade*" (g.n.).

Há juízes que costumam impor condições bizarras. Lendo a ementa do RE 92916-9/PR, julgado em 19.05.1981 pela 1ª Turma do STF, relator Min. ANTÔNIO NEDER (*RT* 552, p. 431), deparamo-nos com as seguintes condições, que foram afastadas pela Corte Suprema:

> Suspensão condicional da pena. Caso em que se impõe à beneficiária a obrigação de pessoalmente carregar, para o edifício da cadeia pública local, umas tantas latas d'água. É obrigação que não se harmoniza com a finalidade que a doutrina confere ao *sursis*, visto que, por ser humilhante, pode humilhar e indignar a beneficiária.

Compete ao Juizado Especial fiscalizar o cumprimento das condições impostas ao acusado. Pela Lei das Execuções Penais, a competência das Varas de Execução, Juízo Comum só se dá após o trânsito em julgado da sentença (arts. 105 e 147, da Lei n. 7210/1984). Consequentemente, não havendo sentença transitada em julgado, a competência é do Juizado Especial. Não residindo o beneficiário no lugar onde está localizado o Juizado Especial, este poderá deprecar a fiscalização ao juízo do local onde ele estiver residindo.

Deve o juiz explicar ao beneficiário as condições que lhe são impostas, as consequências decorrentes da desobediência, ou seja, do inadimplemento das obrigações, a fim de que fique ele sabendo como deve pautar sua vida para não ter revogado o benefício. A respeito da audiência admonitória,

---

[854] Casa de diversão noturna.
[855] EINSTEIN, A. *Einstein*: vida e pensamentos. São Paulo: Martin Claret, 1997. p. 93-94.

quando é dado conhecimento ao condenado da concessão da suspensão condicional da pena (Lei de Execução Penal, art. 160), explica Hugo Auler[856]:

> [...] o juiz deverá admoestar o réu pelo cometimento do crime ou contravenção, mostrando-lhe os resultados nefastos de ordem econômica, moral e social que representa para o próprio autor a prática de um ato ilícito criminoso ou contravencional. Também deverá aconselhá-lo no sentido de não mais repetir qualquer infração às condições ético-jurídicas da sociedade e de pautar a sua vida por uma norma de conduta que jamais o diminua no conceito social. Também poderá garantir-lhe vigilante proteção, prometendo assisti-lo, moralmente, em todas as suas dificuldades, quando não facilitando os meios necessários para vencê-los honestamente.

Realmente, essa é uma nobre função social do juiz. A lição de Hugo Auler deve ser observada.

15. MOMENTO DA CONCESSÃO DA SUSPENSÃO DO PROCESSO

O *sursis* processual só pode ser concedido enquanto não for prolatada a sentença. Esse é o entendimento do Superior Tribunal de Justiça. Em 07.08.2001, ao julgar o REsp 263414/SP, o STJ, pela sua 6ª Turma, tendo como relator o Min. Hamilton Carvalhido, disse: "É firme o entendimento do Supremo Tribunal Federal no sentido de que, proferida a sentença, não se aplica a suspensão condicional do processo, sob pena de se desvirtuar a natureza jurídica do instituto".

Na hipótese de a sentença ser proferida sem que tenha sido dada oportunidade ao Ministério Público de oferecer a proposta de suspensão, a decisão é nula. Assim entendeu a 1ª Turma do Supremo Tribunal Federal ao julgar, em 13.08.1996 (*DJ* 27.09.1996) o HC 74017/CE, relator Min. Octavio Gallotti, anulando o acórdão em face de ter sido proferida sentença condenatória quando já em vigor a Lei dos Juizados Especiais sem que fosse o Ministério Público ouvido a respeito da suspensão do processo. O acórdão tem a seguinte ementa:

> *Habeas Corpus* impetrado contra acórdão que, em 13.12.1995, sem pedir manifestação do Ministério Público sobre a admissibilidade da suspensão do processo prevista no art. 89, da Lei n. 9099/1995, em vigor desde 27.11.1995, confirmou a sentença de 19.06.1995, que condenara o paciente a 15 dias de detenção e 50 dias-multa, por infringência do art. 330, do Código Penal. Efeito retroativo das medidas despenalizadoras instituídas pela citada Lei n. 9099 (Precedente do Plenário: Inq. 1055, *DJ* de 24.05.1996). Pedido deferido para, anulados o acórdão e a sentença, determinar-se a remessa dos autos da ação penal ao Tribunal Especial Criminal, para a aplicação, no que for cabível, do disposto nos arts. 76 e 89, da Lei n. 9099/1995.

O Supremo Tribunal Federal, ao julgar o RHC 83771-9/RS, em 02.12.2003 (*DJ* 19.12.2003), relator Min. Sepúlveda Pertence, concedeu *habeas corpus* ao réu que, absolvido em primeira instância, fora condenado em segundo grau em relação a um dos crimes praticados, para cassar o acórdão que entendera não ser possível a concessão da suspensão do processo, embora cominando pena inferior a um ano, sob o fundamento de que houvera prolação da sentença.

16. QUAL O RECURSO CABÍVEL CONTRA A DECISÃO QUE SUSPENDE OU NÃO O PROCESSO?

A decisão que suspende o processo não tem natureza de sentença, pois não condena nem absolve. Contra essa decisão, qual o recurso a ser interposto? Apelação, pois trata-se de uma decisão com força definitiva, extinguindo o processo, sob condição resolutória (CPP, art. 593, II). Incabível o recurso em sentido estrito, em face de não constar tal hipótese do elenco do art. 581, do Código de Processo Penal, que, segundo a maioria dos doutrinadores, é taxativo. Diante da dúvida, no entanto, de qual recurso é cabível, há de se admitir um ou outro recurso, ou seja, apelação ou recurso

---

[856] Auler, H. *Suspensão condicional da execução da pena*. Rio de Janeiro: Forense, 1957. p. 435.

em sentido estrito ou mesmo correição parcial, a fim de que as partes, principalmente o réu, não fiquem prejudicadas, atentando-se, pois, para os princípios do amplo acesso à jurisdição, do duplo grau de jurisdição e da fungibilidade.

E da decisão que não suspende?

Recusando-se o juiz a acolher a proposta de suspensão do processo, aceita pelo acusado, o único recurso cabível é a correição parcial[857], uma vez que não são admissíveis nem a apelação, já que a decisão não põe fim ao processo, nem o recurso em sentido estrito, porque a hipótese não se subsume em nenhum dos casos previstos no art. 581, do Código de Processo Penal. As hipóteses previstas nesse artigo, segundo entendimento dominante da doutrina, é taxativo. Observa-se que a enumeração é muito extensa para ser exemplificativa. Pode haver uma interpretação extensiva – não ampliação do conteúdo da norma –, não significando, no entanto, ampliação por analogia. Exemplo temos com a rejeição do aditamento da denúncia, que é equiparado à sua rejeição, e é admitida a interposição do recurso em sentido estrito. Há também a hipótese de ser impetrado *habeas corpus*, uma vez que o prosseguimento do feito pode culminar com a prisão do acusado.

17. REVOGAÇÃO OBRIGATÓRIA DA SUSPENSÃO DO PROCESSO

A suspensão, diz o § 3º, do art. 89, "será revogada se, no curso do prazo, o beneficiário vier a ser processado por outro crime", não importando se o crime (não contravenção), doloso ou culposo, foi praticado antes do início do período de prova ou durante seu curso. É necessário, todavia, que seja iniciado o processo com o recebimento da denúncia ou da queixa, não bastando a abertura do inquérito ou a lavratura do termo de ocorrência. Se o autor do fato vier a cometer um crime de menor potencial ofensivo e aceitar a proposta de transação, não poderá ter revogada a suspensão do processo antes concedida, uma vez que não chegou a ser processado por outro crime. A transação, sim, era possível, pois, no crime em que lhe foi concedido o benefício da suspensão, não houve transação de molde a incidir a proibição prevista no inciso II, do § 2º, do art. 76, da Lei n. 9099/1995 ("ter sido o agente beneficiado anteriormente, no prazo de cinco anos, pela aplicação de pena restritiva de direitos ou multa, nos termos deste artigo").

Entendem alguns autores que não basta que haja processo contra o beneficiário, mas que é necessário que haja sentença transitada em julgado, em atenção ao princípio de inocência. Apesar de o dispositivo referir-se ao autor do fato vir *a ser processado por outro crime*, parece-nos que não basta a instauração do processo, é necessário que esse processo chegue ao seu fim, com o trânsito em julgado da sentença. Essa decisão pode vir a ser reformada e o autor do fato, não obstante inocentado, ficará prejudicado com a revogação, precipitada, da suspensão do processo.

Bem, quanto à revogação do *sursis* condicional da pena, o art. 81, I, do Código Penal[858], exige que o réu seja condenado em sentença irrecorrível.

Será revogado, também, se o beneficiário não efetuar, sem motivo justificado, a reparação do dano. Esse motivo deverá ser bem demonstrado e analisado pelo juiz.

O tempo do verbo empregado – *será* – dá ideia de que a revogação é automática, obrigatória se ocorrem as hipóteses apontadas. Primeiramente, antes de examinar se deve ou não revogar o

---

[857] Correição parcial é a medida admitida quando não há recurso previsto em lei, sendo interposto quando o despacho do juiz, por erro ou abuso, implica inversão tumultuária do processo, combatendo, desse modo, o *error in procedendo* (erro no proceder, no encaminhar o processo) e não o *error in judicando* (erro no julgar). O prazo para sua interposição é de cinco dias. Em algumas leis que cuidam da organização judiciária, esse recurso é denominado *reclamação*, como na Lei n. 11697/2008, que dispõe sobre a organização judiciária do Distrito Federal, art. 8º: "Compete ao Tribunal de Justiça: I – processar e julgar originariamente: l) as reclamações formuladas pelas partes e pelo Ministério Público, no prazo de cinco dias, contra ato ou omissão de Juiz de que não caiba recurso ou que, importando em erro de procedimento, possa causar dano irreparável ou de difícil reparação".

[858] CP, art. 81. A suspensão será revogada se, no curso do prazo, o beneficiário: I – é condenado, em sentença irrecorrível, por crime doloso; [...].

benefício, o juiz deve ouvir o beneficiário, em obediência ao princípio do contraditório. Esse entendimento, contudo, não é pacífico.

O Supremo Tribunal Federal, pela sua 1ª Turma, em 05.05.1998 (*DJ* 05.06.1998), ao decidir o HC 76408-1/DF, relatado pelo Min. Ilmar Galvão, deixou claro:

> A revogação da suspensão condicional do processo, prevista no art. 89, da Lei n. 9099/1995, ocorrera por descumprimento de parte das obrigações assumidas pelo paciente quando da aceitação do benefício. O legislador, no § 3º da referida disposição, estabeleceu que o descumprimento será causa obrigatória de revogação do benefício.

Se o Ministério Público aditar a denúncia no curso do prazo da suspensão do processo e, assim, deixar, em razão da nova classificação do crime, de haver possibilidade da concessão do benefício, este é invalidado, dando-se prosseguimento ao processo.

18. REVOGAÇÃO FACULTATIVA DA SUSPENSÃO DO PROCESSO

Poderá a suspensão ser revogada se o acusado ou querelado vier, no curso do prazo, a ser processado não pela prática de crime, mas pela de uma contravenção, de um ilícito penal menor ou pelo descumprimento de uma qualquer condição que lhe foi imposta (Lei n. 9099/1995, art. 89, § 4º). Qualquer delas é de menor gravidade do que a não reparação do dano, sem motivo justificado. Deve ser, igualmente, obedecido o princípio do contraditório. Mantida a suspensão, o juiz não poderá agravar as condições, aumentar o período de prova, como permite o parágrafo único, do art. 140, da Lei de Execução Penal[859], mas deverá advertir o beneficiário, lembrando-o do que pode acontecer se as condições não forem adimplidas. Fazendo isso, agirá em prol do beneficiário, não podendo ser acoimado de estar excedendo-se no exercício de suas funções.

Revogada a suspensão, o juiz que mediou a suspensão, ponderando, aconselhando o réu, poderá ser o juiz de instrução? Depende. Se o juiz não entrou no mérito da questão, nada há que o impeça, em razão de não ter formado, com a suspensão, juízo de convicção. Sua imparcialidade continua intacta. O aconselhamento que deu foi de caráter objetivo, dizendo os prós e os contras. Se o juiz, erroneamente, analisou, ainda que superficialmente, o mérito (dizendo, por exemplo, "é, pelo que consta até aqui, realmente, o senhor é culpado, assim, é melhor aceitar a proposta de suspensão do processo"), não é aconselhável que permaneça no processo, presidindo a instrução e sentenciando, pois estará caracterizada a suspeição (CPP, art. 254, IV).[860]

A revogação da suspensão do processo determinará seu prosseguimento. Pergunta-se: se houver condenação, o acusado pode ser beneficiado com a suspensão condicional da pena? Sim, desde que não haja incompatibilidade. Por exemplo, no inciso II, do art. 77, do Código Penal, verifica-se que não será concedido o benefício se "a culpabilidade, os antecedentes, a conduta social e personalidade do agente" demonstrarem que o condenado poderá vir a cometer nova infração. É preciso que essas circunstâncias sejam favoráveis ao condenado para a concessão do *sursis*.

19. EXTINÇÃO DA PUNIBILIDADE, FINDO O PERÍODO DE PROVA

Findo o prazo de período de prova – que pode ser fixado entre dois e quatro anos (Lei n. 9099/1995, art. 89, *caput*) –, isto é, o tempo em que o beneficiário tem o processo suspenso, sem revogação, evidentemente, o juiz declarará extinta a punibilidade (Lei n. 9099/1995, art. 89, § 5º). Se o juiz não decidir, findo o prazo, a extinção se dará tão só pelo decurso do prazo. O fato é apagado da vida do acusado como se nunca tivesse existido. É certo que a decisão pode ser proferida após o

---

[859] Lei n. 7210/1984, art. 140, parágrafo único. Mantido o livramento condicional, na hipótese da revogação facultativa, o juiz deverá advertir o liberado ou agravar as condições.

[860] CPP, art. 254. O juiz dar-se-á por suspeito, e, se não o fizer, poderá ser recusado por qualquer das partes: [...] IV – se tiver aconselhado qualquer das partes; [...].

período de prova, mas jamais poderá o juiz revogá-la. Entendeu, contrariamente, o Supremo, pela sua 1ª Turma, no julgamento do HC 80747-0/PR, em 21.08.2001 (*DJ* 19.10.2001), pela palavra do seu relator, Min. SEPÚLVEDA PERTENCE, que "a decisão que revoga a suspensão condicional pode ser proferida após o termo final do seu prazo, embora haja de fundar-se em fatos ocorridos até o termo final dele".

Pensamos que não pode. O decurso do prazo é fatal. O prazo expirou sem revogação. Logo, só caberia ao juiz, de acordo com o § 5º, do art. 89, declarar extinta a punibilidade.

Rebate o Ministro SEPÚLVEDA PERTENCE:

> [...] reclamar que também a decisão final da suspensão ocorra antes de exaurido o prazo, implicaria reduzir o período em que a ocorrência de qualquer dos motivos legais inibe, por lei, a extinção e, consequentemente, determinar a sua declaração antes do tempo necessário a que se verifique – obedecido o princípio do contraditório – a inexistência de qualquer dos pressupostos negativos.

Prazo fatal não ressuscita. A verificação da quebra da condição tinha de ser examinada dentro do prazo da suspensão. Depois, não. *Mutatis mutandis*[861], é o que ocorre com o prazo decadencial.

Pode o juiz declarar, com força de sentença definitiva, parceladamente cumpridas determinadas condições? Não. E assim decidiu o STF, no julgamento do HC 80747-0/PR, já citado, tendo como relator o Min. SEPÚLVEDA PERTENCE:

> Suspenso condicionalmente o processo, não cabe ao juiz, ainda no curso do período respectivo, declarar parceladamente cumpridas – com força decisória de sentença definitiva – cada uma das condições a cuja satisfação integral ficou subordinada a extinção da punibilidade: se antes não adveio revogação por motivo devidamente apurado, é que incumbe ao Juiz, findo o período da suspensão do processo, declarar extinta a punibilidade – aí, sim, por sentença – ou, caso contrário, se verificar não satisfeitas as condições, determinar a retomada do curso dele.

A Lei de Crimes Ambientais, no art. 28, manda que sejam aplicadas aos crimes ambientais as normas da Lei n. 9099/1995, com algumas modificações no tocante à extinção da punibilidade. E, assim, o juiz só poderá declarar a extinção da punibilidade depois de demonstrado, mediante laudo de constatação, que o dano ambiental foi reparado, salvo se a reparação for impossível (art. 28, I). Se o dano não foi devidamente reparado, se a reparação não foi completa, o prazo de suspensão do processo será prorrogado até o período máximo, quatro anos, como previsto no *caput*, do art. 89, da Lei n. 9099, acrescido de mais um ano (art. 28, II). Desse modo, o prazo máximo da suspensão pode chegar a cinco anos. Findo o prazo de prorrogação, novo laudo é elaborado para constatar se houve a reparação completa do dano. Se não houve, o período de suspensão pode, mais uma vez, ser prorrogado até o máximo de cinco anos (art. 28, IV). Essa prorrogação pode sempre se verificar se o máximo da suspensão não foi atingido. Alcançado esse máximo, a extinção de punibilidade só pode ser declarada se um novo laudo de constatação comprovar ter o acusado "tomado as providências necessárias à reparação integral do dano" (art. 28, V). Essas providências devem ser demonstradas concretamente.

Durante o período de prorrogação, as condições estabelecidas nos incisos **II** ("proibição de frequentar determinados lugares"), **III** ("proibição de ausentar-se da comarca onde reside sem autorização do juiz") e **IV** ("comparecimento pessoal e obrigatório a juízo, mensalmente, para informar e justificar suas atividades") do § 1º, da Lei n. 9099/1995, não são aplicadas (art. 28, III). A única condição que persiste é a prevista no inciso I ("reparação do dano"). Tenho ainda que as condições facultativas estabelecidas pelo juiz não devem ser aplicadas. Se as obrigatórias não são, as facultativas, por questão lógica, igualmente não serão.

---

[861] Mudando o que deve ser mudado.

No curso do período de prova, isto é, durante o prazo de suspensão do processo, não correrá a prescrição (Lei n. 9099/1995, art. 89, § 6º). O prazo prescricional fica suspenso, não interrompido, uma vez que, se revogada a suspensão, o tempo decorrido é considerado, não começando *ab ovo*[862]. Se fosse caso de interrupção, portanto, a contagem do prazo prescricional recomeçaria por inteiro. Cuidando-se de suspensão, o tempo passado é contado. O § 6º, do art. 89, da Lei n. 9099/1995, entretanto, nada elucida. Diz apenas: "Não correrá a prescrição durante o prazo de suspensão do processo". Suspendendo-o ou interrompendo-o? Não consta.

Entendemos que a prescrição não correrá durante o prazo de suspensão do processo. *Não correrá* significa para muitos causa impeditiva, que também é considerada suspensiva. Sendo causa impeditiva, o tempo anterior é levado em consideração. Ademais, a prescrição, segundo o entendimento dominante, tem natureza material, e não processual, e, desse modo, não pode ser aplicada para prejudicar o réu, devendo, assim, ser considerado, para efeito de prescrição, o tempo decorrido antes da suspensão. É máxima antiga: *In poenalibus causis benignus interpretandum est*[863].

Absolvido na primeira instância e condenado na Turma Recursal, ao ser provida a apelação do Ministério Público, é impossível a concessão do *sursis* processual, pois não se pode voltar no tempo. O processo se extinguiu normalmente, não há mais o que suspender.

Em resumo, na suspensão condicional do processo penal, temos: **a)** não se discute a culpabilidade do agente; **b)** não gera reincidência; **c)** há exceção ao princípio da obrigatoriedade da ação penal. Incidência do princípio da oportunidade; **d)** admissão do princípio da verdade *consensuada*, em lugar da verdade material; **e)** evita a instrução, distinguindo-se da *probation*, em que toda a instrução é realizada; **f)** finalidade maior: solucionar o conflito; **g)** valorização da vítima, pois há preocupação com a reparação dos danos.

Objetivos: *despenalização*, desburocratização, agilização da justiça, reparação da vítima, reintegração social do acusado.

20. BENEFICIÁRIO SEM RECURSOS FINANCEIROS

Não tendo o beneficiário da suspensão do processo recursos financeiros para cumprir determinada condição imposta para sua concessão, deverá ser substituída por outra que possa cumprir, e não ser revogado o *sursis*. Assim decidiu o Superior Tribunal de Justiça, pela sua 5ª Turma, ao julgar, em 11.12.2001, o HC 16294/RJ, relator Min. Jorge Scartezzini, tendo sido concedida "a ordem para que seja substituída a imposição do fornecimento da cesta básica por outra condizente com a condição financeira do réu" (Cf. *Informativo de jurisprudência do STJ*, n. 120, p. 4). O beneficiário não pode ser castigado por ser pobre.

21. SUSPENSÃO DO PROCESSO E PROVA ANTECIPADA

Pode haver necessidade de produção antecipada de prova enquanto o processo estiver suspenso? Não, uma vez que não se pode presumir que o acusado vá descumprir as condições e, portanto, futuramente, o processo ser reiniciado. Entendendo-se dessa forma, seria o caso, inclusive, de não ser concedida a suspensão do processo ante a existência de circunstâncias desfavoráveis. Por outro lado, em caráter excepcional, é aconselhável colher a prova para evitar um prejuízo para a apuração da verdade real, caso o processo venha a ter prosseguimento.

> **Art. 90.** As disposições desta Lei não se aplicam aos processos penais cuja instrução já estiver iniciada.

---

[862] Do princípio.
[863] Adote-se nas causas penais a exegese mais benigna.

1. A APLICAÇÃO DA LEI N. 9099/1995 E OS PROCESSOS JÁ INICIADOS, COM INSTRUÇÃO

Dispõe o art. 90 que a Lei n. 9099/1995 aplica-se aos processos penais cuja instrução não tiver sido iniciada. Sabe-se que as normas processuais são regidas pelo princípio *tempus regit actum*[864] e, desse modo, aplicam-se imediatamente. Está escrito no art. 2º, do Código de Processo Penal: "A lei processual penal aplicar-se-á desde logo, sem prejuízo da validade dos atos realizados sob a vigência da lei anterior".

A Constituição de 1946, no § 27, do art. 141, estabelecia que "ninguém será processado nem sentenciado senão pela autoridade competente e na forma de lei anterior". Comentando esse dispositivo e o art. 2º, do Código de Processo Penal, ensinava HÉLIO BASTOS TORNAGHI[865], com a precisão que lhe era peculiar:

> Note-se bem: o que a Constituição exige não é a aplicação de lei anterior ao delito. A norma de Direito Judiciário Penal tem que ver com os atos processuais, não com o ato delitivo. Nenhum ato do processo poderá ser praticado a não ser na forma de lei que lhe seja anterior, mas nada impede que ela seja posterior à infração penal. Não há, neste caso, retroatividade da lei processual, mas aplicação imediata.

Essa mesma lição ele repete, seis anos depois, em suas *Instituições de processo penal*[866].

A Constituição de 1967 não repetiu a norma prevista no § 27, do art. 141, da CF de 1946 ("Ninguém será processado nem sentenciado senão pela autoridade competente e na forma da lei anterior"). No § 16, do art. 150, da Constituição de 1967, está estabelecido que "a instrução criminal será contraditória, observada a lei anterior quanto ao crime e à pena, salvo quando agravar a situação do réu". Não dispôs quanto ao processo. A Constituição de 1967, com a redação dada pela Emenda Constitucional n. 1, de 17.10.1969 [na verdade, uma nova Constituição, outorgada pelo Comando Revolucionário], nada mudou. A Constituição de 1988 referiu-se, apenas, à autoridade competente – art. 5º, LIII: "ninguém será processado nem sentenciado senão pela autoridade competente".

A lei processual há de ser anterior ao ato processual que será praticado, e não depois para modificá-lo, invalidá-lo ou suprimi-lo. O delito, sim, pode ter sido praticado posteriormente, pois não afeta a norma processual.

Explica, satisfatoriamente, LUIS JIMÉNEZ DE ASÚA[867]: "[...] las leyes procesales, puesto que están establecidas en el interés general de la buena administración de justicia, deben aplicarse desde el día de su promulgación a todos los procesos, cualquiera que sea la fecha de los delitos".

A instrução é iniciada, no processo comum, em regra, com o interrogatório. No Juizado, com a ouvida da vítima e a inquirição das testemunhas de acusação e de defesa.

A 1ª Turma do Supremo Tribunal Federal, em 10.12.1996 (*DJ* 07.03.1997), ao julgar o HC 74463-0/SP, relator Min. CELSO DE MELLO, assim entendeu, sem discrepância de votos, ao decidir:

> A suspensão condicional do processo – que constitui medida despenalizadora – acha-se consubstanciada em norma de caráter híbrido. A regra inscrita no art. 89, da Lei n. 9099/1995, qualifica-se, em seus aspectos essenciais, como preceito de caráter processual, revestindo-se, no entanto, quanto às suas consequências jurídicas no plano material, da natureza de uma típica norma de direito penal, subsumível à noção da *lex mitior*[868]. A possibilidade de válida aplicação da norma inscrita no art. 89, da Lei n. 9099/1995 – que dispõe sobre a suspensão condicional do processo penal (*sursis* processual) –, supõe, mesmo tratando-se de fatos delituosos cometidos

---
[864] O tempo rege o ato.
[865] TORNAGHI, 1953, p. 42.
[866] TORNAGHI, op. cit., p. 168.
[867] ASÚA, L. J. DE. *Tratado de derecho penal*. t. II. Buenos Aires: Losada, 1951. p. 576.
[868] Lei suave. Lei que favorece o réu.

> em momento anterior ao da vigência desse diploma legislativo, a inexistência de condenação penal, ainda que recorrível. Condenado o réu, ainda que em momento anterior ao da vigência da Lei dos Juizados Especiais Criminais, torna-se inviável a incidência do art. 89, da Lei n. 9099/1995. Eis que, com o ato de condenação penal, ficou comprometido o fim precípuo para o qual o instituto do *sursis* processual foi concebido, vale dizer, o de evitar a imposição da pena privativa de liberdade. Precedente.

Na hipótese, o paciente tinha praticado o fato delituoso em 1991. Condenado, apelou, e o recurso foi julgado em 1996, quando já estava em vigor a Lei n. 9099/1995, e pretendia a suspensão do processo sob o fundamento de que a lei penal benéfica deve retroagir.

Em 09.12.1996, em sessão plenária, a Suprema Corte, por unanimidade de vozes, tendo como relator o Min. MOREIRA ALVES, firmou, ao julgar o HC 74305-6/SP (*DJ* 05.05.2000), o entendimento:

> Se já foi prolatada sentença condenatória, ainda que não transitada em julgado, antes da entrada em vigor da Lei n. 9099/1995, não pode ser essa transação processual aplicada retroativamente, porque a situação em que, nesse momento, se encontra o processo penal já não mais condiz com a finalidade para a qual o benefício foi instituído, benefício este que, se aplicado retroativamente, nesse momento, teria, até, sua natureza jurídica modificada para a de verdadeira transação penal.

Correto o entendimento. Se a situação não é mais a mesma, se a instrução já foi feita e a suspensão é para evitá-la, não se pode voltar no tempo para a fase em que se encontra o processo, não mais compatível com a finalidade desse instituto.

Inteligentemente, diz o Min. SEPÚLVEDA PERTENCE, em voto proferido no HC 74305-6/SP: "Ora, no plano processual, o que se tem, indiscutivelmente, é a aplicação imediata da lei nova, mas sem retroceder no tempo para alcançar fases superadas do procedimento em curso".

Apreciando a ação direta de inconstitucionalidade – ADIn (Medida Liminar) 1719-9, em que são partes, como requerente, o Conselho Federal da Ordem dos Advogados (CF, art. 103, VII), o presidente da República e o Congresso Nacional, como requeridos, tendo como relator o Min. MOREIRA ALVES, decidiu o Supremo Tribunal Federal, em sessão plenária, em 03.11.1997 (*DJ* 27.02.1998), por votação unânime, em deferir,

> em parte, o pedido de medida cautelar, para, sem redução do texto e dando interpretação conforme à Constituição, excluir, com eficácia *ex tunc*[869], da norma constante do art. 90, da Lei n. 9099/1995, o sentido que impeça a aplicação de normas de direito penal, com conteúdo mais favorável ao réu, aos processos penais com instrução já iniciada à época da vigência desse diploma legislativo.

Em 08.07.2003, houve substituição do relator, que passou a ser o Min. JOAQUIM BARBOSA. Em 18.06.2007, o Pleno, por unanimidade, julgou parcialmente procedente a ação direta. Ausentes, justificadamente, os Mins. ELLEN GRACIE (Presidente) e CELSO DE MELLO.

Decidiu o Plenário:

> O art. 90, da Lei n. 9099/1995, determina que as disposições da Lei dos Juizados Especiais não são aplicáveis aos processos penais nos quais a fase de instrução já tenha sido iniciada. Em se tratando de normas de natureza processual, a exceção estabelecida por lei à regra geral contida no art. 2º, do CPP, não padece de vício de inconstitucionalidade. Contudo, as normas de direito penal que tenham conteúdo mais benéfico aos réus devem retroagir para beneficiá-los, à luz do que determina o art. 5º, XL, da Constituição Federal. Interpretação conforme o art. 90, da Lei n. 9099/1995, para excluir de sua abrangência as normas de direito penal mais favoráveis aos réus contidas nessa lei.

---

[869] Retroativa.

Pela decisão do Supremo, portanto, as normas de natureza penal da Lei n. 9099/1995 são aplicadas aos processos que, na data da entrada da lei em vigor, já tinham sido iniciados.

Conclusão: as normas da Lei n. 9099/1995 de caráter penal, malgrado a afirmação categórica do art. 90, retroagem, desde que beneficiem o réu, em obediência ao inciso XL, do art. 5º, da Constituição Federal: "a lei penal não retroagirá, salvo para beneficiar o réu", ainda que o Juizado Especial não tenha sido instalado. O Juízo Comum aplicará as disposições benéficas postas na Lei n. 9099/1995. É o princípio da retroatividade *in melius*[870].

2. AS AÇÕES REFERENTES AOS CRIMES DE MENOR POTENCIAL OFENSIVO AJUIZADAS NO JUÍZO COMUM ANTES DE ENTRAR EM VIGOR A LEI N. 10259/2001 (ART. 25)

2.1 A *vacatio legis* (art. 27, da Lei n. 10259/2001)[871]

Dispõe o art. 25, da Lei n. 10259/2001: "Não serão remetidas aos Juizados Especiais as demandas ajuizadas até a data de sua instalação".

Esse dispositivo fere o art. 5º, XL, da Constituição Federal, e o parágrafo único, do art. 2º, do Código Penal?

Para as leis penais, o princípio que vige é o da irretroatividade, salvo se a nova norma é benéfica para o acusado (*lex mitior*). *Lex non habet oculos retro* ("a lei não olha para trás"). Explica EDGARD MAGALHÃES NORONHA[872]: "O princípio é, pois, da irretroatividade da *lex gravior* e da retroatividade da *lex mitior*, isto é, irretroatividade *in pejus*[873] e retroatividade *in melius*". É o que está dito no parágrafo único do, art. 2º, do Código Penal: "A lei posterior, que de qualquer modo favorecer o agente, aplica-se aos fatos anteriores, ainda que decididos por sentença condenatória transitada em julgado". E a Constituição Federal, pairando sobre todas as leis, determina (art. 5º, XL): "a lei penal não retroagirá, salvo para beneficiar o réu". É a retroatividade *in bonam partem*.[874] A lei penal mais severa jamais retroagirá.

As normas de caráter penal, sendo mais benéficas ao réu, devem, portanto, retroagir. Assim, há de se aplicar a lei nova no que for possível e desde já. Deve-se, então, esperar a nova lei entrar em vigor para aplicá-la? Evidentemente que não.

A *vacatio legis*[875] é o espaço de tempo entre a data da publicação da lei e sua entrada em vigor. Findo o prazo da *vacatio*, a lei nova passa a ser obrigatória. Revela MARIA HELENA DINIZ[876]: "A jurisprudência e a doutrina têm admitido *a una voce*[877] que, durante a *vacatio legis*, a nova lei não terá eficácia, logo atos praticados conforme a antiga norma revogada serão tidos como válidos".

Com outras palavras, diz CARLOS MAXIMILIANO[878]:

> Entre a *publicação* e a entrada em vigor integral da nova norma, há um intervalo – *tempus vacacionis*[879] – durante o qual a regra antiga ainda conserva um valor material e materiais

---

[870] Para melhor.
[871] Lei n. 10259/2001, art. 27. Esta Lei entre em vigor 6 (seis) meses após a data de sua publicação.
[872] NORONHA, E. M. *Direito penal*. v. 1. 24. ed. São Paulo: Saraiva, 1986. p. 75.
[873] Para pior.
[874] Em boa parte.
[875] Vacância da lei. Vacância do latim *vacantian*, de *vacare*, estado de vazio. Ex. bens vacantes, bens deixados por alguém, sem que existam herdeiros.
[876] DINIZ, M. H. *Lei de Introdução ao Código Civil brasileiro interpretada*. 3. ed. atual. ampl. São Paulo: Saraiva, 1997. p. 56.
[877] A uma voz. Unânime. Por unanimidade.
[878] SANTOS, C. M. P. DOS. *Direito intertemporal ou teoria da retroatividade das leis*. 2. ed. Rio de Janeiro: Freitas Bastos, 1955. p. 13.
[879] Tempo vazio, vago.

consequências, e, a nova, apenas uma força jurídica *formal*, tornando-se *material*, após o início da plenitude da atuação do preceito positivo último.

Não se pode, contudo, admitir que a lei mais benéfica só tenha executoriedade após o decurso do prazo da *vacatio legis*. Publicada, a lei já tem existência jurídica, não tem, é verdade, executoriedade nem obrigatoriedade, mas já faz parte do ordenamento jurídico e, se é benéfica ao acusado, tem de ser aplicada. Esse não é, no entanto, o entendimento do Supremo Tribunal Federal, que, pela sua 1ª Turma, em 03.12.1997 (*DJ* 25.04.1997), relator Min. OCTÁVIO GALLOTTI, ao julgar o HC 74498-2/MG, decidiu que: "Sendo o acórdão atacado de prolação anterior à vigência da Lei n. 9099/1995 (arts. 76 e 89), não se lhe pode irrogar o vício de deixar de aplicar normas ainda não postas em vigor".

Sobre a sucessão de leis penais, preleciona LUIS JIMÉNEZ DE ASÚA[880]:

> Para determinar el orden de sucesión es preciso ilustrar un problema previo: para saber cuándo una ley es anterior o posterior a otra, se debe atender a la fecha de promulgación o a la de entrada en vigencia? Incuestionablemente a la primera, y no hay que confundir la entrada en vigor con la determinación de la ley posterior. Hasta que una ley no entre vigencia, no puede producir efectos jurídicos, pero, una vez entrada en vigor, es preciso referirse a la fecha de la promulgación para determinar cuál de las leyes en duda de prioridad es anterior o posterior.

Explica EUGENIO FLORIAN[881]: "Una vez promulgada la norma procesal penal, se aplica no sólo a los procesos nuevos (que pueden ser llamados futuros con respecto a la ley misma), sino también a los pendientes, porque, por ser tal ley de carácter público, *es una expresión directa de los intereses generales y públicos*".

NELSON HUNGRIA[882] lembra que RAGGI é de opinião que "a lei em período de *vacatio* não deixa de ser *lei posterior*, devendo, pois, ser aplicada desde logo, se mais favorável ao réu". Observa HUNGRIA, no entanto: "É bem de ver, porém, que, quando se fala em *lei posterior*, se entende a lei que passou a *vigorar* em substituição a outra". A observação, contudo, não destrói o argumento de RAGGI.

LUIZ FLÁVIO GOMES[883], de saudosa memória, tem uma opinião diferente. Para ele, "o juiz não deveria aplicar nem a lei (então) vigente nem a lei futura. Deveria adiar qualquer decisão, até 13.01.2002 (fundado no interesse de não fazer injustiça)".

Data venia do mestre, não concordamos. O entendimento de que a lei nova pode ser revogada antes de entrar em vigor não impressiona. A lei vigente também pode ser revogada. Ademais, o prazo da *vacatio legis* tem por finalidade a divulgação da lei nova.

No *Codex Juris Canonici* está estabelecido, como anota CARLOS MAXIMILIANO[884]: "*Leges quae poenam statuunt, aut liberum jurium exercitium coarctant, aut exceptionem a lege continent, strictae subsunt interpretationi*"[885].

O julgamento do recurso que se encontra no Tribunal de Justiça e no extinto Tribunal de Alçada, quando já em vigor a Lei n. 10259, de 2001, contra decisão de Juiz de Direito que condenou o réu a pena igual ou inferior a dois anos, é da competência da Turma Recursal (Cf. CC 38513/MG, votação unânime, j. 13.08.2003, *DJ* 15.09.2003, rel. Min. LAURITA VAZ).

É aplicação do princípio de que a norma processual tem aplicação imediata, como está dito no art. 2º, do Código de Processo Penal[886].

---

[880] ASÚA, 1951, p. 522.
[881] FLORIAN, 1934, p. 43.
[882] HUNGRIA, 1977, p. 119.
[883] GOMES, 2002, p. 32.
[884] SANTOS, 1957, p. 405.
[885] As leis que estatuem pena, ou cortam o livre exercício de direitos, ou contêm exceção a preceito geral, estão sujeitas a exegese estrita.
[886] CPP, art. 2º. A lei processual penal aplicar-se-á desde logo, sem prejuízo da validade dos atos realizados sob a vigência da lei anterior.

Desse modo, enquanto não houver trânsito em julgado da decisão, a todos os processos iniciados antes da vigência da Lei n. 9099/1995 se aplica essa lei. Na hipótese da suspensão condicional da pena, portanto, não tem ela incidência, pois já houve o trânsito em julgado da decisão. Explica GERALDO PRADO[887]:

> Deste modo, ainda quando o Juiz de primeiro grau tenha decidido a causa iniciada antes da vigência da Lei dos Juizados mas a sentença tenha sido impugnada por recurso ainda não julgado, caberá proceder-se à tentativa de aplicação dos diversos dispositivos, que poderão levar à extinção do processo com solução diferente da contida na própria sentença.

Ainda não julgado, entendemos como ainda não tendo ocorrido o trânsito em julgado da decisão. LUIZ FLÁVIO GOMES[888] vai, acertadamente, mais longe:

> Admitida a retroatividade da lei penal nova mais benéfica, quem foi condenado anteriormente por delito punido com pena até dois anos (desacato, por exemplo) conta com algumas vantagens: essa condenação anterior não vale para efeito de reincidência nem como maus antecedentes. Como se sabe, infrações penais de menor potencial ofensivo não produzem efeitos penais. Quem já tem condenação anterior (por crime punido até dois anos) pode obter nova transação penal? Sim, depois do lapso temporal de cinco anos.

O raciocínio está correto. A lei penal posterior mais benéfica deve ser aplicada para os efeitos pós-condenação para o condenado por crime de menor potencial ofensivo. A Lei dos Juizados, portanto, ainda que posterior à sentença transitada em julgado, deve ser aplicada para situações futuras, como a reincidência e a conceituação de maus antecedentes.

A competência para o exame da lei mais benéfica em relação à execução é do Juízo das Execuções. A matéria já foi sumulada pelo Supremo Tribunal Federal. Súmula 611: "Transitada em julgado a sentença condenatória, compete ao Juízo das Execuções a aplicação de lei mais benigna".

> **Art. 90-A.** As disposições desta Lei não se aplicam no âmbito da Justiça Militar.

1. A LEI DOS JUIZADOS E OS CRIMES MILITARES

Esse dispositivo foi acrescentado pela Lei n. 9839, de 27.09.1999[889] (o art. 90-A poderia ser um parágrafo único). Muito se discutia se a Lei dos Juizados se aplicava ou não aos crimes militares. O entendimento pacífico do Supremo Tribunal era pela incidência. Ao julgar, por exemplo, o HC 79285-5/RJ, em 31.08.1999 (*DJ* 12.11.1999), a 1ª Turma daquela Corte Suprema, relator Min. MOREIRA ALVES, decidiu:

> Tem razão, porém, a impetração quanto à aplicação do disposto no art. 89, da Lei n. 9099/1995, à Justiça Militar. *Habeas corpus* deferido em parte para, mantida a condenação, cassar-se o acórdão prolatado no STM na parte em que não admitiu a aplicação do citado dispositivo legal, a fim de que o processo volte à primeira instância para que se abra ao Ministério Público a possibilidade de propor a suspensão do processo, sendo que, se o processo vier a ser suspenso, ficará, então, desconstituída a condenação já imposta.

---

[887] PRADO; CARVALHO, 2003, p. 296-297.
[888] GOMES, 2002, p. 30.
[889] Lei n. 9839/1999, art. 1º. A Lei n. 9099, de 26.09.1995, passa a vigorar acrescida do seguinte artigo: "Art. 90-A. As disposições desta Lei não se aplicam no âmbito da Justiça Militar".

Reagiu a Justiça Militar, que tinha entendimento consolidado em súmula (Súmula 9), com o seguinte enunciado: "A Lei n. 9099, de 26.09.1995, que dispõe sobre os Juízos Especiais Cíveis e Criminais e dá outras providências, não se aplica à Justiça Militar da União". Conseguiu a justiça castrense a edição da Lei n. 9839/1999, que excluiu os processos de sua competência da incidência da Lei n. 9099/1999 (Lei dos Juizados).

1.1 Crime militar próprio e impróprio

O crime militar próprio é o que é tipificado tão somente no Código Penal Militar (Dec.-lei n. 1001, de 21.10.1969), dispondo o art. 9º: "Consideram-se crimes militares, em tempo de paz: I – os crimes de que trata este Código, quando definidos de modo diverso na lei penal comum, ou nela não previstos, qualquer que seja o agente, salvo disposição especial". São exemplos os seguintes crimes: hostilidade contra país estrangeiro (art. 136); motim (art. 149); violência contra superior (art. 157); violência contra militar de serviço (art. 158); desrespeito a superior (art. 160); recusa de obediência (art. 163); violência contra inferior (art. 175); abandono de posto (art. 195); dormir em serviço (art. 203). O crime impróprio também está descrito na legislação penal comum.

Observar que há crimes comuns que estão tipificados no Direito Penal Comum, e os especiais, descritos no Direito Penal Especial. No Direito Penal Comum, há crimes próprios e impróprios. Estes podem ser cometidos por qualquer pessoa, como o homicídio, o estelionato, aqueles só podem ser praticados por determinada categoria de pessoas, uma vez que exigem uma peculiar condição ou condição pessoal, especial capacidade penal, seja *jurídica* (servidor público, como no peculato, art. 312, do CP); *profissional* (exemplos: médico, exercício ilegal da medicina, art. 282, última parte – *excedendo-lhe os limites*; advogado, patrocínio infiel, art. 355, do CP); *parentesco* (pai ou mãe, por exemplo, na entrega de filho menor a pessoa inidônea, art. 245, do CP, ou abandono intelectual do filho, art. 246, do CP; mãe, no infanticídio, art. 123, do CP; casado, na bigamia, art. 235, do CP); ou *natural* (homem, como na antiga acepção do crime de estupro, art. 213, do CP; gestante no autoaborto, art. 124, 1ª parte, do CP).

A matéria, nesse ponto, não é pacífica. Qual a razão de não aplicar aos crimes militares impróprios a Lei n. 9099/1995? Nenhuma, pois não há motivo para a não incidência da Lei dos Juizados aos crimes militares, uma vez que nos crimes impróprios não há questão de hierarquia e disciplina.

Daí por que o Superior Tribunal de Justiça, pela sua 6ª Turma, julgando, em sessão de 08.08.2000 (*DJ* 28.08.2000), relator Min. Fernando Gonçalves, ter decidido:

> Tratando-se de crime militar impróprio (lesão corporal leve), não há por que obstar a aplicação da Lei n. 9099/1995 (representação do ofendido), porquanto, nesses casos, inexiste incompatibilidade entre os rigores da hierarquia e disciplina, peculiares à vida castrense e àquele diploma legal.

1.2 Irretroatividade da Lei n. 9839/1999

Em obediência ao disposto no inciso XL, do art. 5º, da Constituição Federal ("a lei penal não retroagirá, salvo para beneficiar o réu"), aos crimes militares de menor potencial ofensivo praticados antes da vigência da Lei n. 9839, de 1999, aplica-se a Lei n. 9099, de 1995, no que se refere aos institutos de direito material. Dá-se na hipótese a eficácia ultrativa da norma penal mais benéfica (*lex mitior*)[890].

Esse é o entendimento do Supremo Tribunal, como se vê, por exemplo, no HC 81302-0/SP, julgado pela 1ª Turma em 02.06.2001 (*DJ* 14.12.2001), relator Min. Sepúlveda Pertence:

---

[890] Lei que beneficia o réu.

Suspensão condicional do processo: art. 89, da Lei n. 9099, aplicável ao processo penal militar, ao tempo do fato imputado ao paciente, segundo a jurisprudência do Supremo Tribunal: superveniência da Lei n. 9839/1999, que dispôs em contrário, mas não se aplica ao caso, dada a irretroatividade da lei penal menos favorável: deferimento da ordem para que, sobre o pedido de suspensão condicional do processo, seja ouvido o MPM, na forma da decisão do STF no HC 75343 (*DJ* 18.06.2001).

Antes, ao julgar o HC 79571-4/MG, a 2ª Turma do Supremo Tribunal Federal, na sessão de 26.10.1999 (*DJ* 26.11.1999), relator Min. CELSO DE MELLO, decidiu:

> A Lei n. 9839/1999 (*lex gravior*)[891] – que torna inaplicável à Justiça Militar a Lei n. 9099/1995 (*lex mitior*) – não alcança, no que se refere aos institutos de direito material, os crimes militares praticados antes de sua vigência, ainda que o inquérito policial militar ou o processo sejam iniciados posteriormente. A eficácia ultrativa[892] da norma penal mais benéfica sob cuja égide foi praticado o fato delituoso – deve prevalecer por efeito do que prescreve o art. 5º, XL, da Constituição, sempre que, ocorrendo sucessão de leis penais no tempo, constatar-se que o diploma legislativo anterior qualificava-se como estatuto legal mais favorável ao agente.

> **Art. 91.** Nos casos em que esta Lei passa a exigir representação para a propositura da ação penal pública, o ofendido ou seu representante legal será intimado para oferecê-la no prazo de 30 (trinta) dias, sob pena de decadência.

1. AÇÃO PENAL DEPENDENTE DE REPRESENTAÇÃO EM RELAÇÃO AOS CRIMES DE LESÕES CORPORAIS LEVES

Tratamos do assunto quando comentamos os arts. 88 e 74, parágrafo único.

2. O PRAZO DE TRINTA DIAS PARA OFERECIMENTO DA REPRESENTAÇÃO. PROCESSOS PENDENTES

Passou a Lei dos Juizados, no art. 88, a exigir representação para a propositura da ação penal relativa aos crimes de lesões corporais leves (CP, art. 129, *caput*) e lesões culposas (CP, art. 129, § 6º). A ação penal transformou-se de pública incondicionada em pública condicionada. Ao estudarmos esse artigo, dissemos:

> Com a entrada em vigor da Lei n. 10259/2001, Lei do Juizado Especial Federal, o ofendido, ou seu representante, deverá ser intimado pessoalmente para dizer, no prazo de trinta dias, se deseja seu prosseguimento. É certo que, iniciada a ação, não se pode mais falar em decadência do direito de representação. Nessa hipótese, temos de entender que a representação é condição de *prosseguibilidade*. De procedibilidade não é, uma vez que a ação já foi intentada. Não pode é prosseguir sem a representação, em razão de uma exigência legal superveniente.

Se a vítima não for encontrada para fazer a representação, os autos ficarão em cartório, aguardando sua iniciativa, até o final do prazo de seis meses. Decorrido *in albis*[893] o prazo, será declarada a extinção do processo pela ocorrência da decadência, conforme dispõe o art. 38, do Código de

---

[891] Lei que agrava a pena.
[892] Ultra-atividade significa a aplicação da lei mesmo depois de sua revogação. As disposições mais severas da nova lei não se aplicam a fatos praticados anteriormente à sua vigência. O art. 3º, do CP, dispõe que a lei excepcional ou temporária, embora decorrido o período de sua duração ou cessadas as circunstâncias que a determinaram, aplica-se ao fato praticado durante a sua vigência.
[893] Em branco, sem que se faça nada.

Processo Penal: "Salvo disposição em contrário, o ofendido, ou seu representante legal, *decairá* no direito de queixa ou de representação, se não o exercer dentro do prazo de seis meses[...]". E, com base no art. 61, do Código de Processo Penal[894], reconhecerá extinta a punibilidade, declarando-a de ofício.

Todavia é possível – não tendo a vítima sido encontrada – que, nos autos, haja elementos que revelem ter a vítima demonstrado interesse na persecução criminal, uma vontade inequívoca nesse sentido. Nesse caso, não se exige uma representação formal, uma fórmula sacramental.

Ao apreciar o HC 76109-3/SP, em que o paciente alegou estar "sofrendo constrangimento ilegal, pois, tendo os autos baixado para a aplicação do art. 91, da Lei n. 9099/1995 e, por ter a vítima se manifestado pelo prosseguimento do feito, deveria o Tribunal examinar a pertinência dos outros institutos despenalizadores: composição civil, transação penal ou suspensão do processo", decidiu a 2ª Turma do STF, em 10.03.1998 (*DJ* 30.04.1998), relatado pelo Min. CARLOS VELLOSO, por maioria:

> I – Já vencida a instância de conhecimento, e encontrando-se o feito em fase de julgamento de apelação interposta pela defesa, quando veio a lume a Lei n. 9099/1995, fez-se a conversão do julgamento em diligência, para cumprimento tão só do disposto no art. 91, da mesma Lei n. 9099/1995. Oferecida a representação pela vítima, não há falar em composição civil. Lei n. 9099/1995, art. 75. II – Existente sentença condenatória, não falar em suspensão processual. III – HC indeferido.

O ofendido não poderia ficar prejudicado com a mudança de orientação. Daí o art. 91 conceder-lhe um prazo de trinta dias para que exiba a representação, a fim de possibilitar que a ação tenha prosseguimento, ainda que o processo se encontre na Turma Recursal ou no Tribunal.

Esse prazo de trinta dias é em relação, tão somente, aos fatos ocorridos antes da Lei n. 9099/1995, em face da nova exigência aos processos em curso. Ocorrido o fato depois da lei, a ação só pode ser iniciada com a apresentação da representação. Consta do Enunciado Criminal n. 7, do I Encontro de Magistrados dos Juizados Especiais Criminais do Rio de Janeiro (*DO* 26.10.1997): "A regra do art. 91, da Lei n. 9099/1995, é transitória e só se aplica aos fatos anteriores à lei".

A 2ª Turma do Supremo Tribunal, no HC 79007-1/RJ, em sessão de 13.04.1999 (*DJ* 28.05.1999), relator Min. MARCO AURÉLIO, decidiu: "A exigência de intimação do ofendido ou do representante legal, prevista no art. 91, da Lei n. 9099/1995, ficou restrita aos processos em curso, apanhados pela nova regência processual".

No voto condutor do acórdão, esclareceu o eminente relator: "Em síntese, no art. 91 em comento previu-se a aplicabilidade imediata da lei e, em tal situação, estando o processo em curso, também a intimação da vítima ou do representante legal para legitimar a denúncia ofertada".

Caso peculiar é o do HC 83141-9/SP, julgado em sessão de 05.08.2003 (*DJ* 26.09.2003). Foram os pacientes denunciados pela prática do crime de lesões corporais gravíssimas (Código Penal, art. 129, § 2º, IV). A denúncia, no entanto, estava conflitante com o que foi apurado no inquérito. Posteriormente, o juiz, acolhendo a tese da defesa, desclassificou o delito para o previsto no § 6º, do art. 129, do Código Penal (lesão corporal culposa). Não constando dos autos a representação, a defesa pleiteou a extinção da punibilidade. Não conseguiu no Tribunal de Alçada Criminal de São Paulo. O Superior Tribunal de Justiça, em recurso especial, deu parcialmente provimento ao recurso "apenas para determinar que se proceda à intimação do ofendido para que apresente, ou não, representação criminal contra os recorrentes, obedecendo-se, quanto à contagem do prazo decadencial, o disposto no art. 91, da Lei n. 9099/1995".

Por maioria, o Supremo, pela sua Primeira Turma, entendeu: "A exigência de intimação do ofendido ou do representante legal, prevista no art. 91, da Lei n. 9099/1995, ficou restrita aos processos em curso, apanhados pela nova regência processual".

---

[894] CPP, art. 61. Em qualquer fase do processo, o juiz, se reconhecer extinta a punibilidade, deverá declará-la de ofício [...].

O Min. Marco Aurélio, relator, assim fundamentou seu voto:

> Ora, o crime imputado aos pacientes não ocorreu em data anterior à citada Lei n. 9099/1995. Quando cometido, já exigia a ordem jurídica a representação do ofendido. Mais do que isso, a denúncia, ao retratar os fatos, considerada até mesmo a investigação procedida no âmbito policial, fez consignar que os denunciados teriam deixado de fornecer equipamento de segurança aos trabalhadores, sendo que as vítimas foram salpicadas de ácido sulfúrico, impossibilitando de afastarem-se, com presteza, do ambiente. Em face da portaria lavrada, não se tinha como afastar o elemento subjetivo, ou seja, a culpa. Conforme se depreende da peça de folha 21, registrou-se, como incumbia fazer, a ocorrência de acidente do trabalho e, aí, passou-se a questionar quanto às medidas de segurança. Ainda que se possa, no campo penal punitivo, cogitar da vinda à baila, com o art. 91, da Lei n. 9099/1995, de uma verdadeira causa interruptiva da decadência para a representação, no que o Ministério Público a tenha desprezado e ajuizado a ação como se fosse penal incondicionada, enfoque que não endosso, a espécie não se mostrou ambígua a ponto de não se levar em conta a natureza culposa das lesões. Daí a procedência do inconformismo demonstrado.

Assim, concedeu a ordem "para assentar a inaplicabilidade, na espécie, do disposto no art. 91, da Lei n. 9099/1995, proclamado, por via de consequência, extinta a pretensão punitiva".

Apesar de no acórdão constar que a decisão foi unânime, pelo extrato da ata, não foi. Nela se lê:

> Decisão: Por maioria de votos, a Turma deferiu o pedido de *habeas corpus*. Vencido o Min. Joaquim Barbosa. Falou pelos pacientes o Dr. Celso Sanches Vilardi. 1ª Turma, 05.08.2003. Presidência do Min. Sepúlveda Pertence. Presentes à Sessão os Mins. Marco Aurélio, Cezar Peluso, Carlos Britto e Joaquim Barbosa. Subprocurador-geral da República, Dr. Edson Oliveira de Almeida.

O Min. Joaquim Barbosa, vencido, entendeu que "a necessidade da representação só nasceu a partir do momento em que houve a desclassificação do crime". Teve, desse modo, como aplicável no caso o art. 91, da Lei n. 9099/1995.

Com a devida vênia do Min. Barbosa, penso que, realmente, a decisão está correta, pois, como salientou o Min. Pertence, "o inquérito correu e o processo se instaurou por lesão corporal culposa; sequer o aspecto de surpresa, de injustiça, pode ser aventado".

O fato objeto de apuração foi não terem os denunciados fornecido equipamento de segurança aos empregados, que foram *salpicados* de ácido sulfúrico. Onde está o caráter doloso do proceder dos denunciados? Saltava aos olhos que o crime foi culposo. Assim foi apurado no inquérito. A defesa, desde o início, fez ver que o crime era culposo, e não doloso. Por que, então, depois da desclassificação de lesão gravíssima para culposa, abrir-se prazo para o oferecimento da representação quando esta deveria ter sido feita muito antes para propiciar a propositura da ação penal?

Se, na verdade, só depois da instrução se puder verificar se a lesão foi ou não culposa – não sendo caso de erro grosseiro do Ministério Público – e daí ocorrer a desclassificação, creio que se deva dar oportunidade à vítima de oferecer a representação, tenham os fatos ocorridos antes ou depois da edição da Lei n. 9099/1995.

O disposto no art. 88 retroage por ser mais benéfico ao réu, pois possibilita a extinção da punibilidade, evitando-se, consequentemente, o *jus puniendi*[895].

2.1 A decadência

A falta de representação leva à decadência, implicando extinção da punibilidade. A decadência é a morte de um direito em face de não ter sido exercido no prazo fixado em lei. Veja o mandado de

---

[895] Direito de punir.

segurança: se não impetrado no prazo de cento e vinte dias, "contados da ciência, pelo interessado, do ato impugnado" (art. 23, da Lei n. 12016, de 07.08.2009).

Na hipótese de ação penal privada, a decadência atinge diretamente o direito de ação, o direito de agir. Na ação penal pública condicionada, a decadência atinge de forma indireta o direito de agir, porque, antes, faz desaparecer o direito de representar. O direito de punir (*jus puniendi*) do Estado é atingido por via oblíqua. Já a prescrição atinge o direito de punir do Estado. Explica José Frederico Marques[896]: "Ela [a prescrição] extingue a punibilidade de maneira direta e imediata, e não como a decadência e a perempção, que alcançam primeiro o direito de acusar para, em seguida, extinguir, por força de lei, a própria punibilidade".

Como causa de extinção da punibilidade, está prevista no art. 107, IV, do Código Penal ("Extingue-se a punibilidade: IV – pela prescrição, *decadência* ou perempção" – g.n.).

Marcellus Polastri Lima[897], entendendo que a perempção[898] (de perimir, *perimo*, que significa extinguir, matar) não é instituto próprio e exclusivo das ações penais privadas, é de parecer que não deveria ser caso de decadência, e sim de perempção (CPP, art. 60). Realmente, a falta de representação, na hipótese do art. 91, talvez esteja mesmo mais para perempção do que para decadência, tendo em vista que a ação já foi iniciada.

2.2 A intimação da vítima

A intimação pode ser feita por qualquer uma das formas previstas no art. 67: **a)** por correspondência com aviso de recebimento pessoal; **b)** por oficial de justiça; **c)** por carta precatória; **d)** por qualquer meio eficaz de comunicação.

> Art. 67. A intimação far-se-á por correspondência, com aviso de recebimento pessoal ou, tratando-se de pessoa jurídica ou firma individual, mediante entrega ao encarregado da recepção, que será obrigatoriamente identificado, ou, sendo necessário, por oficial de justiça, independentemente de mandado ou carta precatória, ou ainda por qualquer meio idôneo de comunicação.

Não sendo encontrada a vítima, será ela intimada por edital. Há quem entenda que o processo deverá ficar paralisado até transcorrer o prazo prescricional. Mas essa sugestão não é justa para o acusado. O edital é uma forma de comunicação, ainda que precariíssima.

> **Art. 92.** Aplicam-se subsidiariamente as disposições dos Códigos Penal e de Processo Penal, no que não forem incompatíveis com esta Lei.

1. APLICAÇÃO SUBSIDIÁRIA DOS CÓDIGOS PENAL E DE PROCESSO PENAL

Subsidiário é o que tem o caráter de subsídio, de contribuição, cooperação, colaboração. Aplicar subsidiariamente, ou seja, supletivamente, as disposições dos Códigos Penal e Processo Penal significa a utilização dessas leis como contribuição para sanar lacunas, omissões da lei ora comentada, a Lei n. 9099, e também da Lei n. 10259/2001, por força do seu art. 1º. É a aplicação do princípio da subsidiariedade, também chamado de princípio da supletividade.

Assim, na lacuna da Lei n. 10259/2001, aplicar-se-ão as normas penais e processuais penais do Código Penal, do Código de Processo Penal, respectivamente, e a Lei n. 9099/1995 – a Lei dos

---

[896] Marques, 1966, p. 403.
[897] Lima, 2001, p. 171.
[898] Perempção "é a perda do direito de demandar o querelado pelo mesmo crime em face de inércia do querelante, diante do que o Estado perde o *jus puniendi*" (Jesus, 2003, p. 73).

Juizados Especiais Cíveis e Criminais Estaduais, desde que com elas não sejam incompatíveis. Havendo conflito com essas normas, prevalecerá a Lei dos Juizados, pelo princípio da especialidade. É o que muito claramente disse o Supremo Tribunal, pela sua 2ª Turma, ao examinar o HC 79843-8/MG, em sessão de 30.05.2000 (*DJ* 30.06.2000), relator Min. CELSO DE MELLO:

> As normas gerais do Código de Processo Penal somente terão aplicação subsidiária nos pontos em que não se mostrarem incompatíveis com o que dispõe a Lei n. 9099/1995 (art. 92), pois, havendo antinomia[899] entre a legislação processual penal comum (*lex generalis*)[900] e o Estatuto dos Juizados Especiais (*lex specialis*)[901], deverão prevalecer as regras constantes deste último diploma legislativo (Lei n. 9099/1995), em face das diretrizes fundadas no critério da especialidade.

No Juizado Especial Federal, havendo *choque* entre a Lei n. 9099/1995 e a Lei n. 10259/2001, prevalecerá está última, em razão, também, do princípio da especialidade.

Observa-se que a Lei n. 10259/2001, apesar de mais específica do que a Lei n. 9099/1995, derrogou o art. 61 desta última lei (v. comentários ao art. 61). Hoje, não há mais dúvida, pois a Lei n. 11313/2006 alterou esse artigo para considerar, também nos Juizados Estaduais, infrações penais de menor potencial ofensivo as contravenções penais e os crimes a que a lei comine pena máxima não superior a dois anos.

Dispõe o § 2º, do art. 2º, da Lei de Introdução às Normas do Direito Brasileiro, que "a lei nova, que estabeleça disposições gerais ou especiais *a par* das já existentes, não revoga nem modifica a lei anterior". *A par* significa simples confrontação, comparação, cotejo, ao lado um do outro, junto, ao mesmo tempo. Se a nova lei dispõe normas, gerais ou especiais, sobre matéria já disposta na lei antiga, na verdade, nada acrescentou, continuando tudo como estava. Houve, apenas, uma confusão, *uma trapalhada* legislativa. A norma em comento, por outras palavras, dispõe que a lei nova que estabeleça disposições gerais ou especiais *ao mesmo tempo* das já existentes nada modifica, nada altera. Daí dizer MARIA HELENA DINIZ[902]: "Se a nova lei apenas estabelecer disposições especiais ou gerais, sem conflitar com a antiga, não a revogará. A disposição especial não revoga a geral, nem a geral revoga a especial, senão quando a ela se referir alterando-a explícita ou implicitamente".

Ambas as leis, a velha e a nova, terão vigência se uma não colidir com a outra, cada uma regendo as hipóteses por elas disciplinadas. O brocardo *lex specialis derogat lex generali*[903] não pode ser interpretado de modo absoluto, as duas normas podem conviver pacificamente, desde que não sejam colidentes. Como diz ISMAR ESTULANO GARCIA[904]:

> [...] fica vedada a subsidiariedade naquilo que as disposições do Código Penal e Processo Penal forem contrárias à Lei em comento. Isso significa dizer, a título de exemplo, que todas as regras de denúncia, queixa, recebimento da denúncia e da queixa, interrogatório e inquirição de testemunhas ficam valendo para o procedimento sumaríssimo. Todavia, excluem-se a citação e as intimações, que passam a obedecer às normas previstas na Lei n. 9099/1995, diferentes das estabelecidas no CPP.

Por que aplicação subsidiária de normas penais e processuais penais? Porque a Lei dos Juizados Especiais tem normas de caráter penal e processual penal.

Evidenciado fica que, em nosso ordenamento jurídico, o sistema penal é único, esteja codificado ou não. Sobre o que seja sistema, estudamos ao interpretar o art. 93.

---

[899] Antinomia: contradição real ou aparente entre duas normas ou leis ou entre cláusulas de um mesmo contrato.
[900] Lei geral.
[901] Lei especial.
[902] DINIZ, 1997, p. 72-73.
[903] A lei especial derroga a geral.
[904] GARCIA, I. E. *Juizados Especiais Criminais*: prática processual penal. 2. ed. rev. ampl. Goiânia: AB, 1996. p. 419.

2. APLICAÇÃO SUBSIDIÁRIA DO CÓDIGO DE PROCESSO CIVIL

Não autorizou o legislador a aplicação supletiva das normas processuais civis. Esquecimento? Sim. O Código de Processo Civil constitui um grande sistema, é um macrossistema instrumental. Se não se pudesse, nas lacunas das Leis n. 9099/1995 e 10259/2001, aplicar aquele Código, teria o legislador de fazer uma grande lei para os Juizados Especiais, repetindo muitas disposições do Código de Processo Civil. O argumento de que a Lei n. 9099/1995, nos arts. 30, 51, *caput*, 52 e 53, quando quis, determinou, expressamente, que fosse obedecido o Código de Processo Civil, não significa que nas demais lacunas não se possa utilizar-se esse Diploma Legal. Nessas hipóteses, quis chamar especial atenção. O prof. JOEL DIAS FIGUEIRA JÚNIOR[905] também já expressou esse entendimento ao dizer:

> Equivocado, com a devida vênia, o entendimento daqueles que defendem tese contrária, ou seja, de que só se verifica a aplicação subsidiária do CPC quando a própria Lei n. 9099/1995 assim dispõe, mais especificamente nos arts. 30, 51, *caput*, 52 e 53. Ocorre que essas alusões legislativas são despicientes[906]. Tais referências são, na verdade, meramente de caráter.

Poder-se-ia, por outro lado, entender que o legislador valeu-se da regra do art. 15 do CPC, que elenca rol meramente exemplificativo, ao dispor: "Na ausência de normas que regulem processos eleitorais, trabalhistas ou administrativos, as disposições deste Código lhes serão aplicadas supletiva e subsidiariamente". Haveria, assim, uma interpretação sistemática do ordenamento jurídico processual civil para deduzir pela subsidiariedade de sua aplicação ao processo penal.

Capítulo IV
Disposições Finais Comuns

Art. 93. Lei Estadual disporá sobre o Sistema de Juizados Especiais Cíveis e Criminais, sua organização, composição e competência.

1. OS ESTADOS E OS JUIZADOS ESPECIAIS

1.1 Da competência dos Estados em sede de Juizados Especiais[907]

A primeira indagação a ser feita é a seguinte: os Estados têm competência para legislar sobre questões processuais e procedimentais em sede de Juizados Especiais? Se positiva a resposta, trata-se de competência concorrente com a União?

Já nos manifestamos a respeito do tema ao tratar da competência nos Juizados Especiais, nos comentários ao art. 3º (item n. 1.4, *supra*). Todavia, mister se faz aprofundar o estudo da matéria nesta fase da obra, não só pela magnitude do tema, como também pelos seus inúmeros reflexos de ordem jurídica, e, sobretudo, prática.

É assente que essa matéria já foi objeto de conhecimento pelo Supremo Tribunal Federal, que, em várias oportunidades, manifestou-se pela impossibilidade de os Estados legislarem sobre competência nos Juizados Especiais.[908] No entanto, com a devida vênia, ousamos discordar da orientação firmada pela egrégia Corte Constitucional, por chegar à conclusão equivocada, nada obstante

---

[905] TOURINHO NETO; FIGUEIRA JÚNIOR, 2002, p. 64.
[906] Que merece desprezo.
[907] Este item (1.1) foi escrito por JOEL DIAS FIGUEIRA JR. e concordamos com o seu posicionamento.
[908] Conforme ADIn 1127 (cautelar), rel. Min. PAULO BROSSARD, j. 28.09.1994; HC 75308/MT, rel. Min. SYDNEY SANCHES, j. 18.12.1997, *DJU* 01.06.2001, p. 76.

lógica, em face do desacerto tomado quanto às suas premissas, senão vejamos: em interpretação isolada, puramente gramatical, ao inciso X, do art. 24, da Lei Maior, afirma a Corte Suprema que existe "distinção conceitual entre juizados especiais e juizados de pequenas causas"(!?), outorgando a Constituição competência concorrente aos Estados-membros para legislar sobre processo apenas perante os últimos.

Todavia, o Supremo Tribunal Federal não esclarece que "distinção conceitual" é essa. Ora, como afirmar a existência de tal distinção quando a Lei n. 9099/1995, em seu art. 97, revogou expressamente a Lei n. 7244, de 07.11.1984, que dispunha sobre os chamados Juizados de Pequenas Causas? Se revogada está a Lei dos Juizados de Pequenas Causas, como manter "distinções conceituais" quando inexistentes no plano normativo e no mundo dos fatos?

Mais recentemente, instado a manifestar-se novamente sobre o tema, o Supremo Tribunal Federal reiterou o seu entendimento, nos seguintes termos:

> Os Estados-membros e o Distrito Federal não dispõem de competência para legislar sobre direito processual, eis que, neste tema, que compreende a disciplina dos recursos em geral, somente a União Federal – considerando o sistema de poderes enumerados e de repartição constitucional de competências legislativas posta atribuição para legitimamente estabelecer, em caráter de absoluta privatividade (CF, art. 22, n. I), a regulação normativa a propósito da referida matéria, inclusive no que concerne à definição dos pressupostos de admissibilidade pertinentes aos recursos interponíveis no âmbito dos Juizados Especiais. Precedentes. Consequente inconstitucionalidade formal (ou orgânica) de legislação estadual que haja instituído depósito prévio como requisito de admissibilidade de recurso voluntário no âmbito dos Juizados Especiais Cíveis. Precedente ADI 4161/AL. Rel. Min. CÁRMEN LÚCIA.[909]

Também, em sessão plenária, apreciando a ADIn (cautelar) 2257-1/SP, rel. Min. NELSON JOBIM (j. 14.02.2001, DJ 06.04.2001), a respeito do art. 26, da Lei Complementar n. 851, de 1998, do Estado de São Paulo, e dos arts. 76 e 89, da Lei n. 9099/1995, após fazer a distinção entre normas procedimental e processual, decidiu suspender, até decisão final, o mencionado art. 26 da lei estadual, sob o fundamento de que "Estado Federado não pode, sem afrontar os arts. 2º e 22, I, da CF, legislar sobre matéria pertinente ao direito processual".
Em arremate, a ADIn 2257-SP foi julgada procedente, em aresto da lavra do Min. EROS GRAU, datada de 06.04.2005 (DJU 26.08.2005, p. 5, RTJ, v. 195-1/16), estando a ementa assim insculpida: "Ação direta de inconstitucionalidade. Art. 26 da Lei Complementar n. 851/1998 do Estado de São Paulo. Matéria processual, inconstitucionalidade formal. 1. À União, nos termos do disposto no art. 22, I, da Constituição do Brasil, compete privativamente legislar sobre direito processual. 2. Lei estadual que dispõe sobre atos de Juiz, direcionando sua atuação em face de situações específicas, tem natureza processual e não meramente procedimental. 3. Pedido de declaração de inconstitucionalidade julgado procedente".
E mais: HC 71713/PB, rel. Min. SEPÚLVEDA PERTENCE, j. 26.10.1994, DJ 23.03.2001; HC 72930/MS, rel. Min. ILMAR GALVÃO, j. 01.02.1996, DJ 15.03.1996; HC 74.298/MS, rel. Min. MAURÍCIO CORRÊA, j. 27.11.1996, DJ 29.11.1996.

[909] ADI 26/PE – Ação Direta de Inconstitucionalidade. Trib. Pleno. Rel. Min. CELSO DE MELLO. j. 20.05.2015. DJe 10.06.2015. No mesmo sentido, o julgado da Corte Constitucional, ao tratar de matéria atinente à competência dos Juizados Estaduais, in verbis: "Ação direta de inconstitucionalidade. Artigos 9º e 60, com os respectivos incisos da Lei n. 6176/1993, do Estado do Mato Grosso, com as alterações operadas pela Lei n. 6490/1994. Fixação no âmbito estadual, da competência dos juizados especiais cíveis e criminais. Vício formal. Procedência da ação. 1. A definição de regras de competência, na medida em que estabelece limites e organiza a prestação da atividade jurisdicional pelo Estado, é um dos componentes básicos do ramo processual da ciência jurídica, cuja competência legislativa foi atribuída, pela Constituição Federal de 1988, privativamente à União (art. 22, I, CF/88). 2. A lei estadual, indubitavelmente, ao pretender delimitar as matérias de competência dos juizados especiais, invadiu esfera reservada da União para legislar sobre direito processual civil e criminal. A fixação da competência dos juizados especiais cíveis e criminais é matéria eminentemente processual, de competência privativa da União, não se confundindo com a matéria procedimental em matéria processual, esta, sim, de competência concorrente dos estados-membros. 3. O Supremo Tribunal Federal, por diversas vezes, reafirmou a ocorrência de vício formal de inconstitucionalidade de normas estaduais que exorbitam da competência concorrente para legislar sobre procedimento em matéria processual, adentrando aspectos típicos do processo, como competência, prazo, recursos, provas, entre outros. Precedentes. 4. Ação julgada procedente" (ADI 1807/MT – Ação Direta de Inconstitucionalidade. Trib. Pleno, Rel. Min. DIAS TOFFOLI, j. 30.10.2014, DJe 026, 09.02.2015).

O art. 24, X, da Constituição Federal, há de ser interpretado lógica e sistematicamente com os arts. 22, I, e 98, I, da mesma Carta, e com os arts. 93 e 97, da Lei n. 9099/1995. Se assim não for, chegaremos à conclusão (equivocada) a que chegou o Supremo Tribunal Federal.

Quando promulgada a Carta de 1988, ainda vigia a Lei n. 7244/1985, que recepcionava os chamados "Juizados de Pequenas Causas", expressão banida somente com o advento da Lei n. 9099/1995, ou seja, sete anos depois. Portanto, parece-nos comezinho ser impossível fazer interpretação sobre o tema sem considerar tão elementar circunstância de ordem histórico-legislativa.

Nos dias de hoje, a utilização da expressão "Juizados de Pequenas Causas" não encontra qualquer sustentação normativa no âmbito federal, tratando-se de saudosismo, quiçá espúrio. Nada obsta, contudo, que as leis locais que dispõem sobre a matéria utilizem o designativo para identificar as unidades jurisdicionais (estaduais) limitadas em sua competência a vinte salários mínimos. Porém, se verificada essa circunstância, ela, por si só, não autoriza a repristinação de norma integralmente revogada (Lei n. 7244/1985).

Há de se ressaltar também que o art. 98, *caput*, da Constituição Federal, traz em seu bojo norma cogente ao definir que "[...] os Estados criarão: **I** – juizados especiais [...]", em sintonia com o art. 93, da Lei n. 9099/1995, quando confere poderes aos Estados para legislarem sobre o sistema dos Juizados Especiais Cíveis e Criminais, versando sobre sua organização, composição e competência. Como negar, então, a competência concorrente dos Estados para legislarem em tema de processo (art. 24, X) e procedimento (art. 24, XI), em tudo aquilo que esteja afeto aos Juizados Especiais Cíveis e Criminais? Sinceramente, não encontramos fundamento jurídico sustentável para a tese esposada pelo Supremo Tribunal Federal. Por certo, o componente decisório há de ser político...

Dessa feita, o art. 24, X, aparece como regra de exceção em face daquela insculpida no art. 22, I, ambos da Constituição Federal.

Dispõe a Constituição do Estado de Santa Catarina, em seu art. 10, que:

> compete ao Estado legislar, concorrentemente com a União sobre: [...] X – criação, funcionamento e processo do juizado de pequenas causas; [...] § 1º No âmbito da legislação concorrente, a competência da União para legislar sobre normas gerais não exclui a competência suplementar do Estado.

Sendo assim, por ser a Constituição estadual anterior ao advento da Lei n. 9099/1995, o legislador não utilizou a expressão "Juizados Especiais", mas "Juizado de Pequenas Causas", o que em nada prejudica o nosso entendimento.

Na mesma linha de raciocínio, o entendimento do saudoso ATHOS GUSMÃO CARNEIRO, que merece, mais uma vez, ser citada: "[...] Os Estados-membros, de conformidade com a CF de 1988, podem, é certo, legislar em concorrência com a União em matéria de processo nos Juizados Especiais (antigos Juizados de Pequenas Causas) e em tema de procedimentos em matéria processual (CF, art. 24, X e XI) [...]".[910]

Assim, nada obsta que o Distrito Federal e os Estados editem regras procedimentais ou de processo, além daquelas contidas na Lei n. 9099/1995. Em interessante estudo, escrito em outubro de 1994 – antes, pois, da Lei n. 9099/1995 – LUIZ FLÁVIO GOMES[911] responde que é admissível os Estados legislarem em matéria processual e afirma que os Estados detêm competência privativa para esse fim quando se trata de Juizados Especiais.

Assinala o conceituado professor que,

> no art. 98, I, da CF, o Constituinte mandou os Estados criarem tais juizados e disciplinou as regras gerais (juízes togados ou togados e leigos, conciliação, execução, procedimento oral e

---

[910] Arremata observando que "[...] esta competência concorrente pouco tem sido exercida, mesmo porque cabe à União editar as normas gerais". CARNEIRO, A. G. O papel da jurisprudência no Brasil. A súmula e os precedentes jurisprudenciais. Relatório ao Congresso de Roma. *Informativo Incijur*, [s. l.], v. 3, n. 59, jun., 2004.

[911] GOMES, L. F. Podem os Estados legislar sobre Juizados Especiais?, *RT*, [s. l.], v. 708, p. 285-287, out., 1994.

sumaríssimo, transação, turmas de recursos etc.). Dessas regras gerais os Estados (e a União, no que concerne ao Distrito Federal e Territórios) não podem fugir. Mas tudo que diz respeito a eles (o processo, a competência, o procedimento etc.) pode e deve ser objeto de legislação estadual.

E, mais adiante, observa o festejado Mestre gaúcho:

> Há quem vislumbre nessa excepcional autorização mais uma hipótese de competência concorrente (cuja disciplina está contida no art. 24, da CF). Não é o caso! Temos no art. 98, I (tal como nos artigos antes citados: 30, I e 125, § 1º), uma autorização legislativa excepcional privativa dos Estados. Assim, estes e somente eles, é que podem e devem (urgentemente) legislar sobre juizados especiais. Não é correto, s.m.j., o ponto de vista que sustenta que a União deve dar sobre o assunto as regras gerais. Estas já foram dadas pelo legislador constituinte. O mais deve ser concretizado na legislação estadual pertinente.[912]

1.2 Qual a diferença entre processo e procedimento?

O processo é o instrumento utilizado para solucionar o conflito de interesses, compor a lide – que é função de jurisdição, fazendo atuar o direito objetivo, a lei. HÉLIO TORNAGHI[913] bem o define: "O processo é um caminhar para a frente (*pro cedere*); é uma sequência ordenada de atos que se encadeiam numa sucessão lógica e com um fim: o de possibilitar, ao juiz, o julgamento".

Complementando:

> O processo deve ser meio de chegar a uma decisão justa. Qualquer formalidade que possa levar a uma solução errada, quer por falta de garantia, quer pelo uso do formalismo como fim e não como meio, é o contraprocesso (num hibridismo mais enfático: é o antiprocesso). O processo deve ter uma causa concreta. O Judiciário não tem por finalidade a mera doutrinação teórica; juiz não é professor. O que se destinasse exclusivamente a obter um pronunciamento doutrinário seria *processo aparente*.

Perfeito!

O procedimento é o caminho escolhido. Não há processo sem procedimento, que, na verdade, são vários atos coordenados, formas que se exteriorizam. O processo pode valer-se do procedimento comum, sumário, especial etc. O processo é, portanto, único; os procedimentos podem ser vários.

O conceito de processo é velho. Em 1927, EUGENIO FLORIAN[914], professor da Universidade de Turim, explicava que o objeto do processo "es definir una determinada relación de derecho penal entre el Estado y el delincuente, y para este fin se sirve de un conjunto coordenado de actividades y formas".

Aos estados compete suplementar a legislação federal com normas específicas de procedimento, não se lhes sendo permitido editar leis penais e processuais. O Supremo Tribunal Federal declarou inconstitucional o art. 59, da Lei n. 5466/1991, do estado da Paraíba, que definiu as infrações de menor potencial ofensivo ao julgar o HC 71713-6/PB, em sessão de 26.10.1994 (*DJ* 23.03.2001), relator Min. SEPÚLVEDA PERTENCE (Ementa: "4. Consequente inconstitucionalidade da lei estadual que, na ausência de lei federal a respeito, outorga competência penal a juizados especiais e lhe demarca o âmbito material").

Também não podem os Tribunais dos Estados criar, por resolução, Juizados Especiais, dispondo sobre organização, composição e competência. Observe o que dispõe o art. 98, I, da Constituição Federal, e os arts. 1º e 93 (ora comentado), da Lei n. 9099/1995.

---

[912] Ibid.
[913] TORNAGHI, 1987, p. 1.
[914] FLORIAN, 1934, p. 14.

Ao apreciar a ADIn 1807-5/MT, em sessão de 23.04.1998 (*DJ* 05.06.1998), o Supremo Tribunal, tendo como relator o Min. SEPÚLVEDA PERTENCE, deferiu pedido de medida liminar para suspender, até decisão final da ação direta, a eficácia de artigos da Lei n. 6176/1993, do estado de Mato Grosso, sob o fundamento de que: "Os critérios de identificação das *causas cíveis de menor complexidade* e dos *crimes de menor potencial ofensivo*, a serem confiados aos Juizados Especiais, constituem matéria de Direito Processual, da competência legislativa privativa da União".

1.3 Sistema de Juizados Especiais Cíveis e Criminais

Sistema significa um complexo de regras, preceitos, princípios para disciplina de uma determinada questão, matéria. Assim, temos sistema tributário, sistema de saúde, sistema penitenciário, sistema financeiro, sistema mercantil, sistema econômico, sistema de trabalho, sistema processual, sistema penal, sistema civil etc.

Os sistemas, muitas vezes, subdividem-se em subsistemas, como o penal, em que temos um *subsistema clássico*, relativo aos crimes de grande potencial ofensivo (Cf. art. 61, da Lei n. 9099/1995), dando ênfase à pena de prisão, à formalidade; e o *subsistema consensual*, em que o forte é a conciliação, o consenso, a não aplicação da pena de prisão, em que são previstas, na Lei n. 9099/1995, medidas despenalizadoras: a composição civil (art. 74); a transação penal (art. 76); a representação nas lesões corporais (art. 88) e a suspensão condicional do processo (art. 89).

O sistema processual civil é dividido em um *macrossistema*, clássico, tradicional, e em um *microssistema*, naquele predominando solução mediante a sentença que *impõe* a solução ao conflito. Neste último, o acordo, a transação, com forte inclinação para a informalidade, uma justiça *participativa*.

Sistema de Juizados Especiais vem a ser, portanto, um conjunto de regras e princípios que fixam, disciplinam e regulam um novo método de processar as causas cíveis de menor complexidade (Lei n. 9099/1995, art. 3º) e as infrações penais de menor potencial ofensivo (Lei n. 9099/1995, art. 60). Uma nova justiça marcada pela oralidade, simplicidade, informalidade, celeridade e economia processual para conciliar, processar, julgar e executar, com regras e preceitos próprios (Lei n. 9099/1995, arts. 2º e 62) e, também, com uma estrutura peculiar, juízes togados e leigos, conciliadores, Juizados Adjuntos, Juizados Itinerantes, Turmas Recursais, Turmas de Uniformização (Lei n. 10259/2001, art. 14).

O Juizado Especial, tanto o Estadual como o Federal, tem suas normas gerais traçadas pela Constituição Federal, art. 98, I.

1.3.1 A estrutura do Juizado

O Juizado é composto por juízes togados ou togados e leigos, dirigido por um Juiz togado. Da decisão por ele proferida, cabe recurso para a Turma Recursal, constituída por três juízes do primeiro grau. Em alguns estados, como em Pernambuco, não temos Turma Recursal Criminal, e sim Colégio Recursal Criminal[915] (Cf. Resolução n. 1, de 02.07.2003 – *DJP* 22.07.2003; A Resolução 407/de 10.11.2017 do TJPE manteve essa denominação. Atualmente, temos no Estado os seguintes Colégios Recursais: 1º Colégio Recursal – sede em Recife; 2º Colégio Recursal – sede em Caruaru; 3º Colégio Recursal – sede em Petrolina; 4º Colégio Recursal – sede em Garanhuns), ou Turmas de Recursos, como em Santa Catarina (Cf. Resolução n. 4/2007, *DJe* 334, de 20.11.2007).[916]

---

[915] Resolução n. 1/2003, art. 72. O Colégio Recursal compõe-se de três Juízes de Direito, em exercício na última entrância no primeiro grau de jurisdição, e por até seis suplentes, sendo presidido pelo magistrado mais antigo entre os titulares, ou pelo substituto mais antigo na falta daquele, podendo ser desdobrado em Turmas, em face do acúmulo de trabalho, compostas pelos magistrados suplentes, observada a ordem de antiguidade, e presidida pelo Juiz mais antigo. A Resolução 407/, de 10.11.2017, do TJPE manteve essa denominação.

[916] Resolução n. 4/2007, art. 2º. As Turmas de Recursos Cíveis e Criminais serão compostas, cada uma, de três Juízes de Direito efetivos e dois suplentes. § 1º Para o funcionamento da Turma de Recursos, é obrigatória a presença de três Juízes. § 2º Cada Juiz será designado por três anos, admitida uma recondução, a critério da Corregedoria-geral da Justiça, a quem caberá propô-la ao Conselho Gestor. § 3º O Juiz contará com pessoal de apoio, para pesquisa e para

1.3.1.1 Juizado Especial Adjunto

Os Juizados Especiais Adjuntos podem funcionar anexos a todas as Varas, ou seja, cada Vara ter um Juizado Especial Adjunto, ou em uma só delas. Atuarão em cada Juizado o titular e o substituto da Vara, isto é, o Juiz Titular da Vara e o Substituto responderão pelos Juizados Adjuntos. O Juizado utilizar-se-á do mesmo quadro de servidores da Vara a que estiver anexado.

1.3.1.2 Juizados Itinerantes

O Juizado Itinerante, terrestre ou fluvial, tem por objetivo levar o atendimento judiciário até o cidadão, principalmente aos setores mais pobres da sociedade, situados nas periferias das cidades. Geralmente é constituído de uma unidade móvel, que funciona em um ônibus, ou caminhão, ou embarcação, adaptado e preparado para levar uma equipe composta por juízes, conciliadores, atendentes judiciários e pessoal de apoio, que embarca para atender à população pobre, às comunidades ribeirinhas, sem nada cobrar e de forma ágil, eficiente e desburocratizada. Foi o Poder Judiciário amapaense que primeiro cuidou do Juizado Itinerante, chegando "efetivamente junto à população, por intermédio das ações dos Juizados Especiais".

Existente, também, o Juizado Volante, que tem a finalidade de atender, de imediato, às questões decorrentes de acidentes de veículos em que haja, exclusivamente, danos materiais. Sua área de ação abrange tão somente acidentes de trânsito, mas quando não há vítimas fatais ou gravemente feridas. Contudo só se deve cuidar de Juizados Itinerantes quando, na sede, o andamento dos processos estiver normal. Não adianta "ir em busca de ações" em locais distantes e, depois, não resolver nada, nem as questões dos jurisdicionados mais próximos nem dos mais distantes.

1.3.2 Juizados Especiais Federais. Organização. Peculiaridades

No âmbito da Justiça Federal, a Lei n. 10259, de 2001, traça as principais linhas da organização dos Juizados Especiais. Temos, ainda, Turmas de Uniformização Regionais (uma em cada região) e Nacional.

Quando houver divergência entre Turmas Recursais da mesma região, o pedido de uniformização de jurisprudência será julgado em reunião conjunta das Turmas em conflito, sob a presidência do juiz coordenador, ou seja, por uma Turma de Uniformização Regional.

Se a divergência for entre decisões de Turmas de diferentes regiões ou da proferida em contrariedade à súmula ou jurisprudência dominante do STJ, o julgamento dar-se-á por uma Turma de Uniformização, integrada por juízes de Turmas Recursais, sob a presidência do Coordenador-geral da Justiça Federal.[917] O Conselho da Justiça Federal dispôs, no art. 1º, § 1º, que a Turma de Uniformização é integrada de dois juízes de Turmas Recursais de cada região, escolhidos pelo respectivo Tribunal Regional Federal com mandato de dois anos, sem recondução.

O juiz coordenador é escolhido pelo Tribunal Regional, entre um de seus membros, para um mandato de dois anos (Lei n. 10259/2001, art. 22). O Coordenador-geral da Justiça Federal é um ministro do Superior Tribunal de Justiça que integra o Conselho da Justiça Federal.

A Resolução n. 10, de 21.09.2007, do Superior Tribunal de Justiça, regulamentou o § 4º, do art. 14, da Lei n. 10259, de 2001, assim como fez a Resolução n. 586, de 30.07.2019, do Conselho da

---

digitação de seus despachos, decisões e acórdãos. § 4º As Turmas Recursais serão dotadas de uma Secretaria própria, composta, no mínimo, por um Secretário e um Técnico Auxiliar. Art. 3º As Turmas de Recursos serão compostas por Juízes de Direito de entrância especial ou, não sendo possível, por Juízes de Direito de entrância igual ou superior à do prolator da sentença, com jurisdição na comarca sede ou em comarca que integre o grupo jurisdicional de que este faz parte.

[917] Lei n. 10259/2001, art. 14, § 2º. O pedido fundado em divergência entre decisões de turmas de diferentes regiões ou da proferida em contrariedade à súmula ou jurisprudência dominante do STJ será julgado por Turma de Uniformização, integrada por juízes de Turmas Recursais, sob a presidência do Coordenador da Justiça Federal.

Justiça Federal, disciplinando o incidente de uniformização de jurisprudência quando a orientação, em questão de direito material, acolhida pela Turma de Uniformização (a Nacional), contrariar súmula ou entendimento dominante no Superior Tribunal de Justiça.

Definitivamente, temos um *amor roxo*[918] por recursos e pela *burocracia!*[919] *Vixe Maria!*[920] Herança de Portugal de 1500.

O Conselho da Justiça Federal, pela Resolução n. 315, de 23.05.2003 (*DO* 27.05.2003, Seção I, p. 231), instituiu uma Comissão Permanente dos Juizados Especiais Federais, funcionando junto a si, incumbida de acompanhar a implantação e o funcionamento dos Juizados Especiais Federais. Essa Comissão, presidida pelo Coordenador-geral da Justiça Federal, é integrada pelos Coordenadores Regionais dos Juizados Especiais Federais e pelo presidente da Associação dos Juízes Federais do Brasil (Ajufe).

1.3.3 Juizados Especiais Estaduais. Organização

Nos Juizados Estaduais, há, igualmente, um Conselho Supervisor (também denominado, em algumas leis estaduais, Conselho de Supervisão) abrangendo todo o estado, não tendo função jurisdicional. Os estados não previram e podem, sem dúvida, instituir Turmas de Uniformização. Na verdade, a organização dos Juizados Estaduais é mais simples e menos burocrática do que a dos Federais.

A Lei Complementar n. 851, de 09.12.1998, do estado de São Paulo, dispôs sobre o sistema de Juizados Especiais Cíveis e Criminais, estabelecendo, no seu art. 1º, que ele é "integrado pelos Juizados Cíveis e Criminais, e respectivas Turmas Recursais, como órgãos do Poder Judiciário, para a conciliação, processo, julgamento e execução das causas de sua competência, nos termos da Lei n. 9099, de 26.09.1995".

Há um Conselho Supervisor do Sistema composto: **a)** do Presidente do Tribunal de Justiça; **b)** de três desembargadores, membros efetivos, e respectivos suplentes, designados pelo Órgão Especial; **c)** de dois juízes-diretores de Juizados Cíveis e um juiz-diretor de Juizado Criminal, membros efetivos e respectivos suplentes, designados pelo Conselho Superior da Magistratura.

O Conselho Supervisor tem por atribuição planejar e orientar o funcionamento dos Juizados, cabendo-lhe autorizar o funcionamento como Juizado Itinerante de Juizado Informal de Conciliação, ou Especial; propor o funcionamento diário, inclusive no período das férias forenses, dos Juizados.

Cada Juizado é dirigido por um juiz-diretor, designado pelo Conselho Superior da Magistratura mediante proposta do Conselho Supervisor.

Em alguns estados da Federação foram os Juizados disciplinados por lei ordinária e, em outros, por lei complementar.

> **Art. 94.** Os serviços de cartório poderão ser prestados, e as audiências realizadas fora da sede da Comarca, em bairros ou cidades a ela pertencentes, ocupando instalações de prédios públicos, de acordo com audiências previamente anunciadas.

---

[918] Amor louco.

[919] "[Do fr. *Bureaucratie*.] S.f. 1. Administração da coisa pública por funcionário (de ministério, secretarias, repartições etc.) sujeito a hierarquia e regulamento rígidos, e a uma rotina inflexível." (BUROCRACIA. In: FERREIRA, A. B. de H. *Novo Aurélio século XXI*: o dicionário da língua portuguesa. 3. ed. 2. imp. ver. ampl. Rio de Janeiro: Nova Fronteira, 1999. p. 343). *Bureaucratie* deve originar-se da palavra *bureau*: escrivaninha, mesa de gabinete. *Bureaucratie*. "Péjor. Ensemble des bureaucrats, envisage dans sa puissance abusive, routinière" – LE LAROUSSE de poche. Édition mise à jour, dictionnaire de langue française et de la culture essentielle, 2003. p. 107 (Péjor.: abreviação de *péjoratif*. Pejorativo. Conjunto de burocratas considerados no seu poder abusivo, rotineiro).

[920] Interjeição usada pelos baianos para exprimir espanto.

1. A JUSTIÇA INDO ATÉ OS MENOS FAVORECIDOS

O objetivo do legislador em levar os serviços de cartório e as audiências para fora da sede da Comarca foi fazer que os Juizados cheguem àqueles que não têm condições de ir ao Fórum, não só por não conhecerem seus direitos, como por falta de recursos e, também, por medo, medo de ingressar na Casa da Justiça! Facilita-se, desse modo, o acesso à justiça, o mais fundamental dos direitos do homem.

Observe o que dizem MAURO CAPPELLETTI e BRYAN GARTH[921] sobre essa questão:

"O desafio é criar foros que sejam atraentes para os indivíduos, não apenas do ponto de vista econômico, mas também físico e psicológico, de modo que eles *se sintam à vontade e confiantes* para utilizá-los, apesar dos recursos de que disponham aqueles a quem eles se opõem" (g.n.).

Observa BOAVENTURA DE SOUSA SANTOS[922], ilustre professor de Coimbra:

> Estudos revelam que a distância dos cidadãos em relação à administração da justiça é tanto maior quanto mais baixo é o estrato social a que pertencem e que essa distância tem como causas próximas não apenas fatores econômicos, mas também fatores sociais e culturais, ainda que uns e outros possam estar mais ou menos remotamente relacionados com as desigualdades econômicas.

Na verdade, o que importa mais não é facilitar o acesso à justiça, e sim, como diz KAZUO WATANABE[923], "de viabilizar o *acesso à ordem jurídica*".

Não só ir até onde está o *necessitado*, mas é preciso, e muito, mudar o pensamento do juiz – ainda que, muitas vezes, oriundo da classe proletária[924] – que é *aristocrático*,[925] formal e, algumas vezes, presunçoso, prepotente, infectado pela *juizite*[926], esquecido de que sua força vem de ser um agente político e de ser um delegado do povo!

Daí dizer WATANABE[927]:

> O acesso à ordem jurídica justa supõe, ainda, um corpo adequado de juízes, com sensibilidade bastante para captar não somente a realidade social vigente, como também as transformações sociais a que, em velocidade jamais vista, está submetida a sociedade moderna, e isso evidentemente requer cuidados com o recrutamento e com o aperfeiçoamento constante dos juízes ao longo de sua carreira.

De tudo isso resulta que precisa a sociedade do juiz que compreenda a natureza dos conflitos emergentes,[928] que sinta a realidade do povo brasileiro, que não tenha medo do *cheiro de povo*,

---

[921] CAPPELLETTI, 1988, p. 97.
[922] SANTOS, B. DE S. *Pela mão de Alice*: o social e o político na pós-modernidade. 7. ed. São Paulo: Cortez, 2000. p. 170.
[923] WATANABE, K. Acesso à Justiça e sociedade moderna. In: GRINOVER, A. P.; DINAMARCO, C. R.; WATANABE, K. (coord.). *Participação e processo*. São Paulo: RT, 1988. p. 128.
[924] Proletariado: "O uso mais preciso refere-se a uma classe de trabalhadores manuais, industriais, pobres, que não têm capital [...]". PROLETARIADO. In: WARRENDER, J. H. *Dicionário de ciências sociais*. 2. ed. Rio de Janeiro: FGV, 1987. p. 997. Proletariado: "É um vasto grupo social constituído pelo subconjunto dos trabalhadores dependentes que, ocupados em diversos ramos de atividade no âmbito do processo de produção capitalista, recebem um salário, em troca do trabalho prestado, de quem detém a propriedade dos meios de produção e o controle de sua prestação de trabalho". CERI, P. Proletariado. In: BOBBIO, N.; MATTEUCCI, N.; PASQUINO, G. *Dicionário de política*. 2. ed. Tradução: João Ferreira et al. Brasília: UnB, 1986. p. 1015.
[925] Requintado, elitizado, com maneiras superiores, de uma classe privilegiada.
[926] **Juizite**: uma *doença* que infecciona o juiz e que tem como sintomas a arrogância, a prepotência, a vaidade excessiva, assim como a *promotorite* e a *procuratorite*, que atacam os representantes do Ministério Público, e **ministrite**, os ministros. Moléstias gravíssimas.
[927] WATANABE, op. cit., p. 134.
[928] Emergente: proveniente, resultante (sair de onde estava, aflorar, aparecer).

que não tenha receio nem da mídia (parte dela, a má), nem de parte setorizada (a terrorista) do Ministério Público. Não se pode esquecer: "Para realizar justiça eficiente é imprescindível que o magistrado seja uma criatura de sua época, misturando-se na sociedade para melhor conhecê-la" (DRIOUX)[929].

Ao comentarmos o art. 93, estudamos os Juizados Itinerantes e os Volantes.

2. OCUPAÇÃO DE INSTALAÇÕES PÚBLICAS

O termo ocupação é muito forte, dá a impressão de alguém apoderar-se de algo que não tem dono ou de tomá-lo à força. Não pode o juiz impor. Deve, sim, entrar em contato com as autoridades locais para um consenso quanto ao dia e ao horário.

O prédio público pode ser utilizado pelos Juizados para que os serviços forenses sejam realizados – a *atermação*[930], as audiências etc. Assim, podem ser utilizadas as escolas públicas de ensino fundamental (o outrora primário), de médio (o antigo ginásio e o curso de colégio, clássico e científico) e as faculdades. Nada impede que se sirva, também, das escolas particulares. Devem ser buscados convênios com essas instituições.

3. AUDIÊNCIAS PREVIAMENTE ANUNCIADAS

É necessário divulgar o dia em que o Juizado volante vai a determinada comunidade, a fim de que os jurisdicionados tomem conhecimento e se dirijam até onde ele se encontra.

> **Art. 95.** Os Estados, Distrito Federal e Territórios criarão e instalarão os Juizados Especiais no prazo de 6 (seis) meses, a contar da vigência desta Lei.

1. A CRIAÇÃO E A INSTALAÇÃO DOS JUIZADOS

Determinou o legislador federal que fossem criados, pela União, no Distrito Federal e nos territórios (atualmente não temos nenhum território; dois, Roraima e Amapá, foram transformados em estados federados[931], e um, o de Fernando de Noronha, foi extinto e sua área reincorporada ao estado de Pernambuco),[932] e pelos Estados, Juizados Especiais Cíveis e Criminais, "para conciliação, processo, julgamento e execução, nas causas de sua competência" (Lei n. 9099/1995, art. 1º).

No lugar onde não existir Juizado, deve (obrigatória, e não facultativamente) o Juízo Comum aplicar os princípios dos Juizados e os institutos benéficos criados pela Lei dos Juizados, como a) composição cível (art. 74); b) transação penal (art. 76 e 79); c) preferência para as penas alternativas (art. 62); d) representação em crimes de lesões leves ou culposas (art. 88); e) suspensão do processo (art. 89); f) adoção do procedimento sumaríssimo.

Os Juizados são criados por lei estadual ou do Distrito Federal, e não por resoluções dos Tribunais de Justiça.

---

[929] DRIOUX apud BITTENCOURT, E. DE M. *O juiz*. Rio de Janeiro: Jurídica e Universitária, 1966. p. 191
[930] Atermação: redução a termo (a escrito) do pedido inicial do autor feito oralmente.
[931] Ato das Disposições Constitucionais Transitórias (ADCT), art. 14, *caput*. Os Territórios Federais de Roraima e do Amapá são transformados em Estados Federados, mantidos seus atuais limites geográficos [...].
[932] Ato das Disposições Constitucionais Transitórias (ADCT), art. 15. Fica extinto o Território Federal de Fernando de Noronha, sendo sua área reincorporada ao Estado de Pernambuco.

> **Art. 96**. Esta Lei entra em vigor no prazo de 60 (sessenta) dias após a sua publicação.

1. A VIGÊNCIA DA LEI. SISTEMAS IMEDIATO, SINCRÔNICO OU SIMULTÂNEO E SUCESSIVO OU PROGRESSIVO

Sobre o prazo para a entrada em vigor das leis, EDUARDO ESPÍNOLA e EDUARDO ESPÍNOLA FILHO[933] assim se manifestam de modo claro e didático:

> São diversos os sistemas, a respeito; ou se considera a lei conhecida de todos, e assim obrigatória, logo após a inserção do decreto promulgatório no órgão oficial; ou se determina o prazo, em que se presume conhecida depois da inserção; ou, então, a própria lei declara o dia em que começa a sua força obrigatória; ou, ainda, há diferentes prazos para se supor divulgada, de acordo com as distâncias entre os diversos pontos do Estado e a sede do Governo e do Congresso. Daí apontarem-se o sistema de publicação simultâneo, o do prazo único fixado para a obrigatoriedade, o progressivo, o sucessivo.

A lei em comento estabeleceu um prazo único, sessenta dias, a contar de sua publicação, para que as normas relativas aos Juizados Especiais Estaduais pudessem ser obrigatórias, mas fixou um prazo de seis meses para que os estados, o Distrito Federal e os territórios (atualmente não temos nenhum território) criassem e instalassem os Juizados Especiais (art. 95). Já a Lei n. 10259, de 2001, fixou um prazo, também único, de seis meses, para sua entrada em vigor, igualmente a contar de sua publicação. Foram prazos que o legislador achou necessários para que as leis se tornassem conhecidas e para que o Poder Judiciário se preparasse para instituir os Juizados Especiais.

1.1 Sistema imediato

É o legislador quem determina quando a lei entra em vigor. De um modo geral, consagrou ele o princípio da aplicação imediata da lei, mormente se processual. Com referência à lei processual, no ensinamento de EDUARDO ESPÍNOLA FILHO[934], "está na mais absoluta coerência das regras norteadoras do instituto do direito intertemporal, pelas quais não se sustenta a irretroatividade das leis processuais". A lei entra vigor na data de sua publicação.

1.2 Sistema sincrônico ou simultâneo

Para todos os pontos do país, a lei entra em vigor em uma data determinada. Exemplo é o art. 1º da vigente Lei de Introdução às Normas do Direito Brasileiro (Dec.-lei n. 4657, de 04.09.1942): "Salvo disposição contrária, a lei começa a vigorar em todo o país 45 (quarenta e cinco) dias depois de oficialmente publicada".

1.3 Sistema sucessivo ou progressivo

A lei entra em vigor em prazos diversos para os diferentes pontos do país, a depender da distância da capital da República. Exemplo desse sistema era o disposto no art. 2º, da antiga Lei de Introdução ao Código Civil (Lei n. 3071, de 01.01.1916):

> A obrigatoriedade das leis, quando não fixem outro prazo, começará no Distrito Federal *três dias* depois de oficialmente publicadas, *quinze dias* no Estado do Rio de Janeiro, *trinta dias* nos Estados marítimos e no de Minas Gerais, *cem dias* nos outros, compreendidas as circunscrições em Estados (g.n.).

---

[933] ESPÍNOLA, E. et al. *A Lei de Introdução ao Código Civil brasileiro*. v. 1. 2. ed. atual. por Silva Pacheco. Rio de Janeiro: Renovar, 1995. p. 44.
[934] ESPÍNOLA FILHO, 1976, p. 165.

A obrigatoriedade da lei, assim, dá-se simultaneamente, concomitantemente, no mesmo momento, para todos os habitantes do país.

2. A LEI: ELABORAÇÃO, SANÇÃO, PROMULGAÇÃO E PUBLICAÇÃO

2.1 Elaboração

A lei é elaborada pelo Poder Legislativo, ainda que venha em forma de medida provisória, pois é esse Poder que, na verdade, dá seu cunho de validade, apreciando-a para rejeitá-la ou não. Dispõe o § 5º, do art. 62, da Constituição Federal: "A deliberação de cada uma das Casas do Congresso Nacional sobre o mérito das medidas provisórias dependerá de juízo prévio sobre o atendimento de seus pressupostos constitucionais".

2.2 Sanção

Aquiescendo com o projeto de lei elaborado pelo Congresso Nacional, o Chefe do Poder Executivo a sanciona (sanção, de *sanctum, sancire,* isto é, ordenar, mandar, aprovar) – art. 66, da Constituição –, dá, portanto, o seu *placet, placere*[935].

2.2.1 Veto

Não concordando, por ntende-lo, no todo ou em parte, inconstitucional ou contrário ao interesse público, o Chefe do Poder Executivo veta, isto é, veda, proíbe (arts. 66, § 1º, e 84, V, da CF). O veto é apreciado em sessão conjunta do Congresso Nacional, que pode, em escrutínio secreto, por maioria absoluta, rejeitá-lo (§ 4º, do art. 66, da CF).

2.3 Promulgação

Sancionado o projeto de lei, o Chefe do Poder Executivo o promulga, ou seja, perante a sociedade, atesta a existência da nova lei e ordena que seja cumprida ao determinar que seja publicada. Torna-a executória. O projeto é, desse modo, transformado em lei.

Ensina NELSON DE SOUZA SAMPAIO[936]: "Enquanto a promulgação é ato essencial para o nascimento da lei, o mesmo não se dá quanto à sanção, que é dispensável. Quando a sanção foi tácita ou o veto foi recusado, é imprescindível o emprego da promulgação".

2.4 Publicação

Em seguida, a lei é publicada. Publicar a lei é orna-la conhecida e isso se dá por meio do *Diário Oficial*. Os jornais, ainda que de órgãos públicos e mesmo o *site* dos Poderes Executivo e Legislativo, não têm essa força, esse *poder*. Só o *Diário Oficial*. Dispõe o art. 1º, da Lei de Introdução às Normas do Direito Brasileiro: "Salvo disposição contrária, a lei começa a vigorar em todo o país 45 (quarenta e cinco) dias depois de *oficialmente publicada*". A lei é então obrigatória, e todos passam a lhe dever obediência.

A 5ª Câmara Civil do Tribunal de Justiça do estado de São Paulo, em sessão de 08.06.1956 (*RF* 170/271-272), relator Des. JOSÉ GERALDO RODRIGUES DE ALCKMIN, mais tarde Ministro do Supremo Tribunal Federal (outubro de 1972 a novembro de 1978), ao julgar o Ag. 76757, por votação unânime, entendeu: "A publicação apenas dá notoriedade à lei, cuja exequibilidade decorre da promulgação. A publicação não é condição intrínseca da existência da lei".

---

[935] Apraz-me (parecer bem).
[936] SAMPAIO, N. DE S. *Processo legislativo*. 2. ed. rev. atual. por Uadi Lamêgo Bulos. Belo Horizonte: Del Rey, 1996. p. 131.

Na hipótese, o Juiz de Direito, no despacho saneador, entendera que a lei não publicada não é lei. O caso é interessante. Vejamos. Consta do voto condutor do acórdão:

> No caso, é inegável que houve publicação da lei municipal, na Secretaria da Prefeitura local, de acordo com a certidão de fls. Pretende-se que tal forma de publicação é irregular, porque a publicação deveria ser feita pela imprensa. Mas se a publicação se destina a permitir [que] se presuma o conhecimento da lei, como poderá a Municipalidade, em cuja Prefeitura foi a lei publicada, invocar a pretendida irregularidade da publicação? Se o próprio prefeito, ao que se declara, não quis dar maior publicidade à lei, como poderá invocar a própria omissão, o próprio ato ilegítimo, para, por força dele, recusar-se ao cumprimento da lei? Portanto, em face da alternativa, estabelecida no art. 100, da Lei Estadual n. 1, de 18.09.1947, de obrigarem as leis, quando *publicadas por edital afixado na sede do Município ou na imprensa local,* se houver, é de reputar-se a publicação noticiada a fls., para que não possa, a própria Municipalidade, furtar-se ao cumprimento da lei a pretexto de irregularidade em tal publicação.

A Lei n. 9099/1995, ora em estudo, foi publicada no *Diário Oficial da União* de 27.09.1995.

2.5 Vacatio legis[937]

Quando a lei não entra imediatamente em vigor, o espaço de tempo entre a publicação e sua entrada em vigor denomina-se *vacatio legis,* que estudamos ao comentar o art. 90. Na verdade, é o período de a lei se tornar conhecida por um número maior de pessoas, ou seja, de ser divulgada e de as autoridades se prepararem para aplicá-la, inclusive os juízes e servidores do Poder Judiciário.

2.5.1 A contagem do prazo de vacatio legis

A contagem segue a regra comum nos processos. Exclui-se o dia do começo, o *dies a quo,* e inclui-se o dia final, do vencimento, o *dies ad quem. Dies a quo non computatur in termino; dies ad quem computatur in termino.*[938] Não há prorrogação, ainda que caia em sábados, domingos e feriados. É como a decadência.

2.6 Correção do texto com a republicação da lei

Não esquecer o que dispõem os §§ 3º e 4º, do art. 1º, da Lei de Introdução às Normas do Direito Brasileiro: "**§ 3º** Se, *antes de entrar a lei em vigor,* ocorrer nova publicação de seu texto, *destinada a correção,* o prazo deste artigo e dos parágrafos anteriores começará a correr da nova publicação" (destaquei). **§ 4º** As correções a texto de lei *já em vigor* consideram-se lei nova" (g.n.).

> **Art. 97.** Ficam revogadas a Lei n. 4611, de 02.04.1965, e a Lei n. 7244, de 07.11.1984.

1. REVOGAÇÃO

Termo oriundo do latim *revocatio* (*revocare*), que significa anular, tornar sem efeito ato anteriormente praticado.

---

[937] Vacância da lei.
[938] O dia de início do prazo não se conta no termo; o dia final, sim.

1.1 Ab-rogação

A revogação total chama-se *ab-rogação*. *Abrogatur legi, cum prorsus tollitur*.[939] Explica Antônio Luiz da Câmara Leal[940]:

> A revogação total de uma lei denomina-se *ab-rogação* – cuja pronúncia não é – *a-bro-ga-ção* –, como muitos entendem e usam, mas – *ab-rro-ga-ção* –, segundo o determina a origem etimológica do vocábulo, formado pela prefixação de – *ab* – à palavra – *rogatio* –, que designava a aprovação da lei entre os romanos na antiga Roma.

A revogação, portanto, abrange a *ab-rogação* (revogação total) e a derrogação (revogação parcial).

1.2 Derrogação

A derrogação, de *derogatio, onis* (*derogare*), é a revogação parcial de uma lei. Diziam os romanos: *Derogatur legi cum pars detrahitur*.[941]

1.3 Revogação das disposições em contrário

Comumente, o legislador, por questão de comodidade, dispõe que a lei que está sendo editada revoga as disposições de outras leis que lhe são contrárias. O intérprete que descubra quais são essas disposições! Eduardo Espínola[942], no seu *Sistema do Direito Civil Brasileiro*, ao contrário de Paulo de Lacerda, entende que, nessa hipótese, a revogação é expressa, apesar de ser uma declaração inútil, explicando: "A se admitir que, em casos tais, se trate de revogação tácita, teríamos de chegar à seguinte conclusão – o legislador declarou *expressamente* (ninguém poderá negar que o tenha feito em termos expressos), que as disposições em contrário ficam tacitamente revogadas".

Carlos Maximiliano[943] foi de uma felicidade muito grande quando disse:

> Dá-se a revogação expressa em declarando a norma especificadamente quais as prescrições que inutiliza; e não pelo simples fato de se achar no último artigo a frase tradicional – *revogam-se as disposições em contrário*: uso inútil; superfetação, desperdício de palavras, desnecessário acréscimo! Do simples fato de se promulgar lei nova em contrário, resulta ficar a antiga revogada.

Revogação tácita, quando há incompatibilidade entre as disposições da nova lei com a anterior, ou quando a nova lei regula toda a matéria que era regulada pela lei anterior. Na primeira hipótese, podemos ter uma revogação parcial. Na segunda, há uma *ab-rogação*, revogação total. *Lex posterior derogat priori*[944] (*Derogat* aí está no sentido de revogação total).

Sobre revogação das disposições em contrário, ao comentar o art. 811, do Código de Processo Penal, adverte Inocêncio Borges da Rosa[945]:

> Declarando revogadas as disposições em contrário, o artigo dá a entender que conservam vigor as disposições que não forem contrárias aos dispositivos legais e ao espírito do Código. Ao lado do Código de Processo Penal figuram, portanto, como fontes legislativas do Direito Processual Penal Brasileiro, **fontes primárias**: **1)** as leis complementares, os regulamentos, decretos, regimentos etc., posteriores ao Código de Processo; **2)** as leis complementares, os regulamentos, decretos e regimentos *anteriores* ao Código de Processo e às leis complementares,

---

[939] Ab-roga-se a lei quando totalmente se a revoga.
[940] Leal, 1943, p. 463.
[941] A derrogação da lei é extração de parte ou porção dela (derroga-se a lei quando se revoga só em parte).
[942] Espínola et al., 1995, p. 61.
[943] Santos, 1957, p. 439.
[944] A lei posterior derroga a anterior (Na verdade, derroga ou revoga).
[945] Rosa, 1961, p. 539-540.

não contrários aos seus dispositivos e espírito; como *fontes secundárias;* **3)** as leis penais (Direito Substantivo); **4)** o Código de Processo Civil, as leis, os regulamentos, decretos e regimentos atinentes ao Processo Civil e Comercial; **5)** os Códigos e as Leis processuais das ações civilizadas que se harmonizarem com o espírito da Legislação Processual Brasileira.

1.4 A repristinação

Uma lei revogada não se restaura porque a que a revogou veio a ser revogada. Dispõe o § 3º, do art. 2º, da Lei de Introdução ao Código Civil: "Salvo disposição em contrário, a lei revogada não se restaura por ter a lei revogadora perdido a vigência". A lei *morta* (revogada) só pelo milagre do *salvo disposição em contrário* ressuscita.

Cuidando-se de repristinação, lembramos a Lei n. 9868, de 10.11.1999, que, em seu art. 27, dispõe:

> Ao declarar a inconstitucionalidade de lei ou ato normativo e tendo em vista razões de segurança jurídica ou de excepcional interesse social, poderá o Supremo Tribunal Federal, por maioria de 2/3 (dois terços) de seus membros, restringir os efeitos daquela declaração ou decidir que ela só tenha eficácia a partir de seu trânsito em julgado ou de outro momento que venha a ser fixado.

O art. 27 está sendo impugnado no Supremo Tribunal Federal mediante duas ações diretas de inconstitucionalidade, uma, de n. 2154, promovida pela Confederação Nacional das Profissões Liberais (CNPL), e outra, de n. 2258, ajuizada pelo Conselho Federal da Ordem dos Advogados do Brasil. Ambas têm como relator o Min. SEPÚLVEDA PERTENCE.

Esse dispositivo tem gerado grandes polêmicas. CLÈMERSON MERLIN CLÈVE[946], sobre o assunto, explica:

> A reentrada em vigor da norma revogada nem sempre é vantajosa. O efeito repristinatório produzido pela decisão do Supremo, em via de ação direta, pode dar origem ao problema da legitimidade da norma revivida. De fato, a norma reentrante pode padecer de inconstitucionalidade ainda mais grave que a do ato nulificado. Previne-se o problema com o estudo apurado das eventuais consequências que a decisão judicial haverá de produzir. O estudo deve ser levado a termo por ocasião da propositura, pelos legitimados ativos, de ação direta de inconstitucionalidade. Detectada a manifestação de eventual eficácia repristinatória indesejada, cumpre requerer, igualmente, já na inicial da ação direta, a declaração da inconstitucionalidade, e, desde que possível, a do ato normativo suscitado.

Foi por esse motivo que o Min. CELSO DE MELLO, em decisão monocrática, não conheceu da ação direta de inconstitucionalidade ajuizada pela Associação dos Magistrados Brasileiros (AMB), com o objetivo de impugnar o art. 71, I e II, da Lei Complementar estadual n. 28, de 14.01.2002, que instituiu o Sistema de Previdência Social dos Servidores do estado de Pernambuco.[947]

O Supremo tem aplicado, em determinados casos, a *teoria da aparência,* não invalidando, por exemplo, os atos praticados por servidor público investido, por força de lei *inconstitucional,* em cargo público, em respeito à boa-fé de terceiros.

2. A REVOGAÇÃO DAS LEIS N. 4611/1965 E 7244/1984

A Lei n. 4611, de 02.04.1965, modificou as normas processuais dos crimes dos arts. 121, § 3º, e 129, § 6º, do Código Penal (homicídio e lesão corporal culposos), estabelecendo para eles o rito

---

[946] CLÈVE, C. M. *A fiscalização abstrata da constitucionalidade no direito brasileiro.* 2. ed. rev. atual. ampl. São Paulo: RT, 2000. p. 250.
[947] INFORMATIVO, n. 224, 16 a 20.04.2001.

sumário disposto nos arts. 531 a 538, do Código de Processo Penal; e a Lei n. 7244, de 07.11.1984, disciplinava as pequenas causas cíveis, desburocratizando-as e imprimindo uma certa celeridade ao dar predominância à conciliação. Foram as duas revogadas pela lei ora comentada.

Com referência à revogação da Lei dos chamados Juizados de Pequenas Causas (Lei n. 7244/1984) e suas consequências de ordem constitucional e infraconstitucional, notadamente em sede de autorização para os estados legislarem em matéria processual sobre Juizados Especiais (Lei n. 9099/1995), para não sermos repetitivos, enviamos o leitor interessado aos nossos comentários ao art. 93 (item n. 1.1, *supra*).

Capítulo V
DO FONAJE

Ao atuar nos Juizados Especiais, o profissional do Direito se depara com a questão da aplicação dos Enunciados do Fórum Nacional dos Juizados Especiais (Fonaje) e percebe-se que há sempre dúvidas que pairam sobre o assunto: os enunciados são de aplicação obrigatória? Vinculam as decisões dos Juízes dos Juizados Especiais?

Pode, a princípio, parecer que falar sobre tal assunto é uma grande perda de tempo, pois é sabido que nos Juizados Especiais se usam os Enunciados do Fonaje para resolver quase todos os problemas encontrados no dia a dia daquele órgão do Poder Judiciário.

O Fonaje tornou-se um dos maiores intérpretes das Leis dos Juizados, Lei n. 9099/1995, Lei n. 10259/2001 e Lei n. 12153/2009. Esse Fórum tem por objetivo reunir os magistrados dos Juizados Especiais, cíveis e criminais, de todos os estados e do Distrito Federal, para trocar experiências, uniformizar métodos de trabalho, procedimentos, mediante enunciados, após ampla discussão em assembleia, que já são vários, que orientam os magistrados, propiciando uma jurisprudência consolidada. Observem a importância do Enunciado n. 1 – "O exercício do direito de ação no Juizado Especial Cível é facultativo para o autor" –, que impediu a transferência de inúmeros processos das varas comuns para os Juizados Especiais, e do de n. 62 – "Cabe exclusivamente às Turmas Recursais conhecer e julgar o mandado de segurança e o *habeas corpus* impetrados em face de atos judiciais oriundos dos Juizados Especiais". Consolidado esse entendimento, o STJ proclamou a Súmula 376: "Compete a turma recursal processar e julgar o mandado de segurança contra ato de juizado especial". Veja-se o Enunciado 126: "A condenação por infração ao artigo 28, da Lei n. 11343/2006 não enseja registro para efeitos de antecedentes criminais e reincidência". A Lei n. 11343/2006 institui o Sistema Nacional de Políticas Públicas sobre Drogas (Sisnad); prescreve medidas para prevenção do uso indevido, atenção e reinserção social de usuários e dependentes de drogas; estabelece normas para repressão à produção não autorizada e ao tráfico ilícito de drogas; define crimes e dá outras providências.

O Enunciado pode ou não ser aplicado, dependendo do caso e do processo. Evidentemente, não está acima da lei.

O Fonaje foi instalado no ano de 1997, sob a denominação de Fórum Permanente de Coordenadores de Juizados Especiais Cíveis e Criminais do Brasil, e sua idealização surgiu da necessidade de se aprimorar a prestação dos serviços judiciários nos Juizados Especiais, com base na troca de informações e, sempre que possível, na padronização dos procedimentos adotados em todo o território nacional.

Qual a força dos enunciados do Fonaje?

A conclusão obtida é de que os enunciados do Fonaje não têm força vinculante, servindo-se apenas de orientação para a interpretação da Lei n. 9099/1995.

Capítulo VI
Ações de Impugnação nos Juizados Especiais Criminais

I – ARGUIÇÃO DE INCONSTITUCIONALIDADE

1. CONTROLE DE CONSTITUCIONALIDADE DIFUSO OU INCIDENTAL

Nosso ordenamento jurídico admite o controle de constitucionalidade das normas mediante um controle difuso, concreto, ou incidental das normas por todos os órgãos jurisdicionais. É o que prescrevem os arts. 97, 102, III, *a* a *c*; e 105, III, *a* e *b*. Explica GILMAR FERREIRA MENDES[948]:

> O controle de constitucionalidade concreto ou incidental, tal como desenvolvido no Direito brasileiro, é exercido por qualquer órgão judicial, no curso de processo de sua competência. A decisão, "que não é feita sobre o objeto principal da lide, mas sim sobre questão prévia, indispensável ao julgamento de mérito", tem o condão, apenas, de afastar a incidência da norma viciada.

Salientando:

> A questão de constitucionalidade há de ser suscitada pelas partes ou pelo Ministério Público, podendo vir a ser reconhecida *ex officio* pelo juiz ou tribunal. Todavia, perante o tribunal, a declaração de inconstitucionalidade somente poderá ser pronunciada "pelo voto da maioria absoluta de seus membros ou dos membros do órgão especial disciplinado no art. 144, V, da Constituição de 1967/1969" (de acordo com a CF/88, art. 97).

2. O JUIZADO ESPECIAL E A TURMA RECURSAL E A APRECIAÇÃO DE INCONSTITUCIONALIDADE

Podem o Juizado Especial e a Turma Recursal apreciar a inconstitucionalidade de um dispositivo de lei?

– Nada impede que o juiz, nos processos da competência do Juizado, verificando a afronta da lei a dispositivo constitucional, não a aplique. É o controle difuso de constitucionalidade.

A Turma Recursal, pela maioria absoluta de seus membros, pode declarar a inconstitucionalidade de lei?

– Não. A Constituição Federal, em seu art. 97, dispõe que os tribunais, pela maioria de seus membros, poderão decretar a inconstitucionalidade de lei ou ato normativo do poder público. A Turma Recursal não é tribunal. Atente-se que só o Pleno é que tem tal competência. É a consagração da *cláusula de reserva do plenário*. As turmas e seções, não. O que pode a Turma Recursal é deixar de aplicar a lei que entendeu ser inconstitucional, tal qual faz o juiz monocrático.

II – *HABEAS CORPUS*

1. HISTÓRICO

O *habeas corpus* (*writ of habeas corpus*)[949] é instituição criada pelo povo inglês. Não constava de nossa Constituição de 1824. Veio figurar, pela primeira vez, na Constituição de 1891, art. 72, § 22:

"Dar-se-á o *habeas corpus* sempre que o indivíduo sofrer ou se achar em iminente perigo de sofrer violência ou coação por ilegalidade ou abuso de poder".

---

[948] MENDES, G. F. *Controle de constitucionalidade*: aspectos jurídicos e políticos. São Paulo: Saraiva, 1900. p. 202.
[949] Mandado de *habeas corpus*.

O conceito de violência e constrangimento eram amplos. Não era só a liberdade de ir e vir. Tanto assim que Rui Barbosa, entendendo que era dispensável o constrangimento físico, impetrava mandado de segurança[950] para proteger qualquer direito líquido e certo do indivíduo atingido por abuso do Estado. O raio de ação do *habeas corpus* era amplo. A Emenda de 1926 alterou a redação, ficando:

"Dar-se-á *habeas corpus* sempre que alguém sofrer ou se achar em iminente perigo de sofrer violência por meio de prisão ou constrangimento em sua liberdade de locomoção".

Houve, assim, restrição ao conceito de violência e de constrangimento. O objeto de *habeas corpus* passou a proteger tão somente a liberdade de locomoção.

Antes de a Constituição Federal dispor sobre o *habeas corpus*, o Código do Processo Criminal de Primeira Instância, Lei de 29.11.1832, consagrou-o. Foi pioneiro em nosso ordenamento jurídico, disciplinando-o nos arts. 340 a 355. No art. 340, conceituou-o da seguinte forma:

"Todo cidadão que entender que, ele ou outrem, sofre uma prisão ou constrangimento ilegal, tem direito de pedir uma ordem de *habeas corpus* em seu favor".

Posteriormente, a Lei n. 2033, de 20.09.1871, ampliou o conceito do *habeas corpus*, estatuindo, no § 1º, do art. 18: "Tem lugar o pedido e concessão da ordem de *habeas corpus* ainda quando o impetrante não tenha chegado a sofrer o constrangimento corporal, mas se veja dele ameaçado".

2. O QUE SIGNIFICA *HABEAS CORPUS*?

Habeas corpus, diz Pontes de Miranda[951], "eram as palavras iniciais da fórmula no mandado que o Tribunal concedia, endereçado a quantos tivessem em seu poder, ou guarda, o corpo do detido. A ordem era do teor seguinte: 'Toma [literalmente: tome, no subjuntivo, *habeas corpus*, de *habeo, habere*, ter, exibir, tomar, trazer etc.] o corpo deste detido e vem submeter ao Tribunal o homem e o caso'".

3. CONCEITO E FINALIDADE

A finalidade do *habeas corpus* é proteger a liberdade pessoal, o *jus eundi*[952] dos romanos. No conceito mais largo, o *jus manendi, ambulandi, eundi ultro citroque*[953]. Explica Pontes de Miranda[954]:

> Restringir a liberdade pessoal é limitar, abarreirar[955], comedir[956], por quaisquer meios empecivos[957], o movimento de alguém; obrigar o indivíduo a não *ir*, a não *ficar* ou a não *vir* de algum lugar; constrangê-lo a mover-se ou a caminhar; impedir-lhe que não fique, vá ou venha. Tais meios proibitórios podem ser originados de lei legítima. Nesse caso, não fica menos íntegra a liberdade pessoal. Mas podem provir de autoridades incompetentes, do arbítrio de outrem, autoridade ou particular, e eis a figura jurídica da violação, punível pelos Códigos e imediatamente remediável pelo *habeas corpus*.

---

[950] O mandado de segurança nasceu de sugestão do grande baiano João Mangabeira à Comissão elaboradora do Anteprojeto da Constituição de 1934 e foi por ele batizado com esse nome. Estando previsto, pela primeira vez, na Constituição de 1934, que, no art. 113, item 33, dispôs: "Dar-se-á mandado de segurança para defesa do direito, certo e incontestável, ameaçado ou violado por ato manifestamente inconstitucional ou ilegal de qualquer autoridade. O processo será o mesmo do *habeas corpus*, devendo ser sempre ouvida a pessoa jurídica de direito público interessada. O mandado não prejudica as ações petitórias competentes".

[951] Miranda, 1979, p. 22.

[952] Direito de ir e vir.

[953] O direito de permanecer, retirar-se, locomover-se para um lado e para outro.

[954] Miranda, op. cit., p. 39.

[955] Cercar de barreiras.

[956] Conter, moderar.

[957] Estorvos, obstáculos.

A Constituição é a "ordem escrita do povo", ou como explicitou o genial Rui Barbosa[958]: "A Constituição é criatura do povo no exercício do poder constituinte". O juiz, como "mandatário do povo", há de obedecê-lo. O que vemos, nos dias atuais, são os juízes e tribunais, em parcela significativa, ficarem com receio de conceder ordem de *habeas corpus*, acuados que se sentem pela mídia (a parte ruim) e por um setor (o pecaminoso) do Ministério Público. Isso é triste e vergonhoso!

Não pode o juiz esquecer a lição de Pontes de Miranda[959]: "Usando da autorização que o povo lhe dá e da própria independência que a carta inicial lhe assegura, o Poder Judiciário fiscaliza, sonda, depura, constitucionaliza todas as vezes em que é invocada a vida jurídica da nação."

As autoridades não podem e não devem criar obstáculos ao *habeas corpus*.

Sofrer alguém violência ou coação em sua liberdade de locomoção, por ilegalidade ou abuso de poder. Violência é resultado da força física, o constrangimento físico, ou seja, a detenção, a prisão, atuando sobre o corpo do cidadão; coação é fruto do emprego da força moral, o constrangimento moral agindo sobre a vontade. Ilegalidade, ou seja, contra a lei em sentido amplo; abuso de poder consiste em agir com exorbitância, é o mau uso ou uso errôneo do poder, o que pode constituir crime (Lei n. 13869/2019, art. 9º: "Decretar medida de privação da liberdade em manifesta desconformidade com as hipóteses legais". A violência, insista-se, tem de ser ilegal.

4. NATUREZA

O *habeas corpus* não é recurso ("a erronia seria imperdoável", constata Pontes de Miranda[960], que disse ter o legislador do Código de Processo Penal revelado "grande ignorância" ao colocá-lo no capítulo dos recursos). Trata-se de uma ação mandamental, diz ele. É uma ação que tem por objetivo restabelecer a liberdade de locomoção ou impedir que a prisão ocorra. Tourinho Filho[961] observa, como o fazem, igualmente, Frederico Marques[962], Ada Pellegrini, Gomes Filho e Scarance Fernandes[963], que se trata na verdade de ação penal popular, uma vez que "qualquer pessoa tem legitimidade para impetrá-lo".

E a natureza da sentença que o julga? Se for concessiva, pode ser de natureza *cautelar*, no caso de *habeas corpus* preventivo; *constitutiva*, se anular o processo; e *declaratória*, se reconhece e decreta a extinção da punibilidade. A natureza da sentença depende, portanto, da natureza da prestação jurisdicional que se pleiteia.

5. ESPÉCIES

5.1 *Habeas corpus* de ofício

Se dos autos exsurgir[964] que alguém sofre constrangimento ilegal ou está prestes a sofrê-lo, o juiz pode, de ofício[965], conceder *habeas corpus* (Cf. § 2º, do art. 654, do CPP).

5.2 *Habeas corpus* liberatório

Neste caso, a pessoa está presa e se objetiva liberá-la, restituí-la à liberdade. Concedida a ordem, será expedido alvará de soltura.

---

[958] Barbosa, 1932, p. 20.
[959] Miranda, 1979, p. 200.
[960] Miranda, op. cit., p. 7-8.
[961] Tourinho Filho, F. da C. *Processo penal*. v. 4. 22. ed. rev. atual. São Paulo: Saraiva, 2000. p. 525.
[962] Marques, 1965, p. 422.
[963] Grinover, A. P. et al. *Recursos no processo penal*: teoria geral dos recursos, recursos em espécie, ações de impugnação, reclamação aos tribunais. 3. ed. rev. atual. e ampl. São Paulo: RT, 2003. p. 353.
[964] Do latim *exsurgere* (*exsurgo, is, ere*), erguer-se, levantar-se, brotar.
[965] *Ex officio*. Em função do cargo. Em virtude do próprio cargo. Por lei.

Quando o paciente estiver preso em lugar que não seja o da sede do juízo ou do tribunal que conceder a ordem, o alvará de soltura será expedido pelo telégrafo, se houver observadas as formalidades estabelecidas no art. 289, parágrafo único, *in fine*, ou por via postal (CPP, art. 660, § 6º).

5.3 *Habeas corpus* preventivo

O *habeas corpus* preventivo é impetrado para impedir que ocorra o constrangimento. É a violência potencial à liberdade de ir e vir. Há apenas a ameaça que precisa ser demonstrada. Não bastam, para sua impetração, meros receios, e sim indícios veementes. Por exemplo, temos o trancamento do inquérito ou da ação penal. Sua natureza é cautelar, previne a prisão. Concedida a ordem, será expedido salvo-conduto (CPP, art. 660, § 4º: "Se a ordem de *habeas corpus* for concedida para evitar ameaça de violência ou coação ilegal, dar-se-á ao paciente salvo-conduto assinado pelo juiz").

5.4 Alvará de soltura clausulado

Diz-se que o alvará de soltura é clausulado quando aquele que foi libertado terá de cumprir certas condições em liberdade, como prestar compromisso de comparecer a todos os atos do processo.

6. A IMPETRAÇÃO

6.1 Impetrante

Impetrante é a pessoa que ingressa em juízo com o pedido de *habeas corpus* (parte legítima ativa), em seu próprio favor ou em favor de terceiro, mesmo que este dele não tenha conhecimento ou, tendo, o recuse, em face de o impetrante, na hipótese, estar exercendo um direito constitucional em prol do cidadão, seja ele quem for, e ninguém pode renunciar, abdicar do direito à liberdade ("ser livre é mais importante do que viver"). Impetrante pode ser qualquer pessoa, física ou jurídica, alfabetizada ou analfabeta, brasileira ou estrangeira, maior ou menor, parente ou não, amiga ou mesmo inimiga do paciente. O Ministério Público também pode impetrá-lo. O terceiro que impetra *habeas corpus* não precisa demonstrar especial interesse de agir.

Não se precisa ser advogado para impetrar *habeas corpus*.

Hoje em dia, há indivíduos que impetram *habeas corpus* em favor de celebridades envolvidas em processos criminais tão somente para conseguir notoriedade, ou seja, como diz o povo, *aparecer*, fazer-se notar, ter "os quinze minutos" de glória na mídia.

6.2 Paciente

É a pessoa que sofre o constrangimento ilegal em sua liberdade de locomoção ou está ameaçada de sofrê-lo. Só a pessoa física, qualquer que seja ela, pode ser paciente; a jurídica, não.

Pode a figura do paciente coincidir com a do impetrante, ou seja, o impetrante pode ser, também, o paciente, que age com ou sem a intervenção de advogado. Se não houver a coincidência, temos um caso de substituição processual, pois o impetrante está em juízo em nome próprio, postulando direito do paciente (direito alheio).

6.3 Autoridade coatora e detentor

Autoridade coatora é aquela que determinou a prisão ou ameaça determiná-la, ou age com abuso de poder (parte legítima passiva); é a responsável pelo constrangimento ilegal.

É admissível a impetração de *habeas corpus* contra ato de particular, como contra diretor de manicômio[966] ou de nosocômio (hospital) que impede a saída do paciente (o doente) sem o pagamento das despesas hospitalares ou por qualquer outro motivo ilegal.

---

[966] Hospital destinado a tratamento de psicopatas.

Detentor é o que mantém o indivíduo preso, o carcereiro, o diretor do presídio, o comandante do quartel etc. Nem sempre a autoridade coatora é a detentora do preso. Observe o que diz o art. 658, do Código de Processo Penal: "O detentor declarará à ordem de quem o paciente estiver preso".

7. MEIOS DE IMPETRAÇÃO

O *habeas corpus* pode ser impetrado por meio de petição, telegrama e, em caso de urgência, por telefone, fax, *e-mail*.

Enumera o § 1º, do art. 654, do Código de Processo Penal os requisitos exigidos para a formulação da petição:

> A petição de *habeas corpus* conterá: **a)** o nome da pessoa que sofre ou está ameaçada de sofrer violência ou coação e o de quem exercer a violência, coação ou ameaça; **b)** a declaração da espécie de constrangimento ou, em caso de simples ameaça de coação, as razões em que funda o seu temor; **c)** a assinatura do impetrante, ou de alguém a seu rogo, quando não souber ou não puder escrever, e a designação das respectivas residências.

7.1 Pedido de liminar

Não previu a lei a concessão de liminar em *habeas corpus*, todavia os tribunais vêm-na admitindo, quando presentes os requisitos do *fumus boni iuris*[967] e do *periculum in mora*[968], que são próprios das liminares. A primeira vez em que se concedeu liminar em *habeas corpus* foi no impetrado (HC 41296/DF, j. 23.11.1964) em favor de MAURO BORGES, Governador do estado de Goiás, tendo como relator o Min. GONÇALVES DE OLIVEIRA, do Supremo Tribunal Federal. O ilustre Ministro começa assim o seu voto:

> Senhor Presidente. Devo iniciar o meu voto neste plenário, trazendo, oficialmente ao conhecimento dos eminentes colegas as razões do meu despacho, concedendo a liminar que é do conhecimento público. O *habeas corpus* requerido em favor do Governador MAURO BORGES TEIXEIRA me foi distribuído na tarde de sexta-feira, 13 do corrente mês. No dia 14, sábado, as portas do Tribunal estavam fechadas. Noticiavam os jornais e as estações de rádio a movimentação de tropa federal para Goiás, e, ainda, com grande destaque, a entrevista atribuída ao ilustre General RIOGRANDINO KRUEL, Chefe de Polícia do Departamento Federal de Segurança Pública e encarregado do Inquérito Policial-militar de Goiás, no sentido de que os autos do inquérito já haviam sido remetidos à Auditoria da 4ª Região Militar e, talvez naquela tarde mesmo, poderia ser decretada a prisão preventiva do Governador. Procurou-me, naquele sábado, à tarde, *em minha residência, o sr. José Crispim Borges, um dos impetrantes* do *habeas corpus*, alegando os seus temores, em vista dos fatos acima referidos, entendendo que a prisão do Governador era iminente e o deslocamento de tropas se fazia para cumprir o mandado de prisão, quando o *habeas corpus* requerido impugnava competência da Justiça Militar para o processo, em face do art. 40, da Constituição de Goiás. Ia, a seu ver, ser cumprido um despacho de prisão preventiva prestes a ser deferido, segundo as declarações do General Chefe de Polícia, despacho este que emanaria de autoridade incompetente. Pediu, em petição que me era apresentada, que eu determinasse, como relator do *habeas corpus*, fosse sustada "qualquer medida ou providência da Auditoria da 4ª Região Militar e do próprio Superior Tribunal Militar contra o Governador do Estado de Goiás", até que fosse julgada pela Suprema Corte de Justiça do País a ordem de *habeas corpus* impetrada (g.n.).

E concluiu o grande Ministro, ante todos esses fatos: "*compreendi que era meu dever de juiz, imperativo da minha consciência, deferir a liminar requerida. Não tive dúvida em apor, na petição, o seguinte despacho: 'Deferido.* Brasília, 14.11.1964. (a) GONÇALVES DE OLIVEIRA'" (g.n.).

---

[967] Fumaça do bom direito. Presunção de legalidade.
[968] Perigo da demora.

Hoje, uma atitude dessa seria *estranhável* por parte da mídia e de determinado setor do Ministério Público. Quantas suposições fariam!!!

Fundamentou o eminente Ministro assim o seu entendimento:

> O *habeas corpus,* do ponto de vista da sua eficácia, é irmão gêmeo do mandado de segurança. Quando este último foi instituído na Carta Política de 1934, dispôs o art. 113, § 33, que o seu "processo será o mesmo do *habeas corpus*". O processo, como se vê, é o mesmo. A Constituição de 1946 trata do *habeas corpus* e do mandado de segurança num dispositivo junto ao outro, os parágrafos 23 e 24. Se o processo é o mesmo e se no mandado de segurança pode o relator conceder a liminar até em casos de interesses patrimoniais, não se compreenderia que, em casos em que está em jogo a liberdade individual ou as liberdades públicas, a liminar, no *habeas corpus* preventivo, não pudesse ser concedida, principalmente quando o fato ocorre em dia de sábado, feriado forense, em que o Tribunal, nem no dia seguinte, abre as suas portas.

Brilhante argumentação! Participaram desse julgamento, *leading case*[969], uma plêiade de juristas: Ribeiro da Costa, Evandro Lins, Hermes Lima, Pedro Chaves, Victor Nunes Leal, Vilas Boas, Cândido Motta e Hahnemann Guimarães.

Observa o Min. Celso de Mello (HC 70177-9/RJ, j. 06.04.1993, *DJ* 07.05.1993): "O exercício desse poder cautelar submete-se à avaliação discricionária dos Juízes e Tribunais que deverão, no entanto, em obséquio à exigência constitucional inscrita no art. 93, IX, da Carta Política, motivar, *sempre,* as decisões em que apreciem o pedido de liminar a eles dirigido".

8. HIPÓTESES DE CONSTRANGIMENTO ILEGAL

Constituem casos de constrangimento ilegal (CPP, art. 648): **a)** falta de justa causa, ou seja, de motivo justo para a prisão; **b)** falta de competência de quem determinou a prisão; **c)** excesso do prazo de prisão; **d)** cessação do motivo que a autorizou; **e)** não concessão de fiança, nos casos em que a lei autoriza; **f)** processo manifestamente nulo; e **g)** a punibilidade estiver extinta. Também constituem, obviamente, constrangimento ilegal a prisão preventiva decretada sem a observância dos requisitos previstos no art. 312, do Código de Processo Penal, ou sem fundamentação; o manifesto erro de soma, em face de o juiz ter aplicado pena superior à que deveria ter aplicado ao réu; a demonstração de que houve crime continuado e não concurso material; quando a denúncia estiver divorciada dos elementos do inquérito ou de qualquer peça de informação etc.

Atentar para o que estabelece o art. 652, do Código de Processo Penal ("Se o *habeas corpus* for concedido em virtude de nulidade do processo, este será renovado").

9. PEDIDO PREJUDICADO

Quando já cessado o constrangimento, julga-se prejudicado o pedido de *habeas corpus*. Estatui o art. 659, do Código de Processo Penal: "Se o juiz ou tribunal verificar que já cessou a violência ou coação ilegal, julgará prejudicado o pedido".

10. O DEFENSIVISMO E A RESTRIÇÃO AO *HABEAS CORPUS*

Há a chamada jurisprudência defensiva? O que vem a ser isso?

Os Tribunais, para não conhecer o pedido de *habeas corpus,* ante a avalanche de *habeas corpus*, cria obstáculos para restringir seu uso. Pretendem os Tribunais barrar a utilização do *writ*. Assim, editou o STF, em 2003, a Súmula 691: "Não compete ao Supremo Tribunal Federal impetrado contra decisão que, em *habeas corpus* requerido a tribunal superior, indefere a liminar". Um outro impeditivo seria a inviabilidade de interposição do *writ* em substituição ao recurso ordinário em *habeas corpus*.

---

[969] Caso primeiro.

Proferindo voto no HC 110328/RS, em 2014, o Min. Marco Aurélio admitia o HC e concedia a ordem, afastando o obstáculo, dizendo:

> Em época na qual não havia a sobrecarga de processos hoje notada, praticamente inviabilizando, em tempo hábil, a jurisdição, passou-se a admitir o denominado *habeas* substitutivo do recurso ordinário constitucional previsto contra decisão judicial a implicar o indeferimento da ordem. Com isso, atualmente, tanto o Supremo quanto o Superior Tribunal de Justiça estão às voltas com um grande número de *habeas corpus* [que] este Tribunal recebeu. No primeiro semestre de 2012, 2181 *habeas* e 108 recursos ordinários, e aquele, 16372 *habeas* e 1475 recursos ordinários. Raras exceções, não se trata de impetrações passíveis de serem enquadradas como originárias, mas de medidas intentadas a partir de construção jurisprudência.

A Turma, relator Min. Luiz Fux, julgou extinto o processo, sem apreciação do mérito, e cassou a liminar anteriormente deferida.

Um ano depois, em 2015, julgando o HC 127483, relator Min. Dias Tofolli, teve um entendimento diferente.

> [...] 10. Havendo previsão em Convenções firmadas pelo Brasil para que sejam adotadas "as medidas adequadas para encorajar" formas de colaboração premiada (art. 26.1 da Convenção de Palermo) e para "mitigação da pena" (art. 37.2 da Convenção de Mérida), no sentido de abrandamento das consequências do crime, o acordo de colaboração, ao estabelecer as sanções premiais a que fará jus o colaborador, pode dispor sobre questões de caráter patrimonial, como o destino de bens adquiridos com o produto da infração pelo agente colaborador. 11. Os princípios da segurança jurídica e da proteção da confiança tornam indeclinável o dever estatal de honrar o compromisso assumido no acordo de colaboração, concedendo a sanção premial estipulada, legítima contraprestação ao adimplemento da obrigação por parte do colaborador. 12. **Habeas corpus do qual se conhece**. Ordem denegada. (g.n.).

Voltou, no entanto, a regredir, retornando ao posicionamento antigo, ao julgar o HC 105959, relator para o acórdão o Min. Edson Fachin: "1. Não cabe pedido de *habeas corpus* originário para o Tribunal Pleno contra ato de ministro ou outro órgão fracionário da Corte. 2. **Writ não conhecido**" (g.n.). ALBERTO TORON[970], em artigo publicado sob o título "STJ tem jurisprudência defensiva para restringir recurso especial", no Conjur, em 11.07.2016, foi enfático ao dizer:

> Trata-se de ilegalidade manifesta exigir do recorrente algo que a Constituição e a lei não exigem para se dar curso ao Recurso Especial quando fundado no dissídio jurisprudencial. Com propriedade o saudoso ministro Humberto Gomes de Barros, ex-presidente do Superior Tribunal de Justiça, advertiu para a existência de uma *"jurisprudência defensiva"*, consistente na criação de "pretextos para impedir a chegada e o conhecimento dos recursos que lhe são dirigidos"[3]. Prisioneiro do defensivismo, completa o ministro, o STJ "deixa de solucionar questões fundamentais para esconder-se no escapismo do *"não conheço"*. Justiça em sentido substantivo, nem pensar! **Um demérito, pesa dizê-lo, para o Tribunal que pretende ser da cidadania**. (g.n.)

11. AS OPERAÇÕES DA POLÍCIA FEDERAL

O nome da operação é atribuída pelo delegado e a sua criatividade dele depende. Algumas ficaram famosas, como a Lava Jato, pois faz referência a um posto de combustíveis utilizado para movimentar dinheiro ilícito. Nessa operação, ficaram famosos o ex-Juiz Federal Sérgio Moro e o Procurador da República, Deltan Dallagnol, tanto assim que pretendem ingressar na política:

---

[970] Toron, A. Z. STJ tem "jurisprudência defensiva" para restringir Recurso Especial. *Consultor Jurídico*, [s. l.], 11 jul. 2016. Disponível em: https://www.conjur.com.br/2016-jul-11/alberto-toron-recurso-especial-jurisprudencia-defensiva-stj. Acesso em: 18 nov. 2022.

o primeiro como candidato à Presidência da República; o outro, a Deputado Federal. Pintaram e bordaram com as investigações. Provas escondidas, escutas ilícitas. Segundo TORON[971]:

> Com os investigados presos e o material probatório recolhido, iniciam-se os interrogatórios. A técnica, segundo revelou o diligente então Diretor-geral da Polícia Federal, PAULO LACERDA, visava impedir que os investigados combinassem suas defesas e, obviamente, embora não expresso, que fossem instruídos pelos seus advogados. Funcionou durante um tempo e, por vezes, ainda hoje. Acontece que os familiares dos presos, desesperados, procuravam advogados e estes, por sua vez, buscavam o acesso aos autos, muitas vezes menor para orientar seus assistidos e mais para saber os motivos da prisão e, assim, permitir seus questionamentos, isto é, obter a liberdade do preso. Como não há meio lógico de se combater um decreto de prisão sem conhecê-lo, formulavam-se petições de vista dos autos do inquérito. Estas, no entanto, eram, no início, sistematicamente indeferidas pelos mesmos juízes federais que haviam deferido as escutas e determinado a expedição dos mandados de prisão, sob o despudorado argumento de que a vista reclamada "comprometeria a eficácia das investigações" e o "interesse público em público (em prol da repressão), não poderia ficar subjugado ao interesse do particular em examinar os autos" (g.n.).

E os tribunais quedavam-se inertes. **A ditadura da República de Curitiba imperava.**

12. RECURSOS

Denegada ou concedida a ordem de *habeas corpus*, o impetrante pode interpor recurso em sentido estrito, conforme prevê o art. 581, X, do Código de Processo Penal ("Caberá recurso, no sentido estrito, da decisão, despacho ou sentença: [...] X – que conceder ou negar a ordem de *habeas corpus*").

Das decisões *denegatórias* da ordem de *habeas corpus* proferidas em única ou última instância pelos Tribunais, Estaduais ou Federais, cabe recurso ordinário constitucional para o Superior Tribunal de Justiça (CF/1988, art. 105, II, *a*). Negado provimento ao recurso por esse tribunal, cabe impetração de *habeas corpus* ao Supremo Tribunal Federal (CF/1988, art. 102, I, *i*). Na hipótese de a denegação da ordem ser do órgão de primeiro grau, pode haver a substituição por pedido originário. Da decisão denegatória dos tribunais inferiores é que isso não pode ocorrer.

Se a decisão denegatória foi, em única instância, dos tribunais superiores, cabe recurso ordinário para o Supremo Tribunal Federal.

Na hipótese de a decisão concessiva de *habeas corpus* ser proferida em única ou última instância pelos tribunais inferiores, cabível será o recurso especial se a decisão "contrariar tratado ou lei federal, ou negar-lhes vigência"; se "julgar válido ato de governo local contestado em face de lei federal" ou "der a lei federal interpretação divergente da que lhe haja atribuído outro tribunal" (CF/1988, art. 105, III, *a*, *b* e *c*). Mas, não esquecer que, em sede dos Juizados Especiais, não cabe recurso especial contra as decisões das Turmas Recursais.

O recurso será extraordinário se a decisão concessiva, proferida em única ou em última instância – ainda, veja bem, de Turma Recursal –, contrariar a Constituição Federal; declarar a inconstitucionalidade de tratado ou lei federal; julgar válida lei ou ato de governo local contestado em face da Constituição Federal ou julgar válida lei local contestada em face de lei federal (CF/1988, art. 102, III, *a*, *b*, *c* e *d*).

---

[971] TORON, A. Z. *Habeas corpus*: questões controvertidas e de processamento do writ. 1. ed. rev. atual. ampl. São Paulo: RT, 2017. p. 53

12.1 Efeitos do recurso

O recurso com efeito suspensivo no *habeas corpus* concessivo é uma aberração, um absurdo.

13. O RECURSO DE OFÍCIO

Dispõe o art. 574, do Código de Processo Penal: "Os recursos serão voluntários, excetuando-se os seguintes casos, em que deverão ser interpostos, de ofício, pelo juiz: I – da sentença que conceder *habeas corpus* [...]".Uma excrescência processual. Quando se discutia a Lei n. 1748, de 17.10.1907, no Senado Federal, a Comissão de Justiça e Legislação disse que o recurso de ofício era necessário "como meio de melhor assegurar o acerto na aplicação da lei, evitar abusos e corrigir erros sempre possíveis". Uma desconfiança com o juiz de primeira instância, como se os tribunais não errassem nem cometessem abusos!

14. RENOVAÇÃO OU REITERAÇÃO DO PEDIDO

É possível a reiteração do pedido de *habeas corpus*, mas, obviamente, com novos argumentos e instruído, se for o caso, com novos documentos.

É súmula. Súmula 156 das Mesas de Processo Penal: "Não deve ser admitida a reiteração de *habeas corpus* por idêntico fundamento quando pendente recurso ordinário constitucional, interpostos de decisão denegatória de pedido anterior".

Reiteradamente tem decidido o Supremo Tribunal que não se conhece de *habeas corpus* já indeferido. Vejam esses acórdãos recentes: HC 83738/RJ, j. 03.02.2004 (*DJ* 27.02.2004), Min. Carlos Velloso: "I – Não se admite, em *habeas corpus*, reiteração de pedido já indeferido. II – HC não conhecido"; RHC 82575/SP, j. 17.12.2002 (*DJ* 21.02.2003), relator Min. Moreira Alves: "Não conhecimento dele quanto à alegada inidoneidade da prova em que se baseou o acórdão do Tribunal de Justiça para condenar o ora recorrente, por se tratar de mera reiteração do alegado no HC 76261".

Quando o pedido de *habeas corpus* é idêntico a outro já anteriormente impetrado, sem que tenha ocorrido fato novo, não se conhece do *habeas corpus*. Não se conhece porque já foi devidamente analisado e julgado.

15. RELAXAMENTO DA PRISÃO

O relaxamento de prisão não se confunde com *habeas corpus* de ofício. Dá-se o relaxamento quando o juiz, recebendo a comunicação do auto de prisão em flagrante da Delegacia de Polícia, que é determinada pelo art. 5º, LXII, da Constituição Federal, ordena a soltura do preso. Sendo ilegal a prisão, ele a relaxa, sob pena de cometer abuso de autoridade (Lei n. 13869/2019, art. 9º, parágrafo único, I).

16. IMPOSSIBILIDADE DO PEDIDO DE *HABEAS CORPUS*

Dispõe o § 2º, do art. 142, da Constituição Federal, que "não caberá *habeas corpus* em relação a punições disciplinares militares". A proibição é para preservar os princípios da hierarquia e disciplina nas organizações militares; evitar, sem dúvida, a desmoralização do superior hierárquico, o que poria *em xeque*[972] toda a organização. Todavia, a proibição é em termos, pois, se autoridade que aplicou a punição for incompetente ou se houver excesso de prazo da punição, o *habeas corpus* é admissível.

17. A LEI DOS JUIZADOS E O *HABEAS CORPUS*

O juiz do Juizado é competente para conhecer de *habeas corpus* impetrado contra ato de autoridade policial.

---

[972] Pôr em xeque: pôr em dúvida a importância de.

Contra ato de juiz do Juizado Especial, o *habeas corpus* deve ser impetrado perante o tribunal a que esse Juizado está vinculado ou perante o Supremo Tribunal Federal?

TOURINHO FILHO[973] entende que a Lei n. 9099/1995 não conferiu poderes à Turma de Recursos para conhecer de *habeas corpus*.

> [...] a Lei n. 9099/1995 não lhe [à Turma Recursal] conferiu poderes para conhecer de *habeas corpus* nem de mandado de segurança. Quanto às correições parciais, sim, mesmo porque se trata de um recurso doméstico, sem nenhum disciplinamento em leis ordinárias. O mesmo não se pode dizer do *habeas corpus*. A competência é do Tribunal de Justiça, ou [de] Alçada, onde houver.

Atente-se que os Tribunais de Alçada foram extintos pela Emenda Constitucional n. 45, de 31.12.2004, art. 4º.

A Comissão Nacional de Interpretação[974] da Lei n. 9099/1995 entendeu, e está na 12ª conclusão: "Os tribunais estaduais têm competência originária para o *habeas corpus* e mandados de segurança quando coator for o Juiz Especial, bem como para a revisão criminal de decisões condenatórias do Juizado Especial Criminal".

A Des. GENACÉIA DA SILVA ALBERTON[975] revela que a Justiça Estadual do Rio Grande do Sul entende que a competência é da Turma Recursal para julgar *habeas corpus* impetrado contra ato de juiz do Juizado Especial. Diz:

> Para evitar a bipartição da competência, com decisões eventualmente contraditórias com base em *habeas corpus* e recurso sobre a mesma causa, o Tribunal de Alçada do Rio Grande do Sul tem se manifestado em feitos de sua competência recursal, excluindo os procedimentos regulados pela Lei n. 9099. Tem-se, portanto, admitido a superioridade hierárquica da Turma Recursal para apreciar pedido de *habeas corpus* e mandado de segurança, estando o órgão recursal do JEC com amplo poder revisional, devendo, portanto, à Turma Recursal serem submetidas todas as formas de exteriorização de irresignações contra situações criadas na primeira instância do JEC.

O STF, pela 1ª Turma, ao julgar o RECr 141209-7, relatado pelo Min. SEPÚLVEDA PERTENCE, em 04.02.1992 (*DJ* 20.03.1992), entendeu, por unanimidade de votos:

> Não é exaustivo o rol dos casos de *habeas corpus* de competência originária dos Tribunais de Justiça, constante do art. 650, do Código de Processo Penal, porque a competência originária por prerrogativa de função, dita *ratione personae*[976] ou *ratione muneris*[977], quando conferida pela Constituição da República ou por lei federal, na órbita da jurisdição dos Estados, impõe--se como mínimo a ser observado pelo ordenamento local: a este, no entanto, é que incumbe, respeitado o raio mínimo imposto pela ordem central, fixar-lhe a área local. A matéria de que se cuida, relativa à competência material por prerrogativa de função, não é da área estrita do direito processual, dada a correlação do problema com a organização dos poderes locais, conforme já se entendia sob a ordem constitucional decaída (v.g., J. FREDERICO MARQUES), e ficou reforçado pelo art. 125 da vigente Constituição da República.

A questão tratada nesse acórdão diz respeito à decisão da 2ª Câmara Criminal do Tribunal de Justiça de São Paulo, que entendeu que a competência para conhecimento de *habeas corpus* impetrado contra ato coator de Promotor de Justiça é do juízo monocrático de primeiro grau.

---

[973] TOURINHO FILHO, 2009, p. 123.
[974] A Comissão Nacional de Interpretação da Lei n. 9099/1995 era composta por: SÁLVIO DE FIGUEIREDO, FONTES DE ALENCAR, RUI ROSADO, WEBER MARTINS BATISTA, FÁTIMA NANCY, SIDNEI BENETI, ADA PELLEGRINI, ROGÉRIO LAURIA TUCCI E LUIZ FLÁVIO GOMES.
[975] ALBERTON, G. DA S. Termo circunstanciado na Lei n. 9.099. In: TOVO, P. C. (org.). *Estudos de direito processual penal*. v. 2. Porto Alegre: Livraria do Advogado, 1999. p. 126.
[976] Em razão da pessoa.
[977] Em razão da função.

Há o entendimento, hoje em minoria, de que, em face do que dispõe o art. 98, I, parte final, da Constituição Federal, as Turmas Recursais só podem julgar recursos, e *habeas corpus* não é recurso, logo não podem as Turmas Recursais julgar *habeas corpus* impetrado contra ato dos juízes dos Juizados Especiais.

Como corolário desse entendimento e da decisão do STF, no RECr 141209-7, temos que os *habeas corpus* impetrados contra atos dos procuradores da República e dos juízes dos Juizados Especiais Federais são da competência dos Tribunais Regionais Federais.

Mas convenhamos que a argumentação do antigo Tribunal de Alçada do Rio Grande do Sul é lógica e deve ser aceita.

Atualmente, o entendimento pacífico é de que o *habeas corpus* impetrado contra atos ilegais, que violem ou ameacem de violação a liberdade de locomoção do cidadão, praticados pelos juízes estaduais ou federais e pelos representantes do Ministério Público que atuam na primeira instância, é da competência das Turmas Recursais, Federais ou Estaduais.

Cabe *habeas corpus* contra ato do juiz do Juizado Especial que processa e julga causa para a qual não tem competência. Na hipótese, há constrangimento ilegal, pois a Constituição Federal, em seu art. 5º, LIII, estabelece que "ninguém será processado nem sentenciado senão pela autoridade competente".

E o *habeas corpus* impetrado contra acórdão da Turma Recursal dos Juizados? Perante qual órgão deve ser impetrado? O Tribunal Regional Federal a que o Juizado está vinculado, o Superior Tribunal de Justiça ou o Supremo Tribunal Federal?

Em 26.10.1994 (*DJ* 23.03.2001), em sessão plenária, o STF, tendo como relator o Min. Sepúlveda Pertence, por maioria de votos, vencidos os Mins. Marco Aurélio, Carlos Velloso, Néri Da Silveira e Ilmar Galvão, decidiu, ao julgar o HC 71713-6/PB:

> Os tribunais estaduais não exercem jurisdição sobre as decisões das turmas de recurso dos Juizados Especiais, as quais se sujeitam *imediata e exclusivamente* à do Supremo Tribunal, dada a competência deste, e só dele, para revê-las, mediante recurso extraordinário (Cf. Recl. 470, Plen., 10.02.1994, Pertence): donde só poder tocar ao STF a competência originária para conhecer de *habeas corpus* contra coação a ele atribuída.

No voto condutor do acórdão, disse o Min. Pertence: "[...] sobre as turmas de recurso dos juizados especiais não exercem jurisdição os tribunais estaduais, o que, na trilha da orientação recordada da Corte, afasta que lhes toque a competência para o *habeas corpus* impetrado contra coação resultante de suas decisões".

Perante o Supremo Tribunal Federal, conforme já decidiu diversas vezes essa Corte, ao julgar, por exemplo, o HC 78317-2/RJ, em 11.05.1999 (*DJ* 22.10.1999), a 1ª Turma, por unanimidade, declarou: "Subsiste ao advento da Emenda 22/1999, que deu nova redação ao art. 102, I, *i*, da Constituição, a competência do Supremo Tribunal para julgar e processar, originariamente, o *habeas corpus* impetrado contra ato de Turma Recursal de Juizados Especiais estaduais".

Essa mesma Turma, em 11.09.2001 (*DJ* 19.10.2001), ao julgar o HC 81042-0/DF, tendo como relator o Min. Sepúlveda Pertence, em votação unânime, conheceu do *habeas corpus* impetrado contra o presidente da Turma dos Juizados Especiais Cíveis e Criminais do Distrito Federal.

Em 07.10.2003, a 1ª Turma do Supremo Tribunal Federal, relator Min. Sepúlveda Pertence, reafirmou esse entendimento ao julgar o AgR no HC 83112 (21.11.2003): "Supremo Tribunal Federal. Competência originária. *Habeas corpus* contra decisão de Turma Recursal dos Juizados Especiais, *mas não dos atos individuais dos juízes que a componham, suscetíveis de recurso na origem para o colegiado*" (g.n.).

Nessa sessão, o Min. Joaquim Barbosa não ficou convencido de que é da competência do Supremo o julgamento de *habeas corpus* contra ato de Turma Recursal.

O relator negou seguimento ao *habeas corpus* impetrado de juiz singular de Turma Recursal e negou provimento ao agravo regimental interposto contra essa decisão, no que foi acompanhado pelos seus pares. Todavia, o Min. MARCO AURÉLIO fez a seguinte proposta:

"Senhor Presidente, os atos dos juizados especiais ficam submetidos ao crivo da Turma; daí eu ponderar se não seria o caso de declinarmos da competência, remetendo o *habeas corpus* à Turma recursal?". A proposta foi acolhida.

Julgando o HC 86834/SP, rel. Min. MARCO AURÉLIO, o Supremo, em 23.08.2006 (*DJ* 24.10.2006), por maioria, vencidos os Mins. SEPÚLVEDA PERTENCE, CÁRMEN LÚCIA e CELSO DE MELLO, mudou de orientação e passou a entender que se deve seguir a hierarquia funcional dos tribunais e, por isso, o processamento de *habeas corpus* impetrado contra decisão de Turma Recursal cabe aos Tribunais de Justiça.

Ficava realmente difícil compreender que o *habeas corpus* impetrado contra um juiz da Turma Recursal fosse da competência do Supremo Tribunal. Perguntava-se se a exegese da mais Alta Corte do país não estaria muito legalista?

A matéria, hoje, está pacificada (v. decisão da 2ª Turma do Supremo ao julgar o HC 92332-AgR/SP, em 06.11.2007 (*DJ* 23.11.2007), relator Min. CEZAR PELUSO).

A Súmula 690 do STF ("Compete originariamente ao Supremo Tribunal Federal o julgamento de *habeas corpus* contra decisão de turma recursal de Juizados Especiais Criminais") foi cancelada, conforme se vê da leitura do acórdão do HC 86834 (*DJ* 09.03.2007). Veja: HC 89378-AgR (*DJ* 15.12.2006) e HC 90905-AgR (*DJ* 11.05.2007).

Tranquilizado está, portanto, que não compete ao STF processar e julgar as ações impetradas contra decisão de turmas recursais.

III – MANDADO DE SEGURANÇA

1. ORIGEM

O mandado de segurança entrou em nosso ordenamento jurídico pelas portas da Constituição Federal de 16.07.1934, art. 113, n. 33:

> dar-se-á mandado de segurança para defesa de direito, certo e incontestável, ameaçado ou violado por ato manifestamente inconstitucional ou ilegal de qualquer autoridade. O processo será o mesmo do *habeas corpus,* devendo ser sempre ouvida a pessoa de direito público interessada. O mandado não prejudica as ações petitórias competentes.

Antes disso, utilizava-se do *habeas corpus* para proteger-se o direito líquido e certo violado ou ameaçado de violação por ato ilegal ou abuso de poder. Isso porque o conceito de *habeas corpus* dado pela Constituição de 24.02.1891 era amplo (art. 72, § 22 – "Dar-se-á o *habeas corpus* sempre que o indivíduo sofrer ou se achar em iminente perigo de sofrer violência, ou coação, por ilegalidade ou abuso de poder"). Com a Emenda de 1926, a violência e o constrangimento ficaram circunscritos à liberdade de locomoção.

Mesmo assim se valia do *habeas corpus* para acudir situações em que se exigia uma pronta atuação do Judiciário. RUI BARBOSA foi ardoroso defensor da admissibilidade do *habeas corpus* nessas hipóteses. Em sentido contrário se punha PEDRO AUGUSTO CARNEIRO LESSA, Ministro do Supremo Tribunal Federal no início do século XX, que entendia que o *habeas corpus* só era admissível quando estivesse em lide a liberdade corpórea.

Atualmente está previsto no art. 5º, LXIX, da Constituição Federal. Infraconstitucionalmente é disciplinado pela Lei n. 12016, de 07.08.2009.

A Lei n. 1533/1951, quase sexagenária, recebeu várias alterações durante esses anos. Era necessário adaptá-la aos entendimentos da doutrina e jurisprudência, principalmente quanto ao mandado de segurança coletivo, criado pela Constituição de 1988 e, até o advento da Lei n. 12016/2009, sem qualquer regulamentação na esfera infraconstitucional. E foi o que fez a nova lei.

O Conselho Federal da OAB ajuizou, em 14.09.2009, ação direta de inconstitucionalidade (ADIn 4296), que foi distribuída ao Min. MARCO AURÉLIO para que seja declarada a inconstitucionalidade do § 2º, do art. 1º, III, § 2º, do art. 7º, § 2º, do art. 22, e arts. 23 e 25, da Lei n. 12016/2009.

2. CONCEITO

O melhor conceito, a meu pensar, de mandado de segurança é dado por HELY LOPES MEIRELLES[978]:

> Mandado de segurança é o meio constitucional posto à disposição de toda pessoa física ou jurídica, órgão com capacidade processual, ou universalidade reconhecida por lei, para a proteção de direito individual ou coletivo, líquido e certo, não amparado por *habeas corpus* ou *habeas data*, lesado ou ameaçado de lesão por ato de autoridade, seja de que categoria for e sejam quais forem as funções que exerça (CF, art. 5º, LXIX e LXX; Lei n. 1533/1951, art. 1º) [Lei n. 12016/2009, art. 1º].

3. NATUREZA

Trata-se de ação de conhecimento, sem dúvida alguma, constitutiva, em procedimento sumaríssimo. Peculiaridade do mandado de segurança, garantia constitucional, é que ao seu autor é dado direito à prestação *in natura*[979], não comportando a substituição.

4. PRESSUPOSTOS

Existência de direito líquido e certo; ocorrência de lesão ou ameaça de lesão; ato ilegal ou praticado com abuso de poder; a atuação ou omissão deve ser de autoridade pública ou de agente de pessoa jurídica no exercício de atribuições do poder público.

O conceito de direito líquido e certo nos é dado com segurança por HELY LOPES MEIRELLES[980]:

> Direito líquido e certo é o que se apresenta manifesto na sua existência, delimitado na sua extensão e apto a ser exercitado no momento da impetração. Por outras palavras, o direito invocado, para ser amparável por mandado de segurança, há de vir expresso em norma legal e trazer em si todos os requisitos e condições de sua aplicação ao impetrante: se sua existência for duvidosa; se sua extensão ainda estiver delimitada; se seu exercício depender de situações e fatos indeterminados, não rende ensejo à segurança, embora possa ser defendido por outros meios judiciais.

Com a inicial do mandado de segurança, o impetrante já comprova o seu direito sem necessidade de produzir mais prova, pois já se apresenta líquido[981] e certo[982]. Sua comprovação é, portanto, de plano[983]. Daí dizer-se que a prova, no mandado de segurança, é pré-constituída.

Não confundir direito líquido e certo com mero interesse ou com expectativa de direito. Também não se pode impetrar mandado de segurança contra lei em tese (Súmula 266 do Supremo Tribunal: "Não cabe mandado de segurança contra lei em tese"). A lei em tese, em abstrato, genérica, ainda não feriu nenhum direito individual. Há, é verdade, leis de efeitos concretos, que ela própria já fere o direito por já trazerem o resultado que objetivam, como, exemplos sempre citados, as que fixam os limites territoriais; as que criam municípios; as que proíbem atividades; as que desapropriam etc. Essas leis, na sua essência, não são abstratas nem genéricas.

---

[978] MEIRELLES, 2003. p. 21-22.
[979] Em estado natural.
[980] MEIRELLES, 2003, p. 37.
[981] Líquido: claro, transparente, sem apresentar dúvidas, que flui normalmente.
[982] Certo: correto, preciso, exato.
[983] De plano: prontamente, de pronto.

5. PARTES NO MANDADO DE SEGURANÇA

5.1 Impetrante

O impetrante é o titular do direito líquido e certo, podendo ser individual ou coletivo, que o tem violado ou ameaçado de violação por ilegalidade ou abuso de poder. Pode ser impetrado por qualquer pessoa, física ou jurídica, nacional ou estrangeira, órgãos públicos despersonalizados ou universalidades patrimoniais, na defesa de um direito subjetivo, individual ou coletivo.

5.2 Impetrado, a autoridade coatora

Antes da Lei n. 12016/2009, o mandado de segurança só podia ser impetrado contra ato da autoridade, a pessoa física que detém o poder de decisão, que pratica atos decisórios e não meros atos executórios. A Lei n. 12016/2009, no entanto, equiparou as autoridades, "os representantes ou órgãos de partidos políticos e os administradores de entidades autárquicas, bem como dirigentes de pessoas jurídicas ou as pessoas naturais no exercício de atribuições do poder público, somente no que disser respeito a essas atribuições" (§ 1º, do art. 1º).

Ao ato de autoridade se equipara à omissão, ou seja, deixar de praticar o ato, causando, assim, lesão ao direito líquido e certo do indivíduo.

É a autoridade coatora quem deve subscrever as informações a serem prestadas ao juiz, e não o chefe do departamento jurídico ou seu superior hierárquico que recomendou ou ordenou o ato.

5.3 O Ministério Público

O Ministério Público oficia no mandado de segurança dando seu parecer, dizendo o que acha, não como defensor da autoridade coatora. O representante do Ministério Público deve ser intimado (intimação pessoal) para atuar no mandado de segurança, sob pena de nulidade do processo, a partir do momento que deveria oficiar no feito (CPC, art. 84). Sempre entendi, discordando do Superior Tribunal de Justiça, que, para evitar a nulidade, basta a intimação pessoal do Ministério Público (Cf. edições anteriores deste livro). Se não se quer oficiar é outra questão. Observa-se que hoje em dia o *Parquet*[984] está se esquivando de oficiar quando o direito é puramente individual. Esse nosso entendimento foi referendado pela nova Lei do Mandado de Segurança (Lei n. 12016/2009), que, no parágrafo único, do art. 12, determina: "Com ou sem o parecer do Ministério Público, os autos serão conclusos ao juiz, para a decisão, a qual deverá ser necessariamente proferida em 30 (trinta) dias".

Se o mandado de segurança é indeferido de plano, não é obrigatória a intervenção do Ministério Público, conforme já decidiu o Supremo Tribunal Federal ao julgar o AgRgMS 23514-4/DF, relator Min. Maurício Corrêa, em sessão plenária de 03.11.1999, por maioria, vencido o Min. Marco Aurélio, que ficou vencido porque mandava processar o mandado de segurança.

6. LIMINAR

Estatui o art. 7º, III, da Lei n. 12016/2009:

> Ao despachar a inicial, o juiz ordenará: [...] III – que se suspenda o ato que deu motivo ao pedido, quando houver fundamento relevante e do ato impugnado puder resultar a ineficácia da medida, caso seja finalmente deferida, sendo facultado exigir do impetrante caução, fiança ou depósito, com o objetivo de assegurar o ressarcimento à pessoa jurídica.

---

[984] Palavra francesa que designa o Ministério Público, em face do pequeno estrado – o *parquet* – onde posicionavam-se os seus representantes quando se manifestavam em juízo.

Por outras palavras, exige o dispositivo o *fumus boni iuris*[985] e o *periculum in mora*[986]. Esses são os requisitos para que a liminar possa ser concedida. Faltando um ou outro, nega-se a liminar. A liminar é concedida para evitar a ocorrência de lesão irreparável ao direito do impetrante, visto que o objeto do mandado de segurança é assegurar a prestação *in natura*. O impetrante, presentes os requisitos acima referidos, há de ser preservado de uma lesão irreparável, sem a exigência de caução. Ao julgar os Embargos de Declaração em REsp 107450/MG, em 03.03.1997 (*DJ* 24.03.1997), a 2ª Turma, tendo como relator o Min. ARI PARGENDLER, entendeu que, "se o juiz condiciona a concessão da medida liminar à realização do depósito, está, na verdade, indeferindo a medida liminar".

Observar que o art. 1º, da Lei n. 2770, de 04.05.1956, proíbe a concessão de medida liminar nas ações e nos procedimentos judiciais de qualquer natureza que visem obter liberação de mercadorias, bens ou coisas de procedência estrangeira.

Outras leis vedavam também a concessão de liminar. Essas normas foram acolhidas pela nova Lei do Mandado de Segurança, como a Lei n. 5021, de 09.06.1966, que proibia liminar em pagamento de vencimentos e vantagens pecuniárias a servidor público.

7. MANDADO DE SEGURANÇA NO PROCESSO PENAL

Seguro e preciso, diz ROGÉRIO LAURIA TUCCI[987] que deve ter-se presente "a inquestionável admissibilidade de mandado de segurança no âmbito da Justiça Criminal".

Se, no âmbito penal, a questão não versar sobre o direito de locomoção, e sim sobre obtenção, por parte do advogado, de vista dos autos, admissão como assistente da acusação, obtenção de restituição de coisas apreendidas ou obtenção de efeito suspensivo no recurso em sentido estrito, é admissível a impetração do mandado de segurança.

8. MANDADO DE SEGURANÇA CONTRA ATO JUDICIAL

A Súmula 267 do Supremo Tribunal Federal tem o seguinte enunciado: "Não cabe mandado de segurança contra ato judicial passível de recurso ou correição".

Entendimento antigo. JOSÉ DE CASTRO NUNES[988] – que ingressou na magistratura como Juiz Federal Substituto em 1931, tendo sido nomeado Ministro do Supremo Tribunal Federal em dezembro de 1940, permanecendo no cargo até setembro de 1949 –, na década de 1930, já dizia:

> Não obstante entender que a violência do ataque ao direito, pressuposta no mandado de segurança, nos termos do enunciado constitucional, é inconstitucional, é inconcebível no exercício da função judicial, que é por definição a tutela do direito, não me parece possível excluir, de modo absoluto, os atos judiciais, aos quais a lei se refere em termos inequívocos, para os sujeitar, como os administrativos, àquele meio excepcional de controle.

Cita o grande jurista, em nota de rodapé, dois casos de admissão de mandado de segurança contra ato judicial: um, de 1936, em que o Supremo, em voto do Min. CARLOS MAXIMILIANO, ficando vencido o Min. BENTO DE FARIA, concedeu a segurança para cassar a decisão de um juiz federal que ordenou a penhora em bens do estado de Minas Gerais; e outro, também em 1936, em que foi relator o Min. LAUDO FERREIRA DE CAMARGO, que admitiu o mandado de segurança contra despacho de juiz federal no Espírito Santo, sobre direito de visita de pai a filhos em ação de desquite.

O art. 1029, I, do Código de Processo Civil, permite que seja dado efeito suspensivo ao agravo de instrumento, não mais se admite mandado de segurança, salvo em casos *excepcionalíssimos*,

---

[985] A fumaça do bom direito; a presunção de legalidade.
[986] O perigo da demora.
[987] TUCCI, 1993, p. 451.
[988] NUNES, J. DE C. *Do mandado de segurança e de outros meios de defesa contra atos do poder público*. 8. ed. atual. por José Aguiar Dias. Rio de Janeiro: Forense, 1980. p. 83.

quando a decisão for teratológica ou manifestamente ilegal, causadora de dano irreparável ou de difícil reparação.

Pelo Supremo Tribunal, em sessão plenária de 05.12.1973 (*RTJ* 70/504-522), ao ser apreciado o RE 76909/RS, tendo como relator para o acórdão o Min. Antônio Neder, ficou decidido: "Ação de mandado de segurança formulada para impugnar ato judicial. É admissível no caso em que do ato impugnado advenha dano irreparável cabalmente demonstrado".

O Min. Xavier de Albuquerque, em seu voto, disse o seguinte:

> Em suma, condições para a admissibilidade do mandado de segurança contra ato judicial são, para mim, a não suspensividade do recurso acaso cabível, ou a falta de antecipação de eficácia da medida de correção a que também alude a lei, uma ou outra somadas ao dano ameaçado por ilegalidade patente e manifesta do ato impugnado e, com menor exigência relativamente a tal ilegalidade, àquele efetiva e objetivamente irreparável.

A maioria, no entanto, concordou com o Min. Neder, que disse: "Num ponto, apenas, estou em divergência com os eminentes Mins. xavier de albuquerque e alckmim: é que no caso deste recurso está demonstrada a configuração do dano irreparável".

O mandado de segurança não pode ser utilizado como sucedâneo de recurso, só sendo admissível quando se tratar de *decisão teratológica*, esdrúxula, que fira direito líquido e certo, provocando dano irreparável ou de difícil liquidação.

8.1 Agravo regimental em mandado de segurança

Recentemente, em 24.09.2003 (*DJ* 09.10.2003), o Supremo Tribunal Federal aprovou o seguinte enunciado de súmula (Súmula 622), com voto contrário do Min. Marco Aurélio e a ressalva do ponto de vista do Min. Carlos Brito: "Não cabe agravo regimental contra decisão do relator que concede ou indefere liminar em mandado de segurança".

9. COMPETÊNCIA QUANDO A AUTORIDADE JUDICIÁRIA FOR DO JUIZADO ESPECIAL CRIMINAL

A competência é, como na hipótese do *habeas corpus,* da Turma Recursal. Também, se o ato for contra a Turma Recursal, a ela compete julgar o mandado de segurança, segundo entendimento do Supremo Tribunal.

Na Questão de Ordem no MS 24691/MG, julgada em 04.12.2003 (*DJ* 24.06.2005), relator para o acórdão o Min. Sepúlveda Pertence, o Pleno do Supremo Tribunal Federal decidiu:

> Competência. Turma Recursal dos Juizados Especiais. Mandado de segurança contra seus próprios atos e decisões. Aplicação analógica do art. 21, VI, da Loman. A competência originária para conhecer de mandado de segurança contra coação imputada à Turma Recursal dos Juizados Especiais é dela mesma e não do Supremo Tribunal Federal.

E, assim, o Tribunal, por maioria, resolvendo questão de ordem, determinou a remessa dos autos à Turma Recursal dos Juizados Especiais Cíveis e Criminais de Cataguases/MG para que conheça do mandado de segurança e o julgue como entender de direito, vencido o Min. Marco Aurélio, relator, que determinava a remessa dos autos ao Tribunal de Justiça do estado de Minas Gerais. Redigiu o acórdão o Min. Sepúlveda Pertence.

10. O MINISTÉRIO PÚBLICO DE PRIMEIRO GRAU E O MANDADO DE SEGURANÇA

Pode o representante do Ministério Público que atua no primeiro grau impetrar, perante o Tribunal, mandado de segurança contra ato do juiz do Juizado violador de direito líquido e certo que tem o direito de defender? Julgando, em 16.12.1988, o HC 66794/SP, impetrado por réu a quem o juiz permitiu apelar em liberdade, modificando decisão anterior de um outro juiz do mesmo grau de jurisdição, a 1ª Turma do STF, por unanimidade de votos, tendo como relator o Min. MOREIRA ALVES, entendeu: "[...] sendo o Ministério Público parte no processo penal, pode ele utilizar-se do mandado de segurança. E a impetração compete ao Promotor de Justiça quando o ato atacado emana de juiz de primeiro grau de jurisdição (Cf. *RTJ* 128/1199)".

Discutia-se que, se o mandado de segurança era originário, competia não ao Promotor de Justiça subscrever o *writ*, e sim a um dos procuradores de Justiça com função de oficiar perante o Tribunal. No voto condutor do acórdão, disse o Min. MOREIRA ALVES:

> No entanto, é de se ponderar que o ato atacado é do Juízo de Primeira Instância e o *mandamus* visa dar efeito a um recurso a qual a titularidade é do Promotor de Justiça, bem como subsistir a tese acima posta, não poderiam os Promotores impetrar mandado de segurança contra ato judicial, e sim, só e somente, os procuradores de Justiça.

Em 16.03.1993, julgando o HC 69802-6/SP (02.04.1993), relator Min. PAULO BROSSARD, a 2ª Turma do Supremo voltou a afirmar que, se a impetração se der por representante do Ministério Público contra ato do juiz do Juizado, legitimado está aquele que atua na primeira instância, sob a seguinte fundamentação: "Como o Ministério Público é parte no processo penal, ele tem legitimidade para impetrar mandado de segurança quando entende violado o direito líquido e certo por ato de Juiz de primeiro grau de jurisdição".

A questão não é tranquila.

Em 08.09.1993, o Superior Tribunal de Justiça, pela sua 5ª Turma, relator Min. JESUS COSTA LIMA, julgando o RMS 1722/SP (*DJ* 07.03.1994), decidiu que:

> **1.** O Ministério Público tem legitimidade para impetrar mandado de segurança no âmbito de sua atuação e em defesa de suas atribuições institucionais. **2.** A Constituição (art. 103, § 1º) dispõe que tem competência privativa para oficiar perante o Supremo Tribunal Federal, exclusiva e unicamente, o Procurador-geral da República, seja como *custos legis*, seja como parte. Perante este Superior Tribunal de Justiça atuam o Procurador-geral e os Subprocuradores-gerais, com proibição de outro representante do Ministério Público. Assim, cabe ao Procurador-geral de Justiça exercer as suas atribuições junto aos tribunais, podendo delegá-las aos Procuradores de Justiça. Os Promotores de Justiça carecem de capacidade postulatória junto aos tribunais e, pois, para requerer mandado de segurança perante órgão superior de jurisdição.

Em 17.11.2004 (*DJ* 22.02.2005), julgando o MS 20030100038438-8/MG, a Segunda Seção do Tribunal Regional Federal da 1ª Região, por maioria, decidiu: "Não tem o membro do Ministério Público legitimidade ativa para impetrar mandado de segurança, ou qualquer outra ação, em segunda instância".

11. MANDADO DE SEGURANÇA E LITISCONSÓRCIO

Estabelece o art. 24, da Lei n. 12016, de 2009: "Aplicam-se ao mandado de segurança os arts. 46 a 49, da Lei n. 5869, de 11.01.1973 – Código de Processo Civil". Os artigos mencionados tratam do litisconsórcio, agora previstos nos arts. 113 a 118, do Código de Processo Civil de 2015.

Litisconsórcio – de *lis, litis* = processo, *cum* = com e *sors* = destino, sorte – é a reunião de várias pessoas no polo ativo ou no polo passivo, ou em ambos, com o mesmo propósito, lutando pelos mesmos resultados.

11.1 Litisconsórcio ativo

Para admissão do litisconsórcio ativo é preciso verificar, primeiramente, se já não decorreu o prazo de decadência, e não é admissível após o deferimento da liminar, a fim de impedir que a parte escolha o juiz. Também só é possível antes de pedidas as informações à autoridade coatora.

11.2 Litisconsórcio passivo

Dá-se o litisconsórcio passivo necessário quando a concessão da segurança venha modificar, alterar, suprimir direitos de outrem, que estava beneficiado com o ato impugnado. Assim, essa pessoa, a quem afeta a concessão da segurança, terá que ser citada para integrar a relação processual. Não pode ser dispensada.

Litisconsórcio necessário é aquele em que a causa pertence a mais de um em conjunto e a nenhum isoladamente. Logo, a ação só pode prosseguir com todos a quem a causa pertence. A sentença atingirá a todos eles, por ser comum o interesse das partes. Dispõe o art. 114, do Código de Processo Civil: "O litisconsórcio será necessário por disposição de lei ou quando, pela natureza da relação jurídica controvertida, a eficácia da sentença depender da citação de todos que devam ser litisconsortes".

Editou o Supremo Tribunal Federal a Súmula 701, com o seguinte enunciado: "No mandado de segurança impetrado pelo Ministério Público contra decisão proferida em processo penal, é obrigatória a citação do réu como litisconsorte passivo".

Observe o que foi dito com precisão no HC 75853-1/SP, j. 09.09.1997 (*DJ* 17.10.1997), pela 1ª Turma do STF, tendo como relator o Min. SEPÚLVEDA PERTENCE:

> A admitir-se mandado de segurança do Ministério Público contra decisão favorável à defesa, no processo penal, o réu é litisconsorte passivo e não mero assistente litisconsorcial, impondo-se sua citação, pena de nulidade; de qualquer modo, a sua audiência, no processo do mandado de segurança, tendente a afetar posição favorável que lhe decorrera da decisão impugnada, resultaria das garantias do contraditório e da ampla defesa: consequente nulidade do processo de mandado de segurança deferido ao MP para conferir efeito suspensivo a recurso contra o deferimento ao condenado de progressão do regime de execução penal.

11.2.1 Extinção do processo de mandado de segurança por falta de citação do litisconsorte passivo necessário

O extinto Tribunal Federal de Recursos dispunha na Súmula 145: "Extingue-se o processo de mandado de segurança, se o autor não promover, no prazo assinado, a citação do litisconsorte necessário".

11.2.2 Mandado de segurança contra decisão interlocutória do Juizado Especial

Ao apreciar o RE 576847, o Supremo, por ausência de manifestações suficientes para a recusa do recurso extraordinário (art. 324, parágrafo único, do RISTF, renumerado para § 1º pela Emenda Regimental n. 31/2009), reputou existente a repercussão geral da questão constitucional suscitada. E, assim, manteve decisão da 5ª Turma Recursal dos Juizados Especiais Cíveis do Tribunal de Justiça do estado da Bahia (TJBA), a qual, liminarmente, indeferiu e extinguiu, sem resolução de mérito, mandado de segurança impetrado contra decisão de juiz especial de primeiro grau que julgou ilegal a cobrança da tarifa básica de assinatura e de pulsos além da franquia do serviço de telefonia fixa.

Entendeu a Corte Suprema que não cabe mandado de segurança contra decisão interlocutória de juiz do Juizado Especial.

Assim, decidida essa questão, com efeito de repercussão, que ocorre, segundo o art. 543-B, do CPC, "quando houver multiplicidade de recursos com fundamento em idêntica controvérsia", o relator poderá, liminarmente, cassar ou reformar o acórdão contrário à orientação firmada (CPC, art. 543-B, § 4º).

IV – REVISÃO CRIMINAL

1. HISTÓRICO

O art. 8º, da Lei n. 18, de setembro de 1828, previa o *recurso de revista* quando nas causas crimes "se verificar um dos dois casos: manifesta nulidade, ou injustiça notória nas sentenças proferidas em todos os juízes em última instância".

Com a República é que surgiu, em nosso ordenamento jurídico, a revisão criminal. O Decreto n. 848, de 11.10.1890, atribuiu ao Supremo Tribunal Federal, art. 9º, II, "proceder à revisão dos processos criminais em que houver sentença condenatória definitiva, qualquer que tenha sido o juiz ou tribunal julgador".

O § 1º desse artigo dispunha que "esse recurso é facultado exclusivamente ao condenado" (até hoje, a revisão é sempre *pro reo*[989]. Não existe revisão *pro societate*[990]. Logo, jamais se pode agravar a pena – Código de Processo Penal, art. 626, parágrafo único: "De *qualquer maneira*, não poderá ser agravada a pena imposta pela decisão revista". Ainda que o processo seja anulado, e não apenas a sentença).

Era, pois, o Supremo Tribunal competente para conhecer e julgar pedido de revisão criminal de sentença proferida por outros tribunais ou juiz de primeiro grau.

A Constituição da República dos Estados Unidos do Brasil, de 24.02.1891, manteve a revisão criminal no art. 81: "Os processos findos, em matéria de crime, poderão ser revistos a qualquer tempo, em benefício dos condenados, pelo Supremo Tribunal Federal, para reformar ou confirmar a sentença".

A Constituição de 10.11.1937 retirou do Supremo Tribunal a competência privativa para o processo e julgamento da revisão, que passou a ser decidida pelo tribunal que proferiu a decisão rescindenda[991] e disciplinada pelo Código de Processo Penal.

A Constituição de 1988 não elevou à categoria de direito fundamental do homem a revisão criminal. Todavia, a nossa tradição já incorporou a ação revisional no elenco dos direitos fundamentais.

2. CONCEITO

Se as partes não interpuserem recursos contra a sentença ou se não há mais recurso a ser interposto, a sentença transita em julgado, tornando-se imutável não só no mesmo processo (coisa julgada formal), como em qualquer outro processo (coisa julgada material). A coisa está julgada (*res judicata est*).[992]

Hélio Tornaghi[993] apresenta o seguinte conceito de coisa julgada: "É a própria coisa discutida depois que o juiz se pronuncia sem mais qualquer possibilidade de recurso ou de mudança de decisão". Definição perfeita. A decisão, certa ou errada, justa ou injusta, não pode ser mais mudada, torna-se inimpugnável, daí os antigos romanos dizerem: *res judicata facit de albo nigrum*[994] ou *res judicata pro veritate habetur*[995] ou *res judicata pro veritate accipitur*.[996]

Como, então, reparar os erros judiciários? (Sim, porque erros ocorrem, as sentenças são proferidas por homens, sujeitos a erros. *Errare humanum est*.[997] Os juízes, como homens, são falíveis, sujeitos a cometerem erros).

---

[989] Em favor do réu.
[990] Em favor da sociedade.
[991] A decisão que está sendo objeto de rescisão.
[992] A coisa está julgada.
[993] Tornaghi, 1959, p. 447.
[994] A coisa julgada faz do branco preto (costuma-se dizer: a coisa julgada faz do branco preto e do quadrado redondo).
[995] Tem-se por verdade a coisa julgada.
[996] A coisa julgada é aceita como verdade.
[997] Errar é humano.

A revisão, como definida por Bento de Faria[998], é "um meio processual deferido ao condenado para demonstrar, a todo o tempo, a injustiça da decisão que o condenou, e obter, assim, a respectiva anulação ou modificação da pena ou mesmo a absolvição".

Sobre a revisão, disse Alimena[999]: "Creio firmemente, e a tendência das legislações modernas o atesta, que a evolução dos remédios jurídicos deve cada vez mais restringir a apelação e ampliar a revisão".

Assim justificando o seu entendimento:

> Na verdade, nunca se conseguirá demonstrar seja o segundo juízo – o juízo de apelação –, baseado, como trata os mesmos elementos, só porque é o segundo, mais exato do que o primeiro; entretanto, o juiz de revisão, justamente porque se baseia em outros elementos, é mais exato, porque tem como base uma prova purificada e mais completa.

E conclui: "Mesmo o juízo de revisão tutela melhor a dignidade do magistrado, porque, ao passo que o juiz da apelação diz ao de primeira instância: – *tu tens errado e eu te corrijo* –, o juiz da revisão lhe diz – *julgo como terias julgado, se tivesses conhecido o que, agora, eu conheço*".

3. NATUREZA

A revisão criminal, apesar de topograficamente estar no Código de Processo Penal, no Livro III, destinado aos recursos, Capítulo VII, do Título II, não é recurso, e sim ação penal constitutiva, tendo por finalidade desconstituir ou modificar sentença condenatória, transitada em julgado, eliminando a sanção injusta (pena principal ou acessória, ou seja, qualquer *sanctio juris*)[1000], como também restaurar o *status dignitatis*[1001] do condenado, tanto que admite o pedido de revisão após a sua morte – revisão *post mortem*[1002] (CPP, art. 623) e permite que o processo revisional prossiga após sua morte (CPP, art. 631) – salvo, evidentemente, se a revisão tiver por objetivo a redução da pena. Também não importa que tenha havido a graça ou o indulto. A revisão, igualmente, pode ser requerida se o réu estiver foragido.

4. CAUSAS DA REVISÃO

A sentença penal condenatória *transitada em julgado* (pressuposto primordial da revisão) é rescindível quando (art. 621, do Código de Processo Penal): **a)** for contrária ao texto expresso da lei penal (a contrariedade deve ser frontal e inequívoca, em face do que dispõe o art. 626, do CPP, e refere-se tanto à lei material como à lei processual); **b)** for contrária à evidência dos autos (a contrariedade aqui também deve ser frontal, divergindo de forma completa da prova produzida); **c)** se fundar em depoimentos, exames ou documentos comprovadamente falsos (prova de que foi relevante para a sentença condenatória); **d)** se demonstrar injusta após se descobrirem novas provas de inocência do condenado (não se deve tratar de uma mera reapreciação da prova já examinada, mas que haja uma nova prova, qualquer uma, desde que relevante, já alegada, mas não avaliada no primeiro grau, ou ainda não alegada); **e)** se demonstrar injusta após se descobrirem novas provas de circunstância que autorize ou determine a diminuição especial da pena.

5. REQUERENTE

A revisão pode ser requerida *a qualquer tempo* (CPP, art. 622), pelo próprio condenado (peticionário ou revisionando), sem procurador ou por procurador, ou, se já tiver falecido, pelo cônjuge,

---

[998] Faria, 1960, p. 342.
[999] Alimena. La revisione dei gudicati penali. apud Espínola Filho, 1976, p. 361-362.
[1000] Sanção do direito.
[1001] Estado de dignidade.
[1002] Depois da morte.

ascendente (pais, avós, bisavós), descendente (filhos, netos, bisnetos, trinetos) ou irmão (legitimação extraordinária), nessa ordem, obedecendo-se, por analogia, o art. 36, do Código de Processo Penal ("Se comparecer mais de uma pessoa com direito de queixa, terá preferência o cônjuge, e, em seguida, o parente mais próximo na ordem de enumeração constante do art. 31, podendo, entretanto, qualquer delas prosseguir na ação, caso o requerente desista da instância ou a abandone").

O § 1º, do art. 81, da Constituição de 1891[1003] permitia que a revisão pudesse ser requerida por qualquer do povo. Assim também previa o art. 76, n. 3, da Constituição de 1934.[1004] Permitiam, também, expressamente, ao Ministério Público requerê-la. Hoje é discutível se o representante do *Parquet*[1005] pode requerer.

Falecido o condenado na hipótese de redução de pena, pode haver revisão criminal?

JOSÉ FREDERICO MARQUES[1006] entende que não, explicando: "Morto o condenado, claro está que desaparece o interesse de pedir-se a revisão para diminuição da pena". Mas, na nota de rodapé, disse: "Decidiu, no entanto, – acertadamente – a 1ª Conferência Nacional de Desembargadores, que em alguns casos a revisão se torna possível".

SÉRGIO DE OLIVEIRA MÉDICI[1007] é de entendimento: "Legítimo será o pedido também nesta hipótese, não vedada pela legislação".

SEABRA FAGUNDES[1008], na Primeira Conferência dos Desembargadores, reunida no então Distrito Federal em julho de 1943, ao apreciar o art. 631, do CPP, quando o revisionando faleceu no curso da ação:

> Como é evidente, duas hipóteses se podem apresentar: ou a revisão tem por objetivo a absolvição ou tem por objetivo apenas a redução da pena. Quando se trata de absolvição, é claro que a família tem interesse em que a memória do *de cujus* possa ser limpa da acusação que sobre ele pesava, através do processo de revisão. Se se trata, porém, de simples redução de pena, a questão muda de aspecto. Entretanto, a minoração da pena pode favorecer a memória do *de cujus*, quando, por exemplo, a revisão importa em eliminação de agravante de caráter infamante, ou, então, em reconhecimento de atenuante que eleve moralmente o criminoso, se assim se pode dizer.

Essa é a conclusão a que chegou, como lembrou, a Primeira Conferência Nacional de Desembargadores. Conclusão XXIX, letra *c*:

"Ainda que a revisão criminal tenha por objeto somente a redução da pena, o falecimento do condenado não obsta ao seu prosseguimento".

Tenho, também, como admissível, na hipótese, o pedido revisional.

6. RÉU

Réu da ação é o Estado. Explicam ADA PELLEGRINI, GOMES FILHO e SCARANCE FERNANDES[1009]: "Legitimado passivo na ação é o Estado, representado pelo Ministério Público, sendo certo que, no sistema brasileiro, não se prevê, na revisão, a assistência do ofendido".

[1003] CF/1891, art. 81, § 1º. A lei marcará os casos e a forma da revisão, que poderá ser requerida pelo sentenciado, *por qualquer do povo*, ou *ex officio* pelo Procurador-geral da República. (g.n.)

[1004] CF/1934, art. 76, 3º. À Corte Suprema compete: 3) rever, em benefício dos condenados, nos casos e pela forma que a lei determinar, os processos findos em matéria criminal, inclusive os militares e eleitorais, a requerimento do réu, do Ministério Público ou de *qualquer do povo*. (g.n.)

[1005] Palavra francesa que designa o Ministério Público, em face do pequeno estrado – o *parquet* – onde posicionavam-se os seus representantes quando se manifestavam em juízo.

[1006] MARQUES, 1965, p. 337.

[1007] MÉDICI, S. DE O. *Revisão criminal*. 2. ed. rev. atual. ampl. São Paulo: RT, 2000. p. 159.

[1008] FAGUNDES, S. apud ESPÍNOLA FILHO, 1976, p. 262.

[1009] GRINOVER et al., 2003, p. 311.

Há de atentar-se, como fazem os citados autores, que, se der legitimidade ativa ao Ministério Público para requerer a revisão, outro membro do *Parquet* deverá ser intimado para assumir o papel de legitimado passivo para defender o Estado.

7. ANULAÇÃO DA SENTENÇA

Anulada a sentença, se não ocorreu a prescrição ou qualquer outra causa extintiva da punibilidade intercorrente, o tribunal pode proferir outra em substituição, sob pena de estar suprimindo um grau de jurisdição. Desse modo, os autos serão encaminhados à instância de origem a fim de que outra sentença seja proferida, sem agravar a pena. O mesmo ocorrerá se o processo for anulado.

8. RENOVAÇÃO OU REITERAÇÃO DO PEDIDO

Em princípio, em face do que estatui o parágrafo único, do art. 622, do Código de Processo Penal, não é possível a reiteração do pedido de revisão, salvo se baseado em novo fundamento e em novas provas.

Veja-se o enunciado da Súmula 122 das Mesas de Processo Penal: "A reiteração do pedido a que se refere o parágrafo único, do art. 622, diz respeito ao mesmo fundamento, justificando-se pela cláusula *rebus sic stantibus*"[1010].

A cláusula *rebus sic stantibus* significa que, "desde que permaneçam as mesmas condições e circunstâncias", a norma aplicável deve ser a mesma. Ora, se o parágrafo único, do art. 622, do CPP, dispõe que não é possível um novo pedido revisional com o mesmo fundamento e baseado nas mesmas provas, se continua o mesmo estado das coisas, não é possível a revisão. Parece, em princípio, que a parte final da Súmula 122 contradiz o próprio enunciado. Todavia, a cláusula *rebus sic stantibus* impede a reiteração da revisão.

9. COMPETÊNCIA

O tribunal competente para conhecer e julgar a revisão criminal é o que proferiu a rescisão rescindenda ou de juiz a ele vinculado.

As decisões das Turmas Recursais dos Juizados Estaduais são impugnáveis, segundo o entendimento majoritário, pelos Tribunais de Justiça, e, tratando-se de Juizado Especial Federal, pelos Tribunais Regionais Federais.

A Comissão Nacional de Interpretação[1011] da Lei n. 9099/1995 entendeu, em sua 12ª conclusão: "Os Tribunais estaduais têm competência originária para os *habeas corpus* e mandados de segurança quando coator o Juiz, bem como para a *revisão criminal* de decisões condenatórias do Juizado Especial Criminal" – g.n. (Conclusão 12).

Tourinho Filho[1012] é de opinião que: "Na revisão, a competência se desloca para o Tribunal de Justiça ou de Alçada, dependendo da hipótese concreta, nos termos do art. 624, II, do CPP, mesmo porque não há no Juizado Especial Criminal órgão que possa atuar como Juízo revidendo". Atente-se que o art. 4º, da Emenda Constitucional n. 45, de 31.12.2004, extinguiu os Tribunais de Alçada.

Do mesmo pensamento Ada Pellegrini, Gomes Filho, Scarance Fernandes e Luiz Flávio Gomes:[1013]

"Quanto à *revisão criminal*, deve prevalecer a regra geral de competência do art. 624, II, do Código de Processo Penal, que determina o seu julgamento pelos Tribunais de Justiça ou de Alçada.

[1010] Desde que permaneçam as mesmas condições e circunstâncias.
[1011] A Comissão Nacional de Interpretação da Lei n. 9099/1995 era composta por: Sálvio de Figueiredo, Fontes de Alencar, Rui Rosado, Weber Martins Batista, Fátima Nancy, Sidnei Beneti, Ada Pellegrini, Rogério Lauria Tucci e Luiz Flávio Gomes.
[1012] Tourinho Filho, 2009, p. 127.
[1013] Grinover et al., 2005, p. 191.

A repartição de competência entre esses dois órgãos é matéria da legislação estadual". Os tribunais de alçada, como dito acima, foram extintos pela Emenda Constitucional n. 45/2004.

Estou com o Tribunal de Justiça do Rio Grande do Sul. Cabe às Turmas Recursais proceder à revisão de suas decisões criminais e dos julgados dos Juizados Especiais. É a interpretação mais consentânea e lógica.

10. SENTENÇA HOMOLOGATÓRIA E REVISÃO

Da sentença homologatória da transação cabe revisão? Sim, desde que preenchidos os requisitos do art. 621, do Código de Processo Penal. Qual o órgão competente para conhecê-la?

Entende Sérgio de Oliveira Médici[1014] que a competência é do Tribunal de Justiça, ao afirmar:

> A revisão será ainda cabível nos casos de transação entre o Ministério Público e o autor da infração, com imposição de pena restritiva de direitos ou multa pelo juiz. Trata-se, neste caso, de condenação penal. Assim, passada em julgado a sentença, o punido terá o direito de requerer revisão.

Não há como fazer distinção entre a revisão da sentença condenatória e a sentença homologatória para fim de competência.

11. O JUIZ E A REALIDADE DA VIDA. A HUMANIZAÇÃO DO JUIZ

1. Juízes que "não sondam as entranhas, nem leem os corações, sua mais justa justiça é rude e superficial", como dito por Anatole France[1015].

O juiz, quando decide, impõe, faz que seu ponto de vista seja obedecido. Por isso, diz Luis Alberto Warat[1016]:

> Os juízes creem que sua função é administrar justiça e que a realizam, quando decidem, a partir de um conceito de justiça, simultaneamente, metafísico e determinista, que não leva em consideração, salvo raras exceções, o que as partes sentem como o justo no conflito que vivem. A tal ponto que, em alguns casos, a distribuição de justiça termina sendo um maltrato com uma das partes. Quando um juiz se preocupa em comparar se seu conceito abstrato de justiça corresponde às expectativas do que é justo para as partes?.

O conceito de apenas solucionar um conflito precisa mudar. É mister que o juiz vivencie os problemas dos indivíduos, sintam-nos como homens, e não como objetos; que a questão seja resolvida com base na realidade da vida, e não na dos códigos. É necessário humanizar os juízes. Juiz justo é respeitado; o implacável, o duro, odiado.

12. JUIZ SEM ROSTO

Pretende-se, atualmente, que haja a figura do "juiz sem rosto". Ninguém vê seu rosto, sua voz é modificada por aparelhos, seus despachos, decisões e sentenças não são assinados.

Um juiz que não existe. Já era um horror a polícia secreta das ditaduras, imagine uma justiça oculta.

Bem depois, teríamos o representante do Ministério Público sem rosto e também o delegado de polícia! É o Estado, acovardado, acoelhado, escondendo-se. Isso é uma aberração, uma imoralidade. O cidadão, pouco importa o crime que lhe é imputado – não esquecer do princípio da inocência –,

---

[1014] Médici, 2000, p. 179-180.
[1015] France, A. apud Monreal, 1997, p. 55.
[1016] Warat, L. A. *O ofício do mediador*. Florianópolis: Habitus, 2001. p. 215.

não sabe quem o está julgando. Não tem condições sequer de arguir exceção de impedimento ou de suspeição.

Estamos chegando a tal descalabro que, nos autos da Ação Criminal 2003360008505-4/MT, de que fui relator, uma testemunha foi ouvida encapuzada. No voto que proferi, que foi seguido pelos demais julgadores, Juízes OLINDO MENEZES e CÂNDIDO RIBEIRO, disse:

> Cabe registrar que, neste processo, parecendo coisa de filme, a testemunha indicada pela acusação (*omissis*), réu condenado em outro processo, futuro colaborador do Ministério Público, foi ouvida encapuzada. Chegou para audiência, escoltada por agentes de Polícia Federal, com o rosto encoberto, nem o juiz o viu – entrou, permaneceu e saiu encapuzada. [...] Não apresentou nenhum documento de identidade, nem sequer carteira de trabalho ou de motorista. O Juiz Federal [...] disse: "Não vejo empecilho em tomar o depoimento como ela se apresenta (encapuzada), uma vez que não haverá prejuízo para as partes, sendo que sua identificação será feita mediante atestado policial, com base na sua impressão digital, que será aposta no termo, para esse objetivo" (Cf. v. VIII, fls. 2.458). A testemunha foi ouvida sem que ninguém soubesse quem era. Nem o juiz. Dois dias depois da audiência é que a Polícia Federal encaminhou ao juiz laudo de perícia papiloscópica dizendo que a pessoa ouvida era mesmo (*omissis*) (Cf. v. VIII, fls. 2.474/2.480).

Impressionante! Nunca se viu isso. A testemunha incógnita, ninguém a conhecia nem poderia conhecê-la. Nem a Lei n. 9807, de 13.07.1999, que estabelece normas para proteção de testemunhas, isso prevê – ouvida de testemunha encapuzada! A testemunha encapuzada não permite que o juiz sinta suas reações, que vão, inclusive, orientando o que deve ser perguntado, ou seja, o caminho a seguir. Não pode o juiz, nessas condições, avaliar o comportamento da testemunha. Nem o juiz, nem as partes.

Explica MALATESTA[1017]:

> A segurança ou excitação de quem depõe, a calma ou perturbação de seu semblante, sua desenvoltura como de quem quer dizer a verdade, seu embaraço como de quem quer mentir, um só gesto, um só olhar, por vezes, podem revelar a veracidade ou mentira da testemunha. Eis mil outras exterioridades que devem também ser consideradas nos testemunhos, para bem avaliá-los.

Como, então, não haver prejuízo para a defesa ouvir a testemunha encapuzada? Como não haver dificuldade para obter-se a verdade?

13. JUIZ, LEGISLADOR DO CASO CONCRETO

O magistrado deve ser o legislador do caso concreto. A lei é geral e abstrata. Ele deve, a princípio, ter a lei como bússola para procurar resolver o caso concreto, mas muitas vezes é imprescindível, quando esse instrumento falha, utilizar-se do Sol, da estrela-d'alva, do Cruzeiro do Sul para guiar-se e chegar a bom termo. Nem sempre a lei é a solução.

Justiça, no entanto, não é misericórdia nem caridade. Nem vingança. Nem instrumento do mais forte. Deve-se com a justiça buscar o equilíbrio, a boa convivência social, a paz.

O legislador ordinário, ao instituir os Juizados Especiais, foi ousado, mas não imprudente, pois se firmou na realidade brasileira, reduzindo a importância do papel e do carimbo tão a gosto do Judiciário, instituindo a suspensão condicional do processo, procurando diminuir a importância da pena privativa de liberdade para os crimes de menor potencial ofensivo, consciente de que a prisão não é a solução para esses casos e que, nas penitenciárias, a promiscuidade deletéria é forte elemento de corrupção, de perversão, de embrutecimento, de animalização do homem, de dessocialização. Enfim, o legislador fez surgir uma nova política criminal.

[1017] MALATESTA, 1996, p. 362.

Bibliografia

PARTE CÍVEL

ABREU, C. *Governo judiciário.* Florianópolis: TJSC, 2009.

ABREU, P. M. Juizados Especiais. *Jurisprudência Catarinense*, v. 72/27.

ABREU, P. M. Reflexões temáticas sobre o processo, o procedimento e a competência dos Juizados Especiais. Conferências proferidas nos 1º e 2º Encontros Regionais de Aperfeiçoamento para Magistrados, nas cidades de Joaçaba/SC (26 e 27.04.1996) e Chapecó/SC (31 e 01.06.1996). *Jurisprudência Catarinense*, v. 75.

ABREU, P. M. *Acesso à justiça e juizados especiais*: o desafio histórico da consolidação de uma justiça cidadã no Brasil. Florianópolis: Fundação Boiteux, 2004.

ABREU, P. M.; BRANDÃO, P. DE T. *Juizados especiais cíveis e criminais*: aspectos destacados. Florianópolis: Obra Jurídica, 1996.

ALBERTON, G. DA S. *Assistência litisconsorcial.* São Paulo: Revista dos Tribunais, 1994.

ALLORIO, E. et al. *Commentatio del Codice di Procedura Civile.* Torino: Utet, 1973. v. 1. t. I.

ALMEIDA, Í. DE. *Manual de direito processual do trabalho.* 7. ed. atual. ampl. São Paulo: LTr, 1995. v. 1.

ALVES, J. C. M. *Posse*: evolução histórica. Rio de Janeiro: Forense, 1985. v. 1.

ALVES, J. C. M. *Posse*: estudo dogmático. 2. ed. Rio de Janeiro: Forense, 1991. v. 2. t. I.

ALVIM, J. E. C. A antecipação de tutela na reforma processual. *Revista Trimestral de Jurisprudência dos Estados*, v. 135/10-31 (separata).

ALVIM, J. E. C. *Anatomia de uma Justiça – Justiça municipalizada* (separata), 2003.

ALVIM, J. E. C. *Código de Processo Civil reformado.* Belo Horizonte: Del Rey, 1995.

ALVIM, J. E. C. *Novo agravo.* Belo Horizonte: Del Rey, 1996.

ALVIM, J. E. C. *Procedimento monitório.* 2. ed. Curitiba: Juruá, 1995.

ALVIM, J. E. C. *Procedimento sumário na reforma processual.* Belo Horizonte: Del Rey, 1996.

ALVIM, J. E. C. Revelia nos Juizados Especiais estaduais e federais. *Revista de Processo*, [s. l.], v. 109, p. 57-62.

ALVIM, J. E. C.; CABRAL, L. G. C. A. *Comentários à Lei dos Juizados Especiais federais cíveis.* 2. ed. Curitiba: Juruá, 2006.

ALVIM, J. M. DE A. *Arguição de relevância no recurso extraordinário.* São Paulo: Revista dos Tribunais, 1988.

ALVIM, J. M. DE A. *A tutela antecipatória*: algumas noções e coincidências em relação às cautelares satisfativas (coletânea de estudos coordenada pelo Min. Sálvio de Figueiredo Teixeira). São Paulo: Saraiva, [2023?]. No prelo.

ALVIM, J. M. DE A. Correição parcial. *Revista dos Tribunais*, São Paulo, v. 62, n. 452, p. 11-20, jun., 1973.

ALVIM, J. M. DE A. *Direito processual civil*: teoria geral do processo de conhecimento. São Paulo: Revista dos Tribunais, 1972. v. 1-2.

ALVIM, J. M. DE A. *Manual de direito processual civil*: do processo de conhecimento. 6. ed. São Paulo: Revista dos Tribunais, 1997. v. 2.

ALVIM, J. M. DE A. *Manual de direito processual civil*: parte geral. 10. ed. rev. atual. ampl. São Paulo: Revista dos Tribunais, 2006. v. 1.

ALVIM, J. M. de A. O "julgamento conforme o estado do processo" e o "procedimento sumaríssimo". *Revista Forense*, [s. l.], v. 246/238.

ALVIM, J. M. DE A. *Tratado de direito processual civil*. São Paulo: Revista dos Tribunais, 1990. v. 1.

ALVIM, T. *O direito processual de estar em juízo*. São Paulo: Revista dos Tribunais, 1996.

ALVIM, T. *Questões prévias e os limites objetivos da coisa julgada*. São Paulo: Revista dos Tribunais, 1977.

ANDRIGHI, F. N. Primeiras reflexões sobre o pedido de uniformização de interpretação no âmbito dos Juizados Especiais Cíveis e Criminais. In: SILVA, A. V. F. E; CORRÊA, L. F. N. (coord.). *Juizados Especiais*: homenagem ao Desembargador José Fernandes Filho. Belo Horizonte: Del Rey, 2011.

ANDRIGHI, F. N. Questionamentos sobre o incidente de uniformização. *Revista & Cidadania*, [s. l.], ed. especial, p. 22-27, ago. 2010.

ARAGÃO, E. D. M. DE. *Comentários ao Código de Processo Civil*. Rio de Janeiro: Forense, 1979. v. 2.

ARAGÃO, E. D. M. DE. O processo civil no limiar de um novo século. *Revista Forense*, [s. l.], v. 353, p. 53-68, 2000.

ARAÚJO, F. F. DE. *Ação monitória*. 3. tir. Campinas: Copola, 1995.

ARAÚJO, F. F. DE. Justitia. *Revista da Procuradoria-Geral de São Paulo*, São Paulo, v. 146/59, 1989.

ARENHART, S. C. Juizados Especiais Federais (coletânea de estudos). *Juizados Especiais Federais*: pontos polêmicos. Primeiras impressões. Curitiba: Genesis Editora, 2001.

ARIETA, G.; MONTESANO, L. *Il nuovo processo civile*. Napoli: Jovene, 1991.

ARMELIN, D. *Conferência proferida na USP*, 1996.

ARZUA, G. *Posse*: o direito e o processo. São Paulo: Revista dos Tribunais, 1978.

ASCENSÃO, J. DE O. *O direito*: introdução e teoria geral (uma perspectiva luso-brasileira). Rio de Janeiro: Renovar, 1994.

ASSIS, A. DE. *Ação de despejo*. Porto Alegre: Sérgio A. Fabris, 1992.

ASSIS, A. DE. *Cumulação de ações*. São Paulo: Revista dos Tribunais, 1995.

ASSIS, A. DE. *Eficácia civil da sentença penal*. São Paulo: Revista dos Tribunais, 1993.

ASSIS, A. DE. *Execução civil nos Juizados Especiais*. São Paulo: Revista dos Tribunais, 1996.

ASSIS, A. DE. *Manual do processo de execução*. São Paulo: Revista dos Tribunais, 1995.

ASSIS, A. DE. *Manual dos recursos*. São Paulo: Revista dos Tribunais, 2007.

ASSIS, A. DE. *Procedimento sumário*. São Paulo: Malheiros, 1996.

ATTARDI, A. *Le nuove disposizioni sul processo civile e il progetto del Senato sul giudice di pace*. Padova: Cedam, 1991.

AZEVEDO, N. *Homenagem da Ordem dos Advogados do Brasil* (Comentários ao acórdão publicado na RT, v. 57/29, de 1926. A Justiça e a máquina de escrever). São Paulo, 1971.

BACELLAR, R. P. *Juizados Especiais*: a nova mediação paraprocessual. São Paulo: Revista dos Tribunais, 2003.

BAGOLINI, L. *Giustizia e società*. Roma: Dino Editore, 1983.

BARBI, C. A. *Comentários ao Código de Processo Civil*. Rio de Janeiro: Forense, 1981. v. 1.

BARBIERO, L. G. Juizados Especiais Cíveis: absoluta a sua competência. *Tribuna da Magistratura*, Caderno de Doutrina, [s. l.], n. 69, abr., 1996.

BARBIERO, L. G.; RETAMERO, D. Juizado Especial Cível – Prova pericial. *Consulex*, [s. l.], n. 19/35, jul., 1998.

BARROS, F. C. R. DE. *Comentários à Lei do Inquilinato*. São Paulo: Saraiva, 1995.

BARROS, F. C. R. DE. Locação predial urbana. Competência dos Juizados Especiais (trabalho apresentado ao Centro de Estudos do Segundo Tribunal de Alçada Cível de São Paulo). 1996.

BATISTA, S. H. DE A. *Embargos de declaração*. São Paulo: Revista dos Tribunais, 1991.

BAUR, F. *Tutela jurídica mediante medidas cautelares*. Tradução: Arlindo E. Laux. Porto Alegre: Sérgio A. Fabris, 1985.

BECKER, R. F.; PEIXOTO, M. A. V.; PEIXOTO, R. C. A natureza jurídica do incidente de resolução de demandas repetitivas oriundo de processos dos juizados especiais. In: SILVA, A. V. F. E; KOEHLER, F. A. L.; PEIXOTO, R. C. C. (org.). *Coleção Repercussões do novo CPC* - Juizados especiais da fazenda pública e juizados especiais federais. São Paulo: Jus Podivm, 2019. v. 18. p. 343-360.

BEDAQUE, J. R. DOS S. *Poderes instrutórios do juiz*. São Paulo: Revista dos Tribunais, 1991.

BENETI, S.; ANDRIGHI, F. N. *Juizados Especiais Cíveis e Criminais*. Belo Horizonte: Del Rey, 1996.

BERMUDES, S. *A reforma do Código de Processo Civil*. Rio de Janeiro: Freitas Bastos, 1995.

BERMUDES, S. *A reforma do Código de Processo Civil*. 2. ed. São Paulo: Saraiva, 1996.

BITTENCOURT, C. N. N. A opção nos Juizados Especiais Cíveis. *Jornal do Magistrado*, [s. l.], abr., 1996.

BOMFIM, B. C. A competência dos Juizados Especiais. *Consulex*, [s. l.], n. 16/40, abr., 1998.

BOTELHO, R. Juizado de Pequenas Causas. Recurso especial. Cabimento em matéria de competência. *Boletim LBJ*, [s. l.], n. 183/255, maio, 1998.

BRASIL, L. F. Juizados Especiais Cíveis: competência obrigatória?. *Revista dos Juizados Especiais*, [s. l.], v. 15.

BRUM, J. M. *Agravo*: inovações. Comentários. Rio de Janeiro: Aide, 1996.

BUENO, C. S. *"Amicus curiae" no processo civil brasileiro*: um terceiro enigmático. São Paulo: Saraiva, 2008.

BUENO, C. S. Quatro perguntas e quatro respostas sobre o "amicus curiae". *Revista da Escola Nacional da Magistratura – AMB*, [s. l.], v. 2, n. 5, p. 132-138, 2008.

BUENO, C. S. *Novo código de processo civil anotado*. 3. ed. São Paulo: Saraiva, 2017.

BURDESE, A. *Manuale di diritto privato romano*. Torino: Utet, 1987.

CALAMANDREI, P. *Istituzioni di diritto processuale civile*. Padova: Cedam, 1943. v. 1.

CALAMANDREI, P. *Verità e verossimiglianza nel processo civile*: studi in onore di Giuseppe Valeri. Milano: Giuffrè, 1955. v. 1. p. 463-492.

CÂMARA, A. F. *Dos procedimentos sumário e sumaríssimo*. Rio de Janeiro: Lumen Juris, 1996.

CÂMARA, A. F. *Juizados Especiais Cíveis estaduais e federais*: uma abordagem crítica. 2. ed. Rio de Janeiro: Lumen Juris, 2005.

CÂMARA, A. F. *Lineamentos do novo processo civil*. Belo Horizonte: Del Rey, 1995.

CAMBI, E. *Direito constitucional à prova no processo civil*. São Paulo: Revista dos Tribunais, 2001.

CAMPOS, A. M. DE. *Juizado Especial de Pequenas Causas*. São Paulo: Saraiva, 1985.

CAPPELLETTI, M. *Access to Justice and the welfare state*. Firenze: Istituto Universitario Europeo, 1981.

CAPPELLETTI, M. Appunti per una fenomenologia della giustizia. *Rivista Trimestrale di Diritto e Procedura Civile*, [s. l.], v. 32/1.318, 1978.

CAPPELLETTI, M. *Giustizia e società*. Milano: Comunità, 1972.

Cappelletti, M. *La testimonianza della parte nel sistema dell'oralità*. Parte prima. Milano: Giuffrè, 1974.

Cappelletti, M. Os métodos alternativos de solução de conflitos no quadro do movimento universal do acesso à Justiça. *Revista de Processo*, [s. l.], v. 74, p. 83-97, 1994.

Cappelletti, M. *Processo e ideologia*. Padova: Cedam, 1969.

Cappelletti, M.; Garth, B. *Acesso à justiça*. Tradução: Ellen Gracie Northfleet. Porto Alegre: Sérgio A. Fabris, 1988.

Cappelletti, M.; Garth, B. *Access to Justice*: a world survey, v. 1; *Promising institutions*, v. 2; *Emerging issues and perspectives*, v. 3; *Anthropological perspective*, v. 4. Milano: Giuffrè, 1978-1979.

Cardoso, A. P. Juizados Especiais: justiça dos pobres. *Tribuna da Magistratura*, [s. l.], suplemento especial, n. 73/5, jul., 1996.

Carmona, C. A. *Arbitragem e processo*: um comentário à Lei 9.307/96. São Paulo: Malheiros, 1998.

Carmona, C. A. *A arbitragem no Brasil*: em busca de uma nova lei. *Revista de Processo*, [s. l.], v. 72/53.

Carmona, C. A. A arbitragem nos Juizados Especiais. Conferência proferida no *II Seminário de Processo Civil e Penal*, Blumenau, 1996.

Carmona, C. A. A arbitragem nos Juizados Especiais. *Repertório IOB de jurisprudência*, [s. l.], n. 24, dez., 1996.

Carmona, C. A. A crise do processo e os meios alternativos para a solução de controvérsias. *Revista de Processo*, [s. l.], v. 56/91.

Carneiro, A. G. *Audiência de instrução e julgamento e audiências preliminares*. 8. Ed. Rio de Janeiro: Forense, 1996.

Carneiro, A. G. Considerações sobre o processo e os Juizados de Pequenas Causas. *Revista de Processo*, [s. l.], v. 51, p. 23-27.

Carneiro, A. G. Juizados de Pequenas Causas. Lei estadual receptiva. *Ajuris*, [s. l.], n. 33, p. 7, 1985.

Carneiro, A. G. O papel da jurisprudência no Brasil. A súmula e os precedentes jurisprudenciais. Relatório ao Congresso de Roma. *Informativo INCIJUR*, [s. l.], n. 59, p. 325-346, jun., 2004.

Carneiro, A. G. Proposição para simplificação dos ritos sumários. *Ajuris*, [s. l.], v. 9, n. 25, p. 75-79, jul., 1982.

Carneiro, A. G. *Do rito sumário na reforma do CPC*. São Paulo: Saraiva, 1996.

Carneiro, A. G. *Intervenção de terceiros*. 8. Ed. São Paulo: Saraiva, 1996.

Carnelutti, F. *La prueba civil*. Tradução: Niceto Alcalà-Zamora y Castillo. Buenos Aires: Depalma, 1982.

Carpi, F. Flashes sulla tutela giurisdizionale differenziata. *Rivista Trimestrale di Diritto e Procedura Civile*, [s. l.], 1980.

Carpi, F. *La provvisoria esecutorietà della sentenza*. Milano: Giuffrè, 1979.

Carpi, F. La tutela d'urgenza fra cautela, sentenza anticipata e giudizio di érito. *Rivista di Diritto Processuale*, [s. l.], v. 40/680, 1985. Atti del XVº convegno nazionale – Bari, 04-05.10.1985. *Quaderni dell'Associazione italiana fra gli studiosi del processo civile*. Rimini: Maggioli, 1985. v. 43.

Carulli, O. F. Il Potere Giudiziario tra crisi e rinnovamento. *Rivista Trimestrale di Diritto e Procedura Civile*, [s. l.], v. 37/628, 1983.

Cavalcante, M. C. Competência dos Juizados Especiais em ações de despejo. *Revista dos Juizados Especiais*, [s. l.], v. 4. CD *Juizados especiais cíveis e criminais*. Caxias do Sul: Plenum, [s. d.].

Chabas, F. L'astreinte en droit français. *Revista de Direito Civil*, [s. l.], v. 69/50.

Chiarloni, S. Riflessione minime sulla tutela giuridica dei diritti dei deboli. *Rivista di Diritto Processuale*, [s. l.], n. 4, 53/959, 1998.

CHIMENTI, R. C. *Juizados Especiais. O autor nas causas propostas perante os Juizados Especiais.* Tribuna da Magistratura, abr./maio, 1999.

CHINI, A. et al. *Juizados especiais cíveis e criminais. Lei 9.099/1995 Comentada*. Salvador: JusPodium, 2018.

CHIOVENDA, G. *Istituzioni di diritto processuale civile*. Napoli: Jovene, 1933 e 1934. v. 1 e 2.

CIAN, G. et al. *Commentario breve al Codice di Procedura Civile*. Padova: Cedam, 1994.

CORRÊA, O. DE A. *Ação monitória*. Rio de Janeiro: Aide, 1995.

COSTA, A. DE A. L. DA. *Direito processual civil brasileiro*. Rio de Janeiro: José Konfino, 1947. v. 1.

COSTA, J. R. *Ação monitória*. São Paulo: Saraiva, 1995.

COUTO, M. B. *Recurso adesivo*: um exame à luz da teoria geral dos recursos. Curitiba: Juruá, 2007.

COUTURE, E. J. *Fundamentos del derecho procesal civil*. 3. ed. reimpresión inalterada. Buenos Aires: Depalma, 1993.

COUTURE, E. J. *Introducción al estudio del proceso civil*. 2. ed. Buenos Aires: Depalma, 1949.

CRESCI SOBRINHO, E. DE. O juiz e as máximas de experiência. *Revista Forense*, [s. l.], v. 296/430.

CRETELLA JÚNIOR, J. *Comentários à Constituição de 1988*. Rio de Janeiro: Forense, 1992. v. 6.

CRUZ, A. Á. A transação, a conciliação e o acordo extrajudicial. *Revista de Jurisprudência do Tribunal de Justiça do Estado de São Paulo*, São Paulo, v. 109/8.

CRUZ, J. R. G. DA. Reflexões sobre o Juizado Especial das Pequenas Causas. *Revista de Jurisprudência do Tribunal de Justiça do Estado de São Paulo*, v. 86/15.

CUNHA, J. S. F. A competência absoluta e a ausência de limite de valor da causa nos Juizados Especiais Cíveis. *Caderno universitário de pesquisa de doutrina e jurisprudência*. Ponta Grossa: Universidade de Ponta Grossa, 1996.

CUNHA, J. S. F. Câmaras municipais de conciliação e arbitragem. *Informativo INCIJUR*, [s. l.], v. 4, n. 51, out., 2003.

CUNHA, J. S. F. *Recursos e impugnações nos Juizados Especiais Cíveis*. Curitiba: Juruá, 1996.

DALL'AGNOL, J. L. *Pressupostos processuais*. Porto Alegre: Lejur, 1988.

DALL'AGNOL JÚNIOR, A. J. *Comentários ao Código de Processo Civil*. Porto Alegre: Lejur, 1985. v. 3.

DALL'AGNOL JÚNIOR, A. J. *Invalidades processuais*. Porto Alegre: Lejur, 1989.

DELGADO, J. Constitucionalidade da mediação. *Revista do Centro de Estudos Judiciários (CEJ) do Conselho da Justiça Federal*, Brasília, v. 22, 2003.

DENTI, V. Il nuovo processo del lavoro: significato della riforma. *Rivista di Diritto Processuale*, [s. l.], v. 28/371, 1973.

DENTI, V. L'oralità nelle riforme del processo civile. *Rivista di Diritto Processuale*, [s. l.], v. 25/434, 1970.

DENTI, V. *Processo civile e giustizia sociale*. Milano: Comunità, 1971.

DENTI, V. Il ruolo del iudice nel processo civile tra vecchio e nuovo garantismo. *Rivista Trimestrale di Diritto e Procedura Civile*, [s. l.], v. 38/726-740, 1984.

DIAS, M. B. Reconsideração *versus* revisão: uma distinção que se impõe. *Síntese Jornal*, [s. l.], n. 77, jul., 2003.

DIAS, M. B. Reconsideração *versus* revisão: uma distinção que se impõe. *Revista do TJPR*, [s. l.], jul./set., 2003.

DINAMARCO, C. R. *Execução civil*. São Paulo: Malheiros, 1994.

DINAMARCO, C. R. *A instrumentalidade do processo*. São Paulo: RT, 1990.

DINAMARCO, C. R. Os Juizados Especiais e os fantasmas que os assombram. *Tribuna da Magistratura*. Caderno de Doutrina, [s. l.], n. 3, maio, 1996.

DINAMARCO, C. R. A Lei das Pequenas Causas e a renovação do processo civil. *Revista Ajuris*, [s. l.], v. 33/15.

DINAMARCO, C. R. *Litisconsórcio*. São Paulo: Malheiros, 1994.

DINAMARCO, C. R. *Manual das pequenas causas*. São Paulo: RT, 1986.

DINAMARCO, C. R. *A reforma do Código de Processo Civil*. São Paulo: Malheiros, 1995.

DINAMARCO, C. R.; CINTRA, A. C. DE A.; GRINOVER, A. P. *Teoria geral do processo*. São Paulo: Revista dos Tribunais, 1991.

DINAMARCO, C. R.; CINTRA, A. C. DE A.; GRINOVER, A. P. *Teoria geral do processo*. 12. ed. São Paulo: Malheiros, 1996.

DINIZ, M. H. *Código Civil anotado*. 9. ed. São Paulo: Saraiva, 2004.

D'ONOFRIO, P. *Commentario al Codice di Procedura Civile*. 4. ed. Torino: Utet, 1957. v. 1.

FABRÍCIO, A. F. *Comentários ao Código de Processo Civil*. Rio de Janeiro: Forense, 1980. v. 8. t. III.

FABRÍCIO, A. F. *Doutrina e prática do procedimento sumaríssimo*. 2. ed. Rio de Janeiro: Aide, 1977.

FABRÍCIO, A. F. Justificação teórica dos procedimentos especiais. *Revista Forense*, [s. l.], v. 330/3-14.

FABRÍCIO, A. F. Réu revel não citado, "querella nullitatis" e ação rescisória. *Revista de Processo*, [s. l.], v. 48/27-44.

FALCON, Enrique M. *Elementos de derecho procesal civil*. Buenos Aires: Abeledo-Perrot, 1986, 1987. v. 1 e 2.

FARIA, J. E. *A crise constitucional e a restauração da legitimidade*. Porto Alegre: Sérgio Fabris Editor, 1986.

FASSÒ, G. Il giudice e l' adeguamento del diritto alla realtà storico-sociale. *Rivista Trimestrale di Diritto e Procedura Civile*, [s. l.], v. 26/897-952, 1972.

FAZZALARI, E. I poteri del giudice nel processo del lavoro. *Rivista di Diritto Processuale*, [s. l.], v. 29/586, 1974.

FAZZALARI, E. Giudici, diritto, storia. *Rivista Trimestrale di Diritto e Procedura Civile*, [s. l.], v. 36/757-773, 1982.

FENOCHIETTO, C. E. *Curso de derecho procesal*. Parte especial. Buenos Aires: Abeledo-Perrot, 1978.

FERRAZ JÚNIOR, T. S. *Introdução ao estudo do direito*: técnica, decisão, dominação. São Paulo: Atlas, 1994.

FERREIRA, G. Pequenas anotações sobre o novo procedimento sumário. *Boletim Informativo da Juruá – Doutrina*, [s. l.], n. 114/1276, jun., 1996.

FERREIRA, P. *Comentários à Constituição brasileira*. São Paulo: Saraiva, 1990. v. 2.

FERREIRA FILHO, M. C. *A preclusão no direito processual civil*. Curitiba: Juruá, 1991.

FERREIRA FILHO, M. C. *Comentários à Constituição brasileira de 1988*. São Paulo: Saraiva, 1992.

FIGUEIRA JÚNIOR, J. D. Acesso à Justiça e tutelas de urgência. O pleno acesso à ordem jurídica justa e a efetividade do processo. *Jurisprudência Brasileira*, [s. l.], v. 175/61.

FIGUEIRA JÚNIOR, J. D. Acesso à Justiça e tutelas de urgência. O pleno acesso à ordem jurídica justa e a efetividade do processo. *Jurisprudência Catarinense*, [s. l.], v. 73/27.

FIGUEIRA JÚNIOR, J. D. A equidade como elemento axiológico de interpretação, integração e correção da norma jurídica ao caso concreto e o princípio da legalidade. In: FILOSOFIA *do direito contemporâneo*: homenagem ao Professor Nicolau Apóstolo Pítsica. São Paulo: Conceito Editora, 2011.

FIGUEIRA JÚNIOR, J. D. A trama recursal no Código de Processo Civil brasileiro e a crise da jurisdição. *Revista de Processo*, [s. l.], v. 188/265-276, out., 2010.

FIGUEIRA JÚNIOR, J. D. *Arbitragem, jurisdição e execução*. 2. ed. São Paulo: Revista dos Tribunais, 1998.

FIGUEIRA JÚNIOR, J. D. Arbitragem (legislação nacional e estrangeira) e o monopólio jurisdicional. São Paulo: LTr, 1999.

FIGUEIRA JÚNIOR, J. D. *Comentários à novíssima reforma do CPC – Lei 10.444, de 7 de maio de 2002.* Rio de Janeiro: Forense, 2002.

FIGUEIRA JÚNIOR, J. D. et al. *Comentários à Lei dos Juizados Especiais Cíveis e Criminais:* Lei n. 9.099, de 26-9-1995. 3. ed. rev. atual. ampl. São Paulo: RT, 2000.

FIGUEIRA JÚNIOR, J. D. *Comentários ao Código de Processo Civil.* São Paulo: Revista dos Tribunais, 2001. v. 4. t. I.

FIGUEIRA JÚNIOR, J. D. *Comentários ao Código de Processo Civil.* São Paulo: Revista dos Tribunais, 2001. v. 4. t. II.

FIGUEIRA JÚNIOR, J. D. *Da competência nos Juizados Especiais Cíveis.* São Paulo: Revista dos Tribunais, 1996.

FIGUEIRA JÚNIOR, J. D. *Juizados Especiais da Fazenda Pública*: comentários à Lei 12.153, de 22 de dezembro de 2009. 2. ed. São Paulo: Revista dos Tribunais, 2011.

FIGUEIRA JÚNIOR, J. D. Jurisdição de equidade e jurisdição de direito – exegese do art. 127 do CPC e do artigo 109 do PL 166/2010. In: JAYME, F. G.; FARIA, J. C. DE; LAUAR, M. T. *Processo civil*: novas tendências – em homenagem ao Ministro Sálvio de Figueiredo Teixeira. Belo Horizonte: Del Rey, 2011. p. 395-412.

FIGUEIRA JÚNIOR, J. D. Julgamento de mérito conforme o estado inicial do processo. Análise do art. 285-A, CPC (Lei 11.277, de 7 de fevereiro de 2006). *Bonijuris*, Curitiba, n. 510/14, maio, 2006.

FIGUEIRA JÚNIOR, J. D. *Lições de teoria geral do processo.* Florianópolis, 1992.

FIGUEIRA JÚNIOR, J. D. *Liminares nas ações possessórias.* 1. ed. São Paulo: Revista dos Tribunais, 1995.

FIGUEIRA JÚNIOR, J. D. *Liminares nas ações possessórias.* 2. ed. São Paulo: Revista dos Tribunais, 1999.

FIGUEIRA JÚNIOR, J. D. *Manual dos Juizados Especiais Cíveis estaduais e federais.* São Paulo: Revista dos Tribunais, 2006.

FIGUEIRA JÚNIOR, J. D. Municipalização da justiça: justiça participativa e coexistencial. *Informativo INCIJUR*, [s. l.], n. 58/1, maio, 2004.

FIGUEIRA JÚNIOR, J. D. *Novo procedimento sumário.* São Paulo: Revista dos Tribunais, 1996.

FIGUEIRA JÚNIOR, J. D. O acesso ao Poder Judiciário. *RT*, [s. l.], v. 686.

FIGUEIRA JÚNIOR, J. D. O acesso ao Poder Judiciário. *Jurisprudência Brasileira*, [s. l.], v. 166/69.

FIGUEIRA JÚNIOR, J. D. O acesso ao Poder Judiciário. *Jurisprudência Catarinense*, [s. l.], v. 68/31.

FIGUEIRA JÚNIOR, J. D. O novo procedimento sumário. Algumas questões controvertidas. *Revista de Direito Processual Civil*, Curitiba, v. 1/53, Genesis, 1996.

FIGUEIRA JÚNIOR, J. D. O valor da causa nas ações possessórias. *RT*, [s. l.], v. 651/35.

FIGUEIRA JÚNIOR, J. D. O valor da causa nas ações possessórias. *Jurisprudência Brasileira*, [s. l.], v. 159/55.

FIGUEIRA JÚNIOR, J. D. O valor da causa nas ações possessórias. *Jurisprudência Catarinense*, [s. l.], v. 64/53.

FIGUEIRA JÚNIOR, J. D. *Procedimento sumário*: Lei 9.246, de 26.12.1995. São Paulo: Revista dos Tribunais, 1996.

FIGUEIRA JÚNIOR, J. D. *Procedimento sumário*: Lei 9.246, de 26.12.1995. 2. ed. São Paulo: Revista dos Tribunais, 2009.

FIGUEIRA JÚNIOR, J. D. *Posse e ações possessórias*: fundamentos da posse. Curitiba: Juruá, 1994. v. 1.

FIGUEIRA JÚNIOR, J. D. Projeto legislativo de novo Código de Processo Civil e a crise da jurisdição. *RT*, [s. l.], v. 926/450-480, dez., 2012.

FIGUEIRA JÚNIOR, J. D. Reflexões em torno da tutela antecipatória genérica diferenciada satisfativa. A questão de sua aplicabilidade aos procedimentos especiais. *Ajuris*, [s. l.], v. 65/228.

FIGUEIRA JÚNIOR, J. D. Reflexões em torno da tutela antecipatória genérica diferenciada satisfativa. A questão de sua aplicabilidade aos procedimentos especiais. *Jurisprudência Brasileira*, [s. l.], v. 176/81.

FIGUEIRA JÚNIOR, J. D. Reflexões em torno da tutela antecipatória genérica diferenciada satisfativa. A questão de sua aplicabilidade aos procedimentos especiais. *Jurisprudência Catarinense*, [s. l.], v. 74/35.

FIGUEIRA JÚNIOR, J. D. *Responsabilidade civil do Estado-Juiz*: Estado e juízes constitucionalmente responsáveis. Curitiba: Juruá, 1995.

FIGUEIRA JÚNIOR, J. D. Tipologia das tutelas de urgência. *Revista da Escola Superior da Magistratura do Estado de Santa Catarina*, [s. l.], v. 1/194.

FIGUEIRA JÚNIOR, J. D. Uniformização de jurisprudência – incidente processual a desserviço do jurisdicionado e violador de princípios processuais constitucionais orientadores dos Juizados Especiais cíveis. In: SILVA, A. V. F.; CORRÊA, L. F. N. (coord.). *Juizados Especiais*: homenagem ao Desembargador José Fernandes Filho. Belo Horizonte: Del Rey, 2011.

FIGUEIRA JÚNIOR, J. D. Usucapião especial – Comentários à Lei 6.969, de 10.12.1981. *Jurisprudência Catarinense*, [s. l.], v. 35/49.

FIGUEIRA JÚNIOR, J. D.; TOURINHO NETO, F. DA C. *Juizados Especiais Federais Cíveis e Criminais*: comentários à Lei 10.259, de 12.07.2001. São Paulo: Revista dos Tribunais, 2002.

FIGUEIRA JÚNIOR, J. D.; TOURINHO NETO, F. DA C. *Juizados Especiais Federais Cíveis e Criminais*: comentários à Lei 10.259, de 12.07.2001. 3. ed. São Paulo: Revista dos Tribunais, 2010.

FIUZA, R.; SILVA, R. B. T. DA (coord.). *Código Civil comentado*. 5. ed. São Paulo: Saraiva, 2006.

FIUZA, R. (COORD.). *Novo Código Civil comentado*. 2. ed. São Paulo: Saraiva, 2004.

FIUZA, R. (COORD.). *Novo Código Civil comentado*. 10. ed. São Paulo: Saraiva, 2016.

FIUZA, R. A. M. Tribunais Regionais Federais e juízes federais. Tribunais e juízes estaduais. Juizados Especiais. *Revista de Informação Legislativa*, [s. l.], v. 102/185.

FLORY, T. *El juez de paz y el jurado en el Brasil imperial, 1808-1871*: control social y estabilidad política en el nuevo Estado. Tradução: Mariluz Caso. México: Fondo de Cultura Económica, 1986.

FONSECA, G. A. REIS, G. A. A (des)necessidade de citação prévia na instauração do incidente de desconsideração de personalidade jurídica nos juizados especiais. *Migalhas*, [s. l.], 25 mar. 2021. Disponível em: https://www.migalhas.com.br/depeso/342348/citacao-previa--desconsideracao-de-personalidade-juridica. Acesso em: 22 nov. 2021.

FORNACIARI JÚNIOR, C. Posse e propriedade – Doutrina e jurisprudência. In: CAHALI, Y. S. (coord.). *O procedimento das chamadas ações possessórias*. São Paulo: Saraiva, 1987.

FORNACIARI JÚNIOR, C. *A reforma processual civil*. São Paulo: Saraiva, 1996.

FRANÇA, R. L. *Instituições de direito civil*. 4. ed. São Paulo: Saraiva, 1996.

FRIEDE, R. *Principais inovações no direito processual civil brasileiro*. Rio de Janeiro: Forense Universitária, 1996.

FRIGINI, R. *Comentários à Lei de Pequenas Causas*. São Paulo: LED, 1995.

FRISINA, P. La tutela anticipatoria: profili funzionali e strutturali. *Rivista di Diritto Processuale*, [s. l.], v. 16/368.

FULGÊNCIO, T. *Da posse e das ações possessórias*. Rio de Janeiro: Forense, 1980. v. 1-2.

FUX, L.; BATISTA, W. M. *Juizados Especiais Cíveis e Criminais e suspensão condicional do processo penal*. Rio de Janeiro: Forense, 1997.

GRABOIS, M. *Curso de derecho procesal – Parte especial* (coord. de FENOCHIETTO). Buenos Aires: Abeledo-Perrot, 1978.

GHEZZI, G. La partecipazione popolare all'amministrazione della giustizia. *Rivista Trimestrale di Diritto e Procedura Civile*, [s. l.], v. 1977/1995.

GIANESINI, R. *Da revelia no processo civil brasileiro*. São Paulo: Revista dos Tribunais, 1977.

GIANNINI, M. S. *Lezioni di diritto amministrativo*. Milano: Giuffrè, 2000. v. I.

GOMES, L. F. Podem os Estados legislar sobre juizados especiais?. *RT*, [s. l.], v. 708/285.

GOMES, O. *Contratos*. 18. ed. Rio de Janeiro: Forense, 1998.

GRECO FILHO, V. *Comentários ao procedimento sumário, ao agravo e à ação monitória*. São Paulo: Saraiva, 1996.

GRINOVER, A. P. Deformalização do processo e deformalização das controvérsias. *Revista de Processo*, [s. l.], v. 46/60.

GRINOVER, A. P. Juizado Especial de Pequenas Causas. In: WATANABE, K. (coord.). *Aspectos constitucionais dos Juizados de Pequenas Causas*. São Paulo: Revista dos Tribunais, 1985.

GRINOVER, A. P. *Os princípios constitucionais e o Código de Processo Civil*. São Paulo: José Bushatsky, 1975.

GRINOVER, A. P. Os fundamentos da justiça conciliativa. *Revista da Escola Nacional da Magistratura*, [s. l.], 5/22-27, 2008.

GRUNSKY, W. Il cosiddetto "modello di stoccarda" e l'accelerazione del processo civile tedesco. *Rivista di Diritto Processuale*, [s. l.], v. 26/354-369, 1971.

GUERRA, M. L. *Execução forçada*: controle de admissibilidade. São Paulo: Revista dos Tribunais, 1995.

HERKENHOFF, J. B. Juizado para causas simples e infrações penais menos ofensivas. *RT*, [s. l.], v. 708/29.

KEPPEN, F. T.; MARTINS, N. B. *Introdução à resolução alternativa de conflitos*: negociação, mediação, levantamento de fotos, avaliação técnica independente. Curitiba: J. M. Livraria Jurídica, 2009.

KOEHLER, F. K. "Os problemas e os desafios decorrentes da aplicação do incidente de resolução de demandas repetitivas nos juizados especiais". In: DIDIER JÚNIOR, F. et al. (coord.). *Repercussões do novo CPC. Juizados especiais da fazenda pública e juizados especiais federais*. Salvador: Jus Podium, 2019. v. 18, p. 187-198.

KOHL, A. *Procès civil et sincérité*. La Haye: Martinus Nijhoff, 1971.

KOMATSU, R. *Da invalidade no processo civil*. São Paulo: Revista dos Tribunais, 1991.

LAGRASTA NETO, C.; DIONÍSIO, S. DAS D. O novo estatuto dos advogados. Açodamento legislativo. *Tribuna do Direito*, [s. l.], set., 1994.

LAGRASTA NETO, C.; DIONÍSIO, S. DAS D. O novo estatuto dos advogados. Açodamento legislativo. *Julgados do TACivSP*, [s. l.], v. 148/14.

LAMEGO, J. *Hermenêutica e jurisprudência*. Viseu: Tipografia Guerra, 1990.

LANA, J. B. C. *Comentários à Constituição Federal*. Rio de Janeiro: Trabalhistas, 1989. v. 3.

LAZZARINI, Á. A Constituição Federal de 1988, os Juizados Especiais e os Juizados de Pequenas Causas. *Revista de Jurisprudência do Tribunal de Justiça de São Paulo*, São Paulo, v. 124/9.

LAZZARINI, Á. Juizados Especiais para julgamento das infrações penais de menor potencial ofensivo. *Revista de Processo*, [s. l.], v. 58/99.

LAZZARO, G. La funzione dei giudici. *Rivista di Diritto Processuale*, [s. l.], v. 26, p. 1-8, 1971.

LENZI, C. A. S. *Comentários às alterações do Código de Processo Civil*. Brasília: Consulex, 1995.

LENZI, C. A. S. *Temas processuais: Juizados Especiais*. Florianópolis: UFSC, 1989.

LETTERIELLO, R. *Repertório dos juizados especiais cíveis estaduais*. Belo Horizonte: Del Rey Editora, 2008.

LETTERIELLO, R.; HAENDCHEN, P. T. *Ação reivindicatória*. 5. ed. São Paulo: Saraiva, 1997.

LEVADA, C. A. S. A necessidade de impedir recursos desnecessários aos JEPEC. *RT*, [s. l.], v. 699/240.

LIEBMAN, E. T. *Efficacia ed autorità della sentenza (ed altri scritti sulla cosa giudicatta)*. Milano: Giuffrè, 1983.

LIEBMAN, E. T. *Manuale di diritto processuale civile*. 4. ed. Milano: Giuffrè, 1984. v. 1.

LIEBMAN, E. T. *Manuale di diritto processuale civile*. 2. ed. Milano: Giuffrè, 1968, v. 2.

LIEBMAN, E. T. *Azione concorrenti*. Studi in memoria di U. Ratti. Milano, 1935.

LIMA, A. DE M. *Dicionário do Código de Processo Civil brasileiro*. 2. ed. São Paulo: Revista dos Tribunais, 1994.

LIMA, C. V. DE. Os Juizados Especiais Cíveis e o juízo arbitral. Advocacia dinâmica. *Boletim informativo – ADV*, [s. l.], n. 21/238, 1996.

LOPES, J. B. Antecipação da tutela e o art. 273 do CPC. *RT*, [s. l.], v. 729/63.

LOPES, J. B. Iniciativas probatórias do juiz e os arts. 130 e 333 do CPC. *RT*, [s. l.], v. 716, p. 41-47.

LOPES, J. B. Juizados Especiais Cíveis e Criminais. *Repertório IOB de Jurisprudência*, [s. l.], n. 24/388, dez., 1995.

LUGO, A. *Manuale di diritto processuale civile*. Milano: Giuffrè, 1992, e suplemento, 1994.

LUIZ, G. A. Algumas considerações sobre o "quinto constitucional", em face do "Colégio Recursal" instituído pela Lei 9.099/1995. *Síntese Jornal*, [s. l.], n. 13, p. 9-10, mar., 1998.

MACEDO, E. H. Breves reflexões sobre os artigos 1º e 3º da Lei 9.099, de 26 de setembro de 1995. *Revista dos Juizados Especiais*, Porto Alegre, v. 15, n. 19, 1995.

MACHADO, A. C. DA C. *A reforma do processo civil interpretada*. São Paulo: Saraiva, 1995.

MACHADO, N. J. DE M. Juizados Especiais Criminais e suspensão condicional do processo. *Jurisprudência Catarinense*, [s. l.], v. 73.

MACHADO, N. J. DE M. Juizados Especiais Criminais. *Jurisprudência Catarinense*, [s. l.], v. 72/45.

MAGALHÃES, R. *Archivo judiciário*. jul./set., 1927.

MAGALHÃES, R. B. DE. *Comentários à Constituição Federal de 1988*. Rio de Janeiro: Liber Juris, 1993. v. 1.

MAGANO, J. P. C. Cabimento de agravo de instrumento em sede de Juizado Especial. *Tribuna da Magistratura*, [s. l.], n. 87/29, maio/jun., 1998.

MALACHINI, E. R. A Constituição Federal e a legislação concorrente dos Estados e do Distrito Federal em matéria de procedimentos. *Revista Forense*, [s. l.], v. 324/49.

MALACHINI, E. R. A correição parcial e a recorribilidade das decisões interlocutórias. *Revista de Processo*, [s. l.], v. 18, p. 88-108.

MALATESTA, N. F. DEI. *La logica delle prove in criminale*. Torino: Utet, 1895. v. 1.

MALUF, A. C. *Representação Municipal na Federação Brasileira*. São Paulo: Editora Lemos & Cruz, 2006.

MANCUSO, R. DE C. O plano piloto de conciliação em segundo grau de jurisdição, do Egrégio Tribunal de Justiça de São Paulo, e sua possível aplicação aos feitos de interesse da fazenda pública. *RT*, [s. l.], v. 820, p. 11-49, fev., 2004.

MANCUSO, R. DE C. *A resolução dos conflitos e a função judicial no contemporâneo estado de direito*. São Paulo: Revista dos Tribunais, 2010.

MANDRIOLI, C. *Corso di diritto processuale civile*. Torino: G. Giappichelli, 1993. v. 1-2.

MARCATO, A. C. *Procedimentos especiais*. 4. ed. São Paulo: Revista dos Tribunais, 1991.

MARINONI, L. G. *A antecipação da tutela*. 6. ed. São Paulo: Malheiros, 2000.

MARINONI, L. G. *Efetividade do processo e tutela de urgência*. Porto Alegre: Sérgio Fabris, 1994.

MARINONI, L. G. *Novas linhas do processo civil*: o acesso à Justiça e os institutos fundamentais do direito processual. São Paulo: Revista dos Tribunais, 1993.

MARINONI, L. G. Novidades sobre a tutela antecipatória. *Revista de Processo*, [s. l.], v. 69/105.

MAROTTA, W. A opção nos Juizados Especiais Cíveis. *Jornal do Magistrado*, [s. l.], p. 9, abr., 1996.

MELENDO, S. Sentís. *Estudios de derecho procesal*. Buenos Aires: EJEA, 1967.

MIRANDA, F. C. P. DE. *Comentários ao Código de Processo Civil*. Rio de Janeiro: Forense, 1977. t. XV.

MIRANDA, F. C. P. DE. *Comentários ao Código de Processo Civil*. Rio de Janeiro: Forense, 1979. t. III.

MIRANDA, F. C. P. DE. *Comentários ao Código de Processo Civil*. 2. ed. Rio de Janeiro: Forense, 1958.

MIRANDA, F. C. P. DE. *Tratado de direito privado*. Parte Especial. 4. ed. São Paulo: Revista dos Tribunais, 1983. t. X.

MIRANDA, F. C. P. DE. *Tratado de direito privado*. Parte Especial. 3. ed. São Paulo: Revista dos Tribunais, 1984. t. XXV.

MONNERAT, F. V. DA F. O incidente de resolução de demandas repetitivas e os juizados especiais. In: LUCON, P.; OLIVEIRA, P. M. DE (coord.). *Panorama atual do novo CPC*. São Paulo: empório do direito.com – Tirant lo Blanch, 2019.

MONTEIRO, J. B. *Ação de reintegração de posse*. São Paulo: Revista dos Tribunais, 1987.

MORAES, S. C. *Juizado de Pequenas Causas*. São Paulo: Revista dos Tribunais, 1991.

MOREIRA, J. C. B. *Comentários ao Código de Processo Civil*. 13. ed. Rio de Janeiro: Forense, 2006. v. 5.

MOREIRA, J. C. B. A efetividade do processo de conhecimento. *Revista de Processo*, [s. l.], v. 74/126.

MOREIRA, J. C. B. Efetividade do processo e técnica processual. *Revista de Processo*, [s. l.], v. 77/168.

MOREIRA, J. C. B. Miradas sobre o processo civil contemporâneo. *Revista de Processo*, [s. l.], v. 79/142.

MOREIRA, J. C. B. *O novo processo civil brasileiro*. Rio de Janeiro: Forense, 1995.

MOREIRA, J. C. B. *Os poderes do juiz na direção e na instrução do processo. Temas de direito processual civil*. Quarta Série. São Paulo: Saraiva, 1989.

MOREIRA, J. C. B. Regras de experiência e conceitos juridicamente indeterminados. *Revista Forense*, [s. l.], v. 261/13.

MOREIRA, W. P. M. *Juizados Especiais Cíveis*. Belo Horizonte: Del Rey, 1996.

NAGEL. *Die grundzüge des Beweisrechts im europäischen Zivilprozess. Eine rechtsverlichende Studie*. Baden-Baden, 1967.

NALINI, J. R. *O juiz e o acesso à justiça*. São Paulo: Revista dos Tribunais, 1994.

NALINI, J. R. Proposta concreta para um novo judiciário. *Lex – Jurisprudência do STF*, [s. l.], v. 208, p. 35.

NEGRÃO, T. *Código Civil e legislação civil em vigor*. 14. ed. São Paulo: Saraiva, 1995.

NEGRÃO, T. *Código de Processo Civil e legislação processual em vigor*. 24. ed. São Paulo: Saraiva, 1993.

NEGRÃO, T. *Código de Processo Civil e legislação processual em vigor*. 27. ed. São Paulo: Saraiva, 1996.

NEGRÃO, T. *Código de Processo Civil e legislação processual em vigor*. 30. ed. São Paulo: Saraiva, 1999.

NEGRÃO, T. *Código de Processo Civil e legislação processual em vigor*. 42. ed. São Paulo: Saraiva, 2010.

NERY JÚNIOR, N. *Atualidades sobre o processo civil*. São Paulo: Revista dos Tribunais, 1995.

NERY JÚNIOR, N. *Atualidades sobre o processo civil*. 2. ed. São Paulo: Revista dos Tribunais, 1996.

NERY JÚNIOR, N. Interditos possessórios. *Revista de Processo*, v. 52/170.

NERY JÚNIOR, N. *Princípios do processo civil na Constituição Federal*. São Paulo: Revista dos Tribunais, 1995.

NERY JÚNIOR, N. *Teoria geral dos recursos*: princípios fundamentais. São Paulo: Revista dos Tribunais, 1993.

NERY JÚNIOR, N. *Teoria geral dos recursos*: princípios fundamentais. 6. ed. São Paulo: Revista dos Tribunais, 2004.

NERY JÚNIOR, N. Separação judicial – Direito superveniente – Não cabimento de alteração da causa de pedir. *RePro*, [s. l.], v. 25/214.

NERY JÚNIOR, N.; NERY, R. M. A. *Código de Processo Civil comentado e legislação processual civil extravagante em vigor, com suplemento de atualização*. 6. ed. São Paulo: Revista dos Tribunais.

NERY JÚNIOR, N.; NERY, R. M. A. *Código de Processo Civil comentado e legislação processual civil extravagante em vigor, com suplemento de atualização*. 9. ed. São Paulo: Revista dos Tribunais, 2006.

NERY JÚNIOR, N.; NERY, R. M. A. *Código de Processo Civil comentado e legislação processual civil extravagante em vigor, com suplemento de atualização*. 4. ed. São Paulo: Revista dos Tribunais, 2002.

NERY JÚNIOR, N.; NERY, R. M. A. *Código de Processo Civil comentado e legislação processual civil extravagante em vigor, com suplemento de atualização*. 3. ed. São Paulo: Revista dos Tribunais, 1999.

NERY JÚNIOR, N.; NERY, R. M. A. *Código de Processo Civil comentado e legislação processual civil extravagante em vigor, com suplemento de atualização*. 2. ed. São Paulo: Revista dos Tribunais, 1997.

NERY JÚNIOR, N.; NERY, R. M. A. *Código de Processo Civil comentado e legislação processual civil extravagante em vigor, com suplemento de atualização*. São Paulo: Revista dos Tribunais, 1996.

NERY JÚNIOR, N.; NERY, R. M. A. *Comentários ao Código de Processo Civil – novo CPC – Lei 13.105/2015*. São Paulo: Revista dos Tribunais, 2015.

NERY JÚNIOR, N.; PORTO, H. A. M. Juizados Especiais para julgamento das infrações penais de menor potencial ofensivo. *Revista de Processo*, [s. l.], v. 55/105.

NEVES, M. *Teoria da inconstitucionalidade das leis*. São Paulo: Saraiva, 1988.

NOGUEIRA, A. DE P. F. O acúmulo de recursos nos tribunais e a solução emergencial com o juizado especial de causas de menor complexidade. *RT*, [s. l.], v. 708/249.

NOGUEIRA, C. A. *La justicia entre dos épocas*: las transformaciones del proceso civil y la política procesal. La Plata: Platense, 1983.

NOGUEIRA, P. L. *Juizados Especiais Cíveis e Criminais*. São Paulo: Saraiva, 1996.

NORONHA, C. S. *Processo civil – Evolução*: 20 anos de vigência. Apontamentos históricos da tutela diferenciada (coletânea de estudos coord. JOSÉ ROGÉRIO CRUZ E TUCCI). São Paulo: Saraiva, 1995.

OCCHIUTO JÚNIOR, F. Recurso especial e extraordinário no Juizado de Pequenas Causas. *Julgados do Tribunal de Alçada Cível de São Paulo*, [s. l.], v. 125/12.

OKU, E. N. Os juizados especiais cíveis, seus princípios e o novo Código de Processo Civil: novos desafios na interpretação e aplicação das normas jurídicas. *Revista Bonijuris*, [s. l.], n. 629, abr., 2016.

OLIVEIRA, G. C. DE. *A verdadeira face do direito alternativo*. Curitiba: Juruá, 1995.

OLIVEIRA, H. DE. O incidente de resolução de demandas repetitivas e a impossibilidade de seu julgamento pelos juizados especiais estaduais, federais e de fazenda pública. DIDIER JÚNIOR et al. (coord.). *Repercussões do novo CPC. Juizados especiais da fazenda pública e juizados especiais federais*. Salvador: JusPodium, 2019. v. 18. p. 237-252.

OLIVEIRA, L. L. DE. Da competência absoluta dos Juizados Especiais Cíveis. *O Estado do Paraná. Caderno direito e justiça*, [s. l.], 19.05.1996.

OLIVEIRA, R. F. DE; GAGLIARDI, P. L. R.; SILVA, M. A. M. DA. Juizados Especiais para julgamento das infrações penais de menor potencial ofensivo. *RT*, [s. l.], v. 630/401.

OLIVEIRA JÚNIOR, W. M. DE. *O Poder Judiciário e a nova Constituição* (palestras). *A implantação dos Juizados Especiais*. São Paulo: Lex, 1990.

ORNELAS, D. M. Juizado Especial de Pequenas Causas – Análise e sugestões. *Revista Forense*, [s. l.], v. 285/45.

PADILHA, L. C. C. Recursos perante os Juizados Especiais Cíveis e turmas de juízes. *Revista Novos Estudos Jurídicos* (periódico do curso de mestrado da Univali), n. 3, p. 13-32, set., 1996.

PARIZATTO, J. R. *Procedimento sumário*. São Paulo: Editora de Direito, 1996.

PASOLD, C. L. *O advogado e a advocacia*: uma percepção pessoal. Florianópolis: Terceiro Milênio, 1996.

PASSOS, J. J. C. DE. *Inovações no Código de Processo Civil*. 2. ed. Rio de Janeiro: Forense, 1995.

PASSOS, J. J. C. DE. *Comentários ao Código de Processo Civil*. 8. ed. Rio de Janeiro: Forense, 1998. v. III.

PAULA, A. DE. *Código de Processo Civil anotado*. 7. ed. São Paulo: Revista dos Tribunais, 1998. v. 2.

PAVAN, D. R. Da limitação do valor da causa nos procedimentos contidos no artigo 3º, incisos II e III da Lei 9.099/95 – Juizados Especiais Cíveis. *CD Juizados Especiais Cíveis e Criminais*, Ed. Plenum.

PEREIRA, A. B. Juizados Especiais Cíveis: uma escolha do autor em demandas limitadas pelo valor do pedido, ou da causa. *COAD – ADV. Seleções jurídicas*, [s. l.], p. 47-49, maio, 1996.

PEREIRA, A. B. Juizados Especiais Cíveis: uma escolha do autor em demandas limitadas pelo valor do pedido, ou da causa. *Revista dos Juizados Especiais do Rio Grande do Sul*, [s. l.], n. 16, p. 15-20, abr., 1996.

PEREIRA, L. C. R. O juízo arbitral e o projeto de lei sobre arbitragem. *RT*, [s. l.], v. 564/275.

PICARDI, N. et al. *Codice di Procedura Civile*. Milano: Giuffrè, 1994.

PIETROSKI, T. *A ação de imissão de posse*. 3. ed. Rio de Janeiro: Forense, 1992.

PISANI, A. P. *La nuova disciplina del processo civile*. Napoli: Jovene, 1991.

PISANI, A. P. Sulla tutela giurisdizionale differenziata. *Rivista di Diritto Processuale*, [s. l.], v. 34/536.

PISANI, A. P. Tutela giurisdizionale differenziata e il nuovo processo del lavoro. *Foro Italiano*, [s. l.], v. 5/205, 1973.

PÍTSICA, N. A.; PÍTSICA, D. N. *Realismo jurídico antimetafísico de Alf Ross*: uma introdução à política jurídica. Florianópolis: Conceito Editora, 2010.

PROTETTÌ, E. *Le azioni possessorie*: la responsabilità e il procedimento in materia possessoria. Milano: Giuffrè, 1983.

PUNZI, C. La giustizia civile: giustizia delle norme e giustizia del processo. *Rivista di Diritto Processuale*, [s. l.], v. 29, p. 53-71, 1974.

PUPO, E. V. *Estudio comparativo de las nuevas tendencias del derecho procesal civil, con especial referencia al proceso latino-americano* (conferência proferida durante a Jornada Brasileira de Direito Processual), Brasília, Instituto Brasileiro de Direito, jun., 1995.

REALE, M. Conexão de causas aforadas no Juizado Especial e em vara da justiça comum. *Boletim Informativo LBJ da Juruá*, Curitiba, n. 198/546, out., 1998.

REALE, M. Lei 9.099/1995. Juizados Especiais. *Boletim Informativo LBJ da Juruá*, Curitiba, v. 110/1.203, abr., 1996.

REALE, M. Opinião – Tendências/debates. *Folha de S. Paulo*, 31.07.1991.

REINALDO FILHO, D. R. Conexão de causas aforadas no Juizado Especial e em vara da justiça comum. *Boletim LBJ*, [s. l.], n. 198, p. 546-547, out., 1998.

REINALDO FILHO, D. R. Competência dos Juizados Especiais cíveis nas lides de consumo. *Repertório IOB de jurisprudência*, [s. l.], n. 16, p. 288-290, ago., 1996.

REINALDO FILHO, D. R. Competência dos Juizados Especiais cíveis nas lides de consumo. *CD Juizados Especiais cíveis e criminais*. Caxias do Sul: Plenum, [s. d.].

REINALDO FILHO, D. R. Lei 9.099/95 – Juizados Especiais. *Boletim Informativo Juruá*, [s. l.], n. 110, p. 1203, abr., 1996.

RESTA, E. *Conflitti sociali e giustizia*. Bari: De Donato, 1977.

REZEK, F. O direito que atormenta. *Folha de S. Paulo*, 15.11.1998.

Rocco, U. *Trattato di diritto processuale civile*. Torino: Utet, 1957. v. 2.

Rocco, U. *Riprodotti in Novissimo Digesto Italiano*. Torino: Utet, 1959. v. 3/752.

Rocha, F. B. *Manual dos juizados especiais cíveis estaduais*. 9. ed. Teoria e prática. São Paulo: Atlas, 2017.

Rocha, F. C. A. *A luta pela efetividade da jurisdição*. São Paulo: Revista dos Tribunais, 2007.

Rocha, M. A. M. Considerações acerca do contrapedido formulado por pessoa jurídica. *Site "Teia Jurídica"*.

Rodrigues, F. C. P. Perspectivas do Juizado Especial de pequenas causas. *RT*, [s. l.], v. 618/250.

Rodrigues, H. W. Juizados Especiais Cíveis: inconstitucionalidades, impropriedades e outras questões pertinentes. *Revista de Direito Processual Civil*, [s. l.], v. 1, p. 22-29.

Rodrigues, H. W. A Lei 9.099/95 e o recurso de divergência. *Boletim Informativo Bonijuris*, [s. l.], n. 273/3231, 30.07.1996.

Rodrigues, H. W. Leigo: o juiz ou o legislador?. *Folha de S. Paulo*, 20.01.1996.

Rodrigues, H. W. *Novo currículo mínimo dos cursos jurídicos*. São Paulo: Revista dos Tribunais, 1995.

Rosa, E. *Dicionário de processo civil*. Rio de Janeiro: Editora de Direito, 1957.

Saboya, P. *Comentários à Constituição Federal*. Rio de Janeiro: Trabalhistas, 1992. v. 2.

Salvador, A. R. S. A competência relativa dos Juizados Especiais Cíveis. *Tribuna da Magistratura*, [s. l.], n. 69, abr., 1996.

Salvador, A. R. S. O Juizado de Pequenas Causas. Obrigatória sua criação e absoluta sua competência. *RT*, [s. l.], v. 660, p. 251-253.

Salvador, A. R. S. Propostas para simplificação do processo civil. Julgados do Tribunal de Alçada Civil de São Paulo. *Lex*, [s. l.], v. 144/6.

Santos, C. *Comentários às novas alterações ao CPC*. Salvador: Nova Alvorada, 1995.

Santos, E. F. dos. *Manual de direito processual civil*. 5. ed. São Paulo: Saraiva, 1997.

Santos, E. F. dos. *Novos perfis do processo civil brasileiro*. Belo Horizonte: Del Rey, 1996.

Santos, J. M. C. *Código Civil brasileiro interpretado*. 9. ed. Rio de Janeiro: Freitas Bastos, 1977. v. XIV.

Santos, J. M. C. *Código Civil brasileiro interpretado*. 10. ed. Rio de Janeiro: Freitas Bastos, 1977. v. XIII.

Santos, L. F. B. Juizados Especiais Cíveis: competência obrigatória?. *Revista dos Juizados Especiais*, Porto Alegre, v. 15/25, 1995.

Santos, M. A. R. dos; Gonçalves, M. Q.; Bruno, R. G. Juizados Especiais Cíveis e Criminais – Breves reflexões sobre a constitucionalidade da Lei 9.099/1995. *Boletim Informativo Advocacia Dinâmica – ADV*, [s. l.], n. 1, p. 4-5, 1996.

Santos, M. A. *Primeiras linhas de direito processual civil*. São Paulo: Saraiva, 1980. v. 1.

Schlosser, P. Alternative dispute resolution – Uno stimolo alla riforma per l'Europa?. *Revista de Processo*, [s. l.], v. 44/1005.

Schmidt Júnior, R. E. *O novo processo civil*. Curitiba: Juruá, 1995.

Schubert, G.; Danelski, D. J. *Comparative judicial behavior*: cross-cultural studies of political decision-making in the east and west. New York-London-Toronto: Oxford University Press, 1969.

Schwartz, S. B. *A burocracia e sociedade no Brasil colonial*. Tradução: Maria Helena Pires Martins. São Paulo: Perspectiva, 1979.

Shimura, S. Breves considerações sobre a "emendatio libelli" e a "mutatio libelli". *Ajuris*, [s. l.], v. 49/103.

Shimura, S. Breves considerações sobre a "emendatio libelli" e a "mutatio libelli". *Revista de Processo*, [s. l.], v. 59/236.

Silva, F. C. V. da. Agilização da justiça do trabalho e os Juizados de Pequenas Causas. *Repertório IOB de Jurisprudência*, [s. l.], n. 16/282, ago., 1991 (caderno trabalhista e previdenciário).

Silva, O. P. *Ética do magistrado à luz do direito comparado*. São Paulo: Revista dos Tribunais, 1994.

Silva, O. A. B. da. *Ação de imissão de posse*. 2. ed. São Paulo: Revista dos Tribunais, 1997.

Silva, O. A. B. da. *Curso de processo civil*. Porto Alegre: Sérgio A. Fabris, 1991. v. 1.

Silva, O. A. B. da. *Curso de processo civil*. Porto Alegre: Sérgio A. Fabris, 1993. v. 2.

Silva, O. A. B. da. *Curso de processo civil*. São Paulo: Revista dos Tribunais, 1998. v. 3.

Silva, O. A. B. da. *Juizado de Pequenas Causas*. Porto Alegre: Lejur, 1985.

Silva, O. A. B. da. Juizados de Pequenas Causas. *Revista de Jurisprudência do Tribunal de Justiça do Estado de São Paulo*, São Paulo, v. 93/9.

Silva, O. A. B. da. Juizados de Pequenas Causas. *RT*, v. 598/9.

Silva, O. A. B. da. Sobrevivência da "querella nullitatis". *Revista Forense*, [s. l.], v. 333, p. 115-122.

Silva Júnior, W. N. da. Juizado Especial na Justiça Federal. *Boletim Bonijuris*, n. 299/3.564.

Silva, E. S. da; Iglêsias, C. de A. Contribuição da mediação ao processo civil: elementos para uma nova base científica ao processo civil. In: Carneiro, A. G.; Calmon, P. (org.). *Bases científicas para um renovado direito processual*. Brasília: Instituto Brasileiro de Direito Processual, 2008. v. 2.

Simões, G. B. Juizados Especiais Cíveis e os enunciados para possível uniformização de entendimentos. *Boletim legislativo ADCOAS*, [s. l.], v. 30, n. 13, maio, 1996.

Soares, N. da S. *Juizado Especial Cível*: a justiça da era moderna. 3. ed. São Paulo: LTr, 1996.

Souza, C. A. M. de. *Poderes Éticos do Juiz*: a igualdade das partes e a repressão ao abuso no processo. Porto Alegre: Fabris, 1987.

Souza, C. A. M. de. Juizados de Pequenas Causas: escolas de equidade. *Revista de Processo*, [s. l.], v. 58, p. 114-117.

Souza, E. P. R. de. Citação com hora certa no Juizado Cível. *Tribuna da Magistratura*, [s. l.], set., 1998.

Souza, E. P. R. de. Juizados Especiais. A pessoa jurídica e o pedido contraposto. *Tribuna da Magistratura*, [s. l.], jul./ago., 1998.

Souza, H. L. de. Um pequeno reparo a um brilhante artigo. *Revista dos Juizados Especiais*, [s. l.], v. 17, p. 19-21.

Souza, L. S. F. de. *O papel da ideologia no preenchimento das lacunas do Direito*. São Paulo: Revista dos Tribunais, 1993.

Stoco, R. Inexigência de defensor inscrito na OAB nos procedimentos administrativos disciplinares. *RT*, [s. l.], v. 708/271.

Stoco, R. *Procedimento administrativo disciplinar no Poder Judiciário*. São Paulo: Revista dos Tribunais, 1995.

Tallon, D.; Cappelletti, M. (coord.). *Fundamental guarantees of parties in civil litigation*: les garanties fondamentales des parties dans le procès civil. Oceana, Milano-Dobbs Ferry: Giuffrè, 1973.

Taruffo, M. Il diritto alla prova nel processo civile. *Rivista di Diritto Processuale*, [s. l.], v. 39, p. 74-91, 1984.

Taruffo, M. La ricerca ela verità nell'adversary system anglo-americano. *Rivista di diritto processuale*, [s. l.], v. 32/596, 1977.

Tarzia, G. Appunti sulle domande alternative. *Rivista di Diritto Processuale*, [s. l.], 1964.

Tarzia, G. *Lineamenti del nuovo processo di cognizione*. Milano: Giuffrè, 1991.

Teixeira Filho, M. A. *As alterações no CPC e suas repercussões no processo do trabalho*. São Paulo: LTr, 1995.

TEIXEIRA, S. DE F. *A efetividade do processo e a reforma processual. Processo civil – Evolução*: 20 anos de vigência (coletânea de estudos coordenada por José Rogério Cruz e Tucci). São Paulo: Saraiva, 1995.

TEIXEIRA, S. DE F. *Código de Processo Civil anotado*. 4. ed. São Paulo: Saraiva, 1992.

TEIXEIRA, S. DE F. *Código de Processo Civil anotado*. 6. ed. São Paulo: Saraiva, 1996.

TEIXEIRA, S. DE F. *Estatuto da Magistratura e reforma do processo civil*. Belo Horizonte: Del Rey, 1993.

TEIXEIRA, S. DE F. O juiz em face do Código de Processo Civil. *Revista Forense*, [s. l.], v. 261/84.

TEIXEIRA, S. DE F. Procedimento sumaríssimo e seu aprimoramento. *Revista Forense*, [s. l.], v. 277/22.

TEIXEIRA, S. DE F. et al. *Modificações no CPC*. Belo Horizonte: Del Rey, 1995.

TEMER, S. *Incidente de resolução de demandas repetitivas*. Salvador: Jus Podium, 2016.

THEODORO JÚNIOR, H. *Código de Processo Civil anotado*. 4. ed. Rio de Janeiro: Forense, 1998.

THEODORO JÚNIOR, H. *Curso de direito processual civil*. 13. ed. Rio de Janeiro: Forense, 1996. v. 3.

THEODORO JÚNIOR, H. *A execução da sentença e a garantia do devido processo legal*. Rio de Janeiro: Aide, 1987.

THEODORO JÚNIOR, H. *As inovações no Código de Processo Civil*. Rio de Janeiro: Forense, 1995.

THEODORO JÚNIOR, H. Juizado Especial Cível: facultatividade ou obrigatoriedade. *Revista Literária de Direito*, [s. l.], n. 17/9, maio/jun., 1997.

THEODORO JÚNIOR, H. As nulidades no CPC. *Revista de Processo*, [s. l.], v. 30/38.

THEODORO JÚNIOR, H. Nulidade, inexistência e rescindibilidade da sentença. *Revista de Processo*, [s. l.], v. 19/38.

THEODORO JÚNIOR, H. *Processo de execução*. São Paulo: Leud, 2005.

THEODORO JÚNIOR, H. *Reforma do Código de Processo Civil* (coordenador da coletânea de estudos). São Paulo: Saraiva, 1996.

TORON, A. Z. Sobre o Juizado Especial de "Pequenas Causas" em matéria penal. *RT*, [s. l.], v. 638/393.

TOURINHO, R. A nova lei dos Juizados especiais: avanços e recuos. *Folha de S. Paulo*, 09.12.1995.

TROCKER, N. Acesso alla giustizia e assicurazione di difesa legale. *Rivista Trimestrale di Diritto e Procedura Civile*, v. 1065, 1986.

TUCCI, C. P. M. Bases estruturais do processo civil moderno. In: TUCCI, J. R. C. E (coord.). *Processo civil – Evolução*: 20 anos de vigência (coletânea de estudos). São Paulo: Saraiva, 1995.

TUCCI, J. R. C. E. *A "causa petendi" no processo civil*. São Paulo: Revista dos Tribunais, 1993.

TUCCI, J. R. C. E. *Constituição de 1988 e processo*. São Paulo: Saraiva, 1989.

TUCCI, R. L. *Ação monitória*. São Paulo: Revista dos Tribunais, 1995.

TUCCI, R. L. *Manual do Juizado Especial de Pequenas Causas*. São Paulo: Saraiva, 1985.

UBALDO, E. *As modificações no processo de execução*. Florianópolis: Obra Jurídica, 1995.

VASCONCELOS, R. DE C. C. DE. Os fundamentos da ação anulatória do art. 486 do CPC, à luz do novo Código Civil. *Revista de Processo*, [s. l.], v. 120, p. 95-111.

VELLOSO, A. A. El arbitraje: solución eficiente de conflictos de intereses. *Revista de Processo*, [s. l.], v. 45/95.

VENOSA, S. DE S. *Direito civil*: teoria geral das obrigações e teoria geral dos contratos. 3. ed. São Paulo: Atlas, 2003.

VERDE, G. L'arbitrato secondo la Legge 28/1983. In: VERDE, G. (coord.). *Arbitrato e giurisdizione*. Napoli: Jovene, 1985.

VIGORITTI, V.; CAPPELLETTI, M. I diritti costituzionali delle parti nel processo civile italiano. *Rivista di Diritto Processuale*, [s. l.], v. 26, p. 604-650, 1971.

WAMBIER, L.; WAMBIER, T. A. A. (COORD.). *Temas Essenciais do Novo CPC*: análise das principais alterações do sistema processual civil brasileiro de acordo com a Lei 13.256/2016; Incidente de arguição de inconstitucionalidade. São Paulo: Revista dos Tribunais, 2016.

WAMBIER, T. A. A. *Agravo de instrumento (o novo regime do agravo)*. 2. ed. São Paulo: Revista dos Tribunais, 1991.

WAMBIER, T. A. A. *Agravo de instrumento (o novo regime do agravo)*. 4. ed. São Paulo: Revista dos Tribunais, 1996.

WAMBIER, T. A. A. *Agravo de instrumento (o novo regime do agravo)*. 3. ed. São Paulo: Revista dos Tribunais, 2006.

WAMBIER, T. A. A. *Os agravos no CPC brasileiro*. 4. ed. São Paulo: Revista dos Tribunais, 2006.

WAMBIER, T. A. A. *Medida cautelar, mandado de segurança e ato judicial*. São Paulo: Revista dos Tribunais, 1994.

WAMBIER, T. A. A. *Nulidades da sentença*. São Paulo: Revista dos Tribunais, 1993.

WATANABE, K. Ação dúplice. *Revista de Processo*, [s. l.], v. 31, p. 138-141.

WATANABE, K. Assistência judiciária e o Juizado Especial de Pequenas Causas. *RT*, [s. l.], v. 617/250.

WATANABE, K. Finalidade maior dos Juizados Especiais. *Cidadania e Justiça*, [s. l.], v. 3, n. 7, 1999.

WATANABE, K. *Juizado de Pequenas Causas*: exposição de motivos, projeto de lei e estudos. Características básicas dos Juizados de Pequenas Causas. Porto Alegre: Ajuris, 1985.

WATANABE, K. Juizado Especial de Pequenas Causas. Filosofia e características básicas. *RT*, [s. l.], v. 600/273.

WATANABE, K. Participação e processo. In: GRINOVER, A. P.; DINAMARCO, C. R.; WATANABE, K. (coord.). *Acesso à Justiça e sociedade moderna*. São Paulo: Revista dos Tribunais, 1988.

WEINSTEIN. Some difficulties in devising rules for determining truth in judicial trials. *Col. L. Rev.*, [s. l.], 66, 1966.

ZAFFARONI, E. R. *Poder Judiciário, crise, acertos e desacertos*. Tradução: Juarez Tavares. São Paulo: Revista dos Tribunais, 1995.

ZAMUDIO, H. F. *Los procesos sociales*. México, 1978.

ZAVASCKI, T. A. *A segurança jurídica nos Juizados Especiais*. Conferência proferida no XXIV FONAJE. Florianópolis, 13.11.2008.

PARTE CRIMINAL

ABADE, D. N. *Garantias do processo penal acusatório*: o novo papel do Ministério Público no processo penal de partes. Rio de Janeiro: Renovar, 2005.

ABRÃO, C. H. et al. *Lei de Execução Fiscal comentada e anotada*: Lei n. 6.830, de 22-9-1980: doutrina, prática, jurisprudência. 2. ed. rev. ampl. São Paulo: RT, 1997.

ACOSTA, W. P. *O processo penal*: teoria, prática, jurisprudência, organogramas. 11. ed. Rio de Janeiro: Editora do Autor, 1975.

AKSELRAD e associados. [S. l.], c2019. Disponível em: https://www.akselrad.adv.br/akselrad_areas_de_atuacao_view.php?editid1=2#:~:text=%E2%80%9CO%20direito%20%C3%A9%20um%20poder,(Hannah%20Arendt%20%E2%80%93%20Fil%C3%B3sofa). Acesso em: 11 nov. 2022.

ALBERTON, G. DA S. Termo circunstanciado na Lei n. 9.099. In: TOVO, P. C. (org.). *Estudos de direito processual penal*. v. 2. Porto Alegre: Livraria do Advogado, 1999.

ALBERTON, G. DA S. Considerações sobre o Juizado Especial Criminal: competência, infrações de menor potencial ofensivo e audiência preliminar. In: TOVO, P. C. (org.). *Estudos de direito processual penal*. v. 2. Porto Alegre: Livraria do Advogado, 1999.

Almeida, C. M. de. *Código Filipino, ou, ordenações e leis do Reino de Portugal*. 14. ed. Rio de Janeiro: Typographia do Instituto Philomathico, 1870.

Almeida, J. C. M. de. *Princípios fundamentais do processo penal*. São Paulo: RT, 1973.

Almeida Júnior, J. M. de. *O processo criminal brasileiro*. 4. ed. Rio de Janeiro: Freitas Bastos, 1959.

Altavilla, E. *Psicologia judiciária*. Tradução: Fernando de Miranda. v. 5. 2. ed. baseada na 4. ed. italiana. Coimbra: Armênio Amado, 1960.

Álvares, M. et al. *Lei de Execução Fiscal comentada e anotada*: Lei n. 6.830, de 22-9-1980: doutrina, prática, jurisprudência. 2. ed. rev. ampl. São Paulo: RT, 1997.

Alves, A. de C. Ahasverus e o gênio. In: *Poesias completas de Castro Alves*. Rio de Janeiro: Tecnoprint Gráfica S/A.

Alves, R. de B. *Dinâmica Criminal*. Imprensa Oficial, Recife, 1954.

Andrade, L. R. de. *Juiz alternativo e Poder Judiciário*. São Paulo: Acadêmica, 1992.

Aragão, A. M. S. *As três escolas penais*: clássica, antropológica e crítica. 6. ed. atual. Rio de Janeiro: Freitas Bastos, 1955.

Aragão, E. D. M. de. *A correição parcial*. São Paulo: José Bushatsky, 1969.

Araújo, F. F. de. *Juizados Especiais Criminais*. Campinas: Copola Livros, 1995.

Araújo Júnior, J. M. Polícia e Judiciário: relações e conflitos. *Revista da Emerj. Escola da Magistratura do Estado do Rio de Janeiro*, Rio de Janeiro, v. 2, n. 6, 1999.

Arditi, E. A. S. et al. *Juicio oral en el proceso penal*. Buenos Aires: Astrea, 1994.

Arend, M. A. et al. Lei dos Juizados Especiais Federais. Reflexos da ampliação do conceito de infrações de menor potencial ofensivo no ordenamento penal e processual penal. Disponível em: http://www.direitocriminal.com.br. Acesso em: 16 ago. 2001.

Aristóteles. *Ética a Nicômacos*. Tradução: Mário da Gama Kury. 3. ed. Brasília: Editora Universidade de Brasília, 1992. p. 94.

Asúa, L. G. de. *Crónica del crimen*. 6. ed. Buenos Aires: Depalma, 1994.

Asúa, L. G. de. *Tratado de derecho penal*. t. II. Buenos Aires: Losada, 1951.

Asúa, L. G. de. *Tratado de derecho penal*. t. III. Buenos Aires: Losada, 1951.

Auler, H. *Suspensão condicional da execução da pena*. Rio de Janeiro: Forense, 1957.

Ávila, T. A. P. de. O art. 94 do Estatuto do Idoso e a aplicação do procedimento da Lei n. 9.099/1995. *Jus.com.br*, [s. l.], 2004. Disponível em: https://jus.com.br/artigos/5728/o-art-94-do-estatuto-do-idoso-e-a-aplicacao-do-procedimento-da-lei-n-9-099-95. Acesso em: 12 nov. 2022.

Bacellar, R. P. *Juizados Especiais*: a nova mediação processual. São Paulo: RT, 2003.

Badaró, G. H. R. I. *Correlação entre acusação e sentença*. São Paulo: RT, 2000.

Badaró, G. H. *Manual dos Recursos Penais*. 2. ed. rev. atual. ampl., São Paulo: RT, 2017.

Baleeiro, A. *Direito tributário brasileiro*. 10. ed. 6. tir. rev. atual. por Flávio Bauer Novelli. Rio de Janeiro: Forense, 1990.

Baltazar Junior, J. P. *Sentença Penal*. Porto Alegre: Verbo Jurídico, 2004.

Barbosa, R. *Comentários à Constituição Federal brasileira: coligidos e ordenados por Homero Pires*. São Paulo: Saraiva, 1932. v. 1.

Barbosa, R. *Comentários à Constituição Federal brasileira: coligidos e ordenados por Homero Pires*. São Paulo: Saraiva, 1933. v. 2.

Barbosa, R. *Pensamento e ação de Rui Barbosa*. Brasília: Senado Federal, 1999.

Barbosa, R. *Rui Barbosa*: escritos e discursos seletos. 1. ed. 3. reimp. Rio de Janeiro: Nova Aguilar, 1997.

BARRETO, T. *Estudos de direito III*. Organização, introduções e notas de Jackson da Silva Lima e Luiz Antônio Barreto. Edição comemorativa. Rio de Janeiro: Record; Aracaju: Secretaria de Cultura e Meio Ambiente, 1991.

BARROS, F. D.; SOUZA, R. DO Ó. *Feminicídio: Controvérsias e aspectos práticos*. São Paulo: JH Mizuno, 2019.

BARROS, S. DE T. *O princípio da proporcionalidade e o controle de constitucionalidade das leis restritivas de direitos fundamentais*. 2. ed. Brasília: Brasília Jurídica, 2000.

BARROSO, L. R. *Interpretação e aplicação da Constituição*: fundamentos de uma dogmática constitucional transformadora. 3. ed. São Paulo: Saraiva, 1999.

BARROSO, L. R. *Temas de direito constitucional*. Rio de Janeiro: Renovar, 2001.

BASTOS, C. R. et al. *Comentários à Constituição do Brasil*: promulgada em 5 de outubro de 1988. v. 2. São Paulo: Saraiva, 1989.

BASTOS, F. J. F. *Breves lições de direito penal*. Bahia: Litho Typhographia Almeida, 1906.

BATISTA, N. *Decisões criminais comentadas*. Rio de Janeiro: Liber Juris, 1976.

BATISTA, N. *Introdução crítica ao direito penal brasileiro*. 3. ed. Rio de Janeiro: Revan, 1996.

BATISTA, W. M. et al. *Juizados Especiais Cíveis e Criminais e suspensão condicional do processo*: a Lei n. 9.099/1995 e sua doutrina mais recente. Rio de Janeiro: Forense, 1996.

BATISTA, W. M. *Liberdade provisória*: modificações da Lei n. 6.416, de 24 de maio de 1977. Rio de Janeiro: Forense, 1981.

BATTISTELLI, L. *A mentira nos tribunais*: estudos de psicologia e psicopatologia judiciária. Trad. Fernando de Miranda. 2. ed. Coimbra: Coimbra, 1977.

BECCARIA, C. *Dos delitos e das penas*. Tradução: Paulo M. Oliveira. 4. ed. São Paulo: Atena, 1954.

BELING, E. *Derecho procesal penal*. Traducción del alemán por Miguel Fenech. Barcelona: Editorial Labor, 1943.

BENTO, R. A. *Presunção de Inocência no Processo Penal*. São Paulo: Qartier Latin, 2007.

BERTOLINO, P. J. *El funcionamento del derecho procesal penal*. Buenos Aires: Depalma, 1985.

BÍBLIA SAGRADA. Tradução: Centro Bíblico Católico. 65. ed. São Paulo: Ave Maria, 1989.

BITENCOURT, C. R. Competência para execução da pena de multa à luz da Lei n. 9.268. *Boletim do IBCCrim*, n. 69, ago., 1998.

BITENCOURT, C. R. *Juizados Especiais Criminais e alternativas à pena de prisão*. 2. ed. rev. ampl. Porto Alegre: Livraria do Advogado, 1996.

BITENCOURT, C. R. *Juizados Especiais Criminais Federais*: análise comparativa das Leis n. 9.099/1995 e 10.259/2001. São Paulo: Saraiva, 2003.

BITENCOURT, C. R. *Tratado de direito penal*. v. 1. 8. ed. São Paulo: Saraiva, 2003.

BITTENCOURT, E. DE M. *O juiz*. Rio de Janeiro: Jurídica e Universitária, 1966.

BONSAGLIA, M. L. Inconstitucionalidade da requisição de inquérito policial por magistrado. *Boletim dos Procuradores da República*, n. 8, dez., 1998.

BOSCHI, J. A. P. *Persecução penal*: inquérito policial, ação penal e Ministério Público. Rio de Janeiro: Aide, 1987.

BOTTESINI, M. Â. et al. *Lei de Execução Fiscal comentada e anotada*: Lei n. 6.830, de 22-9-1980: doutrina, prática, jurisprudência. 2. ed. rev. ampl. São Paulo: RT, 1997.

BRAGA, V. R. DE A. *Pena de multa substitutiva no concurso de crimes*. São Paulo: RT, 1997.

BUENO, F. DA S. *Dicionário escolar da língua portuguesa*. 11. ed. 10. tir. Rio de Janeiro: FAE, 1986.

BUENO, J. A. P. *Apontamentos sobre o processo criminal brasileiro*. Edição anotada, atual. compl. por José Frederico Marques. São Paulo: RT, 1959.

BURGELIN, J. Le service publique de la Justice. *Anais da OAB*, v. 2.

BUROCRACIA. In: FERREIRA, A. B. DE H. *Novo Aurélio século XXI:* o dicionário da língua portuguesa. 3. ed. 2. imp. ver. ampl. Rio de Janeiro: Nova Fronteira, 1999.

BUZAID, A. "Juicio de amparo" e mandado de segurança (contrastes e confrontos). In: *Estudos de direito processual* in memoriam *do Ministro Costa Manso*. São Paulo: RT, 1965.

CAHALI, Y. S. *Dano moral.* 2. ed. rev. atual. ampl. 3. tir. São Paulo: RT, 1999.

CAMARGO, A. L. C. Direitos humanos e direito penal: limites da intervenção estatal no Estado Democrático de Direito. In: SHECAIRA, S. S. (org.). *Estudos criminais em homenagem a Evandro Lins e Silva (criminalista do século)*. São Paulo: Método, 2001.

CAMPOS, Carmen Hein de. Reprivatização do conflito doméstico. *Revista da Associação dos Juízes do Rio Grande do Sul – Ajuris*, n. 83, ano XXVII, set. 2001.

CANOTILHO, J. J. G. *Direito constitucional.* 5. ed. Coimbra: Almedina, 1991.

CAPEZ, F. *Curso de direito penal:* parte geral. 5. ed. rev. atual. São Paulo: Saraiva, 2003.

CAPPELLETTI, M. et al. *Acesso à justiça.* Tradução: Ellen Gracie Northfleet. Porto Alegre: Fabris, 1988.

CARDOSO, F. H. Anestesia moral. *Correio Braziliense*, 06.11.2005.

CARNEIRO, A. G. O papel da jurisprudência no Brasil. A súmula e os precedentes jurisprudenciais. Relatório ao Congresso de Roma. *Informativo Incijur*, [s. l.], v. 3, n. 59, jun., 2004.

CARNELUTTI, F. *Lições sobre o processo penal.* Tradução: Francisco José Galvão Bruno. Campinas: Brookseller, 2004. v. 1.

CARNELUTTI, F. *As misérias do processo penal.* Tradução: José Antonio Cardinalli. São Paulo: Conan, 1995.

CARNELUTTI, F. *Lecciones sobre el proceso penal.* Tradução: Santiago Sentís Melendo. v. 1. Buenos Aires: Bosch y Cía., 1950.

CARRARA, F. *Programa del curso de derecho criminal dictado en la real Universidad de Pisa.* v. 2. Buenos Aires: Depalma, 1944.

CARVALHO, A. A. T. DE. *Sucessão de leis penais.* Coimbra: Coimbra, 1990.

CARVALHO, L. G. G. C. DE et al. *Lei dos Juizados Especiais Criminais comentada, anotada e atualizada de acordo com a Lei n. 10.259/2001.* 3. ed. Rio de Janeiro: Lumen Juris, 2003.

CARVALHO FILHO, A. *Comentários ao Código Penal.* v. 4. Rio de Janeiro: Forense, 1944.

CARVALHO SANTOS, J. M. *Código de Processo Civil interpretado.* v. 3. 3. ed. Rio de Janeiro: Freitas Bastos, 1940.

CASTIGLIONE, T. *Lombroso perante a criminologia contemporânea.* São Paulo: Saraiva, 1962.

CASTILLO, N. A. *Proceso, autocomposición y autodefensa:* contribución al estudio de los fines del proceso. México: Universidad Nacional Autónoma de México, 1991.

CASTILLO, N. A. y et al. *Derecho procesal penal.* t. I. Buenos Aires: Editorial Guillermo Kraft, 1945.

CERI, P. Proletariado. In: BOBBIO, N.; MATTEUCCI, N.; PASQUINO, G. *Dicionário de política.* 2. ed. Tradução: João Ferreira et al. Brasília: UnB, 1986.

CERVINI, R. *Os processos de descriminalização.* Tradução: Eliana Granja et al. São Paulo: RT, 1995.

CHAUI, M. *Convite à filosofia.* 7. ed. São Paulo: Ática, 1996.

CHIMENTI, R. C. et al. *Lei de Execução Fiscal comentada e anotada:* Lei n. 6.830, de 22-9-1980: doutrina, prática, jurisprudência. 2. ed. rev. ampl. São Paulo: RT, 1997.

CHIOVENDA, G. *Instituições de direito processual civil.* Tradução: J. Guimarães Menegale. v. 3. 3. ed. São Paulo: Saraiva, 1969.

CINTRA JÚNIOR, D. A. D. Suspensão condicional do processo e desclassificação do crime em face da igualdade e da proteção judiciária. *RT*, n. 746, dez., 1997.

CLÈVE, C. M. *A fiscalização abstrata da constitucionalidade no direito brasileiro*. 2. ed. rev. atual. ampl. São Paulo: RT, 2000.

COELHO, F. U. *Comentários à nova Lei de Falências e de Recuperação de Empresas:* Lei n. 11.101, de 9-2-2005. 2. ed. rev. São Paulo: Saraiva, 2005.

COELHO, Paulo. *História para pais, filhos e netos*. São Paulo: Globo, 2001.

CONSTANTINO, L. S. DE. *Recursos criminais, sucedâneos recursos criminais e ações impugnativas autônomas criminais*. Porto Alegre: Livraria do Advogado, 2004.

COSTA, E. *Consolidação das leis do processo criminal do Distrito Federal, anotada com os Avisos do Governo e a jurisprudência dos tribunais*. Rio de Janeiro: Leite Ribeiro & Maurillo, 1919.

COUTURE, E. J. *Fundamentos del derecho procesal civil*. 3. ed. reimpresión inalterada. Buenos Aires: Depalma, 1990.

CRUZ, M. M. DA C. *Curso elementar de prática do processo criminal*. 2. ed. rev. por Paulo M. de Lacerda. Rio de Janeiro: Jacintho Ribeiro dos Santos, 1930.

CRUZ, R. S. M. *Garantias processuais nos recursos criminais*. São Paulo: Atlas, 2002.

CUNHA, F. W. DA. Campos Sales e o Ministério Público. *Revista Arquivos do Ministério da Justiça*, v. 27, n. 110, jun., 1969.

CUNHA, S. S. DA. *Uma deusa chamada justiça*. São Paulo: Martins Fontes, 2009.

DALLARI, D. DE A. *O poder dos juízes*. São Paulo: Saraiva, 1996.

DELL'ORTO, C. Efeitos da Lei n. 10.259, de 2001, que instituiu os Juizados Especiais no âmbito da Justiça Federal. Disponível em: http://www.direitocriminal.com.br. Acesso em: 27 jul. 2001.

DELMANTO, C. et al. *Código Penal comentado*. 5. ed. atual. ampl. Rio de Janeiro: Renovar, 2000.

DELMANTO, F. M. DE A. et al. *Código Penal comentado*. 5. ed. atual. ampl. Rio de Janeiro: Renovar, 2000.

DELMANTO, R. et al. *Código Penal comentado*. 6. ed. atual. ampl. Rio de Janeiro: Renovar, 2002.

DELMANTO JÚNIOR, R. et al. *As modalidades de prisão provisória e seu prazo de duração*. 2. ed. rev. ampl. Rio de Janeiro: Renovar, 2001.

DELMANTO JÚNIOR, R. et al. *Código Penal comentado*. 5. ed. atual. e ampl. Rio de Janeiro: Renovar, 2000.

DEMERCIAN, P. H. *A oralidade no processo penal brasileiro*. São Paulo: Atlas, 1999.

DEMERCIAN, P. H. et al. *Juizados Especiais Criminais*: comentários. Rio de Janeiro: Aide, 1996.

DIAS, M. B. 14 segundos. *Revista Jurídica Consulex*, v. 7, n. 144, 2003.

Diário do Congresso Nacional, Câmara dos Deputados, seção I, v. 39, suplemento ao n. 129, 19.10.1984.

DINAMARCO, C. R. *Litisconsórcio*: um estudo sobre o litisconsórcio comum, unitário, necessário, facultativo. São Paulo: RT, 1984.

DINAMARCO, C. R. *Manual das pequenas causas*. São Paulo: RT, 1986.

DINIZ, M. H. *Lei de Introdução ao Código Civil brasileiro interpretada*. 3. ed. atual. ampl. São Paulo: Saraiva, 1997.

DORFMANN, F. N. *As pequenas causas no Judiciário*. Porto Alegre: Sérgio A. Fabris, 1989.

DOTTI, R. A. Anteprojeto do júri. *RT*, n. 702, abr., 1994.

DOTTI, R. A. Emoção e razão. É ilusão combater o crime com a violência das leis. *Revista Consultor Jurídico*, 13.05.2003.

DOTTI, R. A. Conceitos e distorções da Lei n. 9.099/1995: temas de direito e processo penal. In: PITOMBO, A. S. A. DE M. (org.). *Juizados Especiais Criminais*. São Paulo: Malheiros, 1997.

DUARTE, J. *Comentários à Lei das Contravenções Penais*. Rio de Janeiro: Forense, 1944.

D'URSO, L. F. B. *Direito criminal na atualidade*. São Paulo: Atlas, 1999.

Dworkin, R. *O império do direito*. Tradução: Jefferson Luiz Camargo. São Paulo: Martins Fontes, 1999.

Einstein, A. *Einstein*: vida e pensamentos. São Paulo: Martin Claret, 1997.

Enterría, E. G. de. *La Constitución como norma y el Tribunal Constitucional*. 3. ed. reimp. Madrid: Civitas, 1994.

Espínola, E. et al. *A Lei de Introdução ao Código Civil brasileiro*. v. 1. 2. ed. atual. por Silva Pacheco. Rio de Janeiro: Renovar, 1995.

Espínola Filho, E. *Código de Processo Penal brasileiro anotado*. v. 9. 5. ed. Rio de Janeiro: Rio, 1976.

Espínola, E. A jurisprudência dos tribunais, sua função e técnica. *Pandectas Brasileiras*, v. 1, 1ª parte.

Eurípedes. Fragmento 486 de Melanipa. In: Aristóteles. *Etica de Nicômaco*. Tradução: Luciano Ferreira de Souza. São Paulo: Martin Claret, 2015.

Fabrício, A. F. A experiência brasileira dos Juizados de Pequenas Causas. *Revista de Processo*, São Paulo, v. 26, n. 101, jan./mar. 2001.

Falcão, J. A imprensa e a justiça. *O Globo*, 06.06.1993.

Faria, A. B. de. *Código de Processo Penal*. v. 1. 2. ed. Rio de janeiro: Record, 1960. p. 185.

Faria, A. B. de. *Das contravenções penais*. Rio de Janeiro: Record, 1958.

Faria, J. E. *Justiça e conflito*: os juízes em face dos novos movimentos sociais. 2. ed. rev. ampl. São Paulo: RT, 1992.

Fernandes, O. *Cabeça de juiz*. São Paulo: Migalhas, 2018.

Fernandes, A. S. et al. *As nulidades no processo penal*. São Paulo: Malheiros, 1992.

Fernandes, A. S. et al. *Juizados Especiais Criminais*: comentários à Lei n. 9.099, de 26-9-1995. 3. ed. rev. atual. 2. tir. São Paulo: RT, 2000.

Fernandes, A. S. et al. *Recursos no processo penal*: teoria geral dos recursos, recursos em espécie, ações de impugnação, reclamação aos tribunais. 3. ed. rev. atual. ampl. São Paulo: RT, 2003.

Fernandes, A. S. *O papel da vítima no processo criminal*. São Paulo: Malheiros, 1995.

Fernandes, O. et al. *Lei de Execução Fiscal comentada e anotada*: Lei n. 6.830, de 22-9-1980: doutrina, prática, jurisprudência. 2. ed. rev. ampl. São Paulo: RT, 1997.

Fernández, J. et al. *Juicio oral en el proceso penal*. Buenos Aires: Astrea, 1994.

Ferreira. P. *Comentários à Constituição Federal Brasileira*. v. 4. São Paulo: Saraiva, 1992.

Ferreira, S. de A. *A técnica da aplicação da pena como instrumento de sua individualização nos Códigos de 1949 e 1969*. Rio de Janeiro: Forense, 1977.

Ferri, E. *El homicida en la psicología y en la psicopatología criminal*. Trad. Jaime Masaveu y R. Rivero de Aguilar. Madrid: Reus, 1930.

Ferri, E. *Princípios de direito criminal, o criminoso e o crime*. Tradução: Paolo Capitanio. 2. ed. Campinas: Bookseller, 1999.

Figueira Júnior, J. D. et al. *Comentários à Lei dos Juizados Especiais Cíveis e Criminais*: Lei n. 9.099, de 26-9-1995. 3. ed. rev. atual. ampl. São Paulo: RT, 2000.

Figueira Júnior, J. D. et al. *Juizados Especiais Federais Cíveis e Criminais:* comentários à Lei n. 10.259, de 10-7-2001. São Paulo: RT, 2002.

Fischer, F. et al. *Lei dos Juizados Especiais Criminais*: Lei n. 9.099/1995. 2. ed. Curitiba: Juruá, 1997.

Florian, E. *Elementos de derecho procesal penal*. Tradução: L. Prietto Castro. Barcelona: Bosch, 1934.

Foucault, M. *Vigiar e punir (nascimento da prisão)*. Tradução: Raquel Ramalhete. 11. ed. Petrópolis: Vozes, 1994.

Fraga, A. *Da transação ante o Código Civil brasileiro*. São Paulo: Saraiva, 1928.

FRAGOSO, H. C. *Lições de direito penal*: parte geral. 13. ed. rev. por Fernando Fragoso. Rio de Janeiro: Forense, 1991.

FRANCO, A. S.; STOCO, Rui (org.). *Código de Processo Penal e sua interpretação jurisprudencial*. v. 2. 33. ed. São Paulo: RT, 1999.

FRANCO, A. S. *Código Penal e sua interpretação jurisprudencial*. 7. ed. rev. atual. ampl. São Paulo: RT, 2001.

FRANCO, A. S. *Crimes hediondos*: notas sobre a Lei n. 8.072/1990. 3. ed. rev. ampl. São Paulo: RT, 1994.

FRANCO, A. A. *Código de Processo Penal*. v. 2. 6. ed. rev. ampl. Rio de Janeiro: Forense, 1956.

FRANCO, A. A. *Direito penal*: apontamentos de um curso. Rio de Janeiro: Typ. e Lith. Almeida Marques & C., 1934.

FRANCO, A. A. *O júri e a Constituição Federal de 1946 (comentários à Lei n. 263, de 23 de fevereiro de 1948)*. Rio de Janeiro: Freitas Bastos, 1950.

FRASES jurídicas. Mara Paula, [s. l.], [2010?]. Disponível em: http://marapauladearaujo.blogspot.com/p/frases-juridicas.html. Acesso em: 11 nov. 2022.

FRASESFAMOSAS.COM.BR. [S. l.], c2015. Disponível em: https://www.frasesfamosas.com.br/frases-de/louis-dembitz-brandeis/. Acesso em: 11 nov. 2022.

FRASESFAMOSAS.COM.BR. [S. l.], c2015. Disponível em: https://www.frasesfamosas.com.br/frases-de/louis-dembitz-brandeis/. Acesso em: 11 nov. 2022.

FREIRE, R. DE M. Prefácio. In: FRANCO, A. S. *Crimes hediondos*: notas sobre a Lei n. 8.072/1990. 3. ed. rev. ampl. São Paulo: RT, 1994.

FREIRE, R. DE M. Prefácio. In: FRANCO, A. S. *Crimes hediondos*: notas sobre a Lei n. 8.072/1990. 5. ed. rev. ampl. São Paulo: RT, 2005.

FREITAS, V. P. DE. *A Constituição Federal e a efetividade das normas ambientais*. 2. ed. rev. atual. (até out. 2001). São Paulo: RT, 2002.

FUNES, M. R. *Actualidad de la venganza (tres ensayos de criminología)*. Buenos Aires: Losada, 1944.

FUX, L. et al. *Juizados Especiais Cíveis e Criminais e suspensão condicional do processo*: a Lei n. 9.099/1995 e sua doutrina mais recente. Rio de Janeiro: Forense, 1996.

GARCIA, B. *Comentários ao Código de Processo Penal*. v. 3. Rio de Janeiro: Forense, 1945.

GARCIA, B. *Instituições de direito penal*. v. 1. t. II. 2. ed. rev. atual. São Paulo: Max Limonad, 1954.

GARCIA, I. E. *Juizados Especiais Criminais*: prática processual penal. 2. ed. rev. ampl. Goiânia: AB, 1996.

GAROFALO, R. *Criminologia, estudo sobre o delito e a repressão penal*. Tradução: Júlio de Mattos. São Paulo: Teixeira & Irmão, 1893.

GARTH, B. et al. *Acesso à justiça*. Tradução: Ellen Gracie Northfleet. Porto Alegre: Fabris, 1998.

GASPARI, E. *A ditadura derrotada*: o sacerdote e o feiticeiro. São Paulo: Companhia das Letras, 2003.

GASPARI, E. Ser direito dá cadeia. *Folha de S. Paulo*, 22.06.2005.

GIACOMOLLI, N. J. *Juizados Especiais Criminais*: Lei n. 9.099/1995. Porto Alegre: Livraria do Advogado, 1999.

GIACOMOLLI, N. J. *Juizados Especiais Criminais*: Lei n. 9.099/1995. Porto Alegre: Livraria do Advogado, 1997.

GOMES, F. L. et al. *Teoria geral do processo civil*. Porto Alegre: Letras Jurídicas, 1983.

GOMES, L. F. et al. *Juizados Especiais Criminais*: comentários à Lei n. 9.099, de 26-9-1995. 3. ed. rev. atual. 2. tir. São Paulo: RT, 2000.

GOMES, L. F. *Juizados Criminais Federais, seus reflexos nos Juizados Estaduais e outros estudos*. São Paulo: RT, 2002.

GOMES, L. F. Podem os Estados legislar sobre Juizados Especiais?, *RT*, [s. l.], v. 708, p. 285-287, out., 1994.

GOMES, L. F. *Suspensão condicional do processo penal*: o novo modelo consensual de justiça criminal. Lei n. 9.099, de 26-9-1995. São Paulo: RT, 1995.

GOMES, L. F. Vitimologia e justiça penal reparatória. In: LEAL, C. B.; PIEDADE JÚNIOR, H. (org.). *Violência e vitimização*: a face sombria do cotidiano. Belo Horizonte: Del Rey, 2001.

GOMES, O. *Introdução ao direito civil*. 10. ed. Rio de Janeiro: Forense, 1991.

GOMES FILHO, A. M. et al. *A motivação das decisões penais*. São Paulo: RT, 2001.

GOMES FILHO, A. M. *Juizados Especiais Criminais*: comentários à Lei n. 9.099, de 26-9-1995. 3. ed. rev. atual. 2. tir. São Paulo: RT, 2000.

GOMES FILHO, A. M. et al. *As nulidades no processo penal*. São Paulo: Malheiros, 1992.

GOMES FILHO, A. M. et al. *Recursos no processo penal*: teoria geral dos recursos, recursos em espécie, ações de impugnação, reclamação aos tribunais. 3. ed. rev. atual. ampl. São Paulo: RT, 2003.

GRACIÁN, B. *A arte da prudência*. Tradução: Pietro Nassetti. São Paulo: Martin Claret, 1998.

GRECO, R. *Curso de direito penal*: parte geral. 4. ed. rev. ampl. atual. Rio de Janeiro: Impetus, 2004.

GRINOVER, A. P.; GOMES FILHO, A. M.; FERNANDES, A. S. *As nulidades no processo penal*. 11. ed. São Paulo: RT, 2011.

GRINOVER, A. P. Procedimentos sumários em matéria penal. In: PENTEADO, J. DE C. (org.). *Justiça penal*. São Paulo: RT, 1993.

GRINOVER, A. P. et al. *As nulidades no processo penal*. São Paulo: Malheiros, 1992.

GRINOVER, A. P. et al. *Juizados Especiais Criminais*: comentários à Lei n. 9.099, de 26-9-1995. 5. ed. rev. ampl. atual. de acordo com a Lei n. 10.259/2001. São Paulo: RT, 2005.

GRINOVER, A. P. et al. *Recursos no processo penal*: teoria geral dos recursos, recursos em espécie, ações de impugnação, reclamação aos tribunais. 3. ed. rev. atual. e ampl. São Paulo: RT, 2003.

GUARAGNI, F. A. et al. *Lei dos Juizados Especiais Criminais*: Lei n. 9.099/95. 2. ed. Curitiba: Juruá, 1997.

GUASP, J. *Derecho procesal civil*. t. I. 2. reimp. de la 3. ed. Madrid: Instituto de Estudios Políticos, 1968.

HART, H. L. A. *O conceito de direito*. Tradução: Antônio de Oliveira Sette-Câmara. São Paulo: Martins Fontes, 2020.

HOMEM, A. P. B. *O justo e o injusto*. Lisboa: AAFDL, 2017.

HUNGRIA, N. *Comentários ao Código Penal*. v. I, t. II. 5. ed. Rio de Janeiro: Forense, 1978.

HUNGRIA, N. *Comentários ao Código Penal*. v. 1. t. I. 5. ed. Rio de Janeiro: Forense, 1977.

HUNGRIA, N. *Comentários ao Código Penal*. v. VII. 5. ed. Rio de Janeiro: Forense, 1955.

JARDIM, A. S. *Direito processual penal*. 4. ed. rev. atual. Rio de Janeiro: Forense, 1992.

JARDIM, A. S. Os princípios da obrigatoriedade e da indisponibilidade nos Juizados Especiais Criminais. *Boletim do Instituto Brasileiro de Ciências Criminais*, v. 4, n. 48, nov., 1996.

JESUS, D. E. DE. *Código de Processo Penal anotado*. 20. ed. atual. São Paulo: Saraiva, 2003.

JESUS, D. E. DE. *Direito Penal*: parte geral. v. 1. 23. ed. rev. atual. São Paulo: Saraiva, 1999.

JESUS, D. E. DE. *Lei dos Juizados Especiais Criminais anotada*. 5. ed. rev. atual. São Paulo: Saraiva, 2000.

JESUS, D. E. DE. *Lei dos Juizados Especiais Criminais anotada*. 3. ed. São Paulo: Saraiva, 2004.

JESUS, D. E. DE. Os princípios da obrigatoriedade e da indisponibilidade nos Juizados Especiais Criminais. In: TUBENCHLAK, J. (coord.). *Doutrina*. Rio de Janeiro: Instituto de Direito, 1996.

JESUS, D. E. DE. *Julgados do extinto Tribunal de Alçada do RS*, n. 71, set., 1989, p. 44-46.

JUNG, A. L. M. et al. *Lei dos Juizados Especiais Criminais*: Lei n. 9.099/1995. 2. ed. Curitiba: Juruá, 1997.

KANT, I. *Doutrina do direito*. Tradução: Edson Bini. São Paulo: Ícone, 1993.

KAFKA, F. *O processo*. Tradução: Modesto Carone. São Paulo: Companhia das Letras, 1997.

KARAM, M. L. *De crimes, penas e fantasias*. 2. ed. Niterói: Luam, 1993.

KUEHNE, M. et al. *Lei dos Juizados Especiais Criminais*: Lei n. 9.099/1995. 2. ed. Curitiba: Juruá, 1997.

LAHR, C. *Manual de filosofia*. 8. ed. Porto: Livraria Apostolado da Imprensa, 1968.

LASKI, H. *O direito no Estado*. Tradução: J. Azevedo Gomes. Lisboa: Editorial Inquéritos Ltda., 1939.

LAXISMO. In: FERREIRA, A. B. DE H. *Novo Aurélio século XXI*: o dicionário da língua portuguesa. 3. ed. 2. imp. ver. ampl. Rio de Janeiro: Nova Fronteira, 1999.

LEAL, A. L. DA C. *Comentários ao Código de Processo Penal brasileiro*. v. 2. Rio de Janeiro: Freitas Bastos, 1942.

LEAL, A. L. DA C. *Comentários ao Código de Processo Penal brasileiro*. v. 4. Rio de Janeiro: Freitas Bastos, 1943.

LE LAROUSSE de poche. Édition mise à jour, dictionnaire de langue française et de la culture essentielle, 2003.

LEMBO, C. *A pessoa: seus direitos*. Barueri. São Paulo: Manole, 2007.

LEVENE, R. H. et al. *Derecho procesal penal*. Buenos Aires: Editorial Guillermo Kraft Ltda., 1945. t. I.

LÍBITO. In: FERREIRA, A. B. DE H. *Novo Aurélio século XXI*: o dicionário da língua portuguesa. 3. ed. 2. imp. ver. ampl. Rio de Janeiro: Nova Fronteira, 1999.

LIMA, M. P. *Curso de processo penal*. v. I. Rio de Janeiro: Lumen Juris, 2002.

LIMA, M. P. *Novas leis criminais especiais comentadas por artigos*. v. 1. Rio de Janeiro: Lumen Juris, 2001.

LIMA, M. F. DE. *Da interpretação jurídica*. 2. ed. Rio de Janeiro: Forense, 1955.

LINDON, R. *Le style et l'éloquence judiciaires*. Paris: Albin Michel, 1968.

LISZT, F. V. *Tratado de direito penal alemão*. t. I. Tradução: José Higinio Pereira. Campinas: Russel, 2003.

LISZT, F. V. *A teoria finalista no direito penal*. Tradução: Rolando Maria da Luz. Campinas: LZN, 2005.

LOPES, M. A. R. et al. *Comentários à Lei dos Juizados Especiais Cíveis e Criminais:* Lei n. 9.099, de 26-9-1995. 3. ed. rev. atual. ampl. São Paulo: RT, 2000.

LOPES JÚNIOR, A. C. A crise do inquérito policial: breve análise dos sistemas de investigação preliminar no processo penal. *Doutrina*, [s. l.], n. 4, p. 40-66, out./nov., 2000. Disponível em: http://www.mpsp.mp.br/portal/page/portal/documentacao_e_divulgacao/doc_biblioteca/bibli_servicos_produtos/bibli_boletim/bibli_bol_2006/RDP_04_39.pdf. Acesso em: 13 nov. 2022.

LOPES JÚNIOR, A. *Sistemas de investigação preliminar no processo penal*. Rio de Janeiro: Lumen Juris, 2000.

LÓPEZ-MORENO, D. S. *La prueba de indícios*. 3. ed. cor. y aum. Madrid: Librería de Victoriano Suárez, 1987.

LYRA, R. *Comentários ao Código de Processo Penal*. v. 6. Rio de Janeiro: Forense, 1944.

LYRA, R. *Direito penal científico (criminologia)*. 2. ed. Rio de Janeiro: José Konfino, 1977.

LYRA FILHO, R. Carta aberta a um jovem criminólogo: teoria, práxis e táticas atuais. *Revista de Direito Penal*, n. 28. Rio de Janeiro: Forense, 1980.

MACHADO, A. *Juizados Especiais Criminais na Justiça Federal*. São Paulo: Saraiva, 2001.

MACHADO, L. M. U. Princípios políticos dos Juizados Especiais. *Ajuris – Revista da Associação dos Juízes do Rio Grande do Sul*, n. 67.

MAGALHÃES JÚNIOR, R. *Dicionário de curiosidades verbais*. 6. ed. Rio de Janeiro: Tecnoprint, 1983.

MALATESTA, N. F. D. *A lógica das provas em matéria criminal*. Tradução: Paolo Capitanio. v. 1. São Paulo: Bookseller, 1996.

MALCHER, J. L. DA G. *Manual de processo penal*. 2. ed. Rio de Janeiro: Freitas Bastos, 1999.

MALULY, J. A. et al. *Juizados Especiais Criminais*: comentários. Rio de Janeiro: Aide, 1996.

MARICONDE, A. V. *Derecho procesal penal*. t. II. 2. ed. cor. y aum. Buenos Aires: Lerner, 1969.

MARQUES, J. F. *Elementos de direito processual penal*, atual. por Eduardo Reale Ferrari e Guilherme Madeira Dezem. v. 1. 3. atual. Campinas: Millenium, 2009.

MARQUES, J. F. *A instituição do júri*. São Paulo: Saraiva, 1963. v. 1.

MARQUES, J. F. *Curso de direito penal*. v. 3. São Paulo: Saraiva, 1956.

MARQUES, J. F. *Elementos de direito processual penal*. São Paulo: Forense, 1962.

MARQUES, J. F. *Elementos de direito processual penal*. v. 1. 2. ed. São Paulo: Forense, 1965.

MARQUES, J. F. *Elementos de direito processual penal*. v. 4. 2. ed. São Paulo: Forense, 1964.

MARQUES, J. F. *Da competência em matéria penal*. São Paulo: Saraiva, 1953.

MARQUES, J. F. O processo penal na atualidade. In: PORTO, H. A. M.; SILVA, M. A. M. DA (org.). *Processo penal e Constituição Federal*. São Paulo: Acadêmica, 1993.

MARQUES, J. F. *Tratado de direito penal*. v. 2. 2. ed. São Paulo: Saraiva, 1966.

MARQUES, J. F. *Tratado de direito processual penal*. v. 1. São Paulo: Saraiva, 1980.

MARTINS, I. G. et al. *Comentários à Constituição do Brasil*: promulgada em 5 de outubro de 1988. São Paulo: Saraiva, 1989. v. 2.

MAXIMILIANO, C. *Hermenêutica e aplicação do direito*. 12. ed. Rio de Janeiro: Forense, 1992.

MAZZILLI, H. N. Justiça penal: celeridade e reformulação. In: PENTEADO, J. C. (coord.). *Justiça penal*. São Paulo: RT, 1993.

MEDEIROS, F. M. *Manual do processo penal*. Rio de Janeiro: Aide, 1987.

MÉDICI, S. DE O. *Revisão criminal*. 2. ed. rev. atual. ampl. São Paulo: RT, 2000.

MEIRELLES, H. L. *Mandado de segurança, ação popular, ação civil pública, mandado de injunção, habeas data, ação direta de inconstitucionalidade, ação declaratória de constitucionalidade e arguição de descumprimento de preceito fundamental*. 25. ed. atual. por Arnoldo Wald e Gilmar Ferreira Mendes. São Paulo: Malheiros, 2003.

MELENDO, S. S. *Teoría y práctica del processo*: ensayos de derecho procesal. v. 2. Buenos Aires: Ediciones Jurídicas Europa-América, 1958.

MELLO, C. A. B. DE. *Curso de direito administrativo*. 13. ed. rev. ampl. atual. São Paulo: Malheiros, 2001.

MELLO, M. B. DE. *Teoria do fato jurídico*. 6. ed. atual. São Paulo: Saraiva, 1994.

MELLO FILHO, J. C. DE. A tutela judicial da liberdade. *RT*, n. 526, p. 291-302.

MELO, A. L. A. et al. *Lei dos Juizados Especiais Cíveis e Criminais comentada*: jurisprudência, legislação e prática. São Paulo: Iglu, 2000.

MENDES, G. F. *Controle de constitucionalidade*: aspectos jurídicos e políticos. São Paulo: Saraiva, 1900.

MENSAGEM n. 213. *Diário da Câmara dos Deputados*, 30.03.2001.

MIGLIARI JÚNIOR, A. In: TOLEDO, P. F. C. S. DE; ABRÃO, C. H. (coord.). *Comentários à Lei de Recuperação de Empresas e Falência*. São Paulo: Saraiva, 2005.

MIR, S. P. *Introducción a las bases del derecho penal*. Barcelona: Bosch, 1976.

MIRABETE, J. F. *Juizados Especiais Criminais*: comentários, jurisprudência, legislação. São Paulo: Atlas, 2002.

MIRABETE, J. F. *Processo penal*. 10. ed. rev. atual. São Paulo: Atlas, 2000.

MIRANDA, F. C. P. DE. *À margem do direito*. Campinas: Bookseller, 2002.

MIRANDA, F. C. P. DE. *História e prática do habeas corpus*: direito constitucional e processual comparado. v. 2. 8. ed. rev. atual. ampl. São Paulo: Saraiva, 1979.

MIRANDA, V. *Embargos de declaração no processo civil brasileiro*. São Paulo: Saraiva, 1990.

MONREAL, E. N. Alternativas e transes do direito penal de hoje. Tradução: J. Sérgio Fragoso. *Revista de Direito Penal*, v. 24, Rio de Janeiro: Forense, jan./dez., 1997.

MONTEIRO, M. *Do crime*. Lisboa: Avelar Machado, 1928.

MONTESQUIEU, B. DE (CHARLES-LOUIS DE SECONDAT). *Do espírito das leis*. v. 1. Tradução: Fernando Henrique Cardoso e Leôncio Martins Rodrigues. São Paulo: Difusão Europeia do Livro, 1962.

MONTESQUIEU, B. DE (CHARLES-LOUIS DE SECONDAT). *O espírito das leis*: as formas de governo: a divisão dos poderes. Introdução, tradução e notas por Pedro Vieira Mota. São Paulo: Saraiva, 1987.

MORAES, A. DE. et al. *Juizado Especial*: aspectos práticos da Lei n. 9.099/1995, com jurisprudência atualizada. 2. ed. São Paulo: Atlas, 1997.

MORAES, E. *O testemunho perante a justiça penal. Ensaio de psychologia judiciária*. Rio de Janeiro: Livraria Jacinto, 1939.

MOREIRA, J. C. B. *Comentários ao Código de Processo Civil*. v. 5. Rio de Janeiro: Forense, 1974.

MOTTA FILHO, C. *A função de punir (aspecto realista do direito penal)*. São Paulo: Antonio F. de Moraes, 1928.

MOURA, M. T. R. DE A. *Justa causa para a ação penal*: doutrina e jurisprudência. São Paulo: RT, 2001.

MÜLLER, F. *Quem é o povo?*. São Paulo: Max Limonad, 1998.

MUNIZ NETTO, E. *Conceito do processo penal*. Recife: Imprensa Oficial, 1955.

NALINI, J. R. Novas perspectivas no acesso à justiça. *Lex – Jurisprudência do Supremo Tribunal Federal*, São Paulo, n. 224, ago., 1997.

NALINI, J. R. *O juiz e o acesso à justiça*. São Paulo: RT, 1994.

NERY JUNIOR, N. *Princípios fundamentais*: teoria geral dos recursos. 7. ed. São Paulo: RT, 2014.

NOGUEIRA, P. L. *Juizados Especiais Cíveis e Criminais*. São Paulo: Saraiva, 1996.

NOGUEIRA, M. F. *Transação penal*. São Paulo: Malheiros, 2003.

NOJIRI, S. *O dever de fundamentar as decisões judiciais*. 2. ed. rev. atual. ampl. São Paulo: RT, 2000.

NORONHA, E. M. *Direito penal*. v. 1. 24. ed. São Paulo: Saraiva, 1986.

NORONHA, E. M. *Do crime culposo*. São Paulo: Saraiva, 1957.

Nosso trabalho era arrancar confissões de presos, diz o soldado. *Folha de S. Paulo*, 09.05.2004.

NUCCI, G. DE S. *Código de Processo Penal comentado*. 8. ed. São Paulo: RT, 2008.

NUNES, J. DE C. *Do mandado de segurança e de outros meios de defesa contra atos do poder público*. 8. ed. atual. por José Aguiar Dias. Rio de Janeiro: Forense, 1980.

OLIVEIRA, E. *A técnica do interrogatório*. 3. ed. rev. ampl. São Paulo: RT, 1993.

OLIVEIRA, E. P. *Processo penal*. 11. ed. Rio de Janeiro: Lumen Juris, 2009.

OLIVEIRA, H. B. P. DE. Apontamentos sobre a Lei dos Juizados Especiais Criminais na Justiça Federal. Disponível em: http://www.direitocriminal.com.br. Acesso em: 25 set. 2001.

ORBANEJA, E. G. *Comentarios a la ley de enjuiciamiento criminal, de 14 de septiembre de 1882*. t. I. Barcelona: Bosch.

ORDENAÇÕES e leis do Reino de Portugal, Recopiladas per mandado Delrei D. Filippe o Primeiro. Livro Quinto.

PASCAL. *Pensamentos*. Tradução: Mem Martins. Publicações Europa-América, 1978.

PASSOS, J. J. C. DE. *A nulidade no processo civil*. Salvador: Imprensa Oficial da Bahia, 1959.

PAUPÉRIO, A. M. *Introdução axiológica ao direito*: apêndice à introdução à ciência do direito. Rio de Janeiro: Forense, 1977.

PAZZAGLINI FILHO, M. et al. *Juizado Especial Criminal*: aspectos práticos da Lei n. 9.099/1995. 3. ed. rev. ampl. São Paulo: Atlas, 1999.

Pedroso, F. de A. *Processo penal*: o direito de defesa: repercussão, amplitude e limites. Rio de Janeiro: Forense, 1986.

Pellegrino, L. *Estudos de direito e processo penal*. São Paulo: Lex, 1974.

Pensador. [S. l.], c2022. Disponível em: https://www.pensador.com/frase/MTgwMDQyOQ/. Acesso em: 11 nov. 2022.

Pensador. [S. l.], c2022. Disponível em: https://www.pensador.com/frase/MjIyMzYzMg/. Acesso em: 11 nov. 2022.

Penteado, J. C. (coord.). *Justiça penal*. São Paulo: RT, 1993.

Pereira, M. J. G. Juizados Especiais Criminais: alguns aspectos. In: Tovo, P. C. (org.). *Estudos de direito processual penal*. v. 2. Porto Alegre: Livraria do Advogado, 1999.

Piedade Júnior, H. Mulheres condenadas e presas – Consequência de uma sociedade violenta, cruel e desigual. *Revista do Conselho Nacional de Política Penitenciária*. v. 1, n. 12, jul./dez., 1998.

Pierangelli, J. H. Direito alternativo e aplicação da lei penal. *Revista do Ministério Público do Rio Grande do Sul*, Porto Alegre, n. 31, 1994.

Pinho, H. D. B. de. Breves anotações ao instituto da transação penal. *RT*, São Paulo, v. 87, n. 758, dez., 1998.

Pitombo, S. M. de M. Emprego de algemas: notas em prol de sua regulamentação. *RT*, São Paulo, v. 592, fev., 1995.

Pitombo, S. M. de M. et al. *Juizados Especiais Criminais*: interpretação e crítica. São Paulo: Malheiros, 1997.

Prado, G. L. M. In: Carvalho, L. G. G. C. de (org.). *Lei dos Juizados Especiais Cíveis e Criminais comentada e anotada*. Rio de Janeiro: Lumen Juris, 2000.

Prado, G. *Sistema acusatório*: a conformidade constitucional das leis processuais penais. 2. ed. Rio de Janeiro: Lumen Juris, 2001.

Prado, G.; Carvalho, L. G. G. C. de. *Lei dos Juizados Especiais Criminais*. Atualizada de com acordo com a Lei n. 10259, de 12.07.2001. 3. ed. Rio de Janeiro: Lumen Juris, 2003.

Prado, L. R. *Curso de direito penal brasileiro*: parte geral. v. 1. 3. ed. rev. atual. ampl. São Paulo: RT, 2002.

Proletariado. In: Warrender, J. H. *Dicionário de ciências sociais*. 2. ed. Rio de Janeiro: FGV, 1987.

Queijo, M. E. *Estudos em processo penal*. São Paulo: Siciliano Jurídico, 2004.

Ramos, J. S. P. Judiciário e o acesso de tosse. *Folha de S. Paulo*, 12.10.2003.

Ramos, J. J. M. A autotutela jurídica na era digital. In: Monteiro, M.; Guedes, V. (coord.) *Os Desafios do Direito do Século XXI: Violência, Criminalização, Consendo, Tutela Digital e Caloba Lab oral*. Coimbra: Almedina, 2019. p. 119-142.

Reale Júnior, M. et al. Pena sem processo. In: Pitombo, A. S. A. de M. (org.). *Juizados Especiais Criminais*: interpretação e crítica. São Paulo: Malheiros, 1997.

Rebêlo, J. H. G. *Princípio da insignificância: i*nterpretação jurisprudencial. Belo Horizonte: Del Rey, 2000.

Requião, R. *Curso de direito comercial*. v. 2. 11. ed. São Paulo: Saraiva, 1981.

Requião, R. *Revista de Jurisprudência do TJRS*, n. 87, ago., 1981, p. 90-93.

Rezek, J. F. *Direito internacional público*: curso elementar. 9. ed. rev. São Paulo: Saraiva, 2002.

Rezende Filho, G. J. R. de. *Curso de direito processual civil*. v. 2. 5. ed. anotada, corrigida e atualizada por Benvindo Aires. São Paulo: Saraiva, 1960.

Ricoeur, Paul. *O justo ou a essência da justiça*. Trad. Vasco Casimiro. Lisboa: Instituto Piaget, 1995. (Título original: *Le juste*.)

ROBERTI, M. *A intervenção mínima como princípio no direito penal brasileiro*. Porto Alegre: Fabris, 2001.

ROCHA, F. L. X. A transação penal e os cinco anos de vigência da Lei n. 9.099/1995. In: SHECAIRA, S. S. (org.). *Estudos criminais em homenagem a Evandro Lins e Silva (criminalista do século)*. São Paulo: Método, 2001.

RODRIGUES, C. A. *Manual prático de peticionamento eletrônico*. São Paulo: Império Editora de Livros, 2020.

ROMEIRO, J. A. *Da ação penal*. Rio de Janeiro: Forense, 1940.

ROSA, A. M. DA. *O que é garantismo jurídico?*. Florianópolis: Habitus, 2003.

ROSA, A. J. M. F. Justiça penal. In: TUBENCHLAK, J.; BUSTAMANTE, R. S. *Livro de estudos jurídicos*. Rio de Janeiro: Instituto de Estudos Jurídicos, 1991. v. 3.

ROSA, F. B. DA. Juizados Criminais na Justiça Federal. *Revista do TRF-4ª Região*, Porto Alegre, n. 42, 2001.

ROSA, I. B. DA. *Processo penal brasileiro*. v. 3. 2. ed. Porto Alegre: Globo, 1961.

ROSA, I. B. DA. *Comentários ao Código de Processo Penal*. v. 1. 2. ed. Porto Alegre: Gráfica da Livraria do Globo, 1961.

ROSAS, R. *Direito sumular*: comentários às súmulas do Supremo Tribunal Federal e do Superior Tribunal de Justiça. 12. ed. rev. atual. São Paulo: Malheiros, 2004.

ROSÁRIO, P. T. DO. O GPRD, ou RGPD como exemplo da tendência de um Estado fiscalizador do cumprimento de direitos fundamentais.

ROUSSEAU, J. J. *Discurso sobre a economia política e do contrato social*. Tradução: Maria Constança Peres Pissarra. Petrópolis: Vozes, 1996.

ROUSSEAU, J. J. *O contrato social*. 3. ed. Tradução: Antônio de Pádua Danesi. São Paulo: Martins Fontes, 1996. Livro II, cap. XII.

ROXIN, C. *Problemas fundamentais de direito penal*. Tradução: Ana Paula Natscheradetz, Ana Isabel de Figueiredo e Maria Fernanda Palma. Lisboa: Vega Universidade, 2004.

RUSSELL, B. *Caminhos para a liberdade*. Socialismo, anarquismo e sindicalismo. Tradução: Breno Silveira. São Paulo: Martins Fontes, 2005.

SALES, J. L. *Da suspensão condicional da pena*. Rio de Janeiro: Forense, 1945.

SAMPAIO, N. DE S. *Processo legislativo*. 2. ed. rev. atual. por Uadi Lamêgo Bulos. Belo Horizonte: Del Rey, 1996.

SANGUINÉ, O. A inconstitucionalidade do clamor público como fundamento da preventiva. In: SHECAIRA, S. S. (org.). *Estudos criminais em homenagem a Evandro Lins e Silva (criminalista do século)*. São Paulo: Método, 2001.

SANTOS, B. DE S. *Pela mão de Alice*: o social e o político na pós-modernidade. 7. ed. São Paulo: Cortez, 2000.

SANTOS, C. M. P. DOS. *Direito intertemporal ou teoria da retroatividade das leis*. 2. ed. Rio de Janeiro: Freitas Bastos, 1955.

SANTOS, C. M. P. DOS. *Hermenêutica e aplicação do direito*. 6. ed. Rio de Janeiro: Freitas Bastos, 1957.

SANTOS, M. B. Estado constitucional del derecho y sistema penal. In: PIERANGELI, J. H. (coord.). *Direito criminal*. v. 2 (Coleção Aeternum). Belo Horizonte: Del Rey, 2001.

SANTOS, M. A. *Primeiras linhas de direito processual civil*. v. 2. 18. ed. São Paulo: Saraiva, 1997.

SANTOS, M. A. *Prova judiciária no cível e no comercial*. v. 1. 3. ed. rev. atual. São Paulo: Max Limonad, [1960?].

SARAIVA, F. R. DOS S. *Novíssimo dicionario latino-portuguez* (redigido segundo o plano de L. Quicherat). 2. ed. Rio de Janeiro: B. L. Garnier.

SARLET, I. W. *Dignidade da Pessoa Humana e Direitos Fundamentais na Constituição Federal de 1988*. Porto Alegre: Livraria do Advogado, 2001.

SCARPA, C. O. DA C. T. *O Avanço Tecnológico, a Liberdade de Expressão e o Chamado Direito ao Esquecimento*. No prelo.

SCHMIDT, E. *Los fundamentos teoricos y constitucionales del derecho procesal penal*: comentario doctrinario de la ordenanza procesal y de la ley organica de los tribunales. Versión castellana del Dr. José Manuel Núñez. Buenos Aires: Editorial Bibliográfica Argentina, 1957.

SHAKESPEARE, W. *Hamlet, príncipe da Dinamarca*. Tradução: Carlos Alberto Nunes. 2. ed. São Paulo: Melhoramentos, 2017.

SHECAIRA, S. S. *Prestação de serviços à comunidade*: alternativa à pena privativa de liberdade. São Paulo: Saraiva, 1993.

SILVA, A. R. DA. *Estudos de direito processual penal*. Salvador: Progresso, 1957.

SILVA, DE P. E. *Vocabulário jurídico*. 24. ed. atual. por Nagib Slaibi Filho e Gláucia Carvalho. São Paulo: Forense, 2004.

SILVA, E. L. E. *O salão dos passos perdidos (depoimento ao CPDOC)*. 3. impr. Rio de Janeiro: Nova Fronteira; FGV, 1997.

SILVA, J. A. DA. *Curso de direito constitucional positivo*. 17. ed. rev. atual. conforme EC n. 24/1999. São Paulo: Malheiros, 2000.

SILVA, M. A. M. DA. *A vinculação do juiz no processo penal*. São Paulo: Saraiva, 1993.

SILVA, M. A. M. DA. Dos Juizados Especiais Criminais. In: D'URSO, L. F. B. (coord.). *Os novos Juizados Especiais Criminais*. São Paulo: WVC, 1996.

SILVA SÁNCHEZ, J. *A expansão do direito penal*. São Paulo: RT, 2004.

SILVEIRA, J. DOS S. *Impugnação das decisões em processo civil (reclamações e recursos)*. Lisboa: Coimbra, 1970.

SIQUEIRA, G. *Curso de processo criminal*. 2. ed. rev. ampl. 3. tir. São Paulo: Magalhães, 1924.

SIQUEIRA, G. *Direito penal brasileiro*. v. II.

SLAIBI FILHO, N. Constituição, prisão e algemas. In: TUBENCHLAK, J.; BUSTAMANTE, R. (coord.). *Livro de estudos jurídicos*. Rio de Janeiro: Instituto de Estudos Jurídicos, 1994.

SMANIO, G. P. et al. *Juizado Especial*: aspectos práticos da Lei n. 9.099/1995, com jurisprudência atualizada. 2. ed. São Paulo: Atlas, 1997.

SMANIOTO, E. A. Suspensão do processo. Prerrogativa da acusação. *Revista dos Juizados Especiais*: doutrina e jurisprudência, Brasília, Tribunal de Justiça do Distrito Federal e dos Territórios, n. 2, 1997.

SOBRANTE, S. T. *Transação penal*. São Paulo: Saraiva, 2001.

SOBRINHO, M. S. *A identificação criminal*. São Paulo: RT, 2003.

SOUSA, J. L. R. *Processos criminaes e commentarios às leis penaes em vigor*. São Paulo: Saraiva, 1929.

SOUSA, J. C. E. *A tramitação do processo penal*. 2. tir. Lisboa: Coimbra, 1985.

SPOLANSKY, N. E. O delito de posse de entorpecentes e as ações privadas dos homens. *Cadernos de Advocacia Criminal*, v. 1, n. 5. Porto Alegre: Fabris, 1988.

STOCO, R. *Responsabilidade civil e sua interpretação jurisprudencial*: doutrina e jurisprudência. 4. ed. rev. atual. ampl. São Paulo: RT, 1999.

STRECK, L. L. O senso comum teórico e a violência contra a mulher: desvelando a razão cínica do direito em terra brasilis. *Revista Brasileira de Direito de Família*, Porto Alegre, v. 4, n. 16, jan./mar., 2003.

SUETÔNIO. *A vida dos doze Césares*. Apresentação: Carlos Heitor Cony. Tradução: Sady-Garibaldi. 2. ed. reform. São Paulo: Ediouro, 2002.

SURGIK, A. O Judiciário e o povo. In: LYRA, D. A. (org.). *Desordem e processo*: estudos em homenagem a Roberto Lyra Filho, na ocasião do seu 60º aniversário. Porto Alegre: Fabris, 1986.

TALAMINI, E. *Tutela relativa aos deveres de fazer e de não fazer*. 2. ed. rev. atual. ampl. São Paulo: RT, 2003.

TEIXEIRA, M. O princípio da insignificância: seu conceito e aplicação no século XXI. *Jusbrasil*, [s. l.], 2009. Disponível em: https://lfg.jusbrasil.com.br/noticias/1567141/o-principio-da-insignificancia-seu-conceito-e-aplicacao-no-seculo-xxi-mariana-teixeira. Acesso em: 15 ago. 2015.

THEODORO JÚNIOR, H. *Curso de direito processual civil*. v. 1. 18. ed. Rio de Janeiro: Forense, 1996.

TOLEDO, F. DE A. *Princípios básicos de direito penal*. 4. ed. São Paulo: Saraiva, 1991.

TORNAGHI, H. B. *A relação processual penal*. 2. ed. rev. atual. São Paulo: Saraiva, 1987.

TORNAGHI, H. *Instituições de processo penal*. Rio de Janeiro: Forense, 1959. v. 2.

TORNAGHI, H. *Processo penal*. v. 1. Rio de Janeiro: A. Coelho Branco Filho, 1953.

TORNAGHI, H. B. *Manual de processo penal*. Rio de Janeiro: Freitas Bastos, 1963.

TORON, A. Z. Drogas: novas perspectivas com a Lei n. 9.099/1995. *Boletim do IBCCrim*, [s. l.], v. 3, n. 35, nov., 1995.

TORON, A. Z. *Habeas corpus*: questões controvertidas e de processamento do writ. 1. ed. rev. atual. ampl. São Paulo: RT, 2017.

TORON, A. Z. STJ tem "jurisprudência defensiva" para restringir Recurso Especial. *Consultor Jurídico*, [s. l.], 11 jul. 2016. Disponível em: https://www.conjur.com.br/2016-jul-11/alberto-toron-recurso-especial-jurisprudencia-defensiva-stj. Acesso em: 18 nov. 2022.

TOURINHO FILHO, F. DA C. *Proposta de reforma do nosso Código de Processo Penal. Reflexões sobre a Lei de Execução Penal*. São Paulo: Ed. do autor, 2021.

TOURINHO FILHO, F. DA C. *Código de Processo Penal comentado*. v. 1. 7. ed. rev. ampl. atual. São Paulo: Saraiva, 2003.

TOURINHO FILHO, F. DA C. *Comentários à Lei dos Juizados Especiais Criminais*. 6. ed. São Paulo: Saraiva, 2009.

TOURINHO FILHO, F. DA C. *Manual de processo penal*. 3. ed. rev. atual. ampl. São Paulo: Saraiva, 2001.

TOURINHO FILHO, F. DA C. *Processo penal*. v. 4. 22. ed. rev. atual. São Paulo: Saraiva, 2000.

TOURINHO FILHO, F. DA C. *Processo penal*. 34. ed. rev. São Paulo: Saraiva, 2012.

TOURINHO NETO, F. DA C.; FIGUEIRA JÚNIOR, J. D. *Juizados Especiais Federais Cíveis e Criminais*: comentários à Lei n. 10.259, de 10-7-2001. São Paulo: RT, 2002.

TOURINHO NETO, F. DA C. O juiz e a lei. In: *coletânea de artigos jurídicos*. Brasília: TRF-1ª Região, 2000.

TOURINHO NETO, F. DA C. Direitos humanos e autodeterminação. *Folha de S. Paulo*, 16.12.2001.

TOURINHO NETO, F. DA C. Prisão provisória. *Cartilha Jurídica*, TRF-1ª Região, Brasília, v. 27, jun., 1994.

TOURINHO NETO, F. DA C. Prisão provisória. *Revista de Informação Legislativa*, [s. l.], n. 122, abr./jun., 1994.

TOURINHO NETO, F. DA C. et al. *Juizados Especiais Federais Cíveis e Criminais*: comentários à Lei n. 10.259, de 10/7/2001. 4. ed. São Paulo: RT, 2019.

TOURINHO NETO, F. DA C. et al. *Juizdos Especiais Estadais Cíveis e Criminais*: comentários à Lei 9.099/1995. 8. ed. 2. tir. São Paulo: Saraiva, 2017.

TOVO, P. C. *Apontamentos e guia prático sobre a denúncia no processo penal brasileiro*. Porto Alegre: Fabris, 1986.

Tucci, R. L. et al. *Constituição de 1988 e processo*: regramentos e garantias constitucionais do processo. São Paulo: Saraiva, 1989.

Tucci, R. L. *Direitos e garantias individuais no processo penal brasileiro*. São Paulo: Saraiva, 1993.

Tucci, R. L. *Direitos e garantias individuais no processo penal brasileiro*. São Paulo: Saraiva, 1993.

Vaggione, L. F. et al. *Juizado Especial*: aspectos práticos da Lei n. 9.099/1995, com jurisprudência atualizada. 2. ed. São Paulo: Atlas, 1997.

Vargas, J. C. *Processo penal e direitos fundamentais*. Belo Horizonte: Del Rey, 1992.

Versele, S. C. Procedimentos judiciais e outras formas de controle social na prevenção do crime. Tradução: Maria Letícia de Alencar. *Revista de Direito Penal*, Rio de Janeiro, Forense, n. 24, jan./dez., 1979.

Vilanova, L. *Lógica jurídica*. São Paulo: Bushatsky, 1976.

Voltaire, F. A. *O preço da justiça*. Tradução: Castilho Benedetti. São Paulo: Martins Fontes, 2001.

XII United Nations Congress On Crime Prevention And Criminal Justice. Brasília: National Council os Justice of Brazil 2010.

Warat, L. A. *O ofício do mediador*. Florianópolis: Habitus, 2001.

Watanabe, K. Acesso à Justiça e sociedade moderna. In: Grinover, A. P.; Dinamarco, C. R.; Watanabe, K. (coord.). *Participação e processo*. São Paulo: RT, 1988.

Zaffaroni, E. R. *RBCCrim*, n. 8, RT, 1994.

Zaffaroni, E. R. *Em busca das penas perdidas*: a perda da legitimidade do sistema penal. Tradução: Vânia Romano Pedrosa e Amir Lopes da Conceição. 4. ed. Rio de Janeiro: Revan, 1999.

Zaffaroni, E. R. La globalización y las actuales orientaciones de la política criminal. In: Pierangeli, J. H. (coord.). *Direito criminal*. Belo Horizonte: Del Rey, 2000. v. 1. (Coleção Aeternum.)

Zanatta, A. *A transação penal e o poder discricionário do Ministério Público*. Porto Alegre: Fabris, 2001.

ANEXOS

Fluxogramas

Parte criminal – *Fernando da Costa Tourinho Neto*

1. PROCEDIMENTO SUMARÍSSIMO (E NÃO SUMARÍSSIMO)

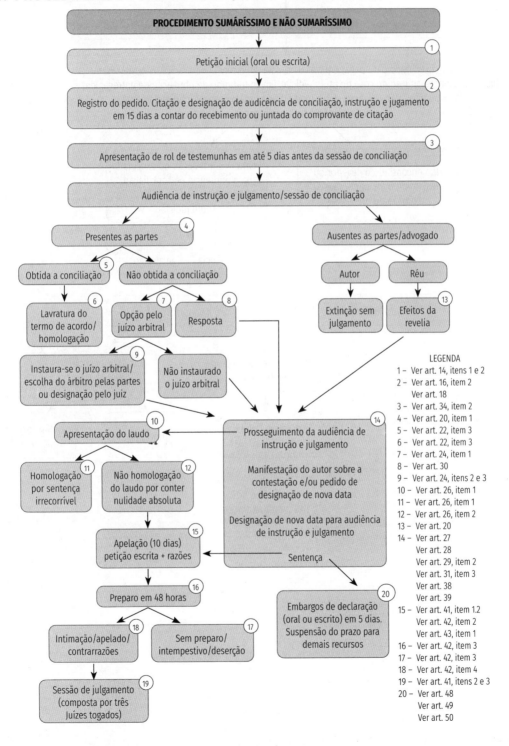

2. PROCESSO DE EXECUÇÃO

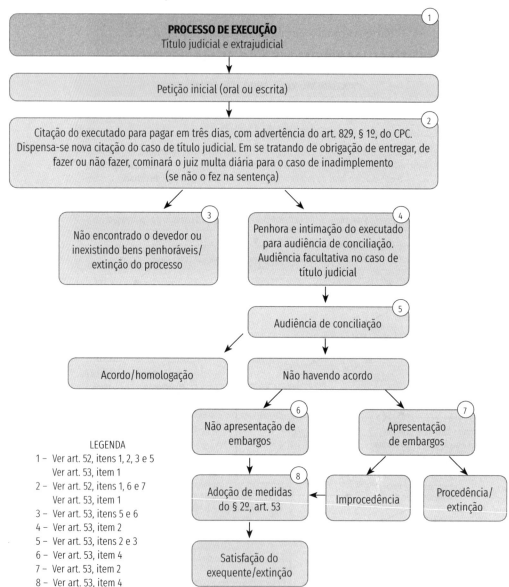

ANEXOS • FLUXOGRAMAS **687**

3. AÇÃO PENAL PÚBLICA INCONDICIONADA

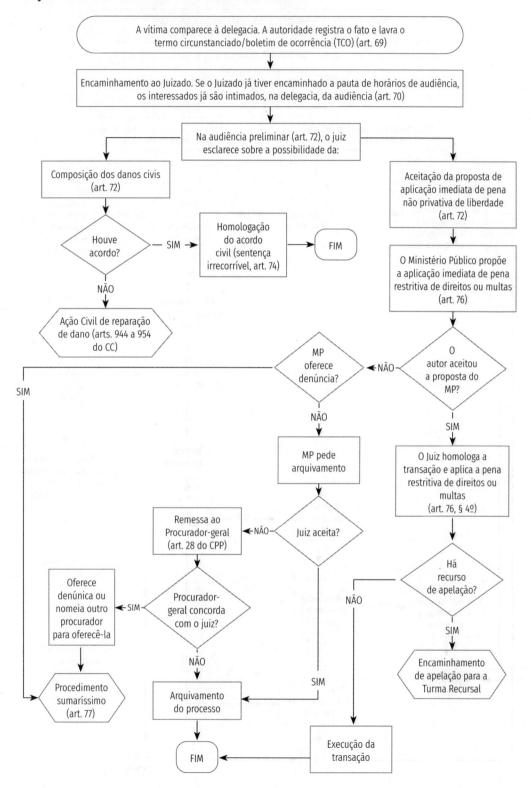

4. AÇÃO PENAL PÚBLICA CONDICIONADA

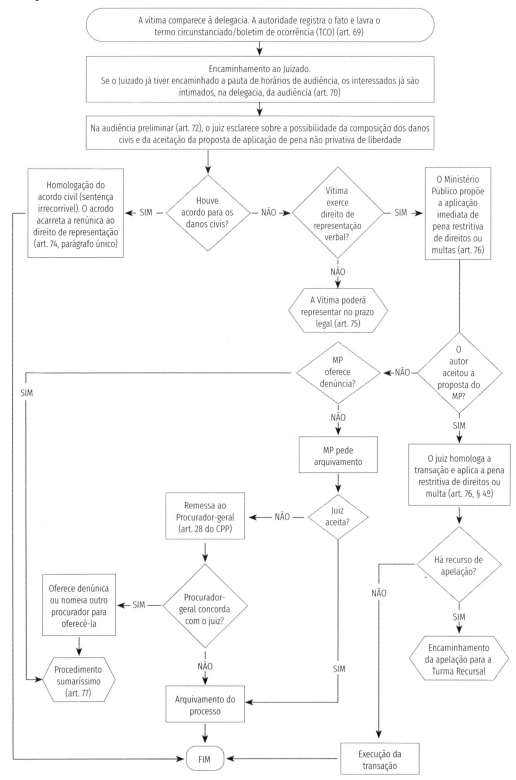

5. AÇÃO PENAL PRIVADA

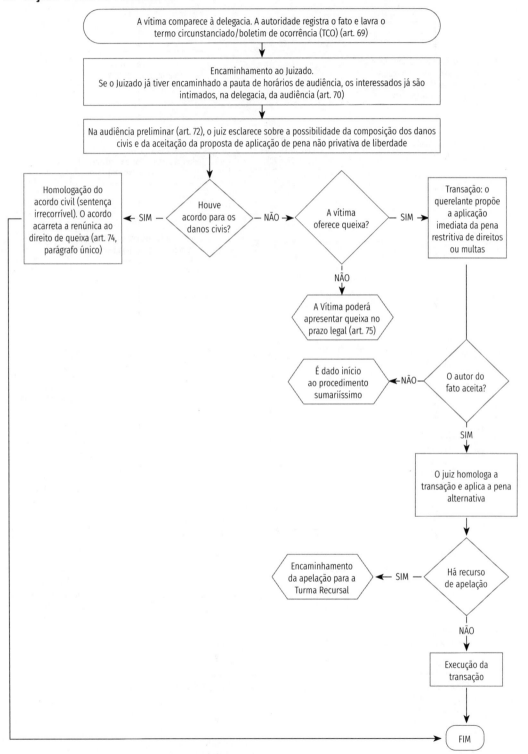

6. PROCEDIMENTO SUMARIÍSSIMO

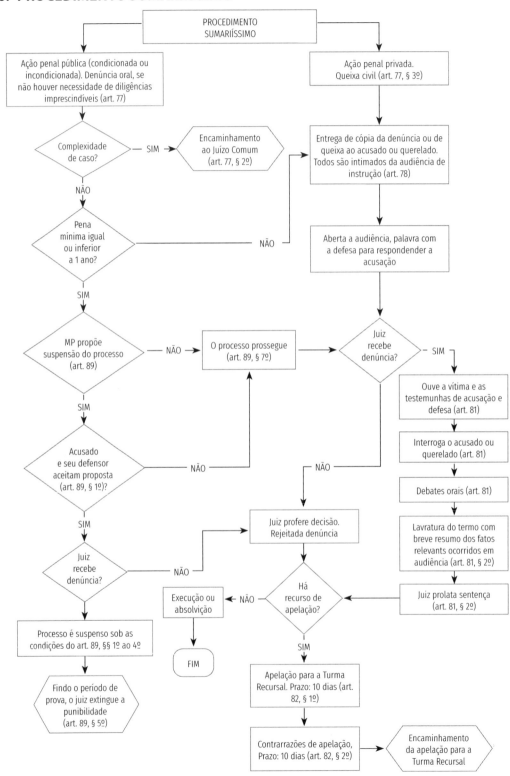

Legislação

1. CONSTITUIÇÃO DA REPÚBLICA FEDERATIVA DO BRASIL

TÍTULO III
DA ORGANIZAÇÃO DO ESTADO

[...]

Capítulo II
Da União

[...]

Art. 24. Compete à União, aos Estados e ao Distrito Federal legislar concorrentemente sobre:
[...]
X – criação, funcionamento e processo do juizado de pequenas causas;
XI – procedimentos em matéria processual;
[...]

TÍTULO IV
DA ORGANIZAÇÃO DOS PODERES

[...]

Capítulo III
Do Poder Judiciário

Seção I
Disposições Gerais

[...]
Art. 98. A União, no Distrito Federal e nos Territórios, e os Estados criarão:

I – juizados especiais, providos por juízes togados, ou togados e leigos, competentes para a conciliação, o julgamento e a execução de causas cíveis de menor complexidade e infrações penais de menor potencial ofensivo, mediante os procedimentos oral e sumaríssimo, permitidos, nas hipóteses previstas em lei, a transação e o julgamento de recursos por turmas de juízes de primeiro grau;
[...]
§ 1º Lei federal disporá sobre a criação de juizados especiais no âmbito da Justiça Federal.[1]
[...]

Seção VIII
Dos Tribunais e Juízes dos Estados

Art. 125. Os Estados organizarão sua Justiça, observados os princípios estabelecidos nesta Constituição.
[...]

---

[1] Anterior parágrafo único renumerado pela Emenda Constitucional n. 45/2004.

§ 7º O Tribunal de Justiça instalará a justiça itinerante, com a realização de audiências e demais funções da atividade jurisdicional, nos limites territoriais da respectiva jurisdição, servindo-se de equipamentos públicos e comunitários.

2. LEI N. 9.099, DE 26 DE SETEMBRO DE 1995

Dispõe sobre os Juizados Especiais Cíveis e Criminais e dá outras providências.

O Presidente da República

Faço saber que o Congresso Nacional decreta e eu sanciono a seguinte Lei:

Capítulo I
Disposições Gerais

Art. 1º Os Juizados Especiais Cíveis e Criminais, órgãos da Justiça Ordinária, serão criados pela União, no Distrito Federal e nos Territórios, e pelos Estados, para conciliação, processo, julgamento e execução, nas causas de sua competência.

Art. 2º O processo orientar-se-á pelos critérios da oralidade, simplicidade, informalidade, economia processual e celeridade, buscando, sempre que possível, a conciliação ou a transação.

Capítulo II
Dos Juizados Especiais Cíveis

Seção I
Da Competência

Art. 3º O Juizado Especial Cível tem competência para conciliação, processo e julgamento das causas cíveis de menor complexidade, assim consideradas:

I – as causas cujo valor não exceda a quarenta vezes o salário mínimo;

II – as enumeradas no art. 275, inciso II, do Código de Processo Civil;

III – a ação de despejo para uso próprio;

IV – as ações possessórias sobre bens imóveis de valor não excedente ao fixado no inciso I deste artigo.

§ 1º Compete ao Juizado Especial promover a execução:

I – dos seus julgados;

II – dos títulos executivos extrajudiciais, no valor de até quarenta vezes o salário mínimo, observado o disposto no § 1º do art. 8º desta Lei.

§ 2º Ficam excluídas da competência do Juizado Especial as causas de natureza alimentar, falimentar, fiscal e de interesse da Fazenda Pública, e também as relativas a acidentes de trabalho, a resíduos e ao estado e capacidade das pessoas, ainda que de cunho patrimonial.

§ 3º A opção pelo procedimento previsto nesta Lei importará em renúncia ao crédito excedente ao limite estabelecido neste artigo, excetuada a hipótese de conciliação.

Art. 4º É competente, para as causas previstas nesta Lei, o Juizado do foro:

I – do domicílio do réu ou, a critério do autor, do local onde aquele exerça atividades profissionais ou econômicas ou mantenha estabelecimento, filial, agência, sucursal ou escritório;

II – do lugar onde a obrigação deva ser satisfeita;

III – do domicílio do autor ou do local do ato ou fato, nas ações para reparação de dano de qualquer natureza.

Parágrafo único. Em qualquer hipótese, poderá a ação ser proposta no foro previsto no inciso I deste artigo.

Seção II
Do Juiz, dos Conciliadores e dos Juízes Leigos

Art. 5º O Juiz dirigirá o processo com liberdade para determinar as provas a serem produzidas, para apreciá-las e para dar especial valor às regras de experiência comum ou técnica.

Art. 6º O Juiz adotará em cada caso a decisão que reputar mais justa e equânime, atendendo aos fins sociais da lei e às exigências do bem comum.

Art. 7º Os conciliadores e Juízes leigos são auxiliares da Justiça, recrutados, os primeiros, preferentemente, entre os bacharéis em Direito, e os segundos, entre advogados com mais de cinco anos de experiência.

Parágrafo único. Os Juízes leigos ficarão impedidos de exercer a advocacia perante os Juizados Especiais, enquanto no desempenho de suas funções.

Seção III
Das Partes

Art. 8º Não poderão ser partes, no processo instituído por esta Lei, o incapaz, o preso, as pessoas jurídicas de direito público, as empresas públicas da União, a massa falida e o insolvente civil.

§ 1º Somente serão admitidas a propor ação perante o Juizado Especial: *(Redação dada pela Lei n. 12.126, de 2009)*

I – as pessoas físicas capazes, excluídos os cessionários de direito de pessoas jurídicas; *(Incluído pela Lei n. 12.126, de 2009)*

II – as pessoas enquadradas como microempreendedores individuais, microempresas e empresas de pequeno porte na forma da Lei Complementar n. 123, de 14 de dezembro de 2006; *(Redação dada pela Lei Complementar n. 147, de 2014)*

III – as pessoas jurídicas qualificadas como Organização da Sociedade Civil de Interesse Público, nos termos da Lei n. 9.790, de 23 de março de 1999; *(Incluído pela Lei n. 12.126, de 2009)*

IV – as sociedades de crédito ao microempreendedor, nos termos do art. 1º da Lei n. 10.194, de 14 de fevereiro de 2001. *(Incluído pela Lei n. 12.126, de 2009)*

§ 2º O maior de dezoito anos poderá ser autor, independentemente de assistência, inclusive para fins de conciliação.

Art. 9º Nas causas de valor até vinte salários mínimos, as partes comparecerão pessoalmente, podendo ser assistidas por advogado; nas de valor superior, a assistência é obrigatória.

§ 1º Sendo facultativa a assistência, se uma das partes comparecer assistida por advogado, ou se o réu for pessoa jurídica ou firma individual, terá a outra parte, se quiser, assistência judiciária prestada por órgão instituído junto ao Juizado Especial, na forma da lei local.

§ 2º O Juiz alertará as partes da conveniência do patrocínio por advogado, quando a causa o recomendar.

§ 3º O mandato ao advogado poderá ser verbal, salvo quanto aos poderes especiais.

§ 4º O réu, sendo pessoa jurídica ou titular de firma individual, poderá ser representado por preposto credenciado, munido de carta de preposição com poderes para transigir, sem haver necessidade de vínculo empregatício. *(Redação dada pela Lei n. 12.137, de 2009)*

Art. 10. Não se admitirá, no processo, qualquer forma de intervenção de terceiro nem de assistência. Admitir-se-á o litisconsórcio.

Art. 11. O Ministério Público intervirá nos casos previstos em lei.

Seção IV
Dos Atos Processuais

Art. 12. Os atos processuais serão públicos e poderão realizar-se em horário noturno, conforme dispuserem as normas de organização judiciária.

Art. 12-A. Na contagem de prazo em dias, estabelecido por lei ou pelo juiz, para a prática de qualquer ato processual, inclusive para a interposição de recursos, computar-se-ão somente os dias úteis. *(Incluído pela Lei nº 13.728, de 2018)*

Art. 13. Os atos processuais serão válidos sempre que preencherem as finalidades para as quais forem realizados, atendidos os critérios indicados no art. 2º desta Lei.

§ 1º Não se pronunciará qualquer nulidade sem que tenha havido prejuízo.

§ 2º A prática de atos processuais em outras comarcas poderá ser solicitada por qualquer meio idôneo de comunicação.

§ 3º Apenas os atos considerados essenciais serão registrados resumidamente, em notas manuscritas, datilografadas, taquigrafadas ou estenotipadas. Os demais atos poderão ser gravados em fita magnética ou equivalente, que será inutilizada após o trânsito em julgado da decisão.

§ 4º As normas locais disporão sobre a conservação das peças do processo e demais documentos que o instruem.

Seção V
Do Pedido

Art. 14. O processo instaurar-se-á com a apresentação do pedido, escrito ou oral, à Secretaria do Juizado.

§ 1º Do pedido constarão, de forma simples e em linguagem acessível:

I – o nome, a qualificação e o endereço das partes;

II – os fatos e os fundamentos, de forma sucinta;

III – o objeto e seu valor.

§ 2º É lícito formular pedido genérico quando não for possível determinar, desde logo, a extensão da obrigação.

§ 3º O pedido oral será reduzido a escrito pela Secretaria do Juizado, podendo ser utilizado o sistema de fichas ou formulários impressos.

Art. 15. Os pedidos mencionados no art. 3º desta Lei poderão ser alternativos ou cumulados; nesta última hipótese, desde que conexos e a soma não ultrapasse o limite fixado naquele dispositivo.

Art. 16. Registrado o pedido, independentemente de distribuição e autuação, a Secretaria do Juizado designará a sessão de conciliação, a realizar-se no prazo de quinze dias.

Art. 17. Comparecendo inicialmente ambas as partes, instaurar-se-á, desde logo, a sessão de conciliação, dispensados o registro prévio de pedido e a citação.

Parágrafo único. Havendo pedidos contrapostos, poderá ser dispensada a contestação formal e ambos serão apreciados na mesma sentença.

Seção VI
Das Citações e Intimações

Art. 18. A citação far-se-á:

I – por correspondência, com aviso de recebimento em mão própria;

II – tratando-se de pessoa jurídica ou firma individual, mediante entrega ao encarregado da recepção, que será obrigatoriamente identificado;

III – sendo necessário, por oficial de justiça, independentemente de mandado ou carta precatória.

§ 1º A citação conterá cópia do pedido inicial, dia e hora para comparecimento do citando e advertência de que, não comparecendo este, considerar-se-ão verdadeiras as alegações iniciais, e será proferido julgamento, de plano.

§ 2º Não se fará citação por edital.

§ 3º O comparecimento espontâneo suprirá a falta ou nulidade da citação.

Art. 19. As intimações serão feitas na forma prevista para citação, ou por qualquer outro meio idôneo de comunicação.

§ 1º Dos atos praticados na audiência, considerar-se-ão desde logo cientes as partes.

§ 2º As partes comunicarão ao juízo as mudanças de endereço ocorridas no curso do processo, reputando-se eficazes as intimações enviadas ao local anteriormente indicado, na ausência da comunicação.

Seção VII
Da Revelia

Art. 20. Não comparecendo o demandado à sessão de conciliação ou à audiência de instrução e julgamento, reputar-se-ão verdadeiros os fatos alegados no pedido inicial, salvo se o contrário resultar da convicção do Juiz.

Seção VIII
Da Conciliação e do Juízo Arbitral

Art. 21. Aberta a sessão, o Juiz togado ou leigo esclarecerá as partes presentes sobre as vantagens da conciliação, mostrando-lhes os riscos e as consequências do litígio, especialmente quanto ao disposto no § 3º do art. 3º desta Lei.

Art. 22. A conciliação será conduzida pelo Juiz togado ou leigo ou por conciliador sob sua orientação.

§ 1º Obtida a conciliação, esta será reduzida a escrito e homologada pelo Juiz togado mediante sentença com eficácia de título executivo. *(Incluído pela Lei nº 13.994, de 2020)*

§ 2º É cabível a conciliação não presencial conduzida pelo Juizado mediante o emprego dos recursos tecnológicos disponíveis de transmissão de sons e imagens em tempo real, devendo o resultado da tentativa de conciliação ser reduzido a escrito com os anexos pertinentes. *(Incluído pela Lei nº 13.994, de 2020)*

Art. 23. Se o demandado não comparecer ou recusar-se a participar da tentativa de conciliação não presencial, o Juiz togado proferirá sentença. *(Incluído pela Lei nº 13.994, de 2020)*

Art. 24. Não obtida a conciliação, as partes poderão optar, de comum acordo, pelo juízo arbitral, na forma prevista nesta Lei.

§ 1º O juízo arbitral considerar-se-á instaurado, independentemente de termo de compromisso, com a escolha do árbitro pelas partes. Se este não estiver presente, o Juiz convocá-lo-á e designará, de imediato, a data para a audiência de instrução.

§ 2º O árbitro será escolhido dentre os juízes leigos.

Art. 25. O árbitro conduzirá o processo com os mesmos critérios do Juiz, na forma dos arts. 5º e 6º desta Lei, podendo decidir por equidade.

Art. 26. Ao término da instrução, ou nos cinco dias subsequentes, o árbitro apresentará o laudo ao Juiz togado para homologação por sentença irrecorrível.

Seção IX
Da Instrução e Julgamento

Art. 27. Não instituído o juízo arbitral, proceder-se-á imediatamente à audiência de instrução e julgamento, desde que não resulte prejuízo para a defesa.

Parágrafo único. Não sendo possível a sua realização imediata, será a audiência designada para um dos quinze dias subsequentes, cientes, desde logo, as partes e testemunhas eventualmente presentes.

Art. 28. Na audiência de instrução e julgamento serão ouvidas as partes, colhida a prova e, em seguida, proferida a sentença.

Art. 29. Serão decididos de plano todos os incidentes que possam interferir no regular prosseguimento da audiência. As demais questões serão decididas na sentença.

Parágrafo único. Sobre os documentos apresentados por uma das partes, manifestar-se-á imediatamente a parte contrária, sem interrupção da audiência.

Seção X
Da Resposta do Réu

Art. 30. A contestação, que será oral ou escrita, conterá toda matéria de defesa, exceto arguição de suspeição ou impedimento do Juiz, que se processará na forma da legislação em vigor.

Art. 31. Não se admitirá a reconvenção. É lícito ao réu, na contestação, formular pedido em seu favor, nos limites do art. 3º desta Lei, desde que fundado nos mesmos fatos que constituem objeto da controvérsia.

Parágrafo único. O autor poderá responder ao pedido do réu na própria audiência ou requerer a designação da nova data, que será desde logo fixada, cientes todos os presentes.

Seção XI
Das Provas

Art. 32. Todos os meios de prova moralmente legítimos, ainda que não especificados em lei, são hábeis para provar a veracidade dos fatos alegados pelas partes.

Art. 33. Todas as provas serão produzidas na audiência de instrução e julgamento, ainda que não requeridas previamente, podendo o Juiz limitar ou excluir as que considerar excessivas, impertinentes ou protelatórias.

Art. 34. As testemunhas, até o máximo de três para cada parte, comparecerão à audiência de instrução e julgamento levadas pela parte que as tenha arrolado, independentemente de intimação, ou mediante esta, se assim for requerido.

§ 1º O requerimento para intimação das testemunhas será apresentado à Secretaria no mínimo cinco dias antes da audiência de instrução e julgamento.

§ 2º Não comparecendo a testemunha intimada, o Juiz poderá determinar sua imediata condução, valendo-se, se necessário, do concurso da força pública.

Art. 35. Quando a prova do fato exigir, o Juiz poderá inquirir técnicos de sua confiança, permitida às partes a apresentação de parecer técnico.

Parágrafo único. No curso da audiência, poderá o Juiz, de ofício ou a requerimento das partes, realizar inspeção em pessoas ou coisas, ou determinar que o faça pessoa de sua confiança, que lhe relatará informalmente o verificado.

Art. 36. A prova oral não será reduzida a escrito, devendo a sentença referir, no essencial, os informes trazidos nos depoimentos.

Art. 37. A instrução poderá ser dirigida por Juiz leigo, sob a supervisão de Juiz togado.

Seção XII
Da Sentença

Art. 38. A sentença mencionará os elementos de convicção do Juiz, com breve resumo dos fatos relevantes ocorridos em audiência, dispensado o relatório.

Parágrafo único. Não se admitirá sentença condenatória por quantia ilíquida, ainda que genérico o pedido.

Art. 39. É ineficaz a sentença condenatória na parte que exceder a alçada estabelecida nesta Lei.

Art. 40. O Juiz leigo que tiver dirigido a instrução proferirá sua decisão e imediatamente a submeterá ao Juiz togado, que poderá homologá-la, proferir outra em substituição ou, antes de se manifestar, determinar a realização de atos probatórios indispensáveis.

Art. 41. Da sentença, excetuada a homologatória de conciliação ou laudo arbitral, caberá recurso para o próprio Juizado.

§ 1º O recurso será julgado por uma turma composta por três Juízes togados, em exercício no primeiro grau de jurisdição, reunidos na sede do Juizado.

§ 2º No recurso, as partes serão obrigatoriamente representadas por advogado.

Art. 42. O recurso será interposto no prazo de dez dias, contados da ciência da sentença, por petição escrita, da qual constarão as razões e o pedido do recorrente.

§ 1º O preparo será feito, independentemente de intimação, nas quarenta e oito horas seguintes à interposição, sob pena de deserção.

§ 2º Após o preparo, a Secretaria intimará o recorrido para oferecer resposta escrita no prazo de dez dias.

Art. 43. O recurso terá somente efeito devolutivo, podendo o Juiz dar-lhe efeito suspensivo, para evitar dano irreparável para a parte.

Art. 44. As partes poderão requerer a transcrição da gravação da fita magnética a que alude o § 3º do art. 13 desta Lei, correndo por conta do requerente as despesas respectivas.

Art. 45. As partes serão intimadas da data da sessão de julgamento.

Art. 46. O julgamento em segunda instância constará apenas da ata, com a indicação suficiente do processo, fundamentação sucinta e parte dispositiva. Se a sentença for confirmada pelos próprios fundamentos, a súmula do julgamento servirá de acórdão.

Art. 47. (VETADO)[2]

Seção XIII
Dos Embargos de Declaração

Art. 48. Caberão embargos de declaração contra sentença ou acórdão nos casos previstos no Código de Processo Civil. *(Redação dada pela Lei n. 13.105, de 2015)*

Parágrafo único. Os erros materiais podem ser corrigidos de ofício.

Art. 49. Os embargos de declaração serão interpostos por escrito ou oralmente, no prazo de cinco dias, contados da ciência da decisão.

Art. 50. Os embargos de declaração interrompem o prazo para a interposição de recurso. *(Redação dada pela Lei n. 13.105, de 2015)*

Seção XIV
Da Extinção do Processo sem Julgamento do Mérito

Art. 51. Extingue-se o processo, além dos casos previstos em lei:

I – quando o autor deixar de comparecer a qualquer das audiências do processo;

II – quando inadmissível o procedimento instituído por esta Lei ou seu prosseguimento, após a conciliação;

III – quando for reconhecida a incompetência territorial;

IV – quando sobrevier qualquer dos impedimentos previstos no art. 8º desta Lei;

V – quando, falecido o autor, a habilitação depender de sentença ou não se der no prazo de trinta dias;

VI – quando, falecido o réu, o autor não promover a citação dos sucessores no prazo de trinta dias da ciência do fato.

§ 1º A extinção do processo independerá, em qualquer hipótese, de prévia intimação pessoal das partes.

---

[2] Nos termos do Projeto de Lei n. 1.480-D, de 1989, era o seguinte o teor do art. 47 que acabou por ser vetado, acertadamente: "A lei local poderá instituir recurso de divergência desse julgamento ao Tribunal de Alçada, onde houver, ou ao Tribunal de Justiça, sem efeito suspensivo, cabível quando houver divergência com a jurisprudência do próprio Tribunal ou de outra turma de juízes, ou quando o valor do pedido julgado improcedente ou da condenação for superior a vinte salários mínimos".

§ 2º No caso do inciso I deste artigo, quando comprovar que a ausência decorre de força maior, a parte poderá ser isentada, pelo Juiz, do pagamento das custas.

Seção XV
Da Execução

Art. 52. A execução da sentença processar-se-á no próprio Juizado, aplicando-se, no que couber, o disposto no Código de Processo Civil, com as seguintes alterações:

I – as sentenças serão necessariamente líquidas, contendo a conversão em Bônus do Tesouro Nacional – BTN ou índice equivalente;

II – os cálculos de conversão de índices, de honorários, de juros e de outras parcelas serão efetuados por servidor judicial;

III – a intimação da sentença será feita, sempre que possível, na própria audiência em que for proferida. Nessa intimação, o vencido será instado a cumprir a sentença tão logo ocorra seu trânsito em julgado, e advertido dos efeitos do seu descumprimento (inciso V);

IV – não cumprida voluntariamente a sentença transitada em julgado, e tendo havido solicitação do interessado, que poderá ser verbal, proceder-se-á desde logo à execução, dispensada nova citação;

V – nos casos de obrigação de entregar, de fazer, ou de não fazer, o Juiz, na sentença ou na fase de execução, cominará multa diária, arbitrada de acordo com as condições econômicas do devedor, para a hipótese de inadimplemento. Não cumprida a obrigação, o credor poderá requerer a elevação da multa ou a transformação da condenação em perdas e danos, que o Juiz de imediato arbitrará, seguindo-se a execução por quantia certa, incluída a multa vencida de obrigação de dar, quando evidenciada a malícia do devedor na execução do julgado;

VI – na obrigação de fazer, o Juiz pode determinar o cumprimento por outrem, fixado o valor que o devedor deve depositar para as despesas, sob pena de multa diária;

VII – na alienação forçada dos bens, o Juiz poderá autorizar o devedor, o credor ou terceira pessoa idônea a tratar da alienação do bem penhorado, a qual se aperfeiçoará em juízo até a data fixada para a praça ou leilão. Sendo o preço inferior ao da avaliação, as partes serão ouvidas. Se o pagamento não for à vista, será oferecida caução idônea, nos casos de alienação de bem móvel, ou hipotecado o imóvel;

VIII – é dispensada a publicação de editais em jornais, quando se tratar de alienação de bens de pequeno valor;

IX – o devedor poderá oferecer embargos, nos autos da execução, versando sobre:

a) falta ou nulidade da citação no processo, se ele correu à revelia;

b) manifesto excesso de execução;

c) erro de cálculo;

d) causa impeditiva, modificativa ou extintiva da obrigação, superveniente à sentença.

Art. 53. A execução de título executivo extrajudicial, no valor de até quarenta salários mínimos, obedecerá ao disposto no Código de Processo Civil, com as modificações introduzidas por esta Lei.

§ 1º Efetuada a penhora, o devedor será intimado a comparecer à audiência de conciliação, quando poderá oferecer embargos (art. 52, IX), por escrito ou verbalmente.

§ 2º Na audiência, será buscado o meio mais rápido e eficaz para a solução do litígio, se possível com dispensa da alienação judicial, devendo o conciliador propor, entre outras medidas cabíveis, o pagamento do débito a prazo ou a prestação, a dação em pagamento ou a imediata adjudicação do bem penhorado.

§ 3º Não apresentados os embargos em audiência, ou julgados improcedentes, qualquer das partes poderá requerer ao Juiz a adoção de uma das alternativas do parágrafo anterior.

§ 4º Não encontrado o devedor ou inexistindo bens penhoráveis, o processo será imediatamente extinto, devolvendo-se os documentos ao autor.

Seção XVI
Das Despesas

Art. 54. O acesso ao Juizado Especial independerá, em primeiro grau de jurisdição, do pagamento de custas, taxas ou despesas.

Parágrafo único. O preparo do recurso, na forma do § 1º do art. 42 desta Lei, compreenderá todas as despesas processuais, inclusive aquelas dispensadas em primeiro grau de jurisdição, ressalvada a hipótese de assistência judiciária gratuita.

Art. 55. A sentença de primeiro grau não condenará o vencido em custas e honorários de advogado, ressalvados os casos de litigância de má-fé. Em segundo grau, o recorrente, vencido, pagará as custas e honorários de advogado, que serão fixados entre dez por cento e vinte por cento do valor de condenação ou, não havendo condenação, do valor corrigido da causa.

Parágrafo único. Na execução não serão contadas custas, salvo quando:

I – reconhecida a litigância de má-fé;

II – improcedentes os embargos do devedor;

III – tratar-se de execução de sentença que tenha sido objeto de recurso improvido do devedor.

Seção XVII
Disposições Finais

Art. 56. Instituído o Juizado Especial, serão implantadas as curadorias necessárias e o serviço de assistência judiciária.

Art. 57. O acordo extrajudicial, de qualquer natureza ou valor, poderá ser homologado, no juízo competente, independentemente de termo, valendo a sentença como título executivo judicial.

Parágrafo único. Valerá como título extrajudicial o acordo celebrado pelas partes, por instrumento escrito, referendado pelo órgão competente do Ministério Público.

Art. 58. As normas de organização judiciária local poderão estender a conciliação prevista nos arts. 22 e 23 a causas não abrangidas por esta Lei.

Art. 59. Não se admitirá ação rescisória nas causas sujeitas ao procedimento instituído por esta Lei.

Capítulo III
Dos Juizados Especiais Criminais

Disposições Gerais

Art. 60. O Juizado Especial Criminal, provido por juízes togados ou togados e leigos, tem competência para a conciliação, o julgamento e a execução das infrações penais de menor potencial ofensivo, respeitadas as regras de conexão e continência. *(Redação dada pela Lei n. 11.313, de 2006)*

Parágrafo único. Na reunião de processos, perante o juízo comum ou o tribunal do júri, decorrentes da aplicação das regras de conexão e continência, observar-se-ão os institutos da transação penal e da composição dos danos civis. *(Incluído pela Lei n. 11.313, de 2006)*

Art. 61. Consideram-se infrações penais de menor potencial ofensivo, para os efeitos desta Lei, as contravenções penais e os crimes a que a lei comine pena máxima não superior a 2 (dois) anos, cumulada ou não com multa. *(Redação dada pela Lei n. 11.313, de 2006)*

Art. 62. O processo perante o Juizado Especial orientar-se-á pelos critérios da oralidade, simplicidade, informalidade, economia processual e celeridade, objetivando, sempre que possível, a reparação dos danos sofridos pela vítima e a aplicação de pena não privativa de liberdade. *(Redação dada pela Lei nº 13.603, de 2018)*

Seção I
Da Competência e dos Atos Processuais

Art. 63. A competência do Juizado será determinada pelo lugar em que foi praticada a infração penal.

Art. 64. Os atos processuais serão públicos e poderão realizar-se em horário noturno e em qualquer dia da semana, conforme dispuserem as normas de organização judiciária.

Art. 65. Os atos processuais serão válidos sempre que preencherem as finalidades para as quais foram realizados, atendidos os critérios indicados no art. 62 desta Lei.

§ 1º Não se pronunciará qualquer nulidade sem que tenha havido prejuízo.

§ 2º A prática de atos processuais em outras comarcas poderá ser solicitada por qualquer meio hábil de comunicação.

§ 3º Serão objeto de registro escrito exclusivamente os atos havidos por essenciais. Os atos realizados em audiência de instrução e julgamento poderão ser gravados em fita magnética ou equivalente.

Art. 66. A citação será pessoal e far-se-á no próprio Juizado, sempre que possível, ou por mandado.

Parágrafo único. Não encontrado o acusado para ser citado, o Juiz encaminhará as peças existentes ao Juízo comum para adoção do procedimento previsto em lei.

Art. 67. A intimação far-se-á por correspondência, com aviso de recebimento pessoal ou, tratando-se de pessoa jurídica ou firma individual, mediante entrega ao encarregado da recepção, que será obrigatoriamente identificado, ou, sendo necessário, por oficial de justiça, independentemente de mandado ou carta precatória, ou ainda por qualquer meio idôneo de comunicação.

Parágrafo único. Dos atos praticados em audiência considerar-se-ão desde logo cientes as partes, os interessados e defensores.

Art. 68. Do ato de intimação do autor do fato e do mandado de citação do acusado, constará a necessidade de seu comparecimento acompanhado de advogado, com a advertência de que, na sua falta, ser-lhe-á designado defensor público.

Seção II
Da Fase Preliminar

Art. 69. A autoridade policial que tomar conhecimento da ocorrência lavrará termo circunstanciado e o encaminhará imediatamente ao Juizado, com o autor do fato e a vítima, providenciando-se as requisições dos exames periciais necessários.

Parágrafo único. Ao autor do fato que, após a lavratura do termo, for imediatamente encaminhado ao juizado ou assumir o compromisso de a ele comparecer, não se imporá prisão em flagrante, nem se exigirá fiança. Em caso de violência doméstica, o juiz poderá determinar, como medida de cautela, seu afastamento do lar, domicílio ou local de convivência com a vítima. *(Redação dada pela Lei n. 10.455, de 13.5.2002)*

Art. 70. Comparecendo o autor do fato e a vítima, e não sendo possível a realização imediata da audiência preliminar, será designada data próxima, da qual ambos sairão cientes.

Art. 71. Na falta do comparecimento de qualquer dos envolvidos, a Secretaria providenciará sua intimação e, se for o caso, a do responsável civil, na forma dos arts. 67 e 68 desta Lei.

Art. 72. Na audiência preliminar, presente o representante do Ministério Público, o autor do fato e a vítima e, se possível, o responsável civil, acompanhados por seus advogados, o Juiz esclarecerá sobre a possibilidade da composição dos danos e da aceitação da proposta de aplicação imediata de pena não privativa de liberdade.

Art. 73. A conciliação será conduzida pelo Juiz ou por conciliador sob sua orientação.

Parágrafo único. Os conciliadores são auxiliares da Justiça, recrutados, na forma da lei local, preferentemente entre bacharéis em Direito, excluídos os que exerçam funções na administração da Justiça Criminal.

Art. 74. A composição dos danos civis será reduzida a escrito e, homologada pelo Juiz mediante sentença irrecorrível, terá eficácia de título a ser executado no juízo civil competente.

Parágrafo único. Tratando-se de ação penal de iniciativa privada ou de ação penal pública condicionada à representação, o acordo homologado acarreta a renúncia ao direito de queixa ou representação.

Art. 75. Não obtida a composição dos danos civis, será dada imediatamente ao ofendido a oportunidade de exercer o direito de representação verbal, que será reduzida a termo.

Parágrafo único. O não oferecimento da representação na audiência preliminar não implica decadência do direito, que poderá ser exercido no prazo previsto em lei.

Art. 76. Havendo representação ou tratando-se de crime de ação penal pública incondicionada, não sendo caso de arquivamento, o Ministério Público poderá propor a aplicação imediata de pena restritiva de direitos ou multas, a ser especificada na proposta.

§ 1º Nas hipóteses de ser a pena de multa a única aplicável, o Juiz poderá reduzi-la até a metade.

§ 2º Não se admitirá a proposta se ficar comprovado:

I – ter sido o autor da infração condenado, pela prática de crime, à pena privativa de liberdade, por sentença definitiva;

II – ter sido o agente beneficiado anteriormente, no prazo de cinco anos, pela aplicação de pena restritiva ou multa, nos termos deste artigo;

III – não indicarem os antecedentes, a conduta social e a personalidade do agente, bem como os motivos e as circunstâncias, ser necessária e suficiente a adoção da medida.

§ 3º Aceita a proposta pelo autor da infração e seu defensor, será submetida à apreciação do Juiz.

§ 4º Acolhendo a proposta do Ministério Público aceita pelo autor da infração, o Juiz aplicará a pena restritiva de direitos ou multa, que não importará em reincidência, sendo registrada apenas para impedir novamente o mesmo benefício no prazo de cinco anos.

§ 5º Da sentença prevista no parágrafo anterior caberá a apelação referida no art. 82 desta Lei.

§ 6º A imposição da sanção de que trata o § 4º deste artigo não constará de certidão de antecedentes criminais, salvo para os fins previstos no mesmo dispositivo, e não terá efeitos civis, cabendo aos interessados propor ação cabível no juízo cível.

Seção III
Do Procedimento Sumariíssimo

Art. 77. Na ação penal de iniciativa pública, quando não houver aplicação de pena, pela ausência do autor do fato, ou pela não ocorrência da hipótese prevista no art. 76 desta Lei, o Ministério Público oferecerá ao Juiz, de imediato, denúncia oral, se não houver necessidade de diligências imprescindíveis.

§ 1º Para o oferecimento da denúncia, que será elaborada com base no termo de ocorrência referido no art. 69 desta Lei, com dispensa do inquérito policial, prescindir-se-á do exame do corpo de delito quando a materialidade do crime estiver aferida por boletim médico ou prova equivalente.

§ 2º Se a complexidade ou circunstâncias do caso não permitirem a formulação da denúncia, o Ministério Público poderá requerer ao Juiz o encaminhamento das peças existentes, na forma do parágrafo único do art. 66 desta Lei.

§ 3º Na ação penal de iniciativa do ofendido poderá ser oferecida queixa oral, cabendo ao Juiz verificar se a complexidade e as circunstâncias do caso determinam a adoção das providências previstas no parágrafo único do art. 66 desta Lei.

Art. 78. Oferecida a denúncia ou queixa, será reduzida a termo, entregando-se cópia ao acusado, que com ela ficará citado e imediatamente cientificado da designação de dia e hora para a audiência de instrução e julgamento, da qual também tomarão ciência o Ministério Público, o ofendido, o responsável civil e seus advogados.

§ 1º Se o acusado não estiver presente, será citado na forma dos arts. 66 e 68 desta Lei e cientificado da data da audiência de instrução e julgamento, devendo a ela trazer suas testemunhas ou apresentar requerimento para intimação, no mínimo cinco dias antes de sua realização.

§ 2º Não estando presentes o ofendido e o responsável civil, serão intimados nos termos do art. 67 desta Lei para comparecerem à audiência de instrução e julgamento.

§ 3º As testemunhas arroladas serão intimadas na forma prevista no art. 67 desta Lei.

Art. 79. No dia e hora designados para a audiência de instrução e julgamento, se na fase preliminar não tiver havido possibilidade de tentativa de conciliação e de oferecimento de proposta pelo Ministério Público, proceder-se-á nos termos dos arts. 72, 73, 74 e 75 desta Lei.

Art. 80. Nenhum ato será adiado, determinando o Juiz, quando imprescindível, a condução coercitiva de quem deva comparecer.

Art. 81. Aberta a audiência, será dada a palavra ao defensor para responder à acusação, após o que o Juiz receberá, ou não, a denúncia ou queixa; havendo recebimento, serão ouvidas a vítima e as testemunhas de acusação e defesa, interrogando-se a seguir o acusado, se presente, passando-se imediatamente aos debates orais e à prolação da sentença.

§ 1º Todas as provas serão produzidas na audiência de instrução e julgamento, podendo o Juiz limitar ou excluir as que considerar excessivas, impertinentes ou protelatórias.

§ 1º-A. Durante a audiência, todas as partes e demais sujeitos processuais presentes no ato deverão respeitar a dignidade da vítima, sob pena de responsabilização civil, penal e administrativa, cabendo ao juiz garantir o cumprimento do disposto neste artigo, vedadas: *(Incluído pela Lei nº 14.245, de 2021)*

I – a manifestação sobre circunstâncias ou elementos alheios aos fatos objeto de apuração nos autos; *(Incluído pela Lei nº 14.245, de 2021)*

II – a utilização de linguagem, de informações ou de material que ofendam a dignidade da vítima ou de testemunhas. *(Incluído pela Lei nº 14.245, de 2021)*

§ 2º De todo o ocorrido na audiência será lavrado termo, assinado pelo Juiz e pelas partes, contendo breve resumo dos fatos relevantes ocorridos em audiência e a sentença.

§ 3º A sentença, dispensado o relatório, mencionará os elementos de convicção do Juiz.

Art. 82. Da decisão de rejeição da denúncia ou queixa e da sentença caberá apelação, que poderá ser julgada por turma composta de três Juízes em exercício no primeiro grau de jurisdição, reunidos na sede do Juizado.

§ 1º A apelação será interposta no prazo de dez dias, contados da ciência da sentença pelo Ministério Público, pelo réu e seu defensor, por petição escrita, da qual constarão as razões e o pedido do recorrente.

§ 2º O recorrido será intimado para oferecer resposta escrita no prazo de dez dias.

§ 3º As partes poderão requerer a transcrição da gravação da fita magnética a que alude o § 3º do art. 65 desta Lei.

§ 4º As partes serão intimadas da data da sessão de julgamento pela imprensa.

§ 5º Se a sentença for confirmada pelos próprios fundamentos, a súmula do julgamento servirá de acórdão.

Art. 83. Cabem embargos de declaração quando, em sentença ou acórdão, houver obscuridade, contradição ou omissão. *(Redação dada pela Lei n. 13.105, de 2015)*

§ 1º Os embargos de declaração serão opostos por escrito ou oralmente, no prazo de cinco dias, contados da ciência da decisão.

§ 2º Os embargos de declaração interrompem o prazo para a interposição de recurso. *(Redação dada pela Lei n. 13.105, de 2015)*

§ 3º Os erros materiais podem ser corrigidos de ofício.

Seção IV
Da Execução

Art. 84. Aplicada exclusivamente pena de multa, seu cumprimento far-se-á mediante pagamento na Secretaria do Juizado.

Parágrafo único. Efetuado o pagamento, o Juiz declarará extinta a punibilidade, determinando que a condenação não fique constando dos registros criminais, exceto para fins de requisição judicial.

Art. 85. Não efetuado o pagamento de multa, será feita a conversão em pena privativa da liberdade, ou restritiva de direitos, nos termos previstos em lei.

Art. 86. A execução das penas privativas de liberdade e restritivas de direitos, ou de multa cumulada com estas, será processada perante o órgão competente, nos termos da lei.

Seção V
Das Despesas Processuais

Art. 87. Nos casos de homologação do acordo civil e aplicação de pena restritiva de direitos ou multa (arts. 74 e 76, § 4º), as despesas processuais serão reduzidas, conforme dispuser lei estadual.

Seção VI
Disposições Finais

Art. 88. Além das hipóteses do Código Penal e da legislação especial, dependerá de representação a ação penal relativa aos crimes de lesões corporais leves e lesões culposas.

Art. 89. Nos crimes em que a pena mínima cominada for igual ou inferior a um ano, abrangidas ou não por esta Lei, o Ministério Público, ao oferecer a denúncia, poderá propor a suspensão do processo, por dois a quatro anos, desde que o acusado não esteja sendo processado ou não tenha sido condenado por outro crime, presentes os demais requisitos que autorizariam a suspensão condicional da pena (art. 77 do Código Penal).

§ 1º Aceita a proposta pelo acusado e seu defensor, na presença do Juiz, este, recebendo a denúncia, poderá suspender o processo, submetendo o acusado a período de prova, sob as seguintes condições:

I – reparação do dano, salvo impossibilidade de fazê-lo;

II – proibição de frequentar determinados lugares;

III – proibição de ausentar-se da comarca onde reside, sem autorização do Juiz;

IV – comparecimento pessoal e obrigatório a juízo, mensalmente, para informar e justificar suas atividades.

§ 2º O Juiz poderá especificar outras condições a que fica subordinada a suspensão, desde que adequadas ao fato e à situação pessoal do acusado.

§ 3º A suspensão será revogada se, no curso do prazo, o beneficiário vier a ser processado por outro crime ou não efetuar, sem motivo justificado, a reparação do dano.

§ 4º A suspensão poderá ser revogada se o acusado vier a ser processado, no curso do prazo, por contravenção, ou descumprir qualquer outra condição imposta.

§ 5º Expirado o prazo sem revogação, o Juiz declarará extinta a punibilidade.

§ 6º Não correrá a prescrição durante o prazo de suspensão do processo.

§ 7º Se o acusado não aceitar a proposta prevista neste artigo, o processo prosseguirá em seus ulteriores termos.

Art. 90. As disposições desta Lei não se aplicam aos processos penais cuja instrução já estiver iniciada.[3]

---

[3] V. ADIn 1.719-9.

Art. 90-A. As disposições desta Lei não se aplicam no âmbito da Justiça Militar. *(Artigo incluído pela Lei n. 9.839, de 27-9-1999)*

Art. 91. Nos casos em que esta Lei passa a exigir representação para a propositura da ação penal pública, o ofendido ou seu representante legal será intimado para oferecê-la no prazo de trinta dias, sob pena de decadência.

Art. 92. Aplicam-se subsidiariamente as disposições dos Códigos Penal e de Processo Penal, no que não forem incompatíveis com esta Lei.

Capítulo IV
Disposições Finais Comuns

Art. 93. Lei Estadual disporá sobre o Sistema de Juizados Especiais Cíveis e Criminais, sua organização, composição e competência.

Art. 94. Os serviços de cartório poderão ser prestados, e as audiências realizadas fora da sede da Comarca, em bairros ou cidades a ela pertencentes, ocupando instalações de prédios públicos, de acordo com audiências previamente anunciadas.

Art. 95. Os Estados, Distrito Federal e Territórios criarão e instalarão os Juizados Especiais no prazo de seis meses, a contar da vigência desta Lei.

Parágrafo único. No prazo de 6 (seis) meses, contado da publicação desta Lei, serão criados e instalados os Juizados Especiais Itinerantes, que deverão dirimir, prioritariamente, os conflitos existentes nas áreas rurais ou nos locais de menor concentração populacional. *(Redação dada pela Lei n. 12.726, de 2012)*

Art. 96. Esta Lei entra em vigor no prazo de sessenta dias após a sua publicação.

Art. 97. Ficam revogadas a Lei n. 4.611, de 2 de abril de 1965 e a Lei n. 7.244, de 7 de novembro de 1984.

Brasília, 26 de setembro de 1995; 174º da Independência e 107º da República.

FERNANDO HENRIQUE CARDOSO

Nelson A. Jobim

3. LEI N. 10.259, DE 12 DE JULHO DE 2010

Dispõe sobre a instituição dos Juizados Especiais Cíveis e Criminais no âmbito da Justiça Federal.

O Presidente da República:

Faço saber que o Congresso Nacional decreta e eu sanciono a seguinte Lei:

Art. 1º São instituídos os Juizados Especiais Cíveis e Criminais da Justiça Federal, aos quais se aplica, no que não conflitar com esta Lei, o disposto na Lei n. 9.099, de 26 de setembro de 1995.

Art. 2º Compete ao Juizado Especial Federal Criminal processar e julgar os feitos de competência da Justiça Federal relativos às infrações de menor potencial ofensivo, respeitadas as regras de conexão e continência. *(Redação dada pela Lei n. 11.313, de 2006)*

Parágrafo único. Na reunião de processos, perante o juízo comum ou o tribunal do júri, decorrente da aplicação das regras de conexão e continência, observar-se-ão os institutos da transação penal e da composição dos danos civis. *(Redação dada pela Lei n. 11.313, de 2006)*

Art. 3º Compete ao Juizado Especial Federal Cível processar, conciliar e julgar causas de competência da Justiça Federal até o valor de sessenta salários mínimos, bem como executar as suas sentenças.

§ 1º Não se incluem na competência do Juizado Especial Cível as causas:

I – referidas no art. 109, incisos II, III e XI, da Constituição Federal, as ações de mandado de segurança, de desapropriação, de divisão e demarcação, populares, execuções fiscais e por improbidade administrativa e as demandas sobre direitos ou interesses difusos, coletivos ou individuais homogêneos;

II – sobre bens imóveis da União, autarquias e fundações públicas federais;

III – para a anulação ou cancelamento de ato administrativo federal, salvo o de natureza previdenciária e o de lançamento fiscal;

IV – que tenham como objeto a impugnação da pena de demissão imposta a servidores públicos civis ou de sanções disciplinares aplicadas a militares.

§ 2º Quando a pretensão versar sobre obrigações vincendas, para fins de competência do Juizado Especial, a soma de doze parcelas não poderá exceder o valor referido no art. 3º, *caput*.

§ 3º No foro onde estiver instalada Vara do Juizado Especial, a sua competência é absoluta.

Art. 4º O Juiz poderá, de ofício ou a requerimento das partes, deferir medidas cautelares no curso do processo, para evitar dano de difícil reparação.

Art. 5º Exceto nos casos do art. 4º, somente será admitido recurso de sentença definitiva.

Art. 6º Podem ser partes no Juizado Especial Federal Cível:

I – como autores, as pessoas físicas e as microempresas e empresas de pequeno porte, assim definidas na Lei n. 9.317, de 5 de dezembro de 1996;

II – como rés, a União, autarquias, fundações e empresas públicas federais.

Art. 7º As citações e intimações da União serão feitas na forma prevista nos arts. 35 a 38 da Lei Complementar n. 73, de 10 de fevereiro de 1993.

Parágrafo único. A citação das autarquias, fundações e empresas públicas será feita na pessoa do representante máximo da entidade, no local onde proposta a causa, quando ali instalado seu escritório ou representação; se não, na sede da entidade.

Art. 8º As partes serão intimadas da sentença, quando não proferida esta na audiência em que estiver presente seu representante, por ARMP (aviso de recebimento em mão própria).

§ 1º As demais intimações das partes serão feitas na pessoa dos advogados ou dos Procuradores que oficiem nos respectivos autos, pessoalmente ou por via postal.

§ 2º Os tribunais poderão organizar serviço de intimação das partes e de recepção de petições por meio eletrônico.

Art. 9º Não haverá prazo diferenciado para a prática de qualquer ato processual pelas pessoas jurídicas de direito público, inclusive a interposição de recursos, devendo a citação para audiência de conciliação ser efetuada com antecedência mínima de trinta dias.

Art. 10. As partes poderão designar, por escrito, representantes para a causa, advogado ou não.

Parágrafo único. Os representantes judiciais da União, autarquias, fundações e empresas públicas federais, bem como os indicados na forma do *caput*, ficam autorizados a conciliar, transigir ou desistir, nos processos da competência dos Juizados Especiais Federais.

Art. 11. A entidade pública ré deverá fornecer ao Juizado a documentação de que disponha para o esclarecimento da causa, apresentando-a até a instalação da audiência de conciliação.

Parágrafo único. Para a audiência de composição dos danos resultantes de ilícito criminal (arts. 71, 72 e 74 da Lei n. 9.099, de 26 de setembro de 1995), o representante da entidade que comparecer terá poderes para acordar, desistir ou transigir, na forma do art. 10.

Art. 12. Para efetuar o exame técnico necessário à conciliação ou ao julgamento da causa, o Juiz nomeará pessoa habilitada, que apresentará o laudo até cinco dias antes da audiência, independentemente de intimação das partes.

§ 1º Os honorários do técnico serão antecipados à conta de verba orçamentária do respectivo Tribunal e, quando vencida na causa a entidade pública, seu valor será incluído na ordem de pagamento a ser feita em favor do Tribunal.

§ 2º Nas ações previdenciárias e relativas à assistência social, havendo designação de exame, serão as partes intimadas para, em dez dias, apresentar quesitos e indicar assistentes.

Art. 13. Nas causas de que trata esta Lei, não haverá reexame necessário.

Art. 14. Caberá pedido de uniformização de interpretação de lei federal quando houver divergência entre decisões sobre questões de direito material proferidas por Turmas Recursais na interpretação da lei.

§ 1º O pedido fundado em divergência entre Turmas da mesma Região será julgado em reunião conjunta das Turmas em conflito, sob a presidência do Juiz Coordenador.

§ 2º O pedido fundado em divergência entre decisões de turmas de diferentes regiões ou da proferida em contrariedade a súmula ou jurisprudência dominante do STJ será julgado por Turma de Uniformização, integrada por juízes de Turmas Recursais, sob a presidência do Coordenador da Justiça Federal.

§ 3º A reunião de juízes domiciliados em cidades diversas será feita pela via eletrônica.

§ 4º Quando a orientação acolhida pela Turma de Uniformização, em questões de direito material, contrariar súmula ou jurisprudência dominante no Superior Tribunal de Justiça – STJ, a parte interessada poderá provocar a manifestação deste, que dirimirá a divergência.

§ 5º No caso do § 4º, presente a plausibilidade do direito invocado e havendo fundado receio de dano de difícil reparação, poderá o relator conceder, de ofício ou a requerimento do interessado, medida liminar determinando a suspensão dos processos nos quais a controvérsia esteja estabelecida.

§ 6º Eventuais pedidos de uniformização idênticos, recebidos subsequentemente em quaisquer Turmas Recursais, ficarão retidos nos autos, aguardando-se pronunciamento do Superior Tribunal de Justiça.

§ 7º Se necessário, o relator pedirá informações ao Presidente da Turma Recursal ou Coordenador da Turma de Uniformização e ouvirá o Ministério Público, no prazo de cinco dias. Eventuais interessados, ainda que não sejam partes no processo, poderão se manifestar, no prazo de trinta dias.

§ 8º Decorridos os prazos referidos no § 7º, o relator incluirá o pedido em pauta na Seção, com preferência sobre todos os demais feitos, ressalvados os processos com réus presos, os *habeas corpus* e os mandados de segurança.

§ 9º Publicado o acórdão respectivo, os pedidos retidos referidos no § 6º serão apreciados pelas Turmas Recursais, que poderão exercer juízo de retratação ou declará-los prejudicados, se veicularem tese não acolhida pelo Superior Tribunal de Justiça.

§ 10. Os Tribunais Regionais, o Superior Tribunal de Justiça e o Supremo Tribunal Federal, no âmbito de suas competências, expedirão normas regulamentando a composição dos órgãos e os procedimentos a serem adotados para o processamento e o julgamento do pedido de uniformização e do recurso extraordinário.

Art. 15. O recurso extraordinário, para os efeitos desta Lei, será processado e julgado segundo o estabelecido nos §§ 4º a 9º do art. 14, além da observância das normas do Regimento.

Art. 16. O cumprimento do acordo ou da sentença, com trânsito em julgado, que imponham obrigação de fazer, não fazer ou entrega de coisa certa, será efetuado mediante ofício do Juiz à autoridade citada para a causa, com cópia da sentença ou do acordo.

Art. 17. Tratando-se de obrigação de pagar quantia certa, após o trânsito em julgado da decisão, o pagamento será efetuado no prazo de sessenta dias, contados da entrega da requisição, por ordem do Juiz, à autoridade citada para a causa, na agência mais próxima da Caixa Econômica Federal ou do Banco do Brasil, independentemente de precatório.

§ 1º Para os efeitos do § 3º do art. 100 da Constituição Federal, as obrigações ali definidas como de pequeno valor, a serem pagas independentemente de precatório, terão como limite o mesmo valor estabelecido nesta Lei para a competência do Juizado Especial Federal Cível (art. 3º, *caput*).

§ 2º Desatendida a requisição judicial, o Juiz determinará o sequestro do numerário suficiente ao cumprimento da decisão.

§ 3º São vedados o fracionamento, repartição ou quebra do valor da execução, de modo que o pagamento se faça, em parte, na forma estabelecida no § 1º deste artigo, e, em parte, mediante expedição do precatório, e a expedição de precatório complementar ou suplementar do valor pago.

§ 4º Se o valor da execução ultrapassar o estabelecido no § 1º, o pagamento far-se-á, sempre, por meio do precatório, sendo facultado à parte exequente a renúncia ao crédito do valor excedente, para que possa optar pelo pagamento do saldo sem o precatório, da forma lá prevista.

Art. 18. Os Juizados Especiais serão instalados por decisão do Tribunal Regional Federal. O Juiz presidente do Juizado designará os conciliadores pelo período de dois anos, admitida a recondução. O exercício dessas funções será gratuito, assegurados os direitos e prerrogativas do jurado (art. 437 do Código de Processo Penal).

Parágrafo único. Serão instalados Juizados Especiais Adjuntos nas localidades cujo movimento forense não justifique a existência de Juizado Especial, cabendo ao Tribunal designar a Vara onde funcionará.

Art. 19. No prazo de seis meses, a contar da publicação desta Lei, deverão ser instalados os Juizados Especiais nas capitais dos Estados e no Distrito Federal.

Parágrafo único. Na capital dos Estados, no Distrito Federal e em outras cidades onde for necessário, neste último caso, por decisão do Tribunal Regional Federal, serão instalados Juizados com competência exclusiva para ações previdenciárias.

Art. 20. Onde não houver Vara Federal, a causa poderá ser proposta no Juizado Especial Federal mais próximo do foro definido no art. 4º da Lei n. 9.099, de 26 de setembro de 1995, vedada a aplicação desta Lei no juízo estadual.

Art. 21. As Turmas Recursais serão instituídas por decisão do Tribunal Regional Federal, que definirá sua composição e área de competência, podendo abranger mais de uma seção.[4]

Art. 22. Os Juizados Especiais serão coordenados por Juiz do respectivo Tribunal Regional, escolhido por seus pares, com mandato de dois anos.

Parágrafo único. O Juiz Federal, quando o exigirem as circunstâncias, poderá determinar o funcionamento do Juizado Especial em caráter itinerante, mediante autorização prévia do Tribunal Regional Federal, com antecedência de dez dias.

Art. 23. O Conselho da Justiça Federal poderá limitar, por até três anos, contados a partir da publicação desta Lei, a competência dos Juizados Especiais Cíveis, atendendo à necessidade da organização dos serviços judiciários ou administrativos.

Art. 24. O Centro de Estudos Judiciários do Conselho da Justiça Federal e as Escolas de Magistratura dos Tribunais Regionais Federais criarão programas de informática necessários para subsidiar a instrução das causas submetidas aos Juizados e promoverão cursos de aperfeiçoamento destinados aos seus magistrados e servidores.

Art. 25. Não serão remetidas aos Juizados Especiais as demandas ajuizadas até a data de sua instalação.

Art. 26. Competirá aos Tribunais Regionais Federais prestar o suporte administrativo necessário ao funcionamento dos Juizados Especiais.

Art. 27. Esta Lei entra em vigor seis meses após a data de sua publicação.

Brasília, 12 de julho de 2001; 180º da Independência e 113º da República.

FERNANDO HENRIQUE CARDOSO
Paulo de Tarso Tamos Ribeiro
Roberto Brant
Gilmar Ferreira Mendes

---

[4] Os §§ 1º e 2º do art. 21 foram revogados pela Lei n. 12.665, de 2012, cuja redação era a seguinte: "§ 1º Não será permitida a recondução, salvo quando houver outro juiz na sede da Turma Recursal ou na Região.
§ 2º A designação dos juízes das Turmas Recursais obedecerá aos critérios de antiguidade e merecimento".

4. LEI N. 12.153, DE 22 DE DEZEMBRO DE 2009

Dispõe sobre os Juizados Especiais da Fazenda Pública no âmbito dos Estados, do Distrito Federal, dos Territórios e dos Municípios.

O Presidente da República:

Faço saber que o Congresso Nacional decreta e eu sanciono a seguinte Lei:

Art. 1º Os Juizados Especiais da Fazenda Pública, órgãos da justiça comum e integrantes do Sistema dos Juizados Especiais, serão criados pela União, no Distrito Federal e nos Territórios, e pelos Estados, para conciliação, processo, julgamento e execução, nas causas de sua competência.

Parágrafo único. O sistema dos Juizados Especiais dos Estados e do Distrito Federal é formado pelos Juizados Especiais Cíveis, Juizados Especiais Criminais e Juizados Especiais da Fazenda Pública.

Art. 2º É de competência dos Juizados Especiais da Fazenda Pública processar, conciliar e julgar causas cíveis de interesse dos Estados, do Distrito Federal, dos Territórios e dos Municípios, até o valor de 60 (sessenta) salários mínimos.

§ 1º Não se incluem na competência do Juizado Especial da Fazenda Pública:

I – as ações de mandado de segurança, de desapropriação, de divisão e demarcação, populares, por improbidade administrativa, execuções fiscais e as demandas sobre direitos ou interesses difusos e coletivos;

II – as causas sobre bens imóveis dos Estados, Distrito Federal, Territórios e Municípios, autarquias e fundações públicas a eles vinculadas;

III – as causas que tenham como objeto a impugnação da pena de demissão imposta a servidores públicos civis ou sanções disciplinares aplicadas a militares.

§ 2º Quando a pretensão versar sobre obrigações vincendas, para fins de competência do Juizado Especial, a soma de 12 (doze) parcelas vincendas e de eventuais parcelas vencidas não poderá exceder o valor referido no *caput* deste artigo.

§ 3º (VETADO)[5]

§ 4º No foro onde estiver instalado Juizado Especial da Fazenda Pública, a sua competência é absoluta.

Art. 3º O juiz poderá, de ofício ou a requerimento das partes, deferir quaisquer providências cautelares e antecipatórias no curso do processo, para evitar dano de difícil ou de incerta reparação.

Art. 4º Exceto nos casos do art. 3º, somente será admitido recurso contra a sentença.

Art. 5º Podem ser partes no Juizado Especial da Fazenda Pública:

I – como autores, as pessoas físicas e as microempresas e empresas de pequeno porte, assim definidas na Lei Complementar n. 123, de 14 de dezembro de 2006;

II – como réus, os Estados, o Distrito Federal, os Territórios e os Municípios, bem como autarquias, fundações e empresas públicas a eles vinculadas.

Art. 6º Quanto às citações e intimações, aplicam-se as disposições contidas na Lei n. 5.869, de 11 de janeiro de 1973 – Código de Processo Civil.

Art. 7º Não haverá prazo diferenciado para a prática de qualquer ato processual pelas pessoas jurídicas de direito público, inclusive a interposição de recursos, devendo a citação para a audiência de conciliação ser efetuada com antecedência mínima de 30 (trinta) dias.

---

[5] Era o seguinte o texto do § 3º vetado: "Nas hipóteses de litisconsórcio, os valores constantes do caput e do § 2º serão considerados por autor". Sobre as razões do veto desse dispositivo e o desenvolvimento histórico do PL n. 118/2005 que deu origem à Lei n. 12.153/2009, remetemos o leitor interessado aos nossos comentários contidos no Capítulo II, item n. 2.3.2 da obra Juizados Especiais da Fazenda Pública, de autoria de Joel Dias Figueira Jr.

Art. 8º Os representantes judiciais dos réus presentes à audiência poderão conciliar, transigir ou desistir nos processos da competência dos Juizados Especiais, nos termos e nas hipóteses previstas na lei do respectivo ente da Federação.

Art. 9º A entidade ré deverá fornecer ao Juizado a documentação de que disponha para o esclarecimento da causa, apresentando-a até a instalação da audiência de conciliação.

Art. 10. Para efetuar o exame técnico necessário à conciliação ou ao julgamento da causa, o juiz nomeará pessoa habilitada, que apresentará o laudo até 5 (cinco) dias antes da audiência.

Art. 11. Nas causas de que trata esta Lei, não haverá reexame necessário.

Art. 12. O cumprimento do acordo ou da sentença, com trânsito em julgado, que imponham obrigação de fazer, não fazer ou entrega de coisa certa, será efetuado mediante ofício do juiz à autoridade citada para a causa, com cópia da sentença ou do acordo.

Art. 13. Tratando-se de obrigação de pagar quantia certa, após o trânsito em julgado da decisão, o pagamento será efetuado:

I – no prazo máximo de 60 (sessenta) dias, contado da entrega da requisição do juiz à autoridade citada para a causa, independentemente de precatório, na hipótese do § 3º do art. 100 da Constituição Federal; ou

II – mediante precatório, caso o montante da condenação exceda o valor definido como obrigação de pequeno valor.

§ 1º Desatendida a requisição judicial, o juiz, imediatamente, determinará o sequestro do numerário suficiente ao cumprimento da decisão, dispensada a audiência da Fazenda Pública.

§ 2º As obrigações definidas como de pequeno valor a serem pagas independentemente de precatório terão como limite o que for estabelecido na lei do respectivo ente da Federação.

§ 3º Até que se dê a publicação das leis de que trata o § 2º, os valores serão:

I – 40 (quarenta) salários mínimos, quanto aos Estados e ao Distrito Federal;

II – 30 (trinta) salários mínimos, quanto aos Municípios.

§ 4º São vedados o fracionamento, a repartição ou a quebra do valor da execução, de modo que o pagamento se faça, em parte, na forma estabelecida no inciso I do *caput* e, em parte, mediante expedição de precatório, bem como a expedição de precatório complementar ou suplementar do valor pago.

§ 5º Se o valor da execução ultrapassar o estabelecido para pagamento independentemente do precatório, o pagamento far-se-á, sempre, por meio do precatório, sendo facultada à parte exequente a renúncia ao crédito do valor excedente, para que possa optar pelo pagamento do saldo sem o precatório.

§ 6º O saque do valor depositado poderá ser feito pela parte autora, pessoalmente, em qualquer agência do banco depositário, independentemente de alvará.

§ 7º O saque por meio de procurador somente poderá ser feito na agência destinatária do depósito, mediante procuração específica, com firma reconhecida, da qual constem o valor originalmente depositado e sua procedência.

Art. 14. Os Juizados Especiais da Fazenda Pública serão instalados pelos Tribunais de Justiça dos Estados e do Distrito Federal.

Parágrafo único. Poderão ser instalados Juizados Especiais Adjuntos, cabendo ao Tribunal designar a Vara onde funcionará.

Art. 15. Serão designados, na forma da legislação dos Estados e do Distrito Federal, conciliadores e juízes leigos dos Juizados Especiais da Fazenda Pública, observadas as atribuições previstas nos arts. 22, 37 e 40 da Lei n. 9.099, de 26 de setembro de 1995.

§ 1º Os conciliadores e juízes leigos são auxiliares da Justiça, recrutados, os primeiros, preferentemente, entre os bacharéis em Direito, e os segundos, entre advogados com mais de 2 (dois) anos de experiência.

§ 2º Os juízes leigos ficarão impedidos de exercer a advocacia perante todos os Juizados Especiais da Fazenda Pública instalados em território nacional, enquanto no desempenho de suas funções.

Art. 16. Cabe ao conciliador, sob a supervisão do juiz, conduzir a audiência de conciliação.

§ 1º Poderá o conciliador, para fins de encaminhamento da composição amigável, ouvir as partes e testemunhas sobre os contornos fáticos da controvérsia.

§ 2º Não obtida a conciliação, caberá ao juiz presidir a instrução do processo, podendo dispensar novos depoimentos, se entender suficientes para o julgamento da causa os esclarecimentos já constantes dos autos, e não houver impugnação das partes.

Art. 17. As Turmas Recursais do Sistema dos Juizados Especiais são compostas por juízes em exercício no primeiro grau de jurisdição, na forma da legislação dos Estados e do Distrito Federal, com mandato de 2 (dois) anos, e integradas, preferencialmente, por juízes do Sistema dos Juizados Especiais.

§ 1º A designação dos juízes das Turmas Recursais obedecerá aos critérios de antiguidade e merecimento.

§ 2º Não será permitida a recondução, salvo quando não houver outro juiz na sede da Turma Recursal.

Art. 18. Caberá pedido de uniformização de interpretação de lei quando houver divergência entre decisões proferidas por Turmas Recursais sobre questões de direito material.

§ 1º O pedido fundado em divergência entre Turmas do mesmo Estado será julgado em reunião conjunta das Turmas em conflito, sob a presidência de desembargador indicado pelo Tribunal de Justiça.

§ 2º No caso do § 1º, a reunião de juízes domiciliados em cidades diversas poderá ser feita por meio eletrônico.

§ 3º Quando as Turmas de diferentes Estados derem a lei federal interpretações divergentes, ou quando a decisão proferida estiver em contrariedade com súmula do Superior Tribunal de Justiça, o pedido será por este julgado.

Art. 19. Quando a orientação acolhida pelas Turmas de Uniformização de que trata o § 1º do art. 18 contrariar súmula do Superior Tribunal de Justiça, a parte interessada poderá provocar a manifestação deste, que dirimirá a divergência.

§ 1º Eventuais pedidos de uniformização fundados em questões idênticas e recebidos subsequentemente em quaisquer das Turmas Recursais ficarão retidos nos autos, aguardando pronunciamento do Superior Tribunal de Justiça.

§ 2º Nos casos do *caput* deste artigo e do § 3º do art. 18, presente a plausibilidade do direito invocado e havendo fundado receio de dano de difícil reparação, poderá o relator conceder, de ofício ou a requerimento do interessado, medida liminar determinando a suspensão dos processos nos quais a controvérsia esteja estabelecida.

§ 3º Se necessário, o relator pedirá informações ao Presidente da Turma Recursal ou Presidente da Turma de Uniformização e, nos casos previstos em lei, ouvirá o Ministério Público, no prazo de 5 (cinco) dias.

§ 4º (VETADO)[6]

§ 5º Decorridos os prazos referidos nos §§ 3º e 4º, o relator incluirá o pedido em pauta na sessão, com preferência sobre todos os demais feitos, ressalvados os processos com réus presos, os *habeas corpus* e os mandados de segurança.

§ 6º Publicado o acórdão respectivo, os pedidos retidos referidos no § 1º serão apreciados pelas Turmas Recursais, que poderão exercer juízo de retratação ou os declararão prejudicados, se veicularem tese não acolhida pelo Superior Tribunal de Justiça.

---

[6] Era a seguinte a redação do § 4º vetado: "Eventuais interessados, ainda que não sejam partes no processo, poderão se manifestar no prazo de trinta dias".

Art. 20. Os Tribunais de Justiça, o Superior Tribunal de Justiça e o Supremo Tribunal Federal, no âmbito de suas competências, expedirão normas regulamentando os procedimentos a serem adotados para o processamento e o julgamento do pedido de uniformização e do recurso extraordinário.

Art. 21. O recurso extraordinário, para os efeitos desta Lei, será processado e julgado segundo o estabelecido no art. 19, além da observância das normas do Regimento.

Art. 22. Os Juizados Especiais da Fazenda Pública serão instalados no prazo de até 2 (dois) anos da vigência desta Lei, podendo haver o aproveitamento total ou parcial das estruturas das atuais Varas da Fazenda Pública.

Art. 23. Os Tribunais de Justiça poderão limitar, por até 5 (cinco) anos, a partir da entrada em vigor desta Lei, a competência dos Juizados Especiais da Fazenda Pública, atendendo à necessidade da organização dos serviços judiciários e administrativos.

Art. 24. Não serão remetidas aos Juizados Especiais da Fazenda Pública as demandas ajuizadas até a data de sua instalação, assim como as ajuizadas fora do Juizado Especial por força do disposto no art. 23.

Art. 25. Competirá aos Tribunais de Justiça prestar o suporte administrativo necessário ao funcionamento dos Juizados Especiais.

Art. 26. O disposto no art. 16 aplica-se aos Juizados Especiais Federais instituídos pela Lei n. 10.259, de 12 de julho de 2001.

Art. 27. Aplica-se subsidiariamente o disposto nas Leis n. 5.869, de 11 de janeiro de 1973 – Código de Processo Civil, 9.099, de 26 de setembro de 1995, e 10.259, de 12 de julho de 2001.

Art. 28. Esta Lei entra em vigor após decorridos 6 (seis) meses de sua publicação oficial.

Brasília, 22 de dezembro de 2009; 188º da Independência e 121º da República.

LUIZ INÁCIO LULA DA SILVA
Tarso Genro

5. QUADRO COMPARATIVO DAS LEIS N. 12.153/2009, 10.259/2001 E 9.099/1995

LEI N. 12.153/2009	LEI N. 10.259/2001	LEI N. 9.099/1995
Art. 1º Os Juizados Especiais da Fazenda Pública, órgãos da justiça comum e integrantes do Sistema dos Juizados Especiais, serão criados pela União, no Distrito Federal e nos Territórios, e pelos Estados, para conciliação, processo, julgamento e execução, nas causas de sua competência. Parágrafo único. O sistema dos Juizados Especiais dos Estados e do Distrito Federal é formado pelos Juizados Especiais Cíveis, Juizados Especiais Criminais e Juizados Especiais da Fazenda Pública.	Art. 1º São instituídos os Juizados Especiais Cíveis e Criminais da Justiça Federal, aos quais se aplica, no que não conflitar com esta Lei, o disposto na Lei n. 9.099, de 26 de setembro de 1995.	Art. 1º Os Juizados Especiais Cíveis e Criminais, órgãos da Justiça Ordinária, serão criados pela União, no Distrito Federal e nos Territórios, e pelos Estados, para conciliação, processo, julgamento e execução, nas causas de sua competência. Art. 93. Lei Estadual disporá sobre o Sistema de Juizados Especiais Cíveis e Criminais, sua organização, composição e competência.
Art. 2º É de competência dos Juizados Especiais da Fazenda Pública processar, conciliar e julgar causas cíveis de interesse dos Estados, do Distrito Federal, dos Territórios e dos Municípios, até o valor de 60 (sessenta) salários mínimos.	Art. 3º Compete ao Juizado Especial Federal Cível processar, conciliar e julgar causas de competência da Justiça Federal até o valor de 60 (sessenta) salários mínimos, bem como executar as suas sentenças.	Art. 3º O Juizado Especial Cível tem competência para conciliação, processo e julgamento das causas cíveis de menor complexidade, assim consideradas:

LEI N. 12.153/2009	LEI N. 10.259/2001	LEI N. 9.099/1995
		I – as causas cujo valor não exceda a quarenta vezes o salário mínimo; II – as enumeradas no art. 275, inciso II, do Código de Processo Civil; III – a ação de despejo para uso próprio; IV – as ações possessórias sobre bens imóveis de valor não excedente ao fixado no inciso I deste artigo. § 1º Compete ao Juizado Especial promover a execução: I – dos seus julgados; II – dos títulos executivos extrajudiciais, no valor de até quarenta vezes o salário mínimo, observado o disposto no § 1º do art. 8º desta Lei.
Art. 2º (...) § 1º Não se incluem na competência do Juizado Especial da Fazenda Pública: I – as ações de mandado de segurança, de desapropriação, de divisão e demarcação, populares, por improbidade administrativa, execuções fiscais e as demandas sobre direitos ou interesses difusos e coletivos; II – as causas sobre bens imóveis dos Estados, Distrito Federal, Territórios e Municípios, autarquias e fundações públicas a eles vinculadas; III – as causas que tenham como objeto a impugnação da pena de demissão imposta a servidores públicos civis ou sanções disciplinares aplicadas a militares.	Art. 3º (...) § 1º Não se incluem na competência do Juizado Especial Cível as causas: I – referidas no art. 109, incisos II, III e XI, da Constituição Federal, as ações de mandado de segurança, de desapropriação, de divisão e demarcação, populares, execuções fiscais e por improbidade administrativa e as demandas sobre direitos ou interesses difusos, coletivos ou individuais homogêneos; II – sobre bens imóveis da União, autarquias e fundações públicas federais; III – para a anulação ou cancelamento de ato administrativo federal, salvo o de natureza previdenciária e o de lançamento fiscal; IV – que tenham como objeto a impugnação da pena de demissão imposta a servidores públicos civis ou de sanções disciplinares aplicadas a militares.	Art. 3º (...) § 2º Ficam excluídas da competência do Juizado Especial as causas de natureza alimentar, falimentar, fiscal e de interesse da Fazenda Pública, e também as relativas a acidentes de trabalho, a resíduos e ao estado e capacidade das pessoas, ainda que de cunho patrimonial.
Art. 2º (...) § 2º Quando a pretensão versar sobre obrigações vincendas, para fins de competência do Juizado Especial, a soma de 12 (doze) parcelas vincendas e de eventuais parcelas vencidas não poderá exercer o valor referido no *caput* deste artigo.	Art. 3º (...) § 2º Quando a pretensão versar sobre obrigações vincendas, para fins de competência do Juizado Especial, a soma de 12 (doze) parcelas não poderá exceder o valor referido no art. 3º, *caput*.	Sem correspondente

LEI N. 12.153/2009	LEI N. 10.259/2001	LEI N. 9.099/1995
Art. 2º (...) § 4º No foro onde estiver instalado Juizado Especial da Fazenda Pública, a sua competência é absoluta.	Art. 3º (...) § 3º No foro onde estiver instalada Vara do Juizado Especial, a sua competência é absoluta.	Sem correspondente
Art. 3º O juiz poderá, de ofício ou a requerimento das partes, deferir quaisquer providências cautelares e antecipatórias no curso do processo, para evitar dano de difícil ou de incerta reparação.	Art. 4º O Juiz poderá, de ofício ou a requerimento das partes, deferir medidas cautelares no curso do processo, para evitar dano de difícil reparação.	Sem correspondente
Art. 4º Exceto nos casos do art. 3º, somente será admitido recurso contra a sentença.	Art. 5º Exceto nos casos do art. 4º, somente será admitido recurso de sentença definitiva.	Sem correspondente
Art. 5º Podem ser partes no Juizado Especial da Fazenda Pública: I – como autores, as pessoas físicas e as microempresas e empresas de pequeno porte, assim definidas na Lei Complementar n. 123, de 14 de dezembro de 2006; II – como réus, os Estados, o Distrito Federal, os territórios e os Municípios, bem como autarquias, fundações e empresas públicas a eles vinculadas.	Art. 6º Podem ser partes no Juizado Especial Federal Cível: I – como autores, as pessoas físicas e as microempresas e empresas de pequeno porte, assim definidas na Lei n. 9.317, de 5 de dezembro de 1996; II – como réus, a União, autarquias, fundações e empresas públicas federais.	Art. 8º Não poderão ser partes, no processo instituído por esta lei, o incapaz, o preso, as pessoas jurídicas de direito público, as empresas públicas da união, a massa falida e o insolvente civil. § 1º Somente serão admitidas a propor ação perante o Juizado Especial: (Redação dada pela Lei n. 12.126, de 2009) I – as pessoas físicas capazes, excluídos os cessionários de direito de pessoas jurídicas; (Incluído pela Lei n. 12.126, de 2009) II – as pessoas enquadradas como microempreendedores individuais, microempresas e empresas de pequeno porte na forma da Lei Complementar n. 123, de 14 de dezembro de 2006; (Redação dada pela Lei Complementar n. 147, de 2014) III – as pessoas jurídicas qualificadas como Organização da Sociedade Civil de Interesse Público, nos termos da Lei n. 9.790, de 23 de março de 1999; (Incluído pela Lei n. 12.126, de 2009) IV – as sociedades de crédito ao microempreendedor, nos termos do art. 1º da Lei n. 10.194, de 14 de fevereiro de 2001. (Incluído pela Lei n. 12.126, de 2009)

LEI N. 12.153/2009	LEI N. 10.259/2001	LEI N. 9.099/1995
Art. 6º Quanto às citações e intimações, aplicam-se as disposições contidas na Lei n. 5.869, de 11 de janeiro de 1973 – Código de Processo Civil.	Art. 7º As citações e intimações da União serão feitas na forma prevista nos arts. 35 a 38 da Lei Complementar n. 73, de 10 de fevereiro de 1993. Parágrafo único. A citação das autarquias, fundações e empresas públicas será feita na pessoa do representante máximo da entidade, no local onde proposta a causa, quando ali instalado seu escritório ou representação; se não, na sede da entidade.	Art. 18. A citação far-se-á: I – por correspondência, com aviso de recebimento em mão própria; II – tratando-se de pessoa jurídica ou firma individual, mediante entrega ao encarregado da recepção, que será obrigatoriamente identificado; III – sendo necessário, por oficial de justiça, independentemente de mandado ou carta precatória.
	Art. 8º As partes serão intimadas da sentença, quando não proferida esta na audiência em que estiver presente seu representante, por ARMP (aviso de recebimento em mão própria). § 1º As demais intimações das partes serão feitas na pessoa dos advogados ou dos Procuradores que oficiem nos respectivos autos, pessoalmente ou por via postal. § 2º Os tribunais poderão organizar serviço de intimação das partes e de receptação de petições por meio eletrônico.	§ 1º A citação conterá cópia do pedido inicial, dia e hora para comparecimento do citando e advertência de que, não comparecendo este, considerar-se-ão verdadeiras as alegações iniciais, e será proferido julgamento, de plano. § 2º Não se fará citação por edital. § 3º O comparecimento espontâneo suprirá a falta ou nulidade da citação. Art. 19. As intimações serão feitas na forma prevista para citação, ou por qualquer outro meio idôneo de comunicação. § 1º Dos atos praticados na audiência, considerar-se-ão desde logo cientes as partes. § 2º As partes comunicarão ao juízo as mudanças de endereço ocorridas no curso do processo, reputando-se eficazes as intimações enviadas ao local anteriormente indicado, na ausência da comunicação.
Art. 7º Não haverá prazo diferenciado para a prática de qualquer ato processual pelas pessoas jurídicas de direito público, inclusive a interposição de recursos, devendo a citação para a audiência de conciliação ser efetuada com antecedência mínima de 30 (trinta) dias.	Art. 9º Não haverá prazo diferenciado para a prática de qualquer ato processual pelas pessoas jurídicas de direito público, inclusive a interposição de recursos, devendo a citação para audiência de conciliação ser efetuada com antecedência mínima de 30 (trinta) dias.	Art. 16. Registrado o pedido, independentemente de distribuição e autuação, a Secretaria do Juizado designará a sessão de conciliação, a realizar-se no prazo de 15 (quinze) dias. Art. 17. Comparecendo inicialmente ambas as partes, instaurar-se-á, desde logo, a sessão de conciliação, dispensados o registro prévio de pedido e a citação. Parágrafo único. Havendo pedidos contrapostos, poderá ser dispensada a contestação formal e ambos serão apreciados na mesma sentença.

LEI N. 12.153/2009	LEI N. 10.259/2001	LEI N. 9.099/1995
Art. 8º Os representantes judiciais dos réus presentes à audiência poderão conciliar, transigir ou desistir nos processos da competência dos Juizados Especiais, nos termos e nas hipóteses previstas na lei do respectivo ente da Federação.	Art. 10. As partes poderão designar, por escrito, representantes para a causa, advogado ou não. Parágrafo único. Os representantes judiciais da União, autarquias, fundações e empresas públicas federais, bem como os indicados na forma do *caput*, ficam autorizados a conciliar, transigir ou desistir, nos processos da competência dos Juizados especiais Federais.	Art. 9º Nas causas de valor até 20 (vinte) salários mínimos, as partes comparecerão pessoalmente, podendo ser assistidas por advogado; nas de valor superior, a assistência é obrigatória. § 1º Sendo facultativa a assistência, se uma das partes comparecer assistida por advogado, ou se o réu for pessoa jurídica ou firma individual, terá a outra parte, se quiser, assistência judiciária prestada por órgão instituído junto ao Juizado Especial, na forma da lei local. § 2º O Juiz alertará as partes da conveniência do patrocínio por advogado, quando a causa o recomendar. § 3º O mandato ao advogado poderá ser verbal, salvo quanto aos poderes especiais. § 4º O réu, sendo pessoa jurídica ou titular de firma individual, poderá ser representado por preposto credenciado, munido de carta de preposição com poderes para transigir, sem haver necessidade de vínculo empregatício. (Redação dada pela Lei n. 12.137/2009)
Art. 9º A entidade ré deverá fornecer ao Juizado a documentação de que disponha para o esclarecimento da causa, apresentando-a até a instalação da audiência de conciliação.	Art. 11. A entidade pública ré deverá fornecer ao Juizado a documentação de que disponha para o esclarecimento da causa, apresentando-a até a instalação da audiência de conciliação. Parágrafo único. Para a audiência de composição dos danos resultantes de ilícito criminal (arts. 71, 72 e 74 da Lei n. 9.099, de 26 de setembro de 1995), o representante da entidade que comparecer terá poderes para acordar, desistir ou transigir, na forma do art. 10.	Sem correspondente
Art. 10. Para efetuar o exame técnico necessário à conciliação ou ao julgamento da causa, o juiz nomeará pessoa habilitada, que apresentará o laudo até 5 (cinco) dias antes da audiência.	Art. 12. Para efetuar o exame técnico necessário à conciliação ou ao julgamento da causa, o Juiz nomeará pessoa habilitada, que apresentará o laudo até 5 (cinco) dias antes da audiência, independentemente de intimação das partes.	Art. 35. Quando a prova do fato exigir, o Juiz poderá inquirir técnicos de sua confiança, permitida às partes a apresentação de parecer técnico. Parágrafo único. No curso da audiência, poderá o Juiz, de ofício ou a requerimento das

LEI N. 12.153/2009	LEI N. 10.259/2001	LEI N. 9.099/1995
	§ 1º Os honorários do técnico serão antecipados à conta de verba orçamentária do respectivo Tribunal e, quando vencida na causa a entidade pública, seu valor será incluído na ordem de pagamento a ser feita em favor do Tribunal. § 2º Nas ações previdenciárias e relativas à assistência social, havendo designação de exame, serão as partes intimadas para, em 10 (dez) dias, apresentar quesitos e indicar assistentes.	partes, realizar inspeção em pessoas ou coisas, ou determinar que o faça pessoa de sua confiança, que lhe relatará informalmente o verificado.
Art. 11. Nas causas de que trata esta Lei, não haverá reexame necessário.	Art. 13. Nas causas de que trata esta Lei, não haverá reexame necessário.	Sem correspondente
Art. 12. O cumprimento do acordo ou da sentença, com trânsito em julgado, que imponham obrigação de fazer, não fazer ou entrega de coisa certa, será efetuado mediante ofício do juiz à autoridade citada para a causa, com cópia da sentença ou do acordo.	Art. 16. O cumprimento do acordo ou da sentença, com trânsito em julgado, que imponham obrigação de fazer, não fazer ou entrega de coisa certa, será efetuado mediante ofício do Juiz à autoridade citada para a causa, com cópia da sentença ou do acordo.	Art. 52. A execução da sentença processar-se-á no próprio Juizado, aplicando-se, no que couber, o disposto no Código de Processo Civil, com as seguintes alterações: (...) V – nos casos de obrigação de entregar, de fazer, ou de não fazer, o Juiz, na sentença ou na fase de execução, cominará multa diária, arbitrada de acordo com as condições econômicas do devedor, para a hipótese de inadimplemento. Não cumprida a obrigação, o credor poderá requerer a elevação da multa ou a transformação da condenação em perdas e danos, que o Juiz de imediato arbitrará, seguindo-se a execução por quantia certa, incluída a multa vencida de obrigação de dar, quando evidenciada a malícia do devedor na execução do julgado; VI – na obrigação de fazer, o Juiz pode determinar o cumprimento por outrem, fixado o valor que o devedor deve depositar para as despesas, sob pena de multa diária.

LEI N. 12.153/2009	LEI N. 10.259/2001	LEI N. 9.099/1995
Art. 13. Tratando-se de obrigação de pagar quantia certa, após o trânsito em julgado da decisão, o pagamento será efetuado: I – no prazo máximo de 60 (sessenta) dias, contado da entrega da requisição do juiz à autoridade citada para a causa, independentemente de precatório, na hipótese do § 3º do art. 100 da Constituição Federal; ou II – mediante precatório, caso o montante da condenação exceda o valor definido como obrigação de pequeno valor. § 1º Desatendida a requisição judicial, o juiz, imediatamente, determinará o sequestro do numerário suficiente ao cumprimento da decisão, dispensada a audiência da Fazenda Pública. § 2º As obrigações definidas como de pequeno valor a serem pagas independentemente de precatório terão como limite o que for estabelecido na lei do respectivo ente da Federação. § 3º Até que se dê a publicação das leis de que trata o § 2º, os valores serão: I – 40 (quarenta) salários mínimos, quanto aos Estados e ao Distrito Federal; II – 30 (trinta) salários mínimos, quanto aos Municípios. § 4º São vedados o fracionamento, a repartição ou a quebra do valor da execução, de modo que o pagamento se faça, em parte, na forma estabelecida no inciso I do caput e, em parte, mediante expedição de precatório, bem como a expedição de precatório complementar ou suplementar do valor pago. § 5º Se o valor da execução ultrapassar o estabelecido	Art. 17. Tratando-se de obrigação de pagar quantia certa, após o trânsito em julgado da decisão, o pagamento será efetuado no prazo de 60 (sessenta) dias, contados da entrega da requisição, por ordem do Juiz, à autoridade citada para a causa, na agência mais próxima da Caixa Econômica Federal ou do Banco do Brasil, independentemente de precatório. § 1º Para os efeitos do § 3º do art. 100 da Constituição Federal, as obrigações ali definidas como de pequeno valor, a serem pagas independentemente de precatório, terão como limite o mesmo valor estabelecido nesta Lei para a competência do Juizado Especial Federal Cível (art. 3º, caput). § 2º Desatendida a requisição judicial, o Juiz determinará o sequestro do numerário suficiente ao cumprimento da decisão. § 3º São vedados o fracionamento, repartição ou quebra do valor da execução, de modo que o pagamento se faça, em parte, na forma estabelecida no § 1º deste artigo, e, em parte, mediante expedição do precatório, e a expedição de precatório complementar ou suplementar do valor pago. § 4º Se o valor da execução ultrapassar o estabelecido no § 1º, o pagamento far-se-á, sempre, por meio do precatório, sendo facultado à parte exequente a renúncia ao crédito do valor excedente, para que possa optar pelo pagamento do saldo sem o precatório, da forma lá prevista.	Art. 52. A execução da sentença processar-se-á no próprio Juizado, aplicando-se, no que couber, o disposto no Código de Processo Civil, com as seguintes alterações: I – as sentenças serão necessariamente líquidas, contendo a conversão em Bônus do Tesouro Nacional – BTN ou índice equivalente; II – os cálculos de conversão de índices, de honorários, de juros e de outras parcelas serão efetuados por servidor judicial; III – a intimação da sentença será feita, sempre que possível, na própria audiência em que for proferida. Nessa intimação, o vencido será instado a cumprir a sentença tão logo ocorra seu trânsito em julgado, e advertido dos efeitos do seu descumprimento (inciso V); IV – não cumprida voluntariamente a sentença transitada em julgado, e tendo havido solicitação do interessado, que poderá ser verbal, proceder-se-á desde logo à execução, dispensada nova citação.

LEI N. 12.153/2009	LEI N. 10.259/2001	LEI N. 9.099/1995
para pagamento independentemente do precatório, o pagamento far-se-á, sempre, por meio do precatório, sendo facultada à parte exequente a renúncia ao crédito do valor excedente, para que possa optar pelo pagamento do saldo sem o precatório. § 6º O saque do valor depositado poderá ser feito pela parte autora, pessoalmente, em qualquer agência do banco depositário, independentemente de alvará. § 7º O saque por meio de procurador somente poderá ser feito na agência destinatária do depósito, mediante procuração específica, com firma reconhecida, da qual constem o valor originalmente depositado e sua procedência.		
Art. 14. Os Juizados Especiais da Fazenda Pública serão instalados pelos Tribunais de Justiça dos Estados e do Distrito Federal. Parágrafo único. Poderão ser instalados Juizados Especiais Adjuntos, cabendo ao Tribunal designar a Vara onde funcionará.	Art. 18. Os Juizados Especiais serão instalados por decisão do Tribunal Regional Federal. O Juiz presidente do Juizado designará os conciliadores pelo período de 2 (dois) anos, admitida a recondução. O exercício dessas funções será gratuito, assegurados os direitos e prerrogativas do jurado (art. 437 do Código de Processo Penal). Parágrafo único. Serão instalados Juizados Especiais Adjuntos nas localidades cujo movimento forense não justifique a existência de Juizado Especial, cabendo ao Tribunal designar a Vara onde funcionará.	Art. 1º Os Juizados Especiais Cíveis e Criminais, órgãos da Justiça Ordinária, serão criados pela União, no Distrito Federal e nos Territórios, e pelos Estados, para conciliação, processo, julgamento e execução, nas causas de sua competência.
Art. 15. Serão designados, na forma da legislação dos Estados e do Distrito Federal, conciliadores e juízes leigos dos Juizados Especiais da Fazenda Pública, observadas as atribuições previstas nos arts. 22, 37 e 40 da Lei n. 9.099, de 26 de setembro de 1995. § 1º Os conciliadores e juízes leigos são auxiliares da Justiça, recrutados, os primeiros, preferentemente, entre os bacharéis em Direito, e os segundos, entre advogados com mais de 2 (dois) anos de experiência.	Art. 18. Os Juizados Especiais serão instalados por decisão do Tribunal Regional Federal. O Juiz presidente do Juizado designará os conciliadores pelo período de 2 (dois) anos, admitida a recondução. O exercício dessas funções será gratuito, assegurados os direitos e prerrogativas do jurado (art. 437 do Código de Processo Penal).	Art. 7º Os conciliadores e Juízes leigos são auxiliares da Justiça, recrutados, os primeiros, preferentemente, entre os bacharéis em Direito, e os segundos, entre advogados com mais de 5 (cinco) anos de experiência. Parágrafo único. Os Juízes leigos ficarão impedidos de exercer a advocacia perante os Juizados Especiais, enquanto no desempenho de suas funções.

LEI N. 12.153/2009	LEI N. 10.259/2001	LEI N. 9.099/1995
§ 2º Os juízes leigos ficarão impedidos de exercer a advocacia perante todos os Juizados Especiais da Fazenda Pública instalados em território nacional, enquanto no desempenho de suas funções.		
Art. 16. Cabe ao conciliador, sob a supervisão do juiz, conduzir a audiência de conciliação. § 1º Poderá o conciliador, para fins de encaminhamento da composição amigável, ouvir as partes e testemunhas sobre os contornos fáticos da controvérsia. § 2º Não obtida a conciliação, caberá ao juiz presidir a instrução do processo, podendo dispensar novos depoimentos, se entender suficientes para o julgamento da causa os esclarecimentos já constantes dos autos, e não houver impugnação das partes. Art. 26. O disposto no art. 16 aplica-se aos Juizados Especiais Federais instituídos pela Lei n. 10.259, de 12 de julho de 2001.	Sem correspondente	Art. 22. A conciliação será conduzida pelo Juiz togado ou leigo ou por conciliador sob sua orientação. § 1º Obtida a conciliação, esta será reduzida a escrito e homologada pelo Juiz togado mediante sentença com eficácia de título executivo. (Incluído pela Lei nº 13.994, de 2020). § 2º É cabível a conciliação não presencial conduzida pelo Juizado mediante o emprego dos recursos tecnológicos disponíveis de transmissão de sons e imagens em tempo real, devendo o resultado da tentativa de conciliação ser reduzido a escrito com os anexos pertinentes. (Incluído pela Lei nº 13.994, de 2020).
Art. 17. As Turmas Recursais do Sistema dos Juizados Especiais são compostas por juízes em exercício no primeiro grau de jurisdição, na forma da legislação dos Estados e do Distrito Federal, com mandato de 2 (dois) anos, e integradas, preferencialmente, por juízes do Sistema dos Juizados Especiais. § 1º A designação dos juízes das Turmas Recursais obedecerá aos critérios de antiguidade e merecimento. § 2º Não será permitida a recondução, salvo quando não houver outro juiz na sede da Turma Recursal.	Art. 21. As Turmas Recursais serão instituídas por decisão do Tribunal Regional Federal, que definirá sua composição e área de competência, podendo abranger mais de uma seção.	Art. 41. (...) § 1º O recurso será julgado por uma turma composta por três Juízes togados, em exercício no primeiro grau de jurisdição, reunidos na sede do Juizado.

LEI N. 12.153/2009	LEI N. 10.259/2001	LEI N. 9.099/1995
Art. 18. Caberá pedido de uniformização de interpretação de lei quando houver divergência entre decisões proferidas por Turmas Recursais sobre questões de direito material. § 1º O pedido fundado em divergência entre Turmas do mesmo Estado será julgado em reunião conjunta das Turmas em conflito, sob a presidência de desembargador indicado pelo Tribunal de Justiça. § 2º No caso do § 1º, a reunião de juízes domiciliados em cidades diversas poderá ser feita por meio eletrônico. § 3º Quando as Turmas de diferentes Estados derem a lei federal interpretações divergentes, ou quando a decisão proferida estiver em contrariedade com súmula do Superior Tribunal de Justiça, o pedido será por este julgado.	Art. 14. Caberá pedido de uniformização de interpretação de lei federal quando houver divergência entre decisões sobre questões de direito material proferidas por Turmas Recursais na interpretação da lei. § 1º O pedido fundado em divergência entre Turmas da mesma Região será julgado em reunião conjunta das Turmas em conflito, sob a presidência do Juiz Coordenador. § 2º O pedido fundado em divergência entre decisões de turmas de diferentes regiões ou da proferida em contrariedade a súmula ou jurisprudência dominante do STJ será julgado por Turma de Uniformização, integrada por juízes de Turmas Recursais, sob a presidência do Coordenador da Justiça Federal. § 3º A reunião de juízes domiciliados em cidades diversas será feita pela via eletrônica.	Sem correspondente
Art. 19. Quando a orientação acolhida pelas Turmas de Uniformização de que trata o § 1º do art. 18 contrariar súmula do Superior Tribunal de Justiça, a parte interessada poderá provocar a manifestação deste, que dirimirá a divergência. (...)	Art. 14 (...) § 4º Quando a orientação acolhida pela Turma de Uniformização, em questões de direito material, contrariar súmula ou jurisprudência dominante no Superior Tribunal de Justiça – STJ, a parte interessada poderá provocar a manifestação deste, que dirimirá a divergência.	Sem correspondente
Art. 19 (...) § 1º Eventuais pedidos de uniformização fundados em questões idênticas e recebidos subsequentemente em quaisquer das Turmas Recursais ficarão retidos nos autos, aguardando pronunciamento do Superior Tribunal de Justiça. § 2º Nos casos do *caput* deste artigo e do § 3º do art. 18, presente a plausibilidade do direito invocado e havendo fundado receio de dano de difícil reparação, poderá o relator conceder, de ofício ou a requerimento do interessado, medida liminar determinando a suspensão dos processos nos quais a controvérsia esteja estabelecida.	Art. 14 (...) § 5º No caso do § 4º, presente a plausibilidade do direito invocado e havendo fundado receio de dano de difícil reparação, poderá o relator conceder, de ofício ou a requerimento do interessado, medida liminar determinando a suspensão dos processos nos quais a controvérsia esteja estabelecida. § 6º Eventuais pedidos de uniformização idênticos, recebidos subsequentemente em quaisquer Turmas Recursais, ficarão retidos nos autos, aguardando-se pronunciamento do Superior Tribunal de Justiça.	Sem correspondente

LEI N. 12.153/2009	LEI N. 10.259/2001	LEI N. 9.099/1995
§ 3º Se necessário, o relator pedirá informações ao Presidente da Turma Recursal ou Presidente da Turma de Uniformização e, nos casos previstos em lei, ouvirá o Ministério Público, no prazo de 5 (cinco) dias. § 4º (VETADO) § 5º Decorridos os prazos referidos nos §§ 3º e 4º, o relator incluirá o pedido em pauta na sessão, com preferência sobre todos os demais feitos, ressalvados os processos com réus presos, os *habeas corpus* e os mandados de segurança. § 6º Publicado o acórdão respectivo, os pedidos retidos referidos no § 1º serão apreciados pelas Turmas Recursais, que poderão exercer juízo de retratação ou os declararão prejudicados, se veicularem tese não acolhida pelo Superior Tribunal de Justiça.	§ 7º Se necessário, o relator pedirá informações ao Presidente da Turma Recursal ou Coordenador da Turma de Uniformização e ouvirá o Ministério Público, no prazo de 5 (cinco) dias. Eventuais interessados, ainda que não sejam partes no processo, poderão se manifestar, no prazo de 30 (trinta) dias. § 8º Decorridos os prazos referidos no § 7º, o relator incluirá o pedido em pauta na Seção, com preferência sobre todos os demais feitos, ressalvados os processos com réus presos, os *habeas corpus* e os mandados de segurança. § 9º Publicado o acórdão respectivo, os pedidos retidos referidos no § 6º serão apreciados pelas Turmas Recursais, que poderão exercer juízo de retratação ou declará-los prejudicados, se veicularem tese não acolhida pelo Superior Tribunal de Justiça.	
Art. 20. Os Tribunais de Justiça, o Superior Tribunal de Justiça e o Supremo Tribunal Federal, no âmbito de suas competências, expedirão normas regulamentando os procedimentos a serem adotados para o processamento e o julgamento do pedido de uniformização e do recurso extraordinário.	Art. 14 (...) § 10. Os Tribunais Regionais, o Superior Tribunal de Justiça e o Supremo Tribunal Federal, no âmbito de suas competências, expedirão normas regulamentando a composição dos órgãos e os procedimentos a serem adotados para o processamento e o julgamento do pedido de uniformização e do recurso extraordinário.	Sem correspondente
Art. 21. O recurso extraordinário, para os efeitos desta Lei, será processado e julgado segundo o estabelecido no art. 19, além da observância das normas do Regimento.	Art. 15. O recurso extraordinário, para os efeitos desta Lei, será processado e julgado segundo o estabelecido nos §§ 4º a 9º do art. 14, além da observância das normas do Regimento.	Sem correspondente
Art. 22. Os Juizados Especiais da Fazenda Pública serão instalados no prazo de até 2 (dois) anos da vigência desta Lei, podendo haver o aproveitamento total ou parcial das estruturas das atuais Varas da Fazenda Pública.	Art. 19. No prazo de seis meses, a contar da publicação desta Lei, deverão ser instalados os Juizados Especiais nas capitais dos Estados e no Distrito Federal. Parágrafo único. Na capital dos Estados, no Distrito Federal e em outras cidades onde for necessário, neste último caso, por decisão do Tribunal Regional Federal, serão instalados Juizados com competência exclusiva para ações previdenciárias.	Art. 95. Os Estados, Distrito Federal e Territórios criarão e instalarão os Juizados Especiais no prazo de 6 (seis) meses, a contar da vigência desta Lei. Parágrafo único. No prazo de 6 (seis) meses, contado da publicação desta Lei, serão criados e instalados os Juizados Especiais Itinerantes, que deverão dirimir, prioritariamente, os conflitos existentes nas áreas rurais ou nos locais de menor concentração populacional. (Redação dada pela Lei n. 12.726, de 2012)

LEI N. 12.153/2009	LEI N. 10.259/2001	LEI N. 9.099/1995
Art. 23. Os Tribunais de Justiça poderão limitar, por até 5 (cinco) anos, a partir da entrada em vigor desta Lei, a competência dos Juizados Especiais da Fazenda Pública, atendendo à necessidade da organização dos serviços judiciários e administrativos.	Art. 23. O Conselho da Justiça Federal poderá limitar, por até 3 (três) anos, contados a partir da publicação desta Lei, a competência dos Juizados Especiais Cíveis, atendendo à necessidade da organização dos serviços judiciários ou administrativos.	Sem correspondente
Art. 24. Não serão remetidas aos Juizados Especiais da Fazenda Pública as demandas ajuizadas até a data de sua instalação, assim como as ajuizadas fora do Juizado Especial por força do disposto no art. 23.	Art. 25. Não serão remetidas aos Juizados Especiais as demandas ajuizadas até a data de sua instalação.	Sem correspondente
Art. 25. Competirá aos Tribunais de Justiça prestar o suporte administrativo necessário ao funcionamento dos Juizados Especiais.	Art. 26. Competirá aos Tribunais Regionais Federais prestar o suporte administrativo necessário ao funcionamento dos Juizados Especiais.	Sem correspondente
Art. 27. Aplica-se subsidiariamente o disposto nas Leis n. 5.869, de 11 de janeiro de 1973 – Código de Processo Civil, 9.099, de 26 de setembro de 1995, e 10.259, de 12 de julho de 2001.	Art. 1º São instituídos os Juizados Especiais Cíveis e Criminais da Justiça Federal, aos quais se aplica, no que não conflitar com esta Lei, o disposto na Lei n. 9.099, de 26 de setembro de 1995.	Sem correspondente
Art. 28. Esta Lei entra em vigor após decorridos 6 (seis) meses de sua publicação oficial.	Art. 27. Esta Lei entra em vigor 6 (seis) meses após a data de sua publicação.	Art. 96. Esta Lei entra em vigor no prazo de 60 (sessenta) dias após a sua publicação.

6. RESOLUÇÃO STJ/GP N. 3, DE 7 DE ABRIL DE 2016

Dispõe sobre a competência para processar e julgar as Reclamações destinadas a dirimir divergência entre acórdão prolatado por turma recursal estadual ou do Distrito Federal e a jurisprudência do Superior Tribunal de Justiça.

O Presidente do Superior Tribunal de Justiça, usando da atribuição conferida pelo art. 21, inciso XX, do Regimento Interno, considerando o Acórdão do Supremo Tribunal Federal nos EDcl. no RE 571.572/BA, o art. 2º da Lei n. 9.099, de 26 de setembro de 1995, o art. 927, incisos III e IV, e os arts. 988 a 993 do Código de Processo Civil, o fluxo volumoso de Reclamações no STJ envolvendo Juizados Especiais e a decisão da Corte Especial na Questão de Ordem proferida nos autos do AgRg na Rcl. n. 18.506/SP, resolve:

Art. 1º Caberá às Câmaras Reunidas ou à Seção Especializada dos Tribunais de Justiça a competência para processar e julgar as Reclamações destinadas a dirimir divergência entre acórdão prolatado por Turma Recursal Estadual e do Distrito Federal e a jurisprudência do Superior Tribunal de Justiça, consolidada em incidente de assunção de competência e de resolução de demandas repetitivas, em julgamento de recurso especial repetitivo e em enunciados das Súmulas do STJ, bem como para garantir a observância de precedentes.

Art. 2º Aplica-se, no que couber, o disposto nos arts. 988 a 993 do Código de Processo Civil, bem como as regras regimentais locais, quanto ao procedimento da Reclamação.

Art. 3º O disposto nesta resolução não se aplica às reclamações já distribuídas, pendentes de análise no Superior Tribunal de Justiça.

Art. 4º Esta resolução entra em vigor na data de sua publicação.

Ministro FRANCISCO FALCÃO

Enunciados

Enunciados atualizados até o XL Fonaje Enunciados Cíveis, Enunciados Criminais e Enunciados da Fazenda Pública.

1. ENUNCIADOS CÍVEIS

Enunciado 1 – O exercício do direito de ação no Juizado Especial Cível é facultativo para o autor.

Enunciado 2 – SUBSTITUÍDO pelo Enunciado 58.

Enunciado 3 – Lei local não poderá ampliar a competência do Juizado Especial.

Enunciado 4 – Nos Juizados Especiais só se admite a ação de despejo prevista no art. 47, inciso III, da Lei 8.245/1991.

Enunciado 5 – A correspondência ou contra-fé recebida no endereço da parte é eficaz para efeito de citação, desde que identificado o seu recebedor.

Enunciado 6 – Não é necessária a presença do juiz togado ou leigo na Sessão de Conciliação, nem a do juiz togado na audiência de instrução conduzida por juiz leigo.

Enunciado 7 – A sentença que homologa o laudo arbitral é irrecorrível.

Enunciado 8 – As ações cíveis sujeitas aos procedimentos especiais não são admissíveis nos Juizados Especiais.

Enunciado 9 – O condomínio residencial poderá propor ação no Juizado Especial, nas hipóteses do art. 275, inciso II, item b, do Código de Processo Civil.

Enunciado 10 – A contestação poderá ser apresentada até a audiência de Instrução e Julgamento.

Enunciado 11 – Nas causas de valor superior a vinte salários mínimos, a ausência de contestação, escrita ou oral, ainda que presente o réu, implica revelia.

Enunciado 12 – A perícia informal é admissível na hipótese do art. 35 da Lei 9.099/1995.

Enunciado 13 – Nos Juizados Especiais Cíveis, os prazos processuais contam-se da data da intimação ou da ciência do ato respectivo, e não da juntada do comprovante da intimação (nova redação – XXXIX Encontro – Maceió-AL).

Enunciado 14 – Os bens que guarnecem a residência do devedor, desde que não essenciais a habitabilidade, são penhoráveis.

Enunciado 15 – Nos Juizados Especiais não é cabível o recurso de agravo, exceto nas hipóteses dos artigos 544 e 557 do CPC. (MODIFICADO no XXI Encontro – Vitória/ ES)

Enunciado 16 – (CANCELADO).

Enunciado 17 – É vedada a acumulação das condições de preposto e advogado, na mesma pessoa (arts. 35, I e 36, II, da Lei 8.906/1994, c/c art. 23 do Código de Ética e disciplina da OAB) (SUBSTITUÍDO no XIX Encontro – Aracaju/SE pelo Enunciado 98).

Enunciado 18 – (CANCELADO)

Enunciado 19 – A audiência de conciliação, na execução de título executivo extrajudicial, é obrigatória e o executado, querendo embargar, deverá fazê-lo nesse momento (art. 53, parágrafos 1º e 2º). Revogar, já que do próprio mandado pode constar a oportunidade para o parcelamento. (CANCELADO no XXI Encontro – Vitória/ES).

Enunciado 20 – O comparecimento pessoal da parte às audiências é obrigatório. A pessoa jurídica poderá ser representada por preposto.

Enunciado 21 – Não são devidas custas quando opostos embargos do devedor, salvo quando julgados improcedentes os embargos. (CANCELADO no XXI Encontro – Vitória/ ES)

Enunciado 22 – A multa cominatória é cabível desde o descumprimento da tutela antecipada, nos casos dos incisos V e VI, do art. 52, da Lei 9.099/1995.

Enunciado 23 – A multa cominatória não é cabível nos casos do art.53 da Lei 9.099/95. (CANCELADO no XXI Encontro -Vitória/ ES)

Enunciado 24 – A multa cominatória, em caso de obrigação de fazer ou não fazer, deve ser estabelecida em valor fixo diário. (CANCELADO no XXI Encontro -Vitória/ ES)

Enunciado 25 – Substituído pelo Enunciado 144 (XXVIII FONAJE – Salvador/BA).

Enunciado 26 – São cabíveis a tutela acautelatória e a antecipatória nos Juizados Especiais Cíveis, em caráter excepcional.

Enunciado 27 – Na hipótese de pedido de valor até 20 salários mínimos, é admitido pedido contraposto no valor superior ao da inicial, até o limite de 40 salários mínimos, sendo obrigatória à assistência de advogados às partes.

Enunciado 28 – Havendo extinção do processo com base no inciso I, do art. 51, da Lei 9.099/1995, é necessária a condenação em custas.

Enunciado 29 – (CANCELADO)

Enunciado 30 – É taxativo o elenco das causas previstas na o art. 3º da Lei 9.099/1995.

Enunciado 31 – É admissível pedido contraposto no caso de ser a parte ré pessoa jurídica.

Enunciado 32 – Substituído pelo Enunciado 139 (XXVIII FONAJE – Salvador/BA).

Enunciado 33 – É dispensável a expedição de carta precatória nos Juizados Especiais Cíveis, cumprindo-se os atos nas demais comarcas, mediante via postal, por ofício do Juiz, fax, telefone ou qualquer outro meio idôneo de comunicação.

Enunciado 34 – (CANCELADO)

Enunciado 35 – Finda a instrução, não são obrigatórios os debates orais.

Enunciado 36 – A assistência obrigatória prevista no art. 9º da Lei 9.099/1995 tem lugar a partir da fase instrutória, não se aplicando para a formulação do pedido e a sessão de conciliação.

Enunciado 37 – Em exegese ao art. 53, § 4º, da Lei 9.099/1995, não se aplica ao processo de execução o disposto no art. 18, § 2º, da referida lei, sendo autorizados o arresto e a citação editalícia quando não encontrado o devedor, observados, no que couber, os arts. 653 e 654 do Código de Processo Civil. (NOVA REDAÇÃO aprovada no XXI Encontro – Vitória/ES).

Enunciado 38 – A análise do art. 52, IV, da Lei 9.099/1995, determina que, desde logo, expeça-se o mandado de penhora, depósito, avaliação e intimação, inclusive da eventual audiência de conciliação designada, considerando-se o executado intimado com a simples entrega de cópia do referido mandado em seu endereço, devendo, nesse caso, ser certificado circunstanciadamente.

Enunciado 39 – Em observância ao art. 2º da Lei 9.099/1995, o valor da causa corresponderá à pretensão econômica objeto do pedido.

Enunciado 40 – O conciliador ou juiz leigo não está incompatibilizado nem impedido de exercer a advocacia, exceto perante o próprio Juizado Especial em que atue ou se pertencer aos quadros do Poder Judiciário.

Enunciado 41- A correspondência ou contra-fé recebida no endereço do advogado é eficaz para efeito de intimação, desde que identificado o seu recebedor. (NOVA REDAÇÃO aprovada no XXI Encontro – Vitória/ES).

Enunciado 42 – O preposto que comparece sem Carta de Preposição obriga-se a apresentá-la, no prazo que for assinado, para a validade de eventual acordo. Não formalizado o acordo, incidem, de plano, os efeitos de revelia. (Substituído no XIX Encontro – Aracaju/SE pelo Enunciado 99).

Enunciado 43 – Na execução do título judicial definitivo, ainda que não localizado o executado, admite-se a penhora de seus bens, dispensado o arresto. A intimação de penhora observará ao disposto no artigo 19, § 2º, da Lei 9.099/1995.

Enunciado 44 – No âmbito dos Juizados Especiais, não são devidas despesas para efeito do cumprimento de diligências, inclusive, quando da expedição de cartas precatórias.

Enunciado 45 – SUBSTITUÍDO pelo Enunciado 75.

Enunciado 46 – A fundamentação da sentença ou do acórdão poderá ser feita oralmente, com gravação por qualquer meio, eletrônico ou digital, consignando-se apenas o dispositivo na ata. (REDAÇÃO ALTERADA no XIV Encontro – São Luis/MA)

Enunciado 47 – Substituído pelo Enunciado 135 (XXVII FONAJE – Palmas/TO).

Enunciado 48 – O disposto no parágrafo 1º do art. 9º da lei 9.099/1995 é aplicável às microempresas e às empresas de pequeno porte. (Nova Redação aprovada no XXI Encontro – Vitória/ES).

Enunciado 49 – As empresas de pequeno porte não poderão ser autoras nos Juizados Especiais. (Cancelado no XXI Encontro – Vitória/ES).

Enunciado 50 – Para efeito de alçada, em sede de Juizados Especiais, tomar-se á como base o salário mínimo nacional.

Enunciado 51 – Os processos de conhecimento contra empresas sob liquidação extrajudicial, concordata ou recuperação judicial devem prosseguir até a sentença de mérito, para constituição do título executivo judicial, possibilitando a parte habilitar o seu crédito, no momento oportuno, pela via própria. (NOVA REDAÇÃO no XXI Encontro – Vitória/ES).

Enunciado 52 – Os embargos à execução poderão ser decididos pelo juiz leigo, observado o art. 40 da Lei nº 9.099/1995.

Enunciado 53 – Deverá constar da citação a advertência, em termos claros, da possibilidade de inversão do ônus da prova.

Enunciado 54 – A menor complexidade da causa para a fixação da competência é aferida pelo objeto da prova e não em face do direito material.

Enunciado 55 – SUBSTITUÍDO pelo Enunciado 76.

Enunciado 56 – (CANCELADO).

Enunciado 57 – (CANCELADO).

Enunciado 58 – SUBSTITUI o Enunciado 2 – As causas cíveis enumeradas no art. 275 II, do CPC admitem condenação superior a 40 salários mínimos e sua respectiva execução, no próprio Juizado.

Enunciado 59 – Admite-se o pagamento do débito por meio de desconto em folha de pagamento, após anuência expressa do devedor e em percentual que reconheça não afetar sua subsistência e a de sua família, atendendo sua comodidade e conveniência pessoal.

Enunciado 60 – É cabível a aplicação da desconsideração da personalidade jurídica, inclusive na fase de execução. (REDAÇÃO ALTERADA no XIII Encontro – Campo Grande/MS).

Enunciado 61 – (CANCELADO em razão da redação do Enunciado 76 – XIII Encontro/MS)

Enunciado 62 – Cabe exclusivamente às Turmas Recursais conhecer e julgar o mandado de segurança e o habeas corpus impetrados em face de atos judiciais oriundos dos Juizados Especiais.

Enunciado 63 – Contra decisões das Turmas Recursais são cabíveis somente os embargos declaratórios e o Recurso Extraordinário.

Enunciado 64 – (CANCELADO no XVI Encontro – Rio de Janeiro/RJ)

Enunciado 65 – (CANCELADO no XVI Encontro – Rio de Janeiro/RJ)

Enunciado 66 – É possível a adjudicação do bem penhorado em execução de título extrajudicial, antes do leilão, desde que, comunicado do pedido, o executado não se oponha, no prazo de 10 dias. (CANCELADO no XXI Encontro – Vitória/ES em razão do artigo 685-A do CPC e pela revogação dos arts. 714 e 715 do CPC.)

Enunciado 67 – (NOVA REDAÇÃO – Enunciado 91 aprovado no XVI Encontro – Rio de Janeiro/RJ) – REDAÇÃO ORIGINAL: O conflito de competência entre juízes de Juizados Especiais vinculados à mesma Turma Recursal será decidido por esta.

Enunciado 68 – Somente se admite conexão em Juizado Especial Cível quando as ações puderem submeter-se à sistemática da Lei 9099/1995.

Enunciado 69 – As ações envolvendo danos morais não constituem, por si só, matéria complexa.

Enunciado 70 – As ações nas quais se discute a ilegalidade de juros não são complexas para o fim de fixação da competência dos Juizados Especiais, exceto quando exigirem perícia contábil (nova redação – XXX Encontro – São Paulo/SP).

Enunciado 71 – É cabível a designação de audiência de conciliação em execução de título judicial.

Enunciado 72 – Substituído pelo Enunciado 148 (XXIX Encontro – Bonito/MS).

Enunciado 73 – As causas de competência dos Juizados Especiais em que forem comuns o objeto ou a causa de pedir poderão ser reunidas para efeito de instrução, se necessária, e julgamento.

Enunciado 74 – A prerrogativa de foro na esfera penal não afasta a competência dos juizados Especiais Cíveis.

Enunciado 75 – SUBSTITUI o Enunciado 45 – A hipótese do § 4º, do 53, da lei 9.099/1995, também se aplica às execuções de título judicial, entregando-se ao exeqüente, no caso, certidão do seu crédito, como título para futura execução, sem prejuízo da manutenção do nome do executado no Cartório Distribuidor. (NOVA REDAÇÃO aprovada no XXI Encontro – Vitória/ES)

Enunciado 76 – Substitui o Enunciado 55 – No processo de execução, esgotados os meios de defesa e inexistindo bens para a garantia do débito, expede-se a pedido do exeqüente certidão de dívida para fins de inscrição no serviço de Proteção ao Crédito – SPC e SERASA, sob pena de responsabilidade.

Enunciado 77 – O advogado cujo nome constar do termo de audiência estará habilitado para todos os atos do processo, inclusive para o recurso (Aprovado no XI Encontro, em Brasília-DF).

Enunciado 78 – O oferecimento de resposta, oral ou escrita, não dispensa o comparecimento pessoal da parte, ensejando, pois, os efeitos da revelia (Aprovado no XI Encontro, em Brasília-DF).

Enunciado 79 – Designar-se-á hasta pública única, se o bem penhorado não atingir valor superior a sessenta salários mínimos (Aprovado no XI Encontro, em Brasília-DF – ALTERAÇÃO APROVADA no XXI Encontro- Vitória/ES)

Enunciado 80 – O recurso Inominado será julgado deserto quando não houver o recolhimento integral do preparo e sua respectiva comprovação pela parte, no prazo de 48 horas, não admitida a complementação intempestiva (art. 42, § 1º, da Lei 9.099/1995). (Aprovado no XI Encontro, em Brasília-DF – ALTERAÇÃO APROVADA no XII Encontro – Maceió-AL).

Enunciado 81 – A arrematação e a adjudicação podem ser impugnadas, no prazo de cinco dias do ato, por simples pedido. (Aprovado no XII Encontro, Maceió-AL- ALTERAÇÃO APROVADA no XXIEncontro- Vitória/ES)

Enunciado 82 – Nas ações derivadas de acidentes de trânsito a demanda poderá ser ajuizada contra a seguradora, isolada ou conjuntamente com os demais coobrigados. (Aprovado no XIII Encontro, Campo Grande/MS).

Enunciado 83 – A pedido do credor, a penhora de valores depositados em bancos poderá ser feita independentemente de a agência situar-se no juízo da execução. (Aprovado no XIV Encontro – São Luis/MA) (REVOGADO no XIX Encontro – Aracaju/SE)

Enunciado 84 – Compete ao Presidente da Turma Recursal o juízo de admissibilidade do Recurso Extraordinário, salvo disposição em contrário (nova redação – XXII Encontro – Manaus/AM).

Enunciado 85 – O Prazo para recorrer da decisão de Turma Recursal fluirá da data do julgamento. (Aprovado no XIV Encontro – São Luis/MA).

Enunciado 86 – Os prazos processuais nos procedimentos sujeitos ao rito especial dos Juizados Especiais não se suspendem e nem se interrompem. (Aprovado no XV Encontro – Florianópolis/SC. Nova redação aprovada no XXI Encontro – Vitória/ES).

Enunciado 87 – A Lei 10.259/2001 não altera o limite da alçada previsto no artigo 3º, inciso I, da Lei 9099/1995 (Aprovado no XV Encontro – Florianópolis/SC).

Enunciado 88 – Não cabe recurso adesivo em sede de Juizado Especial, por falta de expressa previsão legal (Aprovado no XV Encontro – Florianópolis/SC).

Enunciado 89 – A incompetência territorial pode ser reconhecida de ofício no sistema de juizados especiais cíveis (Aprovado no XVI Encontro – Rio de Janeiro/RJ).

Enunciado 90 – A desistência da ação, mesmo sem a anuência do réu já citado, implicará a extinção do processo sem resolução do mérito, ainda que tal ato se dê em audiência de instrução e julgamento, salvo quando houver indícios de litigância de má-fé ou lide temerária (nova redação – XXXVIII Encontro – Belo Horizonte-MG).

Enunciado 91 – (SUBSTITUI o Enunciado 67) O conflito de competência entre juízes de Juizados Especiais vinculados à mesma Turma Recursal será decidido por esta. Inexistindo igual vinculação, será decidido pela Turma Recursal para a qual for distribuído (Aprovado no XVI Encontro – Rio de Janeiro/RJ).

Enunciado 92 – Nos termos do art. 46 da Lei nº 9099/1995, é dispensável o relatório nos julgamentos proferidos pelas Turmas Recursais (Aprovado no XVI Encontro – Rio de Janeiro/RJ).

Enunciado 93 – Substituído pelo Enunciado 140 (XXVIII FONAJE – Salvador/BA).

Enunciado 94 – É cabível, em Juizados Especiais Cíveis, a propositura de ação de revisão de contrato, inclusive quando o autor pretenda o parcelamento de dívida, observado o valor de alçada, exceto quando exigir perícia contábil (nova redação – XXX FONAJE – São Paulo/SP).

Enunciado 95 – Finda a audiência de instrução, conduzida por Juiz Leigo, deverá ser apresentada a proposta de sentença ao Juiz Togado em até dez dias, intimadas as partes no próprio termo da audiência para a data da leitura da sentença. (Aprovado no XVIII Encontro – Goiânia/GO).

Enunciado 96 – A condenação do recorrente vencido, em honorários advocatícios, independe da apresentação de contra-razões. (Aprovado no XVIII Encontro – Goiânia/GO).

Enunciado 97 – A multa prevista no art. 523, § 1º, do CPC/2015 aplica-se aos Juizados Especiais Cíveis, ainda que o valor desta, somado ao da execução, ultrapasse o limite de alçada; a segunda parte do referido dispositivo não é aplicável, sendo, portanto, indevidos honorários advocatícios de dez por cento (nova redação – XXXVIII Encontro – Belo Horizonte-MG)

Enunciado 98 – Substitui o Enunciado 17 – É VEDADA A ACUMULAÇÃO SIMULTÂNEA das condições de preposto e advogado na mesma pessoa (art. 35, I e 36, II da Lei 8906/1994 combinado com o art. 23 do Código de Ética e Disciplina da OAB) (aprovado no XIX Encontro – Aracaju/SE).

Enunciado 99 – SUBSTITUI o Enunciado 42 – O preposto que comparece sem carta de preposição, obriga-se a apresentá-la no prazo que for assinado, para validade de eventual acordo, sob as penas dos artigos 20 e 51, I, da Lei nº 9099/1995, conforme o caso (aprovado no XIX Encontro – Aracaju/SE).

Enunciado 100 – A penhora de valores depositados em banco poderá ser feita independentemente de a agência situar-se no Juízo da execução (aprovado no XIX Encontro – Aracaju/SE).

Enunciado 101 – O art. 332 do CPC/2015 aplica-se ao Sistema dos Juizados Especiais; e o disposto no respectivo inc. IV também abrange os enunciados e súmulas de seus órgãos colegiados (nova redação – XXXVIII Encontro – Belo Horizonte-MG).

Enunciado 102 – O relator, nas Turmas Recursais Cíveis, em decisão monocrática, poderá negar seguimento a recurso manifestamente inadmissível, improcedente, prejudicado ou em desacordo com Súmula ou jurisprudência dominante das Turmas Recursais ou da Turma de Uniformização ou ainda de Tribunal Superior, cabendo recurso interno para a Turma Recursal, no prazo de cinco dias (Alterado no XXXVI Encontro – Belém/PA).

Enunciado 103 – O relator, nas Turmas Recursais Cíveis, em decisão monocrática, poderá dar provimento a recurso se a decisão estiver em manifesto confronto com Súmula do Tribunal Superior ou Jurisprudência dominante do próprio juizado, cabendo recurso interno para a Turma Recursal, no prazo de 5 dias (alterado no XXXVI Encontro – Belém/PA).

Enunciado 104 – Substituído pelo Enunciado 142 (XXVIII Encontro – Salvador/BA).

Enunciado 105 – Cancelado (XXXIII Encontro – Cuiabá/MT).

Enunciado 106 – Havendo dificuldade de pagamento direto ao credor, ou resistência deste, o devedor, a fim de evitar a multa de 10%, deverá efetuar depósito perante o juízo singular de origem, ainda que os autos estejam na instância recursal (aprovado no XIX Encontro – Aracaju/SE)

Enunciado 107 – Nos acidentes ocorridos antes da MP 340/06, convertida na Lei nº 11.482/07, o valor devido do seguro obrigatório é de 40 (quarenta) salários mínimos, não sendo possível modificá-lo por Resolução do CNSP e/ou Susep (nova redação – XXVI Encontro – Fortaleza/CE).

Enunciado 108 – A mera recusa ao pagamento de indenização decorrente de seguro obrigatório não configura dano moral (aprovado no XIX Encontro – Aracaju/SE)

Enunciado 109 – Cancelado (XXIX Encontro – Bonito/MS).

Enunciado 110 – Substituído pelo Enunciado 141 (XXVIII Encontro – Salvador/BA).

Enunciado 111- O condomínio, se admitido como autor, deve ser representado em audiência pelo síndico, ressalvado o disposto no § 2º do art. 1.348 do Código Civil. (Aprovado no XIX Encontro – São Paulo/SP- NOVA REDAÇÃO APROVADA no XXI Encontro – Vitória/ES)

Enunciado 112 – A intimação da penhora e avaliação realizada na pessoa do executado dispensa a intimação do advogado. Sempre que possível o oficial de Justiça deve proceder a intimação do executado no mesmo momento da constrição judicial (art.º 475, § 1º CPC). (Aprovado no XX Encontro – São Paulo/SP)

Enunciado 113 – As turmas recursais reunidas poderão, mediante decisão de dois terços dos seus membros, salvo disposição regimental em contrário, aprovar súmulas. (Aprovado no XIX Encontro – São Paulo/SP)

Enunciado 114 – A gratuidade da justiça não abrange o valor devido em condenação por litigância de má-fé. (Aprovado no XX Encontro – São Paulo/SP)

Enunciado 115 – Indeferida a concessão do benefício da gratuidade da justiça requerido em sede de recurso, conceder-se-á o prazo de 48 horas para o preparo. (Aprovado no XX Encontro – São Paulo/SP)

Enunciado 116 – O Juiz poderá, de ofício, exigir que a parte comprove a insuficiência de recursos para obter a concessão do benefício da gratuidade da justiça (art. 5º, LXXIV, da CF), uma vez que a afirmação da pobreza goza apenas de presunção relativa de veracidade. (Aprovado no XX Encontro – São Paulo/SP)

Enunciado 117 – É obrigatória a segurança do Juízo pela penhora para apresentação de embargos à execução de título judicial ou extrajudicial perante o Juizado Especial. (Aprovado no XXI Encontro – Vitória/ES)

Enunciado 118 – Quando manifestamente inadmissível ou infundado o recurso interposto, a turma recursal ou o relator em decisão monocrática condenará o recorrente a pagar multa de 1% e indenizar o recorrido no percentual de até 20% do valor da causa, ficando a interposição de qualquer outro recurso condicionada ao depósito do respectivo valor. (Aprovado no XXI Encontro – Vitória/ES)

Enunciado 119 – Substituído pelo Enunciado 147 (XXIX Encontro – Bonito/MS).

Enunciado 120 – A multa derivada de descumprimento de antecipação de tutela é passível de execução mesmo antes do trânsito em julgado da sentença. (Aprovado no XXI Encontro – Vitória/ES)

Enunciado 121 – Os fundamentos admitidos para embargar a execução da sentença estão disciplinados no art. 52, inciso IX, da Lei 9.099/95 e não no artigo 475-L do CPC, introduzido pela Lei 11.232/05. (Aprovado no XXI Encontro – Vitória/ES)

Enunciado 122 – É cabível a condenação em custas e honorários advocatícios na hipótese de não conhecimento do recurso inominado. (Aprovado no XXI Encontro – Vitória/ES)

Enunciado 123 – O art. 191 do CPC não se aplica aos processos cíveis que tramitam perante o Juizado Especial. (Aprovado no XXI Encontro – Vitória/ES)

Enunciado 124 – Das decisões proferidas pelas Turmas Recursais em mandado de segurança não cabe recurso ordinário. (Aprovado no XXI Encontro – Vitória/ES)

Enunciado 125 – Nos juizados especiais, não são cabíveis embargos declaratórios contra acórdão ou súmula na hipótese do art. 46 da Lei nº 9.099/1995, com finalidade exclusiva de prequestionamento, para fins de interposição de recurso extraordinário.

Enunciado 126 – Em execução eletrônica de título extrajudicial, o título de crédito será digitalizado e o original apresentado até a sessão de conciliação ou prazo assinado, a fim de ser carimbado ou retido pela secretaria (XXIV Encontro – Florianópolis/SC).

Enunciado 127 – O cadastro de que trata o art. 1.º, § 2.º, III, b, da Lei nº. 11.419/2006 deverá ser presencial e não poderá se dar mediante procuração, ainda que por instrumento público e com poderes especiais (XXIV Encontro – Florianópolis/SC).

Enunciado 128 – Além dos casos de segredo de justiça e sigilo judicial, os documentos digitalizados em processo eletrônico somente serão disponibilizados aos sujeitos processuais, vedado o acesso a consulta pública fira da secretaria do juizado (XXIV Encontro – Florianópolis/SC).

Enunciado 129 – Nos juizados especiais que atuem com processo eletrônico, ultimado o processo de conhecimento em meio físico, a execução dar-se-á de forma eletrônica, digitalizando as peças necessárias (XXIV Encontro – Florianópolis/SC).

Enunciado 130 – Os documentos digitais que impliquem efeitos no meio não digital, uma vez materializados, terão a autenticidade certificada pelo Diretor de Secretaria ou Escrivão (XXIV Encontro – Florianópolis/SC).

Enunciado 131 – As empresas públicas e sociedades de economia mista dos Estados, do Distrito Federal e dos Municípios podem ser demandadas nos Juizados Especiais (XXV Encontro – São Luís/MA).

Enunciado 132 – Substituído pelo Enunciado 144 (XXVIII Encontro – Salvador/BA).

Enunciado 133 – O valor de alçada de 60 salários mínimos previsto no artigo 2º da Lei 12.153/09, não se aplica aos Juizados Especiais Cíveis, cujo limite permanece em 40 salários mínimos (XXVII Encontro – Palmas/TO).

Enunciado 134 – As inovações introduzidas pelo artigo 5º da Lei 12.153/09 não são aplicáveis aos Juizados Especiais Cíveis (Lei 9.099/95) (XXVII Encontro – Palmas/TO).

Enunciado 135 (substitui o Enunciado 47) – O acesso da microempresa ou empresa de pequeno porte no sistema dos juizados especiais depende da comprovação de sua qualificação tributária atualizada e documento fiscal referente ao negócio jurídico objeto da demanda. (XXVII Encontro – Palmas/TO).

Enunciado 136 – O reconhecimento da litigância de má-fé poderá implicar em condenação ao pagamento de custas, honorários de advogado, multa e indenização nos termos dos artigos 55, caput, da Lei 9.099/95 e 18 do Código de Processo Civil (XXVII Encontro – Palmas/TO).

Enunciado 137 – Enunciado renumerado como nº 8 da Fazenda Pública (XXXII Encontro – Armação de Búzios/RJ).

Enunciado 138 – Enunciado renumerado como nº 9 da Fazenda Pública (XXXII Encontro – Armação de Búzios/RJ).

Enunciado 139 (substitui o Enunciado 32) – A exclusão da competência do Sistema dos Juizados Especiais quanto às demandas sobre direitos ou interesses difusos ou coletivos, dentre eles os individuais homogêneos, aplica-se tanto para as demandas individuais de natureza multitudinária quanto para as ações coletivas. Se, no exercício de suas funções, os juízes e tribunais tiverem conhecimento de fatos que possam ensejar a propositura da ação civil coletiva, remeterão peças ao Ministério Público e/ou à Defensoria Pública para as providências cabíveis (Alterado no XXXVI Encontro – Belém/PA).

Enunciado 140 (Substitui o Enunciado 93) – O bloqueio on-line de numerário será considerado para todos os efeitos como penhora, dispensando-se a lavratura do termo e intimando-se o devedor da constrição (XXVIII Encontro – Salvador/BA).

Enunciado 141 (Substitui o Enunciado 110) – A microempresa e a empresa de pequeno porte, quando autoras, devem ser representadas, inclusive em audiência, pelo empresário individual ou pelo sócio dirigente (XXVIII Encontro – Salvador/BA).

Enunciado 142 (Substitui o Enunciado 104) – Na execução por título judicial o prazo para oferecimento de embargos será de quinze dias e fluirá da intimação da penhora (XXVIII Encontro – Salvador/BA).

Enunciado 143 – A decisão que põe fim aos embargos à execução de título judicial ou extrajudicial é sentença, contra a qual cabe apenas recurso inominado (XXVIII Encontro – Salvador/BA).

Enunciado 144 (Substitui o Enunciado 132) – A multa cominatória não fica limitada ao valor de 40 salários mínimos, embora deva ser razoavelmente fixada pelo Juiz, obedecendo ao valor da obrigação principal, mais perdas e danos, atendidas as condições econômicas do devedor (XXVIII Encontro – Salvador/BA).

Enunciado 145 – A penhora não é requisito para a designação de audiência de conciliação na execução fundada em título extrajudicial (XXIX Encontro – Bonito/MS).

Enunciado 146 – A pessoa jurídica que exerça atividade de factoring e de gestão de créditos e ativos financeiros, excetuando as entidades descritas no art. 8º, § 1º, inciso IV, da Lei nº 9.099/95, não será admitida a propor ação perante o Sistema dos Juizados Especiais (art. 3º, § 4º, VIII, da Lei Complementar nº 123, de 14 de dezembro de 2006) (XXIX Encontro – Bonito/MS).

Enunciado 147 (Substitui o Enunciado 119) – A constrição eletrônica de bens e valores poderá ser determinada de ofício pelo juiz (XXIX Encontro – Bonito/MS).

Enunciado 148 (Substitui o Enunciado 72) – Inexistindo interesse de incapazes, o Espólio pode ser parte nos Juizados Especiais Cíveis (XXIX Encontro – Bonito/MS).

Enunciado 149 – Enunciado renumerado como nº 2 da Fazenda Pública (XXIX Encontro – Bonito/MS).

Enunciado 150 – Enunciado renumerado como nº 3 da Fazenda Pública (XXIX Encontro – Bonito/MS).

Enunciado 151 – Cancelado (XXIX FONAJE – Bonito/MS).

Enunciado 152 – Enunciado renumerado como nº 5 da Fazenda Pública (XXIX Encontro – Bonito/MS).

Enunciado 153 – Enunciado renumerado como nº 6 da Fazenda Pública (XXIX Encontro – Bonito/MS).

Enunciado 154 – Enunciado renumerado como nº 1 da Fazenda Pública (XXIX Encontro – Bonito/MS).

Enunciado 155 – Admitem-se embargos de terceiro, no sistema dos juizados, mesmo pelas pessoas excluídas pelo parágrafo primeiro do art. 8 da Lei 9.099/95 (XXIX Encontro – Bonito/MS).

Enunciado 156 – Na execução de título judicial, o prazo para oposição de embargos flui da data do depósito espontâneo, valendo este como termo inicial, ficando dispensada a lavratura de termo de penhora (XXX Encontro – São Paulo/SP).

Enunciado 157 – Nos Juizados Especiais Cíveis, o autor poderá aditar o pedido até o momento da audiência de instrução e julgamento, ou até a fase instrutória, resguardado ao réu o respectivo direito de defesa (nova redação – XXXIX Encontro – Maceió-AL).

Enunciado 158 – Cancelado (XXXIII Encontro – Cuiabá/MT).

Enunciado 159 – Não existe omissão a sanar por meio de embargos de declaração quando o acórdão não enfrenta todas as questões arguidas pelas partes, desde que uma delas tenha sido suficiente para o julgamento do recurso (XXX Encontro – São Paulo/SP).

Enunciado 160 – Nas hipóteses do artigo 515, § 3º, do CPC, e quando reconhecida a prescrição na sentença, a turma recursal, dando provimento ao recurso, poderá julgar de imediato o mérito, independentemente de requerimento expresso do recorrente.

Enunciado 161 – Considerado o princípio da especialidade, o CPC/2015 somente terá aplicação ao Sistema dos Juizados Especiais nos casos de expressa e específica remissão ou na hipótese de compatibilidade com os critérios previstos no art. 2º da Lei 9.099/95 (XXXVIII Encontro – Belo Horizonte-MG).

Enunciado 162 – Não se aplica ao Sistema dos Juizados Especiais a regra do art. 489 do CPC/2015 diante da expressa previsão contida no art. 38, caput, da Lei 9.099/95 (XXXVIII Encontro – Belo Horizonte-MG).

Enunciado 163 – Os procedimentos de tutela de urgência requeridos em caráter antecedente, na forma prevista nos arts. 303 a 310 do CPC/2015, são incompatíveis com o Sistema dos Juizados Especiais (XXXVIII Encontro – Belo Horizonte-MG).

Enunciado 164 – O art. 229, caput, do CPC/2015 não se aplica ao Sistema de Juizados Especiais (XXXVIII Encontro – Belo Horizonte-MG).

Enunciado 165 – Nos Juizados Especiais Cíveis, todos os prazos serão contados de forma contínua (XXXIX Encontro – Maceió-AL).

Enunciado 166 – Nos Juizados Especiais Cíveis, o juízo prévio de admissibilidade do recurso será feito em primeiro grau (XXXIX Encontro – Maceió-AL).

Enunciado 167 – Não se aplica aos Juizados Especiais a necessidade de publicação no Diário Eletrônico quando o réu for revel – art. 346 do CPC (XL Encontro – Brasília-DF).

Enunciado 168 – Não se aplica aos recursos dos Juizados Especiais o disposto no artigo 1.007 do CPC 2015 (XL Encontro – Brasília-DF).

Enunciado 169 – O disposto nos §§ 1.º e 5.º do art. 272 do CPC/2015 não se aplica aos Juizados Especiais (XLI Encontro – Porto Velho-RO).

Enunciado 170 – No Sistema dos Juizados Especiais, não se aplica o disposto no inc. V do art. 292 do CPC/2015 especificamente quanto ao pedido de dano moral; caso o autor opte por atribuir um valor específico, este deverá ser computado conjuntamente com o valor da pretensão do dano material para efeito de alçada e pagamento de custas (XLI Encontro – Porto Velho-RO).

Enunciado 171 – Na Justiça Itinerante podem ser flexibilizadas as regras procedimentais, ante as contingências fáticas da região atendida, observando-se sempre as garantias do contraditório e do devido processo legal (43.º Encontro – Macapá – AP).

Enunciado 172 – Na hipótese de ficar caracterizado grupo econômico, as empresas individualmente consideradas não poderão demandar nos Juizados Especiais caso a receita bruta supere o limite para a Empresa de Pequeno Porte. (49º Encontro – Rio de Janeiro – RJ).

2. ENUNCIADOS CRIMINAIS

Enunciado 1 – A ausência injustificada do autor do fato à audiência preliminar implicará em vista dos autos ao Ministério Público para o procedimento cabível.

Enunciado 2 – O Ministério Público, oferecida a representação em Juízo, poderá propor **diretamente a** transação penal, independentemente do comparecimento da vítima à audiência preliminar (NOVA REDAÇÃO APROVADA no XXI Encontro, Vitória/ES).

Enunciado 3 – (CANCELADO no XXI Encontro – Vitória/ES – disposição temporária).

Enunciado 4 – (SUBSTITUÍDO pelo Enunciado 38).

Enunciado 5 – (SUBSTITUÍDO pelo Enunciado 46).

Enunciado 6 – (SUBSTITUÍDO no XXI Encontro – Vitória/ES pelo Enunciado 86).

Enunciado 7 – (CANCELADO)

Enunciado 8 – A multa deve ser fixada em dias-multa, tendo em vista o art. 92 da Lei 9.099/1995, que determina a aplicação subsidiária dos Códigos Penal e de Processo Penal.

Enunciado 9 – A intimação do autor do fato para a audiência preliminar deve conter a advertência da necessidade de acompanhamento de advogado e de que, na sua falta, ser-lhe-á nomeado Defensor Público.

Enunciado 10 – Havendo conexão entre crimes da competência do Juizado Especial e do Juízo Penal Comum, prevalece a competência deste.

Enunciado 11 – (SUBSTITUÍDO no XIX Encontro – Aracaju/SE pelo Enunciado 80).

Enunciado 12 – (SUBSTITUÍDO no XV Encontro – Florianópolis/SC pelo Enunciado 64).

Enunciado 13 – É cabível o encaminhamento de proposta de transação por carta precatória (NOVA REDAÇÃO APROVADA no XXI Encontro, Vitória/ES).

Enunciado 14 – (SUBSTITUÍDO no XIX Encontro – Aracaju/SE, pelo Enunciado 79)

Enunciado 15 – (SUBSTITUÍDO no XXI Encontro – Vitória/ES pelo Enunciado 87).

Enunciado 16 – Nas hipóteses em que a condenação anterior não gera reincidência, é cabível a suspensão condicional do processo.

Enunciado 17 – É cabível, quando necessário, interrogatório por carta precatória, por não ferir os princípios que regem a Lei 9.099/1995 (Nova redação aprovada no XXI Encontro – Vitória/ES).

Enunciado 18 – Na hipótese de fato complexo, as peças de informação deverão ser encaminhadas à Delegacia Policial para as diligências necessárias. Retornando ao Juizado e sendo o caso do artigo 77, parágrafo 2.º, da Lei n. 9.099/1995, as peças serão encaminhadas ao Juízo Comum.

Enunciado 19 – (SUBSTITUÍDO no XII Encontro – Maceió/AL pelo Enunciado 48).

Enunciado 20 – A proposta de transação de pena restritiva de direitos é cabível, mesmo quando o tipo em abstrato só comporta pena de multa.

Enunciado 21 – (CANCELADO).

Enunciado 22 – Na vigência do sursis, decorrente de condenação por contravenção penal, não perderá o autor do fato o direito à suspensão condicional do processo por prática de crime posterior.

Enunciado 23 – (CANCELADO)

Enunciado 24 – (SUBSTITUÍDO pelo Enunciado 54).

Enunciado 25 – O início do prazo para o exercício da representação do ofendido começa a contar do dia do conhecimento da autoria do fato, observado o disposto no Código de Processo Penal ou legislação específica. Qualquer manifestação da vítima que denote intenção de representar vale como tal para os fins do art. 88 da Lei 9.099/1995.

Enunciado 26 – (CANCELADO).

Enunciado 27 – Em regra não devem ser expedidos ofícios para órgãos públicos, objetivando a localização de partes e testemunhas nos Juizados Criminais.

Enunciado 28 – (CANCELADO – XVII Encontro – Curitiba/PR)

Enunciado 29 – Substituído pelo Enunciado 88 (XXI Encontro – Vitória/ES).

Enunciado 30 – Cancelado.

Enunciado 31 – O conciliador ou juiz leigo não está incompatibilizado nem impedido de exercer a advocacia, exceto perante o próprio Juizado Especial em que atue ou se pertencer aos quadros do Poder Judiciário.

Enunciado 32 – O Juiz ordenará a intimação da vítima para a audiência de suspensão do processo como forma de facilitar a reparação do dano, nos termos do art. 89, parágrafo 1º, da Lei 9.099/95.

Enunciado 33 – Aplica-se, por analogia, o artigo 49 do Código de Processo Penal no caso da vítima não representar contra um dos autores do fato.

Enunciado 34 – Atendidas as peculiaridades locais, o termo circunstanciado poderá ser lavrado pela Polícia Civil ou Militar.

Enunciado 35 – Substituído pelo Enunciado 113 (XXVIII Encontro – Salvador/BA).

Enunciado 36 – Substituído pelo Enunciado 89 (XXI Encontro – Vitória/ES).

Enunciado 37 – O acordo civil de que trata o art. 74 da Lei nº 9.099/1995 poderá versar sobre qualquer valor ou matéria (nova redação – XXI Encontro – Vitória/ES).

Enunciado 38 – Cancelado (XXXIII Encontro – Cuiabá/MT).

Enunciado 39 – Cancelado (XXXIII Encontro – Cuiabá/MT).

Enunciado 40 – Cancelado (XXXIII Encontro – Cuiabá/MT).

Enunciado 41 – Cancelado.

Enunciado 42 – A oitiva informal dos envolvidos e de testemunhas, colhida no âmbito do Juizado Especial Criminal, poderá ser utilizada como peça de informação para o procedimento.

Enunciado 43 – O acordo em que o objeto for obrigação de fazer ou não fazer deverá conter cláusula penal em valor certo, para facilitar a execução cível.

Enunciado 44 – No caso de transação penal homologada e não cumprida, o decurso do prazo prescricional provoca a declaração de extinção de punibilidade pela prescrição da pretensão punitiva. (nova redação – XXXVII – Florianópolis/SC).

Enunciado 45 – Cancelado.

Enunciado 46 – Cancelado.

Enunciado 47 – Substituído pelo Enunciado 71 (XV Encontro – Florianópolis/SC).

Enunciado 48 – O recurso em sentido estrito é incabível em sede de Juizados Especiais Criminais.

Enunciado 49 – Substituído pelo Enunciado 90 (XXI Encontro – Vitória/ES).

Enunciado 50 – Cancelado (XI Encontro – Brasília-DF).

Enunciado 51 – A remessa dos autos ao juízo comum, na hipótese do art. 66, parágrafo único, da Lei 9.099/95 (ENUNCIADO 64), exaure a competência do Juizado Especial Criminal, que não se restabelecerá com localização do acusado (nova redação – XXI Encontro – Vitória/ES).

Enunciado 52 – A remessa dos autos ao juízo comum, na hipótese do art. 77, parágrafo 2º, da Lei 9099/95 (ENUNCIADO 18), exaure a competência do Juizado Especial Criminal, que não se restabelecerá ainda que afastada a complexidade.

Enunciado 53 – No Juizado Especial Criminal, o recebimento da denúncia, na hipótese de suspensão condicional do processo, deve ser precedido da resposta prevista no art. 81 da Lei 9099/95.

Enunciado 54 – Cancelado (43.°Encontro – Macapá-AP).

Enunciado 55 – Cancelado (XI Encontro – Brasília-DF).

Enunciado 56 – Cancelado (XXXVI Encontro – Belém/PA).

Enunciado 57 – Substituído pelo Enunciado 79 (XIX Encontro – Aracaju/SE).

Enunciado 58 – A transação penal poderá conter cláusula de renúncia á propriedade do objeto apreendido (XIII Encontro – Campo Grande/MS).

Enunciado 59 – O juiz decidirá sobre a destinação dos objetos apreendidos e não reclamados no prazo do art. 123 do CPP (XIII Encontro – Campo Grande/MS).

Enunciado 60 – Exceção da verdade e questões incidentais não afastam a competência dos Juizados Especiais, se a hipótese não for complexa (XIII Encontro – Campo Grande/MS).

Enunciado 61 – Substituído pelo Enunciado 122 (XXXIII Encontro – Cuiabá/MT).

Enunciado 62 – O Conselho da Comunidade poderá ser beneficiário da prestação pecuniária e deverá aplicá-la em prol da execução penal e de programas sociais, em especial daqueles que visem a prevenção da criminalidade (XIV Encontro – São Luis/MA).

Enunciado 63 – As entidades beneficiárias de prestação pecuniária, em contrapartida, deverão dar suporte à execução de penas e medidas alternativas (XIV Encontro – São Luis/MA).

Enunciado 64 – Verificada a impossibilidade de citação pessoal, ainda que a certidão do Oficial de Justiça seja anterior à denúncia, os autos serão remetidos ao juízo comum após o oferecimento desta (nova redação – XXI Encontro – Vitória/ES).

Enunciado 65 – Substituído pelo Enuciado 109 (XXV Encontro – São Luís).

Enunciado 66 – É direito do réu assistir à inquirição das testemunhas, antes de seu interrogatório, ressalvado o disposto no artigo 217 do Código de Processo Penal. No caso excepcional de o interrogatório ser realizado por precatória, ela deverá ser instruída com cópia de todos os depoimentos, de que terá ciência o réu (XV Encontro – Florianópolis/SC).

Enunciado 67 – A possibilidade de aplicação de suspensão ou proibição de se obter a permissão ou a habilitação para dirigir veículos automotores por até cinco anos (art. 293 da Lei nº 9.503/97), perda do cargo, inabilitação para exercício de cargo, função pública ou mandato eletivo ou outra sanção diversa da privação da liberdade, não afasta a competência do Juizado Especial Criminal (XV Encontro – Florianópolis/SC).

Enunciado 68 – É cabível a substituição de uma modalidade de pena restritiva de direitos por outra, aplicada em sede de transação penal, pelo juízo do conhecimento, a requerimento do interessado, ouvido o Ministério Público (XV Encontro – Florianópolis/SC).

Enunciado 69 – Substituído pelo Enunciado 74 (XVI Encontro – Rio de Janeiro/RJ).

Enunciado 70 – O conciliador ou o juiz leigo podem presidir audiências preliminares nos Juizados Especiais Criminais, propondo conciliação e encaminhamento da proposta de transação (XV Encontro – Florianópolis/SC).

Enunciado 71 (Substitui o Enunciado 47) – A expressão conciliação prevista no artigo 73 da Lei 9099/95 abrange o acordo civil e a transação penal, podendo a proposta do Ministério Público ser encaminhada pelo conciliador ou pelo juiz leigo, nos termos do artigo 76, § 3º, da mesma Lei (XV Encontro – Florianópolis/SC).

Enunciado 72 – A proposta de transação penal e a sentença homologatória devem conter obrigatoriamente o tipo infracional imputado ao autor do fato, independentemente da capitulação ofertada no termo circunstanciado (XVI Encontro – Rio de Janeiro/RJ).

Enunciado 73 – O juiz pode deixar de homologar transação penal em razão de atipicidade, ocorrência de prescrição ou falta de justa causa para a ação penal, equivalendo tal decisão à rejeição da denúncia ou queixa (XVI Encontro – Rio de Janeiro/RJ).

Enunciado 74 (Substitui o enunciado 69) – A prescrição e a decadência não impedem a homologação da composição civil (XVI Encontro – Rio de Janeiro/RJ).

Enunciado 75 – É possível o reconhecimento da prescrição da pretensão punitiva do Estado pela projeção da pena a ser aplicada ao caso concreto (XVII Encontro – Curitiba/PR).

Enunciado 76 – A ação penal relativa à contravenção de vias de fato dependerá de representação (XVII Encontro – Curitiba/PR).

Enunciado 77 – O juiz pode alterar a destinação das medidas penais indicadas na proposta de transação penal (XVIII Encontro – Goiânia/GO).

Enunciado 78 – Substituído pelo Enunciado 80 (XIX Encontro – Aracaju/SE).

Enunciado 79 – Cancelado (XXXVI Encontro – Belém/PA).

Enunciado 80 – Cancelado (XXIV Encontro – Florianópolis/SC).

Enunciado 81 – O relator, nas Turmas Recursais Criminais, em decisão monocrática, poderá negar seguimento a recurso manifestamente inadmissível, prejudicado, ou julgar extinta a punibilidade, cabendo recurso interno para a Turma Recursal, no prazo de cinco dias (XIX Encontro – Aracaju/SE).

Enunciado 82 – O autor do fato previsto no art. 28 da Lei nº 11.343/06 deverá ser encaminhado à autoridade policial para as providências do art. 48, §2º da mesma Lei (XX Encontro – São Paulo/SP).

Enunciado 83 – Ao ser aplicada a pena de advertência, prevista no art. 28, I, da Lei nº 11.343/06, sempre que possível deverá o juiz se fazer acompanhar de profissional habilitado na questão sobre drogas (XX Encontro – São Paulo/SP).

Enunciado 84 – Cancelado (XXXVII Encontro – Florianópolis/SC).

Enunciado 85 – Aceita a transação penal, o autor do fato previsto no art. 28 da Lei nº 11.343/06 deve ser advertido expressamente para os efeitos previstos no parágrafo 6º do referido dispositivo legal (XX Encontro – São Paulo/SP).

Enunciado 86 (Substitui o Enunciado 6) – Em caso de não oferecimento de proposta de transação penal ou de suspensão condicional do processo pelo Ministério Público, aplica-se, por analogia, o disposto no art. 28 do CPP (XXI Encontro – Vitória/ES).

Enunciado 87 (Substitui o Enunciado 15) – O Juizado Especial Criminal é competente para a execução das penas ou medidas aplicadas em transação penal, salvo quando houver central ou vara de penas e medidas alternativas com competência específica (XXI Encontro – Vitória/ES).

Enunciado 88 – Cancelado (XXXIII Encontro – Cuiabá/MT).

Enunciado 89 (Substitui o Enunciado 36) – Havendo possibilidade de solução de litígio de qualquer valor ou matéria subjacente à questão penal, o acordo poderá ser reduzido a termo no Juizado Especial Criminal e encaminhado ao juízo competente (XXI Encontro – Vitória/ES).

Enunciado 90 Substituído pelo Enunciado 112 (XXVII Encontro – Palmas/TO).

Enunciado 91 – É possível a redução da medida proposta, autorizada no art. 76, § 1º da Lei nº 9099/1995, pelo juiz deprecado (XXI Encontro – Vitória/ES).

Enunciado 92 – É possível a adequação da proposta de transação penal ou das condições da suspensão do processo no juízo deprecado ou no juízo da execução, observadas as circunstâncias pessoais do beneficiário (nova redação – XXII Encontro – Manaus/AM).

Enunciado 93 – É cabível a expedição de precatória para citação, apresentação de defesa preliminar e proposta de suspensão do processo no juízo deprecado. Aceitas as condições, o juízo deprecado comunicará ao deprecante o qual, recebendo a denúncia, deferirá a suspensão, a ser cumprida no juízo deprecado (XXI Encontro – Vitória/ES).

Enunciado 94 – A Lei nº 11.343/2006 não descriminalizou a conduta de posse ilegal de drogas para uso próprio (XXI Encontro – Vitória/ES).

Enunciado 95 – A abordagem individualizada multidisciplinar deve orientar a escolha da pena ou medida dentre as previstas no art. 28 da Lei nº 11.343/2006, não havendo gradação no rol (XXI Encontro – Vitória/ES).

Enunciado 96 – O prazo prescricional previsto no art. 30 da Lei nº 11.343/2006 aplica-se retroativamente aos crimes praticados na vigência da lei anterior (XXI Encontro – Vitória/ES).

Enunciado 97 – É possível a decretação, como efeito secundário da sentença condenatória, da perda dos veículos utilizados na prática de crime ambiental da competência dos Juizados Especiais Criminais (XXI Encontro – Vitória/ES).

Enunciado 98 – Os crimes previstos nos artigos 309 e 310 da Lei nº 9503/1997 são de perigo concreto (XXI Encontro – Vitória/ES Revogação aprovada, por unanimidade, no XLI Encontro – Porto Velho-RO, em razão da Súmula 575 do STJ).

Enunciado 99 – Nas infrações penais em que haja vítima determinada, em caso de desinteresse desta ou de composição civil, deixa de existir justa causa para ação penal (nova redação – XXIII Encontro – Boa Vista/RR).

Enunciado 100 – A procuração que instrui a ação penal privada, no Juizado Especial Criminal, deve atender aos requisitos do art. 44 do CPP (XXII Encontro – Manaus/AM).

Enunciado 101 – É irrecorrível a decisão que defere o arquivamento de termo circunstanciado a requerimento do Ministério Público, devendo o relator proceder na forma do ENUNCIADO 81 (XXII Encontro – Manaus/AM).

Enunciado 102 – As penas restritivas de direito aplicadas em transação penal são fungíveis entre si (XXIII Encontro – Boa Vista/RR).

Enunciado 103 – A execução administrativa da pena de multa aplicada na sentença condenatória poderá ser feita de ofício pela Secretaria do Juizado ou Central de Penas (XXIV Encontro – Florianópolis/SC).

Enunciado 104 – A intimação da vítima é dispensável quando a sentença de extinção da punibilidade se embasar na declaração prévia de desinteresse na persecução penal (XXIV Encontro – Florianópolis/SC).

Enunciado 105 – É dispensável a intimação do autor do fato ou do réu das sentenças que extinguem sua punibilidade (XXIV Encontro – Florianópolis/SC).

Enunciado 106 – A audiência preliminar será sempre individual (XXIV Encontro – Florianópolis/SC).

Enunciado 107 – A advertência de que trata o art. 28, I da Lei n.º 11.343/06, uma vez aceita em transação penal pode ser ministrada a mais de um autor do fato ao mesmo tempo, por profissional habilitado, em ato designado para data posterior à audiência preliminar (XXIV Encontro – Florianópolis/SC)

Enunciado 108 – O Art. 396 do CPP não se aplica no Juizado Especial Criminal regido por lei especial (Lei nº 9.099/95) que estabelece regra própria (XXV Encontro – São Luís/MA).

Enunciado 109 – Substitui o Enunciado 65 – Nas hipóteses do artigo 363, § 1º e § 4º do Código de Processo Penal, aplica-se o parágrafo único do artigo 66 da Lei nº 9.099/95 (XXV Encontro – São Luís/MA).

Enunciado 110 – No Juizado Especial Criminal é cabível a citação com hora certa (XXV Encontro – São Luís/MA).

Enunciado 111 – O princípio da ampla defesa deve ser assegurado também na fase da transação penal (XXVII Encontro – Palmas/TO).

Enunciado 112 (Substitui o Enunciado 90) – Na ação penal de iniciativa privada, cabem transação penal e a suspensão condicional do processo, mediante proposta do Ministério Público (XXVII Encontro – Palmas/TO).

Enunciado 113 (Substitui o Enunciado 35) – Até a prolação da sentença é possível declarar a extinção da punibilidade do autor do fato pela renúncia expressa da vítima ao direito de representação ou pela conciliação (XXVIII Encontro – Salvador/BA).

Enunciado 114 – A Transação Penal poderá ser proposta até o final da instrução processual (XXVIII Encontro – Salvador/BA).

Enunciado 115 – A restrição de nova transação do art. 76, § 4º, da Lei nº 9.099/1995, não se aplica ao crime do art. 28 da Lei nº 11.343/2006 (XXVIII Encontro – Salvador/BA).

Enunciado 116 – Na Transação Penal deverão ser observados os princípios da justiça restaurativa, da proporcionalidade, da dignidade, visando a efetividade e adequação (XXVIII Encontro – Salvador/BA).

Enunciado 117 – A ausência da vítima na audiência, quando intimada ou não localizada, importará renúncia tácita à representação (XXVIII Encontro – Salvador/BA).

Enunciado 118 – Somente a reincidência especifica autoriza a exasperação da pena de que trata o parágrafo quarto do artigo 28 da Lei nº 11.343/2006 (XXIX Encontro – Bonito/MS).

Enunciado 119 – É possível a mediação no âmbito do Juizado Especial Criminal (XXIX Encontro – Bonito/MS).

Enunciado 120 – O concurso de infrações de menor potencial ofensivo não afasta a competência do Juizado Especial Criminal, ainda que o somatório das penas, em abstrato, ultrapasse dois anos (XXIX Encontro – Bonito/MS). Cancelado à unanimidade (44.º Encontro – Rio de Janeiro RJ)

Enunciado 121 – As medidas cautelares previstas no art. 319 do CPP e suas consequências, à exceção da fiança, são aplicáveis às infrações penais de menor potencial ofensivo para as quais a lei cominar em tese pena privativa da liberdade (XXX Encontro – São Paulo/SP).

Enunciado 122 (Substitui o Enunciado 61) – O processamento de medidas despenalizadoras previstas no artigo 94 da Lei 10.741/03, relativamente aos crimes cuja pena máxima não supere 02 anos, compete ao Juizado Especial Criminal (XXXIII Encontro – Cuiabá/MT).

Enunciado 123 – O mero decurso do prazo da suspensão condicional do processo sem o cumprimento integral das condições impostas em juízo não redundará em extinção automática da punibilidade do agente (XXXIII Encontro – Cuiabá/MT).

Enunciado 124 – A reincidência decorrente de sentença condenatória e a existência de transação penal anterior, ainda que por crime de outra natureza ou contravenção, não impedem a aplicação das medidas despenalizadoras do artigo 28 da Lei 11.343/06 em sede de transação penal (XXXIII Encontro – Cuiabá/MT).

Enunciado 125 – É cabível, no Juizado Especial Criminal, a intimação por edital da sentença penal condenatória, quando não localizado o réu (XXXVI Encontro – Belém/PA)

Enunciado 126 -A condenação por infração ao artigo 28 da Lei 11.343/06 não enseja registro para efeitos de antecedentes criminais e reincidência. (XXXVII ENCONTRO – FLORIANÓPOLIS/SC).

Enunciado 127 – A fundamentação da sentença ou do acórdão criminal poderá ser feita oralmente, em sessão, audiência ou gabinete, com gravação por qualquer meio eletrônico ou digital, consignando-se por escrito apenas a dosimetria da pena e o dispositivo' (XL Encontro – Brasília-DF).

Enunciado 128 – Em se tratando de contravenção penal, o prazo de suspensão condicional do processo, na forma do art. 11 do Decreto-Lei 3.688/1941, será de 1 a 3 anos (XLII Encontro – Curitiba-PR).

Enunciado 129 – Serão válidas as intimações por telefone, e-mail, whatsapp ou outro aplicativo de envio de mensagens eletrônicas, sem prejuízo das formas convencionais estabelecidas em lei, sempre quando precedida de adesão expressa ao sistema por parte do interessado, em qualquer fase da investigação ou mesmo do procedimento (43.º Encontro – Macapá-AP).

Enunciado 130 – É possível a utilização de meios digitais, como o Balcão Virtual, para a realização dos comparecimentos periódicos em juízo, admitida a celebração de parcerias para a ampliação dos pontos de acesso aos serviços digitais e capacitação dos jurisdicionados. (49º Encontro – Rio de Janeiro-RJ).

3. ENUNCIADOS DA FAZENDA PÚBLICA

Enunciado 1 – Aplicam-se aos Juizados Especiais da Fazenda Pública, no que couber, os Enunciados dos Juizados Especiais Cíveis (XXIX Encontro – Bonito/MS).

Enunciado 2 – É cabível, nos Juizados Especiais da Fazenda Pública, o litisconsórcio ativo, ficando definido, para fins de fixação da competência, o valor individualmente considerado de até 60 salários mínimos (XXIX Encontro – Bonito/MS).

Enunciado 3 – Não há prazo diferenciado para a Defensoria Pública no âmbito dos Juizados Especiais da Fazenda Pública (XXIX Encontro – Bonito/MS).

Enunciado 4 – CANCELADO (XXIX Encontro – Bonito/MS).

Enunciado 5 – É de 10 dias o prazo de recurso contra decisão que deferir tutela antecipada em face da Fazenda Pública (NOVA REDAÇÃO – XXX Encontro – São Paulo/SP).

Enunciado 6 – Vencida a Fazenda Pública, quando recorrente, a fixação de honorários advocatícios deve ser estabelecida de acordo com o § 4º, do art. 20, do Código de Processo Civil, de forma equitativa pelo juiz (XXIX Encontro – Bonito/MS).

Enunciado 7 – O sequestro previsto no § 1º do artigo 13 da Lei nº 12.153/09 também poderá ser feito por meio do BACENJUD, ressalvada a hipótese de precatório (XXX Encontro – São Paulo/SP).

Enunciado 8 – De acordo com a decisão proferida pela 3ª Seção do Superior Tribunal de Justiça no Conflito de Competência 35.420, e considerando que o inciso II do art. 5º da Lei 12.153/09 é taxativo e não inclui ente da Administração Federal entre os legitimados passivos, não cabe, no Juizado Especial da Fazenda Pública ou no Juizado Estadual Cível, ação contra a União, suas empresas públicas e autarquias, nem contra o INSS (XXXII Encontro – Armação de Búzios/RJ).

Enunciado 9 – Nas comarcas onde não houver Juizado Especial da Fazenda Pública ou juizados adjuntos instalados, as ações serão propostas perante as Varas comuns que detêm competência para processar os feitos de interesse da Fazenda Pública ou perante aquelas designadas pelo Tribunal de Justiça, observando-se o procedimento previsto na Lei 12.153/09 (XXXII Encontro – Armação de Búzios/RJ).

Enunciado 10 – É admitido no juizado da Fazenda Pública o julgamento em lote/lista, quando a material for exclusivamente de direito e repetitivo (XXXII Encontro – Armação de Búzios/RJ).

Enunciado 11 – As causas de maior complexidade probatória, por imporem dificuldades para assegurar o contraditório e a ampla defesa, afastam a competência do Juizado da Fazenda Pública (XXXII Encontro – Armação de Búzios/RJ).

Enunciado 12 – Na hipótese de realização de exame técnico previsto no art. 10 da Lei 12.153/09, em persistindo dúvida técnica, poderá o juiz extinguir o processo pela complexidade da causa (XXXVIII Encontro – Belo Horizonte-MG).

Enunciado 13 – A contagem dos prazos processuais nos Juizados da Fazenda Pública será feita de forma contínua, observando-se, inclusive, a regra especial de que não há prazo diferenciado para a Fazenda Pública – art. 7º da Lei 12.153/09 (XXXIX Encontro – Maceió-AL)

Enunciado 14 – A obrigação de assistência por advogado, nas causas de valor superior a vinte salários mínimos, nos termos do art. 9º, caput, da Lei 9.099/1995, aplica-se ao Juizado Especial da Fazenda Pública (44.º Encontro – Rio de Janeiro – RJ).

Enunciado 15 – A prova técnica admissível nos Juizados Especiais da Fazenda deve ater-se ao art. 35 da Lei nº 9.099/95, ao art. 10 da Lei nº 12.153/2009 e ao art. 464, §§ 2º a 4º, do CPC. (49º Encontro – Rio de Janeiro – RJ).

Enunciado 16 – Os incapazes incluem-se no rol dos legitimados para propor ação perante o Juizado Especial da Fazenda Pública. (49º Encontro – Rio de Janeiro – RJ).

ÍNDICES

PARTE CÍVEL – *Joel Dias Figueira Júnior*

PARTE CRIMINAL – *Fernando da Costa Tourinho Neto*

1. Índice Alfabético-Remissivo
2. Índice Legislativo Por Artigos
3. Índice Onomástico

1
Índice Alfabético-Remissivo

Parte Cível – *Joel Dias Figueira Júnior*
(Os números que seguem os artigos referem-se aos itens respectivos.)

A

Ação dúplice: art. 31, 2
ADRs: Introdução, 1.1.2
Acesso à justiça: Introdução, 1; art. 53, 6
Acesso à ordem jurídica justa: Introdução, 1; art. 8º, 3
Acesso à justiça e tutelas de urgência: art. 6º, 1
Acesso aos tribunais: Introdução, 1.1.2
Ação:
    acessória: art. 3º, 1.10
    anulatória de ato jurídico: art. 38, 2; art. 59, 1
    bilateralidade: art. 31, 2
    cautelar – competência: art. 3º, 1.10
    de cobrança: art. 3º, 1.5
    de imissão de posse e reivindicatória: art. 3º, 7.5
    declaratória de inexistência de débito: art. 3º, 1.5
    de despejo: art. 3º, 6
    de despejo para uso próprio – inexistência de limite valorativo: art. 3º, 1.6
    de indenização: art. 3º, 1.5
    monitória: v. procedimento
    principal, acessória ou secundária: art. 3º, 1.10; art. 15, 1
    propositura: art. 14, 1
    rescisória: art. 38, 2; art. 59, 1
Ações possessórias:
    fato superveniente: art. 3º, 4.6; 7.1
    mobiliárias e imobiliárias: art. 3º, 7.1; 7.2
    pedido e causa de pedir modificação: art. 3º, 4.6
    processo e procedimento: art. 3º, 7.1
    reintegração de posse: art. 3º, 1.5
    valor da causa: art. 3º, 8

Ações (matérias diversas) – competência: art. 3º, 1.4; 1.5; 5
Acórdãos:
    forma e fundamentação: art. 46, 1
    recursos e meios de impugnação: art. 46, 1
Acordo: v. autocomposição
    extrajudicial – validade – natureza do objeto litigioso e valor: art. 57, 1
Adjudicação:
    de bens: art. 53, 3
    embargos à: art. 52, 10
Advogado:
    assistência facultativa e obrigatória: art. 9º, 1, 2
    comparecimento ou ausência – efeitos: art. 51, 3
    falecimento: art. 51, 7, 8
    honorários – sucumbência: art. 55, 1, 3, 4
    impedimentos e incompatibilidades: art. 7º, 4, 5
    indispensabilidade – recursos: art. 41, 4
    mandato verbal ou escrito: art. 9º, 5; art. 41, 4
    obrigatoriedade no patrocínio da causa: art. 9º, 2, 4
    representação – preposto – pessoa jurídica: art. 9º, 6
Alegações finais – inexistência: art. 28, 2
Analogia: art. 1º, 2
Agravo por instrumento: art. 2º, 2; art. 41, 1.3, 1.6, 2; art. 53, 4
Alvarás – competência: art. 3º, 1.4
Amicus curiae: art. 10, 1
Analogia: art. 6º, 1
Apelação: art. 41, 1.2, 2
Arbitragem:

árbitro – escolha: art. 24, 3
critérios para a condução: art. 25, 1
forma alternativa de resolução de controvérsia: art. 24, 1
instauração: art. 24, 2
laudo arbitral, homologação e irrecorribilidade: art. 26, 1
nulidade do laudo e recusa à homologação: art. 26, 2
opções, comparações e distinções em face da lei da arbitragem: art. 24, 1
Arguição de inconstitucionalidade – incidente de: art. 41, 1.10
Arrendamento rural: art. 3º, 1.2; 1.5
Arrematação:
   caução: art. 52, 8
   embargos à: art. 52, 10
Arresto: art. 52, 1; art. 53, 6
Assistência: art. 10º, 1
Assistência judiciária: 56, 1
Astreintes: art. 39, 4; art. 52, 6, 7
Assunção de competência – incidente de: art. 41, 1.12
Ato atentatório ao exercício da jurisdição (à dignidade da justiça): art. 39, 4; 55, 2
Ato discricionário: art. 5º, 2; art. 52, 6, 7
Atos processuais:
   atividades de polícia: art. 12, 1.2
   atividades instrutórias: art. 12, 1.2
   audiência – registro em termo (assentada): art. 36, 13
   das partes: art. 12, 1.1
   decisões e sentenças: art. 12, 1.2
   despacho: art. 12, 1.2
   do juiz e pronunciamentos judiciais: art. 12, 1.2
   em comarcas distintas: art. 13, 3
   gravação: art. 13, 4
   leis locais: art. 13, 5
   meios eletrônicos de comunicação: art. 13, 1
   registro: art. 13, 4
   tempo e lugar: art. 12, 2
Audiência:
   adiamento e nova data para designação: art. 27, 1, 3
   atividades instrutórias: art. 28, 1
   ausência do réu: art. 20, 1
   ausência do autor decorrente de força maior: art. 51, 10
   ciência dos atos praticados: art. 19, 2
   comparecimento pessoal das partes: art. 9º, 1; art. 51, 3
   conciliação ("sessão" de conciliação): art. 16, 2
   conciliação, instrução e julgamento: art. 16, 2
   embargos à execução – juiz leigo: art. 37, 1
   fracionamento: art. 27, 1; art. 30, 1
   homologação de acordo: art. 22, 3
   juntada de documentos e manifestação: art. 29, 3
   prazo para realização: art. 16, 2
   presidência dos trabalhos: art. 22, 2
   questões incidentes – decisão: art. 29, 1
   realização imediata e causas impeditivas: art. 27, 1, 2
   termo e registro – atos essenciais: art. 36, 1
Autocomposição: Introdução, 1.1.2, 1.1.6; art. 1º, 3; art. 2º, 7, 8; art. 53, 3; art. 57, 1
Autor:
   ausência decorrente de força maior: art. 51, 10
   contumácia: art. 51, 3
Autos – redistribuição: art. 3º, 1.8, 9.2; art. 35, 1; art. 51, 1
Auxiliares da justiça: art. 7º, 1; 2

B

Bens:
   alienação forçada: art. 52, 8
   inexistência de penhoráveis: art. 53, 5
   públicos: art. 3º, 8.2
   semi-incorpóreos: art. 13, 3
Bilateralidade da audiência: art. 14, 3

C

Cálculo do contador: art. 52, 3
Câmaras de autocomposição: Introdução, 1.1.5
Capacidade:
   maior de 18 anos para estar em juízo: art. 8º, 6
   para estar em juízo: art. 8º, 1
Carta precatória: art. 13, 1, 3
Caução:
   arrematação: art. 52, 8
   execução: art. 43, 2
Causa complexa: art. 3º, 3
Causa de pedir e pedido: art. 14, 3, 5, 6
Cessão de crédito real ou fictícia: art. 8º, 5
Citação:
   comparecimento espontâneo do réu: art. 18, 7
   conceito e modalidades: art. 18, 1
   condomínio: art. 18, 2

conteúdo: art. 18, 5
editalícia: art. 18, 6; art. 53, 6
meios eletrônicos de comunicação: art. 13, 1; art. 18, 1
nulidade: art. 18, 1; art. 18, 7
oficial de justiça: art. 18, 4
por hora certa: art. 18, 1
postal de pessoa física: art. 18, 2
postal de pessoa jurídica: art. 18, 3
prazo mínimo entre a comunicação e a audiência: art. 18, 5
precatória: art. 18, 4
Coisa julgada: art. 38, 2
Código de Processo Civil – aplicação subsidiária: art. 1º, 2
Colégio Recursal: v. Turmas Recursais
Conciliador: art. 7º, 1; 2
Competência:
   absoluta (pura) – inconstitucionalidade: art. 3º, 1.2; art. 51, 5
   "absoluta" (mista): art. 3º, 1.4
   ação de conhecimento de menor complexidade: art. 3º, 4.4
   ações possessórias: art. 3º, 7
   conexão: art. 3º, 1.10
   conexão objetiva: art. 15, 6
   critérios de definição: art. 3º, 1.2; 1.5; 4.4
   cumulativa – cível e juizado: art. 1º, 4; art. 3º, 2
   deslocamento: art. 3º, 1.4
   exceção de incompetência: art. 30, 3; 4
   execução de título judicial e extrajudicial: art. 3º, 9
   execução de sentença criminal de natureza civil: art. 3º, 9.3
   funcional: art. 3º, 1.9
   incompetência em razão da matéria ou das pessoas: art. 3º, 10
   incompetência – remessa dos autos ao juízo comum: art. 35, 1
   inderrogável: art. 3º, 1.9
   limites – lides institucionalizadas: Introdução, 1.2.6
   locações: art. 3º, 6
   matérias diversas: art. 3º, 1.4
   mista ("absoluta") em face de lei local: art. 3º, 1.4
   opção procedimental: art. 3º, 11; 12
   originária: art. 3º, 1.9
   prevenção: art. 3º, 1.10
   problemas de interpretação: art. 3º, 1.1
   procedimento sumário: art. 3º, 5
   prorrogação: art. 3º, 1.9; art. 51, 5
   razão da matéria: art. 3º, 1.2; 5
   questões controvertidas: art. 3º, 1.1
   relativa: art. 3º, 1.2; 1.9
   relativa e procedimento opcional – vantagens e desvantagens: art. 3º, 1.3; 5
   territorial (ou de foro): art. 4º, 1; art. 51, 5
   turmas recursais: art. 41, 2
   valor – limitação: art. 3º, 1.5
   valor da causa: art. 3º, 4.4
Complexidade da causa: art. 3º, 3; art. 9º, 4; art. 35, 1; art. 51, 4
Concorrência legislativa (Estado e Distrito Federal): art. 3º, 1.4
Conciliação:
   atividades conciliatórias: art. 22, 1
   autocomposição: art. 2º, 7, 8
   formas alternativas de resolução de controvérsias (*ADRs*): Introdução, 1.1.2
   jurisdição difusa – câmaras de autocomposição: Introdução 1.1.5
   justiça participativa e coexistencial: Introdução 1.1.3
   matérias – ampliação por leis locais: art. 58, 1
   vantagens e desvantagens: art. 21, 1
Condomínio: art. 8º, 2, 3
Conflito – pacificação: Introdução, 1.1.4
Conexão e continência: art. 3º, 1.10; art. 8º, 4; art. 51, 4
Conflito de competência:
   positivo ou negativo: art. 3º, 1.8
Contestação:
   conteúdo: art. 30, 3
   formal – dispensa: art. 20, 2
   maneira de oferecer e momento processual oportuno: art. 30, 1
Contrapedido: v. pedido contraposto
Contumácia: art. 51, 3
Correção monetária: art. 39, 3
Correição parcial: art. 12, 1.2; art. 41, 1.3, 1.6
Costumes: art. 1º, 2; art. 6º, 1
Crise:
   da jurisdição: Introdução, 1.1.1
   do sistema jurídico: Introdução, 1.1.1
   institucional: Introdução, 1.1.1
   judiciária: Introdução, 1
   legislativa: Introdução, 1.1.1
   operacional: Introdução, 1.1.1
Curadorias: art. 56, 1

Custas:
   agravo: art. 41, 1.3
   isenção: art. 51, 10; art. 54, 1

D

Decisão:
   interlocutória de mérito: art. 2º, 2
   interlocutória – irrecorribilidade: art. 29, 1; art. 41, 1.3
   justa e equânime: art. 6º, 1
   monocrática – juiz de turma recursal: art. 46, 2
Defesa: v. resposta
Defensoria pública: art. 9º, 1
Despacho: art. 12, 1.2
Desconsideração da personalidade jurídica: art. 14, 2; art. 52, 1; art. 53, 1
Despejo para uso próprio: art. 3º, 1.2
Despesas processuais:
   isenção e sucumbência: art. 54, 1; art. 55, 1
   processo de execução: art. 55, 4
   recursos: art. 54, 2; art. 55, 3
Direito alternativo: art. 6º, 1
Discricionariedade judicial: art. 5º, 2
Distribuição: art. 14, 1

E

Edital (praça ou leilão) – publicação: art. 52, 8, 9
Embargos à adjudicação: art. 52, 10
Embargos à arrematação: art. 52, 10
Embargos de declaração: art. 41, 4; art. 46, 2; art. 48, 1, 2; art. 49, 1; art. 50, 1
Embargos de divergência: art. 41, 1.8; art. 59, 1
Embargos do devedor (à execução):
   audiência de conciliação: art. 52, 10
   efeitos da rejeição ou da inexistência de oposição: art. 53, 4
   instrução – juiz leigo: art. 37, 1; art. 40, 1
   prazo: art. 52, 10; art. 53, 2
   procedimento: art. 52, 10
   recursos: art. 41, 1.3
   sucumbência: art. 55, 4
Embargos infringentes: art. 41, 1.8
Embargos de terceiro: art. 3º, 1.10; art. 52, 1, 9
Empresa de pequeno porte: art. 8º, 2
Entidades beneficentes e assistenciais: art. 8º, 3
Equivalentes jurisdicionais – efetividade do processo: Introdução, 1.1; 1.1.2

Equidade: art. 6º, 1; art. 41, 1.11, 1.12
Erro material: art. 48, 3
Espólio: art. 8º, 3
Estado, União e Distrito Federal – concorrência legislativa: art. 3º, 1.4
Exceções (impedimento e suspeição): art. 30, 4
Exceção de incompetência (absoluta e relativa): art. 30, 3; 4
Exceção substancial: art. 31, 2
Execução provisória: art. 43, 2
Execução de título judicial e extrajudicial:
   arresto de bens: art. 53, 6
   competência: art. 3º, 9
   despesas processuais e honorários advocatícios: art. 55, 4
   embargos do devedor: art. 53, 4
   recurso: art. 41, 1.3
   natureza do título: art. 52
Execução de título extrajudicial:
   adjudicação: art. 53, 3
   arresto de bens: art. 53, 6
   audiência de conciliação – instrução e julgamento: art. 53, 2
   autocomposição: art. 53, 3
   bens – inexistência: art. 53, 5
   embargos à execução: art. 53, 2
   limites: art. 53, 1
   procedimento: art. 53, 1
Execução de título judicial:
   acordo homologado – juízo competente: art. 57, 1
   arrematação – caução: art. 52, 8
   audiência de conciliação: art. 52, 1
   autoexecutividade: art. 52, 5
   alienação forçada de bens: art. 52, 8
   aplicação das regras da execução por título extrajudicial: art. 52, 1
   cálculo do contador e conversão dos índices: art. 52, 3
   definitiva: art. 52, 1
   editais – praça ou leilão – publicação: art. 52, 8, 9
   embargos à arrematação: art. 52, 10
   embargos à adjudicação: art. 52, 10
   embargos de terceiro: art. 52, 10
   embargos do devedor: art. 52, 1, 10
   liquidez da sentença: art. 52, 2
   obrigação de entregar, fazer e não fazer: art. 52, 6, 7
   penhora: art. 52, 1
   perpetuatio jurisditiones: art. 52, 1
   processamento: art. 52, 1

Execução de sentença criminal de natureza civil: art. 3º, 9.3

Extinção do processo sem resolução do mérito:
　contumácia do autor e ausência das partes em audiência: art. 51, 3, 10
　falecimento das partes ou de seus procuradores: art. 51, 7, 8
　hipóteses: art. 51, 2
　impedimentos supervenientes: art. 51, 6
　incompatibilidade procedimental: art. 51, 4
　incompetência territorial: art. 51, 5
　intimação pessoal: art. 51, 9
　remessa à justiça comum: art. 3º, 1.2; art. 35, 1

F

Família – juizados especializados: art. 3º, 10
Fato superveniente: art. 14, 4; art. 41, 1.3; art. 51, 6
Firma individual: art. 8º, 2
Força maior: art. 51, 10
Formas alternativas de resolução de controvérsias: Introdução, 1.1.2

H

Habeas corpus: art. 41, 1.4; art. 46, 2

I

Incidente de arguição de inconstitucionalidade: art. 41, 1.10
Incidente de assunção de competência: art. 41, 1.12
Incidente de desconsideração da personalidade jurídica: art. 14, 2; art. 52, 1; art. 53, 1
Incidente de resolução de demandas repetitivas: art. 41, 1.11
Incompetência: v. competência
Intervenção de terceiro – art. 10, 1; art. 52, 9
Intimação:
　advogados: art. 19, 1
　atos praticados em audiência: art. 19, 2
　data do julgamento em segundo grau: art. 45, 1
　meios de realização e contagem dos prazos: art. 19, 1
　meios eletrônicos de comunicação: art. 13, 1; 19, 1
　mudança de endereço: art. 19, 3
　testemunhas: art. 19, 1

J

Jueces menores: art. 3º, 1.5
Juiz:
　de paz: Introdução, 1; 1.1.2; 1.1.3
　decisão justa e equânime: art. 6º, 1
　distrital e rural: Introdução, 1.1.3
　imparcialidade: art. 5º, 2; art. 6º, 1
　inspeção: art. 35, 3
　leigo (instrutor): art. 7º, 1, 2, 4, 5; art. 37, 1; art. 40, 1, 2
　pacificador social: art. 2º, 7, 8
　togado – poderes e direção do processo: art. 5º, 1, 2; art. 33, 3; art. 37, 1; art. 40, 1
　valoração das provas – regras de experiência comum ou técnica: art. 5º, 3
Juizados de conciliação: Introdução, 1.1.3
Juizados Especiais:
　aplicação subsidiária do CPC: art. 1º, 2
　atribuições: art. 1º, 3; art. 3º, 2
　competência para legislar: Introdução, 1
　criação: art. 1º, 1
　direito de família: art. 3º, 10
　escopos: Introdução, 1; art. 1º, 1
　êxito: Introdução, 1
　municipais itinerantes: Introdução, 1.1.4
　princípios gerais, orientadores, fundamentais e informativos: art. 2º, 1
　sistema (assistemático): art. 1º, 5
Juizados informais: Introdução, 1
Juizados municipais: Introdução, 1.1.4
Juízo de retratação: art. 41, 1.3
Julgamento de mérito conforme o estado inicial do processo: art. 38, 3; art. 42, 6
Julgamento monocrático em sede recursal: art. 41, 5
Jurisdição:
　crise da: Introdução, 1.1.1
　difusa: Introdução, 1.1.5
　equivalentes: Introdução, 1.1; 1.1.2
　quadrinômio valorativo: Introdução, 1.1.4
Juros: art. 39, 3
Justiça:
　adversarial: Introdução, 1.1.2
　comunitária: art. 6º, 1
　descentralização: Introdução, 1.1.4
　de paz: Introdução, 1
　municipalizada: Introdução, 1; 1.1.4
　participativa e coexistencial: Introdução, 1; 1.1; 1.1.2; 1.1.3; 1.1.4; art. 7º, 1, 5

L

Legitimidade ativa *ad causam*: art. 8º, 1
Lide jurídica: Introdução, 1.1.4; 1.2.6; art. 6º, 1; art. 21, 1; art. 57, 1
Lide sociológica: Introdução, 1.1.6; art. 6º, 1; art. 57, 1
Liminares – recurso e meios de impugnação: art. 2º, 2
Liquidação de sentença: art. 3º, 9.2; 9.3
Liquidação extrajudicial de empresa: art. 51, 6
Litigância de má-fé: art. 39, 4; art. 51, 10; art. 55, 2
Litigiosidade contida: Introdução, 1
Litisconsórcio: art. 10, 2
Locações – despejo: art. 3º, 6

M

Macrossistema instrumental (CPC): art. 1º, 2
Mandado de segurança: art. 41, 1.3, 1.4, 1.6, 2; art. 46, 2
Mandato verbal ou escrito: art. 9º, 5; art. 41, 4
Mediação: Introdução, 1.1.2
Mediação familiar: art. 3º, 10
Meios de impugnação: v. recursos
Microempresa: art. 8º, 2
Ministério Público: Introdução, 1.1.6; art. 8º, 6; art. 11, 1; art. 57, 1
Monitório: v. procedimento
Municipalização da justiça: Introdução, 1; 1.1

N

Nulidade:
    absoluta: art. 2º, 7, 8; art. 5º, 2
    inexistência – ausência de prejuízo: art. 13, 2

O

Obrigação de entregar, fazer e não fazer execução: art. 52, 6, 7
Oficial de justiça – custas – diligências: art. 54, 1
Oposição: art. 10, 1
Oralidade: v. princípio
Organização da Sociedade Civil de Interesse Público: art. 8º, 2

P

Parceria agrícola: art. 3º, 1.2; art. 3º, 1.5
Partes:
    ausência em audiência: art. 51, 3
    equilíbrio processual – paridade entre os litigantes: art. 9º, 3
    falecimento: art. 51, 7, 8
    comparecimento pessoal à audiência: art. 9º, 1
    comparecimento espontâneo em juízo: art. 17, 1
    confissão: art. 20, 1
    intimação pessoal – extinção do processo: art. 51, 9
    mudança de endereço: art. 19, 3
    representação por advogado: art. 51, 3
    qualificação: art. 14, 5
Pedido:
    alternativo e cumulativo: art. 15, 1, 2, 4, 6
    certeza e determinação: art. 39, 2
    contraposto: art. 17, 2; art. 20, 2
    contraposto e reconvenção: art. 31, 2
    contraposto – pessoa jurídica: art. 8º, 4; art. 31, 2
    contraposto – maior de 18 anos: art. 8º, 6
    de desconsideração da personalidade jurídica: art. 14, 2; art. 52, 1; art. 53, 1
    de reconsideração: art. 41, 1.5
    e valor da causa: art. 14, 7
    genérico: art. 14, 9; art. 52, 2
    inicial e fato superveniente: art. 14, 4
    interpretação restritiva: art. 39, 3
    objeto da demanda: art. 14, 7; art. 51, 6
    oral: art. 14, 10
    subsidiário: art. 15, 4, 5
    sucessivo: art. 15, 3, 4, 5
Penhora: art. 52, 1; art. 52, 8; art. 53, 6
Petição inicial:
    causa de pedir e pedido – modificação: art. 14, 3, 6
    emenda: art. 14, 2
    fixação dos contornos da lide: art. 39, 5
    indeferimento – reforma de ofício: art. 42, 5
    pedido e causa de pedir – alteração: art. 3º, 4.6
    pedido e valor da causa: art. 14, 7
    provas e seu requerimento: art. 14, 8
    qualificação das partes: art. 14, 5
    requisitos: art. 14, 2
    valor da causa – princípios: art. 3º, 4.6
Pessoa jurídica:
    acordo: art. 57, 1
    exclusão do polo ativo: art. 8º, 2
    liquidação extrajudicial: art. 51, 6
    pedido contraposto: art. 8º, 4
    representação por preposto: art. 9º, 6
Pessoa natural cessionária de pessoa jurídica: art. 8º, 5
Poder Judiciário Municipal: Introdução, 1.1.4

Preclusão: art. 2º, 2; art. 41, 1.5
Preposto credenciado: art. 9º, 6
Prescrição – título executivo extrajudicial: art. 53, 5
Pressuposto processual de validade – capacidade para estar em juízo: art. 8º, 1
Prestações periódicas ou de trato sucessivo: art. 39, 2
Prevenção: art. 3º, 1.10
Princípio:
    da oralidade: art. 2º, 2, 3; art. 16, 2; art. 20, 1
    dispositivo: art. 3º, 1.2; art. 33, 3
    do imediatismo, imediação ou imediatidade: art. 2º, 2
    da concentração: art. 2º, 2
    da congruência: art. 39, 1; art. 41, 1.1
    da equidade: art. 2º, 3, 4. 5
    da eventualidade ou preclusão: art. 2º, 2; art. 28, 1; art. 29, 3; art. 30, 3; art. 41, 1.3
    da igualdade: art. 3º, 1.3; art. 54, 1
    da instrumentalidade das formas: art. 13, 1
    da irrecorribilidade das decisões: art. 2º, 2; art. 41, 1.3
    da livre valoração: art. 3º, 8.3
    da *perpetuatio jurisdictionis*: art. 3º, 1.10; 9.2; art. 52, 1
    da proporcionalidade: art. 43, 2
    da originalidade, obrigatoriedade e definitividade: art. 3º, 4.6; art. 14, 3, 4; art. 15, 1; art. 39, 5; art. 51, 6
    da simplicidade, informalidade, economia processual e celeridade: art. 2º, 2
    da sucumbência: art. 54, 1; art. 55, 1, 3, 4
    da taxatividade: art. 48, 2
    dispositivo: art. 5º, 2; art. 6º, 1
    do duplo grau de jurisdição: art. 26, 12; art. 41, 1.1, 1.3
Princípios gerais de direito: art. 1º, 2; art. 6º, 1
Procedimento:
    incompatibilidade: art. 51, 4
    monitório: art. 53, 1
    opção: art. 3º, 1.2, 11, 12
    sumário: art. 2º (3, 4, 5 e 6); art. 3º, 1.1; 5; art. 30, 1
    sumariíssimo: art. 2º (3, 4, 5 e 6)
    trâmites preliminares: art. 16, 1
Processo:
    acusatório: art. 5º, 2
    atos: v. atos processuais
    bilateralidade: art. 31, 2
    de conhecimento – sucumbência em primeiro grau: art. 55, 1
    de execução – despesas e honorários: art. 55, 4
    equilíbrio entre as partes: art. 9º, 3
    efetividade: Introdução, 1
    especialíssimo: Introdução, 1
    extinção: v. extinção do processo (com ou sem resolução do mérito)
    instrumentalidade: art. 3º, 1.1
    julgamento – conforme o seu estado: art. 51, 2
    oralidade, publicização e socialização: Introdução, 1
    redistribuição: art. 51, 1
    suspensão – execução: art. 53, 5
Procuração: v. mandato
Prova:
    admissibilidade e meios probatórios: art. 32, 1
    confissão: art. 20, 1
    documental – manifestação: art. 29, 3
    especificação: art. 33, 2
    inspeção judicial: art. 35, 3
    momento oportuno para produção: art. 33, 1, 2
    ônus das partes: art. 5º, 2; art. 33, 3
    oral – inquirição de testemunhas e depoimento pessoal: art. 28, 1
    poderes instrutórios: art. 33, 3
    prazo para apresentação do pedido de intimação das testemunhas: art. 34, 3
    produção *ex officio*: art. 20, 2
    requerimento: art. 14, 8; art. 33, 2
    técnica – perícia – complexidade: art. 35, 1, 2
    testemunhal – número máximo: art. 34, 1
    testemunhas – comparecimento e condução: art. 34, 2, 4
    tipos: art. 32, 2
    valoração: art. 5º, 3

Q

Questões incidentes – decisão: art. 29, 1

R

Razões finais: v. alegações finais
Reconhecimento do pedido: art. 2º, 7, 8
Reclamação: art. 41, 1.3, 1.6, 2, 1.7, 1.7.1, 1.7.2, 1.8; 1.13; art. 59, 1
Reconvenção:
    e pedido contraposto: art. 31, 2
    proibição de reconvir: art. 31, 1
    revelia: art. 20, 2
Recursos:
    acórdão – forma e fundamentação: art. 46, 1

adesivo: art. 41, 1.1; art. 42, 2
advogado – indispensabilidade: art. 41, 4
agravo (retido e por instrumento): art. 41, 1.3, 1.6
apelação: art. 41, 1.2, 2
controle de admissibilidade: art. 43, 1
de divergência: art. 59, 1
deserção: art. 54, 3
despesas processuais: art. 54, 2, 3
e meios de impugnação – espécies: art. 41, 1.1; art. 46, 2
efeito translativo: art. 41, 1.3
embargos de declaração: art. 46, 2; art. 48, 1, 2; art. 49, 1; art. 50, 1
embargos de divergência: art. 41, 2
embargos infringentes: art. 41, 2
erro material – correção de ofício: art. 48, 3
especial: art. 59, 1
execução (título judicial ou extrajudicial): art. 41, 1.3
extraordinário: art. 41, 1.3; art. 46, 2; art. 59, 1
fita magnética – transcrição: art. 44, 1
fundamentação e forma: art. 42, 2
habeas corpus: art. 41, 1.4; art. 46, 2
indeferimento da inicial: art. 42, 5
inominado: art. 41, 1.2
instrumento de mandato: art. 9º, 6
intimação da data do julgamento: art. 45, 1
julgamento de mérito conforme o estado inicial do processo: art. 38, 3; art. 42, 6
julgamento monocrático em sede recursal: art. 41, 5
mandado de segurança: art. 41, 1.3, 1.4, 1.6, 2; art. 46, 2
pedido de reconsideração: art. 41, 1.5
prazo: art. 42, 1
preparo e deserção: art. 42, 3
recebimento – efeitos: art. 43, 2
reclamação (ou correição parcial): art. 41, 1.3, 1.6, 2; art. 59, 1
reforma de ofício: art. 42, 5
resposta: art. 42, 4
sucumbência: art. 55, 3
tutelas de urgência: art. 2º, 2
uniformização de jurisprudência: art. 41, 2
Regras de experiência comum ou técnica: art. 5º, 3
Remissão: art. 3º, 12
Renúncia: art. 2º, 7, 8
Renúncia ao crédito excedente: art. 3º, 1.2; 12; art. 21, 2; art. 39, 6

Resolução de demandas repetitivas – incidente: art. 41, 1.11
Resposta:
conteúdo: art. 30, 3; 4
contestação: art. 30, 1, 2, 3, 4
momento para oferecer: art. 17, 2
maneira de oferecer e momento processual oportuno: art. 30, 1
manifestação do autor: art. 31, 3
oral: art. 20, 2
pedido contraposto (contrapedido): art..31, 1, 2
prazo – decurso de tempo entre a citação e a audiência: art. 30, 2
reconvenção: art. 31, 1, 2
Réu:
ausência em audiência – consequências: art. 20, 1; art. 51, 3
comparecimento espontâneo ao processo: art. 18, 7
Revelia:
contumácia: art. 51, 3
efeitos: art. 20, 1, 2
julgamento antecipado: art. 23, 1
pessoa jurídica: art. 9º, 6

S

Saneador: art. 14, 3
Sentença:
autoexecutividade: art. 52, 5
ad referendum: art. 40, 2
coisa julgada: art. 38, 2
congruência entre o pedido e o pronunciado: art. 39, 1
conteúdo: art. 38, 1
condenação implícita: art. 39, 3
condenatória – cálculo aritmético: art. 39, 2
conversão dos índices e cálculo do contador: art. 52, 3
criminal de natureza civil – execução: art. 3º, 9.3
cumprimento: art. 3º, 9.1, 9.3; art. 52, 1
descumprimento: art. 52, 4, 5, 6, 7
efeitos: art. 39, 1
execução imediata: art. 43, 2
extra petita: art. 15, 1; art. 39, 2
formal: art. 41, 1.3
homologatória de acordo: art. 22, 3
ineficácia: art. 39, 1, 2, 3, 4, 5; art. 41, 1.3
intimação da sentença: art. 52, 4

juiz leigo: art. 40, 1
julgamento de mérito conforme o estado inicial do processo: art. 38, 3; art. 42, 6
justa: art. 6º, 1
limite de valor – juros, correção monetária, sucumbência, multas, *astreintes:* art. 39, 2, 3, 4
liquidez: art. 38, 2; art. 52, 2, 3
matérias que serão objeto de conhecimento: art. 29, 2
mérito – procedência: art. 38, 1
motivação: art. 38, 1
nulidade e anulabilidade: art. 39, 1
obrigação de entregar, fazer e não fazer: art. 52, 6, 7
oral: art. 28, 2
pedido genérico: art. 52, 2
prestações periódicas ou de trato sucessivo: art. 39, 2
reforma de ofício: art. 42, 5
salário mínimo – modificação – limites: art. 39, 5
sucumbência: art. 39, 4
validade: art. 39, 1
Sistema dos Juizados Especiais: art. 1º, 5
Small claims courts: art. 3º, 1.5
Sociedade civil: art. 8º, 2, 3
Sociedade de crédito ao microempreendedor: art. 8º, 2
Subsunção: art. 5º, 2; 3; art. 6º, 1
Sucumbência:
    acesso à justiça e gratuidade: art. 54, 1
    ato atentatório ao exercício da jurisdição: art. 55, 2
    despesas em grau de recurso: art. 54, 2
    litigância de má-fé: art. 55, 2
    processo de conhecimento – primeiro grau: art. 55, 1
    processo de execução: art. 55, 4
    recorrente – vencido: art. 51, 10
    recurso: art. 54, 2
Sumary Courts: art. 3º, 1.5
Sumarização das formas: Introdução, 1; art. 41, 2

Teoria dogmática da interpretação e da argumentação: art. 6º, 1
Título executivo extrajudicial – prescrição: art. 53, 5
Título executivo judicial:
    autoexecutividade: art. 52, 5
    cálculo do contador e conversão dos índices: art. 52, 3
    descumprimento da sentença: art. 52, 5
    execução – processamento: art. 52, 1
    limite de valor: art. 3º, 1.7
    liquidez: art. 52, 2
    obrigação de entregar, fazer ou não fazer: art. 52, 6, 7
Título executivo judicial e extrajudicial:
    acordos não jurisdicionalizados: Introdução, 1.1.6
    competência: art. 3º, 9
    natureza jurídica: art. 52
Tutelas de urgência. Recurso: art. 2º, 2; art. 41, 1.3
Transação:
    abrangência: Introdução, 1.1.2
    distinções – conciliação: art. 2º, 7, 8
    vantagens e desvantagens: art. 21, 1
Turma Recursal:
    acórdão – forma e fundamentação: art. 46, 1
    competência restritiva: art. 41, 2
    composição: art. 41, 3
    conceito: art. 3º, 1.8
    decisão monocrática: art. 46, 2
Turma nacional de uniformização de jurisprudência: art. 41, 1.9
Tutela antecipatória e acautelatória: art. 1º, 2
Tutela antecipatória específica: art. 52, 6, 7
Tutela antecipada – despejo: art. 3º, 6
Tutela antecipada – ações possessórias: art. 3º, 7.1
Tutela jurisdicional coercitiva: Introdução, 1.1

União, Estados e Distrito Federal – concorrência legislativa: art. 3º, 1.4
Uniformização de jurisprudência: art. 41, 1.7, 1.9

V

Valor da causa:
    ações possessórias: art. 3º, 8
    conceito: art. 3º, 4.1
    competência: art. 3º, 4.4
    controle judicial *ex officio:* art. 3º, 4.2
    critério para fixação: art. 3º, 4.7, 4.8, 8.1; 8.2; 8.3
    e pedido: art. 14, 7
    impugnação: art. 3º, 4.4
    limitação em face de determinadas matérias: art. 3º, 1.5
    limite – ação de despejo para uso próprio: art. 3º, 1.6
    limite – título executivo judicial: art. 3º, 1.7

princípio da originalidade, obrigatoriedade e definitividade: art. 3º, 4.6
princípio da livre valoração: art. 3º, 8.3
procedimento sumário: art. 3º, 4.3

relevância do tema: art. 3º, 4.2
Verdade e verossimilhança: art. 5º, 2
Vídeo conferência - possibilidade: art. 22, 4

Parte Criminal – *Fernando da Costa Tourinho Neto*

A

A contrario sensu: art. 73, Cap. III, 2
Ab ovo: art. 89, Cap. III, Seção VI, 19
Ab rogação: art. 97, 1.1
Abdução: art. 63, Cap. III, Seção I, 5
Abolitio criminis: art. 76, Cap. III, Seção II, 5
Ação penal privada: art. 77, Cap. III, Seção III, 5
    ação penal privada subsidiária: art. 77, Cap. III, Seção III, 6
    crime contra a honra. Servidor público. Legitimação concorrente com o MP: art. 77, Cap. III, Seção III, 6
    finalidade: art. 77, Cap. III, Seção III, 6
Ação penal privada e o lugar da propositura da ação: art. 63, Cap. III, Seção I, 2.11
Ação penal pública incondicionada: art. 77, Cap. III, 2
    acusação: art. 77, Cap. III, Seção III, 2.1
    MP e a investigação: art. 77, Cap. III, Seção III, 2.1.1
    procedimento: art. 77, Cap. III, Seção III, 2.2
Ação penal. Representação: art. 75, Cap. III, Seção II, 1
    o menor de 18 anos e o direito de representação: art. 75, Cap. III, Seção II, 2
Actio civilis ex delicto: art. 75, Cap. III, Seção II, 3
Acusado. Comparecimento à audiência sem advogado: art. 68, Cap. III, Seção I, 3
    falta de advertência no mandado de intimação ou de citação: art. 68, Cap. III, Seção I, 2
Ad faciem: art. 76, Cap. III, Seção II, 5
Ad hoc: art. 76, Cap. III, Seção II, 5
Ad impossibilia nemo tenetur: art. 89, Cap. III, Seção VI, 14
Ad infinitum: art. 66, Cap. III, Seção I, 1.1.5
Ad judicia: art. 82, Cap. III, Seção III, 6.7
Ad terrorem: art. 72, Cap. III, Seção II, 2
Advogado. Assistência na audiência: art. 68, Cap. III, Seção I, 1
    imprescindibilidade da presença do advogado: art. 68, Cap. III, Seção I, 1.1
Ahasverus: Introdução, 1.4
Algemas. Uso: art. 76, Cap. III, Seção I, 1.3, d.1

Algo está a apodrecer no Rei da Dinamarca: Introdução, 1.3
Álibi: art. 76, Cap. III, Seção II, 6
Anímico: art. 62, Cap. III, 2.2
Anomia: Introdução, 1.4
Ante acta: art. 76, Cap. III, Seção II, 1.4, c
Ante tempus: art. 76, Cap. III, Seção II, 1.3, d
Antinomia: art. 62, Cap. III, 2.1; art. 92, Cap. III, Seção VI, 1
Aplicação da Lei 9.099/95: art. 90, Cap. III, Seção VI, 1
    aplicação subsidiária do CPC: art. 91, Cap. III, Seção VI, 2
    aplicação subsidiária do CPP: art. 90, Cap. III, Seção VI, 1; art. 92, Cap. III, Seção VI, 1; art. 92, Cap. III, Seção VI, 2
    conflito entre as Leis 9.099/1999 e 10.259/2001: 775
    contagem do prazo de *vacatio legis*: art. 96, I, Cap. IV, 2.5.1
    instrução iniciada: art. 90, Cap. III, Seção VI, 1
    irretroatividade *in pejus*: art. 90, Cap. III, Seção VI, 2.1
    lex gravior: art. 90-A, Cap. III, Seção VI, 1.2
    lex mitior: art. 90, Cap. III, Seção VI, 1; art. 90-A, Cap. III, Seção VI, 1.2
    retroatividade *in melius*: art. 90, Cap. III, Seção VI, 1
    revogação da lei antes de entrar em vigor: art. 90, Cap. III, 2.2.1
    sucessão de leis penais: art. 90, Cap. III, Seção VI, 2.1
    tempus vacacionis: art. 90, Cap. III, Seção VI, 2.1
    vacatio legis: art. 97, Cap. IV, 2.5; art. 90, Cap. III, Seção VI, 2.1
Apresentação do autor do fato ao Juizado Especial: art. 69, Cap. III, Seção II, 8
Apud acta: art. 65, Cap. III, Seção I, 1
Árbitro: Cap. III, 1
Arguição de inconstitucionalidade: Ações de impugnação: 1
    ações de impugnação: 2
    cláusula de reserva de plenário: Ações de impugnação: 2
    constituição "ordem escrita do povo": 795
    Juizados Especiais, Turmas Recursais e o controle de constitucionalidade:

Aritmética do cárcere: art. 81, Cap. III, Seção III, 10.1
Arquivamento: art. 76, Cap. III, Seção II, 14
    boletim circunstanciado: art. 76, Cap. III, Seção II, 14
Ars boni et aequi: art. 62, Cap. III, 1.2
Ars stabili et securi: art. 62, Cap. III, 1.2
Assistência do advogado: art. 68, Cap. III, Seção I, 1
    comparecimento do acusado sem advogado: art. 68, Cap. III, Seção I, 3
    falta da advertência: art. 68, Cap. III, Seção I, 2
    imprescindibilidade a presença do advogado: art. 68, Cap. III, Seção I, 1.1
    notificação: *Notus ficare*: art. 67, Cap. III, Seção I, 1
    notus ficare: art. 67, Cap. III, Seção I, 1
Ato atípico: art. 65, Cap. III, Seção I, 1.3
Ato imperfeito: art. 64, Cap. III, Seção I, 1.1
Atos das partes: art. 64, Cap. III, Seção I, 4
Atos de comunicação: art. 66, Cap. III, Seção I,
    citação: art. 66, Cap. III, Seção I, 1.1
        por carta de ordem: art. 66, Cap. III, Seção I, 1.1.3
        por despacho: art. 66, Cap. III, Seção I, 1.1.1
        por edital: art. 66, Cap. III, Seção I, 1.1.5
        por e-mail: art. 66, Cap. III, Seção I, 1.1.6
        por carta precatória: art. 66, Cap. III, Seção I, 1.1.2
        precatória itinerante: art. 66, Cap. III, Seção I, 1.1.2.1
        por carta rogatória: art. 66, Cap. III, Seção I, 1.1.4
        por mandado: art. 66, Cap. III, Seção I, 1.1.1
    intimação: art. 67, Cap. III, Seção I, 1,
        intimação na audiência (intimação automática): art. 67, Cap. III, Seção I, 2
Atos do juiz: art. 64, Cap. III, Seção I, 3
Atos dos serventuários: art. 64, Cap. III, Seção I, 5
Atos irregulares: art. 65, Cap. III, Seção I, 1.6
Atos praticados por terceiros: art. 64, Cap. III, Seção I, 6
Atos processuais praticados em outras comarcas ou seções: art. 65, Cap. III, Seção I, 5
Atos processuais: art. 64, Cap. III, Seção I, 1
    princípios da publicidade e da celeridade: art. 64, Cap. III, Seção I, 2
    processo paralelo: art. 63, Cap. III, Seção I, art. 63, Cap. III, Seção I,
    publicidade emocional da mídia: art. 64, Cap. III, Seção I, 2
Atos processuais: art. 65, Cap. III, Seção II
    ato inexistente: art. 65, Cap. III, Seção I, 1.2
    ato nulo: art. 65, Cap. III, Seção I, 1.3
        facienda est interpretatio, in dúbio, ut actus valeat: art. 64, Cap. III, Seção I, 3.1

    irregularidade: art. 65, Cap. III, Seção I, 1.6
    le fond emporte la forme: art. 64, Cap. III, Seção I, 1.3
    nulidade originária e derivada: art. 65, Cap. III, Seção I, 1.5
    nulidade sanável: art. 65, Cap. III, Seção I, 1.4
    pas de nulllité sans grief: art. 64, Cap. III, Seção I, 1.3.1
    princípio da causalidade: art. 65, Cap. III, Seção I, 1.5
    princípio da convalidação: art. 65, Cap. III, Seção I, 1.3.3
    princípio da finalidade: art. 65, Cap. III, Seção I, 1.3.1
    princípio do interesse: art. 65, Cap. III, Seção I, 1.7
    pincípio do prejuízo: art. 65, Cap. III, Seção I, 1.3.2
    utile non debet per inutile vititiari: art. 65, Cap. III, Seção I, 1.5
    vis sanatrix: art. 65, Cap. III, Seção I, 1.4
    ato processual perfeito: art. 65, Cap. III, Seção I.1
    prática de atos processuais em outras Comarcas: art. 65, Cap. III, Seção 1.2
Atuam ipso jure: Introdução, 2.1
Audiência de instrução e julgamento: art. 81, Cap. III, Seção III, 8
    tentativa de conciliação e proposta do MP: art. 81, Cap. III, Seção III, 1
Audiência preliminar: art. 70, Cap. III, Seção II, 1; art. 72, Cap. III, Seção II, 1
    audiência de conciliação: art. 73, Cap. III, Seção II.
    ausência do autor do fato e da vítima: art. 70, Cap. III, Seção II, 1; art. 72, Cap. III, Seção II, 1
    conciliação: art. 73, Cap. III, Seção II, 1
    explicações sobre a composição dos danos: art. 72, Cap. III, Seção II, 2
    intimação do faltoso: art. 71, Cap. III, Seção II.
Autor do fato: Introdução, 1.2.3
Autoridade policial: art. 69, Cap. III, Seção II, 2

Bidelus: art. 80, Cap. III, Seção III, 1
Bis in idem: art. 76, Cap. III, Seção II, 1.4, c
Boletim de ocorrência (BO): art. 69, Cap. III, 3

Calo profissional: art. 60, Cap. III, 1
Carcer ad custodiam: art. 78, Seção III, 3

Caso complexo: art. 77. Cap. III, 4
   complexidade verificada no curso da ação penal: art. 77. Cap. III, 4.1
Causas de aumento de pena: art. 61, Cap. III, 7
Causas de competência originária dos Tribunais, art. 63, Cap. III, Seção I, 3
Causas de diminuição de pena: art. 61, Cap. III, 7
Christus est pax, transacito forma pacis; ergo, per transactionem, pro pace laboremus: art. 76, Cap. III, Seção II, 1
Cifra negra: art. 62, Cap. III, 2.1
Cifra negra: art. 62, Cap. III, Disposições Gerais, 2.2.1
Circunstâncias: art. 61, Cap. III, 7
   circum stare: art. 61, Cap. III, 7, 8
   judiciais: art. 61, Cap. III, 7
   legais específicas: art. 61, Cap. III, 7
   legais genéricas: art. 61, Cap. III, 7
   objetivas ou reais: art. 61, Cap. III, 7
   qualificadoras: art. 61, Cap. III, 7
   subjetivas ou pessoais: art. 61, Cap. III, 7
Competência: art. 63, Cap. III, Seção I, 2
   conexão e continência: art. 63, Cap. III, Seção I, 2.8
      desclassificação: art. 63, Cap. III, Seção I, 2.1
      determinação: art. 63, Cap. III, Seção I, 2.1
      distribuição: art. 63, Cap. III, Seção I, 2.6
      domicílio ou residência do réu: art. 63, Cap. III, Seção I, 2.5
      fixação. Critérios: art. 63, Cap. III, Seção I, 2
         ratione materiae: art. 63, Cap. III, Seção I, 2
         ratione personae: art. 62, Cap. III, Seção I, 2
         ratione loci: art. 62, Cap. III, Seção I, 2
      ibi facinus perpetravit, ibi poena reddita: art. 63, Cap. III, Seção I, 2
      infração praticada: art. 63, Cap. III, Seção I, 2.4
      locus delicti comissi: art. 63, Cap. III, Seção I, 2
      lugar da infração: art. 63, Cap. III, Seção I, 2.4
      natureza da infração: art. 63, Cap. III, Seção I, 2.3
      por prerrogativa de função após cessação da investidura: art. 63, Cap. III, Seção I, 4
      por prerrogativa de função: art. 63, Cap. III, Seção I, 2.9
      prevenção: art. 63, Cap. III, Seção I, 2.7
      procedimento no caso de ocorrer conexão ou continência: art. 63, Cap. III, Seção I, 2.8.1
      ratione loci: art. 63, Cap. III, Seção I, 2
Complexidade: art. 77, Cap. III, Seção III, 4
   complexidade verificada no curso da ação: art. 77, Cap. III, Seção III, 4.1
   correição parcial: art. 77, Cap. III, Seção III, 4

perpetuatio jurisdictionis: art. 63, Cap. III, Seção I, 2.10; art. 77, Cap. III, Seção III, 4.1
Composição dos danos civis: art. 72, Cap. III, Seção II, 3
   ausência da vítima: art. 72, Cap. III, Seção II, 1
   autor do fato, pobre miserável: art. 74, Cap. III, Seção II, 1
   composição amigável: art. 74, Cap. III, Seção II, 1
   composição dos danos e o MP: art. 73, Cap. III, 1.3
   composição penal: art. 74, Cap. III, Seção II, 1
   composição. Sujeito passivo só o Estado: art. 73, Cap. III, 1.2
   composição. Tentativa. Precatória: art. 73, Cap. III, 1.4
   decisão sobre o acordo: art. 74, Cap. III, Seção II, 2
   frustração da composição civil e a ação penal privada: art. 75, Cap. III, Seção II, 4
   não cumprimento do acordo: art. 74, Cap. III, Seção II, 4
   rescisão: art. 74, Cap. III, Seção II, 2
   renúncia: art. 74, Cap. III, Seção II, 3
   sentença homologatória: art. 74, Cap. III, Seção II, 2
   título executivo judicial: art. 74, Cap. III, Seção II, 2
Composição dos danos: art. 74, Cap. III, Seção II, 1
Conciliação: art. 73, Cap. III, 1
   conciliadores: art. 73, Cap. III, 2
   fundo de amparo à vítima art. 73, Cap. III, 1.1
   tentativa de conciliação: art. 79, Cap. III, Seção III, 1
   tentativa de conciliação deprecada: art. 73, Cap. III, Seção II, 1.4
Concursos de crimes: art. 61, Cap. III, Disposições gerais, 5
   concurso formal: art. 61, Cap. III, Seção II, 5
   concurso material: art. 61, Cap. III, Seção II, 5
   separação dos processos: art. 63, Cap. III, Seção I. 2.8
   simultaneus processus: art. 63, Cap. III, Seção I, 2.8
   unidade de processos: art. 63, Cap. III, Seção I, 2.8
Conexão instrumental ou probatória: art. 63, Cap. III, Seção I, 2.8
Conflito de competência: art. 62, Cap. III, Seção I, 2.13
   juiz de Direito e Juizado Especial Estadual: art. 63, Cap. III, Seção I, 2.13
   Juizado Especial Estadual e Juizado Especial Federal: art. 63, Cap. III, Seção I, 2.8
   Juizado Especial Federal e Juiz de Direito: art. 63, Cap. III, Seção I, 2.8; 2.13
   Juizado Especial e Juízo Comum: art. 63, Cap. III, Seção I, 2.13
   Juizado Especial e Tribunal de Alçada: art. 63, Cap. III, Seção I, 2.13

Conjunção carnal: art. 61, Cap. III, 10

Constitutio rerum et fortunarum: art. 63, Cap. III, Seção I, 2.5

Continuidade delitiva: art. 61, Cap. III, Seção II, 5

Contradictio in adjecto: art. 61, Cap. III, 2

Contradictio in adjectis: art. 76, Cap. III, Seção II, 3.b.2

Contrario sensu: art. 76, Cap. III, Seção II, 4

Contravenções penais: art. 61, Cap. III, 2

    competência dos Juizados e as contravenções com pena superior a 2 anos: art. 61, Cap. III, 2.2

    mendigos inválidos e mendigos válidos: art. 61, Cap. III, 2

    omissão por esquecimento: art. 61, Cap. III, 2

    reincidência: art. 61, Cap. III, 2.1

    tentativa: art. 61, Cap. III, 2, 8.1

Correição parcial: art. 77, Cap. III, Seção III, 4

Crime militar e Lei dos Juizados: art. 90-A, Cap. III, Seção VI, 1

    art. 90-A, acréscimo pela Lei 9.839/1999.

    crime militar próprio e impróprio: art. 90-A, Cap. III, Seção VI, 1.1

    eficácia ultrativa: art. 90-A, Cap. III, Seção VI, 1, 1.2

    irretroatividade: art. 90-A, Cap. III, Seção VI, 1.2

    lex mitior: art. 90, Cap. III, Seção VI, 1; art. 90-A. Cap. III, Seção VI, 1.2

Crime:

    complexo: art. 61, Cap. III, 9

    concurso de crimes: art. 61, Cap. III, 5

    continuado e fixação da pena: art. 61, Cap. III, 6

    continuado: Crime de bagatela: art. 61, Cap. III, 4

    crime de estupro e lesão corporal leve: art. 61, Cap. III, 10

    crime, contravenção e reincidência: art. 61, Cap. III, 2.1

    crimes conexos. Competência do Juizado Federal e do Juizado Estadual: art.63, Cap. III, 2.13

    de bagatela: Crime de bagatela: art. 61, Cap. III, 4

    de menor potencial ofensivo. Exceções. Ritos especiais: art. 61, Cap. III, 12

    desclassificação da tentativa homicídio para lesão leve, pelo Tribunal do Júri: art. 61, Cap. III,11

    tentativa e o máximo da pena: art. 61, Cap. III, 8.1

Criminalização da pobreza (contravenção): art. 61, Cap. III, 2

Custos legis: art. 82, Cap. III, Seção III, 6.1.2

D

Damnum injuria datum: art. 64, Cap. III, Seção I

Dano moral: art. 62, Cap. III, 2.2

    arbitramento. Regras: art. 62, Cap. III, 2.2

    caixa de multas: art. 62, Cap. III, 2.2

    danos sofridos pela vítima: art. 62, Cap. III, 2.2

    indenização. O que levar em consideração: art. 62, Cap. III. 2.2

    pretium doloris art. 62, Cap. III, 2.2

    quantum debeatur: art. 62, Cap. III, 2.2

    ressarcimento: art. 62, Cap. III. 2.2

    tarifação: art. 62, Cap. III, 2.2

De lege ferenda: art. 76, Cap. III, Seção II, 1.3.b.2

Decisum: art. 82, Cap. III, Seção III, 12.3

Declinatoria fori: art. 66, Cap. III, Seção I, 1.1.3

Degravação: art. 65, Cap. III, Seção I,3

Delatio criminis: art. 67, Cap. III, Seção II, 1

Delicti nani: art. 61, Cap. III, 2

    critérios para determinar-se o que seja delito de menor potencial ofensivo: Cap. III, 1

Delito de menor potencial ofensivo: art. 61.Cap. III, 1

Denúncia

    circunstâncias (*quis? quid? ubi? quibus auxilis? cur? quomodo? quo modo? quando? nec plus ultra?*): art. 77, Cap. III, Seção III, 2.4

    número de testemunhas: art. 77, Cap. III, Seção III, 2.1

    oferecimento: art. 78, Cap. III, Seção III, 1

    testemunhas: art. 77, Cap. III, Seção III, 2

Deportação: art. 63, Cap. III, Seção I, 5

Derrogação: art. 61, Cap. III, 1

Descriminalização: art. 62, Cap. III, 2.1

Despenalização: art. 62, Cap. III, 2.1

Despesas processuais: art. 87, Cap. III, Seção III, 1

    custas: art. 87, Cap. III, Seção III, 1

    redução: art. 87, Cap. III, Seção III, 2

    honorários advocatícios: art. 87, Cap. III, Seção III, 3

Diligências complementares: art. 69, Cap. III, Seção II, 4

Direito achado nas ruas: art. 60, Cap. III, 1

Direito alternativo: art. 60, Cap. III, 1

Direito Penal, direito da dor: art. 62. Cap. III, 2.1

Direito penal. Natureza subsidiária: art. 62, Cap. III, Disposições gerais, 2.2.1

Direitos fundamentais: Introdução, 1.1

Dominus litis: art. 89, Cap. III, Disposições finais

Dosimetria penal: art. 76, Cap. III, Seção II, 1.4, c

Due process of law: art. 64, Cap. III, Seção I, 2; art. 76, Cap. III, Seção II, 3, a

Dura lex, sed lex: art. 64, Cap. III, Seção I, 1.3

Editio actionies: art. 63, Cap. III, Seção I, 1
Eficácia ultrativa: art. 90-A, Cap. III, Seção VI, 1.2
El hacerse ele derecho mediante el juízo: Introdução, 2.1
Elementar: art. 61, Cap. III, 8
Entrada irregular no país: art. 63, Cap. III, Seção I, 5
Error in judicando: art. 76, Cap. III, Seção II, 1.9
Error in procedendo: art. 76, Cap. III, Seção II, 1.9
Ex novo: art. 83, Cap. III, Seção III, 1.4
Ex officio: art. 76, Cap. III, Seção II, 1.7
Ex omni populo: Introdução, 2.1
Ex post facto: art. 63, Cap. III, Seção I, 2.2
Ex tunc: art. 90, Cap. III, Seção VI, 1
Ex vi: art. 89, Cap. III, Seção VI, 10
Exame de corpo de delito: 635
Exame de corpo de delito: art. 77, Cap. III, 3
Execuçao. Penas privativas e restritiva de direitos: art. 86, Cap. III, Seção III, 1
    pena de prestação de serviços. Conversão: art. 86, Cap. III, Seção III, 2
    pena restritiva de direitos. Conversão: art. 86, Cap. III, Seção III, 2
    substituição da pena privativa de liberdade por prestação pecuniária: art. 86, Cap. III, Seção III, 3
Execução: art. 84, Cap. III, Seção III, 1
    Multa: art. 84, Cap. III, Seção III, 1
        cobrança: art. 84, Cap. III, Seção III, 1.3
        dívida ativa: art. 84, Cap. III, Seção III, 1.3
        dívida de valor: art. 85, Cap. III, Seção III, 1
        extinção da punibilidade pelo pagamento: art. 84, Cap. III, Seção III, multa decorrente de transação e a conversão em cesta básica: art. 84, Cap. III, Seção III, 1.8.1
        inadimplemento: art. 84, Cap. III, Seção III, 1.8
        não pagamento. Conversão em pena privativa de liberdade?: art. 85, Cap. III, Seção III, 1
        natureza da multa: art. 85, Cap. III, Seção III, 1.1
        pagamento parcelado: art. 84, Cap. III, Seção III, 1.2
        prazo para pagamento da multa. Termo *a quo* art. 84, Cap. III, Seção III, 1.1
        prescrição da pena de multa: art. 85, Cap. III, Seção III, 1.2
        multa devida e a correção monetária: art. 84, Cap. III, Seção III, 1.4
        multa e a herança: art. 84, Cap. III, Seção III, 1.7, 1.5

    competência para execução: art. 84, Cap. III, Seção III, 1.9
    procedimento: art. 84, Cap. III, Seção III, 1.3
    registro criminal: art. 84, Cap. III, Seção III, 1.6
Expulsão: art. 62, Cap. III, Seção I, 5
Extradição: art. 62, Cap. III, Seção I, 5; art. 78, Cap. III, Seção III, 3.2

Facienda est interpretatio, in dubio, ut actus valeat: art. 65, Cap. III, Seção I, 1.3.1
Fase preliminar: art. 69, Cap. III, Seção II, 1
    apresentação do autor do fato ao Juizado Especial: art. 69, Cap. III, Seção II, 8
    autoridade policial: art. 69, Cap. III, Seção II, 2
        falta de comparecimento de qualquer dos envolvidos: art. 71, Cap. III, Seção II, 1
        impossibilidade da realização da audiência preliminar: art. 70, Cap. III, Seção II, 1
    notitia criminis; art. 69, Cap. III, Seção II, 1
    opinio delicti: art. 69, Cap. III, Seção II, 3
    termo circunstanciado: art. 69, Cap. III, Seção II, 3
Fato infrator (ocorrência): art. 69, Cap. III, Seção II.
Fato jurídico: art. 64, Seção I, 1
    fatos jurídicos *lato sensu*: art. 64, Seção I, 1
Fattispecie: art. 62, Cap. III, 1.2
Favorabilia amplianda: art. 89, Cap. III, Seção VI, 1.1
Férias coletivas: art. 62, Cap. III, 1.8
Fiança: art. 69, Cap. III, Seção II, 7
Forum: art. 64, Cap. III, Seção I, 2
Fruits of the poisonous tree: art. 79, Cap. III, Seção III, 4
Frustra probatur quod probatum non relevat: 660
Fumus boni iuris: art. 78, Cap. III, Seção III, 3
Fundo de amparo à vítima e sua família: art. 73, Cap. III, Seção II, 1.1

G

Garantismo jurídico: Introdução, 1.1

H

Habeas corpus
    casos de constrangimento ilegal: Ações de impugnação: II, 8
    conceito e finalidade: Ações de impugnação: II, 3
    contra acórdão de Turma Recursal: Ações de impugnação: II, 15

contra ato do Juiz do Juizado: Ações de impugnação: II,15
de ofício: Ações de impugnação: II, 5.1
espécies: Ações de impugnação: II, 5
histórico: Ações de impugnação: II, 1
HC em favor do Governador Mauro Borges, pelo STF, *leading case:* Ações de impugnação: II, 1.1
HC e Juizados Especiais: Ações de impugnação: II, 15ilegalidade e abuso de poder: Ações de impugnação: II, 3
impetração: Ações de impugnação: II, 6
    autoridade coatora e detentor: Ações de impugnação: II, 6.3
    impetrante: Ações de impugnação: II., 6.1
    paciente: Ações de impugnação: II, 6.2
liberatório: Ações de impugnação: II, 5.2
natureza: Ações de impugnação: II, 4
meios de impetração: Ações de impugnação: II, 7
    liminar: Ações de impugnação: II, 7.1
    fumus boni iuris: Ações de impugnação: II, 7.1
    periculum in mora: Ações de impugnação: II, 7.1
pedido prejudicado: Ações de impugnação: II, 9
preventivo: Ações de impugnação: II, 5.3
    alvará clausulado: Ações de impugnação: II, 5.4
recurso de ofício: Ações de impugnação: II, 11
recursos: Ações de impugnação: II, 10
    efeitos do recurso: Ações de impugnação: II, 10.1
relaxamento de prisão: Ações de impugnação: II, 13
renovação ou reiteração de pedido: Ações de impugnação: II, 12
    impossibilidade do pedido: Ações de impugnação: II, 14
significado: Ações de impugnação: II, 2
Hic et nunc: hic et nunc: art. 76, Cap. III, Seção II, 3, d, 2, e

I may stand alone, butg would no change: art. 76, Cap. III, Seção II, 3, d
I'tropi amen guastono la messa art. 80, Cap. III, Seção III, 1
Ibi sit poena, ubi et noxia sint: art. 63, Cap. III, Seção I, 2
Identificação criminal: art. 69, Cap. III, Seção II, 10
Impossibile praeceptum judicis nullius esse momenti: art. 89, Cap. III, Seção VI, 14
Impunidade. Sensação: art. 62, Cap. III, Disposições gerais, 2.1; art. 63, Cap. III, Seção I, 2.4
In abstracto: art. 89, Cap. III, Seção VI, 2

In albis: art. 88, Cap. III, Seção VI, 1
In bonam partem: art. 90, Cap. III, Seção VI, 2
In dubio pro reo: 588
In faciem: art. 66, Cap. III, Seção I, 1.1.1
In loco: art. 64, Cap. III, Seção I, 2
In melius: art. 90, Cap. III, Seção VI, 1
In pejus: art. 76, Cap. III, Seção II, 5
In poenalibus causis benignus interpretandum est: art. 61, Cap. III, 5; art. 89, Cap. III, Seção VI, 19
In vinculus: art. 62, Cap. III, 2.1
Indiciado, suspeito, acusado, autor do fato. Introdução: 1.2
Infração praticada: art. 63, Cap. III, Seção I
Inquérito, arquivamento: art. 76, Cap. III, Seção II, 14
Intenção: art. 61, Cap. III, 2
Interpretatio illa sumenda quoe absurdum evitetur: art. 61, Cap. III, 3; art. 77, Cap. III, Seção III,
Intra vires hereditadis: art. 84, Cap. III, Seção III, 1.7
Investigação feita pelo Ministério Público: art. 69, Cap. III, Seção II, 3.1
Is contra quem res in judicium deducitur: Introdução, 1.2.2
Ita est: Introdução, 2.1

Judicatio: art. 63, Cap. III, Seção I,1
    acta judicii: art. 63, Cap. III, Seção I, 1
    editio actionis: art. 63, Cap. III, Seção I, 1
    pronuntiatio sentenciae: art. 62, Cap. III, Seção I, 1
Juiz *ad hoc:* art. 76, Cap. III, Seção II, 1.3, b
Juiz ajustador do direito à vida: art. 61, Cap. III, 1
Juiz ausente: Ações de impugnação: Conclusão
Juiz convidado de pedra: art. 76, Cap. III, Seção II, 6
Juiz de exceção: art. 76, Cap. III, Seção II, 1.3, b
Juiz de instrução: art. 76, Cap. III, Seção II, 1.3, b.1
Juiz de primeiro grau: art. 63, Cap. III, Seção I, 6
    Tribunal do Júri e o Juizado: art. 63, Cap. III, Seção II, 2.12
    Tribunais Regionais Federais: art. 63, Cap. III, Seção II, 3
Juiz *enquadrador* do ato humano: art. 89, Cap. III, Seção V, 8
Juiz imparcial: art. 76, Cap. III, Seção II, 1.3, b.1
Juiz imparcial: art. 76, Cap. III, Seção II, 1.3, b.1
Juiz legislador do caso concreto: Conclusão, 3
Juiz leigo: art. 60, Cap. III, 1

Juiz mão pesada: art. 60, Cap. III, 1

Juiz não é acusador: art. 82, Cap. III, Seção III, 10

Juiz natural, juiz legal, juiz competente: art. 76, Cap. III, Seção II, 1.3, b

Juiz neutro: art. 60, Cap. III, 1

Juiz popular: art. 76, Cap. III, Seção II, 1.3, b.1

Juiz *post factum*: art. 76, Cap. III, Seção II, 1.3, b

Juiz profissional: art. 60, Cap. III, Disposições gerais, 1

Juiz sem rosto, justiça oculta: Conclusão, 1

Juiz togado: Cap. III, 1

Juiz: *Nous jugeons comme des êtres bornes et nous punissons comme des infalibles*: Ações de impugnação: IV, 2

Juizado e a Lei Marinha da Penha: art. 61, Cap. III, 33

Juizado Especial Adjunto: art. 93, Cap. IV, I, 1.3.1.1

Juizado estrutura: art. 93, Cap. IV, I, 1.3.1

Juizados de Pequenas Causas: art. 93, Cap. IV, I, 1.1

Juizados e os crimes militares: art. 90-A, Cap. III, Seção VI, 1

Juizados Especiais Cíveis e Criminais: art. 93, Cap. IV, I, 1.3

Juizados especiais e a extradição: art. 63, Cap. III, Seção I, 3

Juizados especiais e as leis estaduais: art. 93, Cap. IV, I

    competência concorrente: art. 93, Cap. IV, I, 1.1

    competência dos Estados para legislar: art. 93, Cap. IV, I, 1.1

Juizados Especiais Federais. Organização. Peculiaridades: art. 93, Cap. IV, 1.3.2

Juizados Especiais Estaduais. Organização: art. 93, Cap. VI, Seção I, 13.3

Juizados especiais, composição, juízes togados, juizados leigos: Cap. III,1

    criação e instalação: art. 95, Cap. IV, 1

    crime ambiental: art. 61, Cap. III, 29

    crime contra a administração pública: art. 61, Cap. III, 23

    crime contra a criança e o adolescente: art. 61, Cap. III, 20

    crime contra a economia popular: art. 61, Cap. III, 15

    crime contra a propriedade industrial: art. 61, Cap. III, 25

    crime contra o consumidor: art. 61, Cap. III, 21

    crime contra o sistema financeiro: art. 61, Cap. III, 19

    crime de abuso de autoridade: art. 61, Cap. III, 16

    crime de ação penal privada: art. 61, Cap. III, 13

    crime de armas de fogo: art. 61, Cap. III, 31

    crime de atividade clandestina de telecomunicação: art. 61, Cap. III, 27

    crime falimentar: art. 61, Cap. III, 14

    crime de imprensa: art. 61, Cap. III, 17

    crime de licitação: art. 61, Cap. III, 24

    crime de sonegação fiscal: art. 61, Cap. III, 22

    crime de tortura: art. 61, Cap. III, 26

    crime de tóxico: art. 61, Cap. III, 18

    crime de trânsito: art. 61, Cap. III, 28

    crime militar: art. 61, Cap. III, 32

    graus de jurisdição: art. 62, Cap. III, Seção I, 63, 6

    objetivos dos juizados: art. 62, Cap. III, 2

        não aplicação da pena privativa de liberdade: art. 62, Cap. III, 2.1

Juizados Estaduais e no DF, Criação e Instalação: art. 95, Cap. IV, 1

Juizados Itinerantes: art. 93, Cap. IV, I, 1.3.1.2

Juizados. Serviços cartorários e audiências fora da sede da comarca: art. 94, Cap. IV, I

Juizados: Subsistema clássico e consensual: art. 93, Cap. IV, I, 1. 3

Juizite: art. 94, Cap. IV, Disposições finais e comuns, 1

Juízo comum criminal. Infrações menor potencial ofensivo. Critérios: art. 61, Cap. III, Disposições gerais, 1

Juízo de probabilidade e verossimilhança art. 78, Cap. III, Seção III, 3

Juris et de jure: art. 66, Cap. III, Seção I, 1.1.1

Juris tantum: *Juris et de jure*: art. 66, Cap. III, Seção I, 1.1.1

Jurisdição: art. 63, Cap. III, Seção I, 1

    conceito: art. 63, Cap. III, Seção I, 1

    elementos: art. 63, Cap. III, Seção I

        coertio: art. 63, Cap. III, Seção I, 1

        judicium: art. 63, Cap. III, Seção I, 1

        jurisdictio sine coertio nulla est: art. 63, Cap. III, Seção I, 1

        ne judex procedat ex officio: art. 63, Cap. III, Seção I, 1

        vocatio: art. 63, Cap. III, Seção I, 1

    graus de jurisdição nos juizados: art. 63, Cap. III, Seção I, 6

Jurisdictio: art. 63, Cap. III, Seção I, 1

Jus libertatis: art. 89, Cap. III, Seção VI, 1

Jus puniendi: art. 76, Cap. III, Seção II, 1.3;

Justiça conflitiva: art. 60, Cap. III, 2

Justiça consensual: art. 60, Cap. III, 2

Justiça do futuro: Conclusão

Justiça indo até aos menos favorecidos: art. 94 Cap. IV, Disposições finais e comuns, 1

    audiência previamente marcada: art. 94 Cap. IV, Disposições finais e comuns, 3 conflitos emergentes: : art. 94 Cap. IV, Disposições finais e comuns, 1

cheiro de povo: art. 94 Cap. IV, Disposições finais e comuns, 1

receio da mídia: art. 94 Cap. IV, Disposições finais e comuns, 1

receio de parte setorizada (a terrorista) do Ministério Público: art. 94 Cap. IV, Disposições finais e comuns, 1

viabilização do acesso à ordem jurídica: art. 94 Cap. IV, Disposições finais e comuns, 1.

Justiça participativa: art. 93, Cap. IV, I, 1.3

Justitia enim sine misericordia non est justitia sed crudelitas: art. 62, Cap. III, 2.1

L

L'heureuse loi du talion. Est la loi plus equitable, Introdução, 1.3

Laxismo: art. 62. Cap. III, 1.2

Le fond emporte la forme: art. 65, Cap. III, Seção I, 1.3

Leading case: Ações de impugnação: II, 7.1

Legislação de pânico, 673

Lei: art. 96, Cap. IV

ab-rogação: art. 97, Cap. IV, 1.1

contagem do prazo: art. 96, Cap. IV, 2.5.1

correção do texto legal, republicação da lei: art. 96, Cap. IV, 2.6

derrogação: art. 97, Cap. IV, 1.2

elaboração: art. 96, Cap. IV, 2.1

La ley ha de ser la misma para todos, sea que proteja, sea que castigue: art. 76, Cap. III, Seção II, 11

Les hommes ne souraint être libres, et tranquillles, si la justice est mal administrée; Introdução, 2.2

promulgação: art. 96, Cap. IV, 2.3

publicação: art. 96, Cap. IV, 2.4

repristinação: art. 97, Cap. IV, 1.4

revogação: art. 97, Cap. IV, 1

revogação das disposições em contrário: art. 97, Cap. IV, 1.3

revogação das Leis 4.611/1965 e 7.244/1984: art. 97, Cap. IV, 2

sanção: art. 96, Cap. IV, 2.2

sincrônico: art. 96, Cap. IV, 1.2

sistemas: imediato: art. 96, Cap. IV, 1,1

sucessivo: art. 96, Cap. IV, 1.3

vacatio legis: art. 96, Cap. IV, 2.5

veto: art. 96, Cap. IV, 2, 2.1

vigência da lei: art. 96, Cap. IV, 1

Lesões corporais leves e culposas: art. 88, Cap. III, Seção VI

condição de prosseguibilidade: art. 88, Cap. III, Seção VI, 1

desclassificação de lesão grave para leve: art. 88, Cap. III, Seção VI, 5falta de representação e o art. 564, III, a, do CPP: art. 88, Cap. III, Seção VI, 1.3

natureza: art. 88, Cap. III, Seção VI, 1

novatio legis: art. 88, Cap. III, Seção VI, 1

persecutio criminis in judicio: art. 88, Cap. III, Seção VI, 1

procedimentos originários: art. 88, Cap. III, Seção VI, 2

representação e contravenção: art. 88, Cap. III, Seção VI, 4

representação: art. 88, Cap. III, Seção VI, 1

Leviandade: art. 77, Cap. III, Seção III, 2.1

Lex gravior: Introdução, 2.1

Lex mitior: art. 90, Cap. III, Seção VI, 1

Lex non habet oculos retro: art. 90, Cap. III, Seção VI, 2

Lex posterior derrogat priori: art. 97, Cap. IV, 1.3

Lex specialis derogat lex generali: art. 92, Cap. III, Seção VI, 1

Locus comissi delicti: art. 63, Cap. III, Seção I, 2.11

M

Macrossistema: art. 93, Cap. IV, I, 1.3

Maioridade civil: art. 75, Cap. III, Seção II, 2

Maioridade penal: art. 75, Cap. III, Seção II, 2

Mandado de segurança: Ações de impugnação: III

conceito dado por Hely Meirelles: Ações de impugnação: III, 2

conceito: Ações de impugnação: III, 2

contra ato judicial: Ações de impugnação: III, 8

dano irreparável: Ações de impugnação: III, 8

decisão interlocutória do JE Ações de impugnação: III, 11.2.2

decisão teratológica: Ações de impugnação: III, 8

direito líquido e certo: Ações de impugnação: III, 4

extinção do processo de mandado segurança e falta de citação de MS contra

impetrado, autoridade coatora: Ações de impugnação: III, 52

juiz do Juizado autoridade coatora: Ações de impugnação: III, 9

impetrante: Ações de impugnação: III, 5.1

liminar: Ações de impugnação: III, 5.6

litisconsórcio ativo: Ações de impugnação: III, 11.1

litisconsórcio passivo; Ações de impugnação: III, 11.2

litisconsórcio: Ações de impugnação: III, 11

litisconsorte: Ações de impugnação: III, 11.2. 1

Mass media: art. 89, Cap. III, Seção VI, 1.1

Meritum causae: art. 81, Cap. III, Seção III, 2

Microssistema processual: Introdução, 2

    Origem, criação e instituição dos Juizados Estaduais e Federais: Introdução, 2.1

Minima non curat praetor: art. 76, Cap. III, Seção II, 11

Ministério Público. Intervenção: Ações de impugnação: III, 5.3

Ministério Público. Poder de investigar: 539, 629

Ministério Público. Intervenção do MP em mandado de segurança indeferido de plano: Ações de impugnação: III, 5.3

Ministério Público de primeiro grau: Ações de impugnação: III, 10

    natureza (*in natura*): Ações de impugnação: III, 3

    origem: Ações de impugnação: III, 1

    partes: Ações de impugnação: III, 5

    pré-constituída (de plano): Ações de impugnação: III, 4

    pressupostos: Ações de impugnação: III, 4

    prestação *in natura*: Ações de impugnação: III, 3

    processo penal: Ações de impugnação: III, 7

    recurso. Agravo regimental: Ações de impugnação: III, 8.1

Minus: art. 89, Cap. III, Seção VI, 1

Modus in rebus: art. 61, Cap. III, 11

Multifacetário: Ressarcimento dos danos sofridos pela vítima: art. 62, Cap. III, 2.2

Mutatis mutandis: art. 89, Cap. III, Seção VI, 1

N

Ne procedat judicio ex officio: art. 76, Cap. III, Seção II, 1.7

Nec delicta maneant impunita: art. 76, Cap.III, Seção II, 1.2

Nemo damnetur nisi per legale iudiciom: Introdução, 2.1

Nemo judex sine actore: art. 76, Cap. III, Seção II, 1.7

Nemo tenetur edere contra se: art. 80, Cap. III, Seção III, 1

Nemo tenetur se detegere: art. 80, Cap. III, Seção III, 1

Nemo tenetur seipsum accusare: art. 80, Cap. III, Seção III, 1

Nocentem absolvere satius quam innocentem condemnare: art. 81, Cap. III, Seção III, 4

Nolo contendere art. 76, Cap. III, Seção II,1.1

Non ex regula jus sumatur, sed ex jure quod est, regula fiat: art. 78, Cap. III, Seção III, 2.1

Notitia criminis: art. 69, Cap.III, Seção I,

Notus ficare: art. 67, Cap.III, Seção II, 1

Novatio legis: art. 88, Cap. III, Seção VI, 1

Nulidade: art. 65, Cap. III, Seção I, 1, 1.3

    nemo auditur propiam turpidinem allegans: art. 65, Cap. III, Seção I, 1.7

    nemo de improbitate sua consequitur actionem: art. 65, Cap. III, Seção I, 1.7

    nemo ex dolo suo lucretur: art. 65, Cap. III, Seção I, 1.7

    nulidade absoluta: art. 65, Cap. III, Seção I, 1.1

    nulidade derivada: art. 65, Cap. III, Seção I, 1.5

    nulidade insanável: art. 65, Cap. III, Seção I, 1.3

    nulidade originária: art. 65, Cap. III, Seção I, 1.5

    nulidade sanável: art. 65, Cap. III, Seção I, 1.4

    nulidades relativas e irregularidades: art. 65, Cap. III, Seção I, 1.6, 1.7

    nullus idoneus testis in re sua ingelligitur: art. 81, Cap. III, Seção III, 5

    nulla poena sine judicio: art. 76, Cap.III, Seção II, 1.3, a

O

Objetivos dos Juizados Especiais Criminais: art. 61, Cap. III; art. 62, Cap. III, 1, 2

    Não aplicação da pena privativa de liberdade: art. 62, Cap. III, 1, 2.1

Odiosa restringenda, favorabilia amplianda: 737

Ontologicamente: art. 61, Cap. III, 2

Ônus processual: art. 82, Cap. III, Seção III, 6.7

Opinio delicti: art. 67, Cap. III, Seção II, 3; art. 76, Cap. III, Seção II, 1.3, b.1

P

Parquet: Ações de impugnação: IV, 5

Pas de nullité sans grief: art. 65, Cap. III, Seção I, 1.3.1

Pedido de uniformização: art. 82. Cap. III, Seção III, 13

    Divergência entre decisões de Turmas da mesma Região: art. 82. Cap. III, Seção III, 13.1

    Divergência entre decisões de Turmas de diferentes Regiões: art. 82, Cap. III, Seção III, 13.2

    Turma de Uniformização de Jurisprudência nos Juizados Estaduais: art. 82, Cap. III, Seção III, 13.3

Pena de talião. Desrespeito a pessoa humana: Introdução, 1.3

Pena: art. 62, Cap. III, 2.1

    aplicação da pena: art. 76, Cap. III, Seção I, 10.1

    aumento feroz da pena: art. 62, Cap. III, 2.1

perempção: art. 91, Cap. III, Seção VI, 1
Pequenas contendas: art. 62, Cap. III, Seção I, 2.1
Pequenas rixas: art. 62, Cap. III, Seção I, 2.1
Pequenos conflitos: art. 62, Cap. III, Seção I, 2.1
Perpetuatio jurisdictionis: art. 62, Cap. III, Seção I, 2.10
Plea = súplica; *guilty* = culpado: art. 76, Cap. III, Seção II, 5
Plea bargain art. 76, Cap. III, Seção II, 1.2
Plea of guilty: art. 76, Cap. III, Seção II, 5
Plus art. 89, Cap. III, Seção VI, 1
Poenalia sunt restringenda: art. 76, Cap. III, Seção II, 10,1
Povo. Quem é o povo: Cap. III, 1
Praesumptiones juris: art. 61, Cap. III, 2
   Precludere: art. 78, Cap. III, Seção III, 2
   Preclusão: art. 63, Cap. III, Seção I, 2; art. 65, Cap. III, Seção I, 1.4
Prazo depurador: art. 76, Cap. III, Seção II, 1.4.b
Presunção *juris et de jure*: art. 66, Cap. III, Seção I, 1.1.1
Presunção *juris tantum*: art. 66, Cap. III, Seção I, 1.1.1
Prima facie: Introdução, 2.1
Princípio da paridade de armas: art. 60, III, 1
Princípio. Conceito: art. 62, Cap. III, 1
Princípios orientadores dos Juizados Especiais: art. 62, Cap. III, 1
   celeridade: art. 62, Cap. III, 1.8
   concentração de atos: art. 62, Cap. III, 1.6
   da insignificância: art. 62, Cap. III, 2.1
   economia processual: art. 62, Cap. III, 1.4
   exceções ao princípio: art. 62, Cap. III, 1.7.1
   fragmentariedade: art. 62, Cap. III, 2.1
   identidade física do juiz: art. 62, Cap. III, 1.7
   imediação: art. 62, Cap. III, 1.5
   informalidade: art. 62, Cap. III, 1.2
   intervenção mínima: 475, 480
   oralidade: art. 62, Cap. III, 1.1
   os vetores estabelecidos pelo Min. Celso de Mello: art. 62, Cap. III, 2.1
   proporcionalidade: 621, 622
   simplicidade: art. 62, Cap. III, 1.3
Prisão determinada por juiz cível por desobediência: art. 69, Cap. III, Seção II, 6
Prisão em flagrante: art. 69, Cap. III, Seção II, 5
   in faciendo deprehensus est: 540
   prisão para execução da pena: art. 78, Cap. III, Seção III, 3.1
Prisão preventiva: art. 78, Cap. III, Seção III, 3
   comoção social: art. 78, Cap. III, Seção III, 3

credibilidade das autoridades: art. 78, Cap. III, Seção III, 3
finalidade: art. 78, Cap. III, Seção III, 3
pena antecipada (não) art. 78, Cap. III, Seção III, 3
periculum in mora: art. 78, Cap. III, Seção III, 3
periculum libertatis: art. 78, Cap. III, Seção III, 3
pressupostos: art. 78, Cap. III, Seção III, 3
prisão para execução da pena: art. 78, Cap. III, Seção III, 3.1
prisão para fins de extradição: art. 78, Cap. III, Seção III, 3.2
requisitos: art. 78, Cap. III, 3
Pro societate: art. 76, Cap. III, Seção II, 1.4.1
Procedere (retrocedere): art. 64, Cap. III, Seção I, 1.4
Procedimento sumariíssimo: art. 77, Cap. III, Seção III, 1
   ação penal pública incondicionada, denúncia: art. 77, Cap. III, Seção III, 2
   acusação: art. 77, Cap. III, Seção III, 2.1
      acusador é parte, tribunal é juiz: art. 77, Cap. III, Seção III, 2.1
      Ministério Público e a investigação: art. 77, Cap. III, Seção III, 2.1.1
   caso complexo: art. 77, Cap. III, Seção III, 4
      ação penal privada. Queixa: art. 77, Cap. III, Seção III, 5
      ação penal privada subsidiária: art. 77, Cap. III, Seção III, 6
      complexidade verificada no curso da ação penal: art. 77, Cap. III, Seção III, 4.1
   denúncia: art. 77, Cap. III, Seção III, 2.4
      denúncia alternativa: art. 77, Cap. III, Seção III, 2.4.1
      denúncia acrítica: art. 77, Cap. III, Seção III, 2.4.2
      aditamento: art. 77, Cap. III, Seção III, 2.4.3
      denúncia por escrito: art. 77, Cap. III, Seção III, 2.4.4
   denúncia. Oferecimento: art. 78, Cap. III, Seção III,1
   dominus litis: art. 77, Cap. III, Seção III, 6
   tentativa de conciliação e proposta do MP: art. 81, Cap. III, Seção III, 1
   resposta à acusação, defesa: art. 81, Cap. III, Seção III, 2
   recebimento da denúncia: art. 81, Cap. III, Seção III, 3
   não recebimento da denúncia: art. 81, Cap. III, Seção III, 3.1
   rejeição da denúncia: art. 81, Cap. III, Seção III, 3.1
   rejeição e não recebimento da denúncia. Diferença art. 82, Cap. III, Seção III, 6.2.1

da decisão que receber a denúncia ou queixa. Recurso: art. 82, Cap. III, Seção III, 6.2

provimento do recurso contra decisão que rejeita a denúncia: art. 81, Cap. III, Seção III, 3.2

decisão que rejeita aditamento à denúncia. Recurso: art. 82, Cap. III, Seção III, 6.3

diligências imprescindíveis: art. 77, Cap. III, Seção III, 2.3

exame de corpo de delito: art. 77, Cap. III, Seção III, 3

delicta facti permanentis: art. 77, Cap. III, Seção III, 3

ictu oculi art. 77, Cap. III, Seção III, 3

procedimento: art. 77, Cap. III, Seção III, 2.2

audiência de instrução e julgamento: art. 81, Cap. III, Seção III, 8

como é realizado o interrogatório?: art. 81, Cap. III, Seção III, 7.2

condução coercitiva: art. 80, Cap. III, Seção III, 1.

direito do réu de acompanhar a audiência: art. 81, Cap. III, Seção III, 7.3

interrogatório a distância: art. 81, Cap. III, Seção III, 7.4

interrogatório por videoconferência: art. 81, Cap. III, Seção III, 7.4

requisito de admissibilidade: Art. 81, Cap. III, Seção III, 7.4.1

interrogatório: art. 81, Cap. III, Seção III, 7

nullus idoneus testis in re sua ingelligitur art. 81, Cap. III, Seção III, 5

número de testemunhas: art. 78, Cap. III, Seção III, 2.1

ofendido: art. 81, Cap. III, Seção III, 5

oitiva de testemunha por determinação do juiz: art. 81, Cap. III, Seção III, 8.3

oitiva de testemunhas referida: art. 81, Cap. III, Seção III, 8.2

requisitos: art. 81, Cap. III, Seção III, 7.4

réu que incrimina corréu: art. 81, Cap. III, Seção III, 8.1

silêncio do acusado: art. 81, Cap. III, Seção III, 7.1

testemunha: art. 78, Cap. III, Seção III, 2; art. 81, Cap. III, Seção III, 6

testemunha. Cross examination: art. 81, Cap. III, Seção III, 8

testemunha. Ouvida por precatória: art. 81, Cap. III, Seção III, 8.4

testis non est judicare: art. 81, Cap. III, Seção III, 6

vítima: art. 81, Cap. III, Seção III, 5

chi tace non dice niente: art. 81, Cap. III, Seção III, 7.1

qui tacet, consentire videtur: art. 81, Cap. III, Seção III, 7.1

documentos apresentados no curso da audiência: art. 81, Cap. III, Seção III, 8.5

acusado ou querelante ausentes: art. 81, Cap. III, Seção III, 8.6

debate oral: art. 81, Cap. III, Seção III, 8.9

decisão acertada com o delegado e o membro do MP: art. 81, Cap. III, Seção III, 10.2

sentença: art. 81, Cap. III, Seção III, 10

julgar: art. 81, Cap. III, Seção III, 10.1

acusação e sentença. Princípio da correlação: art. 81, Cap. III, Seção III, 10.3.1

emendatio libelli: art. 81, Cap. III, Seção III, 10.3.1.1

mutatio libelli: art. 81, Cap. III, Seção III, 10.3.1.2

Processo e procedimento. Diferença: art. 93, Cap. IV, I, 1.2

Processo meio e não fim: art. 65, Cap. III, Seção I, 1.8

instrumentalidade: art. 65, Cap. III, Seção I, 1.8

Procuração *apud acta*: art. 68, Cap. III, Seção I, 1

Pronúncia: art. 61, Cap. III, 11

Provas: art. 81, Cap. III, Seção III, 4

direito à prova: art. 81, Cap. III, Seção III, 4.1

excessivas: art. 81, Cap. III, Seção III, 4

fruits of the poisonous tree: art. 81, Cap. III, Seção III, 4

ilegais: art. 81, Cap. III, Seção III, 4

ilegítimas: art. 81, Cap. III, Seção III, 4

ilícitas: art. 81, Cap. III, Seção III, 4

impertinentes: art. 81, Cap. III, Seção III, 4

inadmissíveis: art. 81, Cap. III, Seção III, 4

protelatórias, procrastinatórias: art. 81, Cap. III, Seção III, 4

provas ilícitas por derivação: art. 81, Cap. III, Seção III, 4

provas ilícitas: art. 81, Cap. III, Seção III, 4

Q

Quantum debeatur: art. 62, Cap. III, 2.2

Quantum: art. 62, Cap. III, 2.2; art. 85, Cap. III, Seção III, 1

Quid art. 85, Cap. III, Seção III, 1

Quidquid fit contra legem nullum est: art. 65, Cap. III, Seção I, 1.3

Quilibet praesumitur bonus, donec contrarium probetur: 587

Quod nullum est, nullum producit effectum: art. 65, Cap. III, Seção I, 1.3

R

Ratione muneris: Ações de impugnação: II, 15
Ratione personae: Ações de impugnação: II, 15
Re mellius perpensa: art. 61, Cap. III, 9
Re non verbis: art. 65, Cap. III, Seção I, 4
Reaforamento: 527
Rebus sic stantibus: Ações de impugnação: IV, 8
Rectius: art. 89, Cap. III, Seção VI, 4
Recursos
    Agravo: art. 82, Cap. III, Seção III, 14
        agravo em recurso extraordinário criminal: art. 82, Cap. III, Seção III, 14.1
        agravo na execução: art. 82, Cap. III, Seção III, 14.2
    Apelação: art. 82, Cap. III, Seção III, 6
        cabimento: art. 82, Cap. III, Seção III, 6.1
        contrarrazões: art. 82, Cap. III, Seção III, 6.6
        decisão que homologa a transação: art. 82, Cap. III, Seção III, 6.4
        efeitos: art. 82, Cap. III, Seção III, 6.6
        juízo de admissibilidade: art. 82, Cap. III, Seção III, 6.6
        decisão que rejeita a denúncia ou a queixa: art. 82, Cap. III, Seção III, 6.1
        decisão que recebe a denúncia ou a queixa: art. 82, Cap. III, Seção III, 6.2
        decisão que rejeita o aditamento à denúncia: art. 82, Cap. III, Seção III, 6.1.2
        prazo: art. 82, Cap. III, Seção III, 6
        pressupostos subjetivos: art. 82, Cap. III, Seção III, 6.5
        razões: art. 82, Cap. III, Seção III, 6.5; 6.6
        rejeição e não recebimento da denúncia. Diferença: decisão que homologa a transação: art. 82, Cap. III, Seção III, 6.1.2.1
        renúncia: art. 82, Cap. III, Seção III, 6.7
        renúncia e desistência: art. 82, Cap. III, Seção III, 6.7.1
        sentença que absolve ou condena: art. 82, Cap. III, Seção III, 6.1.1
    Carta testemunhável: art. 82, Cap. III, Seção III, 9
    Correição parcial ou reclamação: art. 77, Cap. III, Seção III, 4; art. 82, Cap. III, Seção III, 11
    Embargos de declaração: art. 83, Cap. III, Seção III, 1
        defeitos da decisão: art. 83, Cap. III, Seção III, 1.1
        efeitos modificativos dos embargos: art. 83, Cap. III, Seção III, 1.8
        embargos contra decisão monocrática do relator: art. 83, Cap. III, Seção III, 1.5
        embargos com a finalidade de prequestionamento: art. 83, Cap. III, Seção III, 1.6
        embargos procrastinatórios: art. 83, Cap. III, Seção III, 1.7
        embarguinhos: art. 83, Cap. III, Seção III, 1.3
        embargos de declaração a embargos de declaração: art. 83, Cap. III, Seção III, 1.12
        erros materiais: art. 83, Cap. III, Seção III, 1.12
        finalidade dos embargos: art. 83, Cap. III, Seção III, 1.2
        órgão competente para julgar os embargos: art. 83, Cap. III, Seção III, 1.10
        pormenor irrelevante: art. 83, Cap. III, Seção III, 1.2.2
        procedimento: art. 83, Cap. III, Seção III, 1.3
        questionário formulado pelo embargante: art. 83, Cap. III, Seção III, 1.2.1
        rejeição *in limine* dos embargos e o agravo inominado: art. 83, Cap. III, Seção III, 1.9
        retratabilidade: art. 83, Cap. III, Seção III, 1.11
        suspensão do prazo para recorrer: art. 83, Cap. III, Seção III, 1.4
    Embargos infringentes: art. 82, Cap. III, Seção III, 8
        efeitos: art. 82, Cap. III, Seção III, 5
        juízo de admissibilidade: art. 82, Cap. III, Seção III, 4
        objetivos: art. 82, Cap. III, Seção III, 2
    Pedido de uniformização: art. 82, Cap. III, Seção III, 13
        divergência entre decisões de Turmas da mesma Região: art. 82, Cap. III, Seção III, 13.1
        divergência entre decisões de Turmas de diferentes Regiões: art. 82, Cap. III, Seção III, 13.2
        Turma de Uniformização de Jurisprudência nos Juizados Especiais: art. 82, Cap. III, Seção III, 13.3
        pressupostos e requisitos: art. 82, Cap. III, Seção III, 3
        pressupostos objetivos: art. 82, Cap. III, Seção III, 3.1
        pressupostos subjetivos: art. 82, Cap. III, Seção III, 3.2
        razão dos recursos: art. 82, Cap. III, Seção III, 1
    Recurso em sentido estrito: art. 82, Cap. III, Seção III, 7
        recurso contra decisões deferitórias de medidas cautelares: art. 82, Cap. III, Seção III, 7.1
    Recurso de ofício: art. 82, Cap. III, Seção III, 10
    Recursos extraordinário e especial: art. 82, Cap. III, Seção III, 15
        recurso especial: art. 82, Cap. III, Seção III, 15.1

extraordinário: art. 82, Cap. III, Seção III, 15.2

procedimento do recurso extraordinário: art. 82, Cap. III, Seção III, 15.2.1

unirrecorribilidade: art. 82, Cap. III, Seção III, 3.2.1

Reddes animam pro anima, oculum pro óculo, dentem pro dente: Introdução, 1.3

Redução a termo. Registro: art. 65, Cap. III, Seção I, 5

Redução a termo. Registro: art. 65, Cap. III, Seção I, 3

Reformatio in pejus: art. 76, Cap. III, Seção II, 5

Reincidência penal: 595

Reparação dos danos: 465

Representação: art. 88, Cap. III, Seção VI, 1

audiência preliminar. Ausência da vítima: art. 72, Cap. III, Seção II, 1

ausência de acordo: art. 72, Cap. III, Seção II, 1

condição de prosseguibilidade: art. 88, Cap. III, Seção VI, 1

contravenção e representação: art. 88, Cap. III, Seção VI, 4

decadência: art. 88, Cap. III, Seção VI, 1; art. 91, Cap. III, Seção VI, 2.1

desclassificação de lesão grave para leve e a representação: art. 88, Cap. III, Seção VI, 5

falta de representação e o art. 564, III, a, CPP; art. 88, Cap. III, Seção VI, 3

intimação da vítima: art. 91, Cap. III, Seção VI, 2.2

menor de 18 anos: art. 75, Cap. III, Seção III, 2

natureza penal ou processual ou mista?: art. 88, Cap. III, Seção VI, 1

perempção: art. 91, Cap. III, Seção VI, 2,1

prazo de 30 dias para oferecimento da representação: art. 91, Cap. III, Seção VI, 2

prazo decadencial: art. 75, Cap. III, Seção III, 1

procedimentos originários art. 88, Cap. III, Seção VI, 2

processos pendentes: art. 91, Cap. III, Seção VI, 1

representação formal: 567

representação na Polícia: art. 75, Cap. III, Seção III, 1

representação para os crimes de lesão corporal leve e culposa: art. 88, Cap. III, Seção VI, 1

representação. Redução a termo: art. 75, Cap. III, Seção III, 1

Reserva de jurisdição, reserva de juiz: art. 76, Cap. III, Seção II, 1.3, b.1

Reserva de Plenário. Os juizados e o controle de constitucionalidade. Ações de impugnação: 2

Reserva restritiva: Introdução, 1.1

Ressarcimento dos danos sofridos pela vítima: art. 62, Cap. III, 2.2

Retrocedere: art. 65, Cap. III, Seção I, 1.4

Réu ou acusado: Introdução, 1.2.2

Reus est res sacra: Introdução, 1.1

Revisão: Ações de impugnação: IV

anulação: Ações de impugnação: IV, 7

causas: Ações de impugnação: IV,4

competência: Ações de impugnação: IV, 9

conceito: Ações de impugnação: IV, 2

decisão rescindenda: Ações de impugnação: IV, 1

histórico: Ações de impugnação: IV, 1

natureza: Ações de impugnação: IV, 3

pos mortem: Ações de impugnação: IV, 3

pro reo: Ações de impugnação: IV, 2

pro societate: Ações de impugnação: IV, 1

renovação ou reiteração do pedido: Ações de impugnação: IV, 8

requerente falecido e redução da pena: Ações de impugnação: IV, 5

requerente: Ações de impugnação: IV, 5

res judicata facit de albo nigrum: Ações de impugnação: IV, 2

res judicata pro veritate accipitur: Ações de impugnação: IV, 2

res judicata pro veritate habetur: Ações de impugnação: IV, 2

réu: Ações de impugnação: IV, 6

S

Salão dos Passos Perdidos: art. 81, Cap. Seção III, 10.1

Salus populi suprema Lex est: Introdução, 2.1

Sanctio juris: Ações de impugnação: IV, 3

Scire leges non hoc est verba earum tenere sed vim ac potestatem: art. 65, Cap. III, Seção I, 1.8

Semper in dubiis benigniora praeferenda sunt: art. 89, Cap. III, Seção VI, 1.1

Sensação de impunidade: art. 62, Cap. III, 2,1

Serpens nisi serpentem comederit, non fit draco: Introdução, 2.1

Si ex levitae procsesserit, contemnendum; si ex insânia, miseratione dignissimum; se ab injuurida, remitendum: art. 77. Cap. III, 2.1

Simultaneus processus: art. 63, Cap. III, Seção I, 2.8

Soft crimes: art. 61, Cap. III, 1

Son droit de poursuite art. 76, Cap. III, Seção II, 1.2

Statu quo ante: art. 76, Cap. III, Seção II, 13

Status libertatis: art. 76, Cap. III, Seção II, 1.3; art. 89, Cap. III, Seção VI, 1; Ações de impugnação: IV, 3

Strepitus fori: art. 89, Cap. III, Seção VI, 9

Suspeito e indiciado: 1.2.1

Suspeito, indiciado, acusado e autor do fato: Introdução, 1.2

Suspensão condicional do processo: art. 89, Cap. III, Seção VI, 1

    ação iniciada antes da Lei 10.259/2001: art. 89, Cap. III, Seção VI, 7

    ação privada e suspensão: art. 89, Cap. III, Seção VI, 9

    aceitação da proposta de suspensão: art. 89, Cap. III, Seção VI,11

    beneficiário sem recursos financeiros: art. 89, Cap. III, Seção VI, 20

    coautoria: art. 89, Cap. III, Seção VI, 3

    concessão. Requisitos: art. 89, Cap. III, Seção VI, 1.1

    concursos e posição do Ministro Pertence. Gravidade do crime: 739

    concursos formal, material, continuidade delitiva, crime qualificado, conexão.

        soma das penas: art. 89, Cap. III, Seção VI, 2

    condições impostas: art. 89, Cap. III, Seção VI, 14

    condições propostas. Exorbitância: 735

    confissão de culpado: art. 89, Cap. III, Seção VI, 11

    crime qualificado, conexo e a suspensão: art. 89, Cap. III, Seção VI, 3

    crimes imputados a acusados diferentes: art. 89, Cap. III, Seção VI, 3

    direito subjetivo do acusado: art. 89, Cap. III, Seção VI, 6

    erro na classificação do crime: art. 89, Cap. III, Seção VI, 8

    extinção da punibilidade, findo o período de prova: art. 89, Cap. III, Seção VI, 19

    Ministério Público. Falta de proposta: art. 89, Cap. III, Seção VI, 4

    Ministério Público. Poder-dever: art. 89, Cap. III, Seção VI, 1

    momento da concessão: art. 89, Cap. III, Seção VI, 15

    momento da proposta: art. 89, Cap. III, Seção VI, 4

    objetivos da suspensão: art. 89, Cap. III, Seção VI, 19

    participação (moral, material): art. 89, Cap. III, Seção VI, 3

    perdão judicial e suspensão: art. 89, Cap. III, Seção VI, 10

    perdão judicial: art. 89, Cap. III, Seção VI, 1.1

    período de prorrogação: art. 89, Cap. III, Seção VI, 18

    período de prova: art. 89, Cap. III, Seção VI, 18

    prazo de suspensão: art. 89, Cap. III, Seção VI, 1.1

    proposta não aceita: art. 89, Cap. III, Seção VI, 11

    proposta não acolhida pelo juiz: art. 89, Cap. III, Seção VI, 5

    recebimento da denúncia e suspensão: art. 89, Cap. III, Seção VI,13

    recurso da decisão que suspende ou não o processo: art. 89, Cap. III, Seção VI, 16

    renovação da proposta: art. 89, Cap. III, Seção VI, 12

    reparação do dano: 755

    revogação facultativa da suspensão: art. 89, Cap. III, Seção VI, 18

    revogação obrigatória da suspensão: art. 89, Cap. III, Seção VI, 17

    sursis antecipado: art. 89, Cap. III, Seção VI, 2; art. 89, Cap. III, Seção VI, 14

    sursis etário: art. 89, Cap. III, Seção VI, 1.1

    sursis por doença: art. 89, Cap. III, Seção VI, 1.1

    suspensão e prova antecipada: art. 89, Cap. III, Seção VI, 21

T

Tabula rasa: art. 76, Cap. III, Seção II, 1

Tempus regit actum: art. 90, Cap. III, Seção VI, 1

Tempus vacacionis: art. 90, Cap. III, Seção VI, 2.1

Termo circunstanciado: art. 69, Cap. III, Seção II, 3

Testis non est iudicare: art. 81, Cap. III, Seção III, 6

Tollitur quaestio: art. 76, Cap. III, Seção II, 1.6

Transação ou composição penal: art. 76, Cap. III, Seção II, 1

    ação penal privada: art. 76, Cap. III, Seção II, 3

    ação penal pública, transação e composição dos danos civis, art. 76, Cap. III, Seção II, 4

    aceitação: art. 76, Cap. III, Seção II, 5

    acordo. Descumprimento: art. 76, Cap. III, Seção II, 12

    apelação: art. 76, Cap. III, Seção II, 1.9

    aplicação analógica do art. 28 do CPP: art. 76, Cap. III, Seção II, 1.8

    assistente da acusação na audiência preliminar: art. 76, Cap. III, Seção II, 13

    composição. Compor: art. 72, Cap. III, Seção II; art. 76, Cap. III, Seção II, 4

    conceito: art. 76, Cap. III, Seção II, 1

    correição parcial: art. 76, Cap. III, Seção II, 1.9

    crimes ambientais art. 76, Cap. III, Seção II, 9

    decisão que homologa a transação. Recorribilidade: art. 82, Cap. III, Seção III, 6.4

    devido processo legal: art. 76, Cap. III, Seção II, 1.3, a

    due processo of law: art. 76, Cap. III, Seção II, 1.3, a

    efeitos: art. 76, Cap. III, Seção II, 8

espécies de penas aplicáveis: art. 76, Cap. III, Seção II, 10
    aplicação da pena. Fixação: art. 76, Cap. III, Seção II, 10.1
ex officio: art. 76, Cap. III, Seção II, 1contraditório: art. 76, Cap. III, Seção II, 1.3, c
hic et nunc: art. 76, Cap. III, Seção II, 1.3, e
homologação: art. 76, Cap. III, Seção II, 6
independência do juiz: art. 76, Cap. III, Seção II, 1.3, e
juiz natural: art. 76, Cap. III, Seção II, 1.3, b
    requisição de inquérito pelo juiz: art. 76, Cap. III, Seção II, 1.3, b.1
maus antecedentes e pena restritiva de direitos e multa: art. 76, Cap. III, Seção II, 1.4.1
multa: art. 76, Cap. III, Seção II, 10.1
multa substitutiva: art. 76, Cap. III, Seção II, 10.1
multa vicariante: art. 76, Cap. III, Seção II, 10.1
minimus non curat praetor: art. 76, Cap. III, Seção II, 11
natureza jurídica: art. 76, Cap. III, Seção II, 1.1
ninguém apresentando: art. 76, Cap. III, Seção II, 1.9
oportunidade: 578
obrigatoriedade: art. 76, Cap. III, Seção II, 1,2
os antecedentes, a conduta social, a personalidade do acusado, os motivos e as circunstâncias: art. 76, Cap. III, Seção II, 1.4, c
persecutio criminis: art. 76, Cap. III, Seção II, 1.3, c
prestação pecuniária: art. 76, Cap. III, Seção II, 8, 10.1
prestação social alternativa: art. 76, Cap. III, Seção II, 10.7
presunção de culpabilidade: art. 76, Cap. III, Seção II, 1.3, d.2
presunção da inocência: art. 76, Cap. III, Seção II, 1.3, d
princípio da insignificância: art. 76, Cap. III, Seção II, 11
princípios processuais constitucionais art. 76, Cap. III, Seção II, 1.3
promotor natural: art. 76, Cap. III, Seção II, 1.3, b.2
proposta de transação: art. 76, Cap. II, Seção II, 1.5
proposta formulada pelo autor: art. 76, Cap. III, Seção II, 1.6
quilibet praesumitur bonus, donec contrarium probetur: art. 76, Cap. III, Seção II, 1.3, d
recurso: art. 76, Cap. III, Seção II, 7
reincidência e habitualidade delitiva: art. 76, Cap. III, Seção II, 11. 1
requisitos para concessão da transação: art. 76, Cap. III, Seção II, 1.4
    condenação anterior pela prática de crime: art. 76, Cap. III, Seção II, 1.4, a
    repetição do benefício no período de cinco anos: art. 76, Cap. III, Seção II, 1.4, b
    transação *ex officio*: art. 76, Cap. III, Seção II, 1.7
    transação por precatória: art. 76, Cap. III, Seção II, 1.5.1
    Tribunal do Júri: art. 76, Cap. III, Seção II, 2
    uso de algemas: art. 76, Cap. III, Seção II, 1.3, d.1
Transparência: art. 64, Cap. III, Seção I, 2
Tribunal do Júri e o Juizado: art. 62, Cap. III, Seção I, 2.12
Turma Recursal: art. 82, Cap. III, Seção III, 12
    procedimento do julgamento: art. 82, Cap. III, Seção III, 12.1
    Ministério Público: art. 82, Cap. III, Seção III, 12.1
    Ministério Público e defensoria pública. Intimação pessoal: art. 82, Cap. III, Seção III, 12.2
    motivação *per relacionem*: art. 82, Cap. III, Seção III, 12.3
    intimação do acórdão: 698
    Turmas Recursais de Juizados Especiais Federais: art. 63, Cap. III, Seção I, 2.13
Tutela da liberdade: Introdução, 2

Ubiquidade: art. 63, Cap. III, Seção I, 2.4
Una voce: art. 90, Cap. III, Seção VI, 2.1
Unum et idem judex: art. 63, Cap. III, Seção I, 2.8
Utile non debet per inutile vititiari: art. 65, Cap. III, Seção I, 1.5

Vacatio legis: art. 90, Cap. III, Seção VI, 2.1
Verdade consensuada: art. 89, Cap. III, Seção VI, 19
Videoconferência: art. 22, Cap. II, Seção VIII, 4
Violência doméstica art. 69, Cap. III, Seção II, 9
    Medida cautelar de afastamento: art. 61, Capítulo III, 33
    Enunciados sobre violência doméstica: art. 61, Capítulo III, 33
Vis absoluta: art. 61, Cap. III, 10
Vis attractiva: art. 63, Cap. III, Seção I, 2.8
Vis corporalis: art. 61, Cap. III, 10
Vis sanatrix: art. 65, Cap. III, Seção I, 1.4
Vitimologia, art. 74.Cap. III, 1
Voluntariedade: art.61, Cap. 61, 2

2
Índice Legislativo por Artigos

Parte Cível – Joel Dias Figueira Júnior
(Os números que seguem os artigos referem-se aos itens dos comentários.)

Constituição Federal

Art. 5º, II, V, XXXV, LV, LVI, LXIX, LXXVIII: Introdução, 1; art. 1º, 2; art. 3º, 1.2; art. 6º, 1; art. 9º, 1; art. 26, 1; art. 32, 1; art. 41, 1.1, 1.3, 1.4; art. 43, 2; art. 54, 1, 2; art. 59, 1.4

Art. 14, § 3º, VI: Introdução, 1

Art. 22, I: art. 41, 1.6, 1.9

Art. 24, X, XI: Introdução, 1; art. 1º, 1; art. 3º, 1.4, 5; art. 41, 1.9

Art. 25, § 1º: art. 41, 3

Art. 92: Introdução, 1.1.2

Art. 93, II, III, IX, X, XIV: art. 5º, 2; art. 12, 1.2; art. 38, 1; art. 41, 3

Art. 94: art. 41, 3

Art. 96, I, II: art. 3º, 5; art. 41, 3

Art. 97: art. 41, 1.10

Art. 98, I, II, antigo parágrafo único, § 1º: Introdução, 1, 1.1.1, 1.1.2, 1.1.3; art. 1º, 1; art. 2º, 3.4.5.6, 7, 8; art. 3º, 1.2, 1.4, 1.5, 1.8, 1.9, 3, 4.4, 5, 6; art. 7º, 1; art. 24, 1; art. 35, 1; art. 41, 1.7, 1.9, 1.10, 1.11, 1.12, 2, 3; art. 51, 4; art. 59, 1.3

Art. 102, II, III, § 3º: art. 41, 1.1, 1.13; art. 59, 1.4

Art. 105, I, II, III: art. 3º, 1.8; art. 41, 1.1, 1.7, 1.13, 2; art. 59, 1.3

Art. 108, II: art. 41, 1.1

Art. 109, § 3º: art. 3º, 10

Art. 125: Introdução, 1.1.4; art. 1º, 3, 4; art. 3º, 5

Art. 133: art. 9º, 1

Art. 134: art. 9º, 1

Código Civil de 1916

Art. 152: art. 15, 5

Art. 202 e parágrafo único: art. 53, 5

Art. 288: art. 8º, 5

Art. 347, I: art. 8º, 5

Art. 348: art. 8º, 5

Art. 350: art. 8º, 5

Art. 358: art. 8º, 5

Art. 485: art. 3º, 8.1

Art. 524: art. 3º, 7.3

Art. 653: art. 20, 1

Art. 685: art. 8º, 5

Arts. 910-923: art. 8º, 5

Art. 1.521: art. 8º, 6

Art. 1.572: art. 8º, 3

Código Civil de 2002

Art. 407: art. 39, 3

Art. 653: art. 20, 1

Arts. 840-850: art. 2º, 7 e 8

Art. 1.211: art. 3º, 7.1

Art. 1.210: art. 3º, 7.3

Art. 1.212: art. 3º, 7.3

Art. 1.228: art. 3º, 7.3

Art. 1.268: art. 3º, 7.3

Arts. 1.361-1.368-A: art. 3º, 1.3

Art. 1.784: art. 8º, 3

Código de Processo Civil de 1939

Art. 891: art. 39, 3

Código de Processo Civil de 1973

Art. 27: art. 54, 1
Art. 37: art. 41, 4
Art. 82, II: art. 11, 1
Art. 125, IV: art. 52, 1
Art. 126: art. 6º, 1
Art. 127: art. 6º, 1
Art. 130: art. 5º, 2; art. 28, 1
Art. 132: art. 38, 1
Art. 154: art. 51, 3
Art. 162, § 2º: art. 2º, 2; art. 12, 1.2; art. 41, 1.3, 1.6
Art. 223, parágrafo único: art. 18, 3
Art. 258: art. 3º, 8.2
Art. 259, VII: art. 3º, 8.1, 8.2; art. 14, 7
Art. 269, III, IV: art. 2º, 7 e 8; art. 48,1
Art. 271: art. 3º, 1.3
Art. 273: art. 3º, 7.3
Art. 275, II e III: art. 3º, 1.1; art. 3º, 1.2, 1.3, 1.5, 1.6, 3, 4.3, 4.4, 5, 7.2; art. 8º, 3; art. 30, 1
Arts. 275-281: art. 14, 3; art. 30, 1
Art. 281: art. 3º, 1.1, 1.5
Art. 282: art. 43, 2
Art. 285-A: art. 38, 3
Arts. 286-294: art. 14, 2; art. 15, 3, 4, 5, 6; art. 39, 2
Art. 319: art 20, 2
Art. 320, I a III: art. 20, 2
Art. 332: art. 32, 1
Art. 342: art. 5º, 2
Art. 453, § 2º: art. 51, 3
Art. 461, § 4º: art. 52, 6
Art. 462: art. 51, 6
Art. 464: art. 48, 1
Art. 465: art. 48, 1
Art. 475, § 1º: art. 52, 5
Art. 475-J: art. 39, 4; art. 52, 1, 5
Art. 485, V: art. 26, 2; art. 41, 1.7
Art. 486: art. 59, 1.2
Art. 522: art. 2º, 2; art. 41, 1.3, 1.6
Art. 535, I: art. 48, 2
Art. 543-A: art. 59, 1.4
Art. 543-B: art. 41, 1.3, 1.7; art. 59, 1.4
Art. 543-C: art. 41, 1.7
Art. 557: art. 41, 1.3; art. 59, 1.4
Art. 571, § 2º: art. 15, 2
Art. 584, III: Introdução, 1.1.1
Art. 653: art. 53, 6
Art. 654: art. 53, 6
Art. 763: art. 53, 2
Art. 925: art. 43, 2
Art. 1.102: art. 26, 2

Código de Processo Civil de 2015

Art. 3º, §§ 2º e 3º: Introdução, 1.1.1
Art. 43: art. 3º, 9.2
Art. 53, III: art. 4º, 1
Art. 54, §3º: art. 3º, 1.9, 1.10; art. 51, 5
Art. 55: art. 3º, 1.10
Art. 56: art. 3º, 1.10
Art. 58: art. 3º, 1.10
Art. 59: art. 3º, 1.10
Art. 61: art. 3º, 1.10; art. 52, 1; art. 53, 1
Art. 62: art. 3º, 1.4, 1.9
Art. 63: art. 3º, 1.4, 1.9; art. 51, 5
Art. 64, § 3º: art. 51, 5
Art. 65: art. 4º, 1
Art. 66: art 3º, 1.8
Art. 72, II: art. 18, 1
Art. 73, § 2º: art. 3º, 7.1
Art. 75, VIII: art. 3º, 6
Art. 76: art. 41, 4
Art. 77, IV, V, §§ 2º e 3º: art. 39, 4; art. 52, 6; art. 55, 2
Art. 79: art. 39, 4
Art. 80: art. 39, 4; art. 55, 2
Art. 81, § 3º: art. 39, 4; art. 55, 2
Art. 81, *caput*: art. 39, 4
Art. 82, § 2º: art. 39, 4; art. 54, 1; art. 55, 2
Art. 84: art. 55, 3
Art. 85, *caput*: art. 39, 4
Art. 85, §§ 2º e 8º: art. 3º, 4.6, 4.8; art. 54, 1; art. 55, 2, 3; art. 55, 4
Art. 91: art. 54, 1
Art. 92: art. 26, 2
Arts. 98-102: art. 43, 2
Art. 104: art. 9º, 5; art. 41, 4
Art. 105: art. 9º, 5
Art. 110: art. 51, 7 e 8
Art. 113: art. 10, 2

Art. 119: art. 10, 1
Art. 124: art. 10, 1
Arts. 133-137: art. 10,1
Art. 135: art. 14,2
Art. 138: art. 10, 1
Art. 139, IV, V, VIII: art. 5º, 1, 2; art. 12, 1.2; art. 28, 1; art. 52, 9
Art. 140, parágrafo único: art. 6º, 1
Art. 141: art. 41, 1.3
Art. 144, I: art. 7º, 5; art. 30, 4
Art. 145: art. 30, 4
Art. 146, §§ 1º, 2º, 3º, 4º e 5º: art. 2º, 2; art. 30, 1, 4
Art. 147: art. 30, 3
Art. 148: art. 7º, 5; art. 30, 3
Arts. 149-164: art. 7º, 2
Arts. 163-175: Introdução, 1.1.1; art. 5º, 2
Art. 165: art. 2º, 7 e 8
Arts. 176-181: art. 11, 1
Art. 200: art. 12, 1.1
Art. 203, § 2º: art. 12, 1.2
Art. 215: art. 42, 3
Art. 218, §§ 1º e 3º: art. 3º, 4.5
Art. 219: art. 41, 1.5
Art. 229: art. 10, 2
Art. 231, § 1º: art. 10, 2
Art. 236: art. 18, 1
Art. 238: art. 18, 1
Art. 239, § 1º: art. 18, 2
Art. 240: art. 18, 6; art. 53, 5
Art. 250: art. 3º, 9.1
Art. 252: art. 18, 1
Art. 275, II: art. 3º, 1.4
Art. 279, § 1º: art. 11, 1
Art. 291: art. 3º, 4.2, 4.6, 8.1
Art. 292, §§ 1º e 2º: art. 3º, 1.4, 4.1, 4.2, 4.6, 4.7, 4.8, 8, 8.1; art. 14, 7
Art. 293: art. 3º, 4.5, 4.6
Art. 294: art. 3º, 7.1
Art. 299: art. 3º, 1.10
Art. 300: art. 3º, 6, 7.1; art. 14,2
Art. 301: art. 1º, 2 art. 14,2
Art. 305: art. 3º, 1.10
Art. 311, I: art. 3º, 7.1
Art. 312: art. 14, 1, 3
Art. 313, I, III, §§ 1º e 3º: art. 30, 1, 4; art. 51, 7 e 8

Art. 318: art. 3º, 1.3
Art. 319, V: art. 3º, 4.6; art. 14, 2; art. 14, 8; art. 38, 3
Art. 320: art. 14, 2; art. 29, 3; art. 38, 3
Art. 321: art. 14, 2, 3; art. 38, 3
Arts. 322-329: art. 14, 2, 3, 4, 9; art. 15, 2, 3, 4, 5, 6; art. 39, 2, 3; art. 41, 1.5
Art. 327: art. 3º, 1.5; art. 15, 3
Art. 329: art. 51, 6
Art. 330: art. 14, 3
Art. 331: art. 41, 1.2; art. 42, 5
Art. 332, §§ 3º e 4º: art. 38, 3; art. 41, 1.4; art. 42, 6
Art. 334, § 1º: Introdução, 1.1.1
Art. 335: art. 29, 3
Art. 337, I a XII: art. 30, 3
Art. 340: art. 2º, 2
Art. 341: art. 20, 2
Art. 343: art. 31, 2
Art. 346, parágrafo único: art. 20, 2
Art. 350: art. 31, 3
Art. 351: art. 31,3
Art. 354: art. 51, 2
Art. 355: art. 38, 3
Art. 357, § 6º: art. 34, 1
Art. 359: art. 28, 1; art. 38, 1
Art. 360: art. 12, 1.2
Art. 361, I, II, III: art. 28, 1; art. 34, 1
Art. 362, § 1º: art. 34, 4; art. 51, 3
Art. 364, § 3º: art. 28, 2
Art. 369: art. 32, 1
Art. 370: art. 5º, 2; art. 28, 1; art. 33, 3
Art. 371: art. 5º, 2
Art. 373, I: art. 3º, 6; art. 14, 8; art. 33, 3
Art. 375: art. 5º, 3
Art. 381: art. 33, 1
Art. 385, § 1º: art. 2º, 7 e 8; art. 20, 1
Art. 434: art. 14, 8; art. 29, 3
Art. 435: art. 29, 3
Art. 451: art. 34, 1
Art. 455, § 2º: art. 34, 4
Art. 475-L: art. 52, 9
Arts. 481-484: art. 35, 3
Art. 485, V, VII, §§ 1º e 4º: art. 12, 1.2; art. 24, 1; art. 38, 2; art. 41, 1.5; art. 51, 2, 9
Art. 486: art. 51, 2

Art. 487, I, II, III: art. 1º, 3; art. 2º, 7 e 8; art. 3º, 12; art. 8º, 1; art. 21, 1; art. 38, 3; art. 48, 1; art. 51, 2, 9

Art. 492: art. 15, 3; art. 39, 2

Art. 493: art. 3º, 4.6, 7.1; art. 14, 4; art. 51, 6

Art. 494: art. 41, 1.3

Art. 497: art. 1º, 2; art. 3º, 1.3; art. 52, 6

Art. 498: art. 1º, 2; art. 3º, 1.3; art. 52, 6

Art. 499: art. 52, 6

Art. 500: art. 52, 6

Art. 502: art. 38, 2

Art. 507: art. 41, 1.5

Art. 509, § 2º: art. 3º, 9.2

Art. 513: art. 55, 4

Art. 514: art. 55, 4

Art. 515, II, III: Introdução, 1.1.1, 1.1.6; art. 3º, 9.3; art. 55, 4; art. 57, 1

Art. 516: art. 3º, 9.1, 9.3; art. 52, 1; art. 55, 4

Art. 517: art. 55, 4

Art. 518: art. 55, 4

Art. 519: art. 55, 4

Art. 520, I e IV: art. 43, 2

Art. 523, §§ 1º e 2º: art. 39, 4; art. 52, 1, 4, 5; art. 53, 3; art. 55, 4

Art. 528: art. 59, 1.4

Art. 537, II, § 1º: art. 52, 6

Art. 538: art. 52, 6

Art. 554: art. 3º, 4.6

Art. 556: art. 31, 2

Art. 558: art. 3º, 7.1

Art. 559: art. 43, 2

Art. 560: art. 3º, 7.1

Arts. 674-681: art. 3º, 1.10;art. 10,1; art. 52, 1; art. 52, 1, 9; art. 53, 1

Arts. 682-686: art. 10,1

Arts. 687-692: art. 51, 7 e 8

Arts. 700-702: art. 53, 1

Art. 774: art. 55, 2

Art. 784, I a X: art. 3º, 9.1; art. 53, 1

Art. 798, I: art. 52, 3

Arts. 806-813: art. 52, 6

Art. 829: art. 53, 1

Art. 830, § 2º: art. 3º, 1.4; art. 18, 6; art. 52, 1; art. 53, 6

Art. 836: art. 52, 1

Art. 903: art. 52, 9

Art. 914: art. 53, 2

Art. 915: art. 52, 9

Art. 921, III: art. 52, 1; art. 53, 5

Art. 932, III, IV: art. 41, 1.3, 5; art. 46, 2; art. 59, 1.4

Art. 948: art. 41, 1.10

Art. 947: art. 41, 1.12

Art. 950, § 1º: art. 10, 1

Arts. 951-959: art. 3º, 1.8

Art. 966, IV: art. 38, 2; art. 41, 1.7; art. 59, 1.1

Arts. 976/987: art. 41, 1.11

Art. 982, I: art. 41, 1.11

Art. 985, I: art. 41, 1.11, 1.13

Art. 988: art. 41, 1.7.2; 1.13

Art. 994: art. 41, 1.5

Art. 995, parágrafo único: art. 41, 5; art. 43, 2

Art. 997: art. 41, 1.1

Art. 1.003, § 5º: art. 41, 1.5

Art. 1.007, § 2º: art. 42, 3; art. 54, 2

Art. 1.009: art. 41, 1.2; art. 42, 2

Art. 1.010: art. 42, 2

Art. 1.011: art. 42, 2

Art. 1.012, §§ 1º e 4º: art. 41, 5; art. 42, 2; art. 43, 1, 2

Art. 1.013, §§ 1º, 2º e 3º: art. 26, 2; art. 41, 1.2, 1.3; art. 42, 2

Art. 1.014: art. 42, 2

Art. 1.015: art. 41, 1.3, 1.5

Art. 1.022, III: art. 48, 1, 2, 3

Art. 1.024, § 4º: art. 48, 1

Art. 1.026, §§ 1º, 2º e 3º: art. 48, 1; art. 49, 1; art. 50, 1

Art. 1.035, § 6º: art. 10, 1; art. 59, 1.4

Art. 1.036: art. 1º, 2; art. 41, 1.4, 1.7; art. 59, 1.4

Art. 1.049, parágrafo único: art. 3º, 5

Art. 1.062: art. 3º, 1.1, 5

Art. 1.063: art. 3º, 4.3, 5

Art. 1.064: art. 48, 1, 2, 3

Art. 1.065: art. 48, 1

Art. 1.066: art. 48, 1

Código de Defesa do Consumidor

Art. 5º, IV: art. 3º, 1.4

Consolidação das Leis do Trabalho

Art. 625-A *usque* 625-H: Introdução, 1.1.5

Estatuto da Criança e do Adolescente

Art. 198, VIII: art. 41, 1.2

Lei de Introdução às Normas de Direito Brasileiro

Art. 2º, § 1º: art. 7º, 5
Art. 4º: art. 6º, 1
Art. 5º: art. 6º, 1; art. 9º, 1

Leis Federais

Lei Complementar 75/1993: art. 6º, 5
Lei Complementar 123/2006: art. 8º, 1
Lei Complementar 147/2014: art. 8º, 6-7-8
Lei 1.060/1950: art. 54, 1, 2
Lei 1.300/1950: art. 3º, 6
Lei 4.215/1963: art. 54, 1
Lei 4.886/1965: art. 3º, 5
Lei 6.014/1973: art. 3º, 5
Lei 6.015/1973: art. 3º, 5
Lei 6.194/1974: art. 3º, 5
Lei 6.383/1976: art. 3º, 5
Lei 6.830/1980: art. 54, 1
Lei 6.969/1981: art. 3º, 5
Lei 7.244/1984: Introdução, 1; art. 1º, 2; art. 2º, 2, 3, 4, 5, 6; art. 3º, 1.3, 4.8, 12; art. 4º, 1; art. 6º, 1; art. 9º, 1; art. 10, 1; art. 16, 2; art. 18, 6; art. 23, 1; art. 24, 1; art. 25, 1; art. 28,1, 2; art. 30, 4; art. 33, 1; art. 48, 2; art. 51, 10; art. 54, 1; art. 57, 1; art. 59, 1.1, 1.4
Lei 8.151/1990: art. 59, 1.3
Lei 8.245/1991: art. 3º, 1.6, 5, 6
Lei 8.374/1991: art. 3º, 5
Lei 8.420/1992: art. 3º, 5
Lei 8.906/1994: art. 3º, 5; art. 9º, 1, 6
Lei 8.950/1997: art. 48, 2
Lei 8.952/1994: art. 12, 1.2; art. 52, 6
Lei 9.139/1995: art. 59, 1.4
Lei 9.245/1995: art. 2º, 7 e 8; art. 3º, 1.1, 1.2, 1.3, 1.5, 4.3, 5, 7.2; art. 14, 3
Lei 9.307/1996: Introdução, 1.1.1, 1.1.4; art. 1º, 3; art. 24, 1; art. 26, 1, 2
Lei 9.317/1996: art. 8º, 1
Lei 9.790/1999: art. 8º, 2
Lei 9.841/1999: art. 8º, 1, 2
Lei 9.868/1999: art. 10, 1
Lei 10.194/2001: art. 8º, 2
Lei 10.259/2001: Introdução, 1; art. 1º, 1, 4; art. 2º, 2; art. 3º, 1.4, 10; art. 9º, 1; art. 10, 1; art. 41, 1.3; art. 41, 1.4, 1.7, 1.9; art. 51, 3
Lei 11.232/2005: art. 52, 1, 9
Lei 11.277/2006: art. 38, 3
Lei 11.419/2006: art. 18, 1; art. 19, 1
Lei 10.444/2002: art. 3º, 4.3; art. 10, 1; art. 52, 6
Lei 10.741/2003: art. 11, 1
Lei 11.232/2005: art. 3º, 9.3
Lei 11.417/2009: art. 10, 1
Lei 11.419/2006: art. 13, 1, 4
Lei 12.016/2009: art. 1º, 2; art. 41, 1.3, 1.4
Lei 12.126/2009: art. 8º, 2
Lei 12.137/2009: art. 9º, 6
Lei 12.153/2009: art. 1º, 2, 4; art. 10, 1; art. 39, 4; art. 41, 1.3, 1.4, 1.9
Lei 13.129/2015: Introdução, 1.1.1
Lei 13.140/2015: Introdução, 1.1.1
Lei 13.994/20: Lei 13.994/20: art. 22, 4; art. 23, 1
Lei 14.195/2021: art. 18,1

Decretos-Leis

Decreto-lei 58/1937: art. 3º, 5
Decreto-lei 911/1969: art. 3º, 1.3

Constituições Estaduais

Estado de Santa Catarina
Art. 10, X, § 1º: art. 3º, 1.4
Art. 88, § 1º: Introdução, 1.1.4
Art. 92: Introdução, 1.1.3

Leis Estaduais

Lei Complementar 77/1993 do Estado de Santa Catarina: Introdução, 1; art. 1º, 1; art. 3º, 1.10; art. 9º, 1; art. 18, 6
Lei Complementar 339/2006 do Estado de Santa Catarina: art. 1º, 1
Lei Complementar 851/1998 do Estado de São Paulo: art. 1º, 1
Lei 1.071/1990 do Estado do Mato Grosso do Sul: Introdução, 1; art. 1º, 1; art. 2º, 2; art. 9º, 1; art. 18, 6; art. 41, 1.2, 1.3; art. 51, 2
Lei 1.510/1994 do Estado do Mato Grosso do Sul: art. 1º, 1
Lei 1.208/1991 do Estado do Mato Grosso do Sul: art. 1º, 1
Lei 1.376/1993 do Estado do Mato Grosso do Sul: art. 1º, 1
Lei 1.690/1996 do Estado do Mato Grosso do Sul: art. 1º, 1

Lei 2.049/1999 do Estado do Mato Grosso do Sul: art. 1º, 1

Lei 2.651/2003 do Estado do Mato Grosso do Sul: art. 1º, 1

Lei 3.203/2006 do Estado do Mato Grosso do Sul: art. 1º, 1

Lei 11.468/1996 do Estado do Paraná: art. 1º, 1

Lei 14.277/2003 do Estado do Paraná: art. 1º, 1

Lei 9.442/1991 do Estado do Rio Grande do Sul: Introdução, 1; art. 1º, 1; art. 18, 6; art. 28, 1; art. 51, 2

Lei 9.446/1991 do Estado do Rio Grande do Sul: Introdução, 1; art. 1º, 1

Lei 10.675/1996 do Estado do Rio Grande do Sul: art. 1º, 1; art. 3º, 1.3

Lei 1.141/1993 do Estado de Santa Catarina: Introdução, 1; art. 1º, 1; art. 3º, 3

Lei 8.151/1990 do Estado de Santa Catarina: Introdução, 1; art. 1º, 1

Código de Defesa do Consumidor

Art. 5º, IV: art. 3º, 1.4

Consolidação das Leis do Trabalho

Art. 625-A *usque* 625-H: Introdução, 1.1.5

Estatuto da Criança e do Adolescente

Art. 198, VIII: art. 41, 1.2

Lei de Introdução ao Código Civil

Art. 2º, § 1º: art. 7º, 5
Art. 5º: art. 3º, 6; art. 6º, 1; art. 9º, 1

Parte criminal – Fernando da Costa Tourinho Neto
(Os números que seguem as leis e os artigos referem-se aos itens respectivos.)

Introdução

Código de Processo Penal – Dec.-Lei n. 3.689/41, 2.1
Código Penal – Dec.-Lei n. 2.848/40, 2.1
Lei n. 6.3688/76, 1.2.1
Lei n. 11.343/2006, 1.2.1
Lei n. 11.106/2005, 2.1
Portaria 18/98, Estado de São Paulo, 1.2.1

Art. 60

CF/88, art. 22, I, 1
CF/88, art. 24, XI, 1
CF/88, art. 98, I, 1
Dec.-Lei n. 4.657/42, 2
Lei Complementar n. 35/79, 1
Lei de Introdução ao Código Civil – LICC, Dec.-Lei n. 4.657/42, 1
Lei de Introdução às Normas do Direito Brasileiro – Lei n. 12.376/2010, 1
Lei n. 263/48, 1
Lei n. 7.210/84, 4
Lei n. 8.906/94, 1
Lei n. 9.099/95, 1, 2, 3
Lei n. 9.307/96, 1
Lei n. 10.259/2001, 1
Lei n. 11.232/2005 – CPC, 3
Lei n. 11.313/2006, 1

Art. 61

CF/88, 1
CF/88 (art. 5º), 3
CF/88 (art. 98), 1
CF/88 (art. 109, IV), 1, 2, 2.2
CF/88 (129), 14
Código do Consumidor (arts. 63, § 2º, 66, 67 a 74), 12
CP (art. 59), 6, 7
CP (art. 63), 2.1
CP (arts. 14, p. único, 70, 71, 121, §§ 1º e 4º, 155, § 2º, 157, § 2º), 7, 8, 8.1
CP (arts. 69, 70 e 71), 5, 6, 7
CP (arts. 101, 121, 138, 148, 157, 157, § 3º, 158, 159, 329), 9
CP (arts. 121, 123, 168, 312, 319, 342), 8, 8.1
CP (arts. 138, 163, 164, 183/190, 236, 345), 13
CP (arts. 146, 225, 213), 10
CP (arts. 216-A, 328, 329, 331), 3
CPP, 2
CPP (art. 3º), 1
CPP (art. 313, 323), 2

CPP (504), 14
CPP (arts. 539, 531-540), 14
Dec.-Lei n. 3.688/41 – Lei das Contravenções Penais, (art. 2º; 3º, 7º), 2; 2.1
Dec.-Lei n. 6.259/44 (art. 45), 2.2
Lei n. 1.521/51 (arts. 2º e 4º), 15
Lei n. 4.898/65 (arts. 3º e 4º), 16
Lei n. 5.250/67 – Lei de Imprensa (arts. 16, 17, 19, 21 e 22), 12, 17
Lei n. 7.492/86, 19
Lei n. 7.661/45, 14
Lei n. 8.038/90, 2.2
Lei n. 8.069/1990 (arts. 228-244), 20
Lei n. 8.078/909 arts. 63, § 2º, 66, 67-94, 63-74), 21
Lei n. 8.137/90 (arts. 1º a 3º), 23
Lei n. 8.429/92, 23
Lei n. 8.666/93 – Lei de licitação (arts. 91, 93, 97, 98), 24
Lei n. 9.099/95 (art. 6º, 76, § 4º, 61), 1, 2.1, 3
Lei n. 9.279/96, 13, 25
Lei n. 9.417/62, 27
Lei n. 9.437/97 (art. 10), 2
Lei n. 9.455/97, 26
Lei n. 9.472/97 (art. 183), 27
Lei n. 9.503/97 (arts. 291, 304, 307, 308, 312), 28
Lei n. 9.605/98 – Lei dos crimes ambientais (arts. 29, 31, 32, 44-46, 48-52, 54-56, 60, 62, 64, 65, 67), 29
Lei n. 9.839/99, 32
Lei n. 10.054/2000 (art. 1º), 1
Lei n. 10.259/2001 (1º, 2º, 20), 1, 3, 4
Lei n. 10.268/2001, 2
Lei n. 10.741/2003, 30
Lei n. 10.826/2003 (arts. 13, 14, 15 e 36), 2, 31
Lei n. 11.101/2005 (arts. 178, 183, 185), 14
Lei n. 11.313/2006, 1, 3
Lei n. 11.340/2006, 33
Lei n. 11.343/2006, 18
Lei n. 11.719/2008, 2.2
Lei n. 11.983/2009, 2
Lei n. 12.015/2009, 5
Lei n. 12.153/2009, 34
Lei n. 12.376/2010, 1

Art. 62

CC antigo (art. 159), 2.2
CC antigo (art. 1.533), 2.2
CC novo (art. 186), 2.2

CF/88 (art. 5º, V), 2.2
CF/88 (art. 5º, LXXVIII), 1
CF/88 (art. 93, XII), 1.8
CP alemão antigo (art. 321), 2.2
CPC (art. 132, 475-C, 475-E), 1.7, 2.2
CPP argentino (art. 396), 1.6
CPP (arts. 10, 63, 387, IV, 797), 1.8, 2.2
EC 45/04, 1, 1.8
Lei n. 5.250/67 (art. 53), 2.2
Lei n. 9.099/95 (arts. 2º, 62, 64, 65, § 3º, 74, 80, 81§ 1º,), 1; 1.4; 1.8
Lei n. 10.259/2001 (art. 5º), 1.1
Lei n. 10.522/2002 (art. 20), 2.1
Lei n. 11.719/2008, 1.7, 2.2
Projeto de Lei n. 409/2001 (art. 10, § 1º), 1.

Art. 63

CC, o novo, (art. 70), 2.5
CF/88 (art. 5º, LIII, XVXVII), 2.2
CF/88 (art.29, X), 2.9
CF/88 (art. 98, I), 2
CF/88 (art. 98, I), 2.8
CF/88 (art. 102, I, c, 105, I, a, e 108, I), 2; 2.13
CF/88 (art. 105, 105, I, d), 2.13
CF/88 (art. 109, IV), 2.2
CF/88 (art. 109, IX), 2
CP (arts. 6º e 14), 2.4
CP (arts. 69, 70, 74, 75, 77, 155), 2.1; 2.2; 2.8
CPP (arts. 70, 71, 75), 2.4; 2.6; 2.7
CPP (art. 71), 2.7
CPP (arts. 76, 77, 78, II. 79, 79, I, 81, 84, 87), 2.8; 2.8.1; 2.9; 2.10; 4
CPP (arts. 73, 74, 74, § 3º, 408, § 4º, 410, 411, 415, 418 e 419), 2.11; 2.12;
EC 45/04, 2; 2.13
Lei n. 6.368/76 (art. 16), 2.8
Lei n. 6.815/80, 5
Lei n. 6.964/81, 5
Lei n. 8.069/90 (art. 147, § 1º), 2.4
Lei n. 9.099/95 (arts. 60, 61, 63, 66, p. único, 77, § 3º, 89), 2, 2.1; 2.2; 2.3; 2.11
Lei n. 10.259/2001 (arts. 2º, 3º), 2; 2.2
Lei n. 10.628/2002, 4
Lei n. 10.772/2003 (criação de varas federais no interior), 2.4
Lei n. 11.313/2006 (arts. 1º, 3º), 2; 2.2, 2.8.1
Lei n. 11.689/2008, 2.12

Art. 64

CF/88 (arts. 5º, X, LX, 60, § 4º, IV, 96, II, d, 105), 2
CPP (art. 792, § 1º e § 2º), 2
CPP (arts. 220, 221, 520, 800), 2, 3, 4
Declaração Universal dos Direitos do Homem (art. X), 2
EC n. 45/2004, 2
Lei n. 5.010/1966, 2
Lei n. 9.099/95 (art. 64), 2, 4
Lei n. 10.259/2001 (art. 22, p. único), 2

Art. 65

CPC (art. 245), 1.4
CPP (art. 251), 1.7
CPC (arts. 275 A 281), 3
CPP (arts. 405, § 1º, 564, III, d e e, g e h, 566, 568, 572, II), 1.3; 1.3.1; 1.3.2; 1.3.3; 1.4; 5
CPP (arts. 565, 572), 1.7
CPP (arts. 573, §§ 1º, 2º), 1.5
Lei n. 8.952/94, 5
Lei n. 9.099/95 (arts. 62, 65. 65, § 1º, 74, 76, 76 §§ 3º, 4º, 78, 81, 81§, 2º, 83, 1º), 1.3.1; 1.3.2; 1.3.3; 1.8; 2; 3
Lei n. 9.245/95, 5

Art. 66

CF/88, (art. 5º, XL), 1.1.5
Código de Bustamante (art. 388): 525
Convenção de Haia (art. 10), 1.1.4
CPC (arts. 204, 205, 207), 1.1.2; 1.1.6
CPP (arts. 2º, 366, 366, §§ 1º e 2º), 1.1.5
CPP (arts. 352, 514, 570), 1.1; 1.1.1
CPP (arts. 358, 359, 570), 1.1.1
CPP (arts. 361-363), 1.1.5
CPP (arts. 361, 368), 1.1.4; 1.1.5
CPP (arts. 365, parágrafo único, 394), 1.1.5
Lei n. 8.038/90 (art. 4º), 1.1
Lei n. 9.099/95 (arts. 66, 68), 1.1; 1.1.1; 1.1.4; 1.1.5
Lei n. 9.271/96, 1.1.5
Lei n. 11.419/2006 (art. 4º), 1.1.6
Lei n. 11.719/2008, 522, 528

Art. 67

Código do Maranhão, antigo (art. 122), 1

CPC (art. 234), 1
CPP (arts. 357, 371), 1
CPP (arts. 370, 370, § 4º, 372), 1
CPP (art. 514), 1
LC 73/93 9ARTS. 34 A 38), 1
LC 80/94 (art. 44), 1
Lei n. 1.060/50 (art. 5º, § 5º), 1
Lei n. 7.871/89 (art. 5º, § 5º, § 5º), 1
Lei n. 8.625/93 – Lei Orgânica Nacional do Ministério Público (art. 41), 1
Lei n. 9.099/95 (art. 65), 1
Lei n. 9.271/2004 (art. 1º), 1
Lei n. 11.033/2004 (art. 20), 1

Art. 68

CF/88 (art. 5º, LV), 1
CPP (arts. 261, 263, 266), 1; 3
CPP (art. 265, 266), 1
Lei n. 9.099/95 (arts. 9º, 68, 72, 78, § 1º), 1; 1.1
Lei n. 10.259/2001 (arts. 1º, 3º), 1.1
Lei n. 11.719/2008, 1

Art. 69

CF/88 (art. 5º, LXI), 5
CF/88 (art. 5º, LXVI), 7
CF/88 (art. 7º, XX, 201, § 7º), 9
CF/88 (arts. 129, 144), 2, 3.1
CF/88 (226, § 8º), 9
CP (art. 26), 1
CP (129, § 9º), 9
CP (art. 330), 6
CPC (art. 1.148), 2
CPP (arts. 6º, VIII, 16, 28), 3; 10
CPP (arts. 301, 312 e 313), 5; 6
CPP (arts. 321, 322, 323, 324), 7
Dec.-Lei n. 9.739/46, cria a carteira de juiz, 10
Dec.-Lei n. 3.688/40 – Lei das Contravenções Penais (art. 60), 7
Lei n. 7.716/83 (art. 1º), 10
Lei n. 8.625/93 (documento de identidade do MP), 10
Lei n. 9.099/95 (arts. 69, p. único, 74, 76,77,77, § 2º, 80, 89, 89, § 1º, I), 3, 7, 8
Lei n. 9.906/94 (cria a carteira da OAB), 10
Lei n. 10.054/2000, 1, 10
Lei n. 10.455/2002, 1, 9

Lei n. 11.340/2006 (Lei de Violência Doméstica – Lei Maria da Penha, arts. 1º, 2º, 20, 22, 23, 29, 41, 42, 43, 44, 45), 9
Lei n. 11.983/2009, 7
Lei n. 12.037/2009 (arts. 1º, 3º, 5º), 10

Art. 70

CPP (art. 60, III), 1
Lei n. 9.099/95 (art. 76, 76, § 2º, 77), 1

Art. 72

CC novo – Lei n. 10.406/2002 (arts. 3º e 4º, 5º, *caput*), 1
CF/88 (art. 37, § 6º), 1
CPC (art. 8º, 9º), 1
CPP (art. 33), 1
LC 80/94 (art. 4º, VI), 1
Lei n. 8.906/94 – Estatuto da OAB (art. 4º), 1
Lei n. 10.259/2001 (art. 11), 1
Lei n. 11.719/2008, 2

Art. 73

CF/88 (art. 119), 2
CP alemão antigo (art. 321), 1.1
CPP (arts. 295, 437, 439 e 440), 2
Dec. 38.016/55 – Prisão especial (art. 3º), 2
Lei das Contravenções Penais - Dec.-Lei n. 3.688/41 (art. 33), 1.1
Lei n. 9.099/95 (arts. 21, 63, 72, 73, 74, 75, 76, § 6º, 88), 2
Lei n. 10.258/2001 (art. 295), 2
Lei n. 10.259/2001 (art. 18), 2
Lei n. 12.153/2009 (art. 16), 2

Art. 74

CF/88 (art. 5º, LXVIII, LXIX), 2
CP (art. 16), 3
CP (arts. 16, 104, 107, V), 3
CPC (art. 475-N), 2
CPC (arts. 485 e 486), 2
CPP (art. 25, 49, 38, 49), 1
CPP (arts. 382, 619), 2
Lei n. 8.950/94, 2
Lei n. 9.099/95 (a vitimologia), 1
Lei n. 9.099/95 (arts. 3º, I, 75, 76, 77, 83, §3º), 2; 3
Lei n. 10.259/2001 (art. 3º): 563, 564

Art. 75

CC antigo – (art. 159), 3
CC antigo – (art. 1.525), 1
CC novo – Lei n. 10.406/2002 (arts. 5º, *caput*, 186), 2
CC novo – Lei n. 10.406/2002 (art. 935), 1
CP (art. 16), 1
CP (art. 100, 100, § 1º), 1
CP (art. 103, 104, p. único), 1
CP (art. 107, IV), 1
CPP (art. 33), 2
CPP (art. 63), 3
CPP (art. 64), 1
CPP (arts. 5º, § 4º, 25, 38, 39), 1
CPP (arts. 25, 38, 39, 102, 103), 1
Lei n. 9.099/95 (arts. 74, p. único, 75, 77, *caput*, 77, § 3º), 1; 2; 3; 4

Art. 76

CF/88 (art. 5º, XL), 1.3.a
CF/88 (art. 5º, LVII), 1.3.b, 1.4a
CF/88 (art. 5º, XLVI), 6
CF/88 (art. 5º, XLVI, *c* e *d*), 1.3; 10
CF/88 (art. 5º, XXXIX), 10
CF/88 (art. 5º, XXXVII), 581
CF/88 (art. 93, IX), 10.1
CF/88 (art. 98, I), 1; 1.3
CF/88 (art. 129, 1), 1.6
Constituição de Córdoba (art. 17), 1.3.d
Constituição italiana – CF/ 47 (art. 27), 1.3.d
CP (art. 12, 44, III, 44, § 2º, 45, § 1º, 49, 334), 1.5; 10.1, 11
CP (arts. 23, 24, 25, 32, 43, 59, 68, 128), 1.1; 1.5; 10; 10.1; 11; 14
CP (art. 51, 55, 59, 60, § 1º, 60, § 2º, 61, 63, 64, I, 72), 1.4; 1.4c; 1.4.1; 6, 9; 9; 10.1
CP (arts. 77, § 1º, 78, IV, 110), 1.4.1
CP (arts. 107, 129), 6
CPC/39 (art. 810), 1.9
CPP (arts. 3º, 5º), 3.b1
CPP (art. 28), 1.6; 1.8
CPP (art. 292, 492, § 1º, 593), 1.3.d1; 1.4a; 1.9; 7
CPP (art. 617), 5
CPPM – Dec.-Lei n. 1.002/69 (art. 234, § 1º), 1.3.d1
CRP (art. 32º/2). 1.3.b1
LCP (art. 32), 605
Lei n. 4.898/65 (arts. 3º, *i*, e 4º, *b*), 589, 590

Lei n. 6.938/81 (art. 4º, VI), 1.3; 3.d1; 9; 10.1
Lei n. 7.210/2007 – LEP – Lei de Execução Penal (arts. 181, 181, § 1º, c, 199), 1.3.d; 12
Lei n. 9.099/95 (arts. 5º, 69, 72, 74, 75, *caput*, 76, §§ 2 e 4º, 82 § 1º, 86), 1.1; 1.2; 1.4; 2; 3; 4; 5; 9; 10.1; 12
Lei n. 9.268/96, 10.1
Lei n. 9.503/97 (arts. 162, I, 309), 5
Lei n. 9.605/98 (art. 27), 9
Lei n. 9.714/98, 1.4.1
Lei n. 11.033/2004, 11
Lei n. 11.313/2006, 9
Lei n. 11.340/2006 (art.41), 6
Lei n. 11.343/2006 (art. 28), 10.1
Lei n. 11.689/2008 (art. 474, § 3º), 3.1.d1

Art. 77

CC/88 (art. 129, VIII), 2.1.1
CF/88 (art. 5º, LIX), 6
CF/88 (art. 98, I), 1
CF/88 (art. 129, I), 2.1.1; 4
CF/88 (art. 129, III), 2.1.1
CF/88 (art. 144, 144, §§ 1º e 4º), 2.1; 2.1.1
CP (art. 100, § 3º), 6
CPP (arts. 28, 29, 40, 41, 45, 46, 48, 74§ 2º, 77), 2.4.3; 4; 5; 6
CPP (arts. 41, 158, 167), 2.4; 3; 6
Lei n. 9.099/95 (arts. 61, 69, 72, 76, 77, § 2º), 2.2; 2.4; 2.4.3; 4
Lei n. 11.697/2006 (art. 8º), 4

Art. 78

CP (art. 42), 3
CPP (art. 222, § 1º, 323, V), 2.1; 3
CPP (arts. 312, 313, 396-A), 2.1, 3; 3
CPP (arts. 532, 537, 538, 539), 2.1
CPP da Bahia (art. 1.646, § 1º), 3
Lei n. 5.349/1967, 3
Lei n. 7.210/84 – LEP – Lei de Execução Penal (art. 126), 3
Lei n. 9.099/95 (arts. 67, 78, 92), 2.1
Lei n. 11.719/2008, 2.1

Art. 79

CP (art. 102), 1
CPP (arts. 25 e 42), 1
Lei n. 9.099/95 (arts. 72, 73, 74, 75, 76), 1

Art. 80

CF/88 (art. 5º, LXI), 1
CP (art. 330), 1
CPP (arts. 201, *caput*, §§1º, 4º e 6º, 60, III, 218, 219 e 260), 1
Lei n. 9.099/96 (art. 92), 1
Pacto São José da Costa Rica (art. 8º, 2, *g*), 1

Art. 81

CF/88 (art. 5º, LXIII), 7.1
CF/88 (art. 5º, LIV, LV, LVI, LVII, XXXVII e LIII), 4; 7.4
CF/88 (art. 93, IX), 10.3
CF/88 (art. 129, I), 1
CP (arts. 168-A e 171), 10.3.1.1
CPP (arts. 41, 43), 3.1
CPP (arts. 185, *caput* , §§ 2º, 3º, 4º, 5º e 6º, 186, 187, 188, 192, p. único), 7; 7.1; 7.2; 7.4; 7.4.1
CPP (arts. 201, § 2º, 202, 203, 206, 207, 208, 209, 212, 213, 215, 222, § 3º), 5; 6; 8.3; 8.4
CPP (arts. 383, 384, 394, § 1º, III, 395, 396-A, 397), 1; 2; 3; 10.3.1.1; 10.3.1.2
CPP (arts. 467, 468, 473), 8
CPP (arts. 513-518), 3
CPP (arts. 534. 537, 538), 1; 9
CPP (art. 792), 7.4
Lei n. de 1832, que instituiu o Código de Processo Criminal de Primeira Instância (arts. 262 e 264), 8
Lei n. 5.250/67 (art. 43, § 1º), 3
Lei n. 7.244/84 (art. 34), 4
Lei n. 8.038/90, 3
Lei n. 8.429/92 (art. 17, § 7º), 3
Lei n. 9.099/95 (arts. 78, 81, 92), 1; 9; 11
Lei n. 9.296/96, 4
Lei n. 10.792/2003, 7
Lei n. 11.343/2006 (art. 55), 3
Lei n. 11.689/2008, 8
Lei n. 11.690/2008, 5; 6; 8
Lei n. 11.719/2008, 3; 10.3.1.1
Lei n. 11.900/2009, 7; 7,1; 7.4.1

Art. 82

CF/88 (art. 94), 12
CF/88 (art. 98, I): 692
CF/88 (art. 102, III), 15; 15.2
CF/88 (art. 105, III), 15, 15.1
CF/88 (art. 127), 12.1

CPC (arts. 475, §§ 2º, 3º, 498, 552, § 1º, 541-546), 10; 12.2; 15.2.1
CPC/39 (art. 822), 10
CPP (arts. 3º, 41, 43), 3.2.1; 6.1.2; 6.1.2; 6.1.2.1
CPP (arts. 370, § 4º, 392), 12.4
CPP (arts. 383, 386, 387, 392, 498), 3.2.1; 5; 6
CPP (arts. 574, 577, 578, 581, 593. 610, 613, 632-636), 3; 3.2; 6; 6.3; 6.5; 7; 7.1, 12.1; 15.2.1
CPP (arts. 600, 601, 608, 609, 617, 639, 798. § 1º, 3º 5º), 3; 5; 6; 7.1; 9; 12.1; 15.2
Dec. 9.263/11 (Lei de Organização do antigo Distrito Federal, art. 143, § 6º), 11
LC 80/94 (art. 44, I), 12.2
Lei n. 1.060/50 (art. 5º, § 5º), 12.2; 12.4
Lei n. 3.396/58, 15.2.1
Lei n. 5.010/66 (art. 6º, I), 11
Lei n. 7.210/84 – Lei de Execução Penal (art. 197), 14.2
Lei n. 7.871/89, 12.2
Lei n. 8.038/90 (art. 26, 27, 28, 29), 14.1; 15.2.1
Lei n. 8.072/90 (art. 2º, § 2º), 5
Lei n. 8.625/93 (art. 41, IV), 1.2; 12.2
Lei n. 8.950/94, 14.1; 15.2.1
Lei n. 9.034/95 (art. 9º), 5
Lei n. 9.099/95 (arts. 4º, 5º, 65, § 3º, 67, 76, §5º, 77, § 2º, 81, 86, 92), 6; 6.1.1; 6.1.2; 6.3; 6.6; 7.1; 12.1; 12.3; 14.2
Lei n. 9.271/96 (art. 1º), 12.4
Lei n. 9.469/97 (art. 10), 10
Lei n. 10.259/2001 (arts. 5º, 13, 14, §§ 1º, 3º, 4º. 5º, 9º, 14, §2º, 15, 22), 6.1.1; 6.2; 9; 10; 13.1; 13.2; 15.2; 15.2.1
Lei n. 10.352/2001, 3.2; 10
Lei n. 11.313/2006, 12
Lei n. 11.689/2008 (art. 4º), 3; 3.2.1; 6.5
Lei n. 11.697/2008 (Lei de Organização do Distrito Federal, art. 8º, letra I), 11
Lei n. 11.719/2008, 6.1.2.1
Lei n. 12.016/2009 (Lei do Mandado de Segurança), 11
LICC (art. 4º), 3.2.1
Projeto de Lei n. 16/2007 (em tramitação no Congresso Nacional, que inclui a Seção XIII-A, Capítulo II, na Lei n. 9.099/95), 13.3

Art. 83

CPC (arts. 463, I, 535, 536, 538), 1.1; 1.3; 1.4; 1.7; 2
CPP (art. 382, 619), 1; 1.3
Lei n. 8.950/94 (art. 1º), 1.1; 1.4
Regimento Interno do STF (art. 337), 1.5
Regimento Interno do STJ (art. 263), 1.5

Art. 84

LC 79/1994 (art. 2º, V), 1
CPC (art. 578), 1.3
CP (art. 50 e 51), 1.1; 1.2; 1.3
CPP (arts. 61, 64), 1.5; 1.6
Lei n. 9.268/96, 1.3
Lei n. 9.099/95 (arts. 76, § 2º, II, §§ 4º, parte final. 5º e 6º, 76, 77-81, 86), 1; 1.6; 1.8; 1.8.1
Lei n. 7.210/84 – Lei n. de Execução Penal (arts. 164, 168), 1.1; 1.2; 1.3
Lei n. 6.830/80 (art. 8º), 1.3
Dec. 1.093/94, 1

Art. 85

CF/88 (art. 5º, XXXIX), 1
CP (arts. 51, 59, 114), 1, 1.2
Código Tributário Nacional – CTN (arts. 3º e 174), 1.1; 1.2
Lei n. 9.268/96 (arts. 3º, 114, I, II), 1; 1.2
Lei n. 9.099/95 (arts. 62, 76, § 2º, III)
Lei n. 7.210/84 – Lei de Execução Penal (art. 182), 1

Art. 86

CP (arts. 12, 60, § 2º), 3
Lei n. 11.343/2006 – Lei antidrogas, 3
Lei n. 10.409/2002 – Lei antidrogas, 3
Lei n. 9.099/95 (arts. 1º, 60, 76), 1; 2
Lei n. 7.210/84 – Lei de Execução Penal (arts. 65, 105-146, 147-155), 1
Lei n. 6.368/76 (art. 16), 3
Portaria 5.912/2006, 3

Art. 87

CF/88 (art. 5º, LV), 1
CPC (art. 20, § 2º), 1, 3
CPP (arts. 3º, 32, 61, I, 804, 806), 1, 2
Lei n. 9.099/95 (art. 76, § 4º), 2
Lei n. 1.060/50 (art. 12), 1

Art. 88

CF/88 (art. 5º, XXXIX, XL), 1
LCP (arts. 17, 21), 732
CP (arts. 103, 107, IV e V, 108, IV, V, art. 129, caput, §§ 6º, 7º, 9º, 10), 1; 2; 3
CPP (arts. 38, 61, 564, III, a), 1; 3

Lei n. das Contravenções Penais - Dec.-Lei n. 3.688/41 (arts. 17, 21), 3
Lei n. 11.340/2006, 1
Lei n. 10.886/2004, 1
Lei n. 10.259/2001, 1
Lei n. 9.099/95 (arts. 88, 91), 1, 2

Art. 89

CF/46 (arts. 141 § 21, 144), 1
CF/88 (art. 5º, § 2º), 1
CF/88 (art. 5º, LXVI), 1
CF/88 (art. 5º, XXXV), 4; 9
CF/88 (art. 102, III),
CP (arts. 16, 29, 64, 70, 77, II, 77, 2º, 81, I), 1.1; 2; 3; 17; 18
CP (arts. 105, 107, IX, 120, 121, § 5º, 129, §§ 1º, I, 8º), 1.1; 8; 10
CP (arts. 140, § 1º, 171, 176, p. único, 180, § 5º), 2; 10; 11
CP (arts. 242, p. único, 249, § 2º, 254, IV, 299, p. único, 312, 325), 1.1, 2; 3; 10; 11; 18
CPP (arts. 2º, 3º, 28, 76, III, 80, 81, I), 3; 6; 7
CPP (arts. 254, IV, 310, 350, 383, 384), 1; 8;
CPP (arts. 579, 580, 581, 593, 593, II), 4; 5; 13; 16
Dec.-Lei n. 201/67 – Crimes de responsabilidade dos prefeitos e vereadores (art. 1º, III, IV), 3
LC 75/93 (art. 62, IV), 4
Lei n. 7.209/84 (art. 29), 3
Lei n. 7.210/84 – Lei de Execução Penal (arts. 105, 140, 147, 160), 14; 18;
Lei n. 9.099/95 (arts. 76, § 2º, II, 77, *caput*, 79), 11; 17
Lei n. 9.271/96, 7
Lei n. 9.605/98 – Lei dos Crimes Ambientais (arts. 28, 29, § 2º), 10; 19
Lei n. 9.807/99 (art. 13), 1.1
Lei n. 10.259/2001, 1.1; 7
Lei n. 11.719/2008, 8
Projeto de Lei n. 4.207/2001 (Lei n. 11.719/2008), 8

Art. 90

CF/46 (art. 141, § 27), 1
CF/67 (art. 150, § 16), 1
CF/88 (art. 5º, XL), 1; 2.1
CF/88 (art. 5º, LIII),
CPP (art. 2º), 1; 2
EC n. 1/1969, 1
Lei n. 10.259/2001 (arts. 25 e 27), 2.1
Lei n. 9.099/95 (art. 76), 1

Art. 90-A

CF/88 (art. 5º, XL), 1.2
CP (arts. 123, 124, 1ª parte, 213, 282, última parte, 235, 245, 246, 312, 355), 1.1
CPM – Código Penal Militar – Dec.-Lei n. 1.101/69 (arts. 9º, 136, 149, 157, 158, 160, 163, 175, 195, 203), 1.1
Lei n. 9.839/1999, 1; 1.2

Art. 91

CP (art. 107, IV, 129, *caput*, § 2º, IV, § 6º), 2; 2.1
CPP (art. 38, 60, 61), 2; 2.1
Lei n. 9.099/95 (arts. 67, 88, 91), 2; 2.1
Lei n. 12.016/2009 (art. 23), 2.1

Art. 92

Lei de Introdução ao Código Civil – LICC (art. 2º, § 2º), 1
Lei n. 9.099/95 (arts. 30, 51, *caput*, 52. 53), 2
Lei n. 10.259/2001 (art. 1º), 1
Lei n. 11.313/2006, 1

Art. 93

CF/88 (art. 22, I), 1.1
CF/88 (art. 24, X), 1.1
CF/88 (art. 24, XI), 1.1
CF/88 (art. 98), 1.1; 1.2
Constituição do Estado de Santa Catarina (art. 10), 1.1
LC 851/1998, do Estado de São Paulo, 1.3.3
Lei n. 5.466/91 (art. 59), 1.2
Lei n. 7.244/85, 1.1
Lei n. 9.099/95 (arts. 1º, 2º, 3º, 61, 62, 74, 76, 88, 89, 97), 1.1; 1.3
Lei n. 10.259/2001 (arts. 14, 22), 1.3; 1.3.1; 1.3.2
Resolução 1/2003, de Pernambuco, 1.3.1
Resolução 2/2002, do Superior Tribunal de Justiça, 1.3.2
Resolução 4/2007, de Santa Catarina, 1.3.1
Resolução 22/2008, do Conselho da Justiça Federal, 1.3.2
Resolução 315/2003, do Conselho da Justiça Federal, 1.3.2
Resolução 390/2004, do Conselho da Justiça Federal, 1.3.2

Art. 94

Lei n. 10.259/2001, 1

ÍNDICES • 2 – ÍNDICE LEGISLATIVO POR ARTIGOS **781**

Art. 95

ADCT (arts. 14 e 15), 1
Lei n. 9.099/95 (arts. 62, 74, 76, 79, 88 89), 1

Art. 96

CF/88 (arts. 62, § 5º, 66, *caput*, 66, §§ 1º, 4º, 84, V), 2.1; 2.2.1
Lei de Introdução às Normas do Direito Brasileiro – Lei n. 12.376/2010, art. 1º, §§ 3º e 4º), 1.2; 2.4; 2.6
Lei n. 1/47, do Estado de São Paulo (art. 100), 2.4
Lei n. 10.259/2001, 1
LICC, de 1916 – Lei n. 3.071/16 (art. 2º), 1.3
LICC, de 1942 – Dec.-Lei n. 4.657/42 (art. 1º), 1.2

Art. 97

CPP (arts. 12, § 3º, 129, § 6º, 531-538, 811), 1.3; 2
LC 28/2002, do Estado de Pernambuco, 1.4
Lei de Introdução às Normas do Direito Brasileiro – Lei n. 12.376/2010 (art. 2º, § 3º), 1.4
Lei n. 4.611/65, 2
Lei n. 7.244/84, 2
Lei n. 9.868/99 (art. 27), 1.4

Arguição de constitucionalidade

CF/67-69 (art. 144, V), 1
CF/88 (arts. 97, 102, III, *a* a *c*, e 105, *a* e *b*), 1; 2

Habeas corpus

Aviso de 5 de janeiro de 1875, 3
CF/1891 (art. 72, § 22), 1
CF/24, 1
CF/34 (art. 113, § 33), 7.1
CF/46 (§§ 23 e 24), 7.1
CF/67-69 (art. 153, § 20), 14
CF/88 (art. 5º, LXII), 13
CF/88 (art. 5º, LIII), 15
CF/88 (art. 93, IX): 800
CF/88 (art. 98, I): 804
CF/88 (art. 102, I, *i*). 10
CF/88 (art.102, III, *a, b, c d*),10
CF/88 (105, III, *a, b* e *c*), 10
CF/88 (art. 125), 15
CF/88 (art. 142, § 2º), 14

Código de Processo Criminal de 1832 (arts. 340-355), 1
Constituição do Estado de Goiás (art. 40), 7.1
CPP (art. 312, 574, 581, X, 650, §2º, 652, 654, §§ 1º, 2º, 658, 659, 660, §§ 4º e 6º), 5.1, 5.2, 5.3, 6.3; 7; 8; 9 10; 11; 14; 15
EC/22, 15
EC 45/04 (art. 4º), 15
Lei n. 1.748/07, 11
Lei n. 2.033/1871 (art. 18, § 1º), 1
Lei n. 4.898/65 (art. 4º), 3
Lei n. 9.099/95, 15

Mandado de segurança

CF/1891 (art. 72, § 22), 1
CF/1934 (art. 113, 33), 1
CF/88 (art. 5º, LXIX), 1; 2
CF/88 (art. 5º, LXX), 2
CF/88 (art. 102, I, *d*), 9
CF/88 (art. 103, § 1º), 10
CPC (arts. 47, 84. 527, III, 543-B e § 4º), 5.3; 8; 11.2; 11.2.2
CPC/73 (arts. 46-49), 11
Lei n. 1.533/51 (art. 1º, 7º, II, 10), 1; 2; 5.3
Lei n. 2.770/56 (art. 1º), 6
Lei n. 9.139/95, 8
Lei n. 10.352/2001, 8
Lei n. 12.016/2009 (arts. 22, § 2º, 23, 24, 25), 1; 2; 5.2; 6, 11
Regimento Interno do STF (art. 21, § 1º, 324), 11.2.2
Regimento Interno do TRF-1 (art. 293, § 1º), 8.1

Revisão criminal

CF/1891 (art. 81), 3; 4; 5
CF/34 (art. 76, 3), 5
CF/37, 1
CF/88, 1
CPP (arts. 36, 31, 621, 622, *caput*, 622, p. único, 623, 624, II, 626, 631) 3; 4; 5; 8; 9
Dec. 848/1890 (art. 9º, II, § 1º), 1
EC 45/2004, 9
Lei n. 18/1828 (art. 8º), 1

Conclusão. A Justiça do Futuro

CF/88 (art. 5º, LXIV), 1
LC 45/2003, 1
Lei n. 9.807/99, 1

3
Índice Onomástico

Parte Cível – Joel Dias Figueira Júnior
(Os números que seguem os artigos referem-se aos itens respectivos.)

A

ABREU, César: Introdução, 1
ABREU, Pedro Manoel: Introdução, 1; art. 3º, 1.2; art. 3º, 1.5
ALBERTON, Genacéia da Silva: art. 10, 1
ALLORIO, Enrico: art. 15, 6
ALMEIDA, Cândido Mendes de: Introdução, 1.1.3
ALMEIDA, Ísis de: art. 9º, 1
ALVES, José Carlos Moreira: art. 3º, 7.2
ALVIM, J. E. Carreira: Introdução, 1.1.3, 1.1.4; art. 3º, 1.2; art. 3º, 1.5, art. 14, 3; art. 18, 5; art. 41, 1.9
ALVIM, José Manoel de Arruda: art. 2º, 1; art. 2º, 2; art. 2º, 7.8; art. 3º, 1.3; art. 5º, 2; art. 14, 4; art. 14, 7; art. 15, 6; art. 20, 1; art. 20, 2; art. 21, 1; art. 31, 2; art. 41, 1.3, 1.6; art. 51, 3; art. 51, 6
ALVIM, Thereza: art. 8º, 1; art. 38, 2
ANDRIGHI, Fátima Nancy: art. 1º, 2; art. 3º, 1.5; art. 3º, 5; art. 20, 1; art. 41, 2, 1.9, 3; art. 59, 1.3; art. 59, 1.4
ARAGÃO, Egas Dirceu Moniz de: Introdução, 1.1.1, 1.1.2, 1.1.3; art. 3º, 8.1; art. 15, 6
ARAÚJO, Francisco Fernandes de: art. 3º, 8.1
ARENHART, Sérgio Cruz: art. 41, 1.9
ARIETA, Giovanni: art. 43, 2
ARMELIN, Donaldo: art. 3º, 1.2; art. 3º, 1.5
ARZUA, Guido: art. 3º, 8.1
ASCENSÃO, José de Oliveira: art. 6º, 1
ASSIS, Araken de: art. 3º, 1.2; art. 3º, 1.5; art. 3º, 1.7; art. 3º, 6; art. 3º, 9.3; art. 14, 3; art. 14, 6; art. 15, 6; art. 41, 1.5; art. 52, 1; art. 52, 9
ATTARDI, Aldo: art. 43, 2
AZEVEDO, Noé: art. 13, 3

B

BACELLAR, Roberto Portugal: Introdução, 1.1.2
BAGOLINI, Luigi: Introdução, 1; art. 6º, 1
BARBI, Celso Agrícola: art. 7º, 5
BARBIERO, Louri Geraldo: art. 3º, 1.2; art. 35, 1
BARROS, Francisco Carlos Rocha de: art. 3º, 1.6; art. 3º, 6
BATISTA, Sônia Hase de Almeida: art. 48, 2
BATISTA, Weber Martins: art. 8º, 4; art. 18, 1; art. 20, 1; art. 28, 2
BAUR, Fritz: Introdução, 1
BEDAQUE, José Roberto dos Santos: art. 5º, 2
BENETI, Sidnei: art. 1º, 2; art. 3º, 1.5; art. 3º, 9.3; art. 20, 1; art. 59, 1.3; art. 59, 1.4
BITTENCOURT, Carmen Nícia Nogueira: art. 3º, 1.2
BOMFIM, Benedito Calheiros: art. 3º, 5
BOTELHO, Ronaldo: art. 59, 1.3
BRANDÃO, Paulo de Tarso: Introdução, 1
BRUNO, Reynaldo Gabetto: art. 41, 3
BUENO, Cássio Scarpinella: art. 10, 1; art. 14, 2
BURDESE, Alberto: art. 31, 2

C

CALAMANDREI, Piero: art. 5º, 2; art. 15, 6
CÂMARA, Alexandre Freitas: art. 3º, 1.2; art. 3º, 1.5, art. 28, 2
CAMBI, Eduardo: art. 32, 1
CAMPOS, Antônio Macedo de: Introdução, 1
CAPPELLETTI, Mauro: Introdução, 1, 1.1.2, 1.1.3; art. 5º, 2; art. 6º, 1; art. 9º, 4; art. 12, 1.1
CARDOSO, Antônio Pessoa: art. 3º, 1.5

CARMONA, Carlos Alberto: Introdução, 1; art. 24, 1

CARNEIRO, Athos Gusmão: Introdução, 1; art. 3º, 1.1; art. 3º, 1.2; art. 3º, 1.3; art. 3º, 1.4; art. 3º, 1.5; art. 3º, 4.4; art. 3º, 13; art. 3º, 10.1; art. 14, 3; art. 22, 1; art. 41, 1.1; art. 41, 1.2; art. 41, 1.3; 1.9; art. 54, 1; art. 55, 1

CARNELUTTI, Francesco: art. 5º, 3; art. 7º, 5; art. 32, 2

CARPI, Federico: art. 43, 2; art. 52, 5

CARULLI, Ombretta Fumagalli: Introdução, 1

CASTRO, Artur Anselmo de: art. 30, 3

CAVALCANTE, Mantovanni Colares: art. 3º, 1.5

CHABAS, François: art. 52, 6

CHIARLONI, Sergio: Introdução, 1.1.1

CHIMENTI, Ricardo Cunha: art. 8º, 3; art. 8º, 4

CHINI, Alexandre *et. al.* art. 1º, 2

CHIOVENDA, Giuseppe: art. 1º, 3; art. 2º, 1; art. 2º, 2; art. 3º, 4.8; art. 14, 7; art. 31, 2; art. 41, 1.5

CIAN, Giorgio: art. 43, 2; art. 52, 5

CINTRA, Antônio Carlos de Araújo: art. 2º, 1; art. 3º, 1.9; art. 6º, 1; art. 31, 2

COSTA, Alfredo de Araújo Lopes da: art. 15, 6

COUTO, Mônica Bonetti: art. 41, 1.1

COUTURE, Eduardo J.: art. 2º, 1; art. 31, 2; art. 38, 1; art. 39, 1

CRESCI SOBRINHO, Elicio de: art. 5º, 3

CRETELLA JR., José: art. 2º, 2; art. 2º, 7.8

CRUZ, Aloysio Álvares: art. 2º, 7.8

CUNHA, J. S. Fagundes: Introdução, 1.1.4; art. 3º, 1.2; art. 3º, 1.5; art. 41, 1.3

D'AUREVILLY, Barbey: art. 31, 2

D'ONOFRIO: art. 3º, 4.8

DALL'GNOL, Jorge Luís: art. 8º, 1

DALL'AGNOL JR., Antônio Janyr: art. 3º, 8.1; art. 39, 1

DELGADO, José: Introdução, 1.1.2

DENTI, Vittorio: art. 1º, 1; art. 2º, 2; art. 5º, 2; art. 6º, 1

DIAS, Maria Berenice: art. 41, 1.5

DINAMARCO, Cândido Rangel: Introdução, 1; art. 2º, 1; art. 2º, 2; art. 2º, 7.8; art. 3º, 1.2; art. 3º, 1.3; art. 3º, 1.5; art. 3º, 1.9; art. 4º, 1; art. 5º, 2; art. 6º, 1; art. 8º, 3; art. 8º, 5; art. 10, 2; art. 29, 1; art. 31, 2; art. 51, 5; art. 52, 1; art. 59, 1.4

DINIZ, Maria Helena: art. 2º, 7.8; art. 8º, 5

DIONÍSIO, Sônia das Dores: art. 9º, 1

E

ECHANDÍA, Devis: Introdução, 1.1.2

F

FABRÍCIO, Adroaldo Furtado: Introdução, 1; art. 3º, 1.2; art. 3º, 8.2; art. 59, 1.2

FALCON, Enrique M.: art. 15, 6

FARIA, José Eduardo: Introdução, 1

FASSÒ, Guido: art. 6º, 1

FAZZALARI, Elio: art. 5º, 2; art. 6º, 1

FENOCHIETTO, Carlos Eduardo: art. 14, 4; art. 31, 2; art. 51, 6; art. 52, 6

FERRAZ JR., Tércio Sampaio: art. 6º, 1

FERREIRA, Gilberto: art. 3º, 1.2

FERREIRA FILHO, Manoel Caetano: art. 41, 1.5

FIGUEIRA JR., Joel Dias: Introdução, 1, 1.1., 1.1.1, 2, 5; art. 1º, 1, 2; art. 2º, 1; art. 2º, 3.4.5.6; art. 3º, 1.2; art. 3º, 1.5; art. 3º, 4.1; art. 3º, 4.3; art. 3º, 5; art. 3º, 7.1; art. 3º, 7.2; art. 3º, 7.3; art. 6º, 1; art. 7º, 5; art. 8º, 1; art. 8º, 2; art. 14, 3; art. 15, 2; art. 15, 3; art. 20, 2; art. 24, 1; art.24, 2; art. 26, 1; art. 39, 2; art. 41, 1.7.2; art. 52, 6; art. 41, 1.3; 1.8; 1.9

FLORY, Thomas: Introdução, 1.1.3

FONSECA, Gabriel: art. 14, 2

FORNACIARI JR., Clito: art. 3º, 8.1

FRANÇA, Rubens Limongi: art. 8º, 5

FRANCHI, Giuseppe: art. 15, 6

FRIGINI, Ronaldo: art. 9º, 1; art. 54, 1

FULGÊNCIO, Tito: art. 3º, 7.2

FUX, Luiz: art. 8º, 4; art. 18, 1; art. 20, 1; art. 28, 2

GAIBROIS, Maurício: art. 52, 6

GARTH, Bryant: Introdução, 1, 1.1.2

GHEZZI, Giorgio: Introdução, 1

GIANESINI, Rita: art. 20, 1; art. 51, 3

GIANNINI, M.: art. 5º, 2

GOMES, Orlando: art. 2º, 7-8

GONÇALVES, Márcio Quintes: art. 41, 3

GRECO FILHO, Vicente: art. 3º, 1.2

GRINOVER, Ada Pellegrini: Introdução, 1; art. 1º, 3; art. 2º, 1, 7, 8; art. 3º, 1.9; art. 6º, 1; art. 31, 2

GRUNSKY, Wolfgang: Introdução, 1; art. 2º, 2

GUERRA, Marcelo Lima: art. 53, 1

H

HAENDCHEN, Paulo Tadeu: art. 3º, 7.3

HERKENHOFF, João Baptista: art. 1º, 1

K

Keppen, Fernando: Introdução, 1.1.2
Koehler, Frederico: art. 41, 1.11
Kohl, Alphonse: art. 5º, 2
Komatsu, Roque: art. 39, 1

L

Lagrasta Neto, Caetano: art. 9º, 1
Lamego, José: art. 2º, 1; art. 5º, 3
Lazzarini, Álvaro: art. 1º, 1
Lazzaro, Giorgio: art. 6º, 1
Letteriello, Rêmolo: art. 3º, 7.3; art. 41, 1.9
Liebman, Enrico Tullio: art. 2º, 1; art. 3º, 4.7; art. 3º, 4.8; art. 14, 4; art. 15, 6; art. 33, 3; art. 38, 2; art. 41, 1.1; art. 41, 1.5; art. 51, 3; art. 51, 6
Lima, Alcides de Mendonça: art. 3º, 12
Lima, Cláudio Vianna de: art. 24, 1
Lopes, João Batista: art. 3º, 1.2; art. 3º, 1.5; art. 3º, 1.6; art. 5º, 2; art. 33, 3
Lopes, Maurício: art. 3º, 1.2; art. 3º, 1.5; art. 8º, 2
Lugo, Andrea: art. 7º, 5; art. 37, 1
Luiz, Gilberto Antonio: art. 41, 3

M

Macedo, Elaine Harzheim: art. 1º, 2; art. 3º, 1.1; art. 3º, 1.2; art. 3º, 1.3
Machado, Nilton João de Macedo: art. 1º, 1
Magano, José Paulo Camargo: art. 41, 1.3
Malachini, Edson Ribas: art. 41, 1.3; art. 41, 1.6
Malatesta, Nicola Framarino Dei: art. 5º, 2; art. 32, 2
Maluf, Aflaton Castanheira: Introdução, 1.1.4
Maluf, Carlos Alberto Dabus: art. 3º, 7.3
Mancuso, Rodolfo de Camargo: Introdução, 1.1.1, 1.1.2; art. 2º, 7-8
Mandrioli, Crisanto: art. 2º, 1; art. 7º, 5; art. 15, 6; art. 31, 2; art. 37, 1
Marcato, Antonio: art. 15, 6
Marinoni, Luiz Guilherme: Introdução, 1, 1.1.1; art. 6º, 1
Marotta, Wander: art. 3º, 1.2; art. 3º, 1.5
Martins, Nádia: Introdução, 1.1.2
Maximiliano, Carlos: art. 3º, 1.2
Melendo, Santiago Sentís: art. 32, 2
Miranda, Francisco Cavalcante Pontes de: art. 3º, 6; art. 3º, 7.2; art. 3º, 8.1; art. 3º, 12; art. 26, 1; art. 26, 2; art. 39, 3
Moccia, Luigi: Introdução, 1.1.3
Monnerat, Fábio Victor da Fonte: art. 41, 1.11

Monteiro, João Batista: art. 3º, 8.1
Montesano, Luigi: art. 43, 2
Moraes, Silvana Campos: Introdução, 1
Moreira, José Carlos Barbosa: Introdução, 1; art. 5º, 2; art. 5º, 3; art. 14, 3; art. 15, 2, 3, 6; art. 31, 2; art. 32, 2; art. 41, 1.5, 2
Moreira, Wander Paulo Marotta: art. 20, 1; art. 41, 3; art. 54, 1

N

Nalini, José Renato: Introdução, 1
Negrão, Theotonio: art. 1º, 2; art. 3º, 1.2; art. 3º, 1.5; art. 3º, 8.1; art. 15, 5; art. 34, 4; art. 42, 3; art. 54, 1
Nery, Nelson; Andrade, Rosa Maria: art. 3º, 1.10; art. 12, 1.2; art. 14.4; art. 15, 5; art. 20, 1; art. 38, 3; art. 41, 1.1, 1.5, 1.6, 1.7.2; art. 43, 2; art. 48, 2
Nery Jr., Nelson: art. 1º, 1; art. 2º, 1; art. 3º, 1.2; art. 3º, 1.3; art. 3º, 1.5; art. 6º, 1; art. 14, 4; art. 32, 1; art. 48, 1; art. 51, 6
Neves, Marcelo: art. 7º, 1
Nogueira, Antônio de Pádua Ferraz: art. 3º, 1.2
Nogueira, Carlos Alberto: Introdução, 1
Nogueira, Paulo Lúcio: art. 3º, 1.2; art. 3º, 1.5; art. 3º, 9.3; art. 41, 1.2; art. 41, 1.3; art. 59, 1.3; art. 59, 1.4

O

Oliani, José Alexandre Manzano: art. 41, 1.10
Oliveira, Gilberto Callado de: art. 2º, 3.4.5.6; art. 6º, 1
Oliveira, Humberto: art. 41, 1.11
Oliveira, Lauro Laerte de: art. 3º, 1.2
Oliveira, Régis Fernandes de: art. 1º, 1

P

Parizatto, João Roberto: art. 3º, 1.2; art. 3º, 1.5
Pasold, César Luiz: art. 9º, 1
Passos, José Joaquim Calmon de: art. 15, 3; art. 39, 3
Paula, Alexandre de: art. 15, 2; art. 15, 5
Pavan, Dorival Renato: art. 3º, 1.5
Peixoto, Mauro et al.: art. 41, 1.11
Pereira, Alfeu Bisaque: art. 3º, 1.2; art. 3º, 1.5
Picardi, Nicola: art. 7º, 5; art. 37, 1; art. 43, 2; art. 52, 5
Pietroski, Tercílio: art. 3º, 7.3
Pisani, Andrea Proto: art. 6º, 1; art. 37, 1; art. 43, 2; art. 52, 5
Pítsica, Nicolau; Pítsica, Diogo: art. 6º, 1
Porto, Hermínio Alberto Marques: art. 1º, 1

PROTETTI, Ettore: art. 51, 6

PUNZI, Carmine: Introdução, 1; art. 6º, 1; art. 38, 1

PUPO, Enrique Vescovi: art. 5º, 2

R

REALE, Miguel: art. 6º, 1

REINALDO FILHO, Demócrito Ramos: art. 3º, 1.5; art. 3º, 1.10; art. 3º, 3; art. 3º, 5

REIS, Guilherme: art. 14, 2

RESTA, Eligio: Introdução, 1

RETAMERO, Denise: art. 35, 1

REZEK, Francisco: Introdução, 1.1.1

ROCHA, Felippe Borring. *Manual dos juizados especiais cíveis*: art. 41, 1.7

ROCHA, Marco Aurélio Martins: art. 8º, 4

ROCCO, Ugo: art. 3º, 4.7

RODRIGUES, Horácio Wanderlei: art. 3º, 1.2; art. 3º, 1.5; art. 3º, 3; art. 7º, 1; art. 7º, 3; art. 9º, 1

ROSA, Eliézer: art. 7º, 5; art. 20, 1

S

SALVADOR, Antônio Raphael Silva: art. 3º, 1.2; art. 3º, 1.5

SANTOS, Ernani Fidélis dos: art. 3º, 1.2; art. 3º, 1.5; art. 20, 2

SANTOS, J. M. Carvalho: art. 2º, 7-8, art. 3º, 12; art. 8º, 5

SANTOS, Luiz Felipe Brasil: art. 3º, 1.2

SANTOS, Manoel Alberto Rebelo dos: art. 41, 3

SANTOS, Moacyr Amaral: art. 15, 6

SCHLOSSER, Peter: Introdução, 1.1.2

SCHWARTZ, Stuart B.: art. 36, 1

SHIMURA, Sérgio: art. 14, 3

SILVA, Eduardo Silva da; IGLÉSIAS, Cristiano: Introdução, 1.1.2

SILVA, Octacílio Paula: art. 5º, 3

SILVA, Ovídio A. Baptista da: Introdução, 1; art. 3º, 1.1; art. 3º, 7.3; art. 6º, 1; art. 9º, 1; art. 9º, 4; art. 15, 6; art. 31, 2; art. 52, 1; art. 59, 1.2

SILVA JÚNIOR, Walter Nunes: Introdução, 1

SILVA NETO, Amaro Moraes: art. 19, 1

SIMÕES, Geraldo Beire: art. 3º, 1.2

SOARES, Nildomar da Silveira: art. 3º, 1.2

SOUZA, Carlos Aurélio Mota de: art. 6º, 1

SOUZA, Eduardo Pacheco Ribeiro de: art. 8º, 4; art. 18, 1

SOUZA, Hélio Lemos de: art. 3º, 1.5

SOUZA, Luiz Sérgio Fernandes de: art. 6º, 1

STOCO, Rui: art. 9º, 1

T

TALLON, D.: art. 9º, 4

TARUFFO, Michele: Introdução, 1; art. 33, 3; art. 52, 5

TARZIA, Giuseppe: art. 15, 6; art. 37, 1; art. 52, 5

TEIXEIRA, Sálvio de Figueiredo: Introdução, 1; art. 3º, 1.5; art. 3º, 4.4; art. 3º, 5; art. 5º, 2; art. 15, 5; art. 41, 1.3; art. 54, 1

TEMER, Sofia: art. 41, 1.11

THEODORO JR., Humberto: art. 1º, 2; art. 3º, 1.2; art. 3º, 1.3; art. 3º, 1.5; art. 3º, 1.6; art. 15, 5; art. 20, 2; art. 30, 1; art. 35, 1; art. 39, 1; art. 41, 1.3; art. 41, 4; art. 52, 1; art. 59, 1.3; art. 59, 1.4

TORON, Alberto Zacharias: art. 1º, 1

TOURINHO, Ruy: art. 3º, 1; art. 3º, 5

TOURINHO NETO, Fernando da Costa: art. 1º, 1

TRABUCCHI, Alberto: art. 43, 2; art. 52, 5

TROCKER, Nicolò: Introdução, 1

TUCCI, Cibele Pinheiro Marçal: art. 2º, 2

TUCCI, José Rogério Cruz e: art. 1º, 1; art. 14, 3; art. 14,6; art. 32, 1

TUCCI, Rogério Lauria: Introdução, 1; art. 1º, 1; art. 2º, 2; art. 6º, 1; art. 10, 1; art. 16, 2; art. 20, 1; art. 21, 1; art. 25, 1; art. 30, 3; art. 32, 1; art. 33, 1; art. 51, 4; art. 51, 10; art. 59, 1.4

V

VASCONCELOS, Rita de Cássia Correa de: art. 59, 1.2

VELLOSO, Adolfo Alvarado: Introdução, 1.1.1

VENOSA, Sílvio de Salvo: art. 2º, 7-8; art. 57, 1

VERDE, Giovanni: Introdução, 1.1.1

VIGORITTI, Vincenzo: art. 12, 1.1

W

WAMBIER, Teresa Arruda Alvim: art. 12, 1.2; art. 39, 1; art. 41, 1.5, 1.6; art. 48, 1

WATANABE, Kazuo: Introdução, 1; art. 8º, 3; art. 31, 2

Z

ZAFFARONI, Eugenio R.: Introdução, 1

ZAMUDIO, Héctor Fix: Introdução, 1

Parte criminal – Fernando da Costa Tourinho Neto
(Os números que seguem os autores referem-se aos itens respectivos.)

A

ABADE, Denise Neves: Cap. III, Seção II, art. 76, 1.3

ACOSTA, Walter P.: Cap. III, Seção II, art. 70, 1

ALBERTON, Genacéia da Silva: Cap. III, Seção II, art. 75, 1; Ações de impugnação. *Habeas corpus:* II, 15; Ações de impugnação. Revisão criminal, IV, 9

ALIMENA: Ações de impugnação. Revisão criminal, IV, 2

ALMEIDA JÚNIOR, João Mendes de: Introdução, 1.2; 2; Cap. III, Seção I, art. 63, 1; Cap. III, Seção II, art. 76, 1

ALMEIDA, Joaquim Canuto Mendes de: Introdução, 1.2.1; Cap. III, 35, 1.1; Cap. III, Seção I, art. 67, 1; Cap. III, Seção II, art. 76, 1.3

ALTAVILA, Enrico: Cap. III, Seção II, art. 76, 1.3

ÁLVARES, Manoel: Cap. III, Seção III, art. 84, 1.3; 85, 1.2

ALVES, Antônio de Castro: Introdução, 1.4

ANDRADE, Lédio Rosa de: Cap. III, Seção III, art. 89, 8

ARAGÃO, Antônio Moniz Sodré: Cap. III, Seção I, art. 63, 2.4

ARAGÃO, Egas Dirceu Moniz de: Cap. III, Seção III, art. 82, 11

ARAÚJO JÚNIOR, João Marcello: Cap. III, Seção II, art. 76, 1.3

ARDITI, Enrique A. Sosa: Cap. III, art. 62, 1.6; Cap. III, Seção III, art. 81, 10.3

AREND, Márcia Aguiar: Cap. III, 2

ASÚA, Luís Jiménez de: Cap. III, 9; Cap. III, Seção III, art. 90, 1; art. 90, 2.1

AULER, Hugo: Cap. III, Seção III, art. 89, 14

ÁVILA, Thiago André Pierobom: Cap. III, 30

B

BACELLAR, Roberto Portugal: Cap. III, Seção II, art. 73, 2

BADARÓ, Gustavo Henrique Righi Ivahi: Cap. III, Seção III, art. 81, 10.3.1

BALEEIRO, Aliomar: Cap. III, Seção III, art. 85, 1.1

BARBOSA, Rui: Introdução, 2.1; Cap. III, 30; Cap. III, art. 62, 1.8; Cap. III, Seção I, art. 64, 2; Cap. III, Seção II, art. 69, 9; Ações de impugnação. *Habeas corpus:* II, 3, 6.1

BARRETO, Tobias: Introdução, 2.1; Cap. III, art. 62, 2.1

BARROS, Suzana de Toledo: Cap. III, Seção II, art. 76, 11

BARROSO, Luís Roberto: Cap. III, Seção II, art. 76, 1.3; 11

BARROT, Odilon: Cap. III, Seção III, art. 81, 10.1

BASTOS, Celso Ribeiro: Cap. III, Seção I, art. 63, 2.2

BASTOS, Filinto Justiniano Ferreira: Introdução, 1.3

BATISTA, Nilo: Cap. III, Seção III, art. 77, 3

BATISTA, Weber Martins: Cap. III, art. 62, 2.1; Cap. III, Seção II, art. 76, 1.5; Cap. III, Seção II, art. 76, 1.7; Cap. III, Seção III, art. 78, 3

BECCARIA, Cesare: Cap. III, art. 62, 1.8; Cap. III, art. 62, 2.1

BELING, Ernst: Cap. III, Seção I, art. 64, 2

BENTHAM: Cap. III, art. 62, 2.1; Cap. III, Seção I, art. 63, 2.4; Ações de impugnação. Revisão criminal, IV, 2

BERTOLINO, Pedro J.: Cap. III, Seção III, art. 89, 8

BITENCOURT, Cezar Roberto: Cap. III, art. 62, 2.1; Cap. III, Seção II, art. 69, 5; Cap. III, Seção II, art. 75, 3; Cap. III, Seção II, art. 76, 1.1; Cap. III, Seção II, art. 76, 1.3; Cap. III, Seção II, art. 76, 1.4; Cap. III, Seção II, art. 76, 1.4.1; Cap. III, Seção II, art. 76, 1.7; Cap. III, Seção II, art. 76, 5, 7; Cap. III, Seção III, art. 77, 4; Cap. III, Seção III, art. 82, 6.4; 84, 1.3; art. 85, 1; art. 89, 9; Cap. III, Seção III, art. 94, 1

BONSAGLIA, Mário Luiz: Cap. III, Seção II, art. 76, 1.3

BOSCHI, José Antonio Paganella: Cap. III, Seção II, art. 76, 14; Cap. III, Seção III, art. 841, 3

BRAGA, Vera Regina de Almeida: Cap. III, Seção II, art. 76, 10

BUENO, Francisco da Silveira: Introdução, 2.1

BUENO, José Antônio Pimenta: Introdução, 2.1

BURGELIN, Jean-François: Introdução, 1.1.2

BUZAID, Alfredo: Introdução, 1.1

C

CAMARGO, Antônio Luis Chaves: Introdução, 1.1

CAMPOS, Carmen Hein de: 829

CANOTILHO, José Joaquim Gomes: Introdução, 1.1; Cap. III, Seção II, art. 76, 1.3

CAPEZ, Fernando: Cap. III, Seção II, art. 76, 11

CAPPELLETTI, Mauro: Introdução, 1.4; 2.1; Cap. III, 1.2; 2.1; Cap. III, Seção III, art. 94, 1; Conclusão. A Justiça do Futuro

CARDOSO, Fernando Henrique: Cap. III, Seção III, art. 77, 2.4

CARNEIRO, Atos Gusmão: Cap. III, Seção III, art. 93, 1.1

CARNELUTTI, Francesco: Introdução, 2.1, art. 62, 1.2; art. 62, 2.1

CARRARA, Francesco: Cap. III, Seção III, art. 78, 3; art. 81, 9

CARVALHO FILHO, Aloysio: Cap. III, Seção II, art. 74, 3

CARVALHO SANTOS, João Manoel: Cap. III, Seção III, art. 81, 4.1

CARVALHO, Luiz Gustavo Grandinetti Castanho de: Cap. III, Seção II, art. 69, 3; Cap. III, Seção II, art. 74, 3

CASTIGLIONE, Teodolindo: Introdução, 1.3

CASTILLO, Niceto Alcalá-Zamora: Cap. III, Seção III, art. 77, 2.1.1

CAVALLO, Vincenzo: Cap. III, Seção III, art. 81, 10.3

CERVINI, Raúl: Cap. III, art. 62, 2.1

CHALI, Youssef Said: Cap. III, art. 62, 2.1

CHAUI, Marilena: Cap. III, 2

CHIMENTI, Ricardo Cunha: Cap. III, Seção IV, art. 84, 1.3

CHIOVENDA, Giuseppe: Cap. III, art. 62, 1, art. 62, 1.6

CINTRA JÚNIOR, Dyrceu Aguiar Dias: Cap. III, Seção III, art. 89, 6; art. 89, 8

CLÈVE, Clèmerson Merlin: Cap. III, Seção III, art. 97, 1.4

COELHO, Paulo: Cap. III, Seção III, art. 81, 2

CONSTANTINO, Lúcio Santoro de: Cap. III, Seção III, art. 82, 6.1.2.1

COSTA, Edgard: Cap. III, Seção III, art. 82, 11; Ações de impugnação. *Habeas corpus:* II, 3

COUTURE, Eduardo Juan: Cap. III, Seção I, art. 63, 1

CRUZ, Manoel Martins da Costa: Ações de impugnação. *Habeas corpus:* II, 5.3

CRUZ, Rogério Schietti Machado: Cap. III, Seção II, art. 76, 1.3

CUNHA, Fernando Witaker: Cap. III, Seção III, art. 77, 2.1

D

DELL'ORTO, Cláudio: Cap. III, 3

DELMANTO JÚNIOR, Roberto: Introdução, 2.1

DELMANTO, Celso: Cap. III, Seção II, art. 76, 1.4; Cap. III, Seção II, art. 76, 10

DEMERCIAN, Pedro Henrique: Cap. III, art. 35, 1.1; Cap. III, art. 62, 1.6; Cap. III, Seção II, art. 76, 1; Cap. III, Seção II, art. 76, 1.3; Cap. III, Seção II, art. 76, 12; Cap. III, Seção III, art. 89, 6

DINAMARCO, Cândido Rangel: Cap. III, Seção I, art. 65, 1.8; Cap. III, Seção II, art. 73, 2; Ações de impugnação. Mandado de segurança, III, 11

DINIZ, Maria Helena: Cap. III, Seção III, art. 90, 2.1; art. 92, 1

DORFMANN, Fernando Doal: Cap. III, art. 62, 2.1; Seção II, art. 72, 1; Cap. III, Seção II, art. 76, 5

DOTTI, René Ariel: Cap. III, Seção III, art. 81, 10.1; 82, 3

DRIOUX: Cap. III, Seção III, art. 94, 1

DWORKIN, Ronald: Conclusão. A Justiça do Futuro

EINSTEIN, Albert: Cap. III, Seção III, art. 89, 14

ELLERO, Pietro: Cap. III, Seção II, art. 76, 1.3

ESPÍNOLA FILHO, Eduardo: Cap. III, art. 62, 1.8; Cap. III, Seção I, art. 64, 2; Cap. III, Seção I, art. 65, 1.7; Cap. III, Seção II, art. 73, 2; Cap. III, Seção II, art. 76, 1.9

ESPÍNOLA, Eduardo: Cap. III, art. 60, 1; Cap. III, Seção III, art. 96, 1, art. 96, 2; Cap. III, Seção III, art. 97, 1.3

F

FABRÍCIO, Adroaldo Furtado: Cap. III, art. 60, 1

FALCÃO, Joaquim: Cap. III, Seção I, art. 64,2

FARIA, Antônio Bento de: Cap. III, 2; Cap. III, Seção I, art. 64, 2; Cap. III, Seção II, art. 76, 1.9; Ações de impugnação. *Habeas corpus:* II, 6.1 Ações de impugnação. Revisão criminal, IV, 2

FERNANDES, Antônio Scarance: Cap. III, Seção II, art. 74, 1; Cap. III, Seção II, art. 76, 1.1

FERNANDES, Seabra: Ações de impugnação. Revisão criminal, IV, 5

FERNANDEZ, José Cap. III, Seção III, art. 81, 10.3

FERREIRA, Sérgio Andréa de: Cap. III, Seção II, art. 76, 6

FERRI, Enrico: Cap. III, art. 62, 2.1; Cap. III, Seção II, art. 73, 1.1

FIGUEIRA JÚNIOR, Joel Dias: Introdução, 2.1; Cap. III, Seção III, art. 92, 2

FLORIAN, Eugenio: Cap. III, art. 62, 1.8; Cap. III, Seção I, art. 65, 1.2; Cap. III, Seção II, art. 76, 1.3; Cap. III, Seção III, art. 90, 2.1; art. 93, 1.2

FOUCAULT, Michel: Cap. III, art. 62, 2.1; Cap. III, Seção III, art. 81, 10.1

FRAGA, Affonso: Cap. III, Seção II, art. 76, 1

FRAGOSO, Heleno Cláudio: Cap. III, Seção II, art. 76, 11

FRANCE, Anatole: Conclusão. A Justiça do Futuro

FRANCO, Alberto Silva: Cap. III, Seção III, art. 84, 1.3

FRANCO, Ary Azevedo: Cap. III, art. 62, 2.1

FREIRE, Ranulfo de Melo: Introdução, 1.1

FREITAS, Vladimir Passos de: Cap. III, Seção III, art. 89, 14

FUNES, Mariano Ruiz: Cap. III, Seção II, art. 76, 11; Cap. III, Seção III, art. 81, 10.1

GARCIA, Basileu: Cap. III, Seção I, art. 67, 1; Cap. III, Seção II, art. 76, 6

GARCIA, Ismar Estulano: Cap. III, Seção III, art. 931

GAROFALO, R.: Cap. III, art. 62, 2.1; Cap. III, Seção II, art. 73, 1.1

GASPARI, Elio: Cap. III, Seção III, art. 77, 2.1.1

GIACOMOLLI, Nereu José: Cap. III, 12; Cap. III, Seção II, art. 76, 1.3; Cap. III, Seção II, art. 76, 1.7; Cap. III, Seção II, art. 76, 3

GOLDSCHMIDT: Cap. III, Seção I, art. 64, 4

GOMES FILHO, Antônio Magalhães: Introdução, 2.1

GOMES, Fábio Luiz: Cap. III, Seção I, art. 65, 1.2; Cap. III, Seção II, art. 76, 1.1

GOMES, Luiz Flávio: Cap. III, Seção II, art. 74, 1; Cap. III, Seção II, art. 76, 12; Cap. III, Seção III, art. 89, 4; art. 90, 2.1

GOMES, Orlando: Cap. III, Seção I, art. 64,1

GRACIÁN, Baltazar: Conclusão. A Justiça do Futuro, 9

GRINOVER, Ada Pellegrini: Cap. III, 11; Cap. III, Seção I, art. 65, 1.4, 1.6; Cap. III, Seção II, art. 76, 1.1; Cap. III, Seção II, art. 76, 1.1; Cap. III, Seção II, art. 76, 1.6; Cap. III, Seção II, art. 76, 10; Cap. III, Seção II, art. 76, 12; Cap. III, Seção III, art. 77, 3; 82.7; 83.1.8; 84, 1.8; 85,1; 88.3; art. 89, 12; Ações de impugnação. *Habeas corpus:* II, 4; Ações de impugnação. Revisão criminal, IV, 6, 9

GRECO, Rogério: Cap. III, Seção II, art. 76, 1.4; Cap. III, Seção III, art. 89, 9

HUNGRIA, Nelson: Cap. III, 1; Cap. III, 9, 11; Art. 62, 2.1; Cap. III, Seção III, art. 88, 1; art. 90, 2.1

JARDIM, Afrânio Silva: Introdução, 2.1; Cap. III, Seção II, art. 76, 1; Cap. III, Seção II, art. 76, 1.2

JESUS, Damásio Evangelista de: Cap. III, 9, 13; Cap. III, Seção II, art. 76, 10; Cap. III, Seção II, art. 76, 13; Cap. III, Seção III, art.85, 1.2; 89, 4; art. 89, 10

KAFKA, Franz: Conclusão. A Justiça do Futuro

KARAM, Maria Lúcia: Cap. III, Seção II, art. 76, 10

L

LACERDA, Paulo: 791

LAHR, C.: Cap. III, 2; Cap. III, Seção III, art. 83, 1.1

LARCHÉ, Jacques: Cap. III, Seção II, art. 76, 11

LASKI, Harold: Cap. III, Seção II, art. 76, 11

LEAL, Antônio Luiz da Câmara: Cap. III, Seção I, art. 66, 1.1.4; Cap. III, Seção I, art. 67, 1; Cap. III, Seção III, art. 82, 3; 12; Cap. III, Seção III, art. 97, 1.1

LESSA, Pedro Augusto Carneiro: Ações de impugnação. Mandado de segurança, III, 1

LEVENE HIJO, Ricardo: Cap. III, Seção III, art. 77, 2.1.1

LIMA, Marcellus Polastri: Cap. III, Seção II, art. 75, 1; Cap. III, Seção II, art. 76, 1.3; Cap. III, Seção II, art. 76, 6; Cap. III, Seção III, art. 91, 2.1

LISZT, Franz von: Cap. III, Seção II, art. 76, 11; Cap. III, Seção III, art. 89, 3

LOPES JR., Aury: Cap. III, art. 62, 1.8; Cap. III, Seção II, art. 76, 1.3

LOPES, Mauricio Antonio Ribeiro: Seção II, art. 72, 1; Cap. III, Seção II, art. 75, 1; Cap. III, Seção III, art. 85, 1

LÓPEZ-MORENO, D. Santiago: Cap. III, art. 62, 2.1; Cap. III, Seção III, art. 81, 2; 10.1

LYRA FILHO, Roberto: Cap. III, art. 62, 2.1

LYRA, Roberto: Cap. III, Seção I, art. 64,2

M

MACHADO, Agapito: Cap. III, Seção II, art. 76, 3

MAGALHÃES, Raphael: Cap. III, Seção II, art. 69, 5

MALATESTA, Nicola Framarino: Cap. III, 1.1; Cap. III, Seção II, art. 76, 1.3; Cap. III, Seção III, art. 81.2; 10.1; Conclusão. A Justiça do Futuro, 1

MALCHER, José Lisboa da Gama: Introdução, 1.2.2; Cap. III, Seção II, art. 69, 7

MALULY, Jorge Assaf: Cap. III, Seção II, art. 76, 12

MARICONDE, Alfredo Vélez: Cap. III, Seção II, art. 76, 1.3; Cap. III, Seção II, art. 76, 1.3;

MARQUES, José Frederico: Introdução, 2.1; Cap. III, 1; Cap. III, 9; Cap. III, Seção I, art. 63, 1, 2.4; Cap. III, Seção II, art. 69, 10; Cap. III, Seção II, art. 76, 1.2; Cap. III, Seção II, art. 76, 1.3; Cap. III, Seção III, art. 77, 2.4.1; Cap. III, Seção III, art. 77, 3; Cap. III, Seção III, art. 81, 10.1; art. 82, 3; art. 88, 1; art. 88. 2, art. 91, 2.1;

MATEUS, o Profeta: Introdução, 1.3

MAXIMILIANO, Carlos: Cap. III, Seção I, art. 3º, 1.2; Cap. III, Seção III, art. 78, 2.1

MAZZILLI, Hugo Nigro: Cap. III, Seção I, art. 67, 1

MEDEIROS, Flavio Meirelles: Cap. III, Seção II, art. 76, 1.3

MÉDICI, Sérgio de Oliveira: Ações de impugnação. Revisão criminal, IV, 5, 9

MEIRELLES, Hely Lopes: Cap. III, Seção II, art. 69, 2; Ações de impugnação. Mandado de segurança, III, 2, 4

MELENDO, Santiago Sentís: Cap. III, Seção II, art. 76, 1.3

MELLO FILHO, José Celso: Cap. III, Seção II, art. 76, 1.3

MELLO, Celso Antônio Bandeira de: Cap. III, art. 62, 1

MELLO, Marcos Bernardes de: Cap. III, Seção I, art. 64.1; Cap. III, Seção I, art. 64, 1

MELO, André Luis Alves: Cap. III, Seção II, art. 72, 2; Cap. III, Seção III, art. 77, 2.4.4

MENDES JÚNIOR, João: Cap. III, art. 62, 1.2; Cap. III, Seção I, art. 63, 1

MENDES, Gilmar Ferreira: Ações de impugnação. Arguição de inconstitucionalidade, I, 1

MIGLIARI JÚNIOR, Arthur: Cap. III, art. 61, 14

MIR PUIG, Santiago: Cap. III, Seção II, art. 76, 11

MIRABETE, Júlio Fabbrini: Cap. III, Seção I, art. 63, 2.4; Cap. III, Seção I, art. 65, 1.3.3; Cap. III, Seção I, art. 66, 1.1.5; Cap. III, Seção I, art. 66, 1; Cap. III, Seção I, art. 67, 1; Cap. III, Seção II, art. 76, 1.9; Cap. III, Seção III, art. 79, 1

MIRANDA, Francisco Cavalcanti Pontes de: Cap. III, 1; Ações de impugnação. *Habeas corpus*, II, 4; Ações de impugnação. Revisão criminal, IV, 5

MIRANDA, Francisco Cavalcanti Pontes de: Cap. III, 1; Ações de impugnação. *Habeas corpus*, II, 2, 3, 4

MIRANDA, Vicente: Cap. III, Seção III, art. 83, 1

MONREAL, Eduardo Novoa: Cap. III, art. 62, 2.1

MONTEIRO, Mário: Cap. III, Seção III, art. 81, 10.1

MONTESQUIEU, Charles-Louis de Secondat, Barão de: Cap. III, Seção III, art. 77.2.1; Cap. III, Seção III, art. 81, 2, 10.1

MORAES, Alexandre de: Cap. III, Seção II, art. 76, 1.1; Cap. III, Seção II, art. 76, 6

MORAES, Evaristo: Cap. III, Seção II, art. 76, 1.3

MOREIRA, José Carlos Barbosa: Cap. III, Seção II, art. 76, 1.9

MÜLLER, Friedrich: Cap. III, art. 60, 1

MURACH: Cap. III, art. 62, 2.1

N

NERY JUNIOR, Nelson: Cap. III, Seção III, art. 82, 3

NOGUEIRA, Márcio Franklin: Cap. III, Seção II, art. 76, 1.7

NOGUEIRA, Paulo Lúcio: Cap. III, Seção II, art. 75, 1

NOJIRI, Sérgio: Cap. III, Seção III, art. 82, 12.3

NORONHA, Edgard Magalhães: Cap. III, Seção II, art. 76, 11; Cap. III, Seção III, art. 90, 2

NUCCI, Guilherme de Souza: Cap. III, art. 61, 11

NUNES, José de Castro: Ações de impugnação. *Habeas corpus*, II, 8; Ações de impugnação. Mandado de segurança, III, 8

O

OLIVEIRA, Eudes: Cap. III, Seção III, art. 81, 7.2

OLIVEIRA, Eugênio Pacelli: Cap. III, art. 61, 11

OLIVEIRA, Hélder B. Paulo de: Introdução, 2.1

ORBANEJA, Emilio Gomes: Cap. III, Seção I, art. 63, 1

PASSOS, José Joaquim Calmon de: Cap. III, Seção I, art. 65, 1.1

PAUPÉRIO, Artur Machado: Cap. III, art. 61, 1

PAZZAGLINI FILHO, Marino: Cap. III, 12; Cap. III, Seção II, art. 76, 1.1; Cap. III, Seção II, art. 76, 5; Cap. III, Seção II, art. 76, 5, 6; Cap. III, Seção III, art. 89, 6

PEDROSO, Fernando de Almeida: Cap. III, Seção II, art. 69, 10

PELLEGRINO, Laércio: Cap. III, art. 62, 2.1; Cap. III, Seção III, art. 77, 2.1; Cap. III, Seção III, art. 81, 2

PEREIRA, Mário José Gomes: Cap. III, Seção II, art. 75, 1

PIEDADE JÚNIOR: Cap. III, art. 62, 2.1

PIERANGELLI, José Henrique: Cap. III, art. 62, 2.1

PINHO, Humberto Dalla Bernardina de: Cap. III, Seção II, art. 76, 1.3

PITOMBO, Sérgio Marcos de Moraes: Cap. III, Seção II, art. 69, 2; Cap. III, Seção II, art. 76, 1.3

PLATÃO: Cap. III, Seção III, art. 81, 2

PRADO, Geraldo: Introdução, 2.1; Cap. III, Seção I, art. 64, 2; Cap. III, Seção II, art. 76, 1.1; Cap. III, Seção II, art. 76, 1.3; Cap. III, Seção III, art. 77, 2.4.3; Cap. III, Seção III, art. 77, 4; Cap. III, Seção III, art. 80, 1; art. 83, 1.10; art. 89, 3; art. 90, 2.1

R

RAMOS, José Saulo Pereira: Introdução, 1.4

REALE JÚNIOR, Miguel: Cap. III, art. 62, 2.1; Cap. III, Seção II, art. 76, 1

REBÊLO, José Henrique Guaracy: Cap. III, art. 62, 2.1

REZEK, José Francisco: Cap. III, Seção I, art. 63. 3

REZENDE FILHO, Gabriel José Rodrigues de: Cap. III, Seção I, art. 64, 3

ROBERTI, Maura: Cap. III, art. 62, 2.1

ROCHA, Fernando Luiz Ximenes: Cap. III, Seção II, art. 76, 1.1

ROMEIRO, Jorge Alberto: Cap. III, Seção III, art. 77, 6

ROSA, Alexandre Morais da: Introdução, 1.2

ROSA, Antônio José M. Feu: Cap. III, Seção II, art. 73, 1

ROSA, Fábio Bittencourt da: Cap. III, Seção III, art. 82, 7

ROSA, Inocêncio Borges da: Cap. III, art. 62, 1.3; Cap. III, Seção I, art. 65, 1.3; Cap. III, Seção II, art. 69, 7; Cap. III, Seção III, art. 81, 10.1; art. 82, 1, art. 82, 2; art. 97, 1.3; Ações de impugnação. *Habeas corpus*, II, 3

ROSAS, Roberto: Cap. III, Seção III, art. 83, 1.6

ROSENBERG, Leo: Cap. III, Seção III, art. 82, 3

ROUSSEAU, Jean-Jacques: Introdução, 2.1

ROXIN, Claus: Cap. III, art. 62, 2.1

S

Saleilles, Raymond: Cap. III, Seção II, art. 76, 6
Sales, José Luis: Cap. III, Seção III, art. 88, 1
Salibi Filho, Nagib: Cap. III, Seção II, art. 76, 1.3
Sampaio, Nelson de Souza: Cap. III, Seção III, art. 96, 2.3
Sanchez, Jesus-Maria Silva, Introdução, 2.1
Sanguiné, Odone: Cap. III, Seção III, art. 78, 3
Santos, Boaventura de Sousa: Cap. III, Seção III, art. 94, 1
Santos, Carlos Maximiliano Pereira dos: Cap. III, 5; Cap. III, Seção II, art. 75,1; Cap. III, Seção III, art. 86, 1; art. 88, 4; art. 90, 2.1; art. 97, 1.3
Santos, João Manoel Carvalho: Cap. III, Seção III, art. 81, 4.1
Santos, Moacyr Amaral: Cap. III, art. 62, 1.4; Cap. III, Seção I, art. 66, 1.1.5; Cap. III, Seção III, art. 81, 10.1, 10.3, 82, 3.2
Saraceno, Pascuale: Cap. III, Seção III, art. 77, 2.4.1
Saraiva dos Santos, F. R.: Cap. III, Seção III, art. 77, 1
Schmidt, Eberhard: Cap. III, art. 62, 1.5; Cap. III, Seção II, art. 76, 1.3
Shakespeare, William: Cap. III, art. 61, 1.3; Cap. III, Seção III, art. 81, 10.1
Shecaira, Sérgio Salomão: Cap. III, Seção II, art. 76, 10
Silva, Adhemar Raymundo da: Introdução 2.1
Silva, De Plácido e: Cap. III, Seção II, art. 76, 1.1; Cap. III, Seção II, art. 76, 9
Silva, Evandro Lins e: Cap. III, Seção III, art. 81, 10.1
Silva, José Afonso da: Cap. III, art. 72, 1
Silva, Marco Antonio Marques da: Cap. III, art. 62, 1.7; Cap. III, Seção III, art. 81, 10.1
Silveira, José dos Santos: Cap. III, Seção III, art. 83, 1.1
Siqueira, Galdino: Cap. III, Seção I, art. 63, 2; Cap. III, Seção I, art. 66, 1.1.1
Smanio, Gianpaolo Poggio: Cap. III, Seção II, art. 76, 1.1; Cap. III, Seção II, art. 76, 6
Smanioto, Edson Alfredo: Cap. III, Seção III, art. 89, 1
Sobrante, Sérgio Turra: Cap. III, Seção II, art. 76, 1.7
Sobrinho, Mário Sérgio: Cap. III, Seção II, art. 69, 10
Sodi, Carlos Franco: Cap. III, Seção II, art. 76, 1.2
Sousa, João Castro e: Introdução, 2.1
Souza, Amaury de Lima: Cap. III, Seção II, art. 76, 1.3
Spolansky, Noberto E.: Cap. III, art. 62, 2.1; Cap. III, Seção II, art. 76, 11
Stoco, Rui: Cap. III, art. 62, 2.1
Suetônio: Introdução, 2.1

T

Talamini, Eduardo: Cap. III, Seção II, art. 69, 5

Theodoro Júnior, Humberto: Cap. III, Seção III, art. 87.1
Toledo, Francisco de Assis: Cap. III, Seção II, art. 76, 11
Tornaghi, Hélio Bastos: Cap. III, art. 60, 1; art. 62, 1.2; Cap. III, Seção I, art. 63, 1; Cap. III, Seção I, art. 64, 1; Cap. III, Seção I, art. 65, 1; Cap. III, Seção II, art. 75, 3; Cap. III, Seção III, art. 81, 5; art. 82, 12.1; 89, 8; art. 90, 1; art. 93, 1.2; Ações de impugnação. Revisão criminal, IV, 2
Toron, Alberto Zacharias: Cap. III, Seção III, art. 89, 4
Tourinho Filho, Fernando da Costa: Cap. III, Seção I, art. 63, 2.4; Cap. III, Seção II, art. 69, 2; Cap. III, Seção II, art. 75, 1; Cap. III, Seção II, art. 76, 1.7; Cap. III, Seção II, art. 76, 13; Cap. III, Seção III, art. 81, 3.1, 4, art. 82, 3.2, 6.5; 7.1; art. 88, 1; Cap. III, Seção III, art. 88, 2; art. 89, 9; Ações de impugnação. *Habeas corpus*, II, 4, 15; Ações de impugnação. Revisão criminal, IV, 6
Tourinho Neto, Fernando da Costa: Cap. III, Seção I, art. 64, 2; Cap. III, Seção III, art. 78, 3
Tovo, Paulo Cláudio: Cap. III, Seção II, art. 76, 14; Cap. III, Seção III, art. 77, 2.4
Tucci, José Rogério Cruz e: Cap. III, Seção III, art. 81, 4.1, 7.2
Tucci, Rogério Lauria: Cap. III, Seção I, art. 64, 2; Cap. III, Seção II, art. 76, 1.3; Ações de impugnação. Mandado de segurança, III, 7

V

Vaggione, Luiz Fernando: Cap. III, Seção II, art. 76, 1.1; Cap. III, Seção II, art. 76, 6
Varela, Antunes: Cap. III, Seção III, art. 85, 1
Vargas, José Cirilo: Cap. III, Seção III, art. 81, 7.2
Versele, Severin Carlos: Cap. III, art. 62, 2.1
Visconde De Niterói: Cap. III, Seção III, art. 78, 3
Voltaire, François-Marie Arouet: Cap. III, Seção III, art. 77, 2.1; Cap. III, Seção III, art. 81, 10.1

W

Warat, Luis Alberto: Conclusão. A Justiça do Futuro
Watanabe, Kazuo: Cap. III, Seção III, art. 94, 1
Welzel: Cap. III, Seção III, art. 89, 3

Z

Zaffaroni, Eugenio Raúl: Introdução, 1.1, Cap. III, art. 62, 2.1
Zanatta, Airton: Cap. III, Seção II, art. 76, 1; Cap. III, Seção II, art. 76, 1.3; Cap. III, Seção II, art. 76, 1.6; Cap. III, Seção II, art. 76, 5